Textes et documents sur
la pratique institutionnelle de la Ve République

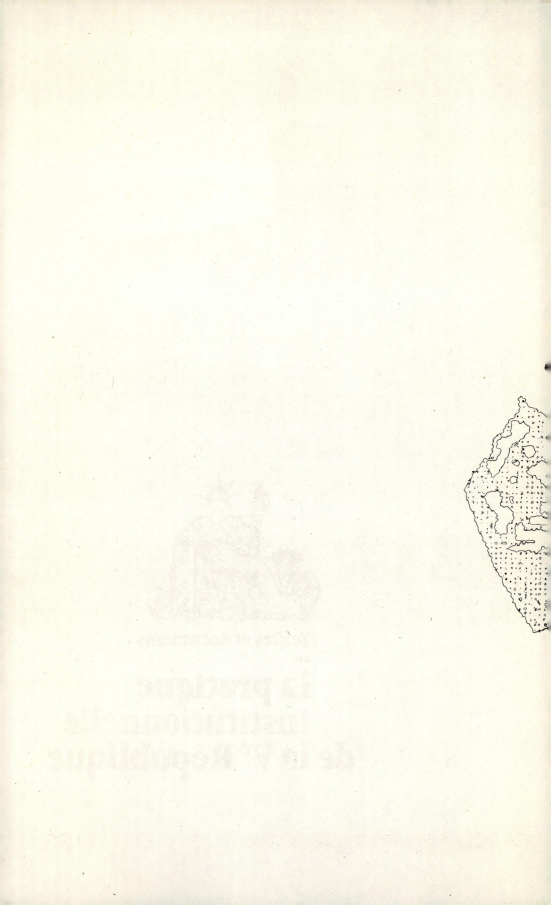

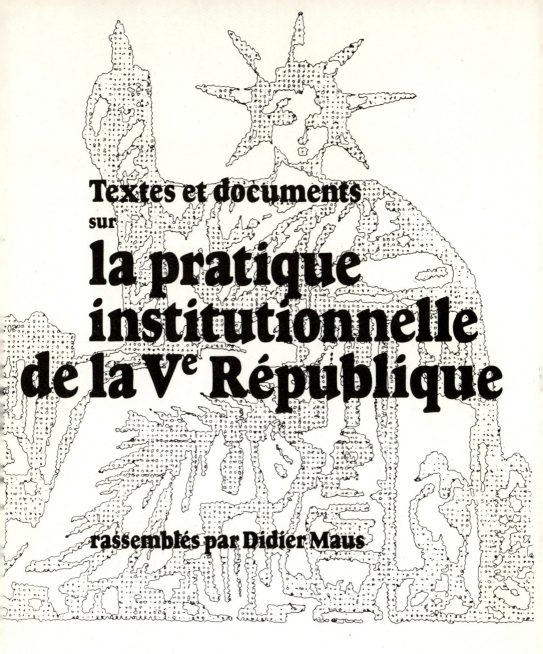

Textes et documents sur **la pratique institutionnelle de la Vᵉ République**

rassemblés par Didier Maus

LA DOCUMENTATION FRANÇAISE   CNRS

© La Documentation Française — Paris 1978
ISBN 2-11-000223-9

© Centre National de la Recherche Scientifique — Paris 1978
ISBN 2-222-02377-7

Sommaire

Note technique	VII
Table des abréviations	VIII
Table des documents	IX
Documents généraux	1
Préambule	13
Titre I — De la souveraineté	15
Titre II — Le Président de la République	17
Titre III — Le Gouvernement	131
Titre IV — Le Parlement	145
Titre V — Des rapports entre le Parlement et le Gouvernement	185
Titre VI — Des traités et accords internationaux	243
Titre VII — Le Conseil constitutionnel	251
Titre VIII — De l'autorité judiciaire	379
Titre IX — La Haute Cour de Justice	381
Titre X — Le Conseil économique et social	385
Titre XI — Des collectivités territoriales	389
Titre XII — De la Communauté	393
Titre XIII — Des accords d'association	399
Titre XIV — De la révision	401
Titre XV — Dispositions transitoires	407
Vingtième anniversaire de la Constitution : allocution du Président de la République	411
Table analytique sommaire des matières de la Constitution	415
Table analytique sommaire de la jurisprudence du Conseil constitutionnel par rapport aux articles de la Constitution	435

Note technique

Une utilisation efficace des documents rassemblés dans le présent ouvrage implique que les règles de recherche, de sélection et de publication soient clairement exposées aux lecteurs.

— Les documents sont classés par rapport à l'article de la Constitution auquel ils se rapportent. Ceux qui concernent deux ou plusieurs articles ne sont publiés qu'une fois et il est fait des renvois sous les autres articles.

— Le choix des documents a été effectué par référence au contenu de la Constitution. Il n'a, en général, pas été tenu compte de la pratique découlant de l'application des lois organiques, des autres textes normatifs ou des règlements des assemblées parlementaires sauf lorsque, à l'évidence, un tel choix aurait conduit à négliger des aspects fondamentaux du sujet (par exemple, les commissions d'enquête ou de contrôle).

— Dans la mesure du possible, l'exhaustivité a été recherchée et a été presque toujours obtenue, en particulier pour la mise au point des statistiques ; les lacunes sont spécialement signalées.

— Il est plus aisé de collationner les statistiques, les actes juridiques et les déclarations spécifiques que de faire un choix parmi toutes les déclarations des acteurs de la vie constitutionnelle. C'est pour tenir compte de cette situation qu'il a été, en général, peu fait appel aux débats parlementaires, aux discours et allocutions de toutes sortes qui expriment un avis sur tel ou tel aspect de l'évolution. On trouvera néanmoins des traces des principales prises de position avec l'indication de leur origine.

— Certains thèmes ne concernent pas directement un article précis de la Constitution, mais ne pouvaient être oubliés. C'est ainsi que les documents relatifs aux rapports entre le Président de la République et le Gouvernement figurent sous les articles 5 et 20 et que ceux concernant le rôle du Parlement sont répertoriés sous l'article 24.

— L'application des titres VIII (De l'autorité judiciaire) et XI (Des collectivités territoriales) relèvent plus, dans l'optique française, des institutions judiciaires et administratives que des institutions politiques. C'est ce qui explique que les documents n'aient pas été systématiquement répertoriés.

— Il a été fixé comme règle de ne retenir que des documents ayant un caractère officiel, soit qu'ils aient été publiés dans des recueils officiels, soit qu'ils aient été créés par des institutions ou des autorités dans l'exercice de leurs fonctions.

Les documents publiés proviennent soit de sources publiques (Journal officiel, documents parlementaires, Bulletin des Assemblées...) soit de communications effectuées par les secrétariats généraux du gouvernement, des Assemblées parlementaires et du Conseil constitutionnel. Qu'ils en soient, ici, remerciés.

D. M.

Note : les informations fournies dans ce recueil sont à jour à la date du 1er novembre 1978

Table des abréviations

J.O. : Journal officiel : édition lois et décrets.
A.N. : Assemblée nationale.
S. : Sénat.
Doc. An. : Journal officiel : édition des documents de l'Assemblée nationale [1].
Doc. S. : Journal officiel : édition des documents du Sénat [2].
J.O. A.N. : Journal officiel : édition des débats de l'Assemblée nationale [3].
J.O. S. : Journal officiel : édition des débats du Sénat [3].
Recueil C.E. : Recueil des décisions du Conseil d'Etat (Recueil Lebon)
Recueil C.C. : Recueil des décisions du Conseil constitutionnel.

(1) Les documents de l'Assemblée nationale suivent une numération continue par législature.
(2) Les documents du Sénat sont numérotés en continu du 1er octobre d'une année au 30 septembre de l'année suivante.
(3) Les dates indiquées sont celles des séances et non de la publication des débats.

Table des documents

Documents généraux — 1

Document 00-100 : Discours de M. Michel Debré devant le Conseil d'Etat le 27 août 1958 — 2

00-101 : Discours prononcé par le général de Gaulle, place de la République, le 4 septembre 1958 — 10

Constitution du 4 octobre 1958 — 13

Préambule — 13

Article 1er — 14

Titre I : De la souveraineté — 15

Article 2 — 16
Article 3 — 16
Article 4 — 16

Titre II : Le Président de la République — 17

Article 5 — 18

Document 5-100 : Déclaration du général de Gaulle sur le rôle du Président de la République : 31 janvier 1964 — 18

5-101 : Déclaration de M. Georges Pompidou sur le rôle du Président de la République : 10 juillet 1969 — 20

5-102 : Déclarations de M. Valéry Giscard d'Estaing sur le rôle du Président de la République : — 20
   I. 17 janvier 1977 — 20
   II. 27 janvier 1978 — 21

Article 6 — 22

Document 6-100 : Liste des Présidents de la Ve République — 22

Document 6-200 : Allocution prononcée par le général de Gaulle lors de sa prise de fonction le 8 janvier 1959 — 22

TABLE DES DOCUMENTS

6-201 :	Allocution prononcée par le général de Gaulle lors du renouvellement de son mandat le 8 janvier 1966	23
6-202 :	Allocution prononcée par M. Georges Pompidou lors de sa prise de fonction le 20 juin 1969	23
6-203 :	Allocution prononcée par M. Valéry Giscard d'Estaing lors de sa prise de fonction le 27 mai 1974	23
Document 6-300 :	Projet de loi constitutionnelle portant révision de l'article 6 de la Constitution	24

Article 7   25

Document 7-100 : Proclamation des résultats du scrutin du 21 décembre 1958   26

Election présidentielle de 1965

Document 7-200 :	Chronologie de l'élection présidentielle	27
7-201 :	Déclaration du Conseil constitutionnel du 7 décembre 1965 relative aux résultats du premier tour	27
7-202 :	Décision du Conseil constitutionnel du 14 décembre 1965 rejetant une réclamation présentée au nom de MM. Mitterrand, Tixier Vignancour et Lecanuet	28
7-203 :	Décision du Conseil constitutionnel du 22 décembre 1965 rejetant une réclamation de M. Mitterrand	28
7-204 :	Décision du Conseil constitutionnel du 28 décembre 1965 rejetant une réclamation de M. Mitterrand	29
7-205 :	Proclamation du Conseil constitutionnel du 28 décembre 1965 relative aux résultats du scrutin	30
7-206 :	Rapport de la Commission nationale de contrôle	30

Election présidentielle de 1969

Document 7-300 :	Chronologie de l'élection présidentielle	42
7-301 :	Déclaration du général de Gaulle du 28 avril 1969	42
7-302 :	Lettre du général de Gaulle au Premier ministre du 28 avril 1969	42
7-303 :	Déclaration du Conseil constitutionnel du 28 avril 1969	42
7-304 :	Décision du Conseil constitutionnel du 17 mai 1969 rejetant une réclamation de M. Sidos	43
7-305 :	Décision du Conseil constitutionnel du 17 mai 1969 rejetant une réclamation de M. Bourquin	43
7-306 :	Décision du Conseil constitutionnel du 17 mai 1969 déclarant irrecevable une réclamation du « Centre d'étude et de recherches expérimentales »	44
7-307 :	Décision du Conseil constitutionnel du 17 mai 1969 rejetant une réclamation de M. Ducatel	44
7-308 :	Décision du Conseil constitutionnel du 21 mai 1969 déclarant irrecevable une réclamation de M. Héraud	45
7-309 :	Déclaration du Conseil constitutionnel du 3 juin 1969 relative aux résultats du scrutin du 1er juin 1969	45
7-310 :	Proclamation du Conseil constitutionnel du 19 juin 1969 relative aux résultats du scrutin	46
7-311 :	Rapport de la Commission nationale de contrôle	47

Election présidentielle de 1974

Document 7-400 :	Chronologie de l'élection présidentielle	53
7-401 :	Communiqué publié par la Présidence de la République le 2 avril 1974 à 21 h 15	54
7-402 :	Déclaration du Conseil constitutionnel du 3 avril 1974	54
7-403 :	Décret du 8 avril 1974 portant convocation des électeurs	54
7-404 :	Décret du 8 avril 1974 relatif à la Commission nationale de contrôle	55
7-405 :	Décision du Conseil constitutionnel du 18 avril 1974 arrêtant la liste des candidats	55
7-406 :	Décision du Conseil constitutionnel du 18 avril 1974 relative à l'attribution de signes distinctifs	57
7-407 :	Décision du Conseil constitutionnel du 21 avril 1974 rejetant une réclamation présentée par M. Lafont	57
7-408 :	Décision du Conseil constitutionnel du 21 avril 1974 rejetant une réclamation présentée par M. Roustan	58
7-409 :	Décision du Conseil constitutionnel du 25 avril 1974 rejetant une réclamation présentée par M. Mitterrand	58
7-410 :	Déclaration du Conseil constitutionnel du 7 mai 1974 relative aux résultats du premier tour	59
7-411 :	Décision du Conseil constitutionnel du 9 mai 1974 arrêtant la liste des candidats du deuxième tour de scrutin	60
7-412 :	Proclamation du Conseil constitutionnel du 24 mai 1974 relative aux résultats du scrutin	60
7-413 :	Déclaration du Conseil constitutionnel du 24 mai 1974	61
7-414 :	Déclarations et échanges de lettres relatives au contrôle de la régularité des opérations de vote	62
I.	Déclaration du Président de la République par intérim	62
II.	Echange de correspondance entre le Président de la République par intérim et le Président de la Commission nationale de contrôle	62
III.	Extrait du procès-verbal de la Commission nationale de contrôle	63
IV.	Echange de correspondance entre le Président du Conseil constitutionnel et le président de la Commission nationale de contrôle	63
V.	Communiqué du Conseil constitutionnel	64
7-415 :	Rapport de la Commission nationale de contrôle	64

Article 8

Document 8-100 :	Communiqué publié par la Présidence de la République le 9 janvier 1959	78
8-101 :	Lettres échangées à l'occasion du départ de M. Michel Debré le 14 avril 1962	78
8-102 :	Lettres échangées à l'occasion du départ de M. Georges Pompidou le 10 juillet 1968	79
8-103 :	Lettres échangées à l'occasion du départ de M. Jacques Chaban-Delmas le 5 juillet 1972	79
8-104 :	Lettres échangées à l'occasion du départ de M. Jacques Chirac le 25 août 1976	80
Document 8-200 :	Liste des gouvernements de la Ve République	81

Article 9

		82
Document 9-100 :	Nombre de conseils des ministres tenus depuis le 9 janvier 1959	82

TABLE DES DOCUMENTS

      Article 10   82
      Article 11   83

Document 11-100 : Liste des référendums intervenus depuis l'entrée en vigueur de la Constitution   83

    11-101 : Extraits du débat de l'Assemblée nationale du 4 octobre 1962 relatif à l'utilisation de l'article 11 pour procéder à une révision de la Constitution   83
        I. Intervention de M. Paul Reynaud   83
       II. Intervention de M. Georges Pompidou   85

      Référendum du 8 janvier 1961

Document 11-200 : Décret du 8 décembre 1960 décidant de soumettre un projet de loi au référendum   87

    11-201 : Décision du Conseil constitutionnel du 23 décembre 1960 déclarant irrecevable la demande du « Regroupement national »   87

    11-202 : Décision du Conseil constitutionnel du 23 décembre 1960 déclarant irrecevable la demande du « Centre républicain »   88

    11-203 : Proclamation du Conseil constitutionnel du 14 janvier 1961 relative aux résultats du référendum   89

      Référendum du 8 avril 1962

Document 11-300 : Décret du 20 mars 1962 décidant de soumettre un projet de loi au référendum   89

    11-301 : Décision du Conseil constitutionnel du 3 avril 1962 déclarant irrecevable la protestation du « parti communiste réunionnais »   90

    11-302 : Proclamation du Conseil constitutionnel du 13 avril 1962 relative aux résultats du référendum   90

      Référendum du 28 octobre 1962

Document 11-400 : Décret du 2 octobre 1962 décidant de soumettre un projet de loi au référendum   91

    11-401 : Allocution du général de Gaulle du 20 septembre 1962   92

    11-402 : Extrait du discours prononcé par M. Gaston Monnerville le 9 octobre 1962   93

    11-403 : Proclamation du Conseil constitutionnel du 6 novembre 1962 relative aux résultats du référendum   95

    11-404 : Décision du Conseil constitutionnel du 6 novembre 1962 rejetant le recours par M. Monnerville (cf. doc. 61-403)   96

      Projet de référendum du 16 juin 1968

Document 11-500 : Décret du 27 mai 1968 décidant de soumettre un projet de loi au référendum   96

    11-501 : Décret du 30 mai 1968 reportant la date du référendum   97

      Référendum du 27 avril 1969

Document 11-600 : Décret du 2 avril 1969 décidant de soumettre un projet de loi au référendum   97

11-601 :	Allocution prononcée par le général de Gaulle le 11 mars 1969	100
11-602 :	Extraits du discours prononcé par M. Alain Poher le 2 avril 1969	101
11-603 :	Extrait du débat de l'Assemblée nationale du 2 avril 1969	105
11-604 :	Proclamation du Conseil constitutionnel du 2 mai 1969 relative aux résultats du référendum	105

Référendum du 23 avril 1972

Document *11-700* :	Décret du 5 avril 1972 décidant de soumettre un projet de loi au référendum	106
11-701 :	Proclamation du Conseil constitutionnel du 28 avril 1972 relative aux résultats du référendum	106

Article 12   107

Dissolution du 9 octobre 1962

Document *12-100* :	Décret du 9 octobre 1962 portant dissolution de l'Assemblée nationale	107
12-101 :	Décret du 18 octobre 1962 portant convocation des collèges électoraux	107
12-102 :	Conséquences sur l'activité du Sénat de la dissolution de l'Assemblée nationale	108

Dissolution du 30 mai 1968

Document *12-200* :	Décret du 30 mai 1968 portant dissolution de l'Assemblée nationale	108
12-201 :	Décret du 31 mai 1968 portant convocation des collèges électoraux	108
12-202 :	Conséquences sur l'activité du Sénat de la dissolution de l'Assemblée nationale	109
	I. Séance du 30 mai 1968	109
	II. Séance du 6 juin 1968	110
Document *12-300* :	Liste des réunions de plein droit de l'Assemblée nationale	111

Article 13   112

Article 14   112

Article 15   112

Article 16   113

Document *16-100* :	Décision du Président de la République du 23 avril 1961 portant application de l'article 16	113
16-101 :	Avis du Conseil constitutionnel du 23 avril 1961	113
16-102 :	Allocution du général de Gaulle au pays du 23 avril 1961	114
16-103 :	Message du général de Gaulle au Parlement du 23 avril 1961 (cf. doc. 18-102)	114
16-104 :	Liste des mesures intervenues en vertu de l'article 16	114
16-105 :	Décision du Conseil d'Etat relative au contrôle exercé sur les décisions prises en application de l'article 16	116

16-106 : Lettre du Président de la République au Premier ministre relative au rôle du Parlement ... 116
16-107 : Document du 31 août 1961 relatif au rôle législatif de l'Assemblée nationale pendant l'application de l'article 16 ... 117
16-108 : Documents relatifs à la recevabilité d'une motion de censure pendant la période d'application de l'article 16 ... 117
    I. Débat de l'Assemblée nationale du 12 septembre 1961 ... 117
    II. Décision du Conseil constitutionnel du 14 septembre 1961 ... 119
    III. Décision du Président de l'Assemblée nationale du 19 septembre 1961 ... 119

Article 17 ... 121

Article 18 ... 121
Document 18-100 : Liste des messages adressés au Parlement par le Président de la République ... 121
  18-101 : Message du 15 janvier 1959 ... 122
  18-102 : Message du 23 avril 1961 ... 122
  18-103 : Message du 20 mars 1962 ... 122
  18-104 : Message du 2 octobre 1962 ... 123
  18-105 : Message du 11 décembre 1962 ... 123
  18-106 : Message du 25 juin 1969 ... 124
  18-107 : Message du 5 avril 1972 ... 125
  18-108 : Message du 3 avril 1973 ... 125
  18-109 : Message du 30 mai 1974 ... 127

Article 19 ... 129
Document 19-100 : Liste des actes du Président de la République n'ayant pas fait l'objet d'un contreseing ... 129
  19-200 : Décision du conseil d'Etat du 9 novembre 1962 relative à la notion de « ministres responsables » ... 129

Titre III : Le Gouvernement ... 131

Article 20 ... 132
  20-100 : Extraits du débat de l'Assemblée nationale du 24 avril 1964 ... 132
    I. Déclaration de M. François Mitterrand ... 132
    II. Déclaration de M. Paul Coste-Floret ... 133
    III. Réponse de M. Georges Pompidou ... 135
  20-101 : Déclarations du général de Gaulle ... 137
    I. Conférence de presse du 31 janvier 1964 (cf. doc. 5-100) ... 137
    II. Conférence de presse du 27 novembre 1967 ... 137
    III. Extraits des Mémoires d'espoir ... 137
  20-102 : Déclarations de M. Georges Pompidou, en tant que Président de la République ... 137
    I. Conférence de presse du 2 juillet 1970 ... 137
    II. Conférence de presse du 23 septembre 1972 ... 137
    III. Déclaration du 6 mars 1974 ... 138
  20-103 : Déclarations de M. Valéry Giscard d'Estaing ... 138
    I. Réunion de presse du 25 juillet 1974 ... 138
    II. Déclaration à la Télévision le 25 août 1976 ... 139
    III. Réunion de presse du 17 janvier 1977 ... 140
    IV. Discussion à la Télévision du 8 juin 1977 ... 140

20-104 : Déclarations du Premier ministre en exercice — 140
    I. M. Jacques Chaban-Delmas (A.N. 23 mai 1972) — 140
    II. M. Pierre Messmer (Sénat — 7 novembre 1972) — 141
    III. M. Pierre Messmer (*Le Monde* — 9 mars 1974) — 141
    IV. M. Jacques Chirac (Télévision — 16 juin 1975) — 141
    V. M. Jacques Chirac (Déclaration — 25 août 1976) — 142
    VI. M. Raymond Barre (Club de la presse — 5 mars 1976) — 142

Article 21 — 143

Document 21-100 : Liste des Conseils des ministres présidés exceptionnellement par le Premier ministre — 143

Document 21-200 : Décision du Conseil d'Etat du 27 avril 1962 relative à l'exercice du pouvoir réglementaire — 143

Article 22 — 144

Document 22-100 : Décision du Conseil d'Etat du 27 avril 1962 relative à la notion de « ministres chargés de l'exécution » — 144

Article 23 — 144

Document 23-100 : Texte de la proposition de loi constitutionnelle adoptée par le Sénat le 26 octobre 1967 — 144

Titre IV : Le Parlement — 145

Article 24 — 146

Document 24-100 : Extraits de l'allocution prononcée par M. Jacques Chaban-Delmas le 11 décembre 1958 — 146

24-101 : Extraits de l'allocution prononcée par M. Gaston Monnerville le 11 décembre 1958 — 147

24-102 : Allocution prononcée par M. Alain Poher à l'occasion du centenaire du Sénat le 27 mai 1975 — 148

24-103 : Discours prononcé par M. Valéry Giscard d'Estaing à l'occasion du centenaire du Sénat le 27 mai 1975 — 151

Document 24-200 : Déclarations des Présidents des assemblées sur le rôle du Parlement — 153
    I. M. Jacques Chaban-Delmas le 6 juillet 1961 — 153
    II. M. Gaston Monnerville le 5 octobre 1965 — 154
    III. M. Achille Perretti le 20 décembre 1972 — 155
    IV. M. Edgar Faure le 2 avril 1973 — 156
    V. M. Edgar Faure le 21 décembre 1977 — 156
    VI. M. Alain Poher le 21 décembre 1977 — 158

Document 24-300 : Liste des allocutions de caractère général prononcées par le Président de l'Assemblée nationale — 159

24-301 : Liste des allocutions de caractère général prononcées par le Président du Sénat — 160

Document 24-400 : Résultats des élections législatives depuis 1958 — 161

Article 25 — 163

Document 25-100 : Projet de loi constitutionnelle portant révision de l'article 25 déposé le 27 septembre 1974 — 163

25-101 :	Documents relatifs à la réforme du statut des suppléants adoptée par le Parlement (juin 1977) et déclarée non conforme par le Conseil constitutionnel	164
I.	Texte relatif aux sénateurs	164
II.	Texte relatif aux députés	164
III.	Décision du Conseil constitutionnel du 5 juillet 1977	164
25-102 :	Décision du Conseil constitutionnel du 20.1.72 relative à la procédure de contrôle des incompatibilités	165
Document *25-200* :	Nombre de parlementaires ayant renoncé à leur mandat en raison de leur acceptation de fonctions gouvernementales	165
25-201 :	Liste des parlementaires chargés d'une mission temporaire par le Gouvernement	166
Document *25-300* :	Liste des élections partielles à l'Assemblée nationale	167
25-301 :	Liste des élections partielles au Sénat	168
25-302 :	Lettre de M. Georges Pompidou du 24 juin 1969 faisant part au Président de l'Assemblée nationale de la cessation de son mandat de député	169
Document *25-400* :	Liste des parlementaires dont le Conseil constitutionnel a prononcé la déchéance du mandat parlementaire	169
25-401 :	Décision du Conseil constitutionnel du 12 mai 1960 prononçant la déchéance de M. Pouvanaa Oopa	169
25-402 :	Décision du Conseil constitutionnel du 18 juillet 1961 prononçant la déchéance de M. Pierre Lagaillarde	170
25-403 :	Décision du Conseil constitutionnel du 17 mars 1964 prononçant la déchéance de M. Maurice Lenormand	170
Document *25-500* :	Liste des décisions du Conseil constitutionnel relatives à l'examen des incompatibilités parlementaires	171
25-501 :	Décision du Conseil constitutionnel du 8 juillet 1966 relative à la situation de M. Benoist	171
25-502 :	Décision du Conseil constitutionnel du 15 juillet 1976 relative à la situation de M. Boijeau	172
25-503 :	Décisions du Conseil constitutionnel relatives à la situation de M. Dassault	172
I.	20 décembre 1976	172
II.	7 juin 1977	173
III.	18 octobre 1977	174
Document *25-600* :	Ordonnance du 3 juillet 1962 relative au mandat des parlementaires élus dans les départements algériens et sahariens	175
Article 26		176
Document *26-100* :	Liste des parlementaires ayant fait l'objet d'une demande d'autorisation de poursuites	176
26-101 :	Liste des parlementaires ayant fait l'objet d'une demande de suspension de poursuites ou de détention	176
Article 27		177
Document *27-100* :	Décision du Conseil constitutionnel du 22.12.1961 relative à la délégation de vote	177
Article 28		178
Document *28-100* :	Liste des sessions ordinaires du Parlement	178
Document *28-200* :	Texte de la proposition de loi constitutionnelle adoptée par le Sénat le 30 octobre 1975	179

Document 28-300 :	Liste des sessions closes avant épuisement de l'ordre du jour par application stricte de l'article 28	179
Article 29		179
Document 29-100 :	Liste des sessions extraordinaires du Parlement	180
Article 30		181
Document 30-100 :	Lettre du Président de l'Assemblée nationale au Président de la République du 17 mars 1960	181
30-101 :	Lettre du Président de la République au Président de l'Assemblée nationale du 18 mars 1960	181
Article 31		182
Document 31-100 :	Liste des commissaires du Gouvernement ayant pris la parole devant le Parlement	182
Article 32		183
Document 32-100 :	Liste des présidents de l'Assemblée nationale	183
32-101 :	Lettre de démission de M. Jacques Chaban-Delmas du 23 juin 1969	183
Document 32-200 :	Liste des Présidents du Sénat	183
32-201 :	Liste des Présidents du Sénat par intérim	183
Article 33		184

Titre V : Des rapports entre le Parlement et le Gouvernement 185

Article 34		186
Document 34-100 :	Proposition de loi organique visant à préciser et à compléter l'article 34 déposée le 22 novembre 1967	187
34-101 :	Texte de la proposition modifiée par la commission spéciale constituée pour son examen	188
Article 35		188
Article 36		188
Article 37		189
Document 37-100 :	Liste des décisions rendues par le Conseil constitutionnel en application de l'article 37, al. 2	189
37-101 :	Exemples de décisions rendues par le Conseil constitutionnel en application de l'article 37, al. 2	191
I.	Décision du 27 novembre 1959	191
II.	Décision du 18 juillet 1961	192
III.	Décision du 30 janvier 1968	192
IV.	Décision du 17 décembre 1970	193
V.	Décision du 28 novembre 1973	194
VI.	Décision du 19 novembre 1975	196
VII.	Décision du 31 mai 1978	199
Article 38		200
Document 38-100 :	Liste des lois d'habilitation adoptées dans le cadre de l'article 38	200

Article 39		201
Document 39-100 :	Statistique des dépôts des projets de lois	201
Document 39-200 :	Statistique des dépôts des propositions de lois	201
Article 40		202
Document 40-100 :	Statistique de l'application de l'article 40 à l'encontre de propositions de lois	202
Article 41		203
Document 41-100 :	Statistique des décisions des présidents des Assemblées	203
Document 41-200 :	Liste des décisions du Conseil constitutionnel rendues en application de l'article 41	204
41-201 :	Décision du Conseil constitutionnel du 27 novembre 1959	204
41-202 :	Décision du Conseil constitutionnel du 30 juin 1961	205
41-203 :	Décision du Conseil constitutionnel du 8 septembre 1961	206
41-204 :	Décision du Conseil constitutionnel du 18 octobre 1961	206
41-205 :	Décision du Conseil constitutionnel du 11 juin 1963	207
41-206 :	Décision du Conseil constitutionnel du 22 mai 1964	208
41-207 :	Décision du Conseil constitutionnel du 21 décembre 1966	208
41-208 :	Décision du Conseil constitutionnel du 27 novembre 1968	209
41-209 :	Décision du Conseil constitutionnel du 7 juin 1977	210
Article 42		211
Article 43		211
Document 43-100 :	Listes des commissions spéciales demandées et constituées	211
Document 43-200 :	Liste des demandes de commissions d'enquête et suites données	212
43-201 :	Liste des demandes de commissions de contrôle et suites données	215
Article 44		217
Document 44-100 :	Statistique des amendements à l'Assemblée nationale	217
44-101 :	Statistique des amendements au Sénat	218
Document 44-200 :	Statistique de l'utilisation de l'alinéa 2	218
Document 44-300 :	Statistique de l'utilisation de la procédure dite du « vote bloqué »	219
Article 45		219
Document 45-100 :	Statistique des lois adoptées selon la procédure de l'article 45	220
Document 45-200 :	Bilan de l'utilisation de la procédure de la commission mixte paritaire	221
Article 46		222
Document 46-100 :	Bilan de l'application de l'alinéa 3	222
Document 46-200 :	Liste des décisions du Conseil constitutionnel rendues en application de l'alinéa 5	222
Article 47		223
Document 47-100 :	Bilan de l'application des dispositions des alinéas 2, 3 et 4	224

47-101 :	Dates de l'examen des lois de finances initiales par le Parlement	224
Document 47-200 :	Date des dépôts devant le Parlement du rapport annuel de la Cour des comptes	224

Article 48 — 225

Document 48-100 :	Texte de la proposition de loi constitutionnelle adoptée par le Sénat le 30 octobre 1975	225
Document 48-200 :	Statistique des ordres du jour complémentaires	225
Document 48-300 :	Statistique des questions écrites	226
48-301 :	Statistique des questions orales à l'Assemblée nationale	226
48-302 :	Statistique des questions orales au Sénat	227
48-303 :	Statistique des questions d'actualité et au Gouvernement à l'Assemblée nationale	227

Article 49 — 228

Document 49-100 :	Bilan de l'application de l'alinéa 1 : engagement de sa responsabilité par le Gouvernement devant l'Assemblée nationale	228
49-101 :	Déclarations sur l'utilisation de la procédure de l'alinéa 1	229
I.	M. Michel Debré (A.N. 16 janvier 1959)	229
II.	M. Georges Pompidou (A.N. 13 avril 1966)	229
III.	M. Georges Pompidou (A.N. 18 avril 1967)	229
IV.	M. François Mitterrand (A.N. 18 avril 1967)	230
V.	M. André Boulloche (A.N. 26 juin 1969)	230
VI.	M. Jacques Chaban-Delmas (A.N. 26 juin 1969)	231
VII.	M. Jacques Chaban-Delmas (A.N. 16 septembre 1969)	231
VIII.	M. Raymond Barre (A.N. 5 octobre 1976)	231
IX.	Conseil des ministres (19 avril 1978)	232
Document 49-200 :	Liste des motions de censure déposées sous la Ve République	232
49-201 :	Motion de censure déposée le 28 avril 1960	232
49-202 :	Motion de censure déposée le 12 décembre 1961	233
49-203 :	Motion de censure déposée le 30 mai 1962	233
49-204 :	Motion de censure déposée le 2 octobre 1962	233
49-205 :	Motion de censure déposée le 23 octobre 1964	233
49-206 :	Motion de censure déposée le 13 avril 1966	233
49-207 :	Motion de censure déposée le 3 octobre 1967	234
49-208 :	Motion de censure déposée le 17 avril 1968	234
49-209 :	Motion de censure déposée le 14 mai 1968	235
49-210 :	Motion de censure déposée le 14 avril 1971	235
49-211 :	Motion de censure déposée le 3 octobre 1972	236
49-212 :	Motion de censure déposée le 4 octobre 1973	236
49-213 :	Motion de censure déposée le 23 janvier 1974	236
49-214 :	Motion de censure déposée le 12 décembre 1974	237
49-215 :	Motion de censure déposée le 4 avril 1975	237
49-216 :	Motion de censure déposée le 2 octobre 1978	238
Document 49-300 :	Bilan de l'application de l'article 49 alinéa 3	238
49-301 :	Motion de censure déposée le 25 novembre 1959	239
49-302 :	Motion de censure déposée le 20 octobre 1960	239
49-303 :	Motion de censure déposée le 17 novembre 1960	239

49-304 :	Motion de censure déposée le 1er décembre 1960	239
49-305 :	Motion de censure déposée le 12 juillet 1962	240
49-306 :	Motion de censure déposée le 18 mai 1967	240
49-307 :	Motion de censure déposée le 8 juin 1967	240
49-308 :	Motion de censure déposée le 14 juin 1967	241
49-309 :	Motion de censure déposée le 15 octobre 1976	241
Document 49-400 :	Application de l'article 49 alinéa 4 : approbation d'une déclaration générale par le Sénat	241

Article 50 — 242

Document 50-100 : Décret du 28 novembre 1962 relatif à la cessation des fonctions du Gouvernement — 242

Article 51 — 242

Document 51-100 : Liste des cas d'application de l'article 51 — 242

Titre VI : Des traités et accords internationaux — 243

Article 52 — 244

Article 53 — 244

Document 53-100 : Déclaration du 3 juillet 1962 portant reconnaissance de l'indépendance de l'Algérie — 244

53-101 : Documents relatifs à l'accession à l'indépendance du Territoire des Comores — 244
  I. Loi du 3 juillet 1975 — 244
  II. Communiqué du Conseil des ministres du 9 juillet 1975 — 245
  III. Loi du 31 décembre 1975 — 245
  IV. Résultats de la consultation de la population de Mayotte du 8 février 1976 — 245

53-102 : Documents relatifs à l'accession de l'indépendance du Territoire français des Afars et des Issas — 246
  I. Loi du 28 décembre 1976 — 246
  II. Résultats du référendum du 8 mai 1977 — 246
  III. Loi du 20 juin 1977 — 246
  IV. Communiqué du Conseil des ministres du 29 juin 1977 — 247

Article 54 — 247

Document 54-100 : Liste des décisions du Conseil constitutionnel intervenues en application de l'article 54 — 247

54-101 : Décision du Conseil constitutionnel du 19 juin 1970 — 247

54-102 : Décision du Conseil constitutionnel du 30 décembre 1976 — 248

Document 54-200 : Lettre du Président de la République au Président du Conseil constitutionnel du 3 décembre 1976 — 249

Article 55 — 250

Titre VII : Le Conseil constitutionnel — 251

Article 56 — 252

Document 56-100 : Evolution de la composition du Conseil constitutionnel — 252

56-101 :	Liste des anciens Présidents de la République, membres de droit du Conseil constitutionnel	253
Article 57		253
Document 57-100 :	Liste des membres du Conseil constitutionnel ayant cessé leurs fonctions par application de l'article 57	253
Article 58		253
Document 58-100 :	Statistique des décisions rendues en application de l'article 58	253
Article 59		254
Document 59-100 :	Statistique du contentieux des élections à l'Assemblée nationale	254
Document 59-200 :	Statistique du contentieux des élections au Sénat	254
Document 59-300 :	Exemples de décisions rendues en application de l'article 59	255
I.	Décision du 5 janvier 1959	255
II.	Décision du 9 juillet 1959 (Sénat)	255
III.	Décision du 8 juin 1967	256
IV.	Décision du 11 juillet 1967	256
V.	Décision du 24 janvier 1968	257
VI.	Décision du 5 juillet 1973	258
VII.	Décision du 10 mai 1978	259
VIII.	Décision du 17 mai 1978	260
IX.	Décision du 14 juin 1978	261
X.	Décision du 21 juin 1978	262
Article 60		264
Document 60-100 :	Statistique des décisions rendues en application de l'article 60	264
Article 61		264
Document 61-100 :	Liste des décisions du Conseil constitutionnel rendues à propos de lois organiques (cf. doc. 46-200)	265
Document 61-200 :	Liste des décisions intervenues à l'occasion de l'examen du règlement du Sénat	265
61-201 :	Décision du Conseil constitutionnel des 24 et 25 juin 1959	265
61-202 :	Décision du Conseil constitutionnel du 18 novembre 1960	266
61-203 :	Décision du Conseil constitutionnel du 31 juillet 1962	266
61-204 :	Décision du Conseil constitutionnel du 11 juin 1963	267
61-205 :	Décision du Conseil constitutionnel du 8 juillet 1966	267
61-206 :	Décision du Conseil constitutionnel du 6 juin 1968	268
61-207 :	Décision du Conseil constitutionnel du 18 mai 1971	268
61-208 :	Décision du Conseil constitutionnel du 28 juin 1972	269
61-209 :	Décision du Conseil constitutionnel du 17 mai 1973	269
61-210 :	Décision du Conseil constitutionnel du 2 juin 1976	270
61-211 :	Décision du Conseil constitutionnel du 20 juillet 1977	271
61-212 :	Décision du Conseil constitutionnel du 14 juin 1978	272
Document 61-300 :	Liste des décisions intervenues à l'occasion de l'examen du règlement de l'Assemblée nationale	272
61-301 :	Décision du Conseil constitutionnel des 17, 18 et 24 juin 1959	273

TABLE DES DOCUMENTS

61-302 :	Décision du Conseil constitutionnel du 24 juillet 1959	274
61-303 :	Décision du Conseil constitutionnel du 15 janvier 1960	274
61-304 :	Décision du Conseil constitutionnel du 20 décembre 1960	275
61-305 :	Décision du Conseil constitutionnel du 30 mai 1961	276
61-306 :	Décision du Conseil constitutionnel du 10 juillet 1962	276
61-307 :	Décision du Conseil constitutionnel du 21 janvier 1964	276
61-308 :	Décision du Conseil constitutionnel du 15 octobre 1964	277
61-309 :	Décision du Conseil constitutionnel du 11 mai 1965	277
61-310 :	Décision du Conseil constitutionnel du 20 novembre 1969	278
61-311 :	Décision du Conseil constitutionnel du 15 janvier 1970	279
61-312 :	Décision du Conseil constitutionnel du 3 novembre 1977	279
Document 61-350 :	Décision du Conseil constitutionnel du 20 décembre 1963 relative au règlement du Congrès	280
Document 61-400 :	Liste des décisions du Conseil constitutionnel rendues en application de l'article 61 alinéa 2	280
61-401 :	Décision du Conseil constitutionnel du 11 août 1960	281
61-402 :	Décision du Conseil constitutionnel du 20 janvier 1961	281
61-403 :	Décision du Conseil constitutionnel du 6 novembre 1962	282
61-404 :	Décision du Conseil constitutionnel du 12 mars 1963	283
61-405 :	Décision du Conseil constitutionnel du 18 décembre 1964	284
51-406 :	Décision du Conseil constitutionnel du 30 janvier 1968	284
61-407 :	Décision du Conseil constitutionnel du 30 décembre 1970	285
61-408 :	Décision du Conseil constitutionnel du 16 juillet 1971	286
61-409 :	Décision du Conseil constitutionnel du 27 décembre 1973	286
61-410 :	Décision du Conseil constitutionnel du 30 décembre 1974	287
61-411 :	Décision du Conseil constitutionnel du 15 janvier 1975	288
61-412 :	Décision du Conseil constitutionnel du 23 juillet 1975	289
61-413 :	Décision du Conseil constitutionnel du 23 juillet 1975	290
61-414 :	Décision du Conseil constitutionnel du 30 décembre 1975	291
61-415 :	Décision du Conseil constitutionnel du 30 décembre 1975	292
61-416 :	Décision du Conseil constitutionnel du 15 juillet 1976	292
61-417 :	Décision du Conseil constitutionnel du 8 novembre 1976	293
61-418 :	Décision du Conseil constitutionnel du 2 décembre 1976	294
61-419 :	Décision du Conseil constitutionnel du 28 décembre 1976	294
61-420 :	Décision du Conseil constitutionnel du 28 décembre 1976	295
61-421 :	Décision du Conseil constitutionnel du 12 janvier 1977	297
61-422 :	Décision du Conseil constitutionnel du 12 janvier 1977	297
61-423 :	Décision du Conseil constitutionnel du 5 juillet 1977	298
61-424 :	Décision du Conseil constitutionnel du 20 juillet 1977	299
61-425 :	Décision du Conseil constitutionnel du 20 juillet 1977	300
61-426 :	Décision du Conseil constitutionnel du 23 novembre 1977	301
61-427 :	Décision du Conseil constitutionnel du 30 décembre 1977	302
61-428 :	Décision du Conseil constitutionnel du 30 décembre 1977	303
61-429 :	Décision du Conseil constitutionnel du 18 janvier 1978	304
61-430 :	Décision du Conseil constitutionnel du 18 janvier 1978	305
61-431 :	Décision du Conseil constitutionnel du 29 avril 1978	306

61-432 :	Décision du Conseil constitutionnel du 27 juillet 1978	307
61-433 :	Décision du Conseil constitutionnel du 27 juillet 1978	309
61-434 :	Décision du Conseil constitutionnel du 27 juillet 1978	309
Document *61-501* :	Recours du Premier ministre contre la loi de finances rectificative pour 1960	310
61-502 :	Recours du Premier ministre contre la loi relative aux assurances sociales agricoles	312
61-503 :	Recours du Président du Sénat contre la loi relative à l'élection du Président de la République	315
61-504 :	Recours du Premier ministre contre la loi portant réforme de l'enregistrement du timbre et de la fiscalité immobilière.	317
61-505 :	Recours du Premier ministre contre la loi de finances pour 1965	318
61-506 :	Recours du Premier ministre contre la loi relative aux évaluations servant de base à certains impôts locaux directs	320
61-507 :	Recours du Premier ministre contre la loi de finances rectificative pour 1970	323
61-508 :	Recours du Président du Sénat contre la loi complétant la loi du 1er juillet 1901 relative au contrat d'association	326
61-509 :	Recours du Président du Sénat contre la loi de finances pour 1974	328
61-510 :	Recours de députés contre la loi de finances pour 1975	330
61-511 :	Recours de députés contre la loi autorisant l'interruption volontaire de la grossesse	331
61-512 :	Recours de sénateurs contre la loi modifiant et complétant certaines dispositions de procédure pénale	335
61-513 :	Recours de députés contre la loi supprimant la patente et instaurant la taxe professionnelle	336
61-514 :	Recours de députés contre la loi de finances pour 1976	339
61-515 :	Recours de députés contre la loi relative aux conséquences de l'autodétermination des Iles des Comores	339
61-516 :	Recours de députés contre la loi portant modification de l'Ordonnance n° 59-244, du 4 février 1959, relative au statut général des fonctionnaires	341
61-517 :	Recours de députés contre la loi relative au développement de la prévention des accidents du travail (1re saisine)	342
61-518 :	Recours de députés contre la loi relative au développement de la prévention des accidents du travail (2e saisine)	342
61-519 :	Recours du Président de l'Assemblée nationale contre la loi de finances rectificative pour 1976	342
61-520 :	Recours contre la loi de finances pour 1977 :	346
	I. Recours de députés	346
	II. Recours du Premier ministre	351
61-521 :	Recours de députés contre la loi autorisant le Gouvernement à modifier par ordonnances les circonscriptions pour l'élection des membres de la Chambre des députés du TFAI	351
61-522 :	Recours contre la loi autorisant la visite des véhicules :	353
	I. Recours de M. Pierre Joxe et autres députés	353
	II. Recours de M. Robert Ballanger et autres députés	355
	III. Recours de M. Henri Caillavet et autres sénateurs	355

61-523 : Recours de députés contre la loi portant diverses mesures en faveur de l'emploi : 356
  I. Recours de M. Pierre Joxe et autres 356
  II. Recours de M. Maurice Andrieux et autres 357
61-524 : Recours de députés contre la loi modifiant l'article 4 de la loi de finances rectificative pour 1961 357
61-525 : Recours de députés contre la loi relative à la coopération intercommunale 358
61-526 : Recours de sénateurs contre la loi relative à la liberté de l'enseignement 360
61-527 : Recours de députés contre la loi de finances rectificative pour 1977 360
61-528 : Recours de députés contre la loi de finances pour 1978 361
61-529 : Recours de députés contre la loi relative à la mensualisation et à la procédure conventionnelle 361
61-530 : Recours de députés contre la loi relative aux rapports entre l'Etat et l'enseignement agricole privé 364
61-531 : Recours de députés contre la loi autorisant l'augmentation de la quote-part de la France au FMI. 365
61-532 : Recours contre la loi relative à l'enseignement et à la formation professionnelle agricole 365
  I. Recours de sénateurs 365
  II. Recours de députés 366
61-533 : Recours de députés contre la loi complétant la loi du 7 août 1974 relative à la radiodiffusion et à la télévision 370
61-534 : Recours de sénateurs contre la loi portant réforme de la procédure pénale 372
Document 61-600 : Allocution prononcée par M. Roger Frey, Président du Conseil constitutionnel le 8 novembre 1977 373
61-601 : Allocution prononcée par M. Giscard d'Estaing au Conseil constitutionnel le 8 novembre 1977 375

Article 62 377

Article 63 377

Titre VIII : De l'autorité judiciaire 379

Article 64 380

Article 65 380

Article 66 380

Titre IX : La Haute Cour de Justice 381

Article 67 382

Document 67-100 : Composition de la Haute Cour de Justice 382

Article 68 384

Titre X : Le Conseil économique et social — 385

Article 69 — 386
Document 69-100 : Bilan des activités du Conseil économique et social — 386
Document 69-200 : Bilan de l'utilisation de la procédure de l'alinéa 2 — 386

Article 70 — 387
Article 71 — 387

Titre XI : Des collectivités territoriales — 389

Article 72 — 390
Article 73 — 390
Article 74 — 390
Document 74-100 : Documents relatifs à la transformation du statut de St-Pierre-et-Miquelon — 391

Article 75 — 392
Article 76 — 392

Titre XII : De la Communauté — 393

Article 77 — 394
Article 78 — 394
Article 79 — 394
Article 80 — 394
Article 81 — 395
Article 82 — 395
Document 82-100 : Liste des sessions du Conseil exécutif de la Communauté — 395

Article 83 — 396
Document 83-100 : Liste des sessions du Sénat de la Communauté — 396

Article 84 — 396
Document 84-100 : Activité de la Cour arbitrale de la Communauté — 396

Article 85 — 397
Document 85-100 : Chronologie de la révision constitutionnelle du 4 juin 1960 — 397

Article 86 — 397
Document 86-100 : Liste des accords entre la France et les Etats membres de la Communauté portant transfert des compétences de la Communauté aux Etats — 398

Article 87 — 398

Titre XIII : Des accords d'association . . . 399
    Article 88 . . . 400

Titre XIV : De la révision . . . 401
    Article 89 . . . 402
Document 89-100 : Liste des projets de révision de la Constitution et suites données . . . 402
Document 89-200 : Déclarations sur l'utilisation de l'article 89 . . . 403
    I. M. Pompidou (24.10.1973) . . . 403
    II. M. Chandernagor 21-10-1974 . . . 403
    III. M. Giscard d'Estaing 8-11-1977 . . . 404
Document 89-300 : Liste des propositions de loi constitutionnelle déposées depuis l'entrée en vigueur de la Constitution . . . 404

Titre XV : Dispositions transitoires . . . 407
    Article 90 . . . 408
    Article 91 . . . 408
    Article 92 . . . 409

Allocution prononcée par M. Valéry Giscard d'Estaing le 28 septembre 1978 à l'occasion du vingtième anniversaire de la Constitution . . . 411

Documents généraux

DOCUMENT 00-100

Discours de M. Debré devant le conseil d'Etat le 27 août 1958

Avec une rapidité inouïe, au cours des dernières années, l'unité et la force de la France se sont dégradées, nos intérêts essentiels ont été gravement menacés, notre existence en tant que nation indépendante et libre mise en cause. A cette crise politique majeure, bien des causes ont contribué. La défaillance de nos institutions est, doublement, une de ces causes ; nos institutions n'étaient plus adaptées, c'est le moins qu'on puisse dire, et leur inadaptation était aggravée par de mauvaises mœurs politiques qu'elles n'arrivaient point à corriger.

L'objet de la réforme constitutionnelle est donc clair.

Il est d'abord, et avant tout, d'essayer de reconstruire un pouvoir sans lequel il n'est ni Etat, ni démocratie, c'est-à-dire en ce qui nous concerne, ni France, ni République.

Il est ensuite, dans l'intérêt supérieur de notre sécurité et de l'équilibre du monde, de sauvegarder et de rénover cet ensemble que nous appelons traditionnellement la France d'outre-mer.

Ces deux objectifs, à elle seule la Constitution ne permet pas de les atteindre. Mais elle doit être construite de telle sorte qu'elle ne soit pas un obstacle et qu'au contraire elle y aide puissamment.

Une première volonté a dominé ce projet : refaire le régime parlementaire de la République. Une seconde volonté a conduit à préciser comment, autour de la France, on pouvait établir une Communauté.

I. DONNER A LA FRANCE UN RÉGIME PARLEMENTAIRE

Le gouvernement a voulu rénover le régime parlementaire. Je serai même tenté de dire qu'il veut l'établir, car pour de nombreuses raisons la République n'a jamais réussi à l'instaurer.

La raison de ce choix est simple. Le régime d'assemblée, ou régime conventionnel, est impraticable et dangereux. Le régime présidentiel est présentement hors d'état de fonctionner en France.

L'IMPOSSIBLE RÉGIME D'ASSEMBLÉE

Le régime d'assemblée, ou conventionnel, est celui où la totalité du pouvoir, en droit et en fait, appartient à un Parlement, et plus précisément, à une Assemblée. L'Assemblée n'est pas seulement le pouvoir législatif et le contrôle budgétaire. Elle est la politique et le gouvernement, qui tient d'elle l'origine de son autorité et qui dépendant de son arbitraire, n'est que son commis. Ses décisions ne peuvent être critiquées par personne, fussent-elles contraires à la Constitution. Leur domaine est illimité et l'ensemble des pouvoirs publics est à leur discrétion. Le fonctionnement de l'Assemblée la met en mesure d'exercer cette tâche : sessions qui n'ont pratiquement pas de fin ; commissions multiples et puissantes ; système de vote par délégation qui permet de multiplier les séances et les scrutins.

Ai-je besoin de continuer la description ? Ce régime est celui que nous avons connu. On a tenté de corriger ses défauts en modifiant le règlement de l'Assemblée. Peine perdue ! Celles des modifications du règlement contraires au fonctionnement du régime conventionnel ne sont pas appliquées, ou elles sont impuissantes. On a tenté un nouveau remède en augmentant les pouvoirs de la deuxième assemblée. Peine également perdue ! La division en deux Chambres est une bonne règle du régime parlementaire, car elle permet à un gouvernement indépendant de trouver, par la deuxième assemblée, un secours utile contre la première : en régime conventionnel on neutralise ou plutôt on diminue l'arbitraire d'une Assemblée par l'autre sans créer l'autorité. On a tenté enfin un remède par des coalitions ou contrats entre partis. Peine toujours perdue ! L'entente entre factions ne résiste pas au sentiment d'irresponsabilité que donne à chacune d'entre elles et à ses membres le fonctionnement du régime d'assemblée.

LES DIFFICULTÉS MAJEURES DU RÉGIME PRÉSIDENTIEL

Le régime présidentiel est la forme de régime démocratique qui est à l'opposé du régime d'assemblée. Sa marque est faite de l'importance du pouvoir donné en droit et en fait à un chef d'Etat élu au suffrage universel.

Les pouvoirs, dans un tel régime, ne sont pas confondus. Ils sont au contraire fort rigoureusement séparés. Les Assemblées législatives sont dépourvues de toute influence gouvernementale : leur domaine est celui de la loi, et c'est un domaine bien défini. Elles approuvent également le budget et, normalement, les traités. En cas de conflit, le président, pour le résoudre, dispose d'armes telles que le veto ou la promulgation d'office. La justice occupe une place à part et d'ordinaire privilégiée afin d'assurer la défense des individus contre ce chef très puissant et contre les conséquences d'une entente entre ce chef et les Assemblées.

Les qualités du régime présidentiel sont évidentes. L'Etat a un chef, la démocratie un pouvoir et la tentation est grande, après avoir pâti de l'anarchie et de l'impuissance, résultats d'un régime conventionnel, de chercher refuge dans l'ordre et l'autorité du régime présidentiel.

Ni le Parlement dans sa volonté de réforme manifestée par la loi du 3 juin, ni le gouvernement lorsqu'il a présenté, puis appliqué, cette loi, n'ont succombé à cette tentation, et c'est, je crois, sagesse. La démocratie en France suppose un Parlement doté de pouvoirs politiques. On peut imaginer deux assemblées législatives et budgétaires uniquement, c'est-à-dire subordonnées. Mais nous devons constater que cette conception ne coïncide pas avec l'image traditionnelle, et, à bien des égards, légitime, de la République.

A cette raison de droit, s'ajoutent deux raisons de fait qui sont, l'une et l'autre, décisives.

Le président de la République a des responsabilités outre-mer ; il est également le président de la Communauté. Envisage-t-on un corps électoral comprenant, universellement, tous les hommes, toutes les femmes de la France métropolitaine, de l'Algérie, de l'Afrique noire, de Madagascar, des îles du Pacifique ? Cela ne serait pas raisonnable et serait gravement de nature à nuire à l'unité de l'ensemble comme à la considération que l'on doit au chef de l'Etat.

Regardons, d'autre part, la situation intérieure française et parlons politique. Nous voulons une forte France. Est-il possible d'asseoir l'autorité sur un suffrage si profondément divisé ? Doit-on oublier qu'une part importante de ce suffrage, saisie par les difficultés des années passées, adopte, à l'égard de la souveraineté nationale, une attitude de révolte qu'un certain parti encadre avec force pour des objectifs que les hommes de l'Etat et de gouvernement ne peuvent accepter ?

La cause me paraît entendue. Le régime présidentiel est actuellement dangereux à mettre en œuvre.

LES CONDITIONS DU RÉGIME PARLEMENTAIRE

Pas de régime conventionnel, pas de régime présidentiel : la voie devant nous est étroite, c'est celle du régime parlementaire. A la confusion des pouvoirs dans une seule assemblée, à la stricte séparation des pouvoirs avec priorité au chef de l'Etat, il convient de préférer la collaboration des pouvoirs — un chef de l'Etat et un Parlement séparés, encadrant un gouvernement issu du premier et responsable devant le second, entre eux un partage des attributions donnant à chacun une semblable importance dans la marche de l'Etat et assurant les moyens de résoudre les conflits qui sont, dans tout système démocratique, la rançon de la liberté.

Le projet de Constitution, tel qu'il vous est soumis, a l'ambition de créer un régime parlementaire. Il le fait par quatre mesures ou séries de mesures :

1. un strict régime des sessions ;

2. un effort pour définir le domaine de la loi ;

3. une réorganisation profonde de la procédure législative et budgétaire ;

4. une mise au point des mécanismes juridiques indispensables à l'équilibre et à la bonne marche des fonctions politiques.

1. Les Assemblées, en régime parlementaire, ne sont pas des organes permanents de la vie politique. Elles sont soumises à des sessions bien déterminées et assez longues pour que le travail législatif, le vote du budget et le contrôle politique soient assurés dans de bonnes conditions, mais aménagées de telle sorte que le gouvernement ait son temps de réflexion et d'action.

Le texte qui vous est soumis prévoit deux sessions ordinaires, l'une à l'automne, de deux mois et demi, et destinée avant tout au budget, l'autre au printemps, de trois mois au plus, et destinée avant tout au travail législatif. Des sessions extraordinaires peuvent être décidées à la volonté du gouvernement ou de la majorité du Parlement ; leur objet et leur durée sont limités. Les unes et les autres sont prolongées d'une manière automatique si le gouvernement n'a pas déposé le budget en temps voulu ou si l'opposition, par une motion de censure, entend imposer un débat de politique générale. De nouvelles élections, un message extraordinaire du président de la République peuvent amener également de courtes sessions extraordinaires.

Cette réglementation, stricte mais libérale, doit satisfaire aussi bien les exigences du gouvernement que celles de l'opposition.

2. L'article où l'on a tenté de définir le domaine de la loi est de ceux qui ont provoqué le plus d'étonnement. Cette réaction est surprenante. Du point de vue des principes, la définition est normale et c'est la confusion de la loi, du règlement, voire de la mesure individuelle qui est une absurdité. Du point de vue des faits, notre système juridique était arrivé à un tel point de confusion et d'engorgement qu'un des efforts les plus constants, mais tenté en vain au cours des dernières années, était de « désencombrer » un ordre du jour parlementaire accablé par l'excès des lois passées depuis tant d'années en des domaines où le Parlement n'a pas normalement compétence législative. Un observateur de notre vie parlementaire aurait pu, entre les deux guerres, mais davantage encore depuis la Libération, noter cette double déviation de notre organisation politique ; un Parlement accablé de textes et courant en désordre vers la multiplication des interventions de détail, mais un gouvernement traitant sans intervention parlementaire des plus graves problèmes nationaux. Le résultat de ces deux observations conduisait à une double crise : l'impuissance de l'Etat du fait que l'administration était ligotée par des textes inadmissibles, la colère de la nation, du fait qu'une coalition partisane placée au gouvernement la mettait devant de graves mesures décidées sans avoir été préalablement soumises à un examen sérieux. Définir le domaine de la loi, ou plutôt du Parlement, ce n'est pas réduire la vie parlementaire, c'est également, par détermination des responsabilités du gouvernement, assurer entre le Ministère et les Assemblées une répartition nécessaire des tâches.

Tout ce qui touche aux libertés publiques et aux droits individuels ne peut être réglementé que par la loi. Tout ce qui touche aux pouvoirs publics et aux structures fondamentales de l'Etat ne peut être réglementé que par la loi. En d'autres domaines — attributions de l'Etat dans la vie économique et sociale notamment — la loi fixe les principes. Le budget, les traités importants sont du domaine de la loi. Le Parlement doit ratifier l'état de siège. Il est seul compétent pour déclarer la guerre. Votre commission envisage qu'une loi organique pourra, après examen, étendre ce domaine ; à ce correctif, qu'il faudra employer avec prudence, le gouvernement ne fait pas obstacle, car il donnera une souplesse utile à un partage dont le principe est nécessaire.

La définition du domaine de la loi rend au règlement, c'est-à-dire à la responsabilité du gouvernement, un domaine étendu. Il faut en outre qu'une arme soit donnée au gouvernement pour éviter les empiétements à venir ; c'est l'exception d'irrecevabilité qui peut être contestée par l'Assemblée, auquel cas le Conseil constitutionnel, dont nous parlerons tout à l'heure, a mission d'arbitrer.

Le gouvernement peut accepter, à l'occasion, une intervention parlementaire hors le domaine de la loi. Cette intervention ne modifie pas le partage ni ses conséquences. En sens inverse, le Parlement peut déléguer au gouvernement le droit de statuer en matière législative : à l'expiration de la délégation, le législateur retrouve son domaine.

3. Notre procédure législative et budgétaire était une des marques les plus nettes du caractère d'assemblée qui était celui de notre régime démocratique. Le texte soumis à vos délibérations propose des modifications qui peuvent à certains paraître secondaires ; en droit et en fait, elles sont fondamentales.

Le gouvernement peut exercer une influence décisive dans la fixation de l'ordre du jour des assemblées. Il a le droit en effet d'exiger la priorité pour ses projets, également pour les propositions qu'il accepte. Ainsi, on ne verra plus un gouvernement déposer un projet et se désintéresser de son sort. Ainsi on ne verra plus une assemblée obliger le gouvernement à une discussion d'ordre politique simplement pour obtenir le fonctionnement de la procédure législative. Si ce gouvernement « nourrit » les Assemblées, celles-ci travailleront de concert avec lui. Cette règle a sa contrepartie normale ; un jour par semaine est réservé aux questions des parlementaires. La voix de l'opposition est ainsi assurée de se faire entendre.

Le nombre des commissions permanentes est réduit à six dans chaque Assemblée et en aucun cas le texte établi par la commission ne peut se substituer au texte du gouvernement. Les commissions sont d'utiles organes d'études et de contrôle à condition qu'elles ne soient pas trop spécialisées — elles se substituent alors à l'Administration ou exercent sur les services une influence qui n'est pas d'une bonne nature — et à condition qu'elles donnent un avis sur le texte qui leur est présenté, sans avoir l'inadmissible responsabilité d'en établir un autre, contre lequel le gouvernement — qui, lui, est responsable — se trouve dans une situation défensive, c'est-à-dire périlleuse et, en toute hypothèse, absurde.

La procédure législative est profondément rénovée et, j'ose le dire, améliorée. La règle est de nouveau celle des lois de 1875 ; il faut l'accord des deux Assemblées. Est également maintenue en vigueur la règle traditionnelle du Parlement français : celle du droit d'amendement de chaque parlementaire. Mais des transformations importantes ont été décidées.

D'abord le droit d'amendement peut être réglementé : c'est-à-dire que les Assemblées peuvent fixer un délai au-delà duquel il est interdit de déposer de nouveaux amendements : ce délai est celui de l'examen en commission. Le gouvernement peut également demander un vote d'ensemble pour rejeter une série d'amendements.

Ensuite le gouvernement peut hâter la discussion législative en provoquant, après qu'une première lecture dans chaque Chambre ait révélé des oppositions, la réunion d'une commission paritaire de députés et de sénateurs. Le texte issu des délibérations de cette commission est proposé aux deux Chambres. Au cas où cette procédure n'aboutit pas, et après un nouvel examen par les deux Chambres, le gouvernement peut demander à l'Assemblée nationale de statuer en dernier ressort. Cette procédure a fait ses preuves à l'étranger. Elle est de nature à créer une véritable et efficace délibération parlementaire.

Cette description de la nouvelle procédure législative ne serait pas complète si elle n'était suivie de l'indication des règles précises que le projet fixe à la procédure budgétaire. Le temps des débats est limité pour les deux Chambres et les amendements qui diminuent les recettes ou augmentent les dépenses sont interdits. Quand le temps des débats est écoulé, — à condition que le budget ait été déposé en temps voulu — le gouvernement peut promulguer la loi de finances. Les expériences que nous avons vécues depuis trop d'années justifient cette procédure qui peut paraître brutale à qui ne connaît pas la brutalité semblable de tous les régimes parlementaires disciplinés.

Une dernière innovation est à signaler, dont l'objet est de diminuer l'arbitraire, tant gouvernemental que parlementaire, en tout ce qui touche les pouvoirs publics. La Constitution ne peut pas tout réglementer en ce domaine. Il n'est pas bon, cependant, qu'une loi soit hâtivement rédigée et votée. Une procédure particulière simplement marquée par un long temps de réflexion et des pouvoirs accrus du Sénat est destinée à faire des lois organiques des textes dotés d'une plus grande stabilité, c'est-à-dire, comme il se doit, entourés d'un plus grand respect. Le fonctionnement des assemblées, les grandes règles de l'organisation de l'Etat, la magistrature, feront l'objet, notamment, de lois organiques.

4. Le projet de Constitution, rédigé à la lumière d'une longue et coûteuse expérience, comporte certains mécanismes très précis qui n'auraient pas leur place dans un texte de cette qualité si nous ne savions qu'ils sont nécessaires pour changer les mœurs. Quand on veut briser de mauvaises habitudes, il faut de rigoureux impératifs. C'est dans cette catégorie de mesures qu'il faut ranger l'obligation du vote personnel, les incompatibilités qui accompagnent la fonction ministérielle, le contrôle de la constitutionnalité des lois, enfin la procédure minutieuse de la motion de censure.

L'obligation du vote personnel est une exigence morale et politique à la fois. Depuis plus d'un demi-siècle le Parlement français est le seul au monde qui puisse délibérer en l'absence de parlementaires, grâce au système inouï dit des « boîtiers ». On ne peut, à la vérité, trouver meilleure preuve du régime d'assemblée, car ce mécanisme permet d'assurer la permanence parlementaire et de réduire en servitude le gouvernement. Aucun effort réglementaire n'a permis de redresser la situation. Bien au contraire, le recours, dans la précédente Constitution, à des majorités qualifiées pour des votes, sinon ordinaires, du moins courants, a abouti à donner obligatoirement le caractère constitutionnel au vote par délégation. On ne peut imaginer manifestation plus nette, ni cause plus dangereuse, de la déviation de notre régime. La délégation de vote est si coutumière que le projet n'a pas osé l'annuler totalement, mais les dispositions prises doivent la faire disparaître. La délégation, en effet, doit demeurer très exceptionnelle. Quand elle sera admise, nul ne pourra avoir plus de deux bulletins. C'est déjà un immense et profond changement et il faut souhaiter que la loi d'application soit des plus strictes.

L'incompatibilité des fonctions ministérielles et du mandat parlementaire a fait, et fera encore, couler beaucoup d'encre. On peut estimer en effet qu'une telle mesure n'est pas dans la nature du régime parlementaire. Certes, il faut des incompatibilités, mais, dans les pays parlementaires anglo-saxons, elles existent plutôt entre le mandat local et le mandat parlementaire : c'est le régime présidentiel qui pratique la césure entre ministre et député ou sénateur. Cependant, la pratique française qui ne connaît quasiment aucune incompatibilité, a favorisé l'instabilité d'une manière telle qu'il serait coupable de ne pas réagir ! La fonction ministérielle est devenue un galon, une étoile ou plutôt une brisque comme les militaires en connaissent, et qui rappelle une campagne. On reconnaît les politiciens chevronnés au nombre de brisques qu'ils portent sur la manche ! Le pouvoir n'est plus exercé pour le pouvoir : il est ambitionné pour le titre qu'il donne et les facilités de carrière ou d'influence qu'il procure à ceux qui l'ont approché ou qui sont susceptibles de l'approcher encore. Au début de la III⁰ République, les mœurs étaient différentes. C'était le temps où le vote personnel était encore de rigueur et les parlementaires qui devenaient ministres ne votaient plus, ne siégeaient plus. Jules Ferry, à la veille du débat sur l'affaire de Langson, dont il devinait qu'il pouvait lui être fatal, rappela cependant cette règle à ses ministres. Quelle chute dans nos mœurs depuis cette époque ! La règle de l'incompatibilité est devenue une sorte de nécessité pour briser ce qu'il était convenu d'appeler la « course aux portefeuilles », jeu mortel pour l'État. Le projet l'étend de telle sorte qu'il est bien entendu pour tous que l'on ne pourra désormais accéder à une fonction ministérielle qu'à condition de s'y consacrer entièrement.

Il fallait enfin supprimer cet arbitraire parlementaire qui, sous prétexte de souveraineté, non de la Nation (qui est juste), mais des Assemblées (qui est fallacieux), mettait en cause, sans limites, la valeur de la Constitution, celle de la loi, et l'autorité des gouvernements.

La création du « Conseil constitutionnel » manifeste la volonté de subordonner la loi, c'est-à-dire la décision du Parlement, à la règle supérieure édictée par la Constitution. Il n'est ni dans l'esprit du régime parlementaire, ni dans la tradition française, de donner à la justice, c'est-à-dire à chaque justiciable, le droit d'examiner la valeur de la Loi. Le projet a donc imaginé une institution particulière que peuvent seules saisir quatre autorités : le président de la République, le Premier ministre, les deux présidents d'Assemblées. A ce Conseil d'autres attributions ont été données, notamment l'examen du règlement des assemblées et le jugement des élections contestées, afin de faire disparaître le scandale des invalidations partisanes. L'existence de ce Conseil, l'autorité qui doit être la sienne représentent une grande et nécessaire innovation. La Constitution crée ainsi une arme contre la déviation du régime parlementaire.

La difficile procédure de la *motion de censure* doit tempérer le défaut que nous connaissons bien et depuis trop longtemps. La question de confiance est l'arme du gouvernement, et de lui seul. Les députés ne peuvent user que de la motion de censure, et celle-ci est entourée de conditions qui ne sont discutées que par ceux qui ne veulent pas se souvenir. L'expérience a conduit à prévoir en outre une disposition quelque peu exceptionnelle pour assurer, malgré les manœuvres, le vote d'un texte indispensable.

Faisons le bilan. Régime des sessions, domaine de la loi, procédure législative, mécanismes du fonctionnement des assemblées : en vérité il n'est rien qui ne soit justifié par notre passé, proche ou moins proche — il n'est rien qui ne soit inspiré par la volonté d'assurer la bonne marche des institutions parlementaires.

S'il n'y avait les pouvoirs du Sénat, l'incompatibilité des fonctions ministérielles et la règlementation détaillée de la motion de censure, on pourrait dire que rien de ce qui est contenu dans le projet n'est nouveau, car on le trouve dans les Constitutions ou les traditions des pays parlementaires, notamment de la Grande-Bretagne. Il est d'ailleurs facile de comprendre pourquoi il faut à la France une puissante deuxième Chambre, des ministres indépendants du Parlement, et une procédure difficile de la motion de censure : notre régime électoral nous empêche de connaître les majorités cohérentes qui assurent, sans règles détaillées, la bonne marche du régime parlementaire. Ah ! si nous avions la possibilité de faire surgir demain une majorité nette et constante, il ne serait pas nécessaire de prévoir un Sénat dont le rôle principal est de soutenir, le cas échéant, un gouvernement contre une assemblée trop envahissante parce que trop divisée ; il ne serait pas besoin de faire régner l'ordre et la stabilité en coupant les liens entre les partis et le gouvernement ; il ne serait pas utile de consacrer de longs développements à la motion de censure. Mais quelque désir que l'on ait d'une loi électorale neuve et majoritaire et quelque nécessaire qu'elle soit, nul n'a le droit en France, présentement, de tirer une traite sur un avenir dont nous savons trop bien qu'il sera fait longtemps encore de divisions politiques, c'est-à-dire de majorités menacées, trop aisément, d'éclatement, et qu'il faut contraindre à la sagesse. Parce qu'en France la stabilité gouvernementale ne peut résulter d'abord de la loi électorale, il faut qu'elle résulte au moins en partie de la réglementation constitutionnelle, et voilà qui donne au projet son explication décisive et sa justification historique. Si nous voulons que le futur régime parlementaire de la démocratie française ne connaisse qu'un gouvernement par législature, il n'est pas possible d'agir autrement.

II. CRÉER UNE COMMUNAUTÉ

L'œuvre de la France a été immense outre-mer. L'Empire de la III⁰ République a été, quand on le considère avec quelque recul, une entreprise colossale et digne de la plus haute admiration. La France d'outre-mer, l'Union française ont tenté de maintenir cette entreprise qui n'était pas seulement notre gloire, et grâce à nous une gloire de la civilisation occidentale, mais qui était également un instrument de notre sécurité et, enfin, disons-le très haut, un des fondements de l'équilibre politique du monde.

C'est toujours pour notre gloire, c'est toujours pour la civilisation occidentale, c'est toujours pour notre sécurité et pour l'équilibre du monde, enfin, dernier élément mais non le moindre, pour la santé, la paix, le développement de l'Afrique qu'il faut aujourd'hui, compte tenu de l'évolution des masses et de l'état d'esprit des élites, bâtir un ensemble nouveau et le bâtir avec l'accord des populations intéressées.

LES DÉPARTEMENTS D'OUTRE-MER

La France d'outre-mer comprend d'abord des départements qui font partie de la République et ne peuvent ni ne doivent la quitter. Qu'il s'agisse de ces départements issus de ce qu'il était convenu d'appeler les vieilles colonies : Guyane, Martinique, Guadeloupe, Réunion ; qu'il s'agisse, à notre porte, des départements d'Algérie, il n'est rien changé et il ne peut rien être changé quant aux principes. La République n'est pas seulement la France métropolitaine, elle est aussi, elle est tout autant ces départements dont les territoires sont français, et dont les citoyens sont Français. On peut et l'on doit envisager, pour les uns et pour les autres, sans règle générale, et simplement selon des cas particuliers, une évolution qui les conduise à une organisation administrative particulière, voire, dans certains cas, à des dispositions spéciales du point de vue législatif : de telles mesures peuvent être prises, et le projet de Constitution les prévoit, mais elles seront prises par le Parlement et ne peuvent avoir d'autre cadre politique que le cadre de la République.

LE CHOIX DES TERRITOIRES D'OUTRE-MER

Ce que nous appelons l'Union française comprend l'immense Afrique noire, Madagascar, la Nouvelle-Calédonie, la Côte des Somalis, et, ici ou là, les territoires isolés.

Il faut, dans cet ensemble, faire trois parts : une première comprend la Nouvelle-Calédonie où la proportion d'habitants d'origine européenne est très forte, également la Côte des Somalis, les îles des Comores, les îles du Pacifique, Saint-Pierre-et-Miquelon, fractions isolées de la France, et qui ne peuvent en aucun cas prétendre vivre seules.

Une seconde catégorie, à l'opposé, est constituée par la grande île de Madagascar qui fut un Etat et forme un ensemble où, malgré les différences intérieures, on peut, d'ores et déjà, considérer qu'une sorte d'unité est réalisée.

La troisième catégorie comprend les territoires de l'Afrique française. Afrique occidentale, Afrique équatoriale, — ces territoires sont pris par les forces que vous savez et leurs élites ont des ambitions souvent justes, parfois démesurées, que vous savez également. Ni l'Afrique occidentale, ni l'Afrique équatoriale ne forment encore des ensembles cohérents — peut-être n'en formeront-elles jamais, car elles sont constituées par des territoires où le degré d'évolution politique, économique et social est très variable.

Juridiquement, par le texte qui vous est soumis, politiquement par le voyage et les allocutions du général de Gaulle, les territoires de l'Union française ont le choix entre trois solutions : ils peuvent demeurer à l'intérieur de la République, et, de ce fait, rapprocher leur statut de celui du département d'outre-mer ; ils peuvent, en second lieu, choisir le nouveau statut d'Etat membre de la Communauté ; ils peuvent enfin faire sécession, c'est-à-dire sous le nom d'indépendance, briser tous les liens qui les unissent à la fois à la France et aux autres Etats de l'Union française, demain de la Communauté.

Le choix leur est offert une fois par ce référendum. Le texte envisagé par la suite que des modifications peuvent être apportées, c'est-à-dire que le choix n'est définitif ni pour le territoire ni pour la France. Mais il est bien entendu que tout l'effort porte pour que ces parties de la France d'outre-mer demeurent autour de la France. Les unes, telles la Calédonie, Tahiti, la Somalie, Saint-Pierre-et-Miquelon, les Comores, peuvent et doivent sans doute se diriger vers le statut qui les intègre à la République, c'est-à-dire qui maintient leur statut actuel, mais, en ce qui concerne Madagascar et l'Afrique noire, l'objectif du gouvernement est clair : il est de constituer avec eux la Communauté.

LA COMMUNAUTÉ

La Communauté n'est pas une fédération : une fédération est un Etat, c'est-à-dire qu'elle suppose, à sa base, un sentiment national puissant à l'unité malgré les différenciations administratives. La Communauté n'est pas davantage une Confédération : il y a de trop fortes inégalités entre les participants et, en même temps, on ne peut pas affirmer qu'il existe partout des sentiments nationaux d'une égale force, et capable de soutenir des Etats au sens plein du terme.

La Communauté est donc une construction d'un type nouveau, qui se définit pour une part considérable par le passé commun de la France et de l'Afrique et pour une autre part par un effort pour constituer un ensemble destiné à forger une solidarité politique de tous les participants.

Cette Communauté se définit d'abord par des attributions communes. Défense, affaires étrangères, économies et finances, gestion des matières premières stratégiques, — telle est la base du pacte. Des attributions supplémentaires sont possibles, notamment en ce qui concerne les transports, la justice et l'enseignement supérieur, s'il n'y a point d'options différentes du fait des parties. D'autres attributions pourront être ajoutées, si les participants le souhaitent.

Pour soutenir ces attributions, des organes communs sont institués. Le premier de tous, c'est, par la force des choses, le président de la République, qui est le président de la Communauté. C'est pourquoi son collège électoral métropolitain sera complété par une délégation des assemblées législatives et locales de chaque Etat de la future Communauté. Cette participation sera définie par voie d'accord.

A côté du président l'organe essentiel est le conseil exécutif formé du Premier ministre de la République et de ceux des membres de la République qui exercent les attributions communes ; avec eux, et sur pied d'égalité, siègent les présidents des gouvernements des Etats membres.

Aux côtés du Conseil exécutif est institué un Sénat. Ce Sénat de la Communauté sera composé d'une part de députés et de sénateurs de la métropole désignés par leurs assemblées respectives, d'autre part de députés des assemblées législatives des Etats membres, désignés dans des conditions analogues. Ce Sénat sera ainsi constitué de parlementaires qui auront qualité pour représenter les organes de la souveraineté de chacun des participants. Ce Sénat délibère sur les problèmes importants, intérieurs ou extérieurs, de la Communauté. Il n'a point de pouvoirs de décision, sauf lorsque les Etats membres lui auront délégué, pour certaines matières, le droit de les engager.

Une Cour d'arbitrage doit intervenir en cas de conflit entre les membres de la Communauté.

Cette analyse des attributions, et cette description des organes de la Communauté prouvent le caractère particulier de l'œuvre qui est entreprise. Il n'est pas institué, pour cet ensemble, un régime parlementaire : il s'agit d'un régime fondé sur l'autorité collégiale des responsables politiques de chaque Etat, avec un arbitre suprême qui est le président de la Communauté et, pour la défense des intérêts communs, également pour le développement d'une conscience commune, une assemblée représentative des pouvoirs législatifs.

L'avenir de cet ensemble sera fonction de l'autorité de la France et de l'intérêt qu'y prendront les divers participants. L'évolution de cet ensemble ne peut être définie par aucun texte et il est même dangereux d'exiger trop de précisions au départ. Une disposition particulière prévoit que le titre sur les institutions peut être révisé sans recourir à la procédure solennelle de la « révision constitutionnelle », c'est-à-dire qu'une loi peut y pourvoir, à condition qu'elle ait l'accord des assemblées législatives et, en particulier, du Sénat de la Communauté. Cette procédure a pour objet de permettre les évolutions qui seront nécessaires et, ce que l'on doit souhaiter, dans le sens du renforcement de cette Communauté.

LES ACCORDS D'ASSOCIATION

Il y a quelques années, l'Union française débordait largement le continent africain : elle comprenait les Etats d'Indochine ; on pouvait également considérer comme appartenant à l'ensemble français les deux protectorats de Tunisie et du Maroc. Les événements ont été ceux que vous savez.

Est-il possible, au cas où l'évolution du monde et l'autorité de la France le permettraient, d'envisager avec ces Etats d'Asie ou d'Afrique blanche, dont le destin a été si longtemps lié au nôtre, des accords internationaux qui permettraient d'établir sur des bases particulières nos rapports avec eux ?

Le gouvernement n'a pas voulu l'interdire, et il a même osé l'espérer : un titre spécial prévoit des « accords d'association ». On peut envisager des formes d'assistance technique et culturelle, voire des collaborations diplomatiques, qui donnent à ces traités nouveaux des formes d'entente plus étroite que les habituelles alliances.

III. LE PRÉSIDENT DE LA RÉPUBLIQUE

Si vous me permettez une image empruntée à l'architecture, je dirai qu'à ce régime parlementaire neuf, et à cette Communauté qui commence à s'ébaucher, il faut une clef de voûte. Cette clef de voûte, c'est le Président de la République.

SES POUVOIRS

Chaque fois, vous le savez, qu'il est question, dans notre histoire constitutionnelle, des pouvoirs du Président de la République, un curieux mouvement a pu être observé ; une certaine conception de la démocratie voit, a priori, dans tout Président de la République, chef de l'Etat, un danger et une menace pour la République. Ce mouvement existe encore de nos jours. N'épiloguons pas et admirons plutôt la permanence des idéologies constitutionnelles.

Le président de la République doit être la clef de voûte de notre régime parlementaire. Faute d'un vrai chef d'Etat, le gouvernement, en l'état de notre opinion, en fonction de nos querelles historiques, manque d'un soutien qui lui est normalement nécessaire. C'est dire que le Président de notre République ne peut être seulement, comme en tout régime parlementaire, le chef d'Etat qui désigne le Premier ministre, voire les autres ministres, au nom de qui les négociations internationales sont conduites et les traités signés, sous l'autorité duquel sont placées l'armée et l'administration. Il est, dans notre France aux divisions intestines qui ont un tel pouvoir sur la scène politique, le juge supérieur de l'intérêt national. A ce titre, il demande, s'il l'estime utile, une deuxième lecture des lois dans le délai de leur promulgation (disposition déjà prévue et qui est désormais classique) ; il peut également (et ces pouvoirs nouveaux sont d'un intérêt considérable) saisir le Comité constitutionnel s'il a des doutes sur la valeur de la loi au regard de la Constitution. Il peut apprécier si le référendum, qui doit lui être demandé par le Premier ministre ou les présidents des Assemblées, correspond à une exigence nationale. Enfin il dispose de cette arme capitale de tout régime parlementaire qui est la dissolution.

Est-il besoin d'insister sur ce que représente la dissolution ? Elle est l'instrument de la stabilité gouvernementale. Elle peut être la récompense d'un gouvernement qui paraît avoir réussi, la sanction d'un gouvernement qui paraît avoir échoué. Elle permet entre le chef de l'Etat et la nation un bref dialogue qui peut régler un conflit ou faire entendre la voix du peuple à une heure décisive.

Ce tableau rapidement esquissé montre que le Président de la République, comme il se doit, n'a pas d'autre pouvoir que celui de solliciter un autre pouvoir : il sollicite le Parlement, il sollicite le Comité constitutionnel, il sollicite le suffrage universel. Mais cette possibilité de solliciter est fondamentale.

En tant que président de la Communauté, le Président de la République dispose de pouvoirs qui ne sont pas de même nature, car il n'est plus, là, le chef d'un Etat parlementaire. Il est le chef d'un régime politique collégial, destiné par l'autorité de son président, et par l'autorité des gouvernements membres, à faciliter la création d'une politique commune. Le président de la Communauté représente toute la Communauté et c'est à cet égard que son autorité en matière de défense nationale et d'affaires étrangères est essentielle. Il préside le Conseil exécutif, il saisit le Sénat de la Communauté.

A ces pouvoirs normaux du chef de l'Etat, soit en tant que Président de la République parlementaire, soit en tant que président de la Communauté, le projet de Constitution ajoute des pouvoirs exceptionnels. On en a tant parlé qu'on n'en parle plus, car, sans doute, certains esprits s'étaient un peu hâtés de critiquer avant de lire attentivement. Quand des circonstances graves, intérieures ou extérieures, et nettement définies par un texte précis, empêchent le fonctionnement des pouvoirs publics, il est normal à notre époque dramatique, de chercher à donner une base légitime à l'action de celui qui représente la légitimité. Il est également normal, il est même indispensable, de fixer à l'avance certaines responsabilités fondamentales. A propos de cet article on a beaucoup parlé du passé. On a moins parlé de l'avenir, et c'est pourtant pour l'avenir qu'il est fait. Doit-on, en 1958, faire abstraction des formes modernes de guerre ? A cette question la réponse est claire : on n'a pas le droit, ni pour ce cas ni pour d'autres, d'éliminer l'hypothèse de troubles profonds dans notre vie constitutionnelle. C'est pour l'hypothèse de ces troubles profonds qu'il faut solennellement marquer où sont les responsabilités, c'est-à-dire les possibilités d'action.

SA DÉSIGNATION

Cette responsabilité normale du chef de l'Etat en régime parlementaire, cette responsabilité normale du chef de l'Etat à la tête de la Communauté, cette responsabilité exceptionnelle du chef de l'Etat en période tragique, voilà qui exige que sa désignation soit entourée de soins particuliers.

Peut-on continuer, selon la tradition depuis 1875, de le faire désigner par les deux Chambres du Parlement ? Nous savons où mène un tel collège électoral ; le Président de la République est un arbitre entre les partis membres du Parlement, et cet arbitre, quelle que soit sa valeur morale, éprouve beaucoup de mal à sortir de l'étroit domaine où il est enfermé moins par les textes que par son mode d'élection. Il faut à la République et à la Communauté une personnalité qui soit bien plus qu'un arbitre entre les partis et il est peu probable qu'un collège électoral réduit au seul Parlement puisse aboutir au résultat souhaité. Au surplus, le Parlement, demain, sera la République seule, c'est-à-dire la métropole, les départements d'outre-mer, quelques territoires. Or des représentants de la Communauté doivent être présents si l'on veut marquer au départ la double fonction du Président de la République.

Le suffrage universel ne donne pas un corps électoral normal dans un régime parlementaire. Le président, qui est l'élu du suffrage universel, est un chef politique attaché à l'œuvre quotidienne du gouvernement et du commandement : recourir au suffrage universel, c'est recourir à la constitution présidentielle qui a été écartée pour les raisons qui ont été dites au début de cet exposé.

On est alors mené par la force des choses à un collège composé d'élus politiques qui ne soient pas seulement des parlementaires, les conseillers généraux, les conseillers municipaux. La seule difficulté de ce collège est constituée par le grand nombre de petites communes et la représentation relativement faible des grandes villes. Ce problème est un problème politique, mais il faut bien voir qu'il est posé par une caractéristique nationale que nous devons admettre à moins de sombrer dans l'idéologie. La France est composée de milliers et de milliers de communes : ce fait est un fait français, un des aspects fondamentaux de notre sociologie. Les inconvénients de cette force considérable des petites communes doivent, il est vrai, être corrigés. Le projet qui vous est soumis accorde aux grandes villes une représentation équitable en donnant à leurs Conseils municipaux la possibilité d'élire des électeurs supplémentaires proportionnellement à la population ; en réduisant par ailleurs la représentation des Conseils municipaux des communes et des petites villes soit au maire seul, soit au maire et à ses adjoints, soit à un petit nombre de conseillers municipaux, le projet rétablit un équilibre raisonnable. En même temps, sur des bases identiques, également très valables, on peut parvenir à une représentation dans le collège électoral du Président de la République, des territoires et des futurs Etats de la Communauté.

Pour assurer la légitimité du chef de la République française, il faut donner à son corps électoral une image aussi conforme que possible de ce qu'est la France politique. Pour assurer la légitimité du chef futur de la Communauté, il faut assurer une participation raisonnable des Etats membres à ce collège électoral. Le projet s'est attaché à répondre à cette double préoccupation ; il n'aboutit donc pas, comme vous le voyez, à un mécanisme qui aurait été inventé pour faire élire le général de Gaulle, lequel n'a pas besoin d'un tel mécanisme ! Le projet a pour ambition d'établir l'élection du Président de la République sur des bases telles qu'il réponde aux nécessités de notre siècle.

CONCLUSION

Réforme du régime parlementaire, effort pour construire une Communauté, enfin, et pour l'un et pour l'autre, définition des nouvelles fonctions du Président de la République et désignation précise de son corps électoral, ai-je besoin de vous dire en terminant que cette tâche a été entreprise dans le respect des principes fixés d'un commun accord entre le gouvernement du général de Gaulle et les Assemblées parlementaires, accord qui s'est manifesté par la loi du 3 juin dernier.

Seul le suffrage universel est la source du pouvoir. — Qu'il s'agisse du législatif et de l'exécutif, cette règle a été respectée. Le collège électoral, le mode de scrutin pour l'élection du Président de la République, ont été précisés dans la Constitution même. En ce qui concerne les Assemblées, nous sommes demeurés dans la tradition républicaine : la loi électorale de l'une et de l'autre est extérieure à la Constitution. Il est simplement entendu que les députés sont élus au suffrage universel direct, et que le Sénat assure la représentation des collectivités territoriales. Les règles fondamentales de la démocratie française sont donc maintenues.

Le pouvoir exécutif et le pouvoir législatif doivent être effectivement séparés. — De bons esprits ont fait remarquer que la séparation des pouvoirs était un dogme caduc. S'il s'agit de nous apprendre qu'il n'y a pas séparation absolue des pouvoirs mais qu'en fait comme en droit le pouvoir est « un », je n'ai pas attendu ces bons esprits pour le savoir et je l'ai même écrit avant eux. Mais ce que ces bons esprits ne disent pas, c'est que faute de séparation dans la nomination et l'organisation des différentes fonctions suivies d'un partage dans les tâches, le régime vire à la dictature : tout caduc qu'est le dogme de la séparation des pouvoirs, il faut cependant que les fonctions essentielles du pouvoir soient divisées, si l'on veut éviter l'arbitraire, et tenter d'associer à la fois autorité et liberté. Le texte qui vous est présenté établit, pour la première fois dans notre histoire constitutionnelle d'une manière aussi nette, la séparation des autorités à l'origine de leur pouvoir et leur collaboration pour réaliser l'unité de pensée et d'action.

Le gouvernement doit être responsable devant le Parlement. — Ce principe est la ligne directe du régime parlementaire que le projet a l'ambition d'instituer. Ce principe ne signifie pas que la responsabilité doit être égale devant les deux Chambres. Le Parlement de la République comprend, comme il se doit, selon notre tradition, une Assemblée nationale et un Sénat, mais cette seconde Chambre (qui reprend son nom ancien) ne doit pas sortir du rôle éminent qui est le sien, rôle législatif, rôle budgétaire : les attributions politiques sont le fait de l'Assemblée nationale, et ce n'est qu'à titre exceptionnel que le Sénat peut, à la demande du gouvernement, sortir de son rôle normal. La responsabilité du gouvernement ne signifie pas davantage qu'elle soit mise en cause d'une manière quotidienne et illimitée : sur ce point les meilleurs raisonnements ne valent rien et c'est l'expérience qui l'emporte. La responsabilité du gouvernement est établie selon des procédures qui doivent éviter le risque d'instabilité.

L'autorité judiciaire doit demeurer indépendante. — Un titre spécial affirme l'indépendance de la justice, maintient l'inamovibilité des magistrats du siège, reconstitue un Conseil supérieur de la magistrature et fait du Président de la République le garant des qualités éminentes du pouvoir judiciaire. Des lois organiques vous seront prochainement soumises qui appliqueront, d'une manière plus claire et plus nette qu'il ne le fut jamais, ces principes nécessaires à l'équilibre du pouvoir démocratique.

La Constitution doit permettre d'organiser les rapports de la République avec les peuples associés. — De cet immense effort vous avez eu, au moins du point de vue juridique, un aperçu ; et la politique du gouvernement, représentée avant toute chose par l'action du général de Gaulle, manifeste l'orientation donnée à cet effort d'association.

Après ce rappel des principes de la loi du 3 juin, et avant de conclure, j'évoquerai trois articles du projet qui, du point de vue de la liberté, présentent un intérêt majeur : l'article sur les partis politiques ; l'article sur la liberté de questionner le gouvernement reconnue à l'opposition ; l'article sur l'autorité du pouvoir judiciaire au regard de la liberté individuelle.

On a voulu voir dans l'article qui traite des partis politiques une dangereuse machine de guerre. Où en sommes-nous arrivés qu'une affirmation telle que *« les partis doivent respecter le principe de la souveraineté nationale et la démocratie »* fasse crier à l'arbitraire ? Nous vivons dans un monde où la fourberie est reine. De quel droit ceux qui ont mission de fortifier la France et de consolider la République pourraient-ils accepter d'ouvrir à deux battants les institutions de l'Etat à des formations qui ne respecteraient point le principe sans lequel il n'y a ni France ni République ? Le silence de la Constitution eût été grave et les critiques alors auraient été justifiées !

Il n'a pas été assez dit que cette affirmation est la conséquence d'une autre. Le projet déclare : *« Les partis et groupements politiques concourent à l'expression du suffrage. Ils se forment et exercent leur activité librement »*. Ces deux phrases sont capitales. Elles sont, du point de vue constitutionnel, la négation de tout système totalitaire qui postule un seul parti. De la manière la plus catégorique, et en même temps la plus solennelle, notre future Constitution proclame sa foi démocratique et fonde les institutions sur cette expression fondamentale de la liberté politique qui est la pluralité des partis.

Un article du projet, après avoir, par un premier paragraphe, donné au gouvernement une responsabilité majeure dans la fixation de l'ordre du jour des Assemblées, précise ensuite : *« Une séance par semaine est réservée, par priorité, aux questions des membres du Parlement et aux réponses du gouvernement »*. Cette disposition est la marque décisive du régime parlementaire et des droits reconnus, dans le régime, à l'opposition. Le gouvernement responsable de l'Etat, donc de la législation, est normalement maître de l'ordre du jour des Assemblées. Aucun retard ne doit être toléré à l'examen d'un projet gouvernemental, si ce n'est celui qui résulte de son étude. La loi, le budget, et toutes les affaires qui sont de la compétence du Parlement ne sont pas, pour le Parlement, un monopole. L'intervention des Assemblées est un contrôle et une garantie. Il ne faut pas, cependant, qu'un gouvernement accapare les travaux des Assemblées au point que l'opposition ne puisse plus manifester sa présence. Si elle ne doit pas pouvoir faire obstruction, elle doit pouvoir interroger. C'est l'objet de ce « jour par semaine » réservé aux questions. Il est bien entendu que ces questions ne peuvent, à la volonté de l'interpellateur, se terminer par une motion de confiance ni de censure. Seul le gouvernement peut poser la question de confiance et la motion de censure est soumise à une procédure pour laquelle le nouveau texte constitutionnel s'inspire des projets qui étaient en cours d'approbation devant l'Assemblée nationale. Mais l'existence constitutionnelle au droit d'interpeller est une pierre de touche de la liberté parlementaire.

A la fin du titre réservé à l'autorité judiciaire, un article est demeuré à l'abri de la critique comme de l'éloge. Il paraît ne pas avoir été compris. C'est celui qui dit : *« Nul ne peut être arbitrairement détenu. L'autorité judiciaire, gardienne de la liberté individuelle, assure le respect de ce principe dans les conditions prévues par la loi »*. On sait que la disposition du droit anglo-saxon dite « habeas corpus » est souvent citée en modèle. C'est se rendre coupable d'injure à la justice de ne pas lui déférer un citoyen dans le jour qui suit son arrestation. La garantie est grande et elle est la clef de voûte de tout régime qui prétend respecter la liberté individuelle. La souplesse des règles constitutionnelles anglaises permet de combiner cet impératif avec un autre impératif, celui de la sécurité de l'Etat. En temps de guerre, en cas de troubles, un acte du Parlement suspend l'application de l'« habeas corpus ». Notre système rigide empêche une si heureuse combinaison. Affirmer dans un article le principe de la compétence judiciaire immédiate et totale, puis donner au gouvernement le droit, par décret, fût-il soumis à ratification, ce n'est pas, ce ne peut être d'un heureux effet. Cependant le gouvernement du général de Gaulle a voulu, pour affirmer la légitimité libérale de la France, aller plus loin qu'on ne l'a fait jusqu'à présent. Après le rappel du principe — nul ne peut être arbitrairement détenu — il donne compétence à la seule justice pour l'appliquer, et renvoie à la loi. Cette loi sera préparée et promulguée en des termes qui essaieront de combiner les exigences fondamentales des droits individuels et les droits de l'Etat et d'assurer la sécurité de la nation comme celle des citoyens. Nous pourrons, à cet égard, faire mieux encore que le droit anglo-saxon.

Libertés des partis politiques (liberté essentielle de la démocratie), liberté d'interpeller le gouvernement (liberté essentielle du régime parlementaire), liberté de chaque citoyen garantie par le pouvoir judiciaire (liberté essentielle de l'individu) le projet de Constitution est inspiré par le plus généreux respect de la liberté. Cette réforme constitutionnelle est la dernière chance donnée aux hommes et aux partis qui pensent que la France peut à la fois demeurer une des fortes nations du monde, et une démocratie. La dernière chance : c'est le général de Gaulle qui a prononcé ces mots et il avait le droit de les prononcer, lui sans qui cette chance ne pourrait être saisie, lui sans qui notre Etat et notre liberté courraient présentement les plus graves périls.

Naturellement, les textes sont les textes, et ils ne sont que cela. Que seront, demain, les mouvements du monde ? Que seront, demain, les forces politiques intérieures ? Nul ne peut avec assurance répondre à ces questions qui dominent notre destin. Notre tâche cependant doit être influencée par ce fait que ces mouvements seront profonds et brutaux, que ces forces politiques seront passionnées. Notre tâche doit également être influencée par cet autre fait que nous sommes déjà arrivés aux échéances de mille difficultés. Notre époque est celle du déséquilibre, de l'instabilité, des problèmes sans cesse remis en cause.

Si nous ne voulons pas que la France dérive, si nous ne voulons pas que la France soit condamnée, une première condition est nécessaire : un pouvoir. Nous voulons donner un pouvoir à la République. Nous voulons donner un pouvoir à la Communauté.

Notre ambition ne peut aller plus loin. Une Constitution ne peut rien faire d'autre que d'apporter des chances aux hommes politiques de bonne foi qui, pour la nation et la liberté, veulent un Etat, c'est-à-dire, avant toute autre chose, un gouvernement.

DOCUMENT 00-101
Discours prononcé par le général de Gaulle, place de la République le 4 septembre 1958

C'est en un temps où il lui fallait se réformer ou se briser que notre peuple, pour la première fois, recourut à la République. Jusqu'alors, au long des siècles, l'Ancien Régime avait réalisé l'unité et maintenu l'intégrité de la France. Mais, tandis qu'une immense vague de fond se formait dans les profondeurs, il se montrait hors d'état de s'adapter à un monde nouveau. C'est alors qu'au milieu de la tourmente nationale et de la guerre étrangère apparut la République ! Elle était la souveraineté du peuple, l'appel de la liberté, l'espérance de la justice. Elle devait rester cela à travers les péripéties agitées de son histoire. Aujourd'hui, autant que jamais, nous voulons qu'elle le demeure.

Certes la République a revêtu des formes diverses au cours de ses règnes successifs. En 1792 on la vit, révolutionnaire et guerrière, renverser trônes et privilèges, pour succomber, huit ans plus tard, dans les abus et les troubles qu'elle n'avait pu maîtriser. En 1848, on la vit s'élever au-dessus des barricades, se refuser à l'anarchie, se montrer sociale au-dedans et fraternelle au-dehors, mais bientôt s'effacer encore, faute d'avoir accordé l'ordre avec l'élan du renouveau. Le 4 septembre 1870, au lendemain de Sedan, on la vit s'offrir au pays pour réparer le désastre.

De fait, la République sut relever la France, reconstituer les armées, recréer un vaste empire, renouer des alliances solides, faire de bonnes lois sociales, développer l'instruction. Si bien qu'elle eût la gloire d'assurer pendant la première guerre mondiale notre salut et notre victoire. Le 11 novembre, quand le peuple s'assemble et que les drapeaux s'inclinent pour la commémoration, l'hommage, que la patrie décerne à ceux qui l'ont bien servie, s'adresse aussi à la République.

Cependant le régime comportait des vices de fonctionnement qui avaient pu sembler supportables à une époque assez statique, mais qui n'étaient plus compatibles avec les mouvements humains, les changements économiques, les périls extérieurs, qui précédaient la deuxième guerre mondiale. Faute qu'on y eût remédié, les événements terribles de 1940 emportèrent tout. Mais quand, le 18 juin, commença le combat pour la libération de la France, il fut aussitôt proclamé que la République à refaire serait une République nouvelle. La Résistance tout entière ne cessa pas de l'affirmer.

On sait, on ne sait que trop, ce qu'il advint de ces espoirs. On sait, on ne sait que trop, qu'une fois le péril passé, tout fut livré et confondu à la discrétion des partis. On sait, on ne sait que trop, quelles en furent les conséquences. A force d'inconsistance et d'instabilité et quelles que puissent être les intentions, souvent la valeur des hommes, le régime se trouva privé de l'autorité intérieure et de l'assurance extérieure sans lesquelles il ne pouvait agir. Il était inévitable que la paralysie de l'Etat amenât une grave crise nationale et qu'aussitôt la République fût menacée d'effondrement.

Le nécessaire a été fait pour obvier à l'irrémédiable à l'instant même où il était sur le point de se produire. Le déchirement de la nation fut de justesse empêché. On a pu sauvegarder la chance ultime de la République. C'est dans la légalité que moi-même et mon gouvernement avons assumé le mandat exceptionnel d'établir un projet de nouvelle Constitution et de le soumettre à la décision du peuple.

Nous l'avons fait sur la base des principes posés lors de notre investiture. Nous l'avons fait avec la collaboration du Conseil consultatif institué par la loi. Nous l'avons fait, compte tenu de l'avis solennel du Conseil d'Etat. Nous l'avons fait après délibérations très libres et très approfondies de nos propres conseils de ministres ; ceux-ci, formés d'hommes aussi divers que possible d'origines et de tendances, mais résolument solidaires. Nous l'avons fait sans avoir entre temps attenté à aucun droit du peuple ni à aucune liberté publique. La nation, qui seule est juge, approuvera ou repoussera notre œuvre. Mais c'est en toute conscience que nous la lui proposons.

Ce qui, pour les pouvoirs publics, est désormais primordial, c'est leur efficacité et leur continuité. Nous vivons en un temps où des forces gigantesques sont en train de transformer le monde. Sous peine de devenir un peuple périmé et dédaigné, il nous faut, dans les domaines scientifique, économique et social, évoluer rapidement. D'ailleurs, à cet impératif répondent le goût du progrès et la passion des réussites techniques qui se font jour parmi les Français, et d'abord dans notre jeunesse. Il y a là des faits qui dominent notre existence nationale et doivent par conséquent commander nos institutions.

La nécessité de rénover l'agriculture et l'industrie, de procurer les moyens de vivre, de travailler, de s'instruire, de se loger, à notre population rajeunie, d'associer les travailleurs à la marche des entreprises, nous pousse à être, dans les affaires publiques, dynamiques et expéditifs. Le devoir de ramener la paix en Algérie, ensuite celui de la mettre en valeur, enfin celui de régler la question de son statut et de sa place dans notre ensemble, nous imposent des efforts difficiles et prolongés. Les perspectives que nous ouvrent les ressources du Sahara sont magnifiques certes, mais complexes. Les rapports entre la métropole et les territoires d'outre-mer exigent une profonde adaptation. L'univers est traversé de courants qui mettent en cause l'avenir de l'espèce humaine et portent la France à se garder, tout en jouant le rôle de mesure, de paix, de fraternité, que lui dicte sa vocation. Bref, la nation française refleurira ou périra suivant que l'Etat aura ou n'aura pas assez de force, de constance, de prestige, pour la conduire là où elle doit aller.

C'est donc pour le peuple que nous sommes, au siècle et dans le monde où nous sommes, qu'a été établi le projet de Constitution. Que le pays puisse être effectivement dirigé par ceux qu'il mandate et leur accorde la confiance qui anime la légitimité. Qu'il existe, au-dessus des luttes politiques, un arbitre national, élu par les citoyens qui détiennent un mandat public, chargé d'assurer le fonctionnement régulier des institutions, ayant le droit de recourir au jugement du peuple souverain, répondant, en cas d'extrême péril, de l'indépendance, de l'honneur, de l'intégrité de la France et du salut de la République. Qu'il existe un gouvernement qui soit fait pour gouverner, à qui on en laisse le temps et la possibilité, qui ne se détourne pas vers autre chose que sa tâche, et qui, par là, mérite l'adhésion du pays. Qu'il existe un Parlement destiné à représenter la volonté politique de la nation, à voter les lois, à contrôler l'exécutif, sans prétendre sortir de son rôle. Que gouvernement et parlement collaborent mais demeurent séparés quant à leurs responsabilités et qu'aucun membre de l'un ne puisse, en même temps, être membre de l'autre. Telle est la structure équilibrée que doit revêtir le pouvoir. Le reste dépendra des hommes.

Qu'un Conseil économique et social, désigné en dehors de la politique par les organisations professionnelles et syndicales du pays et de l'outre-mer, fournisse ses avis au Parlement et au gouvernement. Qu'un Comité constitutionnel, dégagé de toute attache, ait qualité pour apprécier si les lois votées sont conformes à la Constitution et si les élections diverses ont eu lieu régulièrement. Que l'autorité judiciaire soit assurée de son indépendance et demeure la gardienne de la liberté de chacun. La compétence, la dignité, l'impartialité de l'Etat en seront mieux garanties.

Qu'entre la nation française et ceux des territoires d'outre-mer qui le veulent, soit formée une Communauté, au sein de laquelle chaque territoire va devenir un Etat qui se gouvernera lui-même, tandis que la politique étrangère, la défense, la monnaie, la politique économique et financière, celle des matières premières, le contrôle de la justice, l'enseignement supérieur, les communications lointaines, constitueront un domaine commun dont auront à connaître les organes de la Communauté : Président, Conseil exécutif, Sénat, Cour d'arbitrage. Ainsi, cette vaste organisation rénovera-t-elle l'ensemble humain groupé autour de la France. Ce sera fait en vertu de la libre détermination de tous. En effet, chaque territoire aura la faculté, soit d'accepter, par son vote au référendum, la proposition de la France, soit de la refuser et, par là même, de rompre avec elle tout lien. Devenu membre de la Communauté, il pourra dans l'avenir, après s'être mis d'accord avec les organes communs, assumer son propre destin indépendamment des autres.

Qu'enfin pendant les quatre mois qui suivront le référendum, le gouvernement ait la charge des affaires du pays et fixe, en particulier, le régime électoral. De cette façon pourront être prises, sur mandat donné par le peuple, les dispositions nécessaires à la mise en place des nouvelles institutions.

Voilà, Français, Françaises, de quoi s'inspire et en quoi consiste la Constitution qui sera le 28 septembre soumise à vos suffrages. De tout mon cœur, au nom de la France, je vous demande de répondre : « oui ».

Si vous ne le faites pas nous en reviendrons le jour même aux errements que vous savez. Si vous le faites, le résultat sera de rendre la République forte et efficace, pourvu que les responsables sachent désormais le vouloir !

Mais il y a aussi, dans cette manifestation positive de la volonté nationale, la preuve que notre pays retrouve son unité et, du coup, les chances de sa grandeur. Le monde, qui discerne fort bien quelle importance notre décision va revêtir pour lui-même, en tirera la conclusion. Peut-être l'a-t-il, dès à présent, tirée. Un grand espoir se lèvera sur la France. Je crois qu'il s'est déjà levé !

Vive la République !
Vive la France !

Constitution DU 4 OCTOBRE 1958

Le Gouvernement de la République, conformément à la loi constitutionnelle du 3 juin 1958, a proposé,

Le Peuple français a adopté,

Le Président de la République promulgue la loi constitutionnelle dont la teneur suit :[1]

Préambule

Le Peuple français proclame solennellement son attachement aux Droits de l'Homme et aux principes de la souveraineté nationale tels qu'ils sont définis par la Déclaration de 1789, confirmée et complétée par le préambule de la Constitution de 1946.

En vertu de ces principes et de celui de la libre détermination des peuples, la République offre aux territoires d'Outre-Mer qui manifestent la volonté d'y adhérer des institutions nouvelles fondées sur l'idéal commun de liberté, d'égalité et de fraternité et conçues en vue de leur évolution démocratique.

---

[1] *Journal officiel* du 5 octobre 1958.

ARTICLE PREMIER

La République et les peuples des territoires d'Outre-Mer qui, par un acte de libre détermination, adoptent la présente Constitution instituent une Communauté.

La Communauté est fondée sur l'égalité et la solidarité des peuples qui la composent.

TITRE PREMIER

De la souveraineté

TITRE PREMIER : DE LA SOUVERAINETÉ

ARTICLE 2

La France est une République indivisible, laïque, démocratique et sociale. Elle assure l'égalité devant la loi de tous les citoyens sans distinction d'origine, de race ou de religion. Elle respecte toutes les croyances.

L'emblème national est le drapeau tricolore, bleu, blanc, rouge.

L'hymne national est la « Marseillaise ».

La devise de la République est « Liberté, Egalité, Fraternité ».

Son principe est : gouvernement du peuple par le peuple et pour le peuple.

ARTICLE 3

La souveraineté nationale appartient au peuple qui l'exerce par ses représentants et par la voie du référendum.

Aucune section du peuple ni aucun individu ne peut s'en attribuer l'exercice.

Le suffrage peut être direct ou indirect dans les conditions prévues par la Constitution. Il est toujours universel, égal et secret.

Sont électeurs, dans les conditions déterminées par la loi, tous les nationaux français majeurs, des deux sexes, jouissant de leurs droits civils et politiques.

ARTICLE 4

Les partis et groupements politiques concourent à l'expression du suffrage. Ils se forment et exercent leur activité librement. Ils doivent respecter les principes de la souveraineté nationale et de la démocratie.

TITRE II

Le Président de la République

ARTICLE 5

Le Président de la République veille au respect de la Constitution. Il assure, par son arbitrage, le fonctionnement régulier des pouvoirs publics ainsi que la continuité de l'Etat.

Il est le garant de l'indépendance nationale, de l'intégrité du territoire, du respect des accords de Communauté et des traités.

DOCUMENT 5-100

Déclaration du général de Gaulle sur le rôle du Président de la République

Conférence de presse du 31 janvier 1964

... Une Constitution, c'est un esprit, des institutions, une pratique.

Pour ce qui est de la nôtre, son esprit procède de la nécessité d'assurer aux pouvoirs publics l'efficacité, la stabilité et la responsabilité, dont ils manquaient organiquement sous la Troisième et sous la Quatrième Républiques.

Sans doute, le déclenchement de la réforme, en 1958, a-t-il été déterminé par la secousse survenue à Alger, étalant l'impuissance du régime d'alors à surmonter un drame où était en train de sombrer notre unité nationale. D'ailleurs, en 1940, dans des circonstances beaucoup plus tragiques encore, on avait déjà vu abdiquer un régime semblable. Mais, même en dehors de ces brutales démonstrations, nul ne doutait, et depuis longtemps, qu'un système, qui mettait le pouvoir à la discrétion des partis, végétait dans les compromis, s'absorbait dans ses propres crises, était inapte à mener les affaires de notre pays. C'est pourquoi, l'esprit de la Constitution nouvelle consiste, tout en gardant un Parlement législatif, à faire en sorte que le pouvoir ne soit plus la chose des partisans, mais qu'il procède directement du peuple, ce qui implique que le chef de l'Etat, élu par la nation, en soit la source et le détenteur. C'est ce qui fut réalisé au vu et au su de tout le monde quand je repris la direction des affaires, puis quand j'assumai les fonctions de Président. C'est ce qui a été simplement précisé par le dernier référendum. Il ne semble pas que, depuis qu'elle s'applique, cette conception ait été méconnue par les responsables, ni rejetée par le peuple, ni infirmée par les événements.

Quant à la répartition des pouvoirs, elle a été observée suivant ce que prévoit notre Constitution. Les rôles attribués respectivement : au Président, garant du destin de la France et de celui de la République, chargé par conséquent de graves devoirs et disposant de droits étendus ; au Gouvernement, nommé par le chef de l'Etat, siégeant autour de lui pour la détermination et la mise en œuvre de la politique et dirigeant l'Administration ; au Parlement, exerçant le pouvoir législatif et contrôlant l'action du ministère, ont été remplis ainsi que l'exigeaient la volonté du pays, les conditions où nous nous trouvons, l'obligation de mener les affaires d'une manière active, ferme et continue.

Il est vrai que, concurremment avec l'esprit et avec le texte, il y a eu la pratique. Celle-ci a naturellement tenu pour une part aux hommes. Pour ce qui est du chef de l'Etat, il est bien évident que son équation personnelle a compté et je doute que, dès l'origine, on ne s'y attendît pas. Quant aux ministres et, d'abord, aux Premiers : successivement M. Michel Debré et M. Georges Pompidou, ils ont agi avec une évidente efficacité, mais chacun à sa façon et qui n'était pas la même. Enfin, le Parlement a imprimé à sa tâche et à son attitude un caractère différent, suivant que, dans l'actuel régime, il ait vécu sa première ou sa deuxième législature. Il faut dire aussi que nos institutions ont eu à jouer, depuis plus de cinq ans, dans des conditions très variables, y compris à certains moments sous le coup de graves tentatives de subversion. Mais, justement, l'épreuve des hommes et des circonstances a montré que l'instrument répond à son objet, non point seulement pour ce qui concerne la marche ordinaire des affaires, mais encore en ce qui a trait aux situations difficiles, auxquelles la Constitution actuelle offre, on l'a vu, les moyens de faire face : référendum, article 16, dissolution de l'Assemblée nationale.

Sans doute, cette réussite tient-elle essentiellement à ceci que nos institutions nouvelles répondent aux exigences de l'époque, autant qu'à la nature du peuple français et à ce qu'il souhaite réellement. Cependant, certains, trouvant peut-être la mariée trop belle, suggèrent des changements qui, en fait, bouleverseraient le système de fond en comble.

C'est ainsi que quelques-uns préconisent un « Gouvernement de législature ». L'Assemblée nationale, quand elle aurait, une fois, donné sa confiance au Ministère, ne pourrait plus le renverser sans qu'il soit procédé à la dissolution automatique. De cette façon, le chef de l'Etat, — et c'est bien là, sans doute, le but essentiel du projet, — n'aurait pas à intervenir. Mais, par là même, les partis auraient beau jeu de faire en sorte que la désignation du Premier ministre et, au moment choisi par eux, son remplacement en souplesse, la composition du Cabinet, puis ses divisions provoquées du dehors ainsi que ses remaniements, la politique adoptée en apparence, ensuite ses fluctuations, soient de nouveau les objets de leurs jeux et de leurs combinaisons, tandis que leur savoir-faire éviterait à volonté qu'une crise en bonne et due forme n'imposât la dissolution. Ainsi en reviendrait-on au régime d'assemblée.

D'autres, faisant contre mauvaise fortune bon cœur, font profession d'accepter l'existence d'un chef de l'Etat qui en soit un, mais à la condition que le Parlement soit, de son côté, érigé en citadelle inexpugnable où les partis retrouveraient leur empire et leur sûreté. Ceux-là témoignent d'une préférence, assez nouvelle de leur part, en faveur d'un régime qualifié de « présidentiel » et qui serait analogue à celui des Etats-Unis. « Que le Président, disent-ils, soit élu par le peuple en même temps que l'Assemblée nationale et assume en personne le pouvoir exécutif, mais que, d'autre part, le Parlement exerce intégralement le pouvoir législatif. Surtout, que chacun des deux, strictement enfermé dans son domaine, n'ait aucune prise sur l'autre : le Président ne pouvant dissoudre, ni le Parlement renverser ». Ainsi, allèguent ces néophytes, le Gouvernement serait concentré entre les mains d'un seul, ce qui obvierait aux inconvénients d'une autorité divisée entre un Président et un Premier ministre, tandis que le Parlement, se trouvant intangible, voterait, ou non, les lois et le budget comme il le jugerait bon.

On ne saurait méconnaître qu'une Constitution de cette sorte a pu, jusqu'à présent, fonctionner cahin-caha aux Etats-Unis, c'est-à-dire dans un pays qui, en raison de sa composition ethnique, de ses richesses économiques, de sa situation géographique, n'a connu aucune invasion, ni même, depuis un siècle, aucune révolution ; dans un pays qui comprend deux partis politiques seulement, lesquels ne sont opposés par rien d'essentiel dans aucun domaine : national, social, moral ou international ; dans un pays fédéral, enfin, où le Gouvernement n'assume que les tâches générales : défense, diplomatie, finances, tandis qu'il appartient aux 50 Etats de l'Union de pouvoir à tout le reste. Mais comment ce régime conviendrait-il à la nation française, très fortement centralisée par le long effort des siècles, victime de toutes les secousses intérieures et extérieures depuis sept générations, toujours exposée à en subir d'autres, et où les multiples partis politiques, à l'exception de celui qui pousse au bouleversement, sont divisés et inconsistants ?

Tout d'abord, parce que la France est ce qu'elle est, il ne faut pas que le Président soit élu simultanément avec les députés, ce qui mêlerait sa désignation à la lutte directe des partis, altérerait le caractère et abrégerait la durée de sa fonction de chef de l'Etat. D'autre part, il est normal chez nous que le Président de la République et le Premier ministre ne soient pas un seul et même homme. Certes, on ne saurait accepter qu'une dyarchie existât au sommet. Mais, justement, il n'en est rien. En effet, le Président, qui, suivant notre Constitution, est l'homme de la nation, mis en place par elle-même pour répondre de son destin ; le Président, qui choisit le Premier ministre, qui le nomme ainsi que les autres membres du Gouvernement, qui a la faculté de le changer, soit parce que se trouve accomplie la tâche qu'il lui destinait et qu'il veuille s'en faire une réserve en vue d'une phase ultérieure, soit parce qu'il ne l'approuverait plus ; le Président, qui arrête les décisions prises dans les Conseils, promulgue les lois, négocie et signe les traités, décrète, ou non, les mesures qui lui sont proposées, est le chef des Armées, nomme aux emplois publics ; le Président, qui, en cas de péril, doit prendre sur lui de faire tout ce qu'il faut ; le Président est évidemment seul à détenir et à déléguer l'autorité de l'Etat. Mais, précisément, la nature, l'étendue, la durée de sa tâche impliquent qu'il ne soit pas absorbé, sans relâche et sans limite, par la conjoncture, politique, parlementaire, économique et administrative. Au contraire, c'est là le lot, aussi complexe et méritoire qu'essentiel, du Premier ministre français.

Certes, il ne saurait y avoir de séparation étanche entre les deux plans, dans lesquels, d'une part le Président, d'autre part celui qui le seconde, exercent quotidiennement leurs attributions. D'ailleurs, les Conseils et les entretiens sont là pour permettre au chef de l'Etat de définir à mesure l'orientation de la politique nationale et aux membres du Gouvernement, à commencer par le Premier, de faire connaître leurs points de vue, de préciser leur action, de rendre compte de l'exécution. Parfois, les deux plans sont confondus quand il s'agit d'un sujet dont l'importance engage tout et, dans ce cas, le Président procède à la répartition comme il le juge nécessaire. Mais, s'il doit être évidemment entendu que l'autorité indivisible de l'Etat est confiée tout entière au Président par le peuple qui l'a élu, qu'il n'en existe aucune autre, ni ministérielle, ni civile, ni militaire, ni judiciaire, qui ne soit conférée et maintenue par lui, enfin qu'il lui appartient d'ajuster le domaine suprême qui lui est propre avec ceux dont il attribue la gestion à d'autres, tout commande, dans les temps ordinaires, de maintenir la distinction entre la fonction et le champ d'action du chef de l'Etat et ceux du Premier ministre.

Pourtant, objectent parfois ceux qui ne se sont pas encore défaits de la conception de jadis, le Gouvernement, qui est celui du Président, est en même temps responsable devant le Parlement. Comment concilier cela ? Répondons que le peuple souverain, en élisant le Président, l'investit de sa confiance. C'est là, d'ailleurs, le fond des choses et l'essentiel du changement accompli. De ce fait, le Gouvernement, nommé par le chef de l'Etat et dont au surplus les membres ne peuvent être des parlementaires, n'est plus du tout, vis-à-vis des Chambres, ce qu'il était à l'époque où il ne procédait que de combinaisons de groupes. Aussi, les rapports entre le ministère et le Parlement, tels qu'ils sont réglés par la Constitution, ne prévoient la censure que dans des conditions qui donnent à cette rupture un caractère d'extraordinaire gravité. En ce cas extrême, le Président, qui a la charge d'assurer la continuité de l'Etat, a aussi les moyens de le faire, puisqu'il peut recourir à la nation pour la faire juge du litige par voie de nouvelles élections, ou par celle de référendum, ou par les deux. Ainsi, y a-t-il toujours une issue démocratique. Au contraire, si nous adoptions le système américain, il n'y en aurait aucune. Dans un pays comme le nôtre, le fait que le chef de l'Etat serait aussi Premier ministre et l'impossibilité où il se trouverait, dans l'hypothèse d'une obstruction législative et budgétaire, de s'en remettre aux électeurs, alors que le Parlement ne pourrait le renverser lui-même, aboutirait fatalement à une opposition chronique entre deux pouvoirs intangibles. Il en résulterait, ou bien la paralysie générale, ou bien des situations qui ne seraient tranchées que par des pronunciamientos, ou bien enfin la résignation d'un Président mal assuré qui, sous prétexte d'éviter le pire, choisirait de s'y abandonner, en se pliant, comme autrefois, aux volontés des partisans. On peut penser que c'est cette troisième hypothèse que caressent le plus volontiers les champions imprévus du « régime présidentiel ».

Notre Constitution est bonne. Elle a fait ses preuves depuis plus de cinq années, aussi bien dans des moments menaçants pour la République qu'en des périodes de tranquillité. Sans doute, d'autres circonstances et d'autres hommes donneront-ils plus tard à son application un tour, un style, plus ou moins différents. Sans doute, l'évolution de la société française nous amènera-t-elle, en notre temps de progrès, de développement et de planification, à reconsidérer l'une de ses dispositions. Je veux parler de celle qui concerne le rôle et la composition du Conseil économique et social. Mais, en dehors de cette précision, qui ne bouleversera pas l'économie de la Constitution, gardons celle-ci telle qu'elle est. Assurément, on s'explique que ne s'en accommodent volontiers ni les nostalgiques, avoués ou non, de la confusion de naguère, ni cette entreprise qui vise au régime totalitaire et qui voudrait créer chez nous un trouble politique d'où sa dictature sortirait. Mais le pays, lui, a choisi et je crois, pour ma part, qu'il l'a fait définitivement...

rité. Tout cela ne doit en aucun cas poser la question du régime, ni paraître devoir déboucher sur des crises de régime. C'est essentiel pour la stabilité politique et nationale de notre pays.

La deuxième conclusion, c'est que je crois que le choix fait par le peuple français démontre son adhésion à la conception que le général de Gaulle a eue du rôle du président de la République : à la fois chef suprême de l'exécutif, gardien et garant de la Constitution, il est à ce double titre chargé de donner les impulsions fondamentales, de définir les directions essentielles et d'assurer et de contrôler le bon fonctionnement des pouvoirs publics ; à la fois arbitre et premier responsable national.

Une telle conception n'empiète évidemment pas sur les droits du Parlement, qu'il s'agisse de son pouvoir législatif ou de son contrôle de l'action gouvernementale. Elle laisse un rôle extrêmement important et d'ailleurs très lourd, j'en ai fait moi-même la longue expérience, au Premier ministre, dans la marche des affaires, dans la direction des administrations, et dans les rapports avec le Parlement ; mais une telle conception comporte la primauté du chef de l'Etat qui lui vient de son mandat national et qu'il est de son devoir de maintenir...

DOCUMENT 5-101

Déclaration de M. Georges Pompidou sur le rôle du Président de la République

Conférence de presse du 10 juillet 1969

... A la suite du référendum du 27 avril, le général de Gaulle, par une décision de son propre chef, une décision entièrement libre, a renoncé à ses fonctions.

Une des conséquences les plus importantes et immédiates de cette décision et de ce retrait, était de faire de l'élection présidentielle un véritable test pour nos institutions. Les faits sont là. Vous avez pu, les uns et les autres, assister de bout en bout à la campagne électorale. J'en retiens, en ce qui concerne l'attitude du peuple français, deux détails essentiels.

C'est d'abord le calme absolu dont il a fait preuve, et c'est ensuite l'intérêt passionné qu'il a marqué pour l'élection elle-même ; et quant au résultat de cette élection, je crois pouvoir dire qu'elle est la preuve de l'adhésion nationale à la Ve République.

J'en tire donc deux conclusions : la première c'est qu'il est souhaitable et même essentiel que toutes les formations politiques, à l'exception de celles qui poursuivent purement et simplement la révolution, situent désormais leur action et leur espérance à l'intérieur et dans le cadre de nos institutions.

Il y aura dans l'avenir des évolutions, il y aura dans l'avenir fatalement des changements de majo-

DOCUMENT 5-102

Déclarations de M. Valéry Giscard d'Estaing sur le rôle du Président de la République

I. Conférence de presse du 17 janvier 1977

... Le président de la République, dans nos institutions, est chargé de veiller au respect de la Constitution.

Que dit la Constitution ? Elle dit que le président de la République est élu pour sept ans. Le président de la République, chargé de veiller au respect de la Constitution, commence par s'imposer ce respect à lui-même. J'ai été élu pour sept ans et j'accomplirai donc, bien entendu, complètement, mon mandat.

Le président de la République a deux fonctions. Il doit assurer le bon fonctionnement des institutions, il est, comme on dit, le garant des institutions. Il est en même temps le protecteur des libertés des Français. Quelles que soient les circonstances, je serai donc le garant des institutions et le protecteur des libertés des Français.

M. Duhamel me pose une question tout à fait juste, qui consiste à dire : mais enfin, il y a deux fonctions dans ce personnage. Il y a un président élu pour sept ans, exerçant pendant sept ans son mandat, et garant des institutions, protecteur des libertés des Français. Et il y a quelqu'un qui représente, du fait de son élection, l'application d'une certaine politique ou, en tout cas, la référence à un certain principe politique.

Alors, il y a, en effet, non pas ambiguïté, mais ambivalence dans les fonctions du président de la République. Il est les deux. Et c'est à lui de faire en sorte, par son comportement, que les deux soient compatibles. Ce qui fait que, dans la manière dont il s'exprime, dans les positions qu'il prend, dans les interventions qu'il fait, il doit tenir compte de cette ambivalence. D'ailleurs, ce n'est pas propre au président de la République française. C'est le fait de tous ceux qui sont élus, dans le monde, au suffrage universel, chefs de l'exécutif.

Mme Cotta me demande si ce président de la République peut être muet sur les grands choix des Français ? Certainement pas, et personne ne le comprendrait.

Je vous rappelle que l'année dernière, à peu près à la même date, nous nous approchions des élections cantonales. J'ai moi-même été conseiller général. Je connais la vie des cantons, les conseillers généraux. Ce ne sont pas des fonctions d'essence politique. Je pensais donc qu'il fallait ne pas intervenir dans le déroulement de la campagne électorale. Après les résultats, beaucoup s'en sont étonnés en disant : « Mais comment se fait-il qu'il y ai eu ce silence deux mois avant les cantonales ? »

Le président de la République, élu au suffrage universel, ne peut pas être un personnage muet.

Mais — et j'en reviens à la question de M. Boulay, puisque tout ceci se tient — il peut se prononcer sur les grands choix des Français. Notamment, il peut, je dirai même il a le devoir d'indiquer quel est le bon choix pour la France. Chaque fois que la question se posera, c'est-à-dire chaque fois qu'il s'agira d'un choix fondamental pour la France, j'indiquerai quel est, selon moi, le bon choix pour la France. Et je le ferai clairement.

Par contre, le président de la République n'a pas à intervenir dans le détail des consultations électorales, détail respectable, mais qui n'est pas à mon avis, dans sa mission...

II. Discours prononcé à Verdun-sur-le-Doubs, le 27 janvier 1978

... Certains ont voulu dénier au Président de la République le droit de s'exprimer.

Curieuse république que celle qui serait présidée par un muet !

Nul n'est en droit de me dicter ma conduite. J'agis en tant que chef de l'Etat et selon ma conscience, et ma conscience me dit ceci :

Le Président de la République n'est pas un partisan, il n'est pas un chef de parti. Mais il ne peut pas rester non plus indifférent au sort de la France.

Il est à la fois arbitre et responsable.

Sa circonscription, c'est la France. Son rôle, c'est la défense des intérêts supérieurs de la nation. La durée de son mandat est plus longue que celle des députés.

Ainsi, la Constitution a voulu que chaque Président assiste nécessairement à des élections législatives et, si elle l'a doté de responsabilités aussi grandes, ce n'est pas pour rester un spectateur muet.

Parmi mes responsabilités, j'ai celle de réfléchir constamment, quotidiennement, aux problèmes de l'avenir, et de mettre en garde les citoyens contre tout choix qui rendrait difficile la conduite des affaires de la France.

C'est ce qu'il m'appartient de faire ce soir. Je vous donnerai tous les éléments nécessaires pour éclairer votre décision. Mais, dans la France républicaine, la décision dépendra de vous.

Que penseraient et que diraient les Français si, dans cette circonstance, leur Président se taisait ? Ils penseraient qu'il manque de courage en n'assumant pas toutes ses responsabilités. Et ils auraient raison.

Mais le Président de la République n'est pas non plus l'agent électoral de quelque parti que ce soit. Le général de Gaulle ne l'était pas. Je ne le serai pas davantage.

Le Président n'appartient pas au jeu des partis.

Il doit regarder plus haut et plus loin, et penser d'abord à l'intérêt supérieur de la nation.

C'est dans cet esprit que je m'adresse à vous.

Comme arbitre, je m'expliquerai avec modération, hors des polémiques et des querelles de personnes.

Comme responsable, je vais vous parler du bon choix.

...

Vous pouvez choisir l'application du programme commun. C'est votre droit. Mais si vous le choisissez, il sera appliqué. Ne croyez pas que le Président de la République ait, dans la Constitution, les moyens de s'y opposer...

ARTICLE 6 [1]

Le Président de la République est élu pour sept ans au suffrage universel direct.

Les modalités d'application du présent article sont fixés par une loi organique.

DOCUMENT 6-100
Liste des Présidents de la Ve République

8 janvier 1959 - 8 janvier 1966 : Charles de Gaulle.

8 janvier 1966 - 28 avril 1969 (2) : Charles de Gaulle. Intérim de M. Poher, Président du Sénat.

19 juin 1969 - 2 avril 1974 (3) : Georges Pompidou. Intérim de M. Poher, Président du Sénat.

27 mai 1974 : Valéry Giscard d'Estaing.

DOCUMENT 6-200
Allocution prononcée par le général de Gaulle lors de sa prise de fonction le 8 janvier 1959

Monsieur le Président,
Messieurs,

A tout ce que cette cérémonie comporte d'imposant et d'émouvant, je suis profondément sensible. Vos paroles, Monsieur le Président, d'une sagesse d'autant plus frappante qu'elles ont été prononcées par un grand citoyen quittant aujourd'hui, avec une dignité parfaite, le mandat qu'il a exercé d'une manière vraiment exemplaire ; la proclamation solennelle de l'élection du 21 décembre ; la noble adresse du Président de la Commission constitutionnelle ; la présence du Gouvernement, du doyen et de l'un des membres du Corps diplomatique, des présidents et des membres des Bureaux de l'Assemblée nationale, du Sénat, du Conseil économique, des Premiers ministres des Etats de la Communauté, d'un maréchal de France, du Grand Chancelier de la Légion d'Honneur et du Chancelier de l'ordre de la Libération, des représentants de tous les corps et services de l'Etat et du Commandement des armées, de la délégation de l'Académie française et de l'Institut de France, confèrent à notre réunion le caractère de majesté qui répond à son objet. Ainsi, entrent en vigueur les institutions renouvelées de la République Française et celles, nouvelles, de la Communauté. Ainsi, prend ses fonctions celui à qui l'une et l'autre ont, une fois de plus, attribué la charge de les conduire vers leur destin.

Destin de la France ! Ces mots évoquent l'héritage du passé, les obligations du présent et l'espoir de l'avenir. Depuis qu'à Paris, voici bientôt 1 000 ans, la France prit son nom et l'Etat sa fonction, notre pays a beaucoup vécu. Tantôt dans la douleur et tantôt dans la gloire, il a durement surmonté les innombrables vicissitudes du dedans et du dehors. Au cours du dernier demi-siècle, il a subi les blessures et les déchirements les plus graves de son histoire. Mais, voici qu'une occasion soudaine s'est offerte à lui de sortir du doute, des divisions, des humiliations. Voici qu'il veut la saisir en faisant passer l'intérêt général au-dessus de tous les intérêts et préjugés particuliers. Voici que le meil-

---

(1) Texte de l'article 1er de la loi n° 62-1292 du 6 novembre 1962 (*J. O.* du 7 novembre 1962).
Ancien article 6 :
Le Président de la République est élu pour sept ans par un collège électoral comprenant les membres du Parlement, des conseils généraux et des assemblées des territoires d'outre-mer, ainsi que les représentants élus des conseils municipaux.
Ces représentants sont :
— le maire pour les communes de moins de 1 000 habitants ;
— le maire et le premier adjoint pour les communes de 1 000 à 2 000 habitants ;
— le maire, le premier adjoint et un conseiller municipal pris dans l'ordre du tableau pour les communes de 2 001 à 2 500 habitants ;
— le maire et les deux premiers adjoints pour les communes de 2 501 à 3 000 habitants ;
— le maire, les deux premiers adjoints et trois conseillers municipaux pris dans l'ordre du tableau pour les communes de 3 001 à 6 000 habitants ;
— le maire, les deux premiers adjoints et six conseillers municipaux pris dans l'ordre du tableau pour les communes de 6 001 à 9 000 habitants ;
— tous les conseillers municipaux pour les communes de plus de 9 000 habitants ;
— en outre, pour les communes de plus de 30 000 habitants, des délégués désignés par le conseil municipal à raison de un pour 1 000 habitants en sus de 30 000.
Dans les territoires d'outre-mer de la République, font aussi partie du collège électoral les représentants élus des conseils des collectivités administratives dans les conditions déterminées par une loi organique.
La participation des Etats membres de la Communauté au collège électoral du Président de la République est fixée par accord entre la République et les Etats membres de la Communauté.
Les modalités d'application du présent article sont fixées par une loi organique.
(2) Cessation de fonction.
(3) Décès.

leur est, grâce à Dieu ! à portée des Français, pourvu qu'ils restent fidèles à l'effort et à l'unité.

Destin de la Communauté ! Il s'agit de faire vivre cette institution magnifique qui unit, en vertu d'un contrat passé en toute indépendance, d'une part la métropole française ainsi que les départements et les territoires d'outre-mer, d'autre part les Républiques nées dans les contrées d'Afrique où, sous les plis du drapeau tricolore, ont fleuri la Liberté, l'Egalité et la Fraternité. Dans l'ensemble ainsi formé, une place de choix est destinée à l'Algérie de demain, pacifiée et transformée, développant elle-même sa personnalité et étroitement associée à la France. Au milieu d'un monde dangereux, quel atout pour la paix des hommes, quelle carrière ouverte au progrès, quel honneur pour les Français et pour leurs frères africains !

L'intérêt national dans la Nation, l'intérêt commun dans la Communauté, voilà donc ce que, maintenant comme hier, j'ai le devoir de représenter et de faire valoir en tout cas, même d'imposer s'il arrivait que le salut public l'exigeât. Pour le faire, il me faut le concours de ceux qui servent la République, l'appui des hommes qui sont désormais responsables en Afrique, par-dessus tout le soutien du peuple français et des peuples d'outre-mer. Ce concours, cet appui, ce soutien, qui me furent naguère assurés dans les angoisses du péril national, je les demande encore une fois tandis qu'à l'horizon paraît la lumière de nos grandes espérances.

Vive la Communauté !
Vive la République !
Vive la France !

DOCUMENT 6-201

Allocution prononcée par le général de Gaulle lors du renouvellement de son mandat

le 8 janvier 1966

Monsieur le Président,
Messieurs,

Les résultats de l'élection présidentielle, tels qu'ils ont été contrôlés et proclamés par le Conseil constitutionnel, m'amènent à assumer aujourd'hui et de nouveau les fonctions de Président de la République. Veuillez croire, Monsieur le Président, que je suis profondément sensible aux sentiments que vous venez d'exprimer à cette occasion.

En ma qualité de garant de la Constitution adoptée par le peuple français en 1958 et complétée par lui en 1962, je constate que celle-ci a été et continue d'être appliquée dans son esprit et dans sa lettre. Il en sera de même au cours de ce septennat, afin que soient assurés la continuité de la République et le service de la France.

DOCUMENT 6-202

Allocution prononcée par M. Georges Pompidou lors de sa prise de fonction

le 20 juin 1969

« Au moment où, désigné par le peuple français pour exercer la charge de Président de la République, j'en prends officiellement possession, j'évoquerai d'abord la personne du général de Gaulle. C'est lui qui a doté notre pays d'institutions grâce auxquelles nous avons connu pendant dix années la stabilité politique, dominé plusieurs crises d'une extrême gravité et, pour finir, assuré sans secousses la transmission des pouvoirs présidentiels.

Durant ces dix années, le général de Gaulle a représenté ici la France avec un éclat et une autorité sans précédent. Mon devoir m'est tracé par son exemple, comme il m'est dicté par la confiance que m'a manifestée le pays. J'ai la ferme intention de le remplir dans le strict respect de la Constitution de la Ve République et avec la volonté de maintenir la dignité de la France.

Pour y parvenir, le Président de la République doit pouvoir compter sur le concours de tous ceux qui, à des titres divers, sont dépositaires d'une part de la souveraineté nationale ou incarnent l'autorité de l'Etat. C'est vous dire, Messieurs, l'importance des tâches qui vous incombent et le désir que j'ai de collaborer largement avec chacun de vous dans le cadre de vos attributions propres comme avec les Assemblées ou les corps que vous représentez. C'est dans cet esprit que je vous assure de toute ma considération et de ma confiance. Vive la République, vive la France ».

DOCUMENT 6-203

Allocution prononcée par M. Valéry Giscard d'Estaing lors de sa prise de fonction

le 27 mai 1974

Messieurs les Présidents,
Mesdames, Mesdemoiselles, Messieurs,

De ce jour, date une ère nouvelle de la politique française. Ceci n'est pas seulement dû, Monsieur le Président du Conseil constitutionnel, à la proclamation du résultat que vous venez de rappeler et dont, par respect pour la France et pour sa longue histoire, je mesure l'honneur. Ceci n'est pas seulement dû aux 13 396 203 femmes et hommes qui m'ont fait la confiance de me désigner pour devenir le vingtième Président de la République française. Ceci est dû en réalité à la totalité des suffrages du 19 mai 1974. Ces suffrages égaux selon la règle démocratique qu'il s'agisse de ceux des femmes et des hommes, des jeunes et des moins jeunes, des travailleurs et des inactifs, et qui se sont prononcés chacun à leur manière et selon leur préférence en témoignant leur volonté de changement.

J'adresse le premier salut du nouveau Président de la République à ceux qui dans cette compétition aspiraient à le devenir et qui avaient la capacité de le faire et notamment M. François Mitterrand et M. Jacques Chaban-Delmas. Ainsi c'est moi qui conduirait le changement, mais je ne le conduirai pas seul. Si j'entends assumer pleinement la tâche de Président, et si j'accepte, à cet égard les responsabilités qu'une telle attitude implique, l'action à entreprendre associera le Gouvernement dans ses initiatives et le Parlement dans son contrôle et dans ses droits. Je ne le conduirai pas seul parce que j'écoute et que j'entends encore l'immense rumeur du peuple français qui nous a demandé le changement. Nous ferons ce changement avec lui, pour lui, tel qu'il est dans son nombre et dans sa diversité, et nous le conduirons en particulier avec sa jeunesse qui porte comme des torches la gaieté et l'avenir.

Messieurs les Présidents, Mesdames, Mesdemoiselles, Messieurs, voici que s'ouvre le livre du temps avec le vertige de ses pages blanches. Ensemble comme un grand peuple uni et fraternel abordons l'ère nouvelle de la politique française.

DOCUMENT 6-300
Projet de loi constitutionnelle portant révision de l'article 6 de la Constitution [1]
Exposé des motifs

Mesdames, Messieurs,

C'est, on le sait, pour des raisons purement circonstancielles, que le mandat du Président de la République a été fixé à sept ans, il y a exactement cette année un siècle. Toutefois, cette règle est devenue une tradition de la IIIe et de la IVe République, la durée même de ce mandat permettant au Président de la République d'être un élément de permanence et de stabilité à l'écart des luttes politiques.

Lors de la préparation de la Constitution de la Ve République, et même à l'occasion du référendum du 28 octobre 1962, l'on n'a pas jugé utile de soulever un problème qui pouvait sembler accessoire eu égard aux grands changements institutionnels intervenus, dont l'objet était justement d'assurer la permanence de l'Etat en renforçant la fonction présidentielle. Au cours des deux campagnes présidentielles, et en dernier lieu au mois de juin 1969, les candidats à une fonction dont le titulaire est doté désormais de larges pouvoirs ont été tout naturellement amenés à définir devant le peuple les grands objectifs d'une politique.

Compatible avec la conception que l'on pouvait avoir du rôle du Chef de l'Etat sous les régimes précédents, ayant aidé aussi à la mise en place et à l'affirmissement des institutions nouvelles, la règle du septennat ne correspond plus au rôle que le Président de la République joue dans la définition des orientations générales de la politique nationale.

Les événements et leur évolution doivent permettre aux Français de se prononcer sur ces orientations à intervalles plus fréquents. Aussi est-il souhaitable de ramener le mandat présidentiel à l'avenir à cinq ans, sans pour autant lier la date des élections présidentielles à la date des élections à l'Assemblée nationale, ce qui remettrait en cause l'esprit même des institutions et l'équilibre des pouvoirs publics.

Tel est l'objet du présent projet de révision de l'article 6 de la Constitution.

Projet de loi constitutionnelle

Le Président de la République,
Sur la proposition du Premier ministre,
Vu l'article 89 de la Constitution,

Décrète :

Le présent projet de loi, délibéré en Conseil des ministres, après avis du Conseil d'Etat (Commission permanente), sera présenté à l'Assemblée nationale. Le Premier ministre est chargé d'en exposer les motifs et d'en soutenir la discussion.

Article premier

Le premier alinéa de l'article 6 de la Constitution est remplacé par la disposition suivante :

« Le Président de la République est élu pour cinq ans au suffrage universel direct. »

Art. 2

L'article premier ci-dessus entrera en vigueur à partir de la première élection présidentielle qui suivra la promulgation de la présente loi constitutionnelle.

Fait à Paris, le 10 septembre 1973.

Note : ce projet a été adopté par les deux assemblées du Parlement, mais n'a pas été soumis au Congrès du Parlement (cf. Doc. 89-100).

(1) Doc. an. V^e législature n° 639.

ARTICLE 7[1]

Le Président de la République est élu à la majorité absolue des suffrages exprimés. Si celle-ci n'est pas obtenue au premier tour, il est procédé, le deuxième dimanche suivant, à un second tour. Seuls peuvent s'y présenter les deux candidats qui, le cas échéant après retrait de candidats plus favorisés, se trouvent avoir recueilli le plus grand nombre de suffrages au premier tour.

Le scrutin est ouvert sur convocation du Gouvernement.

L'élection du nouveau président a lieu vingt jours au moins et trente-cinq jours au plus avant l'expiration des pouvoirs du président en exercice.

En cas de vacance de la Présidence de la République pour quelque cause que ce soit, ou d'empêchement constaté par le Conseil constitutionnel saisi par le Gouvernement et statuant à la majorité absolue de ses membres, les fonctions du Président de la République, à l'exception de celles prévues aux articles 11 et 12 ci-dessous, sont provisoirement exercées par le président du Sénat et, si celui-ci est à son tour empêché d'exercer ces fonctions, par le Gouvernement.

En cas de vacance ou lorsque l'empêchement est déclaré définitif par le Conseil constitutionnel, le scrutin pour l'élection du nouveau Président a lieu, sauf cas de force majeure constaté par le Conseil constitutionnel, vingt jours au moins et trente-cinq jours au plus après l'ouverture de la vacance ou la déclaration du caractère définitif de l'empêchement.

« Si, dans les sept jours précédant la date limite du dépôt des présentations de candidatures, une des personnes ayant, moins de trente jours avant cette date, annoncé publiquement sa décision d'être candidate décède ou se trouve empêchée, le Conseil constitutionnel peut décider de reporter l'élection.

Si, avant le premier tour, un des candidats décède ou se trouve empêché, le Conseil constitutionnel prononce le report de l'élection.

En cas de décès ou d'empêchement de l'un des deux candidats les plus favorisés au premier tour avant les retraits éventuels, le Conseil constitutionnel déclare qu'il doit être procédé de nouveau à l'ensemble des opérations électorales ; il en est de même en cas de décès ou d'empêchement de l'un des deux candidats restés en présence en vue du second tour.

---

[1] Texte de l'article 2 de la loi n° 62-1292 du 6 novembre 1962 (*J.O.* du 7 novembre 1962).
Ancien article 7 :
L'élection du Président de la République a lieu à la majorité absolue au premier tour. Si celle-ci n'est pas obtenue, le Président de la République est élu au second tour à la majorité relative.
Le scrutin est ouvert sur convocation du Gouvernement.
L'élection du nouveau Président a lieu vingt jours au moins et cinquante jours au plus avant l'expiration des pouvoirs du Président en exercice.
En cas de vacance de la Présidence de la République pour quelque cause que ce soit, ou d'empêchement constaté par le Conseil constitutionnel saisi par le Gouvernement et statuant à la majorité absolue de ses membres, les fonctions du Président de la République, à l'exception de celles prévues aux articles 11 et 12 ci-dessous, sont provisoirement exercées par le président du Sénat. En cas de vacance ou lorsque l'empêchement est déclaré définitif par le Conseil constitutionnel, le scrutin pour l'élection du nouveau Président a lieu, sauf cas de force majeure constaté par le Conseil constitutionnel, vingt jours au moins et cinquante jours au plus après l'ouverture de la vacance ou la déclaration du caractère définitif de l'empêchement.

TITRE II : LE PRÉSIDENT DE LA RÉPUBLIQUE

Dans tous les cas, le Conseil constitutionnel est saisi dans les conditions fixées au deuxième alinéa de l'article 61 ci-dessous ou dans celles déterminées pour la présentation d'un candidat par la loi organique prévue à l'article 6 ci-dessus.

Le Conseil constitutionnel peut proroger les délais prévus aux troisième et cinquième alinéas sans que le scrutin puisse avoir lieu plus de trente-cinq jours après la date de la décision du Conseil constitutionnel. Si l'application des dispositions du présent alinéa a eu pour effet de reporter l'élection à une date postérieure à l'expiration des pouvoirs du Président en exercice, celui-ci demeure en fonction jusqu'à la proclamation de son successeur » [1].

Il ne peut être fait application ni des articles 49 et 50 ni de l'article 89 de la Constitution durant la vacance de la Présidence de la République ou durant la période qui s'écoule entre la déclaration du caractère définitif de l'empêchement du Président de la République et l'élection de son successeur.

DOCUMENT 7-100
Proclamation des résultats du scrutin du 21 décembre 1958

La Commission constitutionnelle provisoire,

Vu la Constitution du 4 octobre 1958 ;

Vu l'Ordonnance du 7 novembre 1958 portant loi organique relative à l'élection du Président de la République, complétée par l'Ordonnance du 15 décembre 1958 ;

Vu l'Ordonnance du 7 novembre 1958 portant loi organique sur le Conseil constitutionnel ;

Vu les résultats provisoires du scrutin du 21 décembre 1958 pour l'élection du Président de la République, Président de la Communauté, arrêtés le même jour par la Commission ;

Vu les résultats complémentaires portés à la connaissance de la Commission le 22 décembre 1958 ;

Vu les procès-verbaux des opérations électorales dans les départements de la Métropole, d'Outre-Mer, d'Algérie et du Sahara, et dans les différentes circonscriptions des Territoires d'Outre-Mer et des Etats membres de la Communauté, ainsi que les rectifications opérées au vu desdits procès-verbaux ;

Considérant que les résultats du scrutin du 21 décembre 1958 consignés aux tableaux annexés à la présente proclamation et qui n'ont donné lieu à aucune réclamation ni recours régulièrement présentés, ont été définitivement arrêtés ainsi qu'il suit :

Electeurs inscrits : 81 764. Votants : 81 290. Suffrages exprimés : 79 470.

Suffrages obtenus : par le général Charles de Gaulle : 62 394, par Monsieur Georges Marrane : 10 355, par Monsieur Albert Chatelet : 6 721.

Qu'ainsi le général Charles de Gaulle a recueilli un nombre de suffrages supérieur à la majorité absolue des suffrages exprimés requise pour être proclamé élu au premier tour de scrutin ;

En conséquence,

Proclame Charles de Gaulle élu Président de la République, Président de la Communauté.

Fait à Paris,
au siège de la Commission constitutionnelle provisoire,
le 8 janvier 1959

RENÉ CASSIN
ROGER LEONARD   NICOLAS BATTESTINI

---

[1] Ces dispositions ont été ajoutées par la loi constitutionnelle n° 76-527 du 18 juin 1976 (*J.O.* du 19 juin 1976).

Election présidentielle de 1965

DOCUMENT 7-200 Chronologie de l'élection présidentielle

Date	Contenu des actes	Publication au J.O.
28 octobre	Décret portant convocation des électeurs.	29 octobre
	Décret portant constitution de la Commission nationale de contrôle	29 octobre
18 novembre	Décision du Conseil constitutionnel arrêtant la liste des candidats	19 novembre
18 novembre et 1er décembre	Arrêtés portant répartition des émissions sur les antennes de l'ORTF	19 novembre et 3 décembre
18 novembre	Décision du Conseil constitutionnel portant attribution de signes distinctifs aux candidats	24 novembre
5 décembre	Premier tour	
7 décembre	Proclamation des résultats du premier tour (cf. Doc. 7-201)	8 décembre
9 décembre	Décision du Conseil constitutionnel arrêtant la liste des candidats habilités à se présenter au second tour	10 décembre
9 décembre et 10 décembre	Arrêtés portant répartition des émissions sur les antennes des l'ORTF	10 décembre et 11 décembre
14 décembre	Décision du Conseil constitutionnel du 14 décembre rejetant une réclamation présentée au nom de MM. Mitterrand, Tixier-Vignancour et Lecanuet (cf. Doc. 7-202)	18 décembre
19 décembre	Deuxième tour	
22 décembre	Décision du Conseil constitutionnel rejetant une réclamation de M. Miterrand (cf. Doc. 7-203)	23 décembre
28 décembre	Décision du Conseil constitutionnel rejetant une réclamation de M. Mitterrand (cf. Doc. 7-204)	29 décembre
28 décembre	Proclamation des résultats définitifs (cf. Doc. 7-205)	30 décembre

DOCUMENT 7-201
Déclaration du Conseil constitutionnel du 7/12/1965 Résultats du 1er tour de scrutin

Le Conseil constitutionnel,
Vu les articles 6 et 7 de la Constitution :
Vu l'article 3 de la loi n° 62-1292 du 6 novembre 1962, relative à l'élection du Président de la République au suffrage universel ;
Vu l'ordonnance du 7 novembre 1958 portant loi organique sur le Conseil constitutionnel ;
Vu le décret n° 64-231 du 14 mars 1964 portant règlement d'administration publique pour l'application de la loi n° 62-1292 du 6 novembre 1962 susvisée et notamment son article 27 ;
Vu le décret n° 65-628 du 28 juillet 1965 fixant pour les départements et les territoires d'outre-mer les modalités d'application ou d'adaptation de certaines dispositions du décret n° 64-231 du 14 mars 1964 susvisé ;

Vu le Code électoral ;
Vu, pour les départements de la métropole et le département de la Martinique, les procès-verbaux de recensement dressés par les commissions chargées de centraliser les résultats ainsi que les procès-verbaux des opérations de vote portant mention des réclamations présentées par des électeurs et les documents et annexés ;
Vu les télégrammes adressés au Conseil constitutionnel pour les départements de la Guadeloupe, de la Guyane et de la Réunion ainsi que pour les territoires d'outre-mer ;
Vu les autres pièces et documents portés à la connaissance du Conseil pour son information ainsi que les réclamations qui lui ont été adressées ;
Les délégués du Conseil constitutionnel entendus ;
Après avoir opéré diverses rectifications d'erreurs matérielles, statué sur les réclamations, procédé aux redressements qu'il a jugé nécessaires ;
Ayant constaté que la majorité absolue des suffrages exprimés n'est pas atteinte au premier tour de scrutin ;
Déclare :
Article premier. — Le scrutin auquel il a été procédé le 5 décembre 1965 pour l'élection du Prési-

dent de la République au suffrage universel a donné les résultats ci-dessous indiqués :

Electeurs inscrits	28 910 581 voix
Votants	24 502 916 voix
Suffrages exprimés	24 254 556 voix
Majorité absolue	12 127 279 voix
MM.	
Marcel Barbu	279 685 voix
Charles de Gaulle	10 828 521 voix
Jean Lecanuet	3 777 120 voix
Pierre Marcilhacy	415 017 voix
François Mitterrand	7 694 005 voix
Jean-Louis Tixier-Vignancour	1 260 208 voix

Article 2. — La proclamation des résultats de l'ensemble de l'élection interviendra dans les conditions prévues au décret du 14 mars 1964 susvisé.

Article 3. — La présente déclaration sera publiée sans délai au *Journal officiel* de la République française.

Délibéré par le Conseil constitutionnel dans sa séance du 7 décembre 1965.

J.O. du 8

DOCUMENT 7-202

Décision du Conseil constitutionnel du 14/12/1965 rejetant une réclamation présentée au nom de MM. Mitterrand, Tixier-Vignancour et Lecanuet

Le Conseil constitutionnel,

Vu la Constitution, notamment ses articles 6 et 7 ;

Vu la loi n° 62-1292 relative à l'élection du Président de la République au suffrage universel, et notamment son article 3-III ;

Vu l'ordonnance n° 58-1067 du 7 novembre 1958 portant loi organique sur le Conseil constitutionnel, et notamment son article 50 ;

Vu le décret n° 64-231 du 14 mars 1964 portant règlement d'administration publique pour l'application de la loi n° 62-1292 du 6 novembre 1962 susvisée, et notamment ses articles 24 et 28 ;

Vu le décret n° 65-628 du 28 juillet 1965 fixant pour les départements et les territoires d'outre-mer les modalités d'application ou d'adaptation de certaines dispositions du décret n° 64-231 du 14 mars 1964 susvisé ;

Vu la réclamation présentée par MM. Constant, Morel et Fort, représentants respectivement de MM. François Mitterrand, Jean-Louis Tixier-Vignancour et Jean Lecanuet, ladite réclamation enregistrée le 8 décembre 1965 au secrétariat du Conseil constitutionnel et tendant à l'annulation de l'ensemble des opérations électorales auxquelles il a été procédé le 5 décembre 1965 dans le département de la Réunion pour l'élection du Président de la République ;

Ouï le rapporteur en son rapport ;

Considérant qu'aux termes de l'article 28 (1er alinéa) du décret du 14 mars 1964 tout électeur a le droit de contester la régularité des opérations en faisant porter au procès-verbal des opérations de vote mention de sa réclamation ; qu'en vertu de l'article 24 dudit décret, les représentants des candidats auprès des commissions départementales de recensement peuvent demander, éventuellement, l'inscription au procès-verbal de leurs réclamations ; qu'enfin, d'après l'article 28 (alinéa 3) du même décret, tout candidat peut également, dans le délai de quarante-huit-heures suivant la clôture du scrutin, déférer directement au Conseil constitutionnel l'ensemble des opérations électorales ;

Considérant que MM. Constant, Morel et Fort ne pouvaient, en qualité de représentants des candidats, exercer la faculté, réservée par le décret susvisé aux seuls candidats, de saisir directement le Conseil constitutionnel ; que, d'ailleurs, leur réclamation, adressée par voie télégraphique de Saint-Denis (Réunion), le 8 décembre 1965, à 15 h 19, et parvenue au Conseil constitutionnel dans l'après-midi du même jour, est postérieure à l'expiration du délai prévu à l'article 28 précité ; que, par suite, cette réclamation est irrecevable ;

Considérant, au surplus, qu'aucune mention de contestation par un électeur de la régularité des opérations et qu'aucune inscription de réclamation par les représentants des candidats ne figurent tant sur les procès-verbaux des opérations de vote que sur le procès-verbal de la commission de recensement de la Réunion,

Décide ;

Article premier

La réclamation susvisée de MM. Constant, Morel et Fort est rejetée.

Article 2

La présente décision sera publiée au *Journal officiel* de la République française.

Délibéré par le Conseil constitutionnel dans sa séance du 14 décembre 1965.

J.O. du 18

DOCUMENT 7-203

Décision du Conseil constitutionnel du 22/12/1965 rejetant une réclamation de M. Mitterrand

Le Conseil constitutionnel,

Vu la Constitution, notamment ses articles 6 et 7 ;

Vu la loi n° 62-1292 relative à l'élection du président de la République au suffrage universel, et notamment son article 50 ;

Vu le décret n° 64-231 du 14 mars 1964 portant règlement d'administration publique pour l'application de la loi n° 62-1292 du 6 novembre 1962 susvisée, et notamment son article 28 ;

Vu le décret n° 65-628 du 28 juillet 1965 fixant pour les départements et les territoires d'outre-mer les modalités d'application ou d'adaptation de certaines dispositions du décret n° 64-231 du 14 mars 1964 susvisé ;

Vu la réclamation présentée par M. François Mitterrand, demeurant 4, rue Guynemer, à Paris, candidat à l'élection du Président de la République et parvenue au secrétariat du Conseil constitutionnel, le 7 décembre 1965, ladite réclamation déférant au Conseil les résultats des opérations électorales auxquelles il a été procédé le 5 décembre 1965 dans l'ensemble des départements et territoires d'outre-mer, aux fins d'annulation ;

Ouï le rapporteur en son rapport ;

Considérant que, par la réclamation susvisée, M. Mitterrand s'est borné à faire état d'irrégularités qui, selon lui, auraient entaché les opérations électorales et dont il ne précisait ni la nature ni la portée ;

Considérant qu'il annonçait son intention de porter ultérieurement le détail de ces irrégularités à la connaissance du Conseil constitutionnel et qu'à cette fin un délai expirant le 20 décembre 1965, à minuit, lui avait été accordé ;

Considérant qu'à l'expiration dudit délai M. Mitterrand n'a fait parvenir aucune précision à l'appui de sa réclamation ; que, dès lors, celle-ci, qui n'est pas motivée, ne peut être accueillie,

Décide :

Article premier

La réclamation susvisée de M. Mitterrand est rejetée.

Article 2

La présente décision sera publiée au *Journal officiel* de la République française.

Délibéré par le Conseil constitutionnel dans sa séance du 22 décembre 1965.

J.O. du 23

DOCUMENT 7-204
Décision du Conseil constitutionnel du 28/12/1965 rejetant une réclamation de M. Mitterrand

Le Conseil constitutionnel,

Vu la Constitution, notamment ses articles 6 et 7 ;

Vu la loi n° 62-1292 du 6 novembre 1962 relative à l'élection du président de la République, et notamment son article 3-III ;

Vu l'ordonnance n° 58-1067 du 7 novembre 1958 portant loi organique sur le Conseil constitutionnel, et notamment son article 50 ;

Vu le décret n° 64-231 du 14 mars 1964 portant règlement d'administration publique pour l'application de la loi n° 62-1292 du 6 novembre 1962 susvisée, et notamment ses articles 27 et 28 ;

Vu le décret n° 65-628 du 28 juillet 1965 fixant pour les départements et les territoires d'outre-mer les modalités d'application ou d'adaptation de certaines dispositions du décret n° 64-231 du 14 mars 1964 susvisé ;

Vu la réclamation présentée par M. François Mitterrand, candidat à l'élection du Président de la République, demeurant 4, rue Guynemer, à Paris, ladite réclamation, parvenue au secrétariat général du Conseil constitutionnel le 21 décembre 1965, déférant à la censure du Conseil les résultats des opérations électorales auxquelles il a été procédé le 19 décembre 1965 en ce qui concerne la majorité des départements et des territoires d'outre-mer ;

Vu la décision du Conseil constitutionnel en date du 21 décembre 1965 par laquelle un délai expirant le 27 décembre 1965 à midi a été imparti à M. Mitterrand pour présenter les justifications dont il annonçait la production ;

Vu la lettre en date du 23 décembre 1965 par laquelle M. François Mitterrand demande au Conseil de prolonger de deux semaines le délai que celui-ci lui a accordé pour présenter les justifications annoncées au soutien de sa réclamation ;

Vu les procès-verbaux de recensement dressés par les commissions chargées de centraliser les résultats dans les départements et territoires d'outre-mer ;

Les délégués du Conseil constitutionnel entendus en leurs rapports ;

Ouï le rapporteur en son rapport ;

Considérant qu'aux termes de l'article 28 (alinéa 3) du décret du 14 mars 1964 « Tout candidat peut également, dans le même délai de quarante-huit heures, déférer directement au Conseil constitutionnel, au besoin par voie télégraphique, l'ensemble des opérations électorales » et que, d'après l'article 27 (alinéa 3) du même décret « Le Conseil constitutionnel proclame les résultats de l'ensemble de l'élection dans les dix jours qui suivent le scrutin où la majorité absolue des suffrages exprimés a été atteinte par un des candidats » ;

Considérant que, par la réclamation susvisée, présentée dans le délai prévu à l'article 28 (alinéa 3) du décret précité, M. Mitterrand a déféré à la censure du Conseil constitutionnel « les opérations électorales du scrutin du 19 décembre 1965 en ce qui concerne la majorité des départements et des territoires d'outre-mer » ; que cette réclamation n'était pas assortie de précisions de nature à permettre d'en apprécier le bien-fondé ; que le Conseil constitutionnel a imparti à M. Mitterrand un délai pour le mettre en mesure de fournir le « détail de la fraude » alléguée par lui, qu'il annonçait, d'ailleurs, dans sa réclamation ; qu'à l'expiration de ce délai, dont le terme était fixé au 27 décembre à midi, M. Mitterrand n'avait produit aucune des précisions ainsi annoncées et s'était borné à demander l'octroi d'un délai supplémentaire de deux semaines ;

Considérant que la proclamation de l'ensemble des résultats devant intervenir dans les dix jours qui suivent le scrutin, il ne peut être fait droit à cette demande ;

Considérant qu'en conséquence la réclamation de M. Mitterrand ne saurait être accueillie ;

Considérant, enfin, qu'il ne ressort pas de l'examen des procès-verbaux des commissions de recensement, des procès-verbaux des opérations de vote, des réclamations et des contestations qui y sont portées ainsi que des rapports des délégués désignés par le Conseil constitutionnel pour les départements de la Guadeloupe, de la Martinique et de la Rénion que les opérations électorales dont il s'agit aient été entachées d'irrégularités susceptibles de fausser la sincérité dans les départements et territoires d'outre-mer,

Décide :

Article premier

La réclamation susvisée de M. Mitterrand est rejetée.

Article 2

La présente décision sera publiée au *Journal officiel* de la République française.

Délibéré par le Conseil constitutionnel dans sa séance du 28 décembre 1965.

J.O. du 29

DOCUMENT 7-205
Proclamation du Conseil constitutionnel du 28/12/1965 relative aux résultats du scrutin

Le Conseil constitutionnel,

Vu la Constitution du 4 octobre 1958 et notamment ses articles 6 et 7, modifiés par la loi du 6 novembre 1962 relative à l'élection du Président de la République au suffrage universel direct ;

Vu l'ordonnance du 7 novembre 1958 portant loi organique sur le Conseil contitutionnel ;

Vu le décret du 14 mars 1964 portant règlement d'administration publique pour l'application de la loi susvisée du 6 novembre 1962, ensemble le décret du 28 juillet 1965 fixant dans les départements et les territoires d'outre-mer les modalités d'application ou d'adaptation de certaines dispositions dudit décret ;

Vu la décision du Conseil constitutionnel en date du 18 novembre 1965 arrêtant la liste des candidats à l'élection du Président de la République ;

Vu la déclaration du Conseil constitutionnel en date du 7 décembre 1965 faisant connaître les résultats du premier tour de scrutin ;

Vu la décision du Conseil constitutionnel en date du 9 décembre 1965 arrêtant la liste des candidats habilités à se présenter au second tour de scrutin ;

Vu les procès-verbaux dressés par les commissions de recensement des départements, des territoires d'outre-mer, le télégramme adressé au Conseil constitutionnel par le président de la commission de recensement des îles Wallis et Futuna ainsi que les procès-verbaux des opérations de vote et les documents y annexés ;

Vu les réclamations inscrites sur les procès-verbaux dressés par les commissions de recensement, les contestations mentionnées sur les procès-verbaux des opérations de vote, les autres pièces et documents portés à la connaissance du Conseil pour son information ainsi que les réclamations qui lui ont été adressées ;

Les délégués du Conseil constitutionnel entendus ;

Après avoir opéré diverses rectifications d'erreurs matérielles, statué sur toutes les réclamations, notamment par les décisions en date des 14, 22 et 28 décembre 1965, procédé aux redressements qu'il a jugé nécessaires ;

Considérant que les résultats du premier et du deuxième tour de scrutin sont arrêtés conformément aux tableaux annexés à la présente décision ;

Considérant que le scrutin du 19 décembre 1965 donne les résultats suivants :

Electeurs inscrits	28 902 704
Votants	24 371 647
Suffrages exprimés	23 703 434
Suffrages obtenus par Charles de Gaulle	13 083 699
Suffrages obtenus par François Mitterrand	10 619 735

Qu'ainsi Charles de Gaulle a atteint la majorité absolue des suffrages exprimés, requise pour être proclamé élu ;

En conséquence,

Proclamé Charles de Gaulle élu Président de la République.

Délibéré par le Conseil constitutionnel dans sa séance du 28 décembre 1965.

J.O. du 30

DOCUMENT 7-206
Rapport de la Commission nationale de contrôle

CHAPITRE I
La mise en place de la Commission

Dès la fin de l'été 1965, MM. Alexandre Parodi, Vice-Président du Conseil d'Etat, Charles Bornet, Premier président de la Cour de cassation, et Roger Léonard, Premier président de la Cour des comptes, membres de droit de la Commission nationale de contrôle instituée par le décret du 14 mars 1964, ont pris l'initiative de se réunir officieusement pour préparer la mise en place de la commission et commencer à délibérer sur les tâches qu'elle aurait à accomplir avant la fin de l'année.

L'élection présidentielle devant, en effet, avoir lieu au début du mois de décembre, la campagne électorale allait s'ouvrir vers le milieu de novembre. Il fallait, d'ici là, non seulement constituer la Commission en la complétant de deux membres cooptés, mais aussi dégager les principes directeurs de son fonctionnement (l'étendue de sa compétence, les modalités d'exercice de ses attributions, sa situation vis-à-vis du gouvernement et des administrations), et fixer enfin, là où le décret du 14 mars en attribuait la responsabilité directe à la Commission, certaines règles régissant le déroulement de la campagne électorale.

Une première phase « officieuse » de l'activité de la Commission s'est ainsi ouverte le 15 septembre 1965.

Une des premières tâches des membres de droit a été de désigner les deux autres membres de la Commission et leurs suppléants. Leur choix s'est porté sur MM. Roger Grégoire, Conseiller d'Etat, et André Pepy, président de Chambre honoraire à la Cour de cassation, ayant pour suppléants MM. François Husson, Conseiller-Maître à la Cour des comptes et Henri Drouillat, président de Chambre à la Cour de cassation. (Ces deux derniers ne devaient, en effet, jamais prendre part aux réunions et travaux de la Commission, le mécanisme de la suppléance n'ayant eu à jouer à aucun moment).

Les membres de droit ont remarqué que le 4e alinéa de l'article 10 du décret du 14 mars 1964, aux termes duquel « les membres de droit, sont, en cas d'empêchement, remplacés par ceux qui les suppléent normalement dans leur corps », n'avait pas explicitement résolu la question de la suppléance de la fonction de président de la Commission. Envisageant cette éventualité, ils ont observé que la suppléance du vice-président du Conseil d'Etat, président de droit de la Commission, par le plus ancien des présidents de section du Conseil d'Etat ne serait pas la solution la plus opportune puisqu'elle conduirait à faire présider la Commission par une personne non informée de ses travaux. Ils se sont alors demandés si la Commission ne devrait pas désigner en son sein un ou deux vice-présidents. Cependant cette question de la suppléance de Président n'a pas été résolue car elle ne s'est jamais posée en fait au cours des 64 séances de la Commission.

Par lettre du 15 octobre, le président de la Commission a fait connaître au Premier ministre les noms des membres titulaires et des suppléants désignés par les membres de droit.

Ainsi complétée, la Commission a décidé de siéger dans les locaux du Conseil d'Etat et de faire assurer son secrétariat par le Secrétaire général du Conseil d'Etat, M. Claude Lasry. Elle a désigné à la même époque ses premiers rapporteurs, choisis parmi les membres du Conseil d'Etat et de la Cour des Comptes et dirigés par un rapporteur général, M. Ducoux, Conseiller d'Etat.

En vertu du 6e alinéa de l'article 10 du décret du 14 mars 1964, la Commission devait être « assistée de quatre fonctionnaires » représentant respectivement le ministre chargé des départements et territoires d'outre-mer, le ministre de l'Information, le ministre de l'Intérieur, le ministre des Postes et Télécommunications. Ces fonctionnaires ont été désignés par les ministres intéressés. La Commission ne les a pas appelés à siéger, mais les a convoqués chaque fois que leur audition était utile à ses travaux et pouvait faciliter les liaisons avec les administrations qu'ils représentaient.

La Commission devait, aux termes du décret, être installée « au plus tard 48 heures avant le jour de l'ouverture de la campagne électorale ». Cependant les membres de la Commission avaient acquis la conviction que l'importance des travaux préparatoires qu'ils auraient à mener à bien avant le début de la campagne (19 novembre) les obligerait à tenir des réunions quasi quotidiennes pendant plusieurs semaines. L'opinion de la Commission était qu'il n'était pas bon que l'accomplissement de sa mis-

sion ne se poursuivît qu'à titre purement officieux pendant une aussi longue période. Elle souhaitait donc être installée officiellement dans le courant du mois d'octobre.

Admettant cette manière de voir, le gouvernement décida d'installer la Commission le 29 octobre, soit le jour même où paraîtrait au Journal Officiel le décret convoquant le corps électoral pour le 5 décembre en vue de procéder à l'élection du Président de la République.

La procédure de constitution et d'installation n'était pas fixée par les textes et la Commission eut à délibérer bien qu'elle se fût toujours considérée comme une institution totalement indépendante et cela en raison tant de son objet même, et de sa composition que du fait que le décret du 14 mars 1964 ne la subordonnait à aucune autre autorité, elle a estimé d'une part qu'il ne lui appartenait pas de s'installer elle-même d'autre part qu'un décret devrait constater sa composition et entériner le choix de son siège et de son secrétariat. Ce décret, daté du 28 octobre, fut publié le 29, jour où le Premier ministre vint au Palais-Royal installer solennellement la Commission. Cette cérémonie donna lieu à un échange d'allocutions entre le Premier ministre et le Président de la Commission.

C'est à l'image de cette procédure que les commissions locales de contrôle, placées sous l'autorité de la Commission Nationale, allaient être ultérieurement installées par les Préfets et les Chefs de territoires.

La phase officieuse de l'existence de la Commission était terminée. Pendant cette période, la Commission a tenu 8 séances, sans compter des réunions officieuses des trois membres de droit.

CHAPITRE 2
La préparation de la Commission électorale

SECTION I
Les attributions de la Commission

Ainsi que le rappela M. le Président Parodi dans l'allocution qu'il prononça en réponse à celle du Premier ministre, au cours de la cérémonie d'installation, l'élection du Président de la République au suffrage universel était une nouveauté dans notre droit, comme était une nouveauté l'utilisation systématique de la radiodiffusion et surtout de la télévision. La Commission, elle-même institution nouvelle et « sui generis », ne pouvait donc se référer à aucun précédent pour interpréter et mettre en œuvre les principes et règles que le décret du 14 mars 1964 n'avait fixés qu'en termes assez généraux.

Or la Commission a été amenée, dès les premières réunions à s'interroger sur l'étendue de sa compétence et la nature de ses pouvoirs tels que les définissait l'article 10 du décret du 14 mars.

Après avoir rappelé, dans son premier alinéa, que « conformément aux dispositions organiques de l'article 3 — IV de la loi du 6 novembre 1962, tous les candidats bénéficient de la part de l'Etat des mêmes facilités pour la campagne en vue de l'élection présidentielle », ce texte disposait dans le deuxième alinéa : « Une commission nationale de contrôle de la campagne électorale veille au respect desdites dispositions. Elle exerce les attributions prévues aux articles suivants. Elle intervient, le cas échéant, auprès des autorités compétentes pour que soient prises toutes mesures susceptibles d'assurer l'« égalité entre les candidats et l'observation des règles édictées au présent titre ».

Les membres de la Commission se sont demandés si l'exercice des « attributions » précisées par les articles 12, 14, 15 et 16 du décret, résumait et épuisait les compétences de la Commission, ou si, au contraire, la première phase du deuxième alinéa précité de l'article 10 ne lui confiait pas une mission générale de contrôle sur l'ensemble des opérations de la campagne électorale, du moins en ce qui concerne les moyens de propagande accordés ou contrôlés par l'Etat. Les membres de la Commission, ont finalement adopté cette seconde interprétation, qui leur semblait la plus conforme à la lettre et à l'esprit du décret du 14 mars 1964.

Ils ont estimé, en revanche, que les actes et moyens de propagande ressortant exclusivement à l'initiative privée (celle des candidats eux-mêmes ou d'autres personnes) restaient en dehors de la compétence de la Commission, sinon de son attention et de ses préoccupations. C'est ainsi que la Commission a estimé, dès ses premières séances, qu'elle n'avait aucun pouvoir de surveillance, et encore moins d'intervention ou de sanction, à l'égard des stations émettrices privées de radio télévision dites « périphériques », bien que leur audience sur le territoire français fût notoire et parfois considérable. La Commission ne se départit jamais de cette position et devait même refuser, un peu plus tard, de connaître des dispositions que lesdites stations avaient adoptées, sur l'incitation du Gouvernement, quant à leur attitude à l'égard de la campagne présidentielle. Cependant, la Commission ne méconnaissait pas le risque d'inégalité entre les candidats qui pourrait résulter d'un appui donné à certains candidats par ces stations et elle devait, dans le préambule de ses « directives » pour l'utilisation des antennes de l'ORTF attirer sur ce point l'attention du Gouvernement, celle des candidats et celle des responsables desdites stations.

Le même raisonnement conduisit la Commission à s'estimer incompétente à l'égard des sociétés productrices d'actualités cinématographiques.

SECTION II
La réglementation des émissions des candidats sur les antennes de l'ORTF

A. *La préparation des directives de la Commission*

Se fondant sur l'article 12 du décret du 14 mars 1964 qui précisait son rôle dans l'organisation et le déroulement de la campagne électorale radiotélévisée, la Commission a estimé qu'elle avait une véritable compétence normative dans ce domaine et qu'elle devait, par voie de conséquence, exercer des pouvoirs particulièrement étendus à l'égard de l'ORTF, service public disposant du monopole de l'émission. Sans doute appartenait-il au ministre de l'Information de fixer, dans le cadre des dispositions du décret, le nombre, la durée et les horaires des émissions. Mais il revenait à la Commission de prendre elle-même certaines décisions touchant l'usage de la radiodiffusion et de la télévision par les candidats, et notamment « d'aménager les tranches d'émission » de telle sorte que le principe d'égalité fût constamment respecté. Cette responsabilité conduisait logiquement la Commission à fixer dans le détail les modalités de l'accès des candidats aux moyens d'émission, c'est-à-dire à poser de véritables règles.

L'élaboration de ces règles a occupé la majeure partie des séances de la Commission pendant les semaines qui ont précédé l'ouverture de la campagne électorale.

Après avoir entendu les explications d'ordre technique que lui apportèrent tour à tour le ministre de l'Information, le président du conseil d'administration de l'ORTF et le directeur général de cet organisme, et sans négliger de se documenter sur les pratiques suivies dans quelques grands pays étrangers, la Commission a chargé un de ses membres de préparer un projet de directives. C'est sur la base de ce projet, maintes fois soumis à discussion, que la Commission engagea le dialogue avec l'administration (ministre de l'Information et ORTF) et finalement avec le Premier ministre lui-même sur les grandes options que la rédaction d'un tel document, sans précédent en France, amenait à prendre. Ce sont ces options que l'on trouve exprimées, avec les brefs commentaires qui les justifient, dans les « directives » de la commission rendues publiques le 12 novembre. Ce document fut complété le 17 novembre par une « note de service » de la direction générale de l'ORTF, approuvée par la Commission, qui précisa sur plusieurs points les modalités d'exécution des « directives ».

Ces directives devaient-elles être présentées et publiées comme une décision autonome de la Commission, ou arrêtées par le Gouvernement sur sa proposition ? La première solution, pour laquelle penchait la Commission et qui recueillait aussi la préférence du Gouvernement, fut finalement retenue. Le projet de directives avait été préalablement communiqué au Gouvernement, qui s'y était rallié non sans présenter quelques observations dont l'une fut reconnue valable par la Commission. Le Premier ministre était venu apporter en personne son avis devant la Commission.

B. *Les directives de la Commission*

a. La durée et la répartition des émissions

Dans ce domaine l'article 12 du décret du 14 mars 1964 partageait les compétences entre le ministre de l'Information chargé de fixer « le nombre, la durée et les horaires des émissions », et la Commission qui devait fixer « l'aménagement de chaque tranche d'émission, de telle sorte que soit assurée l'égalité d'audience de chaque candidat ».

La Commission donna un avis favorable aux propositions du ministre concernant le choix des heures d'émission (prises dans les meilleurs temps d'écoute) et les chaînes de diffusion (les programmes électoraux n'étant diffusés que sur la première chaîne de télévision, et sur la principale chaîne de radiodiffusion).

De son côté, la Commission mit au point le découpage des tranches d'émission après avoir longuement délibéré des avantages et des inconvénients respectifs des diverses formules imaginables. Elle avait d'abord marqué une préférence pour les émissions de quinze minutes, craignant que des émissions d'une demi-heure ne lassent l'attention des auditeurs et téléspectateurs. Mais elle ne méconnaissait pas le danger, souligné par le Gouvernement, de l'impression du « Kaléidoscope » que pouvait provoquer la succession d'émissions de courte durée. La Commission adopta finalement une formule intermédiaire, caractérisée par l'alternance d'émissions de durées différentes (14 et 28 minutes) qui rendit la campagne très vivante.

Elle groupa ces tranches d'émissions en sept séries ou « cycles », en entendant par cycle, un ensemble d'émissions au cours duquel tous les candidats prenaient la parole, avec le même temps de parole pour chacun d'eux. Le premier cycle (vendredi 19 et dimanche 20 novembre) comprenait des tranches de 14 minutes. Venaient ensuite deux cycles d'émissions de 28 minutes (du lundi 22 au samedi 27 novembre) ; puis trois cycles d'émissions de 14 minutes (du lundi 22 novembre au vendredi 3 décembre à 13 h 30). Le septième et dernier cycle permettait enfin à tous les candidats de prendre la parole pendant 8 minutes le dernier soir de la campagne électorale (soirée du vendredi 3 décembre). Utilisant les pouvoirs qu'elle tenait de l'article 12 du décret du 14 mars 1966, la Commission a décidé que cette dernière tranche d'émission serait diffusée simultanément sur les antennes de la télévision et celles de la radiodiffusion afin de placer tous les candidats dans une situation de complète égalité à l'heure de la clôture de la campagne.

Les tranches d'émissions, désignées par des lettres, ont été réparties par la Commission de telle sorte que chaque candidat bénéficie des antennes tantôt au milieu de la journée, tantôt le soir et que les mêmes candidats ne se présentent pas le même jour sur les antennes de la radiodiffusion et sur celles de la télévision ; la Commission a veillé également, en composant le découpage des émissions, à ce que les mêmes candidats ne se succèdent pas toujours dans le même ordre et à ce que deux tranches d'émissions comprises dans la même demi-heure ne soient pas attribuée plus d'une fois aux deux mêmes candidats.

La Commission avait dû préparer l'aménagement des tranches d'émission en tenant compte d'un nombre probable de candidats (hypothèse à 4, 5, 6 candidats). Il n'y eu finalement, après une fausse alerte, que 6 candidats, ce qui permit à la commission d'appliquer sans difficulté le mécanisme adopté, et lui évita de prendre, comme le décret lui permettait, la décision de réduire le temps global d'émission alloué à chaque candidat.

Selon l'article 12 du décret « l'ordre d'attribution des temps de parole » devait être « déterminé par voie de tirage au sort effectué par la Commission ». La Commission a estimé que ce texte devait être interprété en tenant compte du principe de l'aménagement des tranches d'émissions ; elle a donc admis que le tirage au sort ne pouvait intervenir que dans le cadre du système qu'elle avait agencé de manière à assurer l'égalité d'audience de chaque candidat pendant toute la durée de la campagne électorale.

Le tirage au sort des tranches d'émission (1) eut lieu en public au Conseil d'Etat le vendredi 19 à 0 h 30, aussitôt que le Conseil constitutionnel eût fait connaître la liste officielle des candidats à la présidence de la République. Les membres de la Commission avaient pu remarquer, à ce propos, que l'extrême brièveté du délai, fixé par le décret du 14 mars 1964, entre la publication de cette liste et l'ouverture de la campagne électorale était très gênante pour l'organisation de la campagne radiotélévisée, et risquait même d'en paralyser le départ si le nombre réel des candidats ne pouvait être connu d'avance avec une certitude raisonnable.

b. L'utilisation des tranches d'émission par les candidats :

Le principe de l'utilisation personnelle des heures d'émissions par les candidats était posé dans les termes suivants par l'article 12, 3e alinéa, du décret du 14 mars 1964 :

« Les heures d'émission sont utilisées personnellement par les candidats. Toutefois, chaque candidat peut demander que les partis ou groupements politiques dont l'action s'étend à la généralité du territoire national et désignés par lui, participent à ses émissions, après avoir été habilités par la commission de contrôle qui vérifiera que ces partis ou groupements répondent aux exigences prévues au présent alinéa ».

La Commission a tiré de ce texte les conséquences suivantes :

1. Elle a estimé qu'il convenait d'interpréter strictement le principe de l'« utilisation personnelle » des ondes par les candidats et n'a pas admis que la participation des partis ou groupements politiques puisse aller jusqu'à une véritable substitution de ces groupements aux candidats : chaque candidat devrait donc être toujours présent au cours de l'émission même s'il n'y prenait la parole que pour introduire le représentant du groupement lui apportant son appui.

2. En revanche, la Commission a posé des règles libérales quant aux conditions de fond et de forme de l'« utilisation » des partis et groupements politiques. En ce qui concerne la procédure, elle n'exigea qu'un dossier succinct et fixa des délais très brefs (qui furent même assouplis au cours de la campagne). Quant au fond, si elle exclut nettement par avance les organisations professionnelles, syndicales et toutes celles poursuivant un but spécialisé, elle se montra disposée à apprécier largement la condition de l'« extension à la généralité du territoire national » des groupements proprement politiques, sachant bien d'une part que le problème de la preuve était singulièrement difficile dans ce domaine, et d'autre part qu'elle ne pourrait en tout cas écarter les groupements et comités « nationaux » de circonstances qui se créaient précisément pour soutenir la candidature de tel ou tel. Au demeurant, il y eut très peu de demandes d'habilitation (elles furent toutes agréées) et la participation des groupements politiques habilités aux émissions fut beaucoup moins importante que prévu.

La souplesse des règles définies par la Commission a cependant permis à certains candidats de faire participer à leurs émissions de simples citoyens (étudiants, ingénieurs) adhérents de leurs « comités de soutien ».

3. La commission s'est demandée si les termes de l'article 12 du décret lui permettaient d'autoriser les candidats à dialoguer avec les journalistes. Elle a finalement admis cette possibilité en précisant toutefois que les journalistes choisis pour ces interviews devaient rester neutres. L'expérience a montré que cette formule fut largement exploitée par les candidats, qui la préférèrent à la participation d'hommes politiques à leurs émissions, et qu'elle fut très appréciée par les auditeurs et les téléspectateurs.

(1) La Commission avait fait appel aux techniciens et aux appareils de la loterie nationale.

Les journalistes participant aux émissions devaient être obligatoirement désignés parmi ceux de l'ORTF. La commission avait donné satisfaction sur ce point à une demande de l'Office après avoir constaté que le nombre très élevé (400) de journalistes professionnels attachés à l'ORTF réservait aux candidats une grande liberté de choix.

4. Explorant et analysant les divers procédés techniques auxquels les candidats pouvaient éventuellement recourir dans l'utilisation des antennes de télévision, de radiodiffusion, la Commission s'est également demandée s'ils pourraient intégrer dans des projections d'images fixes et de films. Cette question retint longtemps l'attention de la Commission, qui, en principe, souhaitait laisser les candidats libres de tirer le meilleur parti possible des techniques audio-visuelles officiellement promues au rang de moyens de propagande électorale. Cependant la Commission devait aussi veiller à ce qu'un usage abusif ou inconsidéré de ces techniques ne fît pas perdre à la campagne radiotélévisée le sérieux et la dignité convenables. Cette dernière considération l'emporta finalement et conduisit la Commission à interdire l'emploi des montages sonores ou visuels qui risquaient d'inciter les candidats à « théâtraliser » leurs émissions, à transformer celles-ci en spectacles exclusivement illustrés. Les membres de la Commission fondèrent cette décision sur le principe de « l'utilisation personnelle », interprété ici comme signifiant que l'usage des antennes nationales devait seulement permettre aux candidats de faire connaître à tous les électeurs leur personnalité et leur programme. Seule fut autorisée la projection d'illustrations purement graphiques (diagrammes, courbes, statistiques), qui ne fut d'ailleurs presque pas employée par les candidats.

c. L'enregistrement des émissions

La mise au point des règles concernant les conditions d'enregistrement des émissions posait plusieurs questions importunes.

1. La plus délicate de ces questions était celle de savoir s'il fallait confier à l'ORTF le monopole de l'enregistrement, c'est-à-dire imposer ce service public comme maître d'œuvre unique aux candidats, ou accorder au contraire à ces derniers la faculté de réaliser eux-mêmes des enregistrements que l'ORTF n'aurait eu ensuite qu'à diffuser. Certains candidats semblaient désireux de réaliser une partie au moins de leurs émissions par leurs propres moyens, afin de disposer d'une totale liberté dans l'organisation technique et matérielle des enregistrements, et de rester maîtres de leur emploi du temps. Ces mêmes candidats nourrissaient en outre une certaine méfiance à l'égard d'un service public qu'ils ne jugeaient pas assez indépendant à l'égard du Gouvernement.

De nombreux arguments militaient pourtant en faveur de la solution inverse : d'une part l'ORTF disposait du personnel le plus qualifié et du matériel le plus complet : en particulier, il pouvait seul permettre aux candidats d'utiliser le procédé de l'enregistrement électrique (magnétoscope) infiniment plus commode et plus souple que l'enregistrement cinématographique ; d'autre part, la Commission devait dans tous les cas s'assurer que les candidats respectaient les règles qu'elle avait posées (par exemple l'interdiction des « montages » sonores ou filmés) et elle aurait dû soumettre les enregistrements réalisés par les candidats en dehors de l'ORTF à un contrôle préalable fort difficile à réaliser en pratique. L'unicité du maître d'œuvre et des lieux d'enregistrement permettait au contraire, d'organiser sur place un contrôle permanent, concomitant aux enregistrements. Enfin la liberté laissée aux candidats de procéder eux-mêmes à l'enregistrement de leurs émissions faisait courir le risque, très sérieux, d'une rupture de l'égalité entre eux, certains pouvant bénéficier de meilleurs concours financiers et techniques ou de facilités particulières. L'exclusivité attribuée à l'ORTF garantissait au contraire une rigoureuse égalité de la qualité technique des enregistrements.

Le Gouvernement insistait pour que cette solution fût seule retenue et le Premier ministre vint même en personne en exposer les mérites devant la Commission ; il fit valoir que la réalisation des enregistrements en dehors de l'ORTF conduirait sans doute les candidats à donner à leurs émissions un caractère trop élaboré, voire « théâtral » ; que la Commission aurait les plus grandes difficultés à prévenir et contrôler les abus qui risquaient d'être commis ; qu'enfin la défiance manifestée à l'endroit de l'ORTF était « injurieuse » pour cet organisme et son personnel. Ce dernier argument ne semblait pas décisif aux membres de la Commission, puisque plusieurs dispositions essentielles du décret du 14 mars 1964 reposaient précisément sur l'idée qu'il était nécessaire de faire contrôler par un organisme indépendant l'usage fait par l'État des moyens de propagande dont il disposait.

La Commission décida finalement de ne pas autoriser les candidats à préparer leurs émissions à l'avance et en dehors de l'ORTF estimant que l'autre solution risquait de porter atteinte au principe d'égalité et posait en outre des problèmes de contrôle extrêmement difficiles à résoudre. Elle décida cependant que les candidats pourraient sous certaines conditions, faire enregistrer leurs émissions par l'ORTF en dehors des studios de l'office, et qu'ils pourraient être accompagnés, au cours des séances d'enregistrement, de deux collaborateurs et d'un technicien.

2. La Commission a décidé que tous les enregistrements seraient réalisés en « différé ». Il lui paraissait souhaitable en effet, que les candidats pussent corriger le cas échéant la première expression de leur pensée ; elle y voyait non seulement un avantage pour chacun des candidats, mais aussi un moyen d'assurer le sérieux et la dignité de la campagne électorale radiotélévisée dont l'expérience n'avait pas encore été faite en France. En outre, l'utilisation du procédé d'enregistrement « en direct » aurait obligé les candidats à se trouver presque chaque soir dans les studios de l'ORTF à Paris.

3. La Commission a fixé la durée des séances d'enregistrements, c'est-à-dire les temps pendant lesquels les studios étaient mis à la disposition des candidats. Après avoir examiné et modifié les propositions présentées par l'Office sur ce point, elle décida que les candidats disposaient pour enregistrer leurs émissions télévisées :

de 4 h pour les émissions de 28 minutes.

de 3 h pour les émissions de 14 minutes.

de 1 h 45 pour les émissions de 8 minutes.

et pour enregistrer les émissions radiodiffusées :

de 3 h 15 pour les émissions de 28 minutes.

de 2 h pour les émissions de 14 minutes.

de 1 h 15 pour les émissions de 8 minutes.

Les temps d'enregistrement avaient été calculés largement, de manière à permettre aux candidats de reprendre les passages qui ne leur donneraient pas satisfaction.

d. La Commission eut enfin à préciser en quoi et comment elle pourrait contrôler les émissions des candidats

1. Elle a estimé qu'il ne pouvait être question de limiter la liberté d'expression des candidats, et donc qu'aucune « censure » préalable n'était convenable. Elle n'a réservé que le cas ou un candidat tiendrait des propos susceptibles de provoquer directement des troubles dans le pays. Envisageant l'hypothèse des injures au chef de l'Etat les membres de la Commission ont eu des échanges de vues sur le point de savoir si la Commission devrait demander la suppression des passages ou de telles injures seraient proférées, ou si cette infraction pourrait seulement donner lieu aux poursuites et sanctions d'ordre pénal, dans les conditions du droit commun et sous la seule responsabilité des autorités judiciaires. N'y avait-il pas lieu, en l'occurence de distinguer entre les injures qui seraient proférées à l'encontre du Président de la République en exercice en tant que candidat à l'élection présidentielle, et celles qui l'attendraient dans sa qualité de chef de l'Etat ? Cependant le cas ne se présenta pas et ces questions ne furent donc pas tranchées par la Commission.

2. La Commission entendait par contre se réserver la possibilité de vérifier que ses propres règles d'utilisation des antennes étaient bien respectées par les candidats ; elle envisageait donc, le cas échéant, d'entendre ou se faire projeter avant leur émission, les enregistrements effectués en violation de ces règles et même de faire supprimer les passages fautifs. Il s'agissait là d'une hypothèse extrême (qui ne se réalisa pas en fait), que la Commission avait pris soin de ne mentionner dans ses directives que comme sanction de l'inobservation des règles d'ordre technique qu'elle avait définies.

Cette allusion à de possibles « coupures » fut cependant interprétée autrement par une certaine partie de l'opinion, qui, la rapprochant du passage des directives où la Commission recommandait aux candidats d'observer la prudence qui s'imposait dans l'usage de moyens de diffusion d'une aussi grande portée, jugea que la Commission avait entendu établir une véritable censure préalable des propos tenus par les candidats, c'est-à-dire une censure politique. La presse se fit largement l'écho de cette affaire, qui provoqua une certaine émission au lendemain de la publication des directives. La Commission s'en émut et autorisa son président à faire une déclaration pour dissiper le malentendu en exposant les véritables intentions de la Commission sur ce point. Cette déclaration fut publiée dans la presse du 18 novembre.

3. La Commission s'était d'ailleurs souciée d'organiser ses moyens de contrôle de la manière la plus souple, afin d'être constamment informée des conditions dans lesquelles s'effectuaient les enregistrements et d'être à même d'intervenir, le cas échéant, dès avant qu'une infraction à ces règles ait pu être définitivement constatée. Elle augmenta le nombre de ses rapporteurs de telle manière que l'un d'entre eux fût toujours présent aux séances d'enregistrement — dans les studios de l'ORTF ou au domicile des candidats — et pût prévenir ou régler sur place les possibles incidents, soit seul, soit après avoir informé la Commission. La mission des rapporteurs était double : ils devaient, d'une part, s'assurer avec discrétion que les candidats respectaient les directives de la Commission ; d'autre part et surtout, ils avaient à veiller à ce que toutes les facilités voulues fussent reconnues et offertes aux candidats par les services de l'ORTF.

En pratique, les rapporteurs se tinrent en liaison constante, ceux-ci se réservant d'apprécier s'il y avait lieu de saisir la Commission elle-même pour prendre une décision. Cette organisation se révéla très efficace et la Commission ne fut saisie pour décision que des quelques incidents présentant une réelle gravité.

SECTION III
Le contrôle de l'objectivité des programmes d'informations radiotélévisées

Indépendamment des émissions des candidats eux-mêmes, la Commission ne pouvait se désintéresser des autres émissions de l'ORTF en particulier des programmes d'information. Elle a estimé qu'il lui appartenait de veiller à ce que le principe d'égalité fut strictement respecté dans ce domaine, et qu'elle y était d'ailleurs expressément invitée par l'article 12, 1er alinéa du décret du 14 mars 1964 aux termes duquel : « pendant la durée de la campagne électorale, le principe d'égalité entre les candidats doit être respecté dans les programmes d'information de la radiodiffusion télévision française en ce qui concerne la reproduction ou les commentaires des déclarations et écrits des candidats et la présentation de leur personne ».

La Commission a cependant estimé qu'elle n'avait pas à fixer elle-même des règles en ce domaine, car la loi du 27 juin 1964 postérieure au décret relatif à l'élection présidentielle, avait confié au Conseil d'Administration de l'ORTF la mission d'assurer l'objectivité des programmes d'informations radiotélévisées. La Commission décida de respecter la compétence de cet organisme, mais demanda que la délibération du Conseil d'Administration fixant les consignes à respecter pendant la campagne électorale pour l'objectivité de l'information lui fût soumise pour approbation. Elle donna cette approbation le 18 novembre.

SECTION IV
Les dispositions relatives à l'affichage électoral et aux déclarations des candidats aux électeurs

La Commission n'avait pas à prendre de décisions de portée générale dans ce domaine, car le régime applicable à l'affichage électoral et aux déclarations des candidats était défini tant par le code électoral que par certaines dispositions spéciales du décret du 14 mars 1964 (articles 13 à 19). La mise en œuvre de ces prescriptions législatives et réglementaires incombait au premier chef d'une part, au ministre de l'Intérieur et au ministre d'Etat chargé des départements et Territoires d'outre-mer, d'autre part (pour leur exécution au cours de la campagne) aux Commissions locales de contrôle instituées par l'article 16 du décret.

TITRE II : LE PRÉSIDENT DE LA RÉPUBLIQUE

La Commission pouvait cependant intervenir à un triple titre au cours de la campagne électorale ; en premier lieu, pour assurer l'exécution des dispositions particulières énoncées aux articles 14 et 15 du décret du 14 mars 1964 et concernant tant le nombre et les caractéristiques des documents électoraux que les candidats pouvaient faire imprimer, que la conformité de ces documents aux textes-types qui devaient être déposés auprès de la Commission ; en second lieu, pour informer et conseiller les Commissions locales de contrôle placées sous son autorité, et résoudre le cas échéant les difficultés que ces organismes rencontreraient dans l'exécution de leurs missions ; enfin, d'une manière générale, pour veiller au respect du principe d'égalité dans l'octroi des facilités accordées par l'Etat aux candidats.

C'est en considération de ce pouvoir d'intervention de la Commission que le ministre de l'Intérieur et le ministre d'Etat chargé des départements et territoires d'outre-mer soumirent à son approbation le texte de leurs projets de circulaires traitant de ces questions et précisant notamment le rôle joué par les Commissions locales de contrôle. Le ministre de l'Intérieur lui présenta également le texte du « memento » qu'il préparait à l'intention des candidats, où étaient rappelées et sommairement commentées les principales dispositions et formalités à observer pendant la campagne électorale.

La Commission demanda et obtint que certains amendements fussent apportés à ces divers textes.

En revanche, la Commission eut, à plusieurs reprises, l'occasion de renvoyer aux administrations intéressées le soin de répondre aux questions qui lui étaient posées par ces administrations elles-mêmes ou par des représentants des candidats, et qui ne lui paraissaient pas relever de sa compétence. Ce fut notamment le cas en ce qui concerne les conditions matérielles de l'affichage (impression, répartition et remboursement des affiches), relevant exclusivement du Ministère de l'Intérieur. La Commission devait également estimer qu'il ne lui appartenait pas, par exemple, de décider si les candidats pouvaient ou non faire apposer des affiches en langue allemande dans les départements de l'Est (question que le gouvernement résolut par l'affirmative) : elle avait seulement à veiller à ce que la décision prise, quelle qu'elle fût, fût la même pour tous les candidats.

SECTION V
Instructions aux Commissions locales de contrôle

L'article 16 du décret du 14 mars 1964 instituait dans chaque département ou territoire une Commission locale de contrôle. Il précisait que ces commissions locales étaient placées « sous l'autorité de la Commission nationale de contrôle de la campagne électorale », et que la Commission nationale de contrôle pouvait charger les présidents des commissions locales de « toute mission d'investigation sur les questions relevant des attributions de la Commission nationale ».

Le Président de la Commission adressera le 16 novembre à tous les présidents des commissions locales une circulaire ayant pour objet de préciser les mesures qu'ils auraient à prendre, tant pour l'exécution des tâches dont les commissions locales étaient expressément chargées par le décret du 14 mars 1964, que pour l'aide à apporter à la Commission nationale spécialement en ce qui concerne le contrôle des émissions de radiodiffusion et de télévision. Le président de la Commission nationale prescrivait enfin aux présidents des commissions locales de signaler à leur Commission nationale en même temps qu'aux préfets, non seulement toute anomalie dans le déroulement des opérations ressortant à la compétence de leur commission respective, mais aussi de tout incident survenant dans leurs départements au cours de la campagne et qui aurait pour effet de rompre l'égalité dans les moyens de propagande mis par l'Etat à la disposition des candidats.

Cette prescription fut fidèlement suivie et donna lieu à une abondante correspondance télégraphique entre les commissions locales et la Commission nationale au cours de la campagne.

SECTION VI
Avis de la Commission sur les films de propagande préparés par certains candidats

Certains candidats ont fait réaliser des films de propagande et ont demandé au ministre de l'Information la délivrance du visa nécessaire à la projection de ces films. Le ministre de l'Information désirait que la Commission lui donnât préalablement son avis. Tel était aussi le souhait de la Commission de contrôle des films chargée d'examiner si un film porte atteinte aux bonnes mœurs et à l'ordre public.

La Commission s'est demandée si elle était compétente pour donner un tel avis. Elle hésita sur ce point, puis l'admit finalement en considérant qu'elle pouvait exprimer une opinion du seul point de vue de la liberté d'expression des candidats et du respect de l'égalité entre eux. Dans les deux cas où elle intervint de la sorte (films de MM. Tixier-Vignancour et Lecanuet) la Commission estima compte tenu notamment de l'avis favorable émis par la Commission de contrôle des films, le visa ne devait pas être refusé par le ministre.

CHAPITRE 3
La campagne du 1ᵉʳ tour

Pendant la campagne, la Commission a tenu séance chaque jour, souvent même deux fois par jour. Elle fut constamment informée du déroulement de la campagne radiotélévisée par ses rapporteurs, qui assistaient à tous les enregistrements des candidats. Elle eut à prendre de nombreuses décisions et à accomplir, directement ou par l'intermédiaire de son secrétariat et de ses rapporteurs, de nombreuses démarches auprès des administrations, voire du Premier ministre.

SECTION I
L'enregistrement et la diffusion des émissions des candidats

Les réactions critiques qui s'étaient manifestées, soit du côté de certains candidats ou de quelques courants d'opinion, soit du côté de l'ORTF à l'occasion de la préparation et de la publication des directives de la Commission, pouvaient faire craindre à celle-ci que les rapports entre les candidats et l'Office ne fussent teintés de raideur et de suspicion réciproque. En fait, si cette impression de malaise fut parfois ressentie au cours des premiers enregistrements, elle se dissipa rapidement, et l'atmosphère qui régnait dans les studios de l'Office fut de plus en plus détendue à mesure que la campagne s'avançait. La plupart des candidats se plia sans difficulté aux directives de la Commission ; de son côté le personnel de l'ORTF fit son travail avec une conscience professionnelle et une neutralité qui furent plusieurs fois soulignées.

1. La Commission n'en eut pas moins à intervenir à diverses reprises pour préciser, compléter ou assouplir les règles générales qu'elle avait posées.

Ce fut notamment le cas en ce qui concerne la durée des séances d'enregistrement, car certains candidats, peu familiarisés avec l'usage des antennes, dépassèrent assez régulièrement les temps impartis. La Commission toléra ces dépassements lorsqu'ils ne risquaient pas de retarder la diffusion des enregistrements (notamment outre-mer) ou de porter atteinte au secret des émissions des autres candidats. Le cas ne s'est jamais présenté au cours de la campagne du premier tour.

La Commission fut amenée à assouplir les règles relatives à la « neutralité du décor » des émissions. Elle admit, par exemple, les photos de famille et permit qu'un candidat se fit enregistrer étant assis à son bureau de président de Conseil général, à condition que le bâtiment officiel ne fût pas lui-même filmé. (Le candidat qui avait sollicité cette autorisation ne l'utilisa pas en fait).

Certains candidats ont demandé que la Commission revienne sur les positions qu'elle avait prises en ce qui concerne les conditions d'enregistrement « à domicile » ; ils souhaitaient en particulier que ces enregistrements pussent se faire avec le procédé du magnétoscope. Prenant en considération les très sérieuses difficultés techniques soulignées par l'ORTF, la Commission n'a pas accédé à cette demande (du moins pour le premier tour) mais elle a décidé, par contre que les enregistrements filmés au domicile des candidats pourraient être découpés en « séquences » (5 séquences par films tourné, soit 10 séquences au total) permettant ensuite la réalisation de montages, c'est-à-dire une certaine sélection des images par les candidats. Le procédé de l'enregistrement sur films demeurait cependant beaucoup plus rigide et contraignant que celui du magnétoscope et les candidats n'en usèrent presque pas. La quasi-totalité des émissions télévisées fut donc enregistrée dans les studios de l'ORTF.

2. La Commission eut à régler un certain nombre d'incidents. Le premier incident sérieux a surgi dès le premier jour de la campagne. Au cours de sa première émission (soirée du 19 novembre) M. Marcel Barbu avait déclaré aux électeurs que sa candidature inopinée avait surpris et irrité les milieux officiels et que les services du ministère de l'Intérieur avaient tout fait pour le dissuader de maintenir cette candidature. Dans un passage qui fut prononcé avec un accent quelque peu dramatique M. Barbu laissait entendre qu'on persistait à vouloir le faire disparaître de la scène électorale ; dans ces conditions il plaçait solennellement sa sécurité sous la protection du corps électoral.

Les rapporteurs de la Commission présents à l'enregistrement avaient estimé que ce passage, si insolite qu'il fût, n'avait pas cependant un caractère de gravité tel qu'il appelât une coupure de l'émission. L'enregistrement de M. Barbu fut donc diffusé normalement le 19 novembre au soir.

Cette émission devait cependant susciter une vive réaction du ministre de l'Intérieur qui s'estimait diffamé. Le 20 novembre au matin, le directeur de son cabinet apporta au président de la Commission la copie d'une lettre que le ministre voulait lui adresser pour protester contre cette diffusion. Le ministre y déclarait qu'il se réservait d'engager telles poursuites que de droit contre l'auteur de ces propos et contre les responsables de l'émission.

La Commission, ainsi en cause, estima ne pouvoir admettre les termes du ministre. Son président fit savoir qu'il serait obligé, si la lettre lui parvenait, de demander au ministre de l'Intérieur d'en préciser le sens et, le cas échéant, de porter l'incident devant l'opinion publique. En fait, le ministre n'envoya pas cette lettre.

Le Président saisit cette occasion pour rappeler de quelle manière la Commission concevait sa mission de contrôle ; elle s'était reconnue le droit de supprimer un passage dans le cas où un candidat aurait méconnu les règles qu'elle avait fixées au sujet des conditions d'enregistrement ; mais quant au fond, elle entendait respecter l'entière liberté d'expression des candidats, à moins qu'on ne se trouvât devant le cas d'un rappel à l'insurrection ou au meurtre.

Il n'y eut que deux autres incidents notables, d'ailleurs moins graves et n'affectant que la diffusion proprement dite des émissions de deux candidats. D'une part, un technicien de l'ORTF se trompa un soir de bobine et fit passer sur l'antenne un enregistrement de M. Lecanuet qui n'avait pas été retenu par ce candidat. Mais il fut bientôt établi que cet incident technique, provoqué sans doute par la hâte dans laquelle devaient souvent travailler les personnels de l'ORTF affectés aux émissions électorales, était purement fortuit et involontaire. La version de l'enregistrement diffusé par erreur ne présentait d'ailleurs que de faibles différences avec celle qu'avait retenue M. Lecanuet ; dans ces conditions, l'incident fut réglé par un communiqué de l'ORTF établi d'accord avec le candidat.

Plus sérieux fut l'incident survenu le 3 décembre au cours de la diffusion du cycle final de la campagne du premier tour : le début de l'émission de M. Mitterrand fut sensiblement perturbé, pendant une minute vingt trois secondes, par un écho et divers bruits (déroulement rapide d'une bande magnétique) qui gênaient l'audition et provoquaient un effet insolite de nature à jeter un certain ridicule sur l'émission. Le candidat protesta et la Commission fit aussitôt procéder à une première enquête sommaire, laquelle révéla l'origine technique du trouble (un branchement électrique anormal). Tout en se réservant de poursuivre son enquête plus à fond, la Commission dut prendre immédiatement parti sur une demande de M. Mitterrand tendant à ce que soit publié le samedi 4 décembre, en tête des bulletins d'informations radiotélévisées de 13 h et de 20 h un communiqué de la Commission se terminant par la citation des phrases diffusées dans des conditions défectueuses. Cette demande posait une question délicate puisque la campagne électorale avait pris fin le vendredi 3 à minuit et que la satisfaction éventuellement donnée à M. Mitterrand lui aurait conféré un avantage sur ses concurrents à la veille du scrutin. Cette considération l'emporta dans l'esprit de la Commission, qui observa d'autre part que le trouble réel apporté à l'émission n'avait cependant jamais rendu celle-ci inaudible. Elle n'accueillit donc pas la demande de M. Mitterrand et s'en expliqua par un communiqué public le 4 décembre.

La Commission fit poursuivre l'enquête auprès des services de l'ORFT et désigna spécialement un rapporteur à cet effet. Cette enquête confirma la cause technique de l'incident mais ne permit pas d'expliquer comment il avait pu se produire. Il apparut aussi que les responsables de l'émission n'avaient pu remédier au trouble affectant l'émission qu'en stoppant la marche du magnétoscope de secours qui avait été mis en place pour suppléer le magnétoscope principal en cas de panne de ce dernier ; ils ne s'étaient résolus à cette interruption qui n'était pas elle-même sans risques, qu'après avoir contasté que les autres mesures auxquelles ils pouvaient recourir s'avéraient inefficaces.

Avant la fin de la campagne du second tour, la Commission adopta son rapport final sur cette affaire ; après avoir souligné que le personnel de l'ORTF avait dû travailler dans des conditions particulièrement difficiles dans la soirée du 3 décembre, elle conclut que l'hypothèse d'une malveillance n'avait pu être ni démontrée ni infirmée.

3. La diffusion des émissions électorales sur le territoire a été parfois interrompue par de brèves coupures (de 2 secondes à 5 minutes) provenant soit de pannes de courant, soit de mauvaises conditions atmosphériques, soit d'incidents techniques affectant le fonctionnement des émetteurs et récepteurs. Sur les 20 interruptions constatées une seule affecta l'ensemble du territoire, les 19 autres ne concernant chacune qu'une région limitée.

La Commission fut informée de ces incidents techniques par l'ORTF, par les présidents des commissions locales ou par les candidats eux-mêmes. Sauf dans le cas de la panne complète de l'émetteur de Bastia le 23 novembre au soir, où elle décida que l'émission non diffusée en Corse à 20 h 30 le serait le lendemain à 18 h 00, la Commission estima que ces brèves interruptions ne justifiaient pas une nouvelle diffusion des émissions.

SECTION II
Le contrôle de l'objectivité des programmes d'information de l'ORTF

Dès avant l'ouverture de la campagne électorale, la Commission avait attiré l'attention du ministre de l'Information et du président du Conseil d'administration de l'ORTF sur la nécessité d'assurer une parfaite objectivité des programmes d'information radiotélévisée. Elle avait notamment demandé que selon le principe dit « de compensation » l'équilibre entre les candidats et les tendances qu'ils représentaient fût rigoureusement maintenu dans les comptes rendus de leurs activités, réunions et discours. Elle estimait aussi que les ministres devaient, sauf exception, s'abstenir de paraître sur les écrans ou de parler à la radio pendant la durée de la campagne.

Ces consignes furent convenablement respectées pendant les premiers jours de la campagne, par la suite, la Commission devait constater que certains journalistes de l'ORTF se laissaient aller à des commentaires jugés tendancieux ou mettaient trop volontiers l'accent sur les activités et les réalisations gouvernementales pour les opposer aux critiques énoncées par certains candidats dans leurs émissions. Enfin deux ministres prononcèrent devant les caméras de la télévision des déclarations qui étaient de nature à influencer le corps électoral et constituaient de ce fait une immixtion irrégulière dans la campagne télévisée.

La Commission fut amenée à réagir avec une fermeté croissante contre de telles déviations. Elle intervint auprès du président du Conseil d'administration de l'ORTF et du ministre de l'Information pour leur demander de veiller à ce que le devoir d'objectivité fût rigoureusement respecté dans les informations et dans les commentaires des journalistes. Elle demanda également que les programmes d'information fussent totalement « neutralisés », du point de vue politique, depuis la clôture de la campagne électorale jusqu'à la clôture du scrutin. Elle fit savoir qu'elle envisageait de publier un communiqué pour informer l'opinion publique de ses démarches si celles-ci n'aboutissaient à aucun résultat satisfaisant.

La Commission considéra en outre que l'importance de cette question justifiait une intervention à l'échelle la plus élevée. Son président fut reçu sur sa demande par le Premier ministre le 29 novembre.

Le Premier ministre estimait que la pluralité des candidats de l'opposition plaçait le gouvernement dans une situation d'infériorité, qui aurait justifié de la part de la Commission plus de libéralisme à l'égard des interventions ministérielles sur les antennes. Il estimait aussi que la Commission avait consenti aux candidats des facilités excessives pour la préparation de leurs émissions, et regrettait qu'elle n'ait pas censuré certains propos tenus par M. Barbu lors de sa première émission. Le Président de la Commission rappela que la Commission ne s'estimait pas compétente pour censurer les émissions des candidats ; que le procédé de l'enregistrement en direct avait été écarté en accord avec le Gouvernement, et qu'il était dès lors normal de reconnaître aux candidats, dans cette circonstance aussi importante, la possibilité de préparer leurs émissions dans les meilleures conditions.

A la fin de l'entretien, le Premier ministre laissa entendre que les ministres s'abstiendraient d'intervenir sur les ondes d'ici à la fin de la campagne électorale et accepta la neutralisation rigoureuse des programmes d'information pendant les journées des 4 et 5 décembre, sous réserve du maintien de la revue de presse du samedi matin. Ces déclarations du Premier ministre furent entièrement confirmées dans les faits.

SECTION III
Décisions de la Commission concernant l'affichage électoral et la diffusion des déclarations des candidats

1. Les préfets et chefs de territoires avaient fixé, pour le dépôt des stocks d'affichage et de déclarations, des dates limites que certains candidats n'étaient pas en état de respecter. Saisie de la question, la Commission prorogea ces délais en prenant seulement en considération les conditions tech-

niques et matérielles auxquelles étaient subordonnées les opérations exécutées sur la responsabilité des commissions locales. Elle précisa en outre que les affiches pouvaient et devaient être apposées sur les panneaux électoraux jusqu'à la clôture du scrutin. En ce qui concerne le dépôt des déclarations, elle maintint une date limite en tenant compte de ce que les déclarations de tous les candidats devaient être adressées à chaque électeur sous une même enveloppe.

Les commissions locales de contrôle reçurent de la Commission nationale des instructions télégraphiques en ce sens.

2. Les affiches apposées par les soins des commissions locales ayant été souvent enlevées ou lacérées, la question se posa de savoir s'il fallait les remplacer et dans quelles conditions. La Commission décida qu'il y avait lieu de renouveler ces affiches dans toute la mesure du possible, en utilisant d'abord les stocks d'affiches demeurées en la possession des commissions locales, et en invitant, le cas échéant, les candidats intéressés à compléter ces stocks. La Commission précisa qu'à son avis le coût du papier, l'impression et les frais d'apposition des nouvelles affiches devaient entrer dans les dépenses prises en charge par l'Etat.

Cependant le ministre de l'Intérieur demanda à la Commission, le 4 décembre, que les affiches lacérées ou arrachées ne soient plus remplacées après le samedi minuit, en raison des risques de troubles de l'ordre public. La Commission répondit au ministre de l'Intérieur que, réserve faite des exigences du maintien de l'ordre public appréciées dans chaque cas particulier, le remplacement des affiches devrait se poursuivre jusqu'à la clôture du scrutin, le maintien de l'affichage lui apparaissant comme une obligation permanente de l'administration.

3. En vertu de l'article 15 du décret du 14 mars 1964, le texte des déclarations des candidats aux électeurs devait être « uniforme pour l'ensemble du territoire ». Il devait être déposé auprès de la Commission nationale qui le transmettait aussitôt aux préfets et chefs de territoire. Les déclarations étaient ensuite imprimées par les soins des candidats, qui faisaient envoyer le nombre d'exemplaires voulu dans chaque département ou territoire. Les préfets et chefs de territoire vérifiaient alors, avant de remettre le stock aux Commissions locales chargées de la diffusion, que les textes imprimés étaient bien conformes aux modèles déposés auprès de la Commission nationale.

Des fautes d'impression furent parfois commises. La Commission fut aussitôt avisée et eut à apprécier si les erreurs portaient ou non atteinte à la règle d'uniformité posée par l'article 15 du décret. Elle fut saisie des trois cas suivants :

— dans 4 départements, le texte imprimé des déclarations de M. Lecanuet portait « en accord avec ses alliés » au lieu de « les alliés » et « démocratie » au lieu de « démocratie moderne » ;

— dans un certain nombre d'exemplaires des déclarations du même candidat le mot « imposer » avait été substitué au mot « opposer » dans la phrase « vous pouvez opposer un changement d'orientation avant qu'il ne soit trop tard » ;

— enfin le texte des déclarations de M. Barbu envoyé en Corse comportait d'une part quelques corrections de rédaction d'autre part l'adjonction d'une avant-dernière ligne (qui se bornait d'ailleurs à reproduire une phrase figurant au début du texte).

La Commission a estimé que ces erreurs matérielles, qui ne modifiaient pas le sens des déclarations des candidats, ne pouvaient être regardées comme portant atteinte à la règle d'uniformité. Elle fit donc savoir aux présidents des commissions locales qu'ils pouvaient adresser aux électeurs les textes dans lesquels ces erreurs avaient été relevées.

*

Dans les derniers jours de la campagne du premier tour la Commission s'est demandé si sa compétence « ratione temporis » s'éteignait totalement avec la clôture de la campagne électorale ou si la nature et l'étendue très générale de sa mission ne l'appelaient pas à exercer encore un contrôle sur l'objectivité des programmes d'informations radiotélévisées jusqu'à la clôture du scrutin.

Elle estima cependant qu'elle pouvait, au moins à titre de recommandations, adresser à l'ORTF les consignes de « neutralisation » déjà mentionnées.

CHAPITRE IV
La campagne du second tour

L'activité de la Commission pendant la campagne du second tour ne fut pas complètement ni strictement la répétition des décisions et attitudes qu'elle avait adoptées lors du premier tour. Tirant certaines leçons des expériences de la première campagne, et tenant compte en outre du fait que deux candidats seulement restaient en lice, la Commission allait prendre de nouvelles initiatives et modifier quelques-unes des dispositions qu'elle avait arrêtées à l'égard des candidats.

SECTION I
Le contrôle de l'objectivité des informations radio-télévisées

L'ORTF avait respecté la neutralisation du week-end électoral comme le lui avait demandé la Commission. Par contre la présentation sur l'écran des résultats du premier tour de scrutin dans la nuit du 5 au 6 décembre fut accompagnée de commentaires tendancieux. Dans la soirée du 6, le ministre de l'Intérieur fit à son tour une intervention très accentuée.

La Commission, qui craignait que les résultats du premier tour de scrutin et l'émotion qu'ils avaient suscitée n'eussent de fâcheuses répercussions sur l'objectivité des informations de l'ORTF, estima devoir accentuer encore sa vigilance.

1. Le président de la Commission se rendit le 7 décembre auprès du Premier ministre et obtint de lui l'assurance que les ministres s'abstiendraient de paraître aux émissions d'informations et cela dès avant l'ouverture de la campagne électorale du second tour. Cette visite donna lieu à la publication d'un communiqué relatant que le président de la Commission avait entretenu le Premier ministre « des mesures que la Commission nationale estime nécessaires pour que ce soit exactement respecté au cours des émissions de l'ORTF notamment dans les programmes d'informations, le principe d'égalité entre les candidats à l'élection présidentielle ».

2. D'autre part, la Commission se préoccupa d'organiser une surveillance plus ferme des émissions de l'ORTF comportant un véritable contrôle « a priori ». Des contacts furent pris à ce sujet avec l'ORTF par l'intermédiaire du rapporteur général de la Commission, et il fut convenu que deux rapporteurs se rendraient deux fois par jour auprès de la direction générale et du secrétaire général du Conseil d'administration pour se faire communiquer, avant les émissions le contenu des programmes d'informations et même des autres programmes dans la mesure où ils pouvaient avoir un rapport avec la campagne électorale. Les représentants de la Commission devaient veiller en particulier à ce que l'équilibre fût correctement maintenu dans la sélection et la durée des informations concernant l'activité des deux candidats et de leurs partisans.

Ce contrôle direct et préalable fut maintenu jusqu'au scrutin, bien que de plus en plus difficilement supporté par la direction générale et les journalistes de l'Office.

Enfin, pour compléter l'ensemble de ses moyens de contrôle dans ce domaine, la Commission a adressé le 11 décembre aux présidents des commissions locales de contrôle une nouvelle instruction générale leur demandant d'écouter ou faire écouter les émissions régionales d'informations et de rendre compte sans délai des éventuels manquements à la règle de l'égalité entre les candidats.

3. Certains problèmes nouveaux se présentèrent. Si, au premier tour, le nombre même des candidats avait imposé de limiter à leurs seules interventions les émissions de la campagne électorale, il pouvait apparaître souhaitable au second tour, alors que deux candidats seulement restaient en présence, de donner un contenu nouveau à ces émissions. Constatant le succès obtenu par les « tribunes libres » organisées par certains postes périphériques, l'ORTF aurait notamment souhaité instituer aux actualités radiodiffusées et télévisées des dialogues de personnalités favorables à l'élection de l'un et de l'autre candidat.

Cependant cette formule, à laquelle la Commission était en principe favorable, se heurta aux objections formelles de M. Mitterrand, qui refusa d'être représenté à de telles tribunes en raison de son manque de confiance dans l'objectivité des organisateurs des émissions.

Il fallut donc écarter cette suggestion de l'ORTF quelqu'intérêt que les électeurs eussent pu y trouver.

D'autre part, la Commission fut saisie par le gouvernement d'une demande concernant le compte rendu sur les ondes des émissions publiques organisées par les partisans de la candidature du général de Gaulle. La Commission estima qu'elle ne pouvait accéder à cette demande que si une rigoureuse égalité de moyens et de durée était maintenue entre de tels comptes rendus et ceux des réunions publiques organisées par les partisans de l'autre candidat. Mais la Commission, qui avait été saisie trop tard de cette question n'était pas sûre de pouvoir assurer elle-même le respect de cette condition d'impartialité. Dans ces conditions, elle estima qu'elle ne pouvait autoriser ces retransmissions que si les deux candidats y donnaient leur accord. M. Mitterrand pour les mêmes raisons de défiance à l'égard de l'ORTF repoussa cette suggestion.

4. Les décisions prises par la Commission à l'égard des programmes d'information de l'ORTF provoquèrent à la veille du scrutin, l'incident suivant : dans la matinée du 18 décembre, le président du Conseil d'administration de l'Office fut reçu sur sa demande par le président de la Commission et lui présenta le texte d'une protestation unanimement arrêtée par le Conseil. Cet organisme y exprimait ses regrets que la Commission n'ait pas donné son agrément aux propositions de l'Office concernant l'organisation de tribunes libres et le compte rendu des réunions publiques tenues pendant la campagne du second tour, et protestait contre le contrôle direct et préalable exercé sur les émissions par les représentants de la Commission. Ce texte devait, selon le vœu du Conseil, être rendu public.

La Commission fut surprise par les termes de cette protestation, le mot « censure » était prononcé ; elle estimait que sa publication à la veille du scrutin risquait de ne pas être comprise, d'introduire un élément de confusion et d'influencer le corps électoral. Elle demanda donc au président du Conseil d'administration de l'ORTF de différer la publication de ce texte jusqu'au lendemain du scrutin, mais lui fit savoir aussi qu'elle se réservait de répondre par un communiqué où elle pourrait être amené à exposer les raisons pour lesquelles elle avait resserré son contrôle sur les émissions de l'ORTF. En définitive, la protestation du Conseil d'administration ne fut jamais publiée.

SECTION II
Décisions concernant les émissions radiodiffusées et télévisées des candidats

La Commission a décidé d'appliquer pour la campagne radiotélévisée du second tour les directives qu'elle avait définies pour la campagne du premier tour.

Elle admit cependant que la situation nouvelle résultant de ce que deux candidats seulement restaient en présence pourrait justifier de sa part, le cas échéant, des attitudes différentes.

1. En ce qui concerne la durée et les horaires des émissions, l'intention de la Commission était de reprendre le dispositif alternant des tranches d'un quart d'heure et d'une demi-heure, puisque ce système avait donné de bons résultats pendant la campagne du premier tour.

Le Gouvernement voulut s'y opposer. Il fit valoir que les émissions de quinze minutes, destinées en principe à la présentation de la personnalité des candidats, étaient désormais inutiles puisque les deux candidats en présence pour le second tour étaient déjà connus des électeurs. Seules devaient subsister, selon lui, des émissions de longue durée destinées à l'exposé des programmes des candidats. Le gouvernement souhaitait en outre que la campagne sur les antennes de l'ORTF fût plus courte et ne commençât pas dès le samedi 11 décembre.

Le ministre de l'Information présenta à la Commission un projet attribuant à chaque candidat deux tranches d'émission de trois quarts d'heure et une d'une demi-heure, et laissa entendre qu'il fixerait en conséquence les « créneaux horaires » dans les programmes de l'ORTF.

La Commission, qui jugeait que les émissions de 3/4 d'heure étaient trop longues, surtout à la radio, fit savoir qu'elle n'était pas favorable à ce découpage ; elle laissa entendre à son tour que si le ministre maintenait son projet, elle utiliserait les pouvoirs qu'elle tenait de l'article 12 du décret du 14 mars 1964 pour partager les émissions de 3/4 d'heures en deux tranches de 22 minutes et demie. En définitive, elle fit prévaloir son contre-projet qui attribuait à chaque candidat une tranche d'émission d'un quart d'heure, puis trois tranches d'une demi-heure et une dernière tranche d'un quart d'heure. Ces tranches groupées en 5 émissions radiodiffusées et 5 émissions télévisées (celles-ci n'ayant lieu qu'en soirée) au cours desquelles les deux candidats prenaient successivement la parole. Les horaires des émissions radiodiffusées avaient été aménagés de telle sorte que les candidats pussent reprendre pour 4 d'entre elles, le son de leur émission télévisée de la veille.

2. Les charges de services de l'ORTF se trouvant sensiblement allégées au second tour, la commission put donner satisfaction à diverses demandes de M. Mitterrand concernant les conditions techniques des enregistrements. D'une part, elle allongea d'une heure la durée des séances d'enregistrement ; d'autre part, elle lui permit de proposer le nom du réalisateur des émissions, celui-ci demeurant cependant désigné par la direction générale de l'ORTF. La Commission fut également saisie d'une demande très pressante de M. Mitterrand tendant à être autorisé à enregistrer à son domicile avec le procédé de magnétoscope (faculté qu'il réclamait avec insistance parce qu'elle était reconnue au chef de l'Etat). La Commission accorda cette autorisation, mais le candidat n'y donna aucune suite.

3. L'enregistrement de la dernière émission de M. Mitterrand donna lieu, dans la matinée du 17 décembre, à l'incident suivant :

En raison de l'importance des émissions finales des deux candidats (émissions télévisées d'un quart d'heure diffusées le vendredi 17 à 20 h 30) des précautions particulières avaient été prises par la Commission pour que les deux enregistrements eussent lieu simultanément et sur un pied de rigoureuse égalité. Les deux candidats avaient été avertis qu'ils devraient enregistrer le vendredi matin de 8 h à 12 h.

M. Mitterrand, qui tenait la veille une réunion en province, demanda à enregistrer de 9 h à 13 h. La Commission l'y autorisa, en prévenant l'autre candidat, mais l'avertit que cet horaire devrait être strictement respecté.

Cependant, M. Mitterrand ne se présenta au studio qu'à 9 h 50 et était très loin d'avoir achevé son enregistrement à 12 h 45 (alors que le général de Gaulle avait terminé le sien à 12 h 15). En présence de cette situation, on pouvait craindre que l'émission de ce candidat ne pût être diffusée le soir. Le président de la Commission prit alors la décision d'accorder à M. Mitterrand un délai supplémentaire d'un quart d'heure grâce auquel il put achever son enregistrement.

Cependant, M. Mitterrand crut devoir, à l'expiration de cet ultime délai, faire procéder à l'enregistrement d'une nouvelle séquence de 8 minutes, dans laquelle il reprit ses déclarations précédemment enregistrées en y ajoutant trois phrases. Il demanda que ces trois phrases fussent incorporées dans les enregistrements antérieurs. Le président de la Commission rejeta cette demande, estimant que toute nouvelle tolérance accordée à M. Mitterrand porterait atteinte au principe d'égalité entre les candidats. La Commission, réunie dans les meilleurs délais, approuva cette décision.

Jusqu'à 18 heures le représentant de M. Mitterrand refusa de signer le « bon à diffuser » de l'enregistrement retenu par la Commission ; celle-ci avait pris la décision de faire néanmoins diffuser cet enregistrement au cours de l'émission de la soirée. En définitive, le représentant du candidat devait donner sa signature avant l'heure de la diffusion. M. Mitterrand publia un communiqué protestant contre la décision de la Commission et reproduisant les trois phrases refusées. La Commission répondit par une mise au point où elle rappelait les circonstances dans lesquelles son président avait été conduit à prendre la décision critiquée par ce candidat.

4. La diffusion sur le territoire des émissions électorales du second tour fut affectée par sept incidents techniques analogues à ceux survenus au premier tour (brèves interruptions dues à des coupures de courant ou à des pannes d'émissions). L'un d'entre eux (interruption de la retransmission par l'émetteur de Besançon dans la soirée du 1er décembre pendant 20 minutes) fut assez grave pour que la Commission décidât que les allocutions des deux candidats seraient intégralement radiodiffusées le surlendemain.

En vue de prévenir un incident de diffusion tel que celui qui avait affecté l'émission de M. Mitterrand dans la soirée du 3 décembre, la Commission avait décidé, pour le second tour, qu'un rapporteur contrôle dans les locaux de l'ORTF le passage des émissions sur l'antenne et ait le pouvoir d'interrompre éventuellement la diffusion en cas d'anomalie.

*

La Commission s'est demandée s'il n'était pas opportun, voire nécessaire qu'elle rendît compte publiquement avant la fin de la campagne des conditions dans lesquelles elle avait rempli sa mission, et notamment des résultats qu'elle avait obtenus pour l'objectivité des informations. Une grande partie de son activité, notamment ses interventions auprès des administrations, était restée ignorée de l'opinion publique, et même des candidats. Cette ignorance avait parfois conduit des électeurs (qui adressèrent des lettres à la Commission), des groupements politiques et certains journalistes à méconnaître ses intentions et son action.

Tout en mesurant l'intérêt que représenterait la publication d'un communiqué, qui aurait valeur de compte rendu d'activité en même temps que de mise au point, les membres de la Commission écartèrent finalement cette idée, estimant qu'une telle intervention à la veille du scrutin risquait d'être mal comprise et de susciter ou ranimer des polémiques. La Commission décida qu'elle établirait ultérieurement un résumé de ses travaux. Tel est l'objet du présent rapport.

Source : Commission nationale de contrôle.

TITRE II : LE PRÉSIDENT DE LA RÉPUBLIQUE

Election présidentielle de 1969

DOCUMENT 7-300 Chronologie de l'élection présidentielle

Date	Contenu des actes	Publication au J.O.
28 avril	Déclaration du général de Gaulle annonçant sa cessation de fonctions (cf. 7-301)	29 avril
	Déclaration du Conseil constitutionnel constatant la vacance de la Présidence de la République (cf. Doc. 7-302)	
	Lettre du général de Gaulle au Premier ministre (cf. Doc. 7-303)	
	Décrets portant acceptation de la démission de M. Capitant et chargeant M. Jeanneney de l'intérim	29 avril
2 mai	Décret portant convocation des électeurs	3 mai
2 mai	Décret portant constitution de la Commission nationale de contrôle	3 mai
15 mai	Décision du Conseil constitutionnel arrêtant la liste des candidats	16 mai
15 mai, 21 mai	Arrêtés portant répartition des émissions sur les antennes de l'ORTF	16 mai, 23 mai
15 mai	Décision du Conseil constitutionnel portant attribution de signes distinctifs aux candidats	16 mai
17 mai	Décisions du Conseil constitutionnel rejetant les réclamations de M. Sidos (cf. Doc. 7-304), M. Bourquin (cf. Doc. 7-305), du centre d'études et de recherches (cf. Doc. 7-306) et de M. Ducatel (Cf. Doc. 7-307).	18 mai
21 mai	Décision du Conseil constitutionnel rejetant la réclamation de M. Héraud (cf. Doc. 7-308)	22 mai
1er juin	Premier tour	
3 juin	Proclamation des résultats du premier tour (cf. Doc. 7-309)	4 juin
5 juin	Décision du Conseil constitutionnel arrêtant la liste des candidats habilités à se présenter au second tour	6 juin
5 juin	Arrêtés portant répartition des émissions sur les antennes de l'ORTF	6 juin
15 juin	Deuxième tour	
19 juin	Proclamation des résultats définitifs (cf. Doc. 7-310)	20 juin

DOCUMENT 7-301

Déclaration du Général de Gaulle, Président de la République le 28 avril 1969

Je cesse d'exercer mes fonctions de Président de la République.

Cette décision prend effet aujourd'hui à midi.
C. de Gaulle

J.O. du 29

DOCUMENT 7-302

Lettre du général de Gaulle au Premier ministre du 28 avril 1969

Mon Cher Premier ministre,

Je vous adresse ci-joint, à toutes fins utiles, l'acte en vertu duquel je cesse d'exercer mes fonctions de Président de la République.

C'est du fond du cœur que je tiens à vous remercier et à vous donner témoignage du concours tout à fait éminent et à tous égards excellent que vous m'avez apporté comme Premier ministre pour le service de notre pays, après l'avoir fait pendant dix ans comme ministre des Affaires étrangères.

D'autre part, tous les membres du Gouvernement qui ont, autour de vous, porté la charge des affaires publiques avec tant de distinction et de dévouement peuvent être assurés de ma profonde estime et de mon cordial attachement.

Je vous demande de le leur dire.

Veuillez croire, Mon Cher Premier ministre, à ma fidèle et dévouée amitié.

Charles de Gaulle

M. Maurice Couve de Murville
Premier ministre

DOCUMENT 7-303

Déclaration du Conseil constitutionnel du 28-4-1969

Le Conseil constitutionnel,

Informé par le Premier ministre de la décision du général de Gaulle, Président de la République, de cesser d'exercer ses fonctions le 28 avril 1969 à midi, prend acte de cette décision.

Il constate que, dès lors, sont réunies les conditions prévues à l'article 7 de la Constitution, relatives à l'exercice provisoire des fonctions du Président de la République par le Président du Sénat.

Il déclare que s'ouvre, à partir de cette date, le délai fixé par ce même article pour l'élection du nouveau Président de la République.

La présente déclaration sera publiée au *Journal officiel* de la République française.

Délibéré par le Conseil constitutionnel dans sa séance du 28 avril 1969.

Le président,
Gaston Palewski

J.O. du 29

DOCUMENT 7-304

Décision du Conseil constitutionnel du 17/5/1969 rejetant une réclamation de M. Sidos

Le Conseil constitutionnel,

Vu la Constitution, et notamment ses articles 6 et 7 ;

Vu l'ordonnance du 7 novembre 1958 portant loi organique sur le Conseil constitutionnel ;

Vu la loi n° 62-1292 du 6 novembre 1962 relative à l'élection du Président de la République au suffrage universel, et notamment son article 3 ;

Vu le décret n° 64-231 du 14 mars 1964 portant règlement d'administration publique pour l'application de la loi n° 62-1292 du 6 novembre 1962 susvisée, et notamment son article 7 ;

Vu la décision du Conseil constitutionnel en date du 15 mai 1969 arrêtant la liste des candidats à l'élection du Président de la République ;

Vu la réclamation présentée par M. Pierre Sidos, ladite réclamation enregistrée au secrétariat général du Conseil constitutionnel le 16 mai 1969, et dirigée contre l'établissement de la liste des candidats à la présidence de la République arrêtée par le Conseil constitutionnel dans sa décision du 15 mai 1969 ;

Ouï le rapporteur en son rapport ;

Considérant que cent deux présentations de la candidature de M. Sidos à la présidence de la République étaient parvenues au Conseil constitutionnel dix-huit jours au moins avant le premier tour de scrutin pour l'élection du Président de la République ;

Considérant toutefois que des vérifications effectuées par le Conseil constitutionnel il résulte que quatre de ces présentations ne peuvent être regardées comme ayant un caractère authentique, qu'une autre avait été faite par une personne n'ayant pas qualité pour présenter valablement un candidat et qu'enfin dix autres émanaient, contrairement aux dispositions de l'article 4, premier alinéa, du décret n° 64-231 du 14 mars 1964 susvisé, de personnalités qui avaient également fait acte de présentation en faveur d'autres candidatures au moyen de lettres parvenues au Conseil constitutionnel antérieurement aux présentations concernant M. Sidos ; qu'ainsi le nombre des présentations valablement émises en faveur de ce dernier est inférieur au minimum exigé par les dispositions de l'article 3-1 de la loi n° 62-1292 du 6 novembre 1962 susvisée ; que, dès lors, sa candidature ne pouvait être retenue,

Décide :

Art. 1er. — La réclamation présentée par M. Sidos contre l'établissement de la liste des candidats à la présidence de la République est rejetée.

Art. 2. — La présente décision sera publiée au *Journal officiel* de la République française.

Délibéré par le Conseil constitutionnel dans sa séance du 17 mai 1969, où siégeaient : MM. Gaston Palewski, président, Cassin, Monnet, Waline, Antonini, Sainteny, Dubois, Chatenet et Luchaire.

J.O. du 18

DOCUMENT 7-305

Décision du Conseil constitutionnel du 17/5/1969 rejetant une réclamation de M. Bourquin.

Le Conseil constitutionnel,

Vu la Constitution, et notamment ses articles 6 et 7 ;

Vu l'ordonnance du 7 novembre 1958 portant loi organique sur le Conseil constitutionnel ;

Vu la loi n° 62-1292 du 6 novembre 1962 relative à l'élection du Président de la République au suffrage universel, et notamment son article 3 ;

Vu le décret n° 64-231 du 14 mars 1964 portant règlement d'administration publique pour l'application de la loi susvisée n° 62-1292 du 6 novembre 1962, et notamment son article 7 ;

Vu la décision du Conseil constitutionnel en date du 15 mai 1969 arrêtant la liste des candidats à l'élection du Président de la République ;

Vu la réclamation présentée par M. Jean-Marc Bourquin, demeurant 51, rue Molitor, à Paris (16e), ladite réclamation enregistrée au secrétariat général du Conseil constitutionnel le 16 mai 1969 et dirigée contre l'établissement de la liste des candidats à la présidence de la République arrêtée par le Conseil constitutionnel dans sa décision du 15 mai 1969 ;

Ouï le rapporteur en son rapport ;

Considérant qu'aux termes de l'article 3 du décret n° 64-231 du 14 mars 1964 susvisé : « Les présentations sont rédigées sur papier libre et obligatoirement revêtues de la signature de leurs auteurs. Elles doivent comporter, qu'elles soient faites à titre individuel ou collectif, outre les nom, prénoms et qualité du candidat proposé, l'indication des nom, prénoms, date et lieu de naissance, profession et domicile du ou des signataires suivie de la désignation précise de la fonction ouvrant droit à présentation » ;

Considérant qu'aucune des présentations émises à titre collectif en faveur de M. Bourquin ne satisfait aux prescriptions du texte susvisé,

Décide :

Article 1er. — La réclamation présentée par M. Bourquin contre l'établissement de la liste des

TITRE II : LE PRÉSIDENT DE LA RÉPUBLIQUE

candidats à la présidence de la République est rejetée.

Art. 2. — La présente décision sera publiée au Journal officiel de la République française.

Délibéré par le Conseil constitutionnel dans sa séance du 17 mai 1969, où siégeaient : MM. Gaston Palewski, président, Cassin, Monnet, Waline, Antonini, Sainteny, Dubois, Chatenet et Luchaire.

J.O. du 18

DOCUMENT 7-306
Décision du Conseil constitutionnel du 17/5/1969 déclarant irrecevable une réclamation du « Centre d'études et de recherches expérimentales »

Le Conseil constitutionnel,

Vu la Constitution, et notamment ses articles 6 et 7 ;

Vu l'ordonnance du 7 novembre 1958 portant loi organique sur le Conseil constitutionnel ;

Vu la loi n° 62-1292 du 6 novembre 1962 relative à l'élection du Président de la République au suffrage universel, et notamment son article 3 ;

Vu le décret n° 64-231 du 14 mars 1964 portant règlement d'administration publique pour l'application de la loi n° 62-1292 du 6 novembre 1962 susvisée, et notamment son article 7 ;

Vu la décision du Conseil constitutionnel en date du 15 mai 1969 arrêtant la liste des candidats à l'élection du Président de la République ;

Vu la réclamation présentée par « le Centre d'études et de recherches expérimentales », dont le siège est au château du Plessis-Limeray (Indre-et-Loire), ladite réclamation enregistrée au secrétariat général du Conseil constitutionnel le 17 mai 1969, et dirigée contre l'établissement de la liste des candidats à la présidence de la République arrêtée par le Conseil constitutionnel dans sa décision du 15 mai 1969 ;

Ouï le rapporteur en son rapport ;

Considérant qu'aux termes de l'article 7, premier alinéa, du décret n° 64-231 du 14 mars 1964, susvisé, portant règlement d'administration publique pour l'application de la loi n° 62-1292, relative à l'élection du Président de la République au suffrage universel « le droit de réclamation contre l'établissement de la liste des candidats est ouvert à toute personne ayant fait l'objet de présentation » ;

Considérant que, si M. Michel Berthe, ayant fait l'objet de présentations, parmi lesquelles celles reconnues valables étaient d'ailleurs en nombre insuffisant, était fondé à déposer une réclamation devant le Conseil constitutionnel, en revanche, la réclamation susvisée a été présentée par « le Centre d'études et de recherches expérimentales » ; qu'ainsi, contrairement aux prescriptions de la disposition précitée, elle n'émane pas d'une personne ayant fait l'objet de présentation ; que, dès lors, elle n'est pas recevable,

Décide :

Art. 1er. — La réclamation présentée par « le Centre d'études et de recherches expérimentales » est rejetée comme irrecevable.

Art. 2. — La présente décision sera publiée au Journal officiel de la République française.

Délibéré par le Conseil constitutionnel dans sa séance du 17 mai 1969, où siégeaient : MM. Gaston Palewski, président, Cassin, Monnet, Waline, Antonini, Sainteny, Dubois, Chatenet et Luchaire.

J.O. du 18

DOCUMENT 7-307
Décision du Conseil constitutionnel du 17/5/1969 rejetant une réclamation de M. Ducatel

Le Conseil constitutionnel,

Vu la Constitution et notamment ses articles 6 et 7 ;

Vu l'ordonnance du 7 novembre 1958 portant loi organique sur le Conseil constitutionnel ;

Vu la loi n° 62-1292 du 6 novembre 1962 relative à l'élection du Président de la République au suffrage universel et notamment son article 3 ;

Vu la loi du 31 mars 1928 sur le recrutement de l'armée et notamment son article 7 ;

Vu l'ordonnance n° 58-998 du 24 octobre 1958 portant loi organique relative aux conditions d'éligibilité et aux incompatibilités parlementaires et, notamment, son article 3 ;

Vu le décret n° 64-231 du 14 mars 1964 portant règlement d'administration publique pour l'application de la loi n° 62-1292 du 6 novembre 1962 susvisée et notamment son article 7 ;

Vu la décision du Conseil constitutionnel en date du 15 mai 1969 arrêtant la liste des candidats à l'élection du Président de la République ;

Vu la réclamation présentée par M. Louis Ducatel, demeurant 40, avenue Foch à Paris (16e), ladite réclamation enregistrée au secrétariat général du Conseil constitutionnel le 17 mai 1969 et dirigée contre l'établissement de la liste des candidats à la Présidence de la République arrêtée par le Conseil constitutionnel dans sa décision du 15 mai 1969 ;

Ouï le rapporteur en son rapport ;

Considérant que la réclamation de M. Ducatel tend à contester la régularité de la candidature de M. Alain Krivine à la Présidence de la République en raison de sa situation militaire ;

Considérant que toute limitation à l'exercice d'un droit civique ne peut s'interpréter que restrictivement ;

Considérant qu'aux termes de l'article 3-II de la loi n° 62-1292 du 6 novembre 1962 susvisée, relative à l'élection du Président de la République au suffrage universel « les opérations électorales sont organisées selon les règles fixées par les articles 1er à 52... du code électoral » ; que, selon l'article L. 44 dudit code : « Tout Français et toute Française ayant 23 ans accomplis peuvent faire acte de candidature et être élus, sous réserve des cas d'incapacité ou d'inéligibilité prévus par la loi » et que le seul cas d'inéligibilité prévu par la loi et relatif à la situation militaire des candidats fait l'objet de l'article L. 45 du même code qui dispose que « nul ne peut être élu s'il ne justifie avoir satisfait aux obligations de la loi sur le recrutement de l'armée » ;

Considérant que l'article L. 45 précité du code électoral codifie les dispositions de l'article 7 de la loi du 31 mars 1928 relative au recrutement de l'armée, aux termes duquel « nul ne peut être investi de fonctions publiques, mêmes électives, s'il ne justifie avoir satisfait aux obligations imposées par la présente loi », laquelle couvre l'ensemble des obligations militaires dues par les citoyens ; qu'il résulte de cette disposition que le législateur a entendu subordonner l'accès à ces fonctions électives à la condition que les intéressés aient rempli les obligations militaires correspondant à leur âge et à leur situation au regard de la loi sur le recrutement ; que cette condition est donc remplie par ceux qui, étant appelés sous les drapeaux pour accomplir leur service actif, ont déféré à cet appel ; que tel est le cas de M. Alain Krivine ;

Considérant que si les dispositions de l'article 3 de l'ordonnance n° 58-998 du 24 octobre 1958 portant loi organique relative aux conditions d'éligibilité et aux incompatibilités parlementaires subordonnent l'éligibilité aux assemblées parlementaires au fait d'avoir définitivement satisfait aux prescriptions légales concernant le service militaire actif, la différence de situation qui en résulte avec les dispositions précitées de l'article L. 45 ne saurait, pour surprenante qu'elle soit, autoriser le Conseil constitutionnel à ajouter une condition d'éligibilité à celles exigées par les dispositions législatives susrappelées concernant l'élection du Président de la République ;

Décide :

Article premier. — La réclamation susvisée de M. Ducatel est rejetée.

Article 2. — La présente décision sera publiée au *Journal officiel* de la République française.

Délibéré par le Conseil constitutionnel dans sa séance du 17 mai 1969, où siégeaient : MM. Gaston Palewski, président, Cassin, Monnet, Waline, Antonini, Sainteny, Dubois, Chatenet et Luchaire.

J.O. du 18

DOCUMENT 7-308

Décision du Conseil constitutionnel du 21/5/1969 déclarant irrecevable une réclamation de M. Heraud

Le Conseil constitutionnel,

Vu la Constitution, et notamment ses articles 6 et 7 ;

Vu l'ordonnance du 7 novembre 1958 portant loi organique sur le Conseil constitutionnel ;

Vu la loi n° 62-1292 du 6 novembre 1962 relative à l'élection du Président de la République au suffrage universel, et notamment son article 3 ;

Vu le décret n° 64-231 du 14 mars 1964 portant règlement d'administration publique pour l'application de la loi n° 62-1292 du 6 novembre 1962 susvisée, et notamment son article 7 ;

Vu la décision du Conseil constitutionnel en date du 15 mai 1969 arrêtant la liste des candidats à l'élection du Président de la République ;

Vu la réclamation présentée par M. Guy Heraud, demeurant 11, rue de la Brigade-Alsace-Lorraine, à Strasbourg (Bas-Rhin), ladite réclamation enregistrée au secrétariat général du Conseil constitutionnel le 20 mai 1969 et dirigée contre l'établissement de la liste des candidats à la présidence de la République arrêtée par le Conseil constitutionnel dans sa décision du 15 mai 1969 ;

Ouï le rapporteur en son rapport ;

Considérant qu'aux termes de l'article 7 du décret n° 64-231 du 14 mars 1964 susvisé portant règlement d'administration publique pour l'application de la loi n° 62-1292 du 6 novembre 1962 relative à l'élection du Président de la République, les réclamations présentées contre l'établissement de la liste des candidats « doivent parvenir au Conseil constitutionnel avant l'expiration du jour suivant celui de la publication au *Journal officiel* de la liste des candidats » ;

Considérant que la liste des candidats à l'élection du Président de la République arrêtée par le Conseil constitutionnel le 15 mai 1969 a été publiée au *Journal officiel* du 16 mai 1969 ; qu'ainsi le délai de réclamation ouvert par la disposition précitée contre l'établissement de cette liste à toute personne ayant fait l'objet de présentation expirait le 17 mai à minuit ;

Considérant que la réclamation présentée par M. Guy Heraud, pour lequel aucun avis de dépôt de cautionnement n'a d'ailleurs été reçu par le Conseil constitutionnel, contrairement aux prescriptions de l'article 5 du décret n° 64-231 du 14 mars 1964, n'est parvenue au Conseil que le 20 mai 1969 ; qu'ainsi ladite réclamation est tardive et, par suite, irrecevable.

Décide :

Art. 1er. — La réclamation susvisée de M. Guy Heraud est rejetée comme irrecevable.

Art. 2. — La présente décision sera publiée au *Journal officiel* de la République française.

Délibéré par le Conseil constitutionnel dans sa séance du 21 mai 1969, où siégeaient MM. Gaston Palewski, président, Cassin, Monnet, Waline, Antonini, Sainteny, Dubois, Chatenet et Luchaire.

J.O. du 22

DOCUMENT 7-309

Déclaration du Conseil constitutionnel du 3/6/1969 relative aux résultats du scrutin du 1er juin 1969

Le Conseil constitutionnel,

Vu les articles 6 et 7 de la Constitution ;

Vu l'article 3 de la loi n° 62-1292 du 6 novembre 1962 relative à l'élection du Président de la République au suffrage universel ;

Vu l'ordonnance du 7 novembre 1958 portant loi organique sur le Conseil constitutionnel ;

Vu le décret n° 64-231 du 14 mars 1964 portant règlement d'administration publique pour l'application de la loi n° 62-1292 du 6 novembre 1962 susvisée et notamment son article 27 ;

Vu le décret n° 65-628 du 28 juillet 1965 fixant pour les départements et les territoires d'outre-mer les modalités d'application ou d'adaptation de certaines dispositions du décret n° 64-231 du 14 mars 1964 susvisé ;

Vu le décret n° 69-405 du 2 mai 1969 portant convocation des électeurs pour l'élection du Président de la République ;

Vu le code électoral ;

Vu pour les départements métropolitains, les procès-verbaux de recensement dressés par les commissions chargées de centraliser les résultats ainsi que les procès-verbaux des opérations de vote portant mention des réclamations présentées par des électeurs et les documents y annexés ;

Vu les télégrammes adressés par les présidents des commissions de recensemnt au Conseil constitutionnel pour les départements de la Guadeloupe, de la Guyane, de la Martinique et de la Réunion ainsi que pour les territoires d'outre-mer ;

Vu les autres pièces et documents portés à la connaissance du Conseil pour son information ainsi que les réclamations qui lui ont été adressées ;

Vu les rapports des délégués du Conseil constitutionnel ;

Après avoir opéré diverses rectifications d'erreurs matérielles, statué sur les réclamations, procédé aux redressements qu'il a jugés nécessaires ;

Ayant constaté que la majorité absolue des suffrages exprimés n'est pas atteinte au premier tour de scrutin,

Déclare :

Art. 1er. — Le scrutin auquel il a été procédé le 1er juin 1969 pour l'élection du Président de la République au suffrage universel a donné les résultats suivants :

Electeurs inscrits	29 513 361
Votants	22 898 960
Suffrages exprimés	22 603 924
Majorité absolue	11 301 963

MM.
Gaston Defferre	1 133 222 voix
Louis Ducatel	286 447 voix
Jacques Duclos	4 808 285 voix
Alain Krivine	239 104 voix
Alain Poher	5 268 613 voix
Georges Pompidou	10 051 783 voix
Michel Rocard	816 470 voix

Art. 2. — La proclamation des résultats de l'ensemble de l'élection interviendra dans les conditions prévues au décret du 14 mars 1964 susvisé.

Art. 3. — La présente déclaration sera publiée sans délai au *Journal officiel* de la République française.

Délibéré par le Conseil constitutionnel dans sa séance du 3 juin 1969 où siégeaient MM. Gaston Palewski, président, Cassin, Monnet, Waline, Antonini, Sainteny, Dubois, Chatenet et Luchaire.

Le président,
Gaston Palewski
J.O. du 4

DOCUMENT 7-310

Proclamation du Conseil constitutionnel du 19/6/1969 relative aux résultats du scrutin

Le Conseil constitutionnel,

Vu la Constitution ;

Vu la loi du 6 novembre 1962 relative à l'élection du Président de la République au suffrage universel ;

Vu l'ordonnance du 7 novembre 1958 portant loi organique sur le Conseil constitutionnel ;

Vu le décret du 14 mars 1964 portant règlement d'administration publique pour l'application de la loi susvisée du 6 novembre 1962, ensemble le décret du 28 juillet 1965 fixant pour les départements et les territoires d'outre-mer les modalités d'application ou d'adaptation de certaines dispositions dudit décret ;

Vu le décret du 2 mai 1969 portant convocation des électeurs pour l'élection du Président de la République ;

Vu le code électoral ;

Vu la liste des candidats à l'élection du Président de la République arrêtée le 15 mai 1969 par le Conseil constitutionnel ;

Vu la déclaration du Conseil constitutionnel en date du 3 juin 1969 faisant connaître les résultats du premier tour de scrutin ;

Vu la décision du Conseil constitutionnel en date du 5 juin 1969 arrêtant la liste des candidats habilités à se présenter au second tour de scrutin ;

Vu les procès-verbaux dressés par les commissions chargées de centraliser les résultats dans les départements métropolitains, dans les départements de la Martinique et de la Guyane et dans le territoire français des Afars et des Issas ainsi que les procès-verbaux des opérations de vote et les documents y annexés ;

Vu les télégrammes adressés au Conseil constitutionnel par les présidents des commissions chargées de centraliser les résultats dans les départements de la Guadeloupe, de la Réunion et dans les territoires des Comores, de la Polynésie française, de Saint-Pierre et Miquelon, des îles Wallis et Futuna ainsi que dans la circonscription électorale formée par le territoire de la Nouvelle-Calédonie et les Nouvelles-Hébrides ;

Vu les réclamations inscrites sur les procès-verbaux dressés par les commissions de recensement ou transmises par voie télégraphique, les contestations mentionnées sur les procès-verbaux des opérations de vote, les autres pièces et documents portés à la connaissance du Conseil pour son information ainsi que les réclamations qui lui ont été adressées ;

Après avoir examiné les rapports des délégués du Conseil constitutionnel ;

Après avoir opéré diverses rectifications d'erreurs matérielles, statué sur toutes les réclamations, procédé aux redressements qu'il a jugés nécessaires ;

Considérant que les résultats du premier et du deuxième tour de scrutin sont arrêtés conformément aux tableaux annexés à la présente décision ;

Considérant que les résultats du scrutin du 15 juin 1969 ont été les suivants :

Electeurs inscrits................	29 500 334
Votants........................	20 311 287
Suffrages exprimés..............	19 007 489
Majorité absolue................	9 503 745
Suffrages obtenus par Georges Pompidou......................	11 064 371
Suffrages obtenus par Alain Poher.........................	7 943 118

Qu'ainsi Georges Pompidou a atteint la majorité absolue des suffrages exprimés, requise pour être proclamé élu ;

En conséquence,

Proclame Georges Pompidou Président de la République française.

Délibéré par le Conseil constitutionnel dans sa séance du 19 juin 1969, où siégeaient MM. Gaston Palewski, président, Monnet, Waline, Antonini, Sainteny, Dubois, Chatenet et Luchaire.

Le Président,
Gaston Palewski

J.O. du 20

DOCUMENT 7-311
Paris le 19 décembre 1969

Rapport de la Commission nationale de contrôle

Les travaux de la Commission nationale de contrôle en 1969 ont été considérablement facilités par l'existence du précédent que constituait la campagne de 1965, pour l'essentiel ce sont les règles adoptées en 1965 que les instructions ministérielles et les directives de la commission ont reprises en 1969.

Si la Commission put, sur certains points qui relevaient de sa compétence, modifier ou infléchir ses positions antérieures pour tenir compte de l'expérience de la campagne précédente, elle dut constater que les dispositions législatives et réglementaires applicables n'avaient pas été modifiées depuis 1965, bien que certaines d'entre elles se soient révélées peu adaptées.

Le compte rendu des activités de la Commission doit donc se référer sur de nombreux points à celui qui avait été établi en 1965 ; il ne reprendra pas, notamment, l'analyse des motifs et du contenu des décisions de principe relatives à la compétence de la commission, aux modalités de son contrôle et à sa situation vis-à-vis des pouvoirs publics ; il se bornera simplement à indiquer les changements adoptés sur ces différents points en 1969 et les incidents qui ont marqué le déroulement de la campagne.

I. MISE EN PLACE DE LA COMMISSION

Dès l'annonce de la cessation des fonctions du Président de la République, le 28 avril, les membres de droit de la commission nationale de contrôle (MM. Parodi, vice-président du Conseil d'Etat, Aydalot, premier président de la Cour de cassation, d'Estresse de Lanzac de Laborie, doyen des présidents de chambre, faisant fonction de premier président de la Cour des comptes) prenaient contact en vue de préparer la mise en place de la Commission. Comme en 1965, une première phase des travaux préalable à l'installation officielle de la commission allait se dérouler officieusement ; en effet la Commission devait constater très rapidement que les délais très courts fixés pour la préparation de la campagne, qui commençait dès le 15 mai, exigeaient qu'elle se mît immédiatement au travail.

Les membres de droit choisissaient le 30 avril les deux membres cooptés : M. Léonard, premier président honoraire de la Cour des comptes et M. Grégoire, conseiller d'Etat, qui l'un et l'autre avaient participé en 1965 aux travaux de la précédente commission. Deux membres suppléants, MM. Drouillat, président de la Chambre à la Cour de cassation, et Decaudin, conseiller à la Cour de cassation, étaient en même temps désignés.

En informant le Premier ministre de ces choix, le président Parodi exprimait le vœu que, pour raccourcir autant que possible la phase officieuse des travaux, le décret fixant la composition de la commission fut publié au journal officiel en même temps que le décret convoquant les électeurs, ce qui fut fait le samedi 3 mai. Ce même décret devait désigner les quatre fonctionnaires chargés d'assister la Commission en vertu du décret du 14 mars 1964 ; MM. Brasseur, directeur des Territoires d'outre-mer, Vochel, directeur général des Affaires politiques et de l'administration du territoire au ministère de l'Intérieur, Bandet, directeur du cabinet du secrétaire d'Etat auprès du Premier ministre chargé de l'Information et Joder, directeur général des Postes.

La commission avait préalablement choisi son rapporteur général (M. de Baecque, conseiller d'Etat) et avait désigné pour l'assister une dizaine de rapporteurs appartenant au Conseil d'Etat, à la Cour de cassation et à la Cour des comptes. Comme en 1965, son secrétariat était assuré par le Secrétaire général du Conseil d'Etat et installé dans les locaux du Palais Royal.

Le lundi 5 mai, le Premier ministre installait personnellement la Commission dans ses fonctions.

La Commission devait se réunir très fréquemment, tenant au total quarante séances entre le 30 avril et le 13 juin ; en effet si elle n'eut pas à traiter d'incidents majeurs, elle dut préparer un certain nombre de décisions de principe, trancher quelques problèmes importants et régler un très grand nombre de questions ou d'incidents secondaires.

II. ÉLABORATION DES DÉCISIONS DE PRINCIPE ET ACTIVITÉ DE LA COMMISSION AVANT LE DÉBUT DE LA CAMPAGNE

1. La Commission fut consultée officieusement sur certains projets de modification des règles de la campagne étudiés par la Présidence de la République : ces projets tendaient à élargir sa compétence dans le temps — limitée par le décret du 14 mars 1964 à la durée de la campagne officielle — à permettre le remboursement des frais de transport des affiches et circulaires et à adjoindre aux commissions locales un membre supplémentaire désigné par le Président de la Commission nationale.

La Commission estima que si son pouvoir de contrôle sur les émissions d'information de l'ORTF pouvait utilement être prorogé jusqu'à l'achèvement du 2ᵉ tour de scrutin (pour couvrir notamment les périodes situées entre la fin de la campagne du 1ᵉʳ tour et le début de celle du 2ᵉ tour, ainsi que la fin de la campagne du second tour et la clôture du scrutin), il n'était pas possible de lui donner compétence avant l'ouverture de la campagne ; elle donna un avis favorable de principe à la prise en charge des frais de transport des affiches et circulaires et se prononça contre les modifications de la composition des commissions locales qui lui étaient proposées : la présidence de ces commissions par un magistrat lui parut garantir leur autorité et leur indépendance.

Après une délibération du Conseil des ministres du 2 mai, les deux aménagements approuvés par la Commission furent adoptés dans leur principe ; toutefois le Gouvernement ne voulut pas modifier les textes réglementaires applicables ; une circulaire du ministre de l'Intérieur régla les conditions financières du remboursement des frais de transport ; une lettre du Premier ministre demanda au président du Conseil d'administration de l'ORTF de « fixer avec le président de la Commission de contrôle les modalités d'une coopération entre le conseil d'administration et la Commission permettant à celle-ci d'accomplir sa mission de façon continue depuis l'ouverture de la campagne jusqu'à l'achèvement du scrutin.

2. La Commission fut saisie le mercredi 30 avril du cas de M. Krivine qui s'était porté candidat à la présidence de la République alors qu'il se trouvait sous les drapeaux et auquel le ministre des Armées ne pensait pas pouvoir accorder une permission avant que sa candidature eut été confirmée par le Conseil constitutionnel.

En raison notamment des délais extrêmement brefs séparant la proclamation de la liste des candidats (jeudi 1ᵉʳ mai à 19 h) des premiers enregistrements télévisés (vendredi 2 mai à 9 h), la Commission obtint du ministre des Armées qu'il mit immédiatement en permission M. Krivine avant même que sa candidature fût confirmée.

3. La Commission fut aussi saisie des projets de circulaires établis par le ministère de l'Intérieur et le ministère des DOM — TOM pour l'organisation du scrutin, dont une partie concernait le déroulement de la campagne, ainsi que d'un mémento résumant à l'usage des candidats la procédure et les règles applicables. Elle ne proposa pour ces textes, qui reproduisaient presque complètement ceux de 1965, que de légers amendements.

4. La Commission eut enfin à réexaminer les décisions de principe qui avaient été adoptées en 1965 à propos de l'enregistrement des émissions de la campagne, du contenu des émissions d'information radiodiffusées et télévisées ainsi que du rôle des Commissions locales.

Elle s'interrogea notamment sur les conditions de l'enregistrement de ces émissions qui furent fixées dans des « directives pour l'utilisation des antennes de l'ORTF » qu'elle établit elle-même et une note de service de l'ORTF qu'elle approuva après y avoir fait apporter diverses modifications. Pour la Télévision, elle admit compte tenu de l'expérience de la campagne précédente, qu'en principe les enregistrements devraient avoir lieu dans les locaux de l'ORTF — une dérogation étant toutefois concevable en ce qui concerne le Président de la République pour des motifs protocolaires — et que les candidats auraient droit à trois enregistrements successifs, le montage définitif pouvant comporter un nombre limité de « collages », variable selon la durée de l'émission. En raison notamment du nombre élevé des candidats elle décida que l'émission devrait se dérouler dans un décor neutre ou dans un décor unique conçu par les services de l'ORTF. Enfin, après en avoir longuement délibéré, elle maintint tant pour la radio que pour la télévision les dispositions adoptées en 1965 qui lui permettaient de pratiquer des coupures en cas d'infraction aux règles de la campagne, malgré les critiques auxquelles ces dispositions avaient donné lieu ; elle maintint aussi la règle selon laquelle — à l'exception des personnes désignées par des partis ou groupements politiques mandatés — seuls les journalistes en service à l'ORTF pouvaient interroger les candidats mais en leur imposant l'exigence d'une stricte neutralité non seulement sur le fond mais même dans la formulation de leurs questions : on verra plus loin comment cette règle donna lieu, dans son application à des difficultés et même à quelques malentendus.

La Commission devait en outre répartir le temps d'antenne entre les candidats, le secrétaire d'État à l'Information fixant le nombre, la durée et l'horaire des émissions. Il fut vite évident qu'en réalité ces deux opérations étaient liées et c'est en collaboration avec le secrétariat d'Etat que la Commission établit des lots d'émissions qui lui parurent assurer l'égalité entre les candidats. En raison des délais fixés par les textes, cette répartition devait être faite avant que les candidatures fussent arrêtées et leur nombre connu : l'incertitude se prolongea sur ce point jusqu'au dernier jour, si bien que la Commission dut établir des lots d'émissions applicables à toutes les hypothèses concevables qui, à un moment, variaient entre 5 et 14 candidats.

Dans la préparation de ces lots, la Commission eut le souci constant que les candidats disposent d'émissions suffisamment longues pour exposer un programme relativement détaillé et se faire connaître de l'opinion. Elle n'admit qu'avec répugnance d'utiliser le pouvoir que lui donnait le décret du 14 mars 1964 pour réduire la durée totale des émissions (deux heures en principe) mais dut finalement — en raison du nombre des candidats et de l'interruption due aux vacances de la Pentecôte — fixer cette durée à 1 h 40 par candidat.

Après ce travail préparatoire la répartition des lots d'émissions fut tirée au sort dès le jeudi 15 mai à 20 h 30, soit une heure après la proclamation de la liste des six candidats, la Commission — qui en avait préalablement prévenu les intéressés — constata cependant avec regret que les premières émissions devaient être enregistrées dès le lendemain matin du tirage au sort.

En ce qui concerne les émissions d'information et les émissions politiques de l'ORTF la Commission examina à plusieurs reprises avec le président du conseil d'administration et le directeur général de l'office les règles qui pourraient être retenues pour assurer l'égalité entre les candidats ; après avoir demandé diverses modifications, elle approuva le projet de directives du conseil d'administration qui prévoyait notamment la suspension des émissions et des tribunes politiques pendant la durée de la campagne du premier tour, un compte rendu égal des principales réunions des candidats ou de leurs supporters au journal télévisé et des comptes rendus sans image ni son des réunions locales aux actualités régionales télévisées.

La Commission adressa aux présidents des Commissions locales de métropole et d'outre-mer des instructions détaillées, demandant tout spécialement à ceux des villes à partir desquelles étaient diffusées des actualités télévisées régionales de vérifier l'application des règles posées par le conseil d'administration de l'ORTF et de lui faire rapport de tous incidents ou réclamations dont ils seraient saisis ; des modalités particulières de contrôle furent fixées pour l'outre-mer.

Enfin la Commission, tout en ayant conscience qu'elle ne disposait juridiquement d'aucun pouvoir sur les radios « périphériques » privées appela comme en 1965 l'attention du gouvernement, des candidats et des responsables de ces postes sur les atteintes à l'égalité qui résulteraient d'un appui donné à l'un des candidats et, en réponse à une question qui lui avait été posée par le responsable des émissions politiques de l'un de ces postes, demanda que toute intervention à l'antenne des candidats soit évitée entre la clôture officielle de la campagne et celle du scrutin. Elle demanda en outre à l'ORTF d'éviter la « cession » des émissions de la campagne aux télévisions étrangères ou périphériques, en raison des risques d'inégalité dans la diffusion de ces enregistrements par des stations sur lesquelles elle n'avait aucun contrôle mais, au moins pour les stations périphériques, cette mesure ne permit pas d'éviter la rediffusion de certains passages des émissions.

Elle constata, pour le surplus, qu'elle n'avait aucune compétence pour les actualités cinématographiques, relevant du secteur privé, ou pour intervenir dans les modalités d'établissement ou les conditions de publication des nombreux sondages effectués au cours de la campagne. De même, elle estima ne pas avoir compétence pour rendre l'initiative de mesures concernant la campagne d'affichage faite par certains candidats en dehors des panneaux électoraux ou les réunions ou manifestations électorales tenues après la clôture de la campagne : elle ne put qu'indiquer au Gouvernement qu'elle tenait ces pratiques irrégulières comme particulièrement regrettables et qu'il convenait en tout cas d'agir de la même manière pour tous les candidats.

III. DÉROULEMENT DE LA CAMPAGNE EN MÉTROPOLE

La compétence de la Commission était limitée par le décret du 14 mars 1964 ; elle devait uniquement veiller à ce que les candidats bénéficient de la part de l'Etat des mêmes facilités pour la campagne ; elle pouvait en outre intervenir auprès des autorités compétentes pour que soient prises toutes mesures susceptibles d'assurer l'égalité entre les candidats.

Contrairement à ce que parurent penser certains candidats et une partie du public elle n'était chargée ni de surveiller la régularité du scrutin proprement dit, ni de se substituer au ministère de l'Intérieur pour l'organisation des élections ou l'exercice des pouvoirs de police, ni, sauf circonstance exceptionnelle, d'indiquer aux responsables du journal télévisé ou radiodiffusé de l'ORTF les réunions ou manifestations dont ils devaient assurer le reportage, ni de régler à la place des candidats les difficultés qu'ils rencontreraient pour le transport de leurs affiches et circulaires.

Saisie d'assez nombreuses réclamations de ce type, la Commission ne put que les transmettre aux organismes compétents (Conseil constitutionnel, ministère de l'Intérieur, direction générale de l'ORTF etc.), tout en veillant à ce que les responsables de ces organismes soient alertés sur les difficultés rencontrées par les candidats ; elle ne se reconnut compétente que lorsque l'action de l'un des services publics concernés lui parut pouvoir porter atteinte à l'égalité entre les candidats.

1. Emissions radiodiffusées et télévisées de la campagne.

a. Participation des partis et groupements politiques.

En vertu du décret du 14 mars 1964, les candidats devaient utiliser personnellement leur temps d'émission ; ils pouvaient toutefois demander que des partis ou groupements politiques dont l'action s'étendait à l'ensemble du territoire et désignés par eux participent à leurs émissions après avoir été habilités par la Commission. La campagne de 1969 se distingua par l'abondance des participations de représentants, partis et groupements politiques. La Commission adopta pour l'application de cette règle une jurisprudence extrêmement souple tant en ce qui concerne la procédure que le fond.

En ce qui concerne la procédure, après avoir posé le principe que les demandes d'habilitation devraient lui parvenir trois jours avant l'enregistrement, la commission admit qu'il ne s'agissait pas d'un délai de rigueur et accepta, dans les cas qui ne soulevaient pas de difficulté, que ce délai fut raccourci. Quant à la désignation des participants, elle admit que les partis ou groupements la fassent au dernier moment ou même ne la remettent officiellement qu'après l'enregistrement (mais avant la diffusion de l'émission). En outre, elle constata que lors des premiers enregistrements, l'ORTF n'avait pas cru devoir accompagner l'annonce de la participation de personnalités soutenant le candidat de l'indication du parti ou groupement qui les avait désignées ; après avoir hésité, il lui sembla difficile de revenir sur cette pratique en cours de campagne (elle apprit même lors du second tour que les candidats restant alors en compétition ne le souhaitaient pas) ; néanmoins, il apparut rapidement que cette absence de précision créait une confusion entre l'interrogation par des journalistes de l'ORTF et la participation de représentants des partis ; en pratique les auditeurs ou les téléspectateurs ne pouvaient pas comprendre à quel titre se présentaient les personnalités qui participaient aux émissions des candidats et qui étaient souvent des journalistes de la presse écrite ou parlée, voire d'anciens journalistes de l'ORTF.

Quant au fond, la Commission faisant preuve du même libéralisme accepta pratiquement toutes les demandes d'habilitation qui lui étaient présentées avec les justifications nécessaires : partis politiques y compris la « ligue communiste » de M. Krivine ; groupements civiques féminins ; « clubs » politiques, mouvements européens ; associations de soutien créées pour la circonstance. Elle ne s'arrêta ni à la spécialisation des objectifs ou de la clientèle des groupements, du moment que leur objectif était politique, ni à leur faible importance du moment que leur action pouvait s'étendre à l'ensemble du territoire. Bien entendu, elle ne se reconnut aucun contrôle sur le choix des participants aux émissions que ces groupements croyaient devoir désigner ; ce choix put se porter sur des personnalités qui n'étaient pas des hommes politiques ou qui n'appartenaient pas aux groupements en cause.

Dans le même esprit, elle admit que si les candidats ne pouvaient purement et simplement « céder » leur temps d'antenne à d'autres personnalités, il leur était possible de se borner à introduire et conclure les interventions de ces personnalités. Cette interprétation, pourtant très extensive, suscita des difficultés de la part de l'un des candidats qui, lors d'un enregistrement du second tour, refusa de conclure personnellement l'émission après l'avoir introduite : compte tenu du fait que le candidat apparaissait en fin d'émission aux côtés des intervenants et de l'impossibilité de recommencer l'enregistrement qui devait être diffusé immédiatement, la Commission admit à regret la diffusion de l'émission à la télévision. Elle exigea cependant que, pour la diffusion de la même émission sur les antennes de la radio, qui était décalée d'une demi-journée, le candidat ajoute une conclusion personnelle à l'enregistrement : l'argument de la présence du candidat à l'écran ne pouvait jouer dans ce cas.

La Commission n'en conserva pas moins le sentiment que ces règles ignorées du public, mal comprises des candidats et difficiles à faire appliquer sans une procédure trop lourde pour une campagne de ce type, méritaient d'être réexaminées à l'avenir.

b. Contrôle des enregistrements

Pour assurer l'application de ses directives, régler les incidents de détail et lui faire rapport sur les difficultés éventuelles rencontrées par l'ORTF et les candidats, la Commission avait délégué à chaque enregistrement un rapporteur qui se tenait en liaison avec son secrétariat. Comme en 1965, le climat dans lequel se déroulèrent ces enregistrements fut excellent et les candidats n'eurent dans l'ensemble pas à se plaindre des modalités et des conditions techniques des enregistrements.

La plupart des incidents furent mineurs et les candidats acceptèrent généralement de bonne grâce les demandes des représentants de la Commission : refus d'autoriser un candidat à montrer à l'écran des ouvrages qu'il avait publiés, refus d'autoriser au dépassement de la durée limite prévue pour l'émission, refus à un candidat du droit de céder complètement son temps de parole à des représentants de son parti, refus de l'autorisation de procéder à une « coupure » supplémentaire dans l'enregistrement, qui provoqua cependant quelques mouvements d'humeur de l'un des candidats. La Commission fut en outre amenée à demander à la direction générale de l'ORTF de rappeler à son personnel l'obligation du secret professionnel à la suite d'une protestation d'un candidat contre la publication d'un article sur les conditions de son enregistrement.

Par contre la règle selon laquelle les journalistes de l'ORTF participant aux émissions devaient adopter une attitude de neutralité suscita quelques difficultés. Dès lors, en effet, que les journalistes de la presse écrite ou parlée étaient désignés par des groupements politiques habilités et pouvaient s'exprimer à titre personnel sans aucune entrave, l'obligation de neutralité imposée aux seuls journalistes de l'ORTF provoquait l'étonnement : au cours du premier tour, la Commission devait demander au directeur général de l'ORTF de rappeler cette obligation à tous ses journalistes ; l'un d'entre eux, en effet lui avait parut transgresser cette règle au cours d'un interview. Au second tour, un incident plus sérieux se produisit : la commission fut informée qu'au cours d'un enregistrement réalisé dans l'après-midi et destiné à être diffusé le soir même, un journaliste de l'ORTF avait fait sur la situation économique un commentaire qu'elle jugea sortir nettement des limites de la neutralité. Comme il était trop tard pour procéder à un nouveau montage de l'émission, elle décida, après en avoir prévenu le candidat, que le son serait coupé en régie finale lors de la diffusion du passage en question, sous le contrôle de l'un de ses représentants, cette intervention provoqua un certain mécontentement du candidat intéressé. Mais la Commission constata que la réduction du délai entre l'enregistrement et la diffusion des émissions, parfois acceptée pour faciliter la tâche des candidats dont l'emploi du temps était très serré, rendait ses interventions très difficiles.

c. Problèmes particuliers aux émissions de la campagne du second tour de scrutin.

Compte tenu de la réduction à deux du nombre des candidats les règles techniques posées par l'ORTF purent être assouplies pour le second tour, notamment en ce qui concerne les dates et la durée des enregistrements ainsi que le nombre des collages par émission.

La Commission examina à cette occasion l'hypothèse d'un « face à face » télévisé entre les candidats et admit que si une confrontation avait lieu, les émissions des deux candidats devraient être amputées de la durée correspondante.

Enfin, la Commission fut saisie par le Premier ministre d'une demande de M. Duclos qui souhaitait disposer d'un temps d'antenne pour remercier ses électeurs et leur donner ses consignes en vue du second tour. La Commission ne put que répondre au Premier ministre que la réglementation en vigueur ne le permettait pas ; le journal télévisé rendit d'ailleurs très largement compte de la position prise au second tour par le parti communiste.

d. Diffusion des émissions de la campagne.

Aucun incident technique ne troubla, au niveau national, la diffusion des émissions. Seuls quelques incidents localisés se produisirent dans certaines régions ; lorsque les coupures de son ou d'image dépassèrent une certaine durée, les passages non diffusés furent montés sous le contrôle d'un représentant de la Commission et repris le lendemain soir, dans les mêmes régions, avant les actualités télévisées régionales.

Lors de la diffusion des émissions du dernier jour de chacun des deux tours de la campagne électorale, pour lesquelles cette procédure ne pouvait pas être appliquée, le rapporteur général se rendit dans les studios de l'ORTF pour être en mesure d'examiner avec la direction générale, les mesures à prendre en cas d'incident technique.

2. Contrôle de l'égalité entre les candidats dans les programmes d'information de l'ORTF.

a. La Commission avait approuvé à cet égard les directives du Conseil d'administration de l'ORTF rappelées plus haut ; bien que le Conseil d'administration fut compétent de son côté pour exercer le contrôle de l'objectivité des émissions, il était évident qu'elle devait faire preuve d'une vigilance particulière en cette matière ; le Président de la République par intérim avait d'ailleurs attiré tout particulièrement l'attention du Président de la Commission sur ce point.

Le travail de la Commission fut facilité par la décision prise par le Conseil d'administration de suspendre toutes les tribunes et émissions politiques, ainsi que par la grande discrétion dont fit preuve le Gouvernement dans l'utilisation des antennes pour des déclarations ministérielles.

Les membres et rapporteurs de la Commission se répartirent donc, pendant la campagne, l'écoute des principaux journaux radiodiffusés et télévisés ; d'autre part les présidents des commissions locales furent chargés du contrôle des actualités régionales.

Enfin, la commission demanda que la veille des scrutins, après la clôture de la campagne, aucun reportage filmé consacré aux réunions des candidats ne soit diffusé et que les informations politiques soient réduites au minimum. Elle fixa également des règles pour la soirée du dimanche où devaient être diffusés les résultats du premier tour.

b. Pendant la campagne du premier tour, elle eut le sentiment que les directives qu'elle avait approuvées étaient convenablement respectées et ne fut d'ailleurs saisie que de protestations peu nombreuses et généralement non fondées ; il était évident cependant que les candidats dont la campagne était peu animée ne pouvait pas bénéficier d'un traitement rigoureusement égal à celui de leurs concurrents plus actifs. Mais dans l'ensemble, les efforts de l'ORTF pour présenter des informations les concernant furent satisfaisants.

A partir du scrutin du premier tour, la situation évolua : les comptes rendus donnés le soir des résultats parurent peu équilibrés ; par la suite, si les temps consacrés à chacun des deux candidats au cours de la première semaine furent à peu près équivalents (la Commission le vérifia en se faisant projeter les journaux télévisés de la semaine), le choix des images et le montage des émissions parurent défavoriser assez nettement l'un des candidats, qui protesta vigoureusement et à de nombreuses reprises auprès de la Commission. En outre deux incidents précis accentuèrent les inquiétudes de la Commission : l'ORTF ayant diffusé l'analyse des déclarations faites par un candidat au journal l'Express la Commission demanda qu'un temps égal fut consacré le lendemain aux déclarations de l'autre candidat publiées avec la même présentation dans le même numéro de cet hebdomadaire, sans que, bien entendu, il fut à nouveau question de l'interview déjà analysée la veille, l'ORTF se borna à une analyse très sommaire de ces déclarations et crut devoir rappeler celles qu'elle avait déjà mentionnées la veille ; saisie d'une demande d'explication, la direction de l'ORTF invoqua une erreur du responsable du journal mais la Commission ne s'estima pas entièrement convaincue. D'autre part la Direction de l'ORTF demanda après le premier tour l'accord de la Commission pour le rétablissement de quelques tribunes de journalistes afin de commenter les résultats ; la Commission admit les motifs qu'elle invoquait, notamment la nécessité de faire face à la concurrence des postes périphériques, mais exigea un équilibre rigoureux entre les deux tendances dans le choix des journalistes. Après une première tribune télévisée assez confuse, où l'équilibre n'avait pas été parfaitement réalisé, une seconde tribune radiophonique parut à nouveau sérieusement déséquilibrée ; la Commission dut demander à l'ORTF de renoncer à réaliser de telles émissions.

Ses avertissements n'ayant pas donné les résultats espérés, la Commission décida, pour les quatre derniers jours précédant le scrutin, d'envoyer un représentant examiner avec le directeur général et le directeur du journal télévisé le « conducteur » du journal télévisé de 20 h (1re chaîne). Cette mesure assura l'équilibre satisfaisant des temps consacrés aux reportages sur l'activité de chacun des candidats et des sujets traités, le choix des séquences diffusées et les commentaires au plateau étant toutefois laissés à l'initiative du journaliste responsable (il parut difficile de demander à « visionner » toutes ces séquences, ce qui aurait conduit la Commission à prendre une responsabilité qu'elle n'était pas en mesure d'assurer de façon satisfaisante) ; un dernier incident se produisit lors du journal télévisé du vendredi soir précédent le scrutin, lors du compte rendu de la dernière manifestation publique de l'un des candidats.

Au contraire, les actualités régionales — pour lesquelles la Commission avait conçu certaines craintes — ne devaient donner lieu qu'à une seule protestation, à propos de laquelle la Commission n'estima pas devoir intervenir.

3. Circulaires et affiches

L'impression et l'envoi aux préfectures des affiches et circulaires de la campagne officielle était, en vertu de la réglementation, à la charge des candidats, les Commissions locales ayant pour mission de faire effectuer l'apposition des affiches et l'envoi des circulaires aux électeurs : pour assurer cette diffusion dans des conditions satisfaisantes, les préfectures avaient été invitées par le ministre de l'Intérieur à fixer les dates limites pour le dépôt de ces documents ; les candidats se trouvaient de ce fait ne disposer que d'un délai de quelques jours pour la conception, l'impression et le transport de leurs documents électoraux.

Cette brièveté des délais inévitable dès lors que la campagne commençait le lendemain même de la publication de la liste des candidats, devait aboutir à de véritables impossibilités pour certains candidats qui n'avaient pas été en mesure de préparer leur campagne à l'avance et ne disposaient pas d'un réseau très efficace de correspondants locaux. De même, il s'avéra assez vite l'obligation de livrer les circulaires « non-encartées » prévue par les instructions du ministère de l'Intérieur pour faciliter le travail des Commissions locales ne pouvait être maintenue.

La Commission fut donc amenée à assouplir les délais dans toute la mesure compatible avec les nécessités d'une bonne diffusion des documents et à autoriser la livraison des circulaires par paquets encartés, à condition que ces envois parviennent quarante-huit heures plus tôt que le délai limite fixé ; elle demanda aux Commissions locales de commencer la mise sous pli et l'affichage à la date prévue, mais de joindre les documents parvenus tardivement aux envois ou aux appositions restant à faire à la date de leur réception. D'assez nombreuses préfectures devaient utiliser cette faculté, dans quelques départements cependant, les circulaires ou affiches de certains candidats ne purent pas être diffusées lors du premier tour. Au second tour les candidats ne rencontrèrent aucune difficulté autre qu'accidentelle.

La Commission fut en outre amenée à interpréter de manière relativement souple la règle de l'uniformité des documents électoraux sur l'ensemble du territoire contenue dans le décret de 1964 et admit successivement des affiches de couleur différente, des photos du candidat présentant quelques variantes, des mots ou même des phrases oubliées et des traductions allemandes (pour les départements de l'Est) peu littérales. Elle dut cependant refuser l'affichage ou la diffusion de documents comportant des différences substantielles par rapport au modèle national (notamment une affiche comportant la seule photographie du candidat alors que le modèle national présentait ce candidat en compagnie de son principal supporter).

IV. LA CAMPAGNE OUTRE-MER

La Commission fut saisie d'assez nombreux incidents de la campagne outre-mer, dus aux difficultés d'application des règles conçues pour la métropole et mal adaptées aux départements et territoires d'outre-mer.

1. *Emissions radiodiffusées et télévisées de la campagne.*

a. La Commission avait posé le principe que pour assurer une égalité parfaite entre tous les candidats seuls des « cycles » complets comportant une série d'émissions de même durée de chacun des candidats pourraient être diffusés outre-mer. Compte tenu des délais de transmission une partie seulement des cycles d'émissions télévisées réalisées en métropole — variable selon les territoires — put être retransmise outre-mer ainsi que l'essentiel des émissions radiodiffusées ; le programme de diffusion outre-mer fut communiqué aux candidats après le tirage au sort. La Commission constata à cette occasion que la campagne radiodiffusée et télévisée avait un grand retentissement outre-mer et n'hésita pas — pour faire passer le plus grand nombre possible d'émissions — à prévoir des programmes assez copieux pour certaines soirées.

La principale difficulté rencontrée a tenu au fait que le programme qui avait été initialement arrêté comportait des émissions le samedi 30 mai. Or la campagne prenait fin le vendredi soir comme en métropole et n'était pas prolongée outre-mer jusqu'au samedi soir comme la Commission l'avait cru tout d'abord par analogie avec le référendum. Dès lors que le Gouvernement ne souhaitait pas prendre un décret pour reculer la fin de la campagne outremer, la Commission fut amenée à changer ce programme sans affecter l'ordre des émissions tiré au sort à l'intérieur des séries et demanda au secrétaire d'Etat à l'Information de modifier en conséquence l'arrêté fixant les horaires ; elle en exposa les raisons dans un communiqué.

Elle ne put, toutefois, compte tenu des termes du décret du 14 mars 1964, autoriser les candidats à enregistrer à l'intention de l'outre-mer des émissions spéciales, différentes de celles diffusées en métropole.

Par suite des délais de transmission du programme ou des bandes enregistrées, les présidents des Commissions locales — qui avaient au surplus pour mission de vérifier la bonne qualité des enregistrements parvenus dans leurs territoires et s'acquittèrent de leur tâche avec une grande conscience — furent parfois amenés à modifier les horaires ou le calendrier sans toucher à l'ordre des émissions résultant du tirage au sort.

Enfin l'un des candidats se plaignit que sa dernière émission télévisée de longue durée et sa dernière émission radiodiffusée avant la soirée finale, l'une et l'autre spécialement destinées aux territoires d'outre-mer, n'aient pas été retransmises ; comme cela résultait du programme qui lui avait été communiqué, la Commission ne put donner aucune suite à cette réclamation.

b. La retransmission des émissions s'effectua dans d'excellentes conditions, à part quelques incidents techniques et un « oubli » un peu troublant d'un responsable de la station régionale de la Réunion qui omit de diffuser une émission et dut réparer cette erreur le lendemain, sur instruction de la Commission locale.

2. *Affiches et circulaires.*

a. Les difficultés rencontrées au premier tour par les candidats pour la mise en place de leurs affiches et circulaires furent encore plus grandes outre-mer qu'en métropole, d'autant plus que, compte tenu de la nécessité d'approvisionner des bureaux de vote très éloignés, les délais de dépôt des documents électoraux étaient particulièrement courts et que les candidats ou leurs états majors n'accordaient pas à ces questions une très haute priorité. Dans certains territoires éloignés, plus de la moitié des affiches et circulaires ne purent pas être diffusées ; dans les départements et territoires les plus peuplés la situation fut à peu près normale. La Commission dut cependant intervenir pour faire débloquer les documents électoraux retenus en douane.

b. Un problème particulier se posa pour la traduction en langue locale des affiches et circulaires ; saisie du problème par la Commission locale de Tahiti, la Commission estima qu'à la date où elle lui était demandée, cette traduction ne pouvait plus être faite dans des conditions assurant l'égalité entre les candidats.

c. Enfin la Commission demanda aux présidents des Commissions locales d'examiner avec les délégués du Gouvernement la possibilité de faire enlever les affiches apposées irrégulièrement sur les bâtiments publics.

3. *Questions diverses.*

a. Certains candidats étaient inquiets des conditions dans lesquelles se déroulait la campagne outre-mer et des pressions administratives auxquelles elle pouvait donner lieu. Deux d'entre eux demandèrent même à la Commission d'envoyer des rapporteurs sur place.

La Commission ne crut pas devoir prendre cette demande en considération ; outre qu'elle n'était pas compétente pour contrôler le scrutin proprement dit, il ne lui parut ni opportun ni efficace d'envoyer de métropole, pour quelques jours, des rapporteurs peu au fait des affaires du territoire, alors que des Commissions locales de contrôle présidées par des magistrats de l'ordre judiciaire veillaient sur place au déroulement de la campagne et pouvaient être saisies par les représentants des candidats de toute plainte ou protestation.

b. La Commission constata que la réglementation applicable aux départements d'outre-mer, à la différence des territoires d'outre-mer ne prévoyait pas l'apposition de signes distinctifs sur les bulletins de vote ou l'utilisation de bulletins de couleurs différentes.

c. En réalité la Commission ne fut saisie que d'une seule plainte précise : on lui signala qu'à la Réunion un chef de division, membre d'un comité de soutien, utilisait les services de la préfecture pour mener une action politique ; il avait notamment diffusé une lettre circulaire sous pli officiel et son secrétariat avait été chargé de recevoir des dons ou cotisations.

La Commission nationale demanda une enquête au président de la Commission locale ; il n'en résulta pas que ce fonctionnaire ait utilisé les moyens administratifs de la préfecture pour son action politique mais la Commission pria cependant le secrétaire d'Etat chargé des Départements et Territoires d'outre-mer de lui rappeler qu'il devait veiller à éviter toute confusion entre ses fonctions officielles et l'activité politique qui pouvait être la sienne en tant que citoyen.

*
* *

A l'exception de quelques communiqués de presse, l'opinion n'eut pas connaissance des incidents de la campagne et des positions prises par la Commission ; il était apparu en effet que si la Commission n'avait de responsabilité que devant l'opinion, elle devait aussi veiller à la sérénité de la campagne et que, sauf incident grave, elle devait éviter des prises de position publiques qui auraient pu être utilisées dans les polémiques électorales.

Elle estima toutefois devoir tirer les leçons de cette campagne et suggérer au Gouvernement diverses modifications de la réglementation dont l'expérience avait montré la nécessité.

Source : Commission nationale de contrôle.

Election présidentielle de 1974

DOCUMENT 7-400 Chronologie de l'élection présidentielle

Date	Contenu des actes	Publication au J.O.
2 avril à 21 h	Décès de M. Georges Pompidou (cf. Doc. 7-401)	
3 avril	Déclaration du Conseil constitutionnel constatant la vacance de la Présidence (cf. Doc. 7-402)	4 avril
8 avril	Décret portant convocation des électeurs pour l'élection du Président de la République (cf. Doc. 7-403)	9 avril
	Décret relatif à la composition et au siège de la Commission nationale de Contrôle (cf. Doc. 7-404)	9 avril
11 avril	Décret portant acceptation de la démission de M. Jean Royer du Gouvernement	12 avril
18 avril	Décision du Conseil constitutionnel arrêtant la liste des candidats (cf. Doc. 7-405)	19 avril
	Arrêté du ministre de l'Information portant fixation du nombre, de la durée et des horaires des émissions des candidats à l'élection du Président de la République	19 avril
	Décision du Conseil constitutionnel portant attribution de signes distinctifs (cf. Doc. 7-406)	21 avril
19 avril	Ouverture de la Campagne	
21 avril	Décision du Conseil constitutionnel rejetant les réclamations présentées par M. Lafont (cf. Doc. 7-407) et Rouston (cf. Doc. 7-408) contre l'établissement de la liste des candidats	23 avril
	Décision du Conseil constitutionnel rejetant la réclamation de M. François Mitterrand contre la décision du 18 avril portant attribution des signes distinctifs (cf. Doc. 7-409)	26 avril
3 mai	Clôture de la campagne du premier tour	
5 mai	Premier tour	
7 mai	Proclamation par le Conseil constitutionnel des résultats du premier tour (cf. Doc. 7-410)	8 mai
9 mai	Décision du Conseil constitutionnel arrêtant la liste des candidats habilités à se présenter au second tour (cf. Doc. 7-411)	10 mai
	Arrêté du ministre de l'Information portant fixation du nombre, de la durée et des horaires des émissions des candidats	10 mai
10 mai	Ouverture de la campagne du second tour	
17 mai	Clôture de la campagne	
19 mai	Deuxième tour	
24 mai	Proclamation par le Conseil constitutionnel des résultats de l'élection (cf. Doc. 7-412)	25 mai
27 mai	Prise de fonction de M. Giscard d'Estaing	
	Décrets portant cessation des fonctions du Gouvernement et nomination du Premier ministre	28 mai

DOCUMENT 7-401

Communiqué publié par la Présidence de la République le 2 avril 1974 à 21 h 15

« Le Président de la République est décédé le 2 avril 1974 à 21 heures.

Signé : Professeur Vignalou ».

DOCUMENT 7-402

Déclaration du Conseil constitutionnel du 3/4/1974

Le Conseil constitutionnel,

Constate, à la suite du décès, le 2 avril 1974, à 21 heures, de M. Georges Pompidou, Président de la République, que sont réunies les conditions prévues à l'article 7 de la Constitution, relatives à l'exercice provisoire des fonctions du Président de la République par le Président du Sénat.

Il déclare que s'ouvre, à partir de cette date, le délai fixé par ce même article pour l'élection du nouveau Président de la République.

La présente déclaration sera publiée au *Journal officiel* de la République française.

Délibéré par le Conseil constitutionnel dans sa séance du 3 avril 1974.

Le président,
Roger Frey
J.O. du 4

DOCUMENT 7-403

Décret du 8/4/1974 portant convocation des électeurs pour l'élection du Président de la République

Le président du Sénat, exerçant provisoirement les fonctions du Président de la République,

Sur le rapport du Premier ministre, du ministre de l'Intérieur et du secrétaire d'Etat auprès du Premier ministre, chargé des départements et territoires d'outre-mer ;

Vu la Constitution, et notamment ses articles 6 et 7 ;

Vu la déclaration du Conseil constitutionnel en date du 3 avril 1974, publiée au *Journal officiel* du 4 avril 1974, constatant à la suite du décès, le 2 avril 1974, de M. Georges Pompidou, Président de la République française, que sont réunies les conditions prévues à l'article 7 de la Constitution relatives à l'exercice provisoire des fonctions du Président de la République par le président du Sénat, et déclarant que s'ouvre, à partir du 2 avril 1974, le délai fixé par ce même article pour l'élection du nouveau Président de la République ;

Vu les dispositions ayant leur valeur organique de la loi n° 62-1292 du 6 novembre 1962 relative à l'élection du Président de la République au suffrage universel ;

Vu le décret n° 64-231 du 14 mars 1964 portant règlement d'administration publique pour l'application de ladite loi ;

Vu le décret n° 65-628 du 28 juillet 1965 fixant pour les départements et territoires d'outre-mer les modalités d'application ou d'adaptation de certaines dispositions du règlement d'administration publique du 14 mars 1964 susvisé ;

Vu les articles 30 et 46 de l'ordonnance n° 58-1067 du 7 novembre 1958 portant loi organique sur le Conseil constitutionnel ;

Le Conseil constitutionnel consulté ;

Après avis du conseil des ministres,

Décrète :

Article premier

Dans les départements métropolitains et les départements et territoires d'outre-mer, les électeurs sont convoqués pour le 5 mai 1974 en vue de procéder à l'élection du Président de la République.

Article 2

L'élection aura lieu sur les listes électorales arrêtées au 28 février 1974.

Article 3

Le scrutin sera ouvert à 8 heures et clos à 18 heures. Toutefois, pour faciliter aux électeurs l'exercice de leur droit de vote, les préfets et les représentants du Gouvernement de la République pourront prendre des arrêtés à l'effet d'avancer ou de retarder dans certaines communes ou circonscriptions administratives l'heure d'ouverture ou de fermeture du scrutin. En aucun cas le scrutin ne pourra être clos après 20 heures. Ces arrêtés seront publiés et affichés dans chaque commune ou circonscription administrative intéressée cinq jours au moins avant le jour du scrutin.

Article 4

Le second tour de scrutin, s'il est nécessaire d'y procéder, aura lieu le 19 mai 1974.

Article 5

Le Premier ministre, le ministre de l'Intérieur et le secrétaire d'Etat auprès du Premier ministre, chargé des départements et territoires d'outre-mer, sont chargés, chacun en ce qui le concerne, de l'exécution du présent décret, qui sera publié au *Journal officiel* de la République française.

Fait à Paris, le 8 avril 1974.

Alain Poher

Par le Président du Sénat, exerçant provisoirement les fonctions du Président de la République :
Le Premier ministre,
Pierre Messmer
Le ministre de l'Intérieur,
Jacques Chirac

Le secrétaire d'Etat auprès du Premier ministre, chargé des départements et territoires d'outre-mer,
Joseph Comiti
J.O. du 9

DOCUMENT 7-404

Décret du 8/4/1974 relatif à la composition et au siège de la commission nationale de contrôle instituée par le décret n° 64-231 du 14 mars 1964

Le Premier ministre,

Vu la Constitution, et notamment ses articles 6 et 7 ;

Vu les dispositions ayant valeur organique de la loi n° 62-1292 du 6 novembre 1962 relative à l'élection du Président de la République au suffrage universel ;

Vu le décret n° 64-231 du 14 mars 1964 portant règlement d'administration publique pour l'application de ladite loi, et notamment son article 10 ;

Vu les articles 30 et 46 de l'ordonnance n° 58-1067 du 7 novembre 1958 portant loi organique sur le Conseil constitutionnel ;

Vu la lettre en date du 4 avril 1974 du vice-président du Conseil d'Etat, président de la Commission nationale de contrôle instituée par l'article 10 du décret du 14 mars 1964 susvisé ;

Vu le décret n° 74-280 du 8 avril 1974 portant convocation des électeurs pour l'élection du Président de la République ;

Le Conseil constitutionnel consulté,

Décrète :

Article premier

La Commission nationale de contrôle instituée par l'article 10 du décret du 14 mars 1964 susvisé comprend, outre le vice-président du Conseil d'Etat, président et membre de droit, le premier président de la Cour de cassation et le premier président de la Cour des comptes, membres de droit, les membres ci-après qui ont été désignés par les membres de droit :

M. Lionel de Tinguy du Pouët, conseiller d'Etat en service ordinaire.

M. André Martin, conseiller à la Cour de cassation.

Ces deux personnalités seront remplacées, le cas échéant, par les membres suppléants ci-après qui ont été désignés dans les mêmes conditions :

M. Jacques Bardon, conseiller maître à la Cour des comptes.

M. Pierre Moinot, conseiller maître à la Cour des comptes.

Article 2

La commission sera assistée de :

M. Pinel, directeur des territoires d'outre-mer, représentant du secrétaire d'Etat auprès du Premier ministre, chargé des départements et territoires d'outre-mer.

M. Solier, directeur des affaires politiques et de l'administration du territoire, représentant du ministre de l'Intérieur.

M. Joder, directeur général des postes, représentant du ministre des Postes et Télécommunications.

M. Chahid-Nouraï, auditeur au Conseil d'Etat, conseiller technique au cabinet du ministre de l'Information, représentant celui-ci.

Article 3

La Commission siège au Palais-Royal dans les locaux du Conseil d'Etat. Son secrétariat est assuré par le secrétariat général du Conseil d'Etat.

Article 4

Le présent décret sera publié au *Journal officiel* de la République française.

Fait à Paris, le 8 avril 1974.
Pierre Messmer
J.O. du 9

DOCUMENT 7-405

Décision du Conseil constitutionnel du 18/4/1974 arrêtant la liste des candidats

Le Conseil constitutionnel,

Vu les articles 6 et 7 de la Constitution ;

Vu l'article 3 de la loi n° 62-1292 du 6 novembre 1962, relative à l'élection du Président de la République au suffrage universel ;

Vu les articles 2, 3, 4, 5 et 6 du décret n° 64-231 du 14 mars 1964, portant règlement d'administration publique pour l'application de la loi n° 62-1292 susvisée ;

Vu le décret n° 65-628 du 28 juillet 1965 fixant pour les départements et les territoires d'outre-mer les modalités d'application ou d'adaptation de certaines dispositions du décret n° 64-231 du 14 mars 1964 susvisé ;

Vu le décret n° 74-280 du 8 avril 1974 portant convocation des électeurs pour l'élection du Président de la République ;

TITRE II : LE PRÉSIDENT DE LA RÉPUBLIQUE

REPRESENTATION GRAPHIQUE DES SIGNES DISTINCTIFS

JACQUES CHABAN-DELMAS

RENE DUMONT

VALERY GISCARD D'ESTAING

GUY HERAUD

ALAIN KRIVINE

ARLETTE LAGUILLER

JEAN-MARIE LE PEN

FRANÇOIS MITTERRAND

EMILE MULLER

BERTRAND RENOUVIN

JEAN ROYER

JEAN-CLAUDE SEBAG

Après s'être assuré, conformément aux dispositions législatives et réglementaires ci-dessus visées, de la régularité des candidatures et du consentement des candidats,
Décide :
Article premier
La liste des candidats à l'élection du Président de la République, établie par ordre alphabétique, est arrêtée comme suit :
1. Jacques Chaban-Delmas.
2. René Dumont.
3. Valéry Giscard d'Estaing.
4. Guy Héraud.
5. Alain Krivine.
6. Arlette Laguiller.
7. Jean-Marie Le Pen.
8. François Mitterrand.
9. Emile Muller.
10. Bertrand Renouvin.
11. Jean Royer.
12. Jean-Claude Sebag.

Article 2
La présente décision sera publiée sans délai au *Journal officiel* de la République française et notifiée aux préfets, aux délégués du gouvernement dans les territoires d'outre-mer et aux chefs de postes diplomatiques et consulaires.
Délibéré par le Conseil constitutionnel dans sa séance du 18 avril 1974.

Le président,
Roger Frey
J.O. du 19

DOCUMENT 7-406
Décision du Conseil constitutionnel du 18/4/1974 relative à l'attribution de signes distinctifs aux candidats à l'élection du Président de la République

Le Conseil constitutionnel,
Vu les articles 6 et 7 de la Constitution ;
Vu l'article 3-V de la loi n° 62-1292 du 6 novembre 1962 relative à l'élection du Président de la République au suffrage universel ;
Vu le décret n° 64-231 du 14 mars 1964 portant règlement d'administration publique pour l'application de la loi n° 62-1292 susvisée ;
Vu l'article 11 du décret n° 65-628 du 28 juillet 1965 fixant pour les départements et les territoires d'outre-mer les modalités d'application ou d'adaptation de certaines dispositions du décret n° 64-231 du 14 mars 1964 susvisé ;
Vu le décret n° 74-280 du 8 avril 1974 portant convocation des électeurs pour l'élection du Président de la République ;
Vu la décision en date du 18 avril 1974 par laquelle le Conseil constitutionnel a arrêté la liste des candidats à l'élection du Président de la République,

Décide :
Article premier
Les signes distinctifs prévus à l'article 11 du décret n° 65-628 du 28 juillet 1965 susvisé sont attribués aux candidats à l'élection du Président de la République, compte tenu de l'ordre de préférence indiqué par ceux-ci, ainsi qu'il suit :

Jacques Chaban-Delmas : une croix de Lorraine.
René Dumont : deux demi-cercles inscrits dans une ellipse.
Valéry Giscard d'Estaing : un « V » de couleur blanche inscrit dans un carré noir.
Guy Héraud : un palmier.
Alain Krivine : deux mains tenant l'une une faucille et l'autre un marteau.
Arlette Laguiller : une faucille et un marteau.
Jean-Marie Le Pen : un as de trèfle.
François Mitterrand : un soleil rayonnant.
Emile Muller : une mouette.
Bertrand Renouvin : deux enfants se tenant par la main.
Jean Royer : un cœur.
Jean-Claude Sebag : la lettre « E » inscrite dans un losange.

Article 2
La représentation graphique des signes distinctifs ci-dessus définis est annexée à la présente décision.

Article 3
La présente décision sera publiée au *Journal officiel* de la République française.
Délibéré par le Conseil constitutionnel dans sa séance du 18 avril 1974.

Le président,
Roger Frey
J.O. du 21

DOCUMENT 7-407
Décision du Conseil constitutionnel du 21/4/1974 rejetant une réclamation présentée par M. Lafont.

Le Conseil constitutionnel,
Vu la Constitution, et notamment ses articles 6 et 7 ;
Vu l'ordonnance du 7 novembre 1958 portant loi organique sur le Conseil constitutionnel ;
Vu la loi n° 62-1292 du 6 novembre 1962 relative à l'élection du Président de la République au suffrage universel, et notamment son article 3 ;
Vu le décret n° 64-231 du 14 mars 1964 portant règlement d'administration publique pour l'application de la loi n° 62-1292 du 6 novembre 1962 susvisée, et notamment ses articles 4 et 7 ;
Vu la décision du Conseil constitutionnel en date du 18 avril 1974 arrêtant la liste des candidats à l'élection du Président de la République ;

Vu la réclamation présentée par M. Robert Lafont, demeurant 14, rue Parmentier, à Nîmes (Gard), ladite réclamation enregistrée au secrétariat général du Conseil constitutionnel le 20 avril 1974 et dirigée contre l'établissement de la liste des candidats à la présidence de la République arrêtée par le Conseil constitutionnel dans sa décision du 18 avril 1974 ;

Ouï le rapporteur en son rapport ;

Considérant que cent quatorze présentations de la candidature de M. Lafont à la présidence de la République ont été déposées dans le délai prévu à l'article 2 du décret du 14 mars 1964 susvisé ;

Considérant que, des vérifications opérées par le Conseil constitutionnel, il résulte que dix-huit de ces présentations émanaient, contrairement aux dispositions de l'article 4, premier alinéa, du décret du 14 mars 1964, de personnalités qui avaient également fait acte de présentation en faveur d'autres candidatures ; que ces dix-huit présentations doivent être tenues pour non valables en ce qui concerne tant la candidature de M. Lafont que celle des sept autres candidats en faveur desquels elles se sont également réparties ; qu'ainsi le nombre des présentations régulièrement émises en faveur de M. Lafont est inférieur à cent, minimum exigé par les dispositions de l'article 3-1 de la loi du 6 novembre 1962 susvisée ; que, dès lors, sa candidature ne pouvait être retenue,

Décide :

Article premier

La réclamation présentée par M. Lafont contre l'établissement de la liste des candidats à la présidence de la République est rejetée.

Article 2

La présente décision sera publiée au *Journal officiel* de la République française.

Délibéré par le Conseil constitutionnel dans sa séance du 21 avril 1974.

Le président,
Roger Frey
J.O. du 23

DOCUMENT 7-408

Décision du Conseil constitutionnel du 21/4/1974 rejetant une réclamation présentée par M. Roustan

Le Conseil constitutionnel,

Vu la Constitution, et notamment ses articles 6 et 7 ;

Vu l'ordonnance du 7 novembre 1958 portant loi organique sur le Conseil constitutionnel ;

Vu la loi n° 62-1292 du 6 novembre 1962 relative à l'élection du Président de la République au suffrage universel, et notamment son article 3 ;

Vu le code électoral, notamment ses articles L. 5 et L. 199 ;

Vu la loi n° 67-563 du 13 juillet 1967 sur le règlement judiciaire, la liquidation de biens, la faillite personnelle et les banqueroutes, et notamment son article 105 ;

Vu le décret n° 64-231 du 14 mars 1964 portant règlement d'administration publique pour l'application de la loi n° 62-1292 du 6 novembre 1962 susvisée, et notamment son article 7 ;

Vu la décision du Conseil constitutionnel en date du 18 avril 1974 arrêtant la liste des candidats à l'élection du Président de la République ;

Vu la réclamation présentée par M. André Roustan, demeurant 21, rue Louis-Debrons, à Aurillac (Cantal), ladite réclamation enregistrée au secrétariat général du Conseil constitutionnel le 19 avril 1974 et dirigée contre l'établissement de la liste des candidats à la présidence de la République arrêtée par le Conseil constitutionnel dans sa décision du 18 avril 1974 ;

Ouï le rapporteur en son rapport ;

Considérant que, en raison d'un jugement rendu le 22 janvier 1960 par le tribunal de commerce d'Aurillac, il résulte des dispositions combinées de l'article 3-II de la loi susvisée du 6 novembre 1962 relative à l'élection du Président de la République au suffrage universel, des articles L. 5-5° et L. 199 du code électoral et de l'article 105 de la loi du 13 juillet 1967 susvisée que M. Roustan n'est pas éligible à la présidence de la République ; que, dès lors, sa candidature à ladite élection ne pouvait être retenue,

Décide :

Article premier

La réclamation présentée par M. Roustan contre l'établissement de la liste des candidats à la présidence de la République est rejetée.

Article 2

La présente décision sera publiée au *Journal officiel* de la République française.

Délibéré par le Conseil constitutionnel dans sa séance du 21 avril 1974.

Le président,
Roger Frey
J.O. du 23

DOCUMENT 7-409

Décision du Conseil constitutionnel du 25/4/1974 rejetant une réclamation présentée par M. Mitterrand

Le Conseil constitutionnel,

Vu la Constitution, et notamment ses articles 6, 7 et 58 ;

Vu l'ordonnance du 7 novembre 1958 portant loi organique sur le Conseil constitutionnel ;

Vu la loi n° 62-1292 du 6 novembre 1962 relative à l'élection du Président de la République au suffrage universel ;

Vu le décret n° 64-231 du 14 mars 1964 portant règlement d'administration publique pour l'application de la loi n° 62-1292 relative à l'élection du Président de la République au suffrage universel ;

Vu le décret n° 65-628 du 28 juillet 1965 fixant pour les départements et territoires d'outre-mer les modalités d'application ou d'adaptation de certaines dispositions du décret du 14 mars 1964 susvisé, et notamment son article 11 ;

Vu la décision du Conseil constitutionnel en date du 18 avril 1974 arrêtant la liste des candidats à l'élection du Président de la République ;

Vu la décision du Conseil constitutionnel en date du 18 avril 1974 relative à l'attribution de signes distinctifs aux candidats à l'élection du Président de la République ;

Vu la réclamation présentée le 24 avril 1974 par M. Mitterrand, candidat à l'élection du Président de la République, contre l'attribution comme signe distinctif de la croix de Lorraine à M. Chaban-Delmas, autre candidat ;

Considérant que M. François Mitterrand, auteur de la réclamation, figurant sur la liste des candidats établie par le Conseil constitutionnel en application de l'article 6 du décret n° 64-231 du 14 mars 1964 susvisé, cette réclamation est recevable ;

Considérant qu'en acceptant d'attribuer à M. Chaban-Delmas, compte tenu de l'ordre de préférence exprimé par celui-ci, une représentation de la croix de Lorraine, à titre de signe distinctif des bulletins de vote prévu à l'article 11 du décret du 28 juillet 1965 susvisé, le Conseil constitutionnel, chargé de veiller à la régularité de l'élection, a estimé que cette régularité ne pouvait être mise en cause par l'attribution du signe dont il s'agit, lequel, au surplus, par application des mêmes dispositions réglementaires, avait été antérieurement attribué lors des deux précédentes élections du Président de la République,

Décide :

Article premier

La réclamation susvisée de M. François Mitterrand est rejetée.

Article 2

La présente décision sera publiée au *Journal officiel* de la République française.

Délibéré par le Conseil constitutionnel dans sa séance du 25 avril 1974.

Le président,
Roger Frey

J.O. du 26

DOCUMENT 7-410

Déclaration du Conseil constitutionnel du 7/5/1974 donnant les résultats du scrutin du 5 mai 1974

Le Conseil constitutionnel,

Vu les articles 6, 7 et 58 de la Constitution ;

Vu l'article 4 de la loi n° 62-1292 du 6 novembre 1962 relative à l'élection du Président de la République au suffrage universel ;

Vu l'ordonnance du 7 novembre 1958 portant loi organique sur le Conseil constitutionnel ;

Vu le décret n° 64-231 du 14 mars 1964 portant règlement d'administration publique pour l'application de la loi n° 62-1292 du 6 novembre 1962 susvisée, et notamment son article 27 ;

Vu le décret n° 65-628 du 28 juillet 1965 fixant pour les départements et les territoires d'outre-mer les modalités d'application ou d'adaptation de certaines dispositions du décret n° 64-231 du 14 mars 1964 susvisé ;

Vu le décret n° 74-280 du 8 avril 1974 portant convocation des électeurs pour l'élection du Président de la République ;

Vu le code électoral ;

Vu, pour les départements métropolitains et le département de la Réunion, les procès-verbaux de recensement dressés par les commissions chargées de centraliser les résultats ainsi que les procès-verbaux des opérations de vote portant mention des réclamations présentées par des électeurs et les documents y annexés ;

Vu les télégrammes adressés par les présidents des commissions de recensement au Conseil constitutionnel pour les départements de la Guadeloupe, de la Guyane, de la Martinique ainsi que pour les territoires d'outre-mer ;

Vu les autres pièces et documents portés à la connaissance du Conseil pour son information ainsi que les réclamations qui lui ont été adressées ;

Vu les rapports des délégués du Conseil constitutionnel ;

Après avoir opéré diverses rectifications d'erreurs matérielles, statué sur les réclamations, procédé aux redressements qu'il a jugé nécessaires, et notamment annulé les résultats du douzième bureau de la ville de Bastia pour lequel le nombre des émargements n'a pu être contrôlé en raison de la disparition de la liste d'émargements, ainsi que les résultats de la commune de Plainville dans l'Oise dont le procès-verbal n'est pas parvenu à la Commission de recensement ;

Ayant constaté que la majorité absolue des suffrages exprimés n'est pas atteinte au premier tour de scrutin,

Déclare :

Article premier

Le scrutin auquel il a été procédé le 5 mai 1974 pour l'élection du Président de la République au suffrage universel a donné les résultats suivants :

Electeurs inscrits	30 602 953
Votants	25 775 743
Suffrages exprimés	25 538 636
Majorité absolue	12 769 319
MM.	
Jacques Chaban-Delmas	3 857 728
René Dumont	337 800
Valéry Giscard d'Estaing	8 326 774
Guy Héraud	19 255
Alain Krivine	93 990
Mlle	
Arlette Laguiller	595 247
MM.	
Jean-Marie Le Pen	190 921
François Mitterrand	11 044 373
Emile Muller	176 279
Bertrand Renouvin	43 722
Jean Royer	810 540
Jean-Claude Sebag	42 007

Article 2

La proclamation des résultats de l'ensemble de

l'élection interviendra dans les conditions prévues au décret du 14 mars 1964 susvisé.

Article 3

La présente déclaration sera publiée sans délai au *Journal officiel* de la République française.

Délibéré par le Conseil constitutionnel dans sa séance du 7 mai 1974.

Le président,
Roger Frey

J.O. du 8

DOCUMENT 7-411
Décision du Conseil constitutionnel du 9/5/1974 arrêtant la liste des candidats habilités à se présenter au second tour de scrutin

Le Conseil constitutionnel,

Vu les articles 6, 7 et 58 de la Constitution ;

Vu l'article 3 de la loi n° 62-1292 du 6 novembre 1962 relative à l'élection du Président de la République au suffrage universel ;

Vu l'ordonnance du 7 novembre 1958 portant loi organique sur le Conseil constitutionnel ;

Vu le décret n° 64-231 du 14 mars 1964 portant règlement d'administration publique pour l'application de la loi n° 62-1292 du 6 novembre 1962 susvisée, et notamment son article 8 ;

Vu le décret n° 65-628 du 28 juillet 1965 fixant pour les départements et les territoires d'outre-mer les modalités d'application ou d'adaptation de certaines dispositions du décret n° 64-231 du 14 mars 1964 susvisé ;

Vu le décret n° 74-280 du 8 avril 1974 portant convocation des électeurs pour l'élection du Président de la République ;

Vu la déclaration du Conseil constitutionnel en date du 7 mai 1974 ;

Considérant qu'aucun des retraits de candidature, dont l'éventualité est envisagée à l'article 7 de la Constitution, n'a été porté à sa connaissance avant l'expiration du délai prévu à l'article 8 du décret du 14 mars 1964,

Décide :

Article premier

Les candidats au second tour de scrutin pour l'élection du Président de la République sont :

Valéry Giscard d'Estaing et François Mitterrand.

Article 2

La présente décision, le Gouvernement dûment informé, sera publiée sans délai au *Journal officiel* de la République française et notifiée par voie télégraphique aux préfets, aux délégués du Gouvernement dans les territoires d'outre-mer et aux chefs de postes diplomatiques et consulaires.

Délibéré par le Conseil constitutionnel dans sa séance du 9 mai 1974.

Le président,
Roger Frey

J.O. du 10

DOCUMENT 7-412
Proclamation du Conseil constitutionnel du 25/5/1974 relative aux résultats de l'élection

Le Conseil constitutionnel,

Vu la Constitution ;

Vu la loi du 6 novembre 1962 relative à l'élection du Président de la République au suffrage universel ;

Vu l'ordonnance du 7 novembre 1958 portant loi organique sur le Conseil constitutionnel ;

Vu le décret du 14 mars 1964 portant règlement d'administration publique pour l'application de la loi susvisée du 6 novembre 1962, ensemble le décret du 28 juillet 1965 fixant pour les départements et les territoires d'outre-mer les modalités d'application ou d'adaptation de certaines dispositions dudit décret ;

Vu le décret du 8 avril 1974 portant convocation des électeurs pour l'élection du Président de la République ;

Vu le code électoral ;

Vu la liste des candidats à l'élection du Président de la République arrêtée le 18 avril 1974 par le Conseil constitutionnel ;

Vu la déclaration du Conseil constitutionnel en date du 9 mai 1974 arrêtant la liste des candidats habilités à se présenter au second tour de scrutin ;

Vu les procès-verbaux dressés par les Commissions chargées de centraliser les résultats dans les départements métropolitains et dans les départements et territoires d'outre-mer ainsi que les procès-verbaux des opérations de vote et les documents y annexés ;

Vu les réclamations inscrites sur les procès-verbaux dressés par les Commissions de recensement, les contestations mentionnées sur les procès-verbaux des opérations de vote, les autres pièces et documents portés à la connaissance du Conseil pour son information ainsi que les réclamations qui lui ont été adressées ;

Après avoir examiné les rapports des délégués du Conseil constitutionnel ;

Après avoir opéré diverses rectifications d'erreurs matérielles, statué sur toutes les réclamations, procédé aux redressements qu'il a jugé nécessaires et aux annulations énoncées ci-après ;

Considérant que le président du bureau de vote n° 157 de la ville de Toulouse s'est opposé à ce que le délégué du Conseil constitutionnel chargé de suivre sur place les opérations électorales exerce la mission qui lui était impartie ; que, dès lors, le Conseil constitutionnel, privé de la possibilité d'apprécier la régularité des opérations électorales, a décidé d'annuler l'ensemble des suffrages exprimés dans ce bureau ;

Considérant que dans les neuvième et douzième bureaux de la ville de Rouen, il a été procédé aux opérations de dépouillement en méconnaissance des dispositions de l'article L. 65 du code électoral malgré les avertissements et les observations réitérés du délégué du Conseil constitutionnel ; que, dès lors, il y a lieu d'annuler l'ensemble des suffrages exprimés dans ces bureaux ;

Considérant que dans la commune de Mondeville (Calvados) les feuilles de dépouillement n'ont pas été établies dans les conditions prévues à l'article L. 65 du code électoral ; que, dès lors, il y a lieu d'annuler les suffrages exprimés dans cette commune ;

Considérant que pour la commune de Pruno (Corse) la liste d'émargement n'a pu être produite ; que pour la commune d'Aragnouët (Hautes-Pyrénées) les feuilles de dépouillement n'ont pas été jointes aux procès-verbaux ; que, du fait de l'inobservation des dispositions des articles L. 68 et R. 68 du code électoral, le Conseil constitutionnel n'a pas été à même d'exercer son contrôle sur la régularité des opérations électorales dans ces deux communes ; que, dès lors, il y a lieu d'annuler l'ensemble des suffrages exprimés dans chacune d'elles ;

Considérant que des irrégularités graves ont été constatées dans le premier bureau de la commune de La Possession (La Réunion) ; que, dès lors, le Conseil constitutionnel a décidé d'annuler l'ensemble des suffrages exprimés dans ce bureau ;

Considérant que des réclamations mettant en cause la régularité des votes par correspondance dans les premier, troisième, quatrième, septième, dixième, onzième, douzième et treizième bureaux de vote de la ville de Bastia ainsi que dans la commune d'Albertacce (Corse) ont été déposées ; que, pour ces bureaux, les enveloppes des plis recommandés ayant contenu les enveloppes électorales n'ont pas été jointes aux procès-verbaux, contrairement aux prescriptions de l'article R. 91 du code électoral ; que cette violation du code électoral n'a pas permis au Conseil constitutionnel d'exercer son contrôle sur la régularité des votes ainsi mis en cause ; que, dès lors, il y a lieu d'annuler l'ensemble des votes par correspondance émis dans les bureaux susvisés et, pour chacun de ces bureaux, de retrancher le nombre des votes par correspondance du nombre des suffrages recueillis par le candidat le plus favorisé ;

Considérant que, compte tenu des rectifications et annulations opérées, les résultats du premier et du deuxième tour de scrutin sont arrêtés conformément aux tableaux annexés à la présente décision ;

Considérant que les résultats du scrutin du 19 mai 1974 ont été les suivants :

Electeurs inscrits................	30 600 775
Votants.......................	26 724 595
Suffrages exprimés.............	26 367 807
Majorité absolue	13 183 904
Suffrages obtenus par Monsieur Valéry Giscard d'Estaing........	13 396 203
Suffrages obtenus par Monsieur François Mitterrand............	12 971 604

Qu'ainsi Monsieur Valéry Giscard d'Estaing a atteint la majorité absolue des suffrages exprimés requise pour être proclamé élu ;

En conséquence,

Proclame

Monsieur Valéry Giscard d'Estaing Président de la République française.

Délibéré par le Conseil constitutionnel dans sa séance du 24 mai 1974, où siégeaient MM. Roger Frey, président, Monnerville, Rey, Sainteny, Goguel, Brouillet, Dubois, Coste-Floret, Chatenet.

Le président,
Roger Frey
J.O. du 25

DOCUMENT 7-413
Déclaration du Conseil constitutionnel du 25/5/1974

Le Conseil constitutionnel, chargé, en application de l'article 58 de la Constitution, de veiller à la régularité de l'élection du Président de la République, et tirant la leçon des constatations qu'il a pu faire au cours de trois élections du Président de la République au suffrage universel, estime de sa responsabilité de rendre publique la déclaration suivante :

En ce qui concerne la présentation des candidats

Nombre de présentations

Si le principe de la présentation des candidats par certaines catégories de citoyens n'appelle aucune critique, il importe, pour respecter l'esprit même de l'institution de l'élection du Président de la République par le suffrage universel, que les candidatures aient une assise véritablement nationale. Il est également indispensable que tout courant réel d'opinion puisse susciter une candidature.

A ces fins, il conviendrait d'augmenter le nombre de présentations et d'exiger que les signataires de celles-ci comprennent des élus du quart au moins des départements et territoires tout en évitant de paraître conférer à l'une quelconque des catégories de citoyens habilitées à signer des présentations un privilège par rapport aux autres.

Forme des présentations

La présentation d'un candidat à l'élection du Président de la République est un acte politique grave. Il importe donc de l'entourer de toute la solennité nécessaire.

A cette fin, il y aurait lieu, d'une part, d'exiger que les présentations fussent établies sur des formulaires officiels tenus à la disposition des citoyens et, d'autre part, de rendre publique, pour chaque candidat, la liste des auteurs de présentation.

En outre, pour garantir l'authenticité des signatures figurant sur les présentations, ces signatures, avant leur envoi au Conseil constitutionnel, devraient être certifiées sur place par un magistrat de l'ordre judiciaire.

En ce qui concerne les opérations consécutives au premier tour de scrutin

En vertu des dispositions de l'article 27, deuxième alinéa, du décret du 14 mars 1964, si la majorité absolue n'est pas atteinte au premier tour de scrutin, le Conseil constitutionnel doit faire connaître au plus tard le mardi suivant à 20 heures le nombre des suffrages obtenus par chacun des candidats en présence.

Un si court laps de temps est à peine suffisant pour permettre la réception et l'examen des procès-verbaux des départements métropolitains.

Il résulte en outre de la combinaison des dispositions des articles 27 et 28 du décret du 14 mars 1964 que le Conseil constitutionnel se trouve dans la situation d'avoir à publier des résultats alors que les délais ouverts pour la contestation de ces résultats expirent dans la plupart des cas à l'instant même où ceux-ci doivent être proclamés, lesdits délais n'étant même pas expirés pour certains départements d'outre-mer en raison du décalage horaire.

Il y a là une anomalie qui devrait être supprimée par le report au jeudi suivant le premier tour de scrutin à 12 heures de la date limite de proclamation des résultats du premier tour.

En ce qui concerne l'hypothèse du décès d'un candidat

Le cas du décès d'un des candidats admis à se présenter n'est pas envisagé de façon précise, ce qui risque de poser éventuellement un problème d'appréciation particulièrement délicat.

En ce qui concerne les sondages d'opinion

Les sondages d'opinion réalisés et publiés au cours de la campagne de l'élection présidentielle de 1974 ont tenu une place considérable dans les commentaires consacrés à cette campagne par la presse, par la radiodiffusion et par la télévision, ainsi, semble-t-il, que dans les préoccupations de très nombreux citoyens. Cette situation pose incontestablement un problème.

Aussi conviendrait-il que les conditions dans lesquelles les sondages sont réalisés et dans lesquelles leurs résultats sont rendus publics fissent l'objet d'un code de déontologie de nature à éviter que le choix des citoyens ne soit influencé par une appréciation, qui peut être erronée, des chances respectives des candidats.

Il n'appartient pas au Conseil constitutionnel de proposer des solutions à cet égard. Mais il lui est permis de suggérer que le problème dont il reconnaît l'existence fasse l'objet d'une réflexion approfondie, destinée à aboutir à l'établissement d'un véritable statut de la pratique des sondages d'opinion en période électorale.

A Paris, le 24 mai 1974.

Source : Conseil constitutionnel

DOCUMENT 7-414

Déclarations et échanges de lettres relatives au contrôle de la régularité des opérations de vote

I. Extrait de la déclaration du Président de la République par intérim lue à l'issue du Conseil des ministres du 10 avril

... En ce qui me concerne, j'ai pour premier devoir, conformément à la lettre et à l'esprit de la Constitution, d'assurer la continuité de l'Etat et le fonctionnement régulier des pouvoirs publics. Il m'appartient de veiller à ce que l'élection du futur Président de la République résulte de la libre expression de la souveraineté nationale et, à cette fin, que l'égalité devant la loi soit assurée aux candidats, et qu'elle soit rigoureusement respectée à tous les niveaux de l'administration.

Dès hier, j'ai entretenu des aspects de ce problème qui le concerne M. le président-directeur général de l'ORTF. Je compte m'en entretenir très prochainement avec les membres de la Commission nationale de contrôle des élections qui, aux termes de l'article 10 du décret du 14 mars 1964, dispose d'un pouvoir d'intervention particulièrement large.

Le gouvernement devra mettre à la disposition de la Commission nationale tous les moyens dont elle pourra avoir besoin pour assurer le parfait déroulement de la campagne et des élections, dans les départements métropolitains, mais aussi dans les départements et territoires d'outre-mer...

II. Echange de correspondance entre le Président de la République par intérim et le Président de la Commission nationale de contrôle

Lettre du Président de la République par intérim, M. A. Poher (13 avril 1974)

Monsieur le Président,

Le contrôle des élections dans les départements et territoires d'outre-mer est, vous vous en souvenez, de ceux que nous avons évoqués tout particulièrement lors de notre entretien du 11 avril. J'ai enregistré avec satisfaction votre accord ainsi que celui des membres de la Commission sur l'envoi, outre-mer, de Magistrats de l'ordre administratif et de l'ordre judiciaire en vue d'effectuer le contrôle de la campagne pour les élections présidentielles.

Comme j'ai eu l'occasion de le souligner, il me semblerait opportun que ces Magistrats soient en nombre suffisant pour assurer un contrôle effectif. Aussi, estimerez-vous sans doute qu'un contingent de vingt à trente Magistrats, du moins pour ceux des départements et des territoires qui ont donné lieu, dans le passé, au plus grand nombre de contestations, serait de nature à prévenir les abus.

Comme une telle mesure devrait intervenir très rapidement de façon à produire sa pleine efficacité, je serais heureux de connaître les dispositions prises par la Commission pour assurer le recrutement et fixer les conditions de travail de ces Magistrats.

En vous redisant combien je suis persuadé que les membres et les rapporteurs de la Commission rempliront, avec la plus haute conscience, leur difficile mission, je vous prie de croire, Monsieur le Président, à l'assurance de ma haute considération.

Alain Poher

Lettre du Président de la Commission nationale de contrôle, M. B. Chenot (17 avril 1974)

Monsieur le Président,

Au cours de sa séance du mardi 16 avril et comme suite à votre lettre du 13 avril, la Commission nationale de contrôle a étudié la possibilité d'envoyer des magistrats de l'ordre administratif ou judiciaire outre-mer en vue d'assumer plus efficacement ses responsabilités.

Tenant compte du point de vue exprimé par Monsieur le Président du Conseil constitutionnel dans la lettre qu'il m'a adressée le 16 avril, la Commission a eu le souci de ne pas déborder les limites de sa compétence propre et de ne pas empiéter sur celle du Conseil constitutionnel qui tient en effet de la loi organique le droit de désigner des délégués pour suivre sur place les opérations électorales.

Cependant, pour répondre, dans la mesure des pouvoirs qui lui sont confiés par les textes, au désir que vous avez bien voulu lui exprimer, la Commission a décidé de désigner de nouveaux rapporteurs, choisis, comme il est prévu à l'article 12 du décret du 14 mars 1964, au sein du Conseil d'Etat, de la Cour de cassation et de la Cour des comptes ; elle les constituera en missions de deux membres chargés de commenter aux présidents des Commissions locales les directives qu'elle a élaborées ; ces missions, agissant dans le cadre ainsi fixé, pourront d'ailleurs, si cela est nécessaire, favoriser l'action des Commissions locales en assurant elles-mêmes une liaison avec les autorités administratives.

Les missions partiront aussitôt que possible et rendront compte de leur activité à la Commission.

Veuillez agréer, Monsieur le Président, l'assurance de ma haute considération.

Bernard Chenot

III. Extrait du procès-verbal de la réunion de la Commission nationale de contrôle du 16 avril 1974

... M. le Président rappelle à la Commission le désir exprimé par le Président de la République par intérim dans sa lettre du 13 avril (annexée au présent compte rendu) et les objections formulées par le Président du Conseil constitutionnel dans sa lettre du 16 avril, reçue par lui juste avant la séance. (...)

(...) Pour répondre au désir exprimé par le Président de la République par intérim dans sa lettre du 13 avril, la Commission décide, au cours de sa séance du 16 avril qu'il y a lieu, dans la limite de ses attributions propres, et sans porter atteinte à la compétence du Conseil constitutionnel, de désigner, soit parmi les rapporteurs déjà nommés soit parmi ceux qui seraient nommés en sus, des membres du Conseil d'Etat, de la Cour de cassation ou de la Cour des comptes qui se rendront, pour un séjour de courte durée (environ 4 jours) dans le territoire français des Afars et des Issas, aux Comores, à la Réunion, aux Antilles, en Polynésie et Nouvelle Calédonie, pour commenter aux présidents des Commissions locales les directives de la Commission nationale, appuyer le cas échéant ces Commissions dans l'exercice de leur compétence, par tous contacts avec les autorités de l'Etat ; ces rapporteurs rendront compte à la Commission et pourront solliciter d'elle des instructions. Ils seront choisis parmi les conseillers ou les maîtres des requêtes ou conseillers référendaires expérimentés...

IV. Echange de correspondance entre le Président du Conseil constitutionnel et le Président de la Commission nationale de contrôle

Lettres du Président du Conseil constitutionnel, M. R. Frey

16 avril

Monsieur le Président,

Vous avez bien voulu m'aviser d'un projet tendant à l'envoi de délégués de la Commission nationale de contrôle dans les départements et territoires d'outre-mer.

Ce projet me paraît appeler les observations suivantes : si le Conseil constitutionnel tient des dispositions combinées de l'article 3-III de la loi du 6 novembre 1962 relative à l'élection du Président de la République au suffrage universel et de l'article 48 de l'ordonnance du 7 novembre 1958 portant loi organique sur le Conseil constitutionnel le droit de désigner des délégués chargés de suivre sur place les opérations électorales, un droit analogue n'est reconnu à la Commission nationale de contrôle par aucun texte qui la concerne, notamment l'article 10 du décret n° 64-231 du 14 mars 1964.

L'artile 16 dudit décret prévoit d'ailleurs l'institution de Commissions locales de contrôle, dont le président peut être chargé de toute mission d'investigation sur les questions relevant des attributions de la Commission nationale.

Je ne puis donc, en tant que président du Conseil constitutionnel, qui, en vertu de l'article 58 de la Constitution, doit veiller à la régularité de l'élection du Président de la République, qu'émettre les plus expresses réserves sur l'envoi de délégués de la Commission nationale de contrôle dans les départements et territoires d'outre-mer en attendant que le Conseil constitutionnel donne un avis définitif sur cette question, dont il sera saisi par mes soins lors de sa prochaine réunion.

Roger Frey

17 avril

Monsieur le Président,

J'ai l'honneur de vous faire connaître que, réuni ce jour, le Conseil constitutionnel unanime m'a chargé de vous confirmer, en son nom, les termes de la lettre que je vous avais adressée le 16 avril 1974 concernant la désignation de délégués de la Commission nationale de contrôle.

Le Conseil constitutionnel m'a également demandé de vous rappeler qu'en application des dispositions combinées de l'article III de la loi du 6 novembre 1962 relative à l'élection du Président de la République au suffrage universel et de l'article 48 de l'ordonnance du 7 novembre 1958 portant loi organique sur le Conseil constitutionnel, il doit recevoir communication de toutes les instructions, circulaires ou mesures prises par la Commission nationale de contrôle.

Roger Frey

Lettre du Président de la
Commission nationale de contrôle,
M. B. Chenot (17 avril)

Monsieur le Président,

Au cours de sa séance du mardi 16 avril, et comme suite à la lettre que M. le Président de la République par intérim m'a adressée le 13 avril, la Commission nationale de contrôle a étudié la possibilité d'envoyer outre-mer des magistrats de l'ordre administratif ou judiciaire en vue d'assumer plus efficacement ses responsabilités.

Tenant compte du point de vue que vous avez développé dans votre lettre du 16 avril, la Commission a eu le souci de ne pas déborder de sa compétence propre et de ne pas empiéter sur celle du Conseil constitutionnel, qui tient en effet de la loi organique le droit de désigner des délégués pour suivre sur place les opérations électorales.

Cependant, pour répondre, dans la mesure des pouvoirs qui lui sont confiés par les textes, au désir exprimé par M. le Président Poher, la Commission a décidé de désigner, pour l'assister, de nouveaux rapporteurs, choisis, comme il est prévu à l'article 12 du décret du 14 mars 1964, au sein du Conseil d'Etat, de la Cour de cassation et de la Cour des comptes. Elle les constituera en missions de deux membres chargés de commenter aux présidents des Commissions locales les directives qu'elle a élaborées : ces missions agissant dans le cadre ainsi fixé pourront d'ailleurs, si cela est nécessaire, favoriser l'action des Commissions locales en assurant elles-mêmes une liaison avec les autorités administratives. Ces missions partiront aussitôt que possible et rendront compte de leur diligence à la Commission.

Bernard Chenot

V. Communiqué du Conseil constitutionnel relatif à l'envoi de délégués chargés de suivre sur place les opérations de vote (18 avril)

Le Conseil constitutionnel, chargé par l'article 58 de la Constitution de veiller à la régularité de l'élection du Président de la République, a décidé de désigner et d'envoyer en métropole et dans les départements et territoires d'outre-mer, des délégués qui auront pour mission, conformément aux dispositions de l'article III-3 de la loi du 6 novembre 1962 relative à l'élection du Président de la République au suffrage universel et de l'article 48 de l'ordonnance du 7 novembre 1958 portant loi organique sur le Conseil constitutionnel, de suivre sur place les opérations concernant cette élection.

Source : La Documentation Française

DOCUMENT 7-415
Rapport de la Commission nationale de contrôle

Lettre de M. B. Chenot
à M. le Président de la République
(4 juillet 1974)

Monsieur le Président de la République,

J'ai l'honneur de vous adresser le rapport établi par la Commission nationale de contrôle de la campagne électorale ouverte en vue de l'élection présidentielle.

Monsieur le Président de la République par intérim a exprimé le désir que ce rapport fût publié ; il appartient donc au Gouvernement de prendre à cet égard une mesure, qui ne relève pas de notre Commission.

Le rapport est un travail collectif, préparé par le rapporteur général avec l'aide de nos rapporteurs ; il a été mis à l'ordre du jour d'une ultime séance de la Commission, qui en a approuvé le texte.

La Commission n'a pas interprété d'une façon étroite la mission qui lui était confiée. Si elle s'est abstenue de s'immiscer dans les opérations électorales proprement dites, qui ressortissent à la seule compétence du Conseil constitutionnel, juge de l'élection, elle a pourtant estimé qu'elle devait tirer toutes les conséquences d'un texte, qui la charge de veiller à ce que « soient prises toutes mesures susceptibles d'assurer l'égalité entre les candidats et l'observation des règles édictées » pour la campagne électorale.

Elle a donc pris toutes les initiatives qui, même non expressément prévues par les textes, dérivaient normalement de ce principe et elle a notamment exercé son action auprès des autorités administratives, de l'ORTF et même des postes périphériques, soit par l'intermédiaire du Premier ministre ou des ministres responsables, soit par des lettres et communiqués émanant directement d'elle-même.

Le rapport relève, une par une, les conclusions et les suggestions qu'a inspirées à la Commission l'observation de la campagne électorale précédant les 1er et 2e tours de scrutin. Certaines questions sont assez graves pour que l'attention des pouvoirs publics soit plus spécialement appelée sur elles.

Il en est d'abord ainsi du nombre des candidatures. Sans doute appartient-il au Conseil constitutionnel d'apprécier souverainement leur recevabilité. La Commission doit pourtant considérer d'une part qu'un nombre trop élevé de candidatures rendrait impossible l'application des règles légales et aboutirait à fausser l'application des dispositions constitutionnelles sur l'organisation de la campagne. Elle a pu constater d'autre part, en contrôlant les émissions, qu'il était manifeste que certaines candidatures n'avaient pas pour but l'élection de l'intéressé à la présidence de la République et qu'elles détournaient de son objet la procédure instituée par la loi. Rendre plus difficile les conditions de recevabilité d'une candidature ne serait donc pas méconnaître le caractère démocratique de l'élection mais au contraire le faire respecter, en empêchant une paralysie ou une déviation de nos institutions.

Le contrôle de la campagne sur l'ensemble du territoire et notamment dans les départements et territoires d'outre-mer a comporté, cette année, un renforcement de l'action des Commissions locales par l'envoi de rapporteurs spécialement désignés. Cette mesure suggérée et encouragée par Monsieur le Président de la République par intérim paraît avoir eu, en bien des cas, une grande portée morale. Elle a été partout fort bien accueillie et elle a évité, semble-t-il, des contestations sur bien des points où les élections précédentes avaient suscité quelques difficultés.

La Commission a longuement réfléchi sur l'effet des sondages. Elle a estimé que ce problème méritait une étude approfondie et sans doute l'intervention d'un texte législatif. La réalisation et la publication de sondages à partir du jour où la vacance de la Présidence est ouverte et jusqu'au jour du scrutin définitif lui ont paru de nature à influer, d'une façon qu'il est difficile de mesurer, sur le comportement des électeurs et à altérer ainsi l'expression du suffrage universel.

Enfin, après avoir noté la difficulté de maintenir, sur le plan matériel, une égalité entre des candidats dont les moyens d'action personnels sont très différents, la Commission s'est attachée à obtenir la neutralité des administrations publiques, celle de l'ORTF en dehors des émissions consacrées à la campagne électorale et même celle des stations périphériques. Elle a pu, en les signalant aux ministres intéressés et même, le cas échéant, par un communiqué, à l'attention des électeurs, mettre fin à certains abus et faire bénéficier de compensations les candidats au préjudice desquels ils avaient été commis. Dans l'ensemble, aucune prise de position de nature à créer une inégalité définitive n'a été maintenue et un hommage peut être rendu à la bonne volonté de tous.

Telles sont les principales questions abordées dans le document qu'au nom de la Commission nationale de contrôle j'ai l'honneur, Monsieur le Président de la République, de vous remettre, avec les assurances de notre très haute considération et de notre respectueux dévouement.

Bernard Chenot

Rapport de la Commission nationale adopté le 20 juin 1974

Introduction

La loi n° 62-1292 du 6 novembre 1962 relative à l'élection du Président de la République au suffrage universel dispose, dans son article 3-IV, que « tous les candidats bénéficient de la part de l'Etat des mêmes facilités pour la campagne en vue de l'élection présidentielle ». C'est afin de veiller au respect de ces dispositions organiques que la Commission nationale de contrôle a été instituée par l'article 10 du règlement d'administration publique du 14 mars 1964.

Ce décret donne en outre à la Commission le pouvoir d'habiliter les partis ou groupements politiques que les candidats veulent associer à leurs émissions sur les antennes de la radiodiffusion-télévision française. Enfin, pour assurer le caractère national de la campagne, ce même décret charge la Commission de vérifier que le texte des affiches et des déclarations des candidats est uniforme pour l'ensemble du territoire de la République.

La Commission nationale de contrôle a été installée le 10 avril 1974, au nom du Premier ministre, par M. Jean Taittinger, ministre d'Etat, Garde des Sceaux, ministre de la Justice. Le décret du 8 avril 1974 la constituant a paru au *Journal officiel* des lundi 8 et mardi 9 avril 1974.

Ses membres étaient les suivants :

Membres de droit :

MM. Bernard Chenot, vice-président du conseil d'Etat, président ; Maurice Aydalot, premier président de la Cour de cassation ; Désiré Arnaud, premier président de la Cour des comptes.

Membres désignés par les membres de droit :

Titulaires : M. Lionel de Tinguy du Pouet, conseiller d'Etat ; M. André Martin, conseiller à la Cour de cassation.

Suppléants : M. Jacques Bardon, conseiller maître à la Cour des comptes ; M. Pierre Moinot, conseiller maître à la Cour des comptes.

Conformément aux dispositions de l'article 10 du décret de 1964, la Commission a décidé de s'adjoindre des rapporteurs parmi les membres du Conseil d'Etat, de la Cour de cassation ou de la Cour des comptes. Ces rapporteurs ont été au total au nombre de 37, à savoir :

Conseil d'Etat :

MM.
Jean-Claude Périer, conseiller d'Etat ;
Pierre Huet, conseiller d'Etat ;
Henri Valléry-Radot, conseiller d'Etat ;
Georges Bargue, conseiller d'Etat ;
André Hirschfeld, maître des Requêtes ;
Jean Méric, maître des Requêtes ;
Henri Gilbert, maître des Requêtes ;
Michel Bernard, maître des Requêtes ;
Robert Touzery, maître des Requêtes ;
Michel Combarnous, maître des Requêtes ;
François d'Harcourt, maître des Requêtes ;
Gérard Olivier, maître des Requêtes ;
Mmes
Michèle Nauwelaers, auditeur de 1re classe ;
Yannick Moreau, auditeur de 1re classe ;
MM.
Jean-Claude Piris, auditeur de 1re classe ;
Laurent Fabius, audtieur de 2e classe.

Cour de cassation :

MM.
Henri Charliac, conseiller ;
Gabriel Granier, conseiller ;
Pierre Vellieux, conseiller ;
Roger Fabre, conseiller référendaire ;
Marc Rocher, conseiller référendaire ;
Paul Béquet, conseiller référendaire ;
Bernard Dutheillet-Lamonthézie, conseiller référendaire ;
Pierre Guerder, conseiller référendaire ;
Mmes
Aimée Théodore, conseiller référendaire ;
Solange Gautier, conseiller référendaire.

TITRE II : LE PRÉSIDENT DE LA RÉPUBLIQUE

Cour des comptes :
MM.
Jacques-Sylvain Brunaud, conseiller référendaire ;
Pierre Dulcire, conseiller référendaire ;
Gérard Pirot, conseiller référendaire ;
Maurice Dubouis, conseiller référendaire ;
Raymond Santini, conseiller référendaire ;
Jean Giry, conseiller référendaire ;
Pierre Lafaye, conseiller référendaire ;
Jacques Berthe, conseiller référendaire ;
Jean-Claude Sibauer, conseiller référendaire ;
Alain Lamassoure, auditeur de 1re classe ;
Alain Pichon, auditeur de 1re classe.

Conformément aux dispositions de l'article 10 du décret du 14 mars 1964, la Commission était également assistée de :

Représentant du ministre de l'Intérieur :
M. Solier, directeur des Affaires politiques et de l'Administration du territoire.

Représentant du ministre des Départements et Territoires d'outre-mer :
M. Pinel, directeur des Territoires d'outre-mer.

Représentant du ministre des Postes et Télécommunications :
M. Joder, directeur général des Postes et Télécommunications.

Représentant du ministre de l'Information :
M. Chahid-Nouraï, auditeur au conseil d'Etat, conseiller technique au cabinet du ministre.

Le secrétariat de la Commission était assuré par le Secrétaire général du Conseil d'Etat, assisté du Secrétaire général adjoint et du personnel de la section de l'Intérieur du Conseil d'Etat, renforcé pour la circonstance par des agents mis à sa disposition par le ministère de l'Intérieur.

La Commission s'est réunie dès le 10 avril et a tenu 18 séances au cours desquelles a délibéré soit pour arrêter les positions de principe intéressant le déroulement de la campagne, soit pour régler les nombreuses difficultés rencontrées au jour le jour et signalées par les représentants des candidats, les Commissions locales ou les administrations, soit pour prononcer ou refuser les habilitations.

Elle est demeurée en liaison constante avec ses rapporteurs qui assuraient une permanence dans les locaux de l'ORTF et au Conseil d'Etat, de manière à répondre téléphoniquement ou de vive voix aux questions, qui ont souvent été nombreuses, des candidats ou de leurs délégués. Un bureau de poste temporaire a été installé au Conseil d'Etat avec tout le matériel technique pour assurer par toutes voies appropriées de nuit comme de jour les communications nécessaires avec toutes les parties du territoire national.

La Commission s'est trouvée, par la nature des choses, conduite à aborder des questions intéressant d'une manière générale le respect de l'égalité entre les candidats, par exemple l'attitude des collectivités locales à l'égard de ceux-ci ou l'objectivité des organismes de radiodiffusion ou de télévision autres que l'ORTF.

En revanche, la Commission nationale de contrôle n'a nullement interprété ses attributions comme comportant des pouvoirs tels que celui de censurer les propos tenus par les candidats au cours de la campagne. S'inspirant de la jurisprudence des deux commissions antérieures, et se fondant comme elles sur l'esprit des textes, elle a seulement rappelé aux intéressés qu'ils ne devaient pas profiter des moyens mis à leur disposition par l'Etat pour se livrer à des actes de publicité commerciale ou à des appels de nature à troubler l'ordre public.

Il va de soi également que la Commission ne pouvait, à partir des pouvoirs qui lui sont conférés dans le déroulement de la campagne, se reconnaître une compétence en matière d'opérations électorales. En effet, en vertu du § III de la loi du 6 novembre 1962 déjà citée et des dispositions également organiques du chapitre VII de l'ordonnance du 7 novembre 1958 sur le Conseil constitutionnel, celui-ci est seul compétent pour veiller à la régularité des opérations électorales et en suivre sur place le déroulement. La Commission a d'ailleurs tenu à transmettre au Président du Conseil constitutionnel non seulement les plaintes, lettres ou réclamations se rattachant aux opérations électorales mais plus largement tous les documents qu'elle a reçus ou élaborés de manière à lui permettre d'exercer pleinement le rôle que lui confie la Constitution.

Enfin, contrairement à ce que parurent penser certains candidats ou une partie du public, la Commission nationale n'était pas chargée de se substituer au ministère de l'Intérieur ou au Secrétariat d'Etat aux Départements et Territoires d'outre-mer pour l'organisation des élections ou l'exercice des pouvoirs de police, ni même d'indiquer aux responsables du journal télévisé ou radiodiffusé de l'ORTF les réunions ou manifestations dont ils devaient assurer le reportage. La Commission nationale dut cependant intervenir auprès des autorités compétentes lorsqu'elle constata que, du fait des circonstances, le déroulement de la campagne et l'égalité entre les candidats risquaient d'être compromis : c'est ainsi qu'en raison de la grève d'Air France et de l'UTA et des difficultés de communications avec Saint-Pierre et Miquelon, elle obtint du ministère des Armées le transport des affiches et des déclarations des candidats par avions militaires.

Les dispositions relatives à l'élection du Président de la République au suffrage universel ayant été appliquées en 1974 pour la troisième fois, il a paru nécessaire à la Commission nationale de présenter ses observations en soulignant les difficultés rencontrées et en proposant éventuellement des modifications aux textes en vigueur ou l'élaboration de nouvelles dispositions en certaines matières.

Pour la clarté de cet exposé, les observations de la Commission nationale ont été regroupées sous les trois parties suivantes :

Les données et le déroulement général de la campagne ;
La propagande écrite ;
L'information et la propagande par les moyens audio-visuels.

Les données et le déroulement général de la campagne

Sous ce titre, la Commission nationale de contrôle entend évoquer les problèmes nés de la multiplicité des candidatures, les conditions dans lesquelles se sont trouvées certaines catégories d'électeurs pour suivre la campagne, le rôle des Commissions locales de contrôle, les interventions de certaines administrations et l'action des organismes de sondages.

Les candidatures

En vertu de la loi organique, les candidatures doivent être présentées par au moins cent citoyens, membres du Parlement, membres du Conseil Economique et Social, conseillers généraux ou maires, élus dans au moins dix départements ou territoires d'outre-mer.

L'expérience montre que ces dispositions permettent en fait un nombre élevé de candidatures : six prétendants en 1965, sept en 1969, douze en 1974 ; il n'est pas impossible, si le système n'est pas modifié, qu'il se trouve vingt ou trente postulants lors de la prochaine élection présidentielle. Certaines candidatures paraissent n'avoir été présentées que pour permettre à leurs auteurs, par le biais d'affiches, de déclarations écrites, d'émissions à la radiodiffusion et à la télévision, d'exposer certaines de leurs idées ou certaines revendications et d'élargir leur audience sans qu'à aucun moment ils aient eu réellement la prétention d'être élus. Il n'est dès lors pas exclu que, dans l'avenir, des groupes de pression de toute nature ne tentent d'user des moyens qui sont mis par l'Etat à la disposition des candidats pour concentrer momentanément l'attention de l'opinion sur des problèmes qui leur sont propres et dont ils entendent assurer la solution selon leurs inclinations personnelles.

On peut penser qu'il s'agit d'un détournement de procédure. Par ailleurs, un nombre élevé de candidats présente de sérieux inconvénients pour le déroulement de la campagne : il oblige à réduire le temps de parole des candidats à la radio et à la télévision ; en dispersant l'attention des auditeurs et des téléspectateurs, il risque de compromettre la qualité et l'efficacité de la campagne ; il fait peser sur la Commission de Contrôle comme sur l'administration et sur le contribuable de très lourdes charges. Au surplus, un abus du système actuel peut nuire à la dignité de l'élection présidentielle.

Pour lutter contre ce développement des candidatures, diverses modifications peuvent être envisagées.

La première modification consisterait à donner au Conseil constitutionnel des pouvoirs plus larges pour écarter certaines candidatures.

Une autre modification de la loi organique consisterait à rendre plus strictes les conditions nécessaires pour faire acte de candidature, soit en augmentant le nombre des départements et territoires dont doivent être issus les élus disposant du droit de présentation, soit en limitant les catégories de citoyens admis à faire ces présentations, soit en exigeant que les présentations soient rendues publiques, soit en relevant le plafond en dessous duquel le candidat malheureux n'obtiendrait pas le remboursement de son cautionnement. Une modification de ce genre avait été votée par le Sénat, en son temps.

La Commission nationale de contrôle, pour sa part, en déplorant le nombre excessif des candidatures, estime qu'il ne lui appartient pas de présenter des propositions précises sur ce point. Elle considère cependant que les règles actuelles devraient être rendues plus strictes. Ce n'est que dans la mesure où le nombre des candidatures sera limité que le principe d'égalité entre les candidats pourra, en fait, être mieux respecté.

La Commission nationale a constaté, en outre, que la loi organique ne réglait pas tous les problèmes qui pouvaient se présenter au cours de la campagne et que, de ce fait, l'égalité des moyens et des chances pouvait être compromise.

La Commission a noté en particulier le danger qui pourrait résulter du décès ou de l'indisponibilité de l'un des candidats et d'un désistement opéré le dernier jour de la campagne.

Il a donc semblé à la Commission nationale qu'il serait souhaitable de compléter les textes par des dispositions prévoyant par exemple l'annulation par le Conseil constitutionnel du décret fixant la date d'ouverture de la campagne ou l'institution d'une procédure originale de suppléance du candidat défaillant.

Le corps électoral

Si le Conseil constitutionnel est seul compétent pour assurer le contrôle des opérations électorales, la Commission nationale doit veiller aux conditions dans lesquelles le corps électoral a la possibilité de suivre la campagne. Elle fut, d'ailleurs, expressément invitée par le Président de la République par intérim à s'intéresser plus particulièrement à certains départements ou territoires d'outre-mer où le déroulement des consultations électorales avait donné lieu dans le passé à des contestations. La Commission nationale a constaté, en outre, qu'une partie non négligeable de citoyens français, notamment parmi ceux qui résident à l'étranger, ne pouvaient suivre convenablement la campagne. Son attention, enfin, a été appelée sur le cas des personnes âgées ou hospitalitées.

Outre-Mer

La Commission a estimé nécessaire, à l'occasion de la présente campagne, d'envoyer des rapporteurs dans les départements et territoires d'outre-mer et, dans le cas où des difficultés graves lui seraient signalées, en métropole.

C'est ainsi que, pour la campagne du premier tour, se sont rendus dans le département de la Réunion un conseiller d'Etat et un conseiller à la Cour de cassation ; dans les départements des Antilles un conseiller d'Etat, un conseiller à la Cour de cassation, un maître des requêtes au Conseil d'Etat et un conseiller référendaire à la Cour des comptes ; dans le territoire des Afars et des Issas un conseiller à la Cour de cassation et un maître de requêtes au Conseil d'Etat ; dans le territoire des Comores un maître des requêtes au Conseil d'Etat et deux conseillers référendaires à la Cour de cassation ; dans les territoires de la Polynésie et de la Nouvelle-Calédonie un maître de requêtes au Conseil d'Etat et un conseiller référendaire à la Cour des comptes. Pour la campagne du deuxième tour de scrutin, la Commission nationale, forte des enseignements recueillis lors du premier tour, a désigné à nouveau des rapporteurs, le principe ayant été retenu d'envoyer pour chaque département et territoire d'outre-mer des rapporteurs différents du premier tour. C'est ainsi que sont partis pour la Réunion un maître des requêtes au Conseil d'Etat et un conseiller référendaire à la Cour des comptes ; pour la Guadeloupe un conseiller à la Cour de cassation et un maître de requêtes au Conseil d'Etat ; pour la Martinique un conseiller d'Etat et un conseiller référendaire à la Cour de cassation ; pour le Territoire des Afars et des Issas un maître des requêtes au Conseil d'Etat et un conseiller référendaire à la Cour de cassation ; pour les Comores un conseiller à la Cour de cassation et un maître des requêtes au

Conseil d'Etat ; pour la Nouvelle Calédonie et la Polynésie un conseiller d'Etat et un conseiller référendaire à la Cour de cassation. Ces émissaires ont reçu mission du Président de la République par intérim de rester sur place le jour du scrutin.

L'envoi outre-mer de rapporteurs de la Commission nationale de contrôle a pu surprendre. Mais cette mesure s'est, en fait, révélée utile et a été accueillie avec satisfaction, non seulement par les représentants locaux des candidats, mais par les représentants de l'administration et les membres des Commissions locales de contrôle. Si, dans un premier temps, on a pu s'interroger sur le rôle et la compétence de ces missionnaires, très rapidement il est apparu qu'en liaison avec les responsables territoriaux, les représentants directs du Président de la République, par intérim et les représentants du Conseil constitutionnel, ils assuraient une tâche importante d'information et de liaison avec la métropole et que leur présence, outre qu'elle a permis de résoudre sur place certains problèmes délicats, avait une force dissuasive suffisante pour que ne s'élèvent plus avec la véhémence du passé les critiques formulées contre certaines pratiques. Bien mieux, l'envoi de délégués venus de la capitale a été partout ressenti comme une marque d'intérêt porté par la métropole aux problèmes locaux et a eu un sérieux retentissement auprès de la population.

On ne saurait cependant méconnaître le particularisme des départements et des territoires d'outre-mer, leur éloignement de la métropole, les difficultés de communications, l'absence d'imprimerie dans certains territoires ni le fait que les moyens audio-visuels sont restreints et les conditions d'affichage souvent défectueuses. Malgré les progrès de la scolarisation, une partie notable de l'électorat est encore illettrée : elle est plus sensible aux bulletins de couleur en usage lors des autres consultations électorales qu'au graphisme, fût-il celui des sigles. Dans plusieurs territoires, les autochtones demeurent fidèles au système tribal ou ne s'intéressent à l'élection présidentielle qu'à travers la personne des hommes politiques locaux.

Malgré des efforts considérables de l'administration des postes, des administrations locales et des forces armées, les documents électoraux n'ont pu être acheminés que partiellement. Il est vrai que la grève d'Air France et de l'UTA a retardé pour le premier tour l'envoi des documents imprimés en métropole. Par ailleurs, les pièces d'état-civil et les listes électorales n'étant pas tenues avec la même rigueur qu'en métropole et les électeurs n'étant généralement pas pourvus de cartes d'identité, les opérations de vote restent, dans quelques cas, soumises à l'agrément des assesseurs dans les bureaux de vote, du magistrat municipal ou du chef coutumier qui disposent parfois de cartes d'électeur non distribuées ou placent la table portant les bulletins de vote de manière à contraindre les électeurs à ne prendre qu'un seul bulletin, sans pouvoir souvent passer par l'isoloir. Le passage dans la quasi-totalité des communes le jour du scrutin des envoyés du Président de la République par intérim, des représentants du Conseil constitutionnel et de certains rapporteurs de la Commission nationale désignés à cet effet par le Président Poher a eu, à cet égard, un effet salutaire et a, sans doute, évité des fraudes.

Dans l'ensemble, la campagne a été animée en raison notamment de la visite d'assez nombreux supporters des candidats venus de métropole. Elle n'a cependant jamais atteint le degré de passion des élections locales ou législatives. Un effort a été fait par tous pour mobiliser les abstentionnistes du premier tour. Les opérations de scrutin, contrairement à ce que l'on pouvait craindre, se sont déroulées dans le calme.

En conclusion, il apparaît que, dans la perspective d'autres consultations de cette nature, un effort encore plus soutenu devrait être entrepris pour que, dans les départements et territoires d'outre-mer, les documents d'état-civil et les documents électoraux soient établis avec une plus grande précision. Il serait, en outre, souhaitable, indépendamment de la présence de magistrats chargés du contrôle des bureaux de vote, d'inviter très largement les représentants des candidats, même s'ils ne sont pas domiciliés ou électeurs dans la commune, à assister dans chaque bureau aux opérations électorales : cette double présence devrait être de nature à permettre aux électeurs de s'exprimer en toute liberté et en toute indépendance.

Electeurs établis à l'étranger

Au 1er janvier 1974, on comptait plus de 678 000 électeurs immatriculés à l'étranger.

Il est difficile de connaître le taux exact de participation aux scrutins, faute d'études statistiques ; mais, compte tenu du nombre de procurations établies (moins de 39 000 en 1969), il est évident que le nombre d'abstentions est extrêmement important. Cet état de fait pose un problème dont il n'appartient pas à la Commission de traiter.

La Commission s'en tiendra à quelques remarques sur le déroulement de la campagne.

Les déclarations officielles des candidats

Dès lors que les Français résidant à l'étranger sont inscrits sur une liste électorale, ils reçoivent (1) en principe les professions de foi des candidats ainsi que les bulletins de vote. Il n'est toutefois pas certain que tous les électeurs les reçoivent : un changement d'adresse, une défaillance postale, voire une négligence locale peuvent entraîner des omissions.

Une circulaire n° 1/67 du 9 janvier 1967 rappelle aux chefs de mission diplomatique et aux chefs de poste consulaire qu'ils sont investis d'une mission d'information auprès de leurs compatriotes tant par affichage dans les chancelleries que par avis adressés aux présidents des associations françaises de la circonscription, et éventuellement par communiqué de presse. Ce texte n'est pas assez précis. Il faudrait y ajouter :

— que les professions de foi de tous les candidats sont affichées dans des locaux adéquats,

— que les postes diplomatiques ou consulaires reçoivent un stock de ces documents égal, par exemple, à 5 % du nombre des Français immatriculés, afin de permettre à ces derniers de se former librement une opinion.

La campagne à l'ORTF

Les émissions télévisées ne sont vues que par un très petit nombre de Français installés à l'étranger (zones frontalières). Quant aux émissions radiodiffusées, elles sont perçues sur ondes courtes mais à des heures parfois peu compatibles avec une écoute normale ; de plus, certaines zones du globe sont

---
(1) Soit directement depuis la mairie, soit par l'intermédiaire de la valise diplomatique.

fort mal couvertes par les émissions de l'Office, et notamment l'Amérique Latine, une partie des Etats-Unis et l'Extrême-Orient.

Il est indéniable que, sur ce point, les électeurs de nationalité française ne bénéficient pas d'un égal accès à l'information diffusée par l'Etat et doivent s'en remettre à la presse écrite. La Commission suggère que soit étudié le moyen de porter à la connaissance de ces électeurs le contenu de la campagne officielle faite à l'ORTF par les candidats. Si le procédé du magnétophone ou de la vidéo-cassette paraît encore peu réalisable, en revanche la reproduction écrite d'une ou plusieurs déclarations de chaque candidat pourrait être établie puis acheminée rapidement dans les postes diplomatiques et consulaires où les électeurs pourraient en prendre connaissance. Cette procédure représenterait certes une charge pour l'Office, la Commission de contrôle et le ministère des Affaires étrangères, mais elle serait de nature, semble-t-il, à intéresser davantage les électeurs lointains.

Electeurs hospitalisés ou résidant dans des maisons de retraite

A l'issue de la campagne du premier tour de scrutin, la Commission nationale a eu, de plusieurs côtés, l'attention appelée sur le cas de personnes hospitalisées ou résidant dans une maison de retraite, qui se trouvaient en fait privées de la possibilité de suivre la campagne et de voter. Après une enquête sur les faits précis qui lui étaient dénoncés, elle a invité les Commissions locales de métropole et d'outre-mer à visiter les principaux établissements de leur département. Ces mesures d'investigation ont permis de constater qu'un effort suffisant n'avait pas été entrepris jusqu'alors pour mettre les électeurs âgés et malades en mesure de voter, mais que rapidement des dispositions avaient été prises par l'administration pour modifier la situation.

Il appartiendra dans l'avenir aux Commissions locales de veiller non seulement à la participation de l'électorat du troisième âge et des personnes hospitalisées aux opérations de la campagne, mais de s'assurer également de l'égalité d'information en faveur de tous les candidats et du respect de la stricte neutralité par les personnels des établissements hospitaliers.

Il serait de même souhaitable que les personnes détenues dans des établissements pénitentiaires puissent réellement exercer leur droit de suffrage, quand elles n'en ont pas été privées.

Les Commissions locales de contrôle

L'article 16 du décret du 14 mars 1964 institue dans chaque département ou territoire une Commission locale de contrôle placée sous l'autorité de la Commission nationale. La composition, les attributions et le fonctionnement de ces Commissions sont réglés par les dispositions des articles 7 à 10 du décret du 25 janvier 1964, devenus les articles R. 32 à R. 35 du Code électoral. Les Commissions locales, en vertu des dispositions susvisées de l'article 16 du décret du 14 mars 1964, ont, en outre, pour rôle de faire procéder à l'apposition des affiches énonçant les déclarations des candidats. Enfin, la Commission nationale peut charger les présidents des Commissions locales de toute mission d'investigation.

Dès l'installation de la Commission nationale, son Président a donc adressé à tous les présidents des Commissions locales une circulaire ayant pour objet de préciser les mesures qu'ils auraient à prendre, tant pour l'exécution des mesures dont les Commissions locales étaient expressément chargées par le décret du 14 mars 1964 que pour l'aide à apporter à la Commission nationale, spécialement en ce qui concerne le contrôle des émissions de radiodiffusion et de télévision. Le développement des émissions régionales télévisées et radiodiffusées a incité en effet la Commission nationale à faire exercer un contrôle étroit sur ces émissions. A cet effet, elle a demandé à chaque Commission locale de lui adresser quotidiennement une fiche établie suivant un modèle uniforme indiquant avec précision le temps et la nature des reportages avec commentaires et images consacrés par la station régionale de l'ORTF à chaque candidat. Cette procédure a permis de constater qu'en tenant compte de l'ensemble de la campagne et des voyages accomplis par le candidat à travers les différentes régions de France, un certain équilibre avait pu être respecté entre les principaux candidats.

D'une façon plus générale, la Commission nationale a prescrit aux présidents des Commissions locales de lui signaler non seulement toute anomalie dans le déroulement des opérations ressortant à la compétence de leurs Commissions, mais aussi de tout incident survenant dans leurs départements au cours de la campagne et qui aurait pour effet de rompre l'égalité dans les moyens de propagande mis par l'Etat à la disposition des candidats.

Pour être mieux à même de suivre les travaux des Commissions locales, la Commission nationale a souhaité, par ailleurs, connaître le nom et la qualité des personnes qui les composaient. L'article R. 32 du Code électoral indique, à cet égard, que chaque Commission comprend :

— un magistrat désigné par le Premier président de la Cour d'appel président,

— un fonctionnaire désigné par le préfet,

— un fonctionnaire désigné par le trésorier payeur général,

— un fonctionnaire désigné par le directeur départemental des postes et télécommunications.

Le secrétariat est assuré par un fonctionnaire désigné par le Préfet. Un mandataire de chaque candidat peut participer, avec voix consultative, aux travaux de la Commission.

L'examen de la liste des personnes composant les Commissions locales a donné à penser à la Commission nationale que les magistrats désignés par les Premiers présidents de Cour d'appel pour exercer les fonctions de président, quels que soient leurs mérites, étaient généralement d'un rang et d'une ancienneté insuffisante, compte tenu du rôle dévolu aux Commissions locales à l'occasion de l'élection présidentielle.

La Commission souhaiterait, en conséquence, que des recommandations soient faites dans l'avenir pour que le magistrat soit d'un rang plus élevé.

La Commission nationale a estimé d'autre part que la composition des Commissions devrait être renforcée par l'adjonction d'un ou plusieurs magistrats assesseurs et qu'il soit également prévu que les commissions locales pourraient s'adjoindre des rapporteurs, si elles l'estimaient utile.

En effet, la Commission nationale a été saisie de nombreuses doléances de Commissions locales faisant état de difficultés pour procéder au contrôle des émissions télévisées et radiodiffusées régionales ; une composition plus élargie des Commissions locales et la désignation de rapporteurs auprès de ces Commissions auraient certainement facilité l'exécution de cette tâche de contrôle. Par ailleurs, la Commission nationale, saisie par les candidats ou leurs représentants, a adressé de nombreuses demandes d'enquêtes aux Commissions locales. Ces mesures d'instruction, qui devaient être exécutées sur le champ, ont exigé des Commissions locales un effort soutenu. Enfin, la Commission nationale a invité les Commissions locales, comme il l'a été dit, à se pencher sur les problèmes des personnes âgées et hospitalisées en procédant elles-mêmes sans l'assistance d'aucun service de police à la visite du plus grand nombre d'établissements de soins et de retraite situés dans le département.

Les autorités publiques

L'organisation de l'élection présidentielle a été, pour les services du ministère de l'Intérieur et du Secrétariat d'Etat aux départements et territoires d'outre-mer ainsi que pour les services municipaux, une lourde charge, compte tenu du caractère imprévu de la récente élection et du nombre élevé de candidats. Tous ces services ont déployé de grands efforts pour accomplir la tâche qui leur était dévolue.

La Commission tient également à souligner tout particulièrement la conscience professionnelle et le dévouement exceptionnel des différentes catégories de personnels de l'ORTF en métropole et outre-mer.

Ces faits ayant été rappelés, le présent rapport s'attachera surtout à indiquer les difficultés qui ont été rencontrées au cours de la campagne.

Quant à l'administration, elle ne s'est généralement pas départie d'une attitude de neutralité. Ce résultat, s'il résulte pour une large part de la personnalité des candidats en présence, est également dû à la volonté, très fermement exprimée, du Président de la République par intérim et à la collaboration du Premier ministre et des ministres intéressés.

D'une façon générale, la campagne s'est déroulée d'une manière convenable. Toutefois, la Commission a été saisie d'un certain nombre d'incidents. Elle a noté, à titre d'exemple, que des agents des postes d'un département ont adressé, sous enveloppe de service, au nom de leur syndicat, des tracts favorables à l'un des candidats et que, dans un établissement scolaire de l'Etat, un professeur a fait inscrire sur des enveloppes par ses élèves l'adresse de leurs parents pour adresser à ces derniers une déclaration en faveur d'un des candidats.

C'est ainsi encore que le fichier des personnels de l'ORTF a pu être utilisé pour l'envoi d'un tract au domicile de ces personnels et qu'une organisation syndicale a également utilisé les moyens de l'administration pour distribuer une déclaration hostile à l'un des autres candidats.

La Commission a été également saisie de protestations qui établissaient que certaines municipalités avaient adressé aux électeurs des correspondances en vue de les inciter à voter pour un candidat. La Commission a dû rappeler que, comme les autorités de l'Etat, les autorités municipales devaient respecter l'égalité entre les candidats et, par suite, devaient s'abstenir d'utiliser au profit de l'un des candidats les moyens en personnel ou en matériel dont elles disposent.

La Commission s'est réservé le droit de porter chacun de ces incidents à la connaissance de l'opinion publique par voie de communiqué de presse et elle en a informé le Conseil constitutionnel.

Elle a, par ailleurs, rappelé aux candidats investis d'un mandat politique ou d'une fonction publique qu'ils étaient soumis à l'obligation de réserve dans l'exercice de ce mandat ou de cette fonction et qu'ils ne devaient pas utiliser, pour le déroulement de la campagne, les facilités dont ils pouvaient bénéficier du fait de ce mandat ou de cette fonction.

Les organismes de sondages

La pratique des sondages a pris une place de plus en plus grande dans les consultations électorales. Jamais encore, comme ce fut le cas de la présente élection présidentielle, on n'avait autant ressenti en France leur influence sur le déroulement de la campagne.

Leur importance est, certes, difficile à mesurer. Elle est cependant certaine.

La Commission ne peut qu'attirer l'attention du gouvernement sur ce phénomène et souligner qu'il est de nature à altérer, dans un sens contraire à l'égalité, le déroulement de la campagne électorale au détriment de certains candidats.

A la demande du Président de la République par intérim, la publication des sondages a été interdite à la veille du scrutin. La question se pose de savoir si des mesures d'une portée plus large ne pourraient pas intervenir en ce domaine.

Sans doute, l'interdiction généralisée ou la réglementation nécessiterait-elle l'intervention d'un texte législatif. La Commission estime, en toute hypothèse, que, pour être efficace, le contrôle des sondages d'opinion devrait s'exercer non seulement pendant les derniers jours mais pendant toute la durée de la campagne et éventuellement même dès la publication de la vacance de la présidence. Elle souhaite qu'une étude approfondie de ce problème soit entreprise.

La propagande écrite

Les documents prévus par le code électoral

Les textes et les difficultés pour les appliquer

Les textes en vigueur, extrêmement précis, n'ont pu être appliqués d'une manière rigoureuse. La souplesse que la Commission a dû admettre dans leur application n'a pu cependant empêcher qu'ils n'aboutissent, pendant la campagne du premier tour, à des inégalités entre les candidats.

Les textes

Les moyens de propagande écrite prévus par les textes sont constitués par :

Une affiche énonçant les déclarations des candidats, destinée à être apposée sur les panneaux d'affichage officiel (format : 594 mm sur 841 mm ; papier : frictionné couleur, 64 gr au mètre carré, Afnor II/I sans travaux de repiquage) ;

une affiche annonçant les réunions électorales et les émissions radiodiffusées ou télévisées des candidats, destinée à être apposée sur les panneaux d'affichage officiel (format : 297 mm sur 400 mm ;

papier : mêmes caractéristiques que la première affiche) ;

une déclaration sur feuillet double destinée à être envoyée à chaque électeur (format : 210 mm sur 297 mm ; papier : blanc satiné, 56 gr au mètre carré, Afnor II/I) ;

un bulletin de vote envoyé à chaque électeur en même temps que la déclaration.

Les bulletins de vote sont imprimés par les soins de l'administration et envoyés aux électeurs par les soins des Commissions locales de contrôle : les candidats n'ont absolument pas à intervenir.

Les affiches et les déclarations sont conçues par les candidats ; ils sont chargés eux-mêmes de les faire imprimer et de les faire parvenir en nombre suffisant, avant une date limite, dans les départements et les territoires. Le texte de la première affiche et de la déclaration devant être le même pour l'ensemble du territoire, ces documents doivent, avant une date limite, être déposés en 150 exemplaires auprès de la Commission nationale de contrôle qui les diffuse « immédiatement » (1) aux Commissions locales pour permettre à celles-ci de vérifier la conformité à ce « modèle national » des documents à afficher ou à distribuer. L'apposition de cette affiche sur les panneaux et l'envoi de cette déclaration aux électeurs sont effectués sous la responsabilité des Commissions locales. Par contre, la deuxième affiche est apposée par les soins des représentants des candidats.

L'ensemble du coût de l'opération (coût du papier, de l'impression des affiches, déclarations et bulletins de vote, de l'affichage de la première affiche et de l'envoi des déclarations et bulletins de vote aux électeurs) est entièrement pris en charge par l'Etat. Il a même été admis que l'Etat rembourserait également le coût du transport des documents entre les imprimeries et les départements ou territoires. Rappelons enfin que l'Etat rembourse, à titre forfaitaire, une somme de 100 000 francs aux candidats ayant obtenu au moins 5 % des suffrages exprimés.

Si la Commission nationale a admis que les candidats pouvaient faire apposer au-dessus des affiches des bandeaux d'identification portant leur nom, elle leur a rappelé que ces bandeaux ne pouvaient porter d'autre inscription et que les frais y afférents n'étaient pas pris en charge par l'Etat.

Les difficultés

La réglementation relative aux déclarations et aux affiches officielles est donc minutieuse. Si certaines de ces dispositions ont été d'une application assez aisée, d'autres n'ont pu être appliquées rigoureusement ; enfin, l'application de ces règles a entraîné des inégalités de fait importantes et fâcheuses entre les candidats.

Certaines dispositions n'ont guère donné lieu à des difficultés :

En ce qui concerne la couleur des affiches, le blanc étant interdit, aucune dérogation n'a été admise. C'est ainsi que l'affiche d'un candidat, imprimée sur fond blanc, a été refusée. Le candidat a fait par la suite teinter toutes ses affiches en jaune. La Commission a admis que les couleurs des affiches pouvaient être différentes suivant les départements.

En revanche, elle n'a pas cru devoir interdire des affiches comportant des bandes rouges et bleues mais non une « combinaison des trois couleurs bleu blanc rouge » proscrite par le Code.

En ce qui concerne la conformité du texte de la première affiche et de la déclaration, aucun problème n'a été signalé à la Commission. Il faut noter toutefois certaines difficultés quant à la conformité des traductions en langue allemande, admises pour les documents destinés aux départements du Rhin et de la Moselle, difficultés qui ont cependant été résolues. Il en a été de même pour les traductions en langue tahitienne.

Enfin, il était prévu que les déclarations devaient être livrées « non encartées » dans les départements et les territoires ; compte tenu de difficultés matérielles, la Commission a admis qu'elles puissent être livrées encartées (2).

Certaines dérogations ont été admises en ce qui concerne la qualité du papier et le format des documents :

Les difficultés les plus grandes ont été celles résultant de l'impossibilité pour beaucoup de candidats de respecter la réglementation concernant la qualité du papier et le format des affiches (3) et des déclarations. Ces difficultés n'étaient pas toutes liées à la conjoncture pendant la campagne électorale, c'est-à-dire à la crise du marché du papier qui sévit dans le monde et particulièrement en France.

La Commission nationale de contrôle a dû accepter que les candidats puissent faire imprimer leurs déclarations et leurs affiches sur du papier ne répondant pas aux normes tout en recommandant d'ailleurs d'utiliser le papier disponible le plus proche en qualité et en prix. De même, la Commission a été amenée à admettre que les affiches et déclarations des candidats puissent être d'un format non rigoureusement conforme aux dimensions réglementaires.

Pour un certain nombre de candidats, les difficultés qu'ils ont éprouvées à trouver un imprimeur et du papier les ont empêchés de livrer leurs documents électoraux en nombre suffisant et aux dates prescrites dans les départements et les territoires. La Commission a d'abord essayé d'aider ces candidats à résoudre leurs difficultés. Elle a ensuite été amenée à admettre des dérogations en ce qui concerne les délais. C'est ainsi qu'elle a donné comme instructions aux Commissions locales d'apposer les affiches parvenues tardivement lorsque cela était possible ou, à défaut, d'autoriser les représentants des candidats à les apposer, après contrôle de leur conformité. De même, la Commission nationale a demandé aux Commissions locales d'admettre les déclarations parvenues tardivement, en les joignant aux envois restant à faire aux électeurs ; elle a même admis que les déclarations non expédiées puissent être distribuées par les représentants des candidats jusqu'à la clôture de la campagne électorale.

---

(1) La communication du texte des affiches et déclarations déposées auprès de la Commission nationale a été faite, pour les départements et territoires d'outre-mer, par voie de téléimprimeur, sans attendre l'envoi par voie postale, qui a naturellement été également fait.
(2) C'est-à-dire plusieurs exemplaires pliés ensemble, ce qui complique le travail de mise sous enveloppe.
(3) Ces formats (594 × 841 mm et 297 × 400 mm) résultent du décret du 29 décembre 1972, qui a modifié le code électoral (anciens formats : 600 × 800 mm et 200 × 400 mm).

Des inégalités importantes entre les candidats :

Plusieurs candidats ont éprouvé de très grandes difficultés à trouver du papier et un imprimeur techniquement capable de réaliser leurs affiches et leurs déclarations, ou acceptant de le faire. Ils ont d'autre part difficilement pu rassembler les ressources financières nécessaires pour payer cet imprimeur et pour payer les frais de transport des documents électoraux vers les départements et les territoires. On comprend dès lors que ces candidats n'aient pu respecter les dates limites auxquelles il fallait déposer en nombre suffisant leurs affiches et déclarations dans l'ensemble des départements et territoires. Aussi, de ce point de vue, la campagne électorale du premier tour n'a-t-elle pas entièrement respecté le principe de l'égalité entre tous les candidats. Certains candidats ont été défavorisés : une bonne partie des électeurs n'a sans doute jamais pu voir ni lire leurs affiches ni leurs déclarations — sans parler du fait que ces candidats sont justement ceux qui ne disposent pas des moyens financiers et humains nécessaires pour lancer une campagne de propagande par la voie commerciale ou par d'autres voies.

Les améliorations possibles

La Commission estime que les problèmes qui viennent d'être évoqués et qui sont évidemment liés au grand nombre des candidats ne peuvent être réglés par un simple aménagement de certains traits du système actuel mais que seule une réforme des dispositions du décret du 14 mars 1964 relatives aux affiches et déclarations peut leur apporter une solution.

Sans doute serait-il possible d'alléger les démarches nécessaires pour imprimer affiches et déclarations notamment en publiant plus rapidement la liste des imprimeurs agréés et en précisant les dispositions relatives à la nature et aux limites exactes des charges remboursées par l'Etat. Le raccourcissement des délais d'impression qui en résulterait vraisemblablement hâterait le dépôt en préfecture des affiches et des déclarations. Sans doute, l'impression des déclarations du candidat sur feuillet simple et non sur feuillet double en faciliterait l'expédition.

Mais ces quelques aménagements ne seraient sans doute pas suffisants pour résoudre les difficultés signalées plus haut. La Commission pense que seule une réforme profonde du décret du 14 mars 1964 peut avoir une efficacité suffisante.

A cet égard, la solution adoptée par ce texte en ce qui concerne les bulletins de vote paraît montrer la voie à suivre. L'article 21 du décret dispose en effet que « les bulletins de vote (...) sont imprimés et mis à la disposition des Commissions départementales de contrôle par les soins de l'administration ». Cette disposition a été parfaitement appliquée et n'a donné lieu à aucune difficulté sérieuse.

Pour assurer une réelle égalité entre les candidats en ce qui concerne leurs affiches et leurs déclarations, il semble qu'on pourrait de même confier à l'administration la responsabilité totale de l'impression de ces documents et de leur acheminement dans les départements et dans les territoires. Le rôle des candidats se bornerait à faire parvenir à temps à l'administration la composition et le texte de leurs affiches et de leurs déclarations. Ils n'auraient donc pas à rechercher le papier, l'imprimeur, ni le transporteur. Ils n'auraient au surplus aucune somme à débourser (notons à cet égard que l'un des candidats à l'élection présidentielle de 1969 n'a pas encore pu obtenir le remboursement des sommes qu'il avait dû engager).

Il va de soi que la mise en œuvre d'une telle proposition est étroitement liée à la limitation du nombre des candidats.

La propagande commerciale et « sauvage »

Outre les documents régulièrement apposés ou envoyés aux électeurs par l'autorité publique, force est de constater que plusieurs des candidats ont eu recours à une propagande de type commercial et « sauvage », qui n'est pas sans incidences sur l'égalité des candidats.

En ce qui concerne la propagande par voie de presse, le Conseil constitutionnel a estimé que l'article L 52 I du code électoral aux termes duquel « pendant la durée de la campagne électorale, est également interdite l'utilisation, à des fins de propagande électorale, de tout procédé de publicité commerciale par voie de presse », n'était pas applicable à l'élection présidentielle. Elle-même saisie de cette question lors de l'examen du projet de circulaire du ministre de l'Intérieur aux préfets, la Commission nationale a pris acte de cette appréciation du Conseil constitutionnel. Elle n'en a pas moins conscience que cette interprétation rigoureuse a eu pour effet d'accentuer le caractère « commercial » de la campagne électorale et d'accroître l'inégalité entre les candidats. Aussi la Commission estime-t-elle que la question de savoir si l'utilisation de procédés de publicité commerciale par voie de presse à des fins de propagande électorale, interdite pour toute autre élection, est licite pour l'élection présidentielle devrait être clairement posée et résolue par voie législative. L'article 3 II de la loi du 6 novembre 1962 devrait d'ailleurs, de toute façon, être modifié pour tenir compte de la refonte des dispositions du code électoral auxquelles il se réfère (1).

En ce qui concerne l'affichage en dehors des panneaux électoraux, soit sur des emplacements non prévus pour l'affichage, soit sur des emplacements de type commercial, la Commission juge souhaitable que soient recherchées des améliorations sensibles par rapport aux pratiques actuelles.

Il appartient aux pouvoirs publics de demander aux maires et aux préfets d'exercer avec une grande rigueur leurs pouvoirs de police et aux parquets de poursuivre immédiatement et systématiquement les infractions et notamment en ce qui concerne l'affichage sur les bâtiments publics. Mais cette volonté de faire appliquer plus strictement la loi ne peut être suivie d'effets qu'au prix d'une modification du code électoral : si l'article L 51 du code électoral interdit tout affichage relatif à l'élection en dehors des emplacements réservés à cet effet, cette interdiction, en vertu de l'article L 164 du même code, ne s'applique qu'à partir du jour d'ouverture de la campagne. Dès lors les tribunaux ne semblent pas pouvoir réprimer l'apposition d'affiches « sauvages » ou commerciales, si l'affichage, comme c'est très souvent le cas, a lieu avant le début de la campagne, c'est-à-dire avant la publication au *Journal*

---

(1) Un problème analogue se pose d'ailleurs en ce qui concerne l'applicabilité à l'élection présidentielle des dispositions du code électoral relatives aux élections dans les DOM résultant de textes postérieurs à la loi du 6-11-1962.

officiel de la liste des candidats pour le premier puis le second tour.

La Commission estime qu'il serait opportun d'étendre la période d'interdiction de l'affichage commercial et « sauvage ». Le début de cette période coïnciderait avec la déclaration par le Conseil constitutionnel de l'ouverture du délai fixé par l'article 7 de la Constitution pour l'élection présidentielle. Cette période serait close par la proclamation par le Conseil constitutionnel des résultats définitifs du scrutin.

De cette manière, l'étendue dans le temps du contrôle de l'affichage couvrirait l'intégralité de la période électorale. L'adaptation du droit au fait en serait accrue et l'efficacité des textes vraisemblablement renforcée.

Les candidats s'estimant lésés par un affichage irrégulier favorable à l'un de leurs concurrents pourraient ainsi, avec quelques chances de succès, saisir le juge des référés afin d'obtenir de ce magistrat la condamnation de leur adversaire à enlever les affiches litigieuses et, le cas échéant, sous astreinte.

L'information et la propagande par les moyens audio-visuels

La radio et la télévision constituent désormais le moyen de communication le plus important.

Mais, à cet égard, il convient de distinguer les émissions proprement dites de « propagande », dont les textes en vigueur confient expressément le contrôle à la Commission nationale, — et les émissions d'information de l'ORTF et des stations périphériques, dont la Commission souligne l'importance croissante, mais sur lesquelles elle ne peut et ne doit avoir, en l'état actuel, qu'une action indirecte.

Les émissions de propagande de la campagne électorale à l'ORTF

En raison de l'expérience acquise au cours des précédentes campagnes, la définition du principe d'utilisation par les candidats des moyens audio-visuels s'est révélée relativement aisée. L'application pratique de ces principes n'a donné lieu qu'à des difficultés mineures en 1974. Pourtant la Commission se demande si, à la lumière de décisions qu'elle a été conduite à prendre au cours de la récente campagne pour répondre à la mission qui lui était confiée, et compte tenu de l'évolution générale des idées et des techniques, certaines modifications des règles tirées d'une interprétation trop littérale du décret de 1964 ne devraient pas être envisagées lors des prochaines élections.

Les principes

Comme lors des campagnes précédentes, les principes fondamentaux d'utilisation des moyens audio-visuels ont été définis à la fois par les directives adressées, dès le 10 avril, par la Commission nationale à l'ORTF et par la note technique interne diffusée par l'ORTF à ses propres agents, après approbation de la Commission.

Ces deux documents rappelaient en particulier que les candidats devaient utiliser personnellement leur temps d'antenne mais qu'ils jouissaient de la plus grande liberté d'expression, qu'ils devaient en outre bénéficier des plus larges facilités dans la seule limite des possibilités techniques de l'ORTF, pourvu que la Commission fût en mesure d'exercer son contrôle.

• Le principe de l'utilisation personnelle des émissions a été posé par le décret du 14 mars 1964.

La mise des antennes nationales à la disposition des candidats a, en effet, pour but essentiel de faire connaître à tous les électeurs leur programme et leur personnalité.

La Commission nationale en a tout d'abord déduit que les intéressés ne pouvaient utiliser les émissions pour présenter des montages filmés ou sonores, faisant intervenir, soit individuellement, soit en groupe, des tierces personnes fût-ce avec leur accord, à plus forte raison des personnalités qui n'auraient pas été personnellement consultées.

Par contre, les candidats ont la possibilité, soit de se faire assister par des représentants de partis ou groupements politiques, soit de se faire interroger par un journaliste professionnel.

La seule condition est que ces partis ou groupements, conformément aux dispositions de l'article 12 du décret de 1964, reçoivent l'habilitation de la Commission, qui doit s'assurer de leur audience nationale et de leur caractère politique, écartant par là même, soit des groupements d'implantation trop ponctuelle, soit des organisations professionnelles et syndicales ou des associations n'ayant qu'un objet économique, social ou culturel.

Quant aux journalistes, la Commission a admis qu'ils pouvaient être choisis ou non parmi ceux de l'ORTF.

• Qu'ils soient seuls ou qu'ils reçoivent l'assistance de supporters, les candidats devaient pouvoir s'exprimer en toute liberté.

Il était simplement rappelé que leurs propos devaient demeurer « dans l'objet de la campagne ». Leur rappelant la prudence et la décence qui s'imposent, en toutes circonstances, à ceux qui disposent de moyens de communication d'un caractère national et d'une aussi grande portée, la Commission demandait aux intéressés de s'abstenir de toute déclaration tendant à la promotion d'intérêts privés, de tout propos susceptible de provoquer des troubles publics, ou de susciter de graves difficultés avec une puissance étrangère.

• En définitive, la seule véritable restriction imposée aux candidats était d'ordre technique. La Commission devait, en effet, tenir compte des possibilités de l'ORTF. Aussi a-t-elle estimé, par exemple, que la meilleure utilisation du matériel et des installations imposait l'enregistrement à Paris, dans un studio de l'ORTF, des émissions télévisées.

Pour les émissions radiodiffusées, par contre, elle avait admis la possibilité d'un enregistrement en province, sous réserve que cette tolérance ne fasse pas obstacle à l'exercice de son contrôle.

• Ce contrôle était fondé sur le principe que toutes les émissions de propagande sont retransmises en différé.

Le procédé, déjà utilisé en 1965 et 1969, permet d'ailleurs au candidat d'apprécier la valeur technique de son enregistrement et même de recommencer certaines séquences en vue d'en améliorer la qualité ou l'homogénéité. Il permet en outre à la Commission, représentée à l'enregistrement par un de ses rapporteurs, de procéder, avant diffusion, à la vision, ou à l'audition, de tout ou partie d'un enregistrement, et de présenter, alors qu'il est encore temps, les observations nécessaires.

L'application des principes ainsi définis n'a pas suscité de difficultés particulières au cours de la présente campagne.

L'application de ces principes. Enregistrement et diffusion des émissions de propagande

Un calendrier des émissions de la campagne à l'ORTF a été établi. Les séances d'enregistrement se sont déroulées sans incident majeur. La Commission s'est efforcée d'appliquer avec libéralisme les règles qu'elle avait fixées et même d'en modifier sensiblement la teneur, notamment lors du second tour, sans que cela puisse porter atteinte à l'égalité entre les candidats.

Le calendrier des émissions de la campagne à l'ORTF

Premier tour

Dès son installation, la Commission nationale s'est préoccupée de l'organisation des émissions électorales à la radiodiffusion et à la télévision françaises. En vertu de l'article 12 du décret du 14 mars 1964, chaque candidat avait droit théoriquement à deux heures d'émission télévisée et à deux heures d'émission radiodiffusée durant la campagne du premier tour, mais le nombre des candidats, dont on pouvait déjà prévoir qu'il serait élevé, rendait nécessaire une réduction de ce temps de parole conformément aux dispositions du deuxième alinéa de l'article 12.

L'élaboration des tableaux d'émissions à l'ORTF se trouvait en outre compliquée du fait que la liste officielle des candidats ne devait être arrêtée par le Conseil constitutionnel que le jeudi 18 avril, quelques heures avant l'ouverture de la campagne électorale, et que l'ordre de passage des candidats sur les antennes de l'ORTF devait être déterminé par tirage au sort immédiatement après la publication de cette liste, les premières émissions devant être diffusées dès le lendemain soir. Il était donc nécessaire d'envisager par avance toutes les hypothèses qui paraissaient plausibles quant au nombre des candidats.

La Commission a désigné deux de ses rapporteurs qui, en collaboration étroite avec des responsables de l'Office, ont mis au point une série de tableaux horaires correspondant à chacune des hypothèses envisagées, soit un éventail allant de 9 à 22 candidats. Ces tableaux ont été élaborés de façon à satisfaire un certain nombre d'exigences qui avaient été retenues par la Commission :

— le temps de parole de chaque candidat, tant à la radio qu'à la télévision, ne devait pas, en toute hypothèse, être réduit au-dessous de 50 minutes ;

— compte tenu de la différence d'audience des émissions du début d'après-midi et de celles du soir, le temps de parole devait être réparti de façon identique pour tous les candidats entre les deux horaires d'émissions. Ce temps de parole devait être divisé en émissions de durée inégale pour permettre une certaine variété, chaque candidat disposant bien entendu d'un « lot d'émissions » de composition identique ;

— tous les candidats devaient avoir la possibilité de s'exprimer au cours des deux premiers jours de la campagne, soit les vendredi 19 et samedi 20 avril, ainsi que le dernier jour, vendredi 3 mai ;

— les autres émissions devaient être réparties sur toute la durée de la campagne du premier tour de façon que les tranches horaires réservées chaque jour à la campagne radiotélévisée fussent d'une durée aussi homogène que possible. Toutefois, il ne devait pas y avoir d'émissions les dimanches 21 et 28 avril ni le 1er mai sauf dans les hypothèses les plus hautes où le nombre de candidats imposait d'utiliser également les dimanches ;

— il fallait enfin veiller à ce que les émissions de chaque candidat fussent convenablement réparties sur toute la durée de la campagne, à ce que chaque candidat eût la possibilité de parler en premier au cours des tranches horaires réservées à la campagne radio-télévisée ; les candidats ne devaient pas non plus passer plusieurs fois dans le même ordre ni passer à la radio et à la télévision le même après-midi ou le même soir.

Tenant compte de ces nombreuses contraintes, le groupe de travail constitué à cet effet a proposé à la Commission un tableau d'émissions pour chacune des hypothèses envisagées, chaque candidat étant représenté par une lettre. La Commission ayant approuvé les propositions qui lui étaient faites, il lui a suffi, dès que le Conseil constitutionnel a publié la liste des candidats, dans la soirée du 18 avril, de retenir officiellement le tableau d'émissions correspondant au nombre définitif des candidats. Le tirage au sort, qui a eu pour objet d'attribuer un lot d'émissions à chaque candidat, a pu ainsi avoir lieu immédiatement, avec le concours technique de la Loterie nationale.

Deuxième tour

L'élaboration des tableaux d'émissions du deuxième tour ne posait pas les mêmes problèmes puisque le nombre des candidats était nécessairement limité à deux et que leur temps de parole était fixé par l'article 12 du décret du 14 mars 1964 à deux heures à la radio et à deux heures à la télévision sans possibilité de réduction.

En revanche, la campagne de 1974 a connu une innovation notable en ce qui concerne les émissions radiotélévisées du deuxième tour puisque, en accord avec les deux candidats et avec l'ORTF, la Commission nationale a décidé qu'un débat serait organisé entre les deux candidats pendant la campagne officielle. Ce débat a eu lieu le vendredi 10 mai avec le concours de deux journalistes de l'ORTF agréés par les deux candidats et a été diffusé en direct à la fois à la radio et à la télévision. Sa durée ayant été fixée à 1 heure 30, le temps de parole de chaque candidat a été corrélativement réduit de 45 minutes ; le temps de parole restant, soit 1 heure 15 pour chaque candidat, a été réparti suivant les mêmes principes que pour le premier tour.

Outre-Mer

Les tableaux d'émissions radiodiffusées et télévisées du premier et du deuxième tour ont dû être adaptés pour chacun des départements et territoires d'outre-mer compte tenu, d'une part, du décalage horaire avec la métropole et, d'autre part, des possibilités de transmission des émissions télévisées.

Seuls trois départements d'outre-mer — Martinique, Guadeloupe et Réunion — ont pu recevoir la totalité des émissions télévisées qui étaient retransmises par satellite. En Guyane, en Nouvelle Calédonie, en Polynésie française et dans le Territoire français des Afars et des Issas, une partie seulement des émissions télévisées a pu être diffusée en raison des problèmes de transport des bandes magnétiques. Pour maintenir l'égalité entre les candidats et éviter tout risque dû au transport, la Commission avait décidé que les émissions ne pourraient être retransmises par les stations locales de l'ORTF que dans la mesure où tous les enregistrements d'une série d'émissions de même durée seraient parvenus à destinations. En ce qui concerne Saint-Pierre et Miquelon, les conditions météorologiques rendaient trop aléatoires le transport des bandes magnétiques ; aussi a-t-il été décidé que seul le son des émissions télévisées serait retransmis par ondes courtes, et qu'il serait accompagné sur les écrans de télévision d'une image fixe du candidat ; certaines séquences de la campagne ont cependant pu être acheminées par voie aérienne dans ce territoire. Enfin, les Comores ainsi que Wallis et Futuna, n'étant pas équipés d'émetteurs de télévision, n'ont pas reçu les émissions télévisées.

Pour les émissions radiodiffusées, il était techniquement possible de transmettre par ondes courtes l'ensemble des émissions dans tous les départements et territoires d'outre-mer. Seule décalage horaire a imposé la suppression de certaines émissions qui n'auraient pas pu être diffusées avant la clôture de la campagne électorale.

Les séances d'enregistrement

Elles se sont, le plus souvent, déroulées sans difficultés majeures.

Dans deux cas seulement (2 mai et 11 mai) l'on a dû déplorer des incidents techniques (panne de magnétoscope ou enregistrement de bruits intempestifs) qui ont été rapidement réglés grâce à la bonne volonté générale.

En revanche, l'expérience a mis en relief les difficultés rencontrées par les candidats pour se plier aux horaires que les obligations techniques de l'ORTF leur imposaient. Leur retard était parfois provoqué par une grève des transports (19 avril), par un défaut d'entente allégué avec les services techniques (21 avril et 28 avril) ou le plus souvent, par les contraintes de leur propre campagne électorale (19, 20, 23, 26 et 29 avril, etc). Là encore l'esprit de conciliation manifesté par la Commission, appuyée d'ailleurs sur le remarquable esprit de coopération de la totalité des techniciens de l'ORTF, a permis de trouver des solutions conformes à l'esprit de la réglementation mais adaptées aux situations particulières.

Le déroulement des séances d'enregistrement

Celui-ci ne pouvait cependant manquer d'être affecté par les conditions mêmes de la campagne, et en particulier par les impératifs nés de la multiplicité des candidatures. En ces circonstances, animée du souci constant d'assurer l'égalité entre les candidats, la Commission s'est attachée à concilier la rigueur des principes qu'elle avait posés avec les difficultés d'application.

Par exemple, la possibilité « d'interroger » les candidats (1) qui avait été réservée aux journalistes titulaires de la carte professionnelle, a été étendue à des personnes qui ne pouvaient produire cette carte, notamment parce qu'elles tiraient d'une activité de producteur des ressources supérieures à celles de leur activité purement journalistique, mais dont l'activité comme journaliste était notoire.

Cependant, la Commission n'a cru pouvoir autoriser à participer à l'émission d'un candidat médecin tourangeau qui ne justifiait ni de la qualité de journaliste ni de celle de représentant d'un parti politique. La même décision a été prise le 24 avril à l'égard d'une personnalité, qui témoignait indiscutablement de cette dernière qualité, mais qui avait omis, avant de participer à l'émission, de se soumettre à la formalité d'habilitation. Cette formalité ayant été remplie, l'intéressé a pu, sans difficulté, participer à l'émission suivante.

En ce qui concerne l'habilitation qu'elle ne peut, en vertu de l'article 12 du décret de 1964, donner qu'aux seuls « partis et groupements politiques dont l'action s'étend à la généralité du territoire national », la Commission a eu à exercer un pouvoir d'appréciation assez délicat. Aucun texte ne donne une définition précise du parti ou du groupement politique. La Constitution, à son article 4, se borne à rappeler qu'ils « concourent à l'expression du suffrage (qu'ils) se forment et exercent leur activité librement (et qu'ils) doivent respecter les principes de la souveraineté nationale et de la démocratie ».

En tenant compte de ces éléments, la Commission a donné sans difficulté son habilitation à la « Fédération nationale des républicains indépendants », au « Comité national de soutien à Jacques Chaban-Delmas », au « Mouvement démocrate socialiste de France », au « Parti socialiste », etc. ; en revanche, les conditions fixées par les dispositions ci-dessus rappelées de l'article 12 ne lui ont pas paru remplies pour le « Mouvement fédéraliste », le « Parti fédéraliste européen », le « Parti communiste révolutionnaire », le « Mouvement des groupes taupes rouges », le « Front des Cercles rouges ». Elle leur a donc refusé l'habilitation nécessaire pour participer aux émissions des candidats.

La Commission a eu également l'occasion de rappeler qu'en vertu des règles constitutionnelles et législatives qui président à l'élection présidentielle, des personnes de nationalité étrangère ne pouvaient pas prendre part aux émissions officielles de la campagne.

Enfin, conformément à l'esprit de sa mission, et dans le cadre des règles qu'elle s'était fixées, la Commission a souhaité exercer le contrôle du contenu des émissions avec le plus grand libéralisme.

Bien qu'elle y ait été sensible, elle a notamment admis la diffusion des critiques émises à son encontre par des candidats qui s'estimaient lésés par ses décisions. Elle s'est évidemment réservé le droit de préciser, par un communiqué à la presse, les raisons de son attitude.

Plus largement, la Commission n'a pas cru devoir inviter les candidats à modérer leurs propos, lors même qu'ils faisaient allusion en termes parfois véhéments à la situation politique outre-mer (27 et 29 avril, 3 mai) — au fonctionnement de certaines institutions nationale : l'armée (19, 30 avril et 3 mai) — ou la police (29 avril) — aux « scandaleuses opérations de propagande » étrangères en France (19 avril) — ou au comportement passé de certains candidats (3 mai).

En ces circonstances, la Commission, n'ayant relevé dans les propos incriminés, ni un appel direct au meutre ou à l'insurrection, ni une incitation directe à des troubles publics, a estimé que, si certains d'entre eux paraissaient comporter une diffamation, il appartenait éventuellement aux person-

---

(1) Voir ci-dessus : « Les principes ».

nes intéressées de s'en prévaloir devant les juridictions compétentes.

Innovation du 2e tour

La Commission s'est efforcée dès le début du second tour de rechercher de nouvelles modalités d'application des règles qu'elle avait posées lors du premier tour.

En particulier, l'utilisation personnelle des antennes ne lui ayant pas semblé incompatible avec le dialogue des deux seuls candidats demeurant en présence, elle a admis l'organisation d'un Face-à-Face entre MM. Giscard d'Estaing et Mitterrand, et elle a contribué sur ce point à rechercher l'accord des intéressés et de l'ORTF. Certes, cette formule d'émission comportait, selon la loi du genre, l'abandon de l'enregistrement préalable et de la transmission en différé. Mais la Commission a admis qu'en l'espèce la personnalité des deux candidats ainsi que les précautions prises dans l'organisation du débat (l'admission d'un public restreint notamment) lui permettaient de renoncer au principe du contrôle préalable auquel elle était attachée.

L'intérêt suscité par l'émission du 10 mai laisse à penser que, dans l'avenir, de nouvelles formules mieux adaptées à l'évolution des techniques et des mœurs pourraient être mises à l'étude.

Perspectives d'avenir

Tout en se félicitant des conditions dans lesquelles ont été conçues et réalisées les émissions de propagande, la Commission ne peut manquer, en effet, d'être sensible à l'évolution des techniques de relations publiques au cours de ces dernières années.

Non seulement l'importance globale des moyens audio-visuels de diffusion de la pensée s'est considérablement accrue, mais la qualité et le style des réalisations sont très différents. Le discours solitaire du candidat face au micro et à la caméra risque désormais d'apparaître comme un moyen de propagande périmé et inadapté aux circonstances.

La plupart des candidats ont, dès lors, souhaité animer, avec des méthodes variables, leurs émissions à la radio et à la télévision, cependant qu'ils complétaient cet effort de propagande à la fois par l'organisation de réunions dans l'ensemble de la France et par l'utilisation des puissants moyens que leur offraient les stations périphériques ou étrangères, concurrentes de l'ORTF.

Une telle évolution impose dans l'avenir la recherche de formules d'émissions de propagande mieux adaptées aux circonstances.

La Commission estime, toutefois, souhaitable le maintien du principe de l'utilisation personnelle des antennes par le candidat. Expressément inscrit dans le décret du 14 mars 1964, il permet aux électeurs d'émettre en toute connaissance de cause un vote personnel, directement lié à la personnalité du candidat.

Doivent être maintenues de même les dispositions relatives à la liberté d'expression sous réserve de s'en tenir aux questions relatives à l'objet de la campagne. En effet, il est normal que les moyens coûteux de l'ORTF soient utilisés à d'autres fins que l'élection d'un Président de la République.

A la lumière de l'expérience des trois dernières campagnes, on peut penser, par contre, que le déroulement des émissions pourrait être sensiblement modifié. Certes, et sauf limitation très stricte du nombre des candidats, la technique du Face-à-Face paraît devoir être réservée au second tour. Dès le premier tour, cependant, il convient de rechercher les moyens d'assurer aux émissions — les plus longues d'entre elles notamment — une plus grande animation. Pour faciliter l'organisation de discussions en groupes, ou de « tables rondes » présidées et réellement animées par le candidat, la prochaine Commission devrait avoir les moyens de définir plus largement la qualité des « interlocuteurs habilités ».

En particulier (hormis des motifs d'organisation professionnelle, étrangers à l'objet de la campagne) rien ne paraît plus imposer que l'on réserve à des journalistes de profession le soin d'interroger les candidats (1).

Quant aux « partis » et « groupements politiques » mentionnés à l'article 12 du décret de 1964, la Commission ne peut que souligner l'ambiguïté de la situation actuelle.

Leur mission n'est pas définie de façon précise. Certes, aux termes de l'article 6 de la Constitution, ils « concourent à l'expression du suffrage ». Pour l'élection du Président de la République, ce n'est pourtant pas à eux, mais à des élus, que l'Ordonnance organique confie la mission de « présentation » des candidats. Le décret de 1964 leur reconnaît bien la possibilité de participer aux émissions de propagande, mais sans que les limites de cette collaboration soient déterminées.

La notion même de partis et groupements ne s'est pas, à l'usage, révélée plus claire : le décret de 1964 dispose simplement que leur « action » doit « s'étendre à la généralité du territoire national ». Mais l'évolution de la situation politique et la nature même du scrutin conduisent les candidats, et notamment les principaux d'entre eux, à s'appuyer moins sur des partis organisés et structurés que sur des « majorités » ou des familles d'idées ou de doctrines.

Dans ces conditions, la mission d'habilitation confiée à la Commission pourrait devenir de plus en plus difficile. L'expérience montre d'ailleurs que le refus d'habilitation peut être tourné, par exemple grâce à l'appui circonstanciel de l'un des nombreux « partis ou groupements » à audience nationale.

Ces considérations devraient probablement conduire à rechercher des procédures plus souples permettant à la fois de simplifier les procédures et de donner aux candidats une plus grande liberté dans l'organisation de leurs émissions et le choix de leurs partenaires. La Commission estime pourtant que seuls des groupements ou organismes, ayant une vocation nationale et une implantation sur l'ensemble du territoire, devraient être autorisés à prendre part aux émissions.

Selon l'ampleur du changement envisagé, l'article 12 du décret de 1964 devrait être éventuellement modifié en conséquence.

---

(1) Aucun texte ne régissant la question, il suffirait que la Commission infléchisse la jurisprudence suivie jusqu'ici.

Les émissions d'information politique de l'ORTF et des stations périphériques

Dès sa mise en place, il était apparu à la Commission qu'un contrôle limité aux seules émissions de propagande officielle ne pourrait avoir qu'une portée très réduite.

Au demeurant, la Commission, chargée de veiller au respect de l'ensemble des dispositions du décret du 14 mars 1964, recevait de son article 12 la charge d'assurer « pendant la durée de la campagne électorale, l'égalité entre les candidats... dans les programmes d'information de la radiodiffusion télévision française, en ce qui concerne la reproduction ou les commentaires des déclarations et écrits des candidats et la présentation de leurs personnes ».

Par contre, au regard des stations périphériques ou étrangères, la Commission ne disposait évidemment que de l'autorité morale que lui confère l'accomplissement d'une mission de service public.

C'est en définitive la volonté d'exercer cette mission qui a conduit la Commission à trois séries d'interventions avant même le début de la campagne, puis au cours de son déroulement...

Avant la campagne : intervention auprès de l'ORTF et des dirigeants des stations périphériques

• Dans ses directives à l'ORTF, la Commission avait tout d'abord défini les conditions dans lesquelles le principe d'égalité entre les candidats serait « respecté dans les... émissions de l'ORTF sur les antennes nationales ou dans les stations régionales et d'outre-mer » :

Les rédacteurs et reporters des journaux parlés et télévisés rendraient compte de l'actualité nationale et internationale comme en temps ordinaire mais le déroulement de la campagne et les prises de position auxquelles elle pouvait donner lieu seraient exposés avec un souci constant d'objectivité.

L'activité nationale ou locale des candidats, dans l'exercice de fonctions ou mandats publics qu'ils se trouveraient détenir, ne pouvait faire l'objet que des comptes rendus nécessités par les besoins de l'information, en limitant la place faite aux reportages visuels et sonores.

Enfin, les « tribunes » politiques seraient suspendues au moins jusqu'à la clôture du scrutin du premier tour.

La Commission entendait d'ailleurs expressément que les mêmes règles d'objectivité s'imposassent pendant la période comprise entre la fin des opérations relatives au premier tour de scrutin et le début de la campagne électorale du second tour, sous réserve des nécessités de l'information et des commentaires qu'elle implique.

Des directives analogues furent adressées enfin à l'ORTF pour la campagne du second tour.

Sur tous ces points, le Président-Directeur-Général de l'Office fut d'ailleurs entendu à plusieurs reprises. Dans chaque cas, il a donné expressément son accord et il a bien voulu diffuser des consignes impératives dans ce sens au personnel spécialisé.

• Ayant par ailleurs noté « l'influence exercée par les émissions des postes périphériques et l'inégalité qui résulterait d'un appui discriminatoire donné par ces postes à l'un des candidats », la Commission, dès le 10 avril, décidait de s'adresser directement aux présidents-directeur-généraux de RTL, d'Europe n° 1 et de Radio Monte-Carlo.

Soulignant qu'elle n'était pas compétente pour donner des directives aux organismes qu'ils président, elle indiquait qu'elle espérait cependant obtenir leur concours pour lui permettre d'accomplir sa mission.

Elle souhaitait d'ailleurs pouvoir entendre les responsables des postes intéressés et put ainsi recevoir successivement le directeur général de Radio Monte-Carlo et le directeur général de RTL. De ces entretiens, se dégagea rapidement une très large identité de vues, compte tenu des situations particulières, ce qui laissait bien augurer du déroulement de la campagne.

Pendant la campagne : analyse des émissions de l'ORTF et des stations périphériques

La Commission avait chargé ses rapporteurs d'écouter les différents bulletins d'information.

Des comptes rendus recueillis, il résulte que, dans l'ensemble, et au moins pour les trois principaux candidats du premier tour et pour les deux candidats du second, l'égalité a été sensiblement respectée si l'on se réfère au « temps consacré aux intéressés et à ceux qui les soutiennent ». Les faibles différences observées, dans les émissions radiodiffusées notamment, pouvaient s'expliquer par la rapidité d'expression propre à chaque candidat. L'objectivité des commentaires des journalistes spécialisés a, de même, été jugée satisfaisante, dans l'ensemble, tant à l'ORTF que sur les antennes périphériques.

Trois protestations seulement ont été adressées à la Commission : l'une contre une émission télévisée, les deux autres contre le caractère partisan d'un commentaire sur images muettes le 28 avril, et d'un éditorial de France Culture le 8 mai.

Après intervention auprès de l'ORTF, les incidents, pour regrettables qu'ils fussent ont pu être considérés comme clos, en accord avec les intéressés eux-mêmes.

L'organisation des débats radiodiffusés ou télévisés par les postes périphériques

Elle pouvait poser à la Commission des problèmes beaucoup plus délicats.

Le premier d'entre eux n'avait été diffusé qu'en radio avant l'ouverture de la campagne. Mais un autre, programmé le 25 avril, devait utiliser les relais de l'Eurovision et il aurait ainsi pu être reçu par un nombre important de téléspectateurs métropolitains, et l'équilibre réalisé entre les interventions des candidats en eut été sensiblement bouleversé.

La Commission saisit le gouvernement qui, par l'intermédiaire de l'ORTF et des PTT, pouvait accéder à la maîtrise des supports techniques nécessaires à la retransmission en Eurovision d'une émission des chaînes privées. Dans le même temps, elle portait les faits à la connaissance de l'opinion publique par la voie d'un communiqué transmis à l'agence France-Presse.

Ce faisant, la Commission estima que, sans excéder ses pouvoirs, elle contribuait à maintenir l'égalité entre les candidats.

TITRE II : LE PRÉSIDENT DE LA RÉPUBLIQUE

La Commission ne s'est donc pas bornée à exercer sur les émissions de propagande un contrôle précis, mais d'une portée limitée, au regard de l'ensemble des émissions de toute nature. Elle a décidé d'élargir la portée de son contrôle, en exerçant une certaine surveillance des émissions ordinaires de l'ORTF et des stations périphériques ; en ce qui concerne celles-ci, ses moyens d'action propres sont pourtant très limités.

Sans se reconnaître d'autres droits ou d'autres obligations que celles qui découlent des textes en vigueur, elle estime devoir attirer sur ce point l'attention des Pouvoirs publics.

Source : Commission nationale de contrôle

ARTICLE 8

Le Président de la République nomme le Premier ministre. Il met fin à ses fonctions sur la présentation par celui-ci de la démission du Gouvernement.

Sur la proposition du Premier ministre, il nomme les autres membres du Gouvernement et met fin à leurs fonctions.

DOCUMENT 8-100

Communiqué publié par la Présidence de la République

Le 9 janvier 1959

« Le général de Gaulle, Président de la République, a convoqué hier, à 16 heures, M. Michel Debré, Garde des Sceaux, ministre de la Justice, et s'est entretenu avec lui de l'ensemble des affaires du pays. Au terme de l'entretien, le général de Gaulle a chargé M. Michel Debré de lui faire des propositions au sujet de la composition éventuelle du Gouvernement. A 17 h 30, M. Michel Debré a été de nouveau reçu à l'Elysée. Il a soumis à l'approbation du général de Gaulle ses conceptions en ce qui concerne la politique générale et le nom des personnalités qui deviendraient, le cas échéant, ses collaborateurs au Gouvernement. Le Président de la République a nommé Premier ministre M. Michel Debré. Sur la proposition du Premier ministre, il a nommé les membres du Gouvernement, qui est composé comme suit : ... »

DOCUMENT 8-101

Lettres échangées à l'occasion du départ de M. Michel Debré

Le 14 avril 1962

« Mon Général,

« Quand vous m'avez, en janvier 1959, fait le grand honneur de me charger des fonctions de Premier ministre, le nouveau Gouvernement devait poursuivre et développer, qu'il s'agisse de la politique, de l'économique, du financier ou du social, l'œuvre de restauration qu'à l'appel de la nation vous aviez entreprise six mois auparavant. Il devait en même temps assurer le bon départ des institutions nouvelles et instaurer un régime original de coopération avec les Républiques africaines et malgache.

« Depuis trois ans et trois mois, un grand effort, me semble-t-il, a été accompli. Tout inachevé qu'il soit, le bilan, je le crois, est favorable. Chaque membre du Gouvernement en a sa bonne part : je puis en porter témoignage.

« Mais cette tâche était dominée par le drame algérien. Il fallait, selon vos directives, s'assurer de la maîtrise du terrain, puis orienter le destin de l'Algérie dans la voie que vous avez tracée et qui a reçu l'approbation parlementaire, puis l'approbation populaire. A travers difficultés et obstacles, pour ne pas dire plus, la solution est aujourd'hui en vue : le cessez-le-feu va permettre l'autodétermination, et la nation, une nouvelle fois consultée, a apporté son soutien à la politique suivie en même temps qu'elle vous a délégué les pouvoirs nécessaires pour la conduire à son terme.

« Comme il était convenu, et cette étape décisive étant franchie, j'ai l'honneur, mon Général, de vous présenter la démission du Gouvernement.

« Je ne puis terminer sans vous faire part de sentiments personnels dont le caractère public de cette lettre limite seul l'expression. Vous les connaissez de longue date et il est difficile de les formuler sans les déformer. Je dirai simplement : être, avoir été le premier collaborateur du général de Gaulle est un titre inégalé.

« Je vous prie, mon Général, d'agréer l'expression de mes sentiments respectueusement dévoués.

Michel Debré

« Mon cher Ami,

« En me demandant d'accepter votre retrait du poste de Premier ministre et de nommer un nouveau Gouvernement, vous vous conformez entièrement, et de la manière la plus désintéressée, à ce dont nous étions depuis longtemps convenus. Tout effort a sa limite. Or, pendant les trois ans et trois mois où vous avez déployé le vôtre dans la charge extraordinairement lourde, qui vous était impartie, les résultats les plus valables, et les plus étendus ont été réalisés, qu'il s'agisse des domaines économique, social, administratif, scolaire, ou de la défense nationale, ou de l'action extérieure ou de la transformation des rapports de la France avec les peuples placés naguère sous sa dépendance, bref tout ce qui contribuait au redressement du pays et de l'Etat. Il est clair que la collaboration sans réserve que vous m'avez constamment apportée, l'œuvre législative accomplie par le Parlement sur la base des projets présentés et soutenus par votre Gouvernement, l'ensemble des mesures réglementaires prises sous votre impulsion, la conduite supérieure de l'administration telle que vous l'avez exercée ont, avec le concours de vos collègues, efficacement et heureusement servi le pays. Encore tout cela s'est-il fait en dépit de beaucoup de graves lacunes antérieures, ainsi que des lourdes épreuves suscitées par le règlement progressif du grand problème de l'Algérie.

« Après un pareil accomplissement, je pense, comme vous-même le pensez, qu'il est conforme à l'intérêt du service public que vous preniez maintenant du champ afin de vous préparer à entreprendre, le moment venu, et dans des circonstances nouvelles, une autre phase de votre action.

« Quel qu'en puisse être mon regret, je crois donc devoir y consentir. Soyez assuré, mon cher Premier ministre, que ma confiance et mon amitié vous sont acquises, autant que jamais.

« J'ajoute qu'elles le sont, d'autre part, à chacun des ministres qui ont, à vos côtés, participé au gouvernement.

« Bien cordialement à vous. »

Charles de Gaulle
J.O. du 16

DOCUMENT 8-102
Lettres échangées à l'occasion du départ de M. Georges Pompidou
Le 10 juillet 1968

« Mon Général,

« Vous avez bien voulu me faire part de votre intention, au moment où va se réunir l'Assemblée nationale élue les 23 et 30 juin, de procéder à la nomination d'un nouveau Gouvernement.

« J'ai l'honneur, en conséquence, et conformément aux dispositions de l'article 8 de la Constitution, de vous présenter la démission du Gouvernement.

« Je vous prie d'agréer, mon Général, les assurances de mon profond respect.

Georges Pompidou

« Mon cher Ami,

« Mesurant ce qu'a été le poids de votre charge à la tête du Gouvernement pendant six ans et trois mois, je crois devoir accéder à votre demande de n'être pas, de nouveau, nommé Premier ministre.

« Le regret que j'en éprouve est d'autant plus grave que, dans l'œuvre si considérable accomplie par les pouvoirs publics, en tous domaines, au cours de vos fonctions, votre action a été exceptionnellement efficace et n'a cessé de répondre entièrement à ce que j'attendais de vous et des membres du Gouvernement que vous dirigez. Cela a été vrai, en particulier, lors de la crise grave que le pays a traversée en mai et juin derniers. Tel a été, d'ailleurs, le jugement du peuple français à ce sujet, ainsi qu'il vient de le marquer par les dernières élections.

« Là où vous allez vous trouver, sachez, mon cher ami, que je tiens à garder avec vous des relations particulièrement étroites. Je souhaite enfin que vous vous teniez prêt à accomplir toute mission et à assumer tout mandat qui pourraient vous être un jour confiés par la nation.

« Veuillez croire, mon cher Premier ministre, à mes sentiments d'amitié fidèle et dévouée.

Charles de Gaulle

Ces lettres n'ont pas été publiées au *Journal officiel*.

DOCUMENT 8-103
Lettres échangées à l'occasion du départ de M. Jacques Chaban-Delmas
Le 5 juillet 1972

« Monsieur le Président de la République,

« Vous m'avez fait part de votre intention de changer le Gouvernement. J'ai donc l'honneur de vous présenter la démission du Gouvernement. Je vous demeurerai reconnaissant de votre confiance, qui m'a permis, pendant trois ans, à la tête de mes collègues, de me consacrer entièrement au service de la France et au bonheur des Français.

« Je vous prie, Monsieur le Président de la République, d'agréer l'expression de ma très haute considération. »

Jacques Chaban-Delmas

« Mon cher Premier Ministre,

« En réponse à votre lettre de ce jour, j'accepte la démission que vous m'avez présentée conformément à l'article 8 de la Constitution. Au cours de nos récents entretiens, je vous ai indiqué les raisons qui me paraissaient appeler la formation d'un nouveau Gouvernement. Au moment où vous quittez vos fonctions, je tiens à vous exprimer toute mon estime pour la façon dont vous les avez remplies durant trois années. Je tiens à souligner particulièrement combien vous avez, avec mon plein appui mais avec le style et le talent qui vous sont propres, permis par le développement d'une politique contractuelle, d'importants progrès dans le domaine social et des relations humaines. Cette lettre, qui souligne la valeur de votre action, vous apportera aussi le témoignage de mon amitié.

« Veuillez croire, mon cher Premier ministre, à l'assurance de mes sentiments très cordialement dévoués. »

Georges Pompidou

Note : Ces lettres n'ont pas été publiées au *Journal officiel*.

DOCUMENT 8-104
Lettres échangées à l'occasion du départ de M. Jacques Chirac le 25 août 1976

le 26 juillet 1976

« Monsieur le Président,

« Au cours de ces derniers mois, je me suis permis, à plusieurs reprises, de vous exposer les raisons politiques et économiques qui commandaient, selon moi, une reprise en main énergique du Gouvernement afin de donner à son action dans ces deux domaines une impulsion vigoureuse et coordonnée. Cela supposait évidemment un renforcement sans équivoque de l'autorité du Premier ministre. J'ai cru comprendre que ce n'était ni votre sentiment ni votre intention.

« Dans ces conditions, je ne puis continuer à accomplir la tâche que vous m'avez confiée, et j'ai l'honneur de vous remettre aujourd'hui ma démission. Cette décision sera effective au plus tard le mardi 3 août, c'est-à-dire dès mon retour du voyage officiel au Japon que vous m'avez demandé de ne pas décommander.

« Je vous prie de bien vouloir agréer, Monsieur le Président, les assurances respectueuses de ma haute considération. »

Jacques Chirac

le 26 juillet 1976

Monsieur le Premier Ministre,

« Vous m'avez écrit pour m'informer que vous ne pouviez plus continuer à accomplir la tâche que je vous ai confiée, et que vous me remettiez votre démission. Vous m'indiquez que cette décision sera effective le 3 août. Je prends acte de votre décision.

« Comme je vous l'ai dit oralement, je ne pense pas que, en l'absence de tout événement dramatique, il convienne de procéder en quelques jours, et à un moment qui ne se prête pas aux consultations nécessaires, à cet acte important pour la continuité de la vie de la nation qu'est la mise en place d'un nouveau Gouvernement. Je vous demande donc d'en différer l'annonce et d'assurer la gestion du Gouvernement jusqu'au premier Conseil des ministres que vous me demanderez de convoquer, dans la deuxième quinzaine du mois d'août, pour me présenter la démission du Gouvernement.

« Je vous remercie de l'exceptionnelle activité que vous avez déployée dans votre haute charge et de la loyauté avec laquelle vous vous êtes attaché à atteindre les objectifs qui me paraissaient essentiels pour le bien et le renouveau de la France.

« Veuillez agréer, Monsieur le Premier ministre, l'expression de ma très cordiale considération. »

V. Giscard d'Estaing

le 27 juillet 1976

« Monsieur le Président,

« Hier soir, je vous ai remis ma démission de Premier ministre. Je l'ai fait avec tristesse mais convaincu que l'intérêt du pays exige au plus tôt la formation d'un Gouvernement investi de toute votre confiance et doté des moyens indispensables à l'action que je crois nécessaire. Vous estimez que l'annonce de ma décision doit être différée, et je ne peux que m'incliner devant votre volonté.

« J'assumerai donc la gestion des affaires gouvernementales jusqu'à votre retour, et c'est alors que je vous présenterai, en Conseil des ministres, la démission du Gouvernement.

« J'ai été très touché de l'appréciation que vous avez bien voulu porter sur l'action que j'ai menée, sous votre haute autorité, pendant les deux années où j'ai eu l'exceptionnel honneur d'être votre Premier ministre.

« Je vous prie de bien vouloir agréer, Monsieur le Président, les assurances respectueuses de ma très haute considération. »

Jacques Chirac

Notes : Ces lettres n'ont pas été publiées au *Journal officiel*.
La déclaration prononcée par M. Jacques Chirac le 25 août 1976 figure sous le n° 20-105 (IV).

DOCUMENT 8-200
Liste des gouvernements de la Ve République

Date	Premier ministre
1. 8 janvier 1959 14 avril 1962	M. Michel Debré
2. 14 avril 1962 28 novembre 1962	M. Georges Pompidou
3. 28 novembre 1962 8 janvier 1966	M. Georges Pompidou
4. 8 janvier 1966 1er avril 1967	M. Georges Pompidou
5. 1er avril 1967 10 juillet 1968	M. Georges Pompidou *
6. 10 juillet 1968 20 juin 1969	M. Maurice Couve de Murville
7. 20 juin 1969 5 juillet 1972	M. Jacques Chaban-Delmas
8. 5 juillet 1972 28 mars 1973	M. Pierre Messmer
9. 2 avril 1973 27 février 1974	M. Pierre Messmer
10. 27 février 1974 27 mai 1974	M. Pierre Messmer
11. 27 mai 1974 25 août 1976	M. Jacques Chirac
12. 25 août 1976 29 mars 1977	M. Raymond Barre
13. 29 mars 1977 31 mars 1978	M. Raymond Barre
14. 3 avril 1978	M. Raymond Barre

* Note : le gouvernement a connu un remaniement complet le 31 mai 1968.

ARTICLE 9

Le Président de la République préside le Conseil des ministres.

DOCUMENT 9-100

Nombre de Conseils des ministres
tenus depuis l'entrée en fonction du gouvernement
de M. Michel Debré
le 9 janvier 1959

	Conseils des ministres
1959	44
1960	46
1961	52
1962	52
1963	47
1964	45
1965	48
1966	45
1967	46
1968	47
1969	53
1970	47
1971	48
1972	47
1973	44
1974	51
1975	52
1976	49
1977	53

ARTICLE 10

Le Président de la République promulgue les lois dans les quinze jours qui suivent la transmission au Gouvernement de la loi définitivement adoptée.

Il peut, avant l'expiration de ce délai, demander au Parlement une nouvelle délibération de la loi ou de certains de ses articles. Cette nouvelle délibération ne peut être refusée.

Il n'a jamais été fait usage de l'alinéa 2.

ARTICLE 11

Le Président de la République, sur proposition du Gouvernement pendant la durée des sessions ou sur proposition conjointe des deux assemblées, publiées au *Journal officiel*, peut soumettre au référendum tout projet de loi portant sur l'organisation des pouvoirs publics, comportant approbation d'un accord de Communauté ou tendant à autoriser la ratification d'un traité qui, sans être contraire à la Constitution, aurait des incidences sur le fonctionnement des institutions.

Lorsque le référendum a conclu à l'adoption du projet, le Président de la République le promulgue dans le délai prévu à l'article précédent.

DOCUMENT 11-100
Liste des référendums intervenus depuis le 4 octobre 1958

Date	Objet	Résultat
1 - 8.1.1961	Politique algérienne	oui
2 - 8.04.1962	Accords d'Evian	oui
3 - 28.10.1962	Election du Président de la République (Révision des articles 6 et 7 de la Constitution)	oui
4 - 27.04.1969	Réforme du Sénat et des Régions (Révision de la Constitution)	non
5 - 23.04.1972	Elargissement des Communautés européennes	oui

DOCUMENT 11-101
Extraits du débat de l'Assemblée nationale du 4 octobre 1962

I. Intervention de M. Paul Reynaud

Aujourd'hui, en face de la Constitution violée, comme l'a dit hier le Conseil d'Etat et comme le dira officiellement le Conseil constitutionnel, je dis : non. Et je m'explique.

Alors que la Constitution dit à l'Assemblée nationale : « Tu as la parole », je n'admets pas qu'un homme, quel qu'il soit, lui dise : « Je te la retire ».

Je ne ferai pas à l'Assemblée l'injure de démontrer que la Constitution est violée. Qu'il me suffise de lui dire que j'ai demandé à une haute autorité en matière de droit constitutionnel : « De tous les professeurs de la faculté de droit de Paris, y en a-t-il un seul qui ne pense pas que la Constitution est violée ? — Pas un seul », m'a-t-il répondu.

La question qui nous est posée aujourd'hui est la plus grave qui ait été posée ici depuis la guerre. La Constitution est en effet la base même de l'Etat et la première victime du coup de force contre elle, c'est le peuple ; c'est lui qui est trompé.

En 1958, on a dit au peuple : « Tu peux voter cette Constitution, elle sera stable » — ce qui est la qualité première d'une Constitution — car, pour la reviser, il faudra qu'un nouveau texte soit voté par les deux chambres du Parlement ».

Et voici qu'après quatre ans seulement vous manquez à la parole donnée, vous supprimez d'un trait de plume la principale garantie de la stabilité : le débat contradictoire et public dans les deux Assemblées, celui qui doit instruire le peuple et lui permettre de voter en connaissance de cause !

Et vous voulez qu'il ait confiance dans les promesses que vous lui faites aujourd'hui ? Vous ne mesurez pas combien il est malsain dans une démocratie que le pouvoir donne l'exemple de violer la loi et surtout la loi suprême, la Constitution.

Et pourquoi cet acte si grave ? Le général de Gaulle nous l'a dit dans son allocution télévisée du 20 septembre, à laquelle je veux me référer — car elle est beaucoup plus complète que celle de tout à l'heure — : pour faire élire au suffrage universel, au terme de son mandat, soit lui-même, soit un inconnu qui, pendant sept ans — et le mandat est renouvelable — aura, je cite : « les responsabilités suprêmes », prendra « sur le rapport des ministres » — tel Louis XIV — et je cite encore : « toutes les décisions importantes de l'Etat » et qui, je cite de nouveau : « dans les domaines essentiels de la politique extérieure et de la sécurité nationale » sera « tenu à une action directe ».

Ici une parenthèse s'impose. Comment ne lui a-t-on pas fait observer que c'est précisément dans ces deux domaines, affaires étrangères et défense nationale, que la politique menée depuis quatre ans est la plus contestée ?

TITRE II : LE PRÉSIDENT DE LA RÉPUBLIQUE

Echec de la demande sans espoir de créer un directoire à trois ; refus de faire une Europe politique à laquelle, si elle entre dans le Marché commun, l'Angleterre opposera son veto ; déclaration que la défense est une affaire purement nationale alors que, sans la présence des troupes américaines en Allemagne, nous le savons tous, les Russes seraient depuis longtemps à Brest...

... tension avec le pays dont l'alliance est pour nous une nécessité vitale, au point que le président Kennedy a rappelé qu'il y a eu un isolationnisme aux Etats-Unis et qu'il ne faut pas le réveiller et qu'il nous a dit, un autre jour, que l'attitude de la France envers l'OTAN était « inamicale » ; en matière de défense, une politique d'amour-propre au lieu d'une politique de sécurité.

Voilà, monsieur le Premier ministre, ce qu'il aurait fallu rappeler à celui qui l'avait oublié.

Revenons à la Constitution dont la violation est l'objet essentiel du débat.

Ainsi donc, voilà un Président de la République, élu au suffrage universel, qui décidera de la vie ou de la mort de la France suivant qu'il fera une bonne ou une mauvaise politique militaire, une bonne ou une mauvaise politique étrangère.

Cet inconnu tout-puissant ne sera responsable devant personne. L'Assemblée ? Il pourra la congédier à sa guise. Au-dessus de lui, les ministres. Pourront-ils vraiment être responsables devant le Parlement d'une politique qui n'est pas la leur, qui est celle de leur maître intouchable ? Les malheureux joueront le rôle qui était, à la cour de France, celui des menins que l'on fouettait lorsque le petit dauphin faisait des sottises.

Mesdames, messieurs, on peut être partisan du régime présidentiel ou du régime parlementaire, mais je vous défie de trouver parmi les peuples du monde libre un seul citoyen qui accepte pour son pays un régime aussi extravagant et aussi dangereux.

Or le général de Gaulle veut enchâsser ce personnage, ce Président de la République élu au suffrage universel, dans la Constitution actuelle sans rien changer d'autre à celle-ci. Est-ce que notre Constitution est telle qu'elle puisse tolérer ce nouveau venu ?

Aussi, depuis quatre ans, en dépit de l'article 20 de la Constitution, la France est-elle gouvernée par le Président de la République, ce qui fut accepté par les uns, toléré par les autres, en raison de la cruelle épreuve que la France subissait en Algérie.

Le général de Gaulle avait un tel souci d'agir qu'il s'est défié du Parlement.

Or, dans tous les pays civilisés, le Parlement est considéré comme représentatif de la nation, avec ses qualités et ses défauts, avec ses diversités, ses contradictions même. Mais lorsque les élus assemblés délibèrent et votent, ils sont investis de cette qualité éminente de représentants de la nation.

Je vous dis que pour nous, républicains, la France est ici et non ailleurs.

Voilà le conflit. Admettre qu'il en soit autrement, c'est admettre la fin de la République. Le conflit entre le général de Gaulle et nous est là. Voilà ce qui l'a fait glisser sur la pente du pouvoir personnel. La tentation de faire élire le Président de la République par le suffrage universel vient de là.

Il avait renoncé à son projet, M. le Premier ministre me l'avait dit.

Il avait renoncé à son projet lorsque, le 22 août, ce fut l'atroce attentat du Petit-Clamart.

Dans les jours qui suivirent, on prêta d'abord au Président de la République l'idée de faire nommer tout de suite un vice-président de la République pour assurer la succession. Puis l'émotion provoquée par l'attentat étant grande, on pensa en haut lieu qu'elle permettrait de revenir au grand projet, esquissé, dès 1961, dans une conférence de presse ; si les parlementaires protestent, on dira qu'ils sont inconsolables de la mort de la IVe République et qu'ils veulent revenir à leur vomissement.

Nous savons qu'aujourd'hui ceux qu'on traite d'hommes de la Quatrième, ce sont les républicains !

La question, la seule question, la question précise qui vous est posée par la motion de censure est celle-ci : La Constitution est violée, le Parlement dépouillé. Je vous demande alors : Allez-vous courber la tête et, fuyant le scrutin, allez-vous dire à voix basse : « Oui, je l'accepte » ? Nous, nous disons « Non ! »

Quant à ceux qui vont murmurant avec des yeux effrayés : « Et, s'il s'en allait », je les prie de réfléchir que cet effroi n'est justifié que dans la mesure où l'on se laisse aller à douter de la France. Ce n'est pas un patriotisme bien fort celui qui consiste à désespérer de tous les Français, sauf un !

Employer un tel argument ce n'est pas grandir un homme, c'est rapetisser son pays.

On peut dire du mal de l'ancien régime que j'ai, pour ma part, toujours critiqué, dont j'ai montré les faiblesses, mais qui a eu des périodes brillantes. Permettez-moi en effet de vous rappeler que, dans les années qui ont précédé la guerre de 1914, la diplomatie de la IIIe République a conclu l'alliance russe, a fait l'entente cordiale et a débauché l'Italie de la Triplice. C'est une politique étrangère qui peut honorablement être comparée avec celle pratiquée ces dernières années.

Un jour les historiens compareront. Je me borne à constater que c'est au moment où le régime actuel fait entendre des grincements, sinon des craquements, qu'il devient — alors qu'il a licencié un haut tribunal pour cause d'indocilité de ses juges — particulièrement sévère pour ses prédécesseurs et qu'il se donne le plus de mal pour tuer ceux qu'il affirme être morts.

Oui ou non ? Si une majorité se trouvait pour s'incliner, l'Histoire nous appellerait la « Chambre introuvable de la Ve République ».

Depuis 1789, les représentants du peuple, si décriés aujourd'hui, savent bien qu'ils ne sont, pris isolément, que des porte-parole modestes, précaires, faillibles, vilipendés souvent. Mais ils savent aussi qu'ensemble ils sont la nation et qu'il n'y a pas d'expression plus haute de la volonté du peuple que le vote qu'ils émettent après une délibération publique.

C'est cette foi qui rassemble aujourd'hui, pour l'honneur de la République, des élus de toutes croyances et de toutes appartenances politiques...

Des hommes opposés sur beaucoup de problèmes...

... ont constaté qu'ils ont cette foi commune et se sont réunis.

Je ne puis m'empêcher de penser à une phrase qu'a écrite le grand écrivain qu'est le général de Gaulle, dans *Au fil de l'épée*. Il a dit : « L'autorité ne va pas sans prestige, ni le prestige sans éloignement ».

Aujourd'hui, malgré les ovations populaires, il doit constater que l'éloignement de toutes les élites ouvrières, intellectuelles et politiques crée le désert.

Quant à nous, notre volonté de faire front pour la défense de la Constitution, c'est la conjuration de toutes nos traditions populaires et d'une longue tradition parlementaire.

C'est la République qui répond « non » à votre projet car le scrutin d'aujourd'hui comptera dans l'histoire.

Pendant longtemps on dira d'un homme politique : « Comment a-t-il voté le 4 octobre ? ». C'est notre honneur de parlementaires qui est en cause.

Aussi, monsieur le Premier ministre, allez dire à l'Elysée que notre admiration pour le passé reste intacte mais que cette Assemblée n'est pas assez dégénérée pour renier la République.

J.O. A.N. 4-10-1962

II. Intervention de M. Georges Pompidou Premier ministre

Essayons, mesdames, messieurs, d'analyser notre Constitution.

A la base, il y a la souveraineté du peuple. L'article 2 définit le principe de la République : gouvernement du peuple, par le peuple et pour le peuple.

Cette souveraineté ne peut être abdiquée. Autrement dit, le peuple ne peut en aucun cas s'en dessaisir dans des conditions telles qu'il lui soit impossible de s'en servir s'il le juge nécessaire. A une époque où la souveraineté, dans notre droit constitutionnel, s'exerçait uniquement par délégation au Parlement, c'est en vertu de ces principes que le pays a condamné le dessaisissement de 1940 au profit du maréchal Pétain.

Dans notre Constitution, l'article 3 prévoit que le peuple exerce sa souveraineté par deux voies : par ses représentants et par le référendum.

C'est à la lumière de cette règle générale que doivent être examinées les dispositions particulières, avec une double préoccupation, à savoir que le jeu des textes et leur interprétation ne puisse en aucun cas, ni conduire à une paralysie absurde des institutions, ni vider telle ou telle disposition expresse de toute signification.

Or je dois dire que, à mon avis, l'interprétation que beaucoup ont donnée des articles 11 et 89 de la Constitution me paraît conduire fatalement à ces deux inconvénients majeurs.

Tout d'abord, le premier.

Admettons, mesdames, messieurs, que le Président de la République, le Gouvernement, l'Assemblée issue du suffrage universel soient d'accord sur la nécessité de modifier telle ou telle disposition de la Constitution, il suffirait que le Sénat, assemblée à laquelle la Constitution n'a pas voulu permettre qu'elle pût s'opposer à l'aboutissement d'une loi, même ordinaire, il suffirait, dis-je, que le Sénat fasse obstacle pour qu'aucune réforme constitutionnelle ne puisse jamais aboutir.

Une telle situation serait si absurde, elle résisterait si peu à la réalité des faits qu'on voit mal comment on pourrait même la défendre, à moins de recourir à la notion de « Sénat conservateur », gardien de la Constitution, notion qui appartient aux régimes napoléoniens.

J'entends bien que certains ont suggéré qu'on aurait pu faire pression sur le Sénat.

Mais, outre le fait que cela me paraît discutable au regard, pécisément, de la Constitution, c'eût été un moyen indigne ; de même, d'ailleurs, un appel au référendum contre une décision de l'Assemblée nationale — autre hypothèse évoquée — aurait ajouté aux difficultés juridiques dont nous débattons un immense inconvénient politique puisque c'eût été organiser délibérément le référendum comme un combat entre l'exécutif et le législatif.

Si, comme nous le verrons, le référendum est prévu dans certains cas par la Constitution comme un élément d'arbitrage, il est d'une importance majeure que ce recours soit exceptionnel, tant pour la stabilité de nos institutions que pour la sauvegarde de nos libertés.

Le deuxième inconvénient, mesdames, messieurs, est de vider de tout sens une disposition expresse et importante de notre Constitution. Je fais ici allusion à l'article 11 de la Constitution qui confie au Président de la République, sur proposition soit du Gouvernement, soit des deux assemblées, la possibilité de « soumettre au référendum tout projet de loi portant sur l'organisation des pouvoirs publics ».

Que peut-on appeler « organisation des pouvoirs publics » si l'ensemble des dispositions incluses dans la Constitution en est exclu ?

Vous le savez, la loi constitutionnelle de 1875, qui réglait notamment l'élection du Président de la République, s'appelait « loi sur l'organisation des pouvoirs publics ».

J'entends bien que les titres n'ont pas de valeur juridique en eux-mêmes. C'est un argument qui se retourne, notez-le, contre l'exégèse, par exemple, faite si abondamment, du titre XIV de notre Constitution. On ne peut tirer du titre qu'une présomption ; je l'admets pour la loi de 1875 comme pour le titre XIV.

Mais, quoi qu'il en soit, qu'appelle-t-on organisation des pouvoirs publics ?

Si l'article 89 exclut toutes les dispositions constitutionnelles quelles qu'elles soient du domaine de l'article 11, que restera-t-il à ce dernier ? Le domaine des lois organiques ? Mais l'article 46 a prévu une procédure législative spéciale, aussi précise que celle de l'article 89, sinon plus. Et d'ailleurs, j'entendais tout à l'heure invoquer des autorités selon lesquelles il ne s'agit pas non plus de lois organiques.

Dès lors, mesdames, messieurs, cet article 11 qui se trouve parmi les tout premiers de notre Constitution, ce qui n'est pas sans signification, qui constitue une innovation considérable puisque, pour la première fois depuis 1793, il fait dans nos institutions une place à la démocratie directe.

... cet article 11, qui a été un des plus discutés devant ce comité, cet article 11 qui fut voulu expressément par le président du conseil de l'époque dont vous voudriez bien m'accorder qu'il est l'un des auteurs de la Constitution, cet article 11 se trouverait vide de toute substance, dépourvu de toute signification.

Comment alors auriez-vous pu l'accepter lors des deux référendums sur l'affaire algérienne ? En tout cas, comment pourriez-vous soutenir que, alors que la Constitution remplaçait dans des conditions dramatiques et avec la signification historique que l'on sait, la Constitution de la IVe République, les auteurs de la Constitution et d'abord le premier auraient voulu ou accepté d'y introduire une disposition aussi nouvelle pour la vider ensuite de tout son sens ?

Pour l'instant, permettez-moi de reprendre cet article 11, que l'on a dépouillé de toute vigueur, et cet article 89 au nom duquel on le dépouille.

N'y a-t-il pas une pétition de principe à décider que l'article 89 domine l'article 11, ce que leur place respective dans la Constitution, je le répète, ne justifie pas.

Ne pourrait-on aussi bien soutenir, surtout par référence à l'article 3, que l'article 11 et l'article 89 sont sur le même plan et ne peuvent s'exclure mutuellement à moins de précision expresse ?

On a objecté, il est vrai, que le référendum est prévu à l'article 89. Sur ce point, je dirai en passant que la thèse vaguement ébauchée dans la motion de censure et selon laquelle le « peuple français, avant référendum, devrait être éclairé par les débats parlementaires » est en tant qu'interprétation de l'article 89 proprement insoutenable. Permettez-moi d'observer, d'ailleurs, que si notre peuple a besoin d'être éclairé par des débats parlementaires, vous êtes en train de le faire amplement et qu'il n'y a pas besoin pour cela, de la procédure de l'article 89.

Vous me fournissez ainsi, au passage, la démonstration de la thèse que j'ai plusieurs fois soutenue déjà à cette tribune et selon laquelle l'équilibre des pouvoirs repose essentiellement, du côté législatif, sur la motion de censure, arme redoutable et redoutée, parfaitement adaptée à son objet, aussi bien pour contrôler le Gouvernement que comme moyen pour l'Assemblée de faire appel à l'opinion, grâce aux élections générales qu'elle risque d'entraîner.

Mais, pour en venir à une interprétation plus sérieuse de l'article 89, on a soutenu qu'en introduisant le référendum après le vote d'une révision constitutionnelle par les deux assemblées le constituant aurait par là même fixé les limites du référendum en la matière.

Cet argument a son poids mais je le crois faux.

L'article 89 — il suffit de le lire — n'a pas entendu, en introduisant le référendum, limiter l'usage de celui-ci. C'est le pouvoir des Assemblées en matière constitutionnelle qu'il a entendu borner.

Si les Assemblées sont d'accord pour voter dans les mêmes termes un texte de révision constitutionnelle, ce texte n'a néanmoins aucune valeur tant qu'il n'a pas été ratifié par référendum.

Et ce même article 89 sous-entend expressément qu'en la matière le Président de la République a des responsabilités particulières, car, si ce dernier estime qu'un projet de révision est conforme à la volonté et à la nécessité nationales, il peut, en convoquant les chambres en congrès, dispenser leur projet de la ratification par référendum.

C'est dire que l'article 89 n'entend nullement abandonner au seul Parlement la possibilité d'une révision constitutionnelle, et que le Président de la République est juge de la possibilité qu'il y a de se passer de référendum.

Il ressort donc de l'article 89 — et ce raisonnement a été fait par des juristes avant moi — que ses rédacteurs ont voulu que la révision constitutionnelle pût intervenir soit sans référendum par accord du pouvoir exécutif et du pouvoir législatif, soit, s'il y a désaccord entre les deux et que le pouvoir législatif seul soit favorable à la révision, avec l'obligation du référendum, qui joue ainsi le rôle d'arbitrage dont je viens de parler.

M. Guy Mollet. Après décision du Parlement. Relisez votre Constitution !

M. le Premier ministre. Le législatif a donc la possibilité de réviser la Constitution contre le gré de l'exécutif et sans son concours mais à condition que le peuple soit saisi.

Dès lors « admettre l'utilisation de l'article 11, permettre à l'exécutif de saisir lui aussi le peuple d'un projet élaboré en dehors du Parlement, ce n'est pas rompre mais rétablir l'équilibre des pouvoirs ».

Je cite ici l'article d'un juriste paru dans le journal *Le Monde* et dont l'argumentation n'a pas encore été réfutée de façon satisfaisante à mon gré.

Le moins qu'on puisse dire, mesdames, messieurs, c'est que des questions aussi vastes comportent bien des réponses et j'admire pour ma part les certitudes qui s'étalent. J'ajouterai cependant qu'indépendamment même de la thèse très vaste que j'ai essayé d'exposer, on peut, sans préjuger la réponse définitive à la question générale, soutenir la légalité de la prodécure entamée par le Gouvernement. Ce n'est pas parce que l'on admet qu'un référendum « sur l'organisation des pouvoirs publics » peut concerner des dispositions constitutionnelles que l'on admet pour autant qu'on puisse modifier n'importe quelle disposition de la Constitution. Il est d'ailleurs des principes de base que la Constitution elle-même interdit de toucher. De telles dispositions s'imposent aussi bien à l'exécutif qu'au législatif et à toutes les procédures de révision quelles qu'elles soient.

Mais j'irai plus loin. On ne saurait envisager une révision, ni à plus forte raison une révision sans l'intervention des deux pouvoirs, qui ait pour conséquence soit de supprimer l'un des deux pouvoirs, soit de modifier les attributions de l'un des deux dans des conditions qui vicieraient l'équilibre de notre système constitutionnel.

Sur ce point, les délibérations gouvernementales ont été parfaitement claires. Comment pourrait-on imaginer, par exemple, la suppression du droit de dissolution sans que le Président de la République, qui le détient, ait à intervenir ? Comment pourrait-on, inversement, supprimer le droit de contrôle fondamental qu'exerce l'Assemblée nationale par la motion de censure sans que cette Assemblée soit amenée à participer à l'élaboration du texte ?

Ainsi donc, selon moi, on ne saurait toucher à l'un des pouvoirs sans sa participation. Je pourrais étendre cette démonstration à bien d'autres domaines. L'organisation des pouvoirs publics ne saurait, par exemple, et quoi qu'on en pense sur ce point M. Paul Coste-Floret, pénétrer qu'exceptionnellement dans le domaine de la loi ordinaire. En fait, l'article 11 recouvre un domaine défini et ne saurait ouvrir la voie aux aventures dont parle la motion de censure.

J'ajoute que, bien entendu, un projet de loi adopté par référendum qui modifie une disposition de la Constitution, s'insère dans cette Constitution, prend valeur de loi constitutionnelle et ne peut, évidemment, être modifié que par une procédure constitutionnelle.

Référendum du 8 janvier 1961

DOCUMENT 11-200
Décret du 8/12/1960 décidant de soumettre un projet de loi au référendum

Lettre du Premier ministre au Président de la République

Paris, le 8 décembre 1960

Monsieur le Président,

Conformément aux délibérations du Conseil des ministres de ce jour, j'ai l'honneur de vous proposer au nom du Gouvernement, de soumettre au référendum, en vertu de l'article 11 de la Constitution, le projet de loi concernant l'autodétermination des populations algériennes et l'organisation des pouvoirs publics en Algérie avant l'autodétermination.

Je vous prie d'agréer, Monsieur le Président, l'assurance de mon profond respect.

Michel Debré

Le Président de la République,

Sur proposition du Gouvernement,

Vu les articles 11, 19 et 60 de la Constitution ;

Le Conseil constitutionnel consulté dans les conditions prévues par l'article 46 de l'ordonnance portant loi organique du 7 novembre 1958,

Décrète :

Art. 1er. — Le projet de loi annexé au présent décret, délibéré en conseil des ministres après avis du conseil d'Etat, sera soumis au référendum le 8 janvier 1961 conformément aux dispositions de l'article 11 de la Constitution.

Art. 2. — Les électeurs auront à répondre par Oui ou par Non à la question suivante : Approuvez-vous le projet de loi soumis au peuple français par le Président de la République et « concernant l'autodétermination des populations algériennes et l'organisation des pouvoirs publics en Algérie avant l'autodétermination » ?

Art. 3. — Le présent décret sera publié au *Journal officiel* de la République française.

Fait à Paris, le 8 décembre 1960.

C. de Gaulle

ANNEXE

Projet de loi concernant l'autodétermination des populations algériennes et l'organisation des pouvoirs publics en Algérie avant l'autodétermination [1]

Art. 1er. — Dès que les conditions de la sécurité en Algérie permettront d'y établir le plein exercice des libertés publiques, les populations algériennes feront connaître, par la voie d'une consultation au suffrage direct et universel, le destin politique qu'elles choisiront par rapport à la République française.

Les conditions de cette consultation seront fixées par décret pris en Conseil des ministres.

Les actes qui seraient éventuellement établis en conséquence de l'autodétermination seront soumis au peuple français conformément aux procédures constitutionnelles.

Art. 2. — Jusqu'à l'accomplissement de l'autodétermination tel que prévu à l'article 1er, des décrets pris en Conseil des ministres régleront l'organisation des pouvoirs publics en Algérie suivant les dispositions de l'article 72 de la Constitution et d'après les conditions suivantes :

a. Attribuer aux populations algériennes et à leurs représentants les responsabilités relatives aux affaires algériennes, tant par l'institution d'un organe exécutif et d'assemblées délibérantes ayant compétence pour l'ensemble des départements algériens, que par celle d'organes exécutifs et délibérants régionaux et départementaux appropriés.

b. Assurer la coopération des communautés ainsi que les garanties appropriées à chacune d'elles.

c. Instituer des organismes ayant compétence relativement aux domaines concernant en commun la métropole et l'Algérie et assurer, au sein de ces organismes, la coopération de représentants de la métropole et de représentants de l'Algérie.

J.O. du 9

DOCUMENT 11-201
Décision du Conseil constitutionnel du 23/12/1960 déclarant irrecevable la demande du « Regroupement national »

Le Conseil constitutionnel,

Vu la lettre en date du 20 décembre 1960 par laquelle le Président du « Regroupement national », Jacques Soustelle, a demandé au Conseil constitutionnel l'inscription de son parti sur la liste des organisations habilitées à user des moyens officiels de propagande en vue du référendum et ce, contrairement à la décision de refus qui lui a été opposée par le Gouvernement ;

[1] Ce projet est devenu la loi n° 61-44 du 14/1/61 (*J.O. du 15*).

DOCUMENT 11-202
Décision du Conseil constitutionnel du 23/12/1960 déclarant irrecevable la demande du « Centre républicain »

Le Conseil constitutionnel,

Vu la lettre en date du 21 décembre 1960 par laquelle le Président du « Centre Républicain », André Morice, a demandé au Conseil constitutionnel l'inscription de son parti sur la liste des organisations habilitées à user des moyens officiels de propagande en vue du référendum et ce, contrairement à la décision de refus qui lui a été opposée par le Gouvernement ;

Vu la Constitution, et notamment son article 60 ;

Vu l'ordonnance n° 58-1067 du 7 novembre 1958 portant loi organique sur le Conseil constitutionnel, modifiée par l'ordonnance n° 59-223 du 4 février 1959 ;

Vu le décret n° 60-1299 du 8 décembre 1960 décidant de soumettre un projet de loi au référendum ;

Vu le décret n° 60-1306 du 8 décembre 1960 portant organisation du référendum ;

Vu le décret n° 60-1318 du 8 décembre 1960 fixant les conditions dans lesquelles les partis politiques pourront participer à la campagne en vue du référendum ;

Considérant que les attributions du Conseil constitutionnel, telles qu'elles résultent de l'ordonnance portant loi organique du 7 novembre 1958, sont purement consultatives, en ce qui concerne les opérations préalables au référendum ; qu'en particulier, l'article 47 de cette ordonnance, relatif à l'établissement de la liste des organisations habilitées à user des moyens officiels de la propagande, lui reconnaît seulement la faculté de présenter des observations sur ladite liste ; qu'aucun texte ne lui confère compétence pour statuer, par dérogation aux règles du droit commun, sur les protestations ou recours susceptibles d'être présentés contre les décisions prises à cet égard par le Gouvernement ;

Considérant que, si, à la vérité, en vertu de l'article 50, alinéa 1er, de l'ordonnance susvisée « le Conseil constitutionnel examine et tranche définitivement toutes les réclamations », ce dernier terme doit être entendu dans le sens que lui donne la législation applicable en matière électorale et vise exclusivement les protestations susceptibles d'être formulées à l'issue du scrutin contre les opérations effectuées ; que cette interprétation s'impose en raison notamment de la place assignée, dans le chapitre VII de l'ordonnance, à la disposition en question ainsi que du rapprochement nécessaire entre celle-ci et le deuxième aliéna du même article selon lequel : « Dans le cas où le Conseil constitutionnel constate l'existence d'irrégularités dans le déroulement des opérations, il lui appartient d'apprécier, si, eu égard à la nature et à la gravité de ces irrégularités, il y a lieu soit de maintenir lesdites opéra-

Vu la Constitution, et notamment son article 60 ;

Vu l'ordonnance n° 58-1067 du 7 novembre 1958 portant loi organique sur le Conseil constitutionnel, modifiée par l'ordonnance n° 59-223 du 4 février 1959 ;

Vu le décret n° 60-1299 du 8 décembre 1960 décidant de soumettre un projet de loi au référendum ;

Vu le décret n° 60-1306 du 8 décembre 1960 portant organisation du référendum ;

Vu le décret n° 60-1318 du 8 décembre 1960 fixant les conditions dans lesquelles les partis politiques pourront participer à la campagne en vue du référendum ;

Considérant que les attributions du Conseil constitutionnel, telles qu'elles résultent de l'ordonnance portant loi organique du 7 novembre 1958, sont purement consultatives en ce qui concerne les opérations préalables au référendum ; qu'en particulier, l'article 47 de cette ordonnance relatif à l'établissement de la liste des organisations habilitées à user des moyens officiels de propagande, lui reconnaît seulement la faculté de présenter des observations sur ladite liste ; qu'aucun texte ne lui confère compétence pour statuer, par dérogation aux règles du droit commun, sur les protestations ou recours susceptibles d'être présentés contre les décisions prises à cet égard par le Gouvernement ;

Considérant que, si, à la vérité, en vertu de l'article 50, alinéa 1er, de l'ordonnance susvisée « le Conseil constitutionnel examine et tranche définitivement toutes les réclamations », ce dernier terme doit être entendu dans le sens que lui donne la législation applicable en matière électorale et vise exclusivement les protestations susceptibles d'être formulées à l'issue du scrutin contre les opérations effectuées ; que cette interprétation s'impose en raison notamment de la place assignée, dans le chapitre VII de l'ordonnance, à la disposition en question ainsi que du rapprochement nécessaire entre celle-ci et le deuxième alinéa du même article selon lequel : « Dans le cas où le Conseil constitutionnel constate l'existence d'irrégularités dans le déroulement des opérations, il lui appartient d'apprécier, si, eu égard à la nature et à la gravité de ces irrégularités, il y a lieu soit de maintenir lesdites opéra-

tions, soit de prononcer leur annulation totale ou partielle » ;

Décide :

La demande susvisée n'est pas recevable.

Délibéré par le Conseil constitutionnel dans sa séance du 23 décembre 1960.

Recueil C.C., 1960, p. 67.

tions, soit de prononcer leur annulation totale ou partielle » ;
Décide :
La demande susvisée n'est pas recevable.
Délibéré par le Conseil constitutionnel dans sa séance du 23 décembre 1960.

Recueil C.C., 1960, p. 68.

DOCUMENT 11-203
Proclamation des résultats du référendum du 8 janvier 1961

Le Conseil constitutionnel,
Vu la Constitution du 4 octobre 1958 ;
Vu l'ordonnance du 7 novembre 1958 portant loi organique sur le Conseil constitutionnel ;
Vu le décret du Président de la République en date du 8 décembre 1960 décidant de soumettre un projet de loi au référendum ;
Vu le décret du 8 décembre 1960 portant organisation du référendum, ensemble les décrets et arrêtés pris pour son application ;
Vu le code électoral ;
Vu les résultats provisoires du référendum annoncés le 9 janvier 1961 par le Conseil constitutionnel et les résultats complémentaires portés à la connaissance du Conseil après cette date ;
Vu les procès-verbaux de recensement dressés par les commissions chargées de centraliser les résultats dans les départements de la métropole, dans les départements algériens, dans les départements de la Martinique et de la Réunion et dans le territoire de la Côte française des Somalis, ainsi que les procès-verbaux des opérations de vote portant mention des réclamations présentées par des électeurs et les documents y annexés ;
Vu les télégrammes adressés au Conseil constitutionnel par les présidents des commissions chargées de centraliser les résultats dans les départements de la Guadeloupe, de la Guyane, des Oasis et de la Saoura et dans les territoires des Comores, de Nouvelle-Calédonie, des Nouvelles-Hébrides, de Polynésie, de Saint-Pierre et Miquelon et des îles Wallis et Futuna ;
Vu les observations de la commission centrale de contrôle des opérations du référendum dans les départements algériens ;
Vu les autres pièces et documents portés à la connaissance du Conseil pour son information ;
Les délégués du Conseil constitutionnel entendus ;
Après avoir opéré diverses rectifications d'erreurs matérielles, statué sur les réclamations, procédé aux redressements qu'il a jugés nécessaires et arrêté les résultats définitifs détaillés en annexe.
Proclame :
La consultation du peuple français par voie de référendum, le 8 janvier 1961, sur le projet de loi concernant l'autodétermination des populations algériennes et l'organisation des pouvoirs publics en Algérie avant l'autodétermination, a donné les résultats suivants :

Electeurs inscrits	32 520 233
Votants	23 986 913
Suffrages exprimés	23 265 444
Majorité absolue	11 632 723
Oui	17 447 669
Non	5 817 775

Fait à Paris, au siège du Conseil constitutionnel, le 14 janvier 1961.

Le président,
Léon Noël

J.O. du 15

Référendum du 8 avril 1962

DOCUMENT 11-300
Décret du 20/3/1962 décidant de soumettre un projet de loi au référendum

Lettre du Premier ministre au Président de la République.

Paris, le 20 mars 1962.

Monsieur le Président,
Conformément aux délibérations du Conseil des ministres, j'ai l'honneur de vous proposer au nom du Gouvernement de soumettre au référendum, en vertu de l'article 11 de la Constitution, le projet de loi concernant les accords à établir et les mesures à prendre au sujet de l'Algérie sur la base des déclarations gouvernementales du 19 mars 1962.
Je vous prie d'agréer, Monsieur le Président, l'assurance de mon profond respect.

Michel Debré

Le Président de la République,
Vu les articles 11, 19 et 60 de la Constitution ;
Le Conseil constitutionnel consulté dans les conditions prévues par l'article 46 de l'ordonnance portant loi organique du 7 novembre 1958,
Décrète :
Art. 1er. — Le projet de loi annexé au présent décret sera soumis au référendum le 8 avril 1962 conformément aux dispositions de l'article 11 de la Constitution.
Art. 2. — Les électeurs auront à répondre par Oui ou par Non à la question suivante :
« Approuvez-vous le projet de loi soumis au peuple français par le Président de la République et concernant les accords à établir et les mesures à prendre au sujet de l'Algérie sur la base des déclarations gouvernementales du 19 mars 1962 ? »
Art. 3. — Le présent décret sera publié au *Journal officiel* de la République française.
Fait à Paris, le 20 mars 1962.

C. de Gaulle

ANNEXE

Projet de loi concernant les accords à établir et les mesures à prendre au sujet de l'Algérie sur la base des déclarations gouvernementales du 19 mars 1962 [1]

Art. 1er. — Le Président de la République peut conclure tous accords à établir conformément aux déclarations gouvernementales du 19 mars 1962, si les populations algériennes, consultées en vertu de la loi du 14 janvier 1961, choisissent de constituer l'Algérie en un Etat indépendant coopérant avec la France.

Art. 2. — Jusqu'à la mise en place de l'organisation politique nouvelle éventuellement issue de l'autodétermination des populations algériennes, le Président de la République peut arrêter, par voie d'ordonnances ou, selon le cas, de décrets pris en Conseil des ministres, toutes mesures législatives ou réglementaires relatives à l'application des déclarations gouvernementales du 19 mars 1962.

J.O. du 21

DOCUMENT 11-301

Décision du Conseil constitutionnel du 3/4/1962 déclarant irrecevable la protestation du parti communiste réunionnais

Le Conseil constitutionnel,

Vu le télégramme en date du 28 mars 1962 par lequel le Secrétaire du Parti communiste réunionnais a adressé au Conseil constitutionnel une protestation contre la décision par laquelle le Gouvernement a rejeté sa demande tendant à l'inscription dudit parti sur la liste des organisations habilitées à user des moyens officiels de propagande en vue du référendum ;

Vu la Constitution et notamment son article 60 ;

Vu l'ordonnance du 7 novembre 1958 portant loi organique sur le Conseil constitutionnel, modifiée par l'ordonnance du 4 février 1959 ;

Vu le décret n° 62-310 du 20 mars 1962, décidant de soumettre un projet de loi au référendum ;

Vu le décret n° 62-315 du 20 mars 1962, portant organisation du référendum ;

Vu le décret n° 62-317 du 20 mars 1962, fixant les conditions dans lesquelles les partis politiques pourront participer à la campagne en vue du référendum ;

Vu le décret n° 62-313 du 20 mars 1962, portant adaptation aux départements de la Guadeloupe, de la Guyane, de la Martinique et de la Réunion des dispositions du décret n° 62-317 du 20 mars 1962 fixant les conditions dans lesquelles les partis politiques pourront participer à la campagne en vue du référendum ;

Considérant que les attributions du Conseil constitutionnel, telles qu'elles résultent des articles 46 et 47 de l'ordonnance portant loi organique du 7 novembre 1958, sont purement consultatives en ce qui concerne l'organisation des opérations de référendum et notamment l'établissement de la liste des organisations habilitées à user des moyens officiels de propagande ; que, par contre, conformément aux dispositions de l'article 50 de ladite ordonnance, le rôle du Conseil a un caractère juridictionnel en ce qui concerne le déroulement des opérations de référendum ;

Considérant que, si, à la vérité, en vertu de l'alinéa 1er dudit article 50, « le Conseil constitutionnel examine et tranche définitivement toutes les réclamations », ce dernier terme doit être entendu dans le sens que lui donne la législation applicable en matière électorale et vise exclusivement les protestations susceptibles d'être formulées à l'issue du scrutin contre les opérations effectuées ; que cette interprétation s'impose en raison notamment de la place assignée, dans le chapitre VII de l'ordonnance, à la disposition en question ainsi que du rapprochement nécessaire entre celle-ci et le 2e alinéa du même article selon lequel « Dans le cas où le Conseil constitutionnel constate l'existence d'irrégularités dans le déroulement des opérations, il lui appartient d'apprécier si, eu égard à la nature et à la gravité de ces irrégularités, il y a lieu soit de maintenir lesdites opérations, soit de prononcer leur annulation totale ou partielle » ;

Décide :

La protestation susvisée n'est pas recevable.

Délibéré par le Conseil dans sa séance du 3 avril 1962.

Recueil C.C., 1962, p. 63.

DOCUMENT 11-302

Proclamation des résultats du référendum du 8 avril 1962

Le Conseil constitutionnel,

Vu la Constitution du 4 octobre 1958 ;

Vu l'ordonnance du 7 novembre 1958 portant loi organique sur le Conseil constitutionnel ;

Vu le décret du Président de la République en date du 20 mars 1962 décidant de soumettre un projet de loi au référendum ;

(1) Ce projet est devenu la loi n° 62-421 du 13 avril 1962 (*J.O. du 14*).

Vu le décret du 20 mars 1962 portant organisation du référendum, ensemble les décrets et arrêtés pris pour son application ;

Vu le code électoral ;

Vu les résultats provisoires du référendum annoncés le 9 avril 1962 par le Conseil constitutionnel et les résultats complémentaires portés à la connaissance du Conseil après cette date ;

Vu les procès-verbaux de recensement dressés par les commissions chargées de centraliser les résultats dans les départements de la métropole, dans les départements de la Martinique, de la Guadeloupe et de la Réunion, et dans le territoire de la Côte française des Somalis, ainsi que les procès-verbaux des opérations de vote portant mention des réclamations présentées par des électeurs et les documents y annexés ;

Vu les télégrammes adressés au Conseil constitutionnel par les présidents des commissions chargées de centraliser les résultats dans le département de la Guyane, dans les territoires des Comores, de Nouvelle-Calédonie, des Nouvelles-Hébrides, de Polynésie, de Saint-Pierre et Miquelon et des îles Wallis et Futuna ;

Vu les autres pièces et documents portés à la connaissance du Conseil pour son information ainsi que les réclamations d'électeurs qui lui ont été adressées directement ;

Les délégués du Conseil constitutionnel entendus ;

Après avoir opéré diverses rectifications d'erreurs matérielles, statué sur les réclamations, procédé aux redressements qu'ils ont jugé nécessaires et arrêté les résultats définitifs détaillés en annexe,

Proclame :

La consultation du peuple français par voie de référendum le 8 avril 1962, sur le projet de loi concernant les accords à établir et les mesures à prendre au sujet de l'Algérie sur la base des déclarations gouvernementales du 19 mars 1962, a donné les résultats suivants :

Electeurs inscrits	27 582 072
Votants	20 779 303
Suffrages exprimés	19 675 497
Majorité absolue	9 837 749
Oui	17 866 423
Non	1 809 074

Fait à Paris, au siège du Conseil constitutionnel, le 13 avril 1962.

Le président,
Léon Noël

J.O. du 14

Référendum du 28 octobre 1962

DOCUMENT 11-400

Décret du 2/10/1962 décidant de soumettre un projet de loi au référendum

Lettre du Premier ministre au Président de la République.

Paris, le 2 octobre 1962.

Monsieur le Président,

Conformément aux délibérations du Conseil des ministres de ce jour, j'ai l'honneur de vous proposer, au nom du Gouvernement, de soumettre au référendum, en vertu de l'article 11 de la Constitution, le projet de loi relatif à l'élection du Président de la République au suffrage universel.

Je vous prie d'agréer, Monsieur le Président, l'assurance de mon profond respect.

Georges Pompidou

Le Président de la République,

Vu les articles 3, 11, 19 et 60 de la Constitution ;

Le Conseil constitutionnel consulté dans les conditions prévues par l'article 46 de l'ordonnance portant loi organique du 7 novembre 1958,

Décrète :

Art. 1er. — Le projet de loi annexé au présent décret sera soumis au référendum le 28 octobre 1962 conformément aux dispositions de l'article 11 de la Constitution.

Art. 2. — Les électeurs auront à répondre par Oui ou par Non à la question suivante :

« Approuvez-vous le projet de loi soumis au peuple français par le Président de la République et relatif à l'élection du Président de la République au suffrage universel ? »

Art. 3. — Le présent décret sera publié au *Journal officiel* de la République française.

Fait à Paris, le 2 octobre 1962.

C. de Gaulle

J.O. du 3

Note : Le projet annexé, devenu la loi n° 62-1292 du 6 novembre 1962 (*J.O. du 7*) contenait des modifications des articles 6 et 7 de la Constitution et de l'ordonnance n° 58-1064 du 7 novembre 1958 (*J.O. du 8*) portant la loi organique relative à l'élection du Président de la République.

DOCUMENT 11-401
Allocution radiodiffusée et télévisée prononcée au Palais de l'Elysée par le général de Gaulle
Le 20 septembre 1962

Depuis que le peuple français m'a appelé à reprendre officiellement place à sa tête, je me sentais naturellement obligé de lui poser, un jour, une question qui se rapporte à ma succession, je veux dire celle du mode d'élection du Chef de l'Etat. Des raisons que chacun connaît m'ont récemment donné à penser qu'il pouvait être temps de le faire.

Qui donc aurait oublié quand, pourquoi, comment, fut établie notre Constitution ? Qui ne se souvient de la mortelle échéance devant laquelle se trouvaient, en mai 1958, le pays et la République en raison de l'infirmité organique du régime d'alors ? Dans l'impuissance des pouvoirs, apparaissaient, tout à coup, l'imminence des coups d'Etat, l'anarchie généralisée, la menace de la guerre civile, l'ombre de l'intervention étrangère. Comme tout se tient, c'est au même moment que s'ouvrait devant nous le gouffre de l'effondrement monétaire, financier et économique. Enfin, ce qu'il y avait d'absurde et de ruineux dans le conflit algérien, après la guerre d'Indochine et à l'annonce de graves déchirements dans l'ensemble de l'Afrique noire, démontrait la nécessité de changer en coopération de pays indépendants les rapports qui liaient la France et ses colonies, tandis que le système tâtonnant et trébuchant des partis se trouvait hors d'état de trancher ce qui devait l'être et de maîtriser les secousses qu'une pareille transformation allait forcément susciter.

C'est alors, qu'assumant de nouveau le destin de la patrie, j'ai, avec mon gouvernement, proposé au pays la présente Constitution. Celle-ci, qui fut adoptée par 80 % des votants, a maintenant quatre ans d'existence. On peut donc dire qu'elle a fait ses preuves. La continuité dans l'action de l'Etat, la stabilité, l'efficacité et l'équilibre des pouvoirs, ont remplacé, comme par enchantement, la confusion chronique et les crises perpétuelles qui paralysaient le système d'hier, quelle que pût être la valeur des hommes. Par là même, portent maintenant leurs fruits le grand effort et le grand essor du peuple français. La situation de la France au-dedans et au-dehors a marqué d'éclatants progrès, reconnus par le monde entier, sans que les libertés publiques en aient été aliénées. Le grave et pénible problème de la décolonisation a été, notamment, réglé. Certes, l'œuvre que nous avons encore à accomplir est immense, car, pour un peuple, continuer de vivre c'est continuer d'avancer. Mais personne ne croit sérieusement que nous pourrions le faire si nous renoncions à nos solides institutions. Personne, au fond, ne doute que notre pays se trouverait vite jeté à l'abîme, si par malheur nous le livrions de nouveau aux jeux stériles et dérisoires d'autrefois.

Or, la clé de voûte de notre régime, c'est l'institution nouvelle d'un Président de la République désigné par la raison et le sentiment des Français pour être le chef de l'Etat et le guide de la France. Bien loin que le Président doive, comme naguère, demeurer confiné dans un rôle de conseil et de représentation, la Constitution lui confère, à présent, la charge insigne du destin de la France et de celui de la République.

Suivant la Constitution, le Président est, en effet, garant — vous entendez bien ? garant — de l'indépendance et de l'intégrité du pays, ainsi que des traités qui l'engagent. Bref, il répond de la France. D'autre part, il lui appartient d'assurer la continuité de l'Etat et le fonctionnement des pouvoirs. Bref, il répond de la République. Pour porter ces responsabilités suprêmes, il faut au Chef de l'Etat des moyens qui soient adéquats. La Constitution les lui donne. C'est lui qui désigne les ministres et, d'abord, choisit le Premier. C'est lui qui réunit et préside leurs Conseils. C'est lui, qui, sur leur rapport, prend, sous forme de décrets ou d'ordonnances, toutes les décisions importantes de l'Etat. C'est lui qui nomme les fonctionnaires, les officiers, les magistrats. Dans les domaines essentiels de la politique extérieure et de la sécurité nationale, il est tenu à une action directe, puisqu'en vertu de la Constitution il négocie et conclut les traités, puisqu'il est le chef des armées, puisqu'il préside à la défense. Par-dessus tout, s'il arrive que la patrie et la République soient immédiatement en danger, alors le Président se trouve investi en personne de tous les devoirs et de tous les droits que comporte le salut public.

Il va de soi que l'ensemble de ces attributions, permanentes ou éventuelles, amène le Président à inspirer, orienter, animer l'action nationale. Il arrive qu'il ait à la conduire directement, comme je l'ai fait, par exemple, dans toute l'affaire algérienne. Certes, le Premier ministre et ses collègues ont, sur la base ainsi tracée, à déterminer à mesure la politique et à diriger l'administration. Certes, le Parlement délibère et vote les lois, contrôle le gouvernement et a le droit de le renverser, ce qui marque le caractère parlementaire du régime. Mais, pour pouvoir maintenir, en tout cas, l'action et l'équilibre des pouvoirs et mettre en œuvre, quand il le faut, la souveraineté du peuple, le Président détient en permanence la possibilité de recourir au pays, soit par la voie du référendum, soit par celle de nouvelles élections, soit par l'une et l'autre à la fois.

En somme, comme vous le voyez, un des caractères essentiels de la Constitution de la V⁰ République, c'est qu'elle donne une tête à l'Etat. Aux temps modernes, où tout est si vital, si rude, si précipité, la plupart des grands pays du monde : Etats-Unis, Russie, Grande-Bretagne, Allemagne, etc., en font autant, chacun à sa manière. Nous le faisons à la nôtre, qui est, d'une part démocratique et, d'autre part, conforme aux leçons et aux traditions de notre longue Histoire.

Cependant, pour que le Président de la République puisse porter et exercer effectivement une charge pareille, il lui faut la confiance explicite de la nation. Permettez-moi de dire qu'en reprenant la tête de l'Etat, en 1958, je pensais que, pour moi-même à cet égard, les événements de l'Histoire avaient déjà fait le nécessaire. En raison de ce que nous avons vécu et réalisé ensemble, à travers tant de peines, de larmes et de sang, mais aussi avec tant d'espérances, d'enthousiasmes et de réussites, il y a entre vous, Françaises, Français, et moi-même un lien exceptionnel qui m'investit et qui m'oblige. Je n'ai donc pas attaché, alors, une importance particulière aux modalités qui allaient entourer ma désignation, puisque celle-ci était d'avance prononcée par la force des choses. D'autre part, tenant compte de susceptibilités politiques, dont certaines étaient respectables, j'ai préféré, à ce moment-là qu'il n'y eût pas à mon sujet une sorte de plébiscite formel. Bref, j'ai alors accepté que le texte initial de notre Constitution soumît l'élection du Président à un Collège relativement restreint d'environ 80 000 élus.

Mais, si ce mode de scrutin ne pouvait, non plus qu'aucun autre, fixer mes responsabilités à l'égard de la France, ni exprimer à lui seul la confiance que veulent bien me faire les Français, la question serait très différente pour ceux qui, n'ayant pas nécessairement reçu des événements la même marque nationale, viendront après moi, tour à tour, prendre le poste que j'occupe à présent. Ceux-là, pour qu'ils soient entièrement en mesure et complètement obligés de porter la charge suprême, quel que puisse être son poids, et qu'ainsi notre République continue d'avoir une bonne chance de demeurer solide, efficace et populaire en dépit des démons de nos divisions, il faudra qu'ils en reçoivent directement mission de l'ensemble des citoyens. Sans que doivent être modifiés les droits respectifs, ni les rapports réciproques des pouvoirs, exécutif, législatif, judiciaire, tels que les fixe la Constitution, mais en vue de maintenir et d'affermir dans l'avenir nos institutions vis-à-vis des entreprises factieuses, de quelque côté qu'elles viennent, ou bien des manœuvres de ceux qui, de bonne ou de mauvaise foi, voudraient nous ramener au funeste système d'antan, je crois devoir faire au pays la proposition que voici : quand sera achevé mon propre septennat ou si la mort ou la maladie l'interrompaient avant le terme, le Président de la République sera dorénavant élu au suffrage universel.

Sur ce sujet, qui touche tous les Français, par quelle voie convient-il que le pays exprime sa décision ? Je réponds : par la plus démocratique, la voie du référendum. C'est aussi la plus justifiée, car la souveraineté nationale appartient au peuple et elle lui appartient évidemment, d'abord, dans le domaine constituant. D'ailleurs, c'est du vote de tous les citoyens qu'a procédé directement notre actuelle Constitution. Au demeurant, celle-ci spécifie que le peuple exerce sa souveraineté, soit par ses représentants, soit par le référendum. Enfin, si le texte prévoit une procédure déterminée pour le cas où la révision aurait lieu dans le cadre parlementaire, il prévoit aussi, d'une façon très simple et très claire, que le Président de la République peut proposer au pays, par la voie du référendum, « tout projet de loi » — je souligne : « tout projet de loi » — « portant sur l'organisation des pouvoirs publics », ce qui englobe, évidemment, le mode d'élection du Président. Le projet que je me dispose à soumettre au peuple français le sera donc dans le respect de la Constitution que, sur ma proposition, il s'est à lui-même donnée.

Françaises, Français, en cette périlleuse époque et en ce monde difficile, il s'agit de faire en sorte, dans toute la mesure où nous le pouvons, que la France vive, qu'elle progresse, qu'elle assure son avenir. C'est pourquoi, en vous proposant, avant peu, de parfaire les institutions nationales sur un point dont, demain, tout peu dépendre, je crois en toute conscience bien servir notre pays. Mais, comme toujours, je ne peux et ne veux rien accomplir qu'avec votre concours. Comme toujours, je vais donc bientôt vous le demander. Alors, comme toujours, c'est vous qui en déciderez.

Vive la République !
Vive la France !

DOCUMENT 11-402

Extrait du discours prononcé par M. Monnerville, président du Sénat, le 9 octobre 1962 devant le Sénat

... Je viens de parler de stabilité du régime républicain. Comment serait-il possible à votre président de ne pas exprimer dès la reprise de nos travaux les sérieuses préoccupations qu'il éprouve quant à l'avenir des institutions de la République ? Permettez-lui de vous dire toute sa pensée, comme citoyen de ce pays, et comme président de cette assemblée, sans prétendre engager, pour autant, les membres de votre bureau, dont le rôle, vous le savez, est administratif plus que politique.

Une réforme constitutionnelle est engagée, qui bouleverse les esprits. Depuis trois semaines environ, la situation politique est obscurcie par une équivoque qui trouble tous les Français ; équivoque qui aurait pu, qui aurait dû être évitée car, dans un pays de démocratie, tout peut être résolu, lorsque les problèmes sont posés clairement ; mais, pour cela, il faut observer le jeu naturel des institutions dans le sens de la justice et de la liberté.

Est-ce le cas aujourd'hui ? Je ne le pense pas. Le jeu normal des institutions est faussé, la Constitution est violée ouvertement, le peuple est abusé.

Que la Constitution soit violée, nul doute ne subsiste plus à cet égard depuis qu'a été publié le projet de loi soumis au référendum, depuis qu'a été choisie la procédure non constitutionnelle de l'article 11, depuis que les juristes de France, le Conseil d'Etat, le Conseil constitutionnel — chacun le sait aujourd'hui — l'ayant examiné, l'ont condamnée. Au surplus, comment ne pas remarquer que le texte publié au *Journal officiel* n'est même pas intitulé : « projet de loi constitutionnelle » ou « projet de loi portant révision de la Constitution », mais simplement « projet de loi relatif à l'élection du Président de la République au suffrage universel ». C'est que ses auteurs savent parfaitement que, comme projet de loi tendant à une révision constitutionnelle, il ne peut pas être présenté sous le couvert de l'article 11 ; mais ils persévèrent néanmoins. Cela m'incite à considérer comme fondée — et j'appelle votre vigilance particulière là-dessus — la crainte maintes fois exprimée depuis quelques jours que ce texte, une fois voté par référendum, ne soit considéré par le Pouvoir comme une loi ordinaire, bien qu'en fait elle aurait modifié la Constitution.

Je note aussi que ce projet n'est pas consacré uniquement à l'élection du Président de la République. Il modifie, en effet, plusieurs autres articles de la Constitution et, en particulier, l'article 7, celui qui règle l'intérim du Président de la République en

TITRE II : LE PRÉSIDENT DE LA RÉPUBLIQUE

cas de vacance ; il enlève au Président du Sénat beaucoup des attributions que la Constitution de 1958 confère à celui-ci, ce qui ne vous étonnera pas ; il interdit, pendant cette période, l'application des articles 49, 50 et 89 de la Constitution. Ce qui revient à dire que, pendant cette période, le Gouvernement ne pourra pas demander à l'Assemblée nationale ou au Sénat l'approbation d'une déclaration de politique générale, ni engager sa responsabilité devant l'Assemblée nationale ; que les membres de celle-ci seront dépourvus du droit de déposer une motion de censure obligeant le Premier ministre à remettre la démission du gouvernement, risquant ainsi de laisser la rue seul arbitre d'un grave conflit éventuel entre le Gouvernement et la représentation nationale. Enfin, cela veut dire, qu'aucune révision constitutionnelle ne pourra, pendant cette période, être votée par les Chambres, puisqu'on suspend unilatéralement et arbitrairement l'application de l'article 89 de la Constitution, décidément si gênant pour le Pouvoir. Et c'est un pareil texte qu'on veut nous faire prendre pour une simple loi ordinaire relevant de l'article 11 de la Constitution !

Pour justifier l'entorse ainsi faite à la Constitution, et à son article 89, l'on invoque le pouvoir constituant du peuple français : c'est lui, nous dit-on, qui, par référendum, a adopté, en 1958, l'actuelle Constitution, il peut donc la modifier également par un nouveau référendum. L'argument est particulièrement spécieux. Nul ne songe à nier le pouvoir constituant du peuple français ; mais il est nécessaire de rappeler qu'en votant la Constitution de 1958 le peuple, en vertu de son pouvoir constituant, a voté du même coup l'article 89 qui y est contenu et qui précise les conditions obligatoires à remplir, la procédure obligatoire à suivre pour que soit opérée une révision valable de la Constitution. Loin de contester ses pouvoirs, nous les défendons, et nous exigeons le respect de sa volonté si clairement exprimée.

Enfin, pour en terminer sur ce point — capital, comme l'on voit — rappelons que, toujours selon l'article 89, le référendum peut avoir lieu après l'examen et le vote du texte par le Parlement. L'éventualité en est laissée à l'exécutif, qui peut l'utiliser pleinement. Ainsi le peuple peut être appelé à ratifier le vote de ses représentants ; mais son intervention, pour légitime qu'elle soit, ne saurait remplacer la discussion, l'affrontement des thèses diverses, l'examen approfondi des conséquences probables des décisions prises, méthode sans laquelle il n'y a ni démocratie véritable, ni stabilité possible des institutions.

Telle est l'orthodoxie en la matière. Toute autre méthode n'aboutit qu'à la violation délibérée de la Constitution française.

Juridisme que tout cela ! s'écrie-t-on, et l'on ajoute : le droit, même s'il s'agit de la loi suprême qui engage l'avenir politique de la Nation, s'interprète selon le tempérament de chacun. Affirmation audacieuse, surprenante, dans un pays légaliste comme la France, « mère des lois », pays de Montesquieu et des plus illustres légistes, et qui a toujours considéré, à juste titre, que le Droit, la Loi sont les vrais garants des libertés. Voilà une imprudente parole que n'eût pas prononcée Clémenceau qui estimait, lui, qu'on ne puise sa force que dans le respect des lois. Renierait-on, en 1962, ce qui est la base même de la civilisation française ? Dénierait-on, pour les besoins d'une cause mauvaise, toute autorité à la loi, alors que la France est toujours apparue, au-dedans de ses frontières et surtout dans les instances internationales, comme le champion du Droit, la protectrice traditionnelle de la légalité et des minorités. Ce serait décevant et, pour tout dire, humiliant. C'est l'honneur des juristes de n'avoir pas souscrit à une telle opinion.

Au demeurant, tout a été dit depuis des semaines, sur cette grave atteinte à la Constitution ; les récents débats à l'Assemblée nationale ont précisé beaucoup de choses qui sont vraies : le Gouvernement de 1958, ses représentants au Comité constitutionnel, les représentants du Parlement, députés et sénateurs qui, choisis par leurs assemblées respectives, ont pris part à l'élaboration de la Constitution, ont été unanimes sur deux points essentiels, et cela en parfait accord avec le président du conseil d'alors, le général de Gaulle. D'abord écarter l'idée de l'élection du Président de la République au suffrage universel. Pour quel motif ? Parce qu'un pareil mode d'élection, jugeaient-ils tous, contenait en germe le pouvoir personnel et, à terme, la possibilité de la dictature. Voilà qui est net. Ensuite, ne permettre une révision constitutionnelle, quelle qu'elle soit, que selon la procédure claire, méthodique, définitive, inscrite dans l'article 89 de la Constitution.

Puis-je ajouter que j'ai été mêlé moi-même à ces travaux. Nos collègues choisis par le Conseil de la République d'alors pour mettre au point la Constitution de 1958 eurent, tous, la courtoisie de me tenir régulièrement au courant des travaux du Comité consultatif constitutionnel. Des échanges de vues se produisirent aussi entre le ministre de la Justice et moi-même ; et, en outre, j'ai eu l'occasion d'en conférer avec le président du Conseil d'alors, qui est le chef de l'État d'aujourd'hui.

Je suis donc en mesure d'affirmer, sans contestation possible, que la seule procédure considérée comme régulière et constitutionnelle, c'est celle qui, à l'exclusion de toutes autres, a été retenue par tous les Constituants, sans exception : c'est la procédure inscrite au titre XIV de la Constitution, seul titre consacré à la révision, et dans l'article 89 qui, à lui seul, constitue ce titre XIV.

Quiconque passe outre viole donc la Constitution. J'ajoute qu'agir ainsi, c'est créer un redoutable précédent. Les Français, qui pourraient être flattés de voir poser directement devant eux un problème d'ordre constitutionnel, doivent savoir que, dans l'avenir, ce précédent dangereux pourrait fort bien se retourner contre eux et leurs libertés.

Alors, on déplace le débat, et l'on accuse ceux qui dénoncent cette violation de la Constitution de vouloir priver le peuple de la faculté de s'exprimer. Piètre querelle, en vérité ! Tous les démocrates, qu'ils soient des élus ou des électeurs, veulent le maintien, la protection, le respect du suffrage universel en France. Notre assemblée, quant à elle, en a toujours donné l'exemple. Je demande qu'on me cite un seul cas — un seul — où le Conseil de la République d'hier, le Sénat d'aujourd'hui ont empiété sur les prérogatives du suffrage universel, ou sur celles de l'Assemblée nationale, représentation directe du suffrage universel au Parlement.

Mais il y a plus. Les sénateurs sont l'émanation, non pas du suffrage restreint, comme on le répète à dessein, mais du suffrage universel indirect ; le collège qui les élit est entièrement composé de personnes, non pas nommées ou cooptées, mais élues au suffrage universel direct ; ce sont les conseillers municipaux, les conseillers généraux, les maires, les députés.

Je désire ajouter que plus des trois quarts des membres de notre assemblée sont eux-mêmes des élus du suffrage universel direct. En effet, sur 274 sénateurs qui la composent, nous sommes exactement 209 élus locaux, donc élus au suffrage universel. Dès lors, comment pourrions-nous ignorer ce qu'est le suffrage universel, comment et pour quelles raisons lui serions-nous hostiles ?

Mais là n'est pas le vrai problème. Il est dans le fait que la loi suprême, la Constitution française, celle qui régit les rapports entre les citoyens et l'Etat, est ouvertement, délibérément violée. Elle l'est encore pour une autre raison. L'alinéa 5 de l'article 89 de notre Constitution, — autre disposition essentielle — dit, en termes précis : « La forme républicaine du Gouvernement ne peut faire l'objet d'une révision ». C'est formel. Or, en modifiant, par le biais, les pouvoirs du Chef de l'Etat, en consolidant les empiétements successifs qu'il a opérés sur ceux du Gouvernement, seul responsable constitutionnellement devant les Chambres, c'est à la forme républicaine du Gouvernement que l'on porte atteinte. Il s'agit, nous le savons tous, d'aller par étapes vers le régime présidentiel. Dès lors, pourquoi ne pas poursuivre ouvertement cette réforme, en pleine clarté ? Pourquoi ne pas saisir la représentation nationale d'un projet de loi qui ferait l'objet de débats, et éventuellement d'un référendum ultérieur ? Au lieu de cela, l'on passe délibérément par-dessus le Parlement ; le pouvoir viole ainsi les dispositions précises, non équivoques, de la charte constitutionnelle.

Dans sa récente allocution télévisée, le Président de la République a dit : « J'ai le droit ! ». Avec la haute considération due à ses fonctions, mais avec gravité, avec fermeté, je réponds : « Non, monsieur le Président de la République, vous n'avez pas le droit. Vous le prenez ».

Et c'est cela, mesdames et messieurs, qui n'est pas admissible ; car, nous ne le répéterons jamais assez, violer la Constitution, c'est attenter aux droits mêmes des citoyens. Tous les mouvements de liberté et de démocratie, à travers les temps et les pays, revêtent la même forme : l'instauration ou le respect de la loi. Pourquoi ? Parce que la loi concrétise les garanties données aux hommes de la cité. Et cela est vrai surtout dans les pays méditerranéens, pays de droit écrit, telle Rome, telle la France. La liberté consiste à ne dépendre que des lois, et les hommes de pensée ont proclamé, depuis longtemps, que les deux grandes conquêtes de la civilisation sont la loi écrite et la responsabilité individuelle.

C'est un fait d'expérience que, dans une République, lorsque la majorité veut étouffer les minorités, il se développe un esprit factieux incompatible avec la démocratie. Aussi les démocraties édictent-elles des formes constitutionnelles qui enlèvent au pouvoir exécutif — et même parfois au pouvoir législatif — le droit de prendre des dispositions contraires à la nature des institutions libres.

Certes, nous n'avons pas le fétichisme des constitutions. Mais, si nous réclamons le respect de celle que le peuple a votée, il y a quatre ans, c'est parce qu'elle règle le mode de délégation de la souveraineté nationale, la forme, les attributions, le fonctionnement de chacun des pouvoirs, en un mot l'équilibre des pouvoirs, contrepoids fondamental à toute tentative de pouvoir personnel.

Or, l'élection du Président de la République au suffrage universel, sans que soit organisé au préalable le mécanisme de cet équilibre indispensable, ne fera que créer la confusion des pouvoirs, et au profit d'un seul. Elle donnera naissance à un pouvoir personnel, omnipotent, incontrôlable, et en même temps — paradoxe insensé — irresponsable : car, aux termes de la présente Constitution qui resterait inchangée sur ce point, le chef de l'Etat n'est pas responsable devant le Parlement.

La question est donc grave. C'est la confusion ou la juste distribution des pouvoirs législatif, exécutif et judiciaire, qui distingue les gouvernements tyranniques des gouvernements libres. Réunir en une seule main, sur une seule tête, tous les pouvoirs, sans nul contrepoids, c'est proprement abolir la démocratie ; c'est pourtant ce qu'on demande au peuple français de faire, d'urgence, sans examen, simplement par confiance en un homme.

Si la réforme présentée est votée, le chef de l'Etat, irresponsable, disposera de l'arme de dissolution contre l'Assemblée nationale, élue comme lui au suffrage universel, et le 16 mai risquera de resurgir du fond de l'histoire. Il pourra user du référendum quand bon lui semblera, sur les sujets qui lui conviendront, au moment qu'il aura choisi, selon la procédure qu'il aura arrêtée — celle-là même que nous combattons aujourd'hui. L'opinion publique, mal avertie, ne pourra se prononcer que par oui ou par non ; plutôt par oui car la manière dont la question est généralement posée dans un référendum plébiscitaire emporte toujours le vote affirmatif ; l'histoire est la pour en porter témoignage.

Je dis : ce n'est pas cela, la démocratie. En démocratie, on ne gouverne pas par le monologue. Et surtout on a l'obligation morale, impérieuse, de respecter les lois du pays. C'est une règle qui s'impose à tous les citoyens de France, et d'abord, et surtout, au premier d'entre eux, celui qui a la charge de veiller à l'intangibilité de la Constitution.

C'est pourquoi je m'élève avec force contre la violation de notre Charte nationale. Loin de rénover le régime démocratique en France, la réforme proposée le compromet, puisqu'elle tend à détruire l'équilibre des pouvoirs politiques, qui est l'essence et le fondement même de la démocratie.

J.O.S. 9-10-1962

DOCUMENT 11-403

Proclamation des résultats du référendum du 28 octobre 1962

Le Conseil constitutionnel,

Vu la Constitution du 4 octobre 1958 ;

Vu l'ordonnance du 7 novembre 1958 portant loi organique sur le Conseil constitutionnel ;

TITRE II : LE PRÉSIDENT DE LA RÉPUBLIQUE

Vu le décret du Président de la République en date du 2 octobre 1962 décidant de soumettre un projet de loi au référendum ;

Vu le décret du 4 octobre 1962 portant organisation du référendum, ensemble les décrets et arrêtés pris pour son application ;

Vu le Code électoral ;

Vu les procès-verbaux de recensement dressés par les commissions chargées de centraliser les résultats dans les départements de la métropole, dans les départements de la Guadeloupe et de la Réunion et dans le territoire de Saint-Pierre-et-Miquelon, ainsi que les procès-verbaux des opérations de vote portant mention des réclamations présentées par des électeurs et les documents y annexés ;

Vu les télégrammes adressés au Conseil constitutionnel par les présidents des commissions chargées de centraliser les résultats dans les départements de la Martinique et de la Guyane, dans les territoires des Comores, de la Côte française des Somalis, de la Nouvelle-Calédonie, des Nouvelles-Hébrides, de Polynésie et des îles Wallis et Futuna ;

Vu les autres pièces et documents portés à la connaissance du Conseil pour son information ainsi que les réclamations d'électeurs qui lui ont été adressées soit directement, soit par l'entremise des autorités administratives ;

Les délégués du Conseil constitutionnel entendus ;

Après avoir opéré diverses rectifications d'erreurs matérielles, statué sur les réclamations, procédé aux redressements qu'il a jugés nécessaires et arrêté les résultats définitifs détaillés en annexe ;

Proclame :

La consultation du peuple français par voie de référendum, le 28 octobre 1962, sur le projet de loi concernant l'élection du Président de la République au suffrage universel, a donné les résultats suivants :

Electeurs inscrits	28 185 478
Votants	21 694 563
Suffrages exprimés	21 125 054
Majorité absolue	10 562 528
Oui	13 150 516
Non	7 974 538

Fait à Paris, au siège du Conseil constitutionnel, le 6 novembre 1962.

J.O. du 7

DOCUMENT 11-404
Décision du Conseil constitutionnel du 6 novembre 1962 rejetant le recours présenté par M. Monnerville, Président du Sénat,

Note : Le recours de M. Monnerville est publié sous le numéro Doc. 61-503, la décision du Conseil constitutionnel sous le numéro Doc. 61-403.

Projet de référendum du 16 juin 1968

DOCUMENT 11-500
Décret du 27/5/1968 décidant de soumettre un projet de loi au référendum

Lettre du Premier ministre au Président de la République.

Paris, le 27 mai 1968

Monsieur le Président,

Conformément aux délibérations du Conseil des ministres de ce jour, j'ai l'honneur de vous proposer, au nom du Gouvernement, de soumettre au référendum, en vertu de l'article 11 de la Constitution, le projet de loi pour la rénovation universitaire, sociale et économique.

Je vous prie d'agréer, Monsieur le Président, l'assurance de mon profond respect.

Georges Pompidou

Le Président de la République,

Vu les articles 3, 11, 19 et 60 de la Constitution ;

Le Conseil constitutionnel consulté dans les conditions prévues par l'article 46 de l'ordonnance portant loi organique du 7 novembre 1958,

Décrète :

Art. 1er. — Le projet de loi annexé au présent décret, délibéré en Conseil des ministres après avis du Conseil d'Etat, sera soumis au référendum le 16 juin 1968, conformément aux dispositions de l'article 11 de la Constitution.

Art. 2. — Les électeurs auront à répondre par « oui » ou par « non » à la question suivante :

« Approuvez-vous le projet de loi soumis au peuple français par le Président de la République pour la rénovation universitaire, sociale et économique ? »

Art. 3. — Le présent décret sera publié au *Journal officiel* de la République française.

Fait à Paris, le 27 mai 1968.

C. de Gaulle

ANNEXE

Projet de loi pour la rénovation universitaire, sociale et économique

Article unique. — En vue d'étendre la participation des citoyens aux décisions qui les concernent directement, toutes mesures seront prises, avant le 1er juin 1969, par le Président de la République, le Gouvernement et le Parlement, dans le cadre des compétences respectives des pouvoirs publics, et avec le concours de toutes les organisations représentatives, pour :

1. Réformer l'éducation nationale en adaptant à l'évolution et aux besoins du pays l'enseignement

et la formation des jeunes et faire participer l'ensemble des intéressés à la transformation et à la marche des universités et des établissements ;

2. Adapter les structures économiques et administratives et promouvoir le progrès social conformément aux nécessités nationales ou internationales par :

— la répartition des fruits de l'expansion, en vue de l'amélioration continue des conditions de vie et de travail dans les entreprises, dans l'agriculture et dans les services publics, principalement en ce qui concerne les catégories les moins favorisées ;

— la participation des travailleurs aux responsabilités professionnelles à tous les échelons de l'économie ;

— l'action pour le plein emploi et la formation professionnelle ;

— l'organisation de l'activité économique dans le cadre régional avec la participation accrue des corps élus locaux et des organismes syndicaux et professionnels ainsi que la décentralisation et la déconcentration administratives.

J.O. du 28

DOCUMENT 11-501
Décret du 30/5/1968 reportant la date du référendum

Le Président de la République,

Vu les articles 3, 11, 19 et 60 de la Constitution ;

Le Conseil constitutionnel consulté dans les conditions prévues par l'article 46 de l'ordonnance portant loi organique du 7 novembre 1958 ;

Sur proposition du Gouvernement,

Décrète :

Art. 1er. — Le référendum prévu pour le 16 juin 1968 par le décret n° 68-468 du 27 mai 1968 est reporté à une date qui sera fixée par décret.

Art. 2. — Le présent décret sera publié au *Journal officiel* de la République française.

Fait à Paris, le 30 mai 1968.

C. de Gaulle

J.O. du 31

Référendum du 27 avril 1969

DOCUMENT 11-600
Décret du 2/5/1969 décidant de soumettre un projet de loi au référendum

Lettre du Premier ministre au Président de la République.

Paris, le 2 avril 1969

Monsieur le Président,

Conformément aux délibérations du Conseil des ministres de ce jour, j'ai l'honneur de vous proposer, au nom du Gouvernement, de soumettre au référendum, en vertu de l'article 11 de la Constitution, le projet de loi relatif à la création de régions et à la rénovation du Sénat.

Je vous prie d'agréer, Monsieur le Président, l'assurance de mon profond respect.

Maurice Couve de Murville

Le Président de la République,

Vu les articles 3, 11, 19 et 60 de la Constitution ;

Le Conseil constitutionnel consulté dans les conditions prévues par l'article 46 de l'ordonnance portant loi organique du 7 novembre 1958,

Décrète :

Art. 1er. — Le projet de loi annexé au présent décret, délibéré en conseil des ministres après avis du Conseil d'Etat, sera soumis au référendum le 27 avril 1969, conformément aux dispositions de l'article 11 de la Constitution.

Art. 2. — Les électeurs auront à répondre par « oui » ou par « non » à la question suivante :

« Approuvez-vous le projet de loi soumis au peuple français par le Président de la République et relatif à la création de régions et à la rénovation du Sénat ? »

Art. 3. — Le présent décret sera publié au *Journal officiel* de la République française.

Fait à Paris, le 2 avril 1969.

C. de Gaulle

J.O. du 3

ANNEXE
Projet de loi relatif à la création de régions et à la rénovation du Sénat

TITRE 1er
La région

CHAPITRE 1er

Dispositions constitutionnelles

Art. 1er. — L'article 72 de la Constitution est modifié comme suit :

« Les collectivités territoriales de la République sont les communes, les départements, les régions, les territoires d'outre-mer. Toute autre collectivité territoriale est créée par la loi.

« Ces collectivités s'administrent librement par des conseils, dans les conditions prévues par la loi.

« Les conseils des communes et des départements sont élus.

« Les conseils des régions et, pour l'exercice de compétences de caractère régional, les conseils des départements d'outre-mer comprennent des élus et des représentants des activités économiques, sociales et culturelles.

« Les conseils des territoires d'outre-mer sont composés d'élus et peuvent en outre comprendre des représentants des activités économiques, sociales et culturelles.

« Dans les départements, les régions et les territoires, le délégué du Gouvernement a la charge des intérêts nationaux, du contrôle administratif et du respect des lois. »

TITRE II
Du Sénat
CHAPITRE Ier
Dispositions constitutionnelles

Art. 49. — Les articles 7 (alinéa 4), 20 (alinéa 3), 24, 25, 34 (alinéa 1), 35, 36, 39, 40, 42, 45, 46, 47, 48 (alinéa 2), 59, 67, 68 (alinéa 1) et 89 (alinéas 1, 2 et 3) de la Constitution sont remplacés par les dispositions suivantes :

« Art. 7 (alinéa 4). — En cas de vacance de la présidence de la République pour quelque cause que ce soit, ou d'empêchement constaté par le Conseil constitutionnel saisi par le Gouvernement et statuant à la majorité absolue de ses membres, les fonctions du Président de la République, à l'exception de celles prévues aux articles 11 et 12 ci-dessous, sont provisoirement exercées par le Premier ministre ou, si celui-ci en est empêché, par un des membres du Gouvernement dans l'ordre du décret qui les a nommés.

« Art. 20 (alinéa 3). — Le Gouvernement est responsable devant l'Assemblée nationale dans les conditions et suivant les procédures prévues aux articles 49 et 50.

« Art. 24. — Le Parlement comprend l'Assemblée nationale et le Sénat.

« Les députés à l'Assemblée nationale sont élus au suffrage direct.

« Le Sénat assure la représentation des collectivités territoriales et des activités économiques, sociales et culturelles. Les Français établis hors de France sont représentés au Sénat.

« Les sénateurs représentant les collectivités territoriales sont élus au suffrage indirect. Les sénateurs représentant les activités économiques, sociales et culturelles et les sénateurs représentant les Français établis hors de France sont désignés par des organismes représentatifs, dans les conditions et suivant les règles fixées par la loi.

« Art. 25. — Une loi organique fixe la durée des pouvoirs de chaque assemblée, le nombre de ses membres, leur indemnité, les conditions d'éligibilité ou de désignation, le régime des inéligibilités et des incompatibilités.

« Elle fixe les conditions dans lesquelles sont élues les personnes appelées à assurer, en cas de vacance du siège, le remplacement des députés ou des sénateurs représentant les collectivités territoriales jusqu'au renouvellement général ou partiel de l'assemblée à laquelle ils appartenaient. Elle fixe également les conditions dans lesquelles il est pourvu aux vacances de sièges des sénateurs représentant les activités économiques, sociales et culturelles et des sénateurs représentant les Français établis hors de France.

« Art. 34 (alinéa 1). — La loi est votée par l'Assemblée nationale après avis du Sénat.

« Art. 35. — La déclaration de guerre est autorisée par l'Assemblée nationale.

« Art. 36. — L'état de siège est décrété en Conseil des ministres.

« Sa prorogation au-delà de douze jours ne peut être autorisée que par l'Assemblée nationale.

« Art. 39. — L'initiative des lois appartient concurremment au Premier ministre et aux membres de l'Assemblée nationale.

« Les projets de loi sont délibérés en Conseil des ministres après avis du Conseil d'Etat. Ils sont déposés simultanément sur le bureau de l'Assemblée nationale et sur le bureau du Sénat.

« Les propositions de loi sont transmises au Sénat pour avis par le Président de l'Assemblée nationale, à la demande du Gouvernement ou dans les conditions prévues par le règlement de l'Assemblée.

« Art. 40. — Les propositions de loi formulées par les députés, les amendements proposés par les membres du Parlement, ainsi que les propositions d'amendements adoptées par le Sénat ne sont pas recevables lorsque leur adoption aurait pour conséquence soit une diminution des ressources publiques, soit la création ou l'aggravation d'une charge publique.

« Art. 42. — La discussion des projets de loi porte devant chaque assemblée sur le texte présenté par le Gouvernement.

« Art. 45. — Les projets et les propositions de loi sont soumis à l'examen du Sénat avant d'être votés par l'Assemblée nationale.

« Toutefois, le Gouvernement peut, préalablement à l'examen du projet de loi par le Sénat, demander à l'Assemblée nationale d'en discuter les principes généraux et, par un vote unique, de se prononcer sur la prise en considération du projet.

« Si le Sénat n'a pas formulé son avis dans un délai de quinze jours à partir de l'inscription du projet ou de la proposition de loi à son ordre du jour, le texte peut être inscrit à l'ordre du jour de l'Assemblée nationale qui statue en l'absence de l'avis du Sénat. En cas d'urgence déclarée par le Gouvernement, ce délai peut être réduit sans qu'il puisse être inférieur à trois jours.

« Le Sénat peut proposer l'adoption, le rejet ou l'amendement de tout ou partie des textes qui lui sont soumis.

« L'avis du Sénat est examiné par les commissions compétentes de l'Assemblée nationale et par celle-ci. Les propositions d'amendements adoptées par le Sénat sont soumises au vote de l'Assemblée nationale sous réserve de l'application du dernier alinéa de l'article 44.

« Le Sénat désigne une délégation, de trois membres au plus, pour exposer devant les commissions de l'Assemblée nationale les motifs de l'avis du Sénat. Il désigne de même l'un de ses membres pour les exposer devant l'Assemblée nationale avant l'ouverture de la discussion.

« Les amendements proposés par les membres de l'Assemblée nationale, par une commission de celle-ci ou par le Gouvernement sont, si le Gouvernement le demande, soumis à l'avis du Sénat, qui ne peut se prononcer après la date fixée pour le début de la discussion à l'Assemblée nationale.

« Avant le vote sur l'ensemble d'un projet ou d'une proposition de loi, tout ou partie du texte est, si le Gouvernement ou l'Assemblée nationale le décide, renvoyé au Sénat, qui dispose d'un délai de deux jours à partir de l'inscription du texte à son ordre du jour pour donner son avis. Les dispositions des alinéas 4, 5 et 6 ci-dessus sont applicables.

« Art. 46. — Les lois auxquelles la Constitution confère le caractère de lois organiques sont votées et modifiées selon la procédure de l'article 45, sous les réserves suivantes :

« Le Sénat dispose d'un délai de vingt jours à compter de l'inscription du projet ou de la proposition de loi à son ordre du jour pour formuler son avis.

« Le projet ou la proposition n'est soumis à la délibération et au vote de l'Assemblée nationale qu'à l'expiration d'un délai de quinze jours suivant la transmission de l'avis du Sénat.

« L'Assemblée nationale ne peut adopter une loi organique qu'à la majorité absolue de ses membres.

« Les lois organiques ne peuvent être promulguées qu'après déclaration par le Conseil constitutionnel de leur conformité à la Constitution.

« Art. 47. — L'Assemblée nationale vote les projets de loi de finances, après avis du Sénat, dans les conditions prévues à l'article 45 et au présent article.

« Préalablement à son examen par le Sénat, l'Assemblée nationale discute les principes généraux du projet de loi de finances de l'année et, dans un délai de dix jours après le dépôt du projet, se prononce par un vote unique sur sa prise en considération.

« Le délai imparti au Sénat pour formuler son avis sur l'ensemble de ce projet est de vingt jours après le vote de l'Assemblée nationale sur sa prise en considération ou, en l'absence de ce vote, après l'expiration du délai de dix jours prévu au deuxième alinéa ci-dessus.

« Dans un délai de quatre jours après la transmission de l'avis du Sénat, les amendements proposés par les membres de l'Assemblée nationale, par une commission de celle-ci ou par le Gouvernement sont soumis à l'avis du Sénat si le Gouvernement le demande. Le Sénat dispose alors d'un délai de deux jours pour examiner ces amendements.

« Le vote des articles du projet par l'Assemblée nationale doit être achevé au plus tard soixante-cinq jours après son dépôt. Avant le vote sur l'ensemble du projet, tout ou partie du texte peut être renvoyé pour avis au Sénat dans les conditions prévues au dernier alinéa de l'article 45.

« Si l'Assemblée nationale ne s'est pas prononcée dans un délai de soixante-dix jours à compter du dépôt du projet, les dispositions de celui-ci peuvent être mises en vigueur par ordonnance.

« Si la loi de finances fixant les ressources et les charges d'un exercice n'a pas été déposée en temps utile pour être promulguée avant le début de cet exercice, le Gouvernement demande d'urgence à l'Assemblée nationale l'autorisation de percevoir les impôts, sans que l'avis du Sénat soit requis, et ouvre par décrets les crédits se rapportant aux services votés.

« Les délais prévus au présent article sont suspendus lorsque le Parlement n'est pas en session.

« La Cour des comptes assiste l'Assemblée nationale et le Gouvernement dans le contrôle de l'exécution des lois de finances.

« Une loi organique précise les règles applicables aux lois de finances.

« Art. 48 (alinéa 2). — Les membres de l'Assemblée nationale peuvent poser des questions orales ou écrites au Gouvernement. Chaque semaine, une séance de l'Assemblée nationale est réservée par priorité aux questions orales des députés et aux réponses du Gouvernement.

« Art. 59. — Le Conseil constitutionnel statue en cas de contestation sur la régularité de l'élection des députés ainsi que sur celle de l'élection ou de la désignation des sénateurs.

« Art. 67. — Il est institué une Haute Cour de justice.

« Elle est composée de membres élus, en leur sein et en nombre égal, par l'Assemblée nationale et par la réunion des sénateurs représentant les collectivités territoriales, après chaque renouvellement de l'Assemblée nationale ou du Sénat.

« La Haute Cour de justice est présidée par le premier président de la Cour de cassation ou, si celui-ci est empêché d'exercer ses fonctions, par le président de la Chambre criminelle, ou, à défaut, par l'un des conseillers de cette Chambre dans l'ordre de leur nomination.

« Une loi organique fixe la composition de la Haute Cour, les règles de son fonctionnement, ainsi que la procédure applicable devant elle.

« Art. 68 (alinéa 1). — Le Président de la République n'est responsable des actes accomplis dans l'exercice de ses fonctions qu'en cas de haute trahison. Il ne peut être mis en accusation que par un vote identique, au scrutin public et à la majorité absolue des membres le composant, de l'Assemblée nationale et de la réunion des sénateurs représentant les collectivités territoriales ; il est jugé par la Haute Cour de justice.

« Art. 89 (alinéas 1, 2 et 3). — L'initiative de la révision de la Constitution appartient concurremment au Président de la République sur proposition du Premier ministre et aux membres de l'Assemblée nationale.

« Le projet ou la proposition de révision est soumis à l'avis du Sénat et voté par l'Assemblée nationale, dans les conditions prévues à l'article 45. Il ne peut être adopté qu'à la majorité absolue des membres qui la composent. La révision est définitive après avoir été approuvée par référendum.

« Toutefois, le projet de révision n'est pas présenté au référendum lorsque le Président de la République décide de le soumettre à une nouvelle délibération de l'Assemblée nationale. Cette nouvelle délibération ne peut avoir lieu que trois mois au moins après le vote du projet de révision. Le projet de révision n'est approuvé que s'il a réuni la majorité des deux tiers des membres qui composent l'Assemblée nationale. »

Art. 50. — Le dernier alinéa de l'article 49 de la Constitution et le titre X de celle-ci, relatif au Conseil économique et social, sont abrogés à dater du jour de la première réunion du nouveau Sénat.

Art. 51. — Les nouvelles dispositions de la Constitution entreront en vigueur le jour de la première réunion du nouveau Sénat. Toutefois, les nouvelles dispositions des articles 24, 25 et 59 de la Constitution entreront en vigueur dès la promulgation de la présente loi, en tant qu'elles concernent la mise en place du nouveau Sénat.

Note : Le projet de loi contenait également les dispositions de valeur organique et législative nécessaires à la réalisation de la réforme envisagée.

TITRE II : LE PRÉSIDENT DE LA RÉPUBLIQUE

DOCUMENT 11-601
Allocution radiodiffusée et télévisée prononcée au Palais de l'Elysée par le général de Gaulle le 11 mars 1969

Au printemps dernier, l'économie de la France était en très bonne voie, les échanges extérieurs se trouvaient équilibrés, l'Etat couvrait ses dépenses, le franc affirmait une solidité exemplaire. De ce fait, l'augmentation réelle du niveau de vie des Français, déjà en cours depuis des années, devait se poursuivre à coup sûr. Bien entendu, au milieu de l'extraordinaire transformation qu'accomplissait notre pays, beaucoup de choses laissaient à désirer. Il s'agissait d'y remédier à mesure et sans secousses. C'est bien ce que nous faisions et nous en avions les moyens.

Une crise brutale a soudain compromis cette situation favorable. Pendant près de deux mois, le travail a été systématiquement empêché partout. A la faveur de cette affreuse confusion qui, pour beaucoup de gens, allait jusqu'au désespoir, on vit alors ses principaux auteurs se dresser contre la République, en la compagnie provisoire d'une escorte de chimériques, d'ambitieux ou de ranuniers, pour se saisir d'abord du pouvoir, puis pour soumettre de force la nation à l'écrasement totalitaire. On sait comment cette vaste entreprise de destruction et de subversion a pu être repoussée, grâce à la cohésion du régime et à la confiance massive qu'à mon appel le peuple a exprimée par ses cortèges, puis par les élections. Mais ensuite, pour faire redémarrer à tout prix l'activité paralysée, les entreprises ont cru devoir assumer des charges, l'Etat a cru devoir prodiguer des crédits, tels que l'équilibre économique et financier du pays s'est trouvé pratiquement rompu. Du coup, face à la concurrence internationale, la valeur de notre monnaie fut mise en cause au cours de l'automne, ce qui risquait de nous précipiter dans l'inflation, c'est-à-dire dans la ruine. Cet assaut-là fut brisé, lui aussi.

Or, ces derniers jours, comme la reprise était certaine, comme le franc se retrouvait d'aplomb, comme le budget était en ordre, comme les prix n'avaient augmenté que dans les limites étroites qui leur étaient assignées, comme le chômage disparaissait, comme la balance commerciale ne cessait de s'améliorer, comme on avait tout lieu de penser que 1969 consacrerait le retour à l'équilibre et, par là même, la consolidation effective des accroissements massifs consentis en mai-juin à toutes les rémunérations et l'ouverture de perspectives plus larges étendues sur l'année prochaine, voici qu'on vient de voir se déclencher une nouvelle offensive, menée par les mêmes assaillants, soutenue par les mêmes complices, utilisant les mêmes moyens et menaçant encore de faire crouler la monnaie, l'économie et la République.

Ai-je besoin de déclarer qu'elles seront fermement défendues, de dire que je suis certain que le pays nous y aidera, d'annoncer, qu'en fin de compte, leurs adversaires seront les perdants ? Mais comment nous en tenir là ? Comment ne pas discerner le malaise des âmes qui, dans la société mécanique moderne, sert de ferment trop commode à ces troubles et de tremplin trop facile à ces agitateurs ? Comment ne pas reconnaître que, si l'impulsion de l'époque transforme matériellement notre pays dans ses profondeurs, elle lui impose, en même temps, de changer les conditions morales et sociales de son existence ? Bref, ce qui est en cause, c'est la condition de l'homme. Il s'agit donc, partout où des hommes sont ensemble pour vivre ou pour travailler, de rendre leurs rapports plus humains, plus dignes, par là plus efficaces. Il s'agit que chacun, là où il fournit son effort, ne soit pas un instrument passif, mais participe activement à son propre destin. Voilà quelle doit être la grande réforme française de notre siècle !

A ce mouvement s'opposent et s'opposeront, d'une part ceux qui s'acharnent vulgairement à casser tout ce qui est et à empêcher de naître tout ce qui pourrait exister, d'autre part ceux qui ne cherchent qu'à exciter et à capter toutes les impatiences et tous les mécontentements au profit de leur conjuration pour enfermer un jour notre peuple dans la prison totalitaire, enfin ceux qui refusent toute transformation et prétendent que le couvercle soit vissé sur la marmite. Mais nous, qui sommes en charge, nous savons grâce à quel progrès nous assurerons le salut. Tandis que tout doit être fait pour que la France marche en avant dans l'ordre et la prospérité, ce qui s'impose, au total, c'est la Participation ; réforme qui est, assurément, de longue haleine et de grande envergure.

Dans l'Université, l'affaire est en cours, comme on sait, suivant la loi d'orientation. En dépit des soubresauts du serpent de la pagaïe et des complaisances inacceptables qu'il trouve encore, le fait est, qu'au lieu de l'anarchie scandaleuse qui, récemment, y submergeait tout, se constituent dans les Facultés, auprès de l'autorité directrice, des conseils élus où professeurs et étudiants exerceront normalement en commun leurs responsabilités. Dans les entreprises, indépendamment des Comités d'entreprise déjà existants et de ce qui fut tout dernièrement acquis quant au début d'intéressement du personnel aux bénéfices, la loi va instituer les contacts directs et réguliers des travailleurs et de la direction pour l'information réciproque et la consultation périodique au sujet de ce qui se passe et ce qui est projeté en fait de production, de productivité, d'emplois, de transformations, etc. ; commencement d'association qui peut et doit avoir les meilleures conséquences pour la concorde sociale et l'ardeur économique de la nation.

Mais ce que le bon sens exige aussi, et au premier chef, c'est que la participation prenne place là où se déterminent les mesures qui concernent la vie des Français. Sur ce sujet capital, il est proposé, tout en gardant nos communes et nos départements, d'organiser notre pays en régions, qui seront, en général, nos anciennes provinces mises au plan moderne, ayant assez d'étendue, de ressources, de population, pour prendre leur part à elles dans l'ensemble de l'effort national ; d'introduire, aux côtés des élus, dans le conseil où chacune traitera de ses propres problèmes, les représentants des catégories économiques et sociales ; d'en faire ainsi, localement, les centres nouveaux de l'initiative et de la coopération et les ressorts du développement. Il est proposé, en même temps, de rénover le Sénat, actuellement réduit à un rôle de plus en plus accessoire, afin qu'il devienne le cadre où travailleront en commun des sénateurs élus par les conseils locaux et d'autres qui seront délégués par les grandes branches d'intérêts et d'activités. A ce titre, il sera saisi publiquement, le premier, de tous les projets de loi pour formuler ses avis et proposer ses amendements.

Ce que l'adoption du projet apportera, en notre époque qui est essentiellement économique et sociale, c'est donc, à l'échelon de la région, une emprise plus directe des Français sur les affaires qui touchent leur existence ; à l'échelon de la nation, l'intervention par priorité dans l'élaboration des lois d'un corps qualifié pour les considérer surtout au point de vue de la pratique ; aux deux échelons, l'ouverture régulière des instances démocratiques aux organismes économiques et sociaux qui, au lieu d'être confinés chacun dans son champ de revendication particulière, pourront participer à toutes les mesures constructives intéressant tout le monde.

Il est clair que cette création des régions et cette transformation du Sénat forment un tout. Il est clair qu'il y aura là un changement très important dans l'organisation de nos pouvoirs publics. Il est clair que, de ce fait, mais aussi parce que ce qui a trait au Sénat est d'ordre constitutionnel, c'est au peuple lui-même, autrement dit à vous, à vous, qu'il appartient d'en décider. Conformément à ma mission et à ma fonction et sur la proposition du Gouvernement, je compte vous le demander en faisant ainsi appel, directement et une fois de plus, à la raison de notre pays par-dessus tous les fiefs, les calculs et les partis pris.

Françaises ! Français ! C'est donc une grande décision nationale que vous allez avoir à prendre. Par la force des choses et des actuels événements, le référendum sera, pour la nation, le choix entre le progrès et le bouleversement. Car c'est bien là l'alternative. Quant à moi, je ne saurais douter de la suite. Car, aujourd'hui comme depuis bien longtemps et à travers bien des épreuves ! je suis, avec vous, grâce à vous, certain de l'avenir de la France.

Vive la République !
Vive la France !

DOCUMENT 11-602

Discours prononcé par M. Alain Poher, Président du Sénat, devant le Sénat le 2 avril 1969

Mes chers collègues, au premier jour de cette session, vous autoriserez sans doute votre président à réfléchir tout haut devant vous sur les conséquences des événements politiques qui vont se dérouler dans les semaines qui viennent.

Loin de moi la pensée de minimiser la portée de ce qui peut advenir dans le monde où les conflits et les facteurs de détente s'enchevêtrent inextricablement.

Cependant — vous le comprendrez — c'est aux affaires intérieures que je bornerai mon propos...

Cependant, je veux en venir — il ne vous étonnera pas que cela constitue l'essentiel de mon propos — au projet de loi dont il a été annoncé que M. le Président de la République, sur proposition du Gouvernement, le soumettrait au référendum le 27 avril prochain.

Il n'est pas contesté — et le titre même du projet de loi relatif « à la création des régions et à la rénovation du Sénat » l'indique bien — qu'il traite de deux sujets principaux d'une importance évidemment essentielle pour les institutions de notre pays : la région et le Sénat.

J'ajouterai qu'un troisième sujet distinct y est englobé : il s'agit de l'intérim de la présidence de la République en cas de vacance.

Si l'on veut bien lire mot à mot l'article 7 nouveau qui est proposé pour la Constitution, on verra qu'il n'y est question un seul instant ni des régions, ni du Sénat.

Cet article, dont l'importance capitale n'échappe à personne puisqu'il règle les conditions d'exercice du pouvoir dans une période par définition délicate, aurait mérité à lui seul plus de publicité, voire un projet constitutionnel distinct.

Il en va sans doute de même du Conseil économique et social et de la Haute Cour de justice qui se trouvent transformés au long du chemin.

Le citoyen français qui a voté en juin 1968 peut se demander à bon droit pour quelles raisons la France va perdre « son » mois d'avril 1969 en de vaines palabres. Pour quelles raisons, dix mois après des élections qui ont donné au Gouvernement une majorité particulièrement substantielle, le pays va-t-il à nouveau se partager, se diviser, dépenser beaucoup de forces et d'argent pour rien ? Car le référendum du 27 avril aurait pu facilement être évité ; en fait, à mon sens, ce référendum est inutile.

Pour notre part, nous avons toujours estimé et nous le réaffirmons solennellement aujourd'hui, que nous ne voyons pas l'intérêt de casser la France en deux camps hostiles alors que la réforme pouvait facilement être menée à bien par le Parlement dont c'est le rôle essentiel.

Mais alors, mes chers collègues, l'Assemblée nationale récemment élue n'aurait-elle plus aujourd'hui la confiance du Gouvernement ?

Notre avis n'a pas été suivi et on a préféré, en écartant le Parlement, s'en remettre aux constructions très souvent purement intellectuelles de technocrates anonymes travaillant dans le secret des cabinets. En privant du conseil des élus du peuple, cette élaboration est apparue au fil des semaines, improvisée, coupée des réalités, sans unité réelle et en contradiction avec la Constitution elle-même. Le texte soumis au pays s'en ressent et le Conseil d'Etat l'a jugé sévèrement dans un avis qui ne semble pas devoir être porté à la connaissance du corps électoral...

... malgré la demande expresse que je me suis permis de présenter à nos dirigeants. N'est-il pas normal, en effet, que le corps électoral qui doit se prononcer par oui ou par non, sache ce que pense du projet la plus haute instance juridique du pays, surtout si le Gouvernement ne croit pas devoir tenir compte de ses avis éclairés, ni de ses objections d'ordre constitutionnel.

Pourquoi vouloir obstinément cacher ce que certains électeurs ont pu trouver tout simplement dans la presse ? Par chance, je suis un de ces privilégiés ; vous aussi sans doute, mes chers collègues, vous avez lu la presse.

Qui oserait contester, nous dit M. le Premier ministre, la légitimité de la procédure référendaire ? En ma qualité de président du Sénat, j'ose le faire et je le fais en toute tranquillité d'esprit d'ailleurs, puisque je ne fais que répéter du haut de cette tribune ce que pense l'assemblée plénière du Conseil d'Etat dont la sagesse et la compétence sont bien connues de tous. Je conteste donc la procédure choisie qui ne m'apparaît pas conforme à la volonté du législateur constitutionnel.

Comme je conteste d'ailleurs l'information « impartiale » des émissions spécialisées que réalise depuis quelque temps l'Office de radiodiffusion et de télévision française. Je ne reproche pas au Gouvernement de vouloir informer le pays comme l'a souhaité M. Couve de Murville ; je regrette simplement le caractère unilatéral de ces émissions soit par trop marqué au point de faire douter de leur objectivité.

Dans cette deuxième moitié du XX⁰ siècle où les moyens audio-visuels prennent un si grand développement et ont une si grande portée, il devient, mes chers collègues, d'une extrême importance que le libre accès de toutes les opinions soit organisé d'une manière permanente et loyale, afin que les votes émis par les citoyens soient vraiment des votes libres, c'est-à-dire éclairés par une confrontation des points de vues. Je souhaite que le Gouvernement s'inquiète de cette situation dont les conséquences peuvent se révéler un jour considérables et peut-être imprévues, et je remercie notre collègue Carcassonne d'avoir bien voulu attirer l'attention à ce sujet par une question fort opportune. Bien sûr, dans les derniers huit jours de la campagne, le temps de parole sera équitablement réparti entre les partisans du « oui » et les partisans du « non » ; convenons, si nous en jugeons par l'écoute des émissions actuelles, que ce sera bien tard pour rétablir un honnête équilibre.

Mais, venons-en donc au Sénat, mes chers collègues.

Le projet vise, dit-il, à la rénovation du Sénat. De quelle manière ?

Essentiellement, en modifiant sa composition pour le rendre — c'est le terme employé — plus représentatif.

Cet objectif serait atteint par deux voies conjuguées. 173 sénateurs seraient élus dans le cadre des nouvelles régions au scrutin proportionnel par un collège comprenant les représentants des régions, des départements et des communes. Ces derniers formant la très grande majorité du collège seraient eux-mêmes désignés par les conseils municipaux suivant une clé démographique plus exacte que celle qui est actuellement utilisée.

Je n'ai rien contre cette dernière mesure que le Sénat a lui-même préconisée ; mais je note que l'on sacrifie allègrement le cadre départemental, cependant bien mieux adapté à la représentation qu'il s'agit de réaliser.

D'autre part, et surtout, les inégalités de représentation qui ne touchaient plus qu'un petit nombre de départements depuis l'augmentation du nombre des sénateurs des départements parisiens vont se trouver généralisées entre les régions. Ceci résulte, en quelque sorte, mathématiquement, de la réduction de près de moitié du nombre de sénateurs élus.

Mais, et c'est beaucoup plus grave, quel sera demain le sort des candidats des départements plus modestes, pour ne pas dire des petits départements, associés à de grandes régions, du fait du jeu de la représentation proportionnelle ? Peut-on parler d'équité ?

Le deuxième moyen utilisé pour augmenter la représentativité du Sénat est celle de l'introduction de cent quarante-six sénateurs représentant les activités économiques, sociales et culturelles et que l'on désigne généralement, pour abréger, sous le terme de « socio-professionnels ».

Des voix très autorisées ont dit dans cette maison combien il y avait une contradiction évidente entre le mandat politique qui délègue à l'élu le pouvoir de dégager librement la volonté globale de la nation et le mandat professionnel ou syndical de caractère impératif et limité par la loi à l'objet précis du groupement considéré.

Et voici que les intéressés eux-mêmes expriment la plus grande crainte et la plus ferme opposition à l'égard de tels projets — tout au moins en ce qui concerne les syndicats représentatifs des salariés.

Telle grande confédération dénonce « la très grave confusion établie entre le rôle spécifique des organisations syndicales et celui des élus politiques » et demande « un conseil économique et social rénové ».

Telle autre déclare que « la gestion de l'Etat est l'affaire des citoyens et non des syndiqués » et refuse les risques de politisation du mouvement syndical qu'à ses yeux la réforme entraîne fatalement. Et d'aller même — dit-on — jusqu'à refuser de désigner les membres qui lui seraient attribués dans le nouveau Sénat.

Il y a donc là pour le moins de graves incertitudes quant à la représentativité prétendument accrue de cette assemblée.

Si l'on ajoute que la désignation de multiples organisations d'un caractère malaisément discernable et le nombre de sénateurs qu'elles pourront nommer seront définis par décret, après le vote du 27 avril, on voit toute la marge d'arbitraire qu'un tel statut peut receler.

Pour ne pas prêter à l'accusation de me livrer à une critique purement négative, je tiens à dire que d'autres solutions pour associer les Français, dans leurs catégories socio-professionnelles, à la confection des lois, pouvaient être envisagées.

Je rappelle seulement qu'une proposition a été faite à l'Assemblée nationale, au mois de décembre, d'admettre dans le collège électoral des sénateurs représentant l'industrie et le commerce, l'artisanat, l'agriculture, les professions libérales et, d'une manière à déterminer, les délégués des salariés. Une telle représentation avait déjà l'énorme avantage d'être organisée sur la base indiscutable du suffrage universel et pouvait être pratiquement améliorée. Cette voie n'a même pas été explorée et c'est très regrettable.

Mais quelles que soient les modalités retenues pour composer le futur Sénat, il y a lieu d'examiner quels pouvoirs et quelles attributions seront dévolus à la future assemblée.

Sur ce point, mes chers collègues, je crois plus simple de me limiter à l'énumération des dispositions du texte proposé :

En matière constitutionnelle. — Article 89 de la future Constitution, avec un point d'interrogation :

si le projet est soumis au référendum, les projets ou propositions de révision constitutionnelle sont adoptés par l'Assemblée nationale à la majorité absolue des membres qui la composent, sans que soit requis, comme jusqu'ici, un vote du Sénat identique à celui de l'Assemblée nationale.

Les sénateurs perdent tout à la fois l'initiative et le vote de la révision constitutionnelle.

Si le projet n'est pas soumis au référendum, l'Assemblée nationale seule pourra l'approuver définitivement, après un délai, par une deuxième délibération à la majorité des deux tiers.

Voilà ce qui est prévu pour la révision de la Constitution et le moins qu'on puisse dire est que c'est fâcheusement imprudent.

En matière politique. — Articles 20 et 49 de la Constitution : le Gouvernement n'est plus responsable devant le Sénat. Le Sénat ne peut plus être appelé à approuver une déclaration de politique générale.

Articles 35 et 36 de la Constitution : l'autorisation du Sénat n'est plus requise pour une déclaration de guerre ou la prorogation de l'état de siège.

En matière législative. — Articles 24, 34 et 42 de la Constitution : le Sénat demeure une chambre du Parlement mais il ne vote plus la loi : il formule seulement des avis et ses « propositions d'amendement » ne sont pas incluses dans le texte de la loi.

En conséquence, le texte sur la base duquel délibère désormais l'Assemblée nationale n'est jamais le texte proposé par le Sénat.

Article 39 de la Constitution : les sénateurs ne possèdent plus l'initiative des lois.

Veuillez excuser cette énumération, mais je crois que c'est l'essentiel du débat.

Articles 45 et 47 de la Constitution :

En règle générale, le Sénat donne son avis avant l'examen du texte par l'Assemblée nationale.

Mais le Gouvernement a toujours la faculté de demander à l'Assemblée nationale de discuter les principes généraux d'un projet de loi et de se prononcer sur sa prise en considération avant que ce projet soit examiné par le Sénat. C'est un correctif.

Cette procédure est de droit en ce qui concerne les lois de finances.

Articles 45 et 46 de la Constitution :

Tous les délais impartis au Sénat ont pour point de départ l'inscription du texte à l'ordre du jour du Sénat, inscription qui relève des pouvoirs dont dispose le Gouvernement en vertu de l'article 48 de la Constitution. Ce délai sera de quinze jours dans le cas normal.

Article 45 de la Constitution : Trois membres du Sénat peuvent exposer devant les commissions de l'Assemblée nationale — écoutez bien car les textes dont on nous avait parlé ont été modifiés ! — les motifs de l'avis du Sénat.

Mais, en séance publique, le représentant du Sénat — il n'y en a plus qu'un ! — expose ces motifs avant l'ouverture de la discussion. Il n'assiste donc pas à l'ensemble du débat et ne participe pas à la discussion des amendements proposés par le Sénat. Cette disposition des amendements proposés par le Sénat. Cette disposition qui constitue ce que l'on a pu appeler « le cérémonial chinois » semble avoir été ajoutée *in extremis*. Cette procédure se rapproche de celle qui dans cette Assemblée était toujours adoptée pour accueillir le dépôt à la tribune du rapport de la Cour des comptes par son premier président.

Articles 44 et 45 de la Constitution : En cas d'application de la procédure du vote bloqué à l'Assemblée nationale, les propositions du Sénat peuvent être automatiquement exclues par le Gouvernement. Car la procédure du vote bloqué est maintenue, contrairement à ce qu'avait cru pouvoir nous dire M. le ministre d'Etat le 16 décembre dernier.

Article 45 de la Constitution : Le retour devant le Sénat de tout ou partie des dispositions votées par l'Assemblée nationale — retour qui pourrait constituer une sorte de navette — est laissé à la discrétion du Gouvernement ou de l'Assemblée nationale.

La procédure d'examen du texte par une commission mixte paritaire, formée de députés et de sénateurs et chargée d'élaborer un texte commun, est supprimée. Ce qui me paraît fondamental en matière de contrôle parlementaire, le Sénat, article 47 de la Constitution, ne contrôle plus l'exécution des lois de finances.

Article 48 de la Constitution :

Les sénateurs n'ont plus le droit de poser ni questions écrites ni questions orales. Pour la première fois, le projet prend en considération les questions écrites pour en interdire l'usage à nos collègues.

Article 68 du projet de loi :

Le Sénat n'a plus la possibilité de constituer des commissions d'enquête ou de contrôle.

Voilà, mes chers collègues, un assez triste bilan.

En face du lourd passif que je viens d'énumérer et qui enlève au Sénat tous les pouvoirs d'une véritable chambre parlementaire, que reste-t-il pour justifier ce que M. le Premier ministre et M. le ministre d'Etat appellent « un accroissement d'influence » du Sénat ?

Il reste le caractère préalable de l'avis, mais ceci est à la discrétion du Gouvernement qui peut faire voter l'Assemblée nationale en premier lieu.

Il reste ensuite l'envoi de trois sénateurs devant les commissions de l'Assemblée nationale et d'un rapporteur devant l'Assemblée elle-même. Mais ceci est compensé et au-delà par le fait qu'il s'agit d'un pur exposé et non d'une discussion et par la suppression de la commission mixte paritaire.

J'ai cité d'une façon précise, avec référence aux articles du projet de Constitution, onze points essentiels sur lesquels les pouvoirs législatifs et politiques du Sénat sont fortement diminués ou même supprimés. En regard, deux modestes avantages de procédure sont consentis, mais immédiatement restreints par les réticences qui les entourent.

Je dois donc conclure devant vous, solennellement, que ce projet est la fin du Sénat législatif et l'entrée tacite dans un régime de chambre unique et je défie quiconque de démontrer le contraire !

On dit que le Sénat va être rénové. Si j'en crois le dictionnaire, il s'agirait donc de donner une nouvelle force, une nouvelle existence à notre Assemblée. Or, sous couvert de rénovation, notre pouvoir législatif va être réduit au rôle de simple droit de donner un avis. On conserve la façade sénatoriale et on reconstruit derrière un édifice semblable au Conseil économique et social actuel. Cette méthode me fait penser aux opérations de restauration de certains bâtiments classés. Les vieilles pierres de façade sont précieusement gardées en leur état, mais tout l'intérieur est abattu. L'aspect extérieur demeure, mais il s'agit, en fait, d'une autre construction. Dans ce projet, ce n'est finalement pas le Conseil économique et social qui disparaît, c'est en réalité le Sénat. La deuxième chambre législative fait place à une assemblée consultative et nos collègues et amis du Palais d'Iéna savent fort bien de quoi il s'agit. Ils ont pu, au cours de nombreuses années, apprécier l'influence de leurs avis et de leurs rapports, pourtant d'une très haute qualité, sur les décisions du Gouvernement. En réalité, ces avis enrichissaient toujours les bibliothèques, rarement les cartons de l'Assemblée nationale, pratiquement jamais les dossiers des ministres. C'est probablement ce qui arriverait au nouveau Sénat si par malheur il voyait le jour. Oui, je le dis avec beaucoup de modération, ce faux Sénat n'est plus qu'une caricature, cher ami Marcilhacy ; en fait de rénovation, seule la façade a été conservée, mais il est bien clair que l'intérieur de l'édifice est ravagé.

Aussi bien, m'adressant à M. le Premier ministre, que je connais depuis longtemps et pour qui j'ai la plus grande estime, je me permets de lui dire :

Monsieur le Premier ministre, vous allez commettre une erreur, une faute, une imprudence.

Une erreur étonnante, car si votre dessein est de rendre ce Sénat plus représentatif des forces vives de la nation, pourquoi diminuer à ce point ses pouvoirs ? Et si vous attribuez des pouvoirs aux régions, ne devriez-vous pas plutôt accroître ceux du Sénat qui est, d'après vos propres déclarations, leur représentant national, « le grand conseil des régions de France », avez-vous dit ?

Une faute inadmissible, car cette assemblée a accompli une œuvre législative considérable et obtenu, nous l'avons prouvé, dans 96 p. 100 des cas que le Gouvernement et les députés se rangent à son avis. Le Conseil d'Etat souligne même que ceci est susceptible de compromettre à l'avenir la qualité du travail législatif.

Une imprudence dangereuse, car vous allez précipiter dans les luttes politiques les organisations syndicales et professionnelles qui voulaient précisément s'en tenir à l'écart et vous allez redonner à la France le régime de la Chambre unique qui lui a causé tant d'épreuves dans le passé et a été à l'origine de beaucoup de nos malheurs nationaux.

On peut se demander si le projet sur les régions qui est associé à cette prétendue rénovation du Sénat sera une compensation suffisante pour faire accepter une réforme qui déplaît, d'après de récents sondages, aux deux tiers de la nation.

Hier, les présidents des Conseils généraux de France ont adopté une motion qui expose clairement l'inquiétude des responsables de nos départements. D'ailleurs l'examen des textes proposées, dont je vous reparlerai sans doute, fait craindre que, loin d'être une centralisation, une vraie décentralisation, ce ne soit en définitive que l'exportation en province de l'étatisation parisienne.

Tout dans ce projet est complexe, obscur, contradictoire, rien n'est convaincant. Il apparaît à l'évidence que l'absence de dialogue parlementaire n'a pas permis d'examiner avec sagesse les conséquences réelles de tout ce qui est proposé et ceci se fait au nom de la « participation ». Difficile à comprendre et de ce fait peu adapté à un vote populaire, voilà ce que pense du projet le Conseil d'Etat. Pourtant il va falloir, sans possibilité d'amendement, répondre par un vote sans nuances par un « oui » ou par un « non ».

Il est temps encore, monsieur le Premier ministre, de suspendre la proposition faite à M. le Président de la République pour la reprendre sur des bases plus solides et plus claires.

Sans doute est-il difficile de le faire maintenant, mais faites-le pour éviter que le pays ne se prononce dans l'équivoque ; ceci est de votre responsabilité.

Si par contre, demain le projet, ce que je redoute, se trouvait publié au *Journal officiel*, je considérerais comme mon devoir de le combattre, car non seulement il supprime en fait le Sénat, mais il risque de compromettre cette régionalisation à laquelle je suis personnellement très attaché.

Mais le Sénat n'est pas hostile au principe des réformes, je tiens à le redire, et il l'a démontré en ce qui le concerne en votant, lors de la première session, le rapport du sénateur Marcel Prélot concernant les propositions de MM. Marcel Prélot et Edouard Bonnefous. Sans doute pourra-t-il prochainement s'intéresser à un texte prévoyant un statut des régions, texte vraiment démocratique. Je prends, pour ma part, l'engagement de tout faire pour les institutions du pays visant le Sénat et les régions soient utilement et sagement réformées.

Dans la mesure où je serai obligé, en mon âme et conscience, de refuser le projet gouvernemental, qui comporte une seule réponse à plusieurs questions fort différentes, c'est un « non » tourné vers l'avenir, un « non » de réformateur que je prononcerai, car si je crois à la nécessité des réformes, je ne peux accepter pour mon pays le risque de l'aventure. Homme d'union, comme je l'ai souvent répété, il me serait très désagréable — je suis bien obligé de le faire ! — de constater l'échec de mes tentatives de conciliation et je saurai, le cas échéant, tirer les conséquences qui s'imposent.

Il ne me resterait plus qu'à aller dire à nos concitoyens mes inquiétudes pour l'avenir du pays car, vous le savez, mes chers collègues, j'ai l'intention d'aller dans différentes villes de France exposer ce que le président du Sénat pense des textes qui nous seront présentés. Je souhaite vivement, mes chers collègues, que vous le fassiez vous-mêmes dans vos départements et que vous vous sentiez comme mobilisés au service de la France, car c'est d'elle qu'il s'agit en définitive et de rien d'autre.

Les sénateurs ont conscience de leur responsabilité actuelle. Je sais qu'ils n'oublient pas qu'ils sont les successeurs de grands hommes, des Poincaré, des Clemenceau et des Coty, qui ont siégé sur ces bancs et, s'ils luttent pour le maintien d'une deuxième chambre législative — je l'affirme avec beaucoup de sang-froid — ce n'est pas pour défendre leur siège, contrairement à ce que certains propos malveillants ont voulu insinuer ces jours derniers. Pour ma part, je n'ai aucune honte à défendre l'institution que je préside, car le Sénat de la République que l'on veut, semble-t-il, faire disparaître, a dans son histoire bien mérité de la patrie. Il est de mon devoir de le rappeler du haut de cette prestigieuse tribune.

J.O. 2-4-1969

DOCUMENT 11-603

Extrait du débat de l'Assemblée nationale du 2 avril 1969

Communication de M. le Président de la République

M. le Président. J'ai reçu de M. le Président de la République la lettre suivante :
« Paris, le 2 avril 1969
« Monsieur le président,
« J'ai l'honneur de vous communiquer le décret par lequel j'ai décidé, sur proposition du Gouvernement, de soumettre un projet de loi au référendum, conformément à l'article 11 de la Constitution. Ce projet de loi est annexé au décret. Ces textes seront publiés demain au *Journal officiel*.
« Veuillez croire, monsieur le président, à ma très haute considération.
Charles de Gaulle

Acte est donné à M. le Président de la République de cette communication.

J'informe nos collègues qu'ils pourront, demain matin, se procurer le texte du projet de loi aux guichets de la distribution.

M. Gaston Defferre. Je demande la parole pour un rappel au règlement.

M. le président. La parole est à M. Defferre, pour un rappel au règlement.

M. Gaston Defferre. Monsieur le président, vous venez de nous informer que M. le Président de la République vous avait communiqué un décret auquel est annexé le texte du projet de loi qui sera soumis à référendum.

Nous aurons l'occasion de demander qu'une discussion ait lieu à ce sujet.

Mais, dès maintenant, je tiens à élever une solennelle protestation. Il ne suffit pas que l'Assemblée « soit informée » par la lettre du Président de la République. Aux termes de l'article 89 de la Constitution, elle aurait dû délibérer de ce projet de loi.

M. le président. Mon cher collègue, je vous donne acte de votre déclaration. C'est tout ce que je puis faire.

Cela ne signifie pas que, sur le fond, je me range à l'avis de M. Defferre !

J.O. A.N. 2-4-1969

DOCUMENT 11-604

Proclamation des résultats du référendum du 27 avril 1969

Le Conseil constitutionnel,

Vu la Constitution ;

Vu l'ordonnance du 7 novembre 1958 portant loi organique sur le Conseil constitutionnel, modifiée ;

Vu le décret du Président de la République en date du 2 avril 1969 décidant de soumettre au référendum un projet de loi relatif à la création de régions et à la rénovation du Sénat ;

Vu le décret du 3 avril 1969 portant organisation du référendum, ensemble les décrets et arrêtés pris pour son application ;

Vu le code électoral ;

Vu les procès-verbaux dressés par les commissions chargées de centraliser les résultats dans les départements métropolitains, dans les départements de la Guadeloupe, de la Martinique et de la Réunion et dans le territoire français des Afars et des Issas ainsi que les procès-verbaux des opérations de vote portant mention des réclamations présentées par des électeurs et les documents y annexés ;

Vu les télégrammes adressés au Conseil constitutionnel par les présidents des commissions chargées de centraliser les résultats dans le département de la Guyane et dans les territoires des Comores, de la Polynésie française, de Saint-Pierre et Miquelon, des îles Wallis et Futuna ainsi que dans la circonscription électorale formée par le territoire de la Nouvelle-Calédonie et les Nouvelles-Hébrides ;

Vu les autres pièces et documents portés à la connaissance du Conseil pour son information ;

Les délégués du Conseil constitutionnel entendus ;

Après avoir opéré diverses rectifications d'erreurs matérielles, statué sur les réclamations, procédé aux redressements qu'il a jugés nécessaires et arrêté les résultats définitifs détaillés en annexe,

Proclame :

Le référendum du 27 avril 1969 sur le projet de loi soumis au peuple français a donné les résultats suivants :

Electeurs inscrits	29 392 390
Votants	23 552 611
Suffrages exprimés	22 908 855
Oui	10 901 753
Non	12 007 102

Fait à Paris, au siège du Conseil constitutionnel, le 2 mai 1969.

J.O. du 3

Référendum du 23 avril 1972

DOCUMENT 11-700
Décret du 5/4/1972 décidant de soumettre un projet de loi au référendum

Lettre du Premier ministre au Président de la République.

Paris, le 5 avril 1972

Monsieur le Président de la République,

Conformément aux délibérations du Conseil des ministres de ce jour, j'ai l'honneur de vous proposer, au nom du Gouvernement, de soumettre au référendum, en vertu de l'article 11 de la Constitution, le projet de loi autorisant la ratification du traité relatif à l'adhésion à la Communauté économique européenne et à la Communauté européenne de l'énergie atomique du Royaume de Danemark, de l'Irlande, du Royaume de Norvège et du Royaume-Uni de Grande-Bretagne et d'Irlande du Nord, signé à Bruxelles le 22 janvier 1972.

Je vous prie d'agréer, Monsieur le Président de la République, l'assurance de mon profond respect.

Jacques Chaban-Delmas

Le Président de la République,

Sur proposition du Gouvernement,

Vu les articles 3, 11, 19, 52, 53 et 60 de la Constitution ;

Le Conseil constitutionnel consulté dans les conditions prévues par l'article 46 de l'ordonnance portant loi organique du 7 novembre 1958,

Décrète :

Art. 1er. — Le projet de loi annexé au présent décret, délibéré en Conseil des ministres après avis du Conseil d'Etat, sera soumis au référendum le 23 avril 1972, conformément aux dispositions de l'article 11 de la Constitution.

Art. 2. — Les électeurs auront à répondre par « oui » ou par « non » à la question suivante :

« Approuvez-vous, dans les perspectives nouvelles qui s'ouvrent à l'Europe, le projet de loi soumis au peuple français par le Président de la République, et autorisant la ratification du traité relatif à l'adhésion de la Grande-Bretagne, du Danemark, de l'Irlande et de la Norvège aux Communautés européennes ? »

Art. 3. — Le présent décret sera publié au *Journal officiel* de la République française.

Fait à Paris, le 5 avril 1972.

Georges Pompidou

J.O. du 6

ANNEXE

Article unique. — Le Président de la République est autorisé à ratifier le traité relatif à l'adhésion à la Communauté économique européenne et à la Communauté européenne de l'énergie atomique du Royaume de Danemark, de l'Irlande, du Royaume de Norvège et du Royaume-Uni de Grande-Bretagne et d'Irlande du Nord, signé à Bruxelles le 22 janvier 1972 (1).

DOCUMENT 11-701
Proclamation des résultats du référendum du 23 avril 1972

Le Conseil constitutionnel,

Vu la Constitution ;

Vu l'ordonnance du 7 novembre 1958 mofidiée portant loi organique sur le Conseil constitutionnel ;

Vu le décret du Président de la République en date du 5 avril 1972 décidant de soumettre au référendum un projet de loi autorisant la ratification du traité relatif à l'adhésion à la Communauté économique européenne et à la Communauté européenne de l'énergie atomique du Royaume de Danemark, de l'Irlande, du Royaume de Norvège et du Royaume-Uni de Grande-Bretagne et d'Irlande du Nord, signé à Bruxelle, le 22 janvier 1972 ;

Vu le décret du 5 avril 1972 portant organisation du référendum, ensemble les décrets et arrêtés pris pour son application ;

Vu le Code électoral ;

Vu les procès-verbaux dressés par les commissions chargées de centraliser les résultats dans les départements métropolitains, dans les départements de la Guadeloupe et de la Martinique, dans le territoire français des Afars et des Issas et dans la circonscription électorale formée par le territoire de la Nouvelle-Calédonie et les Nouvelles-Hébrides ainsi que les procès-verbaux des opérations de vote portant mention des réclamations présentées par les électeurs et les documents y annexés ;

Vu les télégrammes adressés au Conseil constitutionnel par les présidents des commissions chargées de centraliser les résultats dans les départements de la Guyane et de la Réunion et dans les territoires des Comores, de la Polynésie française, de Saint-Pierre et Miquelon et des îles Wallis et Futuna ;

Vu les autres pièces et documents portés à la connaissance du Conseil pour son information ;

---

(1) Ce projet est devenu la loi n° 72-339 du 3 mai 1972 (*J.O. du 4*).

Les délégués du Conseil constitutionnel entendus ;

Après avoir opéré diverses rectifications d'erreurs matérielles, statué sur les réclamations, annulé les opérations électorales dans trois communes, procédé aux redressements qu'il a jugé nécessaires et arrêté les résultats définitifs détaillés en annexe.

Proclame :

Le référendum du 23 avril 1972 sur le projet de loi soumis au peuple français a donné les résultats suivants :

Electeurs inscrits	29 820 464
Votants	17 964 607
Suffrages exprimés	15 878 488
Oui	10 847 554
Non	5 030 934

Fait à Paris, au siège du Conseil constitutionnel, le 28 avril 1972.

Le Président,
Gaston Palewski

J.O. du 29

Article 12

Le Président de la République peut, après consultation du Premier ministre et des présidents des assemblées, prononcer la dissolution de l'Assemblée nationale.

Les élections générales ont lieu vingt jours au moins et quarante jours au plus tard après la dissolution.

L'Assemblée nationale se réunit de plein droit le deuxième jeudi qui suit son élection. Si cette réunion a lieu en dehors des périodes prévues pour les sessions ordinaires, une session est ouverte de droit pour une durée de quinze jours.

Il ne peut être procédé à une nouvelle dissolution dans l'année qui suit ces élections.

Dissolution
du 9 octobre 1962

DOCUMENT 12-100

Décret du 9 octobre 1962 portant dissolution de l'Assemblée nationale

Le Président de la République,

Vu l'article 12 de la Constitution ;

Après consultation du Premier ministre, du président du Sénat et du président de l'Assemblée nationale,

Décrète :

Art. 1er. — L'Assemblée nationale est dissoute.

Art. 2. — Le présent décret sera publié au *Journal officiel* de la République française.

Fait à Paris, le 9 octobre 1962.

C. de Gaulle

J.O. du 10

DOCUMENT 12-101

Décret du 18 octobre 1962 portant convocation des collèges électoraux pour l'élection des députés à l'Assemblée nationale

Le Premier ministre,

Sur le rapport du ministre d'Etat chargé des départements et territoires d'outre-mer et du ministre de l'Intérieur,

Vu l'article 12 de la Constitution ;

Vu le décret du 9 octobre 1962 portant dissolution de l'Assemblée nationale ;

Vu l'ordonnance n° 58-945 du 13 octobre 1958 relative à l'élection des députés à l'Assemblée nationale, complétée par l'ordonnance n° 58-1015 du 29 octobre 1958 ;

Vu l'ordonnance n° 58-998 du 24 octobre 1958 relative aux conditions d'éligibilité et aux incompatibilités parlementaires, modifiée par l'ordonnance n° 59-224 du 4 février 1959 et la loi n° 61-1447 du 29 décembre 1961 ;

Vu l'ordonnance n° 58-1099 du 17 novembre 1958 portant loi organique pour l'application de l'article 23 de la Constitution ;

Vu le code électoral ;

Vu le décret n° 58-1000 du 24 octobre 1958 portant application du titre Ier de l'ordonnance du 13 octobre 1958 ;

Vu le décret n° 58-1021 du 30 octobre 1958, modifié par le décret n° 58-1108 du 20 novembre 1958 et le décret n° 61-788 du 24 juillet 1961, fixant les modalités d'application du titre II de l'ordonnance du 13 octobre 1958 ;

Vu le décret n° 58-1077 du 12 novembre 1958, modifié par le décret n° 58-1108 du 20 novembre 1958, fixant les modalités d'application du titre III de l'ordonnance du 13 octobre 1958 ;

Vu le décret n° 62-1129 du 3 octobre 1962 instituant une mise à jour des listes électorales,

Décrète :

Art. 1er. — Les collèges électoraux des départements métropolitains et des départements d'outre-mer sont convoqués pour le 18 novembre 1962, en vue de procéder à l'élection des députés à l'Assemblée nationale.

Art. 2. — Les déclarations de candidature seront reçues dans les préfectures à partir du 22 octobre 1962 et jusqu'au 28 octobre, à minuit.

Art. 3. — La campagne électorale sera ouverte le 29 octobre, à zéro heure.

Art. 4. — L'élection aura lieu sur les listes électorales mises à jour au 27 octobre 1962, en application du décret n° 62-1129 du 3 octobre 1962.

Art. 5. — Le scrutin ne durera qu'un jour ; il sera ouvert à 8 heures et clos à 18 heures.

Toutefois, pour faciliter aux électeurs l'exercice de leur droit de vote, les préfets pourront, s'il leur paraît utile, prendre des arrêtés à l'effet d'avancer l'heure d'ouverture du scrutin dans certaines communes ou d'en retarder la clôture dans l'ensemble de la circonscription. En aucun cas le scrutin ne pourra être clos après 20 heures. Ces arrêtés seront publiés et affichés dans chaque commune intéressée cinq jours au moins avant le jour du scrutin.

Art. 6. — Le dépouillement suivra immédiatement la clôture du scrutin ; entreront seuls en compte les bulletins des candidats auxquels un récépissé définitif aura été délivré et qui figureront sur la liste arrêtée par le préfet.

La liste des candidats régulièrement enregistrée sera transmise aux maires des communes composant la circonscription électorale deux jours au moins avant le scrutin.

Art. 7. — Le second tour de scrutin, s'il est nécessaire d'y procéder, aura lieu le dimanche 25 novembre 1962.

Art. 8. — Le ministre d'Etat chargé des départements et territoires d'outre-mer et le ministre de l'Intérieur seront chargés de l'exécution du présent décret, qui sera publié au *Journal officiel* de la République française.

Fait à Paris, le 13 octobre 1962.

Georges Pompidou

Par le Premier ministre :
Le ministre de l'Intérieur,
Roger Frey.

J.O. du 19

DOCUMENT 12-102

Conséquences sur l'activité du Sénat de la dissolution de l'Assemblée nationale

M. le président. La conférence des présidents, constatant que la dissolution de l'Assemblée nationale n'interrompt pas la session parlementaire et ne prive pas le Sénat du droit de siéger mais n'ayant pas la possibilité de proposer un ordre du jour précis, propose au Sénat de laisser à son président le soin de le convoquer.

J.O.S. 9.10.62

Dissolution du 30 mai 1968

DOCUMENT 12-200

Décret du 30 mai 1968 portant dissolution de l'Assemblée nationale

Le Président de la République,

Vu l'article 12 de la Constitution ;

Après consultation du Premier ministre, du président du Sénat et du président de l'Assemblée nationale,

Décrète :

Art. 1er. — L'Assemblée nationale est dissoute.

Art. 2. — Le présent décret sera publié au *Journal officiel* de la République française.

Fait à Paris, le 30 mai 1968.

C. de Gaulle

J.O. du 31

DOCUMENT 12-201

Décret n° 68-490 du 31 mai 1968 portant convocation des collèges électoraux pour l'élection des députés à l'Assemblée nationale et fixant le déroulement des opérations électorales.

Le Président de la République,

Sur le rapport du Premier ministre, du ministre de l'Intérieur et du ministre des Départements et Territoires d'outre-mer,

Vu l'article 12 de la Constitution et notamment son alinéa 2 aux termes duquel « les élections générales ont lieu vingt jours au moins et quarante jours au plus tard après la dissolution » ;

Vu le décret du 30 mai 1968 portant dissolution de l'Assemblée nationale ;
Vu le code électoral,
Décrète :

Art. 1er. — Les collèges électoraux des départements métropolitains et des départements d'outre-mer sont convoqués pour le 23 juin 1968 en vue de procéder à l'élection des députés à l'Assemblée nationale.

Art. 2. — Les déclarations de candidatures seront reçues dans les préfectures à partir du 4 juin 1968 et jusqu'au 9 juin à minuit.

Elles pourront l'être également en ce qui concerne les départements de la Guadeloupe, de la Guyane, de la Martinique et de la Réunion au secrétariat général des départements d'outre-mer.

Art. 3. — La campagne électorale sera ouverte le 10 juin à zéro heure. A cette date seront instituées les commissions prévues à l'article L. 166 du code électoral.

Art. 4. — Le scrutin ne durera qu'un jour, il sera ouvert à 8 heures et clos à 18 heures, sous réserve de l'application des deux derniers alinéas de l'article R. 41 du code électoral. En aucun cas le scrutin ne pourra être clos après 20 heures.

Art. 5. — Le second tour de scrutin, s'il est nécessaire d'y procéder, aura lieu le dimanche 30 juin 1968.

Art. 6. — Le Premier ministre, le ministre de l'Intérieur et le ministre des Départements et Territoires d'outre-mer sont chargés de l'exécution du présent décret, qui sera publié au *Journal officiel* de la République française.

Fait à Paris, le 31 mai 1968.
C. de Gaulle

Par le Président de la République :
Le Premier ministre,
Georges Pompidou

Le ministre de l'Intérieur,
Raymond Marcellin

Le ministre des Départements et Territoires d'outre-mer,
Joël Le Theule

J.O. du 1.6

DOCUMENT 12-202
Conséquences sur l'activité du Sénat de la dissolution de l'Assemblée nationale

I. Extrait de la séance du 30 mai 1968

Règlement de l'ordre du jour

M. *le président*. Voici quel pourrait être l'ordre du jour de la prochaine séance publique, précédemment fixée au jeudi 6 juin, à quinze heures : ...

M. *André Colin*. Je demande la parole.

M. *le président*. La parole est à M. Colin.

M. *André Colin*. Monsieur le président, au moment où le pays, tant sur le plan social que sur le plan politique, vit des heures singulièrement graves, il n'est pas dans mon intention cependant de les évoquer ici en cette fin de séance. Je voudrais simplement me permettre d'aborder devant le Sénat certains aspects institutionnels de la situation dans laquelle nous nous trouvons pour que toute la lumière soit faite pour nos collègues.

Vous venez, monsieur le président, de nous déclarer que le Gouvernement vous avait informé qu'il retirait de l'ordre du jour de cet après-midi les projets de loi qui y étaient inscrits et qu'ainsi le Sénat se trouve privé d'ordre du jour. Mais vous avez ajouté dans le même temps, ce qui je l'espère est lumineux pour l'ensemble de nos collègues, que jeudi nous avions un ordre du jour qui avait été établi ce matin par la conférence des présidents et que le Sénat serait appelé à en délibérer, ce qui signifie donc que, sous le régime de la Constitution de 1958, la dissolution de l'Assemblée nationale n'entraîne pas de conséquences juridiques pour le Sénat tant qu'est en place le Gouvernement.

M. *le président*. C'est tout à fait formel.

M. *André Colin*. Il était bon, monsieur le président, que, sous votre contrôle et celui de M. le secrétaire général, cela soit dit pour dissiper toute confusion dans l'esprit de nos collègues.

La conférence des présidents se réunit jeudi...

M. *Le président*. Le Sénat a un ordre du jour et la conférence des présidents se réunit en effet jeudi.

M. *André Colin*. ... et fixera un ordre du jour. A supposer que le Gouvernement retire à nouveau de l'ordre du jour prioritaire les projets de loi qui y sont inscrits avec son accord, le Sénat, qui existe, seule assemblée parlementaire qui subsiste du fait de la dissolution de l'Assemblée nationale, aurait, si mes informations sont bonnes, le droit de délibérer sur toutes propositions dont il pourrait prendre l'initiative.

Excusez-moi, mes chers collègues, d'avoir pris cette initiative de caractère un peu pédant devant vous, de manière à dissiper toute espèce de confusion car différents collègues m'avaient posé des questions. J'ajoute que ma science est toute récente. Qu'il me soit permis de rendre hommage à ceux qui m'ont instruit, le président de séance et le secrétaire général du Sénat que j'avais interrogés. J'ai cru bon, de ce fait, d'informer mes collègues de toute l'importance du rôle que peut être amené à jouer le Sénat, seule assemblée parlementaire subsistante dans les conditions politiques et institutionnelles présentes.

M. *le président*. J'ajoute, pour compléter ce que vous venez de dire et qui est en tout point exact, que si jeudi prochain nous n'avions plus, de nouveau, d'ordre du jour, nous serions peut-être amenés à nous séparer, mais nous laisserions à notre président le soin de nous convoquer, ce qu'il pourrait faire à tout moment. L'Assemblée nationale est dissoute, mais, vous l'avez fort bien dit, le Sénat demeure.

Cela étant, je viens d'indiquer que l'Assemblée nationale était dissoute, mais je m'empresse d'ajouter que je n'en ai pas été officiellement informé.

M. *Raymond Bonnefous*. Je demande la parole.

M. *le président*. La parole est à M. Raymond Bonnefous.

M. *Raymond Bonnefous*. Vous venez, monsieur le président, de faire allusion à l'ordre du jour de jeudi prochain...

TITRE II : LE PRÉSIDENT DE LA RÉPUBLIQUE

M. *le président.* Car il subsiste.

M. *Raymond Bonnefous*... et vous venez de laisser entendre qu'il y aurait une conférence des présidents jeudi matin. Si cette conférence des présidents devait être saisie de la part du Gouvernement, comme aujourd'hui, d'une proposition de retrait de l'ordre du jour, nous souhaiterions en être informés. En effet, compte tenu des difficultés actuelles, il ne serait pas nécessaire de déranger nos collègues si la séance devait être virtuelle.

M. *le président.* Mon cher président, je suis incapable de vous répondre. J'ignore absolument ce que le Gouvernement proposera jeudi prochain. Je me permets d'ajouter que le Sénat serait d'ailleurs toujours libre, si le Gouvernement retirait les textes qu'il a inscrits à l'ordre du jour, de prévoir un ordre du jour complémentaire qui dépend de lui seul.

J.O.S. 30 mai 1968

II. Extrait de la séance du 6 juin 1968

Conférence des présidents

M. *le président.* La conférence des présidents a modifié comme suit l'ordre du jour de la séance publique d'aujourd'hui 6 juin 1968.

En application de la priorité établie par l'article 48 de la Constitution :

1. Discussion du projet de loi, adopté par l'Assemblée nationale, modifiant et complétant les articles 93 et 552 du code de procédure pénale ;

2. Discussion du projet de loi, adopté par l'Assemblée nationale, autorisant l'approbation de la convention européenne du 30 novembre 1964 pour la répression des infractions routières.

Les autres textes qui figuraient primitivement à l'ordre du jour ont été retirés par le Gouvernement.

La conférence des présidents, ayant par ailleurs décidé l'ajournement des questions orales avec débat prévues pour les 11 et 18 juin, propose au Sénat de laisser à son président le soin de le convoquer.

Sur les conclusions de la conférence des présidents la parole est à M. Armengaud.

M. *André Armengaud.* Je n'ai pas, bien entendu, à formuler d'observations sur les propositions de la conférence des présidents. Je voudrais seulement appeler l'attention du Sénat sur la discussion qui a eu lieu la semaine dernière ici au sujet de l'activité de notre assemblée pendant que les députés sont soumis à réélection. En effet, nous sommes la seule assemblée qui demeure en activité ; il me paraît nécessaire qu'en raison des circonstances nous nous penchions sur les problèmes pressants, en particulier sur les conséquences des événements récents, notamment du point de vue des charges qui en résulteront pour l'économie française *in globo* et secteur par secteur et aussi sur les problèmes universitaires et leurs motivations.

Je souhaite donc que les commissions compétentes poursuivent leur activité comme en temps normal, puisque nous sommes en session ; en particulier la commission des finances, la commission des affaires économiques et la commission des affaires sociales auront à se pencher sur les conséquences économiques et sociales de la grève et des revendications accordées. Je demande aussi que la commission des affaires culturelles participe à ces travaux, compte tenu de ce qu'elle a fait dans le passé sur les problèmes de l'enseignement.

Tel est le vœu que je forme pour que le pays sache que notre assemblée continue à travailler.

M. *Yvon Coudé du Foresto*, (vice-président de la commission des finances, du contrôle budgétaire et des comptes économiques de la nation). Je demande la parole.

M. *le président.* La parole est à M. le vice-président de la commission des finances.

M. *Yvon Coudé du Foresto*, Mes chers collègues, à la suite de la déclaration que vient de faire M. Armengaud il me paraît qu'effectivement nous pourrons examiner un certain nombre de problèmes. Comme le président de la commission des finances, empêché, n'est pas là et que je suis le seul vice-président de la commission des finances présent, je me permets de souhaiter, en son nom, que celle-ci soit à même de se réunir dès que les élections auront eu lieu et à ce moment-là nous y verrons plus clair sur les incidences des différentes mesures prises récemment.

M. *Jean Bertaud*, (président de la commission des affaires économiques et du Plan). Je demande la parole.

M. *le président.* La parole est à M. le président de la commission des affaires économiques et du Plan.

M. *Jean Bertaud.* En tant que président de la commission des affaires économiques et du Plan, je m'associe aux propositions faites par mon collègue M. Armengaud en ce qui concerne le fonctionnement des commissions.

M. *le président.* Y a-t-il d'autres observations ?...

Chacun sait que, le Sénat étant une assemblée permanente et ses commissions étant normalement convoquées à la diligence de leurs présidents respectifs, c'est à ceux-ci qu'il appartiendra de les réunir pour qu'elles continuent leur travail même si les séances publiques se trouvent suspendues pendant la période électorale.

D'ailleurs, le Gouvernement vient de déposer sur notre bureau deux projets de loi, comme je l'ai indiqué tout à l'heure, ce qui prouve bien qu'il considère, comme nous-mêmes, que notre travail doit continuer.

Les commissions en effet — et là je rejoins l'observation de M. Armengaud — peuvent avoir à se réunir, non seulement la commission des finances ou la commission des affaires sociales, mais toutes les autres, celle des affaires culturelles par exemple, pour étudier les problèmes de tout ordre qui se posent actuellement. Je suis sûr que les présidents et les membres de ces commissions en sont d'accord.

Quant aux séances publiques, je l'ai dit, nous ne pourrons plus en tenir à partir d'aujourd'hui, en raison des nécessités matérielles que vous savez, je pourrais même dire des difficultés matérielles qui résultent de la campagne électorale.

Mais tout le monde est bien d'accord pour dire et répéter — ce qui est une vérité première au point de vue constitutionnel — que le Sénat est une assemblée permanente, qu'il peut toujours se réunir dans ses commissions ou pendant les périodes de session, en séance publique. A cet égard je vous demanderai tout à l'heure de bien vouloir, en adoptant les propositions de la conférence des présidents, laisser à votre président toute latitude pour une convocation éventuelle en séance publique puisque, encore une fois, le Sénat continue.

J'ajoute enfin que la conférence des présidents, réunie ce matin, a étudié les observations présentées par plusieurs de nos collègues et a adopté exactement la même attitude que celle qui vient d'être exprimée, cela en présence de M. le rapporteur général de la commission des finances. Vous avez donc à ce sujet, je pense, tous apaisements.

Personne ne demande la parole ?...

Les conclusions de la conférence des présidents sont adoptées.

Ajournement du Sénat

M. le président. Mes chers collègues, nous avons terminé l'examen des textes inscrits à l'ordre du jour de notre séance.

Conformément à la décision prise sur proposition de la conférence des présidents, le Sénat va s'ajourner en laissant à son président le soin de le convoquer.

Je tiens à préciser que ce matin, au cours des travaux de la conférence des présidents et au nom de celle-ci, j'ai prié le représentant du Gouvernement, ici présent, M. Yvon Morandat, d'exprimer au Gouvernement le désir du Sénat de voir inscrire à son ordre du jour, dès le début de la session extraordinaire qui s'ouvrira le 11 juillet, après les élections législatives, des textes dont plusieurs sont déjà au point à la suite des travaux de nos commissions et dont les autres le seront certainement à cette date.

Vous savez que la première semaine de l'installation de la nouvelle Assemblée nationale sera consacrée à l'élection du bureau et à la nomination des commissions. Par contre, nous serons, nous, en mesure d'aborder tout de suite, en discussion publique, les projets déjà prêts à ceux qui le seront à cette date.

En votre nom, je me permets de renouveler cette prière à M. le représentant du Gouvernement ici présent.

M. Yvon Morandat, (secrétaire d'Etat aux affaires sociales, chargé des problèmes de l'emploi). Je demande la parole.

M. le président. La parole est à M. le secrétaire d'Etat.

M. le secrétaire d'Etat. Monsieur le président, comme je vous l'ai dit ce matin à la conférence des présidents, je prends acte, moi aussi, de ce désir et je le transmettrai au chef du Gouvernement.

M. Marcel Prélot. Je demande la parole.

M. le président. La parole est à M. Prélot.

M. Marcel Prélot. Monsieur le président, récemment, dans diverses manifestations, allocutions, déclarations ou articles, le Sénat a été passé par prétérition. Il ne nous revient pas ici d'entamer des controverses avec des juristes ou des pseudo-juristes, mais le Sénat sera sans doute d'accord pour penser que la séance de ce jour est l'affirmation absolue du droit de la Haute Assemblée de se réunir pendant le temps où l'Assemblée nationale est dissoute.

Par ailleurs, monsieur le président, je pense que nos convenances personnelles et les difficultés matérielles ne doivent pas faire obstacle, si vous le jugez bon, à une réunion de notre assemblée.

M. François Schleiter. Très bien !

M. Marcel Prélot. Issu de l'élite profonde de la nation, le Sénat est au service de la République.

M. le président. Tout le Sénat est d'accord avec vous, monsieur Prélot. Votre intervention rejoint les observations qui ont été présentées tout à l'heure par plusieurs de nos collègues et par votre président lui-même.

Personne ne demande plus la parole ?...

La séance est levée.

J.O.S. 6 juin 1968

DOCUMENT 12-300
Liste des réunions de plein droit de l'Assemblée nationale en application de l'article 12, 3ᵉ alinéa.

11-25 juillet 1968

ARTICLE 13

Le Président de la République signe les ordonnances et les décrets délibérés en Conseil des ministres.

Il nomme aux emplois civils et militaires de l'Etat.

Les conseillers d'Etat, le grand chancelier de la Légion d'honneur, les ambassadeurs et envoyés extraordinaires, les conseillers maîtres à la Cour des comptes, les préfets, les représentants du Gouvernement dans les territoires d'outre-mer, les officiers généraux, les recteurs des académies, les directeurs des administrations centrales sont nommés en Conseil des ministres.

Une loi organique détermine les autres emplois auxquels il est pourvu en Conseil des ministres ainsi que les conditions dans lesquelles le pouvoir de nomination du Président de la République peut être par lui délégué pour être exercé en son nom.

ARTICLE 14

Le Président de la République accrédite les ambassadeurs et les envoyés extraordinaires auprès des puissances étrangères ; les ambassadeurs et les envoyés extraordinaires étrangers sont accrédités auprès de lui.

ARTICLE 15

Le Président de la République est le chef des armées. Il préside les conseils et comités supérieurs de la Défense nationale.

ARTICLE 16

Lorsque les institutions de la République, l'indépendance de la Nation, l'intégrité de son territoire ou l'exécution de ses engagements internationaux sont menacées d'une manière grave et immédiate et que le fonctionnement régulier des pouvoirs publics constitutionnels est interrompu, le Président de la République prend les mesures exigées par ces circonstances, après consultation officielle du Premier ministre, des présidents des assemblées ainsi que du Conseil constitutionnel.

Il en informe la Nation par un message.

Ces mesures doivent être inspirées par la volonté d'assurer aux pouvoirs publics constitutionnels, dans les moindres délais, les moyens d'accomplir leur mission. Le Conseil Constitutionnel est consulté à leur sujet.

Le Parlement se réunit de plein droit.

L'Assemblée nationale ne peut être dissoute pendant l'exercice des pouvoirs exceptionnels.

DOCUMENT 16-100
Décision du 23 avril 1961 portant application de l'article 16

Le Président de la République,

Vu la Constitution et notamment l'article 16,

Après consultation du Premier ministre, du président du Sénat et du président de l'Assemblée nationale,

Après consultation du Conseil constitutionnel et vu l'avis motivé de celui-ci en date du 23 avril 1961,

Décide :

Art. 1er. — Il est fait application de l'article 16 de la Constitution.

Art. 2. — La présente décision sera publiée au Journal officiel de la République française. Elle entre immédiatement en vigueur.

Fait à Paris, le 23 avril 1961.

C. de Gaulle
J.O. du 24

DOCUMENT 16-101
Avis du Conseil constitutionnel du 23 avril 1961

Le Conseil constitutionnel,

Vu l'article 16 de la Constitution ;

Vu les articles 52, 53 et 54 de l'ordonnance du 7 novembre 1958 portant loi organique sur le Conseil constitutionnel ;

Vu la lettre du 22 avril 1961 par laquelle le Président de la République consulte le Conseil constitutionnel sur l'éventuelle application de l'article 16 de la Constitution ;

Considérant qu'en Algérie, des officiers généraux sans commandement et, à leur suite, certains éléments militaires sont entrés en rébellion ouverte contre les pouvoirs publics constitutionnels dont ils usurpent l'autorité ; qu'au mépris de la souveraineté nationale et de la légalité républicaine, ils édictent des mesures de la seule compétence du Parlement et du Gouvernement ; qu'ils ont mis hors d'état de remplir leurs fonctions et privé de leur liberté les plus hautes autorités civiles et militaires d'Algérie dépositaires des pouvoirs qui leur ont été délégués par le Gouvernement de la République en vue d'assurer la sauvegarde des intérêts nationaux, ainsi qu'un membre du Gouvernement même ; que leur but avoué est de s'emparer du pouvoir dans l'ensemble du pays ;

Considérant qu'en raison de ces actes de subversion, d'une part, les institutions de la République se trouvent menacées d'une manière grave et immédiate, d'autre part, les pouvoirs publics constitutionnels ne peuvent fonctionner d'une façon régulière ;

Est d'avis :

que sont réunies les conditions exigées par la Constitution pour l'application de son article 16.

Délibéré par le Conseil constitutionnel dans sa séance du 23 avril 1961.

Le président,
Léon Noël
J.O. du 24

TITRE II : LE PRÉSIDENT DE LA RÉPUBLIQUE

DOCUMENT 16-102
Discours radio-télévisé du général de Gaulle, du 23 avril 1961

Un pouvoir insurrectionnel s'est établi en Algérie par un pronunciamiento militaire.

Les coupables de l'usurpation ont exploité la passion des cadres de certaines unités spécialisées, l'adhésion enflammée d'une partie de la population de souche européenne qu'égarent les craintes et les mythes, l'impuissance des responsables submergés par la conjuration militaire.

Ce pouvoir a une apparence : un quarteron de généraux en retraite. Il a une réalité : un groupe d'officiers, partisans, ambitieux et fanatiques. Ce groupe et ce quarteron possèdent un savoir-faire expéditif et limité. Mais ils ne voient et ne comprennent la nation et le monde que déformés à travers leur frénésie. Leur entreprise conduit tout droit à un désastre national.

Car l'immense effort de redressement de la France, entamé depuis le fond de l'abîme, le 18 juin 1940 ; mené ensuite jusqu'à ce qu'en dépit de tout la victoire fût remportée, l'indépendance assurée, la République restaurée ; repris depuis trois ans, afin de refaire l'Etat, de maintenir l'unité nationale, de reconstituer notre puissance, de rétablir notre rang au dehors, de poursuivre notre œuvre outre-mer à travers une nécessaire décolonisation, tout cela risque d'être rendu vain, à la veille même de la réussite, par l'aventure odieuse et stupide des insurgés en Algérie. Voici l'Etat bafoué, la nation défiée, notre puissance ébranlée, notre prestige international abaissé, notre place et notre rôle en Afrique compromis. Et par qui ? Hélas ! hélas ! hélas ! par des hommes dont c'était le devoir, l'honneur, la raison d'être de servir et d'obéir.

Au nom de la France, j'ordonne que tous les moyens, je dis tous les moyens, soient employés pour barrer partout la route à ces hommes-là, en attendant de les réduire. J'interdis à tout Français et, d'abord, à tout soldat d'exécuter aucun de leurs ordres. L'argument suivant lequel il pourrait être localement nécessaire d'accepter leur commandement, sous prétexte d'obligations opérationnelles ou administratives, ne saurait tromper personne. Les seuls chefs, civils et militaires, qui aient le droit d'assumer les responsabilités, sont ceux qui ont été régulièrement nommés pour cela et que, précisément, les insurgés empêchent de le faire. L'avenir des usurpateurs ne doit être que celui que leur destine la rigueur des lois.

Devant le malheur qui plane sur la Patrie et la menace qui pèse sur la République, ayant pris l'avis officiel du Conseil constitutionnel, du Premier ministre, du Président du Sénat, du Président de l'Assemblée nationale, j'ai décidé de mettre en œuvre l'article 16 de notre Constitution. A partir d'aujourd'hui, je prendrai, au besoin directement, les mesures qui me paraîtront exigées par les circonstances. Par là même, je m'affirme, pour aujourd'hui et pour demain, en la légitimité française et républicaine que la nation m'a conférée, que je maintiendrai, quoi qu'il arrive jusqu'au terme de mon mandat ou jusqu'à ce que me manquent, soit les forces, soit la vie, et dont je prendrai les moyens d'assurer qu'elle demeure après moi.

Françaises, Français ! Voyez où risque d'aller la France par rapport à ce qu'elle était en train de redevenir.

Françaises, Français ! Aidez-moi !

J.O. du 24

DOCUMENT 16-103
Message du Général de Gaulle au Parlement
Le 23 avril 1961

Note : Ce document est publié sous le n° Doc. 18-102.

DOCUMENT 16-104
Liste des mesures intervenues en vertu de l'article 16 de la Constitution
(23 avril-30 septembre 1961)

1. Décision du Président de la République du 24 avril 1961, J.O., 24 avril 1961, p. 3876.

Objet : Décrets n°s 61-395 et 61-396 du 22 avril 1961 portant déclaration et application de l'état d'urgence dans tous les départements du territoire métropolitain.

Contenu : La durée de l'état d'urgence est prolongée jusqu'à nouvelle décision.

2. Décision du Président de la République du 24 avril 1961, J.O., 24 avril 1961, p. 3876.

Objet : Ordonnance n° 58-916 du 7 octobre 1958 relative aux mesures à prendre à l'égard des personnes dangereuses pour la sécurité publique en raison de l'aide qu'elles apportent aux rebelles des départements algériens (éloignement, assignation à résidence, internement administratif).

Contenu : Application de ces mesures à toute personne qui, par quelque moyen que ce soit, participe à une entreprise de subversion dirigée contre les autorités et les lois de la République, ou encourage cette subversion.

3. Décision du Président de la République du 24 avril 1961, J.O., 24°avril 1961, p. 3876.

Objet : Ordonnance n° 60-123 du 13 février 1960 modifiant le Code de procédure pénale.

Contenu : Délai de garde à vue porté de cinq à quinze jours.

4. Décision du Président de la République du 24 avril 1961, J.O., 24 avril 1961, p. 3876.

Contenu : Sanctions disciplinaires à l'encontre des fonctionnaires publics ou des militaires participant à une entreprise de subversion. Révocation ou destitution par décret après que l'intéressé ait été mis en demeure de présenter ses observations. La formalité de la mise en demeure est supprimée à l'égard de tout fonctionnaire public ou de tout militaire qui, sans droit, prend ou conserve un commandement civil ou militaire et se rebelle contre les autorités ou les lois de la République.

5. Décret du 24 avril 1961, J.O., 24 avril 1961, p. 3877.

Contenu : Destitution d'officiers généraux et d'officiers supérieurs.

6. Décision du Président de la République du 25 avril 1961, J.O., 26 avril 1961, p. 3907.

Contenu : Situation des fonctionnaires publics et des militaires révoqués ou destitués. Perte des droits à pension ; perte du grade et de tous les avantages y afférents.

7. Décision du Président de la République du 26 avril 1961, J.O., 27 avril 1961, p. 3930.

Objet : Ordonnance n° 58-1270 du 22 décembre 1958 portant loi organique relative au statut de la magistrature.

Contenu : Jusqu'au 1er mai 1962, les magistrats en fonction dans les départements algériens peuvent recevoir une nouvelle affectation.

8. Décision du Président de la République du 27 avril 1961, J.O., 28 avril 1961, p. 3947.

Contenu : Institution d'un Haut Tribunal militaire auquel peuvent être déférés, par décret, les auteurs et les complices de crimes et délits contre la sûreté de l'Etat et contre la discipline des armées ainsi que les infractions connexes, commis en relation avec les événements d'Algérie avant la fin de la période d'exercice des pouvoirs exceptionnels. Composition du Haut Tribunal. Procédure.

9. Décision du Président de la République du 27 avril 1961, J.O., 28 avril 1961, p. 3947.

Contenu : Interdiction, prononcée par arrêté du ministre de l'Intérieur ou du ministre de l'Information, des écrits, périodiques ou non, revêtant la forme de cahiers, de feuilles ou de lettres de renseignement, quel que soit leur mode de diffusion, qui apportent de quelque façon que ce soit un appui à une entreprise de subversion dirigée contre les autorités ou les lois de la République, ou qui diffusent des informations secrètes d'ordre militaire ou administratif.

10. Décision du Président de la République du 3 mai 1961, J.O., 4 mai 1961, p. 4115.

Contenu : Institution d'un tribunal militaire auquel sont déférés, par décret, les auteurs et les complices des crimes et délits contre la sûreté de l'Etat et contre la discipline des armées ainsi que des infractions connexes, commis en relation avec les événements d'Algérie, lorsqu'ils ne sont pas déférés au Haut Tribunal militaire. Composition du tribunal. Procédure.

11. Décision du Président de la République du 4 mai 1961, J.O., 5 mai 1961, p. 4147.

Objet : Code de procédure pénale et Code de justice militaire.

Contenu : Règles de procédure exceptionnelles applicables jusqu'au 31 décembre 1961, à l'instruction préparatoire dans les affaires concernant les crimes et délits de toute nature commis en relation avec les événements survenus en Algérie ainsi que les infractions connexes.

12. Décision du Président de la République du 7 juin 1961, J.O., 8 juin 1961, p. 5194.

Contenu : Eu égard aux circonstances ayant justifié la mise en œuvre de l'article 16 de la Constitution, les personnels militaires de tous grades en activité de service pourront être, jusqu'au 15 octobre 1961, nonobstant toute disposition législative ou réglementaire contraire, soit placés en position de congé spécial, soit rayés des cadres. Conditions d'application.

13. Décision du Président de la République du 7 juin 1961, J.O., 8 juin 1961, p. 5195.

Contenu : Les généraux de brigade, les généraux de brigade aérienne et les contre-amiraux peuvent être promus à titre définitif au grade supérieur lorsqu'ils comptent la moitié de l'ancienneté de grade fixée par la législation en vigueur. Décision prenant effet au 1er juin 1961 pour une durée d'un an.

14. Décision du Président de la République du 8 juin 1961, J.O., 9 juin 1961, p. 5227.

Contenu : Les fonctionnaires des services actifs de police de la Sûreté nationale pourront être, pendant un délai de trois mois, nonobstant toute disposition législative ou réglementaire contraire, soit placés en position de congé spécial, soit rayés des cadres. Conditions d'application.

15. Décision du Président de la République du 17 juin 1961, J.O., 18 juin 1961, p. 5483.

Objet : Décision du 26 avril 1961 relative aux affectations de magistrats en fonction dans les départements algériens.

Contenu : Maintien par ordre à la disposition du ministre de la Justice, des magistrats du siège et du parquet en fonctions en Algérie, auxquels les nécessités du service ne permettent pas de donner immédiatement une nouvelle affectation. La durée du maintien par ordre ne peut dépasser deux ans. Au-delà, mise en congé spécial. Conditions d'application.

16. Décision du Président de la République du 9 septembre 1961, J.O., 9 septembre 1961, p. 8410.

Objet : Décision du 8 juin 1961 relative à la mise en congé spécial et à la radiation des cadres des fonctionnaires de police.

Contenu : Prorogation jusqu'au 31 décembre 1961 du délai fixé à trois mois par la décision du 8 juin, en ce qui concerne les fonctionnaires des services actifs de police en fonction dans les départements algériens.

17. Décision du Président de la République du 29 septembre 1961, J.O., 30 septembre 1961, p. 8963.

Objet : Durée d'application des diverses décisions prises en vertu de l'article 16 de la Constitution.

Contenu : Sous réserve de ce qui pourrait être décidé par la loi, restent en vigueur jusqu'au 15 juillet 1962 :

— l'état d'urgence prolongé jusqu'à nouvelle décision par la décision du 24 avril 1961 ;

— la décision du 24 avril 1961 relative à la garde à vue ;

— la décision du 24 avril 1961 étendant l'application de l'ordonnance du 7 octobre 1958 ;

— la décision du 27 avril 1961 relative à certains écrits ;

— la décision du 4 mai 1961 concernant la procédure pénale.

Le Haut Tribunal militaire et le tribunal militaire restent en fonction jusqu'à une date qui sera fixée par la loi. Modification des règles de composition de ces tribunaux.

18. Décision du Président de la République du 29 septembre 1961, J.O., 30 septembre 1961, p. 8963.

Contenu : « Il cesse d'être fait application de l'article 16 de la Constitution ».

DOCUMENT 16-105
Décision du Conseil d'Etat du 2 mars 1962 relative au contrôle exercé sur les décisions prises en application de l'article 16 (Sieur Rubin de Servens)

... Considérant que, par décision en date du 23 avril 1961, prise après consultation officielle du Premier Ministre et des présidents des Assemblées et après avis du Conseil constitutionnel, le Président de la République a mis en application l'article 16 de la Constitution du 4 octobre 1958 ; que cette décision présente le caractère d'un acte de gouvernement dont il n'appartient au Conseil d'Etat ni d'apprécier la légalité ni de contrôler la durée d'application ; que ladite décision a eu pour effet d'habiliter le Président de la République à prendre toutes les mesures exigées par les circonstances qui l'ont motivée et, notamment, à exercer dans les matières énumérées à l'article 34 de la Constitution le pouvoir législatif et dans les matières prévues à l'article 37 le pouvoir réglementaire ;

Considérant qu'aux termes de l'article 34 de la Constitution « la loi fixe les règles concernant... la procédure pénale... la création de nouveaux ordres de juridiction » ; que la décision attaquée en date du 3 mai 1961, intervenue après consultation du Conseil constitutionnel, tend à instituer un Tribunal militaire à compétence spéciale et à créer ainsi un ordre de juridiction au sens de l'article 34 précité, et, d'autre part, à fixer les règles de procédure pénale à suivre devant ce tribunal ; qu'il s'ensuit que ladite décision, qui porte sur des matières législatives et qui a été prise par le Président de la République pendant la période d'application des pouvoirs exceptionnels, présente le caractère d'un acte législatif dont il n'appartient pas au juge administratif de connaître ;

Décide :

Article premier. — Les requêtes susvisées nos 55049 et 55055 présentées par le sieur Rubin de Servens et autres sont rejetées comme portées devant une juridiction incompétente pour en connaître.

Art. 2. — Expédition de la présente décision sera transmise au Premier ministre.

Recueil C.E., 1962, p. 143

DOCUMENT 16-106
Lettre du Président de la République en date du 31 août 1961 relative au rôle du Parlement

Mon cher Premier ministre,

La réunion exceptionnelle du Sénat, le 5 septembre, et de l'Assemblée nationale, le 12 septembre, décidée par les présidents de ces assemblées sur le sujet des questions agricoles et sous couvert du texte littéral de l'article 16. met en cause, à la fois, l'application de la Constitution et le fonctionnement régulier des pouvoirs publics. La mise en vigueur de l'article 16, décidée par le Président de la République dans des circonstances où le pays et les institutions sont en péril, si elle attribue au chef de l'Etat la charge de prendre toutes décisions qu'il juge nécessaires, comporte pour le Parlement le droit de se réunir. Il s'agit en effet qu'à l'occasion d'événements dangereux et dramatiques la représentation nationale ait le moyen de se faire entendre. Il s'agit, en même temps, que le Président de la République et le Gouvernement puissent en appeler d'urgence à son concours. Ces dispositions pourraient permettre, le cas échéant, d'éviter au Parlement l'absence scandaleuse qui fut la sienne en juin 1940.

J'observe qu'à la date du 24 avril dernier, où j'eus à décider, pour de très graves raisons, l'application de l'article 16, le Parlement se trouvait en session et qu'ainsi ne se posait pas la question de sa réunion exceptionnelle.

Il ne m'apparaît pas que la raison pour laquelle les assemblées vont se réunir en septembre, après avoir, le 22 juillet, de leur propre chef et compte tenu de la situation alors beaucoup moins tendue, suspendu le cours de leurs travaux, soit l'existence d'un péril national pressant sans qu'on puisse d'ailleurs contester la grande importance des problèmes que les assemblées comptent évoquer.

Il est de fait que la Constitution assignait au travail législatif du Parlement des sessions ordinaires d'une durée et à des dates déterminées, ainsi que, exceptionnellement, des sessions extraordinaires convoquées par décret du Président de la République. A moins d'un motif tenant à des circonstances immédiatement dangereuses pour la Patrie et pour la République, motifs qui suscitaient à coup sûr des initiatives du chef de l'Etat et du gouvernement, il serait donc injustifié de légiférer en dehors des sessions.

Si compte tenu de la lettre stricte de la Constitution, je ne fais pas actuellement obstacle au principe de la convocation ni au fait que les membres des assemblées en prennent occasion pour s'exprimer sur le sujet de l'agriculture et que le gouvernement les entende, je tiendrai pour contraire à la Constitution que la réunion annoncée du Parlement ait un aboutissement législatif.

J'approuve donc le gouvernement qui, comme vous m'en avez rendu compte, entend ne pas participer, le cas échéant, à un tel aboutissement avant l'ouverture de la prochaine session : celle-ci devant, d'ailleurs, suivre de trois semaines seulement la date prévue pour la réunion exceptionnelle de l'Assemblée nationale.

Au contraire, la préparation du travail législatif prévue pour cette session parlementaire, en particulier pour ce qui concerne l'ensemble capital et cohérent des problèmes agricoles, économiques et financiers de la France, peut et doit s'effectuer dans des conditions adéquates à leur grande importance et comporter par conséquent un contact organisé entre le gouvernement, qui déposera des projets, et les commissions parlementaires compétentes. Je sais que telle est votre intention et j'exprime le souhait que cette coopération s'établisse de la meilleure manière possible. Veuillez croire, mon cher Premier ministre, à mes sentiments cordialement dévoués.

Charles de Gaulle

DOCUMENT 16-107

Document relatif au rôle législatif de l'Assemblée nationale pendant l'application de l'article 16

(A.N. 12 septembre 1961)

M. le Président. — L'ordre du jour appellerait la discussion des propositions de loi : 1. de M. Boscary-Monsservin et plusieurs de ses collègues, tendant à déterminer les conditions suivant lesquelles seront fixés par décret les prochains prix d'objectifs de certains produits agricoles ; 2. de M. Boscary-Monsservin et plusieurs de ses collègues, tendant à la parité agricole en matière sociale.

Mais M. le Premier ministre m'a fait parvenir la lettre suivante :

Paris, le 4 septembre 1961

Monsieur le Président,

« J'ai fait connaître à la conférence des présidents qu'il ne paraissait pas conforme à l'esprit de la Constitution que la réunion de plein droit de votre Assemblée, dans les conditions où elle se tient, puisse avoir un aboutissement législatif. Cet avis n'ayant pas été suivi par la conférence, j'ai l'honneur de vous faire savoir que je maintiens, officiellement, l'interprétation que j'avais formulée.

« J'observe, d'autre part, que les propositions de loi inscrites à l'ordre du jour sont irrecevables en raison des dispositions de l'article 40 de la Constitution. En effet, la proposition de loi n° 1.426 tendant à déterminer les conditions suivant lesquelles seront fixés par décret les prochains prix d'objectifs de certains produits agricoles prévoit la garantie de l'Etat pour les prix d'un certain nombre de produits agricoles en obligeant notamment l'Etat à se porter acquéreur des quantités de produits ne trouvant pas preneur aux prix officiels. Cette proposition comporte donc, notamment sur ce point, une aggravation des charges publiques.

« Le Gouvernement oppose également l'irrecevabilité tirée de l'article 40 de la Constitution à la proposition de la loi n° 1427 tendant à la parité agricole en matière sociale. Cette proposition tend en effet à augmenter le nombre des bénéficiaires de la retraite vieillesse agricole et de ce fait prévoit donc une aggravation des charges publiques.

« Je vous prie de croire, Monsieur le Président, à l'assurance de ma haute considération. »

Michel Debré

Dès réception de cette lettre et conformément à l'article 92, alinéa 2, du règlement, j'ai saisi le bureau de la commission des finances qui m'a fait parvenir la lettre suivante :

Paris, le 5 septembre 1961

Monsieur le Président,

« Par lettre en date du 4 septembre 1961, vous m'avez transmis la correspondance que vous avait adressée M. le Premier ministre, en vue de voir opposer les dispositions de l'article 40 de la Constitution aux propositions de loi n° 1.426 et 1.427.

« J'ai l'honneur de vous faire connaître que le bureau de la commission des finances s'est réuni aujourd'hui 5 septembre 1961 et a décidé à la majorité que l'article 40 de la Constitution était opposable aux propositions susvisées.

« Je vous serais très obligé de bien vouloir faire connaître cette décision à M. le Premier ministre.

« Veuillez agréer, Monsieur le Président, l'expression de ma très haute considération. »

Le Vice-Président
Signé : A. Denvers

En conséquence, la discussion des deux propositions de loi de M. Boscary-Monsservin et plusieurs de ses collègues est retirée de l'ordre du jour.

J.O. A.N. 12-9-1961

DOCUMENT 16-108

Documents relatifs à la recevabilité d'une motion de censure pendant la période d'application de l'article 16

I. Débats de l'Assemblée nationale du 12 septembre 1961

... M. le président. Mes chers collègues, au point où nous en sommes...

M. Eugène-Claudius Petit. Au point de suspension !

M. le président... trois questions orales avec débat restent seulement posées, les autres ayant été retirées.

J'ai reçu par ailleurs une motion de censure revêtue des signatures réglementaires. Le débat sur cette motion de censure, sous l'empire de l'article 16, créera un précédent constitutionnel et réglementaire sur lequel — au moins pour son aspect réglementaire — je désire consulter le bureau de l'Assemblée nationale.

TITRE II : LE PRÉSIDENT DE LA RÉPUBLIQUE

Dans ces conditions, je crois qu'il est de meilleure méthode d'en finir...

M. *François Var.* Avec la procédure !

M. *le Président...* avec ces problèmes de procédure, de règlement et de Constitution, avant de traiter éventuellement des questions orales qui demeurent inscrites, si celles-ci sont maintenues.

Je vais donc suspendre la séance en demandant aux membres du bureau de l'Assemblée de bien vouloir se réunir immédiatement.

La séance est suspendue.

(La séance, suspendue à seize heures quinze minutes, est reprise à dix-sept heure cinquante minutes.)

M. *le Président.* La séance est reprise.

La réunion du bureau de l'Assemblée a permis de constater qu'en matière de recevabilité d'une motion de censure, lorsqu'on se trouve dans une situation constitutionnelle entièrement nouvelle comme celle dans laquelle nous nous trouvons du fait de l'application de l'article 16 et, de surcroît, en session de plein droit, la compétence appartient au président de l'Assemblée.

Etant donné que deux thèses irréductibles, l'une pour la recevabilité, l'autre pour l'irrecevabilité, s'opposent l'une à l'autre à l'aide d'arguments, visiblement empreints de bonne foi de part et d'autre — je n'ai pas besoin de le dire — mais tels que leur prise en considération s'impose à l'attention du président de l'Assemblée, celui-ci a le devoir de s'entourer d'avis constitutionnels.

Il lui est apparu qu'il était de son devoir, en une matière aussi complexe et pour une décision qui non seulement engage le présent, mais qui peut engager beaucoup pour l'avenir, de saisir le Conseil constitutionnel pour avis.

M. *Georges Bidault.* La parole est aux esclaves !

M. *le Président.* C'est donc ainsi que je procéderai.

M. *André Chandernagor.* Je demande la parole pour un rappel au règlement.

M. *le Président.* La parole est à M. Chandernagor, pour un rappel au règlement.

M. *André Chandernagor.* Mesdames, messieurs, nous arrivons au terme de ce débat... où tous les arguments de procédure possibles et imaginables auront été utilisés pour empêcher le Parlement de s'exprimer.

Je veux faire très rapidement justice d'un certain nombre de ces arguments.

M. le Premier ministre a utilisé la barrière des articles 34 et 40 de la Constitution. C'est vrai qu'il avait pour lui la lettre des textes. Mais j'observe que ces articles ne lui interdisaient nullement de faire preuve de souplesse ou de compréhension.

Ils ne vous faisaient pas obligation, monsieur le Premier ministre, de refuser le dialogue et le deuxième alinéa de l'article 37 qui n'exclut pas l'intervention de textes législatifs dans le domaine réglementaire est significatif à cet égard.

En vérité, si ce dialogue a été rompu avant même d'avoir été entamé, c'est de votre propre volonté ou plus exactement de celle de M. le Président de la République.

Il y a beau temps en effet que votre Gouvernement n'a plus de pensée propre et qu'il se borne à recueillir et à traduire avec plus ou moins de bonheur la pensée du Chef de l'Etat.

Alors, pour discuter valablement, mieux vaudrait, n'est-ce pas, remonter directement aux sources, c'est-à-dire, en l'espèce, à la lettre que M. le Président de la République vous a adressée le 31 août. Je n'ai pas l'intention de le faire ici, encore que cette lettre justifierait un examen complet et qui, par certains de ses éléments, serait savoureux.

Je noterai simplement en passant qu'elle s'appuie sur la distinction entre sessions ordinaires et sessions de plein droit. Or je me suis référé au *Journal officiel* et je me suis aperçu qu'à la date du 25 avril nous avions bien ouvert une session de plein droit, mais que jamais, pendant trois mois, nous n'avions ouvert la moindre session ordinaire. Mais par un phénomène assez inexplicable, le 22 juillet, on a clos une session ordinaire qui n'avait jamais été ouverte.

Mais je laisse pour l'avenir le soin de trancher les différents problèmes que pose sur le plan juridique la lettre de M. le Président de la République.

Ce que je tiens à dire, c'est que nous n'acceptons ni le fond, ni la forme de cette lettre et que, le moment venu — car le pouvoir a l'habitude de se faire à lui-même sa propre jurisprudence, ce qui n'a pas été nécessaire aujourd'hui pouvant le devenir demain — nous ouvrirons le débat constitutionnel qui s'impose sur ce point.

Le troisième argument réside, je ne dirai pas dans l'irrecevabilité opposée à la motion de censure, mais dans le fait qu'on s'interroge sur le point de savoir si elle est recevable ou irrecevable.

En réalité, mesdames, messieurs, le bureau s'est déclaré incompétent et je le conçois, car j'ai lu soigneusement le règlement.

Les articles 81, alinéa 3, et 93, alinéa 3, donnent au bureau le soin d'apprécier la recevabilité des propositions législatives. Mais le règlement est muet sur ce point pour ce qui est de la motion de censure.

J'ai le regret de dire à M. le Président de l'Assemblée nationale que je ne pense pas, non plus, que le Conseil constitutionnel soit compétent en la matière.

L'article 54 de la Constitution dispose bien que le Conseil constitutionnel statue sur la concordance des traités et des engagements internationaux avec la Constitution. L'article 58 fait de ce Conseil le juge de la régularité de l'élection de M. le Président de la République. L'article 60 le fait juge du référendum. L'article 61 lui laisse apprécier la constitutionnalité des lois organiques et des lois ordinaires. Mais rien, absolument rien ne concerne la recevabilité de la motion de censure.

En réalité, je crois qu'une application convenable des textes que nous avons à notre disposition aurait voulu que, conformément à l'article 151 de notre règlement, la conférence des présidents fixât tout simplement la date à laquelle viendrait en discussion cette motion de censure.

Mais trêve, mesdames, messieurs, d'arguments juridiques ! Le problème qui se pose, à cette heure, à la conscience des députés est avant tout politique. Il s'agit de savoir si, devant la montée des périls, le

Parlement va se laisser imposer silence et assister, en spectateur impuissant, à la dégradation de l'Etat.

Quelque part dans sa lettre, M. le Président de la République évoque « l'absence scandaleuse » qui fut celle du Parlement de juin 1940. Dois-je vous rappeler, mes chers collègues, que la carence de ce Parlement de juin 1940 consista précisément à s'en remettre à un homme seul du soin de sauver l'Etat ?

Si nous ne voulons pas encourir devant l'Histoire le même reproche d'avoir été scandaleusement absents, il est temps, il est grand temps que nous manifestions notre volonté, en disant clairement que nous ne pouvons cautionner l'évolution du régime dans un sens de plus en plus personnaliste et qu'un gouvernement qui se prête à cette évolution, qui la sert, ne peut plus prétendre à la confiance des élus de la nation.

J'entends les protestations de certains. Ces jours derniers ont révélé de pressants périls : gardons-nous d'ajouter, disent-ils, par des initiatives intempestives, aux difficultés du pouvoir.

A ceux-là je répondrai, mes amis et moi, nous n'avons jamais marchandé notre appui, dans les circonstances tragiques, à qui avait la responsabilité du pouvoir.

Cela nous confère quelque droit, nous semble-t-il, à formuler bien haut deux observations qui nous paraissent essentielles : la première, c'est que l'Etat s'il s'agit en effet de défendre est d'autant plus vulnérable et, par conséquent, d'autant plus faible, qu'il ne repose que sur un seul homme ; la seconde c'est que nous ne saurions admettre que cet homme, si grand fût-il, en même temps qu'il défend la République contre les factieux, fasse payer aux républicains le prix de son concours en dénaturant la République.

Il est vrai que si les fauteurs de troubles réussissaient dans leur folle entreprise c'en serait fait de la démocratie ; voilà pourquoi, contre eux, vous comptez sur le concours des démocrates. Encore faut-il que les démocrates aient quelque chose à défendre !

Je vous le dis avec gravité, monsieur le Premier ministre : si l'évolution du régime devait se poursuivre dans le sens que je viens de dénoncer et si les démocrates de ce pays avaient un jour le sentiment qu'en vous soutenant aux heures difficiles ce n'est plus la démocratie qu'ils défendent mais le pouvoir pour lui-même, alors c'en serait fait peut-être, hélas ! de la démocratie et, à coup sûr, du régime.

Nous arrivons, mesdames, messieurs, au terme de ce débat. Maintenant va se dérouler la discussion des quelques questions orales qui ont été maintenues. Je pense qu'il ne serait pas digne de cette Assemblée, en tout cas des démocrates qui y siègent, de se prêter à cette comédie. Pour notre part, mes amis du groupe socialiste et moi quitterons la salle des séances pour marquer notre protestation à l'égard de l'attitude du pouvoir en cette journée et nous invitons tous les démocrates de cette Assemblée à nous suivre.

Monsieur le Premier ministre, vous pourrez rester à votre banc et dénombrer ainsi ceux qui, en cette journée, auront approuvé le pouvoir.

M. le président. La séance est suspendue pour quelques instants.

J.O. A.N. 12-9-1961

II. Décision du 14 septembre 1961 du Conseil constitutionnel sur demande d'avis présentée par le Président de l'Assemblée nationale

Le Conseil constitutionnel,

Consulté le 14 septembre 1961 par le Président de l'Assemblée nationale sur le point de savoir si la motion de censure déposée au cours de la séance tenu le 12 septembre 1961 par cette assemblée réunie de plein droit en vertu de l'article 16, alinéa 4, de la Constitution, peut être regardée comme recevable ;

Vu la Constitution ;

Vu l'ordonnance du 7 novembre 1958 portant loi organique sur le Conseil constitutionnel ;

Considérant que la Constitution a strictement délimité la compétence du Conseil constitutionnel ; que celui-ci ne saurait être appelé à statuer ou à émettre un avis que dans le cas et suivant les modalités qu'elle a fixés ;

Considérant que le Conseil constitutionnel ne peut être saisi par le Président de l'une ou de l'autre assemblée du Parlement qu'en vertu des articles 41, 54 et 61, alinéa 2, de la Constitution ; que ces dispositions ne le font juge que de la recevabilité, au regard des articles 34 et 38 de la Constitution, des propositions de lois ou des amendements déposés par les membres du Parlement, ainsi que de la conformité à la Constitution des engagements internationaux ou des lois ordinaires ; qu'en outre, l'article 61, 1er alinéa, ne lui donne mission que d'apprécier la conformité à la Constitution des lois organiques et des règlements des assemblées parlementaires après leur adoption par ces assemblées et avant leur promulgation ou leur mise en application ; qu'ainsi aucune des dispositions précitées de la Constitution, non plus d'ailleurs que l'article 16, ne donne compétence au Conseil constitutionnel pour se prononcer en l'espèce ;

Décide :

Le Conseil constitutionnel n'a pas compétence pour répondre à la consultation susvisée du Président de l'Assemblée nationale.

Délibéré par le Conseil dans sa séance du 14 septembre 1961.

J.O. du 19

III. Décision du Président de l'Assemblée nationale en date du 19 septembre 1961

La question de la recevabilité d'une motion de censure en période d'application de l'article 16 se pose de la façon suivante :

La Constitution donne à l'Assemblée nationale le droit de renverser le gouvernement, au risque pour elle d'être dissoute.

TITRE II : LE PRÉSIDENT DE LA RÉPUBLIQUE

La mise en vigueur de l'article 16 excluant la dissolution de l'Assemblée nationale, celle-ci conserve-t-elle le droit sans le risque ?

Le règlement de l'Assemblée nationale, approuvé par le Conseil constitutionnel est muet sur ce point.

La réunion du bureau de l'Assemblée nationale du 12 septembre, puis l'avis du Conseil constitutionnel, ont conduit à laisser au Président de l'Assemblée nationale le soin d'apprécier.

∗∗∗

Le sujet appelle les considérations suivantes :

1. L'article 16 de la Constitution donne au Président de la République la possibilité de concentrer dans ses mains la plénitude des pouvoirs exécutif et législatif.

2. De ce fait aucun texte constitutionnel n'a prévu, pendant la période d'application de l'article 16, les conditions dans lesquelles fonctionnent le Parlement et le gouvernement, l'un par rapport à l'autre.

3. En l'absence de tels textes l'article 5 de la Constitution, aux termes duquel le Président de la République veille au respect de la Constitution et assure, par son arbitrage, le bon fonctionnement régulier des pouvoirs publics ainsi que la continuité de l'Etat, donne au Président de la République compétence pour fixer les règles de fonctionnement des institutions pendant la période où, par application de l'article 16, leur jeu normal est suspendu.

4. La réponse à la question de recevabilité d'une motion de censure en une telle période ne saurait procéder que du rapprochement de deux textes émanant de M. le Président de la République et ayant leur fondement juridique dans les dispositions constitutionnelles précitées :

— Le message au Parlement du 25 avril 1961, dans lequel le chef de l'Etat considérait que, « dans les circonstances actuelles, la mise en œuvre de l'article 16 ne saurait modifier les activités du Parlement : exercice du pouvoir législatif et contrôle. De ce fait, les rapports du gouvernement et du Parlement doivent fonctionner dans les conditions normales pour autant qu'il ne s'agisse pas des mesures prises ou à prendre en vertu de l'article 16. Le Parlement, dont s'ouvre aujourd'hui la seconde session, est donc appelé à poursuivre sa tâche ».

— La lettre du 31 août, adressée à M. le Premier ministre pour être communiquée aux présidents des assemblées, et qui déclare : « Si, compte tenu de la lettre stricte de la Constitution, je ne fais pas actuellement obstacle au principe de la convocation, ni au fait que les membres des assemblées en prennent occasion pour s'exprimer sur le sujet de l'agriculture et que le gouvernement les entende, je tiendrais pour contraire à la Constitution que la réunion annoncée du Parlement ait un aboutissement législatif ».

5. Le rapprochement de ces deux textes conduit à ce que, sous l'empire de l'article 16, les rapports du gouvernement et du Parlement sont régis par des règles différentes, suivant que, la réunion de plein droit étant interrompue par définition, on se trouve dans ou hors des sessions normales du Parlement, ordinaires ou extraordinaires, prévues par la Constitution.

6. Dès lors que les travaux du Parlement ne pouvant avoir d'aboutissement législatif en dehors des sessions normales, le gouvernement se trouve privé du droit, prévu par l'alinéa 3 de l'article 49 de la Constitution, d'engager sa responsabilité sur le vote d'un texte, il apparaît que, pour assurer l'équilibre fondamental des pouvoirs, l'Assemblée ne peut user du droit qu'elle tient, en période normale, de l'alinéa 2 du même article, de mettre en cause la responsabilité du gouvernement par le vote d'une motion de censure.

∗∗∗

Il résulte de ces considérations que dans les circonstances actuelles une motion de censure déposée en dehors des sessions normales ne peut être reçue.

ARTICLE 17

Le Président de la République a le droit de faire grâce.

ARTICLE 18

Le Président de la République communique avec les deux assemblées du Parlement par des messages qu'il fait lire et qui ne donnent lieu à aucun débat.

Hors session, le Parlement est réuni spécialement à cet effet.

DOCUMENT 18-100
Liste des messages adressés au Parlement par le Président de la République

Date	Circonstances
Présidence du général de Gaulle	
1. *15 janvier 1959*	Prise de fonctions
2. *25 avril 1961*	Mise en vigueur de l'article 16
3. *20 mars 1962*	Annonce des accords d'Evian
4. *2 octobre 1962*	Référendum du 28 octobre 1962
5. *11 décembre 1962*	Message à l'Assemblée nouvellement élue
Présidence de Georges Pompidou	
6. *25 juin 1969*	Prise de fonctions
7. *5 avril 1972*	Référendum sur l'élargissement de la CEE
8. *3 avril 1973*	Message à l'Assemblée nouvellement élue
Présidence de Valéry Giscard d'Estaing	
9. *30 mai 1974*	Prise de fonctions

DOCUMENT 18-101
Message du 15 janvier 1959

« Mesdames, Messieurs les députés,

« Au moment où le Parlement va commencer ses travaux, j'ai l'honneur de lui adresser le témoignage de ma confiance, et je prie chacun de vous de vouloir bien en prendre sa part.

« Délibérer avec dignité, élaborer de bonnes lois, dégager des choix politiques et les exprimer clairement, c'est là, bien certainement, ce que le pays attend de ses représentants, ce qu'eux-mêmes ont l'intention de faire, ce qu'ils feront, j'en suis sûr.

« Il est vrai que la Constitution leur offre une carrière renouvelée. Le caractère de notre temps, le péril couru par l'Etat faute de l'avoir discerné, ont conduit le peuple français à réformer profondément l'institution parlementaire. Cela est fait dans les textes. Il reste à mettre en pratique les grands changements apportés au fonctionnement des assemblées et aux rapports entre les pouvoirs.

« En le faisant, l'Assemblée nationale assurera, pour ce qui la concerne, à l'Etat républicain, l'efficacité, la stabilité et la continuité indispensables à toutes les grandes entreprises et exigées, avant tout, par le redressement de la France.

« Quand, voici quelque dix-huit ans, le pays haletait dans les angoisses du malheur, ce redressement ne nous était qu'un rêve.

« Or, le voici aujourd'hui commencé. Mais avant qu'il puisse aboutir, chacun voit qu'une mise en ordre rigoureuse de nos affaires est absolument nécessaire dans tous les domaines où se joue le destin national :

« Pacification et transformation de l'Algérie, qui sont, bien évidemment, les conditions indispensables d'une solution politique, laquelle ne saurait procéder que du suffrage universel ; mise en œuvre de la Communauté ; place de la France dans les alliances et rôle qu'elle joue dans le monde ; modernisation des moyens de notre défense nationale ; finances, échanges, économie, monnaie, progrès social, culturel, scientifique. Ce grand but, les assemblées voudront à coup sûr l'approuver, mais, pour l'atteindre, beaucoup d'efforts sont requis des diverses catégories françaises.

« Là sera, qui ne le sait ? l'épreuve décisive du Parlement. Si le malheur voulait — ce que j'exclus, pour ma part — qu'il cédât aux sollicitations fractionnelles, au lieu de se confondre avec le bien national commun, la crise des institutions redeviendrait menaçante.

« Au contraire si, comme je le crois, il ne laisse pas les arbres des intérêts particuliers, des surenchères partisanes, ou des excitations locales lui cacher la forêt de l'unité française, alors l'avenir, un grand avenir est assuré à notre nouvelle République et, par elle, à la Nation.

« Vive la République ! Vive la France ! »

Charles de Gaulle

DOCUMENT 18-102
Message du 23 avril 1961

« Mesdames, Messieurs les députés,

« La rébellion de certains chefs et éléments militaires, provoquée en Algérie par un complot contre l'Etat, favorisée localement par la tension morale résultant d'épreuves prolongées et encouragée par diverses menées organisées en métropole, fait peser sur les institutions de la République, l'indépendance de la nation et l'intégrité de son territoire une menace grave et immédiate.

« Conformément à la Constitution, j'ai, après avoir procédé aux consultations officielles qu'elle prévoit, notamment à celle de votre Président, décidé de faire application de l'article 16 et commencé à prendre les mesures nécessaires pour faire prévaloir l'autorité des pouvoirs constitutionnels. D'autre part, le Parlement se trouve réuni de plein droit.

« Dans les circonstances actuelles, je considère que la mise en œuvre de l'article 16 ne saurait modifier les activités du Parlement : exercice du pouvoir législatif et contrôle. De ce fait, les rapports du gouvernement et du Parlement doivent fonctionner dans les conditions normales pour autant qu'il ne s'agisse pas de mesures prises ou à prendre en vertu de l'article 16. Le Parlement, dont s'ouvre aujourd'hui la seconde session, est donc appelé à poursuivre sa tâche.

« Je suis certain — et la nation souhaite à coup sûr — qu'il voudra l'accomplir comme l'exigent la sauvegarde de la Patrie et le salut de la République. Dans la dure et déplorable épreuve que la France traverse, laissez-moi vous dire, Mesdames, Messieurs les députés, que je compte sur tout votre concours pour m'aider moi-même à m'acquitter des devoirs que m'impose ma fonction. »

Charles de Gaulle

DOCUMENT 18-103
Message du 20 mars 1962

« Mesdames, Messieurs les députés,

« La politique poursuivie par la République depuis tantôt quatre années au sujet de l'Algérie a été, à mesure de son développement, approuvée par le Parlement, soit explicitement, soit du fait de la confiance qu'il n'a cessé d'accorder au gouvernement responsable. Le référendum du 8 janvier 1961 a démontré, quant à la direction ainsi tracée, l'accord massif et solennel du pays.

« Mais, voici que la proclamation du cessez-le-feu, les mesures fixées pour l'autodétermination des populations, les conditions adoptées quant à la coopération de l'Algérie et de la France — y compris les garanties assurées à la population de souche française — dans le cas où l'autodétermination instituerait un Etat algérien indépendant, marquent une étape décisive de cette politique. L'ensemble des dispositions arrêtées en conclusion des négociations d'Evian avec les représentants du FLN et des consultations menées auprès d'autres éléments représentatifs algériens se trouve maintenant formulé dans les déclarations gouvernementales du 19 mars 1962.

« Nul ne peut se méprendre sur la vaste portée de cet aboutissement en ce qui concerne, tant la vie nationale de la France que son œuvre africaine et son action internationale. Nul ne peut, non plus, méconnaître les difficultés d'application qui en résultent aujourd'hui et risquent d'en résulter demain, non seulement quant à la situation d'un grand nombre de personnes et de beaucoup de choses, mais aussi dans le domaine de l'ordre public et de la sûreté de l'Etat. Il m'apparaît donc comme nécessaire que la nation elle-même sanctionne une aussi vaste et profonde transformation et confère au chef de l'Etat et au Gouvernement les moyens de résoudre, dans les moindres détails les problèmes qui seront posés à mesure de l'application.

« C'est pourquoi, en vertu de l'article 11 de la Constitution j'ai décidé, sur la proposition du Gouvernement, de soumettre au référendum un projet de loi comportant l'approbation des déclarations gouvernementales du 19 mars 1962 ; autorisant le Président de la République à conclure les actes qui seront à établir au sujet de la coopération de la France et de l'Algérie si l'autodétermination institue un Etat algérien indépendant enfin et jusqu'à ce que soient, dans cette éventualité, créés en Algérie des pouvoirs publics algériens, attribuant au Président de la République, le pouvoir d'arrêter par ordonnances ou par décrets pris en Conseil des ministres, toutes mesures relatives à l'application de ces mêmes déclarations.

« Au moment où semblent s'achever enfin les combats qui se déroulent depuis plus de sept ans et s'ouvre à la France nouvelle et à l'Algérie nouvelle, la perspective d'une féconde et généreuse coopération, je suis sûr mesdames, messieurs les députés, que vous voudrez vous joindre à moi pour élever le témoignage de notre confiance et de notre espérance vers la patrie et vers la République ».

Charles de Gaulle

DOCUMENT 18-104
Message du 2 octobre 1962

« Mesdames, Messieurs les députés,

« Voici quatre ans, au lendemain d'une crise grave et à la veille d'autres périls, le peuple français s'est doté d'institutions nouvelles et conformes, à la fois, aux principes démocratiques et aux nécessités de ce temps.

« Dès lors, le Président de la République, le Gouvernement et le Parlement ont assumé, chacun dans son domaine, le rôle que leur assignait la Constitution. Ils ont pu, grâce à la stabilité des pouvoirs et à la continuité des desseins qui leur étaient ainsi assurées, résoudre ensemble de difficiles problèmes et surmonter de rudes épreuves.

« Il s'agit maintenant de faire en sorte que nos institutions demeurent. C'est dire que, dans l'avenir et à travers les hommes qui passent, l'Etat doit continuer d'avoir à sa tête un garant effectif du destin de la France et de celui de la République. Or, un tel rôle implique, ici comme ailleurs, pour celui qui doit le tenir, la confiance directe et explicite de l'ensemble des citoyens.

« Quand sera achevé mon septennat ou s'il advenait que je ne sois plus en mesure de m'acquitter de ma fonction, je suis convaincu que l'investiture populaire sera nécessaire pour donner, quoi qu'il arrive, à ceux qui me succéderont la possibilité et l'obligation de porter la charge suprême quel qu'en puisse être le poids.

« C'est pourquoi, j'estime en conscience que le moment est venu de prévoir dans notre Constitution que le Président de la République sera dorénavant élu au suffrage universel.

« En décidant, sur la proposition du Gouvernement, de soumettre dans ce but au référendum un projet de loi constitutionnelle, j'ai jugé qu'il n'est pas de voie meilleure pour apporter au texte adopté en 1958 par le peuple français la modification qui s'impose et qui touche chacun des citoyens. D'autre part, la nation, qui vient d'être placée soudain devant une alarmante perpective, trouvera ainsi l'occasion de conférer à nos institutions une garantie nouvelle et solennelle.

« Puissiez-vous, Mesdames, Messieurs, les députés, partager, sur ce grave sujet et en ces graves circonstances, ma confiance et mon espérance ! »

Charles de Gaulle

DOCUMENT 18-105
Message du 11 décembre 1962

« Mesdames, Messieurs les députés,

« J'ai l'honneur d'adresser mon salut à l'Assemblée nationale nouvellement élue. Je le fais au nom de la République, qui est une, et du peuple français tout entier.

« Votre Assemblée commence sa carrière sous le signe de données fondamentales qui, au cours des prochaines années, vont sans doute commander la vie de la France et, par là même, être à la base de vos débats et de vos votes.

« Tout d'abord, nos institutions, telles que le pays les a adoptées en 1958 et telles qu'elles ont été pratiquées depuis lors, se trouvent maintenant solidement établies. Après l'épreuve qu'il en a faite, le peuple français les a solennellement confirmées. D'autre part, les complots criminels qui visaient à la subversion se sont, tour à tour, effondrés. Ainsi, les principes suivant lesquels fonctionne la République nouvelle : continuité de l'Etat, stabilité des pouvoirs, efficacité de l'action publique, tout comme ses moyens qu'elle se donne pour les assurer : attributions du chef de l'Etat investi par la nation, séparation des rôles respectifs et, en même temps, coopération du Parlement et du Gouvernement, possibilité du recours direct à la décision du pays, sont-ils dorénavant acquis. Il en résulte que les activités politiques peuvent prendre un caractère plus objectif, puisqu'elles vont s'exercer dans un cadre qu'il serait vain de mettre en question.

« Mais c'est évidemment pour servir le bien public que sont bâties ces institutions. Il suffit de le constater pour indiquer vers quel but doit tendre leur action. Poursuivre, d'après un plan fermement tracé et appliqué, le développement de notre pays, soit en fait de capacité scientifique et technique,

TITRE II : LE PRÉSIDENT DE LA RÉPUBLIQUE

soit au point de vue économique, soit dans le domaine social, soit en matière d'instruction, d'éducation, de formation d'une jeunesse toujours plus nombreuse, de telle sorte que s'élèvent à la fois la condition de chacun, la prospérité nationale et la puissance de la France, c'est là, bien évidemment, l'objectif intérieur que tout nous impose à présent. Sans doute, peuvent différer les opinions quant à la voie à prendre pour l'atteindre. C'est pourquoi, la conception d'un parti unique ne saurait se justifier et, au surplus, la délibération demeure essentielle pour éclairer les décisions. Mais le progrès, dans le sens où l'entend le caractère de notre époque, étant désormais la loi suprême de toute société, ce vers quoi nous devons marcher nous est, bel et bien, fixé, tandis que les responsabilités, les moyens et le comportement de la puissance publique doivent être, nécessairement, adaptés au grand effort de la rénovation.

« Il en est tout juste de même pour ce qui est de l'action extérieure de notre pays. Face à l'entreprise totalitaire dressée contre l'Occident, la liberté, l'égalité et la fraternité sociales, poursuivies grâce au progrès économique et culturel de la collectivité et à l'action d'un Etat équitable et vigoureux, s'imposent en effet, non seulement pour assurer l'unité de la nation, mais encore pour offrir à l'autre camp la démonstration frappante et attrayante d'un système de vie plus fécond que le sien et hâter chez lui cette transformation, peut-être déjà commencée, qui est la vraie chance de la paix. D'autre part, à l'intérieur de l'alliance atlantique, actuellement indispensable à la défense du monde libre, le rôle de la France ne se conçoit pas sans qu'elle dispose en propre d'une puissance militaire moderne ; mais celle-ci ne peut résulter que des ressources grandissantes du pays et du maintien de sa consistance politique. Encore l'Europe, que le Traité de Rome a commencé d'unir économiquement, à laquelle la coopération proposée par nous à nos cinq partenaires offre la possibilité de s'assembler politiquement et où le resserrement des relations franco-allemandes apparaît comme essentiel, requiert-elle la participation constante d'une France prospère et décidée. Enfin, pour que soit peu à peu résolu le plus grand problème du monde, autrement dit l'accession de tous les peuples à la civilisation moderne, de quel poids peut et doit peser la France, à condition qu'elle sache développer ses capacités économiques, techniques et culturelles de manière à prêter une large assistance à d'autres et pourvu que ses pouvoirs publics soient à même d'y appliquer un effort ordonné et prolongé ! Combien est-ce vrai surtout pour ce qui est des Etats d'Afrique, Algérie comprise, vis-à-vis desquels notre vocation historique s'exerce désormais par la coopération !

« Ainsi, le destin de la France, qu'il se joue au-dedans ou au dehors, exige de la République une cohésion nationale de plus en plus étroite et une action publique de plus en plus concentrée. Ces obligations, qui procèdent de l'esprit du temps, sont instinctivement ressenties par la masse de notre peuple. D'autres Etats, en cours d'expansion moderne, les éprouvent tout comme nous. Sans doute est-ce là la cause profonde de l'évolution politique que nous sommes en train d'accomplir et dont les récentes consultations populaires ont mis en pleine lumière le sens et l'accélération.

« Mesdames, Messieurs les députés, je ne doute pas que l'Assemblée nationale voudra, elle-même, s'en inspirer. C'est donc en toute confiance que je la vois entreprendre aujourd'hui la grande tâche qui lui incombe au service du peuple français. »

Charles de Gaulle

DOCUMENT 18-106
Message du 25 juin 1969

« Mesdames, Messieurs les députés,

« Au moment où le Parlement reprend ses travaux, et au commencement de mon septennat, je tiens d'abord à exprimer à chacun de vous mes sentiments de considération et de confiance.

« L'Assemblée voudra s'associer unanimement à l'hommage qu'il convient d'adresser au général de Gaulle, libérateur de la patrie, et qui, après avoir restauré puis sauvé la République, l'a dotée d'institutions auxquelles notre peuple n'a cessé d'exprimer son adhésion. Que cet hommage parvienne jusqu'à lui dans sa retraite volontaire comme le témoignage de la reconnaissance nationale à l'égard de celui qui demeure et demeurera pour l'histoire le plus grand des Français.

« Il nous appartient maintenant de poursuivre l'œuvre de redressement entreprise en assurant le fonctionnement sans heurt des institutions de la République. Je compte pour ma part, avec l'aide du Premier ministre et du Gouvernement, développer entre l'exécutif et le Parlement tout entier des relations confiantes et efficaces. L'autorité et la continuité nécessaires ne pourront que gagner à une collaboration qui permettra au Parlement d'exercer pleinement son pouvoir législatif et à l'Assemblée son droit de contrôle de la politique gouvernementale.

« Cette collaboration est d'autant plus nécessaire que notre pays va affronter des problèmes difficiles.

« Il s'agit d'abord de maintenir notre indépendance dans le respect de nos alliances, le rapprochement et la coopération avec tous les peuples, et d'abord en Europe, afin de conduire notre continent à la conscience politique qui lui permettra d'affirmer sa personnalité et de jouer son rôle propre au service de la paix.

« Pour que la France puisse prendre dans cette action la part que l'histoire et la géographie lui proposent, il faut qu'elle soit une nation moderne et sûre d'elle-même. Notre autorité internationale ne dépend pas seulement de notre volonté, mais de nos propres capacités techniques et économiques et de notre stabilité politique et sociale. C'est dire la nécessité d'assurer à la fois le bon fonctionnement des pouvoirs publics, l'accession à la véritable puissance économique et la participation de toutes les classes sociales non seulement à l'effort mais aux produits de cet effort.

« Premier universitaire à accéder à la plus haute charge de la République, je ne saurais passer sous silence les difficultés que traverse notre Université. La nécessité du renouveau, la poursuite et même l'accentuation d'une réforme profonde sont évidentes. Non moins évidente la nécessité de progresser dans le respect de la loi, de la liberté de chacun, de l'autorité des maîtres. Non moins évidente la constatation que l'Université est au service des hommes et de la nation et que les charges considérables que la collectivité accepte pour la formation des élèves et des étudiants créent à tous les bénéficiaires un devoir, celui de travailler afin d'être demain en mesure de fournir dans tous les domaines les cadres dont la France aura besoin.

« J'irai plus loin. Notre civilisation traverse une crise spirituelle. Les mutations économiques, l'accélération du progrès scientifique et technique, l'ébranlement des croyances et des contraintes traditionnelles, le bouleversement des mœurs, tout contribue à entraîner la société dans une course éperdue vers le progrès matériel, progrès dont on n'aperçoit pas les limites mais dont il apparaît qu'il développe les besoins plus encore qu'il ne les satisfait et ne fournit aucune réponse aux aspirations profondes d'une humanité désorientée. Le monde a besoin d'une Renaissance et aucun de ceux qui détiennent des responsabilités — qu'elles soient politiques, économiques, sociales, intellectuelles ou proprement spirituelles — n'a le droit de penser qu'il n'est pas concerné. Aider à redonner un sens à la vie individuelle par la liberté et les devoirs qu'elle comporte, à la vie collective par la justice et le respect mutuel constitue une des actions en profondeur qui s'imposent à l'Etat, notamment dans le domaine de l'éducation, de l'information, de la culture, de la transformation des rapports sociaux.

« Face à une contestation purement négative, à un conservatisme condamné d'avance à l'échec, c'est par l'action et le mouvement que peut se construire l'avenir. Il ne suffit pas de restaurer cette vieille et illustre maison qu'est la France, il faut encore la rénover et l'éclairer de lumières nouvelles.

« Pour ces tâches immédiates ou lointaines qui sont celles de nos générations et des générations qui montent, l'action de l'Etat ne suffit pas mais elle est nécessaire. " Si l'Etat est fort, il nous écrase ; s'il est faible, nous périssons ", disait Paul Valéry. A vous et à nous, mesdames et messieurs les députés, de faire que les pouvoirs publics français réalisent dans leur propre fonctionnement l'équilibre entre une force écrasante et une faiblesse mortelle. Gardien et garant de notre Constitution républicaine, j'y veillerai, pour ma part, avec la plus grande vigilance. Ainsi sera tracé le cadre dans lequel la France pourra participer à l'évolution du monde moderne tout en préservant ou en recréant des valeurs que notre pays et l'Europe ont contribué plus que tous autres à dégager au cours des siècles. »

Georges Pompidou

DOCUMENT 18-107
Message du 5 avril 1972

« Mesdames et Messieurs les députés.

Tous les débats de politique étrangère qui se sont déroulés dans cette enceinte conduisaient à penser que votre Assemblée, et d'ailleurs le Parlement tout entier, aurait ratifié à une importante majorité le traité d'adhésion. Il m'a cependant paru nécessaire d'interroger directement le peuple français. Par leur réponse, les électeurs n'exerceront pas seulement un droit imprescriptible, ils consacreront solennellement une décision qui engage tout notre avenir. Ainsi le débat n'est pas détourné, il est élargi ; il n'est pas obscurci, il est éclairé. Les élus du peuple que vous êtes, l'élu du peuple tout entier que je suis, ne peuvent que s'en réjouir et se sentir confortés dans leur attachement à la démocratie.

« C'est une grande partie que joue la France en choisissant de s'engager résolument dans la voie de la construction européenne. A ce jour en effet, reconnaissons-le, et mise à part l'union douanière, seul le Marché commun agricole a pu être mené à son terme. Encore voit-on et verra-t-on se dresser bien des obstacles et s'exercer bien des pressions. Les responsables, présents et futurs, de la politique française trouveront dans la volonté populaire librement et nettement exprimée à la fois possibilité et obligation de défendre un ensemble de règles qui sont l'espoir et l'avenir de notre agriculture.

« Mais dans les autres domaines, union économique et monétaire, coopération politique, organisation institutionnelle regroupant et liant les nations sans les dissoudre, l'entreprise n'est qu'ébauchée. Si la réconciliation franco-allemande, scellée par le général de Gaulle et le chancelier Adenauer, était la condition préalable et nécessaire de toute construction européenne, l'absence de l'Angleterre, pourtant, n'a cessé de peser sur les délibérations des Six et de ralentir la marche. Son entrée et celle de trois autres pays amis ont posé et poseront des problèmes. C'est le sort de toute entreprise. Mais quelles perspectives s'ouvrent du même coup devant l'Europe élargie ! Forte de près de 300 millions d'habitants, d'une économie en progrès constant, d'une civilisation ancienne fondée sur le respect de la personne humaine, d'une volonté affirmée de paix et de coopération avec tous, d'une même conception des libertés démocratiques à travers la diversité des constitutions, l'Europe pourra jouer à nouveau le rôle qui lui revient dans le monde, au service de la paix et de la justice. Elle offrira à tous ses enfants, à nos enfants, en même temps que le progrès économique et social, la fierté d'une grande œuvre collective à accomplir. Intérêt et idéal se rejoignent et se complètent.

« Ni vous ni moi ne nous dissimulons pour autant les difficultés qui subsistent. Personne dans le monde ne voit sans quelques préoccupations naître une nouvelle grande puissance économique, monétaire, politique, désireuse de coopérer mais capable de résister et résolue à ne pas se soumettre. Encore faut-il qu'au sein même de la nouvelle et puissante Europe, chacun soit bien décidé à en affirmer l'indépendance et la personnalité. La France, pour ce qui la concerne, a pris ses résolutions. Notre pays, riche de son passé, assuré de son avenir, libre de son action, trouvera dans sa participation à l'entreprise européenne une tâche à la mesure de ses ambitions et de ses espérances.

« Mesdames, Messieurs les députés, je vous demande de joindre vos efforts aux miens pour témoigner de notre foi dans la grandeur de la France au sein d'une Europe maîtresse de son destin. »

Georges Pompidou

DOCUMENT 18-108
Message du 3 avril 1973

Mesdames, Messieurs les députés,

A l'Assemblée nationale nouvellement élue, j'adresse mon salut et j'exprime ma confiance. Cette confiance va à vous tous, Mesdames et Messieurs. Tout d'abord, on voudra bien le comprendre, à ceux qui ont clairement affirmé leur volonté d'appuyer la politique de la France telle que je l'ai définie dans ses grandes lignes lors de mon accession à la Présidence de la République et telle que j'ai tâché de l'orienter depuis près de quatre années. Mais elle va à l'Assemblée tout entière, y compris aux membres de l'opposition, auxquels leur poids accru devrait permettre de collaborer efficacement au travail parlementaire et notamment à l'élaboration des lois. Il n'y a pas de bons et de moins bons députés ; il n'y a que des représentants du peuple, dont par-delà les querelles électorales, le devoir est d'agir dans l'intérêt de la France et des Français.

J'ai dit l'intérêt de la France. J'entends par là, et en premier lieu, son indépendance, qui n'est ni l'isolement ni le repliement sur elle-même, mais la libre disposition de son destin. Cela veut dire que dans le respect de nos alliances et la fidélité à toutes nos amitiés sans exception, nous devons garder la maîtrise finale de nos décisions et de notre action. Cela veut dire que nous devons travailler avec plus d'énergie que jamais à surmonter les difficultés qui entravent la construction d'une Europe elle-même indépendante, et où, sans prétendre à je ne sais quelle hégémonie, notre pays doit pouvoir jouer un rôle moteur dans l'esprit des résolutions qui ont été adoptées à l'automne dernier par la Conférence de Paris. Cela veut dire qu'en toute occasion et dans toutes les circonstances, nous devons joindre nos efforts à ceux qui sont faits pour favoriser la détente, aboutir à un désarmement qui en soit véritablement un, et rétablir ou maintenir la paix. Cela veut dire que nous devons participer activement à l'action en faveur de tous les peuples en voie de développement, mais sans oublier les devoirs particuliers que nous avons vis-à-vis de ceux à qui nous unissent des accords nés de l'histoire auxquels une évolution normale n'enlève pas leur priorité naturelle. Cela veut dire enfin que nous devons poursuivre l'œuvre largement entreprise pour donner à la France les moyens économiques, financiers, techniques, culturels indispensables, afin de pouvoir jouer notre rôle en Europe et dans le monde.

Mais la grandeur de la France, à laquelle nous ne renonçons pas, ne se conçoit pas sans l'assentiment des Français, assentiment qui dépend pour une large part de la réponse qui sera donnée à leurs aspirations. Ces aspirations sont d'abord sociales. L'expansion économique exceptionnelle que nous avons connue doit permettre une plus juste distribution de ses fruits, en particulier au profit des catégories défavorisées et qui ne sont pas forcément celles qui revendiquent avec le plus de vigueur. Je pense aux petits salariés, aux familles, aux isolés, aux handicapés, aux personnes âgées par exemple. Dans une société qui évolue sans cesse, le besoin de sécurité pour les vieux jours est ressenti avec insistance et même avec angoisse. Qui ne voit enfin que si l'expansion favorise l'élévation générale du niveau de vie, elle ne supprime pas, et parfois même accentue, de choquantes inégalités. Le Gouvernement et le Parlement seront tenus de promouvoir en ce domaine la politique hardie et généreuse que permet la remarquable situation de notre économie.

Mais de nouvelles aspirations sont nées du progrès lui-même et de notre développement. Elles touchent aux conditions de travail et aux conditions de vie. Il s'agit là d'une révision complète des idées qui se sont fait jour et ont triomphé dans la société industrielle depuis la fin du XIXe siècle. Le travail parcellisé qui fait de l'ouvrier et de l'ouvrière le maillon d'une chaîne, devient anachronique et est de moins en moins supporté. Il appartient à l'Etat de conduire dans le secteur qui dépend de lui et de favoriser dans le secteur privé toutes les recherches et les innovations qui ont déjà été entreprises et qui sont souvent plus développées à l'étranger qu'en France. Cela fait partie intégrante de cette rénovation industrielle qui transforme les structures et les capacités de notre pays, comme en font partie le développement et bientôt l'achèvement de cette grande réforme qu'est la mensualisation, la poursuite d'une politique d'intéressement, le progrès enfin de la participation des travailleurs et notamment des cadres, de tous les cadres, à l'organisation et à la gestion des entreprises. Le gigantisme, qu'il s'agisse des industries, du commerce, ou des villes, marque aujourd'hui ses limites et révèle ses inconvénients. Entreprises moyennes et mêmes petites, agricoles, industrielles et commerciales, villes moyennes, habitat individuel, méritent l'appui de l'Etat dans la mesure où ils correspondent, non seulement aux désirs des individus mais au sens de l'évolution, contrairement à ce que l'on a pu croire longtemps.

Tout cela répond à une certaine conception de la vie et nous en retrouvons la marque dans l'attention portée aux problèmes d'environnement dont il est souhaitable qu'ils soient traités dans une perspective raisonnable et humaine, comme relevant non pas d'un mythe irrationnel de refus d'une évolution inévitable, mais d'une vue de la société, adaptée à la France qui répugne aux solutions extrêmes dans ce domaine comme dans d'autres. Il y a neuf ans par exemple, j'écrivais : « Nous vivons en France, au point de vue économique, dans un système qui nous est propre, à mi-chemin des régimes socialistes et des régimes proprement capitalistes. Le système français cherche à être original en combinant les méthodes de ces deux régimes antagonistes ». C'est bien là la troisième voie dont on a parlé souvent depuis, difficile à définir et plus encore à suivre, mais dont je persiste à croire qu'elle est la nôtre et qu'elle est la meilleure, et pas seulement dans le domaine de l'organisation économique et sociale.

Il en est en effet de même, Mesdames et Messieurs, au point de vue politique. La France, après avoir connu des régimes de pouvoir sans contrôle, avait, le pays n'a cessé de le reconnaître et de le condamner depuis quinze ans, glissé vers l'absence de pouvoir. La Constitution de 1958, modifiée en 1962, a créé les possibilités de l'équilibre, équilibre qui est tout d'exécution sans doute, mais qui est inscrit dans les rapports entre l'exécutif et le législatif tels qu'ils sont définis par les textes.

Je souhaite pour ma part que les relations entre le Gouvernement et le Parlement soient celles d'une franche et utile coopération, qu'elles permettent notamment, grâce au contact que les représentants du peuple ont par nécessité et par vocation avec les réalités humaines, locales et régionales, de contrebalancer le rôle excessif d'une technocratie dont la complexité des problèmes tend à instaurer la toute puissance. Des simplifications considérables, dont il appartiendra au Gouvernement de les faire aboutir ou de vous les soumettre, permettront en particulier de transformer les rapports entre les administrés et l'administration, dont, sans qu'il soit question de mettre en doute la qualité de nos fonctionnaires, la pesanteur est devenue lourde, incompréhensible souvent et parfois intolérable. Je souhaite notamment que la composition et la répartition des tâches au sein des commissions permettent d'orienter le dialogue entre le Gouvernement et l'Assemblée dans les voies les plus utiles, en rassemblant les initiatives et en organisant les travaux pour atteindre les objectifs sur lesquels le plus large accord et les concours les plus vastes devraient se réunir.

Il ne m'appartient pas, Mesdames et Messieurs, de définir devant vous les réformes que vous proposera le Gouvernement. Il en est une cependant que je dois évoquer, car elle touche directement à ma fonction. Je veux parler de la durée du mandat présidentiel. Hostile à la coïncidence des élections législatives et présidentielles que le droit de dissolution rend d'ailleurs illusoire, je n'en crois pas moins depuis longtemps que le septennat n'est pas adapté à nos institutions nouvelles, et ma propre expérience m'a confirmé dans cette idée. Il va de soi toutefois que je ne pourrais envisager sa réduction, à compter de l'élection de 1976, et par les voies de l'article 89 de la Constitution, que si un accord suffisant était conclu entre les membres des deux Assemblées pour que le projet de loi ne soit pas encombré et du même coup condamné par des propositions annexes, si tentantes qu'elles puissent apparaître à certains. Dans ce cas, tout serait remis en question et ne pourrait être repris éventuellement et le moment venu, que par une autre voie, alors que la coopération du Gouvernement et du Parlement, telle que je viens de la souhaiter, devrait sur un tel sujet trouver à bref délai l'occasion de se manifester de façon éclatante.

Telles sont, Mesdames et Messieurs, quelques-unes des réflexions que j'ai tenu à vous communiquer au moment où commence une législature dont je souhaite qu'elle soit féconde par son action et exemplaire pour le fonctionnement de nos institutions. Sur les modalités, il existe certes des divergences. Mais il ne peut ni ne doit en exister sur la nécessité de mettre le progrès et l'organisation de la société au service des hommes.

Pendant près de la moitié de ce siècle, l'alternance de nos sacrifices et de nos revers a voulu que tour à tour les Français aient à lutter pour survivre aux malheurs de la France et la France aux malheurs des Français. A vous et à nous d'en tirer des leçons d'énergie et d'espérance, non d'humiliation ou de renoncement. A vous et à nous tous de faire qu'il n'y ait plus contradiction entre la grandeur de l'une et le bonheur des autres. Soyez assurés que pour cette tâche difficile, vous me trouverez prêt à travailler avec vous dans le plein exercice des responsabilités que m'impose notre Constitution et que m'a confiées le suffrage populaire.

Georges Pompidou

DOCUMENT 18-109
Message du 30 mai 1974

Mesdames, Messieurs les députés,

Je ressens comme un honneur le fait d'adresser à la représentation nationale que vous constituez, mon premier message, depuis que les suffrages du peuple français m'ont élu Président de la République.

Je ne saurais avoir de meilleur interprète que le président de votre Assemblée, auprès de qui j'ai pris, il n'y a pas si longtemps, mes premières leçons de vie publique.

L'élection du 19 mai dernier, acte essentiel de la vie des institutions de la Ve République, m'a conféré, comme à tout autre qui eût été élu à ma place, une double responsabilité. Celle de mettre en œuvre l'action politique que j'ai proposée au pays ; et celle de me comporter en Président de tous les Français.

D'abord, la mise en œuvre de la politique.

Le Premier ministre vous exposera la semaine prochaine les perspectives de l'action gouvernementale. Il se propose, avec mon accord, de vous demander un vote sur son programme.

Déjà les lignes essentielles ont été tracées pendant la campagne présidentielle.

La France maintiendra l'indépendance de sa politique, c'est-à-dire qu'elle fera le nécessaire pour prendre elle-même, en toute liberté, les décisions qu'appellent la défense de ses intérêts et sa volonté de contribuer à l'équilibre et à la paix du monde. Elle participera activement à la solidarité du monde nouveau. En Europe, en apportant le concours de ses initiatives à l'indispensable maintien de ce qui a été construit, mais aussi à l'organisation progressive et rapide de l'union de l'Europe ; dans le monde, en recherchant partout la coopération, qu'il s'agisse de l'Union Soviétique et des pays socialistes, en intensifiant notamment ses relations économiques avec eux ; de la Chine, qui porte en elle une large part de l'interrogation de l'espèce humaine ; des pays en développement, qui comprennent les Etats francophones indépendants et souverains, nos frères, avec lesquels nous ne cesserons pas de développer des liens amicaux, confiants et égaux, et qui comprennent aussi les pays les plus pauvres du monde où subsistent les plaies affreuses de la faim et de la misère, et en faveur desquels doit s'exercer plus activement la solidarité des continents privilégiés.

La France confirmera et accentuera la mission libérale de sa diplomatie, en soutenant partout dans le monde la cause de la liberté et du droit des peuples, je dis des peuples, à disposer d'eux-mêmes. Elle s'interdira toute vente d'armements qui serait contraire à l'exercice d'une telle mission.

La conduite de la politique extérieure suppose le rétablissement, dans le plus bref délai possible, de l'équilibre de nos échanges, rompu par le renchérissement du prix de l'énergie et des matières premières importées. Cette tâche est prioritaire. Elle concerne l'indépendance et la sécurité économique de la nation. Tous les efforts nécessaires lui seront consacrés.

Sur le plan intérieur, il faut, tout en luttant avec énergie contre l'inflation, poursuivre le développement de notre économie, et aborder hardiment la transformation de la société française. Ces tâches sont complémentaires et non contradictoires. Il n'y a pas de progrès sans ressources. Et il n'y a pas de croissance, acquise grâce à l'effort de tous les travailleurs, qui puisse se poursuivre longtemps, si chacun n'a pas le sentiment d'en recevoir sa juste part. Celle-ci ne se définit pas seulement par la rémunération du travail fourni, mais par la participation, sur une base équitable, au surplus dégagé par l'expansion.

La société française doit être plus égale, qu'il s'agisse des chances des plus jeunes, de l'écart entre les revenus, de la protection sociale des différents groupes de travailleurs. Elle doit être plus juste, concernant le sort de ceux dont la situation est la plus éloignée de la moyenne nationale, je veux dire les personnes âgées, qui ne sont pas moins dignes que les autres, et en faveur desquelles un effort exceptionnel doit être accompli.

Notre société doit faciliter davantage l'épanouissement des aptitudes, des vocations, de la personnalité de chaque individu. D'où le rôle fondamental d'une éducation totalement démocratique et adaptée au cas singulier de chacun ; d'où aussi l'importance essentielle de la formation continue.

Elle doit enfin être plus fraternelle, plus ouverte, plus tolérante. Je vous demande de ne pas voir dans l'expression de ce vœu la survivance, d'ailleurs légitime, d'un reflet de la campagne présidentielle, mais l'espoir que la France de Diderot, de Michelet, de Waldeck-Rousseau, de Léon Blum, offrira son visage souriant à l'anxiété de notre temps.

Mais aussi le Président de tous les Français.

Je suis, on le sait, partisan d'une possibilité d'alternance. J'ai, par ma fonction, le devoir de veiller qu'elle respecte les institutions de la Ve République. Pour que s'exerce la possibilité de l'alternance, l'opposition doit être à même de jouer son rôle, et d'exercer ses responsabilités. On a évoqué un statut de l'opposition. Il s'agit sans doute davantage d'un ensemble de pratiques, qui concernent les Assemblées parlementaires, l'information, et aussi l'exercice de mes propres responsabilités.

Les présidents des Assemblées parlementaires sauront proposer, j'en suis persuadé, les initiatives nécessaires. Concernant l'information, des règles précises devront être fixées. Pour ce qui est de mes responsabilités, j'informerai les dirigeants de l'opposition des éléments qui déterminent certaines grandes décisions nationales, notamment extérieures. Je le ferai sans rien ignorer du droit absolu qu'ils exercent de ne pas approuver, ou de contester ces décisions.

Pour renforcer la vie démocratique de notre pays, trois décisions me paraissent urgentes et deux initiatives pourraient être prises. Les décisions concernent l'abaissement de l'âge du vote : le réexamen, à un momen où personne ne risque d'y apercevoir une préoccupation personnelle, des conditions de présentation des candidatures à l'élection présidentielle ; et la détermination des conditions dans lesquelles les membre du Gouvernement peuvent, lorsqu'ils quittent celui-ci, retrouver leur rôle de parlementaires.

Les initiatives pourraient porter sur l'extension des attributions du Conseil constitutionnel, notamment par la reconnaissance d'un droit de saisine d'office, afin de mieux garantir les droits et libertés des citoyens, tels qu'ils sont affirmés par la Constitution. Elles pourraient concerner l'amélioration du contrôle et de l'information du Parlement par la procédure suivante : si l'Assemblée nationale en décidait ainsi, elle pourrait aménager son règlement de manière à réserver chaque mercredi, en début d'après-midi, une heure pour des questions d'actualité, qui seraient posées à égalité de temps, et suivant une procédure à définir, par la majorité et par l'opposition.

Je demanderais alors au Premier ministre et à l'ensemble des ministres d'êtres présents à cette séance de mercredi, afin de répondre personnellement et directement aux questions.

Mesdames, Messieurs les députés,

La vie politique des peuples, comme la vie tout court, comporte des phases successives où alternent l'interrogation, parfois le découragement, parfois l'exaltation, et toujours l'action. Nous avons ressenti dans les deux courants populaires qui se sont formés pendant la campagne présidentielle, et qui ont convergé le 19 mai pour ne constituer qu'un seul cortège se rendant aux urnes, une volonté puissante d'action. Ce courant constitue une chance à saisir pour la France, pour vous, et dans l'exercice de ma fonction, pour moi.

La France veut devenir autre.

Ce pays, parmi les plus anciens, qui a inventé et essayé successivement la plupart des civilisations et la plupart des systèmes politiques, pressent, à l'aube de temps nouveaux, la nécessité d'une nouvelle invention.

C'est avec vous que ce changement doit se faire, parce que vous représentez le pays et parce qu'il vous a élus, voici un an. C'est donc avec vous que je souhaite le conduire. Je n'ignore rien des différends, des irritations, des divergences qui surgissent inévitablement de toute grande consultation nationale. Seuls les ignorent les pays qui organisent la succession du pouvoir dans des conciliabules feutrés, échappant à la souveraineté populaire. Mais je sais aussi que l'ardeur de servir la France, cette ardeur que notre scepticisme préfère dissimuler parfois, par une sorte de timidité, cette ardeur vous est commune et qu'elle explique votre participation à la vie politique. De même que cette ardeur à servir la France a déjà fait entrer dans notre histoire les deux premiers Présidents de la Ve République, l'un par l'exigence de sa grandeur, l'autre par la dignité de son sacrifice.

Je vous salue, Mesdames et Messieurs les députés, comme on le fait au début d'une journée dont on sait qu'elle sera rude, qu'elle comportera l'effort et la peine, mais dont on veut qu'elle ait contribué au progrès, et qu'elle ait, pour ce qui dépend de soi, changé, fût-ce imperceptiblement, le dessin du monde, quand on reposera l'outil.

Valéry Giscard d'Estaing

ARTICLE 19

Les actes du Président de la République autres que ceux prévus aux articles 8 (1er alinéa), 11, 12, 16, 18, 54, 56 et 61 sont contresignés par le Premier ministre et, le cas échéant, par les ministres responsables.

DOCUMENT 19-100
Liste des actes du Président de la République non contresignés par le Premier ministre et, le cas échéant, par les ministres responsables.

I. Article 8 (1er alinéa)
14 décrets de nomination du Premier ministre
13 décrets portant acceptation de la démission du gouvernement

II. Article 11
5 décrets portant organisation d'un référendum
1 décret portant organisation d'un référendum le 16 juin 1968
1 décret reportant la date du référendum prévu le 16 juin 1968

III. Article 12
2 décrets de dissolution de l'Assemblée nationale.

IV. Article 16
1 décision de mise en application
17 décisions d'application
1 décision de fin d'application.

V. Article 18
9 messages au Parlement

VI. Article 54
1 saisine du Conseil constitutionnel

VII. Article 56
9 décisions de nomination d'un membre du Conseil constitutionnel.
3 décisions de nomination du Président du Conseil constitutionnel.

VIII. Article 61
Néant.

DOCUMENT 19-200
Décision du Conseil d'Etat du 9 novembre 1962 (Sieur Siestrunck) relative à la notion de « ministres responsables »

... Sur le moyen tiré de ce que le décret attaqué n'a pas été contresigné par tous les ministres ayant sous leur autorité des établissements d'enseignement supérieur : — Considérant que, d'après les dispositions combinées des articles 13 et 19 de la Constitution, les décrets délibérés en Conseil des ministres sont signés par le Président de la République et contresignés par le Premier ministre et, le cas échéant, par « les ministres responsables » ; que les ministres responsables sont ceux auxquels incombent, à titre principal, la préparation et l'application des décrets dont s'agit ;

Considérant que le décret attaqué a été délibéré en Conseil des ministres, ainsi que l'exigeait l'article 4 du décret du 10 juillet 1948, maintenu en vigueur par l'article 56 de l'ordonnance du 4 février 1959 ; que, s'il s'applique au personnel enseignant de tous les établissements d'enseignement supérieur, même s'ils ne relèvent pas du ministre de l'Education nationale, cette circonstance ne saurait faire regarder tous les ministres dont dépendent ces établissements comme ayant la qualité de ministre responsable au sens des dispositions susrappelées des articles 13 et 19 de la Constitution ; que, dès lors, les requérants ne sont pas fondés à soutenir que, faute d'avoir été contresigné par tous ces ministres, le décret attaqué est entaché d'un vice de forme ; ...

Recueil CE, 1962, p. 625

TITRE III

Le Gouvernement

ARTICLE 20

Le Gouvernement détermine et conduit la politique de la Nation.

Il dispose de l'administration et de la force armée.

Il est responsable devant le Parlement dans les conditions et suivant les procédures prévues aux articles 49 et 50.

Note : Sous cet article ont été regroupés différents documents relatifs au rôle du Gouvernement et, par conséquent, aux rapports entre celui-ci et le Président de la République. (Cf. également article 5).

DOCUMENT 20-100
Extraits du débat de l'Assemblée nationale du 24 avril 1964

I. Déclaration de M. François Mitterrand

... Mesdames, Messieurs, j'accepte que l'on ne prenne pas parti sur telle ou telle thèse, sur telle ou telle forme de régime représentatif. J'admets que l'on puisse, à telle époque, instaurer un régime parlementaire qui suppose, comme nous l'avons déjà tous dit, la responsabilité du Gouvernement devant le Parlement. J'admets également que l'on puisse à telle autre époque établir un régime également démocratique, de type présidentiel, où le Gouvernement ne sera plus responsable devant le Parlement, à la condition — cela va de soi — que le Parlement soit, de son côté, libéré de toute pression du pouvoir exécutif.

Mais il appartient au Parlement d'apprécier les mutations qui modifient l'équilibre des pouvoirs, mutations dont l'exécutif assurera l'entière responsabilité. C'est pourquoi je veux analyser maintenant le rôle du Premier ministre face au Président de la République.

Monsieur le Premier ministre, en vertu de l'article 20 de la Constitution, le Gouvernement « détermine et conduit la politique de la nation » ; « il est responsable devant le Parlement ». Si je constate que ces formules sont, dans la réalité, vides de sens, n'ai-je pas le droit de vous demander, à vous, Premier ministre qui, d'après l'article 21 de la Constitution, dirigez l'action du Gouvernement, non seulement comment et pourquoi, par le transfert continu de vos attributions au Président de la République qui, lui, est irresponsable devant le Parlement, vous abandonnez l'essentiel de vos prérogatives, mais encore comment et pourquoi, ce faisant, vous vous autorisez à priver progressivement le Parlement du droit fondamental de contrôle et de décision politique, hors duquel ce régime parlementaire ne serait plus que l'alibi d'un pouvoir personnel ?

Je voudrais maintenant, Mesdames, Messieurs, aborder brièvement les principales caractéristiques de l'évolution du système.

Certes, monsieur le Premier ministre, je n'ignore pas — et vous non plus — que, d'ancienne tradition, ce qui vous consolera peut-être, le Premier ministre est en France le parent pauvre de nos institutions.

L'article 13 du décret du 27 avril 1791 l'énonçait déjà : « Tous les ministres, disait-il, seront membres du conseil du Roi, mais il n'y aura pas de premier ministre ». Il fallut attendre 1814, vous le savez, pour en trouver un. Ce fut M. de Talleyrand. Villèle fut le premier qui vint au Parlement assister et prendre part aux débats. Mais, bien que tous les régimes aient fait usage de cette fonction, soit en fait, soit en droit, ni la charte de 1814, ni celle de 1830, ni les régimes qui se succédèrent depuis n'établirent constitutionnellement le rôle du Premier ministre.

Monsieur le Premier ministre, mon intervention ne vise pas votre personne. Vous êtes victime — j'en conviens — du système que l'on vous impose. Il est certain que lorsqu'un régime parlementaire est fondé sur le dualisme au sein de l'exécutif, dans un sens ou dans l'autre, vers le chef de l'Etat ou vers le Premier ministre, se produit un transfert d'autorité.

Le roi Louis-Philippe et l'empereur Napoléon III n'ont jamais lâché la bride à leur premier collaborateur dont ils supportaient fort mal les incartades, et le premier des deux allait généralement les chercher, quand il le pouvait, chez les maréchaux d'Empire, ces héros fatigués, plutôt que dans le personnel politique élu.

Sous la Troisième République, l'opération inverse se produisit. Ce régime, fondé sur l'autorité et le rôle du Président de la République, achoppa sur les événements de 1877 qui placèrent au-devant de la scène ce personnage inconnu de nos lois constitutionnelles, le Premier ministre, le président du conseil.

Ce sera la IV⁰ République qui enfin fera pénétrer officiellement le Premier ministre...

... Dans les institutions. J'entends plusieurs d'entre vous faire « Ah ! ». Je ne distingue pas précisément les auteurs de cette exclamation. Je suppose qu'il s'agit de ceux qui, membres de la majorité d'aujourd'hui, profitèrent si allégrement du régime d'hier... Je vois même parmi les membres du Gouvernement actuel certains anciens et excellents collègues qui ont souvent participé aux gouvernements de la IV⁰.

Le problème qu'il faut poser n'est pas tant celui de la mutation interne au pouvoir exécutif entre le Président de la République et le Premier ministre, mais celui que par voie de conséquence cette mutation pose au pouvoir législatif. Nous pourrions après tout marquer quelque indifférence quant aux péripéties de cette compétition entre l'homme fort et l'homme faible de l'exécutif qui ne serait d'ailleurs pas toujours le même. Mais nous ne pouvons demeurer indifférent au fait que si le Premier ministre renonce aux compétences que lui accorde la Constitution il n'engage pas que lui-même, il nous engage, nous, Parlement, et il engage avec lui et nous le peuple tout entier, car il fait passer du secteur de la responsabilité qui l'engage au secteur de l'irresponsabilité présidentielle l'essentiel des droits du Parlement.

Mais j'aborde pour conclure un domaine concret, celui de la Défense nationale. Vous savez, monsieur le Premier ministre, qu'il n'y a guère, en la matière, d'évolution dans le droit, tout au moins entre la Constitution de 1946 et celle de 1958.

Exemple : « La guerre ne peut être déclarée sans l'accord du Parlement » ; article 7 d'une constitution, article 35 de l'autre.

Deuxième exemple : « Le Président de la République est le chef des armées » ; article 33 d'une constitution, article 15 de l'autre.

Troisième exemple : mais les pouvoirs du Président de la République sont purement nominaux, car, dans les deux constitutions, la direction des forces armées entre dans les attributions du chef du Gouvernement ; article 47 d'une constitution, articles 20 et 21 de l'autre. On peut dire, je le répète, qu'il n'y a guère novation.

Ainsi les pouvoirs que le Président de la République prétendrait tirer des dispositions de l'article 5 de la Constitution de 1958, « le Président de la République garant de l'indépendance nationale », sont vidés de tout moyen d'exécution par les dispositions spéciales qui accordent au Premier ministre les pouvoirs dont il aurait besoin pour accomplir sa mission.

L'évolution des rapports entre le législatif et l'exécutif est donc en cette matière à peine sensible. Par contre, l'évolution des pouvoirs à l'intérieur de l'exécutif à l'endroit de la Défense nationale marque une évolution considérable. Et il n'est pas possible de discuter des notions primordiales sans citer les textes fondamentaux : l'ordonnance du 7 janvier 1959 ; la loi, pour ses articles non abrogés, du 11 juillet 1938 ; le décret du 10 juillet 1962 relatif à l'organisation de la Défense nationale ; enfin, le décret du 14 janvier 1964...

... On ne corrigerait pas l'erreur institutionnelle qui peu à peu a vidé de substance la présidence du Gouvernement et la responsabilité du Gouvernement devant le Parlement, par une deuxième erreur qui consisterait à charger indûment le Premier ministre des responsabilités du Président de la République, ainsi que l'a fort bien remarqué, parmi d'autres, l'éditorialiste du journal *Le Monde* dans un fort important article paru hier.

La manière dont les choses se passent évoque davantage le choix d'un favori par un maître absolu que le jeu normal d'institutions démocratiques.

Mais, Mesdames, Messieurs, la réponse à cette question c'est M. le Président de la République qui nous la fournit en même temps qu'elle me servira de conclusion.

Comment s'étonner que la Ve République soit passée du stade du régime parlementaire à celui d'une monarchie limitée avant de parvenir au stade d'un régime de pouvoir personnel ?

Comment s'en étonner si l'on examine la déclaration publique selon laquelle « l'autorité indivisible de l'Etat est déléguée tout entière » — vous entendez : tout entière — « au Président par le peuple qui l'a élu et qu'il n'y a aucune autorité » — vous entendez aussi — « ni ministérielle, ni civile, ni militaire, ni judiciaire qui ne puisse être conférée ou maintenue que par lui », selon laquelle il appartient au Président de la République lui-même, et de son seul chef, d'ajuster le domaine suprême qu'il détient, qui lui est propre, et dont il délègue les fonctions quand il le veut selon les circonstances, à titre temporaire, si cela lui convient, aux autres qui s'appellent le Gouvernement — peut-être le Parlement — et même la Justice !

Ah, Mesdames, Messieurs, déjà nous connaissions ce secteur réservé qui a fait passer indûment les Affaires étrangères, la Défense nationale, à l'époque où se posaient les problèmes d'Algérie, et les problèmes de la Communauté, sous la gouverne directe du Président de la République. Le secteur réservé violait la Constitution mais le domaine suprême, lui, apparu soudain à l'horizon de nos institutions, ruine la République. Quoi ? il y aurait un domaine suprême détenu par un seul homme et celui-ci le déléguerait à qui il voudrait ? Mais la République n'a jamais reconnu l'autorité d'un homme ni l'autorité d'un seul pouvoir. Elle ne peut admettre que le partage des délégations et des attributions dans l'exercice du pouvoir.

Lorsqu'il a prononcé ces paroles, M. le chef de l'Etat a, sinon justifié, du moins expliqué toutes les évolutions que j'ai dites. A compter du moment où cette mutation décisive de nos institutions est désormais entrée dans les faits, il appartient au Gouvernement, en tout cas au Parlement, de savoir comment se situe ce régime, sans doute aussi comment il s'appelle, ce qu'il veut, ce qu'il peut, ce qu'il est, de quelle manière il règle les rapports des citoyens avec l'Etat.

Il faut choisir. Ou bien il convient de fonder un régime présidentiel honnête et authentique qui donnera autorité et stabilité au chef de l'exécutif tout en valorisant le rôle du Parlement, ou bien il convient de revenir aux sources d'un régime parlementaire adapté aux besoins modernes. Il faut en revenir à un régime de liberté et d'équilibre et en finir avec celui que vous nous faites et qui n'est qu'un régime d'autorité et d'irresponsabilité.

J.O. A.N. 24-4-1964

II. Déclaration de M. Paul Coste-Floret

... Or qui gouverne aujourd'hui ? Est-ce le Gouvernement ou est-ce M. le Président de la République ? Est-il vraiment nécessaire — je vous vois sourire, monsieur le Premier ministre — de poser cette question ? Que l'un d'entre nous demande au premier citoyen rencontré en sortant du Palais-Bourbon : « Qui gouverne la France ? Est-ce le général de Gaulle ou M. Georges Pompidou ? » Je crois, monsieur le Premier ministre, que ce citoyen répondra : « C'est le général de Gaulle », et je ne pense pas qu'on puisse lui donner tort.

Au surplus, cette thèse ne date pas d'aujourd'hui — c'est ce qui est intéressant — puisqu'elle a été formulée par l'un des personnages les plus importants de la République, par le propre président de cette Assemblée, quelques mois seulement après la promulgation de la Constitution. Je m'excuse de le citer et je parle sous son contrôle.

S'exprimant le 17 novembre 1959 devant le congrès de l'UNR-UDT à Bordeaux — soyez heureux que l'on cite vos congrès, Messieurs — M. Chaban-Delmas, d'après le journal Le Monde, aurait déclaré :

« Le secteur présidentiel comprend l'Algérie, sans oublier le Sahara, la Communauté francoafricaine, les Affaires étrangères, la Défense nationale. Le secteur ouvert se rapporte au reste. »

Et M. Chaban-Delmas poursuivait : « Dans le premier secteur, le Gouvernement exécute, dans le second, il conçoit ».

Je sais bien que cette déclaration ayant fait beaucoup de bruit, M. Chaban-Delmas a précisé qu'elle était faite devant un congrès de militants politiques et qu'elle s'adressait à eux. Je lui en donne bien volontiers acte, mais la thèse demeure que pour l'Algérie — vous savez quelle était l'importance du problème au moment où ces propos étaient tenus — pour les Affaires étrangères, pour la Défense nationale, pour les problèmes de la Communauté, le Gouvernement exécute.

Le Gouvernement ne gouverne pas, il exécute. Les décisions fondamentales sont prises en dehors de lui. Je pourrais citer de multiples exemples à l'appui de cette assertion. Je ne citerai que celui de la démission, en mai 1962, de cinq de mes amis qui faisaient alors partie du Gouvernement, à la suite d'une conférence de presse du chef de l'Etat sur la politique étrangère. Non seulement ils n'étaient pas informés d'une politique que la Constitution les chargeait pourtant expressément de déterminer et de conduire, mais ils n'étaient même pas tenus au courant de la formulation de cette politique.

Il est vrai que les ministres sont aujourd'hui peu de chose. Un homme politique — je m'en excuse auprès de MM. les membres du Gouvernement, qui ont eu la gentillesse de venir aujourd'hui si nombreux nous entendre expliquer comment nous concevrions nos rapports avec eux, et j'espère qu'ils en tireront la leçon — un homme politique, dis-je, a déclaré dans un discours récent : « Les ministres constituent la petite panoplie de soldats de plomb du général de Gaulle ». Et ces soldats changent souvent.

Dans un article de presse, M. Vincent Auriol a pu poser au Premier ministre la question suivante : « Combien y a-t-il eu de ministres de l'Education nationale sous mon septennat et combien y en a-t-il eu sous la Ve République ? » Il n'a pas été répondu à cette question.

J'ai vérifié et j'ai constaté que la Ve République, qui a pourtant moins de sept ans d'existence, a déjà connu plus de ministres de l'Education nationale qu'il n'y en a eu sous le septennat du président Auriol. D'ailleurs, la même remarque pourrait être étendue au ministère de l'Information, ce qui a permis à un journaliste d'ironiser sur le règne de Christian VI et celui d'Alain VIII.

On se plaint aujourd'hui du rôle diminué du Parlement. Il n'est point dans mon propos d'en parler. Je me borne à évoquer — ce qui est le sujet de ma question — les rapports du Premier ministre, du Gouvernement dans son ensemble et du Chef de l'Etat.

Je constate que le secrétaire général du mouvement républicain populaire, qui siégeait alors au Gouvernement, écrivait en 1961 : « Nous ne sommes consultés sur les affaires, ni au Parlement... » — ce qui est déjà contestable — « ... ni au conseil des ministres », ce qui devient inadmissible et contraire à l'article 20 de la Constitution.

En effet, les affaires ne sont plus soumises, pour être discutées, dégrossies, au conseil des ministres ; elles sont soumises à ce qu'on appelle les comités restreints, qui ne sont pas prévus dans la Constitution, mais auxquels la coutume a donné naissance.

Les comités restreints prolifèrent. J'ai découvert dans la presse l'existence des comités restreints des affaires algériennes, des affaires extérieures, des affaires économiques, des affaires agricoles. Peut-être ne les ai-je pas tous comptés et pourrais-je dire, comme dans Hernani : « J'en passe, et des meilleurs !... »

Au surplus, chaque fois que surgit un problème nouveau, un comité restreint est désigné. J'ai pu lire dans l'index de presse du 15 avril 1964 : « Conseil restreint à l'Elysée, sur la préparation du programme spatial français à long terme.

« Le général de Gaulle a présidé ce matin à l'Elysée un conseil restreint consacré au programme de développement des études spatiales. Assistaient notamment à cette réunion MM. Pompidou, Gaston Palewski, Joxe, Messmer... » — c'est-à-dire un nombre restreint de membres du Gouvernement, et des gens qui n'en font pas partie — « ... M. Pierre Massé, commissaire général du plan, et le général Fourquet, secrétaire général de la Défense nationale. Ce conseil avait pour tâche d'examiner les nouveaux objectifs des différents organismes qui s'occupent du développement des affaires spatiales, notamment ceux du centre national des études spatiales dans le domaine des fusées, des satellites et des bases de lancement ».

Ce sont évidemment des problèmes fondamentaux. Ils sont soumis à un conseil restreint.

L'interprétation que nous donnons de l'article 20 de la Constitution n'est pas seulement celle du bon sens, elle n'est pas seulement conforme à l'esprit et à la lettre de la Constitution de 1958, elle est aussi — M. Mitterrand l'a confirmé par des citations qui sont dans mon dossier mais que je ne reprendrai pas à cette tribune — conforme aux déclarations des plus hautes autorités de la République.

Je me souviendrai toujours de cette fameuse séance du comité constitutionnel consultatif du 8 août 1958, au Palais-Royal, où j'avais la naïveté de dire, ou plutôt où j'étais prophète sans le savoir — ceci figure à la page 109 du compte rendu des travaux préparatoires — « Le projet fait du Président de la République le véritable chef de l'exécutif », et où M. Janot me répondait : « Non, s'il l'était, la position du Premier ministre ne serait pas tenable », et développait dans les termes que rapportait tout à l'heure M. Mitterrand.

Et si cette séance du matin ne m'avait pas suffisamment ébranlé, la réponse du général de Gaulle à une question de M. Paul Reynaud, au cours de la séance du soir, était pour nous fondamentale : « Le Premier ministre peut-il être révoqué par le Président de la République ? Non, car s'il en était ainsi, il ne pourrait pas effectivement gouverner ».

« Le Président de la République » — c'est la conclusion de la longue citation que faisait tout à l'heure M. Mitterrand, et c'est le général de Gaulle qui parle, j'y insiste — « est essentiellement un arbitre qui a pour mission d'assurer, quoi qu'il arrive, le fonctionnement des pouvoirs publics ».

Alors, comment n'aurions-nous pas été surpris, nous qui avons encore ces textes dans la mémoire, de cette déclaration extraordinaire faite le 31 janvier 1964 par le chef de l'Etat, au cours d'une conférence de presse, déclaration que je veux relire en entier, parce qu'elle domine le débat :

« Le pouvoir procède directement du peuple, ce qui implique que le chef de l'Etat élu par la nation en soit la source et le détenteur ; il doit être évidemment entendu que l'autorité indivisible de l'Etat est confiée tout entière au Président par le peuple et qu'il n'en existe aucune autre, ni ministérielle, ni civile, ni militaire, ni judiciaire qui ne soit conférée et maintenue par lui ; enfin qu'il lui appartient d'ajuster le domaine suprême qui lui est propre avec ceux dont il attribue la gestion à d'autres. »

Comment ne pas rapprocher ces deux déclarations ? 8 août 1958 : c'est le Premier ministre qui gouverne, le Président de la République est un arbitre. 31 janvier 1964 : il n'y a aucune autorité, même ministérielle ; tout procède du chef de l'Etat.

Oh ! je sais bien, et je veux le souligner, qu'entre ces deux déclarations qui marquent l'évolution de la pensée du général de Gaulle s'est produit un événement constitutionnel fondamental, à savoir la loi référendaire qui a décidé de l'élection du Président de la République au suffrage universel. Je comprends que le général de Gaulle ait pu avoir une thèse lorsque le chef de l'Etat était élu par les notables et qu'il puisse penser maintenant que la transformation du mode d'élection du Président de la République a amené, par la force des choses, une transformation au fond de ses pouvoirs.

Mais alors, s'il en était ainsi, il faudrait le dire. Ce n'est pas ainsi que la loi constitutionnelle a été présentée au peuple français lorsqu'il lui a été demandé de la voter. Et s'il en est ainsi, si la mutation constitutionnelle est aussi considérable, il faut aussi en tirer les conséquences, comme je le verrai dans ma conclusion.

Mais ces conséquences, monsieur le Premier ministre, c'était d'abord à vous qu'il appartenait de les tirer.

Le 8 août 1958 on expliquait que vous étiez le chef du Gouvernement, que c'était à vous qu'il appartenait de gouverner, et le 31 janvier 1964 on dit que vous n'existez pas.

Je m'adresse alors à vous. Je rappelais il y a un instant que cinq républicains authentiques, dont un ancien président du Conseil des ministres et le propre président de la commission des Affaires étrangères de cette Assemblée, ont quitté le Gouvernement pour une violation, sur un point précis de politique étrangère, de l'article 20 de la Constitution.

Comment, après cette seconde conférence de presse qui était encore plus redoutable que la première, n'avez-vous pas immédiatement remis votre démission au Président de la République ?...

J.O. A.N. 24-4-1964

III. Déclaration de M. Georges Pompidou, Premier ministre

... Est-ce à dire que le Premier ministre soit réduit au rôle de modeste conseiller, d'exécutant subalterne, de soliveau ? Vous me permettrez de dire que je n'en crois rien.

D'abord, pour agir, le Président de la République a besoin d'un Gouvernement. Sauf exceptions énumérées limitativement par la Constitution, aucun acte du Président de la République n'est valable sans la signature du Premier ministre. Et je vous demande de croire que j'attache à cette signature la même importance que le Président de la République attache justement à la sienne.

Ceci veut dire précisément que toutes les décisions politiques engagent pleinement le Gouvernement et d'abord le Premier ministre. Ceci veut dire que ces décisions ne sont prises, quel qu'en soit l'initiateur, qu'après accord entre le Président de la République et le Premier ministre.

Je considère comme un devoir élémentaire pour un Premier ministre de ne jamais révéler publiquement les divergences qui, en telle ou telle circonstance, pourraient surgir entre le chef de l'Etat et lui. L'unité de direction et de politique domine à mes yeux toute autre considération.

Mais je puis affirmer qu'il n'y a pas de domaine réservé et cela dans aucun sens, qu'en toutes matières, pour l'impulsion, la ligne générale, la continuité, je tiens le rôle du chef de l'Etat pour essentiel, mais que, par contre, je ne saurais continuer ma tâche, ni porter mes responsabilités qu'autant que je suis ou que je serai pleinement d'accord sur tous les aspects de la politique qu'il m'appartient, d'ailleurs, de conduire au fur et à mesure des événements avec le Gouvernement dont je dirige l'action.

Et c'est pourquoi, aussi, je me considère comme pleinement responsable de cette politique devant l'Assemblée à laquelle il appartient, si elle en juge ainsi, de me censurer.

Ne vous y trompez d'ailleurs pas : le rôle du Premier ministre, loin d'être diminué, est considérablement renforcé par un tel dispositif. L'appui qu'il tire de la double confiance qui lui est indispensable, celle du chef de l'Etat, sans laquelle il serait en tout état de cause paralysé et celle de l'Assemblée nationale dont dépend à tout instant son existence, la stabilité que l'équilibre des deux lui assure, lui permettent d'exercer son action et de trouver l'efficacité dans la continuité.

Assurément, les prérogatives des présidents du conseil de la IVe République n'étaient pas limitées par l'autorité du Président de la République. Mais que pouvaient-ils faire, la plupart du temps, quelle que fût leur capacité, à la tête de gouvernements hétérogènes où les partis se partageaient le pouvoir comme on découpe en tranches une citrouille et qui, à peine nés, étaient déjà menacés de mort ?

Vingt-deux gouvernements en onze années ! Neuf mois de crises pendant lesquels la France n'avait plus que des expéditionnaires pour les affaires courantes ! Croyez-vous que cela parle en faveur de l'autorité des présidents du conseil ?

J'ai recueilli, à ce sujet, quelques confidences désabusées en 1958 et non des moindres. Tout cela est loin, bien sûr ; mais tout cela redeviendrait instantanément actuel si l'on remettait en cause le principe de base. Du jour où l'on prétendrait réserver la totalité du pouvoir au Premier ministre responsable devant l'Assemblée, on remettrait la source du pouvoir exécutif dans cette même Assemblée et on reviendrait instantanément au régime des partis tel que nous l'avons connu et tel que la République a failli en périr.

Alors on nous parle de pouvoir personnel. Mais, pouvoir personnel, qu'est-ce que cela signifie ?

Cela signifie d'abord qu'une personne prétend détenir de Dieu ou de la force la totalité du pouvoir pour un temps indéterminé. Mais le Président de la République est et sera élu pour un mandat d'une durée limitée.

Pouvoir personnel, cela veut dire ensuite que l'homme qui détient le pouvoir l'assure seul. Mais vous imaginez-vous que la réalité soit cela ?

Assurément, il n'est pas dans mes habitudes d'étaler au grand jour les délibérations, les discussions, voire les désaccords qui précèdent les décisions importantes du pouvoir exécutif.

Mais je puis vous assurer qu'aucune de ces décisions n'est prise sans qu'il en ait été délibéré longuement entre le chef de l'Etat et le Premier ministre d'abord, avec les ministres compétents, ensuite, et avec le Gouvernement dans son ensemble, enfin. Et lorsque ces décisions interviennent, ces décisions sont celles du pouvoir exécutif tout entier, et par conséquent, du Gouvernement qui en prend solidairement l'entière responsabilité.

Le pouvoir personnel, enfin, c'est celui qui ne connaît point de contrôle ni de borne autre que sa propre fantaisie. Or le pouvoir du Président de la République a ses limites précises.

C'est d'abord la nécessité, sauf en période d'application de l'article 16, d'avoir l'accord du Gouvernement et, notamment, du Premier ministre pour que ses actes soient valables. C'est ensuite le fait que le Gouvernement est responsable devant l'Assemblée nationale et que celle-ci peut, à tout moment, par la censure, le renverser. Et c'est dans l'exercice de cette responsabilité du Gouvernement devant l'Assemblée que se trouvent, en définitive, non seulement le signe manifeste d'un pouvoir démocratique, mais encore l'instrument qui réalise l'équilibre des pouvoirs.

J'ai d'ailleurs eu déjà l'occasion d'en parler à cette tribune et je suis bien placé pour savoir la portée de la motion de censure, puisque j'ai le privilège d'en avoir été jusqu'ici la seule et, il est vrai, passagère victime.

Quelle que soit la part que prend le Président de la République dans l'élaboration de la politique, celle-ci ne peut être conduite que par le Gouvernement et le Gouvernement, à tout moment, peut être renversé.

Ainsi s'établit l'équilibre entre le pouvoir exécutif et l'Assemblée nationale, l'Assemblée ayant le pouvoir de renverser le Gouvernement, le chef de l'Etat ayant le droit de dissoudre l'Assemblée. De cet équilibre, le juge souverain, c'est le peuple, puisque, en fin de compte, c'est lui qui arbitre ou arbitrera les désaccords fondamentaux...

Pour me résumer et pour donner ici les résultats de l'expérience que j'ai faite depuis deux ans comme Premier ministre, je dirai que notre régime, pour fonctionner convenablement, suppose une large identité de vues politiques entre le Président de la République et le Premier ministre, permettant

l'homogénéité du pouvoir exécutif et donnant, du même coup, tout son sens à la responsabilité du Gouvernement devant l'Assemblée ; en contrôlant le Gouvernement, l'Assemblée contrôle pleinement et réellement la politique de la France. Il vous est d'ailleurs loisible, monsieur Mitterrand, d'en tenter sur le champ la démonstration.

Et c'est pourquoi cette nécessaire cohésion entre le Gouvernement, son chef et le chef de l'Etat, rend quelque peu formel, me semble-t-il, le problème soulevé par M. Coste-Floret comme par M. Mitterrand, de savoir si le Président de la République a ou non le pouvoir de révoquer le Gouvernement.

Je ne saurais, pour ma part, imaginer qu'un Premier ministre qui aurait perdu la confiance du chef de l'Etat et risquerait de voir ce dernier refuser d'avaliser et de signer les décisions gouvernementales, puisse faire autre chose que de remettre sa démission.

Mais cela n'enlève rien aux prérogatives de l'Assemblée. Si le Gouvernement ne peut gouverner contre le chef de l'Etat qui préside à ses délibérations et signe ses décrets, le chef de l'Etat ne peut, de son côté, se passer d'un Gouvernement qui ait l'appui de l'Assemblée nationale.

Nous sommes donc, en fait, ramenés au cas précédent et nous retrouvons d'ailleurs la loi générale selon laquelle il ne peut pas y avoir d'Etat démocratique valable sans un exécutif cohérent disposant d'une majorité parlementaire.

La seule différence par rapport à nos traditions, c'est que le chef de l'Etat, par le prestige que lui donnera désormais l'élection au suffrage universel, par les possibilités qu'il a de faire appel au peuple par le référendum ou par la dissolution, est à même d'enrayer le mal dont naquirent l'instabilité et la faiblesse d'hier, je veux dire l'absence de majorités ou le risque de majorités composites et incertaines.

Il va de soi d'ailleurs que le système fonctionnera d'autant mieux et avec d'autant moins d'à-coups que la majorité de l'Assemblée sera en conformité d'idées plus étroite avec le pouvoir exécutif. C'est ce qui fait, par d'autres moyens et grâce au bipartisme, la stabilité du régime américain ou du régime britannique et c'est ce qui fait aujourd'hui notre stabilité grâce à la cohésion et à l'union de la majorité gouvernementale.

Je comprends que l'opposition s'en attriste. Mais elle aurait tort de le déplorer, car elle en éprouvera le même besoin si, un jour, elle vient à son tour au pouvoir et son porte-parole, M. Mitterrand, le sait aussi bien que moi.

Mais pourquoi ne pas aller au fond des choses ?

La vérité, monsieur Mitterrand, c'est que vous vous opposez, non pas aux usages, au comportement du chef de l'Etat ou de celui du Gouvernement, mais aux fondements mêmes de la Ve République. Vous êtes d'ailleurs logique avec vous-même, puisque vous avez voté contre l'investiture du général de Gaulle en juin 1958, contre la Constitution qui nous régit, en septembre 1958, contre l'élection du Président de la République au suffrage universel, en octobre 1962.

Vous restez profondément fidèle à la conception de la IVe République qui mettait la totalité des pouvoirs dans l'Assemblée nationale et faisait du pouvoir exécutif une simple délégation consentie, pour un moment, par les groupes de l'Assemblée à un rassemblement hétérogène et passager baptisé « gouvernement ».

L'événement a glissé sur vous sans laisser sa trace et, pourtant, il est jalonné par les désastres et quelquefois les déshonneurs que nous a valus l'incapacité fondamentale à laquelle on se condamne en prétendant fonder l'Etat et la politique de la France sur les divisions...

J.O. A.N. 24-4-1964

DOCUMENT 20-101
Déclarations du général de Gaulle

I. **Conférence de Presse du 31 janvier 1964**

Cf. Doc. 5-100.

II. **Conférence de Presse du 27 novembre 1967**

... Chacun sait que l'élément capital de ses institutions, c'est l'attribution au Chef de l'Etat, élu par le peuple, des moyens et de la charge de représenter, de faire valoir, au besoin d'imposer, par-dessus toutes les tendances particulières et momentanées, l'intérêt supérieur et permanent de la Nation. Et chacun sait que, pour faire en sorte que la politique soit conforme à ce qui est essentiel, c'est à lui qu'il appartient de choisir le Gouvernement, d'en arrêter la composition et d'en présider les réunions. Bien entendu, c'est cette clef de voûte de l'édifice que voudraient briser, ou bien les partisans de toutes origines qui, bien qu'ils prétendent le contraire, veulent inlassablement faire du pouvoir l'enjeu de leurs ambitions et de leurs combinaisons, ou bien les conjurés de l'entreprise totalitaire qui visent à établir sur la France leur écrasante et morne dictature. Et chacun sait enfin que, si la défaillance du Président par rapport à ses obligations venait jamais à ouvrir la brèche à ces assaillants, la confusion politique et sociale, la dégradation économique, financière, monétaire, l'abaissement international, qui en seraient les conséquences, conduiraient inévitablement à placer la France sous la coupe de l'une ou de l'autre des deux principales puissances étrangères...

III. **Extraits des Mémoires d'Espoir**

... Il est vrai que la Constitution que j'ai fait adopter par le pays définit les attributions des diverses autorités, mais sans contredire l'idée que le peuple et moi nous faisons de mes obligations. Que le Président soit, comme cela est formulé, « le garant de l'indépendance nationale, de l'intégrité du territoire et du respect des traités et assure, par son arbitrage, le fonctionnement régulier des pouvoirs publics et la continuité de l'Etat », voilà qui ne fait qu'exprimer le rôle capital qui est le mien à mes yeux et à ceux des citoyens. Certes, il existe un Gouvernement qui « détermine la politique de la nation ». Mais tout le monde sait et attend qu'il procède de mon choix et n'agisse que moyennant ma confiance. Certes, il y a un Parlement, dont l'une des deux Chambres a la faculté de censurer les ministres. Mais la masse nationale et moi-même ne voyons là rien qui limite ma responsabilité, d'autant mieux que je suis juridiquement en mesure de dissoudre, le cas échéant, l'assemblée opposante, d'en appeler au pays au-dessus du Parlement par la voie du référendum et, en cas de péril public, de prendre toutes les mesures qui me paraîtraient nécessaires. Cependant et précisément parce que ma fonction, telle qu'elle est, résulte de mon initiative et de ce qui se passe à mon égard dans la conscience nationale, il est nécessaire qu'existe et se maintienne entre le peuple et moi un accord fondamental. Or, cet accord, les votes d'ensemble qui ont lieu pour répondre à ce que je demande le traduisent manifestement. Bref, rien, ni dans mon esprit, ni dans le sentiment public, ni dans les textes constitutionnels, n'altère ce que les événements avaient naguère institué quant au caractère et à l'étendue de ma tâche. A moi donc de régler les conditions dans lesquelles je m'en acquitte, sans nullement méconnaître le libellé des parchemins.

En dehors de situations dramatiques exigeant soudain de l'Etat une attitude qui soit tranchée et que je prenne alors directement à mon compte, mon action consiste avant tout à tracer des orientations, fixer des buts, donner des directives, à l'organisme de prévision, de préparation, d'exécution, que constitue le Gouvernement. Cela a lieu normalement en Conseil...

Tome I, chap. Les Institutions

DOCUMENT 20-102
Déclarations de M. Georges Pompidou

I. **Conférence de Presse du 2 juillet 1970**

Question. — Lorsque vous étiez Premier ministre, vous avez répété à plusieurs reprises que le régime de la Ve République était un régime mi-parlementaire, mi-présidentiel et que vous vous réjouissiez de ce dosage et de cet équilibre. Estimez-vous que ce dosage et cet équilibre soient demeurés ? Si oui, vous en réjouissez-vous encore. Si non, le déplorez-vous ?

Réponse. — Je n'ai pas changé. Je crois en effet que notre Constitution est à mi-chemin d'un régime proprement présidentiel et d'un régime proprement parlementaire. Je crois que cet équilibre d'ailleurs difficile a le mérite de donner au fonctionnement de notre système politique à la fois les possibilités de la fermeté, de la durée et de la souplesse. J'ai entendu ici, comme Premier ministre, le général de Gaulle dire qu'il n'y avait pas de dyarchie. Il n'y a pas toujours de dyarchie. Au total, je crois que le système n'est pas mauvais...

II. **Conférence de presse du 23 septembre 1972**

... La différence fondamentale entre la IVe République et l'actuelle, vous l'avez dit, c'est que le gouvernement procède de l'Assemblée nationale et des accords ou des désaccords des groupes, mais aussi du Président de la République, qui nomme le Premier ministre et les membres du gouvernement.

Est-ce à dire qu'il soit libre d'agir au gré de ses fantaisies ou de ses caprices ? Bien entendu non. Tout d'abord s'il choisit librement le Premier ministre il nomme les ministres sur la proposition de celui-ci et ce n'est pas un vain mot. Je puis le dire, l'ayant dit comme Premier ministre et pratiqué ; et le disant et le pratiquant comme Président de la République.

Et puis surtout s'il n'a pas à tenir compte des exigences et des sommations des groupes, comment pourrait-il ne pas tenir compte de la composition de l'Assemblée nationale ? Ne serait-ce que parce que celle-ci a le pouvoir de renverser le gouvernement, ce n'est pas un vain mot. Mon gouvernement a bien été renversé, et ça pourra revenir dans l'avenir. Seulement notre Constitution est souple. Le Président de la République tient compte de la composition de l'Assemblée, mais n'en est pas l'esclave. Et ce n'est pas dans le sens de la monopolisation du pouvoir à son profit et au profit d'un groupe et je le prouve.

Il y a à l'heure actuelle à l'Assemblée nationale un groupe qui a la majorité absolue. Me dira-t-on que, si un groupe de la IV° République avait eu la majorité absolue, il ne se serait pas adjugé tous les portefeuilles ?

Non seulement ce n'est pas le cas mais j'ai ouvert les portes du gouvernement à des représentants de formations politiques dont le gouvernement n'avait pas besoin arithmétiquement.

Il y a le cas que je viens d'évoquer où une motion de censure serait votée et le gouvernement renversé ; là aussi les solutions sont souples. Le Président de la République a le choix, ou bien il considère que c'est une crise un peu superficielle due à une conjoncture, à un énervement aggravé par les questions de personne, et il forme un autre gouvernement susceptible de collaborer avec l'Assemblée, ou bien, au contraire, il considère que c'est un problème de fond, une option essentielle de sa politique qui est en jeu et, dans ce cas, il dissout l'Assemblée et le peuple est appelé à trancher et, une fois que le peuple a tranché, chacun en tire les conséquences qui peuvent, elles aussi, être souples d'ailleurs.

Reste l'autre hypothèse qui est celle qui concerne le récent changement de gouvernement. L'Assemblée maintient sa confiance au gouvernement qu'a désigné le Président de la République. Eventuellement une autre Assemblée lui succède et maintient cette confiance. Est-ce que le président de la République va garder le même Premier ministre pendant sept ans ? Dès mon arrivée à l'Elysée je me suis prononcé là-dessus et j'ai dit que je ne croyais pas que ce fût une bonne solution. Je ne le crois pas d'abord parce que je pense que les hommes arrivent au pouvoir avec une volonté d'action et tout ce qu'ils ont de meilleur à donner, et qu'au bout d'un certain temps, peut-être, un renouveau apporte-t-il quelque chose.

Je ne le crois pas parce que dans la vie politique il est normal que les hommes aient l'ambition de parvenir aux responsabilités gouvernementales et qu'on découragera les candidatures si ce sont toujours les mêmes qui occupent les postes. Et je ne le crois pas surtout parce que cela fausse complètement les rapports entre les deux fonctions de Président de la République et de Premier ministre.

Ou bien le Premier ministre, au long des années, au contact de l'Administration, au contact direct de l'Assemblée, finira par devenir tout-puissant et réduira le Président de la République à un rôle d'apparence, ou bien par excès de scrupules il finira par devenir une sorte de directeur de cabinet du Président de la République, et les deux formules sont également mauvaises. Je puis le dire, ayant pratiqué les deux...

III. Déclaration à l'issue du premier Conseil des ministres du troisième gouvernement Messmer, le 6 mars 1974

Ce que j'attends du nouveau gouvernement, c'est que chacun donne sa pleine capacité. Et je voudrais aussi souligner deux points. Il est essentiel de respecter strictement la solidarité ministérielle sur les grandes orientations définies par le gouvernement et par moi. Il convient que chaque ministre, en public, ne se désolidarise pas des décisions prises par le gouvernement. Les décisions sont prises par tous et par chacun.

Chaque ministre a une responsabilité individuelle, mais aussi collective. Il faut que le gouvernement manifeste sa volonté d'action dans cette année qui sera, à bien des égards, difficile. Il ne faut pas attendre l'orage ou se contenter de gouverner au jour le jour. Le gouvernement doit avoir une politique, une volonté de prévoir et d'agir. On ne gouverne qu'en prévoyant et en agissant.

Cette nouvelle équipe restreinte doit lui permettre de remplir ce rôle. Elle doit permettre à la France de dominer plus facilement que d'autres les événements. Au travail...

DOCUMENT 20-103

Déclarations de M. Valéry Giscard d'Estaing

I. Réunion de presse du 25 juillet 1974

Eh bien ! pour moi, gardien des institutions, les institutions françaises vont de soi.

Il n'y a donc pas un problème permanent des institutions en France. Mais il y a un problème de l'évolution des institutions et vous savez qu'à l'heure actuelle notre régime, la V° République, modifié par le référendum de 1962, est un régime présidentialiste, c'est-à-dire un régime dans lequel les attributions du président de la République, concernant l'impulsion de la politique, sont des attributions très importantes. C'est un régime qui n'est pas présidentiel parce qu'il existe, au sein de notre régime constitutionnel, les pouvoirs propres du Parlement qui lui permettent de remettre en cause, par la voie de la motion de censure, l'orientation de la politique qui est suivie par le gouvernement nommé par le Président de la République.

Je ne me propose nullement, dans les circonstances actuelles, de modifier cet état de choses. Mon interprétation est l'interprétation présidentialiste de nos institutions, mais dans le cadre des textes existants.

Concernant, en effet, l'évolution de nos institutions, je crois que la différence entre une constitution et des lois ordinaires, c'est que les lois ordinaires, on peut les voter à la majorité simple, mais les constitutions, pour évoluer, doivent évoluer avec l'accord du plus grand nombre, parce qu'elles sont appliquées successivement par des tendances politiques différentes et quelquefois adverses. Si nous voulons faire évoluer notre Constitution, il faut le faire avec un large assentiment national.

Ce large assentiment national, on peut l'obtenir soit de l'opinion elle-même, lorsqu'il s'agit d'un très grand sujet, et cela a été le cas du référendum de 1962 qui a ensuite imposé en réalité à tous les partis politiques le respect de l'élection du Président de la République au suffrage universel, ou bien au contraire, on peut le rechercher par un vote très large des assemblées parlementaires témoignant d'un certain consensus.

C'est pourquoi, normalement, au début de la prochaine session du Parlement, il y aura une première évolution de nos institutions sur les deux sujets que j'ai traités, Conseil constitutionnel et suppléants, qui sera faite par la voie parlementaire, à condition de pouvoir dégager un très large consensus, et c'est ensuite la pratique qui fera apparaître si, sur le plan de l'évolution elle-même de nos institutions, dans un sens où la fonction présidentielle serait plus complètement définie, cette évolution rencontre ou non un large consensus.

Nous sommes, si vous le voulez, dans une interprétation présidentialiste de nos institutions. Il faudra voir s'il existe dans le milieu politique français un large accord au cours des années à venir pour faire en sorte que cette interprétation soit confirmée, voire même accentuée par les textes.

II. Déclaration à la télévision le 25 août 1976

Le Président — Il s'est passé aujourd'hui un événement important dans la vie politique de la nation, qui est un changement de gouvernement. C'est un événement important, mais ce n'est pas un événement dramatique, car, dans un pays démocratique, il se produit périodiquement des changements de gouvernements. J'ai pensé qu'il était utile que les Françaises et les Français puissent connaître les motifs de ce changement et, en même temps, les objectifs de l'action du nouveau gouvernement, et, au lieu de le faire sous la forme solennelle d'une déclaration, j'ai pensé qu'il valait mieux que je réponde par l'intermédiaire des journalistes aux questions que vous vous posez.

Journaliste — *En effet, Monsieur le Président, je crois que les Français trouvent cet événement d'abord déconcertant. Ils ne comprennent pas ce qui s'est passé et comment cela a pu se passer. Et ils se posent certainement des questions s'ils ont vu et entendu la déclaration frappante de M. Jacques Chirac, car, enfin, non seulement le Premier ministre informe la nation qu'il prend l'initiative de s'en aller, mais il donne de son départ une explication grave : « Je ne dispose pas », a-t-il déclaré, « des moyens que j'estime nécessaires pour gouverner efficacement ». Il semble donc que, non seulement il se plaigne de manquer de moyens, mais qu'il conteste aussi, pour la première fois, la répartition des pouvoirs entre le Président et le Premier ministre. Quelle est votre explication à vous de ce qui s'est passé ?*

Le Président — C'est la suivante. D'abord, il s'agit d'une démission. Vous savez que l'article 8 de la Constitution prévoit que le Premier ministre peut démissionner et que, s'il démissionne, il entraîne avec lui la démission du Gouvernement. Lorsqu'il y avait eu, dans le passé, des changements de Premier ministre, sous la Ve République, on s'était posé la question de savoir si c'étaient des démissions ou si c'était plutôt le Président qui souhaitait le départ du Premier ministre. Ici, de manière claire, c'est le Premier ministre qui souhaitait partir, c'est donc une démission dans l'esprit de l'article 8 de notre Constitution. Alors, le motif que vous indiquez, vous faisant l'écho des déclarations de M. Chirac, c'est le fait que, comme il l'indique dans la lettre qu'il m'avait écrite, il souhaitait un accroissement de l'autorité du Premier ministre.

Alors, accroissement aux dépens de qui ? Peut-il s'agir d'un accroissement aux dépens des responsabilités du Président de la République ? Je l'exclus. Et ceci pour deux raisons. D'abord, en raison de l'élection présidentielle. Car j'ai été élu Président de la République et je puis dire que, dans la majorité, dans les circonstances de l'époque, j'étais le seul qui aurait été élu. Et de ce fait, j'ai et j'aurai à rendre compte aux Français des conditions dans lesquelles j'exécute mon mandat. Le second motif, c'est qu'un transfert de responsabilités du Président de la République vers le Premier ministre serait fondamentalement contraire aux institutions de la Ve République. J'ai relu les commentaires que le général de Gaulle fait dans ses « Mémoires » sur les modalités de la désignation du Président de la République, et il indique très clairement que l'exécutif, dans notre République, comporte, après le Président, qui est chargé de ce qui est permanent et essentiel, un Premier ministre qui traite les problèmes contingents.

Donc, il ne pouvait pas s'agir et il ne s'agira jamais d'un transfert d'autorité du Président de la République vers le Premier ministre. Cela signifierait d'ailleurs l'apparition de deux pouvoirs politiques dans notre pays et peut-on imaginer un instant le déroulement de la politique française si la France devait poursuivre simultanément deux politiques.

Alors, s'agit-il de l'exercice de l'activité même du Premier ministre ? Et, dans ce cas là, rappelez-vous les faits en ce qui concerne la mission de coordination de la majorité : au lendemain des résultats des élections cantonales, j'ai confié à M. Chirac le soin d'assurer la coordination de la majorité. S'agit-il de l'autorité au sein du Gouvernement ? Je n'ai jamais été saisi, de sa part, de la demande de déplacer ou de faire partir un ministre qui n'eût pas accepté l'exercice de son autorité. C'est donc un problème d'exercice, en réalité, de l'autorité du Premier ministre et je ne veux pas entrer dans un tel débat vis-à-vis de quelqu'un qui, pendant deux ans, m'a loyalement servi. Et donc, je vous dirai pourquoi j'ai accepté sa démission : je l'ai acceptée d'abord parce qu'il me l'a présentée...

Journaliste — *C'était assez inusité...*

Le Président — Ce qui est la première fois dans la vie de la Ve République. Et il va de soi que dans des fonctions de cette nature, on ne peut pas imposer à quelqu'un et il n'est pas souhaitable d'ailleurs, de demander à quelqu'un d'exercer une fonction qu'il ne souhaite pas remplir.

TITRE III : LE GOUVERNEMENT

III. Réunion de Presse
du 17 janvier 1977

... Le Président de la République, dans nos institutions, est chargé de veiller au respect de la Constitution.

Que dit la Constitution ? Elle dit que le Président de la République est élu pour 7 ans. Le Président de la République, chargé de veiller au respect de la Constitution, commence par s'imposer ce respect à lui-même. J'ai été élu pour 7 ans et j'accomplirai donc, bien entendu, complètement, mon mandat.

Le Président de la République a deux fonctions. Il doit assurer le bon fonctionnement des institutions, il est, comme on dit, le garant des institutions. Il est en même temps le protecteur des libertés des Français. Quelles que soient les circonstances, je serai donc le garant des institutions et le protecteur des libertés des Français.

Monsieur Duhamel me pose une question tout à fait juste, qui consiste à dire : mais enfin, il y a deux fonctions dans ce personnage. Il y a un président élu pour sept ans, exerçant pendant sept ans son mandat, et garant des institutions, protecteur des libertés des Français. Et il y a quelqu'un qui représente, du fait de son élection, l'application d'une certaine politique ou, en tout cas, la référence à un certain principe politique.

Alors il y a, en effet, non pas ambiguïté, mais ambivalence dans les fonctions du Président de la République. Il est les deux. Et c'est à lui de faire en sorte, par son comportement, que les deux soient compatibles. Ce qui fait que, dans la manière dont il s'exprime, dans les positions qu'il prend, dans les interventions qu'il fait, il doit tenir compte de cette ambivalence. D'ailleurs, ce n'est pas propre au Président de la République française. C'est le fait de tous ceux qui sont élus, dans le monde, au suffrage universel, chefs de l'exécutif.

Madame Cotta me demande si ce Président de la République peut-être muet sur les grands choix des Français ? Certainement pas, et personne ne le comprendrait.

Je vous rappelle que l'année dernière, à peu près à la même date, nous nous approchions des élections cantonales. J'ai moi-même été conseiller général. Je connais la vie des cantons, les conseillers généraux. Ce ne sont pas des fonctions d'essence politique. Je pensais donc qu'il fallait ne pas intervenir dans le déroulement de la campagne cantonale. Après les résultats, beaucoup s'en sont étonnés en disant : « Mais comment se fait-il qu'il y ait eu ce silence deux mois avant les cantonales ? ».

Le Président de la République, élu au suffrage universel, ne peut pas être un personnage muet.

Mais — et j'en reviens à la question de M. Boulay, puisque tout ceci se tient — il peut se prononcer sur les grands choix des Français. Notamment, il peut, je dirai même il a le devoir d'indiquer quel est le bon choix pour la France. Chaque fois que la question se posera, c'est-à-dire chaque fois qu'il s'agira d'un choix fondamental pour la France, j'indiquerai quel est, selon moi, le bon choix pour la France. Et je le ferai clairement.

Par contre, le Président de la République n'a pas à intervenir dans le détail des consultations électorales, détail respectable, mais qui n'est pas, à mon avis, dans sa mission.

Le Premier ministre est donc, naturellement, le chef de la majorité parlementaire. C'est lui qui l'anime, et qui conduit l'action du Gouvernement face au Parlement.

IV. Réponse aux questions d'un groupe de lycéens au cours de l'émission « Questions de temps », sur « Antenne 2 », le 8/6/1977

... Vous me dites que je suis seul à prendre des décisions ici, oui mais pour une raison simple c'est que j'ai été le seul élu. Ma responsabilité est une responsabilité qui vient de l'élection. Les autres sont des gens compétents, très compétents car je crois vraiment avoir les meilleurs collaborateurs qui existent dans leur spécialité mais ils ne sont pas élus ; c'est donc à moi de prendre les décisions. D'ailleurs, de toute façon, la responsabilité ou les critiques ne s'adressent pas aux collaborateurs mais au Président car c'est tout de même lui qui prend les décisions. Alors vous avez moins vu fonctionner le gouvernement mais il faut tout de même savoir que beaucoup de décisions sont prises à l'échelon du gouvernement et dans lesquelles je n'interviens pas. Si vous alliez passer un séjour à Matignon chez Raymond Barre vous verriez que des quantités de décisions sont prises à son échelon. Alors naturellement tout ceci crée un sentiment de solitude parce que c'est une fonction dans laquelle il n'y a plus personne derrière. Dans toute les autres fonctions, n'est-ce pas, il y a toujours quelqu'un à qui on peut demander un avis ou avec lequel on peut partager une responsabilité ; là il n'y a plus personne derrière, ça s'arrête à vous et c'est ce qui donne ce sentiment physique de solitude.

DOCUMENT 20-104
Déclarations du Premier ministre en exercice

I. M. Jacques Chaban-Delmas
(A.N. 23 mai 1972)

Comme en septembre 1969 et en octobre 1970, je crois utile de vous inviter, conformément à l'article 49 de la Constitution, à vous prononcer par un vote sur la déclaration que j'ai eu l'honneur de vous présenter.

A l'annonce de ce scrutin, quelques commentaires proprement surprenants ont été faits ici ou là. Des spécialistes de la confusion, prêtant main-forte aux adversaires endurcis de nos institutions, se sont demandé si un tel vote n'était pas de nature à modifier l'équilibre des pouvoirs prévus par notre Constitution. Qu'ils me permettent de les rassurer ! Cet équilibre n'est en cause, ni de près, ni de loin. Le temps n'est plus, le temps ne reviendra pas où la confusion des pouvoirs faisait dépendre d'une même assemblée et le législatif et l'exécutif.

Mais notre Constitution rend le gouvernement responsable devant le Parlement. Le gouvernement doit, en effet, démissionner en cas d'adoption d'une motion de censure ou de vote défavorable sur la présentation de son programme ou sur une déclaration de politique générale. C'est cette responsabilité que j'entends mettre en jeu à nouveau devant vous.

Dois-je rappeler en même temps que le Président de la République, de qui seul il dépend de choisir et de nommer le Premier ministre, peut à tout moment mettre fin à ses fonctions ?

Il y a deux ans déjà, je vous avais dit qu'à mes yeux un Premier ministre digne de ce nom ne saurait un seul instant chercher à rester ni même imaginer rester en place contre le sentiment du Président de la République qui l'a désigné. Je le redis clairement à tous : contester ce principe, si peu que ce soit et en quoi que ce soit, serait s'en prendre directement à nos institutions elles-mêmes.

J.O. A.N. 23-5-1972

II. M. Pierre Messmer
(Sénat 7 novembre 1972)

Personne ne conteste qu'en démocratie aucun Etat ne peut durer sans le concours et sans la confiance des citoyens. De ce point de vue, les institutions de la Ve République me semblent se bien porter car les Françaises et les Français, depuis quatorze ans, leur ont apporté avec constance leur soutien, et cela, je le souligne le fait, dans tous les domaines constitutionnels puisque, depuis 1958, toutes les procédures essentielles de notre Constitution ont été mises en jeu au moins une fois : élection du Président de la République au suffrage universel, référendum, pouvoirs exceptionnels du chef de l'Etat en cas de crise grave, dissolution de l'Assemblée nationale, pour ne citer que les plus marquantes.

Ce régime a, me semble-t-il, beaucoup de chances de bien se comporter longtemps encore car je crois — et en cela je me rends compte que je diffère de l'opinion de certains orateurs — que cette Constitution de la Ve République, sous réserve certes d'un certain nombre d'ajustements dont je ne conteste pas qu'ils sont devenus raisonnables, est bien adaptée à notre temps.

Le Président de la République, élu du peuple tout entier, est, pour reprendre une formule qui n'est pas de moi, « en charge de l'essentiel » ; il assure donc la continuité de l'Etat, il est garant des destinées de la nation et de ses engagements. Comptable de ses décisions devant elle, il en tire aussi sa force et sa légitimité.

Procédant de lui, le Gouvernement agit et administre. Il est aux côtés du Président de la République, conduisant la politique dans la ligne définie par lui et sous son inspiration.

Pour répondre à une question qui m'a été posée sur ma conception des rapports du Président de la République et du Gouvernement, par conséquent du Premier ministre, je dirai — citant deux mots qui ne sont pas de moi, mais de lui — que le Président de la République, c'est l'« impulsion » et la « continuité » et que le Gouvernement — ici la définition est de moi — c'est la prévision et l'action.

Quant aux rapports entre le Gouvernement et le Parlement, ils sont organisés conformément à la Constitution et mon vœu est qu'ils soient efficaces et constructifs. Force irremplaçable de proposition, le Parlement est dans son rôle quand il aiguillonne le Gouvernement, l'aide à perfectionner les règles de notre droit, lui donne les moyens de sa politique.

Le Parlement est aussi le contrepoids du Gouvernement quand il le contrôle et lui demande des comptes. L'information et la concertation — j'en donne aujourd'hui un exemple — doivent permettre au Gouvernement et aux deux chambres du Parlement d'exercer respectivement leur rôle et de contribuer à cet équilibre entre l'exécutif et le législatif qui est une des règles pratique de la démocratie, sans confusion ou empiètement abusif d'un pouvoir sur l'autre. Pour ce qui me concerne, je respecterai cette conception générale du fonctionnement de nos pouvoirs et de leur équilibre dont, en France, le juge souverain est le peuple français...

J.O.S. 7-11-1972

III. M. Pierre Messmer,
(*Le Monde*, 9 mars 1974)

Question : *On a un peu l'impression que deux des ministres les plus importants, celui des Finances et celui des Affaires étrangères, dépendent plus directement que les autres du Chef de l'Etat qui règle directement avec eux les problèmes les plus graves, comme ce fut le cas pour la conférence de Washington et pour le flottement du franc.*

Le Président de la République détermine les grandes orientations de la politique nationale et veille à leur bonne mise en œuvre. Au premier plan de ces orientations figurent les problèmes de politique internationale et ceux de l'économie. Il est normal que les ministres qui en sont chargés en répondent aussi plus particulièrement vis-à-vis du Président de la République. Cela ne fait pas obstacle à l'impulsion et au contrôle du Gouvernement, sous l'autorité du Président, je donne à ces problèmes et je n'en veux qu'un exemple. Chacun sait que, dès l'automne dernier, j'ai pris en main personnellement tout ce qui concerne l'énergie, en inspirant la politique qui est aujourd'hui en cours d'application.

Question : *Comment concevez-vous vos rapports de Premier ministre avec le Président de la République ? Comment conciliez-vous la Constitution qui vous assigne de déterminer et de conduire la politique de la Nation avec cette règle énoncée par le général de Gaulle selon laquelle « on ne saurait accepter qu'une dyarchie existât au sommet ».*

Beaucoup veulent bien me concéder les qualités que vous énoncez. J'y suis sensible. La conception et la pratique que j'ai de mes rapports avec le Président de la République sont claires. Le Président détermine les grandes orientations de la politique nationale et en contrôle l'exécution. Le Premier ministre conduit l'application de cette politique et en répond devant le Président et l'Assemblée nationale. Il ne saurait exister de dyarchie au sommet. En ce qui me concerne, je ne trouve aucune difficulté dans mes rapports confiants avec le Président de la République sous le signe de son autorité prédominante. Je ne trouve pas davantage de difficultés avec l'Assemblée nationale où j'ai l'appui de la majorité.

IV. M. Jacques Chirac
(Déclaration à la télévision, 16 juin 1975)

... « La majorité a un chef naturel et un seul, c'est le Président de la République. Tout cela est très simple. A partir de là, le rôle du Premier ministre, en liaison avec les principaux responsables politiques de la majorité, est un rôle de coordination. C'est normal. Cela ne peut en aucun cas se mettre sur le même pied que l'autorité dont dispose le Président de la République. Si, pour une raison ou une autre, le Président de la République retire un tant soit peu de sa confiance au Premier ministre, l'esprit non la lettre, de nos institutions, selon moi, impose au Premier ministre de se retirer. C'est ce que je ferais pour ma part instantanément ».

V. Déclaration prononcée par M. Jacques Chirac après l'annonce de la démission du gouvernement le 25 août 1976

« Je viens de remettre la démission de mon Gouvernement au Président de la République. Je l'avais préalablement informé de mon intention. En effet, je ne dispose pas des moyens que j'estime, aujourd'hui, nécessaires pour assumer efficacement mes fonctions de Premier ministre et dans ces conditions j'ai décidé d'y mettre fin. Je vous remercie ».

VI. Extrait des déclarations de M. Raymond Barre au club de la presse d'Europe 1, le 5 mars 1978

Question : *Le Président de la République a dit que si la gauche l'emportait, le programme commun serait appliqué. A votre avis, Monsieur le Premier ministre, cela n'implique-t-il pas la fin du domaine réservé du Président de la République, notamment en matière de politique étrangère et de défense. En tant que Premier ministre, avez-vous éprouvé l'existence d'un tel domaine ?*

J'ai déjà eu l'occasion de le dire, mon interprétation des institutions de la Ve République — elle n'est pas seulement la mienne mais est celle de tous les Premiers ministres qui se sont succédés depuis 1958 est la suivante : le Président de la République est élu depuis 1962 au suffrage universel et il définit les grandes orientations de la politique nationale. Il nomme un Premier ministre et il désigne un Gouvernement. Autour de la politique fixée par ce Gouvernement se forme une majorité. C'est ainsi que se réalise, d'une part, l'homogénéité du pouvoir exécutif et, d'autre part, que s'établissent les relations entre le Gouvernement et la majorité parlementaire. Je reste tout à fait fidèle à cette conception parce qu'elle me paraît être la seule qui permette l'efficacité gouvernementale et la stabilité des institutions.

Question : *Vous pensez qu'elles sont applicables ?*

En ce qui concerne le domaine réservé, je dois vous dire que je n'ai pas eu le sentiment, depuis que je suis Premier Ministre, que la conduite des affaires dans un certain nombre de domaines était étrangère au Premier ministre. Bien sûr, en matière de politique étrangère, et cela a toujours été le cas, c'est le Président de la République qui exerce le rôle prédominant. Mais, vous avez pu le constater à diverses reprises, le Premier ministre n'est pas exclu de ce qui concerne la politique étrangère, loin de là.

Question : *Mais justement, Monsieur le Premier ministre, on parle beaucoup, actuellement, de l'article 20 de la Constitution, selon lequel le Premier ministre définit les lignes de la politique gouvernementale. Jusqu'à présent n'avez-vous pas suivi les données de l'article 20, ou lisez-vous l'article 20 comme réservant tout de même certains domaines au Président de la République ?*

L'article 20 de la Constitution de 1958 doit être compris en fonction de cet événement capital qui s'est produit en 1962 et qui a été le référendum par lequel le peuple français a décidé que désormais le Président de la République serait élu au suffrage universel.

Question : *Sans redéfinir ses pouvoirs, tout de même ?*

Le Premier ministre conduit la politique de la nation, et le Président de la République, qui est élu au suffrage universel, a la responsabilité des intérêts supérieurs du pays. Personnellement, je ne vois pas comment il serait longtemps possible qu'il y ait une divergence profonde entre le Président de la République et le Premier ministre.

ARTICLE 21

Le Premier ministre dirige l'action du Gouvernement. Il est responsable de la Défense nationale. Il assure l'exécution des lois. Sous réserve des dispositions de l'article 13, il exerce le pouvoir réglementaire et nomme aux emplois civils et militaires.

Il peut déléguer certains de ses pouvoirs aux ministres.

Il supplée, le cas échéant, le Président de la République dans la présidence des conseils et comités prévus à l'article 15.

Il peut, à titre exceptionnel, le suppléer pour la présidence d'un Conseil des ministres en vertu d'une délégation expresse et pour un ordre du jour déterminé.

DOCUMENT 21-100
Liste des Conseil des ministres présidés exceptionnellement par le Premier ministre

Date :	22 avril 1964	30 septembre 1964	14 février 1973
Président de la République :	Général de Gaulle	Général de Gaulle	M. Pompidou
Premier ministre :	M. Pompidou	M. Pompidou	M. Messmer
Lieu :	Hôtel Matignon	Hôtel Matignon	Hôtel Matignon
Observations :	En raison de l'intervention chirurgicale subie par le général de Gaulle le 17 avril	En raison du voyage du général de Gaulle en Amérique du Sud	En raison de l'état de santé de M. Pompidou

DOCUMENT 21-200
Décisions du Conseil d'Etat du 27/4/1978 (Sieur Sicard) relatives à l'exercice du pouvoir réglementaire

... Sur la légalité du décret attaqué : considérant qu'aucune disposition constitutionnelle ou législative ne prescrit que les règlements d'administration publique doivent être délibérés en Conseil des ministres.

Considérant qu'il résulte des dispositions combinées des articles 13 et 21 de la Constitution, qu'à l'exception des décrets délibérés en Conseil des ministres, le Président de la République n'exerce pas le pouvoir réglementaire et ne signe donc pas les décrets de nature réglementaire que s'il est constant que le décret attaqué n'a pas été délibéré en Conseil des ministres, la circonstance qu'il ait été néanmoins signé par le Chef de l'Etat n'est pas de nature à l'entacher d'illégalité, dès lors que le Premier ministre, investi du pouvoir réglementaire par l'article 21 de la Constitution, y a lui-même apposé sa signature.

Mais considérant qu'un décret signé dans ces conditions à la fois par le Président de la République et par le Premier ministre est soumis aux mêmes contreseings qu'un décret pris sous la seule signature du Premier ministre.

Considérant qu'aux termes de l'article 22 de la Constitution du 4 octobre 1958, « les actes du Premier ministre sont contresignés, le cas échéant, par les ministres chargés de leur exécution » que, s'agissant d'un acte de nature réglementaire, les ministres chargés de son exécution sont ceux qui ont compétence pour signer ou contresigner les mesures réglementaires ou individuelles que comporte nécessairement l'exécution du décret...

Recueil CE 1-962, p. 279

TITRE III : LE GOUVERNEMENT

ARTICLE 22

Les actes du Premier ministre sont contresignés, le cas échéant, par les ministres chargés de leur exécution.

DOCUMENT 22-100
Décision du Conseil d'Etat du 27 avril 1962 (Sieur Sicard) relative à la notion de « ministres chargés de l'exécution ».
Cf. Doc 21-200

ARTICLE 23

Les fonctions de membre du Gouvernement sont incompatibles avec l'exercice de tout mandat parlementaire, de toute fonction de représentation professionnelle à caractère national et de tout emploi public ou de toute activité professionnelle.

Une loi organique fixe les conditions dans lesquelles il est pourvu au remplacement des titulaires de tels mandats, fonctions ou emplois.

Le remplacement des membres du Parlement a lieu conformément aux dispositions de l'article 25.

DOCUMENT 23-100
Texte de la proposition de loi constitutionnelle adoptée par le Sénat le 26 octobre 1967

L'article 23 de la Constitution est ainsi modifié :

« Art. 23. Les fonctions de membre du Gouvernement sont compatibles avec le mandat de député ou de sénateur.

« Elles sont, par contre, incompatibles avec tout emploi public, toute activité professionnelle ou toute fonction de représentation professionnelle à caractère national ».

Note : Cette proposition n'a jamais été inscrite à l'ordre du jour de l'Assemblée nationale (cf. Doc. 89-300).
D'autres documents relatifs au problème des incompatibilités figurent sous l'article 25.

TITRE IV

Le Parlement

TITRE IV : LE PARLEMENT

ARTICLE 24

Le Parlement comprend l'Assemblée nationale et le Sénat.

Les députés à l'Assemblée nationale sont élus au suffrage direct.

Le Sénat est élu au suffrage indirect. Il assure la représentation des collectivités territoriales de la République. Les Français établis hors de France sont représentés au Sénat.

DOCUMENT 24-100
Extrait de l'allocution prononcée par M. Chaban-Delmas, président de l'Assemblée nationale le 11 décembre 1958

... Cet effacement de la IVᵉ République n'en doit pas moins être complet, sans esprit de retour, et il revient à notre Assemblée de jouer un rôle promordial dans l'établissement d'une République vraiment nouvelle.

Ce rôle s'exercera sur le triple plan du fonctionnement interne, des rapports avec le chef de l'Etat, le pouvoir exécutif et les Assemblées, et de l'estime dont jouira le Parlement dans l'opinion publique.

Notre règlement sera tout à la fois une règle et un instrument. La règle, il faudra la respecter ; l'instrument, il faudra s'en servir dans l'esprit même qui aura présidé à la fixation de la règle.

Les textes, en effet, ne suffisent pas à eux seuls. Ils fournissent une orientation — ce qui est capital — mais l'essentiel, la direction, procède de l'emploi qui en est fait.

En raison même de la complexité croissante de l'existence d'une grande nation dans un univers dangereux et lui aussi en pleine évolution, la conjugaison de sujets d'occupation et de préoccupation qui iront en se multipliant et de sessions heureusement limitées posera d'épineux problèmes d'utilisation des hommes, du temps et des moyens.

Nous devrons donc adopter les méthodes de travail les plus modernes, ressortissant des dernières techniques de l'organisation, de telle manière que soient assurés le plein emploi des parlementaires et le rendement le plus élevé du travail effectué.

Règlement et méthodes une fois définis, devant tout à l'esprit qui en anime l'application, il nous incombera de faire régner entre nous l'esprit de coopération, de mesure, et aussi peut-être surtout de tolérance, comme le disait un célèbre maire de Bordeaux, Michel Eyquem de Montaigne, il y aura bientôt quatre siècles.

Ainsi pourra être ouvert et entretenu en permanence le dialogue nécessaire et qui a, si souvent, fait cruellement défaut dans le passé entre tous ceux, et ils forment ici la quasi-totalité, pour qui la raison même de leur présence dans ces murs est de défendre l'intérêt national.

Transposant ces dispositions d'esprit dans nos rapports avec le Conseil de la République, si heureusement redevenu le Sénat, nous ferons en sorte, de concert avec nos collègues du Luxembourg, que le Parlement tout entier, fondant beaucoup de ses décisions sur les avis judicieux du Conseil économique et social, exerce une action à la fois sérieuse, profonde et diligente pour faciliter la tâche du chef de l'Etat, arbitre suprême entre l'exécutif et le législatif.

Respecter les règles constitutionnelles pour assurer le respect du Parlement et l'efficacité de la République, quelle tâche, immense et nécessaire !

Savoir tout à la fois jouer son rôle, tenir son rang et respecter autrui, n'user ni ne tolérer d'empiétement, quelle surveillance incessante et sans indulgence de soi-même ! Quelle vigilance à la fois pour aider et pour contenir autrui !

Et tout ce travail d'équilibre et de coopération ayant trait à l'œuvre la plus exaltante, celle de la rénovation nationale !...

L'Assemblée dans son ensemble, comme chacun de vous, mes chers collègues, en particulier, devra veiller à conserver le contact avec les réalités nationales, régionales et locales et faire percevoir clairement l'accomplissement de sa mission, en un mot, obtenir et conserver l'estime de l'opinion publique sans laquelle le régime parlementaire et, avec lui, la Vᵉ République, seraient assurément promis à leur perte.

A cet égard et sans que les partis politiques aient à disparaître, car ils ont à jouer un rôle nécessaire mais sans rapport avec le précédent, rien ne doit rappeler le trop fameux « régime des partis » et nous devons être les premiers à en fournir la preuve.

De nombreux sujets essentiels sont, en effet, à placer au-dessus des rivalités et des querelles, tant de partis que de personnes et les autres sujets doivent s'établir entre la majorité et l'opposition des rapports constructifs échappant aux délimitations trop rigides et stériles.

C'est dans cet esprit de renouveau que, en accord avec les représentants des diverses tendances, a été supprimée, dans le texte d'une motion que l'Assemblée a bien voulu adopter au cours de la précédente séance, toute référence à la notion et au mot de « groupes » dès l'instant que fut apparu le risque d'engager la législature dans les pas des précédentes avec, certes, de graves inconvénients de travail, mais surtout des dangers mortels en présence d'une opinion alors et sans délai irrémédiablement déçue...

J.O. A.N. 11-12-1958

DOCUMENT 24-101
Extrait de l'allocution prononcée par M. Monnerville, président du Sénat, le 11 décembre 1958

La nouvelle Constitution, ratifiée par le suffrage universel au référendum du 28 septembre, a rendu à notre assemblée son titre traditionnel, en même temps qu'elle lui confère un rôle de premier plan dans l'organisation des pouvoirs publics.

Je l'ai dit avant-hier, je tiens à le réaffirmer en cet instant : il y a là un hommage incontestable rendu à son action passée, à son sens de l'intérêt national, à son constant civisme.

Privé de toute responsabilité politique, le Conseil de la République aurait pu céder à la tentation trop facile d'attitudes démagogiques et aux erreurs de l'irresponsabilité. La Constitution de 1946 lui avait confié une mission difficile : celle de la réflexion. Il a estimé qu'il devait se hausser chaque jour davantage au niveau des grands problèmes qui angoissaient la nation et aider à leur solution. Il a opté pour la plus ardue des responsabilités : la responsabilité morale que crée seule la conscience du devoir.

Par degrés, sans révolution spectaculaire, il s'est peu à peu imposé à l'attention, puis à l'estime de nos concitoyens. Par son seul effort, il a mérité sa réputation de chambre d'équilibre et de stabilité, se montrant ainsi à la fois respectueux et digne des plus hautes traditions républicaines de ce pays. Ce n'est pas sans fierté que nous pouvons le souligner.

En ce qui touche plus spécialement la nécessité de réformer les institutions, son rôle fut important. Dès les premières années d'application de l'ancienne constitution, nombre de voix autorisées s'étaient élevées dans cette enceinte pour dénoncer le danger que constituait pour la République le déséquilibre des institutions qui lui avaient été données. S'il n'avait tenu qu'à nous, le droit de dissolution aurait été conféré au Président de la République dès 1954. S'il n'avait tenu qu'à nous, l'accord nécessaire entre les deux chambres du Parlement aurait été depuis longtemps recherché par le moyen des commissions mixtes paritaires, instituées aujourd'hui par l'article 45 de la Constitution nouvelle.

La régénération de l'Etat a été le souci constant du Conseil de la République.

Mais les initiatives, publiques ou privées, prises par vous ou en votre nom pour faire aboutir les réformes dont tous les bons esprits savaient qu'elles étaient indispensables au redressement des institutions de la République, se sont, vous le savez, presque toujours heurtées à l'incompréhension ou à la méfiance.

La République a failli mourir de cette incapacité à réformer ses institutions. La sagesse profonde de notre peuple, et la clairvoyance patriotique de celui qu'à une heure grave le chef de l'Etat a désigné comme « le plus illustre des Français » et qui — c'est un hommage public à lui rendre — respecta dans toutes ses formes la légalité républicaine, ont permis que, de l'épreuve, elle sortît rénovée et renforcée.

Nos compatriotes ont montré que, contrairement à ce qui a été trop souvent affirmé, ils ne se désintéressaient pas de la chose publique. Ils ont infligé un démenti cinglant à ceux qui, chez nous comme à l'étranger, allaient disant que les Français n'avaient plus foi dans les destinées de leur patrie.

Mais nous aurions tort de croire que la création d'institutions nouvelles ou le prestige d'un grand Français, si immense et justifié soit-il, suffiront à tout résoudre. Il faut rétablir la paix en Algérie, développer notre économie, aider l'expansion agricole, bâtir des logements, éduquer et instruire notre jeunesse, assurer et affermir l'existence de la Communauté française.

La Constitution que les Français se sont librement donnée ne vaudra que par les hommes qui la mettront en œuvre, nous en sommes tous convaincus.

Nos nouvelles institutions doivent permettre au régime parlementaire de fonctionner normalement, et notamment de se garder de retomber dans les graves inconvénients inhérents au régime du gouvernement d'Assemblée. Le Gouvernement est désormais responsable devant le Parlement. Pour sa part, le Sénat de la République, fort de l'expérience et du civisme de ses membres, comprend qu'à une responsabilité accrue doit correspondre une volonté encore plus grande de compréhension et d'effort.

A cet égard, la première règle qu'il conviendra d'observer consiste dans le respect scrupuleux du principe de la séparation des pouvoirs. L'exécutif doit gouverner. Le législatif doit contrôler l'action de l'exécutif et assurer la rédaction des lois.

L'initiative législative subsiste, le droit d'amendement et de contrôle également ; mais il est réservé au Gouvernement l'initiative de la politique à déterminer dans l'intérêt de la nation.

Désormais, le Sénat est explicitement habilité à en entendre l'exposé et, le cas échéant, à lui donner son approbation.

Le domaine du contrôle est sans doute celui où il est le plus malaisé de faire jouer strictement les règles du régime parlementaire. Le contrôle doit permettre aux Assemblées élues d'être exactement informées ; il doit leur permettre également de faire au Gouvernement des suggestions tendant à améliorer son action, sans paralyser celle-ci. Dans ce domaine, notre Assemblée pourra jouer un rôle particulièrement utile.

En matière législative, c'est-à-dire dans le domaine propre de la loi, les commissions parlementaires n'auront plus à refaire le projet soumis à leur examen, mais à éclairer l'Assemblée sur sa portée et sur ses conséquences, en y proposant éventuellement des amendements.

Cette procédure nouvelle doit permettre de raccourcir sensiblement la phase de la procédure législative antérieure au débat en séance plénière.

Quant à la réalisation de l'accord entre les deux Chambres, nécessaire à la confection de la loi, il sera plus facile à atteindre qu'à l'époque où l'on délibérait moins sur les projets du Gouvernement que sur les contreprojets des commissions.

Pour faciliter encore cet accord, les auteurs de la Constitution ont voulu que le Gouvernement pût avoir recours à la formation d'une commission mixte paritaire. Dans les cas, trop rares à notre gré, où une telle procédure a pu officieusement être utilisée dans le passé, nous avons eu l'occasion de constater ses bienfaits ; une discussion à huis clos, donc non politisée, entre hommes de bonne foi, facilite singulièrement le rapprochement des points de vue opposés.

Je désire signaler au Sénat que, si toutes ces dispositions et bien d'autres encore ont pu être adoptées, c'est, dans une très large mesure, grâce à l'effort des dix sénateurs qui ont représenté le Conseil de la République au comité consultatif constitutionnel. Par leur entente, par leur cohésion, par le travail qu'ils ont toujours fait en commun, ils ont pu convaincre les autres membres de cet organisme de la nécessité de plusieurs de ces réformes. J'ai à cœur de leur exprimer, au nom du Sénat, nos remerciements les plus vifs.

Le Gouvernement, selon l'article 20 de la Constitution nouvelle, aura seul qualité pour « déterminer et conduire la politique de la nation ». Voilà qui lui impose l'obligation de formuler clairement et d'appliquer avec continuité la politique qu'il aura choisie. Le vice principal du régime précédent tenait sans doute au défaut d'homogénéité des cabinets formés pour tenter de résoudre un problème déterminé et qui se disloquaient dès qu'ils devaient en aborder un autre. L'absence de majorité cohérente à l'Assemblée nationale expliquait ce défaut d'homogénéité des gouvernements.

Si nous voulons ne pas risquer de retomber dans le mal de l'instabilité ministérielle, il faudra que les divers partis sachent surmonter leurs déceptions ou leur victoire pour constituer une large majorité d'union.

Il faudra également toujours dire la vérité au pays. Je redis ici ce que j'ai eu souvent l'occasion d'affirmer. La France n'a pas peur des réalités, même quand elles sont sévères. Elle aime le courage et la franchise. Il faut dire clairement à la nation où elle en est, ce qu'elle doit faire, ce qu'elle peut espérer.

Dans le passé, notre Assemblée a constamment cherché à faciliter l'apaisement, elle s'y emploiera plus que jamais dans l'avenir.

Que les Français ne se disputent pas sur les différentes évolutions qu'a pu connaître le régime républicain dans notre pays.

Qu'ils ne donnent pas le pas au formalisme sur la nature essentielle des choses. La vertu du régime républicain s'affirme moins par ses évolutions cycliques que par la constance des principes sur lesquels il se fonde...

DOCUMENT 24-102

Allocution prononcée par M. Alain Poher à l'occasion de la célébration du centenaire du Sénat le 27 mai 1975

Monsieur le Président de la République,
Madame et Messieurs les Présidents des Assemblées parlementaires d'Europe,
Messieurs les Ambassadeurs,
Monsieur le Premier ministre,
Messieurs les Membres du Gouvernement,
Messieurs les Présidents,
Mesdames, Messieurs,

Mes premiers mots seront pour vous remercier de votre venue au Palais du Luxembourg, en ce jour où mes collègues et moi-même avons tenu à célébrer solennellement le Centenaire du Sénat de la République. Je le fais avec cette discrétion feutrée qui est, dit-on, la marque de notre Assemblée mais soyez assurés que, du fond du cœur, tous les Sénateurs sont extrêmement sensibles à votre présence parmi eux. Ils en sont honorés et, par ma bouche, vous en expriment leur gratitude. Grâce à vous, cette manifestation revêt l'éclat que nous souhaitions et qui correspond — je crois pouvoir l'affirmer sans feinte humilité — à l'importance du rôle que le Sénat joue, depuis sa fondation, dans la vie politique de notre Pays.

L'occasion m'est offerte cet après-midi d'évoquer ce rôle devant l'aréopage que vous constituez. Permettez-moi d'en profiter avec une relative concision — ne serait-ce que pour rendre à nos anciens l'hommage qui leur est dû — puis de réfléchir à haute voix, devant vous, à la source d'où notre Assemblée tire sa force et son caractère original, avant de conclure par les perspectives d'avenir qui devraient s'ouvrir devant le Sénat pour parfaire encore son efficience.

Dans les premiers mois de l'année 1875, l'Assemblée nationale, qui avait été élue quatre ans plus tôt pour décider de la paix ou de la guerre et doter la France de nouvelles institutions, discutait des lois constitutionnelles qui allaient fonder — contre l'attente d'une majorité dispersée — la IIIᵉ République.

Quand fut examiné le projet relatif au Sénat, un représentant vint s'opposer au texte présenté par la Commission dite « des Trente », qu'il trouvait marqué d'un caractère trop aristocratique.

Le Sénat ne devrait pas être, affirmait-il, « une Chambre de résistance, de contrepoids au suffrage universel » mais plutôt « une seconde Chambre élue, se retrempant dans l'opinion publique, vivant au milieu d'elle et la redressant par là-même avec plus de sûreté ».

Ce député — du Centre gauche — était, Monsieur le Président de la République, votre propre arrière-grand-père, Agénor Bardoux, qui devint plus tard Ministre de l'Instruction Publique. Il siégea pendant quinze ans dans cet hémicycle et occupa même la place où nous sommes en dirigeant parfois les débats du Sénat dont il assuma la Vice-Présidence de 1889 à 1895.

J'avoue que la définition qu'il a donnée de notre Assemblée, avec un rare bonheur d'expression et un sens politique que sa carrière devait confirmer, m'a séduit. Je n'ai pas pu résister au plaisir de vous la rapporter.

Agénor Bardoux fut partiellement écouté — ce n'est en effet qu'en 1884, après la suppression des Sénateurs inamovibles, que la Haute Assemblée devint réellement le « Grand Conseil des Communes de France » — et le Sénat, tout comme d'ailleurs la République, naquit de l'action conjuguée des Centres qui surent en faire admettre la nécessité et les promesses à la Gauche républicaine.

Ces promesses ne furent pas déçues. Certes, pendant une quinzaine d'années, l'hostilité des plus avancés des Républicains et aussi celle de la Droite plébiscitaire qui ne désarmais pas suscitèrent des campagnes acharnées contre la nouvelle Assemblée. Mais la pression qu'exerça en 1879 le Sénat sur le maréchal de Mac-Mahon pour l'amener à « se démettre », la façon éclatante dont il affirma, au moment de la crise du Boulangisme, son rôle de défenseur des Institutions, la rigueur dont il fit preuve quand il s'érigea en Haute Cour de Justice, lui conférèrent une autorité morale qui ne se démentit pas jusqu'à la fin de la IIIe République, malgré les vicissitudes que connut celle-ci.

Cette autorité devait ensuite être confirmée par la vigilante résolution que le Sénat montra constamment face aux menaces qui pesèrent plusieurs fois sur le régime, la prudence mais aussi la fermeté avec laquelle il usa des pouvoirs politiques qui lui avaient été conférés par les Constituants de 1875 et le travail aussi approfondi que sévère fourni par ses commissions.

Aux dires de bien des historiens, le premier Sénat de la République incarnera « le génie de la IIIe » et en demeurera l'institution la plus spécifique.

Mais on ne saurait accuser cette Assemblée, dans ses transformations ultérieures, d'être demeurée figée dans le moule d'un passé, si prestigieux fût-il.

L'évolution du Conseil de la République, deuxième Assemblée siégeant au Luxembourg entre 1945 et 1958, montre bien que cette institution a su s'adapter à un autre contexte politique et social, révéler sa nécessité et, partant d'une position amoindrie, devenir ce qui mérita par excellence le nom de « Chambre de Réflexion ».

Le même phénomène s'est produit pour le Sénat de la Cinquième République dont on voit se développer toutes les virtualités latentes. Les missions d'information, les commissions d'enquête ont assuré et exercé son pouvoir de contrôle ; l'association du Conseil Economique et Social à ses travaux lui garantit l'ouverture la plus compétente sur la complexité croissante des problèmes.

Au cours des dernières années, c'est à plusieurs reprises par le Sénat — constamment en alerte pour la protection des libertés — que fut donnée au Conseil constitutionnel l'occasion de remplir pleinement son rôle.

Et c'est enfin dans quelques jours que le Premier ministre lui demandera d'approuver une déclaration du Gouvernement, inaugurant ainsi la procédure prévue à l'article 49 de la Constitution.

Nous voici donc parvenus à un cours normal des choses, à un jeu constitutionnel régulier, en quelque sorte « décrispé », entre le Sénat et le Gouvernement, et d'une manière générale entre les Pouvoirs publics.

C'est par une longue suite d'hommes de grande valeur que fut poursuivie pendant le siècle qui s'achève l'action tenace et réfléchie qui est bien la caractéristique du Sénat. Le moment me semble venu de leur rendre hommage.

Citons d'abord Henri Wallon que l'on surnomma le « Père de la République ». Certes, il fut l'auteur de l'amendement célèbre, voté à une seule voix de majorité, qui consacra la forme républicaine de la Constitution, mais ce sont surtout les efforts qu'il déploya en février 1875 qui lui valent la reconnaissance du Pays. La Commission des Trente s'avéra, en cette période cruciale, désemparée par l'échec de ses propositions ; Henri Wallon se substitua pratiquement à elle. Aussi peut-on affirmer que c'est grâce à sa sagesse et à son sens inlassable de la conciliation que fut, en définitive, adopté le régime le plus stable que la France ait connu depuis la Révolution de 1789.

Combien d'hommes de gouvernement ont siégé dans l'enceinte où nous voici réunis ! Plusieurs d'entre eux marquèrent leur époque comme Présidents du Conseil des Ministres : je pense à Freycinet, Jules Ferry, Waldeck Rousseau, Combes, Poincaré et, au plus illustre de tous, Georges Clémenceau. Cinq Présidents au Sénat accédèrent à la magistrature suprême : Emile Loubet, Armand Fallières, Gaston Doumergue, Paul Doumer et Albert Lebrun. De l'un de ses Vice-Présidents, devenu également Président de la République, le souvenir et la popularité sont loin d'être effacés : j'ai nommé René Coty.

Certains Sénateurs furent les ouvriers pleins de talent et de rigueur du redressement des finances publiques ; Henry Chéron, Joseph Caillaux. D'autres illustrèrent le droit public ou privé : Georges Pernot, Marcel Prélot et mon prédécesseur Gaston Monnerville qui, pendant vingt et un ans, présida le Conseil de la République puis le Sénat.

Est-il besoin, de surcroît, de rappeler que notre Assemblée a compté bien des hommes de science et de progrès comme de grands écrivains ? Je ne rappellerai que le souvenir de l'un d'entre eux, le plus grand sans doute : Victor Hugo. Il ne fut pas seulement « Patriarche et docteur de la République » mais il sut pressentir la marche des temps lorsqu'il écrivit :

« L'avenir me plaît tel que mon cœur le comprend ».

Vraiment, depuis cent ans, le Sénat a bien mérité de la République.

Le Peuple de France l'a bien compris, qui par trois fois, en 1946, 1958 et 1969, a marqué son attachement au système bicaméraliste.

J'évoquais, en amorçant mon propos, l'action conjuguée de certaines forces politiques de l'Assemblée nationale de 1875. Il est curieux de constater combien, au fil des décennies, la Haute Assemblée — sans doute par l'effet de sa composition politique, c'est-à-dire indirectement par sa source électorale — est demeurée fidèle, pour user d'une formule longtemps en faveur, au principe de la « concentration républicaine ». Position de prudence, de réalisme, de sagesse, correspondant bien à l'une des faces du tempérament de notre race...

C'est ainsi, pour ne citer que deux exemples, qu'à quelques années d'intervalle, sous la IIIe République, devant les divisions trop accentuées de la Chambre des Députés, le Sénat renversa tour à tour André Tardieu et Léon Blum. Et, alors que sa composition politique était demeurée la même, on l'accusa successivement d'être « de gauche », puis « de droite » !

Ce sens de la mesure, cette influence modératrice dont ne s'est jamais départie l'Assemblée du Luxembourg, pourraient conduire certains esprits à la taxer d'immobilisme ou de sclérose. Quelle évolution pourtant, quelle distance entre le Grand Conseil réactionnaire et conservateur, imaginé par les Monarchistes de 1875, et notre Assemblée qui vient d'adopter, à l'issue de débats dont la haute tenue a été soulignée, des projets sociaux dont l'audace témoigne de la mutation de nos mœurs !

La synthèse de l'ordre et du mouvement a toujours été l'incertaine recherche des sociétés politiques. Il est vrai que le mouvement — qu'on appelle aujourd'hui, je crois, le « changement » — est générateur de progrès et de vie. Mais, livré à lui-même, il risque de trop s'accélérer et de dépasser son but ; il n'est en définitive bénéfique que s'il demeure lié à un élément d'ordre, capable de le maîtriser ou de lui transmettre des impulsions modératrices.

Voici quelques années, l'un des meilleurs écrivains français de notre époque, M. Jean Guitton, me disait : « A propos du Sénat, je pense à la parole de Bergson sur le temps et la durée. Si l'Assemblée nationale reflète le frémissement du Pays, le Sénat représente la durée, la sagesse stable, la modération, la liaison nécessaire entre les générations et les styles »...

Eh oui ! « La liaison nécessaire entre les générations et les styles »... Comme la beauté de la formule renforce l'exactitude de la pensée !

Une Nation n'est pas seulement une masse d'individus juxtaposés qui expriment par un vote leur opinion du moment. Ces individus ne sont pas des abstractions mais des êtres de chair et de sang, qui vivent et s'épanouissent dans des collectivités familiales, territoriales, professionnelles, syndicales. Leurs besoins, leurs aspirations profondes se modifient lentement et progressent sans ruptures aux leçons du passé.

Transmuer lentement les réformes en comportements, faire assimiler les changements en habitudes mentales, tailler dans le tissu des nouveautés des traditions vitales pour un peuple, ces tâches ne peuvent être que mieux assumées par des législateurs enracinés dans la durée. Tel est le cas des membres de la Haute Assemblée — « patience de la Nation » — qui représentent les collectivités territoriales de la République et sont le reflet des souhaits réalistes et réfléchis des administrateurs locaux.

Ne sont-ils pas d'ailleurs les leurs ? Sur 283 sénateurs, 168 sont membres de Conseils généraux ; parmi eux 37 présidents des Assemblées départementales ou des Assemblées des Territoires d'Outre-mer, et 195 d'entre eux sont maires ou conseillers municipaux.

Sans nul doute, si les Commissions du Sénat ont acquis une juste réputation par leur travail exhaustif et réfléchi, c'est grâce à ces hommes rompus aux techniques administratives, possédant le sens du concret que donne la gestion d'une commune ou d'un département. Ne perdant jamais de vue les répercussions financières et fiscales des mesures soumises à leur examen, ils savent conserver, par un contact permanent avec leurs administrés, le sens de l'humain.

Cet enracinement dans la vie locale et la répartition actuelle des sièges entre les départements ont cependant provoqué depuis quelques années, chez certains théoriciens, un regain de critiques contre le caractère peu représentatif du Sénat. Trop marqué par le monde rural, celui-ci ne représenterait pas valablement les populations urbaines du monde moderne. C'est vouloir ignorer les propositions de loi d'initiative sénatoriale qui marquent notre souci de tenir compte de la répartition démographique de notre pays. Les récents renouvellements triennaux de notre Assemblée démontrent d'autre part que, de lui-même, le corps électoral a apporté des correctifs à cette image par trop caricaturale en appelant à siéger au Luxembourg plusieurs maires de grandes cités. Peut-on d'autre part assimiler à des communes rurales des villes telles qu'Aix-en-Provence, Béziers, Caen, Nantes, Rennes, et tant d'autres ? Une étude sérieuse de la composition du Sénat, qui comprend d'ailleurs aussi de nombreux membres d'assemblées consulaires et — formule qui témoigne d'un regard certain sur le vaste Monde — des représentants des Français établis hors de France, constitue une réponse complémentaire à ceux qui s'obstinent à ne voir dans la seconde Assemblée qu'un rassemblement d'hommes animés de seuls soucis locaux.

Aussi bien le Sénat a-t-il démontré la hauteur de ses vues et son esprit d'ouverture, comme sa sensibilité aux mutations sociales et psychologiques qui agitent le monde moderne à un rythme accéléré. On s'en est rendu compte lorsqu'il fut appelé à statuer sur des textes engageant la conscience individuelle ; on l'avait constaté voici près de vingt ans lorsque la décision d'établir la Communauté européenne fut ratifiée en cette enceinte aux quatre cinquièmes des voix.

Notre Assemblée pourrait — devrait même, me semble-t-il — connaître dans l'avenir des transformations dont le but exclusif serait de la maintenir au contact étroit des sources de sa représentativité, c'est-à-dire les collectivités locales. Si le développement de celles-ci, l'aménagement urbain, la construction régionale modifient leur nature et leur consistance, le Sénat sera sans doute appelé à s'adapter à ces novations.

La complexité sans cesse croissante de la législation et de l'économie moderne rend de plus en plus difficile l'accomplissement de la double mission conférée aux Assemblées parlementaires : voter la loi et contrôler l'action du Gouvernement et de l'Administration. Ce constat pose le problème essentiel de l'information et de l'utilisation des techniques les plus évoluées en ce domaine. Certes, comme l'exprimait récemment un spécialiste de l'économie, « La politique a des raisons que l'informatique ne connaît pas » mais encore faudrait-il que les Parlementaires puissent, avant de porter un jugement politique sur les affaires soumises à leur examen, être aussi bien documentés que les membres du Gouvernement qui les leur présentent. Sous une forme qui pourrait paraître mineure, il y va de l'équilibre des Pouvoirs ! Aussi, si je puis me permettre un vœu à cet instant de mon propos, je souhaiterais que dans un proche avenir une organisation d'information automatisée soit instituée avec le concours confiant du Gouvernement et des Assemblées parlementaires ainsi que du Conseil économique et social et que — sans plus tarder — lesdites Assemblées obtiennent l'accès aux banques de données déjà existantes.

Les changements de l'économie moderne auxquels je viens de faire allusion, l'ampleur sans cesse croissante des problèmes sociaux imposeront sans doute au législateur le recours à des experts qualifiés, entraîneront peut-être le développement des Chambres spécialisées. Des liens organiques devront peut-être être instaurés entre ces dernières et les deux Chambres du Parlement mais, dès maintenant, la qualité des travaux du Conseil Economique et Social mériterait que les liens existant entre l'Assemblée qui siège au Palais d'Iéna et le Parlement soient amplifiés.

Cependant, au sein de cette évolution de notre temps, à laquelle notre Assemblée saura s'adapter, comme elle en a fait déjà la preuve, une chose doit demeurer intangible. C'est, selon le mot définitif du Président Monnerville en 1968 : « Le principe sacré de l'élection ».

« Représentant élu du peuple dans le cadre de ses collectivités », c'est là pour le Sénat sa seule et vraie définition, sa raison d'être au sein des institutions, son ouverture sur l'avenir, la valeur de sa contribution à la République et pour nous, Sénateurs, notre inaliénable fierté.

DOCUMENT 24-103

Discours de M. Valéry Giscard d'Estaing, prononcé le 27 mai 1975 à l'occasion du centenaire du Sénat

Monsieur le Président du Sénat,

Messieurs les Membres du Bureau,

Messieurs les Présidents de commissions et de groupes,

Mesdames et Messieurs les Sénateurs,

Madame et Messieurs les Présidents des Assemblées européennes,

Nous voici réunis pour célébrer le centenaire du Sénat républicain. Que ce soit pour nous l'occasion de nous souvenir de ce qu'il a apporté à notre démocratie, et de réfléchir sur son rôle dans nos institutions politiques d'aujourd'hui.

Mais, au fait, le Sénat a-t-il vraiment cent ans ? Certes, la loi constitutionnelle qui l'établit date du 24 février 1875. Cependant, c'est seulement le 30 janvier 1876 que s'est achevée l'élection des membres du premier Sénat. En somme, il y a cent ans, le Sénat n'était pas encore né, mais il existait en puissance. Voici, du point de vue du calendrier, ce qui justifie la cérémonie d'aujourd'hui.

Ce qui la justifie bien plus encore, ce sont les services rendus. Le Sénat de la République française « la plus belle Assemblée du monde » écrivait un jour André Siegfried, est une institution profondément originale. Aucune autre ne lui ressemble vraiment, parce qu'aucune autre ne se recrute comme lui, par un système de suffrage reposant sur des choix opérés par les membres des Assemblées municipales ou départementales. Ce fut la justesse étonnante du coup d'œil politique de Gambetta qui lui fit comprendre que l'Assemblée issue du vote des élus locaux, et qu'il baptisa du beau nom de Grand Conseil des communes de France, ne s'opposerait pas à la souveraineté du suffrage universel et apporterait au fonctionnement de la démocratie un élément précieux de stabilité.

Tel fut bien, en effet, le rôle du Sénat sous la IIIe République : plus modéré que la Chambre lorsque celle-ci penchait vers la gauche, plus avancé au contraire lorsqu'elle s'orientait vers la droite, il a constamment joué un rôle stabilisateur. Au temps du boulangisme comme pendant l'affaire Dreyfus, il a contribué à protéger la République contre les entreprises de ses adversaires. Dans d'autres circonstances, il a tempéré son évolution. Plus circonspect que la Chambre, moins sensible qu'elle à la séduction d'idéologies non encore éprouvées au contact des réalités, le Sénat a apporté dans la gestion des affaires publiques le concours de l'expérience et de la sagesse.

Cependant, de l'avant à l'après-première guerre mondiale, le tableau change. Avant 1914, le Sénat remplit son rôle sans jamais entrer gravement en conflit avec la Chambre des députés. En cinquante ans, il ne provoque que deux crises ministérielles : celles ouvertes en 1896 par la chute de Léon Bourgeois, et en 1913 par celle d'Aristide Briand ; la facilité avec laquelle ces crises furent résolues prouve qu'il n'existe pas alors de véritable opposition entre députés et sénateurs.

Après la Première Guerre mondiale, il en va autrement. En quatorze ans, le Sénat ne renverse pas moins de cinq Gouvernements : en 1925, en 1930, en 1932, en 1937 et pour la dernière fois en 1938. Le mécanisme délicat des rapports des Chambres entre elles et avec l'exécutif s'était déréglé.

La cause de cette situation tient au fait que les règles de composition de la Haute Assemblée, strictement immuables depuis 1884, ne correspondaient plus au nouvel équilibre démographique de la France. Par suite, les tendances politiques apparues après la guerre ne parvenaient pas à pénétrer dans un Sénat, jugé de moins en moins représentatif.

Ce décalage, les conflits qu'il provoqua, la dégradation de l'image du Sénat qui en résulta dans une partie de l'opinion expliquent qu'à la Libération, l'Assemblée constituante ait proposé au pays un régime monocaméral.

Mais le vote négatif des Français, le 5 mai 1973, plus clairvoyant que celui de ses premiers constituants, écarta cette solution. Il y a lieu, me semble-t-il, de se réjouir. Car ce choix, en permettant le maintien d'une seconde Chambre, même sous la forme modeste du Conseil de la République, a préparé la renaissance du Sénat.

En dépit des précautions prises, dans les premiers textes constitutionnels de la IVe République, à l'encontre d'un développement de son influence le Conseil de la République acquit peu à peu, par la qualité de ses délibérations, par la sagesse et le courage de ses prises de position — le Rapporteur général de sa commission des Finances en janvier 1948, qui est aujourd'hui le Président du Sénat, a sans doute quelques raisons de s'en souvenir — une autorité qui lui permit en 1954 d'obtenir de l'Assemblée nationale une révision constitutionnelle propre à aménager de façon satisfaisante l'équilibre des pouvoirs législatifs entre les deux Chambres du Parlement.

Enfin, avec la Constitution de la Ve République, le Sénat lui-même retrouva son nom en même temps que ses prérogatives furent encore accrues. Ainsi, après les glorieuses années du début, les crises de l'entre-deux-guerres, le retour du balancier à la Libération, c'est bien une renaissance de l'institution sénatoriale qui se produisit.

Votre Assemblée, il est vrai, ne trouva pas sans difficultés sa place exacte dans nos nouvelles institutions. Des divergences prolongées avec l'Assemblée nationale, le projet du Général de Gaulle de mêler aux élus que vous êtes des représentants socio-professionnels, donnèrent aux premières années du Sénat de la Ve République une histoire mouvementée.

Ces temps sont désormais derrière nous. Il est significatif que presque toutes les lois importantes soient maintenant adoptées par accord entre les deux Chambres, sans que l'Assemblée nationale ait à faire jouer sa prérogative. Le Sénat de la République est assuré dans son existence et ses attributions.

Aussi pouvons-nous, avec sérénité, nous interroger ensemble sur le rôle que votre Assemblée doit jouer aujourd'hui, pour le bonheur des Français, à la fois comme seconde Chambre et comme émanation des élus locaux.

Seconde Chambre, c'est-à-dire Chambre de réflexion, garante de la qualité de l'ouvrage législatif.

Les bonnes lois ne doivent rien à l'humeur ; elles sont le fruit de l'observation attentive, de la discussion sérieuse, de la méditation renouvelée. Les bonnes lois ne se font pas à la hâte ; elles supposent le concours du temps.

Ceci est particulièrement vrai dans notre époque de changement nécessaire et rapide. Justement parce que la loi nouvelle est l'outil du changement, elle doit, pour bien remplir son office, être non pas un brouillon hâtivement raturé, mais l'expression d'une pensée mûrie et délibérée.

Nos concitoyens veulent des lois claires, simples, stables. Des lois qui disent sans équivoque ce qui est permis, ce qui ne l'est pas, qui soient écrites dans leur langage — le langage de notre temps — et dont les dispositions aient été suffisamment réfléchies pour n'être pas exposées à une perpétuelle remise en cause.

On compare parfois les lois à des monuments. Il dépend de vous de leur donner ce caractère, vous qui incarnez dans nos institutions la réflexion et le temps. Il dépend de vous que, dans chaque carrefour de notre vie sociale, comme des monuments familiers, des lois stables donnent forme à la cité que nous construisons. Il dépend de vous d'établir toujours plus solidement le règne du droit.

Assurément, ceci suppose que le Gouvernement, par le dépôt des textes en temps utile, dépôt qui peut être effectué directement sur le bureau du Sénat chaque fois qu'il en résulte un meilleur aménagement des travaux législatifs, par la qualité des auditions en commission, par un calendrier suffisamment ample des débats, facilite la création de la loi. Monsieur le Premier Ministre partage, je le sais, cette préoccupation.

Mais il y a plus important encore. Les lois sont faites pour les hommes, non l'inverse. La première qualité de la loi est d'être humaine. C'est-à-dire à la fois respectueuse de ce qui ne change pas dans l'homme et conforme aux besoins propres à l'homme d'aujourd'hui.

Cette exigence d'humanité, qui s'impose à toute œuvre législative, constitue à mes yeux la justification essentielle de la composition de votre Assemblée.

Vous êtes, pour la plupart, les élus des élus municipaux et départementaux. Comment mieux garantir que se rencontrent dans votre Assemblée la connaissance profonde des hommes, le souci de leur vie quotidienne, le respect d'autrui — toutes qualités que développe nécessairement la pratique des responsabilités locales — et aussi ce je ne sais quoi de naturel et de bienveillance qui, sans rien ôter à la fermeté de la loi, lui donne valeur humaine ?

Ces qualités, les Français savent que vous les possédez ; ils souhaitent que vous les conserviez précieusement pour leur compte, et que vous en usiez largement.

Notre époque est parfois tenaillée par les véhémences du sectarisme : opposez-leur votre esprit de tolérance ! Elle est fréquemment tentée par les délices de l'abstraction : que l'emporte votre sens du réel et du concret ! Elle est souvent encore dure pour ceux qui sont vraiment faibles : que les faibles puissent compter sur votre protection et votre appui !

La fonction législative, si importante soit-elle, n'est pas la seule qui incombe à votre Haute Assemblée. Le rôle du Sénat est de participer, avec l'Assemblée nationale, dont je salue ici le Président, que j'ai vu faire dans cette salle une de ses plus merveilleuses démonstrations d'éloquence, à l'exercice du contrôle parlementaire sur le Gouvernement et l'Administration.

Ce contrôle, vous le pratiquez amplement et scrupuleusement, par vos Commissions, vos enquêtes, les questions écrites et orales que vous adressez au Gouvernement. Cependant, il est encore une autre procédure prévue par la Constitution, qui n'a jamais été mise en œuvre jusqu'ici : celle par laquelle le Premier ministre soumet à l'approbation du Sénat une déclaration de politique générale.

Comme je l'ai indiqué au Président Poher et à votre Bureau, lorsqu'ils m'ont fait l'honneur de me rendre visite, cette procédure, inscrite délibérément dans notre Constitution, ne doit pas tomber en désuétude, mais conserver son utilité et sa force de démonstration politique.

Aussi, pendant la présente session, en application de l'article 49, dernier alinéa, de la Constitution, le Premier ministre soumettra une déclaration de politique générale portant notamment sur la politique étrangère, à l'approbation de votre Haute Assemblée, qui se prononcera par un vote.

Ainsi se trouvera confirmée la place éminente du Sénat dans les institutions politiques de la France.

Mesdames et Messieurs les Sénateurs, nous célébrons aujourd'hui un centenaire ; mais les institutions à la différence des hommes, dont le temps épuise le cœur, peuvent rester durablement jeunes et vivantes, si elles savent à la fois se maintenir, comme vous l'avez fait, et s'adapter aux transformations de leur temps.

Dans cette salle, où je me souviens être venu défendre le budget, comme jeune Secrétaire d'Etat, l'esprit imprégné de la crainte révérencieuse qu'y laissait encore le souvenir de Joseph Caillaux, dans cette salle où se sont exprimés les plus grands talents de la politique française depuis cent ans, et dont nous sentons autour de nous les ombres hautaines ou débonnaires, ironiques ou tourmentées, dans cette salle où a retenti le langage de l'Histoire, mais aussi, plus modeste et plus émouvante, la voix de tous ceux qui entendaient traduire, à leur manière, les aspirations de leur terroir ou de leur ville, oui, dans cette salle, Mesdames et Messieurs les Sénateurs, souffle une part de l'esprit de la France.

Je souhaite longue vie au Sénat de la République.

Note : Les documents relatifs à l'existence du Sénat et au bicaméralisme sont publiés avec l'article 11 (Cf. 11-102, 11-601, 11-602).

DOCUMENT 24-200
Déclarations des présidents des assemblées sur le rôle du Parlement

I. Extrait de l'allocution prononcée par M. Chaban-Delmas, Président de l'Assemblée nationale, le 6 juillet 1961

... Si le contrôle parlementaire n'a pas encore fonctionné, et à beaucoup près, à plein rendement, les difficultés majeures ont tenu à l'exercice de la fonction législative du Parlement en général et de l'Assemblée en particulier.

Alors que la discussion du budget de 1960 avait été ponctuée de contestations et de controverses inquiétantes pour la suite, le déroulement des débats budgétaires pour l'exercice 1961 a marqué des progrès sensibles grâce, d'une part, au dépôt en temps utile des textes par le Gouvernement et, d'autre part, au travail méritoire effectué par les commissions, celle des Finances en tête, et l'Assemblée elle-même. Ainsi, après que, sur d'autres sujets, eut été constaté combien le maniement de l'article 44 de la Constitution était délicat, et à quel point il était et demeure nécessaire de ne l'envisager que dans des cas véritablement exceptionnels et de ne l'utiliser qu'avec la plus grande circonspection...

... la voie législative semblait se dégager. Or c'est un fait que, depuis le début de la session, la situation psychologique est allée en se dégradant dans l'esprit de l'Assemblée, et précisément au regard de l'accomplissement de sa tâche législative.

Plus encore que la disparition des propositions de résolution, hormis l'usage interne et, à un titre comparable à celui de la suppression des votes sur interpellation, une disposition inscrite dans la Constitution de 1958 entraîne une différence profonde entre les systèmes qui se sont succédés : les Assemblées ne sont plus maîtresses de leur ordre du jour qui, aux termes de l'article 48, comporte, par priorité et dans l'ordre que le Gouvernement a fixé, la discussion des projets de loi déposés par le Gouvernement et des propositions de loi acceptées par lui. D'où la mise en usage de nouveaux termes : ordre du jour prioritaire et ordre du jour complémentaire qui traduisent l'esprit de l'article 48 sans toutefois s'en tenir à sa lettre.

Le Gouvernement est donc chargé du soin de diriger les travaux parlementaires ; mais dans quel esprit doit-il le faire ? Est-ce comme un guide soucieux de satisfaire, voire de prévenir les désirs de ses compagnons de route lorsqu'ils sont compatibles avec la sécurité commune, ou bien, au contraire, comme un autocrate s'arrogeant tous les droits pour mieux en abuser, notamment en utilisant la priorité d'inscription qui lui est conférée pour interdire la mise en discussion de toute proposition de loi et même de tout sujet désirés par la représentation nationale ?

L'article 39 de la Constitution fournit une réponse on ne peut plus claire : « L'initiative des lois appartient concurremment au Premier ministre et aux membres du Parlement ». La direction des travaux des Assemblées par le Gouvernement ne saurait donc étouffer l'initiative parlementaire, à moins d'un détournement débouchant sur un abus de pouvoir.

Une succession d'événements mineurs mais concordants, liés entre eux par une série de conférences des présidents dont il ne résultait rien qui allât dans le sens de désirs pourtant clairement exprimés et même réitérés, a créé un véritable malaise au sein et autour de l'Assemblée : beaucoup pensaient et murmuraient que, sans être allé jusqu'à succomber à la tentation, le Gouvernement s'était engagé dans la voie qui y conduit et que la seule arme restant à la disposition de l'Assemblée était l'obstruction qui, comme la grève, peut devenir générale.

Sur ces entrefaites, le Premier ministre a décidé de venir lui-même représenter le Gouvernement à la conférence des présidents de la semaine dernière. Certes, tous les nuages ne se sont pas dissipés, non plus que toutes les craintes et toutes les préventions, mais c'est un fait qu'une reprise du dialogue s'est esquissée, facilitée par l'admission du débat sur l'Algérie et nouée par un contact personnel, indispensable pour que les intentions soient perceptibles à travers les formules et les mots. Il a été possible de constater que ni l'une ni l'autre part n'étaient nourris de noirs desseins. Il s'est clairement révélé — le contraire eût été bien surprenant d'ailleurs — que l'allure inacceptable, voire offensante, de ce qui allait jusque-là sans aucune explication, devenait compréhensible et ouvrait même des perspectives de bonne coopération, après un examen approfondi en commun.

Il convient d'insister sur ce point fort important, surtout en la présence du Premier ministre et d'autant plus que le Gouvernement ne comporte pas de membre chargé exclusivement et en permanence des rapports avec le Parlement ; l'Assemblée estime, à juste titre, qu'il est au bas mot souhaitable que le Premier ministre en personne demeure en contact avec, au moins les cellules motrices de l'Assemblée les organismes responsables de son bon fonctionnement dans l'ordre supérieur qui en définitive est politique.

Pour sortir de telles situations et pour ne plus s'y retrouver dans l'avenir, il convient que les initiatives de clarification, que les tentatives de mises au point soient le plus souvent le fait de celui des pouvoirs qui dispose des principaux droits ; en la matière, c'est donc au Gouvernement de prendre les devants.

Ayant aujourd'hui la faculté de s'exprimer à son tour, votre président, mes chers collègues, ne saurait être mieux inspiré qu'en faisant sien ce vœu comme il est le vôtre à tous.

L'Assemblée, en effet, n'aura pleine conscience et pleine satisfaction d'avoir accompli une grande œuvre législative que dans la certitude de pouvoir intervenir dans l'établissement de la table des matières.

Dans l'ordre du contrôle, l'initiative appartient à l'Assemblée et il incombe au Gouvernement de ne pas se dérober et même de s'efforcer de faciliter l'action parlementaire. A cet égard, il convient de revenir sur le chapitre des questions, plus spécialement des questions orales.

Ce n'est point par l'effet du hasard que l'article 48 de la Constitution, après avoir réservé au Gouvernement la prééminence pour la fixation de l'ordre du jour, garantit qu'une séance par semaine sera réservée par priorité aux questions des membres du Parlement et aux réponses du Gouvernement. Pour questionner et répondre, il faut, à l'évidence, être deux. Pour que l'exercice soit utile, il faut aussi que chacun y mette du sien.

L'intérêt en cause est certain ; l'éventail des questions, de la question écrite à la question orale avec débat, permet de traiter de tous les sujets, mineurs ou majeurs, particuliers ou généraux, locaux, nationaux ou internationaux. L'Assemblée doit y trouver un moyen efficace d'exercer son droit de contrôle, tout en fournissant aux citoyens à la fois la preuve et la garantie que leur défense individuelle ou collective peut être prise et assurée chaque fois qu'ils le désirent.

De son côté, le Gouvernement, outre l'accomplissement de son devoir constitutionnel, doit y voir l'un des meilleurs, sinon le plus sûr procédé pour s'informer du fonctionnement des services publics à l'égard des administrés. Si nécessaire soit-elle — et le souvenir des années passées ne peut que renforcer le sentiment de sa nécessité — la stabilité gouvernementale peut à la longue se retourner contre l'intérêt public, principalement si l'administration, à tous les échelons, est affranchie du contrôle des élus.

Dans une telle hypothèse et par le jeu d'une logique interne qui ne comporte ni condamnation ni exception, l'administration sans penser à mal, ramène le service public à la recherche principale, puis exclusive, des conditions les mieux choisies, non pour la satisfaction des besoins publics, mais pour le fonctionnement des services eux-mêmes.

De telles considérations doivent inciter les membres du Gouvernement, non pas à esquiver, mais à souhaiter être questionnés, et de préférence sur les sujets épineux, voire délicats. Il leur appartient alors, avant de s'engager publiquement, de procéder à un examen critique des réponses qui leur sont proposées par les bureaux. Il peut également leur apparaître opportun de procéder à un nouvel examen, à la suite de la réponse faite à leur propre réponse, à la condition que notre collègue intervenant ait observé la règle du genre, en s'interdisant de lire un texte préparé, de manière à sûrement enchaîner à partir de la réponse qui vient de lui être fournie.

J.O. A.N. 6-7-1961

II. Extrait de l'allocution prononcée par M. Monnerville, Président du Sénat, le 5 octobre 1965

... Au sein du Parlement français, le Sénat joue pleinement le rôle que lui ont assigné la Constitution et la volonté du suffrage universel. En beaucoup de matières, il a témoigné de vues d'avenir qui ont surpris, parfois. C'est qu'il reste très attentif à l'évolution du monde, à ses aspirations profondes, et singulièrement au problème primordial de la construction européenne.

Certains, qui ne nous veulent pas toujours du bien, parlent de modifications à apporter à son statut ou à ses structures, et d'ajouter, sans tarder, que notre assemblée est hostile à toute réforme. Qu'en savent-ils ? Quand nous a-t-on consultés ? J'ai eu l'occasion, depuis deux années, de parler à la jeunesse de ce pays, à sa demande et pour son information objective ; cette jeunesse, susceptible d'enthousiasme, avide de savoir, qui est à la recherche de solutions modernes, concrètes, mais réfléchies, cette jeunesse qui veut se déterminer et non pas être déterminée.

Au cours de ces nombreux exposés, suivis de libres débats, je n'ai pas hésité à ouvrir certaines perspectives vers des solutions que je crois souhaitables. Qu'on tienne compte, par exemple, des progrès de la démographie, dans la représentation des collectivités au sein du Sénat ; qu'on établisse une collaboration réelle et efficace entre le Conseil économique et social et le Parlement — donc avec le Sénat ; qu'on admette, notamment, la convocation des rapporteurs de cette assemblée, qui accomplit une œuvre si sérieuse et si importante, devant nos propres commissions et, au besoin, qu'ils soient entendus par nous, en séance publique, comme il arrive parfois pour les commissaires du Gouvernement, lors de nos débats. L'on peut trouver maintes autres formes de collaboration entre les assemblées constitutionnelles pour une œuvre législative aussi parfaite que possible ; proposer d'autres réformes, plus hardies encore, pourvu qu'elles ne portent pas atteinte à l'unité des collectivités territoriales, et que, surtout, elles ne substituent pas la nomination au principe sacré de l'élection, condition essentielle de la liberté du choix, donc du respect de la souveraineté du peuple.

Alors, au lieu de les élaborer dans le secret, pourquoi ne pas les soumettre au Parlement, en pleine lumière, au grand jour des débats ? C'est le lieu de rappeler que notre Constitution, outre l'article 89 qui a été en 1962 méconnu, contient un article spécial visant tout particulièrement la procédure de révision, lorsqu'il s'agit du Sénat. C'est l'article 46. Permettez-moi d'en rappeler les termes exprès : « Les lois organiques relatives au Sénat doivent être votées dans les mêmes termes par les deux assemblées ». Dans les mêmes termes, cela veut dire sans changement d'aucun mot, une virgule près, dirais-je. Il n'est pas question ici de référendum décidé d'en haut, mais d'un vote obligatoire du Parlement, et du vote d'une loi organique, en termes rigoureusement identiques. Aucune extrapolation n'est possible ; tous les constitutionnalistes le savent. Dès lors, si l'on estime que telles ou telles réformes sont souhaitables pour le bien des affaires de la nation, qu'on en saisisse le Parlement qui n'hésitera pas à en délibérer : à cette tâche, votre président est sûr de traduire votre pensée, en déclarant que le Sénat apportera sa collaboration loyale et objective.

Mais ce qu'il me paraît utile de proclamer plus que tout, c'est que le Sénat doit rester une assemblée politique, une assemblée politique ayant pouvoir de décision et de contrôle. Le Sénat est profondément lié à l'histoire de la République. Les services que, depuis de longues années, il lui a rendus, et qu'il lui rend encore, démontrent la nécessité de sa permanence.

Au reste, cette opinion rejoint ce que disait solennellement l'un des pères de l'actuelle Constitution, en 1958. Je cite : « La France a besoin d'un Parlement. On ne conçoit pas la liberté des Français (Vous entendez bien : la liberté des Français) sans l'existence à Paris de deux assemblées d'élus... ».

Rien n'est plus vrai ; car, ainsi que je le disais aux jeunes Français qui m'ont fait l'honneur de m'appeler aux quatre coins de la France : « Par la stabilité et la continuité politique qu'il permet, par la modération, la prudence et l'expérience dont il fait preuve en ses conseils, le Sénat est plus que jamais nécessaire à un moment où chaque décision engage profondément l'avenir ».

Clemenceau, le terrible « Tigre » qui, dans sa jeunesse explosive, avait réclamé, entre autres choses, le rejet de la Corse de l'unité nationale, en haine de Napoléon, la suppression du Sénat, et de la Présidence de la République, par aversion pour les monarchistes, Clemenceau lui-même, à la fin de sa vie, a porté ce jugement que je recommande aux méditations des réformateurs trop hâtifs : « Pendant une partie de ma vie — plus près de l'histoire que de la réalité — j'ai eu foi en la Chambre unique, émanation directe du sentiment populaire. J'en suis revenu. Les événements m'ont appris qu'il fallait donner au peuple le temps de la réflexion : le temps de la réflexion, c'est le Sénat ». ...

J.O. A.N. 5-10-1965

III. Extrait de l'allocution prononcée par M. Perretti, Président de l'Assemblée nationale, le 20 décembre 1972

... Cependant, mes chers collègues, les travaux dont je viens de rappeler de façon forcément schématique les principales caractéristiques ne comportent pas uniquement une dimension quantitative, ils ont également un aspect qualitatif qui conduit à s'interroger sur l'évolution de nos méthodes et de l'aide que nous recevons pour mener à bien nos multiples tâches.

Certes, la création des questions d'actualité en 1969, la simplification et l'accélération de plusieurs procédures consécutives à la réforme de notre règlement, la meilleure préparation de nos débats par la conférence des présidents, grâce notamment à une meilleure concertation avec le Gouvernement, l'organisation de séances de questions orales groupées sur des thèmes précis, l'inscription à nos ordres du jour de propositions de loi plus nombreuses, constituent-elles autant d'améliorations, discrètes sans doute, mais indéniables.

La distribution, pour la première fois cette année, avec les fascicules budgétaires, de notes de synthèse préparées par chaque ministre et conçues pour en faciliter la compréhension, est allée dans le même sens.

Il reste pourtant beaucoup à faire pour atteindre à plus d'efficacité.

Veut-on alléger la discussion générale en séance publique de nombreux textes déjà minutieusement étudiés en commission ? Pourquoi alors ne pas avoir recours plus fréquemment à l'article 132 de notre règlement qui nous permet d'organiser nos débats de façon plus rationnelle en évitant les redites et en allant d'emblée à l'essentiel ?

Pourquoi ne pas appliquer également plus souvent la disposition de l'article 91 qui donne aux rapporteurs la possibilité de renoncer à faire un exposé à la tribune et de demander l'insertion de leurs rapports ou de leurs avis au *Journal officiel* ?

Veut-on réserver l'hémicycle aux seuls problèmes valant vraiment la peine d'être débattus publiquement afin d'inciter nos collègues à être présents lorsque siège l'Assemblée ? Pourquoi ne pas utiliser plus souvent les procédures de vote sans débat ou de débat restreint ?

S'agit-il d'accroître l'intensité du contrôle du Parlement sur le Gouvernement ? Pourquoi les rapporteurs spéciaux de chaque budget n'exerceraient-ils pas de façon plus permanente les pouvoirs d'investigation fort étendus qu'ils tiennent de l'article 164 de la loi de Finances pour 1959 ? Pourquoi ne pas faire un usage plus différencié de l'article 145 du règlement qui donne aux commissions permanentes la possibilité « d'assumer l'information de l'Assemblée pour lui permettre d'exercer son contrôle », ce qui, notamment, permettrait de vérifier régulièrement la bonne application des lois ?

De même, pourquoi ne pas provoquer, quand cela est nécessaire, et sans tomber dans un abus qui serait à coup sûr néfaste, la création de commissions d'enquête et de contrôle prévues par la loi organique, comme nous l'avons fait à deux reprises au début de cette année ?

Il arrive aussi, naturellement, qu'un problème se pose dans des conditions telles que sa solution s'avère plus difficile à définir.

Ainsi, pour l'examen du budget, tous les députés, pris dans leur ensemble, proclament la nécessité de réduire le nombre des séances : mais, en même temps, ils réclament, ce qui est légitime, le droit de s'exprimer davantage et de le faire avec un peu plus de temps. Il faut pourtant choisir et chacun comprend maintenant la nécessité de lever cette contradiction.

Le ministre de l'Économie et des Finances vient lui-même de reconnaître qu'une mise à jour de la méthode de discussion budgétaire devenait opportune et qu'une réflexion sur ce sujet pourrait être poursuivie avec le Gouvernement au cours de la session de printemps, répondant ainsi favorablement — et je l'en remercie — au souhait que j'avais formulé il y a quelques années et notamment, devant vous, au mois de décembre dernier.

Enfin, dans un domaine différent, mais que je crois important, il me paraît également souhaitable, comme j'ai déjà eu l'occasion de le proposer à diverses reprises, d'avancer de quinze jours la date d'ouverture de la session de printemps, afin de permettre la suspension des travaux de l'Assemblée au moment des congés de Pâques, pendant une période à peu près égale, sans pour autant abréger la durée totale de la session fixée à quatre-vingt-dix jours par la Constitution.

Quels que soient cependant les progrès que l'on peut attendre d'une meilleure organisation du travail parlementaire, quelles que soient les modifications que nous pourrions introduire dans nos lois et dans notre règlement, rien ne changera véritablement si nous n'avons pas, d'abord, la volonté d'appliquer les dispositions qui existent déjà. C'est une question de comportement personnel ; car, personne ne doit s'y tromper, si le prestige et l'avenir de notre institution dépendent évidemment des textes, ils dépendent aussi et surtout de notre état d'esprit, de notre adhésion à un ensemble de discipline qui forme, qu'on le veuille ou non, la trame inévitable de la vie d'assemblée ; c'est en définitive — je le répète — une affaire de volonté beaucoup plus que de règlement.

Etre député, c'est-à-dire l'élu du peuple, est d'abord un honneur qui se mérite et que vous avez mérité. L'exercice de la souveraineté nationale est donc source d'obligations avant d'être source de droits. Toute autre conception serait erronée et irait à l'encontre de l'idéal démocratique.

S'agissant enfin des moyens dont nous disposons pour l'accomplissement de nos missions, je n'ignore rien des soucis des uns et des espérances des autres. Vos questeurs, votre président et les membres de votre bureau ont bien conscience des problèmes réels qui se posent.

Plusieurs améliorations sont d'ailleurs déjà intervenues. Elles concernent essentiellement l'accroissement des moyens de secrétariat, l'aménagement de la division des informations, la création d'un service d'études et de documentation et la désignation d'un responsable de l'informatique...

J.O. A.N. 20-12-1972

IV. Extrait de l'allocution prononcée par M. Edgar Faure, Président de l'Assemblée nationale, le 2 avril 1973

... Le peuple français, au cours des scrutins qui ont composé cette Assemblée et notamment par le nombre élevé des votants, maintenu aux deux tours successifs, a administré, avec éclat, la preuve de son attachement profond à ce type d'institution.

Le fait est d'autant plus remarquable que les philosophies à la mode préconisent la désinstitutionnalisation de tout, à tous les étages et que certaines propagandes tendaient à accréditer l'idée que l'existence d'un pouvoir exécutif stable, assuré notamment par l'élection directe du Président de la République, réduisait le Parlement à un rôle figuratif et enregistreur. L'opinion publique ne s'est pas laissé séduire par l'utopie ni égarer par le sophisme. Là encore, le bon sens populaire a eu raison. Nous serions bien fautifs si nous donnions, quelque jour, des motifs de penser qu'il a eu tort.

A tout observateur de bonne foi, s'impose une double évidence.

D'une part, le pouvoir législatif, loin de souffrir du terme qui a été mis aux confusions de naguère, s'en est trouvé renforcé et en quelque sorte réhabilité.

D'autre part, l'évolution même du monde contemporain lui assure, dans le secteur qui lui appartient en propre, une importance grandissante. Pendant une certaine période, on a pu croire qu'un déséquilibre allait s'établir au profit de l'exécutif parce que l'exécutif, seul, possède la souplesse et la vivacité nécessaires pour faire face aux problèmes opérationnels de la gestion économique de l'expansion.

Mais il apparaît bien aujourd'hui que ces mutations appellent, en dehors des nécessités courantes et changeantes de la stratégie, des mesures d'ensemble, des reconsidérations globales et parfois déchirantes, des décisions structurelles à longue portée. Ces décisions appartiennent à la compétence propre du législateur, à la fois parce qu'elles exigent une élaboration concertée et parce que, prises au nom du peuple, elles doivent être imposées au tumulte des égoïsmes, à la résistance des routines, à l'arrogance des pressions, à l'anarchie des intérêts...

J.O. A.N. 2-4-1973

V. Extrait de l'allocution prononcée par M. Edgar Faure, Président de l'Assemblée nationale, le 21 décembre 1977

... Cette législature, qui est la cinquième de la Ve République, présente, au sens propre du mot, une singularité. A la différence de ses devancières, elle n'a pas trouvé, dans un événement exceptionnel, ni l'occasion de sa naissance, ni la précipitation de sa fin. La première et la troisième législatures ont disparu dans les orages et, de ces mêmes orages, furent issues, respectivement, la deuxième et la quatrième. Pour nous, enfin, le mandat s'est inscrit entre les termes normaux du calendrier constitutionnel, tel qu'il pouvait être connu à l'avance. Il est permis de discerner dans ce retour, ou plus exactement dans cette accession à la sérénité chronologique, le signe favorable de la viabilité de nos institutions et de l'équilibre que présente, en profondeur, en dépit de certaines apparences, la vie politique de la nation. Sans exclure, bien sûr, le droit que possède l'exécutif de raccourcir la durée de nos pouvoirs et qui répond à la possibilité que nous avons nous-mêmes de l'inciter à en faire usage, il paraît souhaitable que les procédures d'exception ne surgissent que sous l'effet de circonstances d'exception. Ce serait, pensons-nous, une erreur que de manier et de déplacer les échéances dans la seule vue de tenir compte des opportunités ou, plus exactement, de l'opinion qu'on s'en fait et que le corps électoral pourrait mettre quelque malice à démentir.

Si elle est donc, à ce point de vue, un exemple de normalité, on peut dire aussi de cette cinquième législature qu'elle fut, à plusieurs égards, une période de normalisation et, tout particulièrement, en ce qui concerne les rapports entre l'exécutif et le législatif, et corrélativement la balance qu'il est nécessaire de voir s'établir entre les deux grands pouvoirs qui règlent la démocratie et qui, dans la tradition française, ne trouvent pas aisément leur point d'équilibre. Après l'expérience que nous fîmes, sous la IVe République, d'un régime à prépondérance parlementaire abusive, il était inévitable, et sans doute indispensable que, dans les débuts de la Ve, le Parlement se trouvât resserré dans un lacis de contraintes d'autant plus étroit qu'il avait été établi avant la réforme de 1962, qui assure au pouvoir présidentiel la force incomparable de l'investiture nationale directe. Le cumul de ces deux dispositifs de sécurité, renforcé par une interprétation sévère du premier — bien compréhensible si l'on songe que l'on était encore sous l'impression des abus de naguère — ne pouvait manquer de se traduire par une certaine dénivellation de l'autorité parlementaire, phénomène qu'un ensemble de circonstances, la persistance ou la proximité d'une crise exceptionnelle, la personnalité historique du premier chef de l'Etat, la coïncidence des majorités ont, pendant quelque temps, rendu imperceptible et incorrigible, mais qui, au-delà d'une certaine maturation du régime, cesserait d'être inoffensif et ne serait plus ressenti comme tolérable. Il est nécessaire que le Parlement soit limité quant à ses initiatives, dans la mesure, justement, où elles le porteraient à l'extérieur de son rôle, et nous savons combien est forte la tentation de ce dépassement. Mais, à l'intérieur de son rôle législatif propre, la contrainte ne saurait être la règle, et l'humilité n'est point vertu.

Le rééquilibre des pouvoirs est d'autant plus nécessaire que leur déséquilibre ne garantirait nullement la persistance d'une relation privilégiée entre les pouvoirs présidentiels et les majorités parlementaires. Il faut que la Ve République, dont l'œuvre est déjà si considérable, puisse s'adapter et survivre aux aléas électoraux qu'elle comporte, par définition, la vie politique dans une démocratie. Le pouvoir exécutif lui-même ; pour garder en toute circonstance sa force de légitimité dans les prérogatives qui lui sont propres, a le plus grand intérêt à trouver comme partenaire un Parlement investi de toutes les siennes soit dans le cas où la majorité de ce Parlement est proche de lui, soit, à plus forte raison, dans le cas contraire.

Ainsi n'est-il pas surprenant que l'exécutif ait pris conscience de la nécessité de parvenir à un meilleur équilibre entre les pouvoirs et à un jeu plus aisé de leurs relations, ce qui fut successivement indiqué dans le message du président Georges Pompidou et, un an après, dans celui du Président Valéry Giscard d'Estaing, messages que j'ai eu l'honneur de lire du haut de cette tribune.

On peut certainement considérer comme un fait positif, en ce qui concerne l'institution parlementaire, la faculté qu'une réforme constitutionnelle a donnée aux membres des deux assemblées, par la réunion d'un certain nombre de signatures, d'opérer directement la saisine du Conseil constitutionnel. On pourrait sans doute observer qu'il s'agit là d'une voie de recours qui est exercée par le législateur, en quelque sorte, contre lui-même.

Une telle vue serait trop étroite. Les prérogatives du Parlement existent dans la personne de chaque parlementaire. Le droit de l'opposition est un droit parlementaire, tout comme celui de la majorité. Et c'est sans doute l'honneur de la majorité actuelle que d'avoir non seulement offert, mais en quelque sorte imposé à l'opposition, qui n'en voulait pas, cette arme dont elle fait aujourd'hui un si constant usage.

Le second fait que je voudrais mentionner, c'est la nouvelle procédure des questions spontanées au Gouvernement, qui, si complètement entrée dans nos habitudes, quoique, usant d'une méthode pragmatique, nous ne l'ayons pas introduite dans notre règlement. Je pense vraiment que nous devons en apprécier la très réelle importance. C'est une faculté précieuse qui nous est acquise que de pouvoir interroger le Gouvernement chaque semaine, le questionner sur le vif...

... Voire le prendre sur le fait, et ce sans préavis, sans précaution, sans délai, sans forme procédurale, et le Gouvernement, non point représenté — comme cela se faisait quelquefois — par un secrétaire d'Etat de service polyvalent, mais par son chef en personne, entouré de tous les ministres et, de surcroît, un Gouvernement qui répond sur-le-champ, et qui répond en substance. Il nous est certes arrivé, parce que nous sommes pressés par l'horaire, de déplorer la longueur de certaines réponses, mais c'est le défaut inverse qui serait, en réalité, déplorable, car ce qui importe pour nous, c'est justement de savoir ; ainsi, si nous ne sommes pas toujours informés sur les faits, nous le sommes le plus souvent sur les intentions. Cette heure du mercredi est devenue irremplaçable pour l'animation parlementaire. Nous avions cru imiter la procédure britannique, et nous avons même pensé un moment que nous n'y parviendrions pas véritablement. Or voici que nos amis britanniques viennent nous dire eux-mêmes que notre formule est en réalité meilleure que la leur, et ils se prennent, disent-ils, à nous l'envier.

Je voudrais enfin citer, en m'en félicitant, mais avec prudence, un troisième fait positif : c'est une meilleure disposition du Gouvernement à accepter l'inscription à l'ordre du jour des propositions d'origine parlementaires.

Je citerai comme exemple les deux propositions de loi de M. Guermeur qui ont pour objet de garantir la liberté de l'enseignement et le pluralisme. On comprendra aussi qu'on attache une signification particulière au concours apporté par le Gouvernement à un autre texte parlementaire, celui qui tend à créer un type nouveau de sociétés, dites participatives, à travers lesquelles les auteurs de cette suggestion aspirent à réaliser, selon une formule, parfois si injustement décriée, du général de Gaulle, l'association du capital et du travail, comme la condition salariale sans pour autant bouleverser l'économie ou mettre en péril des droits essentiels.

En enregistrant ces progrès, j'exprime le souhait qu'ils puissent se confirmer et s'amplifier dans la prochaine législature. Il est essentiel qu'une partie plus importante de nos débats soit consacrée à des textes provenant de l'initiative parlementaire. Nous pouvons aussi demander au Gouvernement de renoncer à une pratique très souvent suivie, et qui consiste à s'emparer d'une proposition exposée par un parlementaire afin de la baptiser « projet de loi ».

Dans un ordre d'idées voisin, je voudrais suggérer au Gouvernement de faire moins d'usage, à l'avenir, des diverses exceptions d'irrecevabilité.

Il y a celles qui tiennent à la démarcation souvent assez floue entre la loi et le règlement. L'occasion m'a été donnée de rejeter l'interprétation du Gouvernement sur l'article 34 de la Constitution et le Conseil constitutionnel a donné raison à l'Assemblée nationale. Il y a aussi le fameux article 40. Je sais bien qu'il est nécessaire de mettre un frein au zèle dépenser auquel nous porte quelquefois notre caractère généreux, mais aussi la constatation de tant d'insuffisances ou d'injustices ; je souhaite que le Gouvernement ne manie pas systématiquement ce couperet à l'égard de tout ce qui ne vient pas de lui. Je pense pouvoir aussi demander à nos collègues de ne pas le manier les uns vis-à-vis des autres, car je crois que cela n'est pas dans notre rôle. Il arrive aussi que le coût d'un projet, ou la diminution d'une recette, soit évalué d'une façon formaliste et comptable qui ne répond pas à la réalité substantielle des choses. Quel est le coût réel de la création d'un emploi quand cet emploi permet de supprimer un chômeur ? Quel est le coût réel de l'encouragement donné à la création d'entreprises dans nos campagnes, souvent à faibles frais, par rapport à l'énorme gaspillage de capitaux qu'implique le déplacement d'une main-d'œuvre qui en éprouve, de surcroît, la déception et le traumatisme ?...

J.O. A.N. 21-12-1977

VI. Extraits de l'allocution prononcée par M. Alain Poher, le 21 décembre 1977

... Cette session de l'automne 1977 restera dans nos mémoires comme l'exemple achevé de ce qu'il n'est plus possible d'admettre sans porter atteinte à la dignité du Parlement...

... Cet excellent environnement pouvait laisser prévoir une amélioration sensible du déroulement de la session qui aurait dû nous conduire, aujourd'hui, à exprimer une assez grande satisfaction.

Mais, Monsieur le Premier ministre, à notre grand regret, il n'en a rien été et, une fois de plus, avec une aggravation sans commune mesure avec ce qu'avaient pu imaginer les plus pessimistes, les conditions de travail qui nous ont été imposées sont devenues inacceptables. Il ne s'agit plus de déplorer la mauvaise organisation du travail, mais tout simplement de constater l'absence totale d'organisation.

Je regrette de devoir dire que le Gouvernement porte certaines responsabilités dans cette situation qu'il n'a pas su ou pas pu dominer.

Il est facile de constater que, jusqu'au 15 novembre, le Sénat a été pratiquement privé de toute activité législative. Les textes qui auraient dû être discutés dès le début de la session sont venus à foison dans la dernière quinzaine, ce qui a placé le Sénat devant des difficultés insurmontables et ce qui a créé dans les commissions et dans l'hémicycle une tension regrettable et inaccoutumée.

Si nous distinguons trois périodes dans cette session d'automne, on peut, sans caricaturer la réalité, les schématiser de la façon suivante : avant le budget, rien de sérieux n'a été entrepris ; pendant le budget, tout le possible a été fait ; après le budget, l'impossible a été demandé...

... Je crains fort que la fin de session que nous venons de connaître n'ait pas permis de respecter l'excellent précepte que M. le Président de la République nous avait enseigné lors de la célébration du centenaire du Sénat : « Les bonnes lois ne doivent rien à l'humeur ; elles sont le fruit de l'observation attentive, de la discussion sérieuse, de la méditation renouvelée. Les bonnes lois ne se font pas à la hâte ; elles supposent le concours du temps ».

Ainsi, en cette fin de session, pour pouvoir suivre les ordres du jour qui nous étaient imposés, certains projets ont été étudiés en commission, avant même qu'ils n'aient été adoptés en Conseil des ministres.

Je vous rappelle, pourtant, que, lors de l'élaboration de la Constitution de 1958, M. Michel Debré avait soutenu, pour justifier la brièveté des sessions, « qu'il fallait laisser du temps aux divers départements ministériels pour qu'ils leur soit possible de préparer les textes des futurs projets de loi pendant les intersessions ».

Monsieur le Premier ministre, pourquoi vous cacher que certains pensent que le dépôt tardif des projets en fin de session n'a comme seul objet que de rendre leur adoption plus aisée en abusant de la vigilance du Parlement. Pourquoi vous cacher, au surplus, que la Haute Assemblée a vu revenir avec amertume la pratique des votes bloqués que j'évoquais tout à l'heure.

Par trois fois, de cruels souvenirs ont resurgi de toutes les mémoires. Si de tels errements devaient se renouveler, je crains que, les mêmes causes produisant les mêmes effets, on n'aboutisse rapidement à des déboires que nul n'a oubliés. Tout comme vous, sans doute, Monsieur le Premier ministre, et vous connaissez le respect et l'amitié que je vous porte, je regrette d'avoir constaté les désordres multiples de cette fin de session.

Nous sommes parvenus, vous le sentez bien, au point de rupture au-delà duquel se profilent des incidents graves. C'est pourquoi il m'appartient de vous mettre solennellement en garde, car il y va de la dignité du Parlement et du rôle de chambre de réflexion du Sénat de la République.

A ce point du débat, peut-être faut-il se poser la question de savoir s'il existe des solutions à ces questions !

Je vous concéderai volontiers, Monsieur le Premier ministre, que s'il existe des palliatifs à cette situation, ils n'offrent pas des solutions complètes et définitives à ces difficultés. Encore serait-il bon de les utiliser pour améliorer le déroulement de nos travaux.

Déjà, au printemps de 1973, M. Olivier Stirn, parlant en qualité de Secrétaire d'Etat chargé des Relations avec le Parlement, avait retenu l'idée de répartir sur deux sessions le vote de certains textes délicats à mettre au point, afin d'éviter les encombrements des fins de session. Il s'était également engagé à réunir la Conférence des Présidents avant les rentrées parlementaires, afin de lui présenter « la somme des projets susceptibles d'être soumis à l'examen du Parlement et d'établir ainsi un calendrier des travaux, dès le début de la session ».

Reprenant cette idée, M. Jacques Chirac, alors Premier ministre, avait, en juin 1975, indiqué que les textes qui seraient soumis à une session seraient connus pendant l'intersession précédente. Mais, surtout, il avait pris un engagement d'importance en décidant que « sauf nécessité urgente et motivée, tous les projets de loi inscrits à l'ordre du jour d'une session devraient être déposés à la fin du premier mois de cette session ». « Passé cette date », avait-il ajouté, « leur examen serait systématiquement rejeté à la session suivante ».

Ces efforts ont été suivis de quelques effets et nous avons pu enregistrer avec satisfaction un certain allégement, relatif d'ailleurs, de nos fins de session pendant l'année qui a suivi. Certes, tout n'était pas parfait, mais une certaine détente avait pu être notée.

Force m'est de constater que ces bonnes dispositions sont retombées dans l'oubli pour nous conduire où nous en sommes.

J.O. A.N. 21-12-1977

DOCUMENT 24-300
Allocutions de caractère général prononcées par le Président de l'Assemblée nationale.

Clôture des sessions	*Autres occasions*

I - Présidence de M. Jacques Chaban-Delmas

A - 1re législature
                              11.12.1958 : Décisions d'installation
                               8.10.1959 : Installation du bureau
   30.12.1959
   25.07.1960   6.10.1960 : Installation du bureau
   16.12.1960
     6.07.1961   24.04.1962 : Installation du bureau

B - 2e législature
   26.06.1963
   20.12.1963
   30.06.1964
   18.12.1964
   30.06.1965
   19.11.1965
   30.06.1966
   21.12.1966

C - 3e législature   3.04.1967 : Prise de fonction
    1.07.1967
   20.12.1967

D - 4e législature   11.07.1968 : Prise de fonction
   20.12.1968

II - Présidence de M. Achille Peretti

   20.06.1969   25.06.1969 : Prise de fonction
   20.12.1969
   30.06.1970
   19.12.1970   2.04.1971 : Amélioration du travail parlementaire
   22.06.1971
   30.06.1971
   20.12.1971
    1.07.1972
   20.12.1972

III - Présidence de M. Edgar Faure

E - 5e législature   2.04.1973 : Prise de fonction
   30.06.1973   7.11.1973 : Travail budgétaire
                                8.11.1973 : Travail budgétaire
   20.12.1973
   20.12.1974
   30.06.1975
   20.12.1975
    8.07.1976
   20.12.1976
   30.06.1977
   21.12.1977

IV - Présidence de M. Jacques Chaban-Delmas

F - 6e législature   5.04.1978 : Prise de fonction
   29.06.1978

DOCUMENT 24-301
Allocutions de caractère général prononcées par le Président du Sénat

Clôture des sessions	Autres allocutions

I - Présidence de M. Gaston Monnerville

	11 décembre 1958 - Réunion constitutive du Sénat
	5 mai 1959 - Installation du Bureau
25 juillet 1960	
16 décembre 1960	
15 décembre 1961	
27 juillet 1962	
	9 octobre 1962 - Installation du Bureau
21 février 1963	
26 juillet 1963	
20 décembre 1963	
30 juin 1964	
18 décembre 1964	
30 juin 1965	
	5 octobre 1965 - Installations du Bureau
30 juin 1966	
21 décembre 1966	
1er juillet 1967	
20 décembre 1967	
25 juillet 1968	

II - Présidence de M. Alain Poher

	8 octobre 1968 - Installation du Bureau
20 décembre 1968	
	2 avril 1969 - Ouverture de la session avant le référendum sur le Sénat
20 décembre 1969	
30 juin 1970	
9 décembre 1970	
30 juin 1971	
	6 octobre 1971 - Installation du Bureau
20 décembre 1971	
1er juillet 1972	
20 décembre 1972	
30 juin 1973	
20 décembre 1973	
11 juillet 1974	
	10 octobre 1974 - Installation du Bureau
20 décembre 1974	
	27 mai 1975 - Centenaire du Sénat de la République
30 juin 1975	
20 décembre 1975	
8 juillet 1976	
20 décembre 1976	
30 juin 1977	
	11 octobre 1977 - Installation du Bureau
21 décembre 1977	
29 juin 1978	

DOCUMENT 24-400
Résultats des Elections législatives depuis 1958
(Résultats du 1er tour)

I. 1958 (métropole)

Inscrits	27 236 491	
Votants	20 994 797	77 %
Abstentions	6 241 694	23 %
Exprimés	20 341 908	74,68 %

Formations politiques	Voix obtenues	% Exprimés
Parti Communiste et apparentés	3 907 763	19,2
Union des Forces Démocratiques	261 738	1,2
SFIO	3 193 786	15,7
Radicaux	1 503 787	7,3
MRP	2 273 281	11,1
Gaullistes (UNR, CRR, etc.)	4 165 453	20,4
Modérés	4 502 449	22,1
Extrême-Droite	533 651	2,6

II. 1962 (métropole)

Inscrits	27 526 358	
Votants	18 918 159	68,72 %
Abstentions	8 608 199	31,28 %
Exprimés	18 333 791	65,63 %

Formations politiques	Voix obtenues	% Exprimés
Communistes	4 003 553	21,84
Extrême-Gauche	427 467	2,33
SFIO	2 298 729	12,54
Radicaux, Centre-Gauche	1 429 649	7,79
UNR, UDT	5 855 744	31,94
MRP	1 665 695	9,08
Républicains indépendants	1 089 348	5,94
Modérés	1 404 177	7,66
Extrême-Droite	159 429	0,87

III. 1967 (métropole)

Inscrits	28 300 936	
Votants	22 902 224	80,92 %
Abstentions	5 398 712	19,08 %
Exprimés	22 389 514	78,68 %

Formations politiques	Voix obtenues	% Exprimés
Communistes	5 039 032	22,51
Extrême-Gauche	495 412	2,21
FGDS	4 244 110	18,96
Ve République	8 448 982	37,73
Divers modérés	1 140 748	5,10
Centre Démocrate	2 829 998	12,64
Extrême-Droite	191 232	0,85

IV. 1968 (métropole)

Inscrits	28 181 848	
Votants	22 532 407	79,95 %
Abstentions	5 649 441	20,04 %
Suffrages exprimés	22 147 215	78,58 %

Formations politiques	Voix obtenues	%
Communistes	4 434 832	20,02
Extrême-Gauche	873 581	3,95
Fédération de la Gauche Démocrate et Socialiste	3 660 250	16,53
Divers Gauche	163 482	0,74
Union des Démocrates pour la République	9 667 532	43,65
Progrès et Démocratie Moderne	2 289 849	10,34
Divers Droite	917 758	4,14
Mouvement pour la Réforme	33 835	0,15
Technique et Démocratie	77 360	0,35
Extrême-Droite	287 736	0,13

V. 1973 (métropole)

Inscrits	29 901 822	
Votants	24 289 285	81,23 %
Abstentions	5 612 537	18,76 %
Exprimés	23 751 213	79,43 %

Formations politiques	Voix obtenues	%
Communistes	5 085 108	21,41
Extrême-Gauche	778 195	3,28
Socialistes	4 559 241	19,20
Divers Gauche	668 100	2,81
Union des Démocrates pour la République	5 684 396	23,93
Républicains indépendants	1 656 191	6,97
Centre Démocratie et Progrès	883 961	3,72
Divers majorité	784 735	3,30
Mouvement réformateur	2 979 781	12,55
Divers droite	671 505	2,83

VI. 1978 (Outre-mer compris)

Inscrits	35 204 152	
Votants	29 141 979	82,77 %
Abstentions	6 062 173	17,22 %
Exprimés	28 560 243	81,12 %

Formations politiques	Voix obtenues	%
Communistes	5 870 402	20,55
Extrême-Gauche	953 088	3,33
Parti Socialiste	6 451 151	22,58
MRG	603 932	2,11
RPR	6 462 462	22,62
UDF	6 128 849	21,45
Divers Majorité	684 985	2,39
Ecologistes	621 100	2,14
Divers	793 274	2,77

ARTICLE 25

Une loi organique fixe la durée des pouvoirs de chaque assemblée, le nombre de ses membres, leur indemnité, les conditions d'éligibilité, le régime des inéligibilités et des incompatibilités.

Elle fixe également les conditions dans lesquelles sont élues les personnes appelées à assurer, en cas de vacance du siège, le remplacement des députés ou des sénateurs jusqu'au renouvellement général ou partiel de l'assemblée à laquelle ils appartenaient.

DOCUMENT 25-100
Projet de loi constitutionnelle portant révision de l'article 25 de la Constitution déposé le 27 septembre 1974 (1)

Exposé des motifs

Mesdames, Messieurs,

La Constitution, dans son article 23, prescrit l'incompatibilité des fonctions de membre du Gouvernement avec l'exercice d'un mandat parlementaire. Cette règle complète les dispositions constitutionnelles destinées à éviter une confusion des pouvoirs dont l'histoire des deux précédentes Républiques a montré certains inconvénients.

Les conditions dans lesquelles les auteurs de la Constitution ont organisé cette incompatibilité sont rigoureuses. Il résulte en effet de l'article 25 de la Constitution, par rapprochement avec l'article 23, que le député ou le sénateur qui accepte de faire partie du Gouvernement perd son mandat parlementaire, non seulement pendant la durée de ses fonctions, mais jusqu'à la fin de la législature.

La pratique a montré que cette dernière disposition présente des inconvénients. Elle prive les assemblées parlementaires du concours de certains de leurs membres, désignés en première ligne par le suffrage universel, alors même qu'ils ont cessé d'accomplir une fonction incompatible avec l'exercice de leur mandat. Elle place les membres du Gouvernement d'origine parlementaire, lorsque leurs fonctions ministérielles prennent fin, dans une situation différente de celle des membres du Gouvernement d'origine non parlementaire, à qui la Constitution n'interdit pas de reprendre leurs activités antérieures et d'exercer leurs responsabilités.

Il arrive également qu'elle conduise des remplaçants à démissionner, avec le seul motif de provoquer une élection partielle et de fournir aux anciens membres du Gouvernement l'occasion de revenir au Parlement.

Le fonctionnement de nos institutions, tel qu'il résulte de la novation introduite par l'élection du Président de la République au suffrage universel,

(1) Doc. A.N. 5ᵉ législature n° 1179.

ainsi que de la pratique parlementaire de la Vᵉ République, conduit à constater que la stabilité gouvernementale, d'une part, la claire séparation des pouvoirs, d'autre part, sont désormais acquises. Dès lors, il est possible de tenir compte des enseignements de l'expérience pour aménager les modalités de mise en œuvre du principe d'incompatibilité, qui demeure inchangé.

Il est proposé, en maintenant ce principe, de permettre aux députés et aux sénateurs qui ont cessé d'appartenir au Gouvernement, d'exercer à nouveau leur mandat parlementaire. Tel est l'objet de la nouvelle rédaction proposée pour l'article 25 de la Constitution. Une loi organique en fixera les conditions d'application et précisera notamment le délai au terme duquel les députés ou les sénateurs reprennent place à leur siège, après qu'il a été mis fin à leurs fonctions au sein du Gouvernement.

Projet de loi constitutionnelle

Le Président de la République,

Sur la proposition du Premier ministre,
Vu l'article 89 de la Constitution,

Décrète :

Le présent projet de loi, délibéré en Conseil des ministres, après avis du Conseil d'Etat, sera présenté à l'Assemblée nationale. Le Premier ministre est chargé d'en exposer les motifs et d'en soutenir la discussion.

Article unique.

L'article 25 de la Constitution est remplacé par les dispositions suivantes :

« *Art. 25.* — Une loi organique fixe la durée des pouvoirs de chaque assemblée, le nombre de ses membres, leur indemnité, les conditions d'éligibilité, le régime des inéligibilités et des incompatibilités.

« Elle fixe également les conditions dans lesquelles sont élues les personnes appelées à assurer le remplacement des députés et des sénateurs, en cas de vacance du siège, jusqu'au renouvellement total ou partiel de l'Assemblée à laquelle ils appartenaient, ou leur remplacement temporaire en cas d'acceptation par eux de fonctions gouvernementales ».

Fait à Paris, le 27 septembre 1974.

Note : Ce projet, après avoir été modifié, a été adopté par les deux assemblées mais n'a pas été soumis au Congrès du Parlement (cf. Doc. 89-100).

TITRE IV : LE PARLEMENT

DOCUMENT 25-101
Documents relatifs à la réforme du statut des suppléants adoptée par le Parlement en juin 1977 et déclarée non conforme à la Constitution par le Conseil Constitutionnel

I. Texte relatif aux sénateurs

Article premier

L'article L.O. 319 du Code électoral est complété par le nouvel alinéa suivant :

« En cas de décès ou de démission de son remplaçant, tout sénateur ayant accepté les fonctions ou la prolongation d'une mission désignées à l'alinéa précédent peut, lorsque ces fonctions ou missions ont cessé, reprendre l'exercice de son mandat. Il dispose pour user de cette faculté d'un délai d'un mois. »

Art. 2

L'article L.O. 320 du Code électoral est complété par le nouvel alinéa suivant :

« Par dérogation aux dispositions de l'alinéa précédent, en cas de décès ou de démission d'un sénateur figurant sur la même liste et l'ayant remplacé, tout sénateur ayant accepté les fonctions ou la prolongation d'une mission désignées au premier alinéa de l'article précédent peut, lorsque ces fonctions ou mission ont cessé, reprendre l'exercice de son mandat. Il dispose pour user de cette faculté d'un délai d'un mois. »

J.O.S. : 14/6/1977
J.O. A.N. : 23/6/1977

II. Texte relatif aux députés

Article premier

L'article L.O. 176 du Code électoral est complété par le nouvel alinéa suivant :

« En cas de décès ou de démission de leur remplaçant, les députés ayant accepté les fonctions ou la prolongation de mission désignées à l'alinéa précédent peuvent, lorsque ces fonctions ou missions ont cessé, reprendre l'exercice de leur mandat. Ils disposent pour user de cette faculté d'un délai d'un mois. »

Art. 2 (nouveau)

Les dispositions de l'article précédent sont applicables à partir du prochain renouvellement général de l'Assemblée nationale.

J.O. A.N. : 26/5/1977
J.O.S. : 23/6/1977

III. Décision du Conseil constitutionnel du 5 juillet 1977

Le Conseil constitutionnel,

Saisi le 27 juin 1977 par le Premier ministre, conformément aux dispositions de l'article 61 de la Constitution, du texte de la loi organique adoptée par le Parlement complétant l'article L.O. 176 du code électoral ;

Saisi le 27 juin 1977 par le Premier ministre, conformément aux dispositions de l'article 61 de la Constitution, du texte de la loi organique adoptée par le Parlement complétant les articles L.O. 319 et L.O. 320 du code électoral ;

Vu la Constitution, et notamment ses articles 23, 25, 46, 61 et 62 ;

Vu l'ordonnance du 7 novembre 1958 portant loi organique sur le Conseil constitutionnel, notamment le chapitre II du titre II de ladite ordonnance ;

Ouï le rapporteur en son rapport ;

Considérant que les deux lois organiques soumises au Conseil constitutionnel complètent, l'une, l'article L.O. 176 du code électoral relatif au remplacement des députés, l'autre, les articles L.O. 319 et L.O. 320 du même code relatifs au remplacement des sénateurs ; qu'il y a lieu de les joindre pour qu'elles fassent l'objet d'un même examen et d'une seule décision ;

Considérant que ces deux lois visent les députés et les sénateurs qui ont été remplacés pour cause d'acceptation de fonctions gouvernementales ou de membre du Conseil constitutionnel ou pour cause de prolongation au-delà de six mois d'une mission temporaire conférée par le Gouvernement et tendent à leur ouvrir, après cessation desdites fonctions ou mission, la faculté de reprendre l'exercice de leur mandat dans le cas de décès ou de démission de leur remplaçant ;

Considérant que si, en vertu des articles 23 et 25 de la Constitution, il appartient à une loi organique de fixer les conditions dans lesquelles il est pourvu au remplacement des membres du Parlement qui ont accepté une fonction ou une mission incompatible avec l'exercice de leur mandat, le législateur a, pour ce faire, à respecter les règles et limites édictées audit article 25 ;

Considérant qu'en précisant que le parlementaire dont le siège est devenu vacant est remplacé jusqu'au renouvellement général ou partiel de l'assemblée à laquelle il appartenait, l'article 25 a entendu donner au remplacement un caractère définitif ; qu'ainsi un député ou sénateur qui est remplacé pour cause d'acceptation d'une fonction ou mission incompatible avec son mandat perd définitivement sa qualité de membre du Parlement et ne saurait la retrouver qu'à la suite d'une nouvelle élection ; qu'en prévoyant que ce député ou sénateur, lorsqu'a cessé la cause de l'incompatibilité, a la faculté de succéder à son remplaçant décédé ou démissionnaire, sans qu'il soit recouru à l'élection, les deux lois organiques soumises à l'examen du Conseil constitutionnel méconnaissent les dispositions de l'article 25 ; qu'elles doivent, dès lors, être déclarées contraires à la Constitution,

Décide :

Art. 1er. — Sont déclarées contraires à la Constitution les lois organiques complétant, l'une, l'article L.O. 176 du code électoral, l'autre, les articles L.O. 319 et L.O. 320 du même code.

Art. 2. — La présente décision sera publiée au *Journal officiel* de la République française.

Délibéré par le Conseil constitutionnel dans sa séance du 5 juillet 1977.

J.O. du 6

DOCUMENT 25-102

Décision du Conseil constitutionnel du 20/1/1972 relative à la procédure de contrôle des incompatibilités

Le Conseil constitutionnel,

Saisi le 24 décembre 1971 par le Premier ministre, conformément aux dispositions des articles 46 et 61 de la Constitution, du texte de la loi organique modifiant certaines dispositions du titre II de l'ordonnance n° 58-998 du 24 octobre 1958 portant loi organique relative aux conditions d'éligibilité et aux incompatibilités parlementaires, adoptée par le Parlement ;

Vu la Constitution, et notamment ses articles 25, 46 et 61 ;

Vu l'ordonnance du 7 novembre 1958 portant loi organique sur le Conseil constitutionnel, notamment le chapitre II du titre II de ladite ordonnance ;

Vu l'ordonnance n° 58-998 du 24 octobre 1958 modifiée portant loi organique relative aux conditions d'éligibilité et aux incompatibilités parlementaires, et notamment ses articles 15, 16, 20, 21 et 22 ;

Considérant qu'aux termes de l'article 25 de la Constitution « une loi organique fixe... le régime des inéligibilités et des incompatibilités » ; qu'il résulte des termes mêmes de cette disposition que la Constitution réserve à la loi organique, comme faisant partie du régime des incompatibilités, le pouvoir de déterminer, notamment, les cas d'incompatibilités, ainsi que l'autorité chargée d'exercer le contrôle de l'observation desdites prescriptions par les parlementaires et, en particulier, de statuer sur la situation des députés et des sénateurs au regard du régime des incompatibilités ;

Considérant que l'article 4 de la loi organique dont le texte est soumis au Conseil constitutionnel, modifiant l'article 21 de l'ordonnance susvisée du 24 octobre 1958 tend à interdire aux parlementaires de prendre, en cours de mandat, certaines fonctions et emplois dans les établissements, sociétés, entreprises ou groupements ayant un objet économique, sauf autorisation préalable et prévoit que chaque assemblée peut, par dispositions de son règlement, choisir soit de statuer elle-même sur les demandes d'autorisation présentées par ses membres, soit de donner compétence à cette fin au Conseil constitutionnel ;

Considérant qu'il résulte de ce qui a été dit ci-dessus que cette dernière disposition, en tant qu'elle laisse à chaque assemblée parlementaire le soin de déterminer par la voie de son règlement l'autorité chargée de se prononcer sur les demandes des ses membres quand ceux-ci sollicitent l'autorisation de prendre, en cours de mandat, des fonctions et emplois mentionnés par ladite disposition, est contraire au texte de l'article 25 de la Constitution ; qu'il y a lieu, dès lors, de déclarer non conformes à la Constitution les dispositions de l'alinéa 2 de l'article 21 de l'ordonnance susvisée du 24 octobre 1968 dans sa rédaction résultant de l'article 4 de la loi organique soumise au Conseil constitutionnel ;

Considérant que les autres dispositions de l'article 4 du texte soumis à l'examen du Conseil constitutionnel sont inséparables des dispositions du même article déclarées ci-dessus non conformes à la Constitution ; que, dès lors, l'ensemble des dispositions dudit article 4 doivent être regardées comme non conformes à la Constitution ; qu'il en est de même des mots « autre que l'une de celles visées à l'article 21 ci-après... » figurant au deuxième alinéa de l'article 3 de la loi organique soumise au Conseil constitutionnel ;

Considérant, enfin, que les autres dispositions de ce texte, prises dans la forme exigée par l'article 25 de la Constitution et dans le respect de la procédure prévue à l'article 46, ne sont contraires à aucune disposition de la Constitution ;

Décide :

Art. 1er. — Sont déclarées non conformes à la Constitution les dispositions de l'article 4 du texte de la loi organique soumise au Conseil constitutionnel ainsi que la disposition suivante de l'alinéa 2 de l'article 3 de ladite loi : « ... autre que l'une de celles visées à l'article 21 ci-après... ».

Art. 2. — Les autres dispositions du texte de la loi soumise au Conseil constitutionnel sont déclarées conformes à la Constitution.

Art. 3. — La présente décision sera publiée au *Journal officiel* de la République française.

Délibéré par le Conseil constitutionnel dans sa séance du 20 janvier 1972.

J.O. du 25

DOCUMENT 25-200

Nombre de parlementaires ayant renoncé à leur mandat pour cause d'acceptation de fonctions gouvernementales

Année	Assemblée nationale	Sénat
1959	12	7
1960	1	0
1961	4	1
1962	22	1
1963	1	0
1964	0	0
1965	1	0
1966	8	1
1967	24	0
1968	30	0
1969	19	1
1970	1	0
1971	5	1
1972	9	0
1973	35	0
1974	16	3
1975	2	0
1976	7	2
1977	8	1
1978	24	2

TITRE IV : LE PARLEMENT

DOCUMENT 25-201

Liste des parlementaires chargés d'une mission temporaire par le Gouvernement dans le cadre de l'article 13 de l'Ordonnance 58-998 du 24/10/1958 portant loi organique relative aux conditions d'éligibilité et aux incompatibilités parlementaires

Date de nomination	Nom du Parlementaire	Observations
18.5.73 (J.O. du 19)	M. Missoffe, député	
18.5.73 (J.O. du 19)	M. Ansquer, député	
6.6.73 (J.O. du 7)	M. Braconnier, sénateur	
14.1.74 (J.O. du 15)	M. Tiberi, député	
14.1.74 (J.O. du 15)	M. P. C. Taittinger, sénateur	
12.2.74 (J.O. du 19)	M. Chalandon, député	
28.3.74 (J.O. du 29)	M. Boinvilliers, député	
28.3.74 (J.O. du 29)	M. Lelong, député	Nommé membre du Gouvernement le 8.6.74
14.1.74 (J.O. du 15)	M. Rivierez, député	
25.7.74 (J.O. du 26)	M. Missoffe, député	Prolongation de la mission confiée le 18.5.73. Cesse ses fonctions de député
25.9.74 (J.O. du 26)	M. Boinvilliers, député	
1.10.74 (J.O. du 2)	M. Bernard, député	
7.10.74 (J.O. du 8)	M. Soustelle, député	
17.12.74 (J.O. du 18)	M. Rolland, député	
»	M. Delong, député	
»	M. Caro, député	
»	Mme Fritsch, député	
»	M. Magaud, député	
19.12.74 (J.O. du 20)	M. Cornette, député	
»	M. de Gastines, député	
»	M. Piot, député	
»	M. de Bourgoing, député	
»	M. Hoffer, député	
»	M. Frédéric-Dupont, député	
»	M. Tissandier, député	
»	M. Héon, sénateur	
»	M. Mauger, député	
»	M. Alloncle, député	
»	M. Mont, sénateur	
»	M. Mathieu, député	
»	M. Bernard-Raymond	
17.2.75 (J.O. du 19)	M. Brocard, député	
7.4.75 (J.O. du 8)	M. Herzog, député	
5.12.75 (J.O. du 6)	M. Gros, sénateur	
11.2.76 (J.O. du 13)	M. Chalandon, député	Mission prolongée le 10.8.76. Cesse ses fonctions de député
14.5.76 (J.O. du 16)	M. Ribes, député	
29.11.76 (J.O. du 1.12)	M. Achille-Fould, député	
26.6.78 (J.O. du 27)	M. Rossi, député	
18.10.78 (J.O. du 19)	M. Piot, député	
»	M. Arreckx, député	
»	M. Alduy, député	
»	M. Cousté, député	

DOCUMENT 25-300
Liste des élections partielles à l'Assemblée nationale

Date	Nom de l'élu	Département	Cause
		1re législature	
1.03.1959	M. Durand	Drôme	Annulation de l'élection
»	M. de Lacoste-Laremondie	Charente-Maritime	»
22.02.1959	M. Ulrich	Haut-Rhin	»
12.04.1959	M. Liogier	Ardèche	»
14.06.1959	M. Clément	La Réunion	»
12.07.1959	M. Roth	Algérie	Titulaire élu sénateur
29.05.1960	M. Millot	Maine-et-Loire	Le suppléant, devenu titulaire, est nommé membre du Gouvernement
11.06.1961	M. Kaspereit	Paris	Démission du titulaire
4.05.1962	M. Mohamed	Territoire des Comores	»
		2e législature	
31.03.1963	M. Serafini	Corse	Annulation de l'élection
5.05.1963	Mme Vaillant-Couturier	Seine	»
5.05.1963	M. Vauthier	La Réunion	»
5.05.1963	M. Debré	La Réunion	»
12.05.1963	M. de Rocca-Serra	Corse	»
12.05.1963	M. Poudevigne	Gard	»
9.06.1963	M. Balmigère	Hérault	»
31.05.1964	M. Dupont	Meurthe-et-Moselle	Démission du titulaire
7.06.1964	M. Pidjot	Nouvelle-Calédonie	Déchéance du mandat du titulaire
30.08.1964	M. Briand	St-Pierre et Miquelon	Démission de M. Briand
19.05.1965	M. Frey	Paris	Décès du titulaire, ancien suppléant
15.01.1966	M. Boulin	Yvelines	Décès du titulaire, ancien suppléant
		3e législature	
27.08.1967	M. de Rocca-Serra	Corse	Annulation
27.08.1967	M. Boudet	Orne	»
24.09.1967	M. Vignaux	Gers	»
24.09.1967	M. Le Foll	Côtes-du-Nord	»
28.04.1968	M. Zuccarelli	Corse	»
		4e législature	
15.12.1968	M. Ducolonné	Hauts-de-Seine	Annulation
21.09.1969	M. Raynal	Cantal	Election de M. Pompidou à la Présidence de la République
19.10.1969	M. E. Faure	Doubs	Démission du suppléant devenu titulaire
»	M. Messmer	Moselle	»
»	M. Le Theule	Sarthe	»
»	M. Dumas	Savoie	»
»	M. Chamant	Yonne	»
26.10.1969	M. Rocard	Yvelines	»
14.06.1970	M. de Benouville	Paris	Démission du titulaire
28.06.1970	M. Servan-Schreiber	Meurthe-et-Moselle	»
28.10.1970	M. Dahalani	Comores	»
20.09.1970	M. Chaban-Delmas	Gironde	Décès du suppléant, devenu titulaire
5.12.1971	M. **Bernard-Raymond**	Hautes-Alpes	Election du titulaire au Sénat
»	M. Briane	Aveyron	»
»	M. Michel	Drôme	»
12.12.1971	M. de Lipkowski	Charente-maritime	Décès du suppléant, devenu titulaire
		5e législature	
16.09.1973	M. Duroure	Landes	Annulation
9.12.1973	M. Ibène	Guadeloupe	»
25.09.1974	M. Messmer	Moselle	Démission du suppléant, devenu titulaire
25.09.1974	M. Guichard	Loire-Atlantique	Démission du suppléant, devenu titulaire
6.10.1974	M. Torre	Ardèche	»
6.10.1974	M. Blanc	Savoie	»
6.10.1974	M. Guéna	Dordogne	»

TITRE IV : LE PARLEMENT

Date	Nom de l'élu	Département	Cause
25.05.1975	M. Limouzy	Tarn	Démission du suppléant, devenu titulaire
15.06.1975	M. Rufenacht	Seine-Maritime	Démission du titulaire
19.10.1975	M. Abelin	Vienne	Décès du suppléant, devenu titulaire
9.05.1976	M. Royer	Indre-et-Loire	Démission du suppléant, devenu titulaire
12.09.1976	M. Sanford	Polynésie	Démission volontaire de M. Sanford
14.11.1976	M. Eyraud	Haute-Loire	Décès du titulaire, après décès du suppléant
»	M. Chirac	Corrèze	Démission du suppléant, devenu titulaire
»	M. Tiberi	Paris	»
21.11.1976	M. Achille-Fould	Gironde	»
»	M. Péronnet	Allier	»
»	M. Poutisson	Rhône	»
»	M. Destremeau	Yvelines	»

6ᵉ législature

Date	Nom de l'élu	Département	Cause
23.07.1978	Mme Goutmann	Seine-Saint-Denis	Annulation de l'élection
20.08.1978	M. Cellard	Gers	»
10.09.1978	M. Wilquin	Pas-de-Calais	»
24.09.1978	M. Tondon	Meurthe-et-Moselle	»
1.10.1978	Mme Avice	Paris	»

DOCUMENT 25-301
Liste des élections partielles au Sénat

Date	Nom de l'élu	Département	Cause
4.10.1959	M. Sinsout	Dordogne	Annulation de l'élection
24.02.1963	M. Fléchet	Loire	Titulaire élu député
»	M. Benoit	Nièvre	»
26.09.1965	M. Stoessel	Haut-Rhin	Décès du titulaire, le suppléant étant prédécédé
26.06.1966	M. Pelletier	Aisne	Décès du titulaire, le suppléant étant devenu député
17.07.1966	M. Maille	Somme	Démission du titulaire
11.06.1967	M. Lhospied	Nièvre	Titulaire élu député
»	M. Caillavet	Lot-et-Garonne	»
»	M. Blanchet	Loire	»
»	M. Fil	Aude	»
»	M. Mathy	Saône-et-Loire	»
22.09.1968	M. Brousse	Hérault	Décès du titulaire, le suppléant étant prédécédé
»	M. Terre	Aube	»
6.09.1970	M. de Bourgoing	Calvados	»
8.04.1973	M. Jaffar et Amdjade	Comores	Démission du titulaire
2.10.1974	M. d'Ornano	Français établi hors de France	Décès du titulaire
8.12.1974	M. Courrière	Aude	Décès du titulaire, le suppléant étant devenu député
28.09.1975	M. Tajan	Tarn-et-Garonne	Décès du titulaire, le suppléant étant prédécédé
11.06.1978	M. Gouteyron	Haute-Loire	Titulaire élu député

DOCUMENT 25-302
Lettre de M. Pompidou au Président de l'Assemblée nationale lui faisant part de la cessation de son mandat de Député

Paris, le 24 juin 1969

Monsieur le Président,

J'ai l'honneur de vous faire connaître que mon élection à la présidence de la République met fin de plein droit à mon mandat de député à l'Assemblée nationale et qu'il sera pourvu à mon remplacement par la voie d'une élection partielle dans les délais fixés par la loi.

Je vous prie de croire, Monsieur le Président, à ma très haute considération.

Georges Pompidou

J.O. A.N., 25 juin 1969

DOCUMENT 25-400
Liste des parlementaires dont le Conseil constitutionnel a prononcé la déchéance du mandat parlementaire

Date de la décision	Nom
12 mai 1960 (J.O. du 14)	M. Pouvanaa Oopa, député
18 juillet 1961 (J.O. du 29)	M. Lagaillarde, député
17 mars 1964 (J.O. du 26)	M. Lenormand, député

DOCUMENT 25-401
Décision du Conseil constitutionnel du 12 mai 1960 prononçant la déchéance de M. Pouvanaa Oopa, député

Le Conseil constitutionnel,

Saisi le 2 mai 1960 d'une requête en date du 5 mars 1960 émanant du procureur de la République près le Tribunal supérieur d'appel de la Polynésie française, transmise au Conseil par lettre du Garde des Sceaux, ministre de la Justice, en date du 29 avril 1960 et tendant à la constatation de la déchéance de plein droit du sieur Pouvanaa Tetuaapua, dit Oopa, de sa qualité de membre de l'Assemblée nationale ;

Vu l'ordonnance du 24 octobre 1958 portant loi organique relative aux conditions d'éligibilité et aux incompatibilités parlementaires ;

Vu la loi du 30 mars 1955 modifiant le décret organique du 2 février 1852 sur les élections ;

Vu l'arrêt de la Cour criminelle de la Polynésie français en date du 21 octobre 1959 ;

Vu l'arrêt de la Cour de cassation (Chambre criminelle) en date du 11 février 1960 ;

Considérant qu'aux termes de l'article 8 de l'ordonnance susvisée du 24 octobre 1958 : « Sera déchu de plein droit de la qualité de membre de l'Assemblée nationale ou du Sénat celui dont l'inéligibilité se révélera après la proclamation de l'élection et l'expiration du délai pendant lequel elle peut être contestée ou qui, pendant la durée de son mandat, se trouvera dans l'un des cas d'inéligibilité prévus par la présente loi.

« La déchéance est constatée par le Conseil constitutionnel, à la requête du bureau de l'assemblée intéressée ou du Garde des Sceaux, ministre de la Justice, ou, en outre, en cas de condamnation postérieure à l'élection du ministère public près la juridiction qui a prononcé la condamnation » ;

Considérant qu'aux termes de l'article 5 (1er alinéa) de la même ordonnance : « Sont inéligibles les individus condamnés lorsque la condamnation empêche d'une manière définitive leur inscription sur une liste électorale » ; et que l'article 1er de la loi du 30 mars 1955, modifiant le décret organique du 2 février 1852, dispose que : « ne doivent pas être inscrits sur la liste électoral : 1. les individus condamnés pour crime... » ;

Considérant qu'il ressort des pièces du dossier que le sieur Pouvanaa Tetuaapua, dit Oopa, député de la Polynésie française, a été condamné à huit ans de réclusion, 36 000 F métropolitains d'amende et quinze ans d'interdiction de séjour pour complicité de tentatives de destruction d'édifices appartenant à autrui et détention sans autorisation d'armes et de munitions ; que cette décision est devenue définitive à la suite de l'arrêt de la Cour de cassation en date du 11 février 1960 rejetant le pourvoi du sieur Pouvanaa Tetuaapua, dit Oopa, et qu'elle a entraîné, en vertu des dispositions précitées de la loi du 30 mars 1955, l'inéligibilité de ce dernier ;

Considérant qu'il appartient, en conséquence, au Conseil constitutionnel de constater en application des dispositions susrappelées de l'article 8 de l'ordonnance du 24 octobre 1958, la déchéance de plein droit encourue par le député Pouvanaa Tetuaapua, dit Oopa, du fait de l'inéligibilité résultant de la condamnation pour crime définitivement prononcée à son encontre,

Déclare :

Est constatée la déchéance de plein droit, à compter du 12 février 1960, du sieur Pouvanaa Tetuaapua, dit Oopa, de sa qualité de membre de l'Assemblée nationale.

Délibéré par le Conseil constitutionnel dans sa séance du 12 mai 1960.

J.O. du 14

TITRE IV : LE PARLEMENT

DOCUMENT 25-402
Décision du Conseil constitutionnel du 18 juillet 1961 prononçant, la déchéance de M. Pierre Lagaillarde, député

Le Conseil constitutionnel,

Saisi le 3 juillet 1961 d'une requête en date du 28 juin 1961 émanant du Commissaire du Gouvernement près le Tribunal permanent des Forces armées de Paris, transmise au Conseil par lettre du ministre des Armées en date du 1er juillet 1961, tendant à la constatation de la déchéance de plein droit du sieur Lagaillarde (Pierre) de sa qualité de membre de l'Assemblée nationale ;

Vu l'ordonnance du 24 octobre 1958 portant loi organique relative aux conditions d'éligibilité et aux incompatibilités parlementaires ;

Vu la loi du 30 mars 1955 modifiant le décret organique du 2 février 1852 sur les élections ;

Vu le Code pénal et notamment son article 34 ;

Vu le jugement du Tribunal permanent des Forces armées de Paris en date du 2 mars 1961 ;

Vu l'arrêt de la Cour de cassation (Chambre criminelle) en date du 4 mai 1961 ;

Considérant qu'aux termes de l'article 8 de l'ordonnance susvisée du 24 octobre 1958 : « Sera déchu de plein droit de la qualité de membre de l'Assemblée nationale ou du Sénat celui dont l'inéligibilité se révèlera après la proclamation de l'élection et l'expiration du délai pendant lequel elle peut être contestée ou qui, pendant la durée de son mandat, se trouvera dans l'un des cas d'inéligibilité prévus par la présente loi ».

« La déchéance est constatée par le Conseil constitutionnel à la requête du bureau de l'assemblée intéressée ou du Garde des Sceaux, ministre de la Justice, ou, en outre, en cas de condamnation postérieure à l'élection, du ministère public près la juridiction qui a prononcé la condamnation ».

Considérant qu'aux termes de l'article 5, 1er alinéa, de la même ordonnance : « Sont inéligibles les individus condamnés lorsque la condamnation empêche d'une manière définitive leur inscription sur une liste électorale » et que l'article 1er de la loi du 30 mars 1955 modifiant le décret organique du 2e février 1852 dispose que « ne doivent pas être inscrits sur la liste électorale : ... les individus condamnés pour crime... » ; que le même article 5 de l'ordonnance précitée du 24 octobre 1958 dispose, dans son troisième alinéa, que « sont en outre inéligibles : ... les individus privés par décision judiciaire de leur droit d'éligibilité en application des lois qui autorisent cette privation » ;

Considérant qu'il ressort des pièces du dossier que le sieur Lagaillarde (Pierre), député d'Alger, a été condamné à dix ans de détention criminelle et à la dégradation civique pour attentat contre la sûreté de l'Etat et infractions à la loi du 24 mai 1834 ; que cette décision est devenue définitive à la suite de l'arrêt de la Cour de cassation en date du 4 mai 1961 rejetant le pourvoi du sieur Lagaillarde (Pierre), et qu'elle a entraîné, en vertu des dispositions précitées de l'ordonnance du 24 octobre 1958, l'inéligibilité de ce dernier ;

Considérant qu'il appartient, en conséquence, au Conseil constitutionnel de constater, en application des dispositions sus-rappelées de l'article 8 de l'ordonnance du 24 octobre 1958, la déchéance de plein droit de son mandat encourue par le sieur Lagaillarde (Pierre) du fait de l'inéligibilité résultant de la condamnation définitivement prononcée à son encontre ;

Déclare :

Est constatée la déchéance de plein droit, à compter du 5 mai 1961, du sieur Lagaillarde (Pierre), de sa qualité de membre de l'Assemblée nationale.

Délibéré par le Conseil dans sa séance du 18 juillet 1961.

J.O. du 29

DOCUMENT 25-403
Décision du Conseil constitutionnel du 17 mars 1964 prononçant la déchéance de M. Maurice Lenormand, député

Le Conseil constitutionnel,

Saisi le 13 mars 1964 d'une requête du Garde des Sceaux, ministre de la Justice, tendant à la constatation de la déchéance de plein droit du sieur Maurice Lenormand en sa qualité de membre de l'Assemblée nationale ;

Vu l'ordonnance du 24 octobre 1958 portant loi organique relative aux conditions d'éligibilité et aux incompatibilités parlementaires ;

Vu, le code électoral ;

Vu l'arrêt de la Cour d'appel de Nouméa, siégeant en matière correctionnelle, en date du 20 août 1963 ;

Vu l'arrêt de la Cour de cassation (Chambre criminelle) en date du 30 janvier 1964 ;

Considérant qu'aux termes de l'article 8 de l'ordonnance susvisée du 24 octobre 1958 : « Sera déchu de plein droit de la qualité de membre de l'Assemblée nationale ou du Sénat celui dont l'inéligibilité se révélera après la proclamation de l'élection et l'expiration du délai pendant lequel elle peut être contestée ou qui, pendant la durée de son mandat, se trouvera dans l'un des cas d'inéligibilité prévus par la présente loi ;

« La déchéance est constatée par le Conseil constitutionnel à la requête du bureau de l'assemblée intéressée ou du Garde des Sceaux, ministre de la Justice, ou, en outre, en cas de condamnation postérieure à l'élection, du ministère public près la juridiction qui a prononcé la condamnation » ;

Considérant qu'aux termes de l'article 5 (1er al.) de la même ordonnance : « Sont inéligibles les individus condamnés lorsque la condamnation empêche d'une manière définitive leur inscription sur une liste électorale » et que l'article 5 du Code électoral dispose que : « Ne doivent pas être inscrits sur la liste électorale : 3° ceux... condamnés... à une peine d'emprisonnement d'une durée supérieure à six mois avec sursis, pour un délit autre que ceux énumérés au 2°, sous réserve des dispositions de l'article 8 » ;

Considérant qu'il ressort des pièces versées au dossier que le sieur Maurice Lenormand député de la Nouvelle-Calédonie, a été condamné à un an d'emprisonnement avec sursis pour omission volontaire d'empêcher un crime ; que cette décision, qui réprime un délit autre que ceux énumérés au 2° de l'article 5 et à l'article 8 du code électoral, est devenue définitive à la suite de l'arrêt de la Cour de cassation en date du 30 janvier 1964, rejetant le pourvoi du sieur Maurice Lenormand, et qu'elle a entraîné, en vertu des dispositions précitées de l'ordonnance du 24 octobre 1958, l'inéligibilité de ce dernier ;

Considérant qu'il appartient, en conséquence, au Conseil constitutionnel de constater, en application des dispositions susrappelées de l'article 8 de l'ordonnance du 24 octobre 1958, la déchéance de plein droit de son mandat encourue par le sieur Maurice Lenormand du fait de l'inéligibilité résultant de la condamnation définitivement prononcée à son encontre ;

Déclare :

Est constatée la déchéance de plein droit du sieur Maurice Lenormand de sa qualité de membre de l'Assemblée nationale à compter du 31 janvier 1964.

Délibéré par le Conseil constitutionnel dans sa séance du 17 mars 1964.

J.O. du 26

DOCUMENT 25-500

Liste des décisions du Conseil constitutionnel relatives à l'examen des incompatibilités parlementaires

Date	Intéressé	Publication au J.O.
8 juillet 1966	M. Benoist, sénateur	24 juillet 1966
15 juillet 1976	M. Boileau, sénateur	18 juillet 1976
20 décembre 1976	M. Dassault, député	23 décembre 1976
7 juin 1977	M. Dassault, député	9 juin 1977
18 octobre 1977	M. Dassault, député	20 octobre 1977

DOCUMENT 25-501

Décision du Conseil constitutionnel du 8/7/1966 relative à la situation de M. Benoist

Le Conseil constitutionnel,

Saisi le 4 mai 1966 par le Président du Sénat au nom du bureau de cette assemblée, conformément à l'article 20 de l'ordonnance n° 58-998 du 24 octobre 1958, d'une demande tendant à apprécier si le Docteur Benoist, sénateur de la Nièvre et chirurgien-chef de la maternité de l'hospice civil d'Autun (Saône-et-Loire), se trouve ou non dans un des cas d'incompatibilité prévus par le code électoral ;

Vu la Constitution et, notamment, son article 25 ;

Vu le code électoral et, notamment, les articles L.O. 142, 145, 151 et 297, ensemble l'ordonnance n° 58-998 du 24 octobre 1958 portant loi organique relative aux conditions d'éligibilité et aux incompatibilités parlementaires ;

Considérant que l'article L.O. 297 du code électoral dispose qu'en ce qui concerne les sénateurs « les causes d'incompatibilité sont les mêmes que pour l'élection à l'Assemblée nationale » ;

Considérant qu'aux termes de l'article L.O. 142, alinéa 1er dudit code « l'exercice des fonctions publiques non électives est incompatible avec le mandat de député » ; que, l'article L.O. 145, premier alinéa, du même code déclare « incompatibles avec le mandat de député les fonctions de président et de membre du conseil d'administration ainsi que celles de directeur général et de directeur général adjoint exercées dans les entreprises nationales et établissements publics nationaux » ;

Considérant que du rapprochement des dispositions précitées il résulte, en ce qui concerne le cas particulier des établissements publics, que la matière des incompatibilités est réglée non par l'article L.O. 142 du code électoral mais par l'article L.O. 145 du même code ;

Considérant que ce dernier texte établit une incompatibilité entre le mandat de parlementaire et l'exercice de certaines fonctions, limitativement énumérées, dans les établissements publics nationaux ; que, par suite, il n'existe aucune incompatibilité entre le mandat de sénateur et les fonctions qui pourraient être exercées dans des établissements publics n'ayant pas le caractère national ;

Considérant que le Docteur Benoist exerce ses fonctions dans un établissement public communal ; que, dès lors, celles-ci ne rentrent dans aucun des cas d'incompatibilité prévus par le code électoral ;

Décide :

Article premier. Les fonctions exercées par le Docteur Benoist à la maternité de l'hospice civil d'Autun sont déclarées compatibles avec l'exercice de son mandat de sénateur.

Article 2. La présente décision sera notifiée au Président du Sénat et sera publiée au *Journal officiel* de la République française.

Délibéré par le Conseil constitutionnel dans sa séance du 8 juillet 1966.

J.O. du 24

TITRE IV : LE PARLEMENT

DOCUMENT 25-502
Décision du Conseil constitutionnel du 15/7/1976 relative à la situation de M. Boileau

Le Conseil constitutionnel,

Saisi le 1er juillet 1976 par M. Roger Boileau, sénateur de Meurthe-et-Moselle, en application de l'article 20 de l'ordonnance n° 58-998 du 24 octobre 1958 modifiée, d'une demande tendant à apprécier si dans l'exercice des fonctions de vice-président, administrateur délégué de la société coopérative d'H.L.M. à capital variable dénommée Groupe maison familiale de l'Est dont le siège est 11, rue des Michottes, à Nancy, il se trouve ou non dans un des cas d'incompatibilité avec son mandat parlementaire prévus par le code électoral ;

Vu la Constitution, et notamment son article 25 ;

Vu le code électoral, et notamment ses articles L.O. 142, L.O. 145 et L.O. 151, ensemble l'ordonnance n° 59-998 du 24 octobre 1958 portant loi organique relative aux conditions d'éligibilité et aux incompatibilités parlementaires, modifiée par les lois organiques n° 61-1447 du 29 décembre 1961 et n° 72-64 du 24 janvier 1972, et notamment les articles 15 et 20 de ladite ordonnance ;

Considérant qu'aux termes de l'article L.O. 146 du code électoral « sont incompatibles avec le mandat parlementaire les fonctions ... d'administrateur délégué ... exercées dans : ... :

4. Les sociétés ou entreprises à but lucratif dont l'objet est l'achat ou la vente de terrains destinés à des constructions, quelle que soit leur nature, ou qui exercent une activité de promotion immobilière ou, à titre habituel, de construction d'immeubles en vue de leur vente » ;

Considérant que, si les sociétés anonymes coopératives de production d'habitations à loyer modéré dont le régime est fixé par la loi n° 71-579 du 16 juillet 1971 et la loi n° 71-580 de la même date, ainsi que par le décret n° 74-239 du 15 mars 1974, et dont les statuts types ont été fixés par le décret n° 71-240 de la même date, tout en ressortissant de la législation des habitations à loyer modéré, sont, en tant que sociétés anonymes soumises aux dispositions de la loi n° 66-537 du 24 juillet 1966 sur les sociétés commerciales et sont, dans l'exercice de leur activité, amenées à faire des actes de commerce qui peuvent avoir un caractère lucratif, il n'en demeure pas moins que la raison d'être de ces sociétés est, de la part de leurs créateurs et de leurs sociétaires, la construction de logements dans un intérêt social et non un profit pécuniaire ; que si leurs opérations peuvent laisser apparaître un excédent, l'intérêt distribuable est statuairement limité et que, d'ailleurs, elles ne sont pas assujetties à l'impôt sur les bénéfices industriels et commerciaux ; qu'au surplus, à la dissolution de la société, l'actif ne peut être transféré qu'à un autre organisme d'H.L.M. ; que, dès lors, elles ne sauraient être regardées comme ayant un but lucratif au sens de l'article L.O. 146 du code électoral ; que, dans ces conditions, elles ne sont pas au nombre des sociétés visées au paragraphe 4° de l'article 15 précité de l'ordonnance n° 58-998 du 24 octobre 1958 portant loi organique relative aux conditions d'éligibilité et aux incompatibilités parlementaires ;

Considérant, en conséquence, que l'exercice par M. Boileau, sénateur, des fonctions non rémunérées d'administrateur délégué dans une des sociétés anonymes coopératives de production d'habitations à loyer modéré visées à l'alinéa précédent n'est pas incompatible avec son mandat parlementaire,

Décide :

Art. 1er. Les fonctions d'administrateur délégué de la société coopérative d'H.L.M. à capital variable dénommée Groupe maison familiale de l'Est exercées par M. Roger Boileau sont déclarées compatibles avec l'exercice de son mandat de sénateur.

Art. 2. La présente décision sera notifiée au président du Sénat, à M. Roger Boileau, sénateur, et sera publiée au Journal officiel de la République française.

Délibéré par le Conseil constitutionnel dans sa séance du 15 juillet 1976.

J.O. du 18

DOCUMENT 25-503
Décisions du Conseil constitutionnel relatives à la situation de M. Dassault

I. Décision du 20 décembre 1976

Le Conseil constitutionnel,

Saisi le 28 octobre 1976, par M. Marcel Dassault, député de l'Oise, en application de l'article L.O. 151 du code électoral, d'une demande tendant à l'appréciation de la compatibilité de ses activités professionnelles avec l'exercice de son mandat parlementaire ;

Vu la Constitution, et notamment ses articles 25 et 62 ;

Vu le code électoral, et notamment son article L.O. 151 ;

Considérant qu'aux termes de l'article 20 de l'ordonnance n° 58-998 du 24 octobre 1958 portant loi organique relative aux conditions d'éligibilité et aux incompatibilités parlementaires, prise pour l'application de l'article 23 de la Constitution, modifié par l'article 3 de la loi organique n° 72-64 du 24 janvier 1972 et codifié sous l'article L.O. 151 du code électoral : « Le député qui, lors de son élection, se trouve dans l'un des cas d'incompatibilité visés au présent code doit, dans les quinze jours qui suivent son entrée en fonction ou, en cas de contestation de l'élection, la décision du Conseil constitutionnel, se démettre des fonctions incompatibles avec son mandat ou, s'il est titulaire d'un emploi public, demander à être placé dans la position spéciale prévue par son statut.

« Dans le même délai, le parlementaire doit déclarer au bureau de l'assemblée à laquelle il appartient toute activité professionnelle qu'il envisage de conserver. De même, il doit, en cours de mandat, déclarer toute activité professionnelle nouvelle qu'il envisage d'exercer.

« Le bureau examine si les activités ainsi déclarées sont compatibles avec le mandat parlementaire. S'il y a doute sur la compatibilité des fonctions ou activités exercées ou en cas de contestation à ce sujet, le bureau de l'assemblée intéressée, le Garde des Sceaux, ministre de la Justice, ou le parlementaire lui-même, saisit le Conseil constitutionnel qui apprécie souverainement si le parlementaire intéressé se trouve dans un cas d'incompatibilité ».

Considérant qu'il résulte des dispositions précitées qu'en ce qui concerne les questions de compatibilité des fonctions ou activités d'un parlementaire avec l'exercice de son mandat, il appartient, tout d'abord au bureau de l'assemblée dont il est membre d'examiner si ses fonctions ou activités sont compatibles avec l'exercice du mandat ; que, par suite, le Conseil constitutionnel ne peut être appelé à apprécier si l'intéressé se trouve dans un cas d'incompatibilité qu'après cet examen et seulement si le bureau a exprimé un doute à ce sujet ou si la position qu'il a prise fait l'objet d'une contestation, soit par le Garde des Sceaux, ministre de la Justice, soit par le parlementaire lui-même ;

Considérant qu'il ressort des pièces du dossier et notamment des termes mêmes d'un extrait du procès-verbal de la réunion du bureau de l'Assemblée nationale en date du 28 octobre 1976 qu'après avoir été saisi du cas de M. Dassault, député de l'Oise, successivement par MM. Ballanger, député de Seine-Saint-Denis, et Ducoloné, député des Hauts-de-Seine, vice-président de l'Assemblée, et avoir constaté que « l'on se trouvait placé dans la situation définie à l'article 20 précité de l'ordonnance n° 58-998 du 24 octobre 1958 portant loi organique relative aux incompatibilités parlementaires modifié par l'article 3 de la loi organique n° 72-64 du 24 janvier 1972 »; le bureau s'est borné à prendre acte du fait que la saisine du Conseil constitutionnel avait été opérée le 28 octobre 1976 par l'intéressé lui-même ; qu'ainsi il n'a pas pris position sur le cas de celui-ci, comme il lui appartenait de le faire en application des dispositions précitées et conformément aux prérogatives des bureaux des assemblées parlementaires ; que, dès lors, le Conseil constitutionnel ne se trouve pas en mesure, en l'état actuel de la procédure, de se prononcer sur la demande qui lui a été adressée par M. Dassault,

Décide :

Art. 1er. — La demande susvisée de M. Dassault n'est pas recevable en l'état.

Art. 2. — La présente décision sera notifiée au président de l'Assemblée nationale et à M. Dassault, député de l'Oise.

Délibéré par le Conseil constitutionnel dans sa séance du 20 décembre 1976.

J.O. du 23

II. Décision du 7 juin 1977

Le Conseil constitutionnel,

Saisi le 28 octobre 1976 par M. Marcel Dassault, député de l'Oise, en application de l'article L.O. 151 du code électoral, d'une demande tendant à l'appréciation de la compatibilité de ses activités professionnelles avec l'exercice de son mandat parlementaire ;

Vu la Constitution, et notamment ses articles 25 et 62 ;

Vu le code électoral, et notamment son article L.O. 151 ;

Vu la décision du Conseil constitutionnel n° 76-I-3 du 20 décembre 1976 ;

Vu l'extrait du procès-verbal de la réunion du bureau de l'Assemblée nationale du 23 mars 1977, approuvé lors de sa réunion du 25 mai 1977, approbation portée, à la même date, par le président de cette assemblée à la connaissance du Conseil constitutionnel ;

Considérant que, saisi par M. Marcel Dassault d'une demande tendant à l'appréciation de la compatibilité de ses activités professionnelles avec l'exercice de son mandat parlementaire, le Conseil constitutionnel a déclaré dans une décision du 20 décembre 1976 cette demande non recevable en l'état ; que pour motiver cette décision il s'est fondé sur le fait que le bureau de l'Assemblée nationale n'avait pas, à cette date, pris position sur le cas de M. Marcel Dassault, comme il lui appartenait de le faire en application des dispositions de l'article L.O. 151 du code électoral, conformément aux prérogatives des bureaux des assemblées parlementaires, et que, dès lors, le Conseil constitutionnel ne se trouvait pas en mesure, en l'état de la procédure, de se prononcer sur le cas de M. Marcel Dassault ;

Considérant qu'il résulte de documents portés à la connaissance du Conseil depuis cette décision, et notamment de l'extrait du procès-verbal d'une réunion du bureau de l'Assemblée nationale du 23 mars 1977 approuvé le 25 mai suivant, qu'au cours de cette réunion le bureau a estimé qu'au cas de l'espèce il existait à la fois doute et contestation et qu'il entendait notifier au Conseil constitutionnel qu'il avait procédé à la constatation de l'existence des conditions prévues à l'article L.O. 151 du code électoral pour que l'affaire puisse être soumise au Conseil constitutionnel ;

Considérant qu'en se livrant à cette constatation le bureau a procédé, ainsi qu'il lui incombait de le faire, à l'examen prévu par l'article L.O. 151 du code électoral ; que, dès lors, aucun obstacle ne s'oppose plus à la recevabilité de la demande présentée au Conseil constitutionnel,

Décide :

Art. 1er. — La demande de M. Marcel Dassault est déclarée recevable et, en conséquence, il appartient au Conseil constitutionnel d'y statuer au fond.

Art. 2. — La présente décision sera notifiée au président de l'Assemblée nationale et à M. Marcel Dassault, député de l'Oise.

Délibéré par le Conseil constitutionnel dans sa séance du 7 juin 1977.

J.O. du 9

III. Décision du 18 octobre 1977

Le Conseil constitutionnel,

Saisi le 28 octobre 1976 par M. Marcel Dassault, député de l'Oise, en application de l'article L.O. 151 du code électoral, d'une demande tendant à l'examen de sa situation au regard des dispositions relatives aux incompatibilités parlementaires ;

Vu la Constitution, et notamment ses articles 25 et 62 ;

Vu le code électoral, et notamment ses articles L.O. 146 et L.O. 151 ;

Vu la décision du Conseil constitutionnel n° 76-I-3 du 20 décembre 1976 ;

Vu l'extrait du procès-verbal de la réunion du bureau de l'Assemblée nationale du 23 mars 1977 approuvé lors de sa réunion du 25 mai 1977 ;

Vu la décision du Conseil constitutionnel n° 77-I-4 du 7 juin 1977 ;

Considérant que la question posée au Conseil constitutionnel est de savoir si M. Marcel Dassault se trouve dans un des cas d'incompatibilité prévus à l'article L.O. 146 du code électoral ;

Considérant qu'aux termes du premier alinéa de l'article L.O. 146 du code électoral : « Sont incompatibles avec le mandat parlementaire les fonctions de chef d'entreprise, de président de conseil d'administration, de président et de membre de directoire, de président du conseil de surveillance, d'administrateur délégué, de directeur général, de directeur général adjoint ou gérant exercées dans :

« 1. Les sociétés, entreprises ou établissements jouissant sous forme de garanties d'intérêts, de subventions ou, sous forme équivalente, d'avantages assurés par l'Etat ou par une collectivité publique sauf dans le cas où ces avantages découlent de l'application automatique d'une législation générale ou d'une réglementation générale ;

« 3. Les sociétés ou entreprises dont l'activité consiste principalement dans l'exécution de travaux, la prestation de fournitures ou de services pour le compte ou sous le contrôle de l'Etat, d'une collectivité ou d'un établissement public ou d'une entreprise nationale ou d'un Etat étranger ;

« 5. Les sociétés dont plus de la moitié du capital est constitué par des participations de sociétés, entreprises ou établissements visés aux 1. et 3. ci-dessus » ;

Considérant qu'en vertu du dernier alinéa du même article L.O. 146 du code électoral : « les dispositions du présent article sont applicables à toute personne qui, directement ou par personne interposée, exerce en fait la direction de l'un des établissements, sociétés ou entreprises ci-dessus visés » ;

Considérant que, pour l'appréciation de la situation d'un parlementaire au regard de l'article L.O. 146 ci-dessus rappelé, le Conseil constitutionnel doit se placer à la date à laquelle il prend sa décision ; qu'en effet, il résulte des termes du quatrième alinéa de l'article L.O. 151 que le parlementaire dont il a été déclaré qu'il se trouve dans un cas d'incompatibilité « doit régulariser sa situation dans le délai de quinze jours à compter de la notification qui lui est faite de la décision du Conseil constitutionnel » ; qu'il n'y a donc pas lieu de tenir compte de circonstances ayant pris fin antérieurement à cette décision ;

Considérant, au regard du premier alinéa de l'article L.O. 146, que si certaines des sociétés dont le capital appartient en partie, directement ou indirectement, à M. Marcel Dassault entrent dans le champ d'application des dispositions de ce texte, il est constant que ce parlementaire n'exerce au sein desdites sociétés aucune des fonctions énumérées au premier alinéa dudit article, incompatibles avec le mandat parlementaire ;

Considérant, au regard du dernier alinéa de l'article L.O. 146, que la notion de direction de fait, au sens de ce texte, doit s'entendre d'une participation à la conduite générale de l'entreprise active, régulière et comportant prise de décisions ; que l'ensemble des informations portées à la connaissance du Conseil constitutionnel et des investigations auxquelles celui-ci, en l'état des pouvoirs dont il dispose, a été mesure de procéder, n'ont pas apporté la preuve que M. Marcel Dassault exerce en fait, au jour de la présente décision, directement ou par personne interposée, la direction de l'une ou de plusieurs des sociétés ou entreprises dont il s'agit ;

Considérant que, comme tout texte édictant une incompatibilité et qui a donc pour effet de porter une atteinte à l'exercice d'un mandat électif, le dernier alinéa de l'article L.O. 146 du code électoral ne saurait faire l'objet d'une interprétation extensive ; qu'en conséquence, l'incompatibilité qu'il prévoit ne peut être étendue aux personnes qui, détenant la propriété d'une partie, quelle qu'en soit l'importance, du capital d'une société, exercent les droits qui y sont attachés ; que, dès lors, la circonstance que M. Marcel Dassault détient la majorité des titres de différentes sociétés entrant dans le champ d'application des dispositions ci-dessus rappelées n'a pas pour effet de le placer en situation d'incompatibilité ;

Considérant que de tout ce qui précède il résulte qu'il n'est pas établi qu'au jour de la présente décision M. Marcel Dassault se trouve dans un des cas d'incompatibilité prévus à l'article L.O. 146 du code électoral,

Décide :

Art. 1er. — M. Marcel Dassault, au jour de la présente décision, ne se trouve dans aucun des cas d'incompatibilité prévus à l'article L.O. 146 du code électoral.

Art. 2. — La présente décision sera notifiée au président de l'Assemblée nationale, à M. Marcel Dassault, député, et sera publiée au *Journal officiel* de la République française.

Délibéré par le Conseil constitutionnel dans sa séance du 18 octobre 1977.

J.O. du 20

DOCUMENT 25-600
Ordonnance n° 62-737 du 3 juillet 1962 relative au mandat des députés et sénateurs élus dans les départements algériens et sahariens

Rapport au Président de la République

Monsieur le Président,

Le principe d'autodétermination des populations des départements algériens a été approuvé par le peuple français lors du référendum du 8 janvier 1961.

Le 1er janvier 1962, ces populations ont manifesté la volonté de s'ériger en Etat indépendant coopérant avec la France. Conformément aux déclarations gouvernementales d'Evian, également approuvées par le peuple lors du référendum du 8 avril 1962, la France a immédiatement reconnu l'indépendance de l'Algérie.

Cet état de droit nouveau ne peut pas rester sans conséquence sur le mandat des députés et sénateurs élus dans les départements qui à compter de la reconnaissance de l'indépendance algérienne, ont cessé de faire partie de la République française.

La présence au sein des assemblées de la République de représentants qui ont été désignés par des populations ayant manifesté la volonté de s'ériger en nation indépendante apparaîtrait contraire à ce principe fondamental qui veut que seules des populations se réclamant de la souveraineté française soient représentées dans les assemblées parlementaires. Elle irait d'autre part à l'encontre de la souveraineté algérienne que la France a reconnue.

Le Président de la République est habilité par la loi du 13 avril 1962 à prendre toutes les mesures rendues nécessaires par l'application des déclarations d'Evian. Au nombre de ces mesures figurent évidemment celles qui concernent la représentation des populations algériennes au sein des assemblées parlementaires françaises. Il y a donc lieu de constater par ordonnance que le mandat des sénateurs et députés élus dans les départements algériens prend fin avec l'accession de ces départements à l'indépendance.

Tel est l'objet de la présente ordonnance que nous avons l'honneur de soumettre à votre approbation.

Le Président de la République,

Sur le rapport du Premier ministre et du ministre d'Etat chargé des affaires algériennes,

Vu la loi n° 61-44 du 14 janvier 1961 concernant l'autodétermination des populations algériennes et l'organisation des pouvoirs publics en Algérie avant l'autodétermination ;

Vu la loi n° 62-421 du 13 avril 1962 concernant les accords à établir et les mesures à prendre au sujet de l'Algérie sur la base des déclarations gouvernementales du 19 mars 1962 ;

Vu l'ordonnance n° 58-1065 du 7 novembre 1958 portant loi organique relative à la composition et à la durée des pouvoirs de l'Assemblée nationale ;

Vu l'ordonnance n° 58-1097 du 15 novembre 1958 portant loi organique relative à la composition du Sénat et à la durée du mandat des sénateurs ;

Vu l'ordonnance n° 59-259 du 4 février 1959 complétant et modifiant l'ordonnance n° 58-1097 du 15 novembre 1958 portant loi organique relative à la composition du Sénat et à la durée du mandat des sénateurs ;

Vu le décret du 5 novembre 1870 relatif à la promulgation des lois et décrets (art. 2, 2e alinéa) ;

Le Conseil d'Etat entendu ;

Le Conseil des ministres entendu,

Ordonne :

Art. 1er. — En conséquence du scrutin d'autodétermination du 1er juillet 1962, le mandat des députés et sénateurs élus dans les départements dont les populations ont accédé à l'indépendance prend fin à compter du 4 juillet 1962.

Art. 2. — Le bureau de chacune des assemblées parlementaires est habilité à prendre les dispositions nécessaires au règlement de la situation des députés et sénateurs visés à l'article précédent.

Art. 3. — Le Premier ministre et le ministre d'Etat chargé des affaires algériennes sont chargés de l'exécution de la présente ordonnance, qui sera publiée au *Journal officiel* de la République française et qui, vu l'urgence, entre immédiatement en vigueur.

Fait à Paris, le 3 juillet 1962.

C. de Gaulle

Par le Président de la République :

Le Premier ministre,
Georges Pompidou

Le ministre d'Etat chargé des affaires algériennes,
Louis Joxe

J.O. du 4

Note : Les parlementaires élus dans les Territoires d'outre-mer des Comores et du Territoire français des Afars et des Issas, devenus indépendants en 1975 et en 1977 (cf. Doc. 53-101 et 53-102) sont restés membres du Parlement jusqu'au renouvellement normal de l'assemblée à laquelle ils appartenaient.

ARTICLE 26

Aucun membre du Parlement ne peut être poursuivi, recherché, arrêté, détenu ou jugé à l'occasion des opinions ou votes émis par lui dans l'exercice de ses fonctions.

Aucun membre du Parlement ne peut, pendant la durée des sessions, être poursuivi ou arrêté en matière criminelle ou correctionnelle qu'avec l'autorisation de l'assemblée dont il fait partie, sauf le cas de flagrant délit.

Aucun membre du Parlement ne peut, hors session, être arrêté qu'avec l'autorisation du bureau de l'assemblée dont il fait partie, sauf le cas de flagrant délit, de poursuites autorisées ou de condamnation définitive.

La détention ou la poursuite d'un membre du Parlement est suspendue si l'assemblée dont il fait partie le requiert.

DOCUMENT 26-100

Liste des parlementaires ayant fait l'objet d'une demande d'autorisation de poursuites

Date du dépôt de la résolution	Nom	Suite donnée
	I - DÉPUTÉS	
6.12.1960	M. Lagaillarde	Accordée le 7.12.1960
17.05.1061	M. Lauriol	Accordée le 22.6.1961
19.06.1962	M. Bidault	Accordée le 5.7.1962
15.02.1963	M. Schmittlein	Non discutée
19.06.1964	M. Fievez	»
20.06.1967	M. Guidet	»
24.11.1967	M. Bonhomme	»
24.12.1972	M. Bonhomme	»
	II - SÉNATEURS	
29.10.1959	M. Mitterrand	Accordée (séance du 25.11.1959)
7.12.1961	M. Dumont	Accordée (séance du 16.01.1962)
25.11.1968	M. Duclos	Rejetée (séance du 19.12.1968)

DOCUMENT 26-101

Liste des parlementaires ayant fait l'objet d'une demande de suspension de poursuites ou de détention

Date du dépôt de la résolution	Nom de l'intéressé	Suite donnée
23.6.59	M. Pouvanaa Oopa, député	non discutée
15.10.59	M. Pouvanaa Oopa, député	non discutée
26.4.60	M. Lagaillarde, député	Rejet - 1.6.60
13.11.60	M. Lagaillarde, député	Rejet - 15.11.60
11.7.63	M. Schmittlein, député	acceptée - 26.7.63
19.4.77	M. Dardel, sénateur	acceptée - 29.6.77

ARTICLE 27

Tout mandat impératif est nul.
Le droit de vote des membres du Parlement est personnel.
La loi organique peut autoriser exceptionnellement la délégation de vote. Dans ce cas, nul ne peut recevoir délégation de plus d'un mandat.

DOCUMENT 27-100
Décision du Conseil constitutionnel du 22/12/1961 relative à la délégation de vote

Le Conseil constitutionnel,
Saisi le 18 décembre 1961 par le Premier ministre, conformément aux dispositions des articles 46 et 61 de la Constitution, du texte de la loi organique modifiant l'ordonnance du 7 novembre 1958 autorisant exceptionnellement les parlementaires à déléguer leur droit de vote ;
Vu la Constitution ;
Vu l'ordonnance du 7 novembre 1958 portant loi organique sur le Conseil constitutionnel, notamment le chapitre II du titre II de ladite ordonnance ;
Vu l'ordonnance du 7 novembre 1958 portant loi organique autorisant exceptionnellement les parlementaires à déléguer leur droit de vote ;
Considérant que la loi organique dont le Conseil constitutionnel est saisi, avant promulgation, aux fins d'appréciation de sa conformité à la Constitution a pour objet, en complétant l'article 1er de l'ordonnance du 7 novembre 1958 portant loi organique autorisant exceptionnellement les parlementaires à déléguer leur droit de vote, d'ajouter aux cas, déjà prévus par ladite loi, dans lesquels les parlementaires sont exceptionnellement autorisés à déléguer leur droit de vote, l'éventualité d'obligations découlant de l'exercice du mandat parlementaire ou d'un mandat dans les conseils élus des collectivités territoriales de la République, ou les cas de force majeure appréciés par décision des bureaux des Assemblées ;

En la forme :
Considérant que ladite loi organique a été prise dans la forme exigée par l'article 27 de la Constitution et dans le respect de la procédure prévue à l'article 46 ;

Au fond :
Considérant que l'article 27 de la Constitution pose en principe que le droit de vote des membres du Parlement est personnel et que la délégation de vote ne peut qu'exceptionnellement être autorisée par la loi organique ;

Considérant qu'en prévoyant que le droit de vote pourra être délégué dans les « cas de force majeure », la loi organique ci-dessus analysée peut être regardée comme respectant le principe constitutionnel susrappelé dès lors qu'il appartiendra aux bureaux des assemblées, chargés d'apprécier lesdits cas de force majeure, de veiller à la stricte application de ce principe ;
Mais considérant qu'il n'en est pas de même de la disposition de la loi organique visant « les obligations découlant de l'exercice du mandat parlementaire ou d'un mandat dans les conseils élus des collectivités territoriales de la République » ; qu'en effet, cette disposition, dans les termes où elle est rédigée, et alors que les obligations dont il s'agit ne seraient pas soumises à l'appréciation des bureaux des Assemblées, enlèverait à la délégation de vote le caractère, qu'a voulu lui conférer la Constitution, de dérogation exceptionnelle au principe du vote personnel ;

Décide :

Article premier. — La loi organique tendant à modifier l'ordonnance du 7 novembre 1958 portant loi organique autorisant exceptionnellement les parlementaires à déléguer leur droit de vote est déclarée conforme à la Constitution en tant qu'elle ajoute aux cas déjà prévus les « cas de force majeure appréciés par décision des bureaux des Assemblées ».

Article 2. — La disposition de ladite loi organique visant les « obligations découlant de l'exercice du mandat parlementaire ou d'un mandat dans les conseils élus des collectivités territoriales de la République » est déclarée contraire à la Constitution.

Article 3. — La présente décision sera publiée au *Journal officiel* de la République française.

Délibéré par le Conseil dans sa séance du 22 décembre 1961.

J.O. du 25

ARTICLE 28

Le Parlement se réunit de plein droit en deux sessions ordinaires par an.

La première session s'ouvre le 2 octobre, sa durée est de quatre-vingts jours.

La seconde session s'ouvre le 2 avril, sa durée ne peut excéder quatre-vingt-dix jours.

Si le 2 octobre ou le 2 avril est un jour férié, l'ouverture de la session a lieu le premier jour ouvrable qui suit*.

DOCUMENT 28-100
Liste des sessions ordinaires du Parlement

Réunion constitutive : 9-11 décembre 1958

	1re session ordinaire	2e session ordinaire
1re législature		
1959		28 avril - 27 juillet
1959-1960	6 octobre - 18 décembre	26 avril - 25 juillet
1960-1961	4 octobre - 16 décembre	25 avril - 22 juillet (1)
1961-1962	3 octobre - 15 décembre	24 avril - 24 juillet
1962-1963	2 octobre - 9 octobre (2)	
2e législature		
1962-1963	6 décembre - 21 décembre	30 avril - 26 juillet
1963-1964	1er octobre - 20 décembre	2 avril - 30 juin
1964-1965	2 octobre - 20 décembre	2 avril - 30 juin
1965-1966	2 octobre - 20 décembre	2 avril - 30 juin
1966-1967	3 octobre - 21 décembre	
3e législature		
1966-1967		3 avril - 1er juillet
1967-1968	2 octobre - 20 décembre	2 avril - 30 mai (3)
4e législature		
1968-1969	2 octobre - 20 décembre	2 avril - 27 juin
1969-1970	2 octobre - 20 décembre	2 avril - 30 juin
1970-1971	2 octobre - 20 décembre	2 avril - 30 juin
1971-1972	2 octobre - 20 décembre	4 avril - 1er juillet
1972-1973		
5e législature		
1972-1973		2 avril - 30 juin
1973-1974	2 octobre - 20 décembre	2 avril - 28 juin
1974-1975	2 octobre - 20 décembre	2 avril - 30 juin
1975-1976	2 octobre - 20 décembre	2 avril - 30 juin
1976-1977	2 octobre - 20 décembre	2 avril - 30 juin
1977-1978	3 octobre - 21 décembre	
6e législature		
1977-1978		3 avril - 1er juillet

(1) Le Parlement fut réuni, de plein droit, en application de l'article 16, du 25 avril au 30 septembre 1961.
(2) Décret du 9 octobre 1962 portant dissolution de l'Assemblée nationale.
(3) Décret du 30 mai 1968 portant dissolution de l'Assemblée nationale.

* Les trois derniers alinéas de cet article résultent de la loi constitutionnelle n° 63-1327 du 30 décembre 1963 (*Journal officiel* du 30 décembre 1963).
Ancien article 28 :
Le Parlement
La première session commence le premier mardi d'octobre et prend fin le troisième vendredi de décembre.
La seconde session s'ouvre le dernier mardi d'avril ; sa durée ne peut excéder trois mois.

DOCUMENT 28-200

Texte de la proposition de loi constitutionnelle adoptée par le Sénat le 30 octobre 1975

L'article 28 de la Constitution est rédigé ainsi qu'il suit :

« Art. 28. — Le Parlement se réunit de plein droit en deux sessions ordinaires par an.

« La première session s'ouvre le 2 octobre, sa durée est de quatre-vingt jours.

« La seconde session s'ouvre le 2 mars, sa durée est de cent vingts jours.

« Si le 2 octobre ou le 2 mars est un jour férié, l'ouverture de la session a lieu le premier jour ouvrable qui suit ».

J.O.S. 30.10.75

Note : Cette proposition n'a jamais été inscrite à l'ordre du jour de l'Assemblée nationale (cf. Doc. 89-300).

DOCUMENT 28-300

Liste des sessions parlementaires closes avant épuisement de l'ordre du jour par application stricte de l'article 28

30 juin 1977.
21 décembre 1977.

ARTICLE 29

Le Parlement est réuni en session extraordinaire à la demande du Premier ministre ou de la majorité des membres composant l'Assemblée nationale, sur un ordre du jour déterminé.

Lorsque la session extraordinaire est tenue à la demande des membres de l'Assemblée nationale, le décret de clôture intervient dès que le Parlement a épuisé l'ordre du jour pour lequel il a été convoqué et au plus tard douze jours à compter de sa réunion.

Le Premier ministre peut seul demander une nouvelle session avant l'expiration du mois qui suit le décret de clôture.

TITRE IV : LE PARLEMENT

DOCUMENT 29-100
Liste des sessions extraordinaires du Parlement

Date de la session　　　*Origine*　　　　　　　　*Contenu de la session*

1re législature

Date de la session	Origine	Contenu de la session
15.01.59 - 30.01.59	Premier ministre	Déclaration de politique générale du gouvernement
21.12.59 - 30.12.59	Premier ministre	Prolongation de la session ordinaire
22.02.60 - 30.02.60	Premier ministre	Vote de la loi du 4 février 1960, autorisant le Gouvernement à prendre, par application de l'article 38 de la constitution, certaines mesures relatives au maintien de l'ordre, à la sauvegarde de l'Etat, à la pacification et à l'administration de l'Algérie.
25.04.61 - 30.09.61	Session de droit : article 16	Session ordinaire jusqu'au 22 juillet (cf. article 16)
20.03.62 - 21.03.62	Premier ministre	Déclaration du Gouvernement sur les accords d'Evian
24.07.62 - 27.07.62	Prtemier ministre	Prolongation de la session ordinaire

2e législature

28.12.62 - 21.02.63	Premier ministre	Prolongation de la session ordinaire
21.12.65 - 23.12.65	Premier ministre	Prolongation de la session ordinaire

3e législature

4e législature

11.07.68 - 25.07.68	Session de droit : article 12	Session législative après les événement de mai 1968
24.09.68 - 01.10.68	Premier ministre	Anticipation de la session ordinaire
16.09.69 - 20.09.69	Premier ministre	Déclaration de politique générale du Gouvernement

5e législature

22.01.74 - 25.01.74	Premier ministre	Déclaration du Gouvernement sur la politique monétaire
02.07.74 - 11.07.74	Premier ministre	Prolongation de la session ordinaire
23.07.74 - 28.07.74	Premier ministre	Vote de la loi du 7 août 1974 portant nouvelle organisation de la radio-diffusion et de la télévision
09.09.75 - 12.09.75	Premier ministre	Loi de finances rectificative ayant pour objet de mettre en place un plan de relance de l'économie
01.07.76 - 10.07.76	Premier ministre	Prolongation de la session ordinaire

ARTICLE 30

Hors les cas dans lesquels le Parlement se réunit de plein droit, les sessions extraordinaires sont ouvertes et closes par décret du Président de la République.

DOCUMENT 30-100
Lettre du Président de l'Assemblée nationale au Président de la République du 17 mars 1960

Lettre de M. Chaban-Delmas au général de Gaulle (*17 mars 1960*)

Monsieur le Président de la République,

J'ai l'honneur de vous faire connaître que j'ai été saisi, par deux cent quatre-vingt-sept membres de l'Assemblée nationale, d'une demande de convocation du Parlement en session extraordinaire, aux termes des articles 29 et 30 de la Constitution.

Le bureau de l'Assemblée nationale, dans sa réunion du 16 mars 1960, a constaté que les conditions requises par les dispositions constitutionnelles précitées se trouvaient réunies sur l'ordre du jour ci-après :

Discussion de la proposition de loi (N 166) de M. Terrenoire et plusieurs de ses collègues, tendant à fixer la place de l'agriculture dans l'ensemble de notre économie et à tracer les grandes lignes d'une politique agricole cohérente ;

Discussion de la proposition de loi (N 207) de MM. Juskiewenski et Maurice Faure, tendant à fixer les principes d'une politique agricole ;

Discussion de la proposition de loi (N 222) de M. Dorey et plusieurs de ses collègues portant charte de l'agriculture française ;

Discussion de la proposition de loi (N 256) de M. Bréchard et plusieurs de ses collègues tendant à définir le rôle de l'agriculture dans la nation, à établir le cadre intellectuel et social, économique et financier, à l'intérieur duquel les agriculteurs pourront, avec un minimum de sécurité, contribuer à l'expansion du pays ;

Discussion de la proposition de loi (N 524) de M. Bayou et plusieurs de ses collègues, portant programme d'expansion agricole et de rénovation foncière.

J'ai l'honneur de vous faire parvenir sous dossier joint, la liste des députés ayant formulé une demande valable.

Je vous prie, Monsieur le Président de la République, d'agréer les assurances de ma haute considération.

Jacques Chaban-Delmas

Source : A.N.

DOCUMENT 30-101
Lettre du Président de la République au Président de l'Assemblée nationale en date de 18 mars 1960

Monsieur le Président,

J'ai l'honneur de vous accuser réception de votre lettre du 17 mars dernier ainsi que de la liste des deux cent quatre-vingt-sept demandes adressées par des membres de l'Assemblée nationale et tendant à une réunion du Parlement en session extraordinaire.

Tout en mesurant l'importance capitale du sujet dont les signataires estiment à juste titre que les pouvoirs publics doivent se saisir au plus tôt, il ne me semble pas contestable que leurs demandes, telles qu'elles sont formulées, résultent dans leur ensemble des démarches pressantes dont ils ont été l'objet de la part des dirigeants d'un groupement professionnel. Or, celui-ci, quelle que puisse être sa représentativité quant aux intérêts économiques particuliers qu'il fait valoir, n'en est pas moins, suivant la loi, dépourvu de toute qualification et de toute responsabilité politiques.

Je ne crois pas que la réunion du Parlement, qui serait déterminée par des « invitations » d'une telle nature appuyées par les manifestations que l'on sait, puisse être tenue pour conforme au caractère de nos nouvelles institutions et même à la règle constitutionnelle qui condamne tout « mandat impératif ».

Ayant eu à diriger les travaux du gouvernement qui, avec le concours du Comité constitutionnel, a élaboré la Constitution, je suis fondé à penser que c'est pour dégager les parlementaires de pressions de cet ordre, aussi bien que pour fixer des limites raisonnées à la durée annuelle de leurs débats, que le texte constitutionnel ne prévoit la réunion du Parlement en session extraordinaire que dans des conditions très exceptionnelles, pour une durée très limitée, et attribue spécifiquement au Président de la République la responsabilité de la décréter.

Sans doute, depuis le troisième vendredi de décembre, qui a marqué la fin de la dernière session ordinaire, y a-t-il eu déjà deux sessions extraordinaires. Mais les décrets qui les ont convoquées ont été pris sur la proposition du gouvernement pour des raisons qui tenaient, soit à l'œuvre législative normale, soit à la nécessité urgente d'attribuer nommément au Président de la République le pouvoir de prendre par ordonnance les mesures imposées pour la sûreté de l'Etat. En ouvrir maintenant une troisième, et ensuite peut-être d'autres, dans des conditions et pour des motifs tout à fait différents, introduirait à coup sûr dans le fonctionnement des institutions une pratique contraire à leurs principes et qui pourrait désormais, à titre de précédent, être invoquée à tout moment.

On ne voit pas, d'ailleurs, quel pourrait être actuellement l'aboutissement positif d'une nouvelle session extraordinaire. La raison d'être essentielle du Parlement consiste évidemment à légiférer. Comment pourrait-il faire d'après l'ordre du jour visé par les demandes des signataires ?

Il est à ma connaissance que le gouvernement achève, en ce moment même, la préparation de projets de loi qui, pour la première fois, visent à embrasser dans son ensemble tout le problème de l'avenir de l'agriculture, car c'est de cela qu'il s'agit. Mais ces projets ne sont pas encore en état d'être déposés, ce qui est naturel puisque l'ouverture de la prochaine session parlementaire est constitutionnellement fixée au 26 avril. Quant aux propositions d'initiative parlementaire qui tendraient à résoudre effectivement ces questions en l'absence de projets soumis par le gouvernement, on discerne mal comment elles pourraient être recevables, puisque, dans ce cas, leur adoption aurait forcément « pour conséquence soit une diminution des ressources publiques, soit la création ou l'aggravation d'une charge publique », ce qu'exclut la Constitution.

En vérité, les grandes réformes qui doivent rénover l'agriculture française et, par là, contribuer directement au redressement de la France ne peuvent s'accomplir qu'en pleine et consciente collaboration du pouvoir exécutif et du pouvoir législatif, et ne sauraient être utilement débattues, votées et promulguées que dans des conditions qui soient dignes de leur objet. Le Premier ministre m'a rendu compte de l'intention du gouvernement de déposer les textes des projets de loi dans les délais voulus pour que les commissions parlementaires compétentes puissent les examiner avant le commencement de la prochaine session ordinaire, et pour que les assemblées soient en mesure d'en débattre dès leur réunion. Je ne puis qu'approuver cette méthode et cette diligence. Mais je ne croirais pas bien servir la République en convoquant le Parlement dans la hâte, voire dans le trouble sans qu'il soit à même d'aboutir à quelque conclusion législative que ce soit sur un sujet d'une pareille portée.

Je ne puis douter que ces considérations seront appréciées par ceux des membres de l'Assemblée nationale qui vous ont d'abord adressé les lettres que vous m'avez communiquées. Quant à moi, tout en prenant acte de l'intention légitime qu'ils y manifestent de contribuer à résoudre, dans les moindres délais possibles, les graves et vastes questions qui concernent l'agriculture française, je ne crois pas devoir décréter l'ouverture d'une session extraordinaire du Parlement. Celle-ci, dans les conditions où elle est demandée, ne serait en effet compatible ni avec l'esprit des institutions que je dois faire respecter ni avec le fonctionnement régulier des pouvoirs publics que j'ai la charge d'assurer, en vertu de la volonté du peuple et aux termes de la Constitution.

Veuillez croire, Monsieur le Président, à ma très haute considération.

Charles de Gaulle

ARTICLE 31

Les membres du Gouvernement ont accès aux deux assemblées. Ils sont entendus quand ils le demandent.

Ils peuvent se faire assister par des Commissaires du Gouvernement.

DOCUMENT 31-100

Liste des Commissaires du Gouvernement ayant pris la parole en séance publique devant le Parlement

M. Massé,
Commissaire général du Plan d'équipement et de la productivité, lors des débats sur les options du Ve Plan et sur le Ve Plan (A.N. 24.4.64 et 3.11.65, Sénat : 7.12.64 et 16.11.65).

ARTICLE 32

Le Président de l'Assemblée nationale est élu pour la durée de la législature.
Le Président du Sénat est élu après chaque renouvellement partiel.

DOCUMENT 32-100
Liste des Présidents de l'Assemblée nationale

1re législature :
9 décembre 1958 : M. Jacques Chaban-Delmas
2e législature :
6 décembre 1962 : M. Jacques Chaban-Delmas
3e législature :
3 avril 1967 : M. Jacques Chaban-Delmas
4e législature :
11 juillet 1968 : M. Jacques Chaban-Delmas
25 juin 1969 : M. Achille Peretti
5e législature :
2 avril 1973 : M. Edgard Faure
6e législature :
3 avril 1978 : M. Jacques Chaban-Delmas

DOCUMENT 32-101
Lettre de démission de M. Jacques Chaban-Delmas, au Président de l'Assemblée nationale, le 23 juin 1969

Paris, le 23 juin 1969

« Monsieur le Président,

« Le Président de la République m'ayant fait l'honneur de me désigner en qualité de Premier ministre, je suis amené à résigner mes fonctions de Président de l'Assemblée nationale.

« Je quitte avec un vif regret la fonction à laquelle depuis bientôt onze ans m'avait porté et maintenu la confiance de l'Assemblée.

« Nous avons accompli ensemble, sous plusieurs législatures, une œuvre dont le temps permettra de mesurer la portée.

« Le Gouvernement, que j'ai maintenant la tâche de conduire, vous aidera à la compléter en assurant l'exécution des textes votés avec la volonté de leur donner toute leur force.

« Je vous serais reconnaissant de bien vouloir faire part de ces sentiments à nos collègues en leur transmettant mes vœux très sincères pour leurs travaux à venir.

« Veuillez agréer, monsieur le président, l'expression de mes meilleurs sentiments. »

Jacques Chaban-Delmas
J.O. A.N. du 24

DOCUMENT 32-200
Liste des Présidents du Sénat

28 avril 1959 : M. Gaston Monnerville
2 octobre 1962 : M. Gaston Monnerville
2 octobre 1965 : M. Gaston Monnerville
2 octobre 1968 : M. Alain Poher
2 octobre 1971 : M. Alain Poher
2 octobre 1974 : M. Alain Poher
3 octobre 1977 : M. Alain Poher

DOCUMENT 32-201
Liste des Présidents du Sénat par intérim, en raison de l'exercice par le Président du Sénat des fonctions de Président de la République en application de l'article 7 de la Constitution

29 avril 1969 — 19 juin 1969 : M. André Meric
2 avril 1974 — 24 mai 1974 : M. Etienne Dailly

ARTICLE 33

Les séances des deux assemblées sont publiques. Le compte rendu intégral des débats est publié au *Journal officiel*.

Chaque assemblée peut siéger en comité secret à la demande du Premier ministre ou d'un dixième de ses membres.

Note : il n'a pas été tenu de comité secret depuis l'entrée en vigueur de la Constitution.

TITRE V

Des rapports entre le Parlement et le Gouvernement

TITRE V : DES RAPPORTS ENTRE LE PARLEMENT ET LE GOUVERNEMENT

ARTICLE 34

La loi est votée par le Parlement.

La loi fixe les règles concernant :

— les droits civiques et les garanties fondamentales accordées aux citoyens pour l'exercice des libertés publiques ; les sujétions imposées par la Défense nationale aux citoyens en leur personne et en leurs biens ;

— la nationalité, l'état et la capacité des personnes, les régimes matrimoniaux, les successions et libéralités ;

— la détermination des crimes et délits ainsi que les peines qui leur sont applicables ; la procédure pénale ; l'amnistie ; la création de nouveaux ordres de juridiction et le statut des magistrats ;

— l'assiette, le taux et les modalités de recouvrement des impositions de toutes natures ; le régime d'émission de la monnaie.

La loi fixe également les règles concernant :

— le régime électoral des assemblées parlementaires et des assemblées locales ;

— la création de catégories d'établissements publics ;

— les garanties fondamentales accordées aux fonctionnaires civils et militaires de l'Etat ;

— les nationalisations d'entreprises et les transferts de propriété d'entreprises du secteur public au secteur privé.

La loi détermine les principes fondamentaux :

— de l'organisation générale de la Défense nationale ;

— de la libre administration des collectivités locales, de leurs compétences et de leurs ressources ;

— de l'enseignement ;

— du régime de la propriété, des droits réels et des obligations civiles et commerciales ;

— du droit du travail, du droit syndical et de la sécurité sociale.

Les lois de finances déterminent les ressources et les charges de l'Etat dans les conditions et sous les réserves prévues par une loi organique.

Des lois de programme déterminent les objectifs de l'action économique et sociale de l'Etat.

Les dispositions du présent article pourront être précisées et complétées par une loi organique.

DOCUMENT 34-100

Proposition de loi organique visant à préciser et à compléter certaines dispositions de la Constitution déposée le 22 novembre 1967 par M. Roland Dumas et autres [1]

Mesdames, Messieurs, l'article 34 de la Constitution énumère les matières qui sont du domaine de la loi.

L'article 37 délimite *a contrario* le domaine réglementaire.

Parmi les matières retenues dans l'article 34 figurent notamment « les règles concernant les droits civiques et les garanties fondamentales accordées aux citoyens pour l'exercice des libertés publiques » (paragraphe 2, alinéa 1) et les « règles concernant la création de catégories d'établissements publics » (paragraphe 3, alinéa 2).

Le dernier paragraphe de l'article 34 de la Constitution indique que les dispositions de cet article peuvent être « précisées et complétées par une loi organique ».

L'article 34, paragraphe dernier, est rédigé ainsi qu'il suit :

« Les dispositions du présent article pourront être précisées et complétées par une loi organique. »

Certains auteurs estiment que le Parlement a la possibilité d'ajouter des matières nouvelles à la liste de l'article 34. D'autres pensent, au contraire, que l'interprétation *stricto sensu* s'impose et que l'expression « préciser et compléter » ne peut être comprise que dans le cadre de l'énumération des matières de l'article 34, sans en ajouter, mais en précisant les dispositions les concernant.

Bien que la première interprétation soit pleinement justifiée, il ne s'agit en l'occurrence de ne faire application que de la seconde sur laquelle s'est déjà faite l'unanimité de la doctrine.

A diverses reprises, il est apparu que certaines ambiguïtés existaient quant à la délimitation du domaine législatif et du domaine réglementaire.

Dans l'état actuel des textes la difficulté, ainsi que l'a rappelé le Gouvernement au cours du débat sur la publicité de marques à la télévision, doit être soumise au Conseil constitutionnel, mais il apparaît à l'évidence, en vertu du texte rappelé ci-dessus, que le Parlement est à même d'intervenir pour préciser et compléter l'article 34 de la Constitution, texte de base en la matière.

Si une atteinte grave est portée aux droits civiques et aux garanties fondamentales accordées aux citoyens pour l'exercice des libertés publiques (liberté d'expression, liberté de la presse, etc.) ce problème relève de la compétence législative.

Il en est de même pour ce qui concerne les « règles de création de catégories d'établissements publics ».

Toutes modifications apportées aux règles de fonctionnement de ces établissements publics, notamment quant aux moyens financiers qui permettent à l'établissement public de remplir sa fonction, relèvent de la compétence législative.

En effet, selon qu'il s'agit de doter l'établissement public d'une source de financement privé, ou de lui permettre de percevoir une partie de la fortune des citoyens (par délégation ou autorisation), ou encore de combiner les deux systèmes de financement, le caractère de l'établissement public se trouve modifié dans sa structure et dans sa nature.

De même en est-il d'une modification essentielle apportée à un système de financement existant.

Dans l'état actuel des textes, il convient donc de préciser et de compléter les dispositions de l'article 34 de la Constitution.

Sur la procédure

La proposition de loi organique doit suivre la procédure prévue à l'article 46 de la Constitution. Elle ne peut être « soumise à la délibération et au vote de l'Assemblée saisie qu'à l'expiration d'un délai de quinze jours après son dépôt ».

Mais l'Assemblée peut être saisie dès l'expiration de ce délai. Nul ne contestera le caractère d'urgence de cette modification.

S'agissant d'une proposition de loi visant à préciser la loi fondamentale de l'Etat (la Constitution), s'agissant d'autre part d'une matière importante touchant aux règles mêmes du fonctionnement des établissements publics qui débordent largement du cadre des commissions permanentes (finances, lois constitutionnelles), l'Assemblée nationale admettra la nécessité de soumettre à l'examen d'une commission spéciale désignée à cet effet (art. 43 de la Constitution et art. 31 et suivants du Règlement de l'Assemblée nationale) la présente proposition de loi.

Pour ces raisons, nous vous proposons, Mesdames et Messieurs, l'adoption de la proposition de loi organique suivante :

Proposition de loi organique

Article unique. — Les dispositions de l'article 34 de la Constitution sont précisées et complétées ainsi qu'il suit en application de son dernier alinéa :

« Toutes dispositions économiques et financières ayant pour effet de modifier les conditions de l'exercice des libertés publiques ne peuvent être réglées que par une loi.

« Les modifications substantielles du financement d'une catégorie d'établissements publics ne peuvent être décidées que par une loi. »

---

[1] Doc. A.N. 3ᵉ législature N° 519

TITRE V : DES RAPPORTS ENTRE LE PARLEMENT ET LE GOUVERNEMENT

DOCUMENT 34-101
Texte définitif
de la proposition de loi
organique adopté par
la Commission spéciale
constituée en vue
d'examiner la proposition
de loi de M. Dumas [1]

La Commission a pris connaissance du nouveau texte de la proposition de loi organique qui répondait à trois ordres de préoccupations :

1. Il fallait tenir compte de la décision du Conseil constitutionnel du 30 janvier 1968, intervenue après le dépôt de la proposition de loi. Le nouveau texte présenté sous forme d'amendement s'inspire des orientations données par le Conseil constitutionnel et sa rédaction reproduit certaines des expressions employées par cette haute juridiction.

2. Un grand nombre de commissaires ayant exprimé l'opinion que le texte primitif était d'une rédaction trop large, il convenait de prendre en considération cette observation, en l'améliorant.

3. Les professeurs entendus — notamment M. Prosper Weil ont suggéré à la Commission des rédactions nouvelles qui permettaient d'effectuer une ventilation entre les normes relevant de la compétence législative et celles touchant à la compétence réglementaire. Ces indications méritaient d'être utilisées dans une rédaction nouvelle.

La Commission spéciale vous demande donc d'adopter la proposition de loi organique suivante :

Proposition de loi organique

Article unique. — Les dispositions de l'article 34 de la Constitution sont précisées et complétées ainsi qu'il suit en application de son dernier alinéa :

« La loi fixe des règles constitutives des catégories d'établissements publics.

« Lorsqu'un établissement public de l'Etat, sans équivalent sur le plan national, constitue à lui seul une catégorie d'établissements publics, notamment parce qu'en raison de son objet il intéresse une des libertés publiques dont les garanties fondamentales relèvent de la loi et que, pour accomplir la mission dont il est chargé il dispose d'un monopole, les règles constitutives qui fixent le cadre général de son organisation et de son fonctionnement comprennent, entre autres dispositions, celles qui définissent, en fonction de sa spécialité, les limites et la nature des différentes activités auxquelles l'établissement est autorisé à se livrer, ainsi que les principes fondamentaux de leur financement ».

[1] La proposition de M. Dumas, inscrite à l'ordre du jour du 17 avril 1968 fut retirée, in extremis, par son auteur. (Doc. A.N. 3e législature N° 658)

ARTICLE 35

La déclaration de guerre est autorisée par le Parlement.

Note : il n'a pas été fait application de cet article depuis l'entrée en vigueur de la Constitution.

ARTICLE 36

L'état de siège est décrété en Conseil des ministres.
Sa prorogation au-delà de douze jours ne peut être autorisée que par le Parlement.

Note : il n'a pas été fait application de cet article depuis l'entrée en vigueur de la Constitution.

Date de la décision	Publication J.O.	Objet	Décison
07.11.73	11.11.73	Répartition des eaux (compétence du préfet et composition du Conseil national de l'eau)	Caractère réglementaire
07.11.73	11.11.73	Assurance maladie et maternité des travailleurs non salariés des professions non agricoles (fixation de l'âge d'affiliation au régime d'assurance)	Caractère réglementaire
28.11.73	06.12.73	Code rural (dispositions diverses)	Caractère partiellement législatif
19.12.73	23.12.73	Code de procédure pénale (date de vacation des postes des magistrats)	Caractère réglementaire
21.05.74	26.05.74	Autorité de tutelle des commissions administratives des hôpitaux	Caractère réglementaire
17.04.75	20.04.75	Attribution d'indemnités aux Commissaires du Gouvernement de la Cour Supérieur d'arbitrage	Caractère réglementaire
19.11.75	23.11.75	Taxes parafiscales (champ d'application)	Caractère réglementaire
19.11.75	23.11.75	Pensions de veuves (âge des bénéficiaires)	Caractère réglementaire
19.11.75	23.11.75	Code de l'administration communale	Caractère partiellement législatif
03.03.76	07.03.76	Nombre des exemplaires de déclarations à fournir à l'administration fiscale	Caractère réglementaire
03.03.76	07.03.76	Composition des Commissions régionales d'hospitalisation	Caractère législatif
02.06.76	06.06.76	Désignation de l'autorité compétente pour signer des conventions avec les organisations professionnelles	Caractère réglementaire
02.06.76	06.06.76	Tutelle des ports autonomes	Caractère réglementaire
02.06.76	06.06.76	Code de l'administration communale	Caractère partiellement législatif
06.10.76	09.10.76	Taxes applicables aux navires et droits de port	Caractère réglementaire
06.10.76	09.10.76	Personnels communaux	Caractère partiellement législatif
02.12.76	05.12.76	Modalités d'établissement des procurations de vote	Caractère réglementaire
15.02.77	18.02.77	Autorité compétente pour prononcer l'agrément d'associations	Caractère réglementaire
27.04.77	30.04.77	Code forestier	Caractère partiellement législatif
27.04.77	30.04.77	Enseignement et formation professionnelle agricoles	Caractère partiellement législatif
27.04.77	30.04.77	Modalités de saisine d'un tribunal en cas de contestation sur le congé donné à une preneur de bail à ferme	Caractère réglementaire
20.07.77	23.07.77	Organisation interne de la Cour de cassation	Caractère partiellement législatif
03.11.77	06.11.77	Expropriation pour cause d'utilité publique	Caractère partiellement législatif
16.11.77	18.11.77	Code de l'urbanisme	Caractère partiellement législatif
10.05.78	11.05.78	Pollution marine	Caractère réglementaire
31.05.78	02.06.78	Loi d'orientation agricole	Caractère réglementaire
31.06.78	02.06.78	Régime contractuel en agriculture	Caractère réglementaire

DOCUMENT 37-101

Exemples de décisions rendues par le Conseil constitutionnel en application de l'article 37[12]

Note : Les décisions publiées ci-après ne constituent pas un résumé de la jurisprudence du Conseil constitutionnel mais seulement un échantillon de décisions.

I. Décision du 27 novembre 1959

Le Conseil constitutionnel,

Saisi le 13 novembre 1959 par le Premier ministre, dans les conditions prévues à l'article 37, al. 2, de la Constitution, d'une demande tendant à voir déclarer le caractère réglementaire des dispositions de l'article 2, al. 3, de l'ordonnance du 7 janvier 1959 relative à l'organisation des transports de voyageurs dans la région parisienne ;

Vu la Constitution, notamment ses articles 34, 37 et 62 ;

Vu l'ordonnance du 7 novembre 1958 portant loi organique sur le Conseil constitutionnel, notamment ses articles 24, 25 et 26 ;

Considérant que l'article 34 de la Constitution a réservé à la loi la fixation des règles concernant la création de catégories d'établissements publics ;

Considérant que la Régie autonome des transports parisiens constitue une catégorie particulière d'établissement public sans équivalent sur le plan national ; qu'au nombre des règles qui régissent cet établissement et qui sont du domaine de la loi en vertu des dispositions ci-dessus rappelées, doit être comprise celle prévoyant la présence de représentants des collectivités locales au sein du conseil d'administration ;

Considérant toutefois que le nombre total des membres de ce conseil et celui des représentants des collectivités locales qui en font partie n'est pas, dans les circonstances de l'espèce, un élément déterminant de la règle visée à l'alinéa précédent ; que dès lors et en tant qu'il fixe ces nombres l'alinéa 3

TITRE V : DES RAPPORTS ENTRE LE PARLEMENT ET LE GOUVERNEMENT

de l'article 2 de l'ordonnance du 7 janvier 1959 n'est pas du domaine de la loi,

Décide :

Article premier. — Les dispositions susvisées de l'article 2, al. 3, de l'ordonnance du 7 janvier 1959 ont un caractère réglementaire en tant qu'elles fixent le nombre total des membres du conseil charger d'administrer la Régie autonome des transports parisiens et celui des représentants des collectivités locales qui font partie de ce conseil.

Art. 2. — La présente décision sera modifiée au Premier ministre et publiée au *Journal Officiel* de la République française.

Délibéré par le Conseil constitutionnel dans sa séance du 27 novembre 1959.

J.O. du 14 janv. 1960

II. Décision du 18 juillet 1961

Le Conseil constitutionnel,

Saisi le 1er juillet 1961 par le Premier ministre, dans les conditions prévues à l'article 37 (al. 2) de la Constitution, d'une demande tendant à voir déclarer le caractère réglementaire de dispositions figurant aux articles 2 et 4 de l'ordonnance du 5 janvier 1959 portant création de l'Institut des Hautes Etudes d'outre-mer et ainsi conçus :

Art. 2. — A la fin du premier alinéa « ... et à la demande des autorités de la République et des Etats membres de la Communauté » ; à la fin du deuxième alinéa « ... membres de la Communauté » ; à la fin du quatrième alinéa « ... titre étranger » ;

Art. 4. — « De représentants des Etats membres de la Communauté désignés par leur gouvernement » ;

Vu la Constitution, notamment ses articles 34, 37 et 62 ;

Vu l'ordonnance du 7 novembre 1958, portant loi organique sur le Conseil constitutionnel, notamment ses articles 24, 25 et 26 ;

Vu l'ordonnance du 5 janvier 1959 portant de l'Institut des Hautes Etudes d'outre-mer ;

Considérant que l'article 34 de la Constitution réserve au législateur le soin de fixer « les règles concernant... la création de catégories d'établissements publics » ;

Considérant que doivent être regardés comme entrant dans une même catégorie, au sens de la disposition susmentionnée, les établissements publics dont l'activité a le même caractère — administratif ou industriel et commercial — et s'exerce, territorialement, sous la même tutelle administrative, et qui ont une spécialité étroitement comparable ;

Considérant que, dans le cadre des règles fixées par le législateur pour la création d'une catégorie, les dispositions régissant chacun des établissements qui peuvent être rangés dans ladite catégorie ressortissent à la compétence réglementaire ;

Considérant que l'Institut des Hautes Etudes d'outre-mer, créé par l'ordonnance du 5 janvier 1959, constitue un établissement public de caractère administratif, dont l'activité s'exerce sous la tutelle de l'Etat et a un objet comparable à celui de nombreux autres établissements publics nationaux d'enseignement supérieur obéissant à des règles communes de fonctionnement et d'organisation ;

que ledit Institut des Hautes Etudes d'outre-mer ne constitue point, dès lors, une catégorie particulière d'établissement public ; qu'en conséquence les dispositions des articles 2 et 4 de l'ordonnance précitée du 5 janvier 1959, relatifs aux attributions et à l'administration de cet établissement, n'entrent pas dans le domaine du législateur en la matière.

Décide :

Article premier. — Les dispositions des articles 2 et 4 de l'ordonnance susvisée du 5 janvier 1959, soumises à l'examen du Conseil Constitutionnel, ont un caractère réglementaire.

Art. 2. — La présente décision sera publiée au *Journal Officiel* de la République française.

Délibéré par le Conseil dans sa séance du 18 juillet 1961.

J.O. du 13 oct. 1961

III. Décision du 30 janvier 1968

Le Conseil constitutionnel

Saisi le 9 janvier 1968 par le Premier ministre, dans les conditions prévues par l'article 37, al. 2 de la Constitution, d'une demande tendant à l'appréciation, au regard de l'article 34 de la Constitution, de la nature juridique :

a) Des dispositions de l'article 9 de l'ordonnance n° 59-273 du 4 février 1959, en tant que cet article inclut dans la liste des ressources de la Radiodiffusion-télévision française « la rémunération de toute activité à laquelle l'établissement est autorisé à se livrer » et « la rémunération des services rendus sous quelque forme que ce soit » ;

b) Des dispositions de l'article 52 de la loi n° 60-1384 du 23 décembre 1960 portant loi de finances pour 1961, en tant que cet article interdit à la Radiodiffusion-télévision française d'accepter, sans autorisation législative, de « nouvelles sources de financement » ;

Vu la Constitution, et notamment ses articles 34, 37 (al. 2) et 62 ;

Vu l'ordonnance du 7 novembre 1958 portant loi organique sur le Conseil constitutionnel, et notamment ses articles 24, 25 et 26 ;

Vu l'ordonnance n° 59-273 du 4 février 1959 relative à Radiodiffusion-télévision française ;

Vu la loi n° 60-1384 du 23 décembre 1960 portant loi de finances pour 1961, et notamment son article 52 ;

Vu la loi n° 64-621 du 27 juin 1964 portant statut de l'Office de radiodiffusion-télévision française ;

— *En ce qui concerne les dispositions de l'article 9 de l'ordonnance n° 59-273 du 4 février 1959 soumises à l'examen du Conseil constitutionnel :*

Considérant qu'en vertu de l'article 34 de la Constitution, la loi fixe les règles concernant : « les garanties fondamentales accordées aux citoyens pour l'exercice des libertés publiques » ; ... l'assiette, le taux et les modalités de recouvrement des impositions de toute nature ; ... la création de catégories d'établissements publics » ;

Considérant que les dispositions de l'article 9 de l'ordonnance du 4 février 1959 soumises à l'examen du Conseil constitutionnel en tant qu'elles incluent dans la liste des ressources de la

Radiodiffusion-télévision française « la rémunération de toute activité à laquelle l'établissement est autorisé à se livrer » et « la rémunération des services rendus sous quelque forme que ce soit » ne mettent en cause aucune des deux premières règles ci-dessus rappelées ; qu'elles ne touchent pas non plus aux dispositions de l'article 4 de l'ordonnance du 2 janvier 1959 portant loi organique relative aux lois de finances, les rémunérations qu'elles prévoient n'ayant pas le caractère de taxes parafiscales ;

Considérant que l'Office de radiodiffusion-télévision française constitue à lui seul une catégorie d'établissement public sans équivalent sur le plan national ; que, dès lors, en vertu de l'article 34 de la Constitution, le législateur est seul compétent pour fixer ses règles de création, lesquelles comprennent nécessairement ses règles constitutives ; qu'au nombre de ces dernières, il y a lieu de ranger, non seulement celles qui déterminent les rapports de l'Office de radiodiffusion-télévision française avec l'Etat, mais encore, en raison du caractère exceptionnel que présente cet établissement, les règles qui fixent le cadre général de son organisation et de son fonctionnement ;

Considérant que les dispositions soumises à l'examen du Conseil constitutionnel sont réglementaires, mais seulement en tant qu'elles n'ont rien de contraire aux règles constitutives de cette catégorie d'établissement public ;

— *En ce qui concerne les dispositions de l'article 52 de la loi n° 60-1384 du 23 décembre 1960 soumises à l'examen du Conseil constitutionnel :*

Considérant qu'il résulte de ce qui précède que les dispositions précitées sont devenues sans portée et qu'il n'y a donc lieu pour le Conseil constitutionnel d'y statuer,

Décide :

Article premier. — Les dispositions de l'article 9 de l'ordonnance du 4 février 1959 soumises à l'examen du Conseil constitutionnel ont le caractère réglementaire sous la réserve ci-dessus exprimée.

Art. 2. — Il n'y a pas lieu pour le Conseil constitutionnel, à raison des motifs ci-dessus développés, de se prononcer sur la demande présentée par le Premier ministre en application de l'article 37, al. 2 de la Constitution et tendant à l'appréciation de la nature juridique des dispositions de l'article 52 de la loi n° 60-1384 du 23 décembre 1960 soumises à l'examen du Conseil.

Art. 3. — La présente décision sera notifiée au Premier ministre et publiée au *Journal Officiel* de la République française.

Délibéré par le Conseil constitutionnel dans sa séance du 30 janvier 1968.

J.O. du 1ᵉʳ févr. 1968

IV. Décision du 17 décembre 1970

Le Conseil constitutionnel,

Saisi le 3 décembre 1970 par le Premier ministre, dans les conditions prévues à l'article 37, alinéa 2 de la Constitution, d'une demande tendant à l'appréciation de la nature juridique des dispositions :

— ajoutées au *b.* de l'article 1073 du code rural par l'article 58-VII de la loi n° 59-1454 du 26 décembre 1959 ;

— de l'article 1106-7 du code rural, ajouté audit code par la loi n° 61-89 du 25 janvier 1961 et modifié par la loi n° 61-1279 du 23 décembre 1964 (article 51) et par la loi n° 66-509 du 12 juillet 1966 (art. 33-III) ;

— de l'article 1124, premier alinéa, deuxième phrase, du code rural, modifiées par la loi, n° 60-774 du 30 juillet 1960 ;

Vu la Constitution notamment ses articles 34, 37 et 62 ;

Vu l'ordonnance du 7 novembre 1958 portant loi organique sur le Conseil constitutionnel, notamment ses articles 24, 25 et 26 ;

Vu le code rural, notamment ses articles 1073, 1106-7 et 1124 ;

Considérant qu'aux termes de l'article 34 de la Constitution « la loi détermine les principes fondamentaux... de la Sécurité sociale » ;

Considérant qu'il y a lieu de ranger au nombre des principes fondamentaux de la Sécurité sociale, et qui, comme tels, relèvent de la loi, l'existence d'un régime particulier de mutualité sociale agricole ainsi que les principes fondamentaux d'un tel régime ;

Considérant que, dans le régime de la mutualité sociale agricole, doivent être comprises au nombre des principes fondamentaux la participation obligatoire à un régime de prestations familiales, d'assurance maladie, maternité et invalidité, ou d'assurance vieillesse ainsi que la détermination des catégories de personnes assujetties à l'obligation de cotiser à ces divers régimes, et, par voie de conséquence, la détermination des catégories de bénéficiaires exemptés totalement de cette cotisation ;

En ce qui concerne les dispositions de l'article 1073 du code rural soumises au Conseil constitutionnel :

Considérant que les dispositions de l'article 1073 du code rural fixent les catégories de personnes auxquelles est applicable le régime agricole des prestations familiales et qui seront exonérées de toute cotisation à ce régime ; que celles des dispositions dudit article qui sont soumises au Conseil ont pour objet de poser une condition, celle du non-emploi de main-d'œuvre salariée, indispensable au bénéfice d'une telle exonération ; que ces dispositions sont inséparables de la définition d'une catégorie de personnes exonérées de cotisation et, par suite, ressortissent au domaine de la loi ;

En ce qui concerne les dispositions de l'article 1106-7 du code rural :

Considérant que les dispositions de l'article 1106-7 du code rural, dans la mesure où elles tendent à définir des catégories de personnes bénéficiant ou pouvant bénéficier d'une exemption totale du versement des cotisations à l'assurance maladie, ressortissent également à la compétence du législateur ; qu'au contraire, les dispositions dudit article ont un caractère réglementaire dans la mesure où d'une part, elles précisent simplement les éléments des conditions d'une exonération totale, notamment la fixation de l'âge des bénéficiaires de l'exemption, d'autre part, elles tendent à l'établissement d'une exonération partielle ;

En ce qui concerne les dispositions de l'article 1124, premier alinéa, deuxième phrase, du code rural :

Considérant que les dispositions dudit article soumises au Conseil constitutionnel tendent seulement à préciser que les membres majeurs non salariés vivant sur une exploitation agricole sont présumés, sauf preuve contraire, participer à la mise en valeur de l'exploitation ; que si, par le jeu de ces dispositions, les personnes en cause peuvent être assujetties au paiement de la cotisation individuelle au titre de l'assurance vieillesse, cette présomption simple ne constitue qu'un moyen de preuve ayant trait aux éléments des conditions nécessaires pour bénéficier de l'assurance vieillesse agricole et par là même ressortit au domaine réglementaire ;

Décide :

Article premier. — Ont le caractère législatif, dans la mesure précisée par les motifs de la présente décision, les dispositions de l'article 1073, et celles de l'article 1106-7 du code rural soumises au Conseil constitutionnel.

Article 2. — Ont le caractère réglementaire les dispositions de l'article 1124, premier alinéa, deuxième phrase, du code rural ainsi que les dispositions de l'article 1106-7 dans la mesure précisée par les motifs de la présente décision.

Article 3. — La présente décision sera notifiée au Premier ministre et publiée au *Journal Officiel* de la République française.

Délibéré par le Conseil constitutionnel dans la séance du 17 décembre 1970.

J.O. du 26

V. Décision du 28 novembre 1973

Le Conseil constitutionnel,

Saisi le 19 novembre par le Premier ministre, dans les conditions prévues à l'article 37, al. 2, de la Constitution, d'une demande tendant à l'appréciation de la nature juridique des dispositions ci-après :

Du Code rural :

Article 44 tel qu'il résulte de l'article 19 de la loi n° 60-808 du 5 août 1960 ;

Article 45 tel qu'il résulte de l'article 19 de la loi n° 60-808 du 5 août 1960, en tant qu'il contient les mots : « ... pris après avis du Conseil supérieur de l'aménagement rural » ;

Article 188-1, al. 7, tel qu'il résulte de l'article 5 de la loi n° 72-9 du 3 janvier 1972, en tant qu'il contient les mots : « ... arrêté du ministre de l'Agriculture, pris sur proposition du préfet après avis de la commission départementale des structures » ;

Article 188-9 (1°) tel qu'il résulte de l'article 8 de la loi n° 62-933 du 8 août 1962 ;

Article 799, al. 2, dernière phase, telle qu'ajoutée par l'article 2 de l'ordonnance n° 59-71 du 7 janvier 1959 ;

Article 808, avant-dernier al., tel qu'il résulte de l'article 8 de la loi n° 61-1378 du 19 décembre 1961 ;

Article 842, 1er al., tel qu'il résulte de l'article 6 de la loi n° 63-1331 du 30 décembre 1963, en tant qu'il contient les mots : « ... Cette notification doit être donnée par lettre recommandée avec demande d'avis de réception ou par acte extrajudiciaire. » ;

Article 845-2, al. 3, tel qu'il résulte de l'article 4 de la loi n° 72-9 du 3 janvier 1972, en tant qu'il contient les mots : « ... Cette notification doit être donnée par lettre recommandée avec demande d'avis de réception ou par acte extrajudiciaire... » ;

Article 848, 1er al., 1°, tel qu'il résulte de l'article 4 de la loi n° 67-560 du 12 juillet 1967, en tant qu'il contient les mots : « ... par arrêté préfectoral, après avis de la commission consultative des baux ruraux... » ;

Article 849, al. 2 et 3, tels qu'ils résultent de l'article 1er de la loi n° 72-598 du 5 juillet 1972, en tant qu'ils contiennent respectivement les mots : « lorsqu'il est procédé à une expertise, celle-ci doit être établie conformément à un plan d'inventaire déterminé par arrêté du ministre de l'Agriculture et préciser la nature, le coût, et la date des améliorations apportées par le preneur   . La rémunération des experts est assurée d'après un barème forfaitaire » ;

Article 850, al. 1er, 2 et dernier, tels qu'ils résultent de l'article 5 de la loi n° 67-560 du 12 juillet 1967, en tant qu'ils contiennent respectivement les mots : « ... par acte extrajudiciaire ou par lettre recommandée avec demande d'avis de réception   par arrêté préfectoral pris après avis de la commission consultative départementale des baux ruraux   par lettre recommandée avec demande d'avis de réception ou par acte extrajudiciaire   par ordonnance du président du tribunal paritaire statuant en la forme des référés » ;

Article 862, 1er al., tel qu'il résulte de l'article 13-1 de la loi n° 63-1332 du 30 décembre 1963, en tant qu'il contient les mots : « ... par acte extrajudiciaire... » ;

Article 870-4, al. 2, tel qu'il résulte de l'article 2 de la loi n° 68-1147 du 20 décembre 1968, en tant qu'il contient les mots : «   par lettre recommandée avec demande d'avis de réception » ;

Article 870-19, 1er al., tel qu'il résulte de l'article 5 de la loi n° 68-1147 du 20 décembre 1968, en tant qu'il contient les mots : «   par acte extrajudiciaire ou par lettre recommandée avec demande d'avis de réception » ;

Article 870-25, al. 4 et dernier, tels qu'ils résultent de l'article 1er de la loi n° 72-9 du 3 janvier 1972, en tant qu'ils contiennent respectivement les mots : «   par acte extrajudiciaire signifié   par acte extrajudiciaire » ;

De la loi n° 60-808 du 5 août 1960 :

Article 15, al. 2, en tant qu'il contient les mots : «   par le ministre de l'Agriculture et le ministre des Finances et des Affaires économiques » ;

De la loi n° 62-917 du 8 août 1962 :

Article 8, 1er al., en tant qu'il contient les mots : « ... par lettre recommandée avec accusé de réception... » ;

De la loi n° 63-1236 du 17 décembre 1963 :

Article 4, 1er al., en tant qu'il contient les mots : « ... arrêté préfectoral pris après avis de la commission consultative des baux ruraux » ;

Vu la Constitution, notamment son préambule et ses articles 34, 37, 62 et 66.

Vu l'ordonnance du 7 novembre 1958 portant loi organique sur le Conseil constitutionnel, notamment ses articles 24, 25 et 26 ;

Vu le Code rural ;

Vu la loi n° 60-808 du 5 août 1960 d'orientation agricole, notamment son article 15 ;

Vu la loi n° 62-917 du 8 août 1962 relative aux groupements agricoles d'exploitation en commun, notamment son article 8 ;

Vu la loi n° 63-1236 du 17 décembre 1963, relative au bail à ferme dans les départements de la Guadeloupe, de la Guyane, de la Martinique et de la Réunion, notamment son article 4 ;

— *En ce qui concerne les dispositions des articles 45, 188-1, al. 7, 848, 1er al., 850, al. 2, 2e phrase, du Code rural et de l'article 4, 1er al. de la loi n° 63-1236 du 17 décembre 1963, soumises à l'examen du Conseil constitutionnel :*

Considérant que, si l'autorité réglementaire a toujours la faculté d'instituer une fonction consultative dans tout domaine où elle a un pouvoir de décision, le législateur dispose également de pareille faculté dans les domaines qui lui sont réservés par la Constitution, compte tenu notamment des distinctions fixées par l'article 34 ; qu'il a, dès lors, la possibilité, dans ces mêmes domaines, de faire précéder la décision d'une autorité administrative de l'avis d'une commission même créée par voie réglementaire ;

Considérant que la commission départementale des structures a été instituée par le législateur (art. 188-2 du Code rural, modifié par la loi du 8 août 1962) ; que les dispositions de l'article 188-1, al. 7, du Code rural, soumises à l'appréciation du Conseil constitutionnel, font précéder de l'avis de ladite commission tout arrêté ministériel rendant applicable une législation qui soumet, dans certains cas, à l'autorisation préalable du préfet « tous cumuls et réunions d'exploitations ou de fonds agricoles » ; que lesdites dispositions doivent être considérées comme concernant les principes fondamentaux « du régime de la propriété, des droits réels et des obligations civiles et commerciales », et qu'elles ont, en conséquence, le caractère législatif, en vertu des dispositions de l'article 34 de la Constitution ;

Considérant que, si le Conseil supérieur de l'aménagement rural ainsi que le comité consultatif de l'aménagement rural qui lui a succédé ont été créés par des actes du pouvoir réglementaire, les dispositions de l'article 45 du Code rural, soumises à l'examen du Conseil constitutionnel, font précéder de l'avis dudit organisme l'intervention du décret en Conseil d'État fixant « notamment la définition des terres incultes », qui, malgré l'opposition de leur propriétaire, peuvent être soit vendues, soit concédées à un tiers ; que lesdites dispositions doivent être considérées comme concernant les principes fondamentaux « du régime de la propriété, des droits réels et des obligations civiles et commerciales », et qu'elles ont, en conséquence, le caractère législatif en vertu des dispositions de l'article 34 de la Constitution.

Considérant que la commission consultative des baux ruraux a été instituée par le pouvoir réglementaire ; que les dispositions de l'article 848 du Code rural, al. 1er, modifié par la loi du 12 juillet 1967, telles qu'elles sont soumises à l'appréciation du Conseil constitutionnel, font précéder de l'avis de ladite commission l'établissement par le préfet « des tables d'amortissement déterminées à partir d'un barème national » permettant de réduire l'indemnité due, en fin de bail, par le bailleur au preneur, pour les améliorations que ce dernier a apportées au fond loué ; que l'établissement de ces tables d'amortissement ne constitue qu'une modalité de l'application d'un barème national et ne porte pas atteinte à un principe fondamental « du régime de la propriété, des droits réels et des obligations civiles et commerciales », et qu'elle ressortit à la compétence du pouvoir réglementaire, à condition, toutefois, que ne soit pas dénaturé le principe même de l'indemnisation ; qu'il en résulte que les dispositions de l'article 848, 1er al., 1°, du Code rural, soumises à l'appréciation du Conseil constitutionnel, ont le caractère réglementaire ;

Considérant que les dispositions de l'article 850, al. 2, 2e phrase, soumises à l'examen du Conseil constitutionnel en ce qu'elles prévoient la désignation de l'autorité administrative habilitée à exercer, au nom de l'État, des attributions dévolues à l'autorité réglementaire dans les limites strictement fixées par la loi et en ce qu'elles précisent que la décision de cette autorité sera prise après avis de la commission consultative des baux ruraux, ne portent pas non plus atteinte aux principes fondamentaux rappelés ci-dessus et ressortissent, dès lors, à la compétence du pouvoir réglementaire ;

Considérant que les dispositions de l'article 4, 1er al., de la loi du 17 décembre 1963, soumises au Conseil constitutionnel font précéder de l'avis de la commission consultative des baux ruraux l'arrêté préfectoral déterminant la ou les denrées, ainsi que leur quantité « devant servir de base au calcul des baux » ;

Considérant que les principes qui sont ici en cause, à savoir la libre disposition de son bien par tout propriétaire, l'autonomie de la volonté des contractants et l'immutabilité des conventions, doivent être appréciés dans le cadre des limitations de portée générale qui y ont été introduites par la législation antérieure pour permettre certaines interventions jugées nécessaires de la puissance publique dans les relations contractuelles entre particuliers.

Considérant que, s'agissant plus spécialement de la matière des baux à ferme, les pouvoirs publics ont pu ainsi, sans mettre en cause l'existence des principes sus-rappelés, limiter le champ de la libre expression des volontés des bailleurs et des preneurs en imposant certaines conditions d'exécution de leurs conventions, notamment en ce qui concerne les modalités de calcul et de révision du montant des fermages que les dispositions soumises à l'examen du Conseil constitutionnel ne font que préciser les modalités de calcul dont le principe de limitation a été fixé par la loi ; qu'elles ont, en conséquence, le caractère réglementaire ;

— *En ce qui concerne les dispositions de l'article 44 du Code rural soumises à l'examen du Conseil constitutionnel :*

Considérant que les dispositions susvisées tendent seulement à préciser que les fonctionnaires chargés de veiller au respect des règles concernant la mise en valeur des terres incultes récupérables peuvent demander toutes explications écrites aux bénéficiaires des parcelles concédées et que ceux-ci sont tenus d'y répondre ; que ces dispositions ne mettent en cause aucun des principes fondamentaux ni aucune des règles que l'article 34 de la Constitution a placés dans le domaine de la loi et ont, dès lors, un caractère réglementaire ;

— *En ce qui concerne les dispositions de l'article 188-9 (1°) du Code rural soumises à l'examen du Conseil constitutionnel :*

Considérant que les dispositions susvisées tendent à réprimer d'une peine de 500 à 200 F le défaut de demande d'autorisation préalable ou de souscription de déclaration préalable en cas de cumul ou de réunion d'exploitation agricoles ou de certains autres cumuls ;

Considérant qu'il résulte des dispositions combinées du Préambule, des alinéas 3 et 5 de l'article 34 et de l'article 66 de la Constitution, que la détermination des contraventions et des peines qui leur sont applicables est du domaine réglementaire lorsque lesdites peines ne comportent pas de mesure privative de liberté ;

Considérant qu'il ressort des dispositions combinées des articles 1er et 466 du Code pénal que les peines d'amende dont le maximum n'excède pas 2 000 F constituent des peines de police réprimant des contraventions ; que, dès lors, les dispositions susvisées de l'article 188-9 du Code rural, qui ne prévoient qu'une peine d'amende ne dépassant pas 2 000 F, ressortissent à la compétence du pouvoir réglementaire ;

— *En ce qui concerne les dispositions des articles 799, al. 2, dernière phrase, 808, avant-dernier al., 842, premier al., 845-2, al. 3, 849, al. 1er et 2, quatrième phrase, 862, 1er al., 870-4, al. 2, 870-9, 1er al., 870-25, al. 4 et dernier, ainsi que l'article 8, 1er al., de la loi n° 62-917 du 8 août 1962, soumises à l'examen du Conseil constitutionnel :*

Considérant que les dispositions susvisées, soumises à l'examen du Conseil constitutionnel, tendent seulement à définir les modalités selon lesquelles doivent être accomplies diverses formalités relatives à l'exercice du droit de préemption ainsi qu'à l'exécution ou la résiliation du contrat de bail ; que ces dispositions ne touchent pas aux principes fondamentaux « du régime de la propriété, des droits réels et des obligations civiles et commerciales », ni à aucun des autres principes non plus qu'à aucune des règles que l'article 34 de la Constitution a placés dans le domaine de la loi ; que, dès lors, ces dispositions ont un caractère réglementaire ;

— *En ce qui concerne les dispositions de l'article 850, dernier al., du Code rural soumises à l'examen du Conseil constitutionnel :*

Considérant que les dispositions susvisées sont soumises à l'examen du Conseil constitutionnel en tant qu'elles précisent que l'homme de l'art chargé de diriger et de contrôler les travaux affectant le gros œuvre d'un bâtiment inclus dans un bail rural est désigné, à défaut d'accord amiable entre le preneur et le bailleur, « par ordonnance du président du tribunal paritaire statuant en la forme des référés » ;

Considérant que ces dispositions, dans la mesure où elles donnent compétence à l'autorité judiciaire pour désigner l'expert qu'elles visent, tendent à apporter une garantie aux parties au contrat de bail et touchent ainsi aux principes fondamentaux « du régime de la propriété, des droits réels et des obligations civiles et commerciales » ; qu'elles sont, dès lors, de nature législative dans la mesure indiquée ci-dessus ;

Considérant, toutefois, que les dispositions susvisées sont de nature réglementaire dans la mesure où elles précisent quelle est l'autorité judiciaire compétente pour procéder à la désignation qu'elles prévoient et fixant la procédure selon laquelle ladite pourra intervenir ;

— *En ce qui concerne les dispositions de l'article 15, 2e al., de la loi n° 60-808 du 5 août 1960 soumises à l'examen du Conseil constitutionnel :*

Considérant que les dispositions susvisées ne sont soumises à l'examen du Conseil constitutionnel que dans la mesure où elles précisent que l'agrément des sociétés d'aménagement foncier et d'établissement rural, dont la création est prévue à l'alinéa 2 du même article 15, doit être prononcé par le ministre de l'Agriculture et le ministre des Finances et des Affaires économiques ;

Considérant que ces dispositions, qui tendent seulement à désigner l'autorité habilitée à exercer, au nom du gouvernement, des attributions qui, en vertu de la loi, appartiennent à celui-ci, ne mettent pas en cause les principes fondamentaux « du régime de la propriété, des droits réels et des obligations civiles et commerciales », ni aucun des autres principes ou aucune des règles que l'article 34 de la Constitution a placés dans le domaine de la loi et ressortissent, dès lors, à la compétence du pouvoir réglementaire ;

Décide :

Article premier. — Ont le caractère législatif, dans la mesure précisée dans les visas et par les motifs de la présente décision, les dispositions susvisées des articles 45, 188-1, al. 7 et 850, dernier al. du Code rural.

Art. 2. — Les autres dispositions soumises à l'examen du Conseil constitutionnel ont le caractère réglementaire dans la mesure précisée dans les visas et les motifs de la présente décision.

Art. 3. — La présente décision sera notifiée au Premier ministre et publiée au *Journal Officiel* de la République française.

Délibéré par le Conseil constitutionnel dans sa séance du 28 novembre 1973.

J.O. du 6 déc. 1973

VI. Décision du 19 novembre 1975

Le Conseil constitutionnel,

Saisi le 22 octobre 1975, par le Premier ministre, dans les conditions prévues à l'article 37 (alinéa 2) de la Constitution, d'une demande tendant à l'appréciation de la nature juridique des dispositions contenues :

A l'article 1er de l'ordonnance n° 59-29 du 5 janvier 1959 relative aux syndicats de communes, remplaçant et modifiant l'article 149 (alinéa 3) du code de l'administration communale, en tant qu'il prévoit que la « copie du budget et des comptes du syndicat est adressée chaque année aux conseils municipaux des communes concernées » ;

A l'article 1er de l'ordonnance n° 59-30 du 5 janvier 1959 tendant à instituer des districts, tel que modifié par l'article 28-1 de la loi n° 70-1297 du 31 décembre 1970, en tant qu'il prévoit, en son alinéa 2, que le district peut être créé « par arrêté du préfet lorsque les communes font partie du même département, par arrêté conjoint des préfets intéressés dans le cas contraire » et, en son alinéa 3 que la liste des communes intéressées est fixée par « le ou les préfets » ;

A l'article 3 de l'ordonnance n° 59-30 du 5 janvier 1959 tendant à instituer des districts en tant qu'il prévoit que les centres de secours contre l'incendie, dont la gestion est assurée par le district, sont ceux « créés en application des articles 3 et 4 du décret n° 55-612 du 20 mai 1955 » ;

A l'article 3 de la loi n° 70-610 du 10 juillet 1970 tendant à faciliter la création d'agglomérations nouvelles, en tant qu'il prévoit, en son alinéa 2, que les avis du Conseil général, des conseils municipaux et éventuellement de la communauté urbaine « sont pris sur le vu d'un rapport préalable permettant d'apprécier la cohérence des objectifs à atteindre compte tenu du nombre de logements prévus, énumérant les communes intéressées et délimitant un périmètre d'urbanisation pour la création de l'agglomération nouvelle » et, en son alinéa 3, que le décret de création « énumère les communes intéressées et fixe le périmètre d'urbanisation » ;

A l'article 5 (alinéa 2) de la même loi en tant qu'il prévoit que « l'autorisation de créer le syndicat communautaire d'aménagement est donnée par arrêté du ministre de l'Intérieur » ;

A l'article 1er de la loi n° 70-1297 du 31 décembre 1970, remplaçant l'article 41 du code de l'administration communale, en tant qu'il prévoit qu'expédition de toute délibération du conseil municipal est adressée « au préfet ou au sous-préfet qui en constate la réception sur un registre et en délivre immédiatement récépissé ». Faute de cette délivrance, le point de départ du délai de quinze jours prévus à l'article 46 du code de l'administration communale est fixé au jour de l'envoi de la délibération « au préfet ou au sous-préfet » ;

A l'article 1er de la loi du 31 décembre 1970 remplaçant l'article 46 du code de l'administration communale, en tant qu'il prévoit « le dépôt à la préfecture ou à la sous-préfecture » de toute délibération du conseil municipal et dispose que « le préfet ou le sous-préfet, soit d'office, soit à la demande du maire, peut abréger le délai légal de quinze jours » ;

A l'article 11 de la loi du 31 décembre 1970 remplaçant le premier alinéa de l'article 175 du code de l'administration communale, en tant qu'il prévoit que « les crédits sont votés par chapitre et, si le conseil municipal en décide ainsi par article » ;

A l'article 29 de la loi du 31 décembre 1970 modifiant l'article 4 de l'ordonnance n° 59-30 du 5 janvier 1959 en tant qu'il prévoit en son alinéa 2 que « la décision » modifiant les conditions initiales de fonctionnement ou de durée du district ou étendant ses attributions est prise par « le ou les préfets intéressés » ;

A l'article 8 (alinéa 3) de la loi n° 71-588 du 16 juillet 1971 sur les fusions et regroupements de communes en tant qu'il fixe le délai dans lequel, à compter de l'enregistrement de la réclamation au greffe, le tribunal administratif statue et, à défaut d'avoir statué dans ce délai, prévoit le dessaisissement du tribunal, la transmission d'office de la requête au Conseil d'Etat et, dans tous les cas, le jugement du pourvoi comme affaire urgente ;

A l'article 9-II (alinéa 3) de la même loi, en tant qu'elle prévoit que la commission consultative créée dans la commune associée est complétée par des membres désignés à raison de « trois membres pour les communes associées de moins de 500 habitants ; cinq membres pour celle de 500 à 2 000 habitants ; huit membres pour celles de plus de 2 000 habitants » et à l'alinéa 4 dudit article, en ce qu'il dispose que la commission « se réunit dans l'annexe de la mairie » ;

A l'article 5-I de la loi de finances rectificatives pour 1974 (n° 74-1114 du 27 décembre 1974) lequel modifie implicitement l'article 242 du code de l'administration communale, en ce qu'il prévoit que le produit attendu des taxes fiscales « est notifié avant le 1er mars de l'année de l'imposition aux services fiscaux par l'intermédiaire des services préfectoraux » en ce qui concerne les communes ;

Vu la Constitution et notamment ses articles 34, 37 et 62 ;

Vu l'ordonnance du 7 novembre 1958 portant loi organique sur le Conseil constitutionnel, notamment ses articles 24, 25 et 26 ;

Considérant qu'aux termes de l'article 34 de la Constitution « la loi détermine les principes fondamentaux de la libre administration des collectivités locales, de leurs compétences et de leurs ressources » ; qu'il résulte de cette disposition que, si la détermination du domaine de la tutelle administrative qui s'exerce sur les collectivités locales, ainsi que sur les établissements publics qui leur sont rattachés, relève du domaine de la loi, il appartient au pouvoir réglementaire de répartir, dans les limites ainsi tracées, les pouvoirs de tutelle entre les diverses autorités susceptibles de l'exercer ;

Considérant que les dispositions susvisées de l'article 149 (alinéa 3) du code de l'administration communale, tel qu'il résulte de l'article 1er de l'ordonnance n° 59-29 du 5 janvier 1959, qui imposent la communication annuelle du budget et des comptes du syndicat de communes aux conseils municipaux des communes intéressées, afin de leur permettre d'exercer leur contrôle sur une gestion qui les concerne directement, constituent des garanties fondamentales de la libre administration et des ressources des collectivités locales et sont, dès lors, du domaine de la loi ;

Considérant que les dispositions de l'article 3 (alinéa 2) de la loi n° 70-610 du 10 juillet 1970 prévoient la remise d'un rapport dont elles définissent la structure et le contenu au conseil général, aux conseils municipaux et éventuellement au conseil de la communauté urbaine intéressée avant que lesdits conseils ne donnent leur avis sur la création d'une agglomération nouvelle ; qu'elles assurent ainsi une information sans laquelle ces divers conseils ne pourraient donner utilement leur avis et que, dès lors, elles touchent aux principes fondamentaux de la libre administration des collectivités locales et de leurs compétences et sont du domaine de la loi ; que les dispositions contenues à l'alinéa 3 du même texte, prévoyant que la décision de création de l'agglomération nouvelle doit énumérer les communes intéressées et fixer le périmètre d'urbanisation, éléments essentiels de la définition de l'organisme créé, mettent également en cause des principes fondamentaux et sont, dès lors, du domaine de la loi ;

Considérant qu'en raison de l'importance que revêt le vote du budget pour la commune les dispositions du premier alinéa de l'article 175 du code de l'administration communale, tel qu'il résulte de l'article 11 de la loi n° 70-1297 du 31 décembre 1970 édictant que « les crédits sont votés par chapitre et si le conseil municipal en décide ainsi par article », font application des principes fondamentaux réservés à la loi par l'article 34 de la Constitution et sont, dès lors, du domaine de la loi ;

TITRE V : DES RAPPORTS ENTRE LE PARLEMENT ET LE GOUVERNEMENT

Considérant que les dispositions de l'article 5 (alinéa 2) de la loi n° 70-610 du 10 juillet 1970 relèvent de la loi en tant qu'elles donnent compétence à l'Etat pour autoriser la création du syndicat communautaire d'aménagement et sont du domaine réglementaire en tant qu'elles désignent l'autorité administrative habilitée à exercer cette compétence et précisent la forme de sa décision ;

Considérant que les dispositions de l'article 1er (alinéas 2 et 3) et de l'article 4 (alinéa 2) de l'ordonnance n° 59-30 du 5 janvier 1959, tels qu'ils résultent respectivement des articles 28-1 et 29 de la loi n° 70-1297 du 31 décembre 1970, soumises à l'examen du Conseil constitutionnel, en tant qu'elles donnent compétence à l'autorité de tutelle pour créer les districts ou pour décider la modification de leurs conditions initiales de fonctionnement ou de durée ainsi que l'extension de leurs attributions délimitent le domaine de la tutelle administrative et, dès lors, relèvent de la loi ; qu'en tant qu'elles désignent les autorités habilitées au nom de l'Etat à prendre ces décisions ou à fixer la liste des communes intéressées, elles sont du domaine réglementaire ;

Considérant que les dispositions susvisées de l'article 46 du code de l'administration communale, tel qu'il résulte de l'article 1er de la loi n° 70-1297 du 31 décembre 1970, soumises à l'examen du Conseil constitutionnel, relatives au délai de quinze jours à l'expiration duquel les délibérations du conseil municipal deviennent exécutoires de plein droit, prévoient le dépôt desdites délibérations à la préfecture ou à la sous-préfecture et donnent le pouvoir au préfet ou au sous-préfet d'abréger ce délai de quinze jours, d'office ou sur demande du maire ; que l'obligation du dépôt, indissociable du délai dont celui-ci constitue le point de départ, met en cause, tout comme le délai, les principes fondamentaux de la libre administration des collectivités locales et relève, dès lors, de la loi ; que le pouvoir donné à l'autorité de tutelle d'abréger ce délai, soit d'office, soit à la demande du maire, touche aux mêmes principes et relève également de la loi ; qu'en revanche la désignation du lieu de dépôt et des autorités de l'Etat habilitées à abréger le délai sont du domaine du règlement ;

Considérant que les dispositions de l'article 41 du code de l'administration communale, tel qu'il résulte de l'article 1er de la loi n° 70-1297 du 31 décembre 1970, soumises à l'examen du Conseil constitutionnel, en tant qu'elles imposent à l'autorité de tutelle qui reçoit l'expédition d'une délibération du conseil municipal d'en délivrer immédiatement récépissé et qu'elles font reposer sur le défaut d'accomplissement de cette formalité la fixation d'un autre point de départ pour le délai prévu à l'article 46 sont indissociables de ce délai et relèvent, dès lors, de la loi ; qu'en tant qu'elles désignent parmi les autorités de l'Etat celles qui ont compétence pour délivrer le récépissé ou pour recevoir cete délibération et leur imposent d'en constater réception sur un registre, ces dispositions ont un caractère réglementaire ;

Considérant que les dispositions soumises à l'examen du Conseil constitutionnel, contenues à l'article 8 (alinéa 3) de la loi n° 71-588 du 16 juillet 1971 précisent, en ce qui concerne le recours devant le tribunal administratif, prévu audit alinéa, que ce tribunal statue dans le délai de deux mois, à compter de l'enregistrement de la réclamation au greffe

et que, faute d'avoir statué dans ce délai, il est dessaisi au profit du Conseil d'Etat ; que, de plus, dans tous les cas, le pourvoi est jugé comme affaire urgente ; que l'ensemble de ces dispositions relèvent de la procédure devant les juridictions administratives ; que les dispositions, soumises à l'examen du Conseil constitutionnel, contenues à l'article 9-II (alinéa 3 et 4) de la loi n° 71-588 du 16 juillet 1971, déterminent, dans le cas où une commission consultative spéciale a été créée après fusion de communes, le nombre d'électeurs domiciliés dans la commune associée désignés pour compléter ladite commission et fixent le lieu de ses réunions ; que les dispositions soumises à l'examen du Conseil constitutionnel, contenues à l'article 5-I de la loi de finances rectificative pour 1974 (n° 74-1114 du 27 décembre 1974), règlent certaines modalités de la notification à l'administration du produit attendu des taxes locales, en imposant qu'elle soit faite par l'intermédiaire des services préfectoraux, en désignant l'autorité administrative destinataire et en fixant sa date-limite et modifient implicitement l'article 242 du code de l'administration communale (alinéa 1) ; qu'aucune des dispositions susénoncées ne touche aux principes fondamentaux de la libre administration des collectivités locales, de leurs compétences et de leurs ressources, ni à un des principe fondamentaux ou à une des règles que l'article 34 de la Constitution a placés dans le domaine de la loi et sont, dès lors, du domaine réglementaire ;

Considérant que les dispositions soumises à l'examen du Conseil constitutionnel, contenues à l'article 3 de l'ordonnance n° 59-30 du 5 janvier 1959, se bornent à rappeler que les centres de secours contre l'incendie dont le district urbain exerce de plein droit la gestion au lieu et place des communes ont été « créés en application des articles 3 et 4 du décret n° 55-612 du 20 mai 1955 » ; que ce rappel ne met en cause aucun des principes réservés à la loi par l'article 34 de la Constitution et a, dès lors, un caractère réglementaire.

Décide :

Article premier. — On le caractère législatif dans la mesure précisée dans les visas et dans les motifs de la présente décision les dispositions susvisées des articles 41, 46 et 175 (1er alinéa) du code de l'administration communale, tels qu'ils résultent des articles 1er et II de la loi n° II de la loi n° 70-1297 du 31 décembre 1970, de l'article 149 (alinéa 3) du même code, tel qu'il résulte de l'article 1er de l'ordonnance n° 59-29 du 5 janvier 1959, de l'article 1er (alinéas 2 et 3) et de l'article 4 (alinéa 2) de l'ordonnance n° 59-30 du 5 janvier 1959, tels qu'ils résultent des articles 28-I et 29 de la loi n° 70-1297 du 31 décembre 1970, de l'article 3 (alinéas 2 et 3) et de l'article 5 (alinéa 2) de la loi n° 70-610 du 10 juillet 1970.

Art. 2. — Les autres dispositions soumises à l'examen du Conseil constitutionnel ont le caractère réglementaire dans la mesure précisée dans les visas et les motifs de la présente décision.

Art. 3. — La présente décision sera notifiée au Premier ministre et publiée au *Journal Officiel* de la République française.

Délibérée par le Conseil constitutionnel dans sa séance du 19 novembre 1975.

J.O. du 28

VII. Décision du 31 mai 1978

Le Conseil constitutionnel,

Saisi le 18 mai 1978 par le Premier ministre, en application de l'article 37, alinéa second, de la Constitution, d'une demande d'appréciation, au regard de l'article 34 de la Constitution, de la nature juridique des dispositions ci-après :

1. De la loi n° 62-933 du 8 août 1962 complémentaire à la loi d'orientation agricole complétée par la loi n° 64-678 du 6 juillet 1964 tendant à définir les principes et les modalités du régime contractuel en agriculture et modifiée par l'ordonnance n° 67-813 du 26 septembre 1967 ;

Article 14, alinéas 1 et 3, en tant qu'il désigne le ministre de l'Agriculture comme l'autorité habilitée à accorder, suspendre ou retirer la reconnaissance comme groupements de producteurs de certaines sociétés coopératives agricoles ou unions de sociétés coopératives agricoles, ou certains syndicats, ou certaines associations ;

Article 15, alinéa 4, en tant qu'il désigne le ministre de l'Agriculture comme l'autorité habilitée à prononcer l'agrément des comités économiques agricoles ;

Article 16, alinéa 1er, en tant qu'il désigne le ministre de l'Agriculture comme l'autorité habilitée à recevoir des comités économiques agricoles justifiant d'une expérience satisfaisante de certaines disciplines la demande que certaines règles acceptées par leurs membres soient rendues obligatoires pour tous les producteurs de la région considérée ;

Article 16, alinéa 2, en tant qu'il prévoit que l'extension de tout ou partie de ces règles à l'ensemble des producteurs de la région est prononcée par arrêté interministériel ;

Article 16, alinéa 4, en tant qu'il désigne le ministre de l'Agriculture comme l'autorité habilitée à décider que cette extension fera, sur demande du comité économique agricole, l'objet d'une enquête publique auprès des producteurs agricoles ;

Article 16, alinéa 5, en tant qu'il prévoit qu'au vu des résultats favorables de l'enquête, cette extension est prononcée par arrêté interministériel ;

Article 17, en tant qu'il désigne les ministres sur la proposition conjointe desquels sont pris les décrets habilitants les organismes reconnus ou agréés à prélever des droits d'inscription et des cotisations.

2. De l'ordonnance n° 67-813 du 26 septembre 1967 relative aux sociétés coopératives agricoles, à leurs unions et aux sociétés d'intérêt agricole ;

Art. 11, alinéa 1er, en tant qu'il désigne le ministre de l'Agriculture comme l'autorité habilitée à agréer les fédérations de coopératives agricoles ;

Art. 11, alinéa 4, en tant qu'il désigne le ministre de l'Agriculture et le ministre de l'Économie et des Finances comme les autorités habilitées à approuver les statuts et le budget de l'association nationale de révision de la coopération agricole.

3. De la loi n° 72-516 du 27 juin 1972 amendant l'ordonnance n° 67-813 du 26 septembre 1967 relative aux sociétés coopératives agricoles, à leurs unions, à leurs fédérations, aux sociétés d'intérêt collectif agricole et aux sociétés mixtes d'intérêt agricole ;

Art. 5-I, en tant qu'il désigne, selon les cas, le ministre de l'Agriculture ou le préfet comme l'autorité habilitée à agréer, dans des conditions fixées par décret, la création de sociétés coopératives agricoles et de leurs unions ;

Art. 5-II, en tant qu'il désigne, selon les cas, le ministre de l'Agriculture ou le préfet comme l'autorité habilitée à prononcer le refus ou le retrait d'agrément des sociétés coopératives agricoles ou de leurs unions et en tant qu'il précise que les organismes, dont les attributions et la composition sont fixées par décret, appelés à donner préalablement leur avis, sont le conseil supérieur de la coopération agricole ou des commissions régionales ou départementales ;

Article 9, alinéas a et b, en tant qu'il désigne, selon les cas, le ministre de l'Agriculture ou le préfet ou, conjointement, le ministre de l'Agriculture et le ministre de l'Économie et des Finances comme l'autorité habilitée à donner son assentiment à la dévolution d'excédent d'actif net d'une société coopérative agricole ou d'une union de coopératives agricoles en cas de dissolution d'un tel organisme ;

Vu la Constitution, notamment ses articles 34, 37 et 62 ;

Vu l'ordonnance du 7 novembre 1958 portant loi organique sur le Conseil constitutionnel, notamment ses articles 24, 25 et 26 ;

Vu la loi n° 62-933 du 8 août 1962 ;

Vu la loi n° 64-678 du 6 juillet 1964 ;

Vu l'ordonnance n° 67-813 du 16 septembre 1967 ;

Vu la loi n° 72-516 du 27 juin 1972 ;

Considérant que les dispositions susmentionnées de la loi n° 62-933 du 8 août 1962, de l'ordonnance n° 67-813 du 26 septembre 1967 et de la loi n° 72-516 du 27 juin 1972 sont soumises à l'examen du Conseil constitutionnel en tant seulement qu'elles désignent soit les autorités ministérielles, ou administratives chargées d'assurer, au nom du Gouvernement, l'application de règles ou de principes fondamentaux définis par la loi, soit des organismes appelés à leur donner un avis ; que par suite, les dispositions dont il s'agit ont un caractère réglementaire.

Décide :

Art. 1er. — Les dispositions susmentionnées soumises à l'examen du Conseil constitutionnel de l'article 14, alinéas 1 et 3, de l'article 15, alinéa 4, de l'article 16, alinéas 1er, 2, 4 et 5, et de l'article 17 de la loi n° 62-933 du 8 août 1962 complémentaire à la loi d'orientation agricole complétée par la loi n° 64-678 du 6 juillet 1964 et modifiée par l'ordonnance n° 67-813 du 26 septembre 1967, de l'article 11, alinéas 1 et 4, de l'ordonnance précitée n° 67-813, du 26 septembre 1967, et des articles 5-I et II et 9, alinéas a et b, de la loi n° 72-516 du 27 juin 1972 amendant l'ordonnance n° 67-813 du 26 septembre 1967 ont, dans la mesure ci-dessus indiquée, le caractère réglementaire.

Art. 2. — La présente décision sera notifiée au Premier ministre et publiée au *Journal Officiel* de la République française.

Délibéré par le Conseil constitutionnel dans sa séance du 31 mai 1978.

J.O. du 2 juin

ARTICLE 38

Le Gouvernement peut, pour l'exécution de son programme, demander au Parlement l'autorisation de prendre par ordonnances, pendant un délai limité, des mesures qui sont normalement du domaine de la loi.

Les ordonnances sont prises en Conseil des ministres après avis du Conseil d'Etat. Elles entrent en vigueur dès leur publication mais deviennent caduques si le projet de loi de ratification n'est pas déposé devant le Parlement avant la date fixée par la loi d'habilitation.

A l'expiration du délai mentionné au premier alinéa du présent article, les ordonnances ne peuvent plus être mofidiées que par la loi dans les matières qui sont du domaine législatif.

DOCUMENT 38-100
Liste des lois d'habilitation adoptées dans le cadre de l'article 38 de la Constitution

Lois	Durée de la délégation	Dépôt du projet de ratification
1. Loi n° 60-101 du 4 février 1960 autorisant le Gouvernement à prendre, par application de l'article 38 de la Constitution, certaines mesures relatives au maintien de l'ordre, à la sauvegarde de l'Etat, à la pacification et à l'administration de l'Algérie	un an	Avant le 1er.04.1961
2. Loi n° 60-773 du 30 juillet 1960 autorisant le Gouvernement à prendre, par application de l'article 38 de la Constitution, les mesures nécessaires pour lutter contre certains fléaux sociaux ..	Quatre mois	Avant le 15.12.1960
3. Loi n° 61-1439 du 26 décembre 1961 relative à l'accueil et à la réinstallation des Français d'Outre-Mer	Jusqu'au 24.04.1962	Avant le 24.06.1962
4. Loi n° 62-933 du 8 août 1962 complémentaire à la loi d'orientation agricole...	Jusqu'au 30.06.1963	Trois mois après la promulgation des ordonnances
5. Loi n° 64-1231 du 14 décembre 1964 relative à l'application de certains traités internationaux (Marché Commun)............	Jusqu'au 1er.01.1966	Avant le 1er.04.1966
6. Loi n° 66-481 du 6 juillet 1966 relative à l'application de certains traités internationaux (Marché Commun)	Jusqu'au 1er.01.1966	Avant le 1er.04.1966
7. Loi n° 66.949 du 22 décembre 1966 organisant une consultation de la population de la Côte Française des Somalis........	4 mois à compter de la consultation	Avant le 1er.12.1967
8. Loi n° 67-482 du 22 juin 1967 autorisant le Gouvernement à prendre, par application de l'article 38 de la Constitution, des mesures d'ordre économique et social	Jusqu'au 31.10.1967	Avant le 31.12.1967
9. Loi n° 69.1169 du 26 décembre 1969 relative à l'application de certains traités internationaux (Marché commun)	Jusqu'au 31.12.1972	1er jour de la session d'avril de l'année suivant celle de la publication de chaque ordonnance
10. Loi n° 75-12221 du 26 décembre 1975 autorisant le Gouvernement à procéder en 1976, par ordonnance, à certains aménagements portant sur les acomptes d'impôts directs..........	Jusqu'au 15.03.1976	Avant le 21.04.1976
11. Loi n° 76.664 du 19 juillet 1976 relative à l'organisation de Saint-Pierre et Miquelon.......................................	Jusqu'au 1er.10.1977	Avant le 1er.11.1977
12. Loi n° 76.1212 du 24 décembre 1976 relative à l'organisation de Mayotte	Jusqu'au 1er.01.1979	Avant le 1er.10.1979
13. Loi n° 77.51 du 20 janvier 1977 relative aux circonscriptions électorales pour l'élection à la chambre des Députés du TFAI .	Jusqu'au 1er.10.1977	Avant le 1er.12.1977

ARTICLE 39

L'initiative des lois appartient concurremment au Premier ministre et aux membres du Parlement.

Les projets de loi sont délibérés en Conseil des ministres après avis du Conseil d'Etat et déposés sur le bureau de l'une des deux assemblées. Les projets de loi de finances sont soumis en premier lieu à l'Assemblée nationale.

DOCUMENT 39-100
Statistique des dépôts des projets de loi devant le Parlement

Année	Assemblée Nationale	Sénat	Total
1959	81	22	103
1960	85	26	111
1961	65	41	106
1962	39	11	50
1963	121	8	129
1964	91	9	100
1965	79	5	84
1966	88	10	98
1967	56	6	62
1968	90	5	95
1969	70	1	71
1970	72	18	90
1971	85	10	95
1972	82	27	109
1973	63	13	76
1974	49	28	77
1975	73	59	132
1976	87	31	118
1977	74	41	115

DOCUMENT 39-200
Statistique des propositions de loi déposées par les membres du Parlement

Année	Députés	Sénateurs
1959	206	31
1960	165	30
1961	160	41
1962	63	19
1963	308	28
1964	119	19
1965	31	20
1966	134	18
1967	323	42
1968	421	30
1969	168	13
1970	206	53
1971	155	43
1972	217	48
1973	580	57
1974	227	83
1975	145	52
1976	158	64
1977	218	64

ARTICLE 40

Les propositions et amendements formulés par les membres du Parlement ne sont pas recevables lorsque leur adoption aurait pour conséquence soit une diminution des ressources publiques, soit la création ou l'aggravation d'une charge publique.

DOCUMENT 40-100

Statistique de l'application de l'article 40 à l'encontre de propositions de lois à l'Assemblée nationale et au Sénat

Année	Assemblée nationale	Sénat
1959	102	0
1960	25	0
1961	38	1
1962	12	1
1963	45	1
1964	29	0
1965	6	0
1966	9	0
1967	45	1
1968	37	0
1969	6	1
1970	11	1
1971	2	0
1972	6	2
1973	13	0
1974	11	1
1975	4	0
1976	3	0
1977	0	0

Note : *Cf.* également article 44 pour les statistiques relatives aux amendements.

Le Rapport publié par M. Jean Charbonnel, président de la Commission des finances, de l'économie générale et du plan de l'Assemblée nationale en 1971 sur la recevabilité financière des amendements constitue un important commentaire de la pratique de l'article 40.
(Doc. A.N. 4e législature n° 2064).

ARTICLE 41

S'il apparaît au cours de la procédure législative qu'une proposition ou un amendement n'est pas du domaine de la loi ou est contraire à une délégation accordée en vertu de l'article 38, le Gouvernement peut opposer l'irrecevabilité.

En cas de désaccord entre le Gouvernement et le Président de l'assemblée intéressée, le Conseil constitutionnel, à la demande de l'un ou de l'autre, statue dans un délai de huit jours.

DOCUMENT 41-100

Statistique des décisions des Présidents des Assemblées déclarant irrecevables des propositions et des amendements en application de l'article 41

Année	Président le l'Assemblée nationale	Président du Sénat
1959	0	1
1960	2	2
1961	5	3
1962	0	0
1963	0	4
1964	0	0
1965	0	2
1966	0	1
1967	2	4
1968	0	1
1969	1	0
1970	0	1
1971	0	2
1972	2	1
1973	3	0
1974	0	1
1975	3	1
1976	3	9
1977	2	2

TITRE V : DES RAPPORTS ENTRE LE PARLEMENT ET LE GOUVERNEMENT

DOCUMENT 41-200

Liste des décisions rendues par le Conseil constitutionnel sur la nature législative ou réglementaire d'un texte au cours de la procédure législative

(Application de l'article 41 de la Constitution)

Textes soumis au Conseil Constitutionnel	Autorité ayant saisi le Conseil Constitutionnel	Décisions du Conseil constitutionnel	
		Nature	Date
1. Proposition de loi de MM. Bajeux et Boulanger tendant à la stabilisation des fermages (n° 24, 1958-1959)	Président du Sénat	Irrecevable	27.11.1959
2. Amendements (4) de M. Monteil au projet de loi relatif à l'avancement des officiers de l'armée de mer (n° 245, 1960-1961)	Président du Sénat	Irrecevable	30.06.1961
3. Proposition de loi de M. Blondelle tendant à déterminer les conditions de la fixation des prix agricoles (n° 319 rect., 1960-1961)	Président du Sénat	Irrecevable	8.09.1961
4. Amendement de M. Boscary-Monsservin au projet de loi relatif à la fixation des prix agricoles (n° 1431, première législature)	Président de l'A.N.	Irrecevable	18.10.1961
5. Propositions de loi (2) de M. Vallin et de M. Dassault relatives à l'extension de la prime de transport (n° 214, 1960-1961, et n° 200, 1961-1962)......................	Président du Sénat	Nature législative partielle	11.06.1963
6. Proposition de loi de M. Menu relative aux conseils des Prud'hommes (n° 125, 1963-1964)	Président du Sénat	Irrecevable	22.05.1964
7. Proposition de loi de M. Baudis relative à l'indemnisation des rapatriés d'outre-mer (n° 1516, deuxième législature)	Président de l'A.N.	irrecevable	21.12.1966
8. Propositions de loi (2) de M. Courrière et de M. Brousse, relatives à la qualité de combattant pour les militaires ayant servi en Afrique du Nord (n° 343 et 344, 1966-1967)	Président du Sénat	Nature législative	27.11.1968
9. Proposition de loi de M. Legrand relative à l'organisation de la Sécurité Sociale dans les Mines N° 1538 V^e législature	Président de l'A.N.	Nature législative	7.06.1977

DOCUMENT 41-201

Décision du Conseil Constitutionnel du 27 novembre 1959

Le Conseil constitutionnel,

Saisi le 19 novembre 1959 par le Président du Sénat, dans les conditions prévues à l'article 41 de la Constitution, de la proposition de loi déposée par MM. Bajeux et Boulanger, sénateurs, tendant à la stabilisation des fermages, à laquelle le Premier ministre a opposé l'irrecevabilité visée audit article ;

Vu la Constitution, notamment ses articles 34, 37, 41 et 62 ;

Vu l'ordonnance du 7 novembre 1958 portant loi organique sur le Conseil constitutionnel, notamment ses articles 27, 28, 29 ;

Vu le Code civil ;

Vu le Code rural, et notamment son article 812 ;

Vu le décret du 7 janvier 1959 ;

Considérant que les dispositions de l'article 34, 4e alinéa, de la Constitution réservent à la loi la détermination des principes fondamentaux concernant les matières énumérées par ce texte ; qu'il résulte des termes mêmes de ces dispositions et du rapprochement qui doit en être fait avec ceux des alinéas 2 et 3 du même article que la Constitution n'a pas inclus dans le domaine de la loi la fixation des règles nécessaires à la mise en œuvre de ces principes fondamentaux dans les matières dont il s'agit ; qu'en vertu des dispositions de l'article 37 il appartient à la seule autorité investie du pouvoir réglementaire d'édicter ces règles dans le respect desdits principes fondamentaux ;

Considérant que le décret du 7 janvier 1959 relatif au prix des baux à ferme, que la proposition dont la recevabilité est présentement en discussion tend à abroger par le motif qu'il excéderait la compétence réglementaire, a eu essentiellement pour objet, lorsque le montant du fermage, stipulé payable en argent, est fixé en totalité par référence à la valeur du blé, d'ouvrir à l'une ou l'autre des parties la faculté de demander, à l'expiration de chacune des deux premières périodes triennales du bail, la substitution partielle à la valeur du blé de la valeur d'une ou de plusieurs des autres denrées mentionnées à l'alinéa 1er de l'article 812 du Code rural ;

Considérant que pour s'opposer à l'irrecevabilité de ladite proposition de loi soulevée par le Premier ministre excipant de la seule compétence du pouvoir réglementaire en matière de prix des baux à ferme, le Président du Sénat invoque les atteintes qui seraient portées par le décret du 7 janvier 1959 aux principes fondamentaux du régime de la propriété et des obligations civiles ;

Considérant que ceux de ces principes qui sont ici en cause, à savoir la libre disposition de son bien par tout propriétaire, l'autonomie de la volonté des contractants et l'immutabilité des conventions, doivent être appréciés dans le cadre des limitations de portée générale qui y ont été introduites par la législation antérieure pour permettre certaines inventions jugées nécessaires par la puissance publique dans les relations contractuelles entre particuliers ;

Considérant que, s'agissant plus spécialement de la matière des baux à ferme, les pouvoirs publics ont pu ainsi, sans mettre en cause l'existence des principes susrappelés, limiter le champ de la libre expression des volontés des bailleurs et des preneurs en imposant certaines conditions d'exécution de leurs conventions, notamment en ce qui concerne les modalités de calcul et de revision du montant des fermages ;

Que les dispositions du décret du 7 janvier 1959, qui se bornent à modifier ces prescriptions statutaires antérieures, ne sauraient, dès lors, être regardées comme comportant une altération des principes fondamentaux applicables en la matière ;

Qu'il suit de là que ces dispositions ont un caractère réglementaire et que le Premier ministre a pu, à bon droit, opposer à la proposition de loi susvisée qui tend à leur abrogation l'irrecevabilité prévue par l'article 41 de la Constitution ;

Décide :

Article premier. — La proposition déposée par MM. Bajeux et Boulanger, sénateurs, tendant à la stabilisation des fermages n'entre pas dans le domaine réservé à la loi par l'article 34 de la Constitution.

Article 2. — La présente décision sera notifiée au Président du Sénat et au Premier ministre et publiée au *Journal officiel* de la République française.

Délibéré par le Conseil constitutionnel dans sa séance du 27 novembre 1959.

J.O. du 1.12

DOCUMENT 41-202

Décision du Conseil constitutionnel du 30 juin 1961

Le Conseil constitutionnel.

Saisi le 28 juin 1961 par le Président du Sénat, dans les conditions prévues à l'article 41 de la Constitution, de quatre amendements — présentés au nom de la Commission des affaires étrangères, de la défense et des forces armées du Sénat — au projet de loi modifiant certaines dispositions de la loi du 4 mars 1929 portant organisation des différents corps d'Officiers de l'Armée de Mer et du corps des Equipages de la Flotte — amendements auxquels le Gouvernement a opposé l'irrecevabilité visée audit article 41 ;

Vu la Constitution, notamment ses articles 34, 37, 41 et 62 ;

Vu l'ordonnance du 7 novembre 1958 portant loi organique sur le Conseil constitutionnel, notamment ses articles, 27, 28 et 29 ;

Considérant que l'article 34 de la Constitution réserve au législateur le soin de fixer les « règles concernant... les garanties fondamentales accordées aux fonctionnaires civils et militaires de l'Etat » ; qu'il appartient normalement au pouvoir réglementaire de mettre en œuvre lesdites règles à l'occasion des dispositions qu'il édicte pour dixer le statut du personnel de chaque corps ou administration ; que toute disposition ayant pour objet d'aménager le déroulement de la carrière et notamment de fixer des conditions d'avancement ne saurait, même pour les personnels militaires, être regardée comme constituant en elle-même et dans tous les cas une garantie fondamentale pour ces personnels ;

Considérant qu'en l'espèce l'objet des amendements soumis à l'examen du Conseil est de définir les fonctions remplies par les Officiers de l'Armée de Mer qui seront assimilées au service à la mer et aux commandements maritimes dont devront justifier les contre-amiraux ayant deux ans de grade pour être promus vice-amiraux ;

Considérant que de telles dispositions, qui visent à préciser les conditions mises à l'avancement des Officiers de l'Armée de Mer, compte tenu de la structure actuelle de la Flotte, ne sont pas de celles touchant aux garanties fondamentales accordées à ces Officiers ; qu'elles ressortissent, dès lors, à la compétence dévolue en la matière au pouvoir réglementaire ;

Décide :

Article premier. — Les quatre amendements — déposés au nom de la commission des Affaires étrangères, de la Défense et des forces armées du Sénat — au projet de loi modifiant certaines dispositions de la loi du 4 mars 1929 portant organisation des différents corps de l'Armée de Mer et du corps des Equipages de la Flotte, n'entrent pas dans le domaine réservé à la loi par l'article 34 de la Constitution.

Article 2. — La présente décision sera notifiée au Président du Sénat et au Premier ministre et publiée au *Journal officiel* de la République française.

Délibéré par le Conseil constitutionnel dans sa séance du 30 juin 1961.

J.O. du 4.7

TITRE V : DES RAPPORTS ENTRE LE PARLEMENT ET LE GOUVERNEMENT

DOCUMENT 41-203

Décision du Conseil constitutionnel du 8 septembre 1961

Le Conseil constitutionnel,
Saisi le 5 septembre 1961 par le Président du Sénat, dans les conditions prévues à l'article 41 de la Constitution, de la proposition de loi déposée par M. René Blondelle, sénateur, et plusieurs de ses collègues, tendant à déterminer les conditions suivant lesquelles seront fixés par décret les prochains prix d'objectifs de certains produits agricoles, à laquelle le Premier ministre a opposé l'irrecevabilité visée audit article ;
Vu la Constitution, notamment ses articles 34, 37, 41 et 62 ;
Vu l'ordonnance du 7 novembre 1958 portant loi organique sur le Conseil constitutionnel, notamment ses articles 27, 28 et 29 ;
Vu l'ordonnance du 2 janvier 1959 portant loi organique relative aux lois de finances ;
Vu la loi d'orientation agricole en date du 5 août 1960 ;
Considérant que la proposition de loi susvisée, soumise à l'examen du Conseil constitutionnel, tend à instituer, pour l'application de certaines des dispositions de la loi d'orientation agricole en date du 5 août 1960, des modalités de fixation des prix d'un certain nombre de produits agricoles ; qu'elle fixe le champ d'application de la taxation, dans le temps et par produit (art. 1er, 2, 4 [al. 2], et 8), les règles de procédure applicables pour la fixation des prix (art. 3, 4 [al. 1 et 3], et 5 [al. 2 et 3]) et prévoit la garantie de ces prix par l'Etat ainsi que l'obligation à lui faite de mettre en œuvre diverses mesures destinées à assurer le soutien des cours (art. 5 [al. 1], et 7) ;
Considérant que l'ensemble de ces dispositions constitue une intervention du législateur dans une matière qui n'est pas au nombre de celles réservées à sa compétence par l'article 34 de la Constitution ;
Considérant en effet que, si l'article 34 réserve à la loi la détermination des principes fondamentaux du régime de la propriété et des obligations civiles, ceux que ces principes qui sont ici en cause, à savoir la libre disposition de son bien par tout propriétaire, l'autonomie de la volonté des contractants et l'immuabilité des conventions, doivent être appréciés dans le cadre des limitations de portée générale qui y ont été introduites par la législation antérieure à la Constitution en vue de permettre certaines interventions jugées nécessaires de la puissance publique dans les relations contractuelles entre particuliers ; que, s'agissant de la matière des prix, la portée des principes sus-rappelés doit s'analyser compte tenu du pouvoir très général d'établissement des prix reconnu au Gouvernement depuis l'ordonnance du 30 juin 1945 ; que c'est dans le cadre de cette compétence réglementaire, consacrée par la loi du 17 août 1948, qu'un décret du 18 septembre 1957 avait déjà institué un régime des prix d'objectifs agricoles qui a subi depuis diverses modifications et auquel les dispositions de la proposition de loi présentement examinée ne feraient qu'apporter de nouveaux aménagements ;

Considérant en outre que le fait que les dispositions de certains des articles de ladite proposition pourraient comporter une aggravation des charges publiques ne les exclut pas de la compétence du pouvoir réglementaire, à la condition que lesdites charges soient au préalable évaluées et autorisées dans les conditions fixées par l'article 1er de l'ordonnance du 2 janvier 1959 portant loi organique relative aux lois de finances ;
Considérant enfin que, si l'article 31 de la loi d'orientation agricole dispose, dans son second alinéa, que « dans le cas où la politique agricole commune n'aurait pas reçu au 1er juillet 1961 un commencement d'exécution suffisant, le Gouvernement déposera un projet de loi déterminant les conditions suivant lesquelles seront fixés par décret les prochains prix d'objectifs », cette disposition, dont le Conseil constitutionnel n'a pas eu, avant sa promulgation, à apprécier la conformité à la Constitution, ne saurait prévaloir sur celles des articles 34 et 37 de la Constitution et fournir un fondement suffisant à la compétence du législateur en matière de prix ;

Décide :

Article premier. — La proposition déposée par M. René Blondelle, sénateur, et plusieurs de ses collègues, tendant à déterminer les conditions suivant lesquelles seront fixés par décret les prochains prix d'objectifs de certains produits agricoles, n'entre pas dans le domaine réservé à la loi par l'article 34 de la Constitution.

Article 2. — La présente décision sera notifiée au Président du Sénat et au Premier ministre et publiée au *Journal officiel* de la République française.

Délibéré par le Conseil dans sa séance du 8 septembre 1961.

J.O. du 9

DOCUMENT 41-204

Décision du Conseil constitutionnel du 18 octobre 1961

Le Conseil constitutionnel,
Saisi le 16 octobre 1961 par le Président de l'Assemblée nationale, dans les conditions prévues à l'article 41 de la Constitution, d'un amendement n° 7, présenté par le rapporteur de la Commission de la production et des échanges au nom de ladite commission, au projet de loi relatif à la fixation des prix agricoles et auquel le Premier ministre a opposé l'irrecevabilité visée audit article ;
Vu la Constitution, notamment ses articles 34, 37, 41 et 62 ;
Vu l'ordonnance du 7 novembre 1958 portant loi organique sur le Conseil constitutionnel, notamment ses articles 27, 28 et 29 ;

En ce qui concerne la procédure selon laquelle a été soulevée l'exception d'irrecevabilité dont il s'agit :

Considérant qu'il ressort des débats de la séance du 12 octobre 1961 à l'Assemblée nationale au cours de laquelle a été présenté l'amendement litigieux, que le Président de cette assemblée a estimé que « l'exception d'irrecevabilité n'était pas fondée, alors surtout qu'elle n'avait été soulevée qu'après la discussion de sous-amendements et l'adoption de l'un d'eux » ;

Considérant qu'il résulte des dispositions de l'article 41 de la Constitution, comme d'ailleurs de celles de l'article 27 de l'ordonnance organique susvisée du 7 novembre 1958 et de l'article 93 du Règlement de l'Assemblée nationale, que le Gouvernement peut, au cours de la procédure législative, opposer l'irrecevabilité à tout amendement qu'il estime ne pas être du domaine de la loi tant que la discussion de cet amendement n'est pas close ; qu'en l'espèce, il est constant que, si deux sous-amendements à l'amendement litigieux ont été discutés et mis aux voix avant que le Premier ministre ne soulevât l'irrecevabilité dudit amendement, celui-ci n'avait pas encore été soumis au vote de l'Assemblée et était donc toujours en cours de discussion ; que le Chef du Gouvernement a pu, dès lors, valablement se prévaloir, à ce stade de la procédure, des dispositions de l'article 41 de la Constitution ;

Sur le caractère de l'amendement litigieux au regard de l'article 34 de la Constitution :

Considérant que cet amendement tend à arrêter, jusque dans leurs modalités d'application, les méthodes d'établissement des références servant de base à la fixation des prix d'objectifs agricoles en déterminant d'une manière impérative les différents facteurs des coûts de production à retenir comme éléments constitutifs de ces références et en imposant la procédure selon laquelle seront pondérés ces divers éléments ;

Considérant qu'un tel amendement, pour les motifs que le Conseil constitutionnel a déjà relevés dans sa décision du 8 septembre 1961 relative à une proposition de loi dont l'une des dispositions avait un objet identique,

Décide :

Article premier. — L'amendement n° 7 présenté au nom de la Commission de la production et des échanges par le rapporteur de ladite commission au projet de loi sur la fixation des prix agricoles n'entre pas dans le domaine réservé à la loi par la Constitution.

Article 2. — La présente décision sera notifiée au Président de l'Assemblée nationale et au Premier ministre et publiée au *Journal officiel* de la République française.

Délibéré par le Conseil constitutionnel dans sa séance du 18 octobre 1961.

J.O. du 19

DOCUMENT 41-205

Décision du Conseil constitutionnel du 11 juin 1963

Le Conseil constitutionnel,

Saisi, le 4 juin 1963, par le Président du Sénat, dans les conditions prévues à l'article 41 de la Constitution, de deux propositions de loi, déposées respectivement par MM. Camille Vallin et Francis Dassaud, sénateurs, et par plusieurs de leurs collègues, relatives à l'extension à tous les salariés du secteur privé du bénéfice de la prime spéciale uniforme mensuelle de transport instituée dans la première zone de la région parisienne par les arrêtés interministériels du 28 septembre 1948 et du 28 janvier 1950, ainsi que du supplément à cette prime prévu par les dispositions de la loi et du décret du 30 juillet 1960 ;

Vu la Constitution, notamment ses articles, 34, 37, 41 et 62 ;

Vu l'ordonnance du 7 novembre 1958 portant loi organique sur le Conseil constitutionnel, notamment ses articles 27, 28 et 29 ;

Considérant qu'aux termes de l'article 34 de la Constitution « la loi détermine les principes fondamentaux... des obligations civiles et commerciales » et « ...du droit du travail » ; qu'au nombre de ces principes figure celui d'après lequel la fixation des rémunérations salariales ainsi que de leurs accessoires de toute nature relève des contrats librement passés entre employeurs et salariés ; que toute limitation de portée générale apportée à ce principe par l'intervention de la puissance publique est donc du domaine de la loi ; qu'il appartient au pouvoir réglementaire de fixer dans le cadre de la loi, et sauf à ne pas en dénaturer l'esprit, le taux ou le montant des rémunérations ou des accessoires de salaires qu'elle institue, d'établir les conditions de leur attribution ainsi que de préciser les modalités de leur versement ;

Considérant que les deux propositions de loi susvisées, soumises à l'examen du Conseil constitutionnel, tendent à appliquer à tous les salariés du secteur privé le bénéfice de la prime spéciale uniforme mensuelle de transport attribuée aux salariés de la première zone de la région parisienne par les dispositions des arrêtés interministériels du 28 septembre 1948 et du 28 janvier 1950, pris en application de la législation alors en vigueur, ainsi que du supplément ajouté à ladite prime par les dispositions de la loi et du décret du 30 juillet 1960 ; qu'en raison tant du nombre des personnes, employeurs et salariés, que de l'importance de l'aire géographique qu'elle concerne, cette mesure doit être regardée comme édictant le principe d'une obligation salariale, mise à la charge d'une nouvelle catégorie d'employeurs, en sus des obligations résultant pour ceux-ci des conventions qui les lient ; que, dès lors et en tant qu'elles tendent, ainsi à la création d'une prime de transport applicable à une nouvelle catégorie d'intéressés, les dispositions contenues dans les deux propositions de loi dont il s'agit, relèvent du domaine de la loi ;

Considérant toutefois, que la détermination du montant des rémunérations salariales ou des primes ou indemnités ayant le caractère d'accessoires de salaires ressortit à la compétence du pouvoir réglementaire dans les conditions ci-dessus précisées ; que, par suite, et en tant qu'elles fixent à la prime de transport qu'elles instituent au profit de l'ensemble des salariés du secteur privé, un montant égal à celui de la prime de transport applicable aux salariés de la région parisienne, les dispositions des deux propositions susvisées ne sont pas du domaine de la loi ;

Décide :

Article premier. — Les deux propositions de loi susvisées, déposées par MM. Camille Vallin et Francis Dassaud, sénateurs, et plusieurs de leurs collègues, et relatives à l'extension à tous les salariés du secteur privé de la prime spéciale uniforme mensuelle instituée dans la première zone de la région parisienne par les arrêtés du 28 septembre 1948 et du 28 janvier 1950 ainsi que du supplément à cette prime prévu par la loi et le décret du 30 juillet 1960, sont du domaine de la loi en tant qu'elles tendent à la création de la prime susindiquée au profit de ceux des salariés du secteur privé qui ne bénéficient pas encore de ladite prime.

Dans la mesure où elles tendent à fixer le montant de la prime de transport qu'elles instituent, lesdites propositions n'entrent pas dans le domaine réservé à la loi par l'article 34, précité, de la Constitution.

Article 2. — La présente décision sera notifiée au Président du Sénat et au Premier ministre et publiée au *Journal officiel* de la République française.

Délibéré par le Conseil constitutionnel dans sa séance du 11 juin 1963.

J.O. du 14

DOCUMENT 41-206

Décision du Conseil constitutionnel du 22 mai 1964

Le Conseil constitutionnel,

Saisi le 14 mai 1964 par le Président du Sénat, dans les conditions prévues à l'article 41 de la Constitution, de la proposition de loi déposée par M. Roger Menu, sénateur, tendant à modifier l'article 1er du livre IV du Code du travail, instituant les Conseils de Prud'hommes, à laquelle le Premier ministre a opposé l'irrecevabilité visée audit article 41 de la Constitution ;

Vu la Constitution, notamment ses articles 34, 37, 41 et 62 ;

Vu l'ordonnance du 7 novembre 1958 portant loi organique sur le Conseil constitutionnel, notamment ses articles 27, 28 et 29 ;

Considérant qu'aux termes de l'article 34 de la Constitution « la loi fixe les règles concernant... la création de nouveaux ordres de juridiction » ;

Considérant que la proposition de loi susvisée, soumise à l'examen du Conseil constitutionnel, a uniquement pour objet, en tant que de besoin, de préciser que les ayants droit des salariés visés à l'article 1er de l'ordonnance n° 58-1276 du 22 décembre 1958 ont qualité pour saisir les Conseils de Prud'hommes des différends qui s'élèvent à l'occasion des contrats de travail et d'apprentissage, et ce, sans toucher au domaine de la compétence de ces juridictions ; qu'ainsi, elle ne met en cause aucune des règles visées dans la disposition précitée, non plus d'ailleurs qu'aucune des autres règles ni aucun des principes fondamentaux énoncés à l'article 34 de la Constitution, dont notamment ceux du droit du travail ; qu'elle ressortit, dès lors, à la compétence du pouvoir réglementaire ;

Décide :

Article premier. — La proposition de loi déposée par M. Roger Menu, sénateur, tendant à modifier l'article 1er du livre IV du Code du travail instituant les Conseils de Prud'hommes n'entre pas dans le domaine réservé à la loi par l'article 34 de la Constitution.

Article 2. — La présente décision sera notifiée au Président du Sénat et au Premier ministre et publiée au *Journal officiel* de la République française.

Délibéré par le Conseil constitutionnel dans sa séance du 22 mai 1964.

J.O. du 31

DOCUMENT 41-207

Décision du Conseil constitutionnel du 21 décembre 1966

Le Conseil constitutionnel,

Saisi le 14 décembre 1966 par le Président de l'Assemblée nationale, dans les conditions prévues à l'article 41 de la Constitution, de la proposition de loi présentée, dans son rapport n° 1985, par la commission spéciale chargée d'examiner la proposition de loi n° 1516 de M. Baudis et plusieurs de ses collègues, députés, tendant à faciliter l'évaluation, en vue de leur indemnisation, des dommages subis par les Français rapatriés d'outre-mer en cas de spoliation et de perte définitivement établies des biens leur appartenant, à laquelle le Premier ministre a opposé l'irrecevabilité visée audit article ;

Vu la Constitution, notamment ses articles 34, 37, 41 et 62 ;

Vu l'ordonnance du 7 novembre 1958 portant loi organique sur le Conseil constitutionnel et, notamment, ses articles 27, 28 et 29 ;

Vu la loi n° 61-1439 du 26 décembre 1961 relative à l'accueil et à la réinstallation des Français d'outre-mer ;

Vu l'ordonnance n° 62-1106 du 19 septembre 1962 créant une agence de défense des biens et intérêts des rapatriés ;

Vu la loi n° 63-156 du 23 février 1963, portant loi de finances pour 1963 et, notamment, son article 65 ;

Considérant que la proposition de loi soumise à l'examen du Conseil constitutionnel a pour objet, d'une part, de confier à l'agence de défense des biens et intérêts des rapatriés, instituée par l'ordonnance n° 62-1106 du 19 septembre 1962, modifiée, le soin d'établir les dossiers des personnes physiques ou morales françaises qui ont été victimes de spoliations ou de pertes de biens dans les territoires placés, avant leur accession à l'indépendance, sous la souveraineté, le protectorat ou la tutelle de la France et de délivrer aux intéressés des certificats relatifs à la consistance ainsi qu'à l'estimation desdits biens, en fonction de laquelle pourrait être calculé le montant de l'indemnisation, d'autre part, d'inviter le Gouvernement à déposer devant le Parlement, dans un délai de six mois, un projet de loi fixant les modalités de cette indemnisation, prévue à l'article 4, dernier alinéa, de la loi n° 61-1439 du 26 décembre 1961 ; enfin, d'inviter le Gouvernement à fixer par règlement d'administration publique les conditions d'applications des dispositions de la présente proposition de loi ;

En ce qui concerne les attributions de l'agence de défense des biens et intérêts des rapatriés :

Considérant qu'en vertu de l'article 34 de la Constitution : « la loi fixe les règles concernant... la création de catégories d'établissements publics » ;

Considérant que les dispositions de la proposition de loi soumise à l'examen du Conseil constitutionnel ont pour objet, en confiant à l'agence de défense des biens et intérêts des rapatriés le soin d'établir les dossiers des personnes victimes de pertes ou de spoliations et de délivrer aux intéressés des certificats fixant la consistance et la valeur de leurs biens perdus ou spoliés, de charger cet établissement des opérations préparatoires à leur indemnisation ; qu'ainsi elles comportent une extension des attributions de l'agence qui, en vertu des textes en vigueur, sont limitées à la protection des biens et intérêts des rapatriés, qu'elle exerce principalement à titre de mandataire de ceux-ci ;

Considérant, toutefois, que les nouvelles attributions conférées à l'agence de défense des biens et intérêts des rapatriés par le texte de la proposition de loi susmentionnée se rattachent à une spécialité comparable à celle qui résulte des attributions dévolues à cet organisme par l'ordonnance du 19 septembre 1962 modifiée ; qu'en effet, les attributions définies aux articles 1 et 2 du texte de la proposition de loi tendent, de même que ces dernières et en fonction de l'évolution intervenue dans la situation des biens en cause, à assurer la sauvegarde des droits des intéressés ; qu'il suit de là que les dispositions de ladite proposition de loi relatives aux attributions de l'agence de défense des biens et intérêts des rapatriés ne sauraient avoir pour effet de transformer cet organisme en une catégorie nouvelle et particulière d'établissement public et, par suite, de mettre en cause, sur ce point, les dispositions de l'article 34 de la Constitution ;

Considérant, en outre, que les dispositions dont il s'agit ne mettent en cause aucune des autres règles ni aucun des principes fondamentaux énoncés au même article ; que, dès lors, elles ont le caractère réglementaire ;

En ce qui concerne l'obligation faite au Gouvernement de déposer devant le Parlement un projet de loi fixant les modalités de l'indemnisation :

Considérant que la disposition de la proposition de loi susvisée prévoit que le Gouvernement devra, dans un délai de six mois, déposer un projet de loi fixant les modalités de l'indemnisation des pertes et spoliations ; que cette injonction ne trouve de base juridique ni dans l'article 34 ni dans aucune des autres dispositions de la Constitution portant définition du domaine de la loi ; que, dès lors, elle n'a pas le caractère législatif ;

En ce qui concerne les dispositions contenues à l'alinéa 3 de l'article unique de la proposition de loi :

Considérant que l'alinéa 3 de l'article unique de la proposition de loi soumise à l'examen du Conseil constitutionnel prévoit qu'un règlement d'administration publique fixera les conditions d'application des autres dispositions de cette proposition de loi ; qu'ainsi qu'il est dit ci-dessus, lesdites dispositions ne relèvent pas du domaine de la loi ; qu'il suit de là que le texte de l'alinéa 3 de l'article unique de la proposition de loi est sans objet ; que, dès lors, il n'y a pas lieu pour le Conseil constitutionnel d'y statuer ;

Décide :

Article premier. — Les dispositions prévues aux alinéas 1 et 2 de l'article unique de la proposition de loi soumise à l'examen du Conseil constitutionnel ne sont pas du domaine de la loi.

Article 2. — Il n'y a pas lieu pour le Conseil constitutionnel de se prononcer sur les dispositions de l'alinéa 3 de l'article unique de la proposition de loi susvisée.

Article 3. — La présente décision sera notifiée au Président de l'Assemblée nationale et au Premier ministre et publiée au *Journal officiel* de la République française.

Délibéré par le Conseil constitutionnel dans sa séance du 21 décembre 1966.

J.O. du 31

DOCUMENT 41-208
Décision du Conseil constitutionnel du 27 novembre 1968

Le Conseil constitutionnel,

Saisi le 20 novembre 1968 par le Président du Sénat, dans les conditions prévues à l'article 41 de la Constitution, de deux propositions de loi déposées sur le bureau du Sénat sous les n° 343 et 344 et présentées respectivement par M. Antoine Courrière et plusieurs de ses collègues et par M. Martial Brousse et plusieurs de ses collègues, lesdites propositions tendant à la reconnaissance de la qualité de combattant aux militaires et anciens militaires ayant pris part aux combats en Algérie, au Maroc et en Tunisie, auxquelles le Gouvernement a opposé l'irrecevabilité visée audit article 41 ;

Vu la Constitution, notamment ses articles 34, 37, 41 et 62 ;

Vu l'ordonnance du 7 novembre 1958 portant loi organique sur le Conseil constitutionnel et, notamment, ses articles 27, 28 et 29 ;

Vu le code des pensions militaires d'invalidité et des victimes de guerre ;

Vu la loi n° 55-1074 du 6 août 1955 modifiée par l'ordonnance n° 59-261 du 4 février 1959 et par le décret n° 59-1023 du 31 août 1959 ;

Vu la loi n° 67-1114 du 21 décembre 1967 portant loi de finances pour 1968 et notamment son article 77 ;

Vu le décret n° 68-294 du 28 mars 1968 pris pour l'application des dispositions de l'article 77 de la loi susvisée du 21 décembre 1967 ;

Considérant qu'aux termes de l'article 34 de la Constitution « la loi fixe les règles concernant... les sujétions imposées par la Défense nationale aux citoyens en leur présence et en leurs biens » ;

Considérant que les deux propositions de loi soumises à l'examen du Conseil constitutionnel ont pour objet de « reconnaître la qualité de combattant aux militaires et anciens militaires ayant pris part aux combats en Algérie de 1954 à 1962, au Maroc de 1953 à 1956 ou en Tunisie de 1951 à 1955 » ; que les personnes visées éventuellement par ces propositions se sont trouvées placées dans la situation dont il s'agit en vertu de dispositions impératives imposées aux citoyens au titre des obligations de la Défense nationale ; qu'ainsi ces propositions touchent directement aux règles visées dans la disposition précitée ; qu'elles ressortissent, dès lors, au domaine de la loi ;

Décide :

Article premier. — Les dispositions prévues par les deux propositions de loi susvisées soumises à l'examen du Conseil constitutionnel sont du domaine de la loi.

Article 2. — La présente décision sera notifiée au Président du Sénat et au Premier ministre et publiée au Journal officiel de la République française.

Délibéré par le Conseil constitutionnel dans sa séance du 27 novembre 1968.

J.O. du 1.12

au nombre des principes fondamentaux du régime spécial de la sécurité sociale dans les mines que l'article 34 de la Constitution range dans le domaine de la loi,

Décide :

Article premier. — Les dispositions de la proposition de loi, déposée par M. Legrand, député, relative à l'organisation de la Sécurité sociale dans les mines, sont du domaine de la loi.

Article 2. — La présente décision sera notifiée au président de l'Assemblée nationale et au Premier ministre et publiée au Journal officiel de la République française.

Délibéré par le Conseil constitutionnel dans sa séance du 7 juin 1977.

J.O. du 9

DOCUMENT 41-209

Décision du Conseil constitutionnel du 7 juin 1977

Le Conseil constitutionnel,

Saisi le 31 mars 1977 par le Président de l'Assemblée nationale, dans les conditions prévues à l'article 41 de la Constitution d'une proposition de loi relative à l'organisation de la Sécurité sociale dans les mines, déposée sur le bureau de l'Assemblée nationale sous le numéro 1538 et présentée par M. Joseph Legrand et plusieurs autres députés, à laquelle le Gouvernement a opposé l'irrecevabilité visée audit article 41 ;

Vu la Constitution, notamment ses articles 34, 37, 41 et 62 ;

Vu l'ordonnance du 7 novembre 1958 portant loi organique sur le Conseil constitutionnel, et notamment ses articles 27, 28 et 29 ;

Considérant qu'aux termes de l'article 34 de la Constitution « la loi détermine les principes fondamentaux... de la sécurité sociale » et qu'au nombre de ces principes fondamentaux il y a lieu de comprendre ceux afférents à chaque régime spécial, et notamment à celui de la sécurité sociale dans les mines ;

Considérant que la proposition relative à l'organisation de la sécurité sociale dans les mines ; soumise à l'examen du Conseil constitutionnel par le président de l'Assemblée nationale, tend à restituer aux sociétés de secours minières les attributions qui leur avaient été confiées par le décret du 27 novembre 1946 en ce qui concerne la gestion des risques d'accident du travail et de maladie professionnelle et à abroger le décret du 18 septembre 1948 qui avait prévu que ces attributions seraient exercées par les entreprises nationalisées pour tout ce qui concerne la période d'incapacité temporaire ;

Considérant que, compte tenu des conditions dans lesquelles est actuellement organisée la gestion de ces risques au sein des houillères nationalisées, la mesure de transfert prévue dans la proposition de loi touche au principe même de la participation du personnel à cette gestion ; qu'un tel principe est

ARTICLE 42

La discussion des projets de loi porte, devant la première assemblée saisie, sur le texte présenté par le Gouvernement.

Une assemblée saisie d'un texte voté par l'autre assemblée délibère sur le texte qui lui est transmis.

ARTICLE 43

Les projets et propositions de loi sont, à la demande du Gouvernement ou de l'assemblée qui en est saisie, envoyés pour examen à des commissions spécialement désignées à cet effet.

Les projets et propositions pour lesquels une telle demande n'a pas été faite sont envoyés à l'une des commissions permanentes dont le nombre est limité à six dans chaque assemblée.

DOCUMENT 43-100

Liste des commissions spéciales demandées et constituées à l'Assemblée nationale et au Sénat.

	Assemblée nationale		Sénat	
	Nombre de Commissions demandées	Nombre de Commissions constituées	Nombre de Commissions demandées	Nombre de Commissions constituées
1959	3	3	4	4
1960	1	1	1	1
1961	3	3	2	2
1962	3	3	1	1
1963	4	4	1	1
1964	2	0	2	2
1965	2	1	0	0
1966	5	2	1	1
1967	10	5	1	1
1968	8	7	0	0
1969	1	1	0	0
1970	3 (1)	2	2	2
1971	2	0	0	0
1972	6	6	1	1
1973	5	2	1	1
1974	1	0	0	0
1975	3	1	0	0
1976	2	2	0	0
1977	1	0	1	1

(1) La 3e demande a été retirée.

DOCUMENT 43-200
Liste des demandes de constitution de Commissions d'enquête et suites données

N° de proposition de résolution	Auteur	Objet	N° du rapport Commission compétente	Décision de l'Assemblée nationale ou du Sénat	N° du rapport de la Commission d'enquête
		I - Assemblée nationale			
1re législature					
	MM.				
431	Biaggi	Rebellion algérienne	—	—	—
446	Catayée	Application de la législation en Guyane	—	—	—
1057	Chibi	Algérie	—	—	—
1531	Baylot	Violations des droits de l'homme	—	—	—
1702	Chelha	Complices de l'OAS	—	—	—
1790	Roux	Catastrophe de Boeing	—	—	—
2e législature					
625	Escande	Gestion de la Radiodiffusion-Télévision française	—	—	—
746	Pleven	Situation en Nouvelle-Calédonie	—	—	—
1350	Escande	Gestion de l'Office de Radiodiffusion-Télévision française	—	—	—
1793	Feix	Services de Police	—	—	—
1881	Defferre	Accident de six avions Mystère IV	—	—	—
3e législature					
3	Montagne	Actualités régionales télévisées	277	—	—
532	Chazelle	Pénitencier de Saint-Martin de Ré	572	—	—
653	Poudevigne	Agence de défense des biens des rapatriés	—	—	—
791	Fillioud	Répression des manifestations d'étudiants	—	—	—
803	Duhamel	Répression des manifestations d'étudiants	—	—	—
842	Lacave	Evénements sanglants en Guadeloupe	—	—	—
4e législature					
33	Poudevigne	Agence de défense des biens des rapatriés	—	—	—
478	Defferre	Transferts de fonds à l'étranger	—	—	—
555	Marie	Politique du crédit	607	—	—
985	Brugnon	Marché de La Villette et de Rungis	1138	—	—
1019	Gissinger	Travail des frontaliers à l'étranger	—	—	—
1109	Odru	Intervention militaire au Tchad	1241	—	—
1974	Mitterrand	Sociétés civiles de placement immobilier	2031	Adoption 10.12.71	2290
2160	Ballanger	Evasion fiscale des sociétés	2308	—	—
2210	Boulloche	Activités de police patronales	2293	—	—
2555	Mazeaud	Problème de la drogue	2605	—	—
5e législature					
240	Péronnet	Utilisation des avions " Mirage " vendus à la Lybie	495	—	—
242	Defferre	Utilisation des avions " Mirage " vendus à la Libye			
457	Mitterrand	Ecoutes téléphoniques	721	Rejet 14.12.73	—
518	Josselin	Etablissements d'hébergement collectifs d'enfants mineurs	730	—	—
523	Barel	Pollution du littoral méditerranéen	746	Adoption 27.06.74	1273
534	Ballanger	Fraude fiscale des sociétés	747	—	—
643	Médecin	Commandes d'équipements téléphoniques	745	—	—

N° de proposition de résolution	Auteur	Objet	N° du rapport Commission compétente	Décision de l'Assemblée nationale ou du Sénat	N° du rapport de la Commission d'enquête
	MM.				
720	Ballanger	Bulletin de renseignements sur l'adversaire intérieur	801	—	—
744	Garcin	Etablissements CODER	878	—	—
754	Frédéric-Dupont (R.I.)	Délivrance de certains permis de construire à Paris	984	Adoption 18.10.74	1566
770	Leroy	Centre Beaubourg	982	—	—
808	Mexandeau P.S.	Situation de l'énergie	983	Adoption 27.06.74	1275
933	Marchais P.C.	Pratiques des sociétés pétrolières	1048	Adoption 27.06.74	1280
981	Ch. Bignon	Paquebot " France "	1099	—	—
1123	Zuccarelli	Conserverie de Casamozza	1283	—	—
1168	Goulet UDR	Commerce de la viande	1252	Adoption 18.10.74	1553
1173	Rigout	Circuits de distribution de la viande, des fruits et des légumes	1253	—	—
1238	Denvers	Paquebot " France "	1336	—	—
1287	Defferre	Fonctions des parlementaires dans des sociétés multinationales ou étrangères	1519	—	—
1326	Kalinsky	Saisies et expulsions de locataires	1518	—	—
1351	Ducolone	Situation de la presse et de l'imprimerie	—	—	—
1425	Gau	Industrie pharmaceutique	1572	—	—
1426	P. Weber	Délivrance d'un permis de construire à Nancy	1573	—	—
1478	Mexandeau	Pollution de la Manche	1575	—	—
1489	A. Vivien	Situation des DOM	1814	—	—
1490	A. Vivien	Situation des TOM	1813	—	—
1491	Chambaz	Implantation et construction des centrales nucléaires	1574	—	—
1492	Juquin	Industrie pharmaceutique	1572	—	—
1507	Barel	Protection et reconstitution des forêts méditerranéennes	1677	—	—
1571	Andrieux	Accidents du travail et maladies professionnelles	1815	—	—
1696	Labbé	Entraves à la liberté de la presse	1911	—	—
1741	Fisbin	Entraves à la liberté de la presse	1910	—	—
1755	Ballanger	Défense des intérêts privés par des personnes exerçant des fonctions publiques	1930	—	—
1877	Mitterrand	Situation en Corse	1945	—	—
1878	Mexandeau	Pollution de la Manche	1946	—	—
1927	Chevenement	Entreprises françaises et groupes multinationaux	2037	—	—
1928	Depietri	Sociétés sidérurgiques	2036	—	—
2046	Chevenement	Sécurité dans l'industrie nucléaire	2188	—	—
2136	Ballanger	Spéculation contre le franc	2240	—	—
2141	Defferre	Marché du vin	2239	—	—
2187	Dalbera	Liquidation de l'industrie française	2426	—	—
2195	Darinot	Navigation des pétroliers	2314	—	—
2265	Marchais	Sociétés pétrolières	2425	—	—
2422	Gaudin	Intégration des Français musulmans	2561	—	—
2437	Laurent	Libertés dans les entreprises	2562	—	—
2471	Filliond	Entreprises de presse	2564	—	—
2511	Soustelle	Activités en France de l'Organisation de Libération de la Palestine	2603	—	—
2522	Defferre PS	Utilisation des fonds publics alloués aux sociétés du groupe Dassault	2563	Adoption 4.11.1976	2815
2551	Ballanger	Evasion et fraude fiscale dans les grandes sociétés	—	—	—
? 2555	Donnez	Utilisation des fonds publics et évasion et fraude fiscale dans les sociétés du groupe Dassault	2625	—	—

TITRE V : DES RAPPORTS ENTRE LE PARLEMENT ET LE GOUVERNEMENT

N° de proposition de résolution	Auteur	Objet	N° du rapport Commission compétente	Décision de l'Assemblée nationale ou du Sénat	N° du rapport de la Commission d'enquête
2565	Depietri	Catastrophe de Merlebach	2679	—	—
2572	Ballanger	Fonstionnaires de la CEE	2680	—	—
2757	Boudet PDM	Importations " sauvages "	2818	Adoption 19.5.1977	3230
2697	Mermaz	Surgénérateur Superphénix	2817	—	—
2771	Ferreti	Prêts du FDES à la Sidérurgie	2874	—	—
2824	Ballanger	Environnement et cadre de vie des Français	3153	—	—
2917	Couderc	Barrage-Réservoir de Naussac	3098	—	—
3068	Jalton	Transport de la banane entre les Antilles et la métropole	3197	—	—
3367	Papon	Causes réelles de l'alcoolisme	—	—	—

VIe législature

N° de proposition de résolution	Auteur	Objet	N° du rapport Commission compétente	Décision de l'Assemblée nationale ou du Sénat	N° du rapport de la Commission d'enquête
4	Ballanger	Application de la loi du 19.7.77 relative au vote des Français de l'étranger	—	—	—
5	Darinot	Navigation des pétroliers	144	Adoption le 11.5.78	—
6	Combrisson	Crues exceptionnelles de la Seine	—	—	—
10	Goasduff	Accidents des navires pétroliers	144	Adoption le 11.5.78	—
141	Leizour	Echouement de l'Amoco-Cadiz sur les côtes bretonnes	391	—	—
162	Masson	Sidérurgie lorraine	417	—	—
308	Odru	Interventions militaires en Afrique	—	—	—
312	Chevènement	Interventions militaires en Afrique	—	—	—
325	Lajoinie	Elargissement de la CEE	—	—	—

II - Sénat

MM.

N° de proposition de résolution	Auteur	Objet	N° du rapport Commission compétente	Décision de l'Assemblée nationale ou du Sénat	N° du rapport de la Commission d'enquête
114 (1960-61)	Benacer	Evénements d'Algérie	—	—	—
47 (1961-62)	Courrière	Evénements du 17.10.1961	51 (1961-62)	rejet 14.12.61	—
164 (1967-68)	Rougeron	Evénements de Mai 1968	—	—	—
165 (1967-68)	Marcilhacy	Evénements de Mai 1968	—	—	—
167 (1967-68)	Duclos	Evénements de Mai 1968	—	—	—
153 (1968-69)	Pinton	ORTF et campagne référendaire	—	—	—
154 (1968-69)	Pinton	Fonds publics et campagne référendaire	—	—	—
5 (1970-71)	Courrière	Abattoirs de La Villette	60 (1970-71)	Adoption 14.12.70	193 (1970-71)
28 (1970-71)	Boucheny	Intervention militaire au Tchad	—	—	—
11 (1971-72)	Chatelain	Crédits publics destinés à la construction de logements	—	—	—
50 (1971-72)	Chatelain	Application de la loi d'orientation foncière	—	—	—
150 (1971-72)	Duclos	Evasion fiscale des sociétés	—	—	—
13 (1974-75)	Caillavet	Circuits de distribution de la viande, des fruits et des légumes	—	—	—

N° de proposition de résolution	Auteur	Objet	N° du rapport Commission compétente	Décision de l'Assemblée nationale ou du Sénat	N° du rapport de la Commission d'enquête
315 (1974-75)	Champeix	Fusion CII - HONEYWELL-BULL	—	—	—
36 75-76	Caillavet	Accidents du travail et maladies professionnelles	—	—	—
58 (1975-76)	Georges	Sécurité Sociale	—	—	—
332 (1975-76)	Schmaus	Industrie informatique française	—	—	—
76 (1976-77)	Jargot	Sociétés des autoroutes Rhône-Alpes	—	—	—
88 (1976-77)	Palmero	Application de la loi du 29 juillet 1975 sur la taxe professionnelle	—	—	—
349 (1976-77)	Roujon	Barrage de Naussac	—	Retrait le 4.4.78	—
125 (1977-78)	Meric	Contrôle et sécurité de la circulation aérienne	—	—	—
320 (1977-78)	Colin	Circulation	337	Adoption le 27.4.78	486
335 (1977-78)	Le Pors	Circulation des pétroliers	337		(1977-78)
461 (1977-78)	Le Pors	Fonds publics aux entreprises			

DOCUMENT 43-201

Liste des demandes de constitution de Commissions de contrôle et suites données

N° de proposition de résolution	Auteur	Objet	N° du rapport Commission compétente	Décision de l'Assemblée nationale ou du Sénat	N° du rapport de la Commission d'enquête

I. Assemblée nationale

1re législature

	MM.				
895	Roulland	Régie Nationale des Usines Renault	—	—	—
1508 rectifié	Georges Bonnet	Agence Havas	1588 et Rapp. suppl. 1665		
1509	Georges Bonnet	Union générale cinématographique	1589	Adoption 11.12.61	1700

2e législature

| 1727 | Abelin | Services de police | — | — | — |

3e législature

| 804 | Duhamel | Education Nationale | 843 | — | — |

TITRE V : DES RAPPORTS ENTRE LE PARLEMENT ET LE GOUVERNEMENT

N° de proposition de résolution	Auteur	Objet	N° du rapport Commission compétente	Décision de l'Assemblée nationale ou du Sénat	N° du rapport de la Commission d'enquête
4e législature					
261	Poudevigne	Agence de défense des biens des rapatriés	—		—
2056	Louis-Alexis Delmas	Office de Radiodiffusion Télévision française	2190	Adoption 20.12.71	2291
2088	Odru	Service de documentation extérieure et de contre-espionnage	2292	—	—
2130	Foyer	Pompes funèbres	2288	—	—
2591	Ducolone	Réunion des Théâtres lyriques nationaux	2677	—	—
2606	Griotteray	Offices publics d'HLM	2676	—	—
5e législature					
355	Boscher UDR	Service public du téléphone	603	Adoption 29.10.73	1071
358	Buron	Aspects sociaux de la gestion de la Régie Renault	612	—	—
722	Labbé UDR	Gestion financière de l'ORTF	764	Adoption 14.12.73	1072
775	Boudet	Moyens matériels des Administrations	985		
934	Fontaine	Application des lois dans les départements d'outre-mer	1049	—	—
1653	Labbé	Méthodes et moyens de mesure du chômage	1816	—	—
1766	Villon	Biens fonciers et immobiliers du ministère de la Défense	1944	—	—
1962	Aumont	Emplois du produit des taxes créées par l'article 3 de la loi N° 72-657 du 13.7.72	2058		
6e législature					
122	Mitterrand	Loi du 19.7.77 sur le vote des Français de l'étranger	375		

II - Sénat

COMMISSIONS DE CONTROLE

MM.

N°	Auteur	Objet	N° rapport	Décision	N° rapport enquête
85 (1960-61)	Roubert	Réunion des Théâtres lyriques nationaux	107 (1960-61)	Adoption 15.12.60	170 (1960-61)
98 (1965-66)	Gros	Orientation et sélection dans l'enseignement	99 (1965-66)	Adoption 21.04.66	297 (1965.66)
341 (1966-67)	Diligent	Office de Radiodiffusion Télévision française	76 (1967-68)	Adoption 14.12.67	118 (1967-68)
140 (1969-70)	Grand	Etat d'exécution du Ve Plan en matière d'équipement sanitaire et social	141 (1969-70)	Adoption 18.12.69	188 (1969-70)
51 (1971-72)	Guyot	Service de documentation extérieure et de contre-espionnage	—	—	—
54 (1971-72)	Courrière	Service de documentation extérieure et de contre-espionnage	—	—	—
314 (1972-73)	Monory	Ecoutes téléphoniques	330 (1972-73)	Adoption 20.06.73	30 (1973.74)
488 (1976-77)	Pisani	Equilibre des échanges extérieurs			

ARTICLE 44

Les membres du Parlement et le Gouvernement ont le droit d'amendement.

Après l'ouverture du débat, le Gouvernement peut s'opposer à l'examen de tout amendement qui n'a pas été antérieurement soumis à la commission.

Si le Gouvernement le demande, l'assemblée saisie se prononce par un seul vote sur tout ou partie du texte en discussion en ne retenant que les amendements proposés ou acceptés par le Gouvernement.

DOCUMENT 44-100
Statistique des amendements déposés à l'Assemblée nationale et suites données

Année	Amendements enregistrés				Amendements retirés ou irrecevables			Décision	
	Par le gouvernement	Par la commission saisie au fond	Autres	Total	Amendements retirés ou sans objet	Irrecevabilité financière	Autres irrecevabilités	Amendements rejetés	Amendements adoptés
1959				1 071		146	2	323	605
1960				1 676		170	3	775	718
1961	(1)	(1)	(1)	1 106	(1)	70	7	(1)	(1)
1962				711		56	0	310	345
1963				1 704		62	2	750	882
1964				1 723		62	5	813	663
1965				2 247		89	2	1 083	1 073
1966				2 117		88	1	914	1 117
1967 (2) (mai 68)	162	487	493	1 143		83	1	438	618
1968	147	487	797	1 431		65	0	760	606
1969	118	340	469	927		80	0	448	399
1970	263	1 085	1 032	2 380		120	0	1 089	1 171
1971	417	1 056	1 458	2 931		191	2	1 551	1 626
1972	384	1 057	1 108	2 514		134	2	1 211	1 167
1973	144	589	887	1 620	63	176	4	784	593
1974	189	687	1 021	1 897	51	201	3	896	746
1975	401	1 508	2 127	4 036	138	207	4	2 082	1 605
1976	315	1 166	1 752	3 233	93	235	3	1 577	1 325
1977	415	1 261	1 291	2 967	107	208	1	1 213	1 438

(1) Chiffres non disponibles pour les années antérieures.
(2) Les chiffres de 1967 couvrent toute la IIIe législature (2 avril 1967 - 30 mai 1968).

DOCUMENT 44-101
Statistique des amendements déposés au Sénat et suites données

	Amendements déposés				Amendements retirés ou irrecevables			Décision	
Année	Par le gouvernement	Par la commission saisie au fond	Autres	Total	Amendements retirés ou sans objet	Irrecevabilité financière	Autres irrecevabilités	Amendements rejetés	Amendements adoptés
(1)									
1969 (2)	45	312	219	576	177	8	1	105	285
1970	109	469	393	971	259	26	—	155	531
1971	188	910	647	1 745	411	52	0	267	1 015
1972	160	963	613	1 736	485	50	6	208	987
1973	77	375	275	727	192	35	1	105	391
1974	97	373	585	1 058	344	46	7	202	459
1975	236	947	1 002	2 185	678	82	7	324	1 094
1976	208	917	1 064	2 189	686	48	7	312	1 136
1977	236	947	1 002	2 185	678	80	9	324	1 094

(1) Chiffres non disponibles pour les années antérieures.
(2) Les chiffres indiqués couvrent la période allant du 1er octobre de l'année précédente au 30 septembre de l'année en cours.

DOCUMENT 44-200
Statistique de l'utilisation de l'irrecevabilité de l'alinéa 2

Année	Assemblée nationale	Sénat
1959	2	
1960	0	
1961	0	
1962	0	
1963	0	
1964	1	
1965	0	
1966	1	(1)
1967	1	
1968	0	
1969	0	
1970	0	
1971	0	
1972	1	
1973	0	
1974	0	
1975	0	
1976	0	
1977	0	

(1) Informations non disponibles.

DOCUMENT 44-300

Statistique de l'utilisation de la procédure dite du « vote bloqué »

Année	Assemblée nationale	Sénat
1959	8	3
1960	6	8
1961	8	3
1962	1	4
1963	26	21
1964	15	16
1965	12	21
1966	15	14
1967	16	9
1968	8	11
1969	0	8
1970	4	10
1971	4	7
1972	0	5
1973	3	2
1974	2	0
1975	2	1
1976	6	0
1977	4	3

ARTICLE 45

Tout projet ou proposition de loi est examiné successivement dans les deux assemblées du Parlement en vue de l'adoption d'un texte identique.

Lorsque, par suite d'un désaccord entre les deux assemblées, un projet ou une proposition de loi n'a pu être adopté après deux lectures par chaque assemblée ou, si le Gouvernement a déclaré l'urgence, après une seule lecture par chacune d'entre elles, le Premier ministre a la faculté de provoquer la réunion d'une Commission mixte paritaire chargée de proposer un texte sur les dispositions restant en discussion.

Le texte élaboré par la Commission mixte peut être soumis par le Gouvernement pour approbation aux deux assemblées. Aucun amendement n'est recevable sauf accord du Gouvernement.

Si la Commission mixte ne parvient pas à l'adoption d'un texte commun ou si ce texte n'est pas adopté dans les conditions prévues à l'alinéa précédent, le Gouvernement peut, après une nouvelle lecture par l'Assemblée nationale et par le Sénat, demander à l'Assemblée nationale de statuer définitivement. En ce cas, l'Assemblée nationale peut reprendre soit le texte élaboré par la Commission mixte, soit le dernier texte voté par elle, modifié le cas échéant par un ou plusieurs des amendements adoptés par le Sénat.

DOCUMENT 45-100
Statistique des lois adoptées selon la procédure de l'article 45

	Lois Promulguées		Origines	
Année	Total	dont lois autorisant la ratification d'un traité (art. 53 de la Constitution)	Projets	Propositions
1959	50	2	49	1
1960	87 (1)	17	85	2
1961 (2)	103	17	100	3
1962 (3)	52	10	49	3
1963	98 (1)	19	86	12
1964	117	22	106	11
1965	75	14	64	11
1966	143	27	125	18
1967	80	19	63	17
1968	70	9	59	11
1969	78	28	68	10
1970	97	23	87	10
1971	115	22	92	23
1972 (2)	131	29	107	24
1973	71	17	57	14
1974	70 (1)	20	63	7
1975	149	47	130	19
1976 (4)	109 (1)	26	92	17
1977 (5)	163	37	144	19

(1) Dont une loi constitutionnelle.
(2) Plus une loi adoptée par référendum.
(3) Plus deux lois adoptées par référendum (dont une constitutionnelle).
(4) Une loi adoptée par le Parlement a été déclarée non conforme à la Constitution : elle n'est pas reprise dans les statistiques.
(5) Trois lois adoptées par le Parlement ont été déclarées non conformes à la Constitution. Elles ne sont pas reprises dans les statistiques.

DOCUMENT 45-200
Bilan de l'utilisation de la procédure de la Commission mixte paritaire

Année	Commissions constituées	*Accords entre les deux Assemblées*		Recours à la suprématie de l'Assemblée nationale
		sur le texte de la CMP éventuellement amendé	sur un autre texte	
1959	1	1		0
1960	5	2		3
1961	5	4		1
1962	2	1		1
1963	11	6		5 (1)
1964	11	5		6
1965	12	5		7
1966	14	8		6
1967	13 (2)	8		4
1968	12	6	1	5
1969	8	8		0
1970	18	16		2
1971	21	15	2	4
1972	16	9		7
1973	10	6		4
1974	13	13		0
1975	28	27	1	0
1976	24	23		1 (3)
1977	33 (4)	30	2	0

(1) Le texte élaboré par une CMP fut rejeté par les deux assemblées. Le gouvernement, après une nouvelle lecture non concluante, demanda à l'Assemblée Nationale de statuer définitivement.
(2) Un des textes en discussion est devenu sans objet après l'échec de la CMP : la procédure a été abandonnée.
(3) Cette loi a été déclarée non constitutionnelle (C.C. 12.01.1977).
(4) Le texte d'une CMP fut rejeté à l'Assemblée Nationale : la procédure ne fut pas poursuivie.

ARTICLE 46

Les lois auxquelles la Constitution confère le caractère des lois organiques sont votées et modifiées dans les conditions suivantes.

Le projet ou la proposition n'est soumis à la délibération et au vote de la première assemblée saisie qu'à l'expiration d'un délai de quinze jours après son dépôt.

La procédure de l'article 45 est applicable. Toutefois, faute d'accord entre les deux assemblées, le texte ne peut être adopté par l'Assemblée nationale en dernière lecture qu'à la majorité absolue de ses membres.

Les lois organiques relatives au Sénat doivent être votées dans les mêmes termes par les deux assemblées.

Les lois organiques ne peuvent être promulguées qu'après déclaration par le Conseil constitutionnel de leur conformité à la Constitution.

DOCUMENT 46-100
Bilan de l'utilisation de la procédure de l'alinéa 3

Il n'a jusqu'à présent jamais été fait appel à un vote de l'Assemblée nationale à la majorité absolue de ses membres.

DOCUMENT 46-200
Liste des décisions du Conseil constitutionnel intervenues dans le cadre de l'examen de lois organiques

Date de la décision	Publication au J.O.	Objet	Décision
15.01.60	20.02.60	Statut de la magistrature	Conformité
11.08.60	13.08.60	Statut de la magistrature	»
28.07.61	29.07.61	Composition de l'Assemblée nationale	»
28.07.61	29.07.61	Composition du Sénat	»
22.12.61	27.12.61	Incompatibilités parlementaires	»
22.12.61	03.01.62	Délégation de vote des parlementaires	Conformité partielle (cf. Doc. 27-100)
10.07.62	13.07.62	Durée du mandat des Sénateurs	Conformité
30.07.63	01.08.63	Statut de la magistrature	»
08.07.66	13.07.66	Composition de l'Assemblée nationale	»
08.07.66	12.07.66	Composition du Sénat	»
26.01.67	19.02.67	Statut de la magistrature	Conformité partielle
12.07.67	29.07.67	Statut de la magistrature	Conforme
12.07.67	29.07.67	Congé spécial des magistrats	Conforme
09.07.70	19.07.70	Statut des magistrats	Conformité partielle
17.06.71	20.06.71	Lois des finances (délai Sénat)	Conforme
16.07.71	18.07.71	Statut des Magistrats	Conforme
20.01.72	25.01.72	Incompatibilités parlementaires	Conformité partielle (25-102) (cf. Doc. 25-102)

Date de la décision	Publication au J.O.	Objet	Décision
28.06.72	29.06.72	Composition Assemblée Nationale	Conformité
05.07.73	10.07.73	Exercice des fonctions de médiateur.................	Conforme
23.12.74	27.12.74	Modalités de saisine du Conseil Constitutionnel	Conforme
15.05.75	16.05.75	Code électoral (Composition de l'Assemblée nationale).	Conforme
23.07.75	24.07.75	Statut de la Magistrature	Conforme
28.01.76	01.02.76	Code électoral (Nombre des députés et des sénateurs pour l'ensemble des départements)	Conforme
28.01.76	01.02.76	Vote des Français établis hors de France pour l'élection du Président de la République	Conforme
28.01.76	01.02.76	Statut de la Magistrature (limite d'âge)	Conforme
14.06.76	19.06.76	Parrainage des candidatures à la Présidence de la République...................................	Conforme
06.07.76	10.07.76	Statut de la Magistrature (congé post-natal)..........	Conforme
15.07.76	17.07.76	L'élection des sénateurs dans les départements	Non contraire à la Constitution
28.12.76	29.12.76	L'élection des députés de Mayotte et Saint-Pierre-et-Miquelon	Conforme
28.12.76	29.12.76	L'élection des sénateurs de Mayotte et Saint-Pierre-et-Miquelon	Conforme
12.01.77	13.01.77	Magistrats hors hiérarchie.........................	Conforme
05.07.77 (1)	06.07.77	Suppléants des députés. Suppléants des sénateurs......	Contraires à la Constitution (Cf. Doc. 25-101)
20.07.77	22.07.77	Vote des Français à l'étranger lors des élections présidentielles....................................	Conforme
13.11.77	25.11.77	Nombre des députés des territoires d'outre-mer........	Conforme

(1) Décision unique portant sur deux textes différents.

ARTICLE 47

Le Parlement vote les projets de loi de finances dans les conditions prévues par une loi organique.

Si l'Assemblée nationale ne s'est pas prononcée en première lecture dans le délai de quarante jours après le dépôt d'un projet, le Gouvernement saisit le Sénat qui doit statuer dans un délai de quinze jours. Il est ensuite procédé dans les conditions prévues à l'article 45.

Si le Parlement ne s'est pas prononcé dans un délai de soixante-dix jours, les dispositions du projet peuvent être mises en vigueur par ordonnance.

Si la loi de finances fixant les ressources et les charges d'un exercice n'a pas été déposée en temps utile pour être promulguée avant le début de cet exercice, le Gouvernement demande d'urgence au Parlement l'autorisation de percevoir les impôts et ouvre par décret les crédits se rapportant aux services votés.

Les délais prévus au présent article sont suspendus lorsque le Parlement n'est pas en session.

La Cour des Comptes assiste le Parlement et le Gouvernement dans le contrôle de l'exécution des lois de finances.

DOCUMENT 47-100

Bilan de l'application des dispositions des alinéas 2, 3 et 4 de l'article 47

— Les alinéas 2 et 3 n'ont, jusqu'à présent, jamais reçu aucune application.

— L'alinéa 4 a été appliqué en raison de la dissolution du 9 octobre 1962 à l'occasion du vote de la loi de finances pour 1963 :
- La première partie de la loi (conditions générales de l'équilibre financier) a été déposée le 11 décembre 1962 à l'Assemblée nationale, discutée du 18 au 20 décembre et promulguée le 22 (loi n° 62-1529 ; J.O. du 25 décembre) ;
- La deuxième partie (moyens des services et dispositions spéciales) a été déposée le 11 décembre 1962, discutée au cours de la session extraordinaire (27 décembre-21 février 1963) et promulguée le 23 février 1963 (loi n° 63-156 — J.O. du 24 février).

DOCUMENT 47-101

Dates de l'adoption du projet de loi de finances initial par le Parlement

Loi de finances pour l'année	Date du dépôt à l'Assemblée nationale	Fin de la discussion à l'Assemblée nationale	Fin de la discussion au Sénat	Suite de la procédure
1959 (1)				
1960	13.10.1959	27.11	12.11	CMP et art. 45, al. 4
1961	04.10.1960	13.11	29.11	CMP et accord
1962	03.10.1961	12.11	28.11	CMP et art. 45, al. 4
1963	02.10.62 (2)			
	1re partie : 11.12.62 (3)	18.12	19.12	Accord
	2e partie : 11.12.62 (3)	25.01.63	12.02.63	CMP et accord
1964	01.10.1963	09.11	28.11	CMP et accord
1965	02.10.1964	09.11	26.11	CMP et accord
1966	02.10.1965	28.10	15.11	CMP et art. 45, al. 4
1967	03.10.1966	10.11	28.11	CMP et accord
1968	02.10.1967	10.11	28.11	CMP et art. 45, al. 4
1969	09.10.1968	19.11	05.12	CMP et art. 45, al. 4
1970	14.10.1969	22.11	09.12	CMP et accord
1971	06.10.1970	17.11	03.12	CMP et accord
1972	05.10.1971	17.11	08.12	CMP et art. 45, al. 4
1973	06.10.1972	18.11	10.12	CMP et accord
1974	02.10.1973	20.11	11.12	CMP et accord
1975	02.10.1974	20.11	11.12	CMP et accord
1976	02.10.1975	19.11	10.12	CMP et accord
1977	02.10.1976	20.11	12.12	CMP et accord
1978	03.10.1977	18.11	11.12	CMP et accord

(1) Ordonnance n° 58-1374 du 30 décembre 1958 portant loi de finances pour 1959.
(2) Projet devenu caduc en raison de la dissolution de l'Assemblée nationale.
(3) Cf. Doc. 47-100.

DOCUMENT 47-200

Date du dépôt du rapport annuel de la Cour des Comptes devant le Parlement

5. 7.1960 (A.N.) et
7. 7.1960 (Sénat)
15.12.1961
28. 5.1963 (2 rapports)
24. 6.1964
10. 6.1965
21. 6.1966
30. 6.1967
24. 7.1968
30. 6.1970
29. 6.1971
30. 6.1972
29. 6.1973
20. 6.1974
24. 6.1975
30. 6.1976
29. 6.1977
28. 6.1978

Note : En général, le dépôt du rapport annuel est suivi d'une courte allocution du Président ou du rapporteur général de la Commission des finances faisant le point sur les relations entre la Cour des Comptes et l'Assemblée concernée.

ARTICLE 48

L'ordre du jour des assemblées comporte, par priorité et dans l'ordre que le Gouvernement a fixé, la discussion des projets de loi déposés par le Gouvernement et des propositions de loi acceptées par lui.

Une séance par semaine est réservée par priorité aux questions des membres du parlement et aux réponses du Gouvernement.

DOCUMENT 48-100

Texte de la proposition de loi constitutionnelle adoptée par le Sénat le 30 octobre 1975

L'article 48 de la Constitution est complété par les dispositions suivantes :

« Le Gouvernement ne peut inscrire par priorité à l'ordre du jour de l'Assemblée nationale au cours de la première session ordinaire que les projets ou propositions de loi déposés avant le 10 septembre de l'année en cours, et à l'ordre du jour du Sénat que ceux déposés avant le 20 octobre de la même année. Après le vote en première lecture du projet de loi de finances par chacune des Assemblées, seuls peuvent être inscrits par priorité à son ordre du jour les projets ou propositions de loi ayant déjà fait l'objet d'au moins une lecture dans l'autre Assemblée.

« Au cours de la seconde session ordinaire, seuls peuvent être inscrits par priorité les projets ou propositions de loi déposés avant le 1er mai de l'année en cours.

« En tout état de cause, cette inscription prioritaire ne peut intervenir, à l'occasion d'une première lecture, avant l'expiration d'un délai de vingt jours à compter du dépôt du projet ou de la proposition de loi qui en fait l'objet.

« Les dispositions des trois alinéas qui précèdent ne sont pas applicables si l'urgence a été déclarée par le Gouvernement, après consultation des présidents des Assemblées. »

J.O.S. 30-10-1975

Note : Cette proposition n'a jamais été inscrite à l'ordre du jour de l'Assemblée nationale (Cf. Doc. 89-300).

DOCUMENT 48-200

Statistique des ordres du jour complémentaires relatifs à la discussion de projets ou propositions de lois

Année	Assemblée nationale	Sénat	Année	Assemblée nationale	Sénat
1959	13	0	1969	3	3
1960	6	6	1970	0	5
1961	4	2	1971	5	2
1962	4	2	1972	3	9
1963	6	5	1973	8	9
1964	3	1	1974	4	8
1965	5	8	1975	0	10 (1)
1966	7	1	1976	0	6
1967	7	5	1977	6	10
1968	7	5			

(1) Plus une séance consacrée à l'examen de pétitions relatives à l'élection de l'assemblée des Communautés européennes (16.12.75).

Note : La plupart des ordres du jour complémentaires de l'Assemblée nationale sont relatifs à des questions de procédure et à des désignations de représentants dans divers organismes ; il arrive, assez fréquemment que des propositions de lois susceptibles de figurer à l'ordre du jour complémentaire soit inscrite par le gouvernement à l'ordre du jour prioritaire.

TITRE V : DES RAPPORTS ENTRE LE PARLEMENT ET LE GOUVERNEMENT

DOCUMENT 48-300
Statistiques des questions écrites posées et des réponses

Année	Assemblée nationale			Sénat (1)		
	Questions posées	Réponses	Taux de réponse en %	Questions posées	Réponses	Taux de réponse en %
1959	3 506	2 814	80	799	588	73
1960	4 330	4 061	94	848	701	83
1961	4 614	4 333	94	905	717	80
1962	4 089	3 662	90	798	620	78
1963	6 217	5 020	81	850	670	79
1964	5 451	5 306	97	761	584	77
1965	4 620	4 514	98	813	594	73
1966	5 376	4 655	87	874	586	67
1967	5 481	3 506	64	823	587	71
1968	5 780	4 606	80	862	707	82
1969	5 784	5 222	90	1 000	928	98
1970	6 039	5 565	92	947	930	98
1971	5 536	5 467	98	1 126	1 002	89
1972	5 905	5 285	89	1 381	1 256	91
1973	6 756	4 413	65	1 565	1 507	96
1974	8 378	7 638	91	2 564	2 137	83
1975	9 020	8 379	93	3 420	3 052	89
1976	9 070	7 829	86	3 228	3 038	94
1977	8 550	7 889	92	3 068	2 492	81

(1) Pour le Sénat, les statistiques courent du 1er octobre au 31 septembre.
Note : le taux de réponse est, pour chaque année, le rapport : questions posées / réponses.

DOCUMENT 48-301
Statistiques des questions orales posées et discutées à l'Assemblée nationale

Année	Sans débat			Avec débat		
	Questions posées	Réponses	Taux de réponse en %	Questions posées	Réponses	Taux de réponse en %
1959	278	124	45	115	19	17
1960	139	65	47	105	26	25
1961	112	63	56	159	62	39
1962	94	50	53	98	44	45
1963	242	119	49	143	32	22
1964	144	98	68	152	9	6
1965	114	62	54	132	23	17
1966	124	98	79	186	80	43
1967	241	39	16	367	72	20
1968	169	69	41	174	24	14
1969	271	70	26	209	27	13
1970	253	57	22	250	45	18
1971	230	54	23	227	51	22
1972	211	34	16	177	57	32
1973	364	72	20	201	25	12
1974	128	5	4	166	24	14
1975	184	94	51	72	20	27
1976	297	164	55	31	0	0
1977	241	166	69	19	0	0

note : Cf. Doc. 48-300.

DOCUMENT 48-302

Statistiques des questions orales posées et discutées au Sénat

Année	Sans débat			Avec débat		
	Questions posées	Réponses	Taux de réponse en %	Questions posées	Réponses	Taux de réponse en %
1959-60	157	157	100	45	24	53
1960-61	120	120	100	34	10	30
1961-62	101	101	100	43	26	60
1962-63	86	86	100	39	17	43,5
1963-64	75	75	100	44	33	75
1964-65	75	75	100	66	54	82
1965-66	70	45	64	38	19	50
1966-67	61	42	68	60	35	59
1967-68	70	52	74	52	28	54
1968-69	58	30	52	44	10	23
1969-70	112	96	86	44	14	32
1970-71	106	86	81	58	40	69
1971-72	112	92	82	46	29	63
1972-73	120	96	80	85	59	69
1973-74	88	71	81	95	64	67
1974-75	177	147	83	89	39	44
1975-76	190	163	86	94	69	73
1976-77	207	169	82	84	66	78
1977-78	233	178	76	127	76	60

Note : cf. Doc. 48-300.

DOCUMENT 48-303

Statistique des questions d'actualité et des questions au Gouvernement à l'Assemblée nationale

I. Questions d'actualité (1970-1973)

Année	Questions posées	Réponses	Taux de réponse
1970	359	157	44 %
1971	333	146	44 %
1972	316	132	42 %
1973	334	101	30 %

Note : cf. Doc. 48-300.

II. Questions au gouvernement

1974 : 249 ; 1975 : 349 ; 1976 : 343 ; 1977 : 339.

Note : sauf exception (4 cas en 1975) toutes les questions ont reçu une réponse.

ARTICLE 49

Le Premier ministre, après délibération du Conseil des ministres, engage devant l'Assemblée nationale la responsabilité du Gouvernement sur son programme ou éventuellement sur une déclaration de politique générale.

L'Assemblée nationale met en cause la responsabilité du Gouvernement par le vote d'une motion de censure. Une telle motion n'est recevable que si elle est signée par un dixième au moins des membres de l'Assemblée nationale. Le vote ne peut avoir lieu que quarante-huit heures après son dépôt. Seuls sont recensés les votes favorables à la motion de censure qui ne peut être adoptée qu'à la majorité des membres composant l'Assemblée. Si la motion de censure est rejetée, ses signataires ne peuvent en proposer une nouvelle au cours de la même session, sauf dans le cas prévu à l'alinéa ci-dessous.

Le Premier ministre peut, après délibération du Conseil des ministres, engager la responsabilité du Gouvernement devant l'Assemblée nationale sur le vote d'un texte. Dans ce cas, ce texte est considéré comme adopté, sauf si une motion de censure, déposée dans les vingt-quatre heures qui suivent, est votée dans les conditions prévues à l'alinéa précédent.

Le Premier ministre a la faculté de demander au Sénat l'approbation d'une déclaration de politique générale.

DOCUMENT 49-100
Bilan de l'application de l'article 49 — alinéa 1

Date de l'engagement de responsabilité	Objet	Pour	Contre
	GOUVERNEMENT MICHEL DEBRÉ 8.1.59 - 14.4.62		
15.01.1959	Programme du Gouvernement	453	56
13.10.1959	Déclaration de politique générale	441	23
	GOUVERNEMENT GEORGES POMPIDOU 14.4.62 - 28.4.62		
26.04.1962	Programme du Gouvernement	259	128
	GOUVERNEMENT GEORGES POMPIDOU 28.11.62 - 8.1.66		
13.12.1962	Déclaration de politique générale	268	116
	GOUVERNEMENT GEORGES POMPIDOU 8.1.66 - 1.4.67		
	Néant		
	GOUVERNEMENT GEORGES POMPIDOU 6.4.67 - 10.7.68		
	Néant		
	GOUVERNEMENT MAURICE COUVE DE MURVILLE 10.7.68 - 20.6.69		
	Néant		
	GOUVERNEMENT JACQUES CHABAN-DELMAS 20.6.69 - 5.7.72		
10.09.1969	Déclaration de politique générale	369	85
15.10.1970	Déclaration de politique générale	382	89
23.05.1972	Déclaration de politique générale	368	96
	GOUVERNEMENT PIERRE MESSMER 5.7.72 - 28.3.73		
	Néant		
	GOUVERNEMENT PIERRE MESSMER 2.4.73 - 27.2.74		
10.04.1973	Déclaration de politique générale	254	206

Date de l'engagement de responsabilité	Objet	Pour	Contre
	GOUVERNEMENT PIERRE MESSMER 27.2.74 - 27.4.74 Néant		
06.06.1974	GOUVERNEMENT JACQUES CHIRAC 27.4.74 - 25.8.76 Déclaration de politique générale	297	181
	GOUVERNEMENT RAYMOND BARRE 25.8.76 - 31.3.77 Néant		
28.04.1977	GOUVERNEMENT RAYMOND BARRE 31.3.77 - 31.3. 78 Programme du Gouvernement	271	186
19.04.1978	GOUVERNEMENT RAYMOND BARRE 3.4.78 Déclaration de politique générale	260	197

DOCUMENT 49-101
Déclarations sur l'utilisation de la procédure de l'article 49 alinéa 1

I. M. Michel Debré (A.N. 16/1/1959)

Le Gouvernement, dit notre nouvelle Constitution, est nommé par le Président de la République, et un autre article le charge éventuellement de mettre sa responsabilité en cause à la suite de l'exposé de son programme. Il n'est pas dit expressément qu'il doit le faire dès sa nomination, mais l'esprit de la Constitution est clair, et nous entendons l'appliquer.

Lorsqu'un Gouvernement est nommé, il vient devant les deux assemblées et, devant celle qui est élue au suffrage universel direct, il expose son programme et en demande l'approbation. Ensuite, chaque année, à l'occasion du budget annuel, il y a cette confrontation nécessaire qui permet, d'un côté, au Parlement de prendre ses responsabilités et, de l'autre, au Gouvernement de savoir si sa politique est toujours suivie par la majorité des représentants du peuple.

Cela est nécessaire, le Gouvernement parlementaire étant un Gouvernement qui, s'il a son domaine de responsabilités, s'il a la stabilité, s'il a les moyens, éventuellement, de maintenir cette stabilité, ne doit pas être à la discrétion des mouvements d'opinion.

Le Gouvernement parlementaire est un gouvernement qui doit être soumis au contrôle des assemblées. Il ne faut, certes, plus revoir la confusion des fonctions ou se perd à la fois — comme nous tous en avons souffert — et l'autorité du Gouvernement et le prestige du Parlement.

J.O. A.N. 16-1-1959

II. M. Georges Pompidou (A.N. 13/4/1966)

Le fait que le Gouvernement procède du Chef de l'Etat n'enlève rien au pouvoir que détient l'Assemblée nationale de le contrôler, ni à l'obligation faite au Gouvernement d'informer pleinement le Parlement de la politique qu'il se propose de poursuivre. C'est dans cet esprit que nous avons pris l'initiative d'une déclaration gouvernementale suivie d'un débat. Et je me félicite que certains groupes d'opposition aient annoncé leur désir de déposer une motion de censure puisque cela donnera à ce débat sa pleine signification constitutionnelle.

La lettre et l'esprit de la Constitution de 1958 veulent en effet que le Gouvernement soit entièrement libre de demander ou non un vote de confiance et qu'il appartienne de préférence à l'Assemblée de mettre en jeu la responsabilité ministérielle par la procédure la plus normale et la mieux adaptée, je veux dire la motion de censure.

Si je tiens à mettre ainsi l'accent sur les procédures, ce n'est point par intérêt gouvernemental immédiat, c'est parce qu'il me paraît important, alors que nous ne faisons qu'aborder le second septennat de la Ve République, de créer des précédents ; on en connaît l'importance en matière institutionnelle, même en pays de droit écrit et il n'est pas inutile à la stabilité des pouvoirs publics elle-même de fixer clairement et en connaissance de cause des règles pour l'avenir.

J.O. A.N. 13-4-1966

III. M. Georges Pompidou (A.N. 18/4/1967)

Ainsi que je l'ai d'ailleurs annoncé lors de la première conférence des présidents, le Gouvernement n'a pas l'intention de demander un vote, laissant sur ce point l'initiative aux membres de l'Assemblée, et notamment aux membres de l'opposition. Par delà les problèmes nés de la complexité des dispositions constitutionnelles qui régissent l'incompatibilité des fonctions ministérielle et parlementaire, par delà aussi toutes considérations touchant la composition de cette Assemblée, le Gouvernement entend ainsi confirmer purement et simplement sa conception des rapports entre le législatif et l'exécutif.

A qui en douterait, j'en donnerai pour preuves les déclarations que je faisais à cette même tribune, il y a exactement un an et cinq jours :

« La lettre et l'esprit de la Constitution de 1958, disais-je, veulent en effet que le Gouvernement soit entièrement libre de demander ou non un vote de confiance et qu'il appartienne de préférence à l'Assemblée de mettre en jeu la responsabilité ministérielle par la procédure la plus normale et la mieux adaptée, je veux dire la motion de censure.

Si je tiens à mettre ainsi l'accent sur les procédures, ce n'est point par intérêt gouvernemental immédiat, on voudra bien l'admettre, c'est parce qu'il me paraît important, alors que nous ne faisons qu'aborder le second septennat de la Ve République, de créer des précédents ; on en connaît l'importance en matière institutionnelle, même en pays de droit écrit et il n'est pas inutile à la stabilité des pouvoirs publics de fixer clairement et en connaissance de cause les règles pour l'avenir. »

Nul ne pourra en tout cas, vous le voyez, me reprocher de manquer de suite dans les idées.

J.O. A.N. 18-4-1967

IV. M. François Mitterrand (A.N. 18/4/1967)

Deuxième question : si le Gouvernement est réellement responsable devant le Parlement, et notamment devant l'Assemblée nationale, dans quelles conditions l'est-il ?

Il faut alors se reporter, comme vous l'avez fait vous-même, monsieur le Premier ministre, aux articles 49 et 50 de la Constitution, mais plus particulièrement à l'article 49. Pour ceux de nos collègues qui s'intéressent à ce propos, précisons tout de suite que l'article 49 prévoit un certain nombre de cas où le Gouvernement engage ou peut engager sa responsabilité.

Le 13 avril 1966, M. Pompidou avait pris les devants. Rompant avec une tradition instaurée et observée par M. Debré et, à deux reprises, par lui-même, il avait indiqué :

« La lettre et l'esprit de la Constitution de 1958 veulent que le Gouvernement soit entièrement libre de demander ou non un vote de confiance et qu'il appartienne de préférence à l'Assemblée de mettre en jeu la responsabilité ministérielle par la procédure la plus normale et la mieux adaptée, je veux dire la motion de censure. »

« Ainsi a été tranché de façon définitive », poursuivait M. le Premier ministre, « le débat de savoir s'il est légitime ou non que le chef suprême de l'exécutif soit... le Président de la République. »

Or que dit l'article 49 de la Constitution ?

Il envisage les quatre possibilités que j'ai évoquées, dont deux figurent dans l'alinéa 1er qui dispose que « Le Premier ministre... engage... la responsabilité du Gouvernement sur son programme ou, éventuellement, sur une déclaration de politique générale ».

La troisième possibilité est énoncée à l'alinéa 3 aux termes duquel le Premier ministre peut — mais ceci n'est déjà plus notre affaire — engager la responsabilité du Gouvernement dans d'autres circonstances.

Quant à l'alinéa 4, il donne au Premier ministre la faculté d'exposer sa politique devant le Sénat.

Le simple langage et la grammaire, fort bien connus de M. Pompidou qui doit se sentir mal à l'aise à cet égard, démontrent de la façon la plus claire, que le Premier ministre doit engager la responsabilité du Gouvernement sur son programme et que l'obligation ainsi décidée s'impose à lui d'une manière formelle, tandis que, dans tous les autres cas, toute liberté lui est laissée d'apprécier ce qu'il convient de faire.

Et M. le Premier ministre l'a si bien compris qu'au lieu de parler de programme, il s'est contenté de faire, selon ses propres mots, « une déclaration de politique générale ».

Et s'il insiste sur la notion de déclaration de politique générale, c'est qu'en réalité il se réfère effectivement à l'alinéa 1er de l'article 49 de la Constitution et non pas à son alinéa 2 dont une campagne de presse voudrait nous faire croire que l'initiative de mettre en cause le Gouvernement appartient à l'opposition par le moyen de la motion de censure, et ce, dès le premier débat d'importance.

Mais quoi ? Un nouveau Gouvernement, dès le premier débat capital de la première session d'une nouvelle législature n'aurait pas à obtenir la confiance de l'Assemblée nationale ?

Le général de Gaulle encore, dans la même séance du comité consultatif constitutionnel, s'était expliqué clairement là-dessus et distinguait les deux notions d'investiture et de confiance.

Monsieur le Premier ministre, vous ne devez pas en effet nous demander l'investiture, mais vous avez le devoir d'obtenir notre confiance.

J'ajoute que l'article 45 du projet initial proposé au comité consultatif constitutionnel qui devait, après modification, devenir l'article 49, était ainsi libellé : « Le Premier ministre peut engager, après délibération en Conseil des ministres, la responsabilité du Gouvernement ». Cette rédaction avait été jugée insuffisante et incorrecte et le « peut engager » est devenu « engage » dans la version soumise au peuple français.

C'est ainsi, Mesdames, Messieurs — je ne saurais trop y insister — que le Gouvernement, par une sorte d'habitude délétère contractée de longue date, commence cette nouvelle législature de la manière que l'on sait, en violant la Constitution.

J.O. A.N. 18-4-1967

V. M. André Boulloche (A.N. 26/6/69)

L'article 49 de la Constitution vous fait obligation, monsieur le Premier ministre, d'engager devant l'Assemblée nationale la responsabilité de votre Gouvernement sur votre programme. Or, reprenant l'attitude adoptée par M. Pompidou depuis 1966 et, après lui, par M. Couve de Murville vous refusez de vous soumettre à cette obligation, bien que, antérieurement à cette date, les Gouvernements présidés par M. Michel Debré et M. Pompidou lui-même s'y soient à trois reprises conformés.

Il s'agit pour nous non pas de savoir si la confiance vous serait votée — la composition de l'Assemblée répond à l'avance à cette question — mais de savoir si, conformément aux engagements pris dans le mois qui vient de s'écouler par le Président de la République, la Constitution sera respectée.

En ce qui concerne la lettre, les intentions de ses rédacteurs sont claires : il s'agit d'une obligation. Le texte primitif soumis au Comité consultatif constitutionnel portait les mots : « Le Premier ministre peut engager la responsabilité du Gouvernement sur son programme ou éventuellement sur une déclaration de politique générale ».

C'est le « peut engager » qui, dans le texte définitif de l'article 49, est devenu « engage », transformant ainsi une faculté en un impératif.

D'ailleurs, lorsque faculté il y a, le législateur constituant le dit. C'est le cas du dernier paragraphe de l'article 49, qui dispose que « le Premier ministre a la faculté de demander au Sénat l'approbation d'une déclaration de politique générale ».

En ce qui concerne l'esprit des institutions démocratiques, la position du Gouvernement est insoutenable. Comment peut-on sérieusement prétendre que c'est à l'opposition de faire la preuve de son existence en déposant une motion de censure ? C'est refuser de voir l'aspect initial de la responsabilité du Gouvernement devant le Parlement tel qu'elle résulte de l'article 20 de la Constitution.

Il n'est conforme à aucune tradition, à aucune logique qu'un Gouvernement venant de se constituer, qui constitutionnellement est responsable devant l'Assemblée ne demande pas, lorsqu'il présente son programme, la sanction d'un vote. Il faut qu'il y ait au départ, entre chacun des membres de la majorité et le Gouvernement qu'il soutient, un acte positif exprimé par un vote personnel et non une attitude purement passive.

C'est une véritable déviation de la notion de motion de censure que, depuis 1965, on veut nous imposer. La motion de censure est destinée à montrer qu'il existe une majorité de députés pour refuser l'action du Gouvernement, mais cette majorité doit se substituer à une majorité préexistante en sens contraire, et non pas au néant.

De plus, c'est pour censurer l'action du Gouvernement, et non son programme, que la motion de censure a été instaurée.

En réalité, c'est une atteinte de plus aux prérogatives de l'Assemblée que l'on veut nous faire entériner par ce prétendu précédent que le Premier ministre de 1966 se faisait fort de créer. Nous tenons à affirmer ici notre opposition à une telle prétention et à répéter que, pas plus sur ce point que sur aucun autre, nous ne laisserons prescrire les droits du Parlement.

J.O. A.N. 26-6-1969

VI. M. Jacques Chaban-Delmas (A.N. 26/6/69)

En revanche, c'est une réponse précise que je ferai à M. Boulloche sur le fait que nous n'ayons pas aujourd'hui demandé à l'Assemblée de se prononcer par un vote. Sur ce point notre divergence quant à l'appréciation de la Constitution n'est pas nouvelle. Sans rien prétendre lui apprendre, je rappelle à l'Assemblée que si nous n'avons pas demandé de vote aujourd'hui c'est pour deux raisons : l'une de fait et l'autre de droit.

La raison de fait c'est que, visiblement, si, croyez-le bien, nos intentions sont pures et tout à fait sincères, ce ne sont que des intentions. La déclaration gouvernementale d'aujourd'hui constitue, en quelque sorte, la charte que nous avons signée à l'égard du Parlement et de la nation ; elle ne constitue pas encore un constat d'action. Nous avons pensé qu'il n'était pas indispensable de la faire sanctionner par un vote.

Mais là n'est pas la raison principale. La raison principale est juridique. Dans notre Constitution, le Président de la République désigne le Premier ministre et nomme les ministres sur proposition du Premier ministre — c'est ce qui a été fait — et le Gouvernement, dans son ensemble, est responsable devant l'Assemblée nationale. Cette responsabilité est mise en jeu par la motion de censure, ce qui ne veut pas dire qu'en aucun cas le Gouvernement ne demandera de vote. Il pourra notamment le faire lorsqu'il aura déjà agi ou lorsque, d'une manière plus précise, il présentera à l'Assemblée un plan d'action, tel le plan d'action globale que j'ai annoncé dans ma déclaration. Nous n'en avons pas encore délibéré et, naturellement, nous n'en sommes pas là.

Mais cela ne signifie pas un rejet systématique de la formule du vote demandé par le Gouvernement.

Ce sont là des nuances. Elles ne sont pas sans importance. Il était intéressant de les préciser.

J.O. A.N. 26-6-1969

VII. M. Jacques Chaban-Delmas (A.N. 16/9/69)

Je rappelle que la Constitution ne fait pas obligation au Gouvernement de demander, lors de sa formation, un vote de confiance. Elle lui laisse toute latitude à cet égard et le Gouvernement, qui peut à tout moment inviter l'Assemblée à prendre position par un vote, a jugé que, dans les circonstances présentes, deux raisons, l'une et l'autre suffisantes, justifiaient cette procédure.

La première, c'est que, depuis sa constitution, le Gouvernement a agi et que la densité même de son action requiert un jugement, une sanction. La seconde, c'est que le Gouvernement propose un plan d'action durable à l'Assemblée et qu'il est logique, normal, pour ne pas dire nécessaire que celle-ci se prononce également sur ce plan.

J.O. A.N. 16-9-1969

VIII. M. Raymond Barre (A.N. 5/10/76)

Le Gouvernement qui se présente devant vous a été désigné conformément à notre Constitution. Il entend informer l'Assemblée nationale des objectifs de son action par une déclaration de politique générale, conformément à l'article 49, alinéa 1er, de la Constitution. Il n'a pas l'intention de demander un vote, laissant à cet égard l'initiative aux membres de l'Assemblée, et notamment aux membres de l'opposition.

En adoptant cette attitude, le Gouvernement a noté que toutes les formations de la majorité qui soutiennent l'action du Président de la République depuis 1974 ont manifesté l'intention de lui apporter une confiance et un soutien sans équivoque.

Il entend confirmer la conception des rapports entre le législatif et l'exécutif qui a prévalu depuis 1966, c'est-à-dire depuis la première élection du Président de la République au suffrage universel.

Puis-je rappeler ici la déclaration faite devant l'Assemblée nationale par M. Georges Pompidou, alors Premier ministre, le 15 avril 1966 : ... (cf. II — ci-dessus) ...

Depuis cette déclaration de M. Georges Pompidou, sur les six Premiers ministres qui se sont présentés devant l'Assemblée nationale, deux seulement ont engagé la responsabilité du Gouvernement à l'occasion d'un débat de politique générale.

Le retour à une tradition bien établie n'a d'autre but que de rappeler que le Gouvernement est nommé par le Chef de l'Etat, qu'il a le devoir d'informer l'Assemblée et que celle-ci a le droit et le pouvoir de le contrôler.

C'est d'ailleurs dans cet esprit que, conformément à l'article 49, 3e alinéa, de la Constitution, le Gouvernement compte engager sa responsabilité sur

TITRE V : DES RAPPORTS ENTRE LE PARLEMENT ET LE GOUVERNEMENT

le projet de texte de la loi de finances rectificative pour 1976, qui contient plusieurs dispositions importantes de son programme de lutte contre l'inflation.

IX. Conseil des ministres (19 avril 1978)

Le Premier ministre a soumis au Conseil les grandes lignes du programme qu'il devait présenter ce mercredi devant l'Assemblée nationale. Il a été autorisé à engager la responsabilité du gouvernement, en application de l'article 49, alinéa 1er de la Constitution.

Le Premier ministre demandera, d'autre part, au Sénat, en vertu de l'article 49, alinéa 4, de la Constitution, l'approbation d'une déclaration de politique générale.

Le Président de la République a précisé le sens de cette procédure, en déclarant : « Le Gouvernement a été nommé en application de l'article 8 de la Constitution, et il exerce normalement ses attributions. Il ne s'agit donc pas d'investiture. Pour achever le redressement, et pour conduire l'importante œuvre d'adaptation économique et sociale de la France aux données de notre temps, il est utile que le Gouvernement sache qu'il peut compter, dans les deux Assemblées, sur le soutien actif de la majorité des élus du pays. »

DOCUMENT 49-200
Liste des motions de censure déposées sous la Ve République

	Date de dépôt		Premier Ministre	Motif de la censure	Suffrages requis	Suffrages obtenus
1	25 novembre	1959	Michel Debré	Loi de finances 1960 (1) (Doc. 49-301)	277	109
2	28 avril	1960	»	Politique agricole (Doc. 49-201)	276	122
3	20 octobre	1960	»	Force de frappe (1) (Doc. 49-302)	277	207
4	17 novembre	1960	»	Force de frappe (1) (Doc. 49-303)	277	214
5	1 décembre	1960	»	Force de frappe (1) (Doc. 49-304)	277	215
6	12 décembre	1961	»	Motion non motivée (Doc. 49-202)	276	199
7	30 mai	1962	Georges Pompidou	Politique algérienne (Doc. 49-203)	276	113
8	12 juillet	1962	»	Collectif budgétaire (1) (Doc. 49-305)	241	206
9	2 octobre	1962	»	Révision de la Constitution (Doc. 49-204)	241	280
10	23 octobre	1964	»	Politique agricole (Doc. 49-205)	242	209
11	13 avril	1966	»	Désengagement de l'OTAN (Doc. 49-206)	242	137
12	15 mai	1967	»	Pouvoirs spéciaux, économiques et sociaux (1) (Doc. 49-306)	244	236
13	30 mai	1967	»	Pouvoirs spéciaux, économiques et sociaux (1) (Doc. 49-307)	244	236
14	14 juin	1967	»	Pouvoirs spéciaux, économiques et sociaux (1) (Doc. 49-308)	244	237
15	3 octobre	1967	»	Recours aux ordonnances (Doc. 49-207)	244	207
16	17 avril	1968	»	Problèmes de l'information (Doc. 49-208)	244	236
17	14 mai	1968	»	Journées de mai et grèves (Doc. 49-209)	244	233
18	14 avril	1971	Jacques Chaban-Delmas	Politique générale (Doc. 49-210)	244	95
19	3 octobre	1972	Pierre Messmer	Politique générale (Doc. 49-211)	242	94
20	4 octobre	1973	»	Politique générale (Doc. 49-212)	246	181
21	23 janvier	1974	»	Politique monétaire et économique (Doc. 49-213)	246	208
22	12 décembre	1974	Jacques Chirac	Politique économique et sociale (Doc. 49-214)	246	183
23	4 avril	1975	»	Politique économique et sociale (Doc. 49-215)	246	183
24	15 octobre	1976	Raymond Barre	Loi des finances rectificative (1) (Doc. 49-309)	242	181
25	2 octobre	1978	»	Politique économique et sociale (Doc. 49-216)	246	199

(1) Motions déposées dans le cadre de l'article 49 - alinéa 3.

DOCUMENT 49-201
Motion de censure déposée le 28 avril 1960

« Les députés soussignés :

« Considérant que le refus d'ouvrir la session extraordinaire demandée par la majorité des membres composant l'Assemblée nationale, en raison de la crise rurale aggravée par les maladresses et l'imprévoyance du Gouvernement, est une violation de la Constitution ; que ce refus crée un précédent en vertu duquel, pendant plus de la moitié de l'année, un Gouvernement aurait le pouvoir, quelle que soit la gravité de ses initiatives, de se soustraire au contrôle des élus de la Nation ; que le décret d'ouverture d'une session extraordinaire étant de ceux que le Premier ministre doit présenter à la signature du Président de la République et contresigner lui-même, ledit refus engage la responsabilité du Gouvernement devant l'Assemblée ;

« Proposent à l'Assemblée nationale d'adopter la motion suivante :

« L'Assemblée nationale décide la censure à l'encontre du Gouvernement. »

DOCUMENT 49-202
Motion de censure déposée le 12 décembre 1961

« Les députés soussignés proposent à l'Assemblée nationale d'adopter la motion de censure suivante :

« L'Assemblée nationale décide la censure à l'encontre du Gouvernement. »

DOCUMENT 49-203
Motion de censure déposée le 30 mai 1962

« L'Assemblée nationale :

« — considérant les violations répétées de la Constitution, l'immixtion du pouvoir exécutif dans l'administration de la justice pénale qui porte atteinte aux principes de la séparation des pouvoirs ;

« — L'incapacité du Gouvernement devant l'anarchie que sa politique a créée en dépit des pouvoirs exceptionnels qu'il s'est attribués ;

« — l'échec de sa politique de dégagement qui sombre dans le génocide en Algérie ;

« — son incapacité à préparer économiquement et psychologiquement la métropole à l'accueil des réfugiés ;

« — considérant que la politique atlantique et européenne du Gouvernement met en péril l'unité du monde libre et l'avenir de l'Occident.

« censure le Gouvernement. »

DOCUMENT 49-204
Motion de censure déposée le 2 octobre 1962

« L'Assemblée nationale,

« Considérant que la démocratie suppose le respect de la loi et, par dessus tout, de la loi suprême qu'est la Constitution ;

« Considérant que, le peuple français étant souverain, la Constitution a précisément pour objet de définir la manière dont s'exerce sa souveraineté, soit par la voie des représentants du peuple, soit par le peuple lui-même ;

« Considérant que la Constitution, dont le général de Gaulle est l'auteur et qu'il a fait approuver, en 1958, par le peuple français, prescrit formellement dans un titre spécial qu'une proposition de révision devra être :

« 1° Votée par les deux chambres du Parlement ;

« 2° Approuvée par un référendum, le peuple français ayant été éclairé par les débats parlementaires ;

« Considérant qu'en écartant le vote par les deux chambres le Président de la République viole la Constitution dont il est le gardien ;

« Considérant qu'il ouvre ainsi une brèche par laquelle un aventurier pourrait passer un jour, pour renverser la République et supprimer les libertés ;

« Considérant que le Président de la République n'a pu agir que sur la " proposition " du Gouvernement ;

« Censure le Gouvernement conformément à l'article 49, alinéa 2, de la Constitution. »

DOCUMENT 49-205
Motion de censure déposée le 23 octobre 1964

« L'Assemblée nationale.

« Considérant que le Gouvernement n'applique pas les dispositions votées par le Parlement, notamment les articles 8 et 31 de la loi du 5 août 1960 qui concernent la réorganisation des structures et la fixation des prix, par exemple celui du lait ;

« Déplorant que se trouve ainsi compromis le développement des régions françaises à prédominance agricole,

« Censure le Gouvernement. »

DOCUMENT 49-206
Motion de censure déposée le 13 avril 1966

« L'Assemblée nationale,

« Constatant que le Président de la République a décidé de retirer les forces françaises de l'OTAN sans consulter le Gouvernement ni le Parlement français et sans que des négociations aient été engagées avec tous nos partenaires ;

« Considérant d'une part que cette décision en l'absence d'une politique positive de rechange, notamment en matière de politique européenne, isole la France et crée par là une situation dangereuse pour notre pays ;

« Qu'elle conduit le Gouvernement à aggraver le caractère nationaliste de sa politique de défense et notamment son effort de construction d'une force de frappe autonome ;

« Qu'elle l'engage dans une voie qui ne peut conduire qu'à une augmentation considérable des charges d'armement ;

« Considérant d'autre part que les choix économiques du Gouvernement ont déjà entraîné une diminution de nos possibilités d'investissement, qu'ils vont directement à l'encontre de tout progrès social, qu'ils sacrifient ainsi les catégories les plus défavorisées de la nation alors même que des mouvements sociaux de plus en plus nombreux témoignent d'un mécontentement grandissant, estime que la situation nouvelle créée par le Président de la République implique un inéluctable surcroît des charges de la nation,

« Censure le Gouvernement en application de l'article 49, alinéa 2, de la Constitution. »

DOCUMENT 49-207
Motion de censure déposée le 3 octobre 1967

« L'Assemblée Nationale,

« Considérant que le Gouvernement a pris par voie d'ordonnances des mesures concernant l'emploi, la Sécurité sociale, les entreprises et l'agriculture ;

« Condamne son refus de les soumettre à la ratification du Parlement pendant la présente session ;

« Estime qu'il soustrait ainsi à la représentation populaire des décisions importantes qui engagent l'avenir de la Nation et le sort de chaque citoyen ;

« Constate son incapacité à promouvoir une véritable politique d'expansion économique et de justice sociale ;

« Légiférant seul et contrairement à ses prétentions, il n'a :
— ni arrêté la hausse du coût de la vie, la provoquant même par des augmentations de tarifs publics (gaz, électricité, transports, etc...) ;
— ni réglé le problème de la rémunération du travail ni celui d'un chômage qui s'accroît et frappe successivement tous les travailleurs, de l'ouvrier manœuvre au cadre qualifié et notamment les jeunes ;
— ni établi une politique juste et efficace pour sauver l'agriculture française du marasme, poussant les agriculteurs aux manifestations et à la révolte, portant ainsi l'essentiel de la responsabilité des incidents graves qui se sont produits ;

« Par ses ordonnances, il a démantelé la Sécurité sociale, limité l'action bienfaisante de la mutualité, revenant sur les avantages acquis, faisant œuvre de régression sociale sans pour autant prévoir des solutions pour le financement futur et sans amorcer la grande politique de la Santé qui s'impose ;

« Pour toutes ces raisons, l'Assemblée nationale censure le Gouvernement en application de l'article 49 alinéa 2 de la Constitution. »

DOCUMENT 49-208
Motion de censure déposée le 17 avril 1968

« L'Assemblée nationale,

« Constatant que, malgré toutes les manœuvres gouvernementales, il a été démontré, dans le cadre de la commission spéciale chargée d'examiner la proposition de loi organique tendant à préciser et compléter l'article 34 de la Constitution, qu'il existe à l'Assemblée nationale une majorité contre l'introduction de la publicité de marques à l'ORTF ;

« Se refusant à laisser le Gouvernement, comme il prétend le faire, détourner le débat de son véritable objet et le placer fallacieusement sur le plan constitutionnel ;

« Prenant acte du fait qu'avant même le débat parlementaire le directeur général de l'ORTF a traité du problème de la publicité de marques, comme si la décision était déjà prise et même irrévocablement acquise, donnant des précisions sur les modalités du projet gouvernemental et taxant de « campagne d'intoxication » les déclarations des partis politiques à ce sujet ;

« Constatant qu'une fois de plus le Gouvernement vient de faire la démonstration qu'il considérait la télévision et les ondes comme son officine de propagande dont le rôle se trouve accru du fait du monopole et parce qu'il n'existe aucun moyen de réponse à l'ORTF ;

« Considérant que la politique gouvernementale, loin de se démocratiser, conduit le pays vers une conception chaque jour plus autoritaire et les citoyens vers un conditionnement qui risquent d'être dangereux pour l'avenir des institutions ;

« Qu'en agissant ou en tentant d'agir contre la presse en général et contre l'opposition républicaine en particulier, en confisquant à son profit, pour sa propagande ou pour le compte d'une fraction politique — celle qui est au pouvoir — les moyens modernes de diffusion nationale et régionale, le Gouvernement viole la Constitution, les lois écrites et non écrites de la démocratie ;

« Considérant que la Constitution de la République, en proclamant solennellement l'attachement du peuple français aux droits de l'homme, tels qu'ils ont été définis par la déclaration de 1789, confirmée et complétée par le préambule de la Constitution de 1946 et de 1958, a fait référence à la liberté d'expression de tous les citoyens ou des groupes de citoyens dont le droit à l'information objective et permanente est un aspect essentiel ;

« Que le Parlement, en votant la loi du 27 juin 1962 portant statut de l'office de radiodiffusion et télévision, a précisé que devraient s'exprimer " les grands courants d'opinion et les principales tendances de la pensée " et que l'office devrait avoir pour objet la diffusion de l'éducation, de la culture, de l'information et de la distraction ;

« Considérant que l'installation des télévisions régionales et les bureaux régionaux d'information — BRI — marquèrent la première tentative faite par le Gouvernement en vue de réduire l'influence des quotidiens d'opposition de l'aveu même du ministre de l'Information et que le monopole d'Etat se trouvait ainsi détourné de son objet pour servir un clan particulier et pour lutter contre les entreprises de presse privées ;

« Que depuis cette époque, par le déplacement du personnel récalcitrant, l'installation de véritables " commis d'ordre ", le renouvellement des consignes données, l'encadrement des BRI, la télévision régionale n'est plus que le faire-valoir des élus ou des candidats de la majorité qui n'ont très souvent aucun titre à paraître sur les écrans régionaux alors que les élus de l'opposition sont systématiquement frappés d'exclusive ;

« Considérant que les avantages fiscaux consentis à la presse pour lutter contre les difficultés économiques ont été supprimés ; que la perspective de l'introduction de la publicité commerciale à la télévision porterait un coup fatal à un grand nombre de quotidiens et d'hebdomadaires ; qu'en refusant à la presse la protection du Parlement, le Gouvernement veut l'avoir à sa merci pour mieux contrôler l'orientation politique des survivants ;

« Considérant que, cependant que la presse libre écrite et parlée est gravement menacée, le Gouvernement confisque, pour sa propagande personnelle, les antennes et les ondes de l'ORTF ;

« Que toutes les tentatives faites pour obtenir l'objectivité des émissions de l'ORTF réclamée par les parlementaires ont été brisées par le Gouvernement dès leur annonce ; que par un faux-semblant, il a laissé croire à l'opinion publique que l'opposition avait reçu un temps de parole et d'apparition convenable, ceci en confondant volontairement les différents genres d'émissions ;

« Considérant que les exemples abondent et démontrent que le Gouvernement a, par une emprise chaque jour plus grande, d'abord réaffirmé sa tutelle, puis installé son contrôle pour exclure des ondes les membres de l'opposition et désormais ceux qui ne représentent pas l'orthodoxie gouvernementale ;

« Que pour des raisons de propagande, de démagogie et de facilité l'ORTF s'est éloigné de son rôle de service national ; que les contraintes gouvernementales sont telles que les ordres et les contrordres paralysent la diffusion d'informations objectives et authentiques ;

« Que ces ordres émanent d'un véritable "organisme de censure", le service de liaison interministériel (SLI) ;

« Considérant que le problème de l'information touche à l'exercice des libertés fondamentales des citoyens et que les agissements du Gouvernement en la matière doivent être dénoncés.

« Censure le Gouvernement. »

DOCUMENT 49-209
Motion de censure déposée le 14 mai 1968

Dix ans après sa prise de pouvoir, le régime gaulliste, refusant tout dialogue véritable, contraint les étudiants, les enseignants, les paysans, les ouvriers, les jeunes sans emploi, à recourir à des manifestations de rue d'une exceptionnelle ampleur.

Victimes d'un système universitaire qui ne répond pas aux exigences de la vie moderne et auquel le Gouvernement refuse les moyens de se réformer, les étudiants se révoltent avec leurs maîtres et avec eux. Ils dénoncent la maladie de la Société à travers le malaise de l'Université. A leur inquiétude, que justifie en particulier l'insuffisance de débouchés à la fin des études, le Gouvernement n'a voulu répliquer que par la fermeture de la Sorbonne et une répression policière d'une brutalité inouïe.

Les agriculteurs, les ouvriers et l'ensemble des travailleurs sont durement touchés par une politique de récession économique qui condamne les premiers à l'exode et tous au sous-emploi et à la dégradation de leur niveau de vie. En outre, la situation des salariés se trouve aggravée par les ordonnances, notamment celles qui démantèlent la Sécurité sociale.

Un nombre de plus en plus grand de jeunes sont chômeurs avant d'avoir travaillé.

Cette angoisse commune à des millions de Français est la condamnation d'une société conservatrice qui ne serait fondée que sur la recherche du seul profit et qui ne peut répondre à la volonté de plus en plus clairement exprimée de promouvoir de nouvelles valeurs politiques et humaines.

Considérant que le recul tardif du Gouvernement devant l'indignation de l'opinion ne saurait faire oublier ses responsabilités depuis dix ans.

L'Assemblée nationale censure le Gouvernement en application de l'article 49, alinéa 2, de la Constitution.

DOCUMENT 49-210
Motion de censure déposée le 14 avril 1971

L'Assemblée nationale

Appelée à débattre d'une déclaration de politique générale que le Premier ministre n'a pas jugé nécessaire de placer dans le cadre de l'article 49 de la Constitution ;

Considérant qu'aux termes de l'article 20 de celle-ci, le Gouvernement est responsable devant le Parlement ;

Considérant que cette responsabilité doit être clairement mise en jeu par un vote intervenant à la fin des débats ;

Constate que, malgré ses déclarations réitérées, le Gouvernement se révèle incapable de s'opposer à une hausse rapide et continue des prix qui met en danger le pouvoir d'achat des travailleurs, et que sa politique économique crée un chômage sans précédent, en particulier parmi les jeunes ;

Constate que, par ailleurs, la situation dans laquelle la politique gouvernementale a placé l'agriculture française justifie les plus vives inquiétudes, et que l'encadrement du crédit agricole paralyse l'adaptation et la modernisation nécessaire des exploitations ;

Dénonce la démoralisation que fait régner dans le pays tout entier la constatation que seule l'action violente permet aux différentes catégories de citoyens d'obtenir des pouvoirs publics la prise en considération de leurs revendications ;

Déplore que l'enchaînement entre la provocation et la répression organisée par le Gouvernement conduise à masquer les causes profondes de la crise, et que le Gouvernement utilise pour tenter de conforter sa position des actes de violence qu'il devrait au contraire s'efforcer de prévenir ;

Constate que l'état de fait ainsi créé sert de justification à une situation légale dans laquelle, contrairement au préambule de la Constitution, les droits les plus élémentaires de la personne sont méconnus, puisque les délais de garde à vue peuvent actuellement atteindre six jours, qu'il existe avec la Cour de Sureté de l'Etat un véritable tribunal d'exception en matière politique alors que la France est en paix depuis plus de neuf ans et que, de plus, la répression syndicale se développe continuellement ;

Considérant que le malaise actuel découle de l'incapacité dans laquelle se trouve un pouvoir issu d'une majorité conservatrice — remise en question par les récentes élections municipales — d'orienter le développement national dans un sens conforme à la volonté du peuple qui est d'offrir à chacun des potentialités d'épanouissement plus équitables et à tous un cadre de vie plus humain ;

Considérant que cette incapacité tient au fait que le pouvoir est actuellement exercé au profit d'une petite catégorie de privilégiés, bénéficiaires sous une forme ou sous une autre, des injustices engendrées par le capitalisme, et qu'il est urgent de substituer, dans les motivations des pouvoirs publics, l'intérêt général aux intérêts particuliers ;

Censure le Gouvernement en application de l'article 49, alinéa 2, de la Constitution.

DOCUMENT 49-211

Motion de censure déposée le 3 octobre 1972

I. Le Gouvernement, après avoir ignoré le Parlement, refuse, au mépris de l'article 49 de la Constitution, d'engager sa responsabilité devant l'Assemblée nationale.

Le respect des institutions, le maintien du rôle et de la dignité de l'Assemblée exigent qu'un vote ait lieu.

II. Les prix montent. Chaque mois les prévisions faites antérieurement par le ministre de l'Economie et des Finances sont démenties par la publication des indices. L'inflation est plus rapide en France que dans les pays voisins ce qui compromet le commerce extérieur et menace la monnaie. Le Gouvernement se révèle incapable de lutter efficacement contre la hausse des prix. A l'approche des élections, il multiplie les promesses et les mesures de circonstances, mais cette manne pré-électorale est dissipée par l'inflation. Dans le même temps le Gouvernement refuse de satisfaire les revendications essentielles posées par les diverses catégories de travailleurs.

III. Un système corrompu par la toute puissance de l'argent a permis aux milieux d'affaires une mise en coupe réglée des ressources nationales sur laquelle des informations quotidiennes ne font que commencer à jeter une lueur révélatrice. Lorsque de pareilles mœurs ont atteint une telle ampleur, la crise morale qui en résulte fait apparaître la nécessité d'un changement.

IV. Une autre politique est possible. Le programme commun de Gouvernement élaboré par la Gauche en a fixé les objectifs et déterminé les moyens. Il faut que cette politique représente maintenant l'espoir des Français.

Pour ces motifs, l'Assemblée nationale censure le Gouvernement.

DOCUMENT 49-212

Motion de censure déposée le 4 octobre 1973

« Le Premier ministre refuse de présenter une déclaration de politique générale à l'occasion de la rentrée parlementaire.

« Le Gouvernement se révèle incapable de dominer une poussée inflationniste aujourd'hui plus importante en France que dans les autres Etats de l'Europe occidentale.

« En augmentant les tarifs publics, il contribue à la hausse générale des prix et s'oppose dans le même temps aux réajustements des salaires, traitements, prestations et pensions.

« Depuis juillet, le Gouvernement a laissé s'enliser les négociations sur les salaires et sur l'emploi, en particulier celles engagées chez Lip, qui font apparaître en pleine lumière les tares d'un système fondé exclusivement sur le profit et la propriété capitaliste des moyens de production.

« L'assistance à l'agriculture conçue pour venir en aide aux gros agriculteurs a pour résultat de favoriser certains au détriment des autres. La politique gouvernementale provoque l'anarchie des marchés, l'effondrement de certains cours à la production et la destruction de quantités considérables de produits de qualité dont sont privés des millions de Français. De plus, le Gouvernement laisse l'agriculture française à la merci notamment des fournitures américaines.

« Le Gouvernement n'a pas estimé nécessaire de préciser sa position face à la recrudescence de certaines formes de racisme à l'encontre des travailleurs immigrés.

« Le Gouvernement français a été l'un des premiers à reconnaître le régime fasciste qui a renversé le gouvernement légal du Chili et qui organise systématiquement une répression sanglante contre les travailleurs et les démocrates.

« Le Gouvernement français poursuit, malgré une réprobation quasi universelle, une politique militaire d'équipement et d'expérimentation nucléaires.

« Il faut pour la France une autre politique, celle dont le programme de gouvernement des partis de la gauche a défini les objectifs et les moyens.

« Pour ces motifs, l'Assemblée nationale censure le Gouvernement. »

DOCUMENT 49-213

Motion de censure déposée le 23 janvier 1974

Constatant l'échec de la politique économique, financière et monétaire du Gouvernement,

Constatant la hausse des prix et l'aggravation des injustices sociales qui en résultent,

Constatant que le Gouvernement se refuse à solliciter de l'Assemblée nationale le vote de confiance qu'imposent la gravité de la situation, l'importance des décisions prises, leurs conséquences sur l'avenir du pays, leurs répercussions internationales et le respect des prérogatives essentielles de la représentation nationale,

Pour ces motifs, l'Assemblée nationale censure le Gouvernement en application de l'article 49 de la Constitution.

DOCUMENT 49-214
Motion de censure déposée le 12 décembre 1974

« Les Français sont aujourd'hui, à juste titre, profondément inquiets.

« Malgré toutes les déclarations, la situation s'aggrave chaque jour davantage dans deux secteurs essentiels : celui de l'emploi et celui des prix, qui constituent les préoccupations majeures des Français.

« Au lieu d'agir pour mettre en œuvre une politique de plein emploi, le Gouvernement a engagé avec les agents du secteur public une épreuve de force qui ne conduit à aucune solution, tandis que se multiplient les licenciements, que Gouvernement et patronat en laissent prévoir d'autres et que les conditions de travail et de vie ne cessent de se dégrader.

« Au lieu d'une planification démocratique indispensable pour s'attaquer à la crise née des contradictions du capitalisme mondial, réduire l'inflation et maîtriser le déficit du commerce extérieur, le Gouvernement aggrave une politique menée au jour le jour, dont les classes laborieuses dans leur ensemble et davantage encore les catégories les plus défavorisées sont les premières et principales victimes.

« Au lieu de chercher à doter le pays d'un système d'information indépendant et pluraliste, le pouvoir, soit directement, soit par l'intermédiaire de la délégation à l'information ou de la Sofirad, tente de monopoliser à son profit les moyens d'information audiovisuels. Les procédés utilisés, notamment les enquêtes sur les tendances politiques des journalistes de la radio et de la télévision et les licenciements qui s'ensuivent rappellent les pires procédés des régimes de dictature.

« Après l'élection présidentielle, le pouvoir avait le devoir de concentrer tous les moyens, à sa disposition pour lutter efficacement contre le chômage et l'inflation et de tenir ainsi les promesses faites au pays. C'est sans surprise que l'on constate aujourd'hui qu'il ne l'a pas fait et que les engagements électoraux du Président de la République n'ont pas été tenus.

« Face à la crise actuelle du capitalisme international, aux difficultés que connaît notre pays du fait de la politique gouvernementale, il faut opérer des changements fondamentaux. Il est clair que seule l'application des mesures définies par le programme commun de gouvernement de la gauche permettrait de mener cette lutte autrement qu'en paroles et de donner ainsi satisfaction aux revendications et aux aspirations de progrès social, de sécurité et de justice des travailleurs des villes et des campagnes.

« Il faut mettre en œuvre une politique de relance sélective des investissements favorisant notamment les équipements publics et la consommation populaire et non imposer des sacrifices aux travailleurs : ce n'est pas à eux à supporter l'austérité. Il faut, et c'est possible, satisfaire leurs revendications.

« Or, le Gouvernement est d'autant moins capable de prendre une telle voie qu'il est engagé dans une politique de classe diamétralement opposée et qu'il est, de plus, manifeste qu'il ne maîtrise pas les événements.

« Pour ces motifs, l'Assemblée nationale censure le Gouvernement. »

DOCUMENT 49-215
Motion de censure déposée le 4 avril 1975

« L'optimisme de commande que le Gouvernement diffuse par tous les moyens de la propagande officielle est chaque jour démenti par les faits :

« — la récession économique s'aggrave. On dénombre plus d'un million de chômeurs et des centaines de milliers de travailleurs sont victimes du chômage partiel. Les fermetures d'entreprises et les faillites de commerçants et artisans se multiplient ;

« — l'inflation se poursuit, érodant le pouvoir d'achat des salaires, des prestations familiales et sociales, des pensions et retraites, spoliant les épargnants. De nouvelles menaces pèsent sur le pouvoir d'achat des agriculteurs, qui a déjà baissé de 15 p. 100 en moyenne en 1974 ;

« — les inégalités s'accroissent dans tous les domaines de la vie sociale, les déséquilibres régionaux s'accentuent ; les collectivités locales sont conduites à la faillite ;

« — la situation économique et sociale se détériore rapidement dans les départements et territoires d'outre-mer ;

« — la politique d'exportation à outrance se heurte à une concurrence internationale sauvage.

« Le changement, sous le signe duquel le nouveau pouvoir a prétendu inscrire son action, se révèle illusoire. La politique du Gouvernement se garde bien, en effet, de s'attaquer aux causes profondes de la crise, c'est-à-dire à la volonté délibérée des grands groupes industriels et financiers de faire payer aux travailleurs le prix d'une nouvelle division du travail et des marchés, à l'intérieur de la sphère d'influence mondiale du capitalisme.

« En même temps qu'il se plie de plus en plus aux exigences du capitalisme international, exprimées par les grandes sociétés multinationales, le Gouvernement réinsère la France dans plusieurs dispositifs de l'OTAN.

« Dans l'ordre économique comme dans l'ordre politique, le peuple français doit prendre la maîtrise et le contrôle de ses propres affaires. Le programme commun lui en donne les moyens. Il apparaît comme la seule issue efficace à la crise actuelle dans la justice enfin réalisée. Il permettrait notamment d'assurer à chacun un emploi stable répondant à ses capacités, et de mettre ainsi fin à un chômage insupportable et injuste.

« Les grandes luttes que mènent actuellement les travailleurs des villes et des campagnes expriment la nécessité d'un changement profond, mais aussi, de mesures urgentes telles que :

« — la diminution sans perte de salaire, de la durée hebdomadaire du travail et l'abaissement de l'âge d'ouverture des droits à la retraite ;

« — l'adoption de mesures sociales et fiscales propres à juguler la hausse des prix et à assurer une relance de la consommation en commençant par celle des catégories les plus défavorisées ;

« — le dépôt d'un collectif budgétaire permettant la réalisation massive d'équipements collectifs et la création de nombreux emplois dans les secteurs de la fonction publique insuffisamment pourvus ;

« — la promotion sélective des investissements dans les branches répondant à des besoins nationaux ;

« — la suppression des gaspillages auxquels se livrent les grandes sociétés capitalistes.

« Le Gouvernement refuse ces mesures et s'oppose à la discussion de ces questions essentielles, qui conditionnent la vie quotidienne des Français et engagent leur avenir.

« Pour ces motifs l'Assemblée nationale censure le Gouvernement en application de l'article 49 de la Constitution. »

DOCUMENT 49-216
Motion de censure déposée le 2 octobre 1978

« Depuis les élections législatives, la situation éocnomique et sociale de la France n'a pas cessé de se dégrader malgré les promesses électorales du Président de la République, du Gouvernement et de leur majorité : récession économique, aggravation du chômage, accélération de l'inflation qui ampute le pouvoir d'achat des travailleurs et des familles, reprise du déficit extérieur, déficit des finances publiques (budget, sécurité sociale).

« La politique du Gouvernement est devenue insupportable pour la majorité de nos compatriotes. Ele met en péril l'avenir du pays et de sa jeunesse.

« C'est pourquoi les députés soussignés proposent à l'Assemblée nationale de censurer le Gouvernement conformément à l'article 49, alinéa 2 de la Constitution ».

DOCUMENT 49-300
Bilan de l'application de l'article 49 — alinéa 3

Gouvernements	Textes	Motions de censure déposées (1)	Absence de motion de censure
Michel Debré	Projet de loi de finances pour 1960 Projet de loi de programme militaire (2)	25 novembre 1959 (cf. Doc. 49-301) 1re lecture : 20 octobre 1960 (cf. Doc. 49-302) 2e lecture : 17 novembre 1960 (cf. Doc. 49-303) 3e lecture : 1er décembre 1960 (cf. Doc. 49-304)	
Georges Pompidou I	Projet de loi de finances rectificative pour 1962 (3)	1re lecture : 16 juillet 1962 (cf. Doc. 49-305)	2e lecture : 23 juillet 1962 3e lecture : 24 juillet 1962
Georges Pompidou III	Projet de loi d'habilitation en matière économique et sociale (4)	1re lecture : 18 mai 1967 (cf. Doc. 49-306) 2e lecture : 8 juin 1967 (cf. Doc. 49-307) 3e lecture : 14 juin 1967 (cf. Doc. 49-308)	
Raymond Barre I	Projet de loi de finances rectificative pour 1976 (5)	15 octobre 1976 (cf. Doc. 49-309)	
Raymond Barre II	Projet de loi autorisant l'approbation de la décision du Conseil des Communautés européennes du 20 septembre 1976		16 juin 1977

(1) Aucune motion de censure n'a été adoptée à ce jour.
(2) Projet créant la force de dissuasion militaire.
(3) Projet ouvrant notamment des crédits pour la construction de l'usine de séparation des isotopes de Pierrelate.
(4) Projet habilitant, entre autres, le Gouvernement à modifier par voie d'ordonnances le régime de la Sécurité sociale.
(5) Projet appelé communément le premier " Plan Barre ".

DOCUMENT 49-301
Motion de censure déposée le 25 novembre 1959

« Les membres de l'Assemblée nationale signataires de la présente motion et qui ont approuvé la politique algérienne définie par le Président de la République le 16 septembre 1959,
— refusent d'approuver les mesures prises contre les droits légitimes des Anciens Combattants,
— dénoncent la politique anti-agricole du Gouvernement et la diminution progressive du pouvoir d'achat des travailleurs,
— condamnent la politique économique et sociale du Gouvernement qui compromet les chances d'un nouveau départ vers l'expansion ;
Et, particulièrement soucieux, devant l'attitude prise par le Gouvernement dans le débat budgétaire, de marquer la volonté de l'Assemblée élue par la nation, de remplir pleinement les devoirs que lui assigne la Constitution ;
Demandent à l'Assemblée nationale d'adopter la présente motion de censure pour manifester son refus d'approuver implicitement, comme y conduit l'article 49, alinéa 3 de la Constitution, le budget et la politique dont il est l'expression. »

DOCUMENT 49-302
Motion de censure déposée le 20 octobre 1960

L'Assemblée nationale affirme à nouveau sa volonté de doter la nation des armes modernes tenant compte des techniques nucléaires. Elle considère que le Gouvernement a moins cherché, par le dépôt du projet de loi n° 784, à en obtenir les moyens qu'à faire approuver par le Parlement une conception nouvelle de la politique européenne et atlantique.
Considérant qu'en s'opposant à une motion qui l'invitait à entreprendre avec les alliés de la France des négociations en vue d'aboutir à la création, sous une forme intégrée, d'une force commune de dissuasion, au moment où certaines déclarations autorisées permettent d'en espérer la réalisation, le Gouvernement empêche l'Assemblée de se prononcer en toute clarté et fausse le sens et la portée du débat ;
Considérant qu'il n'est dès lors pas possible d'adopter en l'état actuel le projet de loi pour le vote duquel le Gouvernement a posé une question de confiance dans des conditions abusives et que l'article 49, alinéa 3 de la Constitution, enferme les députés dans l'alternative de voter une motion de censure ou d'être classés comme ayant voté pour, les députés soussignés proposent à l'Assemblée nationale de voter la motion suivante :
« L'Assemblée nationale, désireuse d'exprimer sa volonté sur le contexte diplomatique, européen et atlantique, qui domine la discussion du projet de loi n° 784 censure le Gouvernement, conformément à l'article 49, alinéa 3, de la Constitution. »

DOCUMENT 49-303
Motion de censure déposée le 17 novembre 1960

« L'Assemblée nationale affirme à nouveau sa volonté de doter la nation des armes modernes tenant compte des techniques nucléaires. Elle considère que le Gouvernement a moins cherché, par le dépôt du projet de loi n° 784, à en obtenir les moyens qu'à faire approuver par le Parlement une conception nouvelle de la politique européenne et atlantique ;
« Considérant qu'en s'opposant en première lecture à une motion qui l'invitait à entreprendre avec les alliés de la France des négociations en vue d'aboutir à la création sous une forme intégrée d'une force commune de dissuasion au moment où certaines déclarations autorisées permettent d'en espérer la réalisation, le Gouvernement a empêché l'Assemblée de se prononcer en toute clarté et faussé le sens et la portée du débat ;
« Considérant que le Gouvernement a fait obstacle à toute discussion en deuxième lecture et a voulu ignorer la question préalable, pourtant adoptée par le Sénat, comme il avait ignoré en première lecture la motion de renvoi, alors que ces procédures sont expressément prévues par l'article 91 du règlement de l'Assemblée nationale approuvé par le Conseil constitutionnel ;
« Considérant que l'article 49, alinéa 3, de la Constitution enferme les députés dans l'alternative de voter une motion de censure ou d'être classés comme ayant voté pour, les députés soussignés proposent à l'Assemblée nationale de voter la motion suivante :
« L'Assemblée nationale, désireuse d'exprimer sa volonté sur le contexte diplomatique européen et atlantique qui domine la discussion du projet de loi n° 784, censure le Gouvernement, conformément à l'article 49, alinéa 3 de la Constitution. »

DOCUMENT 49-304
Motion de censure déposée le 1er décembre 1960

« L'Assemblée nationale affirme à nouveau sa volonté de doter la nation des armes modernes tenant compte des techniques nucléaires. Elle considère que le Gouvernement a moins cherché, par le dépôt du projet de loi n° 784, à en obtenir les moyens qu'à faire approuver par le Parlement une conception nouvelle de la politique européenne et atlantique ;

« Considérant qu'en s'opposant en première lecture à une motion qui l'invitait à entreprendre avec les alliés de la France des négociations en vue d'aboutir à la création sous une forme intégrée d'une force commune de dissuasion au moment où certaines déclarations autorisées permettent d'en espérer la réalisation, le Gouvernement a empêché l'Assemblée de se prononcer en toute clarté et faussé le sens et la portée du débat ;

« Considérant que le Gouvernement a fait obstacle à toute discussion en troisième lecture, comme en deuxième lecture où il a voulu ignorer la question préalable pourtant adoptée par le Sénat, comme il avait ignoré en première lecture la motion de renvoi, alors que ces procédures sont expressément prévues par l'article 91 du règlement de l'Assemblée nationale approuvé par le Conseil constitutionnel ;

« Considérant que l'article 49, alinéa 3, de la Constitution enferme les députés dans l'alternative de voter une motion de censure ou d'être classés comme ayant voté pour, les députés soussignés proposent à l'Assemblée nationale de voter la motion suivante :

« L'Assemblée nationale, désireuse d'exprimer sa volonté sur le contexte diplomatique européen et atlantique de la discussion du projet de loi n° 784, censure le Gouvernement, conformément à l'article 49, alinéa 3, de la Constitution. »

DOCUMENT 49-305
Motion de censure déposée le 12 juillet 1962

L'Assemblée nationale regrette que le Gouvernement contraigne le Parlement à se prononcer par un vote unique sur des problèmes aussi étrangers l'un à l'autre que des mesures sociales admises par tous et une augmentation des crédits destinés à la création d'une force de frappe nucléaire.

L'Assemblée nationale réaffirme sa volonté de doter le pays d'une industrie atomique, mais considère qu'en comparaison avec les armements en constante évolution, dont se dotent les Etats les plus puissants, cette force de frappe exclusivement nationale est condamnée à demeurer militairement illusoire parce que privée d'un véritable pouvoir de dissuasion, et donc à imposer au pays une charge sans rapport avec ses résultats.

Elle considère que l'Unité européenne ne saurait se réduire à des réconciliations, si heureuses soient-elles, entre des peuples que l'histoire avait opposés, mais qu'elle doit se traduire par la volonté de construire ensemble l'avenir dans les domaines qui, tel l'atome, dépassent la mesure de nos nations.

Elle estime que, sur le plan de la défense, entre le monopole nucléaire des Etats-Unis et la prolifération des forces nationales de dissuasion à laquelle conduit la politique du Gouvernement, il y a place pour une solution communautaire.

Elle regrette que le Gouvernement, en rejetant l'amendement de la commission des Finances, ait à nouveau refusé de s'engager dans cette voie, confirmant ainsi son opposition à l'hypothèse même d'un pouvoir politique européen qui dépasse le style des conférences diplomatiques d'hier.

Elle décide, en conséquence, de prononcer contre lui la censure, conformément à l'article 49, alinéa 3, de la Constitution.

DOCUMENT 49-306
Motion de censure déposée le 8 juin 1967

L'Assemblée nationale,

Considérant que le Gouvernement justifie aujourd'hui sa demande de pouvoirs spéciaux par des difficultés cachées jusqu'ici au peuple français, alors qu'il n'a cessé, pendant la récente campagne électorale, de prétendre que la situation de la France était excellente ;

Considérant que le Premier ministre a refusé de soumettre au jugement de la représentation nationale un véritable programme de gouvernement et qu'il exige malgré tout la confiance du Parlement sur une exorbitante délégation de pouvoir qui dessaisit en fait, les élus du rôle que le peuple vient de leur confier ;

Estimant que les problèmes posés par le Marché commun concernent l'ensemble de la population et doivent, en conséquence, être examinés par la représentation nationale et qu'ils ne sont évoqués par le Gouvernement que pour dissimuler le caractère inquiétant des méthodes retenues et des mesures envisagées par lui dans les domaines de la Sécurité sociale, de l'emploi, de la décentralisation, de l'organisation régionale et des revenus des salariés ;

Censure le Gouvernement, en application de l'article 49, alinéa 3 de la Constitution.

DOCUMENT 49-307
Motion de censure déposée le 30 mai 1967

L'Assemblée nationale,

Considérant que le Gouvernement justifie aujourd'hui se demande de pouvoirs spéciaux par des difficultés cachées jusqu'ici au peuple français, alors qu'il n'a cessé, pendant la récente campagne électorale, de prétendre que la situation de la France était excellente ;

Considérant que le Premier ministre a refusé de soumettre au jugement de la représentation nationale un véritable programme de gouvernement et qu'il exige malgré tout la confiance du Parlement sur une exorbitante délégation de pouvoir qui dessaisit en fait, les élus du rôle que le peuple vient de leur confier ;

Estimant que les problèmes posés par le Marché commun concernent l'ensemble de la population et doivent, en conséquence, être examinés par la représentation nationale et qu'ils ne sont évoqués par le Gouvernement que pour dissimuler le caractère inquiétant des méthodes retenues et des mesures envisagées par lui dans les domaines de la Sécurité sociale, de l'emploi, de la décentralisation, de l'organisation régionale et des revenus des salariés ;

Censure le Gouvernement, en application de l'article 49, alinéa 3, de la Constitution.

DOCUMENT 49-308
Motion de censure déposée le 14 juin 1967

L'Assemblée nationale,

Considérant que le Gouvernement justifie aujourd'hui sa demande de pouvoirs spéciaux par des difficultés cachées jusqu'ici au peuple français, alors qu'il n'a cessé, pendant la récente campagne électorale, de prétendre que la situation de la France était excellente ;

Considérant que le Premier ministre a refusé de soumettre au jugement de la représentation nationale un véritable programme de Gouvernement et qu'il exige malgré tout la confiance du Parlement sur une exorbitante délégation de pouvoir qui dessaisit en fait, les élus du rôle que le peuple vient de leur confier ;

Estimant que les problèmes posés par le Marché commun concernent l'ensemble de la population et doivent, en conséquence, être examinés par la représentation nationale et qu'ils ne sont évoqués par le Gouvernement que pour dissimuler le caractère inquiétant des méthodes retenues et des mesures envisagées par lui dans les domaines de la Sécurité sociale, de l'emploi, de la décentralisation, de l'organisation régionale et des revenus des salariés ;

Censure le Gouvernement, en application de l'article 49, alinéa 3, de la Constitution.

DOCUMENT 49-309
Motion de censure déposée le 15 octobre 1976

« Contrairement aux dispositions de la Constitution, le Gouvernement n'a pas demandé aux représentants de la nation de se prononcer sur son programme. Il a préféré, par une habileté subalterne, provoquer le vote sur une motion de censure pour permettre aux députés de la majorité d'esquiver leurs responsabilités, au risque d'aboutir à ce que l'impôt ne procède plus d'un vote explicite du Parlement.

« Les travailleurs de France refusent de faire les frais de la politique du Président de la République et de ses gouvernements successifs. Ils l'ont notamment montré avec force le 7 octobre. L'Assemblée nationale ne saurait accepter un plan qui prolonge et aggrave cette politique, augmente le chômage pour les salariés, accroît l'insécurité économique pour les agriculteurs et les travailleurs indépendants, et menace le pouvoir d'achat, alors qu'il maintient les privilèges pour les riches et les puissants.

« Décidée à lutter contre l'inflation — facteur d'inégalité pour les citoyens et d'affaiblissement pour la nation — elle affirme qu'une telle lutte ne saurait être menée en dehors des profondes réformes de structures telles qu'elles sont proposées aux Français dans le programme commun de gouvernement de la gauche :

« Refusant d'engager le pays dans une nouvelle phase d'une politique qui a déjà prouvé son injustice, sa nocivité pour le peuple, et son incapacité à régler les vrais problèmes de la France, l'Assemblée, en application du 3e alinéa de l'article 49 de la Constitution, censure le Gouvernement. »

DOCUMENT 49-400
Application de l'article 49 alinéa 4

1. 10 juin 1975 : Déclaration de politique générale sur la politique « étrangère » du Gouvernement (Jacques Chirac). Pour : 176, contre : 97.

2. 5 mai 1977 : Déclaration de politique générale du Gouvernement sur sa politique économique et sociale (Raymond Barre II). Pour : 167, contre : 92.

3. 11 mai 1978 : Déclaration de politique générale (Raymond Barre III). Pour : 180, contre : 90

ARTICLE 50

Lorsque l'Assemblée nationale adopte une motion de censure ou lorsqu'elle désapprouve le programme ou une déclaration de politique générale du Gouvernement, le Premier ministre doit remettre au Président de la République la démission du Gouvernement.

DOCUMENT 50-100
Décret du 28 novembre 1962 relatif à la cessation des fonctions du Gouvernement

Le Président de la République,

Vu l'article 8 de la Constitution ;

Vu la lettre en date du 5 octobre 1962 par laquelle le Premier ministre a présenté au Président de la République la démission du Gouvernement ;

Vu le décret en date du 9 octobre 1962 portant dissolution de l'Assemblée nationale,

Décrète :

Art. 1er. — Il est mis fin, sur la présentation de la démission du Gouvernement, aux fonctions de M. Georges Pompidou, Premier ministre, et des autres membres du Gouvernement.

Art. 2. — Le présent décret sera publié au *Journal officiel* de la République française.

Fait à Paris, le 28 novembre 1962.

C. de Gaulle

J.O. du 29

ARTICLE 51

La clôture des sessions ordinaires ou extraordinaires est de droit retardée pour permettre, le cas échéant, l'application des dispositions de l'article 49.

DOCUMENT 51-100
Liste des cas d'application de l'article 51

Session extraordinaire de janvier 1974.

TITRE VI

Des traités et accords internationaux

ARTICLE 52

Le Président de la République négocie et ratifie les traités.

Il est informé de toute négociation tendant à la conclusion d'un accord international non soumis à la ratification.

ARTICLE 53

Les traités de paix, les traités de commerce, les traités ou accords relatifs à l'organisation internationale, ceux qui engagent les finances de l'Etat, ceux qui modifient les dispositions de nature législative, ceux qui sont relatifs à l'état des personnes, ceux qui comportent cession, échange ou adjonction de territoire, ne peuvent être ratifiés ou approuvés qu'en vertu d'une loi.

Ils ne prennent effet qu'après avoir été ratifiés ou approuvés.

Nulle cession, nul échange, nulle adjonction de territoire n'est valable sans le consentement des populations intéressées.

DOCUMENT 53-100
Déclaration du 3/7/1962 portant reconnaissance de l'indépendance de l'Algérie

Par le référendum du 8 janvier 1961, le peuple français a reconnu aux populations algériennes le droit de choisir leur destin politique par rapport à la République française.

Par le référendum du 8 avril 1962, le peuple français a approuvé les déclarations gouvernementales du 19 mars 1962 qui prévoient le cas où les populations algériennes consultées en vertu de la loi du 14 janvier 1961 choisiraient de constituer l'Algérie en Etat indépendant coopérant avec la France.

Par le scrutin d'autodétermination du 1er juillet 1962, le peuple algérien s'est prononcé pour l'indépendance de l'Algérie coopérant avec la France.

En conséquence, les rapports entre la France et l'Algérie étant désormais fondés sur les conditions définies par les déclarations gouvernementales du 19 mars 1962, le Président de la République française déclare que la France reconnaît solennellement l'indépendance de l'Algérie.

Fait à Paris, le 3 juillet 1962.

C. de Gaulle

J.O. du 4

DOCUMENT 53-101
Documents relatifs à l'accession à l'indépendance du territoire des Comores

I. Titre I de la loi n° 75-560 du 3 juillet 1975 relative à l'indépendance du territoire des Comores

TITRE Ier
Dispositions générales

Art. 1er. — Le territoire des Comores deviendra un Etat indépendant lorsqu'il aura été satisfait aux conditions prévues à la présente loi.

Art. 2. — Dans les six mois à compter de la promulgation de la présente loi, un comité constitutionnel composé de délégués de toutes les formations politiques comoriennes qui ont été admises à participer à la campagne en vue de la consultation des populations des Comores, des représentants de ce territoire à l'Assemblée nationale et au Sénat, et des membres de la chambre des députés des Comores établira un projet de Constitution garantissant les libertés démocratiques des citoyens et la personnalité politique et administrative des îles composant le futur Etat.

Ce projet de Constitution sera soumis au référendum avant la proclamation de l'indépendance et à une date qui sera fixée par le comité constitutionnel. Il devra être approuvé, île par île, à la majorité des suffrages exprimés.

Au cas où une ou plusieurs îles repousseraient ce projet, le comité constitutionnel devra proposer une nouvelle rédaction dans un délai de trois mois.

Si le nouveau projet n'est pas approuvé par l'ensemble des îles, la Constitution s'appliquera à celles qui l'auront adoptée. Le Gouvernement déposera un projet de loi fixant l'organisation provisoire des autres îles et réglant une nouvelle consultation de leur population sur le statut qu'elles souhaitent adopter.

La procédure prévue aux alinéas précédents s'appliquera au cas où, après l'échec du premier référendum, le comité constitutionnel, à l'expiration du délai prévu au troisième alinéa du présent article, n'aurait point achevé une nouvelle rédaction.

Art. 3. — Les délégués des formations politiques visées à l'article 2 ci-dessus sont désignés par décret en Conseil d'Etat, sur proposition desdites formations. Chacune de celles-ci a droit à trois délégués.

Le comité constitutionnel élit son président. La majorité absolue est requise pour cette élection aux deux premiers tours. Au troisième tour, la majorité relative suffit.

Le comité constitutionnel élabore lui-même son règlement, celui-ci devant être adopté à la majorité absolue des membres le composant.

Art. 5. — La date à laquelle l'indépendance sera proclamée et le transfert de souveraineté effectué sera fixée d'accord entre le Gouvernement de la République et les autorités territoriales, après adoption du projet de Constitution, signature des accords prévus à l'article 6 et consultation de la chambre des députés des Comores.

L'acte portant transfert de souveraineté sera soumis à l'approbation du Parlement en application de l'article 53 de la Constitution.

Art. 6. — Le Gouvernement de la République passera avec les autorités territoriales tous accords destinés à régler les modalités du transfert au futur Etat de la souveraineté et des biens, réserve faite de ceux qui demeureront propriété de l'Etat français.

Ces accords fixeront également les garanties à assurer aux personnes physiques et aux personnes morales françaises dans l'exercice aux Comores de leurs droits, notamment de leur droit de propriété.

J.O. du 4

II. Communiqué du Conseil des ministres du 9 juillet 1975

En ce qui concerne les Comores, le gouvernement, tenant compte de la volonté non équivoque des populations de trois de ces quatre îles d'accéder à l'indépendance, en a pris acte et s'est déclaré disposé à entamer avec les nouvelles autorités les pourparlers concernant les transferts de responsabilité. S'agissant de l'île de Mayotte, dont les représentants à la Chambre des députés des Comores ont marqué leur désir de suivre la procédure instaurée par le Parlement, le gouvernement tiendra compte de la volonté ainsi manifestée.

III. Articles 1 à 3 de la loi n° 75-1337 du 31 décembre 1975, relative aux conséquences de l'autodétermination des îles des Comores

Art. 1er. — Dans les deux mois qui suivent la promulgation de la présente loi, et dans l'esprit de l'article 2 de la loi n° 75 560 du 3 juillet 1975, la population de Mayotte sera appelée à se prononcer sur le point de savoir si elle souhaite que Mayotte demeure au sein de la République française ou devienne partie du nouvel Etat comorien.

Art. 2. — Si la population choisit, à la majorité des suffrages exprimés, que Mayotte devienne partie du nouvel Etat comorien, Mayotte cessera, dès la proclamation définitive des résultats, de faire partie de la République française.

Art. 3. — Si la population de Mayotte exprime le désir, à la majorité des suffrages exprimés, de demeurer au sein de la République française, elle sera appelée, dans les deux mois qui suivent la proclamation définitive des résultats, à se prononcer sur le statut dont elle souhaite que Mayotte soit dotée.

J.O. du 2 janvier 1976

IV. Résultats de la consultation de la population de Mayotte en date du 8 février 1976

La Commission de recensement et de jugement instituée par l'article 6 de la loi du 31 décembre 1975 relative aux conséquences de l'autodétermination des îles des Comores,

Vu la Constitution ;

Vu la loi du 31 décembre 1975 ;

Vu les décrets des 12 janvier 1976 fixant les modalités de la consultation de la population de Mayotte organisée par la loi du 31 décembre 1975 susvisée et portant convocation des électeurs de Mayotte appelés à participer à cette consultation, ensemble les arrêtés pris pour leur application ;

Vu l'ensemble des dispositions législatives et réglementaires applicables à cette consultation ;

Vu les procès-verbaux des opérations de vote dans les trente-trois bureaux de vote de Mayotte, ensemble les documents y annexés ;

Vu le rapport de la Commission de contrôle des opérations électorales créée par l'article 5 de la loi du 31 décembre 1975 susvisée ;

Vu les autres pièces et documents portés à la connaissance de la Commission ;

Après avoir entendu les présidents des bureaux de vote de Trévani, de Mronabéjà, de Mtsangamouji et de Mzamboro ;

Après avoir opéré diverses rectifications d'erreurs matérielles ;

Considérant que la Commission a, par affiches apposées dans les bureaux de vote le jour du scrutin, avisé les électeurs des conditions dans lesquelles les réclamations contre les opérations électorales pourraient être déposées pour y être statué dans les conditions prévues par la loi du 31 décembre 1975 et le décret du 12 janvier 1976 susvisés ; que, d'une part, aucune réclamation n'a été portée sur les procès-verbaux dressés par les bureaux de vote ; que, d'autre part, aucune réclamation n'a été déposée dans le délai de quatre jours fixé par les textes susrappelés ;

Considérant, toutefois, qu'il appartient à la Commission de procéder aux redressements qu'elle juge nécessaires ;

Considérant, en premier lieu, qu'il résulte des pièces annexées aux procès-verbaux des opérations de vote que, dans les bureaux de M'Sapere, Sada-I, Sada-II, Proani, Msamoudou, Labattoir-I et Labattoir-II, dix-huit personnes ont été inscrites sur les listes électorales et admises à voter sur présentation de la requête tendant à leur inscription sur les listes électorales bien que celle-ci ait été rejetée par ordonnance du juge de section de Mamoutzou ; que les chiffres portés aux procès-verbaux de ces bureaux doivent être rectifiés en conséquence ;

Considérant, en second lieu, que le procès-verbal du bureau de vote de Koungou fait état de quatre bulletins nuls alors que six bulletins nuls y sont annexés ; que, dès lors, les résultats figurant audit procès-verbal doivent être modifiés ;

Considérant, en troisième lieu, que le nombre des votants portés aux procès-verbaux des bureaux de vote d'Accua et de Sohoa est supérieur respectivement de un et de cinq à celui des émargements ; qu'il ne doit être tenu compte que du chiffre des émargements ; qu'en revanche, il ne doit être tenu compte que du nombre des votants portés au procès-verbal du bureau de vote de Combani dès lors que ce nombre est inférieur de un à celui des émargements ;

Considérant, en quatrième lieu, qu'un électeur inscrit deux fois sur la liste électorale de M'Sapere a été admis à prendre part deux fois au scrutin ; qu'il convient en conséquence d'annuler un de ces votes ;

Considérant enfin que si, à Combani, un électeur inscrit sur les listes électorales s'est vu refuser le droit de participer au scrutin au motif qu'il semblait trop jeune, cette irrégularité, qui a été portée au procès-verbal du bureau de vote et n'a pas fait l'objet de réclamation de la part de l'intéressé, n'a pas eu d'influence sur les résultats du scrutin,

Proclame :

La consultation de la population de Mayotte, le 8 février 1976, sur le point de savoir si elle souhaite que Mayotte demeure au sein de la République française ou devienne partie du nouvel Etat comorien a donné les résultats suivants :

Electeurs inscrits	21 671
Electeurs votants	18 061
Suffrages exprimés	17 949
« Je souhaite que Mayotte demeure au sein de la République française »	17 845
« Je souhaite que Mayotte fasse partie de l'Etat comorien »	104

Fait à Dzaoudzi, au siège de la Commission de recensement et de jugement, le 14 février 1976.

Jean-Pierre Dannaud,
conseiller d'Etat,
président de la Commission de recensement et de jugement

Roger de Lestang,
conseiller à la Cour de cassation,
membre de la commission

Pierre Moinot,
conseiller maître à la Cour des Comptes,
membre de la commission

J.O. du 13 mars

DOCUMENT 53-102
Documents relatifs à l'accession à l'indépendance du territoire français des Afars et des Issas

I. Articles 1 et 2 de la loi n° 76-1221 du 28 décembre 1976 organisant une consultation de la population du territoire français des Afars et des Issas

Art. 1er. — Dans un délai maximum de six mois à compter de la promulgation de la présente loi, la population du territoire français des Afars et des Issas sera consultée sur le point de savoir si elle souhaite accéder ou non à l'indépendance.

Art. 2. — Le Parlement sera appelé dans un délai de six mois suivant la proclamation des résultats du scrutin à se prononcer sur la suite qu'il estimera devoir donner à cette consultation.

J.O. du 29

II. Résultats du référendum du 8 mai 1977 sur l'indépendance

Inscrits	110 954
Votants	79 789
Nuls	931
Oui	75 405
Non	204
Suffrages non retenus	3 249

Doc. AN Ve législature n° 2929

III. Article 1er de la loi n° 77-625 du 20 juin 1977 relative à l'indépendance du territoire français des Afars et des Issas

Art. 1er. — Le territoire français des Afars et des Issas cesse de faire partie du territoire de la République française et accède à l'indépendance à compter du 27 juin 1977.

J.O. du 21

IV. Communiqué du conseil des ministres du 29 juin 1977

Le secrétaire d'Etat aux Départements et Territoires d'outre-mer a rendu compte des conditions dans lesquelles s'est déroulée l'accession à l'indépendance de la République de Djibouti. Il a rappelé la déclaration du président Hassan Gouled, selon laquelle l'accession à la souveraineté internationale de Djibouti s'était réalisée sans rupture avec la France. Déjà sept traités, accords et conventions ont été signés. Le Président de la République s'est félicité de la dignité, de la paix et de l'unité qui ont caractérisé la naissance de la République de Djibouti.

ARTICLE 54

Si le Conseil constitutionnel, saisi par le Président de la République, par le Premier ministre ou par le Président de l'une ou l'autre assemblée, a déclaré qu'un engagement international comporte une clause contraire à la Constitution, l'autorisation de le ratifier ou de l'approuver ne peut intervenir qu'après la révision de la Constitution.

DOCUMENT 54-100
Liste des décisions du Conseil constitutionnel intervenues en application de l'article 54

19 juin 1970 (J.O. du 21) : Modifications des dispositions budgétaires des traités communautaires. (Cf. Doc. 54-101)

30 décembre 1976 (J.O. du 31) : Election de l'Assemblée des Communautés européennes. (Cf. Doc. 54-102)

DOCUMENT 54-101
Décision du Conseil constitutionnel du 19 juin 1970

Le Conseil constitutionnel,

Saisi le 11 juin 1970 par le Premier ministre, en application des dispositions de l'article 54 de la Constitution, de la question de savoir si le traité portant modification de certaines dispositions budgétaires des traités instituant les communautés européennes et du traités instituant un conseil unique et une Commission unique des communautés européennes, signé à Luxembourg le 22 avril 1970, ainsi que la décision du conseil des communautés européennes en date du 21 avril 1970 relative au remplacement des contributions financières des Etats membres par des ressources propres aux communautés comportent ou non des clauses contraires à la Constitution ;

Vu la Constitution, et notamment son préambule et ses articles 53, 54 et 62 ;

Vu l'ordonnance du 7 novembre 1958 portant loi organique sur le Conseil constitutionnel ;

Vu le traité du 18 avril 1951 instituant la Communauté européenne du charbon et de l'acier ;

Vu le traité du 25 mars 1957 instituant la Communauté économique européenne ;

Vu le traité du 25 mars 1957 instituant la Communauté européenne de l'énergie atomique ;

Vu le traité du 8 avril 1965 instituant un conseil unique et une commission unique des communautés européennes ;

Vu le règlement n° 25 du 4 avril 1962 du conseil de la Communauté économique européenne relatif au financement de la politique agricole commune ;

Considérant que la nécessité d'une révision de la Constitution, préalablement à l'autorisation de ratifier ou d'approuver un engagement international, prévue à l'article 54 de la Constitution est subordonnée par ce même texte à la déclaration par le Conseil constitutionnel, saisi par le Président de la République, le Premier ministre ou le président de l'une ou l'autre Assemblée, que ledit engagement international comporte une clause contraire à la Constitution ; qu'il incombe donc au Conseil constitutionnel, dans le cas de l'espèce, comme dans tous les cas de cette nature, de déclarer si les engagements internationaux, soumis à son examen, en application de l'article 54, contiennent ou non des clauses contraires à la Constitution ;

TITRE VI : DES TRAITÉS ET ACCORDS INTERNATIONAUX

En ce qui concerne le traité signé à Luxembourg le 22 avril 1970 portant modification de certaines dispositions budgétaires des traités instituant les communautés européennes et du traité instituant un conseil unique et une commission unique des communautés européennes :

Considérant que ce traité ne contient que des dispositions relatives au fonctionnement interne des communautés modifiant la répartition des compétences entre les divers organes de celles-ci et qu'il n'affecte pas l'équilibre des relations entre les communautés européennes, d'une part, et les Etats membres, d'autre part ;

Considérant, au surplus, que les engagements contenus dans les dispositions soumises à l'examen du Conseil constitutionnel ne prennent effet qu'après le dépôt du dernier instrument de ratification et qu'ils ont donc le caractère d'engagements réciproques ;

Considérant, en conséquence, qu'ils ne peuvent être contraires à aucune disposition de la Constitution ;

En ce qui concerne la décision du conseil des communautés européennes du 21 avril 1970 relative au remplacement des contributions financières des Etats membres par des ressources propres aux communautés :

Considérant qu'il résulte des dispositions tant du traité de Paris du 18 avril 1951, instituant la Communauté européenne du charbon et de l'acier, que des traités de Rome du 25 mars 1957 instituant respectivement la Communauté économique européenne et la Communauté européenne de l'énergie atomique, que le développement des communautés européennes prévoit, notamment, pour le financement de leur budget, sous réserve du respect des procédures prévues par les stipulations des traités susmentionnés, le passage progressif d'un système de contribution des Etats membres à un régime de ressources propres ; que lesdits traités ont été régulièrement ratifiés et publiés et sont, dès lors, entrés dans le champ d'application de l'article 55 de la Constitution ;

Considérant que la décision du 21 avril 1970, qui recommande le remplacement des contributions financières des Etats membres par des ressources propres aux communautés, a le caractère d'une mesure d'application des dispositions susrappelées des traités instituant les communautés européennes, dès lors qu'elle est prise dans les conditions prévues notamment à l'article 201 du traité instituant la Communauté économique européenne et à l'article 173 du traité instituant la communauté européenne de l'énergie atomique, c'est-à-dire conformément aux règles constitutionnelles respectives des Etats membres ; que l'application de ces règles exige que l'adoption des dispositions prévues par ladite décision qui, sur certains points, porte sur des matières de nature législative telles qu'elles sont définies à l'article 34 de la Constitution, soit subordonnée, conformément à l'article 53, à l'intervention d'une loi ; que la condition de réciprocité susmentionnée se trouve remplie ;

Considérant, en conséquence, et sous réserve de son approbation par la loi, que ladite décision n'est pas en contradiction avec la Constitution ;

Considérant, d'ailleurs, que la décision du 21 avril 1970 prend place dans un ensemble de mesures d'exécution liées à l'établissement d'une politique commune ; qu'elle ne saurait donc avoir par elle-même valeur de principe ;

Considérant, que dans le cas de l'espèce, elle ne peut porter atteinte, ni par sa nature, ni par son importance, aux conditions essentielles d'exercice de la souveraineté nationale,

Décide :

Art. premier. — Le traité portant modification de certaines dispositions budgétaires des traités instituant les communautés européennes et du traité instituant un conseil unique et une commission unique des communautés européennes, signé à Luxembourg le 22 avril 1970 ainsi que la décision du 21 avril 1970 relative au remplacement des contributions financières des Etats membres par des ressources propres aux communautés ne comportent pas de clause contraire à la Constitution.

Art. 2. — La présente décision sera notifiée au Premier ministre et publiée au *Journal officiel* de la République française.

Délibéré par le Conseil constitutionnel dans sa séance du 19 juin 1970.

J.O. du 21

DOCUMENT 54-102
Décision du Conseil constitutionnel du 30 décembre 1976

Le Conseil constitutionnel,

Saisi le 3 décembre 1976, par le Président de la République, en application des dispositions de l'article 54 de la Constitution, de la question de savoir si la décision du conseil des communautés européennes du 20 septembre 1976, relative à l'élection de l'Assemblée au suffrage universel direct, comporte une clause contraire à la Constitution ;

Vu la Constitution ;

Vu l'ordonnance du 7 novembre 1958 portant loi organique sur le Conseil constitutionnel ;

Vu le traité du 18 avril 1951 instituant la Communauté européenne du charbon et de l'acier ;

Vu le traité du 25 mars 1957 instituant la Communauté économique européenne ;

Vu le traité du 25 mars 1957 instituant la Communauté européenne de l'énergie atomique ;

Vu la convention du 25 mars 1957 relative à certaines institutions communes aux communautés européennes ;

Vu le traité du 8 avril 1965 instituant un conseil unique et une commission unique des communautés européennes ;

Vu le traité du 22 avril 1970 portant modification de certaines dispositions budgétaires des traités instituant les communautés européennes et du traité instituant un conseil unique et une Commission unique des communautés européennes ;

Vu le traité et l'acte du 22 janvier 1972 relatifs à l'adhésion de nouveaux Etats aux communautés européennes ;

Vu le traité du 22 juillet 1975 portant modification de certaines dispositions financières des traités instituant les communautés européennes et du traité instituant un conseil unique et une Commission unique des communautés européennes ;

Vu la décision du conseil des communautés européennes du 20 septembre 1976 et l'acte qui y est annexé ;

Ouï le rapporteur en son rapport ;

Considérant que la décision du conseil des communautés européennes du 20 septembre 1976 et l'acte qui y est annexé ont pour seul objet de stipuler que les représentants à l'Assemblée des peuples des Etats réunis dans la Communauté sont élus au suffrage universel direct et de fixer certaines conditions de cette élection ;

Considérant que si le préambule de la Constitution de 1946, confirmé par celui de la Constitution de 1958, dispose que, sous réserve de réciprocité, la France consent aux limitations de souveraineté nécessaires à l'organisation et à la défense de la paix, aucune disposition de nature constitutionnelle n'autorise des transferts de tout ou partie de la souveraineté nationale à quelque organisation internationale que ce soit ;

Considérant que l'acte soumis à l'examen du Conseil constitutionnel ne contient aucune disposition ayant pour objet de modifier les compétences et pouvoirs limitativement attribués dans le texte des traités aux communautés européennes et, en particulier, à leur Assemblée par les Etats membres ou de modifier la nature de cette Assemblée qui demeure composée de représentants de chacun des peuples de ces Etats ;

Considérant que l'élection au suffrage universel direct des représentants des peuples des Etats membres à l'Assemblée des communautés européennes n'a pour effet de créer ni une souveraineté ni des institutions dont la nature serait incompatible avec le respect de la souveraineté nationale, non plus que de porter atteinte aux pouvoirs et attributions des institutions de la République et, notamment, du Parlement ; que toutes transformations ou dérogations ne pourraient résulter que d'une nouvelle modification des traités, susceptible de donner lieu à l'application tant des articles figurant au titre VI que de l'article 61 de la Constitution ;

Considérant que l'engagement international du 20 septembre 1976 ne contient aucune stipulation fixant, pour l'élection des représentants français à l'assemblée des communautés européennes, des modalités de nature à mettre en cause l'indivisibilité de la République, dont le principe est réaffirmé à l'article 2 de la Constitution ; que les termes de « procédure électorale uniforme » dont il est fait mention à l'article 7 de l'acte soumis au Conseil constitutionnel ne sauraient être interprétés comme pouvant permettre qu'il soit porté atteinte à ce principe ; que, de façon générale, les textes d'application de cet acte devront respecter les principes énoncés ci-dessus ainsi que tous autres principes de valeur constitutionnelle ;

Considérant que la souveraineté qui est définie à l'article 3 de la Constitution de la République française, tant dans son fondement que dans son exercice, ne peut-être que nationale et que seuls peuvent être regardés comme participant à l'exercice de cette souveraineté les représentants du peuple français élus dans le cadre des institutions de la République ;

Considérant qu'il résulte de tout ce qui précède que l'acte du 20 septembre 1976 est relatif à l'élection des membres d'une assemblée qui n'appartient pas à l'ordre institutionnel de la République française et qui ne participe pas à l'exercice de la souveraineté nationale ; que, par suite, la conformité à la Constitution de l'engagement international soumis au Conseil constitutionnel n'a pas à être appréciée au regard des articles 23 et 34 de la Constitution, qui sont relatifs à l'aménagement des compétences et des procédures concernant les institutions participant à l'exercice de la souveraineté française,

Déclare :

Art. premier. — Sous le bénéfice des considérations qui précèdent, la décision du conseil des communautés européennes en date du 20 septembre 1976 et l'acte qui y est annexé ne comportent pas de clause contraire à la Constitution.

Art. 2. — La présente décision sera notifiée au Président de la République et publiée au *Journal officiel* de la République française.

Délibéré par le Conseil constitutionnel dans ses séances des 29 et 30 décembre 1976.

J.O. du 31

DOCUMENT 54-200
Lettre du Président de la République au Président du Conseil constitutionnel

Paris, le 3 décembre 1976

Monsieur le Président,

Ainsi que je vous l'annonçai par ma lettre du 5 novembre 1976, le Gouvernement a l'intention de demander au Parlement, qui, en vertu de l'article 53 de la Constitution, doit connaître des traités ou accords portant notamment sur l'organisation internationale, l'autorisation d'approuver la décision du Conseil des Communautés européennes du 20 septembre 1976 relative à l'élection de l'Assemblée au suffrage universel direct.

En application de l'article 54 de la Constitution, j'ai l'honneur de demander au Conseil constitutionnel si la ratification de cet engagement international peut intervenir ou non sans révision de la Constitution.

Je vous prie de croire, Monsieur le Président, à l'assurance de mes sentiments de haute considération.

Valéry Giscard d'Estaing

Monsieur Roger Frey
Président du Conseil constitutionnel

TITRE VI : DES TRAITÉS ET ACCORDS INTERNATIONAUX

ARTICLE 55

Les traités ou accords régulièrement ratifiés ou approuvés ont, dès leur publication, une autorité supérieure à celle des lois, sous réserve, pour chaque accord ou traité, de son application par l'autre partie.

Note : L'application de cet article relève de l'appréciation souveraine des tribunaux.

TITRE VII

Le Conseil constitutionnel

TITRE VII : LE CONSEIL CONSTITUTIONNEL

ARTICLE 56

Le Conseil constitutionnel comprend neuf membres, dont le mandat dure neuf ans et n'est pas renouvelable. Le Conseil constitutionnel se renouvelle par tiers tous les trois ans. Trois des membres sont nommés par le Président de la République, trois par le Président de l'Assemblée nationale, trois par le Président du Sénat.

En sus des neuf membres prévus ci-dessus, font de droit partie à vie du Conseil constitutionnel les anciens Présidents de la République.

Le Président est nommé par le Président de la République. Il a voix prépondérante en cas de partage.

DOCUMENT 56-100

Evolution de la composition du Conseil constitutionnel

Date de nomination	Nommés par le Président de la République	Nommés par le Président du Sénat	Nommés par le Président de l'Assemblée nationale
20.02.1959 pour 3 ans pour 6 ans pour 9 ans	MM. Maurice Patin Léon Noël Georges Pompidou	MM. Maurice Delepine Charles Le Coq de Kerland Jean Gilbert-Jules	MM. Victor Chatenay Louis Pasteur Vallery-Radot Jean Michard-Pellissier
18.06.1960		René Cassin remplace M. Delepine, décédé	
17.02.1962	Léon Noël Georges Pompidou Marcel Waline	Charles Le Coq de Kerland Jean Gilbert-Jules René Cassin	Louis Pasteur Vallery-Radot Jean Michard-Pellissier Edmond Michelet
25.04.1962	Bernard Chenot remplace M. Georges Pompidou, nommé Premier ministre		
27.08.1964	André Deschamps remplace M. Chenot, démissionnaire		
23.02.1965	André Deschamps Marcel Waline *Gaston Palewski*	Jean Gilbert-Jules René Cassin François Luchaire	Jean Michard-Pellissier Edmond Michelet Henri Monnet
04.04.1967			Jules Antonini, remplace M. Michelet, élu député
23-24 et 11.02.1968	Marcel Waline *Gaston Palewski* Jean Sainteny	René Cassin François Luchaire Georges-Léon Dubois	Jules Antonini Henri Monnet Pierre Chatenet
24-23 et 24.02.1971	*Gaston Palewski* Jean Sainteny François Goguel	François Luchaire Georges-Léon Dubois Paul Coste-Floret	Henri Monnet Pierre Chatenet Henry Rey
22.02.1974	Jean Sainteny François Goguel *Roger Frey*	Georges-Léon Dubois Paul Coste-Floret Gaston Monnerville	Pierre Chatenet Henry Rey René Brouillet
22.02.1977	François Goguel *Roger Frey* André Segalat	Paul Coste-Floret Gaston Monnerville Louis Gros	Henry Rey René Brouillet Achille Peretti
22.10.1977			Louis Joxe remplace M. Rey, décédé

Note : Le nom du Président est en italique.

DOCUMENT 56-101
Liste des anciens Présidents de la République, membres de droit du Conseil constitutionnel

	Début de mandat	Fin de mandat
M. Vincent Auriol (1)	1959	janvier 1966
M. René Coty	1959	novembre 1962
Général de Gaulle (2)	avril 1969	novembre 1970

(1) M. Auriol décida de ne plus siéger à partir de mai 1960, sauf le 6 novembre 1962 (cf. Doc. 61-402).
(2) Le général de Gaulle ne siégea jamais.

ARTICLE 57

Les fonctions du membre du Conseil constitutionnel sont incompatibles avec celles de ministre ou de membre du Parlement. Les autres incompatibilités sont fixées par une loi organique.

DOCUMENT 57-100
Liste des membres du Conseil constitutionnel ayant cessé leurs fonctions par application de l'article 57

Georges Pompidou nommé Premier ministre.
Edmond Michelet élu député.

ARTICLE 58

Le Conseil constitutionnel veille à la régularité de l'élection du Président de la République.

Il examine les réclamations et proclame les résultats du scrutin.

DOCUMENT 58-100
Statistique des décisions rendues en application de l'article 58

I. ÉLECTION PRÉSIDENTIELLE DU 21 DÉCEMBRE 1958 :
— Proclamation des résultats : 1 cf. Doc. 7-100.

II. ÉLECTION PRÉSIDENTIELLE DES 5 ET 19 DÉCEMBRE 1965 :
— Réclamations relatives aux opérations électorales : 3 cf. Doc. 7-202, 7-203, 7-204 ;
— Proclamation des résultats : 2 cf. Doc. 7-201, 7-205.

III. ÉLECTION PRÉSIDENTIELLE DES 1 ET 15 JUIN 1969 :
— Réclamations relatives à l'établissement de la liste des candidats : 5 cf. Doc. 7-304 à 7-308 ;
— Proclamation des résultats : 2 cf. Doc. 7-309, 7-310.

IV. ÉLECTION PRÉSIDENTIELLE DES 5 ET 19 MAI 1974 :
— Réclamations relatives à l'établissement de la liste des candidats : 2 cf. Doc. 7-407, 7-408 ;
— Réclamations relatives à l'attribution des signes distinctifs aux candidats : 1 cf. Doc. 7-409 ;
— Proclamation des résultats : 2 cf. doc. 7-410, 7-412.

TITRE VII : LE CONSEIL CONSTITUTIONNEL

ARTICLE 59

Le Conseil constitutionnel statue, en cas de contestation, sur la régularité de l'élection des députés et des sénateurs.

DOCUMENT 59-100
Bilan du contentieux des élections à l'Assemblée nationale

I. Elections générales

Date des élections	Nombre de requêtes	Nombre de sièges concernés	Nombres des décisions d'annulation
23-30 novembre 1958	154	113	5
18-25 novembre 1962	94	76	7
5-12 mars 1967	149	141	5
23-30 juin 1968	60	47	1
4-11 mars 1978	235 (1)	49	2
12-19 mars 1978	60	56	5

II. Elections partielles

1re législature	8	7	0
2e législature	9	5	0
3e législature	2	1	0
4e législature	3	2	0
5e législature	4	3	0

(1) Dont 177 pour le seul département de la Guadeloupe.

DOCUMENT 59-200
Bilan du contentieux des élections au Sénat

Date	Nombre de requêtes	Nombre de sièges concernés	Annulation
26.4.1959	21 (1)	58	1
23.9.1962	7 (2)	9	0
26.9.1965	5	8	0
22.9.1968	2	6	0
26.9.1971	9	10	0
22.9.74	6	5	0
25.9.77	2	12	0

(1) Plus deux requêtes, rejetées comme irrecevables, relatives à la désignation des délégués sénatoriaux.
(2) Plus une requête, rejetée comme irrecevable, relative à la désignation des délégués sénatoriaux.
Note : les élections sénatoriales partielles ont fait l'objet de 6 requêtes et d'aucune annulation.

DOCUMENT 59-300
Exemples de décisions rendues en application de l'article 59

Note : les décisions publiées ci-après ne constituent pas un résumé de la jurisprudence du Conseil Constitutionnel mais seulement un échantillon de décisions.

I. Décision du 5 janvier 1959

La Commission constitutionnelle provisoire,

Vu les articles 59 et 91 de la Constitution ;

Vu l'ordonnance du 7 novembre 1958 portant loi organique sur le Conseil constitutionnel ;

Vu l'ordonnance du 13 octobre 1958 relative à l'élection des députés à l'Assemblée nationale ;

Vu la requête présentée par le sieur Deval (Paul), demeurant à Romans (Drôme), ladite requête enregistrée le 9 décembre 1958 au secrétariat de la Commission constitutionnelle provisoire et tendant à ce qu'il plaise à la Commission statuer sur les opérations électorales auxquelles il a été procédé les 23 et 30 novembre 1958 dans la troisième circonscription du département de la Drôme pour la désignation d'un député à l'Assemblée nationale ;

Vu les observations en défense présentées par le sieur Henri Durand, député, lesdites observations enregistrées le 11 décembre 1958 au secrétariat de la Commission ;

Vu les nouvelles observations présentées par le sieur Henri Durand, lesdites observations enregistrées les 18, 24 décembre 1958 et 3 janvier 1959 ;

Vu la requête présentée par le sieur Rubichon, demeurant à Romans (Drôme), 1, impasse Aymard, et tendant à ce qu'une enquête soit ordonnée sur l'élection ;

Vu les procès-verbaux de l'élection ;

Vu les autres pièces produites et jointes au dossier ;

Ouï Mme Questiaux, rapporteur, en son rapport ;

Considérant que les contestations susvisées ont trait à la même élection ; qu'il y a lieu de les joindre pour y être statué par une seule décision ;

Sur la requête du sieur Rubichon :

Considérant qu'aux termes de l'article 35 de l'ordonnance du 7 novembre 1958 portant loi organique sur le Conseil constitutionnel rendu applicable à la Commission constitutionnelle provisoire par l'article 59 de la même ordonnance ; les requêtes doivent contenir les nom, prénom et qualité du requérant, le nom des élus dont l'élection est attaquée, les moyens d'annulation invoqués ; que la requête du sieur Rubichon ne précise pas la qualité de son auteur et ne comporte pas de conclusions formelles tendant à l'annulation de l'élection dont les opérations sont critiquées ; que, dès lors, et en application des prescriptions législatives susvisées, ladite requête n'est pas recevable ;

Sur la requête du sieur Deval :

Sans qu'il soit besoin d'examiner les autres griefs soulevés à l'appui de ladite requête :

Considérant qu'il résulte de l'instruction et des déclarations mêmes du sieur Durand, candidat élu, que le sieur Rey, tant en sa qualité de suppléant dudit candidat que comme président cantonal de l'Union de défense des commerçants et artisans, a adressé entre le premier et le second tour aux adhérents de ce groupement dans la circonscription une *lettre ronéotypée* les conviant à voter et à faire voter autour d'eux pour le sieur Durand ; que par son contenu et bien qu'adressée par la voie postale normale, la lettre dont il s'agit doit être regardée comme comprise au nombre des moyens de propagande interdits par les dispositions de l'ordonnance du 13 octobre 1958 ;

Considérant qu'en raison de l'ampleur de cette diffusion, du faible écart entre le nombre de suffrages obtenus par les deux candidats les plus favorisés et des tendances politiques voisines dont ils se réclamaient l'un et l'autre, l'utilisation de ce moyen de propagande auquel le sieur Deval n'a pas répondu faute de pouvoir le faire efficacement par des moyens légaux dans le délai dont il disposait, a pu exercer sur les opérations électorales une influence suffisante pour en modifier le résultat ; qu'il y a lieu, par suite, d'annuler lesdites opérations,

Décide :

Article premier. — La requête du sieur Rubichon est rejetée comme irrecevable.

Art. 2. — L'élection législative à laquelle il a été procédé les 23 et 30 novembre 1958 dans la troisième circonscription du département de la Drôme est annulée.

Art. 3. — La présente décision sera notifiée à l'Assemblée nationale et publiée au *Journal officiel* de la République française.

J.O. du 9 janv. 1959

II. Décision du 9 juillet 1959 (Sénat)

Le Conseil constitutionnel,

Vu l'article 59 de la Constitution ;

Vu l'ordonnance du 7 novembre 1958 portant loi organique sur le Conseil constitutionnel ;

Vu l'ordonnance du 15 novembre 1958 relative à l'élection des sénateurs ;

Vu le décret n° 59-415 du 13 mars 1959 ;

Vu la requête et le mémoire ampliatif présentés par le sieur Henry Laforest, demeurant à Nontron (Dordogne), ladite requête et ledit mémoire enregistrés le 5 mai et le 20 mai 1959 au secrétariat du Conseil constitutionnel, et tendant à ce qu'il plaise au Conseil statuer sur les opérations électorales auxquelles il a été procédé le 26 avril 1959 dans le département de la Dordogne pour la désignation de deux sénateurs en tant qu'elles ont abouti à la proclamation de l'élection du sieur Sinsout ;

Ouï le rapporteur en son rapport ;

Considérant qu'il n'est pas contesté qu'au cours de la semaine qui a précédé les opérations électorales une circulaire émanant du bureau de la Chambre d'agriculture du département de la Dordogne, établissement public, ainsi que du bureau de la Fédération des syndicats d'exploitants agricoles du même département et incitant les électeurs à voter uniquement pour les candidats faisant état de professions agricoles, a été envoyée à tous les membres du collège électoral sénatorial de ce département ; que, faisant suite à cette circulaire, de nombreux tracts anonymes tendant au même objet ont été adressés, par des envois répétés, aux électeurs sénatoriaux sous enveloppes spéciales portant, imprimée au tampon encreur, la mention « Elections sénatoriales » et affranchies irrégulièrement au tarif réduit de 1 F, que, dans ces conditions, et eu égard notamment à l'ampleur revêtue par cette propagande, à son caractère nettement discriminatoire et corporatif ainsi qu'à l'irrégularité des procédés utilisés pour faire parvenir ces documents à leurs destinataires, l'envoi de tels documents doit être regardé comme ayant pour effet de porter atteinte à la liberté de la consultation ; que, dès lors, et sans qu'il soit besoin d'examiner les autres moyens de la requête, il y a lieu de prononcer l'annulation de l'élection contestée.

Décide :

Article premier. — L'élection du sieur Sinsout comme sénateur de la Dordogne est annulée.

Art. 2. — La présente décision sera notifiée au Sénat et publiée au *Journal officiel* de la République française.

J.O. du 26

III. Décision du 8 juin 1967

Le Conseil constitutionnel,

Vu la Constitution et, notamment, ses articles 5, 59 et 68 ;

Vu l'ordonnance du 7 novembre 1958 portant loi organique sur le Conseil constitutionnel ;

Vu le code électoral ;

Vu la requête présentée par M. Bernard Bône, demeurant au Mans (Sarthe), 32, rue Pipèche, ladite requête enregistrée le 11 mars 1967 au secrétariat général du Conseil constitutionnel et tendant à ce qu'il plaise au Conseil statuer sur les opérations électorales auxquelles il a été procédé le 5 mars 1967 dans la 4e circonscription du département de la Sarthe pour la désignation d'un député à l'Assemblée nationale ;

Vu les observations en défense présentées par M. Joël Le Theule, député, lesdites observations enregistrées comme ci-dessus le 28 mars 1967 ;

Vu les autres pièces produites et jointes au dossier ;

Ouï le rapporteur en son rapport ;

Considérant que le requérant se fonde uniquement, pour demander l'annulation de l'élection contestée, sur ce que le Président de la République aurait excédé ses pouvoirs en prononçant l'allocution diffusée sur les antennes de l'O.R.T.F. le 4 mars 1967, veille du premier tour de scrutin, et que ladite allocution aurait exercé une influence déterminante sur le résultat de l'élection ;

Considérant qu'il résulte tant des dispositions de la Constitution — et, notamment de son article 68 — que de celles de l'ordonnance du 7 novembre 1958 portant loi organique sur le Conseil constitutionnel que ce dernier, saisi d'une contestation en matière électorale, n'a pas compétence pour se prononcer, même par voie d'exception et nonobstant l'article 44 de ladite ordonnance, sur la conformité à la Constitution de la déclaration sus-mentionnée du Chef de l'Etat ; qu'il suit de là que le requérant ne saurait utilement invoquer devant lui le moyen qu'il énonce pour demander l'annulation de l'élection contestée ;

Considérant qu'il résulte de ce qui précède que la requête susvisée ne saurait être accueillie ;

Décide :

Article premier. — La requête susvisée de M. Bône est rejetée.

Article 2. — La présente décision sera notifiée à l'Assemblée nationale et publiée au *Journal officiel* de la République française.

Délibéré par le Conseil constitutionnel dans sa séance du 8 juin 1967, où siégeaient : MM. Gaston Palewski, président, Cassin, Deschamps, Monner, Waline, Antonini, Gilbert-Jules, Michard-Pellissier et Luchaire.

J.O. du 18

IV. Décision du 11 juillet 1967

Le Conseil constitutionnel,

Vu l'article 59 de la Constitution ;

Vu l'ordonnance du 7 novembre 1958 portant loi organique sur le Conseil constitutionnel ;

Vu le code électoral ;

Vu la requête présentée par M. Ernest Voyer, demeurant 36, rue du Premier-But, à Laigle (Orne), ladite requête enregistrée à la préfecture de l'Orne le 17 mars 1967 et tendant à ce qu'il plaise au Conseil constitutionnel statuer sur les opérations électorales auxquelles il a été procédé le 12 mars 1967 dans la deuxième circonscription du département de l'Orne pour la désignation d'un député à l'Assemblée nationale ;

Vu le mémoire en défense présenté pour M. Roland Boudet, député, ledit mémoire enregistré au secrétariat général du Conseil constitutionnel le 12 avril 1967 ;

Vu le mémoire ampliatif et le mémoire en réplique présentés pour M. Ernest Voyer, lesdits mémoires enregistrés au secrétariat général du Conseil constitutionnel les 19 avril 1967 et 5 mai 1967 ;

Vu le mémoire en duplique présenté pour M. Boudet, enregistré comme ci-dessus le 16 mai 1967 ;

Vu les autres pièces produites et jointes au dossier ;

Ouï le rapporteur en son rapport ;

Considérant qu'il ressort des pièces du dossier que M. Deniau, conseiller municipal S.F.I.O. a fait apposer, sur la plupart des emplacements d'affichage électoral de la circonscription, le jeudi précédant le deuxième tour du scrutin, une affiche invitant les électeurs à voter non pour M. Camus, candidat de la F.G.D.S. mais pour M. Boudet, candidat du centre démocrate ; que cette affiche portait, outre la signature de son auteur, celle de M. Paris, lequel n'avait pas été consulté ; que, si ce dernier a déclaré, après l'élection, approuver l'initiative prise par M. Deniau, il l'a, au contraire, désavouée la veille du scrutin en signant une mise au point du parti socialiste SFIO désapprouvant l'intervention de M. Deniau et reprochant à M. Boudet d'en être le véritable instigateur ; que l'affiche incriminée a été imprimée dans l'entreprise appartenant à

M. Boudet et a été diffusée par cette entreprise ; que l'appel ainsi adressé aux électeurs a constitué une manœuvre destinée à favoriser l'élection de M. Boudet ; que si, ainsi qu'il a été dit ci-dessus, le parti socialiste SFIO a fait imprimer une mise au point, il est constant que celle-ci n'a été diffusée qu'au cours de l'après-midi du samedi 11 mars et n'a pas été affichée comme l'appel de M. Deniau sur la plupart des emplacements réservés à l'affichage électoral ; qu'ainsi l'effet produit par cette mise au point n'a pu compenser le déplacement de voix qu'avait pu provoquer l'appel de M. Deniau ;

Considérant que l'utilisation, sur une affiche approuvée par M. Voyer, d'une combinaison des trois couleurs nationales dans la composition de l'emblème du groupement soutenant sa candidature et l'affichage de documents de propagande en faveur de l'intéressé sur quelques emplacements non destinés à cette fin ont constitué des irrégularités ne pouvant exercer d'influence sur le sens du scrutin ;

Considérant que MM. Boudet et Voyer ont recueilli respectivement 15 835 et 15 710 voix au deuxième tour de scrutin, soit une différence de 125 suffrages ; qu'eu égard à cet écart de voix séparant les deux candidats la manœuvre précitée a pu modifier les résultats du scrutin ; qu'il y a lieu, dès lors, d'annuler l'élection contestée ;

Décide :

Article premier. — L'élection législative à laquelle il a été procédé les 5 et 12 mars 1967 dans la 2e circonscription de l'Orne est annulée.

Article 2. — La présente décision sera notifiée à l'Assemblée nationale et publiée au *Journal officiel* de la République française.

Délibéré par le Conseil constitutionnel dans sa séance du 11 juillet 1967, où siégeaient : MM. Gaston Palewski, président, Deschamps, Monnet, Waline, Antonini, Gilbert-Jules, Michard-Pellissier et Luchaire.

J.O. du 22

V. Décision du 24 janvier 1968

Le Conseil constitutionnel,

Vu l'article 59 de la Constitution ;

Vu l'ordonnance du 7 novembre 1958 portant loi organique sur le Conseil constitutionnel ;

Vu le code électoral ;

Vu la requête présentée pour M. Jean-Gratien Zuccarelli, demeurant à Bastia, 17, boulevard Général de Gaulle, ladite requête enregistrée au secrétariat général du Conseil constitutionnel le 22 mars 1967 et tendant à ce qu'il plaise au Conseil statuer sur les opérations électorales auxquelles il a été procédé le 12 mars 1967 dans la deuxième circonscription de la Corse pour la désignation d'un député à l'Assemblée nationale ;

Vu les observations en défense présentées par M. Jacques Faggianelli, député, lesdites observations enregistrées au secrétariat général du Conseil constitutionnel les 11, 12, 13 et 20 avril 1967 ;

Vu les observations en réplique présentées pour M. Zuccarelli, lesdites observations enregistrées comme ci-dessus le 9 mai 1967 ;

Vu les observations en duplique présentées par M. Faggianelli, lesdites observations enregistrées comme ci-dessus le 23 mai 1967 ;

Vu les autres pièces produites et jointes au dossier ;

Ouï le rapporteur en son rapport ;

Sans qu'il soit besoin d'examiner les autres moyens de la requête :

Considérant qu'il résulte de l'instruction que, dans le sixième bureau de la ville de Bastia, le procès-verbal des opérations électorales, la liste d'émargement et les feuilles de pointage ont disparu sans que la proclamation publique des résultats ait pu être faite ni dans ce bureau, ni dans le bureau centralisateur de la ville, contrairement aux prescriptions des articles R. 67 et R. 69 du code électoral ; que ces graves irrégularités font obstacle au contrôle par le Conseil constitutionnel de la sincérité des résultats des opérations électorales dans le sixième bureau ;

Considérant que, dans le douzième bureau de Bastia, des individus non identifiés ont, pendant le déroulement des opérations de vote, procédé à *l'enlèvement de l'urne* ainsi que de la liste d'émargement et des dossiers de votes par correspondance ; que si l'urne a été récupérée intacte et scellée, la disparition définitive de la liste d'émargement et des dossiers de votes par correspondance rend impossible la comparaison du nombre des votants et de celui des bulletins et enveloppes trouvés dans l'urne et, de façon générale, ne permet pas au Conseil constitutionnel de contrôler la sincérité des résultats dans ce bureau ;

Considérant qu'il résulte des dispositions des articles L. 79 à L. 85 et R. 81 à R. 93 du code électoral que la procédure de vote par correspondance présente un caractère exceptionnel et ne peut être utilisée que suivant un ensemble de règles destinées à garantir la régularité de ce mode de participation au scrutin ;

Considérant que des électeurs inscrits sur les listes électorales de la ville de Bastia qui s'étaient rendus dans le département des Alpes-Maritimes pour y assister à une rencontre sportive le jour du scrutin ont voté par correspondance alors qu'ils n'entraient dans aucune des catégories prévues aux articles L. 79 à L. 81 du code électoral ;

Considérant qu'il résulte de l'instruction que le nombre des votes par correspondance pris en compte dans les résultats des opérations électorales de la ville de Bastia, s'il reste proportionnellement inférieur à celui de ces mêmes votes émis dans l'ensemble de la circonscription, est cependant sensiblement supérieur à la différence entre, d'une part, le nombre des plis recommandés d'envoi des instruments de votes par correspondance et, d'autre part, le nombre des plis retournés à Bastia, soit que leurs destinataires n'aient pu être touchés, soit qu'ils n'aient pas demandé à voter par correspondance ; qu'il en découle que de nombreux votes par correspondance n'émanent pas d'électeurs ayant demandé à utiliser ce mode de votation ;

Considérant qu'il résulte de tout ce qui précède qu'il y a lieu d'annuler l'élection contestée,

Décide :

Article premier. — L'élection législative à laquelle il a été procédé le 12 mars 1967 dans la deuxième circonscription du département de la Corse est annulée.

Art. 2. — La présente décision sera notifiée à l'Assemblée nationale et publiée au *Journal officiel* de la République française.

Délibéré par le Conseil constitutionnel dans sa séance du 24 janvier 1968, où siégeaient MM. Gaston Palewski, président ; Cassin, Deschamps, Monnet, Waline, Antonini, Gilbert-Jules, Michard-Pellissier et Luchaire.

J.O. du 28

VI. Décision du 5 juillet 1973

Le Conseil constitutionnel,

Vu l'article 59 de la Constitution ;

Vu l'ordonnance du 7 novembre 1958 portant loi organique sur le Conseil constitutionnel ;

Vu le code électoral ;

Vu 1° la requête présentée par M. Roger-Paul Duroure, demeurant à Sabres, dans le département des Landes, ladite requête enregistrée le 22 mars 1973 au secrétariat général du Conseil constitutionnel et tendant à ce qu'il plaise au Conseil statuer sur les opérations électorales auxquelles il a été procédé le 11 mars 1973 dans la première circonscription des Landes pour la désignation d'un député à l'Assemblée nationale ;

Vu les observations en défense présentées par M. André Mirtin, député, lesdites observations enregistrées le 6 avril 1973 au secrétariat général du Conseil constitutionnel ;

Vu les observations en réplique présentées par M. Duroure, lesdites observations enregistrées comme ci-dessus le 16 avril 1973 ;

Vu les observations en duplique présentées par M. Mirtin, député, lesdites observations enregistrées comme ci-dessus le 27 avril 1973 ;

Vu les observations présentées par le ministre de l'Intérieur, enregistrées le 24 mai 1973 au secrétariat général du Conseil constitutionnel ;

Vu les observations présentées par M. Duroure, enregistrées comme ci-dessus le 4 juin 1973 ;

Vu 2° la requête présentée par M. Maurice Dales, demeurant 203, résidence Martinon à Mont-de-Marsan (Landes), ladite requête enregistrée le 22 mars 1973 au secrétariat général du Conseil constitutionnel et tendant à ce qu'il plaise au Conseil statuer sur les opérations électorales auxquelles il a été procédé le 11 mars 1973 dans la première circonscription des Landes pour la désignation d'un député à l'Assemblée nationale ;

Vu les observations en défense présentées par M. André Mirtin, député, lesdites observations enregistrées le 6 avril 1973 au secrétariat général du Conseil constitutionnel ;

Vu les observations en réplique présentées par M. Dales, lesdites observations enregistrées comme ci-dessus le 16 avril 1973 ;

Vu les observations en duplique présentées par M. Mirtin, député, lesdites observations enregistrées comme ci-dessus le 27 avril 1973 ;

Vu les observations présentées par le ministre de l'Intérieur, enregistrées le 24 mars 1973 au secrétariat général du Conseil constitutionnel ;

Vu les observations présentées par M. Dales, enregistrées comme ci-dessus le 4 juin 1973 ;

Vu les observations présentées par M. Mirtin, député, enregistrées comme ci-dessus le 7 juin 1973 ;

Vu les observations de M. Jean Dumoulin, enregistrées comme ci-dessus le 21 juin 1973 ;

Vu les autres pièces produites et jointes au dossier ;

Ouï le rapporteur en son rapport ;

Considérant que les requêtes susvisées de M. Duroure et de M. Dales sont relatives aux mêmes opérations électorales ; qu'il y a lieu de les joindre pour y être statué par une décision ;

Considérant qu'aux termes de l'article L.O. 133 du code électoral : « Ne peuvent être élus dans toute circonscription comprise dans le ressort dans lequel ils ont exercé leurs fonctions depuis moins de six mois... 13° Les directeurs des organismes régionaux et locaux de Sécurité sociale relevant du contrôle de la cour des Comptes... » et, qu'en vertu de l'article L.O. 155 du même Code le remplaçant doit, à la date du dépôt des candidatures, remplir les conditions d'éligibilité exigées des candidats ;

Considérant que, pour demander l'annulation de l'élection de M. Mirtin, les requérants allèguent qu'au cours de la période de six mois précédant l'élection son remplaçant, M. Dumoulin, a exercé les fonctions de directeur de la Caisse d'allocations familiales des Landes et de directeur de l'Union de recouvrement des cotisations de Sécurité sociale et d'allocations familiales de ce département ; que, contrairement à ce que soutient M. Mirtin, ce moyen a été invoqué, dans ses deux branches, dans le délai de recours prévu par l'article L.O. 180 du code électoral et que, d'ailleurs, *s'agissant d'un moyen d'ordre public*, un tel grief pouvait être soulevé en tout état de la procédure ;

Considérant que les caisses d'allocations familiales et les unions de recouvrement figurent au nombre des organismes locaux du régime général de la Sécurité sociale énumérés par l'article 1er de l'ordonnance n° 67-706 du 21 août 1967 ratifiée par la loi n° 68-697 du 31 juillet 1968 et sont, l'une et l'autre, soumises au contrôle de la Cour des comptes par les articles 1er et 7 de loi n° 67-483 du 22 juin 1967 ; qu'ainsi les fonctions de directeur de l'un ou l'autre de ces deux organismes font obstacle à ce que celui qui les a exercées pendant la période prévue par l'article L.O. 133 précité puisse faire acte de candidature à une élection législative dans une circonscription comprise dans le ressort de ces organismes ;

Considérant qu'il est constant que M. Dumoulin était, pendant la période de six mois précédant le scrutin, titulaire de l'emploi de directeur de la Caisse d'allocations familiales de l'Union de recouvrement des Landes ; que par des délibérations du conseil d'administration de la Caisse d'allocations familiales, en date du 30 octobre 1972, et du conseil d'administration de l'union de recouvrement, en date du 10 novembre 1972, il a été autorisé à accomplir une mission sous l'autorité technique de l'agence centrale des organismes de Sécurité sociale, dans les conditions prévues par les articles 11 et 12 de la convention collective nationale de travail des agents de direction et des agents comptables des organismes de Sécurité sociale, en date du 25 juin 1968 ; qu'en vertu de cet article 12 « les périodes pendant lesquelles un agent de direction ou un agent comptable accomplit une mission sont considérées comme temps de travail normal. L'intéressé continue à percevoir pendant ces périodes l'intégralité de son traitement sous déduction des rémunérations reçues au titre de la mission qu'il accomplit » ; qu'il résulte de l'instruction que la mission dont il s'agit était accomplie par M. Dumoulin dans le département des Landes, qu'elle avait pour objet de contribuer sur le plan national à l'amélioration du recouvrement des cotisations et que, pendant cette mission, l'intéressé a continué à recevoir de la Caisse d'allocations familiales et de l'union de recouvrement l'intégralité de sa rémunération ;

Considérant que si, pour l'appréciation des conditions dans lesquelles un candidat entre dans le cas d'inéligibilité prévu par l'article L.O. 133-13° du Code électoral, il y a lieu de se fonder *sur la situation de fait* dans laquelle le candidat s'est trouvé pendant les six mois qui ont précédé l'élection, et si, en conséquence, un agent ayant conservé le titre de directeur d'organismes locaux de Sécurité sociale et placé dans une situation statutaire qui l'a amené à cesser, de façon durable, toute fonction en rapport avec son emploi, peut, par l'application de l'article L.O. 133-13°, être regardé comme ayant cessé d'exercer ses fonctions, il n'en est pas ainsi pour un directeur d'organisme de Sécurité sociale autorisé à accomplir une mission dans les conditions ci-dessus analysées ; que, sans qu'il soit besoin d'examiner si, antérieurement aux deux délibérations susmentionnées du conseil d'administration de la Caisse d'allocations familiales et de l'union de recouvrement et, à une date antérieure au délai prévu par le premier alinéa de l'article L.O. 133, M. Dumoulin avait déjà commencé à accomplir sa mission après en avoir reçu l'autorisation d'une autorité qualifiée, ce directeur d'organisme de Sécurité sociale demeurait frappé par l'inéligibilité édictée par l'alinéa 13° dudit article ;

Considérant qu'en vertu de l'article L.O. 189 du code électoral, « sous réserve d'un cas d'inéligibilité du titulaire ou du remplaçant qui se révélerait ultérieurement, le Conseil constitutionnel statue sur la régularité de l'élection tant du titulaire que du remplaçant » ; qu'il y a lieu, en raison de l'inéligibilité de M. Dumoulin, d'annuler l'élection de M. Mirtin,

Décide :

Article premier. — L'élection législative à laquelle il a été procédé les 4 et 11 mars 1973 dans la première circonscription des Landes est annulée.

Art. 2 — La présente décision sera notifiée à l'Assemblée nationale et publiée au *Journal officiel* de la République française.

Délibéré par le conseil constitutionnel dans sa séance du 5 juillet 1973, ou siégeaient MM. Gaston Palewski, président, Monnet, Rey, Sainteny, Goguel, Dubois, Coste-Floret, Chatenet, Luchaire.

J.O. du 17

VII. Décision du 10 mai 1978

Le Conseil constitutionnel,

Vu l'article 59 de la Constitution ;

Vu l'ordonnance du 7 novembre 1958 portant loi organique sur le Conseil constitutionnel ;

Vu le code électoral ;

Vu la requête présentée par M. Jean-Marie Benoist demeurant 70, rue Madame, à Paris (6), ladite requête enregistrée le 22 mars 1978 au secrétariat général du Conseil constitutionnel et tendant à ce qu'il plaise au Conseil statuer sur les opérations électorales auxquelles il a été procédé les 12 et 19 mars 1978 dans la première circonscription du Val-de-Marne pour la désignation d'un député à l'Assemblée nationale ;

Vu le mémoire complémentaire présenté par M. Benoist, ledit mémoire enregistré comme ci-dessus le 30 mars 1978 ;

Vu les observations en défense présentées par M. Georges Marchais, député, lesdites observations enregistrées le 31 mars 1978 au secrétariat général du Conseil constitutionnel ;

Vu les observations en réplique présentées par M. Benoist, lesdites observations enregistrées comme ci-dessus les 14 et 18 avril 1978 ;

Vu les observations en duplique présentées par M. Marchais, député, lesdites observations enregistrées comme ci-dessus le 21 avril 1978 ;

Vu les observations présentées par le ministre de l'Intérieur, enregistrées les 3 et 14 avril 1978 au secrétariat général du Conseil constitutionnel ;

Vu les autres pièces produites et jointes au dossier ;

Ouï le rapporteur en son rapport ;

Sur le refus d'admission de la candidature de M. Benoist au deuxième tour :

Considérant qu'aux termes du troisième alinéa de l'article L. 162 du code électoral, dans sa rédaction issue de la loi du 19 juillet 1976, « sous réserve des dispositions de l'article L. 163, nul ne peut être candidat au deuxième tour s'il ne s'est présenté au premier tour et s'il n'a obtenu un nombre de suffrages au moins égal à 12,5 p. 100 du nombre des électeurs inscrits » ; que, si le quatrième alinéa du même article prévoit que « dans le cas où un seul candidat remplit ces conditions, le candidat ayant obtenu après celui-ci le plus grand nombre de suffrages au premier tour peut se maintenir au second », il résulte des délibérations du Parlement lors de l'adoption de la loi précitée du 19 juillet 1976 que cette disposition s'applique uniquement dans le cas où un seul des candidats au premier tour a obtenu un nombre de suffrages au moins égal à 12,5 p. 100 du nombre des électeurs inscrits, et non dans le cas où, deux candidats au premier tour remplissant cette condition, un seul d'entre eux a fait acte de candidature pour le second tour ;

Considérant qu'au premier tour des élections législatives dans la première circonscription du Val-de-Marne M. Marchais et M. Hernu ont obtenu un nombre de suffrages supérieur à 12,5 p. 100 du nombre des électeurs inscrits ; que, par suite, les dispositions de l'article L. 162 du code électoral s'opposaient à ce que M. Benoist, qui avait obtenu un nombre de suffrages inférieur à 12,5 p. 100 du nombre des électeurs inscrits, pût être candidat au second tour, alors même que M. Hernu n'avait pas fait acte de candidature pour ce second tour ;

Considérant qu'il suit de là que M. Benoist n'est pas fondé à soutenir que c'est à tort que, par jugement du 15 mars 1978, le tribunal administratif de Paris a, sur requête du préfet du Val-de-Marne, déclaré non recevable sa candidature au second tour des élections législatives ;

Sur le déroulement de la campagne électorale.

Considérant que M. Benoist soutient que l'apposition sur un certain nombre de ses panneaux d'affichage, la veille du premier tour du scrutin, d'une « mise au point » de la commission des sondages a été de nature à fausser la libre appréciation des électeurs et à le priver des voix qui lui eussent permis d'atteindre le seuil de 12,5 p. 100 du nombre des électeurs inscrits ;

Considérant que cette mise au point, émanant d'un organisme officiel institué par la loi, avait été établie sur réclamation de M. Hernu et adressée à celui-ci ainsi qu'à M. Benoist ; qu'elle faisait suite à la diffusion de tracts mentionnant des « sondages officiels » favorables à M. Benoist et des estimations « lui donnant 25 p. 100 au premier tour » ; que la commission des sondages se bornait à rappeler qu'il n'y a pas de sondages officiels, qu'il ne doit pas être fait état de sondages sans indication de leur origine et à préciser que les estimations données dans le tract contesté ne résultaient pas de sondages ; qu'ainsi la publicité donnée à ladite mise au point a constitué, de la part de ses auteurs, une réplique à la propagande électorale de M. Benoist ;

Considérant que l'irrégularité résultant de l'apposition de cette mise au point sur des panneaux réservés à M. Benoist n'a pas été de nature à modifier les résultats du scrutin ; que, dès lors, le grief analysé ci-dessus ne saurait être accueilli ;

Décide :

Art. premier. — La requête susvisée de M. Jean-Marie Benoist est rejetée.

Art. 2. — La présente décision sera notifiée à l'Assemblée nationale et publiée au *Journal officiel* de la République française.

Délibéré par le Conseil constitutionnel dans sa séance du 10 mai 1978, où siégeaient MM. Roger Frey, président, Monnerville, Joxe, Gros, Goguel, Brouillet, Ségalat, Coste-Floret, Peretti.

J.O. du 14

VIII. Décision du 17 mai 1978

Le Conseil constitutionnel,

Vu l'article 59 de la Constitution ;

Vu l'ordonnance du 7 novembre 1958 portant loi organique sur le Conseil constitutionnel ;

Vu l'article 3 de l'ordonnance n° 58-998 du 24 octobre 1958 portant loi organique relative aux conditions d'éligibilité et aux incompatibilités parlementaires ;

Vu le Code électoral ;

Vu la loi n° 71-424 du 10 juin 1971 portant code du service national ;

Vu les jugements du tribunal administratif de Clermont-Ferrand en date des 16 et 21 février 1978 ;

Vu 1° : la requête présentée par M. Maurice Terrolle, demeurant à Estandeuil (Puy-de-Dôme), ladite requête enregistrée le 21 mars 1978 à la préfecture du Puy-de-Dôme et tendant à ce qu'il plaise au Conseil constitutionnel statuer sur les opérations électorales auxquelles il a été procédé le 19 mars 1978 dans la première circonscription du Puy-de-Dôme pour la désignation d'un député à l'Assemblée nationale ;

Vu les observations en défense présentées par M. Maurice Pourchon, député, lesdites observations enregistrées les 24 avril et 5 mai 1978 au secrétariat général du Conseil constitutionnel ;

Vu les observations présentées par le ministre de l'Intérieur, enregistrées le 17 avril 1978 au secrétariat général du Conseil constitutionnel ;

Vu 2° : la requête présentée par M. Pierre Pascallon, demeurant 22, boulevard Gergovia, à Clermont-Ferran (Puy-de-Dôme), ladite requête enregistrée le 30 mars 1978 au secrétariat général du Conseil constitutionnel et tendant à ce qu'il plaise au Conseil statuer sur les opérations électorales auxquelles il a été procédé le 19 mars 1978 dans la première circonscription du Puy-de-Dôme pour la désignation d'un député à l'Assemblée nationale ;

Vu les observations en défense présentées par M. Maurice Pourchon, député, lesdites observations enregistrées les 24 avril et 5 mai 1978 au secrétariat général du Conseil constitutionnel ;

Vu les observations présentées par le ministre de l'Intérieur, enregistrées le 21 avril 1978 au secrétariat général du Conseil constitutionnel ;

Vu les autres pièces produites et jointes au dossier ;

Ouï le rapporteur en son rapport ;

Considérant que les deux requêtes susvisées de MM. Terrolle et Pascallon sont relatives aux mêmes opérations électorales ; qu'il y a lieu de les joindre pour y être statué par une seule décision ;

Sur la recevabilité de la requête de M. Terrolle :

Considérant que, si cette requête ne mentionne pas le nom du député dont l'élection est contestée, elle tend à l'annulation des élections à l'Assemblée nationale qui se sont déroulées le 19 mars 1978 dans la première circonscription du Puy-de-Dôme ; que son objet étant suffisamment explicite, ladite requête est recevable ;

Sur l'éligibilité de MM. Rivier, Bergeron et Vivier

Considérant qu'aux termes de l'article 3 de l'ordonnance susvisée du 24 octobre 1958, portant loi organique relative aux conditions d'éligibilité et aux incompatibilités parlementaires : « Nul ne peut être élu au Parlement s'il n'a définitivement satisfait aux prescriptions concernant le service militaire actif » ; que cette disposition a pour objet de rendre inéligibles aux élections pour la désignation des députés et des sénateurs les personnes qui, à la date du premier tour de scrutin, accomplissent lesdites obligations d'activité ;

Considérant que, si l'article 4 du code du service national, annexé à la loi susvisée du 10 juin 1971 et dont les dispositions ont été insérées à l'article L. 45 du code électoral, aux termes duquel : « Nul ne peut être investi de fonctions publiques, même électives, s'il ne justifie avoir satisfait aux obligations imposées par le présent code » n'a pas pour effet de rendre inéligibles les personnes qui accomplissent ces obligations, cette disposition de portée générale qui est relative à l'ensemble des fonctions publiques n'a pas, même implicitement, abrogé les dispositions propres à l'élection des parlementaires qui résultent de l'article 3 de l'ordonnance du 24 octobre 1958, laquelle a valeur de loi organique ; que les débats parlementaires à l'issue desquels a été voté le code du service national, loin de conférer à l'article 4 de ce code la portée d'une loi validant l'article L. 348 du code électoral, issu d'un simple décret de codification, en tant qu'il énumère, dans les dispositions auxquelles se substituent celles du code, l'article 3 de l'ordonnance du 24 octobre 1958, font au contraire apparaître que le législateur a entendu laisser une loi organique le soin d'abroger ou de modifier, le cas échéant, cette disposition ;

Considérant que le remplacement du service militaire, auquel se réfère l'article 3 de l'ordonnance, par un service national pouvant être accompli selon diverses modalités au nombre desquelles figure, parmi d'autres, le service militaire, n'a pas rendu caduques, faute d'objet, les dispositions de cet article 3 ; qu'il convient d'interpréter celui-ci en fonction des nouvelles obligations d'activité que le code du service national a substituées à celles du service militaire antérieurement prévu par les lois sur le recrutement de l'armée ;

Considérant qu'à la date du premier tour de scrutin, MM. Rivier, Bergeron et Vivier accomplissaient, dans des formations de l'armée, leurs obligations d'activité du service national ; qu'ainsi ils n'avaient pas définitivement satisfait aux obligations d'activité que vise l'article 3 de l'ordonnance du 24 octobre 1958 ; que, dès lors, c'est par une inexacte interprétation de la loi que le tribunal administratif de Clermont-Ferrand les a déclarés éligibles et qu'ils ont été admis à participer, en qualité de candidats titulaires ou suppléants, au scrutin pour l'élection du député de la première circonscription du Puy-de-Dôme ;

Considérant, toutefois, que MM. Rivier, Bergeron et Vivier, n'ayant pas recueilli un nombre de suffrages égal à 12,5 p. 100 du nombre des électeurs inscrits, n'ont pu participer au second tour de scrutin, à l'issue duquel M. Pourchon a été élu ; que, compte tenu du nombre de voix recueillies au premier tour par les candidats qui ont été à tort déclarés éligibles par le tribunal administratif, leur présence n'a pas, dans les circonstances de l'espèce, eu d'influence sur la désignation des candidats qui pouvaient légalement participer au second tour, ni sur l'ordre dans lequel ceux-ci étaient parvenus à l'issue du premier tour en vue des désistements à la suite desquels seuls deux candidats ont été en présence au second tour ; que dans ces conditions, la présence de ces trois candidats n'a pu avoir une influence sur le sens du scrutin ;

Sur la régularité des opérations électorales ;

Considérant qu'il n'est pas établi que, dans le bureau de vote d'Estandeuil, le scrutin ait été ouvert après 8 heures ; que d'ailleurs M. Terrolle reconnaît qu'il a été admis à voter quelques instants après s'être présenté et qu'il n'allègue pas que d'autres électeurs se soient présentés avant l'ouverture effective du scrutin ;

Considérant que, si le même bureau de vote ne comprenait, au moment de l'ouverture du scrutin, que le président et le secrétaire, alors que le dernier alinéa de l'article R. 42 du code électoral dispose que trois membres du bureau de vote au moins doivent être présents pendant tout le cours des opérations électorales, cette irrégularité, dont il n'est pas allégué qu'elle ait favorisé une manœuvre quelconque, ne peut être regardée comme ayant pu altérer la sincérité du scrutin dans ce bureau de vote ;

Décide :

Art. premier. — Les jugements susvisés du tribunal administratif de Clermont-Ferrand en date des 16 et 21 février 1978 sont annulés.

Art. 2. — La requête susvisée du M. Terrolle et le surplus des conclusions de la requête susvisée de M. Pascallon sont rejetés.

Art. 3. — La présente décision sera notifiée à l'Assemblée nationale et publiée au *Journal officiel* de la République française.

Délibéré par le Conseil constitutionnel dans sa séance du 17 mai 1978, où siégeaient MM. Roger Frey, président, Monnerville, Joxe, Gros, Goguel, Brouillet, Ségalat, Coste-Floret, Peretti.

J.O. du 23

IX. Décision du 14 juin 1978

Le Conseil constitutionnel,

Vu l'article 59 de la Constitution ;

Vu l'ordonnance du 7 novembre 1958 portant loi organique sur le Conseil constitutionnel ;

Vu le code électoral ;

Vu la requête présentée par M. Georges Sarrau, demeurant à Fleurance (Gers), ladite requête enregistrée le 29 mars 1978 au secrétariat général du Conseil constitutionnel et tendant à ce qu'il plaise au Conseil statuer sur les opérations électorales auxquelles il a été procédé le 19 mars 1978, dans la deuxième circonscription du Gers, pour la désignation d'un député à l'Assemblée nationale ;

Vu les observations en défense présentées par M. Cellard, député, lesdites observations enregistrées le 21 avril 1978 au secrétariat général du Conseil constitutionnel ;

Vu les observations en réplique présentées par M. Sarrau, lesdites observations enregistrées comme ci-dessus le 3 mai 1978 ;

Vu les observations en duplique présentées par M. Cellard, député, lesdites observations enregistrées comme ci-dessus le 22 mai 1978 ;

Vu les observations présentées par le ministre de l'Intérieur, enregistrées le 8 mai 1978 au secrétariat général du Conseil constitutionnel ;

Vu les observations présentées par M. Sarrau, enregistrées comme ci-dessus le 19 mai 1978 ;

Vu les autres pièces produites et jointes au dossier ;

Ouï le rapporteur en son rapport :

Considérant que le requérant, à l'appui de sa demande d'annulation soutient que deux tracts l'un signé de M. Tournan, sénateur du Gers, l'autre, anonyme, intitulé « Vaincre la peur à Fleurance », ont été distribués de façon massive dans la plupart des communes importantes de la circonscription au cours de la nuit du 18 au 19 mars 1978 ; qu'il fait valoir que ces tracts dirigés contre M. Mességué, adversaire de M. Cellard, auraient introduit dans le débat électoral des arguments nouveaux, de caractère diffamatoire, dans des conditions telles que M. Mességué se serait trouvé dans l'impossibilité d'y répondre ;

Considérant que le tract émanant de M. Tournan, s'il a été diffusé en méconnaissance des dispositions de l'article L. 165 du code électoral, se bornait à développer des thèmes politiques connus et à faire l'éloge de M. Cellard sans formuler de critiques à l'encontre de M. Mességué ; qu'il constituait, dès lors, non une manœuvre, mais une simple prise de position d'un parlementaire ;

Considérant qu'il résulte des pièces du dossier que M. Cellard a eu connaissance du tract « Vaincre la peur à Fleurance » au moment de sa rédaction, et qu'il n'a pas fait obstacle à sa distribution ; que celle-ci a été effectuée massivement au cours de la nuit du 18 au 19 mars 1978 dans la plupart des communes importantes de la circonscription ; que le tract incriminé introduisait dans le débat électoral, quelques heures avant le scrutin, des arguments nouveaux de nature à discréditer la candidature de son concurrent qui n'avait plus la possibilité d'y répondre ;

Considérant qu'une telle manœuvre était de nature à exercer sur l'élection une influence suffisante pour en modifier le résultat,

Décide :

Art. premier. — L'élection de M. Cellard, en qualité de député à l'Assemblée nationale, à laquelle il a été procédé le 19 mars 1978, dans la deuxième circonscription du Gers, est annulée ;

Art. 2. — La présente décision sera notifiée à l'Assemblée nationale et publiée au *Journal officiel* de la République française.

Délibéré par le Conseil constitutionnel dans sa séance du 14 juin 1978, où siégeaient MM. Roger Frey, président, Monnerville, Joxe, Gros, Goguel, Brouillet, Ségalat, Coste-Floret, Peretti.

J.O. du 20

X. Décision du 21 juin 1978

Le Conseil constitutionnel,

Vu l'article 59 de la Constitution ;

Vu l'ordonnance du 7 novembre 1958 portant loi organique sur le Conseil constitutionnel ;

Vu le code électoral ;

Vu la requête présentée par MM. Henri Arnaud, demeurant à Castries (Hérault), et Albin Tixador, demeurant 8, route de Mende, à Montpellier (Hérault), ladite requête enregistrée le 30 mars 1978 au secrétariat général du Conseil constitutionnel et tendant à ce qu'il plaise au Conseil statuer sur les opérations électorales auxquelles il a été procédé le 19 mars 1978 dans la première circonscription de l'Hérault pour la désignation d'un député à l'Assemblée nationale, et le mémoire ampliatif présenté pour les requérants et enregistré comme ci-dessus le 10 avril 1978 ;

Vu les observations en défense présentées pour M. François Delmas, député, lesdites observations enregistrées le 10 avril 1978 au secrétariat général du Conseil constitutionnel ;

Vu les observations en réplique présentées pour MM. Arnaud et Tixador, lesdites observations enregistrées comme ci-dessus les 13 et 14 juin 1978 ;

Vu les observations présentées pour M. Robert Fabre, député, lesdites observations enregistrées comme ci-dessus le 16 juin 1978 ;

Vu les observations présentées par le ministre de l'Intérieur, enregistrées le 29 mai 1978 au secrétariat général du Conseil constitutionnel ;

Vu les autres pièces produites et jointes au dossier ;

Ouï le rapporteur en son rapport ;

Sur le moyen tiré des manœuvres qui auraient provoqué l'inscription sur la liste électorale de nombreux Français établis hors de France :

Considérant que, s'il n'appartient pas au Conseil constitutionnel, juge des élections, de se prononcer sur la régularité des inscriptions sur la liste électorale, les requérants sont cependant recevables à invoquer les manœuvres dont serait entaché l'établissement de cette liste et qui seraient de nature à porter atteinte à la sincérité du scrutin ;

Considérant que la loi n° 77-805 du 19 juillet 1977, tendant à faciliter le vote des Français établis hors de France, a donné à ces derniers « la faculté de demander leur inscription dans toute commune de plus de 30 000 habitants de leur choix », sous la seule réserve que le nombre des inscriptions effectuées à ce titre dans une commune n'excède pas « une proportion de 2 p. 100 des électeurs inscrits sur les listes de cette commune arrêtées à la date de clôture de la dernière revision annuelle » ;

Considérant, en premier lieu, que ces dispositions de caractère exceptionnel, ouvrant à cette catégorie d'électeurs une totale liberté de choix de leur lieu d'inscription, n'interdisent pas aux intéressés, contrairement à ce que soutiennent les requérants, d'user de cette liberté en fonction de leurs préférences politiques et, notamment, de l'influence que pourraient exercer leurs suffrages sur les résultats du scrutin dans la commune choisie ; que, dès lors, si des personnes ou groupements ont, à l'époque de la revision des listes électorales, incité des Français établis en Côte-d'Ivoire à s'inscrire dans la première circonscription de l'Hérault en vue de favoriser le succès de la tendance à laquelle appartient le candidat qui a été élu dans cette circonscription le 19 mars 1978, ces actions n'ont pas revêtu en l'espèce, eu égard aux conditions ci-dessus rappelées dans lesquelles les Français intéressés peuvent participer aux consultations électorales, le caractère de manœuvres ayant altéré la sincérité du scrutin ;

Considérant, en deuxième lieu, que si, comme l'affirment les requérants, la désignation de la commune et, le cas échéant, de la circonscription de vote, doit résulter d'un choix personnel de chacun des électeurs pouvant user de la faculté ouverte par la loi du 19 juillet 1977, ladite loi n'a cependant pas soumis à des conditions de forme particulières les demandes d'inscription, qui sont établies par les intéressés eux-mêmes et non par les auto-requérants font valoir que, sur un très grand nombre de demandes établies par des Français de Côte-d'Ivoire en vue d'être inscrits sur la liste électorale de Montpellier (première circonscription de l'Hérault), l'indication de cette commune et de cette circonscription n'a pas été portée de la main du signataire lui-même, cette circonstance ne suffit pas à établir que ce double choix n'ait pas été fait par les intéressés avant la signature de la demande, ni donc que des irrégularités constitutives d'une manœuvre aient été commises de ce chef ;

Considérant que, si le requérant soutient que les demandes d'inscription provenant de la Côte-d'Ivoire auraient été signées « en blanc » et complétées en France par des agents de l'administration, ces allégations ne sont assorties d'aucun commencement de preuve et ne sauraient en toute hypothèse trouver un fondement dans la circonstance que tout ou partie de ces demandes aurait été acheminé par la valise diplomatique et expédié par les services centraux du ministère des Affaires étrangères à la mairie de Montpellier ;

• Considérant, enfin que, s'il a été constaté, à l'occasion de la dénonciation d'un pourvoi en cassation au mois de mars 1978, que 158 des électeurs inscrits dans ces conditions n'ont pas retiré une lettre recommandée envoyée à l'adresse en Côte-d'Ivoire qu'ils avaient indiquée dans leur demande d'inscription, ce fait ne saurait davantage établir la réalité des manœuvres alléguées ;

Sur le grief tiré d'irrégularités qui auraient entaché la campagne électorale de M. Delmas :

Considérant que ce grief est formulé en termes généraux et n'est assorti d'aucun document permettant d'en apprécier le bien-fondé ; qu'il ne peut donc être accueilli ;

Sur le moyen tiré des irrégularités qui entacheraient les procurations données par les électeurs résidant en Côte-d'Ivoire :

Considérant qu'aucune disposition de loi ou de décret relative au vote par procuration n'exige que le mandant connaisse personnellement le mandataire qu'il désigne ; que, dès lors, si les requérants allèguent que certains électeurs résidant en Côte-d'Ivoire, et dont le nombre n'est d'ailleurs pas précisé, auraient choisi comme mandataires des électeurs de Montpellier dont le nom leur avait été indiqué par des tiers, cette circonstance n'est pas de nature à entacher d'irrégularité ces procurations ;

Considérant que les requérants n'apportent pas la preuve que les procurations données par les électeurs résidant en Côte-d'Ivoire auraient été établies de manière incomplète par les autorités consulaires ; que si, dans un certain nombre de cas, les mentions relatives au mandant et au mandataire n'ont pas été rédigées par le signataire lui-même, cette constatation ne suffit pas à établir que le choix du mandataire n'aurait pas été fait par le mandant au moment où l'autorité consulaire a dressé la procuration ;

Considérant que des volets de procuration dressés devant les autorités consulaires à l'étranger ont pu être valablement adressés par ces autorités au moyen de la valise diplomatique aux services centraux du ministère des Affaires étrangères et expédiés par ceux-ci aux maires des communes intéressées ; que, par suite, l'expédition à la mairie de Montpellier depuis un bureau de poste parisien de trente-huit procurations données par des électeurs résidant en Côte-d'Ivoire n'est pas de nature à entacher d'irrégularité les votes émis par les bénéficiaires de ces procurations ;

Considérant que les erreurs bénignes et purement matérielles, affectant le nom ou la date de naissance du mandant, qui ont été relevées sur seize procurations n'entachent pas celles-ci d'irrégularité, dès lors que ces erreurs n'étaient pas de nature à susciter un doute ou une confusion quant à l'identité des auteurs de ces procurations ;

Considérant que si, pour quarante et une procurations, le numéro de boîte postale du mandant n'est pas celui qu'il avait indiqué sur sa demande d'inscription sur la liste électorale, la variation d'adresse ainsi relevée ne permet de conclure à aucune fraude ;

Considérant, par contre, que, pour trente-deux des procurations qui ont été utilisées lors du scrutin du 19 mars 1978, au premier bureau de vote de la première circonscription de l'Hérault, la signature du mandant ne correspond pas à celle qui figure sur la demande d'inscription de l'intéressé sur la liste électorale ; que ces procurations doivent être regardées comme irrégulières et qu'il y a lieu, par suite, de retrancher les trente-deux votes ainsi émis tant du nombre de suffrages exprimés du nombre de voix recueilli par le candidat proclamé élu, arrivé en tête dans ce bureau ; mais que ce candidat, après cette déduction, conserve la majorité des suffrages exprimés au second tour du scrutin,

Décide :

Art. premier. — La requête susvisée de MM. Arnaud et Tixador est rejetée.

Art. 2. — La présente décision sera notifiée à l'Assemblée nationale.

Délibéré par le Conseil constitutionnel, dans sa séance du 21 juin 1978, où siégeaient MM. Roger Frey, président, Monnerville, Joxe, Gros, Goguel, Brouillet, Ségalat, Coste-Floret, Peretti.

J.O. du 25

TITRE VII : LE CONSEIL CONSTITUTIONNEL

ARTICLE 60

Le Conseil constitutionnel veille à la régularité des opérations de référendum et en proclame les résultats.

DOCUMENT 60-100
Statistique des décisions rendues en application de l'article 60

I. RÉFÉRENDUM DU 8 JANVIER 1961 :
— Décisions relatives à des réclamations présentées avant le scrutin : cf. Doc. 11-201, 11-202 ;
— Proclamation des résultats : cf. Doc. 11-203.

II. RÉFÉRENDUM DU 8 AVRIL 1962 :
— Décisions relatives à des réclamations présentées avant le scrutin : cf. Doc. 11-301 ;
— Proclamation des résultats : cf. Doc. 11-302.

III. RÉFÉRENDUM DU 28 OCTOBRE 1962 :
— Proclamation des résultats : cf. Doc. 11-403.

IV. RÉFÉRENDUM DU 27 AVRIL 1969 :
— Proclamation des résultats : cf. Doc. 11-504.

V. RÉFÉRENDUM DU 23 AVRIL 1972 :
— Proclamation des résultats : cf. Doc. 11-601.

ARTICLE 61

Les lois organiques, avant leur promulgation, et les règlements des assemblées parlementaires, avant leur mise en application, doivent être soumis au Conseil constitutionnel, qui se prononce sur leur conformité à la Constitution.

Aux mêmes fins, les lois peuvent être déférées au Conseil constitutionnel, avant leur promulgation, par le Président de la République, le Premier ministre, le Président de l'Assemblée nationale, le Président du Sénat ou soixante députés ou soixante sénateurs [1].

Dans les cas prévus aux deux alinéas précédents, le Conseil constitutionnel doit statuer dans le délai d'un mois. Toutefois, à la demande du Gouvernement, s'il y a urgence, ce délai est ramené à huit jours.

Dans ces mêmes cas, la saisine du Conseil constitutionnel suspend le délai de promulgation.

---

(1) Alinéa modifié par la loi constitutionnelle n° 74-904 du 29 octobre 1974 (*J.O.* du 30 octobre 1974).
Ancien alinéa : « Aux mêmes fins, les lois peuvent être déférées au Conseil constitutionnel, avant leur promulgation, par le Président de la République, le Premier ministre ou le président de l'une ou l'autre assemblée ».

DOCUMENT 61-100
Liste des décisions du Conseil constitutionnel rendues à propos des lois organiques
Cf. Doc. 46-200.

DOCUMENT 61-200
Liste des décisions du Conseil constitutionnel intervenues à l'occasion de l'examen du règlement du Sénat

Date de la décision	Référence	Objet du texte	Contenu de la décision
24 et 25 juin 1959	J.O. 03.07.59	Règlement provisoire	Conformité partielle (cf. Doc. 61.201)
18.11.1960	J.O. 23.11.60	Règlement définitif	Conformité (cf. Doc. 61-202)
31.07.1962	J.O. 05.08.62	Modification n° 1	Conformité (cf. Doc. 61-203)
11.06.1963	J.O. 14.06.63	Modification n° 2	Conformité (cf. Doc. 61-204)
08.07.1966	J.O. 24.07.66	Modification n° 3	Non conformité partielle (cf. Doc. 61-205)
06.06.1968	J.O. 09.06.68	Modification n° 4	Conformité (cf. Doc. 61-206)
18.05.1971	J.O. 30.05.71	Modification n° 5	Conformité (cf. Doc. 61-207)
28.06.1972	J.O. 02.07.72	Modification n° 6	Conformité sous réserve (cf. Doc. 61-208)
17.05.1973	J.O. 27.05.73	Modification n° 7	Non-conformité partielle (cf. Doc. 61-209)
02.06.1976	J.O. 06.06.76	Modification n° 8	Non conformité partielle. Conformité sous réserve (cf. Doc. 61-210)
20.07.1977	J.O. 23.07.77	Modification n° 9	Conformité (cf. Doc. 61-211)
14.06.1978	J.O. 16.06.78	Modification n° 10	Conformité partielle (cf. Doc. 61-212)

DOCUMENT 61-201
Décision du Conseil constitutionnel des 24 et 25 juin 1959

Le Conseil constitutionnel,

Saisi le 11 juin 1959 par le Président du Sénat, conformément aux dispositions de l'article 61 de la Constitution, de la « résolution portant règlement provisoire du Sénat » ;

Vu la Constitution ;

Vu l'ordonnance du 7 novembre 1958 portant loi organique sur le Conseil constitutionnel, et notamment ses articles 17, alinéa 2, 19, 20 et 23, alinéa 2,

Décide :

Article premier. — Sont déclarés non conformes à la Constitution les articles du règlement du Sénat ci-après mentionnés :

Article 18-2, article 24-1 et 4, article 26, article 28-1, article 30-5, article 42-1 et 6 c, article 76, en tant qu'ils contiennent des dispositions relatives aux propositions de résolution :

Par les motifs que, dans la mesure où de telles propositions tendraient à orienter ou à contrôler l'action gouvernementale, leur pratique serait contraire aux dispositions de la Constitution qui, dans son article 20, en confiant au Gouvernement la détermination et la conduite de la politique de la nation, ne prévoit la mise en cause de la responsabilité gouvernementale devant le Parlement que dans les conditions fixées par les articles 49 et 50 ; que l'article 49, dernier alinéa, de la Constitution fixe la seule procédure d'application devant le Sénat dudit article 20 et ce, monobstant le fait que les conséquences de cette procédure ne soient pas visées à l'article 50 de la Constitution ;

Que, dans la mesure où les propositions de résolution participeraient du droit d'initiative des parlementaires en matière législative, tel qu'il est défini et limité par les dispositions des articles 34, 40 et 41 de la Constitution, la pratique de telles propositions, outre qu'elle ferait double emploi avec celle des propositions de loi, se heurterait à la lettre de la Constitution, et notamment de ses articles 40 et 41 dont la rédaction ne vise que les propositions de loi, qui sont les seules dont l'adoption puisse avoir pour conséquence une diminution des ressources publiques, une création ou une aggravation d'une charge publique, et puisse porter atteinte au pouvoir réglementaire du Gouvernement défini par l'article 37 ou à la délégation qui lui aurait été consentie en application de l'article 38 ;

Qu'il résulte de ce qui précède que les articles du règlement du Sénat ci-dessus mentionnés, relatifs à la procédure législative et au contrôle parlementaire, ne peuvent, sans atteinte à la Constitution, assigner aux propositions de résolution un objet différent de celui qui leur est propre, à savoir la formulation de mesures et décisions relevant de la compétence exclusive du Sénat, c'est-à-dire les mesures et décisions d'ordre intérieur ayant trait au fonctionnement et à la discipline de cette assemblée, auxquelles il conviendrait éventuellement d'ajouter les seuls cas expressément prévus par des textes constitutionnels et organiques tels que les articles 18 et suivants de l'ordonnance n° 59-1 du 2 janvier 1959 portant loi organique sur la Haute Cour de Justice ;

Qu'en outre, s'agissant spécialement de l'article 76 du règlement, les dispositions de cet article qui prévoient l'intervention d'un vote du Sénat en conclusion du débat suivant une question orale méconnaissent le sens de l'article 48, alinéa 2, de la Constitution.

Article 33-4. — Par le motif que ces dispositions, en spécifiant que le procès-verbal de la dernière séance d'une session est soumis à l'approbation du Sénat avant que cette séance ne soit levée, permettraient de la prolonger au-delà des limites de durée fixées pour les sessions par les articles 29 et 30 de la Constitution.

Article 33-8. — Par le motif qu'en cas de rejet d'un procès-verbal, l'inscription de sa discussion en tête de l'ordre du jour de la séance suivante pourrait faire échec à l'application des dispositions de l'article 48, alinéa 1er, de la Constitution, qui donne priorité à l'ordre du jour fixé par le Gouvernement.

Article 43-6. — Par le motif que la rédaction de ce texte permet au Sénat de mettre en discussion, lors d'une seconde délibération, les seules propositions de la commission saisie au fond, contrairement aux dispositions de l'article 42 de la Constitution.

Article 45-3. — Par le motif que ces dispositions limitent aux modifications proposées par la commission au texte dont elle avait été initialement saisie l'application des dispositions de l'article 40 de la Constitution.

Article 79-4. — Par le motif que ces dispositions prévoient des délais qu'il n'appartient pas au règlement du Sénat d'imposer aux ministres pour faire connaître la suite donnée aux pétitions qui leur ont été transmises.

Article 89. — Par le motif que certaines des infractions que ces dispositions frappent de peines disciplinaires se confondent avec celles que l'article 19 de l'ordonnance n° 58-998 du 24 octobre 1958 portant loi organique relative aux conditions d'éligibilité et aux incompatibilités parlementaires, à laquelle renvoie expressément l'article 25, alinéa 1er, de la Constitution, frappe de la démission d'office, laquelle est, à l'évidence, exclusive de peines de moindre gravité.

Article 2. — Sont déclarés conformes à la Constitution les articles du règlement du Sénat non mentionnés à l'article 1er de la présente décision.

Article 3. — La présente décision sera publiée au Journal officiel de la République française.

Délibéré par le Conseil constitutionnel dans ses séances des 24 et 25 juin 1959.

J.O. du 3 juillet

DOCUMENT 61-202

Décision du Conseil constitutionnel du 18 novembre 1960

Le Conseil constitutionnel,

Saisi à nouveau, le 28 octobre 1960, par le Président du Sénat, conformément aux dispositions de l'article 61 de la Constitution, du règlement du Sénat ;

Vu la Constitution ;

Vu l'ordonnance du 7 novembre 1958 portant loi organique sur le Conseil constitutionnel, et notamment ses articles 17 (alinéa 2), 19, 20 et 23 (alinéa 2) ;

Vu la décision délibérée par le Conseil constitutionnel dans ses séances des 24 et 25 juin 1959 sur la conformité à la Constitution du règlement du Sénat ;

Considérant que le règlement du Sénat, tel qu'il résulte de l'adoption par cette assemblée des résolutions en date des 16 janvier 1959, 9 juin 1959 et 27 octobre 1960, n'est contraire à aucune des dispositions de la Constitution, étant observé que, dans sa nouvelle rédaction, l'article 89 dudit règlement réserve l'application éventuelle des articles 19 et 20 de l'ordonnance du 24 octobre 1958 portant loi organique sur l'éligibilité et les incompatibilités parlementaires ;

Décide :

Article premier. — Est déclaré conforme à la Constitution l'ensemble des dispositions du Règlement du Sénat, tel qu'il résulte de l'adoption par cette assemblée des résolutions en date des 16 janvier 1959, 9 juin 1959 et 27 octobre 1960.

Article 2. — La présente décision sera publiée au Journal officiel de la République française.

Délibéré par le Conseil constitutionnel dans sa séance du 18 novembre 1960.

J.O. du 23

DOCUMENT 61-203

Décision du Conseil constitutionnel du 31 juillet 1962

Le Conseil constitutionnel,

Saisi le 23 juillet 1962 par le Président du Sénat, conformément aux dispositions de l'article 61 de la Constitution, d'une résolution modifiant les articles 7 et 63 du règlement du Sénat ;

Vu la Constitution ;

Vu l'ordonnance du 7 novembre 1958 portant loi organique sur le Conseil constitutionnel, et notamment ses articles 17 (alinéa 2), 19, 20 ;

Vu l'ordonnance du 7 novembre 1958 portant loi organique autorisant exceptionnellement les parlementaires à déléguer leur droit de vote ;

Vu la loi organique du 3 janvier 1962 modifiant ladite ordonnance,

En ce qui concerne l'article 7 du règlement du Sénat :

Considérant que les modifications apportées audit article par la résolution susvisée déterminent une nouvelle répartition des sénateurs entre les commissions du Sénat ; que les dispositions comportant ces modifications ne sont contraires à aucune disposition de la Constitution, celle-ci laissant aux assemblées parlementaires le soin de fixer la composition des commissions prévues à son article 43 ;

En ce qui concerne l'article 63 dudit règlement :

Considérant que, sur ce point, la résolution soumise à l'examen du Conseil constitutionnel a pour unique objet de compléter l'article 63 relatif aux délégations de vote, par l'addition d'un sixième alinéa aux termes duquel les sénateurs sont autorisés à déléguer leur droit de vote, outre les cas précédemment énumérés par cet article, « en cas de force majeure, par décision du bureau du Sénat » ;

Considérant que cette disposition ne fait qu'introduire dans le règlement du Sénat une addition apportée par la loi organique du 3 janvier 1962 à l'article 1er de l'ordonnance du 7 novembre 1958 portant loi organique autorisant exceptionnellement les parlementaires à déléguer leur droit de vote ; que cette modification a été déclarée conforme à la Constitution par le Conseil constitutionnel dans une décision du 22 décembre 1961 ; que, dès lors, et pour les mêmes motifs que ceux qui ont été retenus dans cette décision, la disposition en cause doit être regardée comme conforme à la Constitution ;

Décide :

Article premier. — Sont déclarées conformes à la Constitution les dispositions des articles 7 et 63 (6e alinéa) du règlement du Sénat, dans la rédaction qui leur a été donnée par la résolution en date du 20 juillet 1962.

Article 2. — La présente décision sera publiée au *Journal officiel* de la République française.

Délibéré par le Conseil constitutionnel dans sa séance du 31 juillet 1962.

J.O. du 5 août

DOCUMENT 61-204

Décision du Conseil constitutionnel du 11 juin 1963

Le Conseil constitutionnel,

Saisi le 17 mai 1963 par le Président du Sénat, conformément aux dispositions de l'article 61 de la Constitution, d'une résolution tendant à modifier les articles 44 et 45 du règlement du Sénat ;

Vu la Constitution ;

Vu l'ordonnance du 7 novembre 1958 portant loi organique sur le Conseil constitutionnel, et notamment ses articles 17 (al. 2), 19 et 20 ;

Considérant que les dispositions des articles 44 (al. 3) et 45 (al. 1 et 2) du règlement du Sénat, dans la rédaction qui leur a été donnée par la résolution susmentionnée, ne sont contraires à aucune disposition de la Constitution ;

Décide :

Article premier. — Sont déclarées conformes à la Constitution les dispositions des articles 44 (al. 3) et 45 (al. 1 et 2) du règlement du Sénat, dans la rédaction qui leur a été donnée par la résolution en date du 16 mai 1963.

Article 2. — La présente décision sera publiée au *Journal officiel* de la République française.

Délibéré par le Conseil constitutionnel dans sa séance du 11 juin 1963.

J.O. du 14

DOCUMENT 61-205

Décision du Conseil constitutionnel du 8 juillet 1966

Le Conseil constitutionnel,

Saisi le 16 juin par le Président du Sénat, conformément aux dispositions de l'article 61 de la Constitution, d'une résolution tendant à modifier les articles 18, 42, 54 et 60 du règlement du Sénat et à compléter celui-ci par l'adjonction d'un article 21 bis nouveau ;

Vu la Constitution ;

Vu l'ordonnance du 7 novembre 1958 portant loi organique sur le Conseil constitutionnel et, notamment, ses articles 17 (al. 2), 19 et 20 ;

Vu l'ordonnance n° 58-1100 du 17 novembre 1958 relative au fonctionnement des assemblées parlementaires ;

En ce qui concerne les dispositions des articles 18, 42, 54 et 60 :

Considérant que les dispositions des articles 18, 42, 54 et 60 du règlement du Sénat, ne sont, dans la rédaction qui leur a été donnée par la résolution en date du 16 juin 1966, contraires à aucune disposition de la Constitution ;

En ce qui concerne les dispositions de l'article 21 bis :

Considérant que la conformité à la Constitution des règlements des assemblées parlementaires doit s'apprécier tant au regard de la Constitution elle-même que des lois organiques prévues par elle ainsi que des mesures législatives nécessaires à la mise en place des institutions prises en vertu de l'alinéa 1er de l'article 92 de la Constitution ;

Considérant que l'ordonnance du 17 novembre 1958 relative au fonctionnement des assemblées parlementaires, prise en vertu de l'article 92 de la Constitution, prévoit qu'outre les commissions mentionnées à l'article 43 de la Constitution, seules, peuvent être éventuellement créées au sein de chaque assemblée parlementaire des commissions d'enquête et des commissions de contrôle ; que, dans son article 6, alinéa 5, ladite ordonnance précise l'objet de chacune de ces commissions, leurs conditions de constitution et de fonctionnement ; qu'elle leur confère une durée temporaire, interdit leur reconstitution avec le même objet moins de douze mois à compter de la fin de leur mission et spécifie que cette mission prend fin au plus tard à l'expiration d'un délai de quatre mois à compter de la date de l'adoption de la résolution qui les a créées ;

Considérant que les dispositions de l'article 21 bis du règlement du Sénat, dans la rédaction qui lui a été donnée par la résolution du 16 juin 1966, prévoient que « les délais impartis aux commissions d'enquête et de contrôle sont suspendus pendant l'intersession qui suit la session au cours de laquelle ces commissions ont été nommées » ; qu'elles sont, ainsi, de nature à permettre auxdites commissions d'exercer leur mission au-delà du délai maximum de quatre mois à compter de leur création prescrit impérativement par le texte susrappelé ; que, par suite, l'article 21 bis ajouté au règlement du Sénat n'est pas conforme aux dispositions relatives aux mesures nécessaires à la mise en place des institutions et doit, dès lors, être regardé comme non conforme à la Constitution ;

Décide :

Article premier. — Sont déclarées conformes à la Constitution les dispositions des articles 18, 42, 54 et 60 du règlement du Sénat, dans la rédaction qui leur a été donnée par la résolution en date du 16 juin 1966.

Article 2. — Sont déclarées non conformes à la Constitution les dispositions de l'article 21 bis nouveau du règlement du Sénat dans la rédaction qui leur a été donnée par la résolution en date du 16 juin 1966.

Article 3. — La présente décision sera publiée au *Journal officiel* de la République française.

Délibéré par le Conseil constitutionnel dans sa séance du 8 juillet 1966.

J.O. du 24

DOCUMENT 61-206

Décision du Conseil constitutionnel du 6 juin 1968

Le Conseil constitutionnel,

Saisi le 14 mai 1968 par le Président du Sénat, conformément aux dispositions de l'article 61 de la Constitution, d'une résolution en date du 14 mai 1968 modifiant les articles 7, 9 (alinéa 9), 10, 12 et 86 (alinéa 3) du règlement du Sénat ;

Vu la Constitution ;

Vu l'ordonnance du 7 novembre 1958 portant loi organique sur le Conseil constitutionnel, et notamment ses articles 17 (alinéa 2), 19 et 20 ;

Vu l'ordonnance n° 58-1100 du 17 novembre 1958 relative au fonctionnement des assemblées parlementaires et notamment son article 5 ;

En ce qui concerne l'article 7 du règlement du Sénat :

Considérant que les modifications apportées audit article par la résolution susvisée déterminent les nouveaux effectifs des commissions permanentes du Sénat ; que les dispositions comportant ces modifications ne sont contraires à aucune disposition de la Constitution ;

En ce qui concerne les articles 9 (alinéa 9), 10, 12 et 86 (alinéa 3) dudit règlement :

Considérant que les dispositions de ces articles, qui ont pour objet de modifier les règles de nomination des commissions spéciales et des commissions mixtes paritaires respectivement prévues aux articles 43 et 45 de la Constitution, ne sont contraires à aucune disposition de la Constitution ;

Considérant enfin, que l'ordonnance susvisée du 17 novembre 1958 laisse aux assemblées parlementaires le soin de fixer la composition des commissions prévues à l'article 43 de la Constitution ainsi que le mode de désignation de leurs membres et ne comporte, à cet égard, aucune disposition particulière en ce qui concerne les commissions visées à l'article 45 ;

Décide :

Article premier. — Sont déclarées conformes à la Constitution les dispositions des articles 7, 9 (alinéa 9), 10, 12 et 86 (alinéa 3) du règlement du Sénat dans la rédaction qui leur a été donnée par la résolution en date du 14 mai 1968.

Article 2. — La présente décision sera publiée au *Journal officiel* de la République française.

Délibéré par le Conseil constitutionnel dans sa séance du 6 juin 1968.

J.O. du 9

DOCUMENT 61-207

Décision du Conseil constitutionnel du 18 mai 1971

Le Conseil constitutionnel,

Saisi le 23 avril 1971 par le Président du Sénat, conformément aux dispositions de l'article 61 de la Constitution, d'une résolution en date du 22 avril 1971 tendant à modifier les dispositions des articles 2, 3, 5, 6, 7, 8, 11, 13, 14, 17, 21, 22, 29, 32, 36, 42, 45, 59, 72 et 108 du règlement du Sénat, à le compléter par un article 29 bis et un article 109 et à abroger l'article 84 dudit règlement, résolution comportant en outre un article 24 concernant la date d'application de l'alinéa 7, de l'article 13 dudit règlement ;

Vu la Constitution ;

Vu l'ordonnance du 7 novembre 1958 portant loi organique sur le Conseil constitutionnel, et notamment ses articles 17 (alinéa 2), 19 et 20 ;

Vu l'ordonnance du 2 janvier 1959 portant loi organique relative aux lois de finances ;

Vu l'ordonnance n° 58-1100 du 17 novembre 1958 relative au fonctionnement des assemblées parlementaires ;

Vu la loi n° 49-984 du 23 juillet 1949 autorisant le Président de la République à ratifier le statut du Conseil de l'Europe signé à Londres le 5 mai 1949 et fixant les modalités de désignation des représentants de la France à l'assemblée consultative prévue par ce statut ;

Vu la loi n° 58-239 du 8 mars 1958 concernant la désignation des membres français de l'assemblée unique des communautés européennes ;

En ce qui concerne les dispositions de l'article 5, alinéa 2, du règlement du Sénat :

Considérant que l'obligation faite à chaque groupe de rendre publique une déclaration politique formulant les objectifs et les moyens de la politique qu'il préconise, n'emporte aucun contrôle sur le contenu de cette déclaration ; que, dès lors, cette obligation n'est contraire à aucune disposition de la Constitution ;

En ce qui concerne les dispositions de l'article 13, alinéa 7, du règlement du Sénat :

Considérant qu'aux termes de l'article 5 de l'ordonnance n° 58-1100 du 17 novembre 1958 relative au fonctionnement des assemblées parlementaires, il appartient au règlement de chaque assemblée de fixer les règles de fonctionnement des commissions mentionnées à l'article 43 de la Constitution ; que les fonctions de membre du bureau d'une commission n'existent qu'en application du règlement des assemblées ; que, dès lors, ledit règlement peut déterminer des règles particulières d'éligibilité à ces fonctions ;

En ce qui concerne les autres dispositions du règlement du Sénat soumises à l'examen du Conseil constitutionnel ainsi que celles de l'article 24 de la résolution du 22 avril 1971 :

Considérant que les dispositions dont il s'agit ne sont contraires à aucune règle constitutionnelle,

Décide :

Art. 1er. — Sont déclarées conformes à la Constitution les dispositions du règlement du Sénat soumises à l'examen du Conseil constitutionnel telles qu'elles résultent de la résolution du 22 avril 1971 ainsi que celles de l'article 24 de ladite résolution.

Art. 2. — La présente décision sera notifiée au Président du Sénat et publiée au *Journal officiel* de la République française.

Délibéré par le Conseil constitutionnel dans sa séance du 18 mai 1971.

J.O. du 30

DOCUMENT 61-208

Décision du Conseil constitutionnel du 28 juin 1972

Le Conseil constitutionnel,

Saisi le 22 juin 1972 par le Président du Sénat, conformément aux dispositions de l'article 61 de la Constitution, d'une résolution tendant à modifier certains articles du règlement du Sénat ;

Vu la Constitution, notamment ses articles 31, premier alinéa, et 61 ;

Vu l'ordonnance du 7 novembre 1958 portant loi organique sur le Conseil constitutionnel et notamment ses articles 17, alinéa 2, 19 et 20 ;

Vu l'ordonnance n° 58-1100 du 17 novembre 1958 relative au fonctionnement des assemblées parlementaires et notamment son article 6 ;

Ouï le rapporteur en son rapport ;

Considérant que les dispositions des articles 9, 30, 53, 54 et 82 du règlement du Sénat, dans la rédaction qui leur a été donnée par la résolution susmentionnée en date du 21 juin 1972, ne sont contraires à aucune disposition de la Constitution ;

Considérant que les dispositions de l'article 16 du règlement du Sénat, dans la rédaction qui leur a été donnée par la résolution susvisée, doivent également être regardées comme conformes à la Constitution, sous réserve toutefois qu'elles ne sauraient être interprétées comme s'appliquant aux commissions d'enquête et aux commissions de contrôle prévues à l'article 6 de l'ordonnance susvisée du 17 novembre 1958 ;

Considérant que les dispositions de l'article 55, dans la rédaction qui leur a été donnée par la résolution susmentionnée en date du 21 juin 1972, doivent être également regardées comme conformes à la Constitution, sous réserves toutefois qu'elles ne sauraient faire obstacle à l'application des dispositions de l'article 31, premier alinéa, de la Constitution, aux termes desquelles les membres du Gouvernement sont entendus par les assemblées quand ils le demandent ;

Décide :

Article premier. — Sont déclarées conformes à la Constitution, sous les réserves indiquées dans les motifs de la présente décision, les dispositions du règlement du Sénat soumises à l'examen du Conseil constitutionnel telles qu'elles résultent de la résolution en date du 21 juin 1972.

Article 2. — La présente décision sera notifiée au Président du Sénat et publiée au *Journal officiel* de la République française.

Délibéré par le Conseil constitutionnel dans sa séance du 28 juin 1972.

J.O. du 2 juillet

DOCUMENT 61-209

Décision du Conseil constitutionnel du 17 mai 1973

Le Conseil constitutionnel,

Saisi, le 26 avril 1973, par le Président du Sénat, conformément aux dispositions de l'article 61 de la Constitution, d'une résolution en date du 25 avril 1973, tendant à modifier les articles 36, 37, 42, 46, 48, 49, 64, 72, 78 et 82 du règlement du Sénat ;

Vu la Constitution, et notamment ses articles 27, alinéa 3, 31, premier alinéa, 44, premier alinéa, et 61 ;

Vu l'ordonnance n° 58-1066 du 7 novembre 1958 portant loi organique autorisant exceptionnellement les parlementaires à déléguer leur droit de vote ;

Vu l'ordonnance n° 58-1067 du 7 novembre 1958 portant loi organique sur le Conseil constitutionnel et notamment ses articles 17, alinéa 2, 19, 20 et 23, alinéa 2 ;

Considérant que le paragraphe I de l'article 2 de la résolution susvisée tend à insérer dans l'article 42 du règlement du Sénat un nouvel alinéa 7 bis commençant par les mots « La parole n'est accordée, sur l'ensemble d'un article, qu'une seule fois à chaque orateur... » ;

Considérant que le paragraphe II du même article de la résolution tend à donner à l'alinéa 3 de l'article 46 du règlement une rédaction aux termes de laquelle « chaque orateur ne peut parler qu'une fois » sur les crédits budgétaires, en dehors de la discussion des amendements ;

Considérant que de telles restrictions du nombre des orateurs habilités à s'exprimer dans certaines phases des débats doivent évidemment être comprises sous réserve des dispositions de l'article 31 de la Constitution, aux termes duquel les membres du Gouvernement sont entendus par les deux assemblées quand ils le demandent ;

Considérant que le paragraphe II de l'article 3 de la résolution susvisée tend à compléter l'alinéa 3 de l'article 48 du règlement du Sénat par une disposition ainsi conçue : « En outre, les sous-amendements ne sont recevables que s'ils n'ont pas pour effet de dénaturer l'esprit ou de contredire le sens des amendements auxquels ils s'appliquent » ;

Considérant que le droit de sous-amendement est indissociable du droit d'amendement, reconnu aux membres du Parlement et au Gouvernement par l'article 44, alinéa premier, de la Constitution ;

Considérant qu'une réglementation de la recevabilité des sous-amendements ne peut être jugée conforme à la Constitution que dans la mesure où elle ne risque pas d'aboutir à la suppression arbitraire du droit de présenter un sous-amendement ;

Considérant que l'irrecevabilité d'un sous-amendement ayant « pour effet de dénaturer l'esprit » de l'amendement auquel il s'applique risque d'aboutir à une telle suppression ; qu'en effet le dépôt d'un sous-amendement par un membre du Parlement ou par le Gouvernement implique un désaccord avec le texte qui fait l'objet de ce sous-amendement ; qu'on ne voit pas sur quel critère objectif pourrait s'appuyer le Sénat — juge de la recevabilité des sous-amendements par application d'une disposition de l'article 48, alinéa 4, de son règlement non modifiée par la résolution susvisée — pour apprécier si ce désaccord peut être qualifié de dénaturation de l'esprit ; qu'en somme, la notion de dénaturation de l'esprit d'un amendement par un sous-amendement présente un caractère éminemment subjectif et tellement imprécis qu'elle ne pourrait servir de fondement à l'appréciation par une assemblée parlementaire de la recevabilité d'un sous-amendement sans que fût compromis par là même l'exercice du droit d'amendement reconnu par la Constitution aux membres du Parlement et au Gouvernement ;

Considérant qu'il n'en va pas de même de l'irrecevabilité d'un sous-amendement ayant pour « effet de contredire le sens » de l'amendement auquel il s'applique ; qu'en effet le dépôt d'un tel sous-amendement équivaudrait à une prise de position défavorable à cet amendement, tendant simplement à éviter que cet amendement soit adopté, voire à provoquer son retrait, et qu'il ne saurait en conséquence être analysé comme une modalité véritable de l'exercice du droit d'amendement reconnu par l'article 44, alinéa premier, de la Constitution aux membres du Parlement et au Gouvernement, droit qui consiste à pouvoir proposer la modification et non, par un détournement de procédure, voire à l'annulation d'un texte soumis à la discussion d'une assemblée ;

Considérant que le paragraphe I de l'article 4 de la résolution susvisée tend à donner à l'alinéa premier de l'article 64 du règlement une rédaction aux termes de laquelle la délégation de vote n'est pas valable pour les scrutins secrets ; que l'ordonnance n° 58-1066 du 7 novembre 1958 portant loi organique autorisant exceptionnellement les parlementaires à déléguer leur droit de vote, dans son article premier, n'apporte aucune restriction à l'autorisation conférée aux membres du Parlement de déléguer leur droit de vote dans les cas qu'elle énumère ; qu'en conséquence, la disposition selon laquelle la délégation de vote n'est pas valable dans les scrutins secrets n'est pas conforme à l'article 27 de la Constitution en application duquel a été promulguée l'ordonnance susvisée ;

Considérant qu'aucune des autres dispositions de la résolution susvisée n'est contraire à la Constitution ;

Décide :

Article premier. — Sont déclarés non conformes à la Constitution les mots « de dénaturer l'esprit ou » figurant à l'article 48, alinéa 3, et les mots « Elle n'est pas valable pour les scrutins secrets », figurant à l'article 61, premier alinéa, du règlement du Sénat dans la rédaction donnée à ces articles par la résolution susvisée du 25 avril 1973.

Article 2. — Sont déclarées conformes à la Constitution les autres dispositions de la résolution susvisée du 25 avril 1973.

Article 3. — La présente décision sera notifiée au Président du Sénat et publiée au *Journal officiel* de la République française.

Délibéré par le Conseil constitutionnel dans sa séance du 17 mai 1973.

J.O. du 27

DOCUMENT 61-210
Décision du Conseil constitutionnel du 2 juin 1976

Le Conseil constitutionnel,

Saisi le 3 mai 1976 par le Président du Sénat, conformément aux dispositions de l'article 61 de la Constitution, d'une résolution en date du 29 avril 1976 tendant à modifier les articles 9, 11, 21, 24, 29, 32, 33, 36, 37, 39, 42, 45, 53, 54, 56, 59, 60, 64, 72, 77, 80 et 38 du règlement du Sénat et à le compléter par des articles 56 *bis*, 60 *bis* et 89 *bis* ;

Vu la Constitution ;

Vu l'ordonnance du 7 novembre 1958 portant loi organique sur le Conseil constitutionnel, et notamment ses articles 17, alinéa 2, 19, 20 et 23 ;

Vu l'ordonnance n° 59-2 du 2 janvier 1959 portant loi organique relative aux lois de finances ;

Considérant que les dispositions des articles 24, alinéa 2 et 45, premier alinéa, du règlement du Sénat, dans la rédaction qui leur a été donnée par la résolution susvisée, ne sont contraires ni à l'article 40, ni à aucune autre disposition de la Constitution, pour autant, toutefois, que la ressource destinée à compenser la diminution d'une ressource publique soit réelle, qu'elle bénéficie aux mêmes collectivités ou organismes que ceux au profit desquels est perçue la ressource qui fait l'objet d'une diminution et que la compensation soit immédiate ;

Considérant que les dispositions de l'article 45, premier alinéa, dans la rédaction qui leur a été donnée, par la résolution dont il s'agit, n'entraînent aucune modification dans l'application de l'article 45, alinéa 4, du règlement concernant le respect des dispositions de l'ordonnance n° 59-2 du 2 janvier 1959 portant loi organique relative aux lois de finances ; que, par suite, elles ne sont pas contraires à ces dispositions ;

Considérant que la modification essentielle apportée par la résolution susvisée à l'alinéa 1er de l'article 39 du règlement du Sénat consiste, dans le cas de lecture à la tribune du Sénat du programme du Gouvernement ou d'une déclaration de politique générale sur laquelle le Gouvernement engage sa responsabilité devant l'Assemblée nationale, à ouvrir, en en différant l'exercice jusqu'au vote de celle-ci, le droit de réponse prévu à l'article 37, alinéa 3, du règlement du Sénat ;

Considérant que, d'après le premier alinéa de l'article 49 de la Constitution, le fait pour le Gouvernement de demander à l'Assemblée nationale l'approbation de son programme ou d'engager sa responsabilité sur une déclaration de politique générale exclut toute intervention du Sénat dans le déroulement de cette procédure et que la lecture à la tribune du Sénat de ce programme ou de cette déclaration constitue donc un acte de simple information qui ne saurait être confondu avec la procédure prévue au dernier alinéa de l'article 49 de la Constitution, par laquelle le Premier ministre a la faculté de demander au Sénat l'approbation d'une déclaration de politique générale ; que, par conséquent, cette lecture ne saurait donner lieu, immédiatement ou à terme, à une réponse d'un membre du Sénat ;

Considérant, dès lors, que les mots « avant que l'Assemblée nationale ait achevé son débat et procédé au vote », figurant à la fin du premier alinéa de l'article 39 du règlement du Sénat dans la rédaction donnée à cet article par la résolution susvisée, ne sont pas conformes à la Constitution ;

Considérant que l'article 89 bis du règlement du Sénat, dans la rédaction qui lui a été donnée par la résolution susvisée, n'est contraire à aucune disposition de la Constitution, à l'exception de la phrase « cette demande peut être motivée » figurant au quatrième alinéa de cet article ;

Considérant, en effet, que rien dans ce texte ne fait obstacle à ce que la demande motivée de renvoi d'une pétition à une commission permanente, demande sur laquelle le Sénat serait appelé à se prononcer, ne tende à orienter ou à contrôler l'action gouvernementale dans des conditions non prévues par la Constitution ou ne vise à constituer une modalité d'exercice du droit d'initiative des parlementaires en matière législative, dans des conditions autres que celles où l'exercice de ce droit est défini et limité par les dispositions des articles 34, 40 et 41 de la Constitution ;

Considérant que les dispositions des autres articles du règlement du Sénat, dans la rédaction qui leur a été donnée par la résolution susvisée, doivent être regardées comme conformes à la Constitution,

Décide :

Art. premier. — Sont déclarées non conformes à la Constitution, dans la mesure indiquée dans les motifs de la présente décision, les dispositions des articles 39, premier alinéa, et 89 *bis* du règlement du Sénat, telles qu'elles résultent de la résolution du 29 avril 1976.

Art. 2. — Sont déclarées conformes à la Constitution, sous les réserves et dans la mesure indiquées dans les motifs de la présente décision, les dispositions des articles 24, alinéa 2, et 45, premier alinéa, du règlement du Sénat soumises à l'examen du Conseil constitutionnel, telles qu'elles résultent de la résolution du 29 avril 1976.

Art. 3. — Sont déclarées conformes à la Constitution les autres dispositions du règlement du Sénat également soumises à l'examen du Conseil constitutionnel, telles qu'elles résultent de la même résolution.

Art. 4. — La présente décision sera notifiée au Président du Sénat et publiée au *Journal officiel* de la République française.

Délibéré par le Conseil constitutionnel dans sa séance du 2 juin 1976.

J.O. du 6

DOCUMENT 61-211
Décision du Conseil constitutionnel du 20 juillet 1977

Le Conseil constitutionnel,

Saisi le 11 juillet 1977 par le Président du Sénat, conformément aux dispositions de l'article 61 de la Constitution, d'une résolution en date du 30 juin 1977 tendant à modifier l'article 7 du règlement du Sénat ;

Vu la Constitution ;

Vu l'ordonnance du 7 novembre 1958 portant loi organique sur le Conseil constitutionnel, notamment le chapitre II du titre II de ladite ordonnance ;

Ouï le rapporteur en son rapport ;

Considérant que la résolution soumise à l'examen du Conseil constitutionnel se borne à modifier l'effectif des six commissions permanentes du Sénat, pour tenir compte de l'augmentation du nombre des sénateurs résultant de la loi organique n° 76-643 du 16 juillet 1976, et à prévoir trois étapes pour cette modification afin de l'harmoniser avec l'augmentation progressive du nombre des sénateurs, laquelle ne sera totalement réalisée qu'après le renouvellement partiel de 1983 ;

Considérant que l'article 7 du règlement du Sénat, dans la rédaction qui lui a été donnée par la résolution susvisée, n'est contraire à aucune disposition de la Constitution,

Décide :

Art. premier. — Sont déclarées conformes à la Constitution les dispositions de l'article 7 du règlement du Sénat telles qu'elles résultent de la résolution du 30 juin 1977.

Art. 2. — La présente décision sera notifiée au Président du Sénat et publiée au *Journal officiel* de la République française.

Délibéré par le Conseil constitutionnel dans sa séance du 20 juillet 1977.

J.O. du 23

TITRE VII : LE CONSEIL CONSTITUTIONNEL

DOCUMENT 61-212
Décision du Conseil constitutionnel du 14 juin 1978

Le Conseil constitutionnel,
Saisi le 17 mai 1978 par le Président du Sénat, conformément aux dispositions de l'article 61 de la Constitution, d'une résolution en date du 9 mai 1978 tendant à modifier les articles 24, 19, 42, 44, 45 et 60 bis du règlement du Sénat ;
Vu la Constitution ;
Vu l'ordonnance du 7 novembre 1958 portant loi organique sur le Conseil constitutionnel, et notamment ses articles 17, alinéa 2, 19, 20 et 24 ;
En ce qui concerne celles des dispositions de l'article 1er de la résolution soumise à l'examen du Conseil constitutionnel qui, à l'article 24 du règlement du Sénat, tendent à modifier les conditions dans lesquelles est vérifiée, au regard de l'article 40 de la Constitution, la recevabilité des propositions de loi formulées par les sénateurs :
Considérant que les modifications dont il s'agit ont pour objet de confier à la commission des finances la vérification de cette recevabilité et que ce contrôle ne s'exercerait que postérieurement à l'annonce par le Président du Sénat du dépôt des propositions de loi formulées par les sénateurs et seulement lorsqu'une exception d'irrecevabilité aurait été soulevée à leur encontre par le Gouvernement, la commission des finances, la commission saisie au fond ou tout sénateur ;
Considérant que l'article 40 de la Constitution dispose : « Les propositions et amendements formulés par les membres du Parlement ne sont pas recevables lorsque leur adoption aurait pour conséquence soit une diminution des ressources publiques, soit la création ou l'aggravation d'une charge publique » ;
Considérant qu'il résulte des termes mêmes de cet article qu'il établit une irrecevabilité de caractère absolu et fait donc obstacle à ce que la procédure législative s'engage à l'égard de propositions de loi irrecevables formulées par des sénateurs et, dès lors, à ce que le dépôt de ces propositions soit annoncé en séance publique par le Président du Sénat ;

Considérant, en conséquence, que le respect de l'article 40 de la Constitution exige qu'il soit procédé à un examen systématique de la recevabilité, au regard de cet article, des propositions de loi formulées par les sénateurs, et cela antérieurement à l'annonce par le président de leur dépôt et donc avant qu'elles ne puissent être imprimées, distribuées et renvoyées en commission, afin que soit annoncé le dépôt des seules propositions qui, à l'issue de cet examen, n'auront pas été déclarées irrecevables ;
Considérant qu'il appartient à chaque assemblée parlementaire de déterminer les modalités d'exercice de ce premier contrôle et, notamment, l'autorité chargée de l'exercer ; que, par ailleurs, il est nécessaire que puisse être constatée, au cours de la procédure législative, l'irrecevabilité des propositions qui auraient, à tort, été déclarées recevables au moment où elles étaient formulées ;
Considérant que de ce qui précède il résulte que les dispositions de l'article 1er de la résolution soumise au Conseil constitutionnel qui concernent la vérification de la recevabilité, au regard de l'article 40 de la Constitution, des propositions de loi formulées par les sénateurs, et qui auraient pour effet de restreindre la portée de cette vérification, ne sont pas conformes à la Constitution ;
En ce qui concerne les autres dispositions de l'article 1er et celles des articles 2, 3, 4, 5, 5 bis, 6 et 7 de la résolution soumise à l'examen du Conseil constitutionnel :
Considérant qu'aucune de ces dispositions n'est contraire à la Constitution,
Décide :
Art. premier. — Les dispositions relatives au contrôle de la recevabilité, au regard de l'article 40 de la Constitution, des propositions de loi formulées par les sénateurs, qui figurent à l'article 1er de la résolution soumise à l'examen du Conseil constitutionnel, sont déclarées non conformes à la Constitution.
Art. 2. — Les autres dispositions de la résolution soumise à l'examen du Conseil constitutionnel sont déclarées conformes à la Constitution.
Art. 3. — La présente décision sera notifiée au Président du Sénat et publiée au Journal officiel de la République française.
Délibéré par le Conseil constitutionnel dans sa séance du 14 juin 1978.

J.O. du 16

DOCUMENT 61-300
Liste des décisions du Conseil constitutionnel intervenues à l'occasion de l'examen du règlement de l'Assemblée nationale

Date de la décision	Référence	Objet du texte	Contenu de la décision
14.05.59	J.O. 17.05.59	Haute Cour de Justice	Non-lieu de se prononcer
17 et 18, 24.06.59	J.O. 06.07.59	Projet de règlement	Inconstitutionnalité partielle (cf. Doc. 61-301)
24.07.59	J.O. 28.07.59	Projet de règlement	Conformité (cf. Doc. 61-302)
15.01.60	J.O. 27.01.60	Modification n° 1	Conformité partielle (cf. Doc. 61-303)
20.12.60	J.O. 03.01.61	Modification n° 2	Conformité (cf. Doc. 61-304)
30.05.61	J.O. 08.06.61	Modification n° 3	Conformité (cf. Doc. 61-305)
10.07.62	J.O. 15.07.62	Modification n° 4	Conformité sous réserve (cf. Doc. 61-306)
21.01.64	J.O. 29.01.64	Modification n° 5	Conformité partielle (cf. Doc. 61-307)
15.10.64	J.O. 22.10.64	Modification n° 6	Conformité (cf. Doc. 61-308)
11.05.67	J.O. 21.05.67	Modification n° 7	Conformité (cf. Doc. 61-309)
20.11.69 et	J.O. 30.11.69	Modification n° 8	Conformité partielle (cf. Doc. 61-310)
15.01.70	J.O. 18.01.70	Modification n° 8	Conformité (cf. Doc. 61-311)
03.11.77	J.O. 06.12.77	Modification n° 9	Conformité (cf. Doc. 61-312)

DOCUMENT 61-301
Décision du Conseil constitutionnel des 17, 18 et 24 juin 1959

Le Conseil constitutionnel.

Saisi le 6 juin 1959 par le Président de l'Assemblée nationale, conformément aux dispositions de l'article 61 de la Constitution, de la « Résolution portant règlement définitif de l'Assemblée nationale » ;

Vu la Constitution ;

Vu l'ordonnance du 7 novembre 1958 portant loi organique sur le Conseil constitutionnel, et notamment ses articles 17, alinéa 2, 19, 20 et 23, alinéa 2.

Décide :

Article premier. — Sont déclarés non conformes à la Constitution les articles du règlement de l'Assemblée nationale ci-après mentionnés :

Article 19-3. — Par le motif que les dispositions de ce texte, combinées avec celles de l'alinéa 2 du même article et celles de l'article 20, n'ont pas seulement pour effet de permettre de faire obstacle à l'insertion au *Journal officiel* de la déclaration politique d'un groupe, mais aussi d'empêcher la formation même de ce groupe, par une appréciation, laissée à la seule Assemblée nationale, de la conformité de la déclaration politique dudit groupe aux dispositions de l'article 4 de la Constitution.

Article 31-2. — Par le motif que les dispositions de ce texte laissent place à la possibilité de saisir une commission permanente avant l'expiration des délais impartis par les articles 30 et 31, soit au Gouvernement, soit à une commission permanente, soit à un groupe, soit à trente députés, pour demander la formation d'une commission spéciale, alors que l'article 43, alinéa 2, de la Constitution prévoit que les projets ou propositions de loi ne sont envoyés à une commission permanente que lorsque le Gouvernement ou l'assemblée qui en est saisie n'ont pas demandé leur envoi à une commission spéciale.

Article 31-5. — Par le motif que les dispositions de ce texte, en ce qu'elles assignent au Gouvernement un temps de parole de cinq minutes, sont contraires à celles de l'article 31 de la Constitution, lequel précise que les membres du Gouvernement sont entendus quand ils le demandent, sans que la durée de leur intervention puisse être limitée.

Article 51-1. — Par le motif que les dispositions de ce texte, qui portent que l'Assemblée siège de droit en comité secret à la demande du Premier ministre, sont contraires à l'article 33, alinéa 2, de la Constitution, qui laisse à l'Assemblée, saisie de la demande du Premier ministre ou du dixième de ses membres tendant à ce qu'elle siège en comité secret, la faculté, dans les deux cas, de se prononcer sur l'opportunité de cette procédure.

Article 60-3. — Par le motif que, telles qu'elles sont rédigées, les dispositions de ce texte ne peuvent valablement s'appliquer que lorsque la session extraordinaire est réunie à la demande du Premier ministre et que, dans le cas où la session extraordinaire est tenue à la demande de la majorité des membres composant l'Assemblée nationale, elles peuvent permettre au décret de clôture « d'interrompre sur-le-champ tout débat », sans que soient respectées les prescriptions de l'article 29, alinéa 2, de la Constitution.

Article 79. — Par le motif que certaines des infractions que ces dispositions frappent de peines disciplinaires se confondent avec celles que l'article 19 de l'ordonnance n° 58-998 du 24 octobre 1958 portant loi organique relative aux conditions d'éligibilité et aux incompatibilités parlementaires — à laquelle renvoie expressément l'article 25 alinéa 1er, de la Constitution — frappe de la démission d'office, laquelle est, à l'évidence, exclusive de peines de moindre gravité.

Article 81-1 et 4, article 82, article 86-3 et 4, article 92-6, article 98-6 et article 134-5, en tant qu'ils contiennent des dispositions relatives aux propositions de résolution :

Par les motifs que, dans la mesure où de telles propositions tendraient à orienter ou à contrôler l'action gouvernementale, leur pratique serait contraire aux dispositions de la Constitution qui, dans son article 20, en confiant au Gouvernement la détermination et la conduite de la politique de la Nation, ne prévoit la mise en cause de la responsabilité gouvernementale que dans les conditions et suivant les procédures fixées par ses articles 49 et 50 :

Que, dans la mesure où les propositions de résolution participeraient du droit d'initiative des parlementaires en matière législative, tel qu'il est défini et limité par les dispositions des articles 31, 40 et 41 de la Constitution, la pratique de telles propositions, outre qu'elle ferait double emploi avec celle des propositions de loi, se heurterait à la lettre de la Constitution, et notamment de ses articles 40 et 41 dont la rédaction ne vise que les propositions de loi, qui sont les seules dont l'adoption puisse avoir pour conséquence une diminution des ressources publiques, une création ou une aggravation d'une charge publique, et puisse porter atteinte au pouvoir réglementaire du Gouvernement défini par l'article 37 ou à la délégation qui lui aurait été consentie en application de l'article 38 ;

Qu'il résulte de ce qui précède que les articles du règlement de l'Assemblée nationale ci-dessus mentionnés, relatifs à la procédure législative et au contrôle parlementaire, ne peuvent, sans atteinte à la Constitution, assigner aux propositions de résolution un objet différent de celui qui leur est propre, à savoir la formulation de mesures et décisions relevant de la compétence exclusive de l'Assemblée, c'est-à-dire de mesures et décisions d'ordre intérieur ayant trait au fonctionnement et à la discipline de ladite Assemblée, auxquelles il conviendrait éventuellement d'ajouter les seuls cas expressément prévus par des textes constitutionnels et organiques tels que les articles 18 et suivants de l'ordonnance n° 59-1 du 2 janvier 1959 portant loi organique sur la Haute Cour de Justice.

Article 87-1 et 3. — Par le motif que les dispositions de ce texte prévoient la possibilité de saisir pour avis une commission permanente même dans le cas où un projet ou une proposition de loi a été envoyé à une commission spéciale à la demande du Gouvernement, alors qu'une telle procédure n'est compatible avec les dispositions de l'article 43 de la Constitution que dans le cas où la commission spéciale saisie au fond a été constituée à l'initiative de l'Assemblée.

Article 101-3. — Par le motif que la rédaction de ce texte permet à l'Assemblée nationale de mettre en discussion, lors d'une seconde délibération, les seules propositions de la commission saisie au fond, contrairement aux dispositions de l'article 42 de la Constitution.

Article 153-2. — Par le motif que les dispositions de ce texte ne comportent référence qu'à l'article 150 en ce qui concerne la procédure applicable aux motions de censure, cette procédure se trouvant définie, notamment en ce qui a trait aux conditions de majorité, par les articles 150 et 151, en conformité des dispositions de l'article 49 de la Constitution.

Article 2. — Sont déclarés conformes à la Constitution, sous réserve des observations qui suivent, les articles du règlement de l'Assemblée nationale ci-après mentionnés :

Article 48-6. — Pour autant que ces dispositions ne prévoient un vote de l'Assemblée nationale que sur les propositions arrêtées par la Conférence des Présidents en complément des affaires inscrites par priorité à l'ordre du jour, sur décision gouvernementale, conformément aux dispositions de l'article 48 de la Constitution.

Article 139-1. — Sous réserve de l'incidence sur la rédaction de cet article de la déclaration de non-conformité des dispositions des articles 81-1 et 4, 82, 86-3 et 4, 92-6, 98-6 et 134-5.

Article 144. — Pour autant que ces dispositions n'attribuent aux commissions permanentes qu'un rôle d'information pour permettre à l'Assemblée d'exercer, pendant les sessions ordinaires et extraordinaires, son contrôle sur la politique du Gouvernement dans les conditions prévues par la Constitution.

Article 3. — Sont déclarés conformes à la Constitution les articles du règlement de l'Assemblée nationale non mentionnés aux articles 1er et 2 de la présente décision.

Article 4. — La présente décision sera publiée au *Journal Officiel* de la République française.

Délibéré par le Conseil constitutionnel dans ses séances des 17, 18 et 24 juin 1959.

J.O. du 6 juillet

DOCUMENT 61-302

Décision
du Conseil constitutionnel
du 24 juillet 1959

Le Conseil constitutionnel,

Saisi à nouveau, le 24 juillet 1959, par le Président de l'Assemblée nationale, conformément aux dispositions de l'article 61 de la Constitution, du « règlement définitif de l'Assemblée nationale » ;

Vu la Constitution ;

Vu l'ordonnance du 7 novembre 1958 portant loi organique sur le Conseil constitutionnel, et notamment ses articles 17, alinéa 2, 19, 20 et 23, alinéa 2 ;

Vu la décision délibérée par le Conseil constitutionnel dans ses séances des 17, 18 et 24 juin 1959 sur la conformité à la Constitution du règlement de l'Assemblée nationale,

Décide :

Article premier. — Est déclaré conforme à la Constitution l'ensemble des dispositions du règlement de l'Assemblée nationale, tel qu'il se présente, compte tenu, d'une part, des modifications qui, en application de la décision susvisée du Conseil constitutionnel, résultent des suppressions effectuées dans le texte des articles 19, 81, 86, 92, 98 et 134, et des nouvelles rédactions données aux articles 31, 51, 60, 79, 82, 87, 101 et 153 par la résolution de l'Assemblée nationale en date du 21 juillet 1959, et, d'autre part, des rectifications d'erreurs matérielles, concernant les articles 22, 65 et 154, signalées par la lettre du Président de l'Assemblée nationale en date du 8 juillet 1959.

Article 2. — La présente décision sera publiée au *Journal officiel* de la République française.

Délibéré par le Conseil constitutionnel dans sa séance du 24 juillet 1959.

J.O. du 28

DOCUMENT 61-303

Décision
du Conseil constitutionnel
du 15 janvier 1960

Le Conseil constitutionnel,

Saisi le 19 décembre 1959 par le Président de l'Assemblée nationale, conformément aux dispositions de l'article 61 de la Constitution, d'une résolution en date du 18 décembre 1959 modifiant les articles 95 et 96 du règlement de l'Assemblée nationale ;

Vu la Constitution ;

Vu l'ordonnance du 7 novembre 1958 portant loi organique sur le Conseil constitutionnel, et notamment ses articles 17 (alinéa 2), 19, 20 et 23 (alinéa 2) ;

Considérant qu'aux termes des dispositions de l'article 44, troisième alinéa, de la Constitution, « si le Gouvernement le demande, l'assemblée saisie se prononce par un seul vote sur tout ou partie du texte en discussion en ne retenant que les amendements proposés ou acceptés par le Gouvernement » ;

Que ces dispositions ont pour objet de permettre au Gouvernement d'obtenir, par une procédure ne mettant pas en jeu sa responsabilité politique, un résultat analogue à celui qui ne pouvait être atteint sous le régime de la Constitution de 1946 et en vertu de la coutume parlementaire, que par la pratique de la question de confiance ;

Qu'en vertu desdites dispositions, le Gouvernement peut, d'une part, en cours de discussion, demander qu'il soit émis un seul vote portant à la fois sur une partie du texte — laquelle peut, le cas échéant, être la partie d'un article quand un vote par division intervient — et sur les amendements proposés ou acceptés par lui, dont cette partie du texte viendrait à faire objet ;

Que le Gouvernement peut, d'autre part, obtenir que l'assemblée se prononce par un seul vote sur tout le texte en dicussion en ne retenant que les amendements qu'il a proposés ou acceptés ; que le vote à émettre ainsi sur la totalité du texte porte alors nécessairement et simultanément sur tous les articles ou parties d'articles du texte, amendés le cas échéant par les dispositions nouvelles proposées ou acceptées par le Gouvernement, que ces articles ou parties d'articles aient été ou non déjà mis aux voix et qu'ils aient été ou non réservés lors de leur examen par l'assemblée saisie ;

Qu'enfin, les dispositions de l'article 44, troisième alinéa, de la Constitution permettent au Gouvernement de choisir le moment de la discussion auquel il entend faire usage de la procédure prévue par lesdites dispositions ;

Que, toutefois, et en aucun cas, l'application de l'article 44, troisième alinéa, de la Constitution ne peut faire obstacle à la discussion de chacune des dispositions du texte sur lequel il est demandé à l'assemblée saisie de se prononcer par un seul vote ;

Considérant que les dispositions des alinéas 6 et 7 de l'article 95 nouveau du règlement de l'Assemblée nationale sont celles qui figuraient aux alinéas 2 et 3 de l'article 96 ancien dudit règlement ; que ces dispositions, qui avaient antérieurement fait l'objet d'une déclaration de conformité à la Constitution n'ont pas été modifiées mais seulement transférées de l'article 96 à l'article 95 pour des raisons d'ordre ; qu'il y a lieu, par suite, de déclarer lesdites dispositions conformes à la Constitution ;

Considérant que l'article 96, alinéa 1er nouveau, du règlement de l'Assemblée nationale, dans la mesure où il signifie que la « partie » du texte sur laquelle peut porter le vote unique demandé par le Gouvernement comprend au moins un article, fait obstacle à ce que l'Assemblée soit éventuellement appelée, notamment en cas de vote par division, à émettre un seul vote sur une partie seulement d'un article du texte en discussion et sur les amendements s'y rapportant, et n'est, dès lors, pas conforme aux dispositions constitutionnelles ci-dessus analysées ;

Considérant que l'article 96, alinéa 2 nouveau, du règlement de l'Assemblée nationale a pour objet d'interdire au Gouvernement de demander à l'Assemblée, en cours de discussion et lorsqu'elle a déjà procédé au vote d'une partie du texte qui lui est soumis, d'émettre un seul vote portant sur la totalité de ce texte ; que cette restriction, qui pourrait d'ailleurs avoir pour effet d'inciter le Gouvernement à demander, avant tout vote partiel sur un texte, un seul vote portant sur la totalité de ce texte, dans le cas même où il ne désirerait pas priver l'Assemblée de la faculté de se prononcer par des votes distincts sur la majeure partie dudit texte, est contraire aux dispositions ci-dessus analysées de l'article 44, troisième alinéa, de la Constitution ;

Considérant enfin que l'article 96, alinéa 3 nouveau, du règlement de l'Assemblée nationale ne fait que consacrer la faculté reconnue à l'Assemblée de procéder à la discussion de toutes les dispositions de texte sur lesquelles il lui est demandé, en application des dispositions de l'article 44, troisième alinéa, de la Constitution, de se prononcer par un seul vote ; qu'il y a lieu, par suite, de déclarer les dispositions réglementaires dont il s'agit, conformes à la Constitution ;

Décide :

Article premier. — Sont déclarées non conformes à la Constitution les dispositions de l'article 96, alinéas 1 et 2, du règlement de l'Assemblée nationale dans la rédaction donnée à cet article par la résolution susvisée du 18 décembre 1959.

Article 2. — Sont déclarées conformes à la Constitution les dispositions des articles 95, alinéas 6 et 7, et 96, alinéa 3, du règlement de l'Assemblée nationale dans la rédaction donnée à ces articles par la résolution susvisée du 18 décembre 1959.

Article 3. — La présente décision sera publiée au *Journal officiel* de la République française.

Délibéré par le Conseil constitutionnel dans sa séance du 15 janvier 1960.

J.O. du 27

DOCUMENT 61-304
Décision du Conseil constitutionnel du 20 décembre 1960

Le Conseil constitutionnel,

Saisi le 5 décembre 1960 par le Président de l'Assemblée nationale, conformément aux dispositions de l'article 61 de la Constitution, de deux résolutions, l'une « modifiant les articles 32, 66, 87, 101, 109 et 113 du règlement de l'Assemblée nationale », l'autre « modifiant l'article 80 du règlement, relatif aux demandes de levée d'immunité parlementaire et de suspension de poursuites » ;

Vu la Constitution ;

Vu l'ordonnance du 7 novembre 1958 portant loi organique sur le Conseil constitutionnel, et notamment ses articles 17 (alinéa 2), 19, 20 et 23 (alinéa 2) ;

En ce qui concerne les articles 32, 66, 87, 101 et 113 du règlement de l'Assemblée nationale :

Considérant que ces dispositions, dans la rédaction qui leur a été donnée par la résolution susvisée, ne sont contraires à aucune disposition de la Constitution ;

En ce qui concerne l'article 80 du règlement :

Considérant que les dispositions de cet article, dans la rédaction qui lui a été donnée par la résolution susvisée, permettent de respecter l'article 26, dernier alinéa, de la Constitution et ne sont contraires à aucune autre disposition constitutionnelle ;

Décide :

Article premier. — Sont déclarées conformes à la Constitution les dispositions des articles 32, 66, 80, 87, 101, 109 et 113 du règlement de l'Assemblée nationale dans la rédaction qui leur a été donnée par les résolutions en date du 5 décembre 1960.

Article 2. — La présente décision sera publiée au *Journal officiel* de la République française.

Délibéré par le Conseil constitutionnel dans sa séance du 20 décembre 1960.

J.O. du 3 janvier 1961

DOCUMENT 61-305
Décision du Conseil constitutionnel du 30 mai 1961

Le Conseil constitutionnel,

Saisi le 9 mai 1961 par le Président de l'Assemblée nationale, conformément aux dispositions de l'article 61 de la Constitution, d'une résolution modifiant les articles 10 et 37 du règlement relatifs au renouvellement du Bureau et des Commissions de l'Assemblée ;

Vu la Constitution ;

Vu l'ordonnance du 7 novembre 1958 portant loi organique sur le Conseil constitutionnel et notamment ses articles 17 (alinéa 2), 19, 20 et 23 (alinéa 2) ;

Vu l'ordonnance du 17 novembre 1958 relative au fonctionnement des assemblées parlementaires, notamment son article 5 ;

Considérant que les dispositions de la résolution susvisée en date du 4 mai 1961 ne sont contraires à aucune disposition de la Constitution ; que celle-ci laisse aux assemblées parlementaires le soin de fixer les conditions de désignation des membres de leur bureau, ainsi que des membres des commissions prévues à son article 43 ;

Décide :

Article premier. — Sont déclarées conformes à la Constitution les dispositions des articles 10 (1er alinéa) et 37 (2e alinéa) du règlement de l'Assemblée nationale dans la rédaction qui leur a été donnée par la résolution en date du 4 mai 1961 ainsi que les dispositions prévues à titre transitoire par l'article 3 de ladite résolution.

Article 2. — La présente décision sera publiée au *Journal officiel* de la République française.

Délibéré par le Conseil constitutionnel dans sa séance du 30 mai 1961.

J.O. du 8 juin

DOCUMENT 61-306
Décision du Conseil constitutionnel du 10 juillet 1962

Le Conseil constitutionnel,

Saisi le 3 juillet 1962 par le Président de l'Assemblée nationale, conformément aux dispositions de l'article 61 de la Constitution, d'une résolution modifiant les articles 25, 26, 31, 34, 51, 65, 80, 86, 87, 93, 106, 122 et 155 du règlement de l'Assemblée nationale ;

Vu la Constitution ;

Vu l'ordonnance du 7 novembre 1958 portant loi organique sur le Conseil constitutionnel, et notamment ses articles 17 (alinéa 2), 19, 20 et 23 (alinéa 2) ;

En ce qui concerne les articles 25, 26, 31, 34, 51, 65, 86, 87, 93, 106, 122 et 155 du règlement de l'Assemblée nationale :

Considérant que ces dispositions, dans la rédaction qui leur a été donnée par la résolution susvisée, ne sont contraires à aucune disposition de la Constitution, étant entendu, toutefois, en ce qui concerne l'article 93, que la disposition nouvelle doit être interprétée comme un simple rappel de celle de l'article 41 de la Constitution qui prévoit la saisine du Conseil constitutionnel à l'initiative du Président de l'assemblée intéressée ou du Gouvernement ;

En ce qui concerne l'article 80 :

Considérant que l'objet de la modification proposée à l'article 80 du règlement tend à permettre à l'Assemblée nationale, saisie, conformément à l'article 26 de la Constitution, d'une demande en levée d'immunité parlementaire, de faire porter son examen non plus sur cette demande, mais sur les conclusions de sa commission *ad hoc* formulées en une proposition de résolution et limitées aux seuls faits visés par la demande, laquelle serait susceptible d'amendements portant aussi uniquement sur lesdits faits ;

Considérant que l'intervention d'une telle résolution dans une matière qui relève de la compétence exclusive de l'Assemblée nationale est conforme à la Constitution dans la seule mesure où elle permet à cette assemblée de se prononcer sur le caractère sérieux, loyal et sincère de la demande de levée d'immunité parlementaire qui lui est présentée, au regard des faits sur lesquels cette demande est fondée et à l'exclusion de tout autre objet ;

Décide :

Article premier. — Sont déclarés conformes à la Constitution les dispositions des articles 25 (alinéa 4), 26 (alinéa 3), 31 (alinéa 1er), 34 (alinéa 3), 51 (alinéa 1er), 65 (alinéa 2), 86 (alinéa 1er), 87 (alinéa 4), 106 (dernier alinéa), 122 (alinéa 2) et 155 (dernier alinéa) du règlement de l'Assemblée nationale dans la rédaction donnée à ces articles par la résolution susvisée du 3 juillet 1962, ainsi que, sous réserve des observations qui précèdent, les dispositions des articles 80 (alinéa 1er) et 93 (alinéa 4), dans la rédaction qui leur a été donnée par la même résolution.

Article 2. — La présente décision sera publiée au *Journal officiel* de la République française.

Délibéré par le Conseil dans sa séance du 10 juillet 1962.

J.O. du 15 juin

DOCUMENT 61-307
Décision du Conseil constitutionnel du 21 janvier 1964

Le Conseil constitutionnel,

Saisi le 23 décembre 1963 par le Président de l'Assemblée nationale, conformément aux dispositions de l'article 61 de la Constitution, d'une résolution en date du 19 décembre 1963 modifiant les articles 36, 39, 41, 50, 134, 135, 136 et 137 du règlement de l'Assemblée nationale ;

Vu la Constitution ;

Vu l'ordonnance du 7 novembre 1958 portant loi organique sur le Conseil constitutionnel, et notamment ses articles 17 (al. 2), 19, 20 et 23 (al. 2) ;

En ce qui concerne l'article 134 (1er al.) du règlement de l'Assemblée nationale :

Considérant que si, par son règlement, chacune des assemblées du Parlement fixe librement le jour de la semaine et la séance de ce jour où elle doit, par priorité, délibérer sur les questions de ses membres et les réponses du Gouvernement, ces délibérations ne peuvent excéder la durée d'une séance ; qu'il résulte, en effet, des termes de l'article 48 de la Constitution et de l'interprétation nécessaire de la combinaison des alinéas 1 et 2 dudit article, qu'une seule séance par semaine doit être réservée auxdites questions et réponses ;

Considérant que la résolution susvisée, modifiant l'article 134 (1er al.) du règlement de l'Assemblée nationale, ne peut être regardée comme conforme à la Constitution en tant qu'elle répartit sur deux séances, même successives, le temps consacré auxdites délibérations ;

En ce qui concerne les articles 135 (2e al.), 136 (1er al.) et 137 (2e al.) dudit règlement :

Considérant qu'aux termes de l'article 48 (al. 2) de la Constitution, c'est au Gouvernement qu'il appartient de répondre aux questions des membres du Parlement ; que le Gouvernement est donc représenté, pour répondre à chacune d'elles, par celui de ses membres que le Premier ministre a désigné à cet effet, sans que ce choix puisse faire l'objet d'une ratification ou d'une récusation par un membre du Parlement ; que par suite, la disposition qui subordonne à l'accord de l'auteur de la question l'intervention d'un membre du Gouvernement autre que le ministre techniquement compétent ne peut être regardée comme conforme à la Constitution ;

En ce qui concerne les autres dispositions du même règlement soumises à l'examen du Conseil constitutionnel :

Considérant que les articles 36 (al. 2, 3° et 5°), 39 (al. 2), 41 (1er al.), 50 (al. 1, 3 et 6), 135 (3e al.) dudit règlement ne sont, dans la rédaction qui leur a été donnée par la résolution susvisée, contraires à aucune disposition de la Constitution ; qu'il en est de même de la modification apportée à l'article 137 (al. 2) par l'article 10 de la résolution et qui vise à substituer le mot « jeudi » au mot « vendredi » ;

Décide :

Article premier. — Sont déclarées non conformes à la Constitution les dispositions des articles 134 (1er al.), 135 (2e al.), 136 (1er al.) et, dans la mesure ci-dessus précisée, l'article 137 (2e al.) du Règlement de l'Assemblée nationale, dans la rédaction qui leur a été donnée par la résolution susvisée en date du 19 décembre 1963.

Article 2. — Sont déclarées conformes à la Constitution les dispositions des articles 36 (al. 2, 3° et 5°), 39 (al. 2), 41 (1er al.), 50 (al. 1, 3 et 6), 135 (3e al.) ainsi que, dans la mesure ci-dessus indiquée, l'article 137 (al. 2) du règlement de l'Assemblée nationale, dans la rédaction qui leur a été donnée à ces articles par la résolution du 19 décembre 1963.

Article 3. — La présente décision sera publiée au *Journal officiel* de la République française.

Délibéré par le Conseil constitutionnel dans sa séance du 21 janvier 1964.

J.O. du 29

DOCUMENT 61-308

Décision du Conseil constitutionnel du 15 octobre 1964

Le Conseil constitutionnel,

Saisi le 8 octobre 1964 par le Président de l'Assemblée nationale, conformément aux dispositions de l'article 61 de la Constitution, d'une résolution tendant à modifier les articles 41, 50, 60, 134 et 137 du règlement ;

Vu la Constitution ;

Vu l'ordonnance du 7 novembre 1958 portant loi organique sur le Conseil constitutionnel, et notamment ses articles 17 (al. 2), 19 et 20 ;

Considérant que les dispositions des articles 41 (1er al.), 50 (al. 1, 3 et 6), 60 (al. 1 et 2), 134 (1er al.) et 137 (al. 2, 2e phrase) du règlement de l'Assemblée nationale, dans la rédaction qui leur a été donnée par la résolution susmentionnée, ne sont contraires à aucune disposition de la Constitution ;

Décide :

Article premier. — Sont déclarées conformes à la Constitution les dispositions des articles 41 (1er al.), 50 (al. 1, 3 et 6), 60 (al. 1 et 2), 134 (1er al.) et 137 (al. 2, 2e phrase) du règlement de l'Assemblée nationale, dans la rédaction qui leur a été donnée par la résolution en date du 6 octobre 1964.

Article 2. — La présente décision sera publiée au *Journal officiel* de la République française.

Délibéré par le Conseil constitutionnel dans sa séance du 15 octobre 1964.

J.O. du 22

DOCUMENT 61-309

Décision du Conseil Constitutionnel du 11 mai 1967

Le Conseil constitutionnel,

Saisi le 27 avril 1967 par le Président de l'Assemblée nationale, conformément aux dispositions de l'article 61 de la Constitution, d'une résolution tendant à modifier les articles 14, 25, 36, 37, 38 et 162 du règlement de l'Assemblée nationale ;

Vu la Constitution ;

Vu l'ordonnance du 7 novembre 1958 portant loi organique sur le Conseil constitutionnel et notamment ses articles 17 (al. 2), 19 et 20 ;

Considérant que les dispositions des articles 14, 25, 36, 37, 38 et 162 du règlement de l'Assemblée nationale, dans la rédaction qui leur a été donnée par la résolution susmentionnée, ne sont contraires à aucune disposition de la Constitution ;

Décide :

Article premier. — Sont déclarées conformes à la Constitution les dispositions des articles 14, 25, 36, 37, 38 et 162 du règlement de l'Assemblée nationale, dans la rédaction qui leur a été donnée par la résolution en date du 26 avril 1967.

Article 2. — La présente décision sera publiée au Journal officiel de la République française.

Délibéré par le Conseil constitutionnel dans sa séance du 11 mai 1967.

J.O. du 21

DOCUMENT 61-310
Décision du Conseil constitutionnel du 20 novembre 1969

Le Conseil constitutionnel,

Saisi le 28 octobre 1969 par le Président de l'Assemblée nationale, conformément aux dispositions de l'article 61 de la Constitution, d'une résolution en date du 23 octobre 1969 modifiant et complétant le règlement de l'Assemblée nationale en ses articles 7, 10, 11, 20, 25, 26, 28, 29, 30, 31, 32, 33, 36, 37, 38, 39, 40, 41, 43, 46, 48, 49, 50, 54, 56, 58, 61, 66, 87, 88, 91, 95, 99, 100, 101, 103, 104, 105, 106, 107, 111, 118, 132, 133, 134, 135, 136, 137-1. 139, 147, 148, 148-1, 148-2, 149, 151, 162 ;

Vu la Constitution,

Vu l'ordonnance du 7 novembre 1958 portant loi organique sur le Conseil constitutionnel et notamment ses articles 17, alinéa 2, 19, 20 et 23, alinéa 2 ;

Vu l'ordonnance n° 58-1100 du 17 novembre 1958 relative au fonctionnement des assemblées parlementaires et notamment son article 5 ;

En ce qui concerne l'article 31, quatrième alinéa, du règlement de l'Assemblée nationale :

Considérant que les dispositions de ce texte, relatives à l'organisation du débat faisant suite à une opposition formulée contre la constitution d'une commission spéciale — dans la mesure où elles précisent, à la différence de nombreuses dispositions du même règlement, que, seuls certains parlementaires dont elles énoncent la qualification pourront prendre la parole dans ce débat — sont contraires aux dispositions de l'article 31, premier alinéa, de la Constitution aux termes duquel les membres du Gouvernement sont entendus par les assemblées quand ils le demandent ;

En ce qui concerne les dispositions de l'article 33, alinéa 2, et de l'article 34 (premier alinéa) :

Considérant que la conformité à la Constitution des règlements des assemblées parlementaires doit s'apprécier tant au regard de la Constitution elle-même que des lois organiques prévues par celle-ci ainsi que des mesures législatives nécessaires à la mise en place des institutions, prises en vertu du premier alinéa de l'article 92 de la Constitution ;

Considérant que l'ordonnance du 17 novembre 1958, relative au fonctionnement des assemblées parlementaires, prise en vertu de l'article 92 de la Constitution, prévoit dans son article 5, que le règlement de chaque assemblée parlementaire fixe la composition et le mode de désignation des membres des commissions mentionnées à l'article 43 de la Constitution ainsi que les règles de leur fonctionnement ;

Considérant que les dispositions de l'article 33, alinéa 2, du règlement de l'Assemblée nationale, dans la rédaction qui leur a été donnée par la résolution du 23 octobre 1969, prévoient que, par dérogation aux dispositions de l'alinéa précédent, le Président de l'Assemblée peut décider de porter à 41 membres l'effectif des commissions spéciales ; qu'ainsi elles peuvent aboutir à déléguer, sans habilitation, au Président de l'Assemblée, une compétence qui, en vertu du texte précité, n'appartient qu'à l'Assemblée nationale elle-même ; que, par suite, lesdites dispositions de l'article 33, alinéa 2, du règlement ne sont pas conformes aux dispositions relatives aux mesures nécessaires à la mise en place des institutions et doivent dès lors, être regardées comme non conformes à la Constitution ; qu'il en est de même, par voie de conséquence, des dispositions de l'article 34, premier alinéa, dans la mesure où elles précisent que l'affichage ou la notification qu'elles prévoient doivent comporter l'indication de l'effectif de la commission spéciale ;

En ce qui concerne les dispositions de l'article 41, premier alinéa :

Considérant qu'en limitant à la seule Conférence des Présidents le pouvoir de déroger, par une décision prise au début d'une session et pour toute sa durée, à la règle suivant laquelle la matinée du jeudi est réservée aux travaux des commissions permanentes, les dispositions dont il s'agit rapprochées des dispositions de l'article 50, alinéa 3, qui interdisent à l'Assemblée de siéger pendant les matinées réservées aux réunions des commissions, font obstacle à l'application du principe édicté par l'article 48, premier alinéa, de la Constitution, d'après lequel « l'ordre du jour des assemblées comporte, par priorité et dans l'ordre que le Gouvernement a fixé, la discussion des projets de lois déposés par le Gouvernement et des propositions de lois acceptées par lui » ; que, par suite et dans cette mesure, les dispositions précitées, soumises à l'examen du Conseil constitutionnel, ne peuvent être regardées comme conformes à la Constitution ;

En ce qui concerne les dispositions de l'article 133, premier alinéa, et de l'article 147, alinéas 3 et 4 :

Considérant que les dispositions de l'article 133, premier alinéa, en ce qu'elles permettent au président d'une commission permanente, à la suite d'une décision spéciale de cette commission, de poser, au nom de celle-ci et indépendamment du droit qu'il tient de sa qualité de député, des questions orales à un ministre, sont contraires à celles de l'article 48, alinéa 2, de la Constitution, lequel réserve aux seuls membres du Parlement et non aux organes de celui-ci la faculté de poser des questions au Gouvernement ; qu'il en est de même et pour le même motif, des dispositions des alinéas 3 et 4 de l'article 147, en ce qu'elles prévoient la possibilité de faire poser par le président d'une commission permanente, une question orale portant sur l'objet d'une pétition, conformément à l'article 133 ;

En ce qui concerne les dispositions de l'article 147, alinéa 5 :

Considérant que les dispositions dudit alinéa, en tant qu'elles imposent un délai de réponse au ministre auquel a été renvoyée une pétition, ne peuvent être regardées comme conformes à la Constitution, dès lors que le droit de pétition dans son fondement et dans sa nature ne saurait être considéré comme mettant en cause les principes constitutionnels qui régissent les rapports du pouvoir législatif et du pouvoir exécutif ;

En ce qui concerne les autres dispositions soumises à l'examen du Conseil constitutionnel :

Considérant que les dispositions des articles 7, 10, 11, 20, 25, 26, 28, 29, 30, 31 (al. 1 et 3), 32, 33 (al. 1 et 3), 34 (al. 2, 3, 4 et 5), 36, 37, 38, 39, 40, 41 (al. 2 et 3), 43, 46, 48, 49, 50, 54, 56, 58, 61, 66, 87, 88, 91, 95, 99, 100, 101, 103, 104, 105, 106, 107, 111, 118, 132, 134, 135, 136, 137-1, 139, 147 (al. 1, 2 et 6), 148, 148-1, 148-2, 149, 151, et 162, modifiées par la résolution susvisée et dans la rédaction qui leur a été donnée par celle-ci, ne sont contraires à aucune disposition de la Constitution sous réserve, toutefois, en ce qui concerne notamment les dispositions des articles 25, 31, 32, 34, 37, 38, 49, 104, 132, 149 et 151 et en tant qu'elles réservent certains pouvoirs aux groupes et aux présidents de groupes, que, dans l'application de celles-ci, il ne soit pas porté atteinte au principe édicté à l'article 27 de la Constitution d'après lequel le droit de vote des membres du Parlement est personnel ;

Décide :

Article premier. — Sont déclarées non conformes à la Constitution, dans la mesure ci-dessus précisée, les dispositions des articles 31 (al. 4) 33 (al. 2), 34 (1er al.), 41 (1er al.), 133 (1er al.) et 147 (al. 3, 4 et 5) du règlement de l'Assemblée nationale dans la rédaction qui leur a été donnée par la résolution susvisée en date du 23 octobre 1969.

Article 2. — Sont déclarées conformes à la Constitution, sous la réserve indiquée dans les motifs de la présente décision, les autres dispositions dudit règlement soumises à l'examen du Conseil constitutionnel, telles qu'elles résultent de la résolution du 23 octobre 1969.

Article 3. — La présente décision sera publiée au *Journal officiel* de la République française.

Délibérée par le Conseil constitutionnel dans sa séance du 20 novembre 1969.

J.O. du 30

DOCUMENT 61-311
Décision du Conseil constitutionnel du 15 janvier 1970

Le Conseil constitutionnel,

Saisi le 18 décembre 1969 par le Président de l'Assemblée nationale, conformément aux dispositions de l'article 61 de la Constitution, d'une résolution tendant à modifier les articles 31, 32, 34, 41, 50 et 147 du règlement de l'Assemblée nationale ;

Vu la Constitution ;

Vu l'ordonnance du 7 novembre 1958 portant loi organique sur le Conseil constitutionnel et notamment ses articles 17 (alinéa 2), 19 et 20 ;

Ouï le rapporteur en son rapport ;

Considérant que les dispositions des articles 31, 32, 34, 41, 50 et 147 du règlement de l'Assemblée nationale, dans la rédaction qui leur a été donnée par la résolution susmentionnée, ne sont contraires à aucune disposition de la Constitution ;

Décide :

Article premier. — Sont déclarées conformes à la Constitution les dispositions des articles 31, 32, 34, 41, 50 et 147 du règlement de l'Assemblée nationale, dans la rédaction qui leur a été donnée par la résolution en date du 17 décembre 1969.

Article 2. — La présente décision sera publiée au *Journal officiel* de la République française.

Délibéré par le Conseil constitutionnel dans sa séance du 15 janvier 1970.

J.O. du 18

DOCUMENT 61-312
Décision du conseil constitutionnel du 3 novembre 1977

Le Conseil constitutionnel,

Saisi le 6 octobre 1977 par le Président de l'Assemblée nationale, conformément aux dispositions de l'article 61 de la Constitution, d'une résolution en date du 5 octobre 1977 modifiant les articles 142 et 143 du règlement de l'Assemblée nationale ;

Vu la Constitution ;

Vu l'ordonnance du 7 novembre 1958 portant loi organique sur le Conseil constitutionnel, notamment ses articles 17, alinéa 2, 19 et 20 ;

Vu l'ordonnance n° 58-1100 du 17 novembre 1958 relative au fonctionnement des assemblées parlementaires et notamment son article 6, et la loi n° 77-807 du 19 juillet 1977 modifiant cet article 6, en vue de préciser les moyens d'action des commissions d'enquête et de contrôle ;

Considérant que les nouvelles dispositions des articles 142 et 143 du règlement de l'Assemblée nationale résultant de la résolution du 5 octobre 1977 sont prises pour l'application de la loi n° 77-807 du 19 juillet 1977 ;

Considérant que la conformité desdites dispositions à la loi précitée, qui n'a pas été soumise à l'examen du Conseil constitutionnel, n'implique pas que celles-ci soient conformes à la Constitution ; qu'il y a lieu, en conséquence, pour le Conseil constitutionnel, de les apprécier au regard de la Constitution elle-même ;

Considérant que le nouvel article 142 du règlement de l'Assemblée nationale a pour objet de permettre aux personnes entendues par une commission d'enquête ou de contrôle de prendre connaissance du compte rendu de leur audition quand il est proposé de le citer dans le rapport et de faire des observations écrites que la commission peut décider d'annexer audit rapport ;

Considérant que le nouvel article 143 du règlement de l'Assemblée nationale a pour objet, d'une part, d'étendre le délai imparti aux commissions d'enquête et de contrôle pour déposer leur rapport et, d'autre part, d'instituer, sauf décision contraire, prise par un vote spécial de l'Assemblée constituée en comité secret, la publication des rapports de ces commissions ;

Considérant que le texte ainsi modifié des articles 142 et 143 ne va à l'encontre d'aucune disposition de valeur constitutionnelle,

Décide :

Article premier. — Sont déclarées non contraires à la Constitution les dispositions des articles

142 et 143 du règlement de l'Assemblée nationale dans la rédaction qui leur a été donnée par la résolution en date du 5 octobre 1977.

Article 2. — La présente décision sera publiée au *Journal officiel* de la République française.

Délibéré par le Conseil constitutionnel dans sa séance du 3 novembre 1977.

J.O. du 6

DOCUMENT 61-350
Décision du Conseil constitutionnel du 20 décembre 1963 relative au règlement du Congrès

Le Conseil constitutionnel,

Saisi le 20 décembre 1963 par le Président de l'Assemblée nationale, Président du Congrès du Parlement, conformément aux dispositions de l'article 61 de la Constitution, du texte du règlement adopté par le Congrès ;

Vu la Constitution ;

Vu l'ordonnance du 7 novembre 1958 portant loi organique sur le Conseil constitutionnel ;

Considérant que les dispositions du règlement susvisé, compte tenu du renvoi de l'article 1er faisant référence au troisième alinéa de l'article 89 de la Constitution, ne sont contraires à aucune disposition de ladite Constitution ;

Décide :

Article premier. — Sont déclarées conformes à la Constitution les dispositions du Règlement du Congrès du Parlement dans la rédaction qui leur a été donnée par le texte en date du 20 décembre 1963.

Article 2. — La présente décision sera publiée au *Journal officiel* de la République française.

Délibéré par le Conseil constitutionnel dans sa séance du 20 décembre 1963.

J.O. du 21

DOCUMENT 61-400
Liste des décisions rendues par le Conseil constitutionnel en application de l'article 61, alinéa 2

N°	Date	Publication au J.O.	Intitulé
1	11.08.1960	13.08	Loi de finances rectificative pour 1960.
2	20.01.1961	24.01	Loi relative aux assurances sociales agricoles.
3	06.11.1962	07.11	Loi relative à l'élection du Président de la République au Suffrage Universel direct.
4	12.03.1963	16.03	Loi portant réforme de l'enregistrement, du timbre et la fiscalité immobilière.
5	18.12.1964	24.12	Loi de finances pour 1965.
6	30.01.1968	01.02	Loi relative aux évaluations servant de base à certains impôts directs locaux.
7	30.12.1970	31.12	Loi de finances rectificative pour 1970.
8	16.07.1971	18.07	Loi relative au contrat d'association.
9	27.12.1973	28.12	Loi de finances pour 1974.
10	30.12.1974	31.12	Loi de finances pour 1975.
11	15.11.1975	17.01	Loi sur l'interruption volontaire de la grossesse.
12	23.07.1975	29.07	Loi sur le Code de procédure pénale.
13	23.07.1975	24.07	Loi portant suppression de la patente.
14	30.12.1975	31.12	Loi de finances pour 1976.
15	30.12.1975	3.1.76	Loi relative aux conséquences de l'autodétermination des îles des Comores.
16	15.07.1976	20.07	Loi relative au statut général des fonctionnaires.
17	08.11.1976	09.11	Loi relative au développement de la prévention des accidents du travail.
18	02.12.1976	07.12	— id. —
19	28.12.1976	29.12	Loi de finances rectificative pour 1976.
20	28.12.1976	29.12	Loi de finances pour 1977.
21	12.01.1977	13.01	Loi relative à la Chambre des députés des TFAI.
22	12.01.1977	13.01	Loi autorisant la visite des véhicules.
23	05.07.1977	06.07	Loi sur l'emploi des jeunes.
24	20.07.1977	22.07	Loi relative à la notion de " service fait ".
25	20.07.1977	22.07	Loi relative à la coopération intercommunale.
26	23.11.1977	25.11	Loi complémentaire relative à la liberté de l'enseignement.
27	30.12.1977	31.12	Loi de finances rectificative pour 1977.
28	30.12.1977	31.12	Loi de finances pour 1978.
29	18.01.1978	19.01	Loi relative à la mensualisation.
30	18.01.1978	19.01	Loi complémentaire relative à l'enseignement agricole privé.
31	29.04.1978	30.04	Loi autorisant l'augmentation de la quote-part de la France au FMI.
32	27.07.1978	29.07	Loi relative à l'enseignement agricole privé.
33	27.07.1978	29.07	Loi complétant la loi du 7 août 1974 relative à la radiodiffusion et à la télévision.
34	27.07.1978	29.07	Loi portant réforme de la procédure pénale.

DOCUMENT 61-401
Décision du 11 août 1960

Le Conseil constitutionnel,

Saisi le 29 juillet 1960 par le Premier ministre, conformément aux dispositions de l'article 61 de la Constitution, du texte de la loi de finances rectificative pour 1960 ;

Vu la Constitution ;

Vu l'ordonnance en date du 7 novembre 1958 portant loi organique sur le Conseil constitutionnel, notamment le chapitre II du titre II de ladite ordonnance ;

Vu l'ordonnance en date du 2 janvier 1959 portant loi organique relative aux lois de finances ;

Vu l'ordonnance en date du 4 février 1959 relative à la radiodiffusion-télévision française ;

Considérant que, d'une part, aux termes de l'article 34 de la Constitution « les lois de finances déterminent les ressources et les charges de l'Etat dans les conditions et sous les réserves prévues par une loi organique » ; que, d'autre part, aux termes de l'article 4 de l'ordonnance du 2 janvier 1959 portant loi organique relative aux lois de finances, laquelle constitue la loi organique visée par la disposition précitée de la Constitution « les taxes parafiscales, perçues dans un intérêt économique ou social, au profit d'une personne morale de droit public ou privé autre que l'Etat, les collectivités territoriales et leurs établissements publics administratifs, sont établies par décret en conseil d'Etat, pris sur le rapport du ministre des Finances et du ministre intéressé. La perception de ces taxes audelà du 31 décembre de l'année de leur établissement doit être autorisée chaque année par une loi de finances » ;

Qu'il résulte de ces dispositions que la perception des taxes dont il s'agit ne fait l'objet que d'une autorisation annuelle du Parlement, à l'occasion de laquelle celui-ci exerce son contrôle sur la gestion financière antérieure de la personne morale considérée ; que cette autorisation ne saurait être renouvelée en cours d'exercice sans qu'il soit porté atteinte au principe ainsi posé de l'annalité du contrôle parlementaire et aux prérogatives que le Gouvernement tient des dispositions précitées pour l'établissement desdites taxes, ce, même au cas où le pouvoir réglementaire établit ces taxes à un nouveau taux ;

Considérant qu'aux termes de l'article 1er de l'ordonnance n° 59-273 du 4 février 1959, la radio-télévision française « constitue un établissement public de l'Etat, à caractère industriel et commercial, doté d'un budget autonome » ; qu'en application des articles 3 et 9 de la même ordonnance, elle reçoit une « redevance pour droit d'usage » dont le produit constitue l'essentiel des ressources lui permettant de faire face à l'ensemble de ses charges d'exploitation et d'équipement ;

Que cette redevance qui, en raison tant de l'affectation qui lui est donnée que du statut même de l'établissement en cause, ne saurait être assimilée à un impôt, et qui, eu égard aux conditions selon lesquelles elle est établie et aux modalités prévues pour son contrôle et son recouvrement, ne peut davantage être définie comme une rémunération pour services rendus, a le caractère d'une taxe parafiscale de la nature de celles visées à l'article 4 de l'ordonnance organique présidée du 2 janvier 1959 ;

Considérant que, conformément au principe posé par l'article 4 de ladite ordonnance organique et ci-dessus analysé, la perception de cette taxe parafiscale doit faire l'objet d'une seule autorisation annuelle du Parlement ; que, dès lors, les dispositions de l'article 17 de la loi de finances rectificative pour 1960, selon lesquelles : « lorsque les taux des redevances pour droit d'usage de postes de radiodiffusion et télévision sont modifiés postérieurement à l'autorisation de perception accordée par le Parlement pour l'année en cours, les redevances établies sur la base des nouveaux taux ne peuvent être mises en recouvrement qu'après autorisation donnée, conformément aux dispositions de l'article 14 de la loi n° 59-1454 du 26 décembre 1959, dans la plus prochaine loi de finances », ne peuvent être regardées comme conformes aux prescriptions de l'ordonnance du 2 janvier 1959 portant loi organique relative aux lois de finances et par suite à celles de l'article 34 de la Constitution qui renvoie expressément à ladite loi organique ;

Considérant que l'article 18 de la loi de finances rectificative susvisée a pour objet d'affecter à un compte d'attente ouvert dans les écritures de la radiodiffusion-télévision française, sous réserve des exceptions qu'il détermine, l'excédent des recettes réalisées par cet établissement en 1960 et d'en différer l'utilisation jusqu'au contrôle sur pièces devant, en vertu de l'article 14 de la loi du 26 décembre 1959, intervenir lors de l'examen de la loi de finances pour l'exercice 1961 ; qu'ainsi cette disposition, de caractère purement comptable constitue une intervention du Parlement dans la gestion financière dudit établissement, laquelle intervention porte atteinte aux pouvoirs de l'autorité de tutelle en ce domaine ; qu'il y a lieu, pour ce motif, de déclarer les dispositions dudit article 18 non conformes à la Constitution ;

Considérant qu'en l'espèce il n'y a lieu pour le Conseil constitutionnel de soulever aucune question de conformité à la Constitution en ce qui concerne les autres dispositions de la loi dont il est saisi par le Premier ministre aux fins d'examen de ses articles 17 et 18,

Décide :

Article 1er. — Les articles 17 et 18 de la loi de finances rectificative pour 1960 sont déclarés non conformes à la Constitution.

Article 2. — La présente décision sera publiée au *Journal officiel* de la République française.

Délibéré par le Conseil constitutionnel dans sa séance du 11 août 1960.

J.O. du 13

DOCUMENT 61-402
Décision du 20 janvier 1961

Le Conseil constitutionnel,

Saisi le 27 décembre 1960 par le Premier ministre, conformément aux dispositions de l'article 61 de la Constitution, du texte définitif du projet de loi adopté par le Parlement et relatif aux assurances maladie, invalidité et maternité des exploitants agricoles et des membres non salariés de leur famille ;

Vu la Constitution ;

Vu l'ordonnance en date du 7 novembre 1958 portant loi organique sur le Conseil constitutionnel, notamment le chapitre II du titre II de ladite ordonnance ;

Considérant que l'article 40 de la Constitution dispose : « les propositions et amendements formulés par les membres du Parlement ne sont pas recevables lorsque leur adoption aurait pour conséquence, soit une diminution des ressources publiques, soit la création ou l'aggravation d'une charge publique » ;

Considérant que l'expression « charge publique » doit être entendue comme englobant, outre les charges de l'Etat, toutes celles antérieurement visées par l'article 10 du décret du 19 juin 1956 sur le mode de présentation du budget de l'Etat et, en particulier, celles des divers régimes d'assistance et de sécurité sociale ; que cette interprétation est confirmée tant par les débats du Comité consultatif constitutionnel que par le rapprochement entre les termes de l'article 40 précité et ceux du projet de loi déposé le 16 janvier 1958 qui tendaient à la révision de l'article 17 de la Constitution du 27 octobre 1946 ;

Considérant que les dispositions des articles 1106-1 (§ 3, al. 2), 1106-1 (§ 4, al. 3) et 1106-3 (§ 2) du code rural, dans la rédaction qui résulte du vote par le Parlement de plusieurs amendements au texte de projet de loi relatif aux assurances maladie, invalidité et maternité des exploitants agricoles et des membres non salariés de leur famille, ont pour effet de créer de nouvelles catégories de bénéficiaires de ce régime particulier de sécurité sociale et entraînent, à l'évidence, une aggravation des charges à supporter par ledit régime ; que les amendements susmentionnés étaient dès lors irrecevables en vertu de l'article 40 précité de la Constitution et que les dispositions législatives qui ont résulté de leur adoption ne peuvent, par ce motif, qu'être déclarées non conformes à la Constitution ;

Considérant, au contraire, que le texte de l'article 1106-1 (§ 4, al. 5) du code rural tel qu'il a été adopté par le Parlement et qui vise les « enfants de moins de vingt ans qui, par suite d'infirmité ou de maladie chronique, sont dans l'impossibilité totale et contrôlée de se livrer à une activité rémunératrice », ne peut être regardé comme aggravant la charge qui, pour ce régime de sécurité sociale, eût résulté de l'adoption du projet de loi initial, lequel se référait, pour les mêmes personnes, à une « impossibilité permanente » provenant de la même cause et ayant les mêmes effets ; que dès lors ce texte ne tombait pas sous le coup de l'irrecevabilité prévue par l'article 40 de la Constitution ;

Considérant qu'en l'espèce il n'y a lieu pour le Conseil constitutionnel de soulever aucune question de conformité à la Constitution en ce qui concerne les autres dispositions de la loi soumises par le Premier ministre à son examen,

Décide :

Art. 1er. — L'article 1er du texte définitif du projet de loi adopté par le Parlement et relatif aux assurances maladie, invalidité et maternité des exploitants agricoles et des membres non salariés de leur famille est déclaré non conforme à la Constitution en tant qu'il introduit dans le titre II du livre VII du code rural les dispositions de l'article 1106-1 (§ 3, al. 2, et § 4, al. 3) et en tant qu'il vise « les conjoints » parmi les personnes énumérées à l'article 1106-3 (§ 2).

Art. 2. — Les dispositions de l'article 1106-1 (§ 4, al. 5) introduites dans le code rural par le texte du projet de loi mentionné à l'article précédent sont déclarées conformes à la Constitution.

Art. 3. — La présente décision sera publiée au *Journal officiel* de la République française.

Délibéré par le Conseil constitutionnel dans sa séance du 20 janvier 1961.

J.O. du 24

DOCUMENT 61-403
Décision du 6 novembre 1962

Le Conseil constitutionnel,

Saisi par le Président du Sénat, sur la base de l'article 61, 2e al., de la Constitution, du texte de la loi relative à l'élection du Président de la République au suffrage universel direct et adoptée par le peuple par le référendum du 28 octobre 1962, aux fins d'appréciation de la conformité de ce texte à la Constitution ;

Vu la Constitution ;

Vu l'ordonnance du 7 novembre 1959 portant loi organique sur le Conseil constitutionnel ;

Considérant que la compétence du Conseil constitutionnel est strictement délimitée par la Constitution, ainsi que par les dispositions de la loi organique du 7 novembre 1958 sur le Conseil constitutionnel prise pour l'application du titre VII de celle-ci ; que le Conseil ne saurait donc être appelé à se prononcer sur d'autres cas que ceux qui sont limitativement prévus par ces textes ;

Considérant que, si l'article 61 de la Constitution donne au Conseil constitutionnel mission d'apprécier la conformité à la Constitution des lois organiques et des lois ordinaires qui, respectivement, doivent ou peuvent être soumises à son examen, sans préciser si cette compétence s'étend à l'ensemble des textes de caractère législatif, qu'ils aient été adoptés par le peuple à la suite d'un référendum ou qu'ils aient été votés par le Parlement, ou si, au contraire, elle est limitée seulement à cette dernière catégorie, il résulte de l'esprit de la Constitution qui a fait du Conseil constitutionnel un organe régulateur de l'activité des pouvoirs publics que les lois que la Constitution a entendu viser dans son article 61 sont uniquement les lois votées par le Parlement et non point celles qui, adoptées par le peuple à la suite d'un référendum, constituent l'expression directe de la souveraineté nationale ;

Considérant que cette interprétation résulte également des dispositions expresses de la Constitution et notamment de son article 60, qui détermine le rôle du Conseil constitutionnel en matière de référendum, et de l'article 11, qui ne prévoit aucune formalité entre l'adoption d'un projet de loi par le peuple et sa promulgation par le Président de la République ;

Considérant, enfin, que cette même interprétation est encore expressément confirmée par les dispositions de l'article 17 de la loi organique susmentionnée du 7 novembre 1958, qui ne fait état que des « lois adoptées par le Parlement », ainsi que par celles de l'article 23 de ladite loi qui prévoit que « dans le cas où le Conseil constitutionnel déclare que la loi dont il est saisi contient une disposition contraire à la Constitution, sans constater en même temps qu'elle est inséparable de l'ensemble de la loi, le Président de la République peut soit promulguer la loi à l'exception de cette disposition, soit demander aux Chambres une nouvelle lecture » ;

Considérant qu'il résulte de ce qui précède qu'aucune des dispositions de la Constitution ni de la loi organique précitée prise en vue de son application ne donne compétence au Conseil constitutionnel pour se prononcer sur la demande susvisée par laquelle le Président du Sénat lui a déféré aux fins d'appréciation de sa conformité à la Constitution le projet adopté par le peuple français par voie de référendum le 28 octobre 1962,

Décide :

Article premier. — Le Conseil constitutionnel n'a pas compétence pour se prononcer sur la demande susvisée du Président du Sénat.

Art. 2. — La présente décision sera publiée au *Journal officiel* de la République française.

Délibéré par le Conseil dans sa séance du 6 novembre 1962.

J.O. du 7

DOCUMENT 61-404
Décision du 12 mars 1963

Le Conseil constitutionnel,

Saisi le 5 mars 1963 par le Premier ministre, conformément aux dispositions de l'article 61 de la Constitution, du texte définitif du projet de loi adopté par le Parlement et portant réforme de l'enregistrement, du timbre et de la fiscalité immobilière ;

Vu la Constitution ;

Vu l'ordonnance en date du 7 novembre 1958 portant loi organique sur le Conseil constitutionnel, notamment le chapitre II du titre II de ladite ordonnance ;

Vu l'ordonnance du 2 janvier 1959 portant loi organique relative aux lois de finances, et notamment son article 18 ;

Considérant qu'aux termes de l'article 40 de la Constitution « les propositions et amendements formulés par les membres du Parlement ne sont pas recevables lorsque leur adoption aurait pour conséquence soit une diminution des ressources publiques, soit la création ou l'aggravation d'une charge publique » ;

Considérant que la loi portant réforme de l'enregistrement, du timbre et de la fiscalité immobilière, dont le texte est, avant sa promulgation, soumis au Conseil constitutionnel pour examen de sa conformité à la Constitution, tend, dans son article 27, à substituer aux droits d'enregistrement, actuellement en vigueur, notamment aux droits de mutation, frappant certaines opérations immobilières et dont une partie est perçue au profit des collectivités locales, une imposition nouvelle dont le produit sera exclusivement affecté aux recettes de l'Etat ; que, si d'autres dispositions de ce même texte prévoient l'attribution aux collectivités locales de ressources nouvelles provenant de la perception de taxes additionnelles à certains droits d'enregistrement, le nouveau régime fiscal n'en entraîne pas moins, par la diminution des ressources résultant pour les collectivités locales de l'application de l'article 27 susmentionné, une moins-value pour certaines collectivités par rapport aux recettes sur lesquelles, sous l'empire de la législation encore en vigueur, celles-ci pouvaient normalement compter ;

Considérant que, dans le souci de garantir aux collectivités locales le maintien intégral des ressources dont elles avaient pu envisager de disposer, le Parlement a, par la voie d'un amendement, dû à l'initiative d'un membre du Sénat et devenu l'article 28 du texte de la loi, spécifié que « les collectivités locales bénéficieront d'une compensation intégrale pour les moins-values subies du fait de l'application de l'article 27 » ; que cet amendement a pour objet de mettre à la charge de l'Etat le versement aux collectivités locales d'une indemnité compensatrice équivalente à l'intégralité de la part attribuée auxdites collectivités sur les droits de mutation perçus à l'occasion de la réalisation des opérations immobilières visées par la réforme de l'article 27 ;

Considérant que l'amendement susmentionné, qui laisse, d'ailleurs, aux collectivités locales le bénéfice des ressources nouvelles leur revenant en application d'autres dispositions de la loi, entraîne nécessairement, à la charge de l'Etat, une dépense nouvelle à laquelle n'aurait pu être affectée, par une initiative parlementaire, l'augmentation de recettes qui pourrait résulter éventuellement pour l'Etat de l'application de l'article 27 du texte de loi ; que, dès lors, cet amendement dont l'adoption avait pour conséquence la création d'une charge publique n'était pas recevable, en vertu de l'article 40 de la Constitution ;

Considérant qu'il ne résulte ni de l'amendement dont il s'agit, tel qu'il a été rédigé et adopté, ni des débats auxquels la discussion du projet de loi a donné lieu devant le Parlement que la disposition de l'article 28 soit inséparable de l'ensemble du texte de la loi ;

Considérant, enfin, qu'en l'espèce il n'y a lieu pour le Conseil constitutionnel de soulever aucune question de conformité à la Constitution en ce qui concerne les autres dispositions de la loi soumise par le Premier ministre à son examen,

Décide :

Art. 1er. — Les dispositions de l'article 23 du texte du projet de loi adopté par le Parlement et portant réforme de l'enregistrement, du timbre et de la fiscalité immobilière sont déclarées non conformes à la Constitution.

Art. 2. La présente décision sera publiée au *Journal officiel* de la République française.

Délibéré par le Conseil constitutionnel dans sa séance du 12 mars 1963.

J.O. du 16

DOCUMENT 61-405
Décision du 18 décembre 1964

Le Conseil constitutionnel,

Saisi le 12 décembre 1964, par le Premier ministre, conformément aux dispositions de l'article 61 de la Constitution, du texte définitif du projet de loi de finances pour 1965, adopté par le Parlement ;

Vu la Constitution, et notamment ses articles 34, 37, 61 et 62 ;

Vu l'ordonnance en date du 7 novembre 1958 portant loi organique sur le Conseil constitutionnel, notamment le chapitre II du titre II de ladite ordonnance ;

Vu l'ordonnance en date du 2 janvier 1959 portant loi organique relative aux lois de finances ;

Vu les articles 56, 57, 58 et 59 de la loi du 6 janvier 1948 relative à diverses dispositions d'ordre budgétaire pour l'exercice 1948 et portant création de ressources nouvelles dont les modalités d'application ont été modifiées, notamment par l'article 34 de la loi n° 50-586 du 27 mai 1950 ;

Considérant que la loi de finances pour 1965 dont le texte est avant sa promulgation, soumis au Conseil constitutionnel, pour examen de sa conformité à la Constitution, tend, dans son article 71 : — à étendre le contrôle direct de la commission de vérification des comptes des entreprises publiques à la Banque de France, à l'institut d'émission des départements d'outre-mer et aux banques nationalisées — à permettre éventuellement l'extension de ce contrôle aux filiales des établissements publics à caractère administratif et aux sociétés d'économie mixte, dans lesquelles ces établissements publics ou leurs filiales détiennent plus de la moitié du capital — et à abroger « les alinéas 13 à 17 de l'article 34 de la loi n° 50-527 du 12 mai 1950 », qui avait prévu l'intervention du contrôle intermédiaire de la commission de contrôle des banques ;

Considérant, d'une part, que les dispositions contenues dans cet article, qui est le seul de ladite loi dont la conformité à la Constitution est contestée par le Premier ministre, ne mettent en cause aucun des principes fondamentaux ni aucune des règles que l'article 34 de la Constitution a placés dans le domaine de la loi ;

Considérant, en effet, que lesdites dispositions ne relèvent pas des règles concernant ni le régime d'émission de la monnaie, ni les nationalisations d'entreprises, ni les transferts d'entreprises du secteur public au secteur privé, énoncés par ledit article 34 de la Constitution ;

Considérant que, si, parmi les différents organismes visés par lesdites dispositions, l'institut d'émission des départements d'outre-mer présente le caractère d'un établissement public, l'extension à ses activités du contrôle de la commission de vérification des entreprises publiques ne saurait, s'agissant de modalités d'exercice du contrôle, être regardée comme constituant une règle concernant la création d'une catégorie d'établissement public ni, par suite, comme relevant, de ce fait, du domaine de la loi ;

Considérant que les dispositions dont il s'agit ne touchent pas davantage aux règles concernant les garanties fondamentales accordées aux citoyens pour l'exercice des libertés publiques ; que, si l'article 34 de la Constitution réserve à la compétence du législateur le soin d'édicter les règles concernant ces garanties fondamentales, lesdites règles doivent être appréciées dans le cadre des limitations de portée générale qui y ont été introduites par la législation antérieure à la Constitution en vue de permettre certaines interventions de la puissance publique jugées nécessaires en la matière ; que, s'agissant du contrôle des filiales, la détermination de ces règles doit s'analyser compte tenu du pouvoir très général de fixer les modalités de ce contrôle qui a été reconnu au Gouvernement depuis la loi du 6 janvier 1948, dont l'article 56 modifié par décret du 24 mai 1958 a institué la commission de vérification des comptes des entreprises publiques ; que c'est dans le cadre de cette compétence réglementaire qu'ont été pris les décrets qui sont intervenus en ce domaine tant antérieurement à l'entrée en vigueur de la Constitution que postérieurement à celle-ci ;

Considérant, d'autre part, que « le contrôle des dépenses publiques », visé à l'article 42 de l'ordonnance du 2 janvier 1959 portant loi organique relative aux lois de finances, doit s'entendre du contrôle des seules charges de l'Etat et non de celles d'organismes de la nature de ceux ci-dessus mentionnés : que, par suite, le contrôle de ces organismes n'entre pas dans le champ d'application de cette disposition ;

Considérant, en définitive, que s'il appartient au Parlement de prescrire, pour sa propre information, dans les lois de finances, des mesures de contrôle sur la gestion des finances publiques et sur les comptes des établissements et entreprises fonctionnant avec des fonds publics, les modalités de ce contrôle relèvent du domaine du règlement ;

Considérant, enfin, qu'il n'y a lieu, en l'espèce, pour le Conseil constitutionnel de soulever aucune question de conformité à la Constitution en ce qui concerne les autres dispositions de la loi dont il est saisi par le Premier ministre aux fins d'examen de son article 71,

Décide :

Art. 1er. — L'article 71 de la loi de finances pour 1965 est déclaré non conforme à la Constitution.

Art. 2. La présente décision sera publiée au *Journal officiel* de la République française.

Délibéré par le Conseil constitutionnel dans sa séance du 18 décembre 1964.

J.O. du 24

DOCUMENT 61-406
Décision du 30 janvier 1968

Le Conseil constitutionnel,

Saisi le 2 janvier 1968 par le Premier ministre, conformément aux dispositions de l'article 61 de la Constitution, du texte de la loi relative aux évaluations servant de base à certains impôts directs locaux, adoptée par le Parlement ;

Vu les observations présentées par le Président du Sénat dans sa lettre en date du 19 janvier 1968 ;

Vu la Constitution, et notamment ses articles 34, 37, 61 et 62 ;

Vu l'ordonnance du 7 novembre 1958 portant loi organique sur le Conseil constitutionnel, notamment le chapitre II du titre II de ladite ordonnance ;

Considérant que, si l'article 34 de la Constitution place dans le domaine de la loi la fixation des règles concernant l'assiette, le taux et les modalités de recouvrement des impositions de toute nature, la mise en œuvre de cette compétence ne saurait faire obstacle à l'exercice par l'autorité réglementaire des pouvoirs que celle-ci tient de l'article 37, 1er alinéa, de la Constitution ;

Considérant que les dispositions de l'article 22 du projet de loi adopté par le Parlement et dont le texte est, avant sa promulgation, soumis à l'examen du Conseil constitutionnel, prévoient qu'aucune mesure réglementaire ne pourra entraîner une réduction des ressources fiscales des collectivités locales ; que, dans la mesure où elle vise des dispositions de caractère réglementaire qui pourraient intervenir, pour l'application de mesures de forme législative dans des matières relevant du domaine de la loi en vertu de l'article 34 de la Constitution, cette prescription ressortit à la compétence du législateur ; mais qu'en revanche, dans la mesure où elle est susceptible de faire obstacle à l'exercice du pouvoir qui appartient normalement à l'autorité réglementaire dans des domaines qui lui sont réservés par l'article 37, 1er alinéa, de la Constitution, elle méconnaît les dispositions de celle-ci relatives aux domaines respectifs de la loi et du règlement ;

Considérant qu'en raison des termes très généraux dans lesquels l'article 22 est formulé, il échet pour le Conseil constitutionnel d'en préciser la portée ;

Considérant que les mesures d'ordre réglementaire visées par ce texte doivent être regardées comme s'appliquant uniquement à celles prévues dans la loi adoptée par le Parlement et relative aux évaluations servant de base à certains impôts directs locaux ; que, compte tenu de cette limitation, ledit article 22 doit être déclaré conforme à la Constitution ;

Considérant, enfin, qu'en l'espèce il n'y a lieu pour le Conseil constitutionnel de soulever aucune question de conformité à la Constitution en ce qui concerne les autres dispositions de la loi soumise par le Premier ministre à son examen,

Décide :

Art. 1er. La loi relative aux évaluations servant de base à certains impôts directs locaux, soumise à l'examen du Conseil constitutionnel, conformément à l'article 61 de la Constitution, est déclarée conforme à celle-ci, pour autant que les dispositions de l'article 22 de ladite loi tendant à ce qu'aucune mesure d'ordre réglementaire ne puisse entraîner une réduction des ressources fiscales, s'appliquent limitativement à celles prévues dans le texte de ladite loi.

Art. 2. — La présente décision sera notifiée au Premier ministre et publiée au *Journal officiel* de la République française.

Délibéré par le Conseil constitutionnel dans sa séance du 30 janvier 1968.

J.O. du 1.2

DOCUMENT 61-407
Décision du 30 décembre 1970

Le Conseil constitutionnel,

Saisi le 24 décembre 1970 par le Premier ministre, conformément aux dispositions de l'article 61 de la Constitution, du texte de la loi de finances rectificative pour 1970, adoptée par le Parlement ;

Vu la Constitution, notamment ses articles 21, 34, 37, 38, 43, 61 et 62 ;

Vu l'ordonnance du 7 novembre 1958 portant loi organique sur le Conseil constitutionnel, notamment le chapitre II du titre II de ladite ordonnance ;

Vu l'ordonnance du 2 janvier 1959 portant loi organique relative aux lois de finances, et notamment son article 18 ;

Considérant que la Constitution attribue au Gouvernement, d'une part, et au Parlement, d'autre part, des compétences qui leur sont propres ;

Considérant que les dispositions de l'article 6-I de la loi adoptée par le Parlement et dont le texte est, avant sa promulgation, soumis à l'examen du Conseil constitutionnel, prévoient que les conditions de gestion et de fonctionnement de l'agence nationale pour l'amélioration de l'habitat, créée en remplacement du fonds national d'amélioration de l'habitat, seront fixées par un règlement d'administration publique, « après consultation de la commission des finances de chacune des deux assemblées » ;

Considérant que, dans la mesure où ces dispositions comportent une injonction au Gouvernement d'avoir à consulter les commissions parlementaires — alors que l'élaboration du texte d'application qu'elles prévoient ne portant pas atteinte à des prérogatives législatives relatives à l'affectation de recettes à un compte spécial relève exclusivement d'une procédure réglementaire — elles insèrent l'intervention d'une instance législative dans la mise en œuvre du pouvoir réglementaire ; qu'elles méconnaissent donc le principe ci-dessus rappelé de la séparation des compétences législative et règlementaire et sont dès lors contraires à la Constitution ;

Considérant qu'en l'état il n'y a lieu pour le Conseil constitutionnel de soulever aucune question de conformité à la Constitution en ce qui concerne les autres dispositions de la loi soumise par le Premier ministre à son examen,

Décide :

Art. 1er. Sont déclarées non conformes à la Constitution les dispositions de l'article 6-I de la loi de finances rectificative pour 1970, soumise à l'examen du Conseil constitutionnel, conformément à l'article 61 de ladite Constitution, en tant que ces dispositions prévoient que le règlement d'administration publique qui fixera les conditions de gestion et de fonctionnement de l'agence nationale pour l'amélioration de l'habitat, substituée au fonds national d'amélioration de l'habitat, sera pris « après consultation de la commission des finances de chacune des deux assemblées ».

Art. 2. — La présente décision sera publiée au *Journal officiel* de la République française.

Délibéré par le Conseil constitutionnel dans sa séance du mercredi 30 décembre 1970.

J.O. du 31

DOCUMENT 61-408
Décision du 16 juillet 1971

Le Conseil constitutionnel,

Saisi le 1er juillet 1971 par le Président du Sénat, conformément aux dispositions de l'article 61 de la Constitution, du texte de la loi, délibérée par l'Assemblée nationale et le Sénat et adoptée par l'Assemblée nationale, complétant les dispositions des articles 5 et 7 de la loi du 1er juillet 1901 relative au contrat d'association ;

Vu la Constitution, et notamment son préambule ;

Vu l'ordonnance du 7 novembre 1958 portant loi organique sur le Conseil constitutionnel, notamment le chapitre II du titre II de ladite ordonnance ;

Vu la loi du 1er juillet relative au contrat d'association modifiée ;

Vu la loi du 10 janvier 1936 relative aux groupes de combat et milices privées ;

Considérant que la loi déférée à l'examen du Conseil constitutionnel a été soumise au vote des deux assemblées, dans le respect d'une des procédures prévues par la Constitution, au cours de la session du Parlement ouverte le 2 avril 1971 ;

Considérant qu'au nombre des principes fondamentaux reconnus par les lois de la République et solennellement réaffirmés par le préambule de la Constitution il y a lieu de ranger le principe de la liberté d'association ; que ce principe est à la base des dispositions générales de la loi du 1er juillet 1901 relative au contrat d'association ; qu'en vertu de ce principe les associations se constituent librement et peuvent être rendues publiques sous la seule réserve du dépôt d'une déclaration préalable ; qu'ainsi, à l'exception des mesures susceptibles d'être prises à l'égard de catégories particulières d'associations, la constitution d'associations, alors même qu'elles paraîtraient entachées de nullité ou auraient un objet illicite, ne peut être soumise pour sa validité à l'intervention préalable de l'autorité administrative ou même de l'autorité judiciaire ;

Considérant que, si rien n'est changé en ce qui concerne la constitution même des associations non déclarées, les dispositions de l'article 3 de la loi dont le texte est, avant sa promulgation, soumis au Conseil constitutionnel pour examen de sa conformité à la Constitution ont pour objet d'instituer une procédure d'après laquelle l'acquisition de la capacité juridique des associations déclarées pourra être subordonnée à un contrôle préalable par l'autorité judiciaire de leur conformité à la loi ;

Considérant, dès lors, qu'il y a lieu de déclarer non conformes à la Constitution les dispositions de l'article 3 de la loi soumise à l'examen du Conseil constitutionnel complétant l'article 7 de la loi du 1er juillet 1901 ainsi, par voie de conséquence, que la disposition de la dernière phrase de l'alinéa 2 de l'article 1er de la loi soumise au Conseil constitutionnel leur faisant référence ;

Considérant qu'il ne résulte ni du texte dont il s'agit, tel qu'il a été rédigé et adopté, ni des débats auxquels la discussion du projet de loi a donné lieu devant le Parlement, que les dispositions précitées soient inséparables de l'ensemble du texte de la loi soumise au Conseil ;

Considérant, enfin, que les autres dispositions de ce texte ne sont contraires à aucune disposition de la Constitution,

Décide :

Art. 1er. — Sont déclarées non conformes à la Constitution les dispositions de l'article 3 de la loi soumise à l'examen du Conseil constitutionnel complétant les dispositions de l'article 7 de la loi du 1er juillet 1901 ainsi que les dispositions de l'article 1er de la loi soumise au Conseil leur faisant référence.

Art. 2. — Les autres dispositions dudit texte de loi sont déclarés conformes à la Constitution.

Art. 3. — La présnte décision sera publiée au *Journal officiel* de la République française.

Délibéré par le Conseil constitutionnel dans sa séance du 16 juillet 1971.

J.O. du 18

DOCUMENT 61-409
Décision du 27 décembre 1973

Le Conseil constitutionnel,

Saisi le 20 décembre 1973 par le Président du Sénat, conformément aux dispositions de l'article 61 de la Constitution, du texte de la loi de finances pour 1974, adoptée par le Parlement ;

Vu la lettre du Premier ministre en date du 21 décembre 1973, demandant au Conseil constitutionnel de statuer selon la procédure d'urgence prévue à l'article 61, alinéa 3, de la Constitution ;

Vu la Constitution, notamment son préambule et ses articles 61 et 62 ;

Vu l'ordonnance du 7 novembre 1958 portant loi organique sur le Conseil constitutionnel, notamment le chapitre II du titre II de ladite ordonnance ;

Vu l'ordonnance du 2 janvier 1959 portant loi organique relative aux lois de finances, et notamment son article 42 ;

Vu le code général des impôts, et notamment son article 180 ;

Ouï le rapporteur en son rapport ;

Considérant que les dispositions de l'article 62 de la loi de finances pour 1974 tendent à ajouter à l'article 180 du code général des impôts des dispositions qui ont pour objet de permettre au contribuable, taxé d'office à l'impôt sur le revenu dans les conditions prévues audit article, d'obtenir la décharge de la cotisation qui lui est assignée à ce titre s'il établit, sous le contrôle du juge de l'impôt, que les circonstances ne peuvent laisser présumer « l'existence de ressources illégales ou occultes ou de comportements tendant à éluder le paiement normal de l'impôt » ;

Considérant, toutefois, que la dernière disposition de l'alinéa ajouté à l'article 180 du code général des impôts par l'article 62 de la loi de finances pour 1974 tend à instituer une discrimination entre les citoyens au regard de la possibilité d'apporter une preuve contraire à une décision de taxation d'office de l'administration les concernant ; qu'ainsi ladite disposition porte atteinte au principe de l'égalité devant la loi contenu dans la déclaration des Droits de l'homme de 1789 et solennellement réaffirmé par le préambule de la Constitution ;

Considérant, dès lors, qu'il y a lieu de déclarer non conforme à la Constitution la dernière disposition de l'alinéa ajouté à l'article 180 du code général des impôts par l'article 62 de la loi de finances pour 1974 ;

Considérant que cette disposition, qui se présente comme une exception à une faculté ouverte par le législateur d'écarter, au moyen d'une preuve contraire, l'application d'une taxation d'office, constitue donc un élément inséparable des autres dispositions contenues dans l'article 62 de la loi de finances ; que, dès lors, c'est l'ensemble dudit article qui doit être regardé comme contraire à la Constitution ;

Considérant, au surplus, que l'article 62 de la loi de finances a été introduit dans ce texte sous forme d'article additionnel en méconnaissance évidente des prescriptions de l'article 42, premier alinéa, de l'ordonnance du 2 janvier 1959 portant loi organique relative aux lois de finances, aux termes duquel : « Aucun article additionnel, aucun amendement à un projet de loi de finances ne peut être présenté, sauf s'il tend à supprimer ou à réduire une dépense, à créer ou à accroître une recette ou à assurer le contrôle des dépenses publiques » ;

Considérant qu'en l'état il n'y a lieu pour le Conseil constitutionnel de soulever aucune question de conformité à la Constitution en ce qui concerne les autres dispositions de la loi soumise à son examen par le Président du Sénat,

Décide :

Art. 1er. — Sont déclarées non conformes à la Constitution les dispositions de l'article 62 de la loi de finances pour 1974.

Art. 2. — La présente décision sera publiée au Journal officiel de la République française.

Délibéré par le Conseil constitutionnel dans sa séance du 27 décembre 1973.

J.O. du 28

DOCUMENT 61-410

Décision du 30 décembre 1974

Le Conseil constitutionnel,

Saisi le 20 décembre 1974 par MM. François Abadie, Yves Allainmat, Maurice Andrieu, Jean Antagnac, Robert Aumont, Jean Bastide, Raoul Bayou, Guy Beck, Jean Bernard, Fernand Berthouin, Louis Besson, André Billoux, Maurice Blanc, Alain Bonnet, Arsène Boulay, André Boulloche, Maurice Brugnon, André Chandernagor, Christian Chauvel, Léonce Clérambeaux, Jean-Pierre Cot, Michel Crépeau, Louis Darinot, Gaston Defferre, Claude Delorme, André Desmulliez, Hubert Dubedout, Henri Duffaut, Paul Duraffour, Roger Duroure, Robert Fabre, Gilbert Faure, Maurice Faure, Georges Fillioud, Joseph Franceschi, René Gaillard, Jacques-Antoine Gau, Pierre Gaudin, André Gravelle, André Guerlin, Gérard Houteer, Charles Josselin, Jean Laborde, Pierre Lagorce, Tony Larue, André Laurent, Christian Laurrissergues, Henri Lavielle, André Lebon, Louis Longequeue, Charles-Emile Loo, Philippe Madrelle, Jean Masquère, Marcel Massot, Louis Mexandeau, Claude Michel, Charles Naveau, Louis Le Pensec, Louis Philibert, Louis Pimont, Jean Poperen, Fernand Sauzedde, Alain Savary, Louis Le Sénéchal, Gilbert Sénès, Georges Spénale, Antonin Ver, députés à l'Assemblée nationale, dans les conditions prévues par l'article 61 de la Constitution, du texte de la loi de finances pour 1975, telle qu'elle a été adoptée par le Parlement ;

Vu la Constitution ;

Vu l'ordonnance du 7 novembre 1958 portant loi organique sur le Conseil constitutionnel, notamment le chapitre II du titre II de ladite ordonnance ;

Vu l'ordonnance du 2 janvier 1959 portant loi organique relative aux lois de finances ;

Vu le décret n° 68-1154 du 2 décembre 1968 portant création d'un comité interministériel pour l'information ;

Vu le décret n° 74-590 du 12 juin 1974 portant création d'une délégation générale à l'information ;

Ouï le rapporteur en son rapport ;

Considérant que, d'une part, aux termes de l'article 34 de la Constitution : « Les lois de finances déterminent les ressources et les charges de l'Etat dans les conditions et sous les réserves prévues par une loi organique. » ; que, d'autre part, aux termes de l'article 32 de l'ordonnance du 2 janvier 1959 portant loi organique relative aux lois de finances, laquelle constitue la loi organique visée par la disposition précitée de la Constitution : « Le projet de loi de finances de l'année est accompagné : ... d'annexes explicatives faisant connaître notamment : 1° par chapitre, le coût des services votés tels qu'ils sont définis à l'article 33 ci-après et les mesures nouvelles qui justifient les modifications proposées au montant antérieur des services votés, et notamment les crédits afférents aux créations, suppressions et transformations d'emplois » ; qu'enfin, d'après l'article 33 de ladite ordonnance : « Les services votés représentent le minimum de dotations que le Gouvernement juge indispensable pour poursuivre l'exécution des services publics dans les conditions qui ont été approuvées l'année précédente par le Parlement » ;

Considérant que si, en vertu des articles 34 et 37 de la Constitution, la création d'une délégation générale à l'information relevait bien de la compétence du pouvoir réglementaire, il résulte de la comparaison des dispositions du décret du 2 décembre 1968 portant création d'un comité interministériel pour l'information et du décret du 12 juin 1974 portant création d'une délégation générale à l'information, que ladite délégation générale, tant par l'étendue et la nature même des missions et des attributions qui lui sont confiées, que par le rang et les conditions de nomination du haut fonctionnaire placé à sa tête, doit être regardée non comme une simple extension ou transformation du comité interministériel existant antérieurement mais comme la création d'un organisme nouveau ; qu'en conséquence et bien qu'il ressorte du débat devant l'Assemblée nationale que le Parlement a eu la possibilité de se prononcer, la présentation même du projet de budget des services généraux du Premier ministre était, sur ce point précis, non conforme à l'article 33 de l'ordonnance du 2 janvier 1959 portant loi organique relative aux lois de finances, d'après lequel, ainsi qu'il a été rappelé ci-dessus, la procédure des services votés ne peut s'appliquer qu'en cas de poursuite de l'exécution des services publics dans les conditions qui ont été approuvées l'année précédente par le Parlement ; qu'il y a lieu, pour ce motif, de déclarer non conformes à la Constitution les dispositions de l'article 24 de la loi de finances pour 1975 en tant qu'elles font figurer dans les services votés relatifs à la délégation générale à l'information des crédits d'un montant de 5 420 793 F correspondant à ceux qui avaient été alloués précédemment au secrétariat général du comité interministériel pour l'information ;

Considérant qu'en l'état il n'y a lieu pour le Conseil constitutionnel de soulever aucune question de conformité à la Constitution en ce qui concerne les autres dispositions de la loi soumise à son examen,

Décide :

Art. 1er. — Sont déclarées non conformes à la Constitution les dispositions de l'article 24 de la loi de finances pour 1975 en tant qu'elles comprennent un crédit voté de 5 420 793 F affecté à la délégation générale à l'information.

Art. 2. — La présente décision sera publiée au Journal officiel de la République française.

Délibéré par le Conseil constitutionnel dans sa séance du 30 décembre 1974.

J.O. du 31

DOCUMENT 61-411
Décision du 15 janvier 1975

Le Conseil constitutionnel,

Saisi le 20 décembre 1974 par MM. Jean Foyer, Marc Lauriol, Hervé Laudrin, Emmanuel Hamel, Paul Caillaud, Charles Bignon, Joseph-Henri Maujoüan du Gasset, Jean Chambon, Henri de Castines, Lucien Richard, Albert Liogier, Léon Darnis, Alexandre Bolo, Mme Yvonne Stephan, MM. Pierre Bas, Maurice Ligot, Pierre de Bénouville, Julien Schvartz, Mme Nicole de Hauteclocque, MM. Robert Wagner, Gérard Deliaune, Gabriel de Poulpiquet, Gaston Girard, Augustin Chauvet, Henri Guillermin, Paul Rivière, Gérard Chasseguet, Marcel Hoffer, René Quentier, René Radius, Pierre Noal, Claude Gerbet, Jacques Fouchier, Bertrand Denis, Charles Deprez, André Picquot, Jean Grimaud, Jean Bichat, Romain Buffet, Edouard Frédéric-Dupont, Jean Chassagne, Michel Jacquet, Albert Brochard, Isidore Renouard, Emile Durand, André Brugerolle, Xavier Hamelin, Jean Seitlinger, Louis Joanne, Henri Duvillard, Pierre Cornet, Marcel Pujol, Auguste Damette, Roland Boudet, Jean-Marie Daillet, Jacques Médecin, Henri Blary, Charles Ceyrac, Maurice Cornette, Roger Corrèze, René Blas, André Glon, Pierre Buron, Paul Boudon, Paul Vauclair, Jean-Paul Palewski, Maurice Schnebelen, Albert Ehm, Maurice Dousset, Maurice Papon, Pierre Godefroy, Frédéric Dugoujon, Emile Bizet, Pierre Mauger, Pierre-Charles Krieg, Yves Le Cabellec, Jean Crenn, Pierre Weber, Rémy Montagne, Loïc Bouvard et, le 30 décembre 1974, par M. Raymond Réthoré, députés à l'Assemblée nationale, dans les conditions prévues à l'article 61 de la Constitution, du texte de la loi relative à l'interruption volontaire de la grossesse, telle qu'elle a été adoptée par le Parlement ;

Vu les observations produites à l'appui de cette saisine ;

Vu la Constitution, et notamment son préambule ;

Vu l'ordonnance du 7 novembre 1958 portant loi organique sur le Conseil constitutionnel, notamment le chapitre II du titre II de ladite ordonnance ;

Ouï le rapporteur en son rapport ;

Considérant que l'article 61 de la Constitution ne confère pas au Conseil constitutionnel un pouvoir général d'appréciation et de décision identique à celui du Parlement, mais lui donne seulement compétence pour se prononcer sur la conformité à la Constitution des lois déférées à son examen ;

Considérant, en premier lieu, qu'aux termes de l'article 55 de la Constitution : « Les traités ou accords régulièrement ratifiés ou approuvés ont, dès leur publication, une autorité supérieure à celle des lois, sous réserve, pour chaque accord ou traité, de son application par l'autre partie » ;

Considérant que, si ces dispositions confèrent aux traités, dans les conditions qu'elles définissent, une autorité supérieure à celle des lois, elles ne prescrivent ni n'impliquent que le respect de ce principe doive être assuré dans le cadre du contrôle de la conformité des lois à la Constitution prévu à l'article 61 de celle-ci ;

Considérant, en effet, que les décisions prises en application de l'article 61 de la Constitution revêtent un caractère absolu et définitif, ainsi qu'il résulte de l'article 62 qui fait obstacle à la promulgation et à la mise en application de toute disposition déclarée inconstitutionnelle ; qu'au contraire, la supériorité des traités sur les lois, dont le principe est posé à l'article 56 précité, présente un caractère à la fois relatif et contingent, tenant, d'une part, à ce qu'elle est limitée au champ d'application du traité et, d'autre part, à ce qu'elle est subordonnée à une condition de réciprocité dont la réalisation peut varier selon le comportement du ou des Etats signataires du traité et le moment où doit s'apprécier le respect de cette condition ;

Considérant qu'une loi contraire à un traité ne serait pas, pour autant, contraire à la Constitution ;

Considérant qu'ainsi le contrôle du respect du principe énoncé à l'article 55 de la Constitution ne saurait s'exercer dans le cadre de l'examen prévu à l'article 61, en raison de la différence de nature de ces deux contrôles ;

Considérant que, dans ces conditions, il n'appartient pas au Conseil constitutionnel, lorsqu'il est saisi en application de l'article 61 de la Constitution, d'examiner la conformité d'une loi aux stipulations d'un traité ou d'un accord international ;

Considérant, en second lieu, que la loi relative à l'interruption volontaire de la grossesse respecte la liberté des personnes appelées à recourir ou à participer à une interruption de grossesse, qu'il s'agisse d'une situation de détresse ou d'un motif thérapeutique ; que, dès lors, elle ne porte pas atteinte au principe de liberté posé à l'article 2 de la Déclaration des droits de l'homme et du citoyen ;

Considérant que la loi déférée au Conseil constitutionnel n'admet qu'il soit porté atteinte au principe du respect de tout être humain dès le commencement de la vie, rappelé dans son article 1er, qu'en cas de nécessité et selon les conditions et limitations qu'elle définit ;

Considérant qu'aucune des dérogations prévues par cette loi n'est, en l'état, contraire à l'un des principes fondamentaux reconnus par les lois de la République ni ne méconnait le principe énoncé dans le préambule de la Constitution du 27 octobre 1946, selon lequel la nation garantit à l'enfant la protection de la santé, non plus qu'aucune des autres dispositions ayant valeur constitutionnelle édictées par le même texte ;

Considérant, en conséquence, que la loi relative à l'interruption volontaire de la grossesse ne contredit pas les textes auxquels la Constitution du 4 octobre 1958 fait référence dans son préambule non plus qu'aucun des articles de la Constitution,

Décide :

Art. 1er. — Les dispositions de la loi relative à l'interruption volontaire de la grossesse, déférée au Conseil constitutionnel, ne sont pas contraires à la Constitution.

Art. 2. — La présente décision sera publiée au *Journal officiel* de la République française.

Délibéré par le Conseil constitutionnel dans ses séances des 14 et 15 janvier 1975.

J.O. du 17

DOCUMENT 61-412
Décision du 23 juillet 1975

Le Conseil constitutionnel,

Saisi le 30 juin 1975 par MM. Charles Alliès, Auguste Amic, Antoine Andrieux, Clément Balestra, André Barroux, Gilbert Belin, Frédéric Bourguet, Marcel Brégégère, Jacques Carat, Marcel Champeix, René Chazelle, Bernard Chochoy, Félix Ciccolini, Raymond Courrière, Maurice Coutrot, René Debesson, Emile Durieux, Fernand Dussert, Léon Eeckhoutte, Jean Geoffroy, Pierre Giraud, Maxime Javelly, Georges Lamousse, Robert Laucournet, Marcel Mathy, André Méric, Gérard Minvielle, Paul Mistral, Michel Moreigne, Jean Nayrou, Albert Pen, Jean Péridier, Pierre Petit, Maurice Pic, Victor Provo, Roger Quilliot, Mlle Irma Rapuzzi, MM. Robert Schwint, Abel Sempé, Marcel Souquet, Edgar Tailhades, Henri Tournan, Jean Varlet, Maurice Vérillon, Emile Vivier, Léopold Heder, Edgard Pisani, Fernand Poignant, Louis Brives, Louis Namy, Emile Didier, Edouard Grangier, Paul Jargot, Pierre Marcilhacy, Guy Schmaus, Josy Moinet, René Billères, Auguste Pinton, Fernand Lefort, Gérard Ehlers, Fernand Chatelain, Léandre Létoquart, Louis Virapoullé, Mme Hélène Edeline, MM. Pierre Brousse, Roger Gaudon, Mme Catherine Lagatu, MM. James Marson, Henri Caillavet, sénateurs, dans les conditions prévues à l'article 61 de la Constitution du texte de la loi modifiant et complétant certaines dispositions de procédure pénale, telle qu'elle a été adoptée par le Parlement ;

Vu la Constitution ;

Vu l'ordonnance du 7 novembre 1958 portant loi organique sur le Conseil constitutionnel, notamment le chapitre II du titre II de ladite ordonnance ;

Vu le code de procédure pénale, notamment ses articles 398 et 398-1, tels qu'ils résultent de la loi du 29 décembre 1972 ;

Ouï le rapporteur en son rapport ;

Considérant que le Conseil constitutionnel a été, conformément à l'article 61 de la Constitution, régulièrement saisi par soixante-neuf sénateurs de la loi modifiant et complétant certaines dispositions de procédure pénale, spécialement du texte modifiant les articles 398 et 398-1 du code de procédure pénale ;

Considérant que les dispositions nouvelles de l'article 398-1 du code de procédure pénale laissent au président du tribunal de grande instance la faculté, dans toutes matières relevant de la compétence du tribunal correctionnel à l'exception des délits de presse, de décider de manière discrétionnaire et sans recours si ce tribunal sera composé de trois magistrats, conformément à la règle posée par l'article 398 du code de procédure pénale, ou d'un seul de ces magistrats exerçant les pouvoirs conférés au président ;

Considérant que des affaires de même nature pourraient ainsi être jugées ou par un tribunal collégial ou par un juge unique, selon la décision du président de la juridiction ;

Considérant qu'en conférant un tel pouvoir l'article 6 de la loi déférée au Conseil constitutionnel, en ce qu'il modifie l'article 398-1 du code de procédure pénale, met en cause, alors surtout qu'il s'agit d'une loi pénale, le principe d'égalité devant la justice qui est inclus dans le principe d'égalité devant la loi proclamé dans la Déclaration des droits de l'homme de 1789 et solennellement réaffirmé par le préambule de la Constitution ;

Considérant, en effet, que le respect de ce principe fait obstacle à ce que des citoyens se trouvant dans des conditions semblables et poursuivis pour les mêmes infractions soient jugés par des juridictions composées selon des règles différentes ;

Considérant, enfin, que l'article 34 de la Constitution qui réserve à la loi le soin de fixer les règles concernant la procédure pénale s'oppose à ce que le législateur, s'agissant d'une matière aussi fondamentale que celle des droits et libertés des citoyens, confie à une autre autorité l'exercice, dans les conditions ci-dessus rappelées, des attributions définies par les dispositions en cause de l'article 6 de la loi déférée au Conseil constitutionnel ;

Considérant que ces dispositions doivent donc être regardées comme non conformes à la Constitution ;

Considérant, de plus, qu'elles sont inséparables de celles du même article 6, premier alinéa, de la loi déférée au Conseil constitutionnel, qui abrogent les trois derniers alinéas de l'article 398 du code de procédure pénale ;

Considérant qu'en l'état il n'y a lieu pour le Conseil constitutionnel de soulever aucune question de conformité à la Constitution en ce qui concerne les autres dispositions de la loi soumise à son examen,

Décide :

Art. 1er. — Sont déclarées non conformes à la Constitution les dispositions de l'article 6 de la loi modifiant et complétant certaines dispositions du code de procédure pénale en tant, d'une part, qu'elles abrogent les trois derniers alinéas de l'article 398 du code de procédure pénale et, d'autre part, qu'elles abrogent et remplacent les dispositions de l'article 398-1 de ce code.

Art. 2. — La présente décision sera publiée au Journal officiel de la République française.

Délibéré par le Conseil constitutionnel dans sa séance du 23 juillet 1975.

J.O. du 24

DOCUMENT 61-413
Décision du 23 juillet 1975

Le Conseil constitutionnel,

Saisi le 30 juin 1975 par MM. Gaston Defferre, André Boulloche, Robert Aumont, Daniel Benoist, Louis Mexandeau, Maurice Andrieu, Jean Bastide, Gilbert Sénès, Robert Capdeville, Jean Bernard, Christian Laurrissergues, Jean Antagnac, Edmond Vacant, Charles Josselin, Louis Besson, Louis Darinot, Alex Raymond, René Gaillard, Georges Fillioud, Tony Larue, Francis Leenhardt, Jean-Pierre Cot, Michel Crépeau, Yves Allainmat, Antonin Ver, Robert Fabre, Jacques-Antoine Gau, Paul Duraffour, Henri Lavielle, Georges Carpentier, Jean-Pierre Chevènement, Jean Laborde, Alain Bonnet, Arsène Boulay, Frédéric Jalton, Joseph Planeix, Fernand Sauzedde, Louis Pimont, Gérard Houteer, Antoine Gayraud, André Billoux, André Desmulliez, Alain Vivien, Nicolas Alfonsi, André Guerlin, Gilbert Faure, Jacques Huyghues des Etages, Michel Sainte-Marie, Henri Michel, Maurice Legendre, Raoul Bayou, Louis Le Sénéchal, Maurice Blanc, Waldeck L'Huillier, André Tourné, Louis Odru, Paul Cermolacce, Marcel Rigout, Dominique Frelaut, Georges Bustin, Claude Weber, Lucien Villa, Raymond Barbet, Pierre Villon, Mme Jacqueline Chonavel, députés à l'Assemblée nationale, dans les conditions prévues à l'article 61 de la Constitution, du texte de la loi supprimant la patente et instituant une taxe professionnelle, telle qu'elle a été adoptée par le Parlement ;

Vu la Constitution ;

Vu l'ordonnance du 7 novembre 1958 portant loi organique sur le Conseil constitutionnel, notamment le chapitre II du titre II de ladite ordonnance ;

Ouï le rapporteur en son rapport ;

Considérant qu'il appartient au Conseil constitutionnel, lorsqu'il est saisi en application de l'article 61 de la Constitution, d'une loi votée par le Parlement et en instance de promulgation, non seulement de se prononcer sur la conformité des dispositions de cette loi à la Constitution mais encore d'examiner si elle a été adoptée dans le respect des règles de valeur constitutionnelle relatives à la procédure législative ;

Considérant que l'article 40 de la Constitution dispose : « les propositions et amendements formulés par les membres du Parlement ne sont pas recevables lorsque leur adoption aurait pour conséquence soit une diminution des ressources publiques, soit la création ou l'aggravation d'une charge publique » ; que si la mise en œuvre de cette disposition est assurée, au cours de la procédure législative, dans les conditions prévues par les règlements des deux assemblées du Parlement, il est de la mission du Conseil constitutionnel de statuer sur le point de savoir si, au cours de l'élaboration de la loi, il a été fait de l'article sus-rappelé une application conforme à la lettre et à l'esprit de cette disposition ;

Considérant qu'il résulte tant du titre et des termes mêmes de la loi soumise à l'examen du Conseil constitutionnel que des travaux préparatoires de cette loi et des débats auxquels elle a donné lieu devant le Parlement, que l'institution par ladite loi de la taxe professionnelle doit être regardée, non comme la création d'une ressource fiscale entièrement nouvelle, mais seulement comme la substitution de cette taxe professionnelle à la contribution des patentes tout en assurant d'ailleurs très explicitement la continuité et les transitions entre le régime ancien et le régime nouveau ;

Considérant que si l'article 40 apporte, en ce qui concerne les membres du Parlement, une limitation aux principes posés aux articles 39 (alinéa 1er) et 44 (alinéa 1er) de la Constitution c'est en vue d'éviter que des dispositions particulières ayant une incidence financière directe, puissent être votées sans qu'il soit tenu compte des conséquences qui pourraient en résulter pour la situation d'ensemble des finances publiques : qu'il ressort de l'analyse des débats devant l'une et l'autre assemblée du Parlement, que dans tous les cas où, suivant les procédures et dans les formes prévues par les règlements de ces assemblées, des amendements ont été déclarés irrecevables, il s'agissait de mesures qui auraient eu une incidence financière directe se traduisant soit par une diminution de ressources, soit par l'aggravation d'une charge publique ; que, dès lors, il a été fait dans les cas dont il s'agit une exacte application de l'article 40 de la Constitution ;

Considérant, au surplus, que dans le même temps, l'ampleur des discussions devant les assemblées ainsi que le nombre et l'importance des modifications apportées au cours des débats au texte déposé font apparaître qu'il y a eu, dans l'élaboration de la loi, exercice réel du droit d'amendement ;

Considérant que même lorsqu'il s'agit d'un impôt liquidé suivant le système de la répartition, des mesures d'exonération, de déduction, de réduction, d'abattement ou d'octroi de primes, atteignant, en définitive, la substance de la matière imposable, entraînent l'obligation corrélative, pour rétablir le niveau de la ressource, de variations d'autres éléments, de taux ou d'assiette, de l'impôt en cause, et sont donc justiciables des dispositions de l'article 40 ; qu'au surplus, le caractère d'impôt de répartition ne sera maintenu à la taxe professionnelle que pendant la période transitoire prévue par la loi soumise au Conseil ;

Considérant qu'en l'état il n'y a lieu pour le Conseil constitutionnel de soulever d'autre question de conformité à la Constitution en ce qui concerne les dispositions de la loi soumise à son examen,

Décide :

Art. 1er. — La loi supprimant la patente et instituant une taxe professionnelle, déférée au Conseil constitutionnel, est déclarée conforme à la Constitution.

Art. 2. — La présente décision sera publiée au Journal officiel de la République française.

Délibéré par le Conseil constitutionnel dans sa séance du 23 juillet 1975.

J.O. du 24

DOCUMENT 61-414
Décision
du 30 décembre 1975

Le Conseil constitutionnel,

Saisi le 18 décembre 1975 par MM. Gaston Defferre, Arsène Boulay, Louis Mexandeau, Pierre Joxe, Tony Larue, Louis Darinot, Alain Bonnet, Philippe Madrelle, Georges Fillioud, René Gaillard, Maurice Brugnon, Louis Longequeue, Charles Josselin, Paul Duraffour, Joseph Franceschi, Marcel Massot, Maurice Andrieu, Robert Aumont, André Saint-Paul, Raoul Bayou, Henri Lavielle, Lucien Pignion, Claude Michel, André Delehedde, André Laurent, Louis Le Sénéchal, Pierre Gaudin, Maurice Legendre, Jean Poperen, Jean Bernard, Paul Alduy, Fernand Sauzedde, Yves Allainmat, Robert Capdeville, Raymond Forni, André Gravelle, Christian Laurrissergues, Louis Le Pensec, Maurice Masquère, Gilbert Faure, Jean-Pierre Cot, Jean-Pierre Chevènement, Gérard Houteer, Jean Masse, Maurice Blanc, André Billoux, Gilbert Sénès, Léonce Clérambeaux, André Desmulliez, Michel Crépeau, Antoine Gayraud, Nicolas Alfonsi, Louis Mermaz, Yves Le Foll, Hubert Dubedout, Pierre Charles, Alain Savary, Roger Duroure, Pierre Mauroy, Raoul Jarry, André Lebon, André Chandernagor, André Boulloche, Robert Fabre, députés à l'Assemblée nationale, dans les conditions prévues par l'article 61 de la Constitution, du texte de la loi de finances pour 1976, telle qu'elle a été adoptée par le Parlement et, notamment, des articles 41-III et 47 de ladite loi ;

Vu la Constitution ;

Vu l'ordonnance du 7 novembre 1958 portant loi organique sur le Conseil constitutionnel, notamment le chapitre II du titre II de ladite ordonnance ;

Vu l'ordonnance du 2 janvier 1959 portant loi organique relative aux lois de finances ;

Ouï le rapporteur en son rapport ;

Considérant qu'aux termes de l'article 34 de la Constitution : « les lois de finances déterminent les ressources et les charges de l'Etat dans les conditions et sous les réserves prévues par une loi organique » ; que les articles 23 à 29 de l'ordonnance du 2 janvier 1959 portant loi organique relative aux lois de finances déterminent les conditions dans lesquelles il est procédé à l'examen et au vote des comptes spéciaux du Trésor ;

Considérant qu'en vertu de diverses dispositions législatives intervenues au cours de ces dernières années, le Parlement a autorisé le Gouvernement, tant pour apporter une aide à certains pays étrangers que pour faciliter l'expansion de l'industrie française et le commerce extérieur, à mettre en œuvre des mesures engageant les finances de l'Etat, notamment en octroyant sa garantie à certaines opérations commerciales, ou en accordant des prêts directs à des Etats étrangers ; que cette politique donne lieu au cours de chaque exercice à un ensemble complexe d'opérations comptables et d'accords particuliers intéressant de nombreux pays et résultant de l'exécution de ces engagements ou éventuellement de ses aléas ; qu'à l'occasion de la discussion budgétaire les procédures mises en œuvre font l'objet de comptes rendus et sont sanctionnées dans leur exécution et autorisées dans leur poursuite par le vote des crédits y afférents ;

Considérant en particulier que, par l'article 72 de la loi de finances pour 1966, il a été ouvert dans les écritures du Trésor un compte spécial de règlement avec les Gouvernements étrangers, géré par le ministre des Finances et des Affaires économiques, et intitulé « consolidation des dettes commerciales des pays étrangers » ; que ce compte retrace en dépenses les versements opérés par le Trésor français aux Gouvernements des pays auxquels la France accorde une consolidation de leurs dettes commerciales et en recettes le montant des remboursements effectués par les mêmes Gouvernements ; que ce compte unique s'est, à partir du 1er janvier 1966, substitué à des comptes spéciaux existant antérieurement, et dont chacun était propre à l'un des pays intéressés ; qu'il est chaque année doté par la loi de finances de crédits destinés à autoriser des découverts, dans la limite globale desquels il peut être procédé notamment à des opérations de consolidation des dettes de divers Etats, à l'égard du Trésor ou de ressortissants français ; que ces crédits annuels relatifs à l'ensemble des accords de ce type et non individualisés par pays font l'objet de deux votes, l'un relatif aux services votés, l'autre concernant les mesures nouvelles, au titre du compte spécial de règlement avec les Gouvernements étrangers, que ces deux votes sont intervenus en ce qui concerne la loi de finances pour 1976 sur les articles 41-III et 47 du texte dont le Conseil constitutionnel est saisi ;

Considérant que ces deux votes annuels ont pour sens et pour portée d'habiliter le Gouvernement à procéder, dans la limite des crédits fixés, aux diverses opérations que comporte la gestion d'un tel compte avec les pays intéressés, et d'autoriser, par voie de conséquence, les accords techniques qui peuvent intervenir à cet effet ; que ces accords ne peuvent être prévus de manière précise au moment du vote, mais font l'objet de comptes rendus complets permettant de fixer la demande de découvert pour l'année suivante, mettant ainsi le Parlement en mesure d'exercer le contrôle qui lui appartient ; qu'il ressort de l'examen des documents fournis au Parlement à l'occasion de l'élaboration et du vote de la loi de finances pour 1976 que des renseignements détaillés ont été donnés sur le fonctionnement de ce compte spécial et les opérations auxquelles il a donné lieu au regard de chacun des pays intéressés ;

Considérant, dès lors, que les articles 41-III et 47 ont été votés en conformité avec les dispositions de la Constitution et de l'ordonnance du 2 janvier 1959 portant loi organique relative aux lois de finances ;

Considérant qu'il n'y a lieu, en l'état, pour le Conseil constitutionnel de soulever aucune question de conformité à la Constitution en ce qui concerne les autres dispositions de la loi soumise à son examen,

Décide :

Art. 1er. — Les dispositions de la loi de finances pour 1976, soumise à l'examen du Conseil constitutionnel, ne sont pas contraires à la Constitution.

Art. 2. — La présente décision sera publiée au *Journal officiel* de la République française.

Délibéré par le Conseil constitutionnel dans sa séance du 30 décembre 1975.

J.O. du 31

DOCUMENT 61-415
Décision du 30 décembre 1975

Le Conseil constitutionnel,

Saisi le 17 décembre 1975 par MM. Alain Vivien, Gaston Defferre, André Guerlin, Alex Raymond, Pierre Lagorce, Alain Bonnet, Fernand Sauzedde, Jacques-Antoine Gau, Maurice Andrieu, Alain Savary, Antoine Gayraud, Louis Darinot, Robert Capdeville, Louis Besson, Christian Laurrissergues, André Boulloche, Raoul Bayou, Joseph Franceschi, Robert Aumont, Guy Beck, Pierre Joxe, André Delehedde, Gérard Houteer, Maurice Blanc, André Saint-Paul, Louis Mexandeau, Pierre Mauroy, Jean Bernard, Maurice Masquère, Yves Allainmat, Marcel Massot, Henri Lavielle, Henri Michel, Georges Frêche, André Gravelle, André Billoux, Jean Masse, Claude Delorme, Jean-Pierre Chevènement, Pierre Gaudin, Maurice Legendre, Paul Alduy, Jean-Pierre Cot, Gilbert Schwartz, Guy Ducoloné, Mme Hélène Constans, M. Lucien Villa, Mme Jacqueline Chonavel, MM. Roger Gouhier, René Lamps, Dominique Frelaut, Roger Combrisson, Pierre Charles, Jack Ralite, Yves Le Foll, Paul Balmigère, Claude Weber, Pierre Arraut, Gilbert Millet, Emile Jourdan, Claude Michel, députés à l'Assemblée nationale, dans les conditions prévues à l'article 61 de la Constitution, du texte de la loi relative aux conséquences de l'autodétermination des îles des Comores, telle que cette loi a été adoptée par le Parlement ;

Vu la Constitution ;

Vu l'ordonnance du 7 novembre 1958 portant loi organique sur le Conseil constitutionnel, notamment le chapitre II du titre II de ladite ordonnance ;

Ouï le rapporteur en son rapport ;

Considérant que l'article 53, dernier alinéa, de la Constitution, dispose : « Nulle cession, nul échange, nulle adjonction de territoire n'est valable sans le consentement des populations intéressées » ;

Considérant que les dispositions de cet article doivent être interprétées comme étant applicables, non seulement dans l'hypothèse où la France céderait à un Etat étranger ou bien acquerrait de celui-ci un territoire, mais aussi dans l'hypothèse où un territoire cesserait d'appartenir à la République pour constituer un Etat indépendant ou y être rattaché ;

Considérant que l'île de Mayotte est un territoire au sens de l'article 53, dernier alinéa, de la Constitution, ce terme n'ayant pas dans cet article la même signification juridique que dans l'expression territoire d'outre-mer, telle qu'elle est employée dans la Constitution ;

Considérant, en conséquence, que cette île ne saurait sortir de la République française sans le consentement de sa propre population ; que, dès lors, les article 1er et 2 de la loi déférée au Conseil constitutionnel font une exacte application de l'article 53, dernier alinéa, de la Constitution ;

Considérant que cette loi n'a pour objet, dans aucune de ses dispositions, de définir ou de modifier l'organisation particulière d'un territoire d'outre-mer ; qu'en conséquence l'article 74 ne saurait recevoir application dans le cas de l'espèce ;

Considérant que l'île de Mayotte fait partie de la République française ; que cette constatation ne peut être faite que dans le cadre de la Constitution, nonobstant toute intervention d'une instance internationale, et que les dispositions de la loi déférée au Conseil constitutionnel qui concernent cette île ne mettent en cause aucune règle du droit public international ;

Considérant que le préambule de la constitution du 27 octobre 1946, confirmé par celui de la constitution du 4 octobre 1958, déclare que la République française n'emploiera jamais ses forces contre la liberté d'aucun peuple ;

Considérant qu'aucune des dispositions de la loi déférée au Conseil constitutionnel ne tend à l'emploi des forces de la République contre la liberté de quelque peuple que ce soit ; que, bien au contraire, son article 8 dispose « les îles de la Grande Comore, d'Anjouan et de Mohéli », dont les populations se sont prononcées, à la majorité des suffrages exprimés, pour l'indépendance, « cessent, à compter de la promulgation de la présente loi, de faire partie de la République française » ;

Considérant que les autres dispositions de ce texte ne sont contraires à aucune disposition de la Constitution ;

Considérant qu'il résulte de tout ce qui précède que la loi relative aux conséquences de l'autodétermination des îles des Comores ne contredit aucune disposition du préambule de la Constitution, aucun des textes auquel ce préambule fait référence, ni aucun article de la Constitution,

Décide :

Art. 1er. — Les dispositions de la loi relative aux conséquences de l'autodétermination des îles des Comores déférée au Conseil constitutionnel ne sont pas contraires à la Constitution.

Art. 2. — La présente décision sera publiée au *Journal officiel* de la République française.

Délibéré par le Conseil constitutionnel dans sa séance du 30 décembre 1975.

J.O. du 31

DOCUMENT 61-416
Décision du 15 juillet 1976

Le Conseil constitutionnel,

Saisi le 2 juillet 1976 par MM. André Lebon, André Delehedde, Louis Mexandeau, Pierre Joxe, Robert Aumont, Maurice Brugnon, Jean-Pierre Cot, Jacques Huygues des Etages, Gilbert Sénès, Michel Crépeau, Nicolas Alfonsi, Gérard Houteer, François

Abadie, Michel Sainte-Marie, Charles Naveau, Alain Savary, Edmond Vacant, Jean Bastide, Pierre Lagorce, Jean Laborde, Arsène Boulay, Raoul Bayou, Louis Longequeue, André Delelis, André Billoux, Georges Fillioud, Louis Darinot, Fernand Berthouin, Louis Le Pensec, Jean-Pierre Chevènement, Jean Poperen, André Boulloche, Alex Raymond, Yves Allainmat, Mme Jacqueline Thome-Patenôtre, MM. Alain Vivien, Daniel Benoist, Jean Bernard, Charles Josselin, Yves Le Foll, Guy Beck, Arthur Cornette, Louis Mermaz, Robert Capdeville, Henri Darras, André Gravelle, Jacques-Antoine Gau, Jean Masse, Albert Denvers, Louis Philibert, Francis Leenhardt, Christian Laurrissergues, Georges Frêche, René Gaillard, Gilbert Faure, Antoine Gayraud, Arthur Notebart, Emile Loo, Raoul Jarry, Henri Lavielle, Henri Deschamps, Antonin Ver, Jean Zuccarelli, Alain Bonnet, députés à l'Assemblée nationale, dans les conditions prévues à l'article 61 de la Constitution, du texte de la loi portant modification de l'ordonnance n° 59-244 du 4 février 1959 relative au statut général des fonctionnaires, telle qu'elle a été adoptée par le Parlement, et notamment de ses articles 2, 3 et 4 ;

Vu la Constitution ;

Vu l'ordonnance du 7 novembre 1958 portant loi organique sur le Conseil constitutionnel, notamment le chapitre II du titre II de ladite ordonnance ;

Ouï le rapporteur en son rapport ;

Considérant que, si les articles 19 et 28 de l'ordonnance n° 59-244 du 4 février 1959, dans la rédaction nouvelle qui leur est donnée par les articles 2 et 3 de la loi soumise à l'examen du Conseil Constitutionnel, prévoient la possibilité pour les jurys de compléter leur appréciation par la consultation des dossiers individuels des candidats, il résulte du texte même de ces articles que, dans les cas où les jurys décideront d'y recourir, cette consultation devra obligatoirement porter sur les dossiers de tous les candidats ; que, dès lors, ces dispositions ne portent pas atteinte au principe d'égalité de traitement des fonctionnaires ;

Considérant que le principe de l'égalité de traitement dans le déroulement de la carrière des fonctionnaires n'est susceptible de s'appliquer qu'entre les agents appartenant à un même corps ; que, dès lors, ce principe ne fait pas obstacle à ce que, en application des dispositions de l'article 28, alinéa 3, de l'ordonnance n° 59-244 du 4 février 1959 relative au statut général des fonctionnaires tel qu'il résulte de l'article 3 de la loi soumise à l'examen du Conseil constitutionnel, la consultation par les jurys des dossiers individuels des candidats puisse n'être prévue par les décrets portant statuts particuliers que pour un certain nombre de catégories d'emplois publics et non pour l'ensemble d'entre elles ; que c'est encore en conformité avec la Constitution, et notamment avec son article 34, que la loi dont il s'agit laisse à des dispositions de caractère réglementaire le soin de fixer les modalités selon lesquelles les dossiers individuels pourront être consultés par les jurys ;

Considérant qu'en vertu de l'article 13 de l'ordonnance n° 59-244 du 4 janvier 1959, portant statut général des fonctionnaires, aucune mention faisant état des opinions politiques, philosophiques ou religieuses des intéressés ne peut figurer aux dossiers des fonctionnaires ; que, dès lors, la faculté qui est ouverte aux jurys par la loi soumise à l'exa-

men du Conseil constitutionnel de consulter les dossiers individuels ne saurait avoir pour effet de méconnaître les dispositions de l'article 6 de la Déclaration des droits de l'homme et du citoyen de 1789 ;

Considérant que les autres dispositions de la loi soumise à l'examen du Conseil constitutionnel ne sont susceptibles de mettre en cause aucun principe de valeur constitutionnelle,

Décide :

Art. 1er. — Sont déclarées conformes à la Constitution les dispositions de la loi portant modification de l'ordonnance n° 59-244 du 4 février 1959 relative au statut général des fonctionnaires, soumise à l'examen du Conseil constitutionnel.

Art. 2. — La présente décision sera publiée au *Journal officiel* de la République française.

Délibéré par le Conseil constitutionnel dans sa séance du 15 juillet 1976.

J.O. du 20

DOCUMENT 61-417
Décision du 8 novembre 1976

Le Conseil constitutionnel,

Saisi d'une demande d'appréciation de la conformité à la Constitution des dispositions de l'article 19 de la loi relative au développement de la prévention des accidents du travail en application de l'article 61 de la Constitution, signée le 20 octobre 1976 par MM. Jean Foyer, Lucien Neuwirth, Henri Ginoux, Rémy Montagne, Emmanuel Hamel, Alain Terrenoire, Georges Donnez, Edouard Ollivro, Etienne Gagnaire, Max Lejeune, Jean Bégault, André Chazalon, Roger Partrat, Albert Brochard, Jean Briane, Justin Hausherr, Mario Bénard, Jacques Limouzy, Michel Alloncle, Gabriel de Poulpiquet, Hervé Laudrin, Robert Bisson, Augustin Chauvet, André Glon, Claude Dhinnin, Pierre Weisenhorn, Christian de la Malène, Mme Nicole de Hautecloque, MM. Joël Le Theule, Pierre Bourdellès, Jacques Weinman, Mme Yvonne Stephan, MM. Jean Degraeve, Emile Bizet, Albert Bignon, Jean Brocard, Lucien Meunier, Robert Vaibrun, Pierre Weber, Hector Rolland, Marc Lauriol, Jacques Piot, Roland Boudet, Georges Mesmin, Yves Le Cabellec, Jean Desanlis, Jean-Jacques Fouqueteau, Maurice Drouet, Jacques Baumel, Paul Vauclair, Edouard Frédéric-Dupont, André Forens, Paul Barberot, Gaston Girard, Henri Duvillard, Louis Sallé, André Brugerolle, Pierre Mauger, Pierre-Charles Krieg, René Blas, Jean Turco, Francis Hardy, Charles Bignon, députés à l'Assemblée nationale, et déposée le 29 octobre 1976 par l'un d'eux, M. Ginoux, au secrétariat général du Conseil constitutionnel ;

Vu la Constitution ;

Vu l'ordonnance du 7 novembre 1958 portant loi organique sur le Conseil constitutionnel, notamment le chapitre II du titre II de ladite ordonnance ;

Ouï le rapporteur en son rapport ;

Considérant qu'aux termes de l'article 61, deuxième alinéa, de la Constitution : « Aux mêmes fins, les lois peuvent être déférées au Conseil constitutionnel avant leur promulgation par le Président de la République, le Premier ministre, le Président de l'Assemblée nationale, le Président du Sénat ou soixante députés ou soixante sénateurs » ;

Considérant qu'il résulte de cette disposition que ne peuvent être déférés au Conseil constitutionnel, en application de cet article, que les textes qui, à la date à laquelle des parlementaires prennent l'initiative de saisir le Conseil, ont le caractère de lois, c'est-à-dire ceux qui, au terme de la procédure législative, ont été définitivement adoptés dans l'ensemble de leurs dispositions par les deux chambres du Parlement ;

Considérant que tel n'est pas le cas du texte soumis à l'examen du Conseil constitutionnel ; qu'il résulte, en effet, tant des termes mêmes de la lettre de saisine que des listes portant la signature de soixante-trois parlementaires qui y sont annexées, que ces signatures ont été apposées sur ces documents dès le 20 octobre 1976 alors qu'il est constant que le texte déféré au Conseil constitutionnel a été adopté par l'Assemblée nationale le 27 octobre et par le Sénat le 28 octobre 1976 ; que, dès lors, la demande soumise à l'examen du Conseil constitutionnel n'est pas recevable,

Décide :

Art. 1er. — La demande susvisée de soixante-trois députés à l'Assemblée nationale tendant à l'appréciation de la conformité à la Constitution des dispositions de l'article 19 de la loi relative au développement de la prévention des accidents du travail n'est pas recevable.

Art. 2. — La présente décision sera notifiée au Premier ministre et publiée au *Journal officiel* de la République française.

Délibéré par le Conseil constitutionnel dans sa séance du 8 novembre 1976.

J.O. du 9

DOCUMENT 61-418

Décision du 2 décembre 1976

Le Conseil constitutionnel,

Saisi le 9 novembre 1976 par M. Frédéric Dugoujon, Mme Aliette Crépin, MM. Jean-Jacques Fouqueteau, Jacques Soustelle, Max Lejeune, Edouard Ollivro, Jean-Marie Daillet, Jean Brocard, Roger Chinaud, Guy de la Verpillière, Marcel Papet, Henri Bayard, Jean Huchon, Edouard Simon, Jean Boyer, Pierre Weber, Jean Durieux, Michel Carrier, Bertrand Denis, Maurice Dousset, Jean-Claude Rohel, Didier Julia, Lucien Neuwirth, Michel Alloncle, Paul Rivière, Francis Hardy, Robert Bisson, Emile Bizet, Gaston Girard, Pierre Bourdellès, Jean Turco, Marcel Pujol, Henri Guillermin, Paul Vauclair, Henri Ginoux, Bernard Marie, Lucien Meunier, Jacques Limouzy, Henri Ferretti, Louis Joxe, Edouard Frédéric-Dupont, Emmanuel Hamel, René Quentier, Jean Fontaine, Pierre Baudis, Yves de Kervéguen, René Feït, Jean Braillon, Mme Nicole de Hautecloque, MM. Robert Wagner, René Radius, Jacques Fouchier, Louis Sallé, Jean Valleix, Henri de Gastines, Jean Chambon, Julien Schvartz, René Métayer, Raymond Rejaud, Eugène Authier, Marcel Hoffer, Benjamin Brial, Claude-Gérard Marcus, Augustin Chauvet, Gérard Godon, Jacques Piot, Rémy Montagné, Roger Partrat, Roland Boudet, Michel Rabreau, Michel Inchauspé, Raymond Valenet, Lucien Richard, Christian de la Malène, Gabriel Kaspereit, Jean-Marie Commenay, Georges Mesmin, Jean-Paul Palewski, André Audinot, Pierre Weisenhorn, Jacques Cressard, Pierre Noal, députés à l'Assemblée nationale, dans les conditions prévues à l'article 61 de la Constitution, du texte de la loi relative au développement de la prévention des accidents du travail, telle qu'elle a été adoptée par le Parlement, et notamment de l'article 19 de ladite loi ;

Vu la Constitution ;

Vu l'ordonnance du 7 novembre 1958 portant loi organique sur le Conseil constitutionnel, notamment le chapitre II du titre II de ladite ordonnance ;

Ouï le rapporteur en son rapport ;

Considérant que l'article 19 de la loi soumise à l'examen du Conseil constitutionnel a pour objet de donner au tribunal la faculté, « compte tenu des circonstances de fait et des conditions de travail de l'intéressé », lorsque l'infraction aux règles d'hygiène ou de sécurité du travail commise par un préposé a provoqué un décès, des blessures ou une maladie, de « décider que le paiement des amendes prononcées et des frais de justice sera mis, en totalité ou en partie, à la charge de l'employeur » ;

Considérant que ces dispositions, desquelles il peut résulter une mise à la charge de l'employeur du paiement, en totalité ou en partie, des amendes et des frais de justice, ne portent atteinte, sous réserve du respect des droits de la défense tels qu'ils résultent des principes fondamentaux reconnus par les lois de la République, à aucune disposition de la Constitution ni à aucun autre principe de valeur constitutionnelle applicable en matière pénale ;

Considérant qu'en l'état il n'y a lieu pour le Conseil constitutionnel de soulever aucune question de conformité à la Constitution en ce qui concerne les autres dispositions de la loi soumise à son examen,

Décide :

Art. 1er. — Sont déclarées, sous la réserve ci-dessus énoncée, non contraires à la Constitution les dispositions de la loi relative au développement de la prévention des accidents du travail, soumise à l'examen du Conseil constitutionnel.

Art. 2. — La présente décision sera publiée au *Journal officiel* de la République française.

Délibéré par le Conseil constitutionnel dans sa séance du 2 décembre 1976.

J.O. du 7

DOCUMENT 61-419

Décision du 28 décembre 1976

Le Conseil constitutionnel,

Saisi le 20 décembre 1976 par le Président de l'Assemblée nationale en application de l'article 61, alinéa 2, de la Constitution, du texte de la loi de finances rectificative pour 1976, telle qu'elle a été adoptée par le Parlement et, notamment, des articles 6, 10, 11, 12, 13, 14, 15, 16, 17, 18 et 22 de ladite loi ;

Vu la Constitution ;

Vu l'ordonnance du 2 janvier 1959 portant loi organique relative aux lois de finances ;

Vu l'ordonnance du 7 novembre 1958 portant loi organique sur le Conseil constitutionnel, notamment le chapitre II du titre II de ladite ordonnance ;

Ouï le rapporteur en son rapport,

En ce qui concerne les articles 10, 11, 12, 13, 14, 15, 17 *et* 18 :

Considérant qu'aux termes du premier alinéa de l'article 42 de l'ordonnance n° 59-2 du 2 janvier 1959 portant loi organique relative aux lois de finances, « aucun article additionnel, aucun amendement à un projet de loi de finances ne peut être présenté sauf s'il tend à supprimer ou réduire effectivement une dépense, à créer ou à accroître une recette ou à assurer le contrôle des dépenses publiques » ;

Considérant que les articles 10, 11 et 12 ont pour seul objet de prolonger des délais prévus respectivement aux articles 34, 63 et 78 de la loi n° 71-1130 du 31 décembre 1971 portant réforme de certaines professions judiciaires et juridiques, que l'article 13 tend à permettre de rendre obligatoires par l'autorité administrative et sous certaines conditions des mesures collectives de prophylaxie pour les animaux, que l'article 14 concerne les statuts particuliers relatifs à certains corps de fonctionnaires, que l'article 15 apporte une modification au code de la sécurité sociale, que l'article 17 concerne le statut général et les statuts particuliers des militaires, que l'article 18 modifie l'article 11 de la loi de finances rectificative pour 1976 (n° 76-978 du 29 octobre 1976) relatif au régime des rémunérations supérieures à un certain montant pour l'année 1977 ; que, dès lors, toutes ces dispositions ont été introduites dans la loi de finances rectificative pour 1976 en méconnaissance des prescriptions de l'article 42 précité.

En ce qui concerne les articles 6, 16 *et* 22 :

Considérant qu'aux termes de l'article 45 de la Constitution « tout projet ou proposition de loi est examiné successivement dans les deux assemblées du Parlement en vue de l'adoption d'un texte identique. Lorsque, par suite d'un désaccord entre les deux assemblées, un projet ou une proposition de loi n'a pu être adopté après deux lectures par chaque assemblée ou, si le Gouvernement a déclaré l'urgence, après une seule lecture par chacune d'entre elles, le Premier ministre a la faculté de provoquer la réunion d'une commission mixte paritaire chargée de proposer un texte sur les dispositions restant en discussion » ;

Considérant qu'il résulte des termes de cet article que la commission mixte paritaire ne peut proposer un texte que si celui-ci porte sur des dispositions restant en discussion, c'est-à-dire qui n'ont pas été adoptées dans les mêmes termes par l'une et l'autre assemblée ;

Considérant que les articles 6, 16 et 22 résultent de dispositions présentées devant le Sénat et qui n'avaient pas été adoptées dans les mêmes termes par l'une et l'autre assemblée au moment de la réunion de la commission mixte paritaire ; qu'ainsi ces articles ont été régulièrement introduits dans les propositions de ladite commission et, dès lors, n'ont pas été adoptés définitivement en méconnaissance des dispositions de l'article 45 précité ;

Considérant qu'il n'y a lieu, en l'état, pour le Conseil constitutionnel, de soulever aucune question de conformité à la Constitution en ce qui concerne les autres dispositions de la loi soumise à son examen,

Décide :

Art. 1er. — Sont déclarées non conformes à la Constitution les dispositions des articles 10, 11, 12, 13, 14, 15, 17 et 18 de la loi des finances rectificative pour 1976.

Art. 2. — La présente décision sera publiée au *Journal officiel* de la République française.

Délibéré par le Conseil constitutionnel dans sa séance du 28 décembre 1976.

J.O. du 29

DOCUMENT 61-420
Décision du 28 décembre 1976

Le Conseil constitutionnel,

Saisi le 16 décembre 1976 par MM. Henri Duffaut, Jean-Pierre Cot, André Boulloche, Gaston Defferre, Alain Savary, René Gaillard, André Billoux, Joseph Franceschi, Louis Eyraud, Francis Leenhardt, Raymond Forni, Robert Aumont, Maurice Blanc, Joseph Planeix, Alex Raymond, Philippe Madrelle, Jacques-Antoine Gau, Léonce Clérambeaux, Pierre Gaudin, Charles Josselin, Antoine Gayraud, Georges Fillioud, Roger Duroure, Hubert Dubedout, Pierre Charles, Roland Huguet, Tony Larue, André Chandernagor, Louis Mexandeau, Albert Denvers, Louis Besson, Raoul Jarry, Maurice Legendre, Gilbert Sénès, Robert Capdeville, Raoul Bayou, André Delelis, Robert Fabre, André Delehedde, André Gravelle, Jean Massé, Jean-Pierre Chevènement, Lucien Pignion, Louis Longequeue, Pierre Joxe, Gilbert Faure, Charles-Emile Loo, Marcel Massot, Arsène Boulay, André Saint-Paul, Jean Bernard, Fernand Berthouin, Gérard Houteer, Claude Delorme, Jean Bastide, Guy Beck, Alain Vivien, André Guerlin, Louis Darinot, André Lebon, Yves Le Foll, André Desmulliez, Fernand Sauzedde, Daniel Benoist, Gérard Haesebroeck, Louis Le Pensec, Georges Frêche, Alain Bonnet, Charles Bignon, Jean Foyer, Marc Lauriol, Achille Peretti, Pierre Raynal, Eugène Authier, Jacques Richomme, Claude Gerbet, Jacques Weinman, André Glon, Xavier Hamelin, Eugène Claudius-Petit, Jean Royer, André Fanton, Jean Falala, Claude Dhinnin, Roger Corrèze, André-Georges Voisin, Jacques Piot, Jacques Limouzy, Gérard Deliaune, Charles Malouin, Maurice Plantier, Jean Crenn, députés à l'Assemblée nationale, dans les conditions prévues à l'article 61, alinéa 2, de la Constitution, du texte de la loi de finances pour 1977, telle qu'elle a été adoptée par le Parlement et, notamment, des articles 16, 27, 28, 29, 37 et 87 de ladite loi ;

Saisi le 21 décembre 1976 par le Premier ministre, dans les conditions prévues à l'article 61, alinéa 2, de la Constitution, du texte de la même loi de finances, et notamment de son article 61 (§ VI) ;

Vu la Constitution ;

Vu l'ordonnance du 2 janvier 1959 portant loi organique relative aux lois de finances ;

Vu l'ordonnance du 7 novembre 1958 portant loi organique sur le Conseil constitutionnel, notamment le chapitre II du titre II de ladite ordonnance ;

Ouï le rapporteur en son rapport ;

Considérant que les deux demandes présentées respectivement par les députés à l'Assemblée nationale et par le Premier ministre tendent à soumettre à l'appréciation du Conseil constitutionnel la conformité à la Constitution de la même loi ; qu'il y a lieu de les joindre pour ce qu'il y soit statué par une seule décision ;

En ce qui concerne l'article 16 :

Considérant que l'article 39 de la Constitution dispose, *in fine,* que « les projets de loi de finances sont soumis en premier lieu à l'Assemblée nationale » ; qu'il est constant que l'article 16 prévoyant l'institution d'une taxe sanitaire et d'organisation du marché des viandes a été soumis par le Gouvernement pour la première fois devant le Sénat, sous forme d'amendement, et que, s'agissant d'une mesure financière entièrement nouvelle, il l'a été en méconnaissance de l'article 39 susvisé de la Constitution ;

En ce qui concerne les articles 27 et 28 :

Considérant que, si les crédits relatifs à Mayotte ont figuré dans les documents budgétaires soumis au Parlement sous la rubrique des départements d'outre-mer, ce qui était conforme alors à un projet de loi déposé donnant à ce territoire le statut de département d'outre-mer, et si, ultérieurement une loi a été adoptée donnant à Mayotte un statut spécial de collectivité territoriale tel qu'il est prévu à l'article 72, premier alinéa, de la Constitution, ce changement de statut ne saurait mettre en cause les dispositions de l'article 31 de l'ordonnance du 2 janvier 1959 en tant qu'elles prévoient une présentation des mesures financières « par titre et par ministère » puisque le secrétariat d'Etat aux départements et territoires d'outre-mer relève du ministère de l'Intérieur auquel ressortit la collectivité territoriale nouvelle créée à Mayotte ; qu'au surplus il ressort de l'examen des documents fournis pour l'information du Parlement qu'en dépit de l'inexacte dénomination attribuée à Mayotte, les renseignements donnés sur le montant, la répartition et l'emploi des crédits destinés à celle-ci étaient de nature à permettre au Parlement de se prononcer en connaissance de cause ;

En ce qui concerne l'article 29 :

Considérant qu'en vertu de l'article 32 de l'ordonnance du 2 janvier 1959 portant loi organique relative aux lois de finances le projet de loi de finances de l'année est accompagnée d'annexes explicatives faisant connaître, notamment, la répartition par chapitres du coût des services votés et des mesures nouvelles ainsi que l'échelonnement sur les années futures des paiements résultant des autorisations de programme ; que la nature et la finalité du fonds d'action conjoncturelle, dont le principe a été admis par le Parlement à l'occasion de l'adoption de plusieurs lois de finances, font obstacle, en raison du caractère futur et incertain des opérations à la réalisation desquelles sont destinées les dotations de ce fonds, à ce que, dans la présentation de ces dotations, soit précisée une répartition par titres et par chapitres ; que, pour les mêmes motifs, la circonstance que des crédits de paiement correspondants à ces autorisations de programme n'ont pas été votés est sans influence sur la conformité à la Constitution de l'article 29, étant entendu que ces crédits de paiement devront, en temps voulu, faire l'objet d'un projet de loi de finances rectificative ;

En ce qui concerne l'article 37-V :

Considérant que l'article 32 de l'ordonnance du 2 octobre 1959 portant loi organique relative aux lois de finances dispose, en son dernier alinéa, que le projet de loi de finances de l'année est accompagné d'« annexes générales destinées à l'information et au contrôle du Parlement » ;

Considérant, s'agissant du compte spécial du Trésor intitulé : « Prêts du fonds de développement économique et social » dont la dotation budgétaire pour 1977 figure à l'article 37-V de la loi de finances pour 1977, que s'il incombe au Gouvernement de donner au Parlement des indications substantielles sur l'orientation générale et la politique qu'il entend suivre en ce qui concerne l'utilisation de ce fonds, la nature même des opérations dont cette dotation a pour objet de permettre la réalisation et le fait qu'elles ne peuvent pas, ou ne peuvent pas avec une précision suffisante, être connues et décrites individuellement au moment du vote des crédits par le Parlement ont pour conséquence que ce vote a pour sens et pour portée d'habiliter le Gouvernement à procéder, dans les limites des crédits fixés, aux opérations que comporte la gestion d'un tel fonds, à condition toutefois que lesdites opérations fassent l'objet de comptes rendus complets de nature à permettre au Parlement d'exercer son contrôle au moment où il vote les crédits de l'année suivante ou lors de l'examen de la loi de règlement, compte tenu notamment des dispositions de l'article 80 de la loi n° 73-1150 du 27 décembre 1973 portant loi de finances pour 1974 et de l'article 90 de la loi n° 75-1278 du 30 décembre 1975 portant loi de finances pour 1976 ;

Considérant qu'en ce qui concerne la dotation de la partie du fonds de développement économique et social prévue pour des actions en faveur de l'industrie en 1977, il ressort tant des documents fournis en vue de l'examen du projet de loi de finances que des comptes rendus très complets figurant dans les rapports établis par le conseil de direction du fonds de développement économique et social, ainsi que des réponses apportées aux questions posées par la commission des finances de l'Assemblée nationale, que cette assemblée a disposé des éléments lui permettant de remplir la mission de contrôle dont le Parlement est investi par la Constitution ;

En ce qui concerne l'article 61-VI :

Considérant que le paragraphe VI de l'article 61 prévoit que le Gouvernement devra, avant le 31 décembre 1977, déposer un projet de loi pour compléter dans certaines conditions les mesures prévues audit article ; qu'une telle disposition ne trouve de base juridique ni dans l'article 34 ni dans aucune des autres dispositions de la Constitution et qu'elle est en contradiction avec le droit d'initiative général conféré au Premier ministre par l'article 39 de la Constitution ;

En ce qui concerne l'article 87 :

Considérant qu'aux termes du premier alinéa de l'article 42 de l'ordonnance n° 59-2 du 2 janvier

1959 portant loi organique relative aux lois de finances, « aucun article additionnel, aucun amendement à un projet de loi de finances ne peut être présenté sauf s'il tend à supprimer ou à réduire effectivement une dépense à créer ou à accroître une recette ou à assurer le contrôle des dépenses publiques » ;

Considérant que l'article 87 a pour seul objet d'autoriser la passation de conventions de coopération avec les établissements d'enseignement supérieur privés à but non lucratif sans qu'il soit établi que cette disposition ait pour objet d'assurer le contrôle de dépenses publiques ;

Considérant qu'il n'y a lieu, en l'état, pour le Conseil constitutionnel, de soulever aucune question de conformité à la Constitution en ce qui concerne les autres dispositions de la loi soumise à son examen,

Décide :

Art. 1er. — Sont déclarées non conformes à la Constitution les dispositions des articles 16, 61-VI et 87 de la loi de finances pour 1977.

Art. 2. — La présente décision sera publiée au Journal officiel de la République française.

Délibéré par le Conseil constitutionnel dans sa séance du 28 décembre 1976.

J.O. du 29

DOCUMENT 61-421

Décision du 12 janvier 1977

Le Conseil constitutionnel,

Saisi le 16 décembre 1976, par MM. Alain Vivien, Gaston Defferre, Guy Beck, Francis Leenhardt, Pierre Gaudin, Léonce Clérambeaux, Robert Aumont, Louis Eyraud, Joseph Franceschi, Raymond Forni, Maurice Blanc, René Gaillard, André Billoux, Joseph Planeix, Alex Raymond, Jacques-Antoine Gau, Hubert Dubedout, Jean-Pierre Cot, Antoine Gayraud, Georges Fillioud, Henri Duffaut, Charles Josselin, Roger Duroure, Roland Huguet, Tony Larue, André Boulloche, André Chandernagor, Robert Capdeville, Maurice Legendre, Pierre Charles, Albert Denvers, André Delehedde, Gilbert Sénès, Raoul Jarry, Louis Besson, André Delelis, Arsène Boulay, André Saint-Paul, Jean Bastide, Jean Masse, Alain Savary, Louis Darinot, André Guerlin, Yves Le Foll, Lucien Pignion, Gérard Houteer, André Desmulliez, Fernand Sauzedde, Robert Fabre, André Lebon, Marcel Massot, Pierre Joxe, Claude Delorme, Fernand Berthouin, André Gravelle, Raoul Bayou, Louis Mexandeau, Louis Longequeue, Jean Bernard, Charles-Emile Loo, Gilbert Faure, Daniel Benoist, Gérard Haesebroeck, Jean-Pierre Chevènement, Louis Le Pensec, députés à l'Assemblée nationale, dans les conditions prévues à l'article 61 de la Constitution, du texte de la loi autorisant le Gouvernement à modifier par ordonnances les circonscriptions pour l'élection des membres de la chambre des députés du territoire français des Afars et des Issas, telle qu'elle a été adoptée par le Parlement ;

Vu la Constitution ;

Vu l'ordonnance du 7 novembre 1958 portant loi organique sur le Conseil constitutionnel, notamment le chapitre II du titre II de ladite ordonnance ;

Ouï le rapporteur en son rapport ;

Considérant qu'aux termes du premier alinéa de l'article 38 de la Constitution « Le Gouvernement peut, pour l'exécution de son programme, demander au Parlement l'autorisation de prendre par ordonnances, pendant un délai limité, des mesures qui sont normalement du domaine de la loi » ;

Considérant que, s'il est, de la sorte, spécifié à l'alinéa 1er de l'article 38 précité de la Constitution, que c'est pour l'exécution de son programme que le Gouvernement se voit attribuer la possibilité de demander au Parlement l'autorisation de légiférer, par voie d'ordonnances, pendant un délai limité, ce texte doit être entendu comme faisant obligation au Gouvernement d'indiquer avec précision au Parlement, lors du dépôt d'un projet de loi d'habilitation et pour la justification de la demande présentée par lui, quelle est la finalité des mesures qu'il se propose de prendre ;

Considérant qu'il y a donc lieu d'exclure toute autre interprétation et notamment celle qui serait tirée d'un rapprochement avec les énonciations de l'alinéa 1er de l'article 49 de la Constitution ; que celle-ci, en effet, qui tend à conférer une acception analogue au terme « programme » et à l'expression « déclaration de politique générale », d'une part, ne ferait aucune place, pour une éventuelle justification de recours aux dispositions de l'article 38, aux notions de circonstances imprévues ou de situation requérant des mesures d'urgence et, d'autre part, en raison de sa généralité, aurait pour résultat d'étendre, sans limites définies, le champ d'application de la procédure d'habilitation prévue audit article 38, au détriment du respect des prérogatives du Parlement ;

Considérant qu'en l'espèce les précisions requises, en vertu de l'alinéa 1er de l'article 38 de la Constitution, ont été dûment fournies par le Gouvernement au soutien de sa demande d'habilitation à modifier par ordonnances les circonscriptions pour l'élection des membres de la chambre des députés du territoire français des Afars et des Issas,

Décide :

Art. 1er. — Est déclarée conforme à la Constitution la loi autorisant le Gouvernement à modifier par ordonnances les circonscriptions pour l'élection des membres de la chambre des députés du territoire français des Afars et des Issas.

Art. 2. — La présente décision sera publiée au Journal officiel de la République française.

Délibéré par le Conseil constitutionnel dans sa séance du 12 janvier 1977.

J.O. du 13

DOCUMENT 61-422

Décision du 12 janvier 1977

Le Conseil constitutionnel,

Saisi le 21 décembre 1976 par MM. Pierre Joxe, André Chandernagor, Gaston Defferre, Alain Savary, Léonce Clérambeaux, Pierre Gaudin, René Gaillard, Raymond Forni, André Billoux, Louis Eyraud, Joseph Franceschi, Maurice Blanc, Robert

Aumont, Joseph Planeix, Alex Raymond, Jacques-Antoine Gau, Antoine Gayraud, Georges Fillioud, Charles Josselin, Pierre Charles, Roger Duroure, Jean-Pierre Cot, Hubert Dubedout, Henri Duffaut, Roland Huguet, Gilbert Sénès, Robert Capdeville, Albert Denvers, André Delehedde, André Boulloche, Tony Larue, Gilbert Faure, Robert Fabre, Francis Leenhardt, Charles-Emile Loo, Louis Besson, André Gravelle, Louis Mexandeau, Louis Longequeue, André Delelis, Marcel Massot, Gérard Houteer, Jean-Pierre Chevènement, Raoul Jarry, Fernand Berthouin, Louis Darinot, Jean Bernard, Jean Masse, Lucien Pignion, Arsène Boulay, André Lebon, Maurice Legendre, Raoul Bayou, André Saint-Paul, Jean Bastide, Guy Beck, Alain Vivien, André Guerlin, Yves Le Foll, Claude Delorme, André Desmulliez, Fernand Sauzedde, Daniel Benoist, Gérard Haesebroeck, Louis Le Pensec, Georges Frêche, Alain Bonnet, députés à l'Assemblée nationale, par MM. Robert Ballanger, Dominique Frelaut, Didier Eloy, Etienne Fajon, Edmond Garcin, Guy Ducoloné, Henri Fiszbin, Georges Gosnat, Roger Gouhier, Marcel Houël, Hégésippe Ibéné, Georges Lazzarino, Paul Laurent, Pierre Juquin, Joseph Legrand, Henri Lucas, Marcel Lemoine, Albert Maton, Gilbert Millet, Louis Maisonnat, Robert Montdargent, Mme Gisèle Moreau, MM. Maurice Nilès, Louis Odru, Vincent Porelli, Jack Ralite, René Rieubon, Hubert Ruffe, André Tourné, Lucien Villa, Pierre Villon, Robert Vizet, Claude Weber, Maurice Andrieux, Gustave Ansart, Pierre Arraut, Virgile Barel, Louis Baillot, Paul Balmigère, Raymond Barbet, Jean Bardol, Marcelin Berthelot, François Billoux, Georges Bustin, Henry Canacos, Edouard Carlier, Mme Jacqueline Chonavel, M. Roger Combrisson, Mme Hélène Constans, MM. Daniel Dalbera, André Duroméa, Philippe Giovannini, Georges Hage, Parfait Jans, Emile Jourdan, Maxime Kalinski, Daniel Le Meur, Roland Leroy, Waldeck L'Huillier, Pierre Pranchère, Roland Renard, Roger Roucaute, Gilbert Schwartz, députés à l'Assemblée nationale, et du 22 décembre 1976 au 11 janvier 1977 par MM. Henri Caillavet, Jacques Bordeneuve, Joseph Raybaud, Pierre Jacques Pelletier, Marcel Champeix, Edgard Pisani, Robert Schwint, Jean Colin, Jacques Carat, Emile Durieux, Pierre Marcilhacy, Louis Le Montagner, Marcel Gargar, Charles de Cuttoli, Gérard Minvielle, Jacques Coudert, Edouard Soldani, Maurice Fontaine, Jean Péridier, Maurice Vérillon, Pierre Prost, Pierre Giraud, Etienne Dailly, Robert Laucournet, Michel Darras, René Jager, Henri Terré, Emile Didier, Pierre Perrin, Victor Robini, Francisque Collomb, Bernard Legrand, André Messager, Edouard Grangier, Georges Dardel, Josy Moinet, Fernand Poignant, André Rabineau, André Méric, Francis Palmero, Pierre Petit, Emile Vivier, Léopold Heder, Albert Pen, Maurice Coutrot, Jean Mézard, Georges Lombard, Marcel Mathy, Pierre Jeambrun, Auguste Amic, André Barroux, Abel Sempé, Maxime Javelly, Jean Geoffroy, Charles Cathala, Hubert Peyou, Roger Boileau, Jean Nayrou, Marcel Nuninger, Adrien Laplace, Gabriel Calmels, Paul Mistral, Pierre Schiélé, Edgar Tailhades, Jean Varlet, Georges Lamousse, Michel Labèguerie, Georges Berchet, Charles Ailliès, Lucien Grand, François Giaccobi, André Bohl, Michel Moreigne, Maurice Pic, Jacques Verneuil, Mme Brigitte Gros, MM. Guy Pascaud, Noël Berrier, sénateurs, dans les conditions prévues à l'article 61 (2e alinéa) de la Constitution, du texte de la loi autorisant la visite des véhicules en vue de la recherche et de la prévention des infractions pénales telle qu'elle a été adoptée par le Parlement ;

Vu la Constitution ;

Vu l'ordonnance du 7 novembre 1958 portant loi organique sur le Conseil constitutionnel, notamment le chapitre II du titre II de ladite ordonnance ;

Ouï le rapporteur en son rapport ;

Considérant que la liberté individuelle constitue l'un des principes fondamentaux garantis par les lois de la République, et proclamés par le préambule de la Constitution de 1946, confirmé par le préambule de la Constitution de 1958 ;

Considérant que l'article 66 de la Constitution, en réaffirmant ce principe, en confie la garde à l'autorité judiciaire ;

Considérant que le texte soumis à l'examen du Conseil constitutionnel a pour objet de donner aux officiers de police judiciaire ou, sur ordre de ceux-ci, aux agents de police judiciaire, le pouvoir de procéder à la visite de tout véhicule ou de son contenu aux seules conditions que ce véhicule se trouve sur une voie ouverte à la circulation publique et que cette visite ait lieu en la présence du propriétaire ou du conducteur ;

Considérant que, sous réserve que soient remplies les deux conditions ci-dessus rappelées, les pouvoirs attribués par cette disposition aux officiers de police judiciaire et aux agents agissant sur l'ordre de ceux-ci pourraient s'exercer, sans restriction, dans tous les cas, en dehors de la mise en vigueur d'un régime légal de pouvoirs exceptionnels, alors même qu'aucune infraction n'aura été commise et sans que la loi subordonne ces contrôles à l'existence d'une menace d'atteinte à l'ordre public ;

Considérant qu'en raison de l'étendue des pouvoirs, dont la nature n'est, par ailleurs, pas définie, conférés aux officiers de police judiciaire et à leurs agents, du caractère très général des cas dans lesquels ces pouvoirs pourraient s'exercer et de l'imprécision de la portée des contrôles auxquels ils seraient susceptibles de donner lieu, ce texte porte atteinte aux principes essentiels sur lesquels repose la protection de la liberté individuelle ; que, par suite, il n'est pas conforme à la Constitution,

Décide :

Art. 1er. — Sont déclarées non conformes à la Constitution les dispositions de l'article unique de la loi autorisant la visite des véhicules en vue de la recherche et de la prévention des infractions pénales.

Art. 2. — La présente décision sera publiée au *Journal officiel* de la République française.

Délibéré par le Conseil constitutionnel dans sa séance du 12 janvier 1977.

J.O. du 13.1.77

DOCUMENT 61-423
Décision du 5 juillet 1977

Le Conseil constitutionnel,

Saisi le 24 juin 1977 par MM. André Delehedde, Antoine Gayraud, Gilbert Faure, Edmond Vacant, Maurice Blanc, André Guerlin, Louis Longequeue,

Yves Allainmat, Arsène Boulay, Maurice Brugnon, Louis Mexandeau, Jean-Pierre Chevènement, Joseph Planeix, Louis Le Pensec, Dominique Dupilet, Alain Vivien, André Boulloche, Jean Poperen, Maurice Legendre, Francis Leenhardt, Charles Josselin, Henri Deschamps, Jean Antagnac, Robert Aumont, Jean Bastide, André Labarrère, Henri Darras, Georges Frêche, Joseph Franceschi, Roland Huguet, Christian Laurissergues, Jean Masse, Jean Laborde, Jean Bernard, Louis Mermaz, René Gaillard, Daniel Benoist, Henri Lavielle, Louis Besson, Albert Denvers, Georges Fillioud, Philippe Madrelle, Charles Naveau, Louis Philibert, Alain Savary, Nicolas Alfonsi, André Chandernagor, Jean-Pierre Cot, Pierre Charles, Antonin Ver, François Abadie, Arthur Notebart, Alex Raymond, Fernand Berthouin, Michel Crépeau, Guy Beck, Roger Duroure, Maurice Faure, Jean Zuccarelli, Robert Fabre, Louis Eyraud, Pierre Gaudin, André Lebon, députés à l'Assemblée nationale, dans les conditions prévues à l'article 61, deuxième alinéa, de la Constitution, du texte de la loi portant diverses dispositions en faveur de l'emploi des jeunes et complétant la loi n° 75-574 du 4 juillet 1975 tendant à la généralisation de la Sécurité sociale telle qu'elle a été adoptée par le Parlement ;

Vu la Constitution ;

Vu l'ordonnance du 7 novembre 1958 portant loi organique sur le Conseil constitutionnel, notamment le chapitre II du titre II de ladite ordonnance ;

Ouï le rapporteur en son rapport ;

Considérant que l'article 4 de la loi portant diverses mesures en faveur de l'emploi des jeunes et complétant la loi n° 75-574 du 4 juillet 1975 tendant à la généralisation de la sécurité sociale, telle qu'elle a été adoptée par le Parlement, dispose que, pour l'application aux entreprises des dispositions législatives ou réglementaires du code du travail qui se réfèrent à une condition d'effectif de personnel, il n'est pas tenu compte, temporairement, des salariés engagés dans les conditions d'âge et de délai prévues aux articles 1er et 2 de ladite loi ;

Considérant, d'une part, que, si l'article 2 de la Constitution proclame que « La France... assure l'égalité devant la loi de tous les citoyens sans distinction d'origine, de race ou de religion », le texte soumis à l'examen du Conseil constitutionnel ne contient aucune discrimination susceptible de porter atteinte à ce principe ;

Considérant, d'autre part, que, si le préambule de la Constitution du 27 octobre 1946, confirmé par celui de la Constitution du 4 octobre 1958, dispose en son huitième alinéa que « tout travailleur participe, par l'intermédiaire de ses délégués à la détermination collective des conditions de travail ainsi qu'à la gestion des entreprises », l'article 34 de la Constitution range dans le domaine de la loi la détermination des principes fondamentaux du droit du travail et du droit syndical ; qu'ainsi c'est au législateur qu'il revient de déterminer, dans le respect des principes qui sont énoncés au huitième alinéa du préambule, les conditions de leur mise en œuvre, ce qu'il a fait dans le cas de l'espèce ;

Considérant qu'il résulte de ce qui précède que l'article 4 de la loi soumise à l'examen du Conseil constitutionnel n'est contraire à aucune disposition de la Constitution non plus qu'à aucune autre disposition ayant valeur constitutionnelle, à laquelle la Constitution se réfère dans son préambule ;

Considérant, enfin, qu'en l'état, il n'y a lieu pour le Conseil constitutionnel de soulever aucune question de conformité à la Constitution en ce qui concerne les autres dispositions de la loi soumise à son examen,

Décide :

Art. 1er. — Sont déclarées conformes à la Constitution les dispositions de la loi susvisée portant diverses mesures en faveur de l'emploi et complétant la loi n° 75-574 du 4 juillet 1975 tendant à la généralisation de la Sécurité sociale.

Art. 2. — La présente décision sera publiée au *Journal officiel* de la République française.

Délibéré par le Conseil constitutionnel dans sa séance du 5 juillet 1977.

J.O. du 6

DOCUMENT 61-424
Décision du 20 juillet 1977

Le Conseil constitutionnel,

Saisi le 1er juillet 1977 par MM. Pierre Joxe, Jacques-Antoine Gau, Antoine Gayraud, Fernand Sauzedde, Alex Raymond, Claude Michel, Henri Lavielle, Jean Bernard, Gérard Houteer, Louis Longequeue, André Boulloche, Gilbert Sénès, Louis Le Pensec, Robert Aumont, Raymond Forni, Jean Poperen, Christian Laurissergues, Arsène Boulay, André Lebon, Marcel Massot, Charles Naveau, André Delehedde, Antonin Ver, Yves Allainmat, Frédéric Jalton, Robert Capdeville, René Gaillard, Gilbert Faure, Jean Bastide, André Guerlin, Maurice Andrieu, Louis Mexandeau, Alain Vivien, Maurice Brugnon, Francis Leenhardt, Jean-Pierre Chevènement, Michel Henri, Edmond Vacant, Lucien Pignion, Georges Carpentier, Alain Savary, Raoul Bayou, Léonce Clérambeaux, Jean Masse, Georges Spénale, Georges Frêche, André Gravelle, Jacques Huygues des Etages, Charles-Emile Loo, Daniel Benoist, André Delelis, François Abadie, Paul Duraffour, Fernand Berthouin, Robert Fabre, Michel Crépeau, Guy Beck, Louis Besson, Charles Josselin, Yves Le Foll, Arthur Notebard, Philippe Madrelle, Henri Darras, Louis Philibert ; et le 8 juillet 1977 par MM. Maurice Andrieux, Gustave Ansart, Pierre Arraut, Louis Baillot, Robert Ballanger, Paul Balmigère, Raymond Barbet, Jean Bardol, Virgile Barel, Jean-Jacques Barthe, Marcelin Berthelot, François Billoux, Gérard Bordu, Georges Bustin, Henry Canacos, Jacques Chambaz, Mme Jacqueline Chonavel, M. Roger Combrisson, Mme Hélène Constans, MM. Daniel Dalbera, César Depietri, Guy Ducoloné, André Duroméa, Lucien Dutard, Etienne Fajon, Henri Fiszbin, Dominique Frelaut, Edmond Garcin, Georges Gosnat, Roger Gouhier, Georges Hage, Marcel Houël, Hégésippe Ibéné, Emile Jourdan, Pierre Juquin, René Lamps, Paul Laurent, Georges Lazzarino, Joseph Legrand, Daniel Le Meur, Marcel Lemoine, Henri Lucas, Louis Maisonnat, Albert Maton, Gilbert Millet, Mme Gisèle Moreau, MM. Maurice Nilès, Louis Odru, Vincent Porelli, Pierre Pranchère, Jack Ralite, Roland Renard, René Rieubon, Marcel Rigout, Robert Montdargent, Roger Roucaute, Hubert Ruffe, Gilbert Schwartz, André Tourné, Lucien Villa, Pierre Villon, Robert Vizet, Claude Weber, députés à l'Assemblée nationale, dans les conditions prévues à l'article 61, alinéa 2, de la Constitution, du texte de la loi modifiant l'article 4 de la loi de finances rectificative pour 1961 telle qu'elle a été adoptée par le Parlement ;

Vu la Constitution ;

Vu l'ordonnance du 7 novembre 1958 portant loi organique sur le Conseil constitutionnel, notamment le chapitre II du titre II de ladite ordonnance ;

Ouï le rapporteur en son rapport ;

Considérant qu'aux termes de l'article 22 de l'ordonnance du 4 février 1959 relative au statut général des fonctionnaires « le fonctionnaire a droit, après service fait, à une rémunération comportant le traitement... » et qu'en vertu de l'article 4 de la loi du 29 juillet 1961, portant loi de finances rectificative pour 1961, l'absence de service fait donne lieu, dans les conditions précisées par cette loi, à une retenue sur traitement ; qu'il résulte de la combinaison de ces deux textes que la retenue sur traitement a le caractère d'une mesure qui relève de la réglementation de la comptabilité publique et qui est liée à la notion de service fait ; qu'elle est indépendante de l'action disciplinaire qui, dans le respect des droits de la défense, peut toujours être engagée à l'occasion des mêmes faits si ceux-ci sont considérés comme constitutifs d'une faute professionnelle ;

Considérant que l'article unique de la loi soumise au Conseil constitutionnel pour examen de sa conformité à la Constitution complète l'article 4 de la loi de finances rectificative pour 1961 et a pour seul objet d'expliciter ce qu'il faut entendre par absence de service fait ; que ce texte précise qu'il n'y a pas service fait lorsque l'agent s'abstient d'effectuer tout ou partie des heures de service ou lorsque, bien qu'effectuant ses heures de service, il n'exécute pas tout ou partie des obligations de service qui s'attachent à sa fonction dans le cadre des lois et règlements ;

Considérant qu'aucun de ces deux motifs, heures de service ou obligations de service, qui se traduisent, l'un et l'autre, par une inexécution du service, ne saurait avoir pour effet de conférer à la retenue sur traitement le caractère d'une sanction disciplinaire, dès lors que la constatation de cette inexécution ne doit impliquer aucune appréciation du comportement personnel de l'agent, telle qu'elle serait opérée dans le cadre d'une procédure disciplinaire ; qu'il faut, par suite, en particulier dans le cas des obligations de service, que l'inexécution soit suffisamment manifeste pour pouvoir être matériellement constatée sans qu'il soit besoin de porter une appréciation sur le comportement de l'agent ; que, sous cette condition qui devra être observée dans les mesures individuelles d'application et pour le respect de laquelle le fonctionnaire dispose des voies de droit normales, la retenue sur traitement demeure une mesure de portée comptable et se trouve, dès lors, hors du champ d'application du principe des droits de la défense ;

Considérant que la loi soumise à l'examen du Conseil constitutionnel n'établit entre les fonctionnaires auxquels elle est susceptible de s'appliquer aucune discrimination de nature à porter atteinte au principe d'égalité énoncé à l'article 6 de la Déclaration des droits de l'homme et du citoyen ;

Considérant que, si le projet dont est issue cette loi n'a pas été soumis à l'avis du conseil supérieur de la fonction publique préalablement à sa présentation au Parlement, cette circonstance est sans influence sur la conformité de la loi à la Constitution, dès lors que les dispositions de ce texte n'exigeaient pas, en raison de son objet même, une telle consultation ; qu'il n'y a donc pas méconnaissance du principe de participation des travailleurs à la détermination collective des conditions de travail, contenu dans le préambule de la Constitution de 1946, réaffirmé par le préambule de la Constitution de 1958 ;

Considérant qu'il n'appartient pas au Conseil constitutionnel, lorsqu'il est saisi en application de l'article 61 de la Constitution, d'examiner la conformité d'une loi aux stipulations d'un traité ou d'un accord international ; que, dès lors, il n'y a pas lieu d'examiner la conformité de la loi soumise à l'examen du Conseil constitutionnel aux stipulations de la convention n° 95 de l'Organisation internationale du travail concernant la protection du salaire ;

Considérant qu'il résulte de tout ce qui précède que la loi qui complète l'article 4 de la loi de finances rectificative pour 1961 n'est contraire ni aux dispositions de la Constitution ni à aucun principe de valeur constitutionnelle,

Décide :

Art. 1er. — Sont déclarées conformes à la Constitution les dispositions de l'article unique de la loi modifiant l'article 4 de la loi du 29 juillet 1961 portant loi de finances rectificative pour 1961, soumise à l'examen du Conseil constitutionnel.

Art. 2. — La présente décision sera publiée au *Journal officiel* de la République française.

Délibéré par le Conseil constitutionnel dans sa séance du 20 juillet 1977.

J.O. du 22

DOCUMENT 61-425
Décision du 20 juillet 1977

Le Conseil constitutionnel,

Saisi le 29 juin 1977 par MM. Dominique Dupilet, Gilbert Faure, Maurice Blanc, André Guerlin, Louis Longequeue, Antoine Gayraud, André Delehedde, Edmond Vacant, Arsène Boulay, Maurice Brugnon, Yves Allainmat, Louis Mexandeau, Jean-Pierre Chevènement, Joseph Planeix, Louis Le Pensec, Alain Vivien, André Boulloche, Jean Poperen, Maurice Legendre, Charles Josselin, Henri Deschamps, Louis Philibert, André Gravelle, Francis Leenhardt, Christian Laurissergues, Pierre Gaudin, Albert Denvers, Jean Zuccarelli, Jean Bernard, Frédéric Jalton, Pierre Lagorce, Gilbert Sénès, Jean Bastide, Alain Bonnet, André Saint-Paul, Louis Eyraud, René Gaillard, Henri Lavielle, Mme Jacqueline Thome-Patenôtre, MM. Georges Carpentier, André Poutissou, Robert Capdeville, Roger Duroure, Fernand Sauzedde, Claude Delorme, Raymond Forni, André Lebon, André Billoux, Raoul Bayou, Joseph Franceschi, Guy Beck, Alex Raymond, Claude Michel, Georges Fillioud, Pierre Joxe, Jean-Pierre Cot, Fernand Berthouin, Robert Fabre, Roland Huguet, Gérard Houteer, Robert Aumont, Louis Darinot, Jacques-Antoine Gau, députés à l'Assemblée nationale, dans les conditions prévues à l'article 61, alinéa 2, de la Constitution, du texte de la loi tendant à compléter les dispositions du code des communes relatives à la coopération intercommunale, telle qu'elle a été adoptée par le Parlement, et notamment de ses articles 2, 4, 6 et 7 ;

Vu la Constitution ;

Vu l'ordonnance du 7 novembre 1958 portant loi organique sur le Conseil constitutionnel, notamment le chapitre II du titre II de ladite ordonnance ;

Vu le règlement de l'Assemblée nationale, et notamment ses articles 81, 86, 92 et 98 ;

Vu le règlement du Sénat, et notamment ses articles 24 et 45 ;

Ouï le rapporteur en son rapport ;

Considérant que les signataires de la demande susvisée fondent uniquement leur contestation de la conformité à la Constitution de la loi tendant à compléter les dispositions du code des communes relatives à la coopération intercommunale sur le fait que plusieurs dispositions d'initiative parlementaire contenues dans cette loi auraient été adoptées en méconnaissance de l'article 40 de la Constitution, aux termes duquel « les propositions et amendements formulés par les membres du Parlement ne sont pas recevables lorsque leur adoption aurait pour conséquence soit une diminution des ressources publiques soit la création ou l'aggravation d'une charge publique » ;

Considérant que, des travaux préparatoires de la Constitution, et notamment du fait que l'article 40 de cette dernière n'a pas repris les dispositions de l'article 35 de l'avant-projet de Constitution soumis au comité consultatif constitutionnel le 29 juillet 1958, aux termes desquelles le Conseil constitutionnel aurait été appelé à intervenir avant l'achèvement de la procédure législative en cas de désaccord entre le Gouvernement et le président de l'assemblée intéressée, il résulte qu'un contrôle de la recevabilité de ces initiatives doit être mis en œuvre au cours des débats parlementaires et effectué alors par des instances propres à l'Assemblée nationale et au Sénat ;

Considérant qu'en effet le Conseil constitutionnel a déclaré conformes à la Constitution les dispositions des articles 81, 86, 92 et 98 du règlement de l'Assemblée nationale, ainsi que celles des articles 24 et 45 du règlement du Sénat, dispositions par lesquelles un contrôle de la recevabilité des propositions et amendements au regard de l'article 40 de la Constitution a été organisé dans le cadre des prérogatives appartenant au Parlement ;

Considérant en conséquence que le Conseil constitutionnel ne peut être saisi de la question de savoir si une proposition ou un amendement formulé par un membre du Parlement a été adopté en méconnaissance de l'article 40 de la Constitution que si la question de la recevabilité de cette proposition ou de cet amendement a été soulevée devant le Parlement ;

Considérant qu'il est constant qu'aucune disposition de la loi tendant à compléter les dispositions du code des communes relatives à la coopération intercommunale, telle qu'elle a été adoptée par le Parlement, n'a fait l'objet devant celui-ci, au cours de la procédure parlementaire, d'une demande d'irrecevabilité en application de l'article 40 de la Constitution ; qu'en particulier aucun des députés signataires de la demande adressée au Conseil constitutionnel n'a fait usage en ce sens de la faculté qui lui était donnée par le premier alinéa de l'article 92 du règlement de l'Assemblée nationale ; que, dès lors, l'irrecevabilité instituée par l'article 40 de la Constitution ne peut être directement invoquée devant le Conseil constitutionnel à l'encontre de la loi dont il s'agit,

Décide :

Art. 1er. — La demande susvisée de soixante-trois députés à l'Assemblée nationale tendant à l'appréciation de la conformité à la Constitution du texte de la loi complétant les dispositions du code des communes relatives à la coopération intercommunale n'est pas recevable.

Art. 2. — La présente décision sera publiée au *Journal officiel* de la République française.

Délibéré par le Conseil constitutionnel dans sa séance du 20 juillet 1977.

J.O. du 22

DOCUMENT 61-426
Décision du 23 novembre 1977

Le Conseil constitutionnel,

Saisi le 27 octobre 1977 par MM. Marcel Champeix, Jean Nayrou, Henri Tournan, Maxime Javelly, Félix Ciccolini, André Méric, Pierre Gaudin, Robert Laucournet, Pierre Noé, Emile Durieux, André Barroux, Jean-Jacques Perron, Edgar Tailhades, Edgard Pisani, Michel Moreigne, Robert Pontillon, Michel Darras, René Debesson, Paul Mistral, Henri Duffaut, Bernard Chochoy, Léon Eeckhoutte, Gérard Minvielle, Bernard Parmantier, Gilbert Belin, Philippe Machefer, Antoine Andrieux, Robert Schwint, Charles Alliès, Franck Serusclat, Louis Perrein, Marcel Brégégère, Georges Dayan, Raymond Courrière, Jean Geoffroy, Maurice Pic, Marcel Souquet, Jean Péridier, Maurice Vérillon, Louis Longequeue, Roger Quilliot, Noël Berrier, Georges Dagonia, Roland Grimaldi, Tony Larue, Pierre Petit, Marcel Mathy, Abel Sempé, Georges Spénale, Marcel Debarge, Roger Rinchet, Jacques Carat, Jean Varlet, Claude Fuzier, René Chazelle, Albert Pen, Emile Vivier, Mlle Irma Rapuzzi, MM. Leopold Heder, Edouard Soldani, Emile Didier, Louis Brives, Jean Mercier, Mme France Lechenault et M. Jean Béranger, sénateurs, dans les conditions prévues à l'article 61 (alinéa 2) de la Constitution, du texte de la loi complémentaire à la loi du 31 décembre 1959 modifiée par la loi du 1er juin 1971 et relative à la liberté de l'enseignement, telle qu'elle a été adoptée par le Parlement, et notamment de ses articles 1er et 3,

Vu la Constitution ;

Vu l'ordonnance du 2 janvier 1959 portant loi organique relative aux lois de finances ;

Vu la loi du 31 décembre 1959 sur les rapports entre l'Etat et les établissements d'enseignement privés ;

Vu la loi du 1er juin 1971 modifiant la loi du 31 décembre 1959 sur les rapports entre l'Etat et les établissements d'enseignement privés ;

Vu l'ordonnance du 7 novembre 1958 portant loi organique sur le Conseil constitutionnel, notamment le chapitre II du titre II de ladite ordonnance ;

Ouï le rapporteur en son rapport ;

Considérant qu'aux termes de l'article 1er de la loi complémentaire à la loi du 31 décembre 1959 modifiée par la loi du 1er juin 1971 et relative à la liberté de l'enseignement, les maîtres auxquels est confiée la mission d'enseigner dans un établissement privé lié à l'Etat par contrat d'association sont tenus de respecter le caractère propre de cet établissement ;

Considérant, d'une part, que la sauvegarde du caractère propre d'un établissement lié à l'Etat par contrat, notion reprise de l'article 1er (4e alinéa) de la loi du 31 décembre 1959 sur les rapports entre l'Etat et les établissements d'enseignement privés, n'est que la mise en œuvre du principe de la liberté de l'enseignement ;

Considérant que ce principe, qui a notamment été rappelé à l'article 91 de la loi de finances du 31 mars 1931, constitue l'un des principes fondamentaux reconnus par les lois de la République, réaffirmés par le préambule de la Constitution de 1946 et auxquels la Constitution de 1958 a conféré valeur constitutionnelle ;

Considérant que l'affirmation par le même préambule de la Constitution de 1946 que « l'organisation de l'enseignement public gratuit et laïque à tous les degrés est un devoir de l'Etat » ne saurait exclure l'existence de l'enseignement privé, non plus que l'octroi d'une aide de l'Etat à cet enseignement dans des conditions définies par la loi ; que cette disposition du préambule de la Constitution de 1946 est donc sans influence sur la conformité à la Constitution de la loi soumise à l'examen du Conseil constitutionnel ;

Considérant, d'autre part, qu'aux termes de l'article 10 de la Déclaration des droits de l'homme et du citoyen de 1789, « nul ne doit être inquiété pour ses opinions, même religieuses, pourvu que leur manifestation ne trouble pas l'ordre public établi par la loi » ; que le préambule de la Constitution de 1946 rappelle que « nul ne peut être lésé dans son travail ou son emploi en raison de ses origines, de ses opinions ou de ses croyances » ; que la liberté de conscience doit donc être regardée comme l'un des principes fondamentaux reconnus par les lois de la République ;

Considérant qu'il résulte du rapprochement des dispositions de l'article 4 (alinéa 2), de la loi du 31 décembre 1959, dans la rédaction nouvelle qui leur est donnée par la loi soumise à l'examen du Conseil constitutionnel, et de celles de l'article 1er de la loi du 31 décembre 1959 que l'obligation imposée aux maîtres de respecter le caractère propre de l'établissement, si elle leur fait un devoir de réserve, ne saurait être interprétée comme permettant une atteinte à leur liberté de conscience ;

Considérant, enfin, que si la loi prévoit la prise en charge par l'Etat de dépenses relatives au fonctionnement d'établissements d'enseignement privés et à la formation de leurs maîtres, elle ne contient aucune disposition contraire à la Constitution ou à l'ordonnance du 2 janvier 1959 portant loi organique relative aux lois de finances,

Décide :

Art. 1er. — La loi complémentaire à la loi n° 59-1557 du 31 décembre 1959 modifiée par la loi n° 71-400 du 1er juin 1971 et relative à la liberté de l'enseignement est déclarée conforme à la Constitution.

Art. 2. — La présente décision sera publiée au Journal officiel de la République française.

Délibéré par le Conseil constitutionnel dans sa séance du 23 novembre 1977.

J.O. du 25

DOCUMENT 61-427
Décision du 30 décembre 1977

Le Conseil constitutionnel,

Saisi le 22 décembre 1977 par MM. Pierre Joxe, Claude Michel, Charles Josselin, Raymond Forni, Louis Mexandeau, René Gaillard, André Guerlin, Christian Laurissergues, Francis Leenhardt, Jean Poperen, Jacques-Antoine Gau, Louis Darinot, Michel Sainte-Marie, Alain Vivien, Albert Denvers, Louis Le Pensec, Jacques Huyghues des Etages, Dominique Dupilet, Pierre Charles, André Delehedde, François Abadie, Daniel Benoist, Gilbert Sénès, Antoine Gayraud, Henri Lavielle, Raoul Bayou, André Gravelle, Joseph Franceschi, Jean-Pierre Cot, Mme Jacqueline Thome-Patenôtre, MM. Louis Philibert, Guy Beck, Lucien Pignion, Charles Naveau, André Lebon, Claude Delorme, Yves Allainmat, Arsène Boulay, Maurice Brugnon, Georges Fillioud, Louis Eyraud, André Poutissou, Philippe Madrelle, André Boulloche, Maurice Legendre, André Saint-Paul, Edmond Vacant, Yves Le Foll, Gilbert Faure, Roger Duroure, Roland Huguet, Léonce Clérambeaux, Louis Besson, Marcel Massot, Pierre Lagorce, Maurice Blanc, Antonin Ver, Fernand Berthouin, Jean Laborde, Robert Aumont, Alex Raymond, Jean Bastide et Maurice Andrieu, députés à l'Assemblée nationale, dans les conditions prévues à l'article 61, alinéa 2, de la Constitution, du texte de la dernière loi de finances rectificative pour 1977, telle qu'elle a été adoptée par le Parlement le 21 décembre 1977 et, notamment, de son article 6 ;

Vu la Constitution ;

Vu l'ordonnance du 7 novembre 1958 portant loi organique sur le Conseil constitutionnel, notamment le chapitre II du titre II de ladite ordonnance ;

Vu le traité du 25 mars 1957 instituant la Communauté économique européenne ;

Vu la décision du Conseil des communautés européennes en date du 21 avril 1970 relative au remplacement des contributions financières des Etats membres par des ressources propres aux communautés ;

Vu le règlement n° 1111-77 du Conseil des communautés européennes en date du 17 mai 1977 établissant des dispositions communes pour l'isoglucose ;

Ouï le rapporteur en son rapport ;

Considérant que, par un règlement n° 1111-77 du 17 mai 1977, pris en vertu des pouvoirs qu'il tient de l'article 145 du traité du 25 mars 1957 instituant la Communauté économique européenne, qui a été régulièrement ratifié par la France et publié, le Conseil des communautés a établi un prélèvement à l'importation et une cotisation à la production d'isoglucose ; qu'il en a déterminé l'assiette et le taux, laissant aux Etats membres le soin de fixer seulement les modalités de recouvrement de la cotisation ;

Considérant, d'une part, que la décision, en date du 21 avril 1970, du Conseil des communautés européennes, qui a été régulièrement approuvée par la France et publiée à la suite de la loi du 7 juillet 1970, range, en son article 2 a, au nombre des ressources propres des communautés « les cotisations et autres droits prévus dans le cadre de l'organisation commune des marchés dans le secteur du sucre... » ; que la cotisation à la production d'isoglucose, instituée en vue de régulariser le marché de ce produit dans le cadre de l'organisation du secteur du sucre, a le caractère d'une ressource propre communautaire et échappe aux règles applicables en matière d'impositions nationales ;

Considérant, d'autre part, que l'article 189, alinéa 2, du traité du 25 mars 1957 dispose que les règlements arrêtés par le Conseil et la Commission des communautés européennes sont obligatoires dans tous leurs éléments et sont directement applicables dans les Etats membres ; qu'il suit de là que la force obligatoire qui s'attache aux dispositions qu'ils comportent n'est pas subordonnée à une intervention des autorités des Etats membres et, notamment, du Parlement français ; que l'intervention de ces autorités est limitée à l'adoption des modalités d'application laissées à leur initiative par les règlements communautaires ;

Considérant que, dans le cas du règlement du 17 mai 1977, le Parlement n'avait pas à intervenir dans la détermination de l'assiette et du taux de la cotisation et qu'il lui revenait seulement de régler les modalités de recouvrement non fixées par le règlement ; que les répercussions de la répartition des compétences ainsi opérée entre les institutions communautaires et les autorités nationales au regard tant des conditions d'exercice de la souveraineté nationale que du jeu des règles de l'article 34 de la Constitution relatives au domaine de la loi ne sont que la conséquence d'engagements internationaux souscrits par la France qui sont entrés dans le champ de l'article 55 de la Constitution ; que, dans ces conditions, les dispositions de la loi de finances rectificative pour 1977 soumises à l'examen du Conseil constitutionnel ne sont contraires à aucune règle ni à aucun principe ayant valeur constitutionnelle ;

Considérant qu'en l'espèce il n'y a lieu pour le Conseil constitutionnel de soulever d'office aucune question de conformité à la Constitution en ce qui concerne les autres dispositions de la loi soumise à son examen,

Décide :

Art. 1er. — Les dispositions de la loi de finances rectificative pour 1977, soumise à l'examen du Conseil constitutionnel, ne sont pas contraires à la Constitution.

Art. 2. — La présente décision sera publiée au Journal officiel de la République française.

Délibéré par le Conseil constitutionnel dans sa séance du 30 décembre 1977.

J.O. du 31

DOCUMENT 61-428
Décision du 30 décembre 1977

Le Conseil constitutionnel,

Saisi le 17 décembre 1977 par MM. Pierre Joxe, Claude Michel, Charles Josselin, René Gaillard, Raymond Forni, Christian Laurissergues, Louis Mexandeau, Francis Leenhardt, Jean Poperen, Jacques-Antoine Gau, Louis Darinot, Michel Sainte-Marie, Alain Vivien, Albert Denvers, Louis Le Pensec, Jacques Huyghues des Etages, Dominique Dupilet, Pierre Charles, François Abadie, André Guerlin, André Delehedde, Daniel Benoist, Gilbert Sénès, Antoine Gayraud, Henri Lavielle, Raoul Bayou, André Gravelle, Joseph Franceschi, Jean-Pierre Cot, Mme Jacqueline Thome-Patenôtre, MM. Louis Philibert, Guy Beck, Charles Naveau, André Lebon, Claude Delorme, Lucien Pignion, Yves Allainmat, Arsène Boulay, Maurice Brugnon, Georges Fillioud, Philippe Madrelle, Louis Eyraud, André Poutissou, André Boulloche, Edmond Vacant, Yves Le Foll, Gilbert Faure, Roger Duroure, Maurice Legendre, André Saint-Paul, Roland Huguet, Léonce Clérambeaux, Louis Besson, Marcel Massot, Pierre Lagorce, Maurice Blanc, Antonin Ver, Fernand Berthouin, Maurice Andrieu, Jean Bastide, Robert Aumont, Alex Raymond et Jean Laborde, députés à l'Assemblée nationale, dans les conditions prévues à l'article 61, alinéa 2, de la Constitution, du texte de la loi de finances pour 1978, telle qu'elle a été adoptée par le Parlement et, notamment, des articles 1er et 38 de ladite loi ainsi que de l'état A annexé à cette loi ;

Saisi, d'autre part, d'une lettre de M. Arsène Boulay, député à l'Assemblée nationale, en date du 22 décembre 1977, d'une lettre de M. Pierre Bas, député à l'Assemblée nationale, en date du 26 décembre 1977, et d'une lettre de MM. Jean Colin et Pierre Ceccaldi-Pavard, sénateurs, en date du 26 décembre 1977, tendant à soumettre à l'examen du Conseil constitutionnel d'autres dispositions de la même loi ;

Vu la Constitution ;

Vu l'ordonnance du 7 novembre 1958, portant loi organique sur le Conseil constitutionnel, notamment le chapitre II du titre II de ladite ordonnance ;

Vu le traité du 25 mars 1957 instituant la Communauté économique européenne ;

Vu la décision du Conseil des communautés européennes, en date du 21 avril 1970, relative au remplacement des contributions financières des Etats membres par des ressources propres aux communautés ;

Vu le règlement n° 1079-77 du Conseil des communautés européennes, en date du 17 mai 1977, relatif à un prélèvement de coresponsabilité et à des mesures destinées à élargir les marchés dans le secteur du lait et des produits laitiers ;

Vu le règlement n° 1111-77 du Conseil des communautés européennes, en date du 17 mai 1977, établissant des dispositions communes pour l'isoglucose ;

Vu le règlement n° 1822-77 de la Commission des communautés européennes, en date du 5 août 1977, portant modalités d'application relatives à la perception du prélèvement de coresponsabilité instauré dans le secteur du lait et des produits laitiers ;

Ouï le rapporteur en son rapport,

Sur la recevabilité :

Considérant que, s'il prévoit que les lois peuvent être déférées au Conseil constitutionnel par des parlementaires, l'article 61, alinéa 2, de la Constitution réserve l'exercice de cette saisine à soixante députés ou soixante sénateurs ;

Considérant que le Conseil constitutionnel a été saisi le 22 décembre 1977 du texte de la loi de finances pour 1978 et, notamment, des articles 1er et 38 de ladite loi ainsi que de l'état A annexé à cette loi par plus de soixante députés à l'Assemblée nationale ; que cette saisine est recevable ;

Considérant que, postérieurement à cette date, MM. Arsène Boulay et Pierre Bas, députés à l'Assemblée nationale, par lettres individuelles, et MM. Jean Colin et Pierre Ceccaldi-Pavard, sénateurs, agissant conjointement, ont mis en cause devant le Conseil constitutionnel la conformité à la Constitution d'autres dispositions de cette même loi ; qu'il résulte du texte sus-rappelé de l'article 61, alinéa 2, de la Constitution que, dans la mesure où les auteurs de ces lettres ont entendu déférer au Conseil la loi de finances pour 1978, leur saisine n'est pas recevable ;

Sur la conformité à la Constitution de la loi de finances pour 1978 :

Considérant que les dispositions soumises à l'examen du Conseil constitutionnel sont les articles 1er et 38 de la loi de finances pour 1978 ainsi que l'état A annexé à cette loi, en tant que ces textes prévoient la perception en France, d'une part, d'un prélèvement de coresponsabilité sur le lait et, d'autre part, d'un prélèvement à l'importation et d'une cotisation à la production d'isoglucose ;

En ce qui concerne le prélèvement de coresponsabilité sur le lait :

Considérant que ce prélèvement, institué par le règlement n° 1079-77 du Conseil des communautés européennes en date du 17 mai 1977 complété pour les modalités d'application par un règlement n° 1822-77 de la commission en date du 5 août 1977, a pour objet de faire participer les producteurs de lait au financement des aides qu'ils reçoivent de la communauté ;

Considérant qu'en raison tant du caractère de mesure d'ordre économique touchant à l'organisation du marché laitier qui s'attache au prélèvement que du contenu détaillé des prescriptions édictées par les règlements communautaires qui sont obligatoires dans tous leurs éléments et directement applicables dans tout Etat membre, en vertu de l'article 189 du traité du 25 mars 1957 régulièrement ratifié et publié en France, les dispositions qu'avaient à prendre les autorités nationales pour assurer l'exécution des règlements du 17 mai et du 5 août 1977 n'exigeaient pas l'intervention du Parlement ; que, dans ces conditions, la loi de finances pour 1978, en ne prévoyant aucune règle ni aucune inscription en recettes ou en dépenses relative au prélèvement de coresponsabilité ne méconnaît pas la Constitution ;

En ce qui concerne le prélèvement à l'importation et la cotisation à la production d'isoglucose :

Considérant, d'une part, que la perception en France de ce prélèvement et de cette cotisation, prévus par le règlement n° 1111-77 du Conseil des communautés européennes, en date du 17 mai 1977, est reconnue conforme à la Constitution par une décision du Conseil constitutionnel rendue ce jour à l'occasion de l'examen de la loi de finances rectificative pour 1977, sans qu'il soit besoin d'une intervention du Parlement autre que celle relative à la fixation des modalités de recouvrement de la cotisation sur l'isoglucose ;

Considérant, d'autre part, que ce prélèvement et cette cotisation constituent des ressources propres des communautés et que la loi de finances pour 1978 se borne à en inscrire le produit sous les deux rubriques « Recettes » et « Prélèvements sur les recettes de l'Etat » selon les règles adoptées pour comptabiliser ces ressources propres ; que le choix de ces règles, qui ne découle pas d'une obligation imposée par les institutions communautaires, répond au souci de mettre le Parlement à même de prendre une vue d'ensemble des versements faits au budget des communautés ; que, dans ces conditions, sur le seul point où elle traite du prélèvement et de la cotisation à la production d'isoglucose, la loi de finances pour 1978 n'est contraire à aucune disposition de la Constitution ;

Considérant qu'en l'espèce il n'y a lieu pour le Conseil constitutionnel de soulever d'office aucune question de conformité à la Constitution en ce qui concerne les autres dispositions de la loi soumise à son examen,

Décide :

Art. 1er. — Sont déclarées irrecevables les demandes de MM. Arsène Boulay et Pierre Bas, députés à l'Assemblée nationale, et de MM. Jean Colin et Pierre Ceccaldi-Pavard, sénateurs.

Art. 2. — Les dispositions de la loi de finances pour 1978, soumises à l'examen du Conseil constitutionnel, ne sont pas contraires à la Constitution.

Art. 3. — La présente décision sera publiée au *Journal officiel* de la République française.

Délibéré par le Conseil constitutionnel dans sa séance du 30 décembre 1977.

J.O. du 31

DOCUMENT 61-429
Décision du 18 janvier 1978

Le Conseil constitutionnel,

Saisi le 27 décembre 1977 par MM. Maurice Andrieux, Gustave Ansart, Louis Baillot, Robert Ballanger, Paul Balmigère, Jean Bardol, Jean-Jacques Barthe, Gérard Bordu, Georges Bustin, Henry Canacos, Edouard Carlier, Jacques Chambaz, Mme Jacqueline Chonavel, M. Roger Combrisson, Mme Hélène Constans, MM. Daniel Dalbera, César Depietri, Guy Ducoloné, André Duroméa, Lucien Dutard, Henri Fiszbin, Dominique Frelaut, Edmond Garcin, Georges Gosnat, Roger Gouhier, Georges Hage, Marcel Houël, Hégésippe Ibéné, Parfait Jans, Emile Jourdan, Jean Jarosz, Pierre Juquin, Maxime Kalinsky, René Lamps, Paul Laurent, Georges Lazzarino, Joseph Legrand, Daniel Le Meur, Marcel Lemoine, Roland Leroy, Henri Lucas, Louis Maisonnat, Georges Marchais, Albert Maton, Gilbert Millet, Robert Montdargent, Mme Gisèle Moreau, MM. Maurice Nilès, Louis Odru, Vincent Porelli, Pierre Pranchère, Jack Ralite, Roland Renard, René

Rieubon, Marcel Rigout, Emile Roger, Hubert Ruffe, André Tourné, Lucien Villa, Robert Vizet et Claude Weber, députés à l'Assemblée nationale, dans les conditions prévues à l'article 61, alinéa 2, de la Constitution, du texte de la loi relative à la mensualisation et à la procédure conventionnelle, telle qu'elle a été adoptée par le Parlement, et notamment de ses articles 1er et 5 ;

Vu la Constitution ;

Vu l'ordonnance du 7 novembre 1958 portant loi organique sur le Conseil constitutionnel, notamment le chapitre II du titre II de ladite ordonnance ;

Ouï le rapporteur en son rapport ;

En ce qui concerne les dispositions relatives à la contre-visite médicale :

Considérant qu'aucune des dispositions de la loi soumise à l'examen du Conseil constitutionnel relatives à la contre-visite médicale, qu'il s'agisse de celles qui sont contenues dans le texte même de la loi ou de celles qui figurent dans l'accord annexé à celle-ci, ne porte atteinte à la liberté de choix du praticien et à la liberté de prescription de celui-ci ; qu'il n'y a donc pas lieu d'examiner si ces libertés constituent des principes fondamentaux ayant valeur constitutionnelle ;

Considérant qu'aucune de ces dispositions ne méconnaît davantage le droit à la santé et les droits de la défense ;

Considérant qu'il n'appartient pas au Conseil constitutionnel, lorsqu'il est saisi en application de l'article 61 de la Constitution, d'examiner la conformité d'une loi aux stipulations d'un traité ou d'un accord international ; que, dès lors, il n'y a pas lieu d'examiner la conformité de la loi déférée au Conseil constitutionnel aux stipulations de la convention européenne des droits de l'homme ;

Considérant qu'en prévoyant la faculté de faire procéder, dans les cas qu'il prévoit, à une contre-visite médicale, l'article 7 de l'accord annexé à la loi dont il s'agit institue le principe d'un examen contradictoire de l'état de santé des salariés en vue de vérifier si ceux-ci peuvent prétendre au bénéfice des avantages prévus par la loi en cas d'absence au travail résultant de maladie ou d'accident ; que cette disposition touche à un principe fondamental du droit du travail et, dès lors, en vertu de l'article 34 de la Constitution, ressortit à la compétence du législateur ; qu'en renvoyant à un décret en Conseil d'Etat la détermination des formes et conditions de la contre-visite médicale l'article 1er de la loi s'est borné à laisser à l'autorité réglementaire le soin de pourvoir à la mise en œuvre de ce principe fondamental, laquelle, sauf à ne pas dénaturer ce principe, relève du domaine du règlement ;

En ce qui concerne les dispositions relatives à l'extension de certaines conventions collectives :

Considérant que, si le préambule de la Constitution du 27 octobre 1946, confirmé par celui de la Constitution du 4 octobre 1958, dispose en son huitième alinéa que « tout travailleur participe, par l'intermédiaire de ses délégués, à la détermination collective des conditions de travail ainsi qu'à la gestion des entreprises », l'article 34 de la Constitution range dans le domaine de la loi la détermination des principes fondamentaux du droit du travail et du droit syndical ; qu'ainsi c'est au législateur qu'il revient de déterminer, dans le respect des principes énoncés au huitième alinéa du préambule, les conditions de leur mise en œuvre ;

Considérant que c'est ce qu'il a fait dans le cas de l'espèce ; qu'en effet, si l'article 5 de la loi qui est venu compléter l'article L. 133-12 du code du travail donne au ministre du Travail la faculté de passer outre à une ou plusieurs oppositions formulées en application du premier alinéa dudit article L. 133-12, ce même article 5 subordonne la mise en œuvre de cette faculté, notamment, à un vote favorable à l'extension émis à la majorité des deux tiers par les membres présents de la section spécialisée de la commission supérieure des conventions collectives ; qu'ainsi la loi ne méconnaît donc en aucune façon le principe de participation dont elle assure la mise en œuvre dans le cadre des compétences que lui réserve l'article 34 de la Constitution ;

Considérant qu'il résulte de ce qui précède que les articles 1er et 5 de la loi soumise à l'examen du Conseil constitutionnel ainsi que l'article 7 de l'accord annexé à ladite loi ne sont contraires à aucune disposition de la Constitution non plus qu'à aucune autre disposition ayant valeur constitutionnelle à laquelle la Constitution se réfère dans son préambule ;

Considérant, enfin, qu'en l'espèce, il n'y a lieu pour le Conseil constitutionnel de soulever d'office aucune question de conformité à la Constitution en ce qui concerne les autres dispositions de la loi soumise à son examen,

Décide :

Art. 1er. — Sont déclarées conformes à la Constitution les dispositions de la loi relative à la mensualisation et à la procédure conventionnelle.

Art. 2. — La présente décision sera publiée au *Journal officiel* de la République française.

Délibéré par le Conseil constitutionnel dans sa séance du 18 janvier 1978.

J.O. du 19

DOCUMENT 61-430
Décision du 18 janvier 1978

Le Conseil constitutionnel,

Saisi le 22 décembre 1977 par MM. Louis Mexandeau, Roger Duroure, André Billoux, Raymond Forni, Jean-Pierre Cot, Antoine Gayraud, Charles-Emile Loo, Jacques Huyghues des Etages, André Laurent, André Desmulliez, Marcel Massot, Francis Leenhardt, Alain Savary, Maurice Legendre, Yves Allainmat, André Lebon, André Gravelle, Henri Lavielle, Jean Bastide, André Chandernagor, Alain Bonnet, René Gaillard, Georges Frêche, Jean Bernard, Claude Delorme, Joseph Franceschi, Gaston Defferre, Lucien Pignion, Maurice Brugnon, Jean-Pierre Chevènement, Gérard Houteer, Arsène Boulay, Jean Masse, Arthur Cornette, Antonin Ver, Raoul Jarry, Nicolas Alfonsi, Pierre Lagorce, Fernand Berthouin, Henri Deschamps, Jacques-Antoine Gau, Raoul Bayou, Louis Darinot, Edmond Vacant, Hubert Dubedout, Jean Poperen, Jean Antagnac, Robert Aumont, Jean Laborde, André Guerlin, Guy Beck, Louis Besson, Louis Philibert, Georges Fillioud, Alex Raymond, Henri Michel, André Delehedde, Dominique Dupilet, Pierre Jox, Daniel Benoist, André Delelis, Albert Denvers et Henri Darras, députés à l'Assemblée nationale, dans les conditions prévues à l'article 61, alinéa 2 de la Constitution, du texte de la loi complémentaire à la loi n° 60-791 du 2 août 1960 et relative aux rapports entre l'Etat et l'enseignement agricole privé, telle qu'elle a été adoptée par le Parlement ;

Vu la Constitution ;

Vu l'ordonnance du 7 novembre 1958 portant loi organique sur le Conseil constitutionnel, notamment le chapitre II du titre II de ladite ordonnance ;

Ouï le rapporteur en son rapport ;

Considérant que l'irrecevabilité opposable en vertu de l'article 40 de la Constitution à une proposition de loi dont l'adoption aurait pour conséquence soit une diminution des ressources publiques, soit la création ou l'aggravation d'une charge publique frappe cette proposition dans son ensemble lorsque les dispositions qu'elle énonce forment un tout indissociable ;

Considérant que l'article 1er de la loi déférée au Conseil constitutionnel, article provenant du texte initial de la proposition dont est issue la loi dont il s'agit, crée, parmi les établissements d'enseignement agricole privés reconnus par l'Etat en application de l'article 7 de la loi du 2 août 1960, la catégorie nouvelle des établissements dits agréés ; que, l'objet essentiel de cet agrément étant de procurer aux établissements appelés à en bénéficier une aide financière accrue de l'Etat selon les règles définies à l'article 2 de cette proposition, l'article 1er de celle-ci ne pouvait qu'être regardé comme indissociable de l'article 2 ; qu'ainsi, c'est en méconnaissance de l'article 40 de la Constitution que l'irrecevabilité qui a été retenue à l'encontre de l'article 2 de la proposition ne l'a pas été à l'encontre de l'article 1er ; que, par suite, l'article 1er de la loi a été adopté dans des conditions non conformes à la Constitution ;

Considérant que l'article 1er de la loi soumise à l'examen du Conseil constitutionnel est inséparable de l'ensemble de celle-ci ; que, dès lors, cette loi doit être déclarée non conforme à la Constitution,

Décide :

Art. 1er. — La loi complémentaire à la loi n° 60-791 du 2 août 1960 et relative aux rapports entre l'Etat et l'enseignement agricole privé est déclarée non conforme à la Constitution.

Art. 2. — La présente décision sera publiée au *Journal officiel* de la République française.

Délibéré par le Conseil constitutionnel dans sa séance du 18 janvier 1978.

J.O. du 19

DOCUMENT 61-431
Décision du 29 avril 1978

Le Conseil constitutionnel,

Saisi le 27 avril 1978 par MM. Maurice Andrieux, Gustave Ansart, Robert Ballanger, Paul Balmigère, Mme Myriam Barbera, MM. Jean Bardol, Jean-Jacques Barthe, Alain Bocquet, Gérard Bordu, Daniel Boulay, Irénée Bourgois, Jacques Brunhes, Georges Bustin, Henry Canacos, Jacques Chaminade, Roger Combrisson, Mme Hélène Constans, MM. Michel Couillet, César Depietri, Bernard Deschamps, Guy Ducoloné, André Duroméa, Lucien Dutard, Charles Fiterman, Mmes Paulette Fost, Jacqueline Fraysse-Cazalis, MM. Dominique Frelaut, Edmond Garcin, Marceau Gauthier, Pierre Girardot, Mme Colette Goeuriot, MM. Pierre Goldberg, Georges Gosnat, Roger Gouhier, Mme Marie-Thérèse Goutmann, MM. Maxime Gremetz, Georges Hage, Guy Hermier, Mme Adrienne Horvath, MM. Marcel Houël, Parfait Jans, Jean Jarosz, Emile Jourdan, Jacques Jouve, Pierre Juquin, Maxime Kalinsky, André Lajoinie, Paul Laurent, Georges Lazzarino, Mme Chantal Leblanc, MM. Joseph Legrand, Alain Léger, François Leizour, Daniel Le Meur, Roland Leroy, Henri Lucas, Raymond Maillet, Louis Maisonnat, Georges Marchais, Fernand Marin, Albert Maton, Gilbert Millet, Robert Montdargent, Mme Gisèle Moreau, MM. Maurice Nilès, Louis Odru, Antoine Porcu, Vincent Porelli, Mmes Jeanine Porte, Colette Privat, MM. Jack Ralite, Roland Renard, René Rieubon, Marcel Rigout, Emile Roger, Hubert Ruffe, André Soury, Marcel Tassy, André Tourné, Théo Vial-Massat, Lucien Villa, René Visse, Robert Vizet, Claude Wargnies, Pierre Zarka, députés à l'Assemblée nationale, dans les conditions prévues à l'article 61, alinéa 2, de la Constitution, du texte de la loi autorisant l'augmentation de la quote-part de la France au Fonds monétaire international, telle qu'elle a été adoptée par le Parlement ;

Vu la Constitution ;

Vu l'ordonnance du 7 novembre 1958 portant loi organique sur le Conseil constitutionnel, notamment le chapitre II du titre II de ladite ordonnance ;

Vu la loi n° 45-0138 du 26 décembre 1945 relative à la création d'un Fonds monétaire international et d'une banque internationale pour la reconstruction et le développement ;

Vu la résolution du conseil des gouverneurs du Fonds monétaire international en date du 22 mars 1976 relative à la révision des quotes-parts des Etats membres ;

Vu la résolution du conseil des gouverneurs du Fonds monétaire international en date du 30 avril 1976 relative à un second amendement au statut du Fonds monétaire international ;

Vu la notification à la France par le secrétaire du Fonds monétaire international, en date du 1er avril 1978, de l'acceptation du second amendement aux statuts du Fonds monétaire international et de son entrée en vigueur à la date du 1er avril 1978 ;

Considérant que la loi soumise à l'examen du Conseil constitutionnel tend à autoriser l'augmentation de la quote-part de la France au Fonds monétaire international ; que, pour établir la contrariété de ce texte à la Constitution, il est soutenu que l'augmentation des quotes-parts ne peut être dissociée d'une réforme des statuts du fonds qui a fait l'objet d'un second amendement auxdits statuts et que c'est l'ensemble de ces deux mesures qui aurait dû, conformément à l'article 53 de la Constitution et au principe de la souveraineté nationale, être porté devant le Parlement ;

Considérant, d'une part, que la révision des quotes-parts, qui est la sixième opération de ce genre depuis la création du fonds, est une mesure prise en application de l'article III, section 2, des statuts initiaux aux termes duquel : « Tous les cinq ans au moins, le fonds procédera à l'examen général des quotes-parts des membres et, s'il l'estime opportun, en proposera la révision », tandis que le second amendement aux statuts consiste dans une modification de ces statuts eux-mêmes, réalisée selon la procédure spécifique de l'article XVII ; que l'indépendance juridique des deux mesures, qui se situent ainsi à des plans différents, est soulignée par le fait qu'elles ont été décidées dans deux résolutions séparées du conseil des gouverneurs et adoptées à deux dates distinctes, le 22 mars 1976 pour celle relative aux quotes-parts et le 30 avril 1976 pour celle concernant le second amendement ; que, si la résolution du 22 mars 1976 a prévu qu'aucune augmentation des quotes-parts ne pourrait être mise en application avant la date d'entrée en vigueur du second amendement, cette condition est sans influence sur la réforme statutaire elle-même et n'implique aucune dépendance de celle-ci par rapport à la révision des quotes-parts ; que la présentation par le Gouvernement à l'Assemblée nationale, le 30 octobre 1976, d'un projet de loi unique tendant à autoriser l'approbation des deux résolutions répondait à la préoccupation de regrouper devant le Parlement la discussion de deux textes relatifs à une même institution et n'était pas la conséquence de l'existence d'un lien juridique entre les deux opérations ; qu'ainsi la participation de la France à l'augmentation des quotes-parts est une mesure distincte de l'adoption du second amendement aux statuts du Fonds monétaire international et pouvait être approuvée sans qu'il fût besoin de se prononcer en même temps sur celui-ci ;

Considérant, d'autre part, qu'en vertu de l'article XVII des statuts initiaux du Fonds monétaire international, un amendement adopté par le conseil des gouverneurs entre en vigueur à l'égard de tous les membres lorsqu'il a été accepté par les trois cinquièmes de ceux-ci disposant des quatre cinquièmes de la totalité des voix ; qu'il n'est apporté de dérogation à cette règle de majorité pour y substituer celle de l'unanimité que dans trois cas énumérés à l'alinéa *b* de l'article XVII et, notamment, dans celui où il s'agit d'un amendement concernant « la disposition selon laquelle la parité de la monnaie d'un membre ne peut être modifiée que sur la proposition de l'intéressé » ;

Considérant que le second amendement ayant fait l'objet de la résolution du conseil des gouverneurs du 30 avril 1976 ne modifie pas cette dernière disposition qui figurait à l'article IV, section 5-b, du texte initial des statuts et qui est reprise dans le texte amendé au paragraphe 6 de l'annexe C ;

Considérant que, si cette règle sur les changements de parité n'a de portée que dans la mesure où serait mis en place, dans les conditions prévues à l'article IV, section 4 des nouveaux statuts, « un système généralisé de dispositions de change reposant sur des parités stables mais ajustables », sa finalité qui est de sauvegarder la souveraineté des Etats membres se retrouve, au stade actuel, dans les dispositions applicables en matière de change ; que le respect de la souveraineté des Etats membres est, en effet, assuré par la liberté qui est reconnue à chacun d'eux de choisir tout système de change qu'il entend appliquer ;

Considérant qu'il est constant que le second amendement a recueilli les conditions de majorité exigées par l'article XVII et qu'il est, par suite, entré en vigueur le 1er avril 1978 à l'égard de tous les Etats ; qu'il s'impose, dès lors, à la France, même en l'absence de toute procédure d'approbation sur autorisation législative dans les conditions prévues par l'article 53 de la Constitution, en vertu des engagements qu'elle a souscrits en adhérant régulièrement, à la suite de la loi du 26 décembre 1945, à l'accord relatif au Fonds monétaire international ;

Considérant qu'il résulte de tout ce qui précède que la loi soumise à l'examen du conseil n'est contraire ni aux dispositions de l'article 53 de la Constitution ni au principe de la souveraineté nationale,

Décide :

Art. 1er. — La loi autorisant l'augmentation de la quote-part de la France au Fonds monétaire international est déclarée conforme à la Constitution.

Art. 2. — La présente décision sera publiée au *Journal officiel* de la République française.

Délibéré par le Conseil constitutionnel dans sa séance du 29 avril 1978.

J.O. du 30

DOCUMENT 61-432
Décision du 27 juillet 1978

Le Conseil constitutionnel,

Saisi le 1er juillet 1978 par MM. Léon Eeckhoutte, Edgar Tailhades, Marcel Debarge, Jean Nayrou, René Debesson, Paul Mistral, Marcel Champeix, Robert Laucournet, Henri Tournan, Michel Moreigne, Georges Dagonia, Henri Duffaut, André Méric, Marcel Mathy, Antoine Andrieux, Claude Fuzier, Gilbert Belin, Félix Ciccolini, Raymond Courrière, Jean Geoffroy, Louis Longequeue, Bernard Parmantier, Jean Péridier, Jean-Jacques Perron, Roger Rinchet, Georges Spénale, Charles Alliès, Jean Varlet, Emile Vivier, Pierre Noé, André Barroux, Philippe Machefer, Noël Berrier, Marcel Brégégère, Gérard Minvielle, Michel Darras, Maurice Pic, Edgard Pisani, Robert Pontillon, Roger Quilliot, Mlle Irma Rapuzzi, MM. Marcel Souquet, Robert Schwint, Maxime Javelly, Auguste Billiemaz, Jean Mercier, Jean Béranger, France Lechenault, Maurice Janetti, Jacques Carat, René Chazelle, Roland Grimaldi, Louis Perrein, Maurice Vérillon, Josy Moinet, Franck Sérusclat, Anicet Le Pors, Guy Schmaus, Marcel Gargar, Serge Boucheny, Camille Vallin, Pierre Gamboa, Fernand Lefort, sénateurs, et le 3 juillet 1978 par MM. André Delehedde, Louis Mexandeau, Christian Nucci, Guy Bêche, Joseph Franceschi, Christian Pierret, Bernard Derosier, Jean Poperen, Claude Michel, Pierre Forgues, Laurent Fabius, Henri Emmanuelli, Jacques Mellick, Marcel Garrouste, Christian Laurissergues, Jacques Santrot, Claude Evin, Maurice Pourchon, Robert Aumont, Georges Lemoine, René Gaillard, Gilbert Faure, François Autain, Roland Beix, Dominique Dupilet, Henri Michel, Gilbert Sénès, Charles Pistre, Roger Duroure, Roland Huguet, Martin Malvy, Edmond Vacant, Jean Auroux, Philippe Madrelle, Pierre Prouvost, Gérard Bapt, Michel Crépeau, André Saint-Paul, Jean-Michel Boucheron, Alain Hautecœur, Jacques Lavédrine, Rodolphe Pesce, Raymond Forni, Michel Rocard, Lucien Pignion, Jean Laurain, Jean-Pierre Chevènement, Jacques Huyghues des Etages, Louis Darinot, Alain Chenard, André Billardon, Hubert Dubedout, Maurice Masquere, Pierre Joxe, Alex Raymond, Roland Florian, André Chandernagor, Charles Hernu, Jean-Pierre Cot, Maurice Brugnon, Paul Quilès, Raoul Bayou, Bernard Madrelle, Joseph Vidal, Jacques Cambolive, Alain Richard, députés à l'Assemblée nationale, dans les conditions prévues à l'article 61, deuxième alinéa, de la Constitution, du texte de la loi complétant les dispositions de l'article 7 de la loi n° 60-791 du 2 août 1960 relative à l'enseignement et à la formation professionnelle agricoles telle qu'elle a été adoptée par le Parlement ;

Vu la Constitution ;

Vu l'ordonnance du 2 janvier 1959 portant loi organique relative aux lois de finances ;

Vu la loi du 2 août 1960 relative à l'enseignement et à la formation professionnelle agricoles ;

Vu l'ordonnance du 7 novembre 1958 portant loi organique sur le Conseil constitutionnel, notamment le chapitre II du titre II de ladite ordonnance ;

Ouï le rapporteur en son rapport,

En ce qui concerne la demande présentée par les députés :

Considérant qu'aux termes du quatrième alinéa de l'article 1er de l'ordonnance du 2 janvier 1959 portant loi organique relative aux lois de finances : « lorsque des dispositions d'ordre législatif ou réglementaire doivent entraîner des charges nouvelles, aucun projet de loi ne peut être définitivement voté, aucun décret ne peut être signé tant que ces charges n'ont pas été prévues, évaluées et autorisées dans les conditions fixées par la présente ordonnance » ;

Considérant que l'expression « aucun projet de loi ne peut être définitivement voté », figurant au quatrième alinéa de l'article 1er de l'ordonnance du 2 janvier 1959, destinée à préciser et compléter les dispositions de la Constitution relatives aux lois de finances, ne saurait être entendue que dans le cadre des dispositions de la Constitution elle-même et, plus précisément, de ses articles 34 à 51 ; que doit donc être écartée une interprétation littérale qui méconnaîtrait les dispositions des articles 34 à 51 précités et qui aurait pour effet de priver de sanction, jusqu'à la promulgation de la loi de finances de l'année ou d'une des lois de finances rectificatives afférentes à ladite année, tout ou partie du travail parlementaire et serait, comme telle, de nature à porter atteinte aux prérogatives du Parlement ;

Considérant qu'aux termes du premier alinéa de l'article 1er de l'ordonnance du 2 janvier 1959 portant loi organique relative aux lois de finances : « les lois de finances déterminent la nature, le montant et l'affectation des ressources et des charges de l'Etat, compte tenu d'un équilibre économique et financier qu'elles définissent » ;

Considérant qu'il résulte du rapprochement des premier et quatrième alinéas de l'article 1er de l'ordonnance du 2 janvier 1959 avec les dispositions des articles 2 et 16 de la même ordonnance, relatives au principe de l'annualité budgétaire, que l'interdiction énoncée au quatrième alinéa de l'article 1er a pour objet de faire obstacle à ce que l'équilibre économique et financier défini par la loi de finances de l'année, modifiée, le cas échéant, par la voie de lois de finances rectificatives, ne soit compromis par des charges nouvelles résultant de l'application de textes législatifs ou réglementaires dont les incidences sur cet équilibre, dans le cadre de l'année, n'auraient pu, au préalable, être appréciées et prises en compte par une des lois de finances susmentionnées.

Considérant que la loi soumise à l'examen du Conseil constitutionnel dispose, en son article 2, que l'application des mesures d'aide financière qu'elle prévoit, sera, dans la limite des crédits inscrits chaque année dans les lois de finances, conduite progressivement sur une période de cinq ans à partir du 1er janvier 1979 ;

Considérant que l'entrée en application de cette loi étant reportée au-delà du 31 décembre 1978, celle-ci n'entraîne aucune charge nouvelle en 1978 et, par suite, n'affectera pas l'équilibre économique et financier tel qu'il a été établi par la loi de finances pour 1978 ; qu'elle n'est pas davantage susceptible de compromettre l'équilibre qui sera défini par les lois de finances des années ultérieures, dès lors que, comme il est précisé à l'article 2 de la loi, il appartiendra, pour chacune de ces années, au Parlement, à l'occasion de l'examen du projet de loi de finances relatif à ladite année, de statuer sur l'ouverture de crédits destinés à faire face aux charges afférentes à l'application de la loi dont il s'agit ;

Considérant, enfin, qu'aux termes du dernier alinéa de l'article premier de l'ordonnance du 2 janvier 1959 : « les autorisations de programme peuvent être groupées dans des lois dites lois de programme » ; que ce texte ne fait aucune obligation de regrouper dans une loi de programme les autorisations de programme afférentes à l'échelonnement dans le temps de la contribution de l'Etat aux frais d'investissement des établissements reconnus ou agréés, prévue à l'alinéa 3 de l'article 7 *quater* ajouté à la loi du 2 août 1960 par la loi soumise à l'examen du Conseil constitutionnel ;

Considérant que, dans ces conditions, le Parlement, en adoptant définitivement la loi soumise à l'examen du Conseil constitutionnel, n'a pas méconnu les dispositions de l'article premier de l'ordonnance du 2 janvier 1959 portant loi organique relative aux lois de finances ;

En ce qui concerne la demande présentée par les sénateurs :

Considérant que le cinquième alinéa de l'article 7 *bis* de la loi du 2 août 1960, tel qu'il résulte de l'article 1er de la loi soumise à l'examen du Conseil constitutionnel, a pour effet de subordonner l'application de la loi nouvelle à la conclusion obligatoire de conventions passées entre le ministre de l'Agriculture et les organisations représentatives de l'enseignement agricole privé ; qu'en adoptant ce texte le législateur a méconnu les dispositions de l'article 21 de la Constitution relatives à l'exécution des lois et à l'exercice du pouvoir réglementaire ;

Considérant, par voie de conséquence, que les termes suivants, introduits par voie d'amendement parlementaire, au deuxième alinéa de l'article 7 *quater* de cette loi, « les missions définies dans les conventions visées à l'article 7 *bis*, et » doivent également être regardés comme ayant été adoptés en méconnaissance des dispositions de la Constitution ;

Considérant qu'il ne résulte ni des amendements dont sont issues, dans leur rédaction actuelle, les dispositions précitées, ni des débats auxquels l'examen du projet de loi a donné lieu devant le Parlement, que lesdites dispositions soient inséparables de l'ensemble du texte de la loi soumise à l'examen du Conseil constitutionnel,

Décide :

Art. 1er. — Sont déclarées non conformes à la Constitution les dispositions du cinquième alinéa de l'article 7 bis ajouté à la loi du 2 août 1960 relative à l'enseignement et à la formation professionnelle agricoles par la loi soumise à l'examen du Conseil constitutionnel ainsi que, au deuxième alinéa de l'article 7 quater, les mots « les missions définies dans les conventions visées à l'article 7 bis, et ».

Art. 2. — Les autres dispositions de la loi soumise à l'examen du Conseil constitutionnel sont déclarées conformes à la Constitution.

Art. 3. — La présente décision sera publiée au Journal officiel de la République française.

Délibéré par le Conseil constitutionnel dans sa séance du 27 juillet 1978.

J.O. du 29

DOCUMENT 61-433
Décision du 27 juillet 1978

Le Conseil constitutionnel,

Saisi le 7 juillet 1978 par MM. Georges Fillioud, Hubert Dubedout, Jacques-Antoine Gau, Jean Auroux, Louis Besson, Rodolphe Pesce, Christian Nucci, Laurent Fabius, Alain Richard, Paul Quilès, Guy Bêche, Claude Michel, Robert Aumont, Pierre Joxe, Alain Bonnet, Roger Duroure, Jean-Pierre Chevènement, Christian Pierret, Louis Le Pensec, Charles Hernu, Mme Marie Jacq, MM. Jean Poperen, François Mitterrand, Pierre Mauroy, Gaston Defferre, Louis Mermaz, Michel Rocard, Maurice Pourchon, Joseph Franceschi, Alex Raymond, Jean-Pierre Cot, Alain Chénard, Pierre Guidoni, Georges Lemoine, Alain Vivien, Jacques Mellick, Claude Evin, Louis Mexandeau, Dominique Taddei, Charles Pistre, Christian Laurissergues, Jacques Lavédrine, André Laurent, René Gaillard, Michel Sainte-Marie, Martin Malvy, Henri Emmanuelli, Dominique Dupilet, Henri Michel, Gérard Haesebroeck, Philippe Marchant, Pierre Forgues, Henri Lavielle, Raymond Forni, Roland Beix, François Massot, François Autain, Gérard Houteer, Pierre Prouvost, Marcel Garrouste, Jean-Michel Boucheron, André Delehedde, Maurice Masquère, Maurice Andrieu, Bernard Madrelle, Jean Laurain, Lucien Pignion, Michel Manet, André Billardon, Roland Florian, Edmond Vacant, Gilbert Sénès, Gérard Bapt, députés à l'Assemblée nationale, dans les conditions prévues à l'article 61, 2e alinéa, de la Constitution, du texte de la loi complétant la loi n° 74-696 du 7 août 1974 relative à la radiodiffusion et à la télévision telle qu'elle a été adoptée par le Parlement ;

Vu la Constitution ;

Vu la loi du 3 juillet 1972 portant statut de la radiodiffusion télévision française ;

Vu la loi du 7 août 1974 relative à la radiodiffusion et à la télévision ;

Vu l'ordonnance du 7 novembre 1958 portant loi organique sur le Conseil constitutionnel, notamment le chapitre II du titre II de ladite ordonnance ;

Ouï le rapporteur en son rapport ;

Considérant que l'article 1er de la loi adoptée par le Parlement le 27 juin 1978 et soumise au Conseil constitutionnel a pour objet de créer une infraction assortie de peines correctionnelles à l'encontre de toute personne qui aura diffusé, en violation du monopole prévu par la loi, une émission de radiodiffusion ou de télévision ;

Considérant que les signataires de la saisine demandent que ce texte soit déclaré contraire à la Constitution parce qu'il crée des pénalités en vue de sanctionner des infractions à un monopole institué, selon eux, en violation de principes de valeur constitutionnelle et également en violation de l'article 10 de la Convention européenne des droits de l'homme ;

Considérant que le monopole dont la critique est le fondement unique de l'argumentation des signataires a été créé et défini par l'article 2 de la loi du 3 juillet 1972 et confirmé par l'article 2 de la loi du 7 août 1974, lois régulièrement promulguées en 1972 et 1974 ;

Considérant que la conformité à la Constitution de ces lois ne peut être mise en cause, même par voie d'exception, devant le Conseil constitutionnel dont la compétence est limitée par l'article 61 de la Constitution à l'examen des lois avant leur promulgation ; que, dès lors, les requérants ne sont pas fondés à soutenir que la loi soumise à l'examen du Conseil constitutionnel, en créant des sanctions pénales pour violation d'un monopole, monopole confirmé par une loi dont la conformité à la Constitution ne peut être contestée par voie d'exception, est contraire aux dispositions de la Constitution ou à des principes de valeur constitutionnelle ;

Considérant, enfin, qu'en l'espèce, il n'y a lieu pour le Conseil constitutionnel de soulever, d'office, aucune question de conformité à la Constitution en ce qui concerne les autres dispositions de la loi soumise à son examen,

Décide :

Art. 1er. — Sont déclarées conformes à la Constitution les dispositions de la loi susvisée complétant la loi du 7 août 1974 relative à la radiodiffusion et à la télévision.

Art. 2. — La présente décision sera publiée au Journal officiel de la République française.

Délibéré par le Conseil constitutionnel dans sa séance du 27 juillet 1978.

J.O. du 29

DOCUMENT 61-434
Décision du 27 juillet 1978

Le Conseil constitutionnel,

Saisi le 12 juillet 1978 par MM. Henri Caillavet, Edgar Tailhades, Jacques Verneuil, Gabriel Calmels, Serge Boucheny, Paul Pillet, Maurice Janetti, Mlle Irma Rapuzzi, MM. Jean Ooghe, Maxime Javelly, Pierre Gamboa, Edgard Pisani, Pierre Jeambrun, Jean Geoffroy, Auguste Billiemaz, Félix Ciccolini, Bernard Legrand, Victor Robini, Jean Varlet, Georges Treille, Josy Moinet, Pierre Noé, Antoine Andrieux, Michel Darras, Mme Rolande Perlican, MM. Louis Perrein, Jacques Bordeneuve, Louis Longequeue, Charles Alliès, Maurice Fontaine, Pierre Marcilhacy, Marcel Debarge, André Méric, Henri

Tournan, Jacques Coudert, René Touzet, Gaston Pams, Pierre Tajan, Marcel Rosette, Jacques Eberhard, Marcel Brégégère, Charles de Cuttoli, Henri Moreau, Jean Béranger, René Jager, Albert Pen, Charles Lederman, Emile Vivier, Marcel Mathy, Roland Grimaldi, Marcel Champeix, Franck Sérusclat, Robert Schwint, Robert Laucournet, Gérard Minvielle, Jean Nayrou, Paul Mistral, Louis Virapoullé, Hubert Peyou, Paul Jargot, Georges Dagonia, Bernard Parmantier, Georges Spénale, Bernard Hugo, Francis Palmero, Emile Didier, Hector Viron, Jean Péridier, France Lechenault, Jean Mercier, Louis Brives, Noël Berrier, Marcel Gargar, Marceau Hamecher, Danier Millaud, Guy Pascaud, Mme Hélène Luc, M. Roger Boileau, sénateurs, dans les conditions prévues à l'article 61, 2e alinéa, de la Constitution, du texte de la loi portant réforme de la procédure pénale sur la police judiciaire et le jury d'assises, telle qu'elle a été adoptée par le Parlement, et notamment de son article 25 ;

Vu la Constitution ;

Vu l'article 722 du code de procédure pénale ;

Vu l'ordonnance du 7 novembre 1958 portant loi organique sur le Conseil constitutionnel, notamment le chapitre II du titre II de ladite ordonnance ;

Ouï le rapporteur en son rapport ;

Considérant que l'article 25 de la loi soumise à l'examen du Conseil constitutionnel a pour objet, en abrogeant une phrase de l'article 722 du code de procédure pénale et en ajoutant une nouvelle disposition au même article, de modifier certains pouvoirs du juge de l'application des peines quand il intervient dans l'exécution des peines privatives de liberté ;

Considérant qu'aucune disposition de valeur constitutionnelle ne fait obstacle à ce qu'une loi modifie les règles en application desquelles a été pris un décret qui fait l'objet d'un recours contentieux ; que, dès lors, quand bien même le texte de l'article 25 de la loi précitée permettrait de reprendre, après une éventuelle annulation, des dispositions identiques à celles d'un décret qui fait l'objet d'un recours contentieux devant le Conseil d'Etat, cette circonstance serait sans influence sur la conformité de la loi à la Constitution ;

Considérant que l'article 25 de la loi résulte d'un amendement déposé devant l'Assemblée nationale ; qu'il appartenait donc, en application de l'article 98, alinéa 5, du règlement de l'Assemblée nationale, aux députés qui auraient estimé que cet article additionnel n'entrait pas dans le cadre du projet de loi, de demander à l'Assemblée se prononce sur sa recevabilité, avant la discussion ; qu'une telle procédure n'ayant pas été mise en œuvre, le Conseil constitutionnel ne saurait être saisi de la conformité de l'article 25 de la loi aux dispositions du règlement de l'Assemblée nationale, lequel, d'ailleurs, n'a pas, en lui-même, valeur constitutionnelle ;

Considérant que l'individualisation des peines mise en œuvre par le texte soumis au Conseil constitutionnel, si elle conduit à appliquer à certains condamnés des conditions de détention strictes et à d'autres un régime libéral, n'est pas contraire à l'article 6 de la Déclaration des droits de l'homme et du citoyen, tous les condamnés à une même peine pouvant accéder aux mêmes régimes dès lors qu'ils remplissent les conditions requises ; que l'article 7 de la même déclaration ne pose aucun principe relatif à l'exécution des peines qui serait méconnu par l'article 25 ;

Considérant qu'en l'espèce il n'y a lieu pour le Conseil constitutionnel de soulever d'office aucune question de conformité à la Constitution en ce qui concerne les autres dispositions de la loi soumise à son examen,

Décide :

Art. 1er. — Est déclarée conforme à la Constitution la loi portant réforme de la procédure pénale sur la police judiciaire et le jury d'assises.

Art. 2. — La présente décision sera publiée au *Journal officiel* de la République française.

Délibéré par le Conseil constitutionnel dans sa séance du 27 juillet 1978.

J.O. du 29

DOCUMENT 61-501

Recours du Premier ministre contre la loi de finances rectificative pour 1960

Paris, le 29.7.1960

Monsieur le Président,

J'ai l'honneur de vous déférer aux fins d'examen par le Conseil constitutionnel et conformément aux dispositions de l'article 61 de la Constitution, le texte de la loi de finances rectificative récemment adoptée par le Parlement.

Le Gouvernement estime en effet que les articles 17 et 18 de cette loi contreviennent aux articles 34 et 37 de la Constitution.

Compte tenu de l'urgence qui s'attache à une promulgation rapide de ce texte, le Gouvernement aimerait être en possession de la décision du Conseil dans les meilleurs délais, et en tout état de cause avant le 12 août prochain.

Je vous prie de croire, Monsieur le Président, à l'assurance de ma très haute considération.

Michel Debré

Monsieur le Président du
Conseil constitutionnel
rue Montpensier
Paris

29 juillet 1960

Note relative à la constitutionnalité des articles 17 et 18 de la loi de finances rectificative pour 1960.

I. L'article 17 a pour but de régler certains points particuliers concernant le taux des redevances pour droit d'usage des postes de radiodiffusion et télévision et les modalités de mise en recouvrement de cette redevance.

Ces dispositions contreviennent à la distinction des matières législatives et réglementaires établie par la Constitution et plus particulièrement par son article 34.

L'article 34 dispose en effet que la loi fixe les règles concernant « l'assiette, le taux et les modalités de recouvrement des impositions de toutes natures » ; mais la redevance pour droit d'usage des postes de radiodiffusion et télévision ne rentre pas dans la catégorie des impositions de toutes natures, et donc appartient au domaine réglementaire.

Cette redevance, en effet, ne constitue juridiquement ni un impôt, ni une taxe fiscale ou parafiscale, mais une rémunération de services rendus, ce qui l'exclut de la catégorie des impositions de toutes natures.

Le caractère de rémunération de services rendus peut être ainsi démontré.

1. L'ordonnance n° 59-273 du 4 février 1959 relative à la RTF prévoit, comme première et sans nul doute principale recette de cet établissement public « une redevance pour droit d'usage sur les postes récepteurs (article 9) ».

Or, l'article 10 de la même ordonnance dispose « que la radiodiffusion-télévision française n'est passible d'aucune imposition à raison des recettes procurées par la perception de la redevance, quelle qu'en soit l'affectation ».

Cette disposition implique a contrario, mais à l'évidence, que la redevance constitue une rémunération de services rendus puisqu'il a été jugé utile de préciser qu'aucun prélèvement fiscal ne pourrait être institué sur les recettes en résultant, précision qui eut été sans objet si la redevance avait eu le caractère d'un impôt ou d'une taxe.

2. La doctrine et la jurisprudence distinguent les rémunérations pour services rendus des taxes au moyen de deux critères essentiels : d'une part, la taxe, à la différence de la rémunération de services rendus, peut être perçue même sur l'usager qui s'abstient de profiter du service, d'autre part, le montant de la taxe peut être sans rapport avec le coût du service rendu.

Sur ces deux points on peut voir que la redevance radiophonique ne constitue pas une taxe.

a. Une taxe peut être perçue même sur l'usager qui s'abstient de profiter du service (jurisprudence constante en matière, par exemple, de taxe d'enlèvement des ordures ménagères) ; s'agissant, au contraire, de la redevance radiophonique, la RTF a pour pratique constante de ne pas la réclamer aux auditeurs et téléspectateurs qui, tout en étant propriétaires ou détenteurs d'un poste récepteur, déclarent n'en pas faire usage, dans le cas, en particulier, où ils sont éloignés pour une ou plusieurs années de leur domicile.

b. Le montant d'une taxe est sans rapport avec le coût du service rendu : il peut, soit lui être inférieur (cas des droits d'inscription et de bibliothèque demandés aux étudiants par ces établissements publics que sont les universités), soit supérieur, le service rendu ne constituant alors que le prétexte d'une imposition fiscale (et c'est le cas de nombreuses taxes perçues par les communes).

Au contraire, la redevance radiophonique, comme toute autre rémunération de services rendus est exactement proportionnée au coût du service. L'article 9 de l'ordonnance précitée du 4 février 1959 sur la RTF spécifie que les ressources de cet établissement public doivent lui permettre de faire face « à l'ensemble de ses charges d'exploitation et d'équipement ». Cet article établit donc une relation directe entre le montant des ressources et l'ensemble des charges ; si l'on veut bien considérer que dans le budget de la RTF, la redevance radiophonique est la ressource essentielle, les autres recettes ne couvrant qu'une partie minime des dépenses, il apparaît clairement qu'il existe une corrélation étroite entre la somme payée par l'usage et la valeur du service fourni.

Cette proportionnalité entre le montant de la redevance et le service rendu se trouve confirmée par le décret du 29 juin 1960 portant prorogation de l'échéance de la redevance pour droit d'usage des appareils récepteurs de télévision (J.O. du 30 juillet 1960, p. 7062). Ce décret, qui porte prorogation de huit jours de l'échéance de la redevance de télévision pour tenir compte du préjudice causé aux téléspectateurs du fait des grèves de la fin de 1959, a été annoncé publiquement et la mesure est déjà appliquée en fait depuis plusieurs mois par les services financiers de la RTF.

Dans le même ordre d'idées on peut invoquer le fait qu'au cas de location d'un appareil de télévision la redevance n'est due que par le locataire pour le nombre de mois correspondant à la durée de la location ; dans ce but la redevance est alors fractionnée en douzièmes mensuels ; aucune redevance n'est due pour les périodes où le poste récepteur n'est pas loué.

3. Ces critères qui distinguent la rémunération de services rendus de la taxe fiscale ou parafiscale, sont appliqués par un arrêt du Conseil d'Etat du 22 novembre 1958 (Assemblée. Syndicat national des transporteurs aériens).

Sans doute, l'article 14 de la loi de finances pour 1960 (J.O. du 27 décembre 1959, p. 12 365) constitue-t-il déjà une intervention du législateur dans le domaine réglementaire ; aussi bien le Gouvernement se réserve-t-il la possibilité, à l'occasion d'un décret à intervenir, de faire déclarer par le Conseil le caractère réglementaire de ce texte, en vertu de l'article 37, alinéa 2 de la Constitution.

Il résulte des observations qui précèdent que l'article 17 de la loi de finances rectificative pour 1960 appartient au domaine réglementaire.

II. La violation par l'article 18 de la séparation constitutionnelle de matières législatives et réglementaires n'est pas moins évidente.

Le but de cet article et d'établir l'utilisation que doit faire la RTF d'une partie de ses ressources : certaines recettes sont bloquées dans un compte d'attente, tandis que d'autres ne peuvent être employées que pour des actions nettement déterminées par le texte même de l'article 18.

Il s'agit donc de la part du législateur, d'un acte de gestion directe de l'établissement public qu'est la RTF. On sait en effet que l'ordonnance précitée relative à la RTF dispose dans son article 1er : « la radiodiffusion télévision française ... constitue un établissement public de l'Etat, à caractère industriel et commercial, doté d'un budget autonome ».

Aucune disposition de l'article 34 de la Constitution ne permet à la loi une ingérence directe dans la gestion d'un établissement public, ce que fait l'article 18 en procédant à des affectations de crédits à des usages déterminés ; ni « la création de catégories d'établissements publics », ni « les nationalisations d'entreprises et les transferts de propriétés d'entreprises du secteur public au secteur privé » ne permettent au législateur une intervention de cette nature, qu'aucune autre disposition constitutionnelle ne rend légale : la détermination des règles de fonctionnement d'un établissement public est du domaine réglementaire, ce qui était déjà vrai sous la IVᵉ République.

On ne saurait dire pour autant qu'aucun contrôle parlementaire n'est possible sur l'activité de la RTF ; il suffit à cet égard de rappeler les dispositions de l'article 6 du décret du 5 février 1959 aux termes desquelles « une annexe générale destinée à l'information et au contrôle du Parlement sur le fonctionnement administratif et financier de la RTF devra être jointe à la loi de finances dans les conditions prévues à l'article 32 de l'ordonnance du 2 janvier 1959 portant loi organique relative aux lois de finances ». Ainsi se trouve assuré le contrôle général de l'action du Gouvernement par le Parlement, contrôle qui ne peut autoriser une intervention directe et détaillée dans la gestion d'un établissement public ; une telle intervention serait contraire à l'efficacité nécessaire de la fonction gouvernementale qu'a voulu instituer l'article 34 de la Constitution.

∴

Dans ces conditions, le Gouvernement sollicite la déclaration par le Conseil constitutionnel de l'inconstitutionnalité des articles 17 et 18 du projet de loi de finances rectificative pour 1960.

DOCUMENT 61-502
Recours du Premier ministre contre la loi relative aux assurances sociales agricoles

Note sur la constitutionnalité de certaines dispositions de l'article 1ᵉʳ de la loi relative aux assurances maladie, invalidité et maternité des exploitants agricoles et des membres non salariés de leur famille.

I. La loi relative aux assurances maladie, invalidité et maternité des exploitants agricoles et des membres non salariés de leur famille est issue d'un projet déposé par le Gouvernement en avril 1960. Cette loi décide l'institution d'un nouveau régime d'assurances sociales obligatoires applicable à six millions et demi de personnes et dont le financement est assuré par les cotisations des affiliés ainsi que par une subvention de l'Etat fixée annuellement lors du vote du budget. Il a été précisé que le montant de cette subvention n'aurait, en droit, aucun rapport avec le volume global des dépenses du régime : tous les amendements tendant à affirmer le contraire ont été repoussés par le Parlement.

Tirant argument de ces dispositions, la commission des finances du Sénat a estimé possible d'accueillir, sans que soit retenue l'irrecevabilité prévue à l'article 40 de la Constitution, divers amendements d'origine parlementaire ayant pour objet soit de créer des catégories nouvelles de bénéficiaires, soit d'élargir le champ d'application des prestations définies par le projet de loi : elle a considéré, en effet, que les dépenses supplémentaires entraînées par ces amendements auraient pour seule conséquence une augmentation des cotisations demandées aux exploitants agricoles et qu'elles étaient, dès lors, sans incidence sur les finances de l'Etat.

Le Sénat a, dans ces conditions, adopté trois amendements, qui ont été repris avec certaines modifications ou simplement confirmés par l'Assemblée nationale. Ces amendements, qui se rapportent tous à l'article 1ᵉʳ de la loi, ont les objets suivants :

1. A l'article 1106-1 du code rural, paragraphe 3, alinéa second : l'inclusion dans le régime instituée par la loi, des anciens exploitants agricoles titulaires de l'allocation de vieillesse mais n'ayant pas cotisé pendant une période d'au moins cinq ans.

2. A l'article 1106-1 du code rural, paragraphe 4°, alinéas troisième et cinquième : l'assimilation aux enfants à charge, d'une part, des apprentis de moins de dix-sept ans, au lieu de seize ans, et, d'autre part, des enfants de moins de vingt ans se trouvant dans l'impossibilité totale et contrôlée de travailler, alors que le texte gouvernemental prévoyait l'impossibilité permanente.

3. A l'article 1106-3 du code rural, paragraphe 2° : l'extension aux conjoints des exploitants agricoles du bénéfice des prestations d'invalidité.

II. Le caractère onéreux de ces diverses amendements n'est pas contesté : leur coût annuel, en période de fonctionnement normal du nouveau régime serait proche de 100 millions de Nouveaux Francs, sans préjudice des répercussions que les mesures ainsi adoptées ne manqueraient pas d'avoir très rapidement sur d'autres régimes de sécurité sociale.

Pour ce motif, le Gouvernement a expressément invoqué, devant le Sénat, l'irrecevabilité découlant de l'article 40 de la Constitution : mais, à l'inverse de ce qui est prévu par l'article 41 de la Constitution, il n'était pas possible au Gouvernement de déférer directement au Conseil constitutionnel le litige né de l'interprétation divergente donnée par la commission des finances du Sénat, dans le cadre des pouvoirs que cette commission tient de l'article 45.2 du règlement de ladite Assemblée.

C'est pourquoi le Gouvernement, à défaut d'autre moyen d'intervention immédiate, s'est expressément réservé le droit de saisir le Conseil constitutionnel du texte de la loi, après son vote définitif par les deux Assemblées, mais avant sa promulgation, selon la procédure prévue à l'article 61 de la Constitution. Cette intention a été clairement exprimée à plusieurs reprises par les représentants qualifiés du Gouvernement et notamment devant le Sénat, lors de la première lecture du texte ayant abouti à l'adoption des amendements litigieux (séance du 20 octobre 1960, p. 1325, séance du 25 octobre 1960, p. 1372), puis, lors de la seconde lecture devant l'Assemblée nationale (1ʳᵉ séance du 23 novembre 1960, p. 3998) et devant le Sénat, (séance du 7 décembre 1960, pp. 2233 et 2251, déclaration du ministre du Travail, au nom du Gouvernement).

Il appartient donc au Conseil constitutionnel, régulièrement saisi, de se prononcer, dans le délai d'un mois, sur la constitutionnalité des diverses dispositions susmentionnées de l'article 1ᵉʳ de la loi qui lui est déférée.

III. L'article 40 de la Constitution dispose que « les propositions ou amendements formulés par les membres du Parlement ne sont pas recevables lorsque leur adoption aurait pour conséquence, soit une diminution des ressources publiques, soit la création ou l'aggravation d'une charge publique ».

Or, l'expression « charges publiques » a une portée plus large que celle de « charges de l'Etat », qui correspond aux seules dépenses du budget ou du Trésor et qui figure d'ailleurs à l'article 34 de la Constitution ainsi qu'aux articles 1er et 6 de l'ordonnance n° 59-2 du 2 janvier 1959 portant loi organique relative aux lois de finances. S'il en était autrement, on ne comprendrait pas que les mots « charges de l'Etat » n'aient pas été inscrits à l'article 40 de la Constitution comme ils le sont à l'article 34.

En réalité, la Constitution ne pouvait pas, dans ce domaine particulier, entrer dans les détails et procéder par énumération, comme l'aurait fait une loi ou un règlement, pour préciser le sens des mots « charges publiques ». Il convient donc de rechercher les charges, autres que celles de l'Etat, auxquelles il est possible d'appliquer la qualification de « charges publiques ».

Une première catégorie est constituée, sans discussion possible, par les dépenses et obligations financières mises à la charge des collectivités publiques : départements, communes, établissements publics.

Dans une seconde catégorie doivent être rangées les dépenses et obligations financières mises à la charge des entreprises publiques et sociétés nationales, dont les résultats, bénéficiaires ou déficitaires, intéressent directement l'Etat, seul détenteur du capital de ces entreprises.

Une troisième catégorie, enfin, est constituée par les charges de la Sécurité sociale, dont le caractère de « charges publiques » peut être affirmé à l'aide de multiples considérations.

IV. Les travaux préparatoires de la Constitution fournissent, en premier lieu, des indications très précises sur les intentions qui ont animé le Gouvernement dans l'élaboration de la règle actuellement inscrite à l'article 40 de la Constitution et qui figurait, à l'origine, dans l'article 35 de l'avant-projet soumis au Comité consultatif constitutionnel.

Lors de la discussion de cet article devant le Comité consultatif constitutionnel, le commissaire du Gouvernement eut l'occasion de déclarer, en réponse à diverses questions et propositions d'amendement : « Jamais (les) auteurs (de l'article 35) n'ont entendu refuser au Parlement le droit de voter l'impôt. Ils ont purement et simplement voulu constitutionnaliser la loi des maxima ». (Documentation Française — Travaux préparatoires de la Constitution, Avis et débats du Comité consultatif constitutionnel, page 114).

Et c'est bien ainsi, d'ailleurs, que l'ont entendu également les membres du Comité consultatif constitutionnel : la discussion reproduite dans les Travaux préparatoires ne laisse aucun doute à ce sujet (interventions de MM. Gilbert, Jules et Mignot, notamment, *ibidem*, p. 114).

Or, si l'on se reporte aux diverses « lois des maxima » votées chaque année par le Parlement, sous forme de l'article 1er des lois de finances, on constate que « les charges ... des divers régimes ... de sécurité sociale » figurent constamment, depuis la loi de finances du 24 mai 1951, parmi les dépenses ou charges englobées dans la « loi des maxima » et ne pouvant, de ce fait, être accrues sans que certaines conditions financières soient réunies.

Cette règle, reconduite d'année en année, et inspirée d'ailleurs de l'interprétation extensive donnée par les assemblées des articles 47 et 48 de leurs règlements, devait un peu plus tard trouver place dans le décret du 19 juin 1956 déterminant le mode de présentation du budget de l'Etat et dont l'article 10 reprenait, en les pérennisant, les dispositions désormais traditionnelles de la loi des maxima.

Les mots « charge publique » figurant à l'article 40 de la Constitution prennent donc, à la lumière des travaux préparatoires, et aussi de la pratique politique antérieure, une signification nettement précisée, qui vient confirmer le bien-fondé de la thèse soutenue aujourd'hui par le Gouvernement.

V. D'autres considérations, d'ordre plus général, permettent également d'établir le caractère de « charges publiques » des dépenses de la Sécurité sociale.

Ce caractère est incontestable s'il s'agit de régimes d'assurances sociales, d'allocations familiales ou d'accidents du travail intéressant les agents des collectivités de droit public, tels que les fonctionnaires, les employés de la SNCF ou les travailleurs des mines.

Il est également peu discutable en ce qui concerne les régimes financés directement, fût-ce en partie, par des ressources fiscales, comme c'est le cas notamment pour les assurances sociales des salariés agricoles ou les prestations familiales agricoles.

Le même caractère doit être admis, enfin, lorsqu'il s'agit de régimes — tel le régime général — dans lesquels le financement des charges et prestations de toute nature est assuré au moyen de cotisations incombant aux employeurs ou aux salariés eux-mêmes. Tel est bien le cas, en principe, du régime défini par la présente loi sur l'assurance maladie des exploitants agricoles.

Certes, le législateur a, de tout temps, affirmé l'absence de caractère étatique ou fiscal des institutions de la Sécurité sociale et il est admis par la jurisprudence que les caisses chargées de gérer les institutions sont des organismes de droit privé.

Il n'en est pas moins vrai qu'en vertu d'une jurisprudence ancienne et constante du Conseil d'Etat, la Sécurité sociale sous toutes ses formes est considérée comme un service public.

Ce caractère résulte de la nature même des tâches d'intérêt général assumées par les caisses de Sécurité sociale : il est confirmé par l'ampleur et la généralité du champ d'activité de ces organismes, par le caractère essentiellement, sinon exclusivement obligatoire des recettes qui leur sont procurées et des dépenses qui sont mises à leur charge par l'effet des décisions unilatérales du législateur ou de l'autorité gouvernementale.

De ce fait, s'explique l'existence d'établissements publics, telle la Caisse nationale de Sécurité sociale, chargée d'assurer au niveau le plus élevé la compensation des risques couverts par les caisses locales. De la même manière s'explique l'institution, par la loi du 31 décembre 1949, d'un contrôle administratif et financier général exercé par la Cour des Comptes, investie, à l'époque, par l'article 18 de la Constitution du 27 octobre 1946, de la mission d'assister l'Assemblée nationale dans le règlement des « comptes de la Nation ».

La place éminente tenue, en droit comme en fait, par les dépenses de Sécurité sociale dans l'ensemble des préoccupations économiques et sociales du Gouvernement et du Parlement se reflète dans les progrès récents du concept de « budget social de la Nation ».

L'article 164 de l'ordonnance n° 58-1374 du 30 décembre 1958, portant loi de finances pour 1959, pose les premiers fondements statutaires d'un tel « budget » lorsqu'il prévoit la fourniture au Parlement « des tableaux faisant ressortir les diverses prestations dont l'ensemble constitue le budget social de la Nation, établis sur la base des résultats de l'année précédente, des perspectives de l'année en cours et des prévisions de l'année à venir ».

Il existe donc, en l'absence de toute étatisation, une tendance très marquée au regroupement, sous une forme para-budgétaire, des diverses charges sociales de la Nation, au premier rang desquelles figurent les dépenses de Sécurité sociale, pour un montant de 30 milliards de nouveaux francs, sur un total de 50 milliards environ, chiffre qui n'est lui-même pas tellement éloigné de celui du budget de l'Etat pris dans son ensemble.

Ainsi, par leur ampleur massive comme par l'origine législative ou réglementaire des dispositions qui les définissent, les dépenses de la Sécurité sociale sont, à l'heure actuelle, des charges qui intéressent au premier chef la puissance publique et méritent à ce titre d'être rangées au nombre des charges publiques visées à l'article 40 de la Constitution.

VI. Aux considérations d'ordre général qui précèdent et qui suffisent par elles-mêmes à établir l'irrecevabilité des amendements litigieux, il est permis d'ajouter plusieurs remarques subsidiaires qui concernent plus spécialement le régime de l'assurance maladie des exploitants agricoles et sont de nature à confirmer, s'il en était besoin, l'opposabilité des dispositions de l'article 40 de la Constitution au texte de loi voté par le Parlement.

En premier lieu, il convient de relever la décision, prise par le Parlement lui-même d'inclure le régime nouvellement créé dans le budget annexe des prestations sociales agricoles qui regroupe déjà, en vertu de l'article 58 de la loi de finances pour 1960, l'ensemble des régimes sociaux agricoles existants. Tel est l'objet de l'article 1.106.6, alinéa second, du code rural figurant à l'article 1er du texte voté par le Parlement.

Cette présentation budgétaire tend donc à confirmer, en la forme, le caractère de « charges publiques » des dépenses incombant au nouveau régime d'assurances sociales des exploitants agricoles. Mais il y a plus : il résulte, en effet, des dispositions de l'article 1003.2. du code rural, modifié par la loi de finances précitée, que le budget annexe des prestations sociales agricoles peut recevoir des avances accordées par le Trésor, de telle sorte qu'un déficit, même temporaire, provoqué par un accroissement des charges plus rapide que celui des cotisations correspondantes aurait inévitablement des répercussions sur les finances publiques.

Or, il est à noter que l'irrecevabilité financière tirée des dispositions de l'ancien article 48 du règlement de l'Assemblée nationale a été régulièrement appliquée par cette Assemblée aux amendements parlementaires qui se bornaient à prévoir la possibilité de simples avances du Trésor (13 décembre 1950, débats, p. 9029, 20 décembre 1952, débats p. 6761...).

Une observation doit être formulée, en second lieu, à propos des dispositions de l'article 1.106.8 du Code rural, figurant à l'article 1er de la loi déférée au Conseil constitutionnel.

Cet article prévoit, en effet, une participation de l'Etat aux cotisations dues par les exploitants les plus modestes et fixe entre 10 et 50 pour cent le taux de cette participation suivant l'importance du revenu cadastral des intéressés. Par conséquent, un relèvement général des cotisations, entraîné par l'alourdissement des charges du régime d'assurances maladie, invalidité et maternité, se traduirait par un relèvement corrélatif de la participation de l'Etat. Celui-ci ne pourrait échapper aux conséquences d'un tel relèvement qu'en modifiant, dans le sens de la baisse, le pourcentage moyen de sa participation.

Cependant, malgré l'existence en droit d'une telle faculté, il est bien certain que l'Etat ne pourrait en user que très difficilement, pour des raisons politiques faciles à comprendre. De ce fait, les dispositions sus-rappelées de l'article 1.106.8 du Code rural pourraient être considérées comme un motif certainement valable d'invoquer l'irrecevabilité de l'article 40 de la Constitution.

Il convient de remarquer, au surplus, qu'un des amendements votés par le Sénat et modifié par l'Assemblée nationale contient en lui-même une source de déséquilibre financier : il s'agit de l'article 1.106.1, paragraphe 3°, alinéa second du Code rural, qui limite par avance le taux de la cotisation pouvant être exigée des anciens exploitants n'ayant pas cotisé pendant cinq ans, au moins.

Il ressort, en effet, des études d'actuariat les mieux établies que le plafond de cotisations ainsi fixé par le législateur aurait pour effet de créer, pour cette catégorie d'assujettis, un excédent de dépenses par rapport aux recettes de l'ordre de trois à un.

Pour l'ensemble des raisons qui viennent d'être exposées, il y a lieu de considérer comme une aggravation des charges publiques, au sens de l'article 40 de la Constitution, les mesures résultant des divers amendements adoptés par le Parlement dans les conditions sus-rappelées et qui tendent à faire peser sur le régime d'assurance maladie des exploitants agricoles des charges non prévues dans le projet du Gouvernement.

VII. Il est donc demandé au Conseil constitutionnel de statuer sur la conformité à la Constitution des dispositions litigieuses de la loi dont il est saisi, remarque étant faite que ces dispositions visent seulement certaines catégories particulières de bénéficiaires et ne mettent pas en cause l'économie générale du texte voté par le Parlement. Les dispositions dont s'agit ne sont donc pas inséparables de l'ensemble de la loi et, par suite, cette dernière pourrait, si tel est l'avis du Conseil constitutionnel, être promulguée sans délai sous réserve, seulement, de la disjonction des alinéas ou mots correspondant au texte des amendements formulés par les membres du Parlement et qui seraient jugés non conformes aux dispositions de l'article 40 de la Constitution.

DOCUMENT 61-503
Recours du président du Sénat contre la loi relative à l'élection du Président de la République

Le 6 novembre 1962

Monsieur le Président,

En confirmation de la lettre que je vous ai adressée le samedi 3 novembre, j'ai l'honneur de vous faire connaître que, conformément au second alinéa de l'article 61 de la Constitution, je défère au Conseil constitutionnel, avant sa promulgation, la loi relative à l'élection du Président de la République au suffrage universel qui a été adoptée par le référendum du 28 octobre 1962.

En application de l'article 18 de l'ordonnance n° 58-1067 du 7 novembre 1958 portant loi organique sur le Conseil constitutionnel, j'ai avisé M. le Président de la République et M. le Premier ministre de ce que je soumettais cette loi au Conseil constitutionnel.

Je demande au Conseil constitutionnel de déclarer non conforme à la Constitution la loi adoptée par référendum, afin qu'en application de l'article 62 de la Constitution, cette loi ne puisse être promulguée.

Je dois donc vous faire connaître les raisons pour lesquelles je considère, d'une part que j'ai le droit de déférer au Conseil constitutionnel le texte dont il s'agit et que le Conseil est compétent pour statuer, d'autre part que le projet de loi adopté par référendum n'est pas conforme à la Constitution.

***

Monsieur Léon Noël,
Président du Conseil constitutionnel,
2, rue Montpensier
Paris 2e

L'article 61 de la Constitution dispose que les lois peuvent être déférées au Conseil constitutionnel, avant leur promulgation, par le président de l'une ou l'autre assemblée.

Or, aux termes du décret n° 62-1127 du 2 octobre 1962 et de son annexe, le projet soumis au référendum du 28 octobre 1962 est intitulé « Projet de loi relatif à l'élection du Président de la République au suffrage universel ». La loi adoptée par référendum n'a donc pas la nature juridique d'une loi constitutionnelle ou d'une loi organique : il s'agit d'une loi ordinaire, que je suis habilité par l'article 61 à soumettre au Conseil constitutionnel.

On ne saurait par ailleurs soutenir que, du fait qu'elle a été adoptée par la procédure du référendum, et non par celle des délibérations et des votes des assemblées parlementaires, le Conseil constitutionnel serait incompétent pour se prononcer sur la conformité de cette loi à la Constitution.

Aucune disposition constitutionnelle ne pourrait en effet être invoquée à l'appui d'une telle opinion.

La lecture attentive de la Constitution démontre au contraire que celle-ci a prévu l'examen par le Conseil constitutionnel de textes adoptés au référendum. En effet, la Constitution prescrit dans deux articles différents que les lois organiques doivent être examinées par le Conseil constitutionnel avant leur promulgation.

Cette prescription figure d'abord à l'article 46, au titre V « Des rapports entre le Parlement et le Gouvernement » : elle concerne alors le cas où une loi organique a été votée par le Parlement.

Mais elle est répétée à l'article 61, au titre VII, « Le Conseil constitutionnel » et, cette répétition l'indique évidemment, elle s'applique alors au cas où une loi organique a été votée par référendum.

Il s'ensuit que le Conseil constitutionnel, compétent pour vérifier la conformité à la Constitution d'une loi organique adoptée par référendum, ne saurait être incompétent, à condition d'être saisi par une des autorités visées au second alinéa de l'article 61, pour vérifier la conformité à la Constitution d'une loi ordinaire adoptée par référendum.

On ne saurait prétendre que les constituants, en rédigeant l'article 61, n'aient pas eu présente à l'esprit l'hypothèse de l'adoption d'une loi par référendum, puisque l'article 60, immédiatement antérieur, est précisément consacré au rôle du Conseil constitutionnel en ce qui concerne la régularité des opérations et la proclamation des résultats de référendum.

On doit remarquer d'ailleurs que la Constitution a défini le rôle et la compétence du Conseil constitutionnel d'une part à l'égard des rapports entre le Parlement et le Gouvernement, ce qu'elle a fait au titre V, articles 37, 41 et 46, d'autre part en ce qui ne concerne pas ces rapports, ce qu'elle a fait au titre VII, exclusivement consacré au Conseil constitutionnel.

Le titre VII, qui fixe les attributions générales du Conseil constitutionnel, ne mentionne pas celles antérieurement définies au titre V, articles 37 et 41 : mais il reprend par contre les règles formulées à l'article 46 quant à la vérification de la conformité des lois organiques à la Constitution. Il y a là la preuve que ces règles doivent recevoir application en dehors du cadre du titre V, c'est-à-dire dans le cas où une loi organique a été adoptée, non par le Parlement, mais par référendum.

La compétence du Conseil constitutionnel est de droit dans cette hypothèse. S'agissant au contraire d'une loi ordinaire adoptée par référendum, elle est subordonnée au fait que le Président de la République, le Premier ministre, ou le Président de l'une ou l'autre Assemblée l'ait déférée au Conseil constitutionnel.

Mais lorsqu'une telle décision est intervenue, la compétence du Conseil n'est pas contestable : car si la Constitution avait entendu limiter aux seules lois votées par le Parlement la saisine du Conseil constitutionnel par l'une des autorités mentionnées au second alinéa de l'article 61, ce n'est pas dans cet article, mais bien à l'article 45, consacré à la procédure du vote des lois ordinaires, qu'aurait été insérée la disposition dont il s'agit. Ou bien encore la Constitution aurait expressément indiqué, soit à l'article 61, que ses dispositions ne visaient pas les lois adoptées par référendum, soit à l'article 11, que le délai de promulgation de ces textes ne pourrait être suspendu par une saisine du Conseil constitutionnel.

Le silence de l'ordonnance du 7 novembre 1958 portant loi organique sur le Conseil constitutionnel à l'égard de la procédure de vérification de la conformité à la Constitution des lois adoptées par référendum ne saurait par ailleurs être invoqué dans le sens de l'incompétence du Conseil à procéder à cette vérification.

S'agissant de textes organiques, en effet, le Conseil n'a pas à en être saisi par une transmission faite par le Premier ministre comme pour ceux qui sont adoptés par le Parlement : étant chargé par l'article 60 de proclamer les résultats du référendum, le Conseil constitutionnel connaît par là-même tout projet de loi organique adopté selon cette procédure.

Quant aux lois ordinaires adoptées par référendum, la lacune de l'ordonnance portant loi organique en ce qui les concerne ne saurait faire obstacle à l'application du second alinéa de l'article 61 de la Constitution, dont les termes ne comportent aucune distinction entre les lois votées par le Parlement et celles qui ont été adoptées par référendum.

Il convient enfin d'affirmer que la compétence du Conseil constitutionnel ne peut pas être contestée par une argumentation fondée sur l'article 3 de la Constitution, dont le premier alinéa dispose : « La souveraineté nationale appartient au peuple, qui l'exerce par ses représentants et par la voie du référendum ».

L'exercice de la souveraineté nationale, que ce soit par les représentants du peuple ou par les électeurs, consultés par voie de référendum, n'est en effet légitime que dans le respect des règles et des procédures instituées par la Constitution. Admettre qu'il en puisse être autrement en cas de référendum conduirait nécessairement à admettre que les représentants du peuple ne sont également soumis à aucune règle constitutionnelle dans l'exercice de la souveraineté qui leur est déléguée. Ce serait donc ruiner, non seulement la base même du Droit, mais celle de toute stabilité des institutions.

*
* *

Quant au fond du problème, la loi adoptée par référendum m'apparaît comme inconstitutionnelle à la fois en raison des conditions dans lesquelles le référendum a été décidé, de l'irrégularité intrinsèque de ce référendum, et du contenu du texte soumis à l'approbation du corps électoral.

Le Journal officiel du 3 octobre 1962 a sans doute rendu publique une lettre de M. le Premier ministre à M. le Président de la République, datée du 2 octobre 1962, et constituant la proposition du Gouvernement, formulée pendant une session parlementaire, sans laquelle, aux termes de l'article 11, M. le Président de la République n'est pas habilité à décider un référendum.

Mais, dès le 20 septembre 1962, M. le Président de la République avait annoncé par un discours radio-télévisé sa décision de soumettre au peuple français, par voie de référendum, un projet tendant à confier au suffrage universel le soin d'élire ses successeurs.

Prise à la date et dans les conditions où elle a été rendue publique, cette décision n'était pas conforme à la Constitution, car le Parlement n'était pas en session, et le Gouvernement n'avait fait aucune proposition à M. le Président de la République.

Intrinsèquement, le référendum du 28 octobre 1962 était irrégulier, car la seule procédure instituée par la Constitution pour sa propre révision est celle définie par l'article 89. Aux termes de cet article, un projet de révision ne peut être soumis à référendum qu'après avoir été voté en termes identiques par les deux assemblées. Cette condition n'a pas été remplie en ce qui concerne le texte soumis au référendum du 28 octobre 1962.

D'autre part, l'article 11 de la Constitution ne permet pas de soumettre à référendum un projet de révision. Cela résulte directement de ce qu'il mentionne « tout projet de loi portant sur l'organisation des pouvoirs publics », ce qui exclut les projets de loi constitutionnelle. Cela résulte en outre indirectement de ce qu'il mentionne « tout projet de loi... tendant à autoriser la ratification d'un traité qui, sans être contraire à la Constitution, aurait des incidences sur le fonctionnement des institutions ». Dans l'hypothèse, en effet, où la procédure de référendum serait applicable à une révision de la Constitution, il n'y aurait aucune raison pour qu'elle ne le fût pas également à la ratification d'un traité contraire à la Constitution, dont cette ratification entraînerait par elle-même révision.

Enfin le contenu du projet de loi adopté par référendum n'est pas conforme à la Constitution. Celle-ci comporte en effet une distinction fondamentale entre trois catégories de lois, les lois constitutionnelles, les lois organiques, et les lois ordinaires.

L'objet des lois constitutionnelles est de réviser la Constitution.

L'objet des lois organiques est défini par une série d'articles de la Constitution qu'il est inutile d'énumérer ici, mais parmi lesquels figure l'article 6, dernier alinéa, en ce qui concerne la fixation des modalités d'application dudit article 6.

L'objet des lois ordinaires est défini par l'article 34 de la Constitution.

Or, le projet de loi qui a été adopté par le référendum du 28 octobre 1962 fait fi de ces distinctions essentielles : d'après son titre, il s'agit d'une loi ordinaire ; mais les articles 1er et 2, portant remplacement du texte des articles 6 et 7 de la Constitution, ont par là-même un caractère constitutionnel ; et l'article 3 dispose expressément que les dispositions qu'il contient ont valeur organique, ce qui interdit toute promulgation avant déclaration par le Conseil constitutionnel de leur conformité à la Constitution.

*
* *

Telles sont les raisons pour lesquelles j'ai décidé de déférer au Conseil constitutionnel la loi adoptée au référendum.

Cette loi m'apparaît non conforme à la Constitution, tant en raison de son contenu que des irrégularités flagrantes de la procédure qui a abouti à son adoption.

L'article 61 me permet de la soumettre au Conseil constitutionnel aux fins de vérification de sa conformité à la Constitution, et il donne compétence au Conseil pour procéder à cette vérification. C'est donc pour moi un devoir d'user du moyen qui m'est donné pour faire respecter le droit.

N'est-ce pas d'ailleurs une des raisons d'être fondamentales du Conseil constitutionnel que de protéger la minorité, en garantissant le respect de la Constitution, même à l'encontre d'un vote exprimé, à la demande de M. le Président de la République, par la majorité des électeurs, lorsque ceux-ci ont été consultés dans des conditions et sur des textes non conformes aux prescriptions expresses de la Constitution ?

Veuillez agréer, Monsieur le Président, les assurances de ma haute considération.

Le Président du Sénat,
Gaston Monnerville

DOCUMENT 61-504

Recours du Premier ministre contre la loi portant réforme de l'enregistrement, du timbre et de la fiscalité immobilière

Note sur la constitutionnalité de l'article 28 de la loi portant réforme de l'enregistrement, du timbre et de la fiscalité immobilière.

I. La loi portant réforme de l'enregistrement, du timbre et de la fiscalité immobilière est issue d'un projet de loi définitivement adopté par le Parlement le 21 février 1963 et dont le texte a été transmis au Gouvernement le 23 février 1963, en vue de sa promulgation dans les conditions fixées par l'article 10 de la Constitution.

L'article 27 de cette loi (article 24 du projet) place dans le champ d'application de la taxe sur la valeur ajoutée les opérations concourant à la production ou à la livraison d'immeubles destinés à l'habitation. En conséquence, les droits d'enregistrement antérieurement perçus sur certaines opérations sont supprimés et, notamment, les droits de mutation de 4,20 % grevant l'achat du terrain, la vente du terrain après lotissement éventuel et la vente de l'immeuble achevé.

La taxe sur la valeur ajoutée est perçue au profit exclusif de l'Etat, alors que le produit des droits de mutation supprimés était réparti à raison de 1,40 % en faveur de l'Etat, de 1,60 % en faveur du département et de 1,20 % en faveur des communes. Cette perte de ressources est cependant compensée, à l'égard des collectivités locales, par l'application à d'autres opérations, telles que les cessions de parts ou d'actions de sociétés immobilières, de droits d'enregistrement comportant des taxes additionnelles au profit du département et des communes.

En dépit de l'équilibre global assuré par cette dernière disposition, les membres du Sénat ont estimé, lors de la discussion du texte devant cette Assemblée, qu'il était nécessaire de prévoir une clause de sauvegarde en faveur de celles des collectivités locales pour lesquelles l'entrée en vigueur de la réforme se traduirait par une diminution des recettes fiscales.

C'est dans cet esprit qu'a été adopté, par le Sénat (*J.O.* débats, pages 856 et 873-875) un amendement présenté par M. Antoine Courrière, sous la forme d'un article additionnel 24 bis ainsi rédigé :

« Les collectivités locales bénéficieront d'une compensation intégrale pour les moins-values subies du fait de l'application de l'article 24 ».

Cet amendement, également adopté par l'Assemblée nationale (*J.O.* débats, pages 2234 et 2235) est devenu l'article 28 du texte de loi définitif.

II. Le Gouvernement a expressément invoqué, devant le Sénat, l'irrecevabilité découlant de l'article 40 de la Constitution. Mais, la commission des Finances de cette Assemblée, consultée en application du règlement, a estimé que ladite irrecevabilité n'était pas opposable en l'espèce. Ne pouvant saisir immédiatement le Conseil constitutionnel, à la différence de ce qui est prévu par l'article 41 de la Constitution, le Gouvernement a fait connaître son intention, tant au Sénat qu'à l'Assemblée nationale, de faire trancher le différend par le Conseil constitutionnel, après le vote définitif du texte par les deux assemblées, mais avant sa promulgation, selon la procédure ouverte par l'article 61 de la Constitution.

On rappellera que le Conseil constitutionnel a déjà été saisi dans des conditions analogues, à deux reprises : en juillet 1960 au sujet de la loi de finances rectificative pour 1960, (décision du 11 août 1960 concernant la redevance radiophonique) et en décembre 1960, au sujet de la loi relative aux assurances maladie, invalidité et maternité des exploitants agricoles (décision du 20 janvier 1961). Dans ce dernier cas, la saisine opérée à l'initiative du Gouvernement était motivée, comme dans la présente circonstance, par la méconnaissance des dispositions de l'article 40 de la Constitution.

Il appartient au Conseil constitutionnel, régulièrement saisi dans le délai de promulgation, de se prononcer sur la conformité à la Constitution des dispositions de l'article 28 de la loi susmentionnée.

III. L'article 40 de la Constitution prévoit que « les propositions et amendements formulés par les membres du Parlement ne sont pas recevables lorsque leur adoption aurait pour conséquence soit une diminution des ressources publiques, soit la création ou l'aggravation d'une charge publique ».

La mesure de compensation instituée par l'article 28 de la loi portant réforme de la fiscalité immobilière constitue indiscutablement la création d'une charge publique au sens du texte précité.

En effet, la compensation dont il s'agit n'est pas fondée sur un système de péréquation en vertu duquel les moins-values constatées dans les recettes de certaines collectivités locales seraient compensées par les plus-values enregistrées parallèlement dans les recettes d'autres collectivités locales. On pourrait soutenir, en pareille hypothèse, qu'une mesure de ce genre s'intègre dans une réforme fiscale équilibrée n'entraînant par elle-même ni diminution de ressources, ni création de charges publiques, donc une réforme neutre au regard de l'article 40 de la Constitution.

Mais, en réalité, ainsi que le fait clairement apparaître la discussion parlementaire, les dispotions de l'article 28 tendent, malgré leur rédaction peu explicite, à faire supporter par le budget de l'Etat les pertes de recettes qui seront subies par telle ou telle collectivité locale, sans remettre en cause les gains éventuellement réalisés par d'autres collectivités locales et qui resteront définitivement acquis à ces dernières. Malgré le caractère globalement équilibré des aménagements fiscaux réalisés par l'article 27 de la loi, cette situation défavorable est de nature à se produire effectivement dans un certain nombre de cas, variable d'ailleurs d'une année à l'autre.

La couverture des déficits ainsi constatée devra être assurée, en application de l'article 28, et ne pourra l'être qu'aux moyens de fonds publics. L'insertion dudit article dans la loi aboutit donc inévitablement à mettre à la charge de l'Etat une obligation de dépense qui, sans cela, n'existerait pas. Il est incontestable, par conséquent, que cet article entraîne la création d'une charge publique au sens de l'article 40 de la Constitution.

IV. On pourrait, le cas échéant, tirer argument de ce que l'article 28 n'organise pas de façon positive les modalités de la compensation qu'il prévoit, pour affirmer que les dispositions dudit article sont dépourvues de force contraignante à l'égard de l'Etat.

Mais les travaux préparatoires de la loi ne laissent à ce sujet, ainsi qu'on l'a signalé, aucun doute sur l'intention contraire du Parlement. La jurisprudence reconnaissant une valeur supplétive à ces travaux préparatoires en cas d'obscurité des textes, les collectivités locales intéressées pourraient donc obtenir, au besoin par voie de recours devant la juridiction administrative, la prise en charge par l'Etat de la compensation des moins-values résultant de la mise en vigueur de la réforme.

De toute façon, en admettant même que l'article 28 soit dénué d'efficacité immédiate en droit positif, ses dispositions n'en seraient pas moins en contradiction, au moins indirecte, avec les prescriptions de l'article 40 de la Constitution. Elles devraient donc, semble-t-il, être censurées pour des motifs analogues à ceux développés dans les décisions des 17, 18, 24 et 25 juin 1959 par lesquelles le Conseil constitutionnel a exclu, lors de l'examen des règlements de l'Assemblée nationale et du Sénat, la possibilité de résolutions en dehors des matières relevant de la compétence exclusive des assemblées, sans s'arrêter au fait que lesdites résolutions n'auraient qu'une valeur indicative, notamment dans le domaine des finances publiques.

V. En conclusion, il est demandé au Conseil constitutionnel de statuer sur la conformité à la Constitution de l'article 28 de la loi portant réforme de l'enregistrement, du timbre et de la fiscalité immobilière.

Les dispositions de cet article ne mettent pas en cause l'économie générale du texte de loi voté par le Parlement et n'ont, en particulier, aucune répercussion juridique sur l'application des mesures fiscales prévues par l'article 27. Les dispositions dont s'agit ne sont donc pas inséparables de l'ensemble de la loi et, par suite, cette dernière pourrait, si tel est l'avis du Conseil constitutionnel, être promulguée sous la seule réserve de la disjonction de l'article 28 susmentionné.

DOCUMENT 61-505
Recours du Premier ministre contre la loi de finances pour 1965

Note sur l'article 71 de la loi de finances pour 1965.

I. Lors de la discussion en première lecture, devant l'Assemblée nationale, du projet de loi de finances pour 1965, un amendement d'origine parlementaire a proposé l'adjonction d'un article additionnel 67 bis tendant à modifier les attributions de la commission de vérification des comptes des entreprises publiques en ce qui concerne, d'une part la Banque de France et diverses banques nationalisées, et, d'autre part, les filiales des entreprises ou établissements publics. Cet article additionnel a été adopté par les députés au cours de la 3e séance du 9 novembre 1964 (*J.O. débats*, pages 5208-5209). Il a été adopté également en première lecture par les sénateurs au cours de la séance du 26 novembre 1964 (*J.O. débats*, page 2012).

Toutefois, devant l'une et l'autre assemblée, le Gouvernement a fait valoir que les dispositions de l'article 67 bis — devenu l'article 71 du texte définitif — revêtaient un caractère réglementaire et qu'il se réservait, de ce fait, le droit d'en saisir le Conseil constitutionnel.

C'est la raison pour laquelle le texte de la loi de finances est soumis, aujourd'hui, à l'examen du Conseil constitutionnel, en application de l'article 61 de la Constitution. Il convient de souligner que seul l'article 71 du texte voté par le Parlement est contesté par le Gouvernement : le Conseil constitutionnel, conformément à la position qu'il a prise antérieurement en pareille hypothèse, limitera donc son examen de conformité à la Constitution aux seules dispositions de cet article litigieux.

II. Le Gouvernement estime qu'aucune disposition de l'article 34 de la Constitution n'est susceptible de conférer un caractère législatif au texte de l'article 71 adopté par le Parlement.

Tout d'abord, il convient de remarquer que si la commission de vérification des comptes des entreprises publiques a été instituée par les articles 56 à 61 de la loi du 6 janvier 1948, la plupart des dispositions de cette loi ont été modifiées ultérieurement par des décrets pris soit en vertu de la loi du 17 août 1948 — dont on sait qu'elle plaçait dans le domaine réglementaire l'organisation et le contrôle des entreprises et établissements publics de l'Etat — soit en vertu de l'article 37 de la Constitution du 4 octobre 1958.

On citera, à cet égard, le décret du 12 août 1950, modifiant les articles 56 et 57 de la loi précitée du 6 janvier 1948, le décret du 24 mai 1958 modifiant à nouveau l'article 56 et le décret du 19 mars 1962, modifiant les articles 58 et 61.

En ce qui concerne la loi du 27 mai 1950, dont l'article 34 définit les rôles respectifs de la commission de contrôle des banques et de la commission de vérification des comptes, on notera de même que certains aménagements lui ont été apportés par les décrets des 29 mai 1959, 9 avril 1962 et 21 août 1963, pris en vertu de l'article 37 de la Constitution.

III. En réalité, le contrôle économique et financier exercé sur les établissements et entreprises publics tant par la commission de vérification des comptes que par la commission de contrôle des banques, entre, par son objet, au nombre des mesures d'organisation administrative qu'il appartient au Gouvernement de prendre, en vue d'assurer la bonne marche des services publics dont il est responsable. On remarquera, à cet égard, que les attributions conférées par les textes précités auxdites commissions n'ont pas un caractère juridictionnel : leur modification ne met donc pas en cause les règles de création d'un ordre de juridiction.

Le fondement de la compétence réglementaire, en la matière, rejoint le principe de la séparation des pouvoirs affirmé par la loi du 3 juin 1958 en vertu de laquelle a été élaborée la Constitution du 4 octobre 1958. C'est en vertu de ce principe notamment qu'ont été abrogés l'article 70 de la loi modifiée du 21 mars 1947 et l'article 23 de la loi du 3 avril 1955 qui prévoyaient certaines modalités de contrôle parlementaire sur l'activité des entreprises publiques.

Un autre fondement de la compétence réglementaire peut également être invoqué, en toute hypothèse : il s'agit de la jurisprudence du Conseil constitutionnel lui-même rappelée en dernier lieu dans la décision du 17 mars 1964 relative à l'organisation des entreprises bancaires, et selon laquelle les règles ou principes visés à l'article 34 de la Constitution doivent être appréciées compte tenu des limites de portée générale tracées par la législation antérieure.

IV. Au demeurant, aucune rubrique de l'article 34 ne semble pouvoir fournir un fondement valable à l'intervention du législateur dans la matière traitée par l'article 71 de la loi de finances pour 1965.

a. « Les règles concernant les nationalisations d'entreprises et les transferts de propriétés d'entreprises du secteur public au secteur privé » ne s'appliquent, ainsi que cela ressort du rapprochement entre les deux termes de la phrase, qu'aux opérations de transfert du secteur privé au secteur public et vice-versa, et non aux conditions de fonctionnement des entreprises transférées au secteur public, pour lesquelles le pouvoir réglementaire doit exercer sans restriction les responsabilités qui lui sont propres.

b. « Les règles concernant la création de catégories d'établissements publics » ne peuvent davantage être invoquées pour justifier la compétence du Parlement. En effet, le texte de l'article 71 de la loi de finances pour 1965 ne tend nullement à créer de nouvelles catégories d'établissements publics, ni même à modifier les règles constitutives de certaines catégories existantes.

D'une part, la fixation de règles de portée générale, applicables à l'ensemble des établissements publics de l'Etat, ne peut s'analyser comme autant de modifications apportées aux règles de création des diverses catégories composant cet ensemble lorsqu'il s'agit, comme en l'espèce, d'édicter des mesures de contrôle relevant par leur nature du pouvoir d'organisation des services publics dévolu au Gouvernement.

D'autre part, en tant que l'article 71-1 vise la Banque de France et l'Institut d'émission des DOM, on ne peut affirmer qu'il modifie les règles constitutives de cette catégorie particulière d'établissements publics. On doit relever, sur ce point, que le texte récemment adopté par le Parlement n'innove pas à proprement parler puisque l'article 34 de la loi du 27 mai 1950, modifié notamment par le décret précité du 9 avril 1962, prévoit déjà l'intervention de la commission de vérification des comptes à l'égard de la Banque de France et de l'Institut d'émission des DOM : en effet, si la commission de contrôle des banques est pour ces établissements, substituée à l'une des sections de la commission de vérification, elle n'exclut nullement la compétence de ladite commission dont le rapport d'ensemble englobe l'activité des établissements relevant de la commission de contrôle des banques.

Ainsi, en toute hypothèse, l'article 71 de la loi de finances pour 1965 se présente comme l'aménagement d'un système de contrôle existant et non comme la définition d'un système de contrôle entièrement nouveau.

c. On écartera également du débat « les règles concernant le régime d'émission de la monnaie ». Il paraît évident que les règles contenues dans l'article 71 de la loi de finances pour 1965 n'ont ni pour objet, ni pour effet de modifier les règles d'émission de la monnaie par la Banque de France ou par l'Institut d'émission des DOM, mais se bornent à remanier les conditions dans lesquelles s'exerce un contrôle, de caractère d'ailleurs purement consultatif, sur le fonctionnement administratif des deux établissements.

d. Enfin, il paraît exclu de faire référence à la rubrique des « garanties fondamentales accordées aux citoyens pour l'exercice des libertés publiques » en tant que l'article 71 vise, d'une part, les banques nationalisées et, d'autre part, certaines filiales d'établissements publics ou sociétés d'économie mixte.

En effet, le principe de la liberté du commerce et de l'industrie ne saurait être invoqué au bénéfice de ces organismes, même si leur fonctionnement relève, en majeure partie, des normes du droit privé.

Il est permis de citer, à l'appui de cette opinion, la jurisprudence du Conseil constitutionnel lui-même (notamment, décision précitée du 17 mars 1964, relative au Crédit mutuel) et celle du Conseil d'Etat, qui écarte expressément l'application du principe à l'égard des professions réglementées (notamment, 21.11.1958, Syndicat national des transporteurs aériens, Assemblée, page 578).

On peut faire valoir, en outre, la circonstance que l'article 8 du décret 53 707 du 9 août 1953, pris en vertu de la loi du 17 août 1948, a d'ores et déjà posé le principe de l'extension de compétence de la commission de vérification des comptes aux filiales des sociétés nationales et établissements publics. Il serait vraiment paradoxal que sous l'empire de la Constitution de 1958, qui n'a certainement pas entendu réduire le domaine de compétence du pouvoir réglementaire, un texte de loi soit nécessaire pour aménager la règle posée dès 1953, par décret.

V. Ainsi, l'article 34 de la Constitution ne fournit, en aucune façon, la justification du caractère législatif de l'article 71 de la loi de finances pour 1965. Il reste alors à examiner un dernier argument, tiré de l'interprétation des dispositions de l'ordonnance 59.2 du 2 janvier 1959 portant loi organique relative aux lois de finances.

L'article 42 de cette loi organique prévoit en effet que « aucun article additionnel, aucun amendement à un projet de loi de finances ne peut être présenté, sauf s'il tend à supprimer ou à réduire effectivement une dépense à créer ou à accroître une recette ou à assurer le contrôle des dépenses publiques ».

Mais les dispositions de cet article, qui a été cité à la tribune de l'Assemblée nationale, doivent être rapprochées de celles de l'article 1er de la même loi organique dont elles se bornent à tirer les conséquences. Or, l'article 1er prévoit que « les dispositions législatives destinées à organiser l'information et le contrôle du Parlement sur la gestion des finances publiques... sont contenues dans les lois de finances ».

On soulignera, d'une part, que ce texte ne vise que les « dispositions législatives... » : par conséquent, il exclut a contrario les dispositions qui n'auraient pas ce caractère et qui empiéteraient sur le domaine réglementaire, eu égard tant au principe de la séparation des pouvoirs qu'au contenu des articles 34 et 37 de la Constitution.

On doit remarquer, d'autre part, que le texte précité parle « du contrôle... sur la gestion des finances publiques ». Or, cette expression qui éclaire le sens de l'article 42 a une portée bien définie : elle vise le contrôle de l'exécution du budget de l'Etat qui doit garantir, dans le respect des règles posées par la loi organique elle-même ; la conformité des opérations de dépenses effectuées par l'administration avec les crédits alloués par le Parlement, conformité constatée et sanctionnée ultérieurement par le vote de la loi de règlement.

L'organisation du contrôle administratif, économique et financier exercé, au nom de l'Etat, sur les entreprises ou établissements publics dont le budget — quand il existe — n'est pas voté par le Parlement, ne saurait être englobée dans les « dispositions législatives » prévues par l'article 1er de l'ordonnance du 2 janvier 1959 et « destinée à organiser l'information et le contrôle du Parlement sur la gestion des finances publiques ».

Il convient de noter, de toute façon, que si l'article 58, alinéa trois de la loi du 6 janvier 1948 prévoit que le rapport de la commission de vérification des comptes des entreprises publiques est transmis, entre autres autorités, au Parlement, la règle ainsi posée n'est nullement touchée par l'article 71 de la loi de finances pour 1965. En admettant que cette disposition, à la différence du reste des articles 56 à 61 de la loi du 6 janvier 1946, ait un caractère législatif, cette circonstance ne saurait être de nature à rendre législative les règles de fonctionnement de la commission, ni les conditions d'établissement de son rapport.

VI. On ara remarquer, en dernier lieu, que si la décision du Conseil constitutionnel en date du 19 mars 1964, relative à la RTF a reconnu un caractère législatif à la première phrase de l'article 11 de l'ordonnance du 4 février 1959 concernant le contrôle financier exercé sur cet établissement, il ressort nettement des motifs de ladite décision que cette solution présente un caractère exceptionnel dû au champ d'activité spécifique de la RTF et à ses incidences sur les garanties fondamentales des libertés publiques, dont la communication des idées et des informations est un aspect majeur.

**

VII. Sous le bénéfice des observations qui précèdent, le Gouvernement sollicite la déclaration par le Conseil constitutionnel, du caractère réglementaire des dispositions de l'article 71 de la loi de finances pour 1965.

DOCUMENT 61-506

Recours du Premier ministre contre la loi relative aux évaluations servant de base à certains impôts locaux directs

Note concernant l'article 22 de la loi relative aux évaluations servant de base à certains impôts locaux directs

I. La loi relative aux évaluations servant de base à certains impôts locaux directs récemment adoptée par le Parlement et transmise au Gouvernement aux fins de promulgation le 22 décembre 1967, comporte un article 22 (1) ainsi conçu :

« Aucune mesure d'ordre réglementaire ne pourra entraîner une réduction des ressources fiscales des collectivités locales ».

Cette disposition résulte de l'adoption par l'Assemblée nationale (2) puis par le Sénat (3) d'un amendement présenté par MM. Wagner, Poirier, d'Ornano, Pic, W. Lhuillier et Levol, députés.

Le dépôt de cet amendement a été motivé par le souci affirmé par ses auteurs, de faire en sorte qu'à l'avenir le Gouvernement ne puisse user des pouvoirs qu'il tient de l'article 1452 du code général des impôts pour décider, « au détriment » des collectivités locales et sans compensation pour celles-ci, des réductions du tarif des patentes de la nature de celle accordée par le décret n° 66-930 du 7 décembre 1966 aux industries exécutant des opérations de recherche scientifique ou technique.

En réalité, la rédaction de l'article 22 confère à celui-ci un champ d'application qui déborde très largement la matière du tarif des patentes.

Il est conçu en effet dans les termes d'une généralité telle qu'il doit être regardé comme de nature à s'appliquer en toutes matières, fiscales ou non, chaque fois que la décision à intervenir est susceptible, directement ou indirectement, d'« entraîner une réduction des ressources fiscales des collectivités locales ».

Le texte dont il s'agit qui, ainsi qu'il va être exposé, présenterait de graves inconvénients pratiques s'il devait être mis en application, n'apparaît

---

(1) Cet article a été discuté au Parlement sous le n° 46-B.
(2) 2e séance du 22 novembre 1967 (J.O. Ass. Nat. Débats p. 5179).
(3) Séance du 16 décembre 1967 (J.O. Sénat Débats p. 2326).

pas conforme aux dispositions des articles 34 et 37 de la Constitution.

II. L'article 22 présenterait de graves inconvénients pratiques s'il devait être mis en application.

1. Il aurait pour effet, en une même matière, et suivant que la décision à prendre serait ou non de nature à entraîner une réduction des ressources fiscales des collectivités locales, d'attribuer compétence pour prendre cette décision tantôt au législateur tantôt au Gouvernement.

2. Les critères de ce partage d'attribution ne sont pas clairement définis par le texte, ce qui ne manquerait de soulever de difficiles problèmes de frontière et par suite de donner naissance à un contentieux très délicat.

a. Une première difficulté viendrait de ce qu'il serait malaisé, et notamment dans des matières non fiscales, de déterminer avec certitude si, directement ou indirectement, une mesure est de nature à affecter le montant des ressources fiscales des collectivités locales, et dans quel sens.

b. Une seconde difficulté résulterait du caractère imprécis de la notion de « réduction des ressources fiscales des collectivités locales ». Il apparaît en effet que cette notion est susceptible de multiples interprétations dont aucune n'est commandée par le texte.

— Dans *une première interprétation*, l'article 22 ne serait applicable que lorsque la décision à prendre serait de nature à entraîner une réduction de la masse globale des ressources fiscales de l'ensemble des collectivités locales françaises.

— A cette première interprétation, on peut en préférer une *seconde*, plus large que la précédente et selon laquelle il y aurait lieu de tenir compte séparément des répercussions de la mesure envisagée sur les ressources fiscales de l'ensemble des collectivités locales appartenant à une même catégorie ; départements, d'une part, communes, d'autre part. Il suffirait alors que la mesure réduise la masse globale des recettes fiscales des départements, même sans affecter celles des communes, ou vice-versa, pour que l'article 22 interdise au pouvoir réglementaire de prendre ladite mesure.

— *Une troisième interprétation*, encore plus extensive que la seconde évoquée ci-dessus, consisterait à affirmer l'applicabilité de l'article 22 chaque fois qu'une décision est de nature à diminuer les recettes fiscales d'une ou plusieurs collectivités locales, même si elle n'entraîne aucune réduction de la masse totale des recettes de l'ensemble de ces collectivités ou de la catégorie de collectivité considérée — ce qui pourrait se produire dans le cas où la décision comporterait ou entraînerait à la fois des augmentations et des réductions de tarifs et où ces augmentations et ces réductions se compenseraient globalement.

Ainsi un décret modifiant le tarif des patentes en application de l'article 1452 du code général des impôts peut comporter des réductions « au détriment » de certaines collectivités locales (celles dans lesquelles sont exercées dans une proportion importante des activités dont l'imposition est allégée) et des augmentations au bénéfice d'autres collectivités (celles dans lesquelles sont exercées dans une proportion importante des activités frappées d'une imposition accrue) et produire au total une augmentation globale ou moyenne des recettes fiscales de toutes les collectivités intéressées.

Dans le cadre de cette interprétation, un tel décret deviendrait illégal au regard de l'article 22 de la loi, dans la mesure où, pour une collectivité déterminée, le jeu des réductions et augmentations de tarifs envisagés aboutirait finalement à une diminution, du rendement de l'impôt ou des impôts considérés.

L'adoption de cette interprétation aboutirait sans aucun doute à paralyser l'exercice du pouvoir réglementaire, car elle impliquerait une appréciation des conséquences de la mesure à prendre, collectivité par collectivité, ce qui serait matériellement impossible ou presque. Et pourtant l'article 22 n'exclut pas a priori une telle interprétation.

— On peut enfin se demander si le texte n'autorise pas une *quatrième interprétation*, qui serait la plus extensive, et selon laquelle il y aurait lieu, dans le cas d'une décision complexe, comportant ou entraînant à la fois des augmentations et des réductions de taux d'imposition, de ne pas tenir compte, pour une collectivité déterminée, de l'éventuelle compensation résultant du jeu combiné des augmentations et de ces réductions, c'est-à-dire d'admettre que l'article 22 est applicable à toute réduction, indépendamment des plus values fiscales susceptibles de résulter par ailleurs de la mesure envisagée.

Cette interprétation ne paraît pas non plus exclue par la rédaction de l'article 22 ; il semblerait même qu'elle ait été esquissée par les auteurs de l'article, lorsque ceux-ci ont reproché au décret du 7 décembre 1966 modifiant le tarif des patentes, non point d'entraîner, par l'ensemble de ses dispositions, une perte de recettes pour certaines collectivités locales, mais de défavoriser celles qui seraient concernées par la réduction particulière de tarif prévue par ce décret au bénéfice des entreprises qui se livrent à des opérations de recherche scientifique ou technique.

3. La mise en application de l'article 22 aurait souvent pour conséquence, quelle que soit celle des interprétations possibles du texte qui serait retenue, d'obliger le législateur à statuer sur des matières qui se prêtent difficilement à la discussion parlementaire et d'apporter des retards dommageables à l'adoption de mesures qui, pour efficaces, doivent être prises sans délai.

Il en serait ainsi par exemple dans la matière des patentes, dont les tarifs ne peuvent être fixés qu'au terme d'un « travail minutieux nécessitant des enquêtes détaillées sur le rendement et les conditions d'exercice des différentes professions » (4) et doivent être constamment et rapidement adaptés aux variations de ces conditions.

Ce travail délicat ne peut être mené à bien que par le maintien du régime actuellement en vigueur (décret en Conseil d'Etat pris après avis d'une commission comportant des représentants de l'administration et des délégués des collectivités locales et des organisations professionnelles), qui répond à des exigences de réalisme et de rapidité.

III. Au regard des articles 34 et 37 de la Constitution, l'article 22 de la loi déférée au Conseil constitutionnel peut, du moins en apparence, être interprété de deux façons différentes.

— Ou bien cet article en interdisant au pouvoir réglementaire de prendre aucune mesure susceptible

---

(4) Déclaration de M. Boulin devant le Sénat (*Loc. cité*).

d'entraîner une réduction des ressources fiscales des collectivités locales, signifie seulement que le Gouvernement ne pourra diminuer ni l'assiette ni le taux des impositions perçues au profit de ces collectivités. Dans le cas le texte serait inopérant, car il se bornerait à paraphraser les dispositions de l'article 34 de la Constitution selon lesquelles il n'appartient qu'au législateur de fixer les « règles concernant l'assiette, le taux et les modalités de recouvrement des impositions de toute nature ».

— Ou bien l'article 22 — et telle paraît bien être sa véritable portée telle qu'elle résulte de sa rédaction même et de l'intention de ses auteurs — a pour effet, dans l'hypothèse qu'il vise, de transférer au pouvoir législatif le soin de prendre des décisions dans des matières qui relèvent normalement du domaine du pouvoir réglementaire.

Dans ce cas le texte n'est pas conforme à la Constitution car le Parlement ne peut apporter aucune restriction à l'exercice, par le Gouvernement, du pouvoir réglementaire autonome dont celui-ci dispose dans les matières définies par l'article 37.

Cette règle ne souffre aucune exception, même lorsqu'une mesure relevant du domaine du pouvoir réglementaire autonome du Gouvernement est susceptible d'avoir des répercussions indirectes sur l'application de dispositions de nature législative.

Le Conseil constitutionnel a lui-même adopté cette interprétation dans des espèces qui présentent une grande analogie avec le cas qui lui est aujourd'hui soumis.

C'est ainsi qu'à plusieurs reprises (décisions des 5 mai 1961, 17 mars 1964, 2 juillet 1965, 27 février 1967), il a affirmé que la circonstance que la méconnaissance de certains textes serait punie de peines correctionnelles (dont l'édiction relève de la compétence du législateur) n'était pas susceptible de faire obstacle à la modification de ces textes par décret, dès lors que par nature lesdits textes ont un caractère réglementaire.

Sur le fondement de cette jurisprudence il est permis de soutenir, *mutatis mutandis*, que la circonstance qu'une mesure d'ordre réglementaire serait susceptible d'avoir une influence indirecte sur l'application d'une disposition fiscale, n'est pas de nature à faire entrer cette mesure dans le domaine de la loi.

Quelques exemples montreront à quels effets contraires à l'article 37 de la Constitution, tel que l'interprète le Conseil constitutionnel lui-même, aboutirait l'adoption de la règle inverse, sous-jacente dans l'article de loi soumis à l'examen du Conseil.

1. Le taux, fixé par la loi, de certaines impositions locales varie suivant l'importance de la population des collectivités au profit desquelles ces impositions sont perçues.

C'est le cas par exemple du droit annuel de licence que doivent payer aux communes les débitants de boissons (code général des impôts, art. 1568). Ce droit fiscal est perçu à des taux différents selon que la commune compte 1 000 habitants ou moins, entre 1 001 et 10 000 habitants, entre 10 001 et 50 000 habitants, ou plus de 50 000 habitants. Dans sa décision du 27 février 1967, le Conseil constitutionnel a affirmé le caractère réglementaire de diverses dispositions du code des débits de boissons et des mesures contre l'alcoolisme relatives au transfert des débits, et notamment des articles L. 36 (1er et 3e alinéas) et L. 39 de ce code.

En application de cette décision ont été pris deux textes réglementaires dont l'un (décret n° 67-817 du 23 septembre 1967) assouplit les conditions de transfert des débits de 4e catégorie destinés à être exploités dans certains hôtels de tourisme, l'autre (décret n° 67-819 du 23 septembre 1967) a autorisé, à titre exceptionnel, le transfert sur le marché d'intérêt national de la région parisienne à Rungis, d'un certain nombre de débits actuellement exploités dans le quartier des Halles centrales de Paris.

En supposant que la disposition soumise à l'examen du Conseil constitutionnel ait été en vigueur à la date à laquelle ont été pris ces deux textes réglementaires, ceux-ci n'auraient pu être adoptés, car les opérations qu'ils autorisent sont susceptibles d'entraîner un moindre rendement de droit annuel de licence perçu au profit des communes en vertu de l'article 1568 du code général des impôts, dans la mesure où certains débits seraient transférés dans des localités à population plus faible que celle des localités dans lesquelles ils étaient précédemment exploités.

2. On pourrait également démontrer que la mise en vigueur de l'article 22 de la loi déférée au Conseil constitutionnel s'opposerait soit à l'institution de nouvelles « zones de protection » du type de celles qui résultent de l'article L. 49 du code des débits de boissons, soit à l'élargissement des zones de protection prévues par cet article, alors que, par sa décision du 27 février 1967, le Conseil constitutionnel a déclaré que de telles mesures sont de nature réglementaire. Ces mesures auraient en effet pour conséquence soit d'empêcher la création de nouveaux débits soit d'entraîner la fermeture de débits existants (article L. 49 - 1 du code précité) et donc de diminuer les recettes fiscales procurées aux communes par la perception du droit annuel de licence.

3. Enfin l'existence d'un lien entre le taux de certaines impositions perçues au profit des collectivités locales (droit annuel de licence, précité ; impôt sur les spectacles de 5e catégorie : appareils automatiques, code général des impôts, article 1560) et l'importance de la population de ces collectivités, interdirait au Gouvernement (5) d'authentifier les résultats des recensements périodiques de la population — opération qui sans nul doute relève du domaine réglementaire — dans la mesure où la constatation d'une diminution de la population légale de certaines collectivités territoriales aboutirait à une réduction du taux des impôts et taxes ci-dessus mentionnées !

IV. L'article 22 apparaît, à un autre titre encore, contraire à la Constitution. Dans la mesure, en effet, où il entend transférer au pouvoir législatif le soin d'arrêter toutes mesures susceptibles d'entraîner « une réduction des ressources fiscales des collectivités locales », il enjoint implicitement au Gouvernement de soumettre au Parlement les projets de loi correspondants.

Or le Conseil constitutionnel (décision du 21 décembre 1966) a déclaré qu'une telle injonction « ne trouve de base juridique ni dans l'article 34 ni

---

(5) Du moins dans certaines des interprétations possibles de l'article 22 de la loi soumise à l'examen du Conseil constitutionnel (v. plus haut).

dans aucune des autres dispositions de la Constitution portant définition du domaine de la loi ».

V. L'article 22 de la loi déférée au Conseil constitutionnel pourrait être considéré comme non contraire à la Constitution, en tant qu'il a pour effet de retirer au Gouvernement une partie des délégations qui lui ont été accordées par la loi en matière fiscale et notamment par l'article 1452 du code général des impôts (anciennement article 6 du décret n° 55.468 du 30 avril 1955) en ce qui concerne l'établissement du tarif des patentes.

En revanche, le même article 22, ainsi qu'il ressort des explications données et des quelques exemples cités au paragraphe III de la présente note, n'est pas conforme à la Constitution, en tant qu'il aurait pour conséquence de faire partiellement obstacle dans des matières autres que fiscales à l'exercice par le Gouvernement du pouvoir réglementaire autonome que lui attribue l'article 37 de la Constitution.

Dans la rédaction qui lui a été donnée par ses auteurs, l'article 22 forme un ensemble indivisible à l'intérieur duquel il serait impossible de faire le départ entre des dispositions conformes et des dispositions non-conformes à la Constitution sans modifier la loi votée par le législateur. Or l'article 10 de la Constitution exige que la loi promulguée le soit dans le texte libéral transmis par le Parlement au Gouvernement.

Dans ces conditions, il est demandé au Conseil constitutionnel de déclarer le défaut de conformité à la Constitution de la totalité de la disposition législative soumise à son examen.

Il apparaît en revanche que cette disposition ne met pas en cause l'économie générale de la loi dans laquelle elle est insérée. La disposition dont il s'agit n'est en conséquence pas inséparable de l'ensemble de ladite loi. Par suite, cette dernière pourrait, si tel est l'avis du Conseil constitutionnel, être promulguée sous la seule réserve de la disjonction de son article 22.

DOCUMENT 61-507

Recours du Premier ministre contre la loi des finances rectificative pour 1970

Note sur les dispositions soumises au Conseil constitutionnel de l'article 6-1 de la loi de finances rectificative pour 1970

Lors du débat sur la loi de finances rectificative pour 1970, le Parlement a eu à décider de la création d'une Agence nationale pour l'amélioration de l'habitat destinée à remplacer le Fonds national d'amélioration de l'habitat. Un désaccord étant sur ce point survenu entre les deux assemblées, il appartient à la commission mixte paritaire, saisie par le Gouvernement, de rechercher un terrain d'entente. La commission mixte élabora un texte qui fut, conformément aux dispositions de l'article 45 de la Constitution, proposé aux délibérations successives des deux assemblées et accepté par celles-ci ; ce texte qui constitue l'article 6 comporte, selon l'opinion du Gouvernement, des dispositions contraires à la Constitution.

On rappellera, tout d'abord le texte de l'article 6.1.

« Le Fonds national d'amélioration de l'habitat est remplacé par une Agence nationale pour l'amélioration de l'habitat dont les conditions de gestion et de fonctionnement seront fixées, après consultation de la commission des finances de chacune des deux assemblées, par un règlement d'administration publique ».

Les dispositions que le Gouvernement défère pour inconstitutionnalité à la censure du Conseil constitutionnel concernent la consultation de la commission des finances de chacune des deux assemblées.

La présente note établira les raisons qui ont conduit le Gouvernement à estimer que de telles dispositions sont contraires à la Constitution.

I. Il ne paraît tout d'abord pas inutile de préciser la portée exacte de l'article 6, de la loi de finances rectificative pour 1970.

A. On notera que conformément à un usage hérité de pratiques anciennes, l'article 6 prévoit que le texte réglementaire qui précisera les conditions de gestion et de fonctionnement de l'Agence nationale pour l'amélioration de l'habitat revêtira la forme d'un règlement d'administration publique.

Sous l'empire des Constitutions précédentes, on pouvait considérer que le règlement d'administration publique constituait une catégorie particulière d'acte du pouvoir réglementaire. Une telle conception résultait à la fois de considérations de fond et de règles de procédure.

Quant au fond, on pouvait estimer, en effet, que le règlement d'administration publique était en fait une délégation que le pouvoir législatif donnait au pouvoir réglementaire pour prendre en ses lieux et places des dispositions qu'il n'avait pas cru nécessaire d'insérer lui-même dans la loi. Sur ce point précis, on notera qu'une telle conception n'est plus compatible avec les principes généraux de la Constitution de 1958. En effet, la délégation, si elle se produit, doit normalement s'effectuer selon les procédures de l'article 38 et aboutir à l'intervention d'ordonnances. Le règlement d'administration publique ne peut donc plus constituer une catégorie particulière d'acte du pouvoir réglementaire. Il n'est, en fait, qu'une des modalités habituelles de l'exercice de ce pouvoir lorsque le Gouvernement, en application de l'article 21 de la Constitution, prend les textes propres à assurer l'exécution des lois.

Si l'on se réfère de plus aux procédures qui régissent l'examen des textes réglementaires devant le Conseil d'Etat, on s'aperçoit que, jusqu'à l'intervention des décrets du 30 juillet 1963, cette procédure était différente suivant qu'il s'agissait d'un règlement d'administration publique ou d'un décret en Conseil d'Etat. Le règlement d'administration publique devait être obligatoirement soumis à l'examen successif de la section compétente et de l'Assemblée générale du Conseil d'Etat. Le décret en Conseil d'Etat était caractérisé par un examen au niveau de la Section. Désormais cette distinction a perdu une partie de sa portée, le vice-président du Conseil d'Etat pouvant décider que l'Assemblée générale ne sera pas saisie d'un texte qualifié de règlement d'administration publique alors qu'au contraire, un décret en Conseil d'Etat pourra être soumis à l'examen de l'assemblée générale. L'ensemble de ces considérations établissent qu'il n'y a plus de distinction juridique autre que de vocabulaire entre le règlement d'administration publique et le décret. Le Conseil d'Etat a d'ailleurs, à maintes reprises, formulé le souhait que l'on renonce à l'usage du terme règlement d'administration publique. Chaque fois que l'occasion lui en est donnée, il signale au Gouvernement l'opportunité de remplacer ce terme par celui de décret en Conseil d'Etat qui lui paraît seul conforme à la réalité juridique, découlant de la Constitution de 1958.

Des considérations qui précédent, il résulte que le renvoi opéré par l'article 6-1 de la loi de finances rectificative se borne à prévoir la modalité particulière selon laquelle le Premier ministre fera usage, en l'espèce, du pouvoir réglementaire normal que l'article 21 de la Constitution lui confie.

B. Les mesures qu'il sera appelé à prendre par règlement d'administration publique pour déterminer les conditions de gestion et de fonctionnement de l'Agence nationale pour l'amélioration de l'habitat relèvent entièrement du domaine de ce pouvoir réglementaire normal et n'empiéteront en rien sur le domaine de la loi.

On notera, en premier lieu à cet égard, que les mesures dont il s'agit ne concerneront pas les ressources de l'agence. Ces dernières sont en effet définies par l'article 6-III de la loi, lequel attribue notamment à l'agence le produit de la taxe additionnelle au droit de bail prévu par l'article 685.I du code général des impôts, taxe substituée à l'ancien prélèvement sur les loyers.

Ce point essentiel est donc réglé par la loi elle-même comme d'ailleurs les règles relatives à l'exigibilité à l'assiette, la liquidation, le recouvrement de la taxe, ainsi que celles qui concernent son contrôle, les pénalités, les garanties, restitutions et prescriptions (article 6-II, avant-dernier alinéa).

C'est également la loi (article 291 du code de l'urbanisme, non modifié) qui fixe l'objet de l'activité de l'agence (« faciliter l'exécution de travaux de réparation, d'assainissement et d'amélioration des immeubles à l'usage d'habitation »).

Les mesures prévues par l'article 6-I ne porteront donc que sur des points limités, essentiellement les modalités de la gestion et du fonctionnement administratif de l'agence (composition et pouvoirs des organes de direction, tenue des comptes, procédure d'octroi des subventions...).

De telles dispositions relèvent sans conteste du pouvoir réglementaire.

On notera d'abord que la loi ne confère ni la personnalité juridique ni l'autonomie financière à l'Agence. Celle-ci ne peut donc être regardée comme un établissement public. Dès lors, les dispositions de l'article 34 qui réservent à la loi le soucis de fixer les règles concernant la création de catégorie d'établissements publics sont, en l'espèce sans application. En outre, il ne paraît possible de rattacher à aucune disposition de l'article 34, les mesures dont l'article 6-I de la loi de finances rectificative prévoit l'adoption par règlement d'administration publique.

En second lieu on rappellera que le Fonds national d'amélioration de l'habitat n'avait pas non plus le caractère d'un établissement public (Cf. en ce sens les indications très claires de l'exposé des motifs de l'ordonnance n° 45-2532 du 26 octobre 1945). On observera aussi que l'article 292 (2ᵉ alinéa) du code de l'urbanisme renvoyait déjà un règlement d'administration publique le soin de prendre les mêmes mesures que désormais l'article 6-1 (« modalités de gestion et de fonctionnement du Fonds national d'amélioration de l'habitat »).

Dès lors le futur règlement d'administration publique prévu par l'article 6-I contiendra des mesures analogues à celles qui figurent dans les textes d'application de l'article 292 du code de l'urbanisme (décret du 26 octobre 1945 modifié, *J.O.* 27 octobre).

Le caractère réglementaire de ces dernières mesures n'a jamais été mis en doute depuis l'entrée en vigueur de la Constitution de 1958. Elles ont été, en effet, modifiées sur avis favorable du Conseil d'Etat, par les décrets n° 59-1413 du 10 décembre 1959 (*J.O.* 16 décembre) et n° 62-1247 du 20 octobre 1962 (*J.O.* 26 octobre).

En tant qu'elles se bornent à renvoyer à un règlement d'administration publique le soin de fixer les conditions de gestion et de fonctionnement de l'Agence nationale pour l'amélioration de l'habitat, les dispositions de l'article 6-1 de la loi de finances rectificative n'apparaissent donc pas criticables — et ne sont d'ailleurs pas contestées devant le Conseil constitutionnel — au regard de la Constitution.

II. La disposition qui fait obligation au Gouvernement de procéder à la consultation des commissions des finances des Assemblées avant de prendre le règlement nécessaire au fonctionnement et à la gestion de l'Agence nationale pour l'amélioration de l'habitat est contraire au principe de séparation des pouvoirs qui constitue l'un des fondements de notre droit constitutionnel.

A. Sans doute, pourra-t-on noter que le terme même de séparation des pouvoirs n'est pas utilisé dans le texte de la Constitution du 4 octobre 1958. Cependant, si l'on se réfère à la loi constitutionnelle du 3 juin 1958 qui énumère les principes que le Gouvernement devait respecter en établissant le texte de la Constitution nouvelle, on constate que l'un de ces principes concernait les relations entre le « pouvoir exécutif et le pouvoir législatif ». Ceux-ci devaient « être effectivement séparés de façon que le Gouvernement et le Parlement assument chacun pour sa part et sous sa responsabilité la plénitude de leurs attributions ».

Lorsqu'il présenta le projet de Constitution au comité consultatif constitutionnel, le général de Gaulle, alors Président du Conseil, devait d'ailleurs déclarer que le projet soumis au comité était conforme aux « règles qui ont été instituées ... par la loi du 3 juin 1958 » et notamment au « fait que les pouvoirs publics doivent être séparés » (1).

B. La séparation des pouvoirs constitue ainsi un véritable principe général de notre droit constitutionnel sans lequel de nombreuses dispositions précises de la Constitution ne sauraient s'expliquer. Au premier rang de ces dispositions figure l'idée même de compétences propres attribuées aux organes publics. A la règle suivant laquelle le Parlement

(1) Avis et débats du comité consultatif constitutionnel, séance du mardi 29 juillet 1958, page 35.

vote la loi (article 34) correspond la mission impartie (article 21) au Premier ministre « d'assurer l'exécution des lois » et « d'exercer le pouvoir réglementaire ». Si, en dehors des procédures fixées par la Constitution elle-même, le Gouvernement et le Parlement pouvaient intervenir dans leurs domaines respectifs, il n'y aurait évidemment plus de séparation des pouvoirs effective. On note enfin que certaines dispositions permettent au Gouvernement de suivre et de conduire le déroulement de la procédure législative, mais que, par contre la Constitution ne prévoit, aucune modalité permettant au Parlement de jouer un rôle dans l'exercice du pouvoir réglementaire. Or, l'article 6,1 de la loi de finances rectificative pour 1970 en subordonnant l'intervention d'un règlement à la consultation des commissions a bien pour effet, en violation du principe de séparation des pouvoirs, de permettre l'intervention des Assemblées dans un domaine ne relevant pas de leurs compétences constitutionnelles (2).

Le Conseil constitutionnel d'ailleurs a déjà eu l'occasion de constater l'inconstitutionnalité de telles interventions. On peut déduire de ses décisions en date des 17, 18 et 24 juin 1959 concernant le règlement de l'Assemblée nationale et des 24 et 25 juin 1959 concernant le règlement du Sénat, qu'il a entendu écarter de ces règlements toute disposition qui pourrait « porter atteinte au pouvoir réglementaire du Gouvernement ».

C. On notera enfin que le fait qu'une disposition, dont il est absolument certain qu'elle constitue une des bases essentielles de notre droit constitutionnel, ne figure pas de manière précise dans le texte de la Constitution, ne prive pas le Gouvernement du droit de l'invoquer pour affirmer l'inconstitutionnalité d'une disposition législative et en demander la censure au Conseil constitutionnel. La séparation des pouvoirs constitue un véritable principe général d'ordre constitutionnel normalement applicable et qui peut donc être invoqué, lorsque l'une des autorités compétentes fait usage des procédures prévues à l'article 61 de la Constitution, de la même manière que les principes généraux du droit peuvent être invoqués à l'appui d'un recours devant le Conseil d'Etat statuant au contentieux. D'ailleurs dans sa décision du 26 juin 1969, le Conseil constitutionnel a explicitement confirmé l'existence de tels principes généraux et en a tiré des conséquences juridiques importantes.

III. Au surplus, la disposition figurant dans l'article 6-1 contrevient directement à un certain nombre de règles précises de la Constitution concernant les compétences des pouvoirs publics. Un principe fondamental d'interprétation constitutionnelle paraît devoir être, à cette occasion, rappelé. Un organe public, disposant de prérogatives que la Constitution lui accorde ne saurait sans violer la Constitution, ajouter de lui-même à ses propres prérogatives. Ce principe a d'ailleurs été explicitement reconnu à maintes reprises par le Conseil constitutionnel. Il a ainsi décidé (décisions du 17, 18 et 24 juin 1959 relatives au règlement de l'Assemblée nationale) que celle-ci ne saurait inscrire dans son règlement des dispositions qui auraient eu pour effet de lui permettre de mettre en cause la responsabilité du Gouvernement par d'autres procédures que celles fixées par les articles 49 et 50. Le Conseil a également fait sienne cette théorie lorsqu'il a eu à apprécier sa propre compétence (décisions du 14 septembre 1961 et du 6 novembre 1962).

A. Les commissions du Parlement sont des organes constitutionnels dont l'existence et le rôle ne sauraient être modifiés qu'en ayant recours aux procédures de la révision constitutionnelle. L'article 43 de la Constitution prévoit l'existence des commissions spéciales ou permanentes. Le même texte définit leurs attributions en les chargeant de procéder « à l'examen des projets et des propositions de lois ». Par ailleurs, l'article 44 étend cette prérogative aux amendements, le Gouvernement ayant la faculté de s'opposer à l'examen d'un texte de cette nature qui n'aurait pas été antérieurement soumis à la commission compétente.

B. Si l'on se réfère, par ailleurs, aux règlements de l'Assemblée nationale et du Sénat, on constate que ces textes, dont la légalité au regard de la Constitution a été appréciée par le Conseil constitutionnel, reposent sur l'idée que les commissions de chacune des deux Assemblées, ont un certain nombre de prérogatives découlant normalement de la Constitution et concernant pour l'essentiel, l'examen des textes législatifs. (Titre 10 du règlement de l'Assemblée, articles 39 à 46 ; Chapitre 3, 2 du règlement du Sénat, articles 13 à 23). Par contre, aucune règle n'est prévue concernant l'examen éventuel d'un règlement (3). En donnant compétence aux commissions des finances de l'Assemblée nationale et du Sénat pour donner un avis sur un texte réglementaire et en faisant obligation au Gouvernement de procéder à une consultation non prévue par la Constitution, le Parlement a ajouté aux pouvoirs que les commissions parlementaires tiennent des articles 43 et 44 de la Constitution.

IV. Il est évident, de la même manière, que la disposition de l'article 6-1 a pour effet d'ajouter une condition supplémentaire, non prévue par la Constitution, à l'exercice du pouvoir réglementaire.

La Constitution a établi les modalités constitutionnelles de l'exercice de ce pouvoir, qu'il est attribué au Président de la République et au Premier ministre. Ces modalités sont bien connues. Elles consistent, par exemple, dans l'obligation de soumettre à la délibération du Conseil des ministres les ordonnances de l'article 38. Elles consistent également dans les règles prévues aux articles 19 et 22 concernant le contreseing respectivement des actes du Président de la République et des actes du Premier ministre. Il est évident qu'en prévoyant la consultation de la commission des finances de chacune des deux Assemblées, la loi de finances de chacune des deux Assemblées, la loi de finances rectificative ajoute une procédure supplémentaire à l'exercice du pouvoir réglementaire, non prévue par la Constitution, et dont il a été démontré au surplus, qu'elle est contraire au principe même de la

---

(2) Il est évident au surplus que si la loi avait été promulguée conformément au vote du Parlement, le Gouvernement quel que soit le caractère inconstitutionnel de la disposition en cause, eut été dans l'obligation de la respecter. La publication du règlement prévu à l'article 6, sans que les consultations rendues obligatoires aient été effectuées, aurait très certainement constitué une illégalité sanctionnée le cas échéant par le Conseil d'Etat statuant au contentieux.
(3) On peut se demander, au surplus, en l'absence de telles règles, comment devrait s'effectuer la consultation que la loi a voulu rendre obligatoire et notamment quels seraient les délais qui devraient être respectés.

séparation des pouvoirs. Elle constitue une violation directe de l'article 21 de la Constitution.

V. On notera, enfin, que dans les premières années d'application de la Constitution de 1958, le Gouvernement s'est trouvé confronté avec un problème qui n'est pas sans analogie avec la question évoquée dans la présente note.

Certaines lois antérieures à la Constitution et notamment la loi du 23 juin 1956, dite loi-cadre pour les territoires d'outre-mer, avaient prévu l'intervention de décrets pris, soit après avis des Assemblées elles-mêmes, soit après avis des commissions. Lorsque la question s'est posée, après l'entrée en vigueur de la Constitution de 1958, de la modification éventuelle de certains de ces décrets, le respect de la règle de la concordance des formes eut normalement exigé que les textes modificateurs soient soumis à l'avis du Parlement. Or, cette procédure a été écartée à dessein. Il a semblé, en effet, au Gouvernement de l'époque, que l'intervention de la Constitution avait eu pour effet de rendre caduques toutes les dispositions figurant encore dans des lois en vigueur et contraires, soit aux principes généraux de cette Constitution, soit aux modalités d'exercice des pouvoirs qu'elle prévoit. Sur ce point, d'ailleurs, le Conseil d'Etat, consulté normalement lors de l'élaboration des textes (4) s'est rangé à la thèse du Gouvernement. L'intervention de la Constitution de 1958 a donc provoqué la caducité de certaines règles prises par le législateur sous l'empire des Constitutions précédentes. Par là même, la non conformité de ces règles avec la Constitution nouvelle a été implicitement affirmée.

VI. La disposition de l'article 6-1 de la loi de finances rectificative pour 1970 dont le Gouvernement demande au Conseil constitutionnel de déclarer la non-conformité à la Constitution, apparaît séparable non seulement de l'ensemble de la loi, mais aussi du reste de l'article 6-1 puisqu'aussi bien celui-ci prévoit avant l'adoption du règlement auquel il confie le soin de fixer les conditions de gestion et de fonctionnement de l'Agence nationale pour l'amélioration de l'habitat, la mise en œuvre de deux procédures tout à fait distinctes : une consultation des commissions des finances des deux Assemblées du Parlement et l'avis du Conseil d'Etat dont la première présente un caractère tout à fait exceptionnel, alors que l'autre est parfaitement habituelle et est seule exigée dans la quasi-totalité des cas où la loi renvoie à un règlement d'administration publique.

Rien ne paraît donc s'opposer à ce que, conformément à l'article 23 de la loi organique sur le Conseil constitutionnel, le Président de la République promulgue la loi de finances rectificative, à l'exception de la disposition de l'article 6-1 qui serait déclarée inconstitutionnelle.

Il est demandé au Conseil constitutionnel de bien vouloir se prononcer en ce sens.

---

(4) Cf. notamment décret du 7 juin 1960 relatif aux sociétés financières pour le développement économique outre-mer, *J.O.* page 5173.

DOCUMENT 61-508
Recours du Président du Sénat contre la loi complétant la loi du 1er juillet 1901 relative au contrat d'association

1er juillet 1971

Monsieur le Président,

J'ai l'honneur de vous faire connaître que, conformément au second alinéa de l'article 61 de la Constitution, je défère au Conseil constitutionnel, avant sa promulgation, la loi tendant à compléter les dispositions des articles 5 et 7 de la loi du 1er juillet 1901 relative au contrat d'association.

Je demande au Conseil constitutionnel de vouloir bien se prononcer sur la conformité de ce texte à la Constitution.

En application de l'article 18 de l'ordonnance n° 58-1067 du 7 novembre 1958 portant loi organique sur le Conseil constitutionnel, j'informe M. le Président de la République et M. le Premier ministre que je vous adresse la présente lettre de saisine.

Veuillez agréer, Monsieur le Président, les assurances de ma haute considération.

Alain Poher

Monsieur Gaston Palewski
Président du Conseil constitutionnel

12.7.71

Note relative au texte voté par le Parlement tendant à la modification de la loi du 1er juillet 1901 relative au contrat d'association

1. Le Conseil constitutionnel est saisi sur le fondement de l'article 61 al. 2 de la Constitution pour apprécier la conformité d'une loi ordinaire à la Constitution. Il est à noter que c'est là une des premières fois — sinon la première — que le Conseil est saisi en vue d'apprécier la constitutionnalité d'une loi ordinaire en dehors de l'hypothèse de l'article 37, c'est-à-dire non pas sur une question de répartition des compétences entre les pouvoirs publics, mais sur une question de fond.

2. Les dispositions constitutionnelles auxquelles le texte déféré au Conseil sont contraires se trouvent contenues dans le Préambule et dans l'article 4.

a. Le principe de la liberté d'association doit être considéré comme faisant partie du préambule de la Constitution de 1958, au même titre que les autres grandes libertés publiques. Cette proposition n'est pas évidente a priori étant donné que ce principe ne se trouve expressément formulé et proclamé ni dans la Constitution elle-même, ni dans son préambule, ni encore dans les déclarations de droits de 1789 et de 1946 auxquelles fait référence le préambule de la Constitution de 1958.

Mais ce préambule entend réaffirmer également, comme celui de la Constitution de 1946 « les principes fondamentaux reconnus par les lois de la République » et s'il a été admis que cette formule n'a pas de contenu précis, la doctrine unanime a toujours estimé qu'elle recouvrait du moins à coup sûr la liberté d'association. Cette opinion a d'ailleurs été confirmée par deux arrêts formels du Conseil d'Etat, d'une part l'arrêt Amicale des Annamites de Paris et Sieur Nguyen Duc Frang (le 11 juillet 1956, Act. Jur. Dr. Adm. 1956, II, p. 395 et note Fournier et Braibant à la p. 400) qui déclare :

« Attendu qu'il résulte de l'article 81 de la Constitution de la République française que les principes fondamentaux reconnus par les lois de la République et réaffirmés par le préambule de ladite Constitution sont applicables sur le territoire français aux ressortissants de l'Union française ; qu'au nombre de ces principes figure la liberté d'association ; »

Et par ailleurs, dans un arrêt du 24 janvier 1958, Association des anciens combattants et victimes de la guerre du département d'Oran (Lebon p. 38) qui affirme :

« Considérant que la loi du 21 juin 1952, qui intéresse l'exercice et la garantie de la liberté d'association, laquelle est une liberté constitutionnelle, est applicable de plein droit en Algérie. »

Il ne saurait donc être sérieusement contesté que la liberté d'association soit partie intégrante du préambule, et sa valeur constitutionnelle résulte à la fois de l'affirmation très nette de l'arrêt de 1958 précité et d'autre part de la jurisprudence récente du Conseil d'Etat qui attribue valeur constitutionnelle aux principes contenus dans le préambule (le 12 février 1960, Société Eky, D. 1960, p. 263, note L'Huillier).

b. L'article 4 de la Constitution analyse, à l'intention des partis et groupements politiques, ce qu'il entend par liberté d'association. Il est évident que cette analyse, en deux phrases d'une concision et d'une gradation remarquables, correspond à un régime répressif, c'est-à-dire à un régime excluant tout contrôle préventif tant sur la formation que sur l'activité des associations (« Ils se forment et exercent leur activité librement ») mais n'écartant pas la répression pénale a posteriori des activités illicites (« Ils doivent respecter les principes de la souveraineté nationale et de la démocratie »). Il convient de rappeler que cet article, ainsi rédigé, dont l'esprit correspond exactement aux grands principes posés par la loi de 1901, a été retenu dans la rédaction définitive de la Constitution, alors que le Comité consultatif constitutionnel s'était arrêté à des formules beaucoup moins libérales et impliquant un régime discriminatoire des partis et groupement politiques. La rédaction définitive montre bien que l'auteur de la Constitution n'a pas voulu considérer les partis et groupements politiques différemment de l'ensemble des associations.

3. En quoi le texte voté par le Parlement est-il contraire au principe de la liberté d'association ?

On ne reviendra pas sur l'économie de la loi de 1901 qui a été longuement analysée au cours des débats parlementaires, mais il convient de mettre en lumière plusieurs points.

a. La loi de 1901 envisage l'association essentiellement comme un contrat de droit privé — le titre de la loi est révélateur — qui est régi, quant à sa validité, par les principes généraux du droit applicables aux contrats et obligations. La jurisprudence judiciaire a largement tiré les conséquences de ce principe, en appliquant à cette matière les règles du code civil relatives aux vices du consentement, à la formation des contrats, etc. En dehors de ces règles, le législateur n'a entendu apporter aucune limitation à la formation des associations et à leur activité, mais il a attaché une grande importance (les règles très précises relatives aux cotisations en sont la preuve) à la capacité qu'auraient ces associations d'acquérir et de gérer des biens, et ceci visiblement dans un but de protection des tiers et des associés. Ainsi a-t-il estimé qu'à partir du moment où l'association souhaitait sortir du régime juridiquement élémentaire et précaire de l'indivision, régime qui est celui des associations non déclarées, pour acquérir la personnalité morale et une capacité juridique plus ou moins étendue, il était nécessaire que les tiers et l'administration en fussent avertis par une mesure de publicité qui leur permît de connaître les éléments caractéristiques de l'association. On peut esquisser un parallèle avec l'association en participation (société de fait) qui n'est pas illicite et qui est dispensée de toute publicité, mais qui ne bénéficie pas de la personnalité morale, à la différence des autres sociétés commerciales dont les statuts font l'objet d'une mesure de publicité.

Dès lors qu'il s'agit d'une simple formalité de publicité, l'autorité qui délivre le récépissé n'a aucun pouvoir de contrôle sur l'association et doit automatiquement le délivrer, de même qu'il n'est pas concevable qu'une société se voit refuser son inscription au registre du commerce pour des questions de fond. C'est la solution qui a été adoptée par le Conseil d'Etat dans son arrêt de principe Prunget (24 octobre 1930) et qui a été confirmée dans une réponse à une question écrite en 1957 (Débats Conseil de la République, séance du 27 décembre 1957, J.O. p. 2390, question n° 7803) et encore tout récemment par le Tribunal administratif de Paris le 25 janvier 1971.

Seule cette solution est conforme à la Constitution et il n'y aurait plus de liberté de formation des associations à partir du moment où la déclaration déposée à la Préfecture ferait l'objet d'un contrôle par quelque autorité que ce soit.

b. La jurisprudence récente du Conseil constitutionnel (décision du 18 mai 1971) permet de penser que l'instauration d'un contrôle au moment de la déclaration de l'association est contraire à la Constitution.

En effet, saisi de la conformité à la Constitution d'une disposition du règlement du Sénat faisant obligation à tout groupe de cette Assemblée de déposer une déclaration politique, le Conseil constitutionnel a déclaré :

« Considérant que l'obligation faite à chaque groupe de rendre publique une déclaration politique formulant les objectifs et les moyens de la politique qu'il préconise, n'emporte aucun contrôle sur le contenu de cette déclaration ; que, dès lors, cette obligation n'est contraire à aucune disposition de la Constitution ; »

On doit en déduire a contrario que si les déclarations politiques exigées par le règlement du Sénat avaient été soumises à un contrôle, la disposition eût été contraire à la Constitution.

Or, le texte qui vient d'être voté par le Parlement tend à instaurer un contrôle des déclarations à plusieurs stades : au stade du procureur de la République, au stade du juge des référés et au stade de la procédure devant le Tribunal de grande instance. Il s'agit bien d'un véritable contrôle assorti d'une sanction puisque chaque déclaration va obligatoirement faire l'objet d'un examen pour savoir si elle paraît émaner d'une association illicite, avant que ne soit délivré le récépissé ou engagées les poursuites.

Ceci est certainement contraire au principe de la liberté d'association tel qu'il a été « reçu » dans le préambule de la Constitution (car c'est en effet l'esprit de la loi de 1901 qui a été ainsi intégré au droit positif et non un cadre vide dans lequel il est possible de mettre n'importe quoi). De plus il est impossible d'ignorer que les groupements et partis politiques qui, dans la plupart des cas, se constituent sous la forme d'associations seront soumis à un contrôle, dont le Conseil constitutionnel a dit implicitement qu'il serait contraire à la Constitution.

c. Le contrôle instauré par le texte voté aboutit immanquablement à un régime d'autorisation indirecte donnée par le pouvoir judiciaire. En effet les magistrats qui, après avoir été saisis au fond d'une demande de nullité d'une association, prononceront la relaxe, ne pourront pas ignorer, puisque la loi le dit expressément, que l'autorité administrative sera tenue de délivrer le récépissé sur le vu d'un certificat du greffier. L'article 3 crée un cas de compétence liée, et, si ce n'est pas le tribunal lui-même qui délivre le récépissé, son intervention constitue une procédure de contrôle et d'autorisation implicite.

Il faut remarquer qu'il s'agit là d'une compétence tout à fait nouvelle donnée au Tribunal, qui va avoir à décider préventivement si, au vu des statuts, une association peut être autorisée à avoir la personnalité morale. Il est certain que si cette procédure permet de déclarer la nullité d'associations dont l'objet est manifestement illicite, il est en revanche fort à craindre que des associations dont les escroqueries ont été dénoncées à la tribune de l'Assemblée passeront à travers ce contrôle grâce à une rédaction habile de leurs statuts. Une telle association à qui le récépissé aura pu être délivré bénéficiera d'une sorte de « label » qui risque d'abuser le public.

En conclusion, il apparaît très nettement que le texte voté par le Parlement ne peut pas être considéré comme conforme aux principes relatifs à la liberté d'association garantis par la Constitution.

DOCUMENT 61-509

Recours du Président du Sénat contre la loi de finances pour 1974

Paris, le 20 décembre 1973

Monsieur le Président,

L'article 62 de la loi de finances pour 1974, issu d'un amendement déposé par le Gouvernement, est ainsi libellé :

« Il est ajouté à l'article 180 du Code général des impôts le paragraphe suivant :

« Le contribuable auquel il est fait application des dispositions du présent article peut obtenir la décharge de la cotisation qui lui est assignée à ce titre s'il établit sous le contrôle du juge de l'impôt que les circonstances ne peuvent pas laisser présumer l'existence de ressources illégales ou occultes ou de comportements tendant à éluder le paiement normal de l'impôt, et si les bases d'imposition n'excèdent pas 50 p. 100 de la limite de la dernière tranche du barème de l'impôt sur le revenu ».

En application de l'article 61 de la Constitution, j'ai l'honneur de déférer au Conseil constitutionnel la loi de finances pour 1974 et lui demande de bien vouloir apprécier la conformité avec la Constitution et son préambule de la dernière disposition de l'article 62 ci-dessus, savoir :

« et si les bases d'imposition n'excèdent pas 50 p. 100 de la limite de la dernière tranche du barème de l'impôt sur le revenu. »

On peut en effet se demander si la disposition susvisée n'établit pas, par rapport au contrôle du juge, une discrimination basée sur la fortune vraie ou supposée d'une certaine catégorie de citoyens ; d'autant que la taxation d'office a un caractère de sanction, voire de pénalité, qui toutes deux requièrent le respect absolu du principe de l'égalité des citoyens devant la loi.

Je vous prie d'agréer, Monsieur le Président, l'assurance de ma haute considération.

Signé : Alain Poher

*

A l'appui de cette lettre les observations suivantes peuvent être présentées. Elles comprennent, d'une part, un bref rappel de la procédure instituée par l'article 180 du code général des impôts concernant la taxation d'office à l'impôt sur le revenu, d'autre part, une analyse des débats parlementaires sur l'article 42 bis C (devenu l'article 62 du texte transmis pour promulgation) et des arguments juridiques étayant la saisine du Conseil constitutionnel.

*

I. La procédure de l'article 180 du code général des impôts

L'article 180 du code général des impôts permet de taxer d'office à l'impôt sur le revenu tout contribuable dont les dépenses « ostensibles ou notoires » dépassent le montant du revenu déclaré. La taxation d'office est établie sur la base du montant de ces dépenses ostensibles ou notoires sans que le contribuable puisse faire échec à une telle évaluation en faisant valoir qu'il a utilisé des capitaux ou qu'il a reçu des libéralités d'un tiers ou que ces revenus devraient normalement faire l'objet d'une évaluation forfaitaire (agriculteurs par exemple).

Ces dispositions, dont l'origine est du reste assez ancienne, ont toujours été présentées comme destinées à permettre à l'administration de taxer d'office certains contribuables pour lesquels il existe une certitude de fraude mais en présence de laquelle, en l'état actuel des moyens dont elle dispose, l'administration fiscale ne peut faire la preuve de l'importance du revenu dissimulé.

L'arme qui est ainsi donnée à l'administration fiscale est absolument exorbitante du droit commun car elle permet d'imposer les contribuables dans des conditions qui pourraient, à la limite, être arbitraires en leur supposant des revenus qu'en réalité ils peuvent fort bien ne pas avoir, et c'est là le point capital, en leur interdisant d'apporter la preuve de leur situation exacte.

II. Les débats parlementaires

C'est sur ce point particulier de l'inexistence d'une possibilité de recours du contribuable devant une autorité judiciaire qu'ont porté les propositions parlementaires pour 1974. Il est essentiel, en effet, pour apprécier la conformité à la Constitution de l'article 62, de bien voir que le législateur, à la recherche d'une solution technique à un problème fiscal, a eu en vue d'assurer l'égalité des citoyens en tant que contribuables, soit qu'ils s'efforcent d'échapper à l'impôt sur le revenu, soit que l'Administration fasse à leur détriment une appréciation erronée de leurs ressources.

A. Les débats au Sénat en première lecture

A l'origine de l'article 62, on trouve trois amendements présentés par MM. Dailly et Marcilhacy devant le Sénat, au cours de la séance du 11 décembre 1974 (*J.O.*, Débats Sénat n° 695, p. 2784 et suivantes), dont on trouvera le texte en annexe.

Deux de ces amendements (n° 157 et 158) offraient un recours au contribuable ; le troisième (n° 159 rectifié) en excluant certaines dépenses pour l'appréciation par l'administration des ressources supposées, aboutissait indirectement à donner au contribuable la faculté de faire la preuve contraire aux prétentions de l'administration.

Les déclarations faites par un des auteurs de l'amendement éclairent leur intention :

M. Dailly, après avoir cité un certain nombre de cas d'application de l'article 180 qui lui paraissaient abusifs, déclare :

« Voilà les excès, quelques-uns des excès que permet le texte actuel de l'article 180. Certes, et c'est heureux, il permet de combattre les fraudeurs et, en aucun cas, le Sénat n'entend faire quoi que ce soit qui risquerait d'élargir les mailles du filet de telle sorte que ceux-ci puissent passer au travers. Il n'empêche que cette situation est anormale puisqu'elle aboutit aussi à atteindre les honnêtes gens et à les soumettre à l'arbitraire de l'administration. »

« S'en remettre à la justice ? Tel est le but de notre amendement n° 157 qui tend à ajouter à l'article 180 un dernier alinéa ainsi conçu : " le juge de l'impôt a compétence pour contrôler si les circonstances laissent présumer l'existence d'une fraude ou de ressources occultes susceptibles de justifier l'application du présent article ". C'était l'appel possible au juge de l'impôt.

Il concluait enfin :

« Donc, tout le monde est d'accord sur la nécessité de faire quelque chose. Soit nous codifions, soit nous permettons le recours au juge, soit nous permettons le recours au Conseil consultatif des impôts, comme on voudra.

Qu'on me dise ce que l'on veut, mais la situation ne peut pas rester ce qu'elle est. Il n'est pas possible, ni convenable, que nous mettions le contribuable honnête, sous prétexte d'atteindre le fraudeur — et vous savez fort bien qu'ici vous trouverez tout le monde avec vous pour le poursuivre — à la merci de l'administration. »

Tel est le sens de ces trois amendements, et je voudrais que le Gouvernement me dise celui qu'il préfère. »

Dans la suite de la discussion, le Gouvernement prenait la position suivante :

1. Il s'opposait aux trois amendements, auxquels il reprochait de soustraire du champ d'application de l'article 180 : « des cas assez nombreux, non pas de fraude, mais d'évasion fiscale. »

2. « Le Gouvernement serait éventuellement disposé à réexaminer dans l'avenir la réintroduction dans une loi de finances des dispositions de l'article 19 » (du projet de loi de finances pour 1971).

Pour tenir compte des objections du Gouvernement, M. Dailly présentait un amendement n° 157 rectifié qui incluait la notion d'évasion fiscale et prévoyait de surcroît le recours au juge de l'impôt. Ce texte fut adopté par le Sénat (Voir Annexe).

B. *Les débats au Sénat sur le texte de la Commission mixte paritaire modifié par un amendement du Gouvernement*

La commission mixte paritaire chargée de proposer un texte sur les dispositions restant en discussion du projet de loi de finances pour 1974 adopta le texte de l'article 19 sus-mentionné.

Ce texte constituait une refonte de l'article 180 du code général des impôts en déterminant avec plus de précision de mode de calcul du revenu imposé. Mais le Gouvernement a fait adopter un amendement qui est devenu l'article 62 de la loi de finances pour 1974. Aucun commentaire significatif n'a été fait à l'Assemblée nationale.

En revanche, devant le Sénat, le 18 décembre 1973, M. Henri Torre, secrétaire d'Etat, commentait comme suit ce texte :

« Il est évident que cet article n'a pas à s'appliquer à des personnes dont les ressources sont modestes.

... « L'amendement du Gouvernement a donc pour objet de permettre aux contribuables dont les bases d'imposition reconstituées d'après l'article 180 n'excèdent pas 50 % des limites de la dernière tranche du barème de l'impôt sur le revenu, d'apporter la preuve, sous le contrôle du juge de l'impôt, que les circonstances de l'espèce ne peuvent laisser présumer l'existence de ressources illégales ou occultes ou d'un comportement tendant à éluder le paiement normal de l'impôt ».

M. Dailly remarquait aussitôt :

« Alors il accepte de s'en remettre au juge de l'impôt, comme nous le lui avions proposé, mais attention, le juge, oui, mais pas pour tout le monde !

Voilà que tous les Français n'ont plus les mêmes droits de s'en remettre à la justice. Il y a ceux dont les bases d'imposition n'excèdent pas 50 % de la limite de la dernière tranche du barème de l'impôt sur le revenu. Ceux-là ont le droit de recourir au juge des impôts. Les autres ? Rien à faire. J'avoue très sincèrement que c'est une conception de la justice qui n'est pas la mienne. »

**

Les débats du Sénat éclairent donc parfaitement le sens de l'article 62 : la volonté commune du Parlement et du Gouvernement a été d'ouvrir un recours devant le juge de l'impôt lorsque l'Administration lui fait application de l'article 180 du code général des impôts, mais, de l'aveu du Gouvernement, ce droit n'est accordé qu'aux « personnes dont les ressources sont modestes ».

III. Le fondement juridique de la saisine

L'article 62 (ex 42 bis C) de la loi de finances pour 1974 établit une distinction entre les contribuables imposés d'après les signes extérieurs de richesse, selon que les bases d'imposition excèdent ou non « 50 % de la limite de la dernière tranche du barème de l'impôt sur le revenu » ; seuls les contribuables dont les bases d'imposition n'excèdent pas 50 % de cette limite peuvent établir, sous le contrôle du juge de l'impôt, que les circonstances ne peuvent pas laisser présumer :

— l'existence de ressources illégales ou occultes
— ou bien l'existence de comportements tendant à éluder le paiement normal de l'impôt.

Ce texte établit donc une discrimination entre les citoyens en fonction de l'importance de leurs revenus, contrairement aux principes généraux du droit tels qu'ils sont énoncés dans la Déclaration des droits de l'homme et du citoyen du 26 août 1789, réaffirmés successivement dans le préambule de la Constitution du 27 octobre 1946 et dans celui de la Constitution du 4 octobre 1958.

En effet, aux termes de l'article premier de ladite Déclaration « les hommes naissent et demeurent libres et égaux en droits », tandis que l'article 6 précise notamment que la loi « doit être la même pour tous, soit qu'elle protège, soit qu'elle punisse. »

D'ailleurs, dans l'exposé des motifs de l'amendement déposé en premier lieu devant l'Assemblée nationale par le Gouvernement au texte de l'article 42 bis C (devenu article 62) proposé par la commission mixte paritaire, le 18 décembre 1973, il est fait référence à la Déclaration des droits de l'homme et du citoyen de 1789 dans les conditions suivantes :

« Cet article permet l'imposition de personnes menant grand train de vie ou procédant à des investissements somptuaires qui chercheraient à se soustraire à la contribution commune à laquelle, en vertu de la Déclaration des droits de l'homme de 1789, tous les Français, même les plus modestes sont astreints. »

C'est donc que le Gouvernement reconnaît la valeur des principes fondamentaux du Droit public français, exprimés en termes d'ailleurs inégalés dans ladite Déclaration.

Mais, se référant à ce document fondamental, le Gouvernement n'en a retenu que les dispositions relatives à l'égalité des citoyens devant les charges publiques.

Par contre, la discrimination qu'il a introduite au dernier moment (sur le document original dactylographié, la disposition litigieuse a été ajoutée à la main) est manifestement contraire aux dispositions des articles 1er et 6 de la Déclaration des droits de l'homme et du citoyen de 1789, car elle *rompt l'égalité des citoyens devant la loi et devant la justice.*

Or, incontestablement, ce principe fondamental d'égalité devant la loi, et en conséquence d'égalité devant la justice, fait partie des principes généraux du droit « tellement indissolubles des fondements mêmes de nos conceptions juridiques, de notre philosophie politique et, en un mot, de notre civilisation qu'ils ont valeur constitutionnelle » (1) et que le Conseil d'Etat dans ses arrêts, à maintes reprises, en a réaffirmé l'existence.

DOCUMENT 61-510
Recours de députés contre la loi de finances pour 1975

Paris, le 20 décembre 1974
à 1 h 10

M. ....
député
à Monsieur le Président
et Messieurs du Conseil constitutionnel

Monsieur le Président,
Messieurs les Conseillers,

J'ai l'honneur, conformément à l'article 61 de la Constitution, de déférer au Conseil constitutionnel le projet de loi de finances pour 1975 tel qu'il résulte des délibérations du Parlement.

J'estime, en effet, que l'article 21 de ce projet n'est pas conforme à l'ordonnance n° 59-2 du 2 janvier 1959 portant loi organique relative aux lois de finances.

Les motifs de ma requête sont les suivants.

L'article 21, relatif aux services votés du budget général, comporte une dotation de 5 418 293 F au profit de la Délégation générale à l'information, visée à l'article 10, chapitre 27-02 du budget des Services généraux du Premier ministre.

Ce crédit a été présenté au Parlement en méconnaissance du titre III, chapitre 1er, de l'ordonnance précitée du 2 janvier 1959, notamment en ce qui concerne son article 33.

L'article 33 stipule que « les services votés représentent le minimum de dotations que le Gouvernement juge indispensable pour poursuivre l'exécution des services publics dans les conditions qui ont été approuvées l'année précédente par le Parlement.

En vertu de l'article 38 de l'ordonnance, le projet de loi de finances doit être déposé et distribué le premier mardi d'octobre de l'année qui précède l'année d'exécution du budget.

Le projet de loi de finances pour 1975 ayant été déposé en octobre 1974, l'année précédente visée à l'article 33 est donc 1973.

Or, la Délégation générale à l'information a été créée et mise en place dans le courant du premier trimestre de l'année 1974. Elle a bénéficié des crédits votés dans la loi de finances pour 1974 en faveur du secrétariat général du Comité interministériel pour l'information (art. 10 du chapitre 37-02

---

(1) Cf. Cours de contentieux administratif professé à l'Institut d'études politiques de Paris par M. Raymond Odent, Président de section au Conseil d'Etat, page 173 de l'édition 65/66.

du budget des services généraux du Premier ministre), qui a été supprimé.

Toutefois, la Délégation générale à l'information a non seulement conservé les attributions de l'ancien secrétariat général du CII, mais elle a reçu des attributions nouvelles notablement plus étendues que celle du service qu'elle remplace.

Il est évident que les conditions d'exécution du service public confié à la Délégation générale pour l'information n'ont jamais été approuvées par le Parlement, sinon dans le projet de loi de finances rectificative pour 1974 qui vient d'être examiné par le Parlement.

C'est pourquoi j'estime que les crédits accordés à la Délégation générale pour l'information en 1975 auraient du figurer en « mesures nouvelles », conformément à l'article 41 de l'ordonnance organique du 2 janvier 1959.

En présentant en « services votés » une partie importante des crédits affectés au fonctionnement de la Délégation générale à l'information, le Gouvernement a non seulement méconnu la loi organique sur les lois de finances, mais a, en outre, porté atteinte aux droits du Parlement en matière d'examen et de vote des projets de loi de finances, tels que ces droits sont prévus par la Constitution et par la loi organique.

Il convient de rappeler, en effet, que selon l'article 41 de l'ordonnance organique, les services votés font l'objet d'un vote unique puisqu'il s'agit de confirmer les charges minimum précédemment approuvées par le Parlement. En revanche, le vote des autorisations nouvelles s'effectue par titre et par ministère afin que le Parlement puisse se prononcer librement sur les aspects nouveaux de la politique gouvernementale.

En incluant une partie importante des dotations de la Délégation générale à l'information en « services votés », le Gouvernement a privé le Parlement des droits qui sont les siens et qui découlent notamment des articles 33 et 41 de la loi organique sur les lois de finances.

Pour ces motifs, j'ai l'honneur de vous demander de bien vouloir déclarer non conforme à la loi organique du 2 janvier 1959 l'article 21 de la loi de finances pour 1975 en ce qui concerne les « services votés » de la Délégation générale à l'information en réduisant de 5 418 293 F le montant global des crédits accordés à cette Délégation pour l'exercice 1975.

Je crois utile de préciser que si l'ouverture de crédits supplémentaires en faveur de cette Délégation dans le projet de loi de finances rectificative pour 1974 qui vient d'être adopté par le Parlement vaut approbation du service public confié à la Délégation générale à l'information, cette approbation, postérieure au dépôt des documents du projet de loi de finances pour 1975 ne pourra trouver son effet que pour la présentation du projet de loi de finances pour 1976. En effet, les conditions d'exercice du service public confié à la Délégation auront bien été approuvées l'année précédente par le parlement. Mais les dispositions de la loi de finances rectificative ne peuvent avoir d'effet sur la loi de finances pour 1975 compte tenu des termes de l'article 33 de la loi organique.

Dans votre décision du 27 décembre 1973, relative à l'article 62 de la loi de finances pour 1974, vous avez souligné toute la rigueur avec laquelle la loi organique sur les lois de finances doit être appliquée.

Il est évident que cette rigueur est la condition indispensable à l'exercice des prérogatives du Parlement, déjà enserrées dans les limites strictes posées par l'article 40 de la Constitution et par l'article 42 de la loi organique sur les lois de finances.

Vous concevrez que je sois fondé à m'adresser à vous pour obtenir le respect de la loi organique par le Gouvernement, s'agissant non seulement des droits des assemblées, mais également, sur ce point particulier de la Délégation générale, du financement anormal d'un organisme qui risque de porter de graves atteintes à la liberté de la presse et de l'information et donc aux libertés fondamentales des citoyens, telles qu'elles sont garanties par le préambule de la Constitution.

Veuillez agréer, Monsieur le Président, Messieurs les Conseillers, l'expression de ma haute considération.

DOCUMENT 61-511
Recours de députés contre la loi autorisant l'interruption volontaire de la grossesse

Les soussignés, députés à l'Assemblée nationale, défèrent à la censure du Conseil constitutionnel la loi relative à l'interruption volontaire de la grossesse, et spécialement les dispositions de l'article 3 de ladite loi en tant qu'il autorise l'avortement, sans autres conditions que de forme, durant les dix premières semaines de la grossesse. Ils concluent qu'il plaise au Conseil constitutionnel dire lesdites dispositions non conformes aux principes réaffirmés par le préambule de la Constitution, et non conformes aux dispositions de l'article 2 de la Convention européenne de sauvegarde des droits de l'homme et des libertés fondamentales, dont l'autorité est supérieure à celle des lois aux termes de l'article 55 de la Constitution.

A Messieurs les Présidents et Conseillers composant le Conseil constitutionnel

Mémoire : Au soutien du recours en déclaration de non-conformité à la Constitution contre la loi relative à l'interruption volontaire de la grossesse

1. Le présent mémoire présenté au soutien du recours formé devant le Conseil constitutionnel, s'attachera à établir qu'une norme de l'ordre juridique positif, d'une force supérieure à la loi ordinaire, impose au législateur français l'obligation d'assurer à l'enfant simplement conçu le respect de sa vie (I), et que les dispositions de la loi relative à l'interruption volontaire de la grossesse, telles qu'elles viennent d'être adoptées par le Parlement, contreviennent à cette obligation (II).

I. Le droit à la vie de l'enfant conçu

2. Que le droit à la vie fût le premier et le plus indispensable des droits de l'homme a paru longtemps être d'une vérité si évidente que les déclarations des droits omettaient de le proclamer. A l'époque contemporaine, les crimes monstrueux commis contre l'humanité ont déterminé le législateur international et les législateurs nationaux à

affirmer solennellement le droit à la vie ou à poser, en d'autres termes, que nul ne peut disposer de la vie d'autrui.

Ainsi, le droit à la vie figure-t-il à l'article de la Déclaration universelle des droits de l'homme adoptée en 1948 par l'Assemblée générale des Nations unies, approuvée par la France et publiée au Journal officiel du 19 février 1949. Sans doute la Déclaration n'a-t-elle valeur que d'une proclamation de principes et non d'une règle de droit international s'imposant aux Etats et dont les personnes privées pourraient invoquer les dispositions. Mais il est permis d'estimer que la Déclaration, en tant qu'elle affirmait le droit à la vie, ne faisant que déclarer un principe général du droit reconnu par tous les Etats civilisés.

Quoi qu'il en soit, le droit à la vie a été expressément proclamé par la Convention européenne de sauvegarde des droits de l'homme et des libertés fondamentales, signée le 4 novembre 1950, qui a incontestablement la force obligatoire d'un engagement international. Régulièrement ratifiée et publiée par la France (décret n° 74-360 du 3 mai 1974, publié au J.O.R.F. du 4 mai 1974, p. 4750), la Convention a même, en droit interne, une autorité supérieure à celle des lois (art. 55 de la Constitution).

3. L'article 55 de la Constitution, auquel il vient d'être fait référence appelle une observation.

Il semble que certains proposeraient aujourd'hui une interprétation selon laquelle cet article aurait seulement pour effet d'énoncer qu'un traité, régulièrement ratifié et publié, abrogerait implicitement les dispositions d'une loi antérieure qui seraient en contradiction avec ses stipulations. Selon cette opinion l'article 55 n'invaliderait pas les dispositions d'une loi postérieure contraires aux stipulations du traité.

Une pareille interprétation de l'article 55 ne saurait être admise. Pour la réfuter, il serait suffisant d'observer qu'elle consacre — dans le seul cas de la loi postérieure au traité — un système dualiste de rapports entre le traité et la loi, entre le droit international et droit interne que la Constitution a voulu écarter, au profit d'un système moniste.

A vrai dire, si l'article 55 signifiait exclusivement que le traité abroge *qua in parte* la loi antérieure contraire, sa disposition aurait eu bien peu d'utilité. La règle en effet était de longtemps admise, elle était déjà fixée sous la IIIe République (cf. Rousseau — Droit international public, n° 54). Bien plus, l'opinion combattue ici constituerait une véritable régression du droit, car la jurisprudence depuis longtemps considérait que le traité s'impose au législateur. Elle avait en effet posé la règle dite de la réserve. La loi postérieure au traité devait être interprétée comme ne s'appliquant point aux rapports de droit couverts par le traité, rapports que le législateur avait nécessairement réservés (cf. Batiffol et Lagarde — Droit international privé, 6e éd., t. I, n° 59).

La Constitution du 27 octobre 1946, en son article 28, avait consacré expressément la règle que « les traités diplomatiques ayant une autorité supérieure à celle des lois, leurs dispositions ne peuvent être abrogées, modifiées ou suspendues qu'à la suite d'une dénonciation régulière notifiée par la voie diplomatique ». L'article 55 de la Constitution actuelle a repris la même règle, l'énonçant sous une forme plus concise. La seule innovation, quant au fond, sans application d'ailleurs en l'espèce, a consisté à introduire une condition de nationalité.

Si l'article 55 énonçait simplement l'effet abrogatoire du traité par rapport à la loi antérieure, il eut été bien inutile de parler d'une autorité supérieure à celle des lois. Il eut suffi de parler d'une autorité égale.

Du reste, la supériorité du traité sur la loi postérieure a été enseignée par les auteurs dès la promulgation de la Constitution. M. Nguyen Quoc Dinh écrivait (la Constitution de 1958 et le droit international — Revue du droit public, 1959, p. 515 et suivantes) :

Page 551 : En ce qui concerne le problème de l'autorité juridique du « traité ou de l'accord dans l'ordre interne, l'article 55 s'y consacre explicitement en proclamant la primauté de la règle conventionnelle sur la loi.

« Cette primauté comporte nécessairement un double sens. En premier lieu, étant supérieur à la loi, le traité ou l'accord modifie automatiquement ¯ dès sa publication ¯ les lois contraires antérieures ».

Page 552... En raison de cette même primauté, en second lieu, « il ne peut être porté atteinte au traité ou à l'accord, de quelque manière que ce soit, par une loi postérieure ».

Résumant les solutions du droit positif, M. Dehaussy écrit pour sa part (Juris-classeur de droit international, fasc. 12-A n° 92) :

« Le droit positif français, en matière de conflits, entre normes conventionnelles et normes législatives internes, peut se résumer, en trois propositions, que nous étudierons successivement :

— La contrariété entre loi interne et « loi » conventionnelle ne doit être admise que lorsqu'il est impossible, par un effort d'interprétation, de concilier les normes en apparence contradictoires ;

— il y a primauté du traité sur la loi antérieure ;

— il y a également primauté du traité sur la loi postérieure ».

Dans le droit constitutionnel en vigueur avant la Ve République, la primauté du traité sur la loi postérieure était à peu près dépourvue de sanction. Les tribunaux administratifs et judiciaires avaient en effet scrupule à déclarer inconstitutionnelle une loi votée par le Parlement. Et, sous l'empire de la Constitution de 1948, la saisine du Comité constitutionnel était d'une grande difficulté.

La Constitution de la Ve République a comblé la lacune de l'ordre juridique. Les modifications apportées récemment à l'article 61 permettent en effet une saisine plus aisée du Conseil constitutionnel, à qui il appartient de censurer les lois contraires à l'article 55, parce qu'elles auraient méconnu la primauté d'un traité antérieur.

Sous le bénéfice de cette observation, il sera établi que la Convention européenne de sauvegarde des droits de l'homme impose aux Etats l'obligation de protéger le droit à la vie (A), et que cette obligation s'étend à l'enfant simplement conçu.

A. *L'obligation pour le législateur de protéger le droit à la vie*

4. L'article 2, alinéa premier de la Convention dispose : « Le droit à la vie de toute personne est protégé par la loi ».

La rédaction au mode indicatif de ce texte a certainement valeur impérative.

Cette évidence a été cependant contestée, si l'on peut interpréter un raisonnement fort elliptique, par le Garde des Sceaux, ministre de la Justice au cours de la deuxième séance tenue par l'Assemblée nationale le 28 novembre 1974 (J.O.R.F. Débats A.N. 1974, p. 7201, col. 2). Le ministre s'est exprimé en ces termes :

« oui, le principe du respect y (dans la Convention) est affirmé. La France s'est engagée solennellement à y être fidèle, dans le cadre fixé par la loi ».

Et plus loin, le ministre éclairait sa pensée en disant :

« ... c'est aujourd'hui que vous allez, par la loi et dans l'esprit même (sic) de cette Déclaration des droits de l'homme fixer vos responsabilités en ce qui concerne l'interruption de la grossesse ».

A suivre ce raisonnement, selon l'article 2 de la Convention le droit à la vie ne serait protégé que dans la mesure où la loi interne des Etats ayant ratifié la Convention déciderait de le protéger.

Un pareil raisonnement est le type même du sophisme ; il dénature complètement le sens et la finalité de la Convention. L'objet de la Convention est de limiter la liberté des Etats, de leur imposer, sous un contrôle international, des obligations envers leurs nationaux comme à l'égard des étrangers afin d'assurer à tout individu un certain nombre de droits fondamentaux. On ne peut raisonnablement prêter aux Etats signataires de la Convention la pensée proprement absurde d'avoir élaboré un texte, dont le seul effet serait d'abandonner, aux législations nationales, la mesure du respect dû à la vie de toute personne. D'une Convention destinée à lier la compétence des Etats, on ferait un texte proclamant leur compétence discrétionnaire !

L'interprétation défendue par le Garde des Sceaux est au surplus démentie par la suite de l'article 2 de la Convention qui détermine les cas dans lesquels le droit à la vie peut être tenu en échec par la loi nationale (peine de mort, légitime défense, exécution d'un mandat judiciaire, arrestation, répression d'une émeute). Disposition qui serait évidemment inutile si l'article 2, alinéa 1 posait la règle de la liberté des Etats. Elle a tout au contraire un sens, en tant qu'elle autorise limitativement des exceptions légales à une règle conventionnelle impérative.

Le sens de l'article 2 de la Convention est univoque :

La loi interne de chacun des Etats liés par la Convention doit protéger le droit à la vie, et ne peut légaliser le fait de donner volontairement la mort à autrui que dans les cas prévus et dans les limites prévues par la Convention elle-même.

B. *L'obligation s'étend à la protection du droit à la vie de l'enfant conçu*

5. Tel étant le sens de l'article 2, alinéa 1 de la Convention, la question capitale en l'espèce, est celle de l'extension de la règle posée. En mentionnant le droit de toute personne, la Convention a-t-elle entendu par ce terme non seulement les personnes déjà nées, mais encore les enfants simplement conçus ? En d'autres termes, lorsque son droit à la vie est en jeu, l'enfant conçu doit-il être réputé né, et se voir reconnaître dans cette mesure la personnalité juridique ?

Il semblera étonnant qu'une telle question puisse être posée devant les données acquises de la science moderne qui ont été exposées notamment par la délégation de l'Académie de médecine entendue par le groupe du travail constitué par la commission des affaires culturelles, familiales et sociales et par la commission des lois de l'Assemblée nationale. L'idée antique que, durant la gestation, l'enfant est *pars viscerum matris*, la théorie aristotélicienne de l'animation n'ont aucune base scientifique. Dès l'instant de la conception, un être nouveau, distinct de ses auteurs, est apparu, dont le développement futur est déjà programmé. La conception, a dit un auteur éminent, est la véritable naissance.

Quoi qu'il en soit, et pour en revenir à l'interprétation des termes de la Convention, celle-ci se réfère en son article 2 à la notion de personne. Dans la langue juridique, le terme a une signification très précise. La personnalité est l'aptitude à être sujet de droits, la capacité d'être titulaire de droits. A défaut d'autre précision ou définition figurant dans la Convention, il s'impose de rechercher si, à l'époque de l'élaboration de la Convention, les ordres juridiques des Etats signataires admettaient qu'un enfant simplement conçu, pût être sujet de droits.

L'affirmative s'impose évidemment. L'adage *Infans conceptus pro nato habetur quoties de commodis ejus agitur*, reçu du droit romain, exprime en effet le droit commun aux Etats européens. Pour s'en tenir au droit français à titre d'exemple, l'article 725 du code civil consacre l'adage en ces termes :

« Pour succéder, il faut nécessairement *exister* à l'instant de l'ouverture de la succession ».

« Ainsi, sont incapables de succéder :

1. Celui qui n'est pas encore conçu ;

2. L'enfant qui n'est pas né viable ».

A contrario,

Celui qui est déjà conçu à l'instant de l'ouverture de la succession *existe* donc au sens juridique du terme, il est *capable*, c'est-à-dire qu'il est apte à devenir sujet de droit dans la mesure de ses intérêts. Il est par conséquent déjà une personne.

Sans doute, l'article 725 ne reconnaît-il à l'enfant conçu que la vocation successorale. Mais la jurisprudence n'a jamais hésité à appliquer l'adage *Infans conceptus* en dehors de la matière des successions. Il l'a étendu à de multiples autres situations juridiques qu'il s'agisse de l'application de la législation des accidents du travail (Civ. 11 janvier 1935, D.P. 1935, 1.5. note Rouast ch. réun. 8 mars 1939, D.C. 1941, S. 25, note Julliot de la Morandière, S. 1941, 1. 25, note Batiffol), ou de domaines étrangers au droit du patrimoine. Ainsi celui de l'acquisition de la nationalité française (Civ. 14 avril 1929, D.H. 1929, 298). L'enfant naturel peut être valablement reconnu par ses auteurs dès avant sa naissance.

Quoties cumque de commodis ejus agitur : la personnalité n'est reconnue à l'enfant conçu que dans son avantage. Existe-t-il un intérêt, un *commodum*, plus considérable que la vie elle-même, que le droit de vivre ?

6. L'article 725 du code civil, cité plus haut, a paru offrir un argument aux adversaires de la doctrine défendue dans ce mémoire, en tant qu'il

refuse la capacité de succéder à l'enfant qui n'est pas né viable.

Mais l'explication de cette règle est connue depuis longtemps.

« En refusant la personnalité aux enfants qui ne sont pas nés viables — écrivent MM. Marty et Raynaud (Droit civil, t. II, 2e vol. 2e édition n° 12, p. 17) — le législateur français a pensé qu'il était plus simple de ne pas tenir compte d'une vie aussi brève qui ne pouvait durer ».

Il a paru inutile de considérer que l'enfant qui n'est pas né vivant, ou viable, avait fixé en sa personne une succession dont il faudrait immédiatement assurer de nouveau la dévolution. On fera comme si l'enfant n'avait pas existé. S'il a été nécessaire de le dire, c'est bien parce que cet enfant a existé.

7. Dans son intervention précitée au cours de la séance tenu par l'Assemblée nationale le 28 novembre 1974, le Garde des Sceaux, ministre de la Justice, a cru pouvoir répondre à cette argumentation en représentant qu'un certain nombre de législations édictées par des Etats signataires auraient « libéralisé » l'avortement.

L'argument n'aurait de valeur, une valeur toute relative au reste, que s'il s'agissait de législations antérieures à la signature de la Convention européenne de sauvegarde des droits de l'homme et des libertés fondamentales. On pourrait alors tenter d'en inférer qu'en acceptant les termes de l'article 2 de la Convention, les Etats n'auraient pas estimé que leur législation interne fut contraire à la rédaction de cet article et que par cet article ils n'auraient point voulu interdire l'avortement provoqué. L'interprétation serait divinatoire.

Or, à l'époque de l'élaboration de la Convention et même de la ratification de ladite Convention, ni la Suisse, ni la Suède, ni les Pays-Bas, ni la Grande-Bretagne n'avaient — comme l'on dit — « libéralisé » l'avortement. Le Code pénal suisse, en son article 120, toujours en vigueur, ne légitimait que le seul avortement thérapeutique. La législation suédoise, plus laxiste depuis 1946, exigeait cependant que les forces physiques et mentales de la mère soient sérieusement affectées. La loi néerlandaise, toujours en vigueur, demeure dans les textes, des plus restrictives et n'a été vidée de sa portée que par la jurisprudence et la pratique et surtout depuis la fin des années 60. Quant à la législation actuelle de la Grande-Bretagne, elle n'a été adoptée qu'en 1967. Elle n'autorise du reste encore, à la lettre de son texte, que des avortements thérapeutiques ou motivés par le risque d'anomalies physiques ou mentales de l'enfant.

Plus ou moins largement entendu, l'avortement motivé par un état de nécessité était seul légitimé par les législations d'Etats signataires de la Convention à l'époque de sa signature.

Depuis cette époque et très récemment, les législations de la République fédérale d'Allemagne, de l'Autriche et de la Suède ont autorisé l'avortement sans conditions autre que de forme, durant une période plus ou moins longue, au début de la gestation.

On ne saurait rien inférer valablement de législations postérieures de vingt ans à la signature d'une Convention, pour interpréter les termes de celle-ci. Il est notable du reste que la loi votée par le Parlement de la République fédérale a été déférée par le Land de Bade-Wurtemberg, au tribunal constitutionnel fédéral pour violation de l'article 2, § 2 de la loi fondamentale du 23 mai 1949. Ce texte, contemporain de la Convention européenne de sauvegarde des droits de l'homme, dispose en effet que « chacun a droit à la vie et à l'intégrité corporelle ».

L'argumentation déduite des législations étrangères se retourne en réalité contre la thèse de ceux qui la proposent et la défendent.

A la date du 4 novembre 1950, les législations internes de tous les Etats parties à la Convention incriminaient l'avortement, et ne faisaient exception que pour des avortements motivés par des raisons d'ordre thérapeutique. Les Etats signataires, en concluant la Convention, ne pouvaient avoir dans la pensée qu'ils mettaient leur loi interne sur l'avortement en contradiction avec la Convention. En prohibant l'avortement, leur loi interne protégeait en effet le droit à la vie de la personne de l'enfant conçu.

8. Car, tel est le sens qu'avait l'incrimination de l'avortement. Ce fait était incriminé parce qu'il constituait un homicide, qu'il était une infraction contre les personnes.

Regarder l'avortement comme un homicide est par exemple une conception traditionnelle du droit français. L'ancien droit l'admettait déjà. Muyert de Vouglans écrivait dans ses « Lois criminelles dans leur ordre naturel » 1781, t. 1, p. 159 — sous le § III — De l'infanticide et de ses diverses espèces :

« ... L'on distingue néanmoins dans nos usages, parmi ces homicides, ceux qui se commettent sur des enfants d'un certain âge, de ceux qui se commettent sur des enfants nouveaux-nés, ou même sur ceux qui sont encore dans le sein de leur mère ».

Que l'avortement ait été regardé comme une infraction contre une personne résulte en droit français — cité à titre d'exemple, car les autres législations pourraient apporter des arguments d'égale force — du code pénal lui-même. L'article 317, qui réprime l'avortement, figure sous les rubriques suivantes : Titre deuxième, Crimes et délits contre les particuliers, Chapitre Ier, Crimes et délits contre les personnes.

9. Qu'à une période plus récente et même contemporaine, l'idée que l'enfant conçu est déjà une personne ait été encore reçue comme un véritable principe général du droit commun aux nations civilisées est attesté, entre autres documents, par la Déclaration des droits de l'homme contenue dans la proposition de loi constitutionnelle adoptée le 19 avril 1946 par l'Assemblée nationale constituante et d'ailleurs rejetée par référendum le 5 mai 1946. L'article 23 de cette Déclaration portait :

« La protection de la santé dès la conception, le bénéfice de toutes les mesures d'hygiène et de tous les soins que permet la science sont garantis à tous et assurés par la nation ».

La proposition de loi qui contenait cette déclaration n'a pas été ratifiée par le référendum. On a voulu simplement relever qu'elle traduisait une conception généralement admise.

Les travaux préparatoires du texte méritent d'être consultés (cf. Assemblée nationale constituante élue le 21 octobre 1945 — Séances de la commission de la Constitution, comptes rendus analytiques imprimés en exécution de la résolution votée par l'Assemblée le 25 avril 1946, p. 306 et 307).

Page 306 : M. Devèze suggère à la commission de s'inspirer du texte suivant, emprunté à une déclaration des droits sociaux rédigée par M. Gruvitch : « Le droit à la vie de chaque homme est protégé dès les premiers signes de la grossesse et s'applique aussi bien à la mère qu'à l'enfant quand il sera engendré ».

« Sur proposition de M. Pierre Cot, la commission décide qu'un article spécial, qui prendra provisoirement le n° 23 bis, sera consacré à la protection de la maternité et de l'enfant avant et après sa naissance ».

Page 307 : M. Foulapt-Esperaber insiste sur ce point que la protection « de la mère et de l'enfant implique nécessairement la défense contre l'avortement qui, en même temps qu'un danger social, constitue un attentat contre la vie de l'enfant et un risque pour la mère. Il faut donc affirmer la nécessité de protéger la vie de l'enfant avant sa naissance ».

« M. Pierre Cot se déclare d'accord sur le fond, mais demande que le mot " avortement " ne figure pas dans un texte qui devra être enseigné et commenté dans les écoles. Pour régler ce point particulier, il soumet à la commission la formule suivante : Le droit de l'enfant à la vie et à la santé est garanti dès avant sa naissance ».

« Ce texte est adopté à l'unanimité ».

Non moins nettement, la résolution de l'Assemblée générale des Nations unies portant déclaration des droits de l'enfant (résolution 1386-XIV), proclame :

« Considérant que l'enfant, en raison de son manque de maturité physique et intellectuelle, a besoin d'une protection spéciale et de soins spéciaux, notamment d'une protection juridique appropriée, *avant* comme après sa naissance ».

9. Ces considérations qui précèdent commandent donc d'admettre qu'en mentionnant le droit à la vie de toute personne l'article 2 de la Convention européenne de sauvegarde des droits de l'homme doit s'entendre de l'enfant simplement conçu comme de l'enfant déjà né.

Il appartient au Conseil constitutionnel de le dire, et de faire application du principe ainsi reconnu à la loi qui lui est déférée.

II. Les dispositions de la loi votée par le parlement sont contraires aux stipulations du traité

11. Du point de vue de la technique législative, le texte adopté par les deux Assemblées présente plus d'une particularité dont la conformité à la Constitution pourrait être critiquée. Il est peu d'exemples d'une loi suspendant pour un temps l'application d'une loi pénale, en dehors du domaine tout à fait spécial des infractions économiques. Il résulte de la singulière disposition édictée par l'article premier de la loi qu'un fait jusqu'alors puni comme un délit, et comme un délit grave si l'on considère les pénalités qui lui sont applicables, cessera d'être délictueux durant cinq années, et le redeviendra au terme de cinq ans à moins qu'une loi n'intervienne pour le légitimer à nouveau.

Le texte voté par le Parlement procède d'une distinction entre deux périodes pendant la durée de la grossesse. Durant les dix premières semaines, l'avortement est autorisé sans aucune restriction autre que de forme (A), durant la seconde période il n'est plus légitimé que pour des motifs d'ordre médical (B).

A. *Le régime de l'avortement durant les dix premières semaines*

Il résulte de l'article 2 de la Convention européenne qu'en dehors de l'application de la peine de mort le fait de donner volontairement la mort ne peut être légitimé que par l'état de nécessité, notion dans laquelle entre la légitime défense.

Les dispositions adoptées par le Parlement ne subordonnent l'avortement pratiqué pendant les dix premières semaines de la gestation à aucune condition de cette nature. Sans doute, est-il indiqué mais le texte ne tire aucune conséquence de la notion de détresse, qui n'est qu'une sorte de trompe-l'œil. Il résulte du texte et il a été dit expressément au cours des travaux préparatoires que l'avortement ne reprendrait pas le caractère illicite et délictueux, s'il était pratiqué comme moyen de régulation des naissances ou si la mère n'était pas réellement dans une situation de détresse. Quant au fond il est clair et il est entré dans la volonté des auteurs du projet que, durant la période initiale de la grossesse, l'avortement désormais serait libre, et que par conséquent le droit à la vie ne serait pas protégé.

DOCUMENT 61-512
Recours de sénateurs contre la loi modifiant et complétant certaines dispositions de procédure pénale

Les Sénateurs soussignés
à
Monsieur le Président,
Messieurs les membres
du Conseil constitutionnel
2, rue de Montpensier
75001 Paris

Monsieur le Président,
Messieurs les Conseillers,

Conformément à l'article 61 de la Constitution de la République, nous avons l'honneur de vous déférer la loi modifiant et complétant certaines dispositions de procédure pénale qui vient d'être définitivement adoptée par le Parlement en ce qui concerne son article 5 (article 398-1 du code de procédure pénale).

Nous estimons que ce texte a été voté en :

— Violation des principes généraux de la Déclaration des droits de l'homme et du citoyen reprise et confirmée par le préambule de la Constitution de 1958 et notamment de son article 6 :

« Les hommes naissent et demeurent libres et égaux en droit. La loi doit être la même pour tous, soit qu'elle protège, soit qu'elle punisse. »

— Violation des principes fondamentaux reconnus par les lois de la République et confirmés par le préambule de la Constitution de 1946 repris par celle de 1958 et de l'article 16 de la loi des 16-24 août 1970 sur l'organisation judiciaire, qui dispose :

« Tous les citoyens sans distinction plaident dans la même forme et devant les mêmes juges dans les mêmes cas. »

— Violation du principe fondamental reconnu par les lois de la République et les lois d'ordre public sur l'organisation judiciaire française en ce qui concerne les juridictions de jugement sont toujours collégiales, spécialement en matière de répression des délits.

Pour ces motifs, nous vous demandons de bien vouloir déclarer l'article 5 précité non conforme à la Constitution.

Veuillez agréer, Monsieur le Président, Messieurs les Conseillers, les assurances de notre haute considération.

Fait à Paris, le 30 juin 1975

DOCUMENT 61-513
Recours de députés contre la loi supprimant la patente et instaurant la taxe professionnelle

Paris, le 30 juin 1975

Les députés soussignés
à Monsieur le Président et
Messieurs les Membres du
Conseil constitutionnel
2, rue de Montpensier
75001 Paris

Monsieur le Président,
Messieurs les Conseillers,

Conformément au deuxième alinéa de l'article 61 de la Constitution, nous avons l'honneur de déférer au Conseil constitutionnel la loi supprimant la patente et instituant une taxe professionnelle, qui vient d'être adoptée par le Parlement, afin que le Conseil se prononce sur sa conformité à la Constitution.

Nous estimons, en effet, que cette loi doit être déclarée non conforme à la Constitution pour le motif qu'elle a été délibérée et adoptée sans que les membres du Parlement aient pu exercer pleinement le droit d'initiative législative qui leur est reconnu par la Constitution.

1. Droit d'initiative des membres du Parlement

A. Principe général

En vertu des articles 39 et 44 de la Constitution, « l'initiative des lois appartient concurremment au Premier ministre et aux membres du Parlement » tandis que « les membres du Parlement et le Gouvernement ont le droit d'amendement ».

La Constitution a donc explicitement placé sur un même plan le Gouvernement et les parlementaires en ce qui concerne le droit d'initiative législative, qu'il s'agisse du dépôt des projets ou propositions de loi ou qu'il s'agisse des amendements.

Il s'agit là d'un principe fondamental de notre Constitution. Aussi a-t-elle prévu très clairement les cas, nécessairement limités, dans lesquels il peut y être porté atteinte : ces cas sont prévus aux articles 40, 41 et 45 de la Constitution.

B. Les dérogations à ce principe

Trois séries de dérogations au droit d'initiative législative sont prévues par la Constitution.

Deux d'entre elles ne rompent pas le principe d'égalité rappelé ci-dessus. Seule la troisième paraît le rompre mais ses effets se trouvent corrigés par les voies de recours ouvertes aux membres du Parlement.

1. Le droit d'amendement des membres du Parlement se trouve suspendu, sans pour autant rompre le principe d'égalité posé aux articles 39 et 44 de la Constitution, dans deux cas respectivement prévus aux articles 41 et 45 de la Constitution.

— En vertu de l'article 41, le Gouvernement peut opposer l'irrecevabilité à toute proposition ou amendement portant sur une matière autre que celles visées à l'article 34 de la Constitution ou sur une matière ayant fait l'objet d'une délégation consentie en application de l'article 38 de la Constitution.

Mais la mise en œuvre de l'article 38 de la Constitution nécessite une habilitation parlementaire. C'est donc le Parlement, et lui seul, qui a le pouvoir de renoncer, pour certaines matières et pour un délai limité, à ses droits d'inititive législative.

Quant aux autres dispositions de l'article 41, si elles permettent effectivement au Gouvernement de protéger les attributions qui lui sont conférées par l'article 37 de la Constitution, elles ne font pas obstacle à la possibilité qui reste toujours donnée au Parlement de protéger le domaine de la loi prévu par l'article 34 de la Constitution.

En premier lieu, en effet, les présidents des Assemblées peuvent demander au Conseil constitutionnel de trancher un conflit d'interprétation ouvert à l'occasion de l'irrecevabilité soulevée par le Gouvernement en vertu de l'article 41.

En second lieu, soixante députés ou sénateurs peuvent déférer au Conseil constitutionnel toute loi qui leur paraît non conforme à la Constitution. Tel serait évidemment le cas d'une loi comportant des dispositions autres que celles prévues à l'article 34 de la Constitution sous réserve de l'appréciation du Conseil quant à la portée exacte de l'article 34.

Enfin, le Conseil d'Etat a admit que, dans certaines circonstances, un membre du Parlement pouvait avoir intérêt pour agir auprès de lui afin qu'il statue sur la légalité d'un texte réglementaire.

— L'autre disposition, qui ne rompt pas le principe d'égalité, est prévue par l'article 45 de la Constitution. Lorsque le Gouvernement décide de provoquer la création d'une commission mixte paritaire, aucun amendement n'est recevable sans son accord.

Mais le droit d'amendement des membres du Parlement ne se trouve pas pour autant suspendu. En réalité, le Parlement délègue ses pouvoirs, en ces domaines, aux membres de la commission mixte paritaire qui conservent, pendant les délibérations de cette commission et devant elle, l'intégralité de leur droit d'amendement.

2. En définitive, la seule dérogation grave qui soit apportée aux articles 39 et 44 de la Constitution est celle prévue par son article 40.

Selon cette disposition, aucun amendement n'est recevable lorsque son adoption aurait pour conséquence soit une diminution des ressources publiques, soit la création ou l'aggravation d'une charge publique.

Il est évident qu'une dérogation aussi large et sans contrepartie doit être appliquée stricto sensu.

Toute application indue d'une irrecevabilité fondée sur l'article 40 fausse gravement la procédure législative et il en résulte que le texte issu des délibérations parlementaires n'a pas le caractère d'un texte élaboré selon les procédures prévues par la Constitution et les règlements des assemblées parlementaires dont le Conseil constitutionnel a déclaré, en vertu de l'article 61, qu'ils sont conformes à la Constitution.

Aussi, l'importance de cette disposition ne saurait échapper à votre attention ni ses modalités d'application à votre censure.

Or, il se trouve que dans les décisions rendues le 20 janvier 1961 et le 12 mars 1963, le Conseil constitutionnel, saisi par le Premier ministre, a estimé qu'il avait un droit de regard sur les décisions d'irrecevabilité ou de non irrecevabilité prononcées en vertu de l'article 40. Des dispositions introduites dans un texte législatif par le Parlement ont été déclarées non conformes à la Constitution pour le motif qu'étant génératrices de charges publiques supplémentaires elles auraient du être déclarées irrecevables par application de l'article 40.

En estimant que vous aviez la possibilité, avant la promulgation de la loi, de faire ainsi application de l'article 40 de la Constitution sur une irrecevabilité soulevée par le Gouvernement, vous avez implicitement admis qu'une voie de recours pourrait être ouverte auprès de vous dans l'hypothèse où le recours abusif à l'article 40 a une incidence grave sur le contenu d'une loi qui n'a pas pu être examinée par le Parlement dans la plénitude de ses droits.

En effet, dans le cas contraire, le Parlement se trouverait placé, par rapport au Gouvernement, dans une situation d'infériorité qui viderait les articles 39 et 44 de la Constitution d'une très large partie de leur portée. Les décisions les plus arbitrairement prises en vertu de l'article 40 pourraient toujours prévaloir contre les droits des membres du Parlement tandis que le Gouvernement pourrait toujours obtenir auprès de vous la réforme des décisions de recevabilité prises en vertu du même article.

C'est pourquoi, nous fondant, d'une part sur l'équilibre et les droits des membres du Parlement définis par les articles 39 et 44 de la Constitution et, d'autre part, sur les décisions rendues le 20 janvier 1961, et le 12 mars 1963, nous vous demandons de bien vouloir statuer sur les conditions dans lesquelles l'article 40 de la Constitution a été appliqué à l'occasion de la discussion du projet de loi supprimant la patente et instituant une taxe professionnelle, aboutissant à rendre ce texte non conforme à la Constitution.

2. Conformité à la Constitution de la loi supprimant la patente et instituant une taxe professionnelle

Le Gouvernement a déposé sur le bureau de l'Assemblée nationale, le 13 mai 1975, un projet de loi n° 1634 supprimant la patente et instituant une taxe professionnelle.

Ni l'exposé des motifs de ce projet, ni son dispositif n'ont prévu expressément que la taxe professionnelle remplaçait la contribution des patentes.

Sans doute, l'exposé des motifs du projet de loi fait-il référence à l'article 8 de la loi n° 73-1193 du 27 décembre 1973 qui prévoit que « le Gouvernement déposera, avant le 31 décembre 1973 un projet de loi portant réforme de la contribution des patentes et définissant la ressource locale appelée à la remplacer ».

Mais l'article 8 de la loi d'orientation du commerce et de l'artisanat n'a aucune valeur législative car, à défaut, il constituerait une proposition de résolution.

Or, dans ses décisions des 18 et 24 juin 1959, le Conseil constitutionnel a estimé que de telles propositions sont contraires à la Constitution dans la mesure où elles tendent « à orienter ou contrôler l'action gouvernementale ».

Ainsi, et bien que l'article 8 précité ait été adopté sur la proposition du Gouvernement, il ne saurait avoir une valeur contraignante à l'égard du Gouvernement qui n'est pas plus lié que le Parlement par le vote de cette disposition.

Au demeurant, si l'article 8 avait une valeur contraignante, il faudrait considérer que le projet n° 1634 n'est pas celui qui avait été prévu par le législateur dans la loi du 27 décembre 1973. En effet, le projet visé à l'article 8 devait être déposé avant le 31 décembre 1973. Or, le projet n° 1634 a été déposé le 13 mai 1975, soit à un moment où l'article 8 de la loi du 27 décembre 1973, n'était plus applicable.

De même, le remplacement de la patente par une taxe professionnelle n'était pas prévu par l'ordonnance n° 59-108 du 7 janvier 1959.

En effet, aucune disposition de cette ordonnance ne prévoit expressément que la taxe professionnelle remplacera la patente. Bien plus, si l'on considère que la réforme de la patente a été prévue par l'ordonnance du 7 janvier 1959, il convient de souligner que le système envisagé à l'époque par cette ordonnance se trouve pratiquement abandonné. Un très grand nombre de dispositions de l'ordonnance a été abrogé par divers textes législatifs intervenus depuis sa publication. Quant aux dispositions de l'ordonnance qui concernent la taxe professionnelle, elles sont intégralement abrogées par l'article 18 du projet n° 1634.

Le Parlement se trouvait donc invité à supprimer la patente et à créer une taxe professionnelle dont on lui demandait de déterminer, conformément à l'article 34 de la Constitution, l'assiette et les modalités de recouvrement.

Il est évident que les dispositions proposées par le Gouvernement pour l'établissement de la taxe professionnelle sont profondément différentes de celles applicables à la patente.

Le Parlement était donc conduit à se prononcer sur la création d'un impôt entièrement nouveau.

Or, il a toujours été admis, depuis 1958, que l'article 40 de la Constitution ne pouvait pas être appliqué aux amendements intéressant des impositions nouvelles dont la création est demandée au Parlement.

Aussi, aucun des amendements présentés par les membres du Parlement n'aurait du être examinés sous l'angle de la recevabilité par référence à l'article 40 de la Constitution.

Tel n'a malheureusement pas été le cas. Le Président de l'Assemblée nationale — pour s'en tenir à cette seule Assemblée — a déclaré irrecevables, au cours de la première lecture du projet, les amendements n° 7, 11, 13, 18, 26, 30, 33, 41, 72, 76, 99, 100, 121, 130 et 145 ainsi qu'en fait foi le compte rendu des débats.

On ne peut écarter l'hypothèse que si ces amendements avaient été soumis au vote de l'Assemblée, ainsi d'ailleurs que ceux qui avaient été préparés par plusieurs députés qui ont finalement renoncé à les déposer en raison des avis émis à leur sujet par le Président de la commission des finances conformément à l'article 98-6 du règlement de l'Assemblée nationale, plusieurs d'entre eux auraient été adoptés, de sorte que le contenu de la loi se serait trouvé différent.

Même si aucun de ces amendements n'avait été voté, le Parlement aurait agi dans la plénitude de ses droits et non pas sous une contrainte que le constituant n'a en aucune manière entendu lui imposer.

Un autre motif nous conduit à penser que l'article 40 de la Constitution n'aurait pas du être appliqué aux amendements déposés au projet n° 1634.

En effet, la taxe professionnelle est un impôt mis à la disposition des collectivités territoriales et de leurs groupements.

Or, les règles budgétaires auxquelles les bénéficiaires de cet impôt sont soumis leur font obligation d'équilibrer strictement leurs dépenses et leurs recettes.

Les collectivités et leurs groupements déterminent donc, au vu de leurs dépenses, le montant des recettes fiscales qui leur sont nécessaires et c'est à partir de ce montant que sont fixés les taux des impositions.

Les collectivités et leurs groupements sont donc toujours assurés de recevoir les sommes dont elles ont besoin et qui sont réparties entre les assujettis au prorata des bases d'imposition prévues par la loi. Lorsque le législateur modifie ces bases, il modifie la répartition de la charge fiscale entre les contribuables sans jamais entraîner la diminution des ressources publiques visée à l'article 40 de la Constitution.

C'est vainement que l'on prétendrait appliquer l'article 40 aux seuls amendements de dégrèvement en arguant que l'accumulation d'amendements de l'espèce risquerait de faire disparaître la totalité de la matière imposable et, par là, de supprimer une « ressource publique », l'application d'un taux même très élevé à une base nulle se traduisant par un produit nul.

Outre qu'il s'agit là d'une hypothèse d'école, il faudrait, pour statuer sur chaque amendement, que le Président de l'Assemblée puisse prouver que l'on se trouve dans ce cas très particulier. De plus, il existe vraisemblablement en France de très petites communes où il n'existe aucun assujetti à la patente et où les ressources communales à taux variables ne proviennent que des taxes foncières et de la taxe d'habitation.

Enfin, cet argument ne ferait pas tomber celui s'appuyant sur le fait que l'on se trouve devant la création d'une ressource nouvelle et que le Gouvernement, à l'égard duquel l'article 40 ne joue pas, a pris l'entière responsabilité de proposer la suppression de l'ancienne contribution des patentes sans prendre à aucun moment l'engagement de maintenir une ressource dont le produit et la répartition entre les bénéficiaires seraient équivalents au produit et à la répartition de la patente.

Par ailleurs, il convient de noter que le dispositif du projet n° 1634 n'interdisait pas aux bénéficiaires de la taxe professionnelle de compenser les éventuels manque à gagner constatés entre l'ancienne patente et la nouvelle taxe professionnelle par une majoration des trois autres taxes locales directes.

Nous estimons donc avoir ainsi apporté la preuve que l'article 40 de la Constitution n'était pas applicable aux amendements proposés au projet n° 1634 par les membres du Parlement et qu'en décidant autrement, le Président de l'Assemblée nationale n'a pas permis aux députés de délibérer ce projet conformément à la Constitution.

C'est pourquoi nous vous demandons de bien vouloir déclarer non conforme à la Constitution la loi supprimant la patente et instituant une taxe professionnelle.

Une telle décision de votre part n'aura pas pour effet de supprimer toute réforme de la fiscalité locale directe et notamment de la patente. En effet, le Gouvernement conservera la possibilité de saisir le Parlement d'un nouveau projet de loi à l'égard duquel le Parlement pourra exercer la plénitude de son droit d'amendement.

Votre décision permettra en outre d'amorcer une jurisprudence délimitant avec précision le domaine d'application de l'article 40 de la Constitution. Cette application fait, depuis longtemps, l'objet de nombreuses critiques dans la mesure où, en particulier, les amendements déposés par les membres de l'opposition paraissent souvent soumis à un jugement spécialement rigoureux au regard de cet article.

Ainsi, votre décision serait non seulement conforme à la lettre de la Constitution, mais également à l'esprit qui a présidé à l'élaboration et au vote de la loi constitutionnelle du 29 octobre 1974 qui avait notamment pour objet d'offrir aux membres du Parlement, qu'ils appartiennent à la majorité ou à l'opposition, la possibilité de défendre ses droits auprès du Conseil constitutionnel.

Veuillez agréer, Monsieur le Président, Messieurs les Conseillers, les assurances de notre haute considération.

DOCUMENT 61-514
Recours de députés contre la loi de finances pour 1976

Paris, le 18 décembre 1975

Les députés soussignés
à Monsieur le Président et
Messieurs les Membres du
Conseil constitutionnel
2, rue de Montpensier
75001 Paris

Monsieur le Président,
Messieurs les Conseillers,

Conformément aux dispositions de l'article 61 de la Constitution, nous avons l'honneur de déférer au Conseil constitutionnel la loi de finances pour 1976 telle qu'elle vient d'être adoptée par le Parlement.

Nous estimons que les articles 39 (Comptes retraçant des opérations à caractère temporaire — services votés) et 45 (Comptes de règlement avec les Gouvernements étrangers — Mesures nouvelles) ne sont pas conformes à la Constitution pour les motifs suivants.

En vertu de l'article 27 de l'ordonnance n° 59-2 du 2 janvier 1959 portant loi organique relative aux lois de finances, « les comptes de règlement avec les gouvernements étrangers retracent des opérations faites en application d'accords internationaux approuvés par la loi ».

Cette disposition ne fait que reprendre, en la confirmant, une autre disposition insérée sous l'article 53 de la Constitution et selon laquelle les accords « qui engagent les finances de l'Etat » ne peuvent être approuvés qu'en vertu d'une loi.

Or, le compte de règlement avec les Gouvernements étrangers, intitulé « Compte de consolidation des dettes commerciales de pays étrangers », et dont les dotations financières de l'exercice 1976 figurent sous les articles 39 et 45 de la loi de finances pour 1976 retrace, notamment, les conséquences des accords conclus le 15 juin 1972 et le 16 septembre 1974 entre le Gouvernement français et le Gouvernement du Chili.

Toutefois, ces deux accords conclus avec le Chili n'ont pas été soumis à l'approbation du Parlement.

Il s'en suit que les crédits destinés à couvrir les engagements financiers résultant, pour le budget de l'Etat, des deux accords susvisés ne sont pas conformes, ni en services votés, ni en mesures nouvelles, aux dispositions de l'article 53 de la Constitution et à celles de l'article 27 de la loi organique sur les lois de finances.

Sans doute pourrait-on considérer que l'approbation des dépenses vaut approbation indirecte des accords.

Mais une telle interprétation ne serait pas conforme à la Constitution.

En effet, selon l'article 55 de la Constitution, les « accords régulièrement approuvés ont, dès leur publication, une autorité supérieure à celle des lois ».

C'est ce qui explique, semble-t-il, que la procédure d'approbation d'un accord international fasse l'objet de dispositions spéciales dans le règlement de l'Assemblée nationale (Art. 128 et 129). C'est ainsi que le règlement de l'Assemblée, qui a été déclaré conforme à la Constitution, interdit toute approbation d'un accord dans des formes autres que celles prévues aux articles 128 et 129. Il s'en suit qu'aucun accord soumis à approbation obligatoire en vertu de l'article 53 de la Constitution et de l'article 27 de la loi organique sur les lois de finances ne saurait être approuvé, ni directement, ni indirectement, par une loi autre que celles visées aux articles 128 et 129 du règlement et, par suite, par une simple loi de finances.

Pour ces divers motifs, nous avons l'honneur de vous demander de bien vouloir déclarer non conformes à la Constitution les dispositions susvisées de la loi de finances pour 1976 en tant qu'elles comportent les crédits nécessaires aux dépenses entraînées par la mise en œuvre des accords conclus avec le Chili et qui n'ont fait, à ce jour, l'objet d'aucune loi d'approbation.

Nous vous prions d'agréer, Monsieur le Président, Messieurs les Conseillers, les assurances de notre haute considération.

DOCUMENT 61-515
Recours de députés contre la loi relative aux conséquences de l'autodétermination des îles des Comores

Paris, le 13 décembre 1975

Les députés soussignés
à Monsieur le Président et
Messieurs les Membres du
Conseil constitutionnel
2, rue de Montpensier
75001 Paris

Monsieur le Président,
Messieurs les Conseillers,

Conformément aux dispositions de l'article 61 de la Constitution, nous avons l'honneur de déférer au Conseil constitutionnel la loi relative aux conséquences de l'autodétermination des îles des Comores.

Nous estimons que cette loi est contraire à la Constitution pour les motifs suivants.

Depuis que les îles de la Grande-Comore, d'Anjouan et de Mohéli ont été érigées en protectorat français, elles ont été réunies avec l'île de Mayotte pour former un territoire unique.

Le premier texte intervenu dans ce domaine est le décret du 9 septembre 1889. Depuis cette date, l'unité politique et administrative de l'archipel des Comores n'a jamais été remise en cause par aucun texte, malgré la multiplicité des dispositions intervenues au sujet des Comores ; loi du 9 mai 1946, loi du 17 avril 1952, décret du 22 juillet 1957, loi du 22 décembre 1961, loi du 3 janvier 1968.

Chaque fois que le législateur ou le pouvoir réglementaire est intervenu, il l'a fait en considérant que l'archipel des Comores constituait un territoire unique. On peut même estimer que le législateur s'est clairement prononcé à ce sujet en adoptant la loi du 9 mai 1946. En effet, cette loi procédait d'une proposition de loi d'un élu des Comores qui indiquait, dans son exposé des motifs : « c'est la religion musulmane qui donne à l'archipel sa forte unité, renforcée par un dialecte unique, le swaheli ».

Ainsi, il apparaît que la République française n'a jamais remise en cause l'unité territoriale de l'archipel des Comores tandis que l'opinion publique internationale a constamment considéré que les quatre îles des Comores formaient un territoire unique dépendant de la République française et administré, en dernier lieu, dans les conditions prévues par les articles 72 et suivants de la Constitution.

C'est d'ailleurs en se fondant sur ce principe fondamental de l'unité du territoire des Comores que le Gouvernement français et le Conseil de Gouvernement comorien ont conclu, le 15 juin 1973, un accord amorçant le processus d'accession du territoire à l'indépendance tandis qu'au cours de la campagne pour les élections présidentielles, M. Giscard d'Estaing s'est engagé à poursuivre ce processus sans remettre en cause l'unité dudit territoire.

C'est dans cet esprit qu'a été mise en œuvre, à la fin de l'année 1974, la procédure prévue par l'article 53 de la Constitution et qui visait à recueillir le consentement des populations intéressées par l'accession de ce territoire à l'indépendance.

En vertu de la loi du 23 novembre 1974, les populations de l'archipel des Comores ont été invitées à se prononcer sur le point de savoir si elles souhaitaient que leur territoire accède à l'indépendance. Dans l'ensemble des îles, une réponse positive a été apportée, le 22 décembre 1974, à la question ainsi posée.

Par une loi du 3 juillet 1975, le Parlement de la République, dépositaire de la souveraineté nationale a admis, à la suite de ce vote, le principe de l'accession du territoire à l'indépendance (cf. art. 1er). Même si les autres dispositions de la loi précitée n'ont pas été respectées, ce fait n'en porte aucune atteinte au principe susvisé. Au demeurant, le Gouvernement de la République aurait pu s'opposer à la proclamation unilatérale de l'indépendance par les autorités locales comoriennes. Il n'a pas cru devoir le faire, estimant sans doute que la volonté des populations, exprimées par le Parlement de la République, avait d'une manière claire lui interdisant d'intervenir en sens contraire.

Toutefois, le Gouvernement de la République, s'il a renoncé à la souveraineté de la France sur les îles de la Grande-Comore, de Mohéli et d'Anjouan, a estimé devoir maintenir la souveraineté sur l'île de Mayotte qui a, paradoxalement et ainsi que l'histoire nous l'enseigne, été celle qui a servi de base à la création politique et administrative de l'archipel des Comores (cf. le décret de 1889 qui instituait le territoire de Mayotte et ses dépendances).

Ainsi, et bien que le territoire de l'archipel des Comores se soit trouvé, pour la première fois depuis 1889, amputé d'une de ses îles, la France ne s'est pas opposée à la création du nouvel État comorien, qui a été reconnu par de nombreuses puissances étrangères et qui a été récemment admis à l'ONU sans que la France manifeste son opposition à cette admission.

Mais l'opinion publique internationale ne semble pas avoir admis ce changement de doctrine de la part de la France puisque, pour la plupart des États étrangers, le nouvel État comorien procède de l'ancien archipel français des Comores constitué en 1889 et jamais remis en cause par la France depuis cette date.

Dans ces conditions, nous considérons qu'en se maintenant à Mayotte et en engageant, par la loi qui vous est soumise, une nouvelle procédure d'accession à l'indépendance pour Mayotte, le Gouvernement et le Parlement effectuent une démarche contraire au préambule de la Constitution de 1946, qui stipule que « La République française, fidèle à ses traditions, se conforme aux règles du droit public international ». Or, le droit public international comporte notamment la Charte des Nations unies, ratifiée par la France et dont l'archipel des Comores est maintenant partie prenante en tant que membre de l'ONU.

En outre, la loi soumise à votre examen est contraire à une autre disposition du même préambule selon laquelle la République française « n'emploiera jamais ses forces contre la liberté d'aucun peuple ». Or, en se maintenant à Mayotte contre la volonté de la majorité de la population des Comores et d'une partie importante des électeurs de Mayotte, la France méconnaît incontestablement cette disposition, et cette méconnaissance se trouve maintenant inscrite dans la loi soumise à votre examen.

Certains pourraient soutenir, pour justifier une interprétation contraire et pour soutenir la conformité de la loi susvisée, que les quatre îles des Comores sont séparées entre elles par des eaux internationales qui font, de chacune d'elles, une entité particulière. Mais on ne voit pas pourquoi, dans ces conditions, tous les textes intervenus depuis 1889 ont regroupé les quatre îles dans un même territoire. En outre, un problème équivalent pourrait être soulevé à l'égard d'autres territoires, comme la Corse, séparée de la métropole par des eaux internationales et qui, pourtant, est soumis au même régime que les départements de France continentale tandis qu'à l'occasion des consultations électorales (référendum notamment) les suffrages de la Corse n'ont jamais été isolés pour justifier un traitement particulier à l'égard de cette île.

C'est pourquoi, en demandant au Parlement de voter la loi relative à l'autodétermination de Mayotte et en obtenant l'accord du Parlement, le Gouvernement a méconnu la Constitution. En outre, sur le plan international, le maintien de la France à Mayotte, contre toutes les règles constitutionnelles en vigueur, place notre pays dans une situation difficile et injustifiable très lourde de conséquences pour l'avenir.

Par ailleurs, en prévoyant de demander à la population de Mayotte si elle souhaite de faire partie du nouvel État comorien, la loi qui vous est déférée constitue une intervention dans les affaires intérieures d'un État étranger, qui se trouve bien entendu contraire au préambule de la Constitution.

En outre, en prévoyant de demander à la population de Mayotte de définir le statut dont elle souhaite être dotée, la loi n'est pas conforme à l'article 74 de la Constitution.

En effet, selon ces dispositions, l'organisation des territoires d'outre-mer est « modifiée par la loi après consultation de l'assemblée territoriale intéressée ».

Or, cette consultation n'a pas été préalablement effectuée. Au demeurant, on ne voit pas comment le Gouvernement pourrait maintenant solliciter et obtenir l'avis de la Chambre des députés des Comores, dès lors que cette assemblée est devenue celle d'un Etat indépendant et qu'elle ne saurait donc, par ses délibérations, régler désormais le sort d'un territoire de la République.

Tout autre aurait été la situation de Mayotte si elle s'était préalablement érigée en territoire d'outre-mer distinct des trois autres îles et si elle avait de ce fait disposé d'une assemblée territoriale qui lui soit propre.

Les termes de l'article 74 de la Constitution ne permettent pas d'engager des procédures de modification de l'organisation des territoires d'outre-mer lorsque ces modifications n'intéressent qu'une fraction d'un même territoire. La loi qui vous est déférée, en tant qu'elle prévoit une procédure de choix d'un nouveau statut pour Mayotte et, simultanément, qu'elle consacre l'accession à l'indépendance des trois autres îles, interdit la mise en œuvre de l'article 74 de la Constitution et se trouve donc de ce fait non conforme.

Aussi, pour ces divers motifs, nous avons l'honneur de vous demander de bien vouloir déclarer la loi relative aux conséquences de l'autodétermination des îles des Comores non conforme à la Constitution.

Nous vous prions d'agréer, Monsieur le Président, Messieurs les Conseillers, les assurances de notre haute considération.

DOCUMENT 61-516

Recours de députés contre la loi portant modification de l'ordonnance n° 59-244 du 4 février 1959 relative au statut général des fonctionnaires

Paris, le 2 juillet 1976

Les députés soussignés
à Monsieur le Président et
Messieurs les Membres du
Conseil constitutionnel
2, rue de Montpensier
75001 Paris

Monsieur le Président,
Messieurs les Conseillers,

Conformément au deuxième alinéa de l'article 61 de la Constitution, nous avons l'honneur de déférer au Conseil constitutionnel la loi portant modification de l'ordonnance n° 59-244 du 4 février 1959 relative au statut général des fonctionnaires, telle qu'elle a été adoptée le 30 juin 1976 par l'Assemblée nationale et le Sénat.

Nous estimons que les articles 2, 3 et 4 de cette loi ne sont pas conformes à la Constitution, pour les motifs suivants :

En vertu de l'article 6 de la Déclaration des droits de l'homme et du citoyen du 26 août 1789, reprise et confirmée par le préambule de la Constitution du 4 octobre 1958 et dont le Conseil constitutionnel a affirmé à plusieurs reprises la valeur constitutionnelle, la loi « doit être la même pour tous, soit qu'elle protège, soit qu'elle punisse. Tous les citoyens étant égaux à ses yeux, sont également admissibles à toutes dignités, places et emplois publics, selon leur capacité et sans autre distinction que celle de leurs vertus et de leurs talents. »

Il apparaît que l'avant-dernier alinéa de l'article 2 de la loi déférée à votre examen, ainsi que la dernière phrase du 7ᵉ alinéa de l'article 3 de la même loi, sont contraires à cette disposition et que leur non conformité à la Constitution entraîne, par voie de conséquence, la non conformité de l'article 14 de la même loi.

Selon l'avant-dernier alinéa de l'article 2, lorsqu'il y a lieu à examen professionnel dans le cadre de la promotion interne prévue par l'article 19 de l'ordonnance n° 59-244 du 4 février 1959, relative au statut général des fonctionnaires, « le jury pourra compléter son appréciation par la consultation des dossiers individuels des candidats. »

Or, outre que l'anonymat des épreuves ne sera plus respecté, l'égalité entre les candidats se trouvera rompue par le fait que le jury aura la possibilité mais non l'obligation de consulter les dossiers individuels. Et comme il est de fait que le jury ne disposera pas du temps matériel nécessaire pour examiner tous les dossiers individuels, seuls certains candidats bénéficieront — ou pâtiront — de l'examen de leur dossier. En outre, la structure des épreuves sera remise en cause par l'absence de toute pondération de l'examen du dossier individuel par rapport à l'ensemble des autres épreuves.

Des considérations analogues nous conduisent à contester la conformité à la Constitution du 7ᵉ alinéa de l'article 3 de la même loi, en tant qu'il prévoit que les statuts particuliers *pourront* comporter la possibilité pour le jury de consulter les dossiers individuels des candidats à un avancement de grade prévu par l'article 28 de l'ordonnance précitée du 4 février 1959. Mais cette disposition étant facultative, il peut en résulter par ailleurs une inégalité de traitement entre les diverses catégories d'emplois publics selon que les statuts particuliers autoriseront ou non le jury à se reporter au dossier individuel.

Mais outre qu'ils méconnaissent le principe constitutionnel d'égalité des citoyens devant la loi, les articles 2 et 3 de la loi déférée à votre examen nous paraissent également contraires à la dernière phrase de l'article 6 de la Déclaration des droits de l'homme et du citoyen du 26 août 1789.

En effet, il peut arriver que les dossiers individuels des candidats comportent — bien que les textes en vigueur l'interdisent — des appréciations sur les opinions politiques, philosophiques ou religieuses des candidats à une promotion interne ou à un avancement de grade dans la fonction publique.

Dans cette hypothèse, le jury pourrait être amené à tenir compte de ces appréciations ou indications pour statuer sur le cas qui lui est soumis. Ses délibérations porteraient alors sur d'autres éléments que la capacité des candidats et apporteraient, entre les candidats, des distinctions autres que celles prévues par l'article 6 précité de la Déclaration de 1789.

Pour ces divers motifs, nous estimons que les articles 2 et 3 de la loi déférée à votre examen ne sont pas conformes à la Constitution en tant qu'ils comportent la possibilité, pour le jury, de consulter les dossiers individuels des candidats à une promotion interne ou à un avancement de grade dans la Fonction publique.

Dans une décision n° 63-23 L du 19 février 1963, le Conseil constitutionnel a estimé que les concours de la fonction publique constituaient l'une des garanties fondamentales pour les citoyens qui sont candidats à un emploi public, au sens de l'article 34 de la Constitution. Or, la garantie fondamentale qu'apporte le concours se trouverait vidée de sa substance si tous les candidats n'étaient pas traités également par les jurys et si des éléments de jugements autres que ceux visés à l'article 6 de la Déclaration de 1789 devaient être pris en considération.

C'est pourquoi nous estimons que les dispositions adoptées par le Parlement et modifiant les articles 19 et 28 de l'ordonnance du 4 février 1959 ne sont pas conformes à la Constitution, d'autant qu'elles laissent le soin au pouvoir réglementaire de fixer des règles de mise en œuvre de garanties fondamentales qui, aux termes de l'article 34 de la Constitution, ne peuvent être fixées que par la loi. (Cf. votre décision du 29 juillet 1975 sur l'affaire du juge unique.)

La non-conformité des dispositions précitées entraîne, par voie de conséquence, la non-conformité de l'article 4 de la loi déférée à votre examen. Cet article valide, en effet, à titre rétroactif et par référence aux articles 2 et 3 de la loi qui vous est soumise, certaines dispositions réglementaires déclarées illégales par les juridictions administratives parce que contraires au texte actuel des articles 19 et 28 de l'ordonnance du 4 février 1959. Une telle validation ne serait possible sous réserve du principe de non rétroactivité des lois, qu'à la condition que la nouvelle rédaction des articles 19 et 28 précités ne soit pas elle-même contraire à la Constitution.

Nous chargeons Maître Arnaud Lyon-Caen, avocat au Conseil d'Etat et à la Cour de cassation de nous représenter auprès de vous dans la procédure de cette affaire.

Nous vous prions d'agréer, Monsieur le Président, Messieurs les Conseillers, les assurances de notre haute considération.

DOCUMENT 61-517

Recours de députés contre la loi relative au développement de la prévention des accidents du travail (1re saisine)

Note : ce recours est identique à celui déposé à l'occasion de la 2e saisine (cf. Doc. 61-518).

DOCUMENT 61-518

Recours de députés contre la loi relative au développement de la prévention des accidents du travail (2e saisine)

Paris, le 9 novembre 1976

Les députés soussignés ont l'honneur de déférer à la censure du Conseil constitutionnel les dispositions de l'article 13 de la loi relative au développement de la prévention des accidents du travail, adoptée par l'Assemblée nationale et par le Sénat, ajoutant au Code du travail un article L 263-2-1.

Cet article dispose que le juge répressif, ayant retenu la responsabilité pénale d'un préposé à raison d'une infraction au code du travail ayant provoqué la mort ou des blessures, aura le pouvoir de mettre les amendes prononcées à la charge de l'employeur, à l'égard duquel cependant aucune responsabilité pénale n'aurait été établie, ni retenue.

Une pareille disposition contredit formellement le principe de la personnalité de la responsabilité pénale et le principe de la responsabilité des peines, principes du droit libéral qui est exprimé à l'article 8 de la Déclaration des droits de l'homme de 1789.

DOCUMENT 61-519

Recours du Président de l'Assemblée nationale contre la loi de finances rectificative pour 1976

Monsieur le Président,

Conformément à l'article 61, alinéa 2, de la Constitution, j'ai l'honneur de déférer au Conseil constitutionnel la loi de finances rectificative pour 1976 adoptée définitivement par le Sénat dans sa séance du vendredi 17 décembre.

J'estime, en effet, que les articles 6 (ex art. 3 bis A), 10 (ex art. 5 bis A), 11 (ex art. 5 bis B), 12 (ex art. 5 bis C), 13 (ex art. 5 bis D), 14 (ex art. 5 bis E), 15 (ex art. 5 bis F), 16 (ex art. 5 bis G), 17 (ex art. 5 bis H), 18 (ex art. 5 bis I), 22 (ex art. 5 quinquies A) ne sont pas conformes à la Constitution pour avoir été introduits dans la loi par la voie d'une procédure qui contrevient, suivant les cas, soit à l'article 45, alinéa 2 de la Constitution, soit à l'article 39, alinéa 2, de la Constitution, soit à l'article 42 de l'Ordonnance n° 59-2 du 2 janvier 1959 portant loi organique relative aux lois de finances.

Les motifs sur lesquels est fondé le présent recours ont déjà été évoqués au cours de la deuxième séance de l'Assemblée nationale du vendredi 17 décembre 1976, ainsi qu'au début de la première séance du lundi 20 décembre. Ils seront repris, d'une manière plus développée, dans un mémoire ampliatif qui vous sera adressé à très bref délai.

Veuillez agréer, Monsieur le Président, l'expression de mes sentiments de haute considération.

Edgar Faure

Monsieur le Président
du Conseil constitutionnel
2, rue de Montpensier
75001 Paris

Paris, le 22 décembre 1976

Mémoire à l'appui du recours introduit auprès du Conseil constitutionnel contre le projet de loi de finances rectificative pour 1976, adopté définitivement le 17 décembre 1976.

1. Le projet de loi de finances rectificative pour 1976, déféré au Conseil constitutionnel, conformément à l'article 61, alinéa 2 de la Constitution, a été adopté par l'Assemblée nationale le 9 décembre.

Le Sénat a examiné ce texte, sur rapport de sa commission des finances (document n° 153 — année 76-77), dans sa séance du jeudi 16 décembre, le vote sur l'ensemble intervenant le 17 décembre à zéro heure quarante-cinq.

En dehors de six articles portant ouverture de crédits, le texte adopté par l'Assemblée comprenait, dans une première partie « Dispositions permanentes », onze articles à caractère législatif comportant des dispositions de natures diverses.

Au cours des débats devant le Sénat, le volume de cette première partie fut plus que doublé par l'adoption de douze articles additionnels, comportant autant de dispositions nouvelles et résultant d'amendements émanant les uns du Gouvernement, les autres de sénateurs.

Réunie le matin même du 17 décembre, à la demande du Gouvernement, une commission mixte paritaire a incorporé purement et simplement à ses propositions, sans y rien modifier, les douze articles additionnels votés par le Sénat, à l'exception d'une modification de pure forme apportée à l'un d'entre eux (article 6 — ex. 3 bis A).

Les conclusions de la commission mixte paritaire (Rapport A.N. n° 2713) furent soumises le même jour à quinze heures à l'Assemblée nationale. Des contestations s'élevèrent sur la régularité de la procédure suivant laquelle l'Assemblée nationale était appelée à entériner, dans le cadre global du texte élaboré par la commission mixte paritaire, une série de dispositions sur laquelle cette Assemblée n'avait pas été appelée à délibérer préalablement. C'est ainsi que le Gouvernement, qui avait d'abord résolu de ne présenter ni d'accepter aucun amendement sur le texte de la commission mixte paritaire, fut conduit à demander la suppression d'un des articles additionnels d'origine sénatoriale (article 5 quater A instituant une surtaxe sur les carburants au profit des régions d'outre-mer). En revanche, les onze autres articles additionnels sont demeurés incorporés au texte de la commission mixte paritaire que l'Assemblée nationale, puis le Sénat ont approuvé ; le vote conforme de ce dernier, intervenu en fin d'après-midi, rendant la loi définitive.

2. Le présent recours a pour objet de faire juger par le Conseil constitutionnel que les onze articles du projet de loi — résultant de dispositions nouvelles introduites lors des débats au Sénat par voie d'articles additionnels — ne sont pas conformes à la Constitution, par le motif qu'ils ont tous été introduits dans la loi sur une procédure irrégulière.

— Cette procédure contrevient en premier lieu aux dispositions de l'article 45, alinéa 2 de la Constitution, aux termes duquel la commission mixte paritaire est « chargée de proposer un texte sur les dispositions restant en discussion » ; formule qui, de toute évidence, limite la compétence de cette commission aux dispositions qui ont fait l'objet d'une délibération préalable au sein de chacune des deux Assemblées. Ce grief fondamental atteint l'ensemble des onze articles visés dans le recours.

— En second lieu, le plus grand nombre de ces articles ont été introduits dans un texte législatif ayant le caractère d'une loi de finances au mépris des prescriptions impératives de l'article 42 de l'ordonnance n° 59-2 du 2 janvier 1959 portant loi organique relative aux lois de finances : cet article interdit de présenter à un projet de loi de finances aucun article additionnel ni aucun amendement, « sauf s'il tend à supprimer ou à réduire effectivement une dépense, à créer ou à accroître une recette ou à assurer le contrôle des dépenses publiques » ; et cette interdiction est sanctionnée expressément par une disjonction de droit des articles additionnels et des amendements qui y contreviennent. Or il sera facile au Conseil constitutionnel de constater que sept articles au moins, sur les onze incriminés, n'ont aucun caractère financier et étaient, dès lors, passibles de la disjonction de droit prévue par la disposition précitée : il s'agit des articles 10, 11, 12, 13, 14, 17 et 18.

— Enfin, quelques-uns de ces articles n'ont pu être adoptés par le Sénat qu'en méconnaissance de la priorité de l'Assemblée nationale sur le Sénat, en matière financière, principe traditionnel et certain du droit constitutionnel, que la Constitution du 4 octobre 1958 — comme ses devancières — a manifestement entendu consacrer, notamment dans ses articles 39 (dernière phrase) et 47. Ce troisième grief vise les articles 6, 15, 16 et 22.

Il convient de reprendre successivement chacun des trois moyens qui viennent d'être résumés.

3. La première — et la principale — question soulevée est celle de l'étendue des pouvoirs de la commission mixte paritaire. Composée, en nombre égal, de délégués de chacune des deux Assemblées, cet organisme a une compétence strictement limitée à l'objet même pour lequel elle a été constituée : la recherche d'un accord sur les points, pour lesquels les deux Assemblées ne sont pas encore parvenues à l'adoption d'un texte identique. Elle ne peut remettre en cause les dispositions sur lesquelles il existe déjà, avant sa constitution, un accord entre le Sénat et l'Assemblée nationale, et elle n'a pas davantage qualité pour statuer sur des dispositions qui ont été examinées par l'une des deux Assemblées mais non par l'autre.

En acceptant le débat sur de telles dispositions, les membres de la commission mixte paritaire outrepassent le mandat à eux conféré par l'assemblée qui les a désignés. Comment admettre, par exemple, dans le cas présent, que les députés, membres de la commission mixte paritaire, aient pu faire connaître le point de vue de l'Assemblée nationale — et engager celle-ci dans une certaine mesure — sur des dispositions dont cette dernière n'avait encore jamais débattu ? Ce qui est vrai aujourd'hui pour les représentants de l'Assemblée nationale, le serait dans un autre cas pour ceux du Sénat.

4. Pour écarter cette argumentation, on pourrait, il est vrai, être tenté de s'appuyer sur ce que la commission mixte paritaire n'aurait qu'un pouvoir de proposition et que chacune des Assemblées resterait libre d'en adopter ou d'en repousser les conclusions, lorsque le Gouvernement les soumet à sa sanction. Raisonner de la sorte serait omettre la prérogative toute particulière dont jouit la commission mixte paritaire : les conclusions qu'elle présente ne sont pas susceptibles d'amendement, sauf par le Gouvernement ou avec son accord.

Cette irrecevabilité, il convient de le souligner, s'étend aux amendements tendant à la suppression d'une disposition qui n'aurait pas fait l'objet d'une délibération préalable dans une des deux Assemblées ; les deux règlements (article 42, alinéa 11 du règlement du Sénat — article 113, alinéa 3 du règlement de l'Assemblée nationale) disposent, en effet, dans des termes voisins, que chacune des Assemblées « se prononce par un seul vote sur l'ensemble du texte » ; en ne retenant que les amendements ayant reçu l'accord du Gouvernement (règlement du Sénat) ou « après avoir statué sur les amendements » (règlement de l'Assemblée nationale). Les incidents survenus au cours de la deuxième séance de l'Assemblée nationale du vendredi 17 décembre 1976 illustrent parfaitement cette situation.

S'agissant tout particulièrement des lois de finances, on ne peut demander à un parlementaire, pour déterminer son vote, de mettre en balance son hostilité à une disposition déterminée — et matériellement détachable de l'ensemble de la loi — et son appartenance à la majorité qui le conduit normalement à voter le budget : il votera pour l'ensemble sans avoir eu la faculté de marquer son hostilité — ni même avoir eu le droit de proposer un amendement — à l'égard de telle disposition, qui sera adoptée, sans avoir jamais été soumise à une délibération normale de l'Assemblée dont il fait partie : il y a là une situation tout à fait choquante qui aboutirait, si elle était admise, à conférer, en quelque sorte, à la commission mixte paritaire une prérogative qui ne serait pas sans rappeler celle reconnue au Gouvernement par l'article 44, alinéa 3 de la Constitution (« vote bloqué ») ; avec cette circonstance aggravante, dans le cas présent, que, en cas de vote bloqué, les amendements, non retenus par le Gouvernement, ne sont pas néanmoins irrecevables et peuvent être défendus par leurs auteurs.

5. La difficulté actuellement examinée ne se présente pas lorsque la constitution de la commission mixte paritaire est demandée par le Gouvernement après deux lectures dans chaque Assemblée, c'est-à-dire dans l'hypothèse de droit commun prévue par l'article 45, alinéa 2 de la Constitution.

En vertu de dispositions analogues des deux règlements, — qui ne font d'ailleurs que consacrer les règles traditionnelles de la « navette » — (article 42, alinéas 9 et 10 du règlement du Sénat ; article 108, alinéa 2 du règlement de l'Assemblée nationale) aucune disposition nouvelle ne peut être introduite à partir de la seconde lecture. Il en résulte qu'au moment où la constitution de la commission mixte paritaire est demandée, chaque Assemblée a nécessairement délibéré sur les dispositions nouvelles, qui, le cas échéant, ont pu être insérées par l'autre dans le texte en discussion.

Le problème ne peut donc se poser que dans les cas où le Gouvernement est en droit de demander la constitution d'une commission mixte paritaire après une seule lecture dans chaque assemblée — c'est-à-dire les cas où il peut ne pas y avoir de « navette » au sens strict du terme.

Ces cas sont au nombre de deux :

— le premier est celui où le Gouvernement a déclaré l'urgence (article 45, alinéa 2 de la Constitution) ;

— le second est celui des lois de finances (article 39, alinéa 5 de l'ordonnance du 2 janvier 1959).

• Dans le premier cas, il convient de le souligner fortement, les dispositions nouvelles — tombant sous le coup du grief actuellement exposé — peuvent émaner aussi bien de l'Assemblée nationale que du Sénat. Si le débat initial a eu lieu devant le Sénat, c'est l'Assemblée nationale qui peut être tentée d'ajouter des dispositions nouvelles, sur lesquelles le Sénat risquerait de n'être pas appelé à délibérer avant la constitution de la commission mixte paritaire ; et la situation est inverse, si c'est Assemblée nationale qui a été saisie en premier lieu. Cette observation est importante car elle met en relief que le problème soulevé par le présent recours intéresse aussi bien la protection des prérogatives du Sénat que de celles de l'Assemblée nationale.

• En revanche, quand il s'agit du projet de loi de finances, qui est obligatoirement soumis en premier à l'Assemblée nationale (article 39, alinéa 2 de la Constitution) les dispositions nouvelles, qui donnent lieu à la présente critique, sont nécessairement celles dont l'initiative a été prise par le Sénat.

6. A ce point de la discussion, il est nécessaire de se demander si la thèse soutenue dans le présent recours — celle de l'interdiction pour la commission mixte paritaire de proposer le vote de dispositions qui n'ont pas été préalablement délibérées par l'une et l'autre des Assemblées — ne vient pas contrarier l'exercice du droit d'amendement, expressément reconnu, aussi bien aux membres du Parlement qu'au Gouvernement par l'article 44, alinéa premier de la Constitution.

La réponse est, à notre avis, négative et l'opinion contraire paraît procéder d'une confusion entre droit d'amendement et droit d'initiative. Le droit d'amendement doit se situer à l'intérieur des limites d'un débat déterminé : les dispositions des règlements font une application très nette de cette conception qui correspond au bon sens (article 98, alinéa 5 du règlement de l'Assemblée nationale ; article 48, alinéa 3 du règlement du Sénat).

Dès qu'une proposition — même présentée sous la forme procédurale d'un amendement (ou généralement d'un article additionnel : les textes des règlements et l'article 42 de l'ordonnance du 2 janvier 1959 font la distinction entre amendements et articles additionnels) — soulève une question qui n'est pas dans le débat en cours, son auteur exerce en réalité, non pas le droit d'amendement de l'article 44, mais le droit d'initiative législative consacré par l'article 39, alinéa premier de la Constitution. Il faut reconnaître en effet que l'initiative législative peut emprunter deux voies : la voie principale qui s'exerce par le dépôt de projets et de propositions de loi ; la voie incidente qui peut s'exercer par l'utilisation du procédé des amendements (ou plus généralement des articles additionnels).

Sans doute, la distinction entre droit d'amendement et droit d'initiative — et par conséquent, entre modification du texte en discussion et insertion de dispositions nouvelles — risque, dans certains cas, de ne pas être évidente. Il faut, semble-t-il, en ce domaine, faire prévaloir une conception assez souple, qui laisse une place suffisante à l'évolution nécessaire de la discussion au fur et à mesure du déroulement de la procédure législative. Mais l'effort d'interprétation qui peut être nécessaire, parfois, pour tracer cette frontière, ne saurait, en aucun cas, mettre en cause le principe : la distinction entre le droit d'amendement et le droit d'initiative est incontestable.

C'est seulement le droit d'initiative (exercé sous la forme d'amendements ou d'articles additionnels) et non le droit d'amendement, qui peut se trouver affecté par la thèse développée dans le présent recours.

Or, s'agissant, plus spécialement, des lois de finances et des articles additionnels que peut y insérer le Sénat, il faut souligner deux points :

— tout d'abord, l'initiative n'appartient pas au Sénat en matière financière et nous retrouverons cette question qui fait l'objet du troisième moyen ;

— en second lieu, dans la plupart des hypothèses il n'y a aucune difficulté pour voir dans les dispositions additionnelles aux projets de loi de finances, non le résultat de l'exercice du droit d'amendement, mais le résultat de l'exercice du droit d'initiative par voie incidente.

Tel est le cas, assurément, pour les onze articles, sans exception, qui font l'objet du présent recours.

7. Avant d'en terminer avec le premier moyen, une observation est, toutefois, nécessaire : six des articles incriminés (articles 11, 12, 14, 15, 16 et 17) s'ils tombent, en principe, comme les cinq autres, sous le coup du grief qui vient d'être exposé — posent, néanmoins, un problème particulier : en effet, il s'agit de dispositions qui ont déjà été soumises à l'Assemblée nationale — non pas dans le cadre du projet de loi de finances rectificative — mais au cours de la discussion d'un autre projet de loi — intitulé « Projet de loi portant diverses dispositions d'ordre économique et financier » (et qui n'a d'ailleurs pas le caractère d'un projet de loi de finances). Ce projet de loi, adopté par l'Assemblée nationale le 30 novembre n'a pas été examiné par le Sénat avant la clôture de la présente session, malgré la déclaration d'urgence dont il avait été assorti par le Gouvernement (Voir document Sénat n° 89 — Année 1976-77 : articles 30 quater ; 30 quinquiès ; 22 bis ; 33 ; 32 et 20).

Il appartiendra au Conseil constitutionnel d'apprécier si ce premier examen par l'Assemblée, dans le cadre d'une autre procédure législative, des dispositions de ces six articles, suffit à couvrir, en ce qui les concerne, le vice dont étaient entachées, selon la thèse ci-dessus exposée, les propositions de la commission mixte paritaire.

Il reste en tout état de cause :

• que les cinq autres articles n'avaient fait l'objet, sous quelque couverture que ce soit, d'une délibération préalable quelconque, de l'Assemblée nationale ;

• que les six articles, repris du projet de loi portant diverses dispositions d'ordre économique et financier, tombent, comme il va être précisé ci-après, sous le coup des deux autres moyens du recours.

8. Il est superflu d'insister longuement sur le second moyen, tiré de la violation de l'article 42 de l'ordonnance du 2 janvier 1959 portant loi organique sur le budget :

Les articles 10, 11 et 12 ont, tous les trois, pour objet de proroger des délais prévus par divers articles (39, 63 et 78) de la loi du 31 décembre 1971 portant réforme de certaines professions judiciaires et juridiques : ces dispositions n'ont, de toute évidence, aucun caractère financier, même indirectement.

Il en va de même :

— de l'article 13, relatif à l'extension, par décision administrative, de l'obligation de soumettre les animaux à des mesures collectives de prophylaxie ;

— de l'article 14, relatif aux modalités selon lesquelles les fonctionnaires accédant à un corps de la catégorie A, peuvent bénéficier, dans leur nouveau corps d'un report d'ancienneté ;

— de l'article 17, qui modifie les règles selon lesquelles les officiers et sous-officiers de carrière peuvent accéder à des échelons exceptionnels ;

— de l'article 18, qui précise les dispositions selon lesquelles les hautes rémunérations du secteur privé seront plafonnées au cours de l'année 1977.

9. Enfin, troisième moyen, quatre des articles incriminés — s'ils ne paraissent pas contrevenir aux dispositions de l'article 42 de l'ordonnance du 2 janvier 1959 — car leur objet peut être considéré comme financier ont, en revanche, été introduits au Sénat — soit sur proposition du Gouvernement, soit sur amendements d'origine parlementaire — en violation du principe de la priorité dans les matières financières, reconnu, de tout temps, à la chambre élue au suffrage universel direct.

Il s'agit :

— de l'article 6, étendant l'application, à certaines catégories de sciages, des taxes instituées, sur les produits des exploitations forestières, par les articles 1613 et 1618 bis du code général des impôts ;

— de l'article 15, relatif à la couverture financière du nouveau régime de sécurité sociale des artistes ;

— de l'article 16, instituant un droit d'inscription à l'examen du permis de chasser ;

— de l'article 22, instituant une redevance pour couvrir les frais de fonctionnement du service chargé du contrôle des produits antiparasitaires à usage agricole.

Par ces moyens, je confirme ma requête tendant à ce que le Conseil constitutionnel déclare non conforme à la Constitution les onze articles susvisés de la loi de finances rectificative pour 1976, adoptée définitivement le 17 décembre.

Je vous serais reconnaissant de bien vouloir me communiquer, à fin de réponse éventuelle, les observations que pourraient être appelés à formuler sur le présent recours le Gouvernement ou le Président du Sénat.

Veuillez agréer, Monsieur le Président, l'expression de ma haute considération.

DOCUMENT 61-520

Recours contre la loi de finances pour 1977 :

I. Recours de députés
II. Recours du Premier ministre

I. Recours de députés

Paris, le 16 décembre 1976

Les députés soussignés
à Monsieur le Président et
Messieurs les Membres du
Conseil constitutionnel
2, rue de Montpensier
75001 Paris

Monsieur le Président,
Messieurs les Conseillers,

Conformément au deuxième alinéa de l'article 61 de la Constitution, nous avons l'honneur de déférer au Conseil constitutionnel la loi de finances pour 1977, telle qu'elle vient d'être adoptée par le Parlement.

Nous estimons, en effet, que les articles 13 bis, 24, 25, 26, 35 et 74 de cette loi ne sont pas conformes à la Constitution et à l'ordonnance n° 59-2 du 2 janvier 1959 portant loi organique sur les lois de finances, pour les motifs suivants.

I. Article 13 bis

L'article 13 bis, qui résulte d'un amendement n° 75 présenté, le 25 novembre 1976, devant le Sénat, par le Gouvernement, supprime les taxes sanitaires, de visites et de poinçonnage visées à l'article 5 de la loi n° 65-543 du 8 juillet 1965 et les remplace par une taxe sanitaire et d'organisation des marchés des viandes.

La commission mixte paritaire s'est ralliée, sur ce point, au texte voté au Sénat et c'est donc ce texte inchangé qui a été adopté définitivement par le Parlement.

Nous estimons que cet article 13 bis a été délibéré et adopté dans des conditions contraires aux articles 39 et 44 de la Constitution pour les motifs suivants.

En vertu de l'article 44 de la Constitution les membres du Parlement ont le droit d'amendement.

Ce principe ne comporte que quatre exceptions :

— d'une part, celle prévue par l'article 40 de la Constitution qui institue une irrecevabilité financière ;

— d'autre part, celle prévue par l'article 41 de la Constitution qui vise à protéger le domaine respectif de la loi et du règlement ;

— ensuite, et seulement en matière de loi de finances, celles prévues par la loi organique n° 59-2 du 2 janvier 1959 ;

— enfin, celle prévue par l'article 45 de la Constitution qui interdit, sauf accord du Gouvernement, tout amendement au texte élaboré par une commission mixte paritaire.

Mais il convient d'observer que l'article 44 de la Constitution, qui crée le droit d'amendement, a placé sur le même plan les droits du Gouvernement et ceux du Parlement. Il s'en suit que les exceptions apportées au droit d'amendement des membres du Parlement doivent s'interpréter strictement, sauf à vouloir remettre en cause l'équilibre assuré entre le Pouvoir exécutif et le Pouvoir législatif par le régime parlementaire institué par la Constitution de 1958.

Or, il se trouve que les conditions dans lesquelles le Parlement statue sur les projets de loi de finances sont prévues par les articles 39, 45 et 47 de la Constitution. Et si l'article 47, ainsi d'ailleurs que l'article 34, laissent à une loi organique le soin de préciser les conditions d'examen et de vote d'une loi de finances, leur dispositif combiné ne permet pas de porter atteinte au droit d'amendement des membres du Parlement en dehors des exceptions qui viennent d'être rappelées. C'est dans cet esprit qu'il convient d'examiner les conditions dans lesquelles a été voté l'article 13 bis.

En premier lieu, l'article 39 de la Constitution prévoit que les projets de loi de finances doivent être d'abord soumis à l'Assemblée nationale dont les membres exercent, à cette occasion, leur droit d'amendement conformément aux dispositions constitutionnelles et organiques.

En second lieu, l'article 47 de la Constitution fixe des délais stricts pour la discussion de ce projet. C'est ainsi qu'il prévoit qu'après une lecture dans chaque assemblée, la procédure de l'article 45 de la Constitution est applicable, c'est-à-dire, le cas échéant la convocation d'une commission mixte paritaire après déclaration d'urgence. C'est habituellement cette procédure qui est employée mais, comme on vient de le rappeler, aucun amendement parlementaire n'est recevable sur le rapport de la commission mixte paritaire.

Il s'en suit qu'en deuxième lecture l'Assemblée nationale, comme d'ailleurs le Sénat, se trouve privée de son droit normal d'amendement.

La restriction ainsi apportée au droit d'amendement des membres du Parlement ne peut donc, à notre sens, s'appliquer qu'à des textes élaborés en commun par la commission mixte paritaire à partir des votes émis par les deux Assemblées sur des textes qu'elles ont délibérés chacune à leur tout au vu du projet initial du gouvernement (1).

Dans l'hypothèse, en effet, où des dispositions entièrement nouvelles auraient été adoptées par le Sénat à l'initiative du Gouvernement ou d'un sénateur, il est évident que les députés sont privés de leur droit d'amendement lorsqu'ils sont appelés à statuer immédiatement après sur un texte établi par une commission mixte paritaire.

Sans doute, il ne saurait être question de prétendre que le Gouvernement et les sénateurs n'ont pas le droit d'exercer, devant le Sénat, la possibilité qui leur est offerte de déposer des amendements en vertu de l'article 44 de la Constitution.

Mais, par analogie, on ne saurait s'opposer à l'exercice du droit d'amendement des députés sur des dispositions nouvelles qu'ils n'ont pas examinées en première lecture, sauf à instituer, par la voie de la procédure et de la pratique, une nouvelle exception au droit d'amendement dont on a vu

(1) Cf. pp. 350 et 351

qu'elle ne peut résulter que de la Constitution ou, en matière de loi de finances, de la loi organique.

Il faut donc admettre que, dans ce cas, le Gouvernement ne devait pas mettre en œuvre la procédure de l'article 45 (2e alinéa) de la Constitution immédiatement après la première lecture au Sénat. Et il résulte du texte même de l'article 47 de la Constitution que le Gouvernement n'est nullement tenu de le faire.

En effet, selon l'article 47, après une lecture du projet de loi de finances dans chaque Assemblée, il est « procédé dans les conditions prévues par l'article 45 ».

Or, en vertu de l'article 45, les projets de lois sont examinés dans chaque Assemblée jusqu'à l'adoption d'un texte identique et le Gouvernement n'a que la faculté — et non l'obligation — de provoquer la réunion d'une commission mixte paritaire soit après deux lectures dans chaque Assemblée soit, si l'urgence a été déclarée, après une seule lecture.

Il est bien évident que le droit d'amendement reconnu aux membres du Gouvernement et à ceux du Parlement ne saurait se trouver remis en cause par l'application trop systématique ou trop rapide du deuxième alinéa de l'article 45 de la Constitution.

Dans ces conditions, on peut estimer que dès lors que le Gouvernement a déclaré l'urgence du projet de loi de finances, il s'interdit de proposer devant le Sénat des dispositions nouvelles qui, d'ailleurs contrairement à l'article 39 de la Constitution, n'auraient pas été examinées en première lecture par l'Assemblée nationale.

Toutefois, si des circonstances nouvelles ou imprévues le conduisent à le faire, ou si le Sénat propose de son côté des dispositions nouvelles, il convient que la demande d'urgence soit retirée, car on ne saurait procéder par ce biais sans violer l'article 39 de la Constitution et sans priver abusivement les députés du droit d'amendement que leur accorde l'article 44 de la Constitution.

Il se trouve que l'article 13 bis de la loi qui vous est déférée a justement été examiné dans des conditions telles qu'après le vote normal du Sénat sur cet article, et par le seul effet de la création d'une commission mixte paritaire, les membres de l'Assemblée nationale n'ont pas pu exercer le droit d'amendement qu'ils tirent de l'article 44 de la Constitution.

C'est pourquoi nous estimons que, dans la mesure où les dispositions des articles 39 et 44 de la Constitution n'ont pas été respectées à cette occasion, l'article 13 bis de la loi de finances pour 1977 doit être déclaré non conforme à la Constitution.

Le caractère anormal de la procédure suivie en l'espèce n'a pas échappé à de nombreux membres de l'Assemblée nationale, ainsi qu'en témoignent les multiples observations qui ont été faites à ce sujet à plusieurs reprises soit sur cet article 13 bis lui-même, soit à l'occasion d'une autre disposition adoptée dans des conditions analogues et qui avait donné lieu le 19 décembre 1974 à un rappel au règlement de M. Charles Bignon (*J.O.*, Débats A.N., 2e séance du 19.12.1974, page 8122).

Et, comme on le verra en se reportant au compte rendu intégral de cette séance, Monsieur le Président de l'Assemblée nationale lui-même avait alors souligné le caractère préoccupant de cette procédure et avait même envisagé de saisir le Conseil constitutionnel.

S'agissant d'un problème grave qui touche au droit d'amendement des membres du Parlement, il nous paraît indispensable que la question soit aujourd'hui tranchée par le Conseil constitutionnel avec le souci de défendre l'exercice de la fonction parlementaire telle qu'elle a été prévue par l'esprit et la lettre de nos institutions.

Nous sommes d'autant plus fondés à vous saisir de cette affaire que par son contenu ainsi que par le nombre et la variété de ses dispositions, l'article 13 bis constitue à lui seul une véritable refonte d'une partie importante de notre fiscalité et qu'il ne peut être évidemment pas conforme à la Constitution qu'un tel dispositif soit voté sans que l'une des Assemblées puisse exercer la plénitude de ses prérogatives. (1)

II. Articles 24 et 25

En vertu du troisième alinéa de l'article 31 de la loi organique du 2 janvier 1959, le projet de loi de finances de l'année « arrête les dépenses applicables aux autorisations nouvelles par titre et par ministère ».

Conformément à cette disposition, chaque membre du gouvernement doit recevoir, dans le budget dont il a la gestion, les crédits qui correspondent aux responsabilités qui lui ont été confiées au moment de la constitution du Gouvernement ou, ultérieurement, par les textes réglementaires définissant les attributions des ministres et secrétaires d'Etat.

En application de cette règle, le secrétaire d'Etat auprès du ministre d'Etat, ministre de l'Intérieur chargé des Départements et des Territoires d'outre-mer, est responsable de la gestion de deux budgets, celui des départements d'outre-mer et celui des territoires d'outre-mer.

Or, jusqu'en 1976, le budget des départements d'outre-mer ne comportait que les crédits propres aux quatres départements de ce type qui existaient à l'époque : la Guadeloupe, la Guyane, la Martinique et la Réunion.

Toutefois, dans le courant de l'année 1976 l'ancien territoire de Saint-Pierre et Miquelon a été érigé en département d'outre-mer (loi n° 76-664, du 19 juillet 1976). Conformément aux dispositions précitées de l'article 31 de la loi organique, le gouvernement a donc proposé au Parlement d'inscrire désormais dans les budgets des départements d'outre-mer les crédits propres à ce nouveau département et qui figuraient précédemment au budget des territoires d'outre-mer.

Mais il est surprenant de trouver également dans ce budget des départements d'outre-mer les crédits relatifs à l'île de Mayotte, détachée de l'ancien territoire d'outre-mer des Comores, et qui, au moment du dépôt et du vote de la loi des finances pour 1977, n'avait pas encore reçu le statut de département d'outre-mer.

Sans doute, aurait-on pu concevoir qu'il en soit ainsi si le Parlement avait été simultanément invité à accorder à cette île le statut de département d'outre-mer. Mais si le projet de loi soumis à ce sujet au Parlement et examiné courant décembre 1976 proposait d'ériger cette partie d'un ancien territoire d'outre-mer en collectivité territoriale

(1) Cf. p. 351

nouvelle et particulière au sens de l'article 72 de la Constitution, il l'excluait toutefois expressément du régime de département ou de celui de territoire d'outre-mer.

Dans ces conditions, nous estimons qu'en n'inscrivant pas les crédits destinés à Mayotte dans le budget du ministre chargé des collectivités locales (Intérieur) et en les incluant dans un budget qui n'intéresse que les seuls départements d'outre-mer, la loi de finances pour 1977, dans sa présentation même, n'était pas conforme aux dispositions de l'article 31 de la loi organique du 2 janvier 1959.

Pour ces motifs, en raison au surplus des difficultés que cette pratique a entraînées pour l'information et le contrôle du Parlement, et nous fondant, notamment, sur votre décision du 30 décembre 1974, nous vous demandons de bien vouloir déclarer non conformes à la Constitution les dispositions des articles 24 et 25 de la loi de finances pour 1977 en tant qu'ils comportent dans la présentation même du projet de budget des départements d'outre-mer, et selon les indications fournies à ce sujet par le document de l'Assemblée nationale n° 2533, tome IV (page 6) :

— d'une part, à l'article 24, un crédit de 5 432 944 francs en mesures nouvelles au titre III et un crédit de 8 000 000 de francs en mesures nouvelles au titre IV ;

— d'autre part, à l'article 25, une autorisation de programme et un crédit de paiement de 11 800 111 francs au titre VI.

III. Article 26

L'article 26 de la loi de finances pour 1977 institue un « fonds d'action conjoncturelle » doté de 2 500 millions de francs en autorisations de programme mais ne comprenant aucun crédit de paiement.

Cette dotation sera utilisée éventuellement en 1977, sur décision du Gouvernement.

Elle sera *transférée*, à hauteur maximum de 1 750 millions de francs, entre le ministère de l'Economie et des Finances et ceux de l'Agriculture, de l'Education, de l'Equipement et de la Santé, conformément aux limites fixées par l'état 1 annexé au projet. Le solde, soit 750 millions de francs, est inscrit dans cet Etat 1 sous la rubrique « divers ».

Un tel dispositif nous paraît contraire aux dispositions de la loi organique sur les lois de finances pour les motifs suivants.

A. Le Fonds d'action conjoncturelle n'est pas réparti par titre et par ministère.

Selon l'article 31, 3e alinéa de la loi organique « dans la seconde partie le projet de loi de finances de l'année (...) arrête les dépenses applicables aux autorisations nouvelles par titre et par ministère ».

Or, le FAC est inscrit au titre V du budget des charges communes, dans un chapitre nouveau 57-10, et sa dotation figure dans l'état C annexé à la loi de finances.

Toutefois, dans l'état 1 également annexé à la loi de finances et qui a la même valeur législative que l'état C, le Parlement est invité à procéder à une répartition qui remet donc en cause le dispositif de l'état C.

Mais la répartition de l'état 1, qui complète celle de l'état C, n'est pas conforme à la loi organique puisque :

— d'une part, l'autorisation de programme de 2 500 millions de francs ne fait pas l'objet, dans sa totalité, d'une répartition par ministère dans la mesure où en dehors des dotations affectées aux ministères de l'Agriculture, de l'Education, de l'Equipement, et de la Santé, 750 millions de francs sont affectés à une rubrique « divers » qui ne constitue pas un ministère au sens de la loi organique ;

— d'autre part, l'état 1 ne comporte aucune répartition de ces autorisations de programme par titre à l'intérieur des budgets intéressés.

Aussi, dans la mesure où il est à la fois remis en cause par l'état 1 qui n'est pas conforme à la loi organique, l'état C se trouve, à son tour, rendu non conforme à la même loi organique, et, par suite, la présentation du projet de loi de finances pour 1977 se trouve, sur ces points précis, non conforme à la Constitution.

B. Les annexes explicatives ne sont pas conformes à la loi organique.

1. Selon l'article 31.1 de l'ordonnance du 2 janvier 1959, le projet de loi de finances est accompagné d'annexes explicatives faisant connaître, notamment, « par chapitre les mesures nouvelles qui justifient les modifications proposées au montant antérieur des services votés ».

Or, si l'on met à part l'autorisation de programme de 750 millions de francs affectée dans l'état 1 à la rubrique « divers », le solde de 1 750 millions de F se trouve réparti par cet état entre les budgets de quatre ministères.

Mais les fascicules « bleus », qui constituent les annexes prévues par l'article 31-1 précité, ne comportent aucune indication des chapitres qui, à l'Agriculture, à l'Education, à l'Equipement ou à la Santé, se trouvent concernés par l'autorisation de programme visée à l'état 1.

Ce crédit de 1 750 millions de francs d'autorisations de programme se trouve donc, dans sa présentation même et sur ce point précis, non conforme aux dispositions de la loi organique.

Il en va de même en ce qui concerne les 750 millions affectés à la rubrique « divers » et que l'on ne retrouve dans aucun chapitre en dehors du 57-10 des charges communes. Mais on a vu que ce chapitre, qui est le développement de l'état C, se trouve remis en cause par l'état 1.

2. Selon l'article 32-2 de l'ordonnance organique précitée, les annexes explicatives doivent faire connaître « l'échelonnement sur les années futures *des paiements* résultant des autorisations de programme ».

Cette disposition suppose donc, à l'évidence, que les autorisations de programme soient assorties de crédits de paiement.

Or, le chapitre 57-10 du budget des « charges communes » indique clairement, comme d'ailleurs l'état 1, que le Fonds d'action conjoncturelle ne disposera, en 1977, que d'autorisations de programme non assorties de crédits de paiement.

Aussi, l'annexe « bleue » des charges communes se trouve, là encore, dans sa présentation même, non conforme aux dispositions de la loi organique.

C. Les conditions d'emploi des autorisations de programme de FAC ne sont pas conformes à la loi organique.

1. L'article 26 de la loi de finances pour 1977 prévoit que la dotation du FAC sera transférée aux différents ministères intéressés.

Or, en vertu de l'article 14 de la loi organique, la seule catégorie de transferts est celle qui est opérée par arrêté du ministre des Finances et qui vise à modifier seulement le service responsable de l'exécution d'une dépense sans en changer la nature.

Il est évident, dans ces conditions, que les transferts visés à l'article 26 de la loi de finances pour 1977 ne sont pas les mêmes que ceux visés à l'article 14 de la loi organique. En effet, alors que l'article 14 permet de transférer les crédits d'un ministère à un autre à l'intérieur du même titre budgétaire, les transferts envisagés par le Gouvernement dans le cadre du FAC intéresseront tous les titres des dépenses d'équipement. Ainsi, les autorisations de programme du Fonds, qui sont inscrites au titre V des charges communes, « investissements exécutés par l'Etat » (titre institué par l'article 6 de la loi organique), ne pourraient être transférées, en vertu de l'article 14 de la loi organique, qu'aux titres V des ministères intéressés.

Mais l'intention du Gouvernement est de doter non seulement les titres V mais aussi les titres VI des divers ministères intéressés.

Aussi, en faisant allusion à des « transferts » l'article 26 ajoute, par le biais d'une loi de finances de valeur ordinaire, une nouvelle catégorie de modifications que l'exécutif peut apporter en cours de gestion à une loi de finances initiale.

Or, de telles modifications ne peuvent résulter que d'une loi de valeur organique. C'est en effet la loi organique sur les lois de finances qui prévoit d'une manière limitative, les possibilités de modification de la loi de finances votée par le Parlement et qui assortit les délégations ainsi consenties au pouvoir réglementaire de conditions précises et strictes.

Aussi, si le Gouvernement a bien l'intention de doter à la fois les titres V et VI à partir de crédits inscrits au titre V le complément apporté par une loi ordinaire à une loi organique n'est évidemment pas conforme à la Constitution.

En outre, le dispositif adopté transfère au Gouvernement une partie des pouvoirs conférés au Parlement et à lui seul par l'article 34 de la Constitution et par la loi organique sur les lois de finances qui en découle alors que, l'exercice du pouvoir législatif par le pouvoir réglementaire ne peut s'opérer que par la voie des ordonnances conformément à l'article 38 de la Constitution. Pour ce motif également, l'article 26 du projet de loi de finances pour 1977 est contraire à la Constitution.

2. Mais le Gouvernement peut aussi engager les dotations du Fonds en vertu de l'article 7, 3ᵉ alinéa de l'ordonnance organique du 2 janvier 1959 qui prévoit que « des crédits globaux peuvent également être ouverts pour des dépenses dont la répartition par chapitre ne peut être déterminée au moment où ils sont votés. L'application de ces crédits au chapitre qu'ils concernent est ensuite réalisée par arrêté du ministre des Finances ».

Il convient de rappeler que cette procédure vise des « crédits » et non des « autorisations de programme ». Sans doute, les autorisations de programme sont elles également concernées mais ce n'est que dans la mesure où elles sont liées à des crédits de paiement. Ceci résulte clairement non seulement des dispositions déjà citées de l'article 32-2 de la loi organique, mais aussi du dernier alinéa de l'article 12 de cette même loi organique qui ne permet pas de penser que les autorisations de programme ne doivent pas être couvertes par des crédits de paiement.

Dans ces conditions, nous estimons que l'article 7 de la loi organique relatif aux opérations de répartition des crédits globaux ne peut pas être appliqué aux autorisations de programme du Fonds d'action conjoncturelle.

En effet, d'une manière générale, les actions couvertes par les crédits globaux intéressent plusieurs ministères concourant à la mise en œuvre d'une seule et même action : missions interministérielles par exemple. Or, les actions financées par le FAC seront très diverses et intéresseront des secteurs d'équipement nombreux très variés et de nature très différente, d'autant que certaines opérations seront financées directement par l'Etat (Titre V) tandis que d'autres seront seulement subventionnées par lui (Titre VI). Le vocable très général « d'équipements publics » ne saurait constituer un lien commun suffisant pour justifier la mise en œuvre de la procédure de répartition des crédits globaux visée à l'article 7 de la loi organique.

Ainsi, par sa présentation même, l'article 26 apparaît contraire à la loi organique sur les lois de finances qui a strictement prévu les conditions dans lesquelles le projet de loi de finances doit être présenté au Parlement et celles dans lesquelles s'exercent les pouvoirs respectifs du Gouvernement et du Parlement en la matière. Il aboutit, en outre, à vider de toute portée l'autorisation de dépense donnée par le Parlement en transférant au Gouvernement un pouvoir qui n'appartient qu'au Parlement et qui ne peut être délégué que par la procédure prévue à l'article 38 de la Constitution.

Pour ces divers motifs, nous vous demandons de bien vouloir déclarer l'article 26 de la loi de finances pour 1977 non conforme à la Constitution.

IV. Article 35

L'article 35 de la loi de finances pour 1977 comporte dans son alinéa V une dotation de 3 700 millions de francs au titre des « services votés » du compte spécial du Trésor intitulé « Fonds de développement économique et social ».

Selon l'annexe « bleue » dénommée « vingt-deuxième rapport du Conseil de direction du FDES » (page 27), un crédit de 1 000 millions de francs est prévu dans la dotation du Fonds pour 1977 en faveur du secteur de l'industrie.

Nous estimons que cette dotation budgétaire a été présentée et votée dans des conditions qui ne sont pas conformes à la loi organique du 2 janvier 1959 pour les motifs suivants.

En vertu de l'article 33 de la loi organique, « les services votés représentent le minimum de dotation que le Gouvernement juge indispensable pour poursuivre l'exécution des services publics dans les conditions qui ont été approuvées l'année précédente par le Parlement ».

L'article 32 de la même loi organique prévoit par ailleurs, dans son dernier alinéa, que le projet de loi de finances est accompagné « d'annexes générales destinées à l'information et au contrôle du Parlement ».

Or, il apparaît que les documents relatifs au contrôle parlementaire et publiés par le Gouvernement, conformément au dernier alinéa de l'article 32 précité, comportent, en ce qui concerne la ligne « industrie » du FDES, des indications sommaires ne permettant pas au Parlement de connaître avec précision la destination des crédits que le Gouvernement lui demande de voter.

La commission des finances de l'Assemblée nationale s'en est inquiétée ainsi qu'en témoignent les indications fournies par le document n° 2525 (Annexe n° 47, page 13). En réponse à une question posée par notre collègue M. Savary, rapporteur spécial de la commission des finances, le Gouvernement a fait connaître qu'il ne lui était pas possible de « préciser à l'avance l'affectation des crédits proposés par le Gouvernement à l'approbation du Parlement, les opérations en faveur desquelles des aides publiques sont susceptibles d'être accordées au cours de l'année suivante n'étant pas, en règle générale, connues de l'Administration ».

Il se trouve que, dans une affaire analogue, le Conseil constitutionnel a estimé (Cf. la décision du 30 décembre 1975) que, lorsque le Gouvernement demandait au Parlement de voter des crédits dont la destination ne pouvait pas être précisée au moment de l'examen de la loi de finances, le vote du Parlement avait « pour sens et pour portée » d'habiliter le Gouvernement à procéder, dans la limite des crédits fixés, aux opérations en cause mais que celles-ci devaient ultérieurement — et notamment l'année suivante — faire l'objet de comptes rendus permettant au Parlement d'exercer le contrôle qui lui appartient. Un tel contrôle parlementaire est encore plus indispensable lorsqu'il s'agit de « services votés », c'est-à-dire la confirmation des « conditions de l'exécution des services publics » approuvées l'année précédente dès lors qu'il n'a été possible d'appliquer à ce moment l'esprit et la lettre des articles 32 et 33 de la loi organique.

Dans l'espèce qui vient d'être rappelée, le Conseil constitutionnel a estimé, au vu des documents parlementaires, que des renseignements détaillés avaient bien été fournis au Parlement sur les opérations des années précédentes et que, par suite, le contrôle parlementaire s'était bien exercé normalement.

Or, en ce qui concerne la ligne « industrie » du FDES pour 1977, et si on se réfère au document parlementaire précité n° 2525 (Annexe n° 47, pages 11 et 12), il apparaît qu'aucune réponse claire, précise et complète n'a véritablement été apportée par le Gouvernement à plusieurs des questions posées par le rapporteur spécial de la commission des finances au sujet des modalités d'utilisation des dotations inscrites à cette ligne dans les budgets des années précédentes.

C'est pourquoi, nous fondant, d'une part, sur les dispositions susvisées des articles 32 et 33 de la loi organique et, d'autre part, sur les considérants de votre décision du 30 décembre 1975, nous vous demandons de bien vouloir déclarer l'article 35-V de la loi de finances pour 1977 non conforme à la Constitution en tant qu'il comporte une dotation de 1 000 millions de francs inscrite au compte spécial du Trésor « Fonds de développement économique et social » au bénéfice du secteur industriel privé puisque le Gouvernement n'a pas permis au contrôle parlementaire de s'exercer normalement dans cette affaire selon les règles et conditions prévues par la Constitution et par la loi organique.

V. Article 74

L'article 74 de la loi de finances pour 1977 résulte d'un amendement n° 256 présenté par M. Guermeur, député, et adopté par l'Assemblée nationale au cours de sa deuxième séance du 10 novembre 1976 (J.O., Débats A.N., pages 7887-88).

Cet article additionnel, adopté sans modification par le Sénat, autorise l'Etat à souscrire des conventions de coopération avec les établissements d'enseignement supérieur privés à but non lucratif.

Or, malgré les explications fournies oralement par l'auteur de cet amendement, l'article 74 n'a en fait pour objet ni de supprimer ou de réduire effectivement une dépense, ni de créer ou d'accroître une recette, ni même d'assurer le contrôle des dépenses publiques.

En effet, sur ce dernier point, l'article additionnel adopté à l'initiative d'un député ne saurait améliorer le contrôle des dépenses publiques dès lors que le Gouvernement et le Parlement disposent déjà des moyens de contrôler l'emploi des fonds qui sont actuellement servis au coup par coup aux établissements supérieurs privés à but non lucratif. Les rapporteurs spéciaux des commissions des finances peuvent notamment vérifier l'emploi de ces fonds publics en usant du pouvoir de contrôle sur place et sur pièce qui leur est reconnu par l'article 164-IV, dernier alinéa, de l'ordonnance n° 58-1374 du 30 décembre 1958 tandis que les pouvoirs des contrôleurs financiers des administrations intéressées ne se trouveront pas modifiés et accrus par le dispositif de l'article 74 de la loi de finances pour 1977 puisque les fonds publics actuellement versés aux établissements privés sont déjà soumis à leur visa préalable.

C'est pourquoi nous estimons que l'article 74 de la loi de finances pour 1977, qui ne répond à aucune des conditions de recevabilité posées par l'article 42 de la loi organique du 2 janvier 1959, doit être déclaré non conforme à la Constitution.

**

Nous vous prions d'agréer, Monsieur le Président, Messieurs les Conseillers, l'assurance de notre haute considération.

Paris, le 17 décembre 1976

Rectificatif à la requête déposée le 16 décembre 1976 par plus de soixante députés contre le texte de la loi de finances pour 1977

Deux erreurs matérielles s'étant glissées dans le texte de la requête adressée le 16 décembre 1976 au Conseil constitutionnel contre la loi de finances pour 1977, nous avons l'honneur de prier le Conseil constitutionnel de bien vouloir rectifier comme suit le texte de cette requête :

1. Page numérotée « suite n° 2 »*

Le dernier alinéa de cette page doit être complété par le renvoi (1) suivant omis en bas de page :

(1) C'est ce qui résulte, en tout cas, du second alinéa de l'article 45 de la Constitution selon lequel la commission mixte paritaire a seulement pour mission de proposer un texte sur « les dispositions restant en discussion ». Or, on ne voit pas comment pourrait « rester en discussion » entre les deux

---

* p. 346, 6e alinéa, colonne droite.

Assemblées une disposition entièrement nouvelle qui n'aurait été, de ce fait, délibérée dans les conditions normales d'une première lecture que dans l'une seulement des deux Assemblées.

2. *Page numérotée « suite n° 5 »**

Avant le § II (articles 24 et 25), il convient d'insérer l'alinéa suivant :

« Le problème qui est posé par les conditions de discussion de l'article 13 bis de la loi soumise au Conseil constitutionnel se pose, en réalité, pour toute autre disposition adoptée dans des conditions analogues, que le texte en discussion soit ou non un projet de loi de finances. En effet, si dans le cas d'un projet de loi de finances l'article 39 de la Constitution donne un droit de priorité pour l'examen de ce texte à l'Assemblée nationale — ce qui suppose donc qu'une disposition nouvelle adoptée par le Sénat soit examinée ensuite, en seconde lecture, par l'Assemblée nationale avant que soit éventuellement constituée une commission mixte paritaire —, dans tous les autres cas, et conformément au même article 39 de la Constitution, les projets de loi sont déposés sur le bureau de l'une ou l'autre des deux Assemblées, le dépôt se faisant par ailleurs dans l'une ou l'autre assemblée en matière de proposition de loi. Or, dans le cas d'un texte examiné en première lecture par le Sénat, il conviendrait d'admettre, par analogie, que dans l'hypothèse où une disposition entièrement nouvelle aurait été introduite par l'Assemblée nationale, le Sénat devrait être invité à délibérer du texte en seconde lecture avant que le Gouvernement ne provoque, le cas échéant, sur les dispositions qui, dans cette seule hypothèse, resteraient en discussion, la réunion d'une commission mixte paritaire. »

II. Recours du Premier ministre

Le 20 décembre 1976

Note sur la constitutionnalité du paragraphe VI de l'article 61 de la loi de finances pour 1977.

I. Le projet de loi de finances pour 1977 comportait un article 57, devenu, dans la loi votée, l'article 61, qui autorisait les entreprises à réviser les immobilisations non amortissables inscrites à leur bilan.

Cet article est venu en discussion à l'Assemblée nationale le 20 novembre 1976. L'Assemblée y a apporté quelques modifications techniques ; elle a surtout adopté un amendement tendant à ajouter à l'article un paragraphe VI qui enjoint au Gouvernement de proposer au Parlement avant le 31 décembre 1977, une réévaluation des immobilisations amortissables. Cet amendement précise le délai maximum dans lequel cette réévaluation pourra être faite ainsi que les modalités comptables de cette opération.

Le Sénat a adopté le texte voté par l'Assemblée.

Devant l'une et l'autre chambre, M. Durafour a présenté des réserves sur la constitutionnalité de cette injonction (v. *J.O.*, Débats Assemblée nationale, 3e séance du 20 novembre 1976, p. 8525 et *J.O.*, Débats Sénat, séance du 12 décembre 1976, p. 4347).

II. Il n'appartient pas, en effet, au Parlement de demander au Gouvernement, dans un texte de loi, que celui-ci use de son droit d'initiative législative dans tel ou tel sens.

D'une part, une telle injonction ne trouve pas de base juridique dans l'article 34 ni dans aucune des autres dispositions de la Constitution portant définition du domaine de la loi : c'est ce que le Conseil constitutionnel a décidé le 21 décembre 1966 à propos d'une proposition de loi relative à l'indemnisation des rapatriés.

D'autre part, selon l'article 39 de la Constitution « l'initiative des lois appartient concurremment au Premier ministre et aux membres du Parlement ». S'agissant du Premier ministre, le droit d'initiative perdrait tout son sens si une disposition législative pouvait déterminer les délais et conditions dans lesquels il doit s'exercer dans une matière particulière. La procédure préalable au dépôt des projets de lois, prévue par le même article 39, deviendrait alors sans objet : ni l'avis du Conseil d'État, ni la délibération du Conseil des ministres ne sont compatibles avec une compétence qui serait liée par le législateur. Il résulte de l'ensemble de l'article 39 que si le Parlement veut être saisi d'un texte, il incombe à ses membres de déposer une proposition de loi.

Au demeurant, dans tous les cas où le Gouvernement a formellement opposé l'article 41 à de telles injonctions, il a obtenu l'accord du président de l'Assemblée intéressée.

III. On observera enfin que si le Conseil constitutionnel décide de prononcer l'inconstitutionnalité du paragraphe VI de l'article 61, il ne devrait pas en résulter que ne puissent être promulgués les cinq autres paragraphes du même article.

Ces paragraphes traitent, en effet, de la révision des actifs non amortissables et recevront application dès 1977. Le paragraphe VI est relatif aux actifs amortissables, dont la révision éventuelle ne pourrait être mise en œuvre qu'après l'adoption d'un nouveau projet de loi. Le dispositif adopté par le Parlement implique donc que les deux types de révision puissent être mis en œuvre séparément.

DOCUMENT 61-521

Recours de députés contre la loi autorisant le gouvernement à modifier par ordonnances les circonscriptions pour l'élection des membres de la chambre des députés du TFAI

Paris, le 16 décembre 1976

Les députés soussignés
à Monsieur le Président et
Messieurs les Membres du
Conseil constitutionnel
2, rue de Montpensier
75001 Paris

---

* p. 347, colonne droite avant § II.

TITRE VII : LE CONSEIL CONSTITUTIONNEL

Monsieur le Président,
Messieurs les Conseillers,

Conformément au deuxième alinéa de l'article 61 de la Constitution, nous avons l'honneur de déférer au Conseil constitutionnel la loi autorisant le Gouvernement à modifier par ordonnances les circonscriptions pour l'élection des membres de la Chambre des députés du territoire français des Afars et des Issas, telle qu'elle vient d'être adoptée par le Parlement.

Nous estimons que cette loi n'est pas conforme à la Constitution, pour les motifs suivants.

**

Il convient tout d'abord de rappeler que la Constitution du 4 octobre 1958 a apporté dans notre droit une innovation essentielle en séparant et en protégeant les matières entrant dans les compétences respectives du Pouvoir exécutif et du Pouvoir législatif.

C'est ainsi que le domaine de la loi se trouve désormais limitativement énuméré par l'article 34 de la Constitution tandis que l'article 37 de celle-ci place dans le domaine réglementaire toutes les matières qui ne sont pas visées au dit article 34.

En outre, la Constitution a mis en place des procédures précises pour protéger ces deux domaines. C'est ainsi que le Gouvernement a la possibilité de demander au Conseil constitutionnel, en vertu de l'article 41 ou de l'article 61 de défendre et de délimiter les prérogatives du Pouvoir exécutif et celles du Pouvoir législatif. Quant au domaine de la loi, les présidents des Assemblées, ou soixante députés, ou soixante sénateurs, peuvent soumettre au Conseil constitutionnel toute disposition législative qui étendrait à tort le domaine réglementaire et qui méconnaîtrait ainsi l'équilibre établi par l'article 34 tandis que tout citoyen, parlementaire ou non, peut demander aux juridictions compétentes de prononcer la nullité des actes réglementaires intervenus à tort dans le domaine de la loi.

Les constituants ont toutefois apporté une exception à ces règles : c'est celle prévue par l'article 38 de la Constitution qui permet au Parlement d'autoriser le Gouvernement à prendre, par ordonnances, pendant un délai limité, des mesures qui sont normalement du domaine de la loi.

Mais cette intervention du Pouvoir exécutif dans le domaine du législateur a été assortie d'une très stricte condition : l'habilitation ne peut être demandée au Parlement et accordée au Gouvernement que « pour l'exécution de son programme ».

Il ressort des travaux préparatoires de la Constitution, tels qu'ils ont été publiés soit officiellement soit par des personnalités ayant participé à l'élaboration de la Constitution qu'en raison de la nature parlementaire du régime visé à l'article 38 ne peut qu'être celui que le Premier ministre a préalablement soumis à l'Assemblée nationale et fait approuver par elle, conformément à l'article 49, 1er alinéa de la Constitution.

Cette interprétation découle très nettement des diverses étapes de la rédaction de l'article 38 de la Constitution, telles qu'elles ont été rappelées notamment par notre collègue Monsieur Alain Vivien, le 1er décembre 1976, à l'Assemblée nationale à l'occasion de l'exception d'irrecevabilité que nous avions opposée, justement, au texte soumis à votre examen. (Cf. *J.O.*, Débats A.N., 1re séance du 1.12.1976, pages 8867 à 8870).

Et ce ne peut être que le souci de poser une condition stricte à la mise en œuvre des ordonnances qui a conduit le constituant, dans son désir d'instaurer un régime parlementaire équilibré, à rétablir dans le texte du projet de Constitution soumis au référendum, le membre de phrase « pour l'exécution de son programme » dont le Comité consultatif constitutionnel avait suggéré la suppression. On ne voit pas pourquoi, en effet, le gouvernement du général de Gaulle aurait rétabli ainsi le texte de l'article 38 de la Constitution si la référence au programme gouvernemental n'avait eu aucune importance dans l'esprit des auteurs du projet de Constitution.

Or, il se trouve, au cas particulier, que le Premier ministre, nommé par décret du 25 août 1976 n'a pas engagé la responsabilité de son Gouvernement nommé par décret du 27 août 1976, sur un programme, dans les conditions prévues par l'article 49, 1er alinéa de la Constitution. Par suite, on ne voit pas pour l'exécution de quel programme le Gouvernement aurait pu demander — et le Parlement lui accorder — le droit de légiférer dans les conditions prévues par l'article 38 de la Constitution.

On observera, d'ailleurs, que dans l'exposé des motifs du projet soumis à l'Assemblée nationale (n° 2559, page 2) le Premier ministre ne fait aucune allusion au programme gouvernemental qu'il s'agirait de mettre en œuvre par la voie des ordonnances. Il se borne à présenter la remise en ordre des circonscriptions électorales dans le TFAI comme la conséquence logique de la loi n° 76-662 du 19 juillet 1976. Mais il s'agit là d'un texte présenté et soutenu par le gouvernement dirigé par M. Chirac, démissionnaire depuis le 25 août 1976 et remplacé justement, à la même date, par le Gouvernement de M. Barre.

Aussi, l'absence d'un véritable programme gouvernemental au sens que la Constitution a donné à cette expression n'a pas échappé, en la circonstance, à la commission des lois constitutionnelles, de la législation et de l'administration générale de la République de l'Assemblée nationale dont le rapporteur écrit notamment à propos de ce projet n° 2559 (cf. rapport de M. Authier n° 2639, page 3, dernier alinéa) : « bien que la nécessité pratique de cette procédure (de l'article 38) ne nous échappe pas, nous voudrions tout de même faire observer que son application dans la présente hypothèse est assez éloignée de l'esprit et de la lettre de l'article 38 de la Constitution aux termes duquel le gouvernement peut légiférer par ordonnances pour l'exécution de son programme, à moins de donner à cette expression une signification véritablement très extensive. »

Nous considérons donc pour ces motifs, que la loi déférée au Conseil constitutionnel est contraire à la Constitution.

On pourrait éventuellement objecter que bien qu'il n'ait pas soumis un programme au sens de l'article 49, 1er alinéa de la Constitution, le Premier ministre a néanmoins présenté, le 5 octobre 1976, devant l'Assemblée nationale, une déclaration de politique générale.

Mais il convient d'observer que si l'on admet qu'un lien puisse exister entre l'article 49, 1er alinéa, et l'article 38 de la Constitution, la déclaration de politique générale du 5 octobre 1976 ne saurait être celle visée à l'article 49 précité puisqu'elle n'a été suivie d'aucun vote au sens de cet article. En réalité cette déclaration a été faite en vertu de l'article 31 de la Constitution selon lequel les membres du Gouvernement sont entendus par les assemblées quand ils le demandent.

Au demeurant, même si on devait considérer que la déclaration de politique générale du 5 octobre 1976, bien que non suivie d'un vote, peut être assimilée au programme ou à la déclaration visée au 1er alinéa de l'article 49, il ne serait pas pour autant possible d'admettre que la loi déférée au Conseil constitutionnel constitue l'exécution du programme défini par cette déclaration. En effet, ainsi qu'on peut le constater en se reportant au *Journal officiel* des débats, le Premier ministre n'a annoncé à aucun moment, au cours de cette déclaration, une quelconque intention, même imprécise, indirecte ou allusive, relative à un nouveau découpage électoral du TFAI. Il ne l'a pas plus fait le 7 octobre 1976, en répondant aux orateurs intervenus dans le débat sur sa déclaration. Et si une mention relative à un territoire d'outre-mer figure bien ce jour là dans ses réponses, elle ne visait, à la suite de l'intervention de M. Soustelle, qu'à préciser les intentions du Gouvernement quant au sort de l'île de Mayotte qui ne fait pas partie du TFAI et qui n'est donc pas concernée par la loi qui vous est déférée.

Et si le gouvernement a bien engagé sa responsabilité, il l'a fait le 14 octobre 1976, en vertu non du 1er alinéa mais du 3e alinéa de l'article 49 de la Constitution et sur un projet de loi de finances rectificative. Mais, ni l'exposé des motifs de ce projet, ni les déclarations faites par le Gouvernement à son sujet, ni son dispositif, ni les déclarations gouvernementales du 20 octobre 1976 relatives à la motion de censure ne comportent la moindre allusion au sort du TFAI. En outre, et au moment où l'Assemblée nationale entendait la déclaration de politique générale du Gouvernement, prenait connaissance des projets qu'elle annonçait, en délibérait et statuait sur la motion de censure, elle ignorait tout des intentions gouvernementales relatives au TFAI puisque le projet de loi n° 2559 qui est à l'origine de la loi qui vous est déférée, n'a été enregistré à la présidence de l'Assemblée nationale que le 23 octobre 1976 et annexé à son procès verbal que le 26 octobre 1976, c'est-à-dire près d'une semaine après le vote sur l'engagement de responsabilité du Gouvernement.

Pour ces motifs, nous estimons que c'est en violation de la Constitution que le Gouvernement a demandé et que le Parlement lui a accordé l'autorisation de modifier par ordonnances les dispositions législatives relatives au régime électoral de la Chambre des députés du TFAI. Et c'est pourquoi nous vous demandons de bien vouloir déclarer la loi précitée non conforme à la Constitution.

Nous vous prions d'agréer, Monsieur le Président, Messieurs les Conseillers, les assurances de notre haute considération.

DOCUMENT 61-522
Recours contre la loi autorisant la visite des véhicules

I. Recours de M. Pierre Joxe et autres, députés ;

II. Recours de M. Robert Ballanger et autres, députés ;

III. Recours de M. Henri Caillavet et autres, sénateurs.

I. Recours de M. Pierre Joxe et autres, députés

Paris, le 21 décembre 1976

Les députés soussignés
à Monsieur le Président et
Messieurs les Membres du
Conseil constitutionnel
2, rue de Montpensier
75001 Paris

Monsieur le Président,
Messieurs les Conseillers,

Conformément au deuxième alinéa de l'article 61 de la Constitution, nous avons l'honneur de déférer au Conseil constitutionnel la loi autorisant la visite des véhicules en vue de la recherche et de la prévention des infractions pénales, telle qu'elle a été adoptée par le Parlement.

Nous estimons en effet, que cette loi n'est pas conforme à la Constitution pour les motifs suivants.

∴

I. Elle est contraire aux principes fondamentaux reconnus par les lois de la République et visés par le préambule de la Constitution de 1958.

Le principe de l'inviolabilité du domicile a été introduit dans notre droit par l'article 76 de la Constitution du 22 frimaire an VIII et a constamment été confirmé depuis dans nos codes de sorte qu'il figure incontestablement au nombre des principes fondamentaux reconnus par les lois de la République. Et si ce principe comporte des exceptions, elles sont rares (code général des impôts, code des douanes, code des PTT), de portée limitée et ont toujours un objet très précis (fraude fiscale et douanière, trafic de stupéfiants). On peut d'ailleurs s'interroger sur la constitutionnalité de ces textes qui, en règle générale, n'ont pas été adoptés sous le régime de la Constitution de 1958 et n'ont donc pas pu être déférés au Conseil constitutionnel pour non conformité à un principe de valeur constitutionnelle.

Or, fonctionnellement, le véhicule particulier peut être assimilé au domicile privé. Il présente notamment tous les caractères de jouissance privative qui ont justifié le principe de l'inviolabilité du domicile : conservation de documents personnels, utilisation dans certains cas comme lieu d'habitation ou de séjour, annexe du local d'une profession couverte par le secret (médecins, avocats, etc.).

Ce sont des considérations analogues qui ont conduit la jurisprudence civile et pénale à affirmer que le principe fondamental de l'inviolabilité du domicile s'applique également . et d'une manière générale aux véhicules et à confirmer ce point de vue à maintes reprises.

L'exposé des motifs du projet de loi qui a donné lieu au texte qui vous est soumis reconnaît d'ailleurs expressément que c'est le caractère de domicile lié au véhicule et le principe d'inviolabilité qui s'y rattache qui interdisent actuellement la fouille par l'autorité de police hors des garanties que peut seule apporter l'autorité judiciaire.

Aussi le Gouvernement s'est-il efforcé d'établir une distinction parmi les véhicules entre ceux qui seraient totalement assimilés à un domicile (caravanes et roulottes à l'arrêt) et les autres (y compris les caravanes et roulottes en déplacement) qui pourraient faire l'objet de fouilles policières sans qu'il soit porté atteinte au principe de l'inviolabilité du domicile.

Des parlementaires ont demandé sans succès, par voie d'amendements, la suppression de la distinction entre caravanes à l'arrêt et caravanes en déplacement. Mais l'argumentation opposée par le Gouvernement à ces amendements montre bien qu'il a craint que les distinctions ainsi établies soient largement étendues par la jurisprudence, au vu du principe fondamental d'inviolabilité auquel elle est attachée, à tout véhicule normalement utilisé par un particulier.

II. Elle est contraire aux articles 7 et 11 de la Déclaration des droits de l'homme et du citoyen du 26 août 1789 également confirmée par le préambule de la Constitution de 1958.

A. Le texte qui vous est déféré est contraire aux dispositions de l'article 7 de la Déclaration précitée selon lequel nul ne peut être arbitrairement arrêté.

Or, la loi autorisant la visite des véhicules n'a prescrit aucun délai maximum pour procéder à une fouille et, dès lors, un citoyen peut se trouver retenu pendant plusieurs heures, pour quel que motif que ce soit et même sans véritable motif et sans bénéficier d'aucune des garanties et protections qu'offrent habituellement les procédures analogues conduites à la diligence de l'autorité judiciaire et placées sous son contrôle.

B. En refusant de préciser, contrairement aux indications de l'exposé des motifs du projet, que ce texte ne serait applicable qu'à la recherche des armes, des munitions et des objets volés, le Parlement a adopté des dispositions que nous estimons contraires à l'article 11 de la Déclaration de 1789 relatif à la libre communication des pensées : en vertu de cette loi, l'autorité de police pourra, par exemple, s'emparer de publications non illicites avec pour seul objectif d'en ralentir ou d'en empêcher la diffusion ou encore prendre connaissance de correspondances ou de textes privés confidentiels émanant soit de personnes physiques, soit de personnes morales telles que des associations légalement constituées ou des organisations politiques ou syndicales.

III. Enfin, ce texte supprime dans un domaine essentiel le principe fondamental selon lequel on distingue en France la police administrative de la police judiciaire et il laisse, par suite, à l'initiative de fonctionnaires de police la possibilité de porter atteinte à de multiples garanties et libertés individuelles sans que l'exercice de la justice ou la recherche de la vérité en constitue le motif ou en justifie la pratique.

Pour ces divers motifs, nous vous demandons de bien vouloir déclarer la loi qui vous est déférée non conforme à la Constitution.

Nous vous prions d'agréer, Monsieur le Président, Messieurs les Conseillers, l'assurance de notre haute considération.

Marseille, le 5 janvier 1977

Monsieur le Président
Messieurs les Membres du
Conseil constitutionnel
2, rue de Montpensier
75001 Paris

Monsieur le Président,
Messieurs les Conseillers,

A la suite de la lettre qui vous a été adressée, le 21 décembre 1976, par plus de soixante députés du groupe socialiste et des Radicaux de gauche de l'Assemblée nationale au sujet de la loi autorisant la visite des véhicules en vue de la recherche et de la prévention des infractions pénales, j'ai l'honneur de vous soumettre, conformément au deuxième alinéa de l'article 61 de la Constitution, trois motifs supplémentaires qui me paraissent devoir également conduire le Conseil Constitutionnel à déclarer cette loi non conforme à la Constitution.

1. La loi qui vous est déférée porte atteinte à la liberté individuelle des citoyens.

En effet, son dispositif rend possible non seulement la fouille des véhicules proprement dits, mais également celle de leur contenu et notamment celle de leurs passagers.

Cette application possible, très large et très dangereuse, du texte soumis à votre charge n'a fait l'objet d'aucun démenti au cours des débats qui ont conduit à son adoption par le Parlement, ce qui signifie que la police aura toute latitude dans ce domaine.

Or, l'atteinte qui pourrait être ainsi portée aux personnes constitue, à l'évidence, une grave violation des principes fondamentaux de notre droit d'autant qu'elle n'est pas placée sous le contrôle de l'autorité judiciaire.

2. Cette loi porte atteinte à la vie privée puisqu'elle autorise, en fait, les autorités de police à méconnaître le secret des correspondances, ainsi que l'indique d'ailleurs la lettre précitée du 21 décembre 1976.

3. Cette loi est contraire au principe de l'égalité des citoyens devant la loi, telle qu'elle est garantie par la Déclaration des droits de 1789 et par l'article 2 de la Constitution.

En effet, elle crée une discrimination entre les citoyens qui se déplacent dans un véhicule — qui pourront être fouillés — et ceux qui se déplacent à pied, bien que les uns et les autres puissent être également porteurs, par exemple, d'armes et de munitions détenues d'une manière illégale.

Pour le même motif, elle crée une discrimination entre les citoyens à raison de la nature de leur domicile, entre ceux qui habitent d'une manière permanente ou temporaire dans une caravane ou une roulotte en déplacement — qui pourront être soumis à la fouille de la seule autorité de police — et ceux qui disposent d'une habitation fixe (maison individuelle, appartement, caravane ou roulotte à l'arrêt) qui ne sont soumis qu'aux visites domiciliaires diligentées par l'autorité judiciaire.

Je vous prie d'agréer, Monsieur le Président, Messieurs les Conseillers, les assurances de ma haute considération.

Gaston Defferre
Député-maire de Marseille
Président du groupe du Parti socialiste
et des Radicaux de gauche

II. Recours de M. Robert Ballanger et autres, députés

Paris, le 21 décembre 1976

Monsieur Frey
Président du
Conseil constitutionnel

Monsieur le Président,

Conformément à l'article 61, alinéa 2 de la Constitution, nous vous déférons la loi adoptée le 20 décembre 1976 par le Parlement autorisant la visite des véhicules en vue de la recherche et de la prévention des infractions pénales.

En effet, les dispositions de ce texte portant atteinte à la liberté d'aller et de venir, au principe du respect de la vie privée et du domicile ; il met en cause le secret de la correspondance et indirectement le droit de manifestation.

Considérant que ces principes font partie des principes fondamentaux reconnus par les lois de la République et solennellement réaffirmés par le préambule de la constitution, nous vous demandons de vous prononcer sur la conformité de ce texte à la Constitution.

Nous vous prions d'agréer, Monsieur le Président, l'assurance de notre haute considération.

Les députés communistes

III. Recours de M. Henri Caillavet et autres, sénateurs

Paris, le 31 décembre 1976

Monsieur le Président
du Conseil constitutionnel,

Nous avons avec nos collègues sénateurs saisi le Conseil constitutionnel en application de l'article 61 (deuxième alinéa) de la Constitution en vue de voir déclarer l'inconstitutionnalité du projet de loi voté par le Parlement et autorisant « la visite des véhicules en vue de la recherche de prévention des infractions pénales ».

Nos collègues vous ont adressé ou vont vous faire parvenir la lettre dans laquelle ils se rendent « signataire du mémoire ampliatif déposé par les sénateurs Henri Caillavet et Pierre Marcilhacy ».

Nous nous permettons de vous remettre ce jour les motifs de notre saisine auprès de la haute institution que vous avez l'honneur de présider.

Nous vous prions de croire, Monsieur le Président du Conseil constitutionnel, à l'assurance de notre haute considération.

Henri Caillavet   Pierre Marcilhacy

P.J. : Mémoire ampliatif.

A Monsieur le Président du
Conseil constitutionnel
2, rue de Montpensier
75001 Paris

Paris, le 21 décembre 1976

Monsieur le Président
du Conseil constitutionnel

J'ai l'honneur avec mes collègues sénateurs de saisir le Conseil constitutionnel, en application de l'article 61 (deuxième alinéa) de la Constitution, en vue de voir déclarer l'inconstitutionnalité du projet de loi autorisant la visite des véhicules en vue de la recherche de la prévention des infractions pénales.

Il nous apparaît en effet que, les véhicules étant considérés comme un accessoire du domicile, ce texte consacre une possibilité de violation de celui-ci sans la garantie d'une habilitation judiciaire, ce qui contrevient gravement aux droits de l'homme, solennellement proclamés par le préambule de la Constitution, auquel la jurisprudence du Conseil accorde une valeur égale à celle du dispositif du texte constitutionnel.

Nous nous réservons de développer ces motifs dans un mémoire ampliatif, et vous prions, Monsieur le Président du Conseil constitutionnel, de croire à l'assurance de notre haute considération.

H. Caillavet

Monsieur le Président du
Conseil constitutionnel
2, rue de Montpensier
75001 Paris

Paris, le 31 décembre 1976

A Monsieur le Président et
Messieurs les Membres du
Conseil constitutionnel
2, rue de Montpensier
75001 Paris

Mémoire ampliatif motivant la saisine du Conseil constitutionnel pour déclarer l'inconstitutionnalité de la loi votée par le Parlement autorisant « la visite des véhicules en vue de la recherche et de la prévention des infractions pénales ».

La Constitution de 1958 dispose d'un préambule auquel la jurisprudence du Conseil constitutionnel accorde une valeur égale à celle du dispositif du texte constitutionnel. A ce titre, la décision du 28 novembre 1973 en matière de mesures privatives de liberté est la première qui permette de lier divers articles de la Déclaration des droits de 1789, introduite dans le préambule de la Constitution de 1946 et partie intégrante du préambule de la Constitution de 1958, à l'article 34 de notre Constitution. « La visite des véhicules en vue de la recherche et de la prévention des infractions pénales », votée en application de l'article 34 de la Constitution est contraire à l'esprit et la lettre de l'article XVII de la Déclaration des droits de l'homme et du citoyen de 1789.

« Les propriétés étant un droit inviolable et sacré, nul ne peut en être privé, si ce n'est lorsque la nécessité publique, légalement constatée l'exige évidemment... ».

Cet article XVII de la Déclaration des droits appelle trois motifs explicatifs de la saisine.

I. Le long débat engagé à l'Assemblée nationale et au Sénat a montré que sur la définition et l'appréciation juridique du « véhicule », le Gouvernement, les rapporteurs et les orateurs ne semblaient pas avoir la même appréciation, voire éventuellement une opinion souvent contradictoire. Ainsi la notion de domicile étendue au véhicule et expressément écrite dans l'exposé des motifs du projet de loi a été défendue, puis contredite par Monsieur le Garde des Sceaux ; cette même notion domiciliaire combattue par la jurisprudence de la Cour de cassation et fidèlement citée dans les rapports sur le projet de loi établis par les deux Assemblées a servi de joute contradictoire dans la discussion générale.

Dans le cadre de la Constitution de 1958 et son préambule il semble insuffisant de réunir les conditions d'inconstitutionnalité en se référant à une définition domiciliaire par prolongement ou extension et éventuellement à une interprétation juridique du prolongement de la personne.

Par contre nous tenons pour sûre, l'assimilation du véhicule à une propriété et le contenu de celui-ci à des propriétés particulières et distinctes (personne, biens, meubles et immeubles, accessoires, etc.).

Sur ce motif et interprétant l'article XVII de la Déclaration des droits, le véhicule et son contenu (en tant que somme de propriétés) restent un droit inviolable et sacré ; la privation du libre usage de ces biens ne peut exister « si ce n'est lorsque la nécessité publique est légalement constatée ».

II. La « nécessité publique » est-elle compatible avec l'arbitraire créé dans l'article unique, alinéa de la loi mentionné « même d'office » ? Les titulaires du droit de visite se trouvent investis d'une initiative unique, sans justification et supposant par leur pouvoir discrétionnaire, la nécessité publique comme une suspicion permanente d'insécurité.

« Nécessité publique » et procédure « même d'office » sont incompatibles ; leur confusion crée un climat d'insécurité quant au respect des libertés publiques.

III. Il faut considérer enfin « la nécessité publique » dans sa réalisation totale. La Déclaration des droits stipule l'inviolabilité des propriétés si ce n'est lorsque la nécessité publique légalement constatée, l'exige évidemment.

La loi votée par le Parlement ne saurait répondre à cette exigence. L'exigence sous entend la restriction, or celle-ci est omise dans l'article unique voté par le Parlement. La tentative du rapporteur de la commission des lois constitutionnelles, de la législation et de l'administration générale de la République, à titre personnel d'amender cet article en limitant l'objet du texte au transport et à la détention illicites d'armes, d'éléments constitutifs d'armes, de munitions, d'explosifs et de stupéfiants, a été repoussé catégoriquement par le ministre d'Etat, Garde des Sceaux.

Sans exigence évidente de nécessité publique, le texte de loi rend arbitraire un droit de visite aux véhicules et les explications juridiques ci-dessus confirment une atteinte aux libertés publiques et à la liberté individuelle du citoyen.

Nous attirons, l'attention du Conseil constitutionnel sur l'extension des pouvoirs attribués à des élus et que le texte de loi, ci-dessus contesté, confirme, les maires et leurs adjoints étant officiers de police judiciaire, il devient inquiétant de voir des élus disposer sur le territoire de leur commune d'une charge « même d'office » exercée sur les citadins.

Sur ces motifs et sur cette dernière observation, nous considérons « la visite des véhicules en vue de la recherche et de la prévention des infractions pénales »* comme devant être appréciée pour inconstitutionnalité par votre haute institution.

Henri Caillavet   Pierre Marcilhacy

DOCUMENT 61-523
Recours de députés contre la loi portant diverses mesures en faveur de l'emploi

I. Recours de M. Pierre Joxe et autres ;
II. Recours de M. Maurice Andrieux et autres.

I. Recours de M. Pierre Joxe et autres

Paris, le 23-6-77

Les députés soussignés
à Monsieur le Président et
Messieurs les Membres du
Conseil constitutionnel
2, rue de Montpensier
75001 Paris

Monsieur le Président,
Messieurs les Conseillers,

Conformément aux dispositions du 2e alinéa de l'article 61 de la Constitution, nous avons l'honneur de déférer au Conseil constitutionnel la loi portant diverses mesures en faveur de l'emploi et complétant la loi n° 75.574 du 4 juillet 1975 tendant à la généralisation de la Sécurité sociale, telle qu'elle vient d'être adoptée par le Parlement.

Nous estimons que l'article 3 de cette loi n'est pas conforme à la Constitution pour les motifs suivants.

*
**

En vertu du 8e alinéa du préambule de la Constitution du 27 octobre 1946 repris et confirmé par le préambule de la Constitution du 4 octobre 1958, « Tout travailleur participe par l'intermédiaire de ses délégués à la détermination collective des conditions de travail ainsi qu'à la gestion des entreprises ».

Il résulte de ce texte qu'aucun travaille ne peut être exclu de cette participation.

Or, l'article 3 de la loi qui vous est déférée précise que les salariés, engagés avant le 1er janvier

(*) Titre du projet de loi.

1978 dans les conditions prévues par d'autres dispositions de la même loi ne seront pas pris en compte dans l'effectif des salariés de l'entreprise lorsque celui-ci est retenu pour l'application de certaines des dispositions du code du travail.

Il s'en suit que la présence de ces travailleurs dans l'entreprise n'entrera pas en ligne de compte pour la mise en œuvre de mesures importantes intervenues, justement, pour l'application de la disposition précitée du préambule de la Constitution.

C'est notamment le cas pour ce qui concerne les conditions d'effectif liées à la création d'un ou de plusieurs postes de délégué du personnel, à l'institution d'un comité d'entreprise, d'un comité d'hygiène et de sécurité, d'une section syndicale d'entreprise ou d'un délégué syndical.

Ainsi, non seulement les travailleurs placés dans la situation prévue par l'article 3 de la loi qui vous est déférée seront privés, dans certains cas, du bénéfice des dispositions sus-visées, mais encore certains travailleurs déjà dans l'entreprise et employés dans les conditions du droit commun risquent d'être privés à leur tour de l'exercice des droits qui leur sont garantis par le préambule de la Constitution, notamment le droit syndical.

C'est pourquoi nous estimons que l'article 3 de la loi qui vous est déférée n'est pas conforme au préambule de la Constitution.

Les dispositions de ce texte nous paraissent également contraires à l'article 2 de la Constitution selon lequel tous les citoyens sont égaux devant la loi.

En effet, deux travailleurs employés dans des conditions identiques dans deux entreprises de dimension équivalente n'auront pas les mêmes droits.

C'est ainsi, par exemple, que dans une entreprise ayant 55 salariés et embauchant 3 salariés au sens de la loi qui vous est déférée, il existera obligatoirement un comité d'entreprise. En revanche, dans une entreprise ayant 48 salariés et embauchant 10 salariés au sens de la même loi, aucun comité d'entreprise ne sera institué de plein droit.

C'est pourquoi, nous avons l'honneur de vous demander de bien vouloir déclarer non conforme à la Constitution l'article 3 de la loi sus-indiquée.

Nous vous prions, Monsieur le Président, Messieurs les Conseillers, d'agréer les assurances de notre haute considération.

II. Recours de M. Maurice Andrieux et autres

29 juin 1977

Monsieur Roger Frey
Président du Conseil constitutionnel
et Messieurs
les Membres
du Conseil constitutionnel
2, rue de Montpensier
75001 Paris

Monsieur le Président,
Messieurs les Conseillers,

Conformément au deuxième alinéa de l'article 61 de la Constitution, nous avons l'honneur de déférer au Conseil constitutionnel la loi modifiant l'article 4 de la loi de finances rectificative pour 1961 (n° 61 825 du 29 juillet 1961), relative au service fait des fonctionnaires.

Nous estimons, en effet, que cette loi n'est pas conforme à la Constitution pour les motifs suivants :

— Elle est contraire aux principes fondamentaux reconnus par les lois de la République visés par le préambule de la Constitution de 1946, auquel le préambule de la Constitution de 1958 réaffirme son attachement, et au titre desquels il y a lieu de ranger les garanties disciplinaires inscrites dans le statut général de la fonction publique, et notamment le droit à la défense.

En effet, la retenue sur salaire prévue par la loi sera infligée avant toute discussion, le fonctionnaire mis en cause ne pourra se défendre, il n'aura pas droit à une instruction contradictoire, il lui appartiendra s'il veut récupérer son plein traitement de prouver qu'il a, non seulement satisfait aux obligations de service, mais qu'il a « bien » satisfait ce qui constitue un renversement de la charge de la preuve et une atteinte à un principe général du droit, la présomption d'innocence.

La loi ouvre la voie à l'arbitraire et à des atteintes aux libertés publiques fondamentales telles que la liberté d'expression, la liberté syndicale.

— Elle est contraire à l'article 55 de la Constitution qui prévoit la supériorité des accords internationaux sur la loi interne.

La Convention de l'OIT n° 95 de 1949 ratifiée sur la France et entrée en vigueur le 24 septembre 1952, condamne la retenue sur salaire en cas d'inexécution des ordres reçus.

Pour ces motifs, nous vous demandons de bien vouloir déclarer la loi qui vous est déférée, non conforme à la Constitution.

Nous vous prions d'agréer, Monsieur le Président, Messieurs les Conseillers, l'assurance de notre haute considération.

DOCUMENT 61-524
Recours de députés contre la loi modifiant l'article 4 de la loi de finances rectificative pour 1961

Paris, le 1ᵉʳ juillet 1977

Les députés soussignés
à Monsieur le Président et
Messieurs les Membres du
Conseil constitutionnel
2, rue de Montpensier
75001 Paris

Monsieur le Président,
Messieurs les Conseillers,

Conformément au deuxième alinéa de l'article 61 de la Constitution, nous avons l'honneur de déférer au Conseil constitutionnel la loi modifiant l'article 4 de la loi de finances rectificative pour

1961 (N° 61.825 du 29 juillet 1961) telle qu'elle a été adoptée définitivement par le Parlement le 30 juin 1977.

Nous estimons en effet, que cette loi n'est pas conforme à la Constitution pour les motifs suivants.

**

I. Elle est contraire à un principe fondamental reconnu par les lois de la République et visé par le préambule de la Constitution de 1946 repris et confirmé par le préambule de la Constitution de 1958.

Il s'agit du droit reconnu à tout citoyen de se défendre avant toute sanction, qu'elle soit administrative ou judiciaire, inscrit de longue date dans notre droit et constamment confirmé par la jurisprudence.

En ce qui concerne les fonctionnaires, c'est un texte très ancien qui leur a reconnu le droit de se défendre après communication du dossier : l'article 65 de la loi du 22 avril 1905.

Le principe posé par cette disposition a pris place dans le principe général du droit défini à plusieurs reprises par le Conseil d'Etat et qui exige que chacun puisse se défendre avant toute mesure présentant à son égard un caractère de sanction.

On peut citer à cet égard l'arrêt Winkell de 1909 ou encore l'arrêt Dame Veuve Trompier-Gravier de 1944.

Il résulte de cette jurisprudence administrative constante qu'aucune sanction ne peut être infligée à un citoyen, qu'il soit ou non fonctionnaire, sans qu'il ait été invité à prendre connaissance de son dossier et à présenter sa défense.

Or, le projet de loi relatif à la notion de « service fait » introduit dans les textes régissant la fonction publique une nouvelle catégorie de sanctions, qui ne reçoit toutefois pas cette qualification, de sorte qu'elle n'entre pas dans la catégorie des sanctions qui ouvrent le droit à la défense.

II. D'autre part, ce texte est contraire à l'article 6 de la Déclaration des droits de l'homme et du citoyen du 26 août 1789 et à une disposition du préambule de la Constitution de 1946, également confirmés par le préambule de la Constitution de 1958.

A. La loi qui vous est déférée n'est pas conforme aux dispositions de l'article 6 de la Déclaration précitée selon lequel la loi est la même pour tous, soit qu'elle protège, soit qu'elle punisse. Le texte voté est en contradiction avec ce principe d'égalité devant la loi. En effet, il introduit une distinction entre d'une part les fonctionnaires coupables d'une faute disciplinaire au sens des articles 11 et 30 à 33 du statut général des fonctionnaires et qui relèvent d'une sanction disciplinaire normale, et d'autre part, les fonctionnaires coupables de cette faute particulière qu'est l'inexécution en tout ou partie « des obligations de service qui s'attachent à sa fonction telles qu'elles sont définies dans leur nature et leurs modalités par l'autorité compétente », qui seront soumis à une sanction nouvelle : la retenue sur traitement.

B. En ayant refusé de consulter le Conseil supérieur de la Fonction publique, le Gouvernement a violé le principe fixé par le préambule de la Constitution de 1946, selon lequel les travailleurs participent par l'intermédiaire de leurs délégués à la détermination collective des conditions de travail. Or, la loi adoptée institue une nouvelle sanction qui fait incontestablement partie des conditions de travail et c'est donc en méconnaissance des dispositions précitées du préambule que le projet soumis au Parlement a été adopté sans l'avis préalable du Conseil supérieur de la Fonction publique.

Pour ces divers motifs, nous vous demandons de bien vouloir déclarer la loi qui vous est déférée non conforme à la Constitution.

Nous vous prions d'agréer, Monsieur le Président, Messieurs les Conseillers, l'assurance de notre haute considération.

DOCUMENT 61-525
Recours de députés contre la loi relative à la coopération intercommunale

Paris, le 29 juin 1977

Les députés soussignés
à Monsieur le Président et
Messieurs les Membres du
Conseil constitutionnel
2, rue de Montpensier
75001 Paris

Monsieur le Président,
Messieurs les Conseillers,

Conformément aux dispositions du 2e alinéa de l'article 61 de la Constitution, nous avons l'honneur de déférer au Conseil constitutionnel la loi tendant à compléter les dispositions du code des communes relatives à la coopération intercommunale, telle qu'elle a été définitivement adoptée par le Parlement le 28 juin 1977.

Nous estimons en effet que les articles 1er bis, 3, 5 et 6 de cette loi ne sont pas conformes à la Constitution pour les motifs suivants.

**

En vertu de l'article 40 de la Constitution, les propositions et amendements formulés par les membres du Parlement ne sont pas recevables lorsque leur adoption aurait pour conséquence soit une diminution des ressources publiques, soit la création ou l'aggravation d'une charge publique.

Or, il apparaît que les articles précités de la loi qui vous est déférée entraîneront, s'ils doivent être appliqués, les conséquences prévues par l'article 40 de la Constitution. Aussi, comme ce dispositif est issu, dans son principe sinon dans son texte même, d'une proposition de loi n° 2899 déposée le 17 mai 1977 par M. Foyer, député, c'est en violation de l'article 40 de la Constitution que l'Assemblée nationale puis le Sénat ont pu délibérer et voter la loi soumise à votre examen.

C'est ainsi qu'en ce qui concerne l'article 1er bis, la faculté nouvelle donnée à une commune pour se retirer d'un syndicat intercommunal entraînera la dissolution de cet établissement public et la liquidation de ses biens et obligations entre les diverses communes intéressées dans des conditions qui sont déterminées par un acte administratif de l'autorité de tutelle.

Ainsi les communes concernées seront-elles appelées à supporter une charge publique nouvelle dans l'hypothèse où le syndicat disposait d'une fiscalité propre dans les conditions prévues par l'article L. 251-4 du code des communes, de sorte que l'article 1er bis entraîne l'une des conséquences prévues par l'article 40 de la Constitution.

Cet article 1er bis ne figurait pas dans le texte initial de la proposition de loi. Il résulte d'un amendement adopté par l'Assemblée nationale à l'initiative de M. Foyer, député, au cours de la séance du 2 juin 1977, et qui aurait du être déclaré irrecevable par application de l'article 40 de la Constitution. Le fait que cet amendement ait été sous-amendé par le Gouvernement n'a pas supprimé la création d'une charge publique qu'entraînait le texte initial de l'amendement de sorte que, tel qu'il est rédigé, cet article résulte bien d'une initiative parlementaire intervenue dans des conditions non conformes à la Constitution.

Le même raisonnement doit être appliqué à l'article 3 de la loi qui vous est déférée, en ce qui concerne l'article L. 164-9 que cet article ajoute dans le code des communes puisque les districts disposent, eux aussi, de ressources fiscales qui leur sont propres.

Par ailleurs, le même article 3 tombe également sous le coup des dispositons de l'article 40 de la Constitution en ce qui concerne l'article L. 164-10 qu'il ajoute au code des communes.

En effet, dès lors qu'une commune disposera du droit de se retirer d'un district, sans toutefois entraîner la dissolution de cet établissement public, il en résultera une perte de recettes fiscales puisque les impôts perçus au profit du district ne pourront plus être levés dans la commune qui aura cessé d'appartenir au district.

On constatera donc bien, dans ce cas, une diminution des ressources publiques au sens retenu par l'article 40 de la Constitution.

Sans doute pourrait-on objecter que le retrait d'une commune entraînera une réduction des charges de l'établissement public, et que, dans ce cas, la diminution des ressources se trouverait compensée par une diminution corrélative des charges, n'entraînant finalement pas, d'une manière globale, les conséquences prévues par l'article 40 de la Constitution.

Mais ce serait alors revenir sur l'interprétation constante qui a été faite de l'article 40 depuis 1958 puisque ni les autorités parlementaires chargées de son application, ni le Conseil constitutionnel lorsqu'il a été appelé à se prononcer à ce sujet n'ont admis la possibilité d'une compensation pour éviter les conséquences de l'article 40.

Par ailleurs, on pourrait également admettre que s'il y a bien une diminution des ressources de l'établissement public, celle-ci pourra être compensée par un relèvement des impositions que le district sera conduit à lever dans les autres communes.

Mais cette solution ne saurait être retenue. En effet, les impositions du district sont réparties entre les communes au prorata des bases d'imposition des impôts directs locaux, selon un système qui s'apparente à celui des impôts de répartition. Or, dans sa décision du 23 juillet 1975, relative à l'affaire de la taxe professionnelle, le Conseil constitutionnel a estimé que les mesures « d'exonération, de déduction, de réduction, d'abattement ou d'octroi de primes (dans le système de l'impôt de répartition) atteignant, en définitive, la substance de la matière imposable entraîne l'obligation corrélative, pour rétablir le niveau de la ressource, de variations d'autres éléments, de taux ou d'assiette de l'impôt en cause, et sont donc justiciables des dispositions de l'article 40 ».

Nous estimons, par un raisonnement analogue que le nouvel article L. 164-10 du code des communes entraîne les conséquences prévues par l'article 40 de la Constitution.

Or, s'agissant de l'article 3 de la loi qui vous est déférée, on constate que son dispositif résulte pratiquement de la proposition de loi précitée de M. Foyer, député, les deux amendements du Gouvernement à l'article L. 164-10 n'ayant en rien modifié le fond.

C'est encore un raisonnement analogue qui doit être appliqué à l'article 5 de la loi qui vous est déférée.

En ce qui concerne l'article L. 165-38 du code des communes, il s'agit d'un texte découlant dans son principe de la proposition de M. Foyer, député, et qui a été modifié par l'Assemblée nationale par l'adoption d'amendements également présentés par M. Foyer.

Ce texte a pour objet de permettre la dissolution d'une communauté urbaine. Or, la communauté urbaine verra, dans ce cas, ses biens et obligations transférés aux communes membres et cette opération sera génératrice, pour les communes, de charges publiques nouvelles interdites par l'article 40 de la Constitution lorsqu'elles sont d'origine et d'initiative parlementaires.

Il en ira de même pour ce qui concerne l'avant-dernier alinéa de cet article L. 165-38 qui résulte de plusieurs amendements d'initiative parlementaire adoptés par le Sénat sur la suggestion, notamment, de M. Monichon, sénateur.

Quant au nouvel article L. 165-39 du code des communes, qui figure également sous l'article 5 de la loi qui vous est déférée, le droit de retrait qu'il ouvre aux communes membres d'une communauté urbaine aura les mêmes conséquences qu'en ce qui concerne l'article L. 164-10 précité relatif au droit de retrait d'un district.

Cet article se trouve donc, lui aussi, contraire aux dispositions de l'article 40 de la Constitution en vertu des principes développés par le Conseil constitutionnel dans sa décision susvisée du 23 juillet 1975.

Là encore, on constate que l'amendement gouvernemental voté à cet article L. 165-39 n'a en rien modifié le fond du texte ni, par suite, ses conséquences au regard de l'article 40 de la Constitution.

Quant à l'article 6, sa non conformité à la Constitution est la conséquence de la non conformité de l'article L. 165-39 du code des communes et concerne sa dernière phrase du second alinéa, qui résulte d'un amendement du Gouvernement.

Tels sont les motifs pour lesquels nous avons l'honneur de vous demander de bien vouloir déclarer non conformes à la Constitution les articles 1er bis, 3, 5 et 6 et de la loi qui vous est déférée.

Veuillez agréer, Monsieur le Président, Messieurs les Conseillers, l'assurance de notre haute considération.

DOCUMENT 61-526
Recours de sénateurs contre la loi relative à la liberté de l'enseignement

Paris, le 27 octobre 1977

Monsieur le Président
du Conseil constitutionnel,

J'ai l'honneur, avec mes collègues sénateurs, de saisir le Conseil constitutionnel, en application de l'article 61 (deuxième alinéa) de la Constitution, en vue de déclarer l'inconstitutionnalité de la loi complémentaire à la loi n° 59-1557 du 31 décembre 1959 modifiée par la loi n° 71-400 du 1er juin 1971 et relative à la liberté de l'enseignement.

Je suis à ce titre signataire du mémoire amplatif déposé par soixante de mes collègues sénateurs.

Je vous prie de croire, Monsieur le Président du Conseil constitutionnel, à l'assurance de ma haute considération.

Marcel Champeix

Considérant que l'article premier de la proposition de loi complémentaire à la loi n° 59-1557 du 31 décembre 1959 relative à la liberté de l'enseignement fait obligation, en son dernier alinéa, aux maîtres chargés d'assurer un enseignement de respecter le caractère propre des établissements où ils exercent.

Considérant que l'article premier de la loi n° 59-1557 du 31 décembre 1959 fait obligation aux établissements placés sous le régime du contrat de donner un enseignement dans « le respect total de la liberté de conscience ».

Considérant que la liberté de conscience est un principe fondamental de la République et qu'à ce titre, il figure dans la Déclaration des droits de l'homme et du citoyen, dans le préambule de la Constitution de 1946 et dans celui de 1958.

Qu'en outre ledit préambule de la Constitution de 1946 range au niveau des devoirs de l'Etat l'organisation de l'enseignement gratuit et laïque à tous les degrés.

Considérant que le caractère propre des établissements, qui est à distinguer de l'enseignement proprement dit, ne recouvre aucune catégorie juridique précise, et qu'il s'ensuit une très libre appréciation pour le définir, et qu'il en résulte une très grande insécurité pour ceux qui sont tenus de le respecter.

Considérant qu'il y a là une incomptabilité avec l'exercice élémentaire des droits individuels et des libertés publiques, notamment de la liberté de conscience.

Considérant en outre que les dispositions contenues à l'article 3 de ladite proposition de loi, en particulier à l'alinéa 5, seront financées par des mesures votées au budget de l'exercice 1977, notamment par un crédit de 5 M.F. destiné à financer la formation continue des maîtres du privé.

Considérant que le financement d'une mesure nouvelle par des crédits votés préalablement, préjuge en fait la détermination et l'affectation des fonds publics, et atteint par conséquent la souveraineté des Assemblées.

Il y a lieu pour toutes ces raisons de déclarer non conforme à la Constitution la proposition de loi sus-visée.

DOCUMENT 61-527
Recours de députés contre la loi de finances rectificative pour 1977

Paris, le 22 décembre 1977

Les députés soussignés
à Monsieur le Président et
Messieurs les Membres du
Conseil constitutionnel
2, rue de Montpensier
75001 Paris

Monsieur le Président,
Messieurs les Conseillers,

Conformément aux dispositions de l'article 61 de la Constitution, nous avons l'honneur de déférer au Conseil constitutionnel le texte de la dernière loi de finances rectificative pour 1977, telle qu'elle vient d'être adoptée par le Parlement.

Nous estimons, en effet, que l'article 5 de cette loi n'est pas conforme à la Constitution pour les motifs suivants.

Par un règlement n° 1111/77 du 17 mai 1977, le Conseil des communautés européennes a institué, notamment, une cotisation nationale à la production de l'isoglucose. Ce règlement a prévu l'assiette et le taux de cette cotisation et l'article 5 de la loi qui vous est déférée en détermine les modalités de recouvrement.

Or, nous estimons que ce texte intervient ainsi d'ailleurs que le règlement susvisé — en violation de l'article 3 de la Constitution alors que, par ailleurs, « aucune disposition de nature constitutionnelle n'autorise des transferts de tout ou partie de la souveraineté nationale à quelque organisation internationale que ce soit ». (Cf. votre décision du 30 décembre 1976).

D'autre part, ce règlement porte atteinte aux principes fondamentaux reconnus par les lois de la République au sens du préambule de la Constitution, et méconnaît tout spécialement le principe du consentement du peuple à l'impôt qui constitue incontestablement l'une des « conditions essentielles d'exercice de la souveraineté nationale ». (Cf. votre décision du 19 juin 1970).

En outre, aux termes de l'article 9 du règlement communautaire susvisé, la cotisation nationale sur l'isoglucose est perçue au profit des Etats membres de la Communauté européenne. Elle ne saurait donc être regardée comme une ressource propre de la Communauté mais bien comme un prélèvement national de nature fiscale qui intervient, de ce fait, en dehors de toute autorisation parlementaire expresse, méconnaissant ainsi les prescriptions de l'article 34 de la Constitution. Or, s'il ne paraît pas possible que la décision du Conseil des communautés en date du 21 avril 1970, dont la loi n° 70-583 du 8 juillet 1970 a autorisé l'approbation, entraîne quelque transfert de souveraineté que ce soit en matière fiscale lorsqu'il s'agit des ressources perçues au profit des communautés, un tel transfert est encore moins concevable lorsqu'il s'agit de ressources qui, étant instituées par la Communauté européenne, ne seraient pas perçues à son profit.

Enfin, nous considérons que l'autorisation donnée par l'article 5 de la loi de finances rectificative de recouvrer et de contrôler la perception de la cotisation à la production sur l'isoglucose ne saurait être interprétée comme satisfaisant aux exigences de l'article 34 de la Constitution en ce qui concerne la détermination de l'assiette et du taux de cette imposition.

Pour ces divers motifs, nous vous demandons de bien vouloir déclarer l'article 5 de la loi de finances rectificative non conforme à la Constitution.

Nous vous prions d'agréer, Monsieur le Président, Messieurs les Conseillers, les assurances de notre haute considération.

DOCUMENT 61-528
Recours de députés contre la loi de finances pour 1978

Paris, le 17 décembre 1977

Les députés soussignés
à Monsieur le Président
et Messieurs les Membres du
Conseil constitutionnel
2, rue de Montpensier
75001 Paris

Monsieur le Président,
Messieurs les Conseillers,
Conformément aux dispositions de l'article 61 de la Constitution, nous avons l'honneur de déférer au Conseil constitutionnel la loi de finances pour 1978 telle qu'elle vient d'être adoptée par le Parlement.

Nous estimons, en effet, que les articles premier et 33 de cette loi, ainsi que l'état A annexé, ne sont pas conformes à la Constitution pour les motifs suivants.

Par règlements n° 1079/77 du 17 mai 1977, n° 1111/77 du 17 mai 1977 et n° 1822/77 du 5 août 1977, les autorités des Communautés européennes ont institué, d'une part, un prélèvement de coresponsabilité dans le secteur du lait et des produits laitiers et, d'autre part, un prélèvement et une cotisation nationale pour régulariser le marché de l'isoglucose.

Or, la mise en œuvre de ces divers règlements sur le territoire de la République française intervient en violation de l'article 3 de la Constitution tandis que, par ailleurs, « aucune disposition de nature constitutionnelle n'autorise des transferts de tout ou partie de la souveraineté nationale à quelque organisation internationale que ce soit ». (Cf. votre décision du 30 décembre 1976).

Par ailleurs, ces règlements portent atteinte aux principes fondamentaux reconnus par les lois de la République au sens du préambule de la Constitution et tout spécialement au principe du consentement du peuple à l'impôt qui constitue l'une des « conditions essentielles d'exercice de la souveraineté nationale ». (Cf. votre décision du 19 juin 1970).

Enfin, le principe du consentement du peuple à l'impôt, qui exige, conformément à l'article 34 de la Constitution, que le Parlement ait expressément déterminé « l'assiette, le taux et les modalités de recouvrement des impositions de toute nature », ne saurait être considéré comme respecté en l'espèce en raison du caractère trop général et imprécis des dispositions des articles premier et 33 de la loi de finances pour 1978.

Sans doute, pourrait-on considérer que l'article 189 du traité instituant la Communauté européenne a prévu que les règlements étaient d'application directe dans les Etats membres et que, dès lors que ce traité a été régulièrement ratifié, les règlements précités s'appliquent de plein droit en France. Toutefois, à la lumière de ce qui vient d'être rappelé et notamment de votre décision du 30 décembre 1976, il apparaît que cette application directe ne peut intervenir que dans des domaines autres que ceux réservés évidemment à l'exercice de la souveraineté nationale. La création ou la modification des règles d'une imposition fait incontestablement partie de ces domaines.

Pour ces divers motifs, nous vous demandons de bien vouloir déclarer non conformes à la Constitution les articles premier et 33 de la loi de finances pour 1978 en tant qu'ils prévoient la perception d'impositions établies seulement en vertu des règlements édictés par la Communauté économique européenne.

Nous vous prions d'agréer, Monsieur le Président, Messieurs les Conseillers, les assurances de notre haute considération.

DOCUMENT 61-529
Recours de députés contre la loi relative à la mensualisation et à la procédure conventionnelle

26 décembre 1977

Monsieur Roger Frey
Président du Conseil constitutionnel
et Messieurs les Membres du
Conseil constitutionnel
2, rue de Montpensier
75001 Paris

Monsieur le Président,
Messieurs les Conseillers,
Conformément aux dispositions de l'article 61 de la Constitution, nous avons l'honneur de déférer au Conseil constitutionnel la loi relative à la mensualisation et à la procédure conventionnelle telle qu'elle vient d'être adoptée par le Parlement.

Nous estimons, en effet, que les articles 1 et 3 de cette loi ne sont pas conformes aux principes fondamentaux reconnus par les lois de la République visées par le préambule de la Constitution de 1946, auquel le préambule de la Constitution de 1958 réaffirme son attachement.

D'une part, l'article 7 de l'accord annexé à la loi prévoit la possibilité d'une contre-visite médicale qui, dans son application porte atteinte au droit à la santé de l'individu, droit garanti par le préambule de la Constitution, à la liberté de choix du praticien et à la liberté de prescription ainsi qu'au droit à la défense qui constitue un des principes généraux du Droit.

L'article premier de la loi en précisant qu'un décret en Conseil d'Etat déterminera en tant que de besoin les formes et conditions de la contre-visite n'offre pas les garanties nécessaires puisqu'il n'exclut pas la possibilité de la contre-visite patronale. Or l'organisation unilatérale par l'employeur de contre-visite assortie comme sanction de la suppression du versement des indemnités journalières complémentaires, constitue un droit exorbitant accordé à l'une des parties, privant le malade de toute possibilité de recours et de la garantie d'une procédure d'expertise.

D'autre part, l'article L. 133-12 ne permet l'extension d'une convention collective qui n'a pas été signée par la totalité des organisations syndicales les plus représentatives des travailleurs et des employeurs que s'il n'y a pas eu opposition d'une ou plusieurs organisations représentatives.

Il s'agit d'un principe découlant du préambule de la Constitution de 1946 qui prévoit que tout travailleur participe par l'intermédiaire de ses délégués à la détermination collective des conditions de travail.

En y dérogeant, l'article 3 de la loi permet d'imposer aux travailleurs des accords qui n'ont pas été signés par les organisations qui les représentent.

Pour ces divers motifs, nous vous demandons de bien vouloir déclarer la loi qui vous est déférée, non conforme à la Constitution.

Nous vous prions d'agréer, Monsieur le Président, Messieurs les Conseillers, les assurances de notre haute considération.

Note complémentaire à la requête présentée le 26 décembre 1977

I. La contre-visite médicale organisée par les employeurs (Art. 1 de la loi du 21 déc. 1977)

La loi votée le 21 décembre 1977 reprend les termes de l'accord national interprofessionnel sur la mensualisation de 1977 qui prévoit au bénéfice du salarié malade, l'attribution d'une indemnité garantissant le maintien de ses appointements, pendant un mois en cas d'incapacité de travail « dûment constaté par certificat médical et contre-visite s'il y a lieu... ».

Ce texte a pour effet de légaliser les contre-visites qui sont effectuées par des médecins mandatés par les employeurs, visites effectuées au domicile du salarié dans un certain nombre de branches d'industries à la suite des accords de mensualisation conclus depuis 1970.

Or la loi déférée au Conseil constitutionnel impose aux salariés concernés concentants ou non, de se soumettre sous menaces de sanctions pécuniaires, voire de licenciement, à la visite à leur domicile d'un médecin agissant pour le compte d'une entrepris privée (Trib. inst. Montbéliard, 17 sept. 1975, Arnould et Tournier c/ Peugeot, Dr. ouv. 1976-1977).

L'article 1 de la loi du 21 décembre 1977 est tout à la fois contraire :

— à la Convention européenne des droits de l'homme ;
— au préambule de la Constitution de 1946 ;
— à un principe général de droit.

1. Convention européenne des droits de l'homme

Aux termes de l'article 8 de la Convention européenne des droits de l'homme du 14 novembre 1950, ratifiée par la France (loi n° 73-1227 du 31 déc. 1973, *J.O.* du 3 janv. 1974, et décret n° 74-360 du 3 mai 1974, *J.O.* du 4, p. 4750) :

« 1. Toute personne a droit au respect de sa vie privée et familiale, de son domicile et de sa correspondance ».

« 2. Il ne peut y avoir ingérence d'une autorité publique dans l'exercice de ce droit que pour autant que cette ingérence est prévue par la loi et qu'elle constitue une mesure qui, dans une société démocratique, est nécessaire à la sécurité nationale, à la sûreté publique, au bien être économique du pays, à la défense de l'ordre et à la prévention des infractions pénales, à la protection de la santé ou de la morale, ou à la protection des droits et libertés d'autrui ».

La loi déférée est contraire aux dispositions de l'article précité en ce qu'elle autorise une atteinte au respect de la vie privée alors que la Convention européenne réserve très clairement la possibilité d'une telle atteinte à l'intervention d'une autorité publique, dans le cadre d'objectifs déterminés, d'intérêt public.

Le lien de subordination caractéristique du contrat de travail ne peut s'exercer que sur les lieux ou celui-ci s'effectue. Son extension à d'autres lieux constituerait un danger pour les libertés dont jouissent les salariés, comme les autres citoyens, telle l'inviolabilité du domicile.

Il appartient donc au Conseil constitutionnel de constater que la loi critiquée, qui enfreint incontestablement un principe posé par un traité international, viole par là-même, l'article 55 de la Constitution. En effet, la supériorité du traité est assurée d'un principe constitutionnel auquel doivent se soumettre les lois, et sur le respect duquel doit veiller le Conseil constitutionnel (Note E.M. Bey sous Cons. const. 15 janv. 1975, JCP 75 II 18030).

La compétence du Conseil constitutionnel pour apprécier, dans le cadre de ses attributions, la conformité d'une loi aux dispositions d'un traité international ne peut plus faire de doute depuis que la Cour de cassation s'est reconnue habilitée à vérifier la conformité d'une loi interne à une convention internationale (Cass. ch. mixte 24 mai 1975, administration des douanes c/ Café Jacques Vabre, JCP 75 II 18180 bis, conclusion Touffait).

2. Droit à la santé garanti par le préambule de la Constitution de 1946

Le préambule de la Constitution de 1946 auquel renvoit le préambule de l'actuelle Constitution prévoit que :

« La nation garantit à tous... la protection de la santé... ».

Le Conseil constitutionnel a reconnu que la portée de son contrôle s'étendait aux dispositions contenues dans le préambule, lesquelles ont donc un caractère constitutionnel (Cons. const. 16 juil. 1971).

La contre-visite instituée par la loi déférée a pour effet, en cas de divergence entre l'avis du médecin contrôleur et celui du médecin traitant, de remettre en cause la mesure thérapeutique de repos prescrite par le médecin traitant au vu d'un faisceau de renseignements qu'il est le seul à posséder. En effet, lorsque le médecin contrôleur conclut à l'absence d'incapacité du salarié, celui-ci est conduit, sous peine de perdre le bénéfice des indemnités complémentaires et d'encourir des sanctions disciplinaires pouvant aller jusqu'au licenciement, à interrompre le repos prescrit par le médecin traitant, au risque de compromettre le rétablissement de sa santé que la prescription initiale avait pour but d'assurer. Or, le repos est un élément de la thérapeutique (Rapport de l'inspection générale des affaires sociales pour l'année 1972).

Rien dans la loi votée ne garantie que la contre-visite sera effectuée dans des conditions d'objectivité du praticien contrôleur et de confiance mutuelle conférant à son résultat une autorité suffisante pour justifier du caractère erroné de la mesure d'arrêt de travail initialement prescrite.

En instituant une contre-visite dont le résultat peut conduire à une reprise du travail contraire à la thérapeutique prescrite par le médecin traitant, la loi déférée porte gravement atteinte au droit à la santé reconnu par la Constitution.

3. Les droits de la défense

Si l'on se réfère à l'application des conventions collectives ou de l'accord de mensualisation de 1970 prévoyant le contrôle médical des salariés malades dont les termes sont purement et simplement repris par la loi, on est forcé de constater l'absence de caractère amiable et contradictoire de la contre-visite qui est diligentée par un médecin n'offrant aucune garantie d'impartialité et dont le résultat laisse le salarié sans recours efficace en raison de l'inadaptation de la procédure d'expertise judiciaire à cette hypothèse. Or, le respect des droits de la défense qui implique que tout citoyen ait la possibilité de faire valoir utilement ses moyens de défense et de contester toute décision préjudiciable à ses droits, constitue un principe général du droit français. (Cons. Etat 19 oct. 1962 Canal ; Cons. Etat 5 mai 1944 Dame Trompier-Gravier, Rec. cons. d'Etat, p. 133 ; D. 1945. 110, concl. Chenot).

Le Conseil d'Etat apprécie la conformité des règlements autonomes de l'article 37 de la Constitution aux principes généraux du droit et il paraît donc logique que le Conseil constitutionnel veille au respect de ces mêmes principes fondamentaux par le législateur comme il l'a fait au sujet de la liberté individuelle dans sa décision du 12 janvier 1977, relative à un texte qui : « ... porte atteinte aux principes essentiels sur lesquels repose la liberté individuelle ».

Dans sa rédaction actuelle, la loi ne prévoit aucune procédure de médiation en cas de conflit entre l'avis du médecin traitant et l'avis du médecin contrôleur qui prévaut donc contre le premier au mépris des droits de défense du salarié (cf. Saint Jours D. 75 chr. 91).

Il convient donc de censurer la loi de ce chef sans qu'il y ait lieu d'y surseoir dans l'attente de la parution des décrets d'application qui devront au terme de la loi déterminer les formes et les conditions de la contre-visite.

II. Opposition à l'extension d'une convention collective signée par un ou plusieurs syndicats ouvriers minoritaires dans la profession
(Art. 3, loi du 21 décembre 1977)

L'article 3 de la loi déférée permet d'imposer aux salariés des accords qui ont été signés par des syndicats catégoriels ou minoritaires dans le ressort territorial ou professionnel de la Convention alors que les syndicats qui représentent majoritairement ces salariés ont refusé de signer ces accords.

Cette disposition est tout à la fois contraire :
— à la Constitution française de 1958 ;
— au préambule de la Constitution de 1946 ;
— au Droit international.

1. Les principes démocratiques proclamés par la Constitution

L'article 2 de la Constitution du 4 octobre 1958 proclame que :

« La France est une République indivisible, laïque, démocratique et sociale ».

Cette règle démocratique est d'ailleurs rappelée à plusieurs reprises dans ce texte fondamental et notamment à l'article 4, pour les « partis et groupements politiques ».

Les dispositions de l'article 3 de la loi du 21 décembre 1977 sont en contradiction avec cet idéal démocratique qui anime la nation, ses organes et les différents groupes qui exercent leurs activités sur le territoire national.

Les accords signés par les syndicats des salariés catégoriels ou minoritaires dans le ressort territorial ou professionnel de la Convention, sont entachés d'un vice originel fondamental...

Seule une consultation confirmative serait de nature à rendre ces accords collectifs conclus et signés par des syndicats minoritaires, conformes aux principes démocratiques instaurés par la Constitution.

Bien avant la Constitution de 1958, le Conseil d'Etat ayant déjà appliqué ces principes en précisant qu'en matière de représentativité, l'avis des seuls syndicats signataires pourra l'emporter à condition qu'ils « représentent en fait dans chaque catégorie, la volonté du plus grand nombre des intéressés ». (Cons. Etat, 17 mars 1925, Rec. p. 336).

C'est en fonction de ces « principes essentiels » que nous pensons que la loi critiquée n'est pas conforme à la Constitution.

2. Les droits découlant du préambule de la Constitution de 1946

Les 6e et 8e alinéas du préambule de la Constitution de 1946, auquel renvoi expressément le préambule de la Constitution de 1958, précisent de façon très complémentaire que :

« Tout homme peut défendre ses droits et ses intérêts par l'action syndicale et adhérer au syndicat de son choix » (6e alinéa).

« Tout travailleur participe par l'intermédiaire de ses délégués, à la détermination collective des conditions de travail ainsi qu'à la gestion des entreprises ».

Pour que l'action syndicale qui est permise à chaque salarié, puisse effectivement s'exercer par l'intermédiaire des délégués, notamment pour déterminer collectivement les conditions de travail, il est indispensable qu'un effet soit attaché à l'avis formulé par les mandants, surtout lorsque cette opinion est majoritaire.

Le mot « collectivement » utilisé par le Constituant implique l'adoption de règles démocratiques dans la détermination des conditions de travail. Le ou les syndicats minoritaires ne peuvent que s'efforcer de faire prévaloir leur point de vue auprès des travailleurs afin de disposer du consensus suffisant pour donner le maximum d'effet juridique à leur signature.

3. La notion de représentativité dégagée par les normes internationales

Les droits auxquels le texte déféré met fin, sont beaucoup plus vieux que la loi du 13 juillet 1971 précédemment applicable. Ils relèvent des principes essentiels qui s'attachent à la notion d'organisation « représentative ».

Cette notion est apparue pour la première fois en Droit international dans le traité de Versailles (art. 389) ratifié par la France. Aujourd'hui, elle est inscrite dans l'article 38 de la Constitution de l'Organisation internationale du travail dont la France est membre. Elle fut précisée par un avis de la Cour permanente du juriste internationale de La Haye en date du 31 juillet 1922 qui précise que :

« On doit évidemment tenir pour organisations les plus représentatives, celles qui représentent respectivement au mieux les employeurs et les travailleurs... Toutes choses égales, l'organisation comprenant le plus grand nombre d'adhérents sera l'organisation la plus représentative ».

Le texte critiqué doit être censuré dans la mesure où il tend à rendre sans effet l'opposition manifestée par des organisations syndicales de travailleurs recueillants largement plus de la moitié des voix des salariés lors des élections professionnelles, (statistiques annuelles publiées par le ministère du Travail), contrairement aux principes essentiels dégagés par les traités internationaux auxquels la France a souscrit.

DOCUMENT 61-530
Recours de députés contre la loi relative aux rapports entre l'Etat et l'enseignement agricole privé

Paris, le 22 décembre 1977

Les députés soussignés
à Monsieur le Président et
Messieurs les Membres du
Conseil constitutionnel
2, rue de Montpensier
75001 Paris

Monsieur le Président,
Messieurs les Conseillers,

Conformément au deuxième alinéa de l'article 61 de la Constitution, nous avons l'honneur de déférer au Conseil constitutionnel la loi complémentaire à la loi n° 60-791 du 2 août 1960 et relative aux rapports entre l'Etat et l'enseignement agricole privé.

Nous estimons, en effet, que cette loi a été délibérée et adoptée par l'Assemblée nationale dans des conditions contraires à la Constitution et au règlement de l'Assemblée et qu'elle doit être, par suite, déclarée non conforme à la Constitution.

Notre requête est fondée sur les motifs suivants :

Ce texte a été discuté et voté par l'Assemblée nationale en méconnaissance de l'article 92 du règlement.

Selon cet article, l'article 40 de la Constitution peut être opposé, à tout moment, et par tout député, aux « propositions, rapports et amendements ».

C'est en vertu de cette disposition que M. Roger Duroure, député, a opposé l'article 40 à l'ensemble de la proposition de loi 3164 et du rapport 3299 au cours de la dernière séance du 15 décembre 1977 (Cf. *J.O.*, Débats A.N., du 16 décembre 1977, n° 120, pages 8818 et 8819, 2ᵉ séance, du 15 décembre 1977).

Appréciant alors la recevabilité de la proposition et du rapport, dans les conditions prévues au 2ᵉ alinéa de l'article 92 susvisé, le Bureau de la commission des finances, statuant à l'unanimité, « a décidé que la recevabilité de la proposition et du rapport pouvait être appréciée article par article ». (Cf. *J.O.*, Débats A.N., du 17 décembre 1977, n° 121, page 8897, 2ᵉ séance du 16 décembre 1977).

Or, nous estimons qu'en appréciant la recevabilité article par article, le Bureau de la commission des finances a méconnu à la fois les dispositions de l'article 40 de la Constitution et celles de l'article 92 du règlement.

En effet, ni l'article 40 de la Constitution, ni l'article 92 du règlement, n'autorisent à apprécier la recevabilité financière d'une partie seulement d'une proposition de loi ou d'un rapport sur une proposition de loi. L'article 40 de la Constitution comme l'article 92 du règlement mentionnent les « propositions » ou les « rapports » et non les articles d'une proposition ou d'un rapport.

C'est d'ailleurs cette règle qui a été constamment appliquée, depuis 1958, par le Bureau de l'Assemblée nationale statuant dans les conditions prévues par l'article 81 du règlement. Le 3ᵉ alinéa de cet article mentionne d'ailleurs, lui aussi, que lorsque l'irrecevabilité d'une proposition de loi — et non d'un ou plusieurs de ses articles — est évidente, son dépôt en est refusé. C'est bien, dans ce cas, l'ensemble de la proposition qui est renvoyé à son ou ses auteurs et non une partie seulement. Or, il ne pourrait y avoir deux manières d'appliquer l'article 40 de la Constitution aux propositions de loi selon que leur recevabilité est examinée par le Bureau de l'Assemblée ou par le Bureau de la commission des finances.

Aussi, nous estimons qu'en ne prononçant l'irrecevabilité de l'article 40 qu'à une partie seulement de la proposition n° 3164 et du rapport n° 3299, le Bureau de la commission des finances a méconnu les dispositions de l'article 92 du règlement et, par suite, celles de l'article 40 de la Constitution.

Au surplus, il apparaît qu'en ne prononçant pas l'irrecevabilité de l'article 1er de la proposition de loi et du rapport, le Bureau de la commission des finances a également méconnu les dispositions de l'article 40 de la Constitution sur le fond du dispositif lui-même.

En effet, l'article 1er de la proposition et du rapport institue notamment, en faveur des établissements d'enseignement agricole privé, une procédure d'agrément qui aboutit à les placer sous le contrôle de l'Etat. Le vote d'une telle disposition entraîne donc des obligations supplémentaires pour les services qui sont chargés de ce contrôle et elle est donc génératrice, par sa nature même, de charges publiques supplémentaires au sens de l'article 40 de la Constitution. C'est donc à tort que le Bureau de la commission des finances, renonçant d'ailleurs à une jurisprudence constante appliquée depuis 1958 en matière d'amendement, n'a pas appliqué l'article 40 de la Constitution à l'article 1er de la proposition de loi et du rapport.

Pour ces divers motifs, ainsi que pour ceux qui ont été exposés le 16 décembre 1977, par M. Delehedde, député, devant l'Assemblée nationale (cf. *J.O.*, Débats A.N., du 17 décembre 1977, n° 121, 2e séance du 16 décembre 1977, pages 8897 et 8898), nous vous demandons de bien vouloir déclarer la loi précitée non conforme à la Constitution.

Nous vous prions d'agréer, Monsieur le Président, Messieurs les Conseillers, les assurances de notre haute considération.

DOCUMENT 61-531
Recours de députés contre la loi autorisant l'augmentation de la quote-part de la France au FMI

27 avril 1978

Monsieur Roger Frey
Président du Conseil constitutionnel
Messieurs les Membres
du Conseil constitutionnel
2, rue Montpensier
75001 Paris

Monsieur le Président,
Messieurs les Conseillers,

Conformément aux dispositions de l'article 61 de la Constitution, nous avons l'honneur de déférer au Conseil constitutionnel la loi relative à l'augmentation de la quote-part de la France au Fonds monétaire international.

Nous estimons en effet que cette loi n'est pas conforme aux dispositions de l'article 53 qui prévoit que les accords engageant les finances de l'Etat doivent être soumis au Parlement qui en autorise ou non la ratification, et au principe fondamental selon lequel le peuple exerce par ses représentants la souveraineté nationale.

Le premier projet de loi déposé sous la précédente législature contenait à la fois la proposition de ratification des accords de la Jamaïque et l'autorisation d'augmenter la quote-part de la France en application de ces accords.

La loi qui vient d'être adoptée n'est relative qu'à la seconde question et le Gouvernement a indiqué clairement qu'il entend n'inscrire à l'ordre du jour des assemblées parlementaires aucun projet de loi relatif aux accords de la Jamaïque.

Or, la modification des statuts du Fonds monétaire international et le problème de l'augmentation ne constituent pas deux actes juridiques distincts mais forment au contraire un ensemble.

L'augmentation de la quote-part ne peut entrer en application que lorsque la révision est entrée en vigueur et un mois après celle-ci. En soumettant à l'approbation du Parlement un projet de loi relatif à la seule augmentation de la quote-part, le Gouvernement a méconnu les exigences constitutionnelles qui sont les siennes.

La réforme du Fonds monétaire international par le second « amendement » ne constitue pas un simple aménagement aux statuts mais un changement profond du système monétaire international. La France ne peut donc se trouver liée automatiquement du seul fait que les trois cinquièmes des pays membres disposant des quatre cinquièmes de la totalité des voix l'ont ratifié.

L'article 17 des accords de Bretton Woods prévoit en effet que la procédure de modification simplifiée qui ne requiert pas l'unanimité des parties au traité n'est pas applicable lorsque la souveraineté d'un Etat est en cause. On ne peut modifier le mécanisme des parités sans accord de l'Etat. Or le second « amendement » supprime en fait cette parité des monnaies.

Il nous semble donc qu'en refusant de soumettre au Parlement français un projet de loi tendant à la ratification d'un accord international qui met en cause la souveraineté de la France, le Gouvernement a commis un détournement de procédure et commis une violation de la Constitution.

Pour ces motifs, nous vous demandons de bien vouloir déclarer la loi qui vous est déférée non conforme à la Constitution.

Nous vous prions d'agréer, Monsieur le Président, Messieurs les Conseillers, l'assurance de notre haute considération.

DOCUMENT 61-532
Recours contre la loi relative à l'enseignement et à la formation professionnelle agricoles

I. Recours de sénateurs
II. Recours de députés

I. Recours de sénateurs

Les sénateurs soussignés
à Monsieur le Président
et à Messieurs les Membres
du Conseil constitutionnel
Palais royal
2, rue de Montpensier
75001 Paris

Monsieur le Président,
Messieurs les Conseillers,

En vertu de l'article 61 de la Constitution, conformément au deuxième alinéa, nous avons l'honneur de déférer au Conseil constitutionnel la loi complétant les dispositions de l'article 7 de la loi n° 60-791 du 2 août 1960 relative à l'enseignement et à la formation professionnelle agricoles.

Notre requête est fondée sur les motifs suivants :

Le texte du projet de loi disposait initialement en son article premier, 6e alinéa, que des décrets en Conseil d'Etat fixaient les conditions générales et les modalités de la reconnaissance, mise en œuvre par le texte.

A la suite des examens successifs par le Sénat et par l'Assemblée nationale, les modalités de la reconnaissance ont été déplacées à l'alinéa suivant qui dispose que des conventions passées entre le ministère de l'Agriculture et les organisations représentatives de l'enseignement précisent les modalités d'application des décrets.

En faisant passer les modalités du niveau réglementaire au niveau contractuel, c'est-à-dire à une norme juridique inférieure, le législateur a amputé le pouvoir réglementaire d'une partie de ses attributions et il a ce faisant agi en violation de la Constitution.

En effet, l'article 21 de la Constitution dispose formellement que le Premier ministre exerce le pouvoir réglementaire. Certes, il est possible qu'il en délègue l'exercice à des agents qui lui sont soumis hiérarchiquement, voire même qu'il s'en dessaisisse en tout ou partie. Dans tous les cas, il conserve le droit de révoquer cette délégation, donc l'intégralité de ses prérogatives constitutionnelles.

Dans l'espèce, le Parlement a limité cette prérogative, et alors même qu'il n'est pas détenteur de ce pouvoir.

La lettre comme l'esprit de la Constitution de 1958 assignent au Parlement un domaine d'action strictement délimité. Ceci est particulièrement caractéristique au niveau de la répartition des compétences en matière législative et réglementaire ; l'article 37 de la Constitution a conféré un domaine général au règlement, alors que l'article 34 ne comporte qu'une énumération nécessairement limitative du domaine de la loi.

Aussi bien, la Constitution, loin de reconnaître au Parlement un droit d'intervention général et absolu, l'assigne-t-elle dans un cadre bien délimité.

Au surplus, l'intervention du législateur dans un domaine infra-réglementaire est doublement répréhensible.

D'une part, elle s'établit au niveau d'une norme juridique que la Constitution, et donc le législateur, ne connaît pas en dehors de la loi et du règlement. D'autre part, elle ravale au niveau contractuel les modalités d'application d'un texte promulgué en 1960, que la présente loi complète, et que le Conseil d'Etat dans un arrêt rendu le 6 janvier 1978 (Syndicat national de l'Enseignement technique agricole public) a précisément considéré comme appartenant au domaine du règlement et que les conventions ne pouvaient régir cette matière.

Pour ces motifs, nous vous demandons de bien vouloir déclarer la loi précitée non conforme à la Constitution.

Nous vous prions d'agréer, Monsieur le Président, Messieurs les Conseillers, l'expression de notre haute considération.

Marcel Champeix
Président du Groupe socialiste
Paris, le 1er juillet 1978

II. Recours de députés

Paris, le 3 juillet 1978

Les députés soussignés
à Monsieur le Président
et Messieurs les Membres
du Conseil constitutionnel
2, rue de Montpensier
75001 Paris

Monsieur le Président,
Messieurs les Conseillers,

Conformément aux dispositions du deuxième alinéa de l'article 61 de la Constitution, nous avons l'honneur de déférer au Conseil constitutionnel, au nom des députés membres du groupe socialiste et apparentés à ce groupe, la loi complétant les dispositions de l'article 7 de la loi n° 60-791, du 2 août 1960, relative à l'enseignement et à la formation professionnelle agricole, telle qu'elle a été définitivement adoptée par le Parlement le 30 juin 1978.

Nous estimons, en effet, que cette loi n'est pas conforme à la Constitution pour les motifs suivants.

**

En vertu du quatrième alinéa de l'article premier de l'ordonnance n° 59-2 du 2 janvier 1959, portant loi organique relative aux lois de finances, « lorsque des dispositions d'ordre législatif (...) doivent entraîner des charges nouvelles, aucun projet de loi ne peut être définitivement voté (...) tant que ces charges n'ont pas été prévues, évaluées et autorisées dans les conditions fixées par la présente ordonnance ».

Or, la loi qui vous est déférée se substitue à celle, pratiquement analogue, votée à la fin de l'année 1977 sur proposition de M. Guermeur, député, et que vous avez déclarée non conforme à la Constitution, par votre décision du 18 janvier 1978, justement parce qu'elle était génératrice de charges nouvelles au sens de l'article 40 de la Constitution.

Mais pas plus que cette précédente loi, celle qui vous est déférée aujourd'hui n'a été précédée d'une inscription quelconque de crédits, ni dans la loi de finances initiale pour 1978, ni dans sa première loi rectificative récemment adoptée par le Parlement, ni même dans un décret d'avance intervenu conformément à l'article 11-3° de l'ordonnance organique précitée du 2 janvier 1959.

Il suffit, pour s'en convaincre, de se reporter, d'une part, au budget du ministère de l'Agriculture pour 1978 et, d'autre part, à l'article 2 de la loi qui vous est soumise.

S'agissant du budget de l'agriculture pour 1978, seuls intéressent l'enseignement agricole privé les crédits inscrits au chapitre 43-31 (art. 70) relatifs aux bourses et majorations de bourses, au chapitre 43-33, relatifs aux subventions de fonctionnement aux établissement reconnus et au chapitre 66-30 concernant les subventions d'équipement à ces mêmes établissements reconnus.

Mais il ressort nettement du projet de loi de finances pour 1978, et notamment du fascicule « bleu » du ministère de l'Agriculture, que les mesures nouvelles propres à l'exercice 1978 ne constituent que des « ajustements aux besoins » (crédits du titre IV) et non des mesures destinées à couvrir des charges afférentes à des actions novatrices par rapport à celles des exercices antérieurs, couvertes par les « services votés » propres à ces divers chapitres.

Au demeurant, la loi de finances pour 1978, dont le projet (n° 3120) a été déposé le 10 septembre 1977 sur le Bureau de l'Assemblée nationale, ne tient aucun compte des incidences budgétaires du dispositif de la loi votée à la fin de l'année 1977 et que vous avez déclarée non conforme à la Constitution.

En effet, d'une part, les chiffres du projet de loi de finances sont les mêmes que ceux de la loi de finances définitive, ce qui signifie qu'ils n'ont fait l'objet d'aucun ajustement en cours de débat devant le Parlement ; d'autre part, les crédits afférents aux chapitres précités ont pour seul objet le financement des obligations résultant, pour l'Etat, de la mise en œuvre de la loi n° 60-791 du 2 août 1960 et notamment de son article 7 qui n'intéresse que les établissements reconnus par l'Etat.

Cette interprétation est conforme à celle donnée par le rapporteur pour avis de la commission des affaires culturelles, familiales et sociales de l'Assemblée nationale (cf. avis n° 3148, tome II de M. Brocard, député) : c'est ainsi qu'à une question du rapporteur pour avis relative à l'inscription à l'ordre du jour de la proposition de loi d'où est issue la loi qui a fait l'objet de votre décision du 18 janvier 1978, le ministre de l'Agriculture a indiqué que ce texte était « appliqué avant la lettre dans l'enseignement agricole privé avec l'existence des conventions » (doc. cité, p. 40). Or, le rapporteur pour avis souligne à ce sujet (même document, p. 24) que les dispositions de ces conventions « ne sont nullement opposables au Parlement pour la détermination du montant des dotations budgétaires. Le système demeure donc très précaire ».

Il ne vous échappera pas qu'une telle précarité disparaîtrait si la loi qui vous est déférée était promulguée dès lors que viendraient s'ajouter aux établissements reconnus de la loi du 2 août 1960 ceux qui seraient agréés, dès lors également que l'ensemble des charges de fonctionnement de ces établissements se trouveraient calculées par référence aux dotations de l'enseignement public et dès lors, enfin, que le nouveau texte garantit aux établissements, reconnus et agréés, une contribution de l'Etat pour leurs frais d'investissements.

Il est évident, dans ces conditions, qu'aucun crédit préalablement approuvé par le Parlement dans une loi de finances ne permet de faire face, même partiellement, aux dépenses résultant du dispositif de la loi qui vous est déférée. A cet égard, on observera que les crédits des chapitres 43-33 et 66-30 précités sont loin de représenter la somme nécessaire pour mettre en œuvre, même par étapes, cette nouvelle législation.

Ces constatations se trouvent confirmées par l'article 2 de la loi qui vous est déférée et qui prévoit, expressément, dans son premier alinéa, que les mesures d'aide financière à l'enseignement agricole privé n'interviendront qu'à partir du 1er janvier 1979, c'est-à-dire lorsque les crédits auront été prévus au budget de 1979, et d'une manière progressive sur les budgets des quatre années suivantes.

D'autre part, non seulement ces charges n'ont pas été prévues et autorisées au sens de la loi organique sur les lois de finances, mais elles n'ont même pas fait l'objet d'une évaluation officiellement communiquée au Parlement par le Gouvernement, auteur du projet de loi n° 279 (Sénat) d'où découle la loi qui vous est soumise.

En effet, il ressort nettement, tant des documents parlementaires distribués à l'appui du projet que des débats devant l'Assemblée nationale et le Sénat, que le Gouvernement n'a, à aucun moment, ni à aucun stade de la procédure législative, énoncé publiquement une évaluation des dépenses entraînées par son projet. Seul a été cité le chiffre de 300 millions F, en francs constants 1978 et pour une période de 5 ans ouverte en 1979. Mais ce chiffre n'a été avancé que par les rapporteurs des commissions parlementaires compétentes (cf. Sénat, rapport n° 332, p. 29 et séance du 27 avril 1978, J.O. page 635 ; Assemblée nationale, séance du 25 mai 1978, J.O. page 2046), sans que le Gouvernement juge utile de confirmer cette évaluation. Or, dans une matière où l'initiative ne peut dépendre que du Gouvernement, comme l'a souligné votre décision du 18 janvier 1978, toute évaluation qui n'émane pas de lui n'a qu'une valeur indicative, ou anecdotique, et ne saurait valoir, en tout cas, l'évaluation au sens de l'article premier, quatrième alinéa, de la loi organique du 2 janvier 1959.

Ainsi est-il évident qu'en faisant voter un projet de loi entraînant des dépenses nouvelles préalablement au vote des crédits nécessaires, le Gouvernement a gravement méconnu les dispositions de la loi organique sur les lois de finances. On notera d'ailleurs que le Gouvernement a persisté dans cette violation du droit budgétaire malgré l'opposition formulée, dès le 20 juin 1978 devant l'Assemblée nationale par M. Delehedde, député, conformément à l'article 92, 5e alinéa, du règlement de l'Assemblée, et répétée, le 30 juin 1978, dans un rappel au règlement, par M. Sérusclat, sénateur, devant le Sénat.

Or, une telle méconnaissance d'une disposition de valeur organique est d'autant plus inadmissible de la part du Gouvernement qu'elle porte une atteinte grave aux droits et prérogatives du Parlement en matière budgétaire et financière.

Il convient de souligner, en effet, que si les articles 39 et 44 de la Constitution posent comme principe que le Gouvernement et les membres du Parlement disposent des mêmes droits en matière d'initiative des lois et d'amendement, plusieurs dispositions organiques ou constitutionnelles, et notamment l'article 40 de la Constitution, apportent à ce principe de larges restrictions en ce qui concerne les membres du Parlement.

C'est ainsi que le Gouvernement a seul, aujourd'hui, l'initiative en matière de dépenses publiques, le Parlement ne pouvant avoir d'influence que sur le niveau des crédits que par son pouvoir d'autoriser ou de refuser la dépense ou éventuellement de la réduire.

Toutefois, dans la limite des crédits ainsi votés, le Parlement peut retrouver la plénitude de ses droits puisque ses initiatives, qu'il s'agisse d'une proposition de loi ou d'un amendement, ont alors pour seul objet de fixer les modalités d'exécution des charges publiques préalablement proposées par le Gouvernement et votées par les assemblées.

En inversant la procédure prévue par l'article premier, quatrième alinéa, de l'ordonnance organique du 2 janvier 1959, le Gouvernement, agissant en vertu du droit de priorité qu'il tient de l'article 48 de la Constitution, a abusivement privé le Parlement des droits qui lui sont reconnus par la Constitution, la loi organique précitée et les règlements des assemblées. Il n'est qu'à se reporter aux débats sur la loi qui vous est déférée pour constater que l'article 40 de la Constitution a du être évoqué et appliqué à de nombreuses reprises, même si cette disposition n'a pas permis d'éliminer absolument tous les amendements d'origine parlementaire et générateurs de charges nouvelles.

D'autre part, la loi organique sur les lois de finances prévoit des règles strictes de présentation et de vote des lois de finances et toute méconnaissance de ces règles ne peut que réduire les droits du Parlement.

En effet, il convient de rappeler que le Parlement procède d'abord au vote des recettes et que c'est au vu de celles-ci qu'il fixe le montant global et maximum des dépenses du budget général, des budgets annexes et des comptes spéciaux du Trésor, de manière à aboutir à l'équilibre prévu par la loi organique.

Aussi, toute dépense qui s'impose à l'Etat sans avoir préalablement prévue, évaluée et autorisée par une loi de finances contraint pratiquement le Parlement soit à fixer en conséquence le montant des recettes publiques, soit à accepter les réductions qui lui sont proposées par le Gouvernement sur d'autres chapitres budgétaires. Dans un cas comme dans l'autre, il en résulte une contrainte et une sensible réduction du pouvoir d'appréciation des assemblées.

En outre, si les « services votés » sont soumis à un vote unique et global dans chaque assemblée, en vertu de l'article 41 de la loi organique sur les lois de finances, il n'en va pas de même pour les « autorisations nouvelles » qui doivent être clairement justifiées et explicitées par le Gouvernement et que le Parlement discute largement avant de les approuver, de les rejeter ou de les réduire en statuant par titre et par ministère.

Aussi, si la loi qui vous est déférée devait être promulguée, on ne voit pas comment le Parlement pourrait maintenant discuter, ou même refuser, les crédits nécessaires à sa mise en œuvre dès lors que les bénéficiaires de ce texte pourraient, en attaquant l'Etat en responsabilité, obtenir de la justice les crédits que les assemblées leur auraient refusés aux titres IV et VI du budget du ministère de l'Agriculture.

On observera par ailleurs que la loi qui vous est déférée ne contrevient pas seulement aux dispositions du quatrième alinéa de l'article premier de la loi organique sur les lois de finances.

En effet, l'article 7 quater, qu'elle ajoute à la loi du 2 août 1960, prévoit que l'Etat contribue aux frais d'investissement des établissements reconnus ou agréés, tandis que son article 2, déjà cité, prévoit que les dépenses seront étalées sur cinq ans à partir du 1er juin 1979.

Or, s'agissant des dépenses d'investissement, cette disposition aurait dû normalement faire l'objet d'une « loi de programme » regroupant les autorisations de programme afférentes à cette disposition particulière, conformément à l'avant dernier alinéa de l'article 34 de la Constitution et au dernier alinéa de l'article premier de la loi organique du 2 janvier 1959 relative aux lois de finances.

*
* *

Le quatrième alinéa de l'article premier de la loi organique sur les lois de finances est un très vieux principe de droit budgétaire et parlementaire et ce serait en vain que l'on soutiendrait qu'il serait soit dépassé, soit tombé en désuétude.

En effet, l'article premier, alinéa 4, de l'ordonnance organique du 2 janvier 1959, ne fait que reprendre, sous une autre forme, le dispositif de l'article 10 du décret n° 56-601 du 19 juin 1956, fondement du droit budgétaire dans les dernières années de la IVe République. Mais ce décret ne faisait, lui-même, que reprendre, pour en généraliser la portée, plusieurs dispositions antérieures tendant au même objet, notamment l'ordonnance du 6 janvier 1945 interdisant la création de services ou d'emplois nouveaux avant l'ouverture des crédits et la loi du 31 janvier 1950 interdisant toute décision réglementaire créant des dépenses nouvelles sans ouverture préalable d'un crédit. En l'insérant dans une loi organique, à laquelle le Conseil constitutionnel accorde une valeur analogue à celle de la Constitution, la Ve République a érigé cette disposition en principe fondamental constitutionnel du droit budgétaire et de l'équilibre des pouvoirs financiers respectifs du Gouvernement et du Parlement.

Ce principe est constamment appliqué en matière réglementaire.

C'est ainsi, par exemple, que le ministre responsable du budget, se fondant justement sur l'article premier, quatrième alinéa, de la loi organique du 2 janvier 1959, s'oppose constamment à tous les projets de texte, législatifs ou réglementaires, qui entraînent des dépenses nouvelles qui n'ont pas été préalablement acceptées par le Parlement ou ouvertes par un décret d'avance soumis à ratification parlementaire.

D'autre part, lorsque des textes réglementaires interviennent en violation de ce principe, le Conseil d'Etat, saisi par la voie du recours pour excès de pouvoir, ne manque pas de prononcer les annulations nécessaires : on peut citer, à cet égard, de très nombreuses décisions, et notamment l'arrêt d'assemblée du 5 mars 1948 (Sieur Wuillaume et autres, Rec. p. 117-118), ainsi que l'arrêt du 23 avril 1958 (Syndicat CGT-FO de l'administration centrale du ministère de l'Intérieur, Rec. p. 227). On peut également citer, s'agissant d'appliquer un principe analogue relatif aux transformations d'emplois par décret en Conseil des ministres après avis du Conseil d'Etat (art. 1er, alinéa 5, de l'ordonnance organique du 2 janvier 1959), l'arrêt du 17 avril 1970 (Martin, Rec. p. 252).

Il serait pour le moins étonnant que ce principe, qui s'impose à la fois aux actes législatifs et aux actes réglementaires, ne soit pas appliqué avec autant de rigueur aux textes législatifs par le Conseil constitutionnel qu'il ne l'est aux textes réglementaires par le Conseil d'Etat, dès lors, au surplus, que c'est la même disposition organique qui s'applique dans un cas comme dans l'autre.

Sans doute est-il exact que ce principe n'est pas toujours parfaitement respecté en ce qui concerne la discussion et le vote des projets de loi. Mais il n'est pas pour autant méconnu au Parlement.

Outre les références qui y sont faites par les interventions déjà citées de MM. Delehedde, député, et Sérusclat, sénateur, il convient de souligner que le 25 mai 1978, dans son rapport n° 294, M. Icart, député, rapporteur général de la commission des finances, de l'économie générale et du plan de l'Assemblée nationale, a rappelé, au dernier paragraphe de la page 32, que les assemblées ne pouvaient délibérer et voter le dispositif du pacte national pour l'emploi qu'après avoir fixé le montant des crédits nécessaires dans la première loi de finances rectificative pour 1978.

Mais s'il est de fait que dans l'affaire du Pacte national pour l'emploi les principes posés par la loi organique sur les lois de finances ont été correctement appliqués, il n'en est pas toujours de même et le Parlement a déjà eu l'occasion de s'inquiéter de la fréquente méconnaissance, par le Gouvernement, de l'article premier, quatrième alinéa, de l'ordonnance du 2 janvier 1959.

C'est ainsi que dans son rapport n° 2064 du 19 novembre 1971, M. Charbonnel, député et président de la commission des finances de l'Assemblée nationale soulignait (p. 51-52) que l'article premier, quatrième alinéa, de la loi organique précitée « pourrait, sinon éluder, du moins retarder jusqu'à l'adoption d'une loi de finances, le vote de certains projets comportant des implications financières. Mais, dans ce domaine, où les infractions sont pourtant fort nombreuses, la loi organique demeure inappliquée ».

Il est tout à fait exact que le Gouvernement — et la loi qui vous est déférée en constitue la preuve — n'a jamais tenu compte des observations qui lui étaient faites à ce sujet au sein du Parlement. Mais on ne peut s'empêcher de penser que cette curieuse attitude n'a été justifiée que par la constante absence de sanctions aux violations répétées, en matière législative, de ce principe du droit budgétaire. Jusqu'ici, en effet, le Conseil constitutionnel n'a jamais été saisi d'un manquement à ce principe, et le rapport précité de M. Charbonnel a été publié alors que députés et sénateurs n'avaient pas encore reçu le droit d'agir auprès du Conseil constitutionnel en vertu de l'article 61 de la Constitution. De leur côté, les président des assemblées parlementaires n'avaient pas jugé utile de mettre en œuvre leur droit de saisine à ce sujet. Mais on notera que le Gouvernement avait également manifesté la plus grande indifférence aux nombreuses observations des membres du Parlement concernant les violations de la loi organique sur les lois de finances, jusqu'au moment où le Conseil constitutionnel, saisi par plus de soixante députés, a contraint le pouvoir exécutif au respect de la loi organique (cf. vos décisions du 30 décembre 1974 sur la notion de « services votés » et du 28 décembre 1976 sur l'application de l'article 42 de la loi organique).

Aussi, compte tenu, d'une part, de l'importance des sommes en jeu et de l'imprécision dans laquelle le Gouvernement a laissé délibérer et voter le Parlement, et, d'autre part, du refus de donner la moindre suite, ou même la moindre explication, aux observations précitées de MM. Delehedde, député, et Sérusclat, sénateur, nous estimons indispensable que le Conseil constitutionnel se prononce sur la conformité à la Constitution de la loi qui lui est déférée et défende, en la circonstance, les droits gravement méconnus du Parlement.

On pourrait sans doute soutenir que le Parlement, dûment informé des dispositions de la loi organique, a eu la possibilité de se prononcer.

Mais ceci ne saurait influer, en l'espèce, sur la décision du Conseil constitutionnel qui n'a pas hésité à déclarer non conforme à la Constitution un crédit inscrit dans le projet de loi de finances pour 1975 en violation de la loi organique tout en soulignant que le Parlement avait eu la possibilité de se prononcer (cf. votre décision précitée du 30 décembre 1974).

D'autre part, et contrairement à la réponse qui a été faite à M. André Delehedde, député, par le président de séance (1re séance du 20 juin 1978), il ne nous était pas possible de déposer, à l'encontre de la loi qui vous est soumise, l'exception d'irrecevabilité prévue à l'article 91, alinéa 4, du règlement de l'Assemblée nationale. En effet, une telle exception est mise aux voix, aux termes mêmes de l'article précité du règlement, avant la discussion des articles d'un projet ou d'une proposition de loi. Or, comme l'a fort justement souligné M. Delehedde, aucune disposition constitutionnelle ou organique n'interdisait au Parlement de discuter et de voter les articles du projet d'où est issue la loi qui vous est déférée. Seul était interdit, par l'article premier, quatrième alinéa, de la loi organique sur les lois de finances le vote final de ce texte, qui a lieu le 30 juin 1978 au Sénat et que seul le Gouvernement, agissant en vertu de l'article 48 de la Constitution, pouvait et devait ajourner jusqu'à la promulgation d'une loi de finances ouvrant les crédits nécessaires ou, à défaut, jusqu'à la publication d'un décret d'avance. A moins qu'il ne soit possible de soutenir que la loi organique, qui comporte de très nombreuses dispositions de procédure parlementaire dérogatoires aux procédures normales prévues par la Constitution, permet au président de l'assemblée intéressée, par dérogation à l'article 48 de la Constitution et par application de l'article premier, alinéa quatre, de la loi organique relative aux lois de finances, de prononcer le retrait de l'ordre du jour prioritaire d'un projet de loi générateur de charges nouvelles lorsque ce projet n'a pas été précédé des ouvertures de crédits nécessaires.

*
**

Pour ces divers motifs, nous avons l'honneur de vous demander de bien vouloir déclarer non conforme à la Constitution la loi complétant l'article 7 de la loi n° 60-791 du 2 août 1960.

Nous vous prions d'agréer, Monsieur le Président, Messieurs les Conseillers, les assurances de notre haute considération.

Document 61-533

Recours de députés contre la loi complétant la loi du 7 août 1974 relative à la radiodiffusion et à la télévision

Paris, le 4 juillet 1978

Le député soussigné
à Monsieur le Président et
Messieurs les Membres du
Conseil constitutionnel
2, rue de Montpensier
75001 Paris

Monsieur le Président,
Messieurs les Conseillers,

J'ai l'honneur, conformément au deuxième alinéa de l'article 61 de la Constitution, de déférer au Conseil constitutionnel le texte de la loi complétant la loi n° 74-696 du 7 août 1974 relative à la radiodiffusion et à la télévision, telle qu'elle a été adoptée définitivement par le Parlement le 27 juin 1978.

J'estime, en effet, que cette loi n'est pas conforme à la Constitution pour les motifs suivants.

∗
∗ ∗

En vertu de l'article 11 de la Déclaration des droits de l'homme et du citoyen, reprise et confirmée par le préambule de la Constitution de 1958 et à laquelle le Conseil constitutionnel a constamment accordé une valeur identique à celle de la Constitution elle-même, « la libre communication des pensées et des opinions est un des droits les plus précieux de l'homme : tout citoyen peut donc parler, écrire, imprimer librement, sauf à répondre de l'abus de cette liberté dans les cas déterminés par la loi. »

Il résulte de cette disposition fondamentale de notre droit que la libre diffusion de la pensée est garantie, en France, quel que soit le moyen employé à cet effet.

Sans doute peut-on faire observer que la libre diffusion de la pensée par le moyen moderne que constitue la radio-télévision n'a pas été expressément prévue par la Déclaration précitée de 1789. Toutefois, on ne saurait se prévaloir de cette apparente carence du texte dès lors que, d'une part, ces moyens modernes n'existaient pas encore en 1789, que d'autre part la radio-télévision constitue un moyen parmi d'autres de « parler » au sens de l'article 11 susvisé, enfin que pendant de très nombreuses années, et pratiquement jusqu'à la dernière guerre mondiale, alors que se développaient rapidement les moyens de la radiodiffusion, ni le constituant, ni le législateur n'ont jamais porté atteinte à cette liberté, sinon pour en organiser les modalités.

On notera avec intérêt les nombreux textes qui se sont succédés à ce sujet depuis 1789, pour observer que tous, jusqu'à la Libération, ont eu pour seul objet de confier à la puissance publique le monopole de l'utilisation du domaine public des ondes sans prétendre influer sur le contenu des informations — c'est-à-dire de la pensée — qui étaient transmises par ce moyen.

C'est dans ce sens qu'est intervenu, sans pour autant contrevenir à l'article 11 de la Déclaration de 1789, le décret des 23-30 juillet 1793 instituant le monopole d'Etat de l'utilisation — mais non du contenu — des moyens de correspondance par signaux qui se trouvaient alors très proches, dans leur principe, des techniques actuelles de la radio-télévision. Le décret susvisé n'avait d'ailleurs pas pour objet de limiter l'accès au domaine public, mais simplement d'assurer à l'Etat un moyen qui avait été jugé indispensable pour la sécurité intérieure de l'Etat.

C'est également dans le même esprit qu'a été institué, par la loi du 2-6 mai 1837, le monopole des transmissions télégraphiques, dont le dispositif se trouve repris, aujourd'hui, du moins en partie, sous l'article L. 39 du code des P et T. Ce monopole a été complété et précisé par le décret-loi du 27 décembre 1851, repris lui aussi sous les articles L. 39 et L. 40 du code des P et T, qui institue, à la fois, le monopole et la police des lignes télégraphiques.

Ce sont ces textes qui ont servi de base pour la mise en œuvre, sur l'ensemble du territoire de la République, du réseau téléphonique, et qui sont toujours appliqués actuellement à ce réseau.

Or, s'il est évident que nul ne saurait contester la réglementation qui doit normalement s'appliquer à l'utilisation du domaine public des télécommunications, soumis à un monopole d'Etat confié aux P et T, il n'est jamais venu à l'idée de quiconque de prétendre que l'autorisation d'utiliser un téléphone, délivrée aux citoyens qui en font la demande, s'accompagnerait de l'obligation de soumettre toute conversation téléphonique à un contrôle préalable de l'Etat. Bien plus, ce moyen de diffusion de la pensée et des opinions que constitue le téléphone se trouve protégé par des textes qui visent à garantir la liberté de chacun de s'exprimer hors du contrôle ou même de la surveillance de l'Etat.

C'est le même esprit qui a prévalu, entre les deux guerres, lorsqu'est apparu le phénomène moderne de la communication de la pensée et des opinions par le moyen de la radiodiffusion.

C'est ainsi qu'avant 1923, de nombreux postes privés avaient été autorisés à émettre librement, et bénéficiaient donc d'une autorisation précaire et révocable d'utilisation du domaine public des ondes. Et c'est l'article 85 de la loi du 30 juin 1923 qui a étendu les dispositions du décret susvisé de 1851 à l'émission et à la réception des signaux radioélectriques de toute nature, justement parce qu'il convenait de réglementer l'utilisation du domaine public des ondes. Mais il n'était pas question de porter atteinte à la libre diffusion de la pensée par le moyen de la radio, et d'ailleurs un décret du 24 novembre 1923 a institué, donc à la même époque, une totale liberté de réception de la radio. On voit mal comment la libre réception — qui existe toujours à l'heure actuelle — aurait pu avoir pour corollaire une absence de liberté dans le contenu des émissions, c'est-à-dire, d'une manière générale, dans leur fabrication et leur envoi au public.

Il est apparu, toutefois, que le domaine public des ondes n'était pas illimité et que, de ce fait, l'usage de la radio — dans sa forme ou sa technique et non dans le contenu des émissions — constituait un service public ainsi que le Conseil d'Etat l'a déclaré à plusieurs reprises. Les autorisations d'utiliser ce service public étaient donc précaires et révocables (cf. à ce sujet C.E., 18 novembre 1938, Fédération des Postes privés, ou 6 février 1948, Société française Radio-Atlantique).

Aussi, un décret-loi du 28 décembre 1926 avait prévu que le Gouvernement pourrait accepter des autorisations aux émetteurs privés jusqu'au 31 décembre 1927 notamment afin de compléter le réseau de la radiodiffusion. Ce délai a été ensuite prolongé jusqu'au mois de janvier 1929 par les articles 62 à 64 de la loi du 19 mars 1928.

Mais il n'était pas question de porter atteinte à la liberté de la diffusion de la pensée par la voie des autorisations de caractère précaire et révocables. Des précautions avaient été prises à ce sujet ainsi que le précise d'ailleurs l'exposé des motifs du décret-loi du 28 décembre 1926 qui indique qu'il « ne saurait entrer dans l'esprit de personne d'instituer une sorte de monopole d'Etat de la pensée et de la propagande par radio-diffusion. »

Et il est de fait que les autorisations étaient, à l'époque, accordées pour contribuer au service public de la radio-diffusion et que l'Etat se bornait à contrôler, ainsi qu'il ressort clairement de la jurisprudence du Conseil d'Etat, si la quasi-permission de voirie attribuée à un émetteur était utilisée d'une manière constante. Car lorsqu'un permissionnaire cessait d'émettre, ou n'émettait plus aussi souvent que prévu dans l'autorisation, cette dernière lui était retirée puisque le service public n'était plus assuré.

Il a fallu attendre la guerre pour que soit, à la fois, étendu le monopole d'Etat et, par suite, supprimée en fait la liberté de diffusion de la pensée par le moyen de la radio puis, ultérieurement, de la télévision : c'est le décret du 13 octobre 1938 qui, en raison de la tension internationale, prévoit un contrôle gouvernemental sur certaines émissions des postes privés ; c'est, en septembre 1939, l'obligation qui est faite aux postes privés de retransmettre les informations du réseau public ; c'est l'arrêté du 20 novembre 1944 qui réquisitionne l'ensemble des installations des postes privés ; c'est enfin l'ordonnance du 23 mars 1945 qui révoque toutes les autorisations accordées précédemment aux radios privées, bien que la Constitution de 1946 confirme en tous points l'article 11 de la Déclaration de 1789.

Depuis cette époque, aucune autorisation, dans la forme de celles prévues avant la guerre, n'a plus été accordée et la radio-diffusion française a ainsi bénéficié d'un monopole absolu de définition et de diffusion des programmes, cette mission de service public étant confiée, selon l'époque, soit à la RTF, soit à l'ORTF, soit aux organismes institués par la loi du 7 août 1974.

A l'heure actuelle, le double monopole de la programmation et de la diffusion résulte, tout à la fois, de l'article 4 de l'ordonnance n° 59-273 du 4 février 1959, ainsi que des articles 2 et 3 de la loi n° 72-553 du 3 juillet 1972, toutes dispositions qui ont été confirmées par la loi n° 74-696 du 7 août 1974.

Ces divers textes ont prévu :

— d'une part, que seuls des organismes publics pourraient définir des programmes, ce qui contrevient évidemment aux dispositions de l'article 11 de la Déclaration de 1789 ;

— d'autre part, que seuls ces mêmes organismes publics pourraient les diffuser sur un réseau dont ils auraient à la fois la propriété et la charge de l'entretien.

Sans doute des dérogations sont-elles prévues en ce qui concerne le monopole des programmes, en faveur de la radio-scolaire, de la diffusion dans des enceintes privées, de la recherche scientifique et enfin dans l'intérêt de la sécurité publique ou de la défense nationale.

Or, s'il est évident que le monopole institué, au profit d'organismes agissant au nom de l'Etat, en ce qui concerne la définition des programmes est contraire au principe de libre diffusion de la pensée garanti par la Déclaration de 1789, il est non moins évident qu'il résulte de lois promulguées et sur lesquelles le Conseil constitutionnel est aujourd'hui démuni des moyens de se prononcer.

Mais il résulte nettement de diverses décisions de jurisprudence récemment rendues par plusieurs juridictions que le législateur n'a pas expressément prévu de sanctions pénales aux infractions au monopole de définition des programmes, puisque sont seules prévues, à l'heure actuelle, les peines destinées à réprimer l'installation et l'utilisation d'un réseau privé d'émission.

C'est dans ce but qu'a été soumis au Parlement, par le Gouvernement, le projet d'où est issue la loi qui vous est déférée. L'article premier de ce texte prévoit, en effet, des sanctions pénales à l'encontre de quiconque considérerait que la liberté de la diffusion de la pensée est supérieure, parce que d'ordre constitutionnel, aux lois précitées ayant édicté le monopole de définition des programmes et publierait des programmes non contrôlés par les organismes publics qui détiennent le monopole.

Aussi, même s'il n'est plus possible au Conseil constitutionnel de se prononcer sur la constitutionnalité du monopole de définition des émissions, il lui appartient, en revanche, de juger la conformité à la Constitution d'une loi non encore promulguée et qui vise, en fait, à infliger des sanctions pénales pour l'usage d'une liberté fondamentale garantie par la Constitution.

On notera, en effet, que l'article premier de la loi qui vous est déférée ne se contente pas de réprimer les « abus » à l'usage de la liberté, comme le prévoit l'article 11 de la Déclaration de 1789, mais considère comme un « abus » l'utilisation de la liberté elle-même. Il est donc évident que cette disposition est absolument contraire à la Constitution en raison de sa portée générale éclairée par les dispositions législatives confirmées par la loi précitée du 7 août 1974.

Ces divers textes, au surplus, portent une atteinte grave au principe d'égalité des citoyens devant la loi, qui résulte, lui-aussi, de la Constitution et la loi qui vous est déférée ne ferait qu'accroître cette violation de la Constitution.

En effet, le monopole confirmé par la loi du 7 août 1974 se trouve méconnu, à la fois en ce qui concerne la définition des programmes et l'installation d'un réseau de diffusion, par le Gouvernement qui a autorisé des dérogations non prévues par la loi ou qui s'est abstenu d'intervenir pour faire respecter le monopole comme il l'a fait à l'égard de divers postes privés locaux.

C'est ainsi que malgré une décision du tribunal administratif de Nice en date du 15 décembre 1961, le ministre des Armées a refusé de revenir sur l'autorisation qu'il avait donnée en 1952 à Radio-Monte-Carlo pour installer un émetteur de télévision au Mont-Agel. Depuis, cette même station privée a été autorisée à installer un second émetteur sur le territoire de la République française.

D'autre part, si des émissions de Radio-Andorre ont été, un temps, brouillées par la RTF, il n'en va plus de même aujourd'hui pour les très nombreuses émissions destinées à la France et parfois fabriquées en France, même si elles sont diffusées par des émetteurs situés en territoire étranger : on peut citer, à cet égard, les émissions de stations privées telles Sud-Radio, Radio-télé Luxembourg, Europe n° 1, etc.

On ne voit pas à quel titre ces stations pourraient recevoir une autorisation de définir des programmes et de les émettre, même si cette autorisation est tacite ce qui est actuellement le cas, tandis que serait sévèrement réprimé l'usage non abusif de la liberté de diffuser la pensée en vertu de la loi qui vous est déférée.

D'autre part, il est difficile d'admettre que la liberté de la diffusion de la pensée bénéficierait de très larges possibilités et garanties en ce qui concerne la presse écrite tandis qu'elle serait supprimée en ce qui concerne la presse parlée. Or, tel est bien actuellement le cas puisque cette liberté est totale en ce qui concerne la presse écrite en vertu, notamment, de la loi du 29 juillet 1881 tandis que cette liberté n'existe pas en ce qui concerne la presse parlée en raison, justement, du monopole édicté par les textes de 1959, 1972 et 1974.

Enfin, il convient de souligner que la loi qui vous est déférée contrevient manifestement, en tant qu'elle vise à sanctionner pénalement l'usage non abusif d'une liberté fondamentale, aux dispositions de l'article 10 de la Convention européenne des Droits de l'homme, signée à Rome le 4 novembre 1950 et ratifiée le 4 mai 1974 par la France en vertu de la loi n° 74-1227 du 31 décembre 1973.

Bien que le Conseil constitutionnel ait déclaré, à plusieurs reprises qu'il ne lui appartenait pas de vérifier la conformité des lois à des traités ou conventions internationales, et ce malgré l'interdiction absolue de contradiction entre une loi et un traité ou une convention ayant valeur supérieure en vertu de l'article 25 de la Constitution, il convient de souligner que l'article 10 de la Convention précitée constitue la définition la plus complète de l'application du principe de la libre diffusion de la pensée dans les Etats où cette liberté est garantie, ce qui est le cas de la France. Or, cet article prévoit expressément que la liberté de diffusion de la pensée s'exerce aussi par la voie de la radio-télévision mais que les Etats peuvent édicter un régime d'autorisation en la matière sans porter atteinte à ce principe. L'alinéa 2 du même article prévoit d'ailleurs nettement les conditions dans lesquelles il est possible de limiter la libre diffusion de la pensée par la voie de la radio-télévision, et cette disposition énumère, à l'évidence, les « abus » à cette liberté au sens de l'article 11 de la Déclaration de 1789 : sûreté nationale et publique, intégralité territoriale, ordre et prévention du crime, protection de la santé et de la morale, autorité et impartialité du pouvoir judiciaire, etc. Mais il est clair, aux termes mêmes de cet article 10 de la Convention précitée, que l'Etat puisse contrôler ou limiter au-delà les « abus » à cette liberté, notamment par l'intermédiaire d'un monopole de la puissance publique.

Ainsi, le principe de la libre diffusion de la pensée ne saurait donc être suspendu, en France, pour ce qui concerne un moyen moderne justement mis au point pour faciliter et accélérer la transmission de la pensée. Il ne saurait, non plus, être suspendu pour le motif que l'Etat disposerait d'un monopole à cet égard d'autant qu'il est évident que ce monopole ne permet pas de satisfaire l'ensemble des besoins d'expression constatés un peu partout en France, notamment sur le plan local. C'est d'ailleurs cette carence qui a conduit de nombreux citoyens, dans le plus strict respect des libertés constitutionnelles, à méconnaître les dispositions de la loi du 7 août 1974. Or, ceux-ci risquent de se heurter à une sévère répression, car la loi qui vous est déférée ne comporte une amnistie que pour les faits intervenus avant le 1er juillet 1978.

D'autre part, il convient de souligner que malgré les termes très généraux de l'article 11 de la Déclaration de 1789, les procureurs de la République ont employé la procédure du flagrant délit à l'égard des émetteurs de radio alors que cette procédure est interdite par les articles 54 à 68 du code de procédure pénale pour les délits de presse : là encore, les justiciables ne sont pas égaux devant la loi pénale pour les « abus » visés à l'article 11 de la Déclaration de 1789.

Enfin, on notera que s'il appartient au législateur d'organiser la liberté, on ne voit pas comment la loi qui vous est déférée répondrait à cette définition dès lors qu'elle interdit toute autre émission que celle découlant des organismes du monopole et contredit donc, par ses sanctions, l'exercice d'une liberté fondamentale garantie par la Constitution. On observera, au surplus, que la loi qui vous est déférée ne saurait constituer une « borne » à l'usage d'une liberté au sens de l'article 4 de la Déclaration de 1789 dès lors qu'il ne saurait être contraint de recevoir, sur son poste-récepteur personnel, une émission qu'il ne veut point entendre.

Tels sont les motifs pour lesquels j'ai l'honneur de vous demander de bien vouloir déclarer non conforme à la Constitution l'article premier de la loi modifiant la loi n° 74-696 du 7 août 1974, en tant qu'elle institue des sanctions pénales destinées à réprimer l'usage d'une liberté fondamentale garantie par la Constitution et qu'elle ne vise pas expressément et exclusivement la répression des abus de l'usage de cette liberté.

Je vous prie d'agréer, Monsieur le Président, Messieurs les Conseillers, les assurances de ma haute considération.

Le député de la Drôme,
G. Fillioud

DOCUMENT 61-534

Recours de sénateurs contre la loi portant réforme de la procédure pénale sur la police judiciaire et le jury d'assises

Le 1er juillet 1978

Monsieur le Président
du Conseil constitutionnel,

J'ai l'honneur, avec mes collègues sénateurs, de saisir le Conseil constitutionnel, en application de l'article 61 (deuxième alinéa) de la Constitution, en vue de voir déclarer l'inconstitutionnalité de l'article 31 de la loi portant réforme de la procédure pénale sur la police judiciaire et le jury d'assises.

Supprimer la deuxième phrase du premier alinéa de l'article 722 du code de procédure pénale revient à légaliser le décret du 23 mai 1975 modifiant le régime des établissements pénitentiaires et sur la légalité duquel le Conseil d'Etat ne s'est pas encore prononcé.

Faut-il ajouter que le contenu de l'article 31 nouveau, porte sur un objet différent de la police judiciaire ou du jury d'assises et vise essentiellement la réforme pénitentiaire.

Nous nous réservons de développer ces motifs dans un mémoire ampliatif et vous prions, Monsieur le Président du Conseil constitutionnel, de croire à l'assurance de notre haute considération.

Henri Caillavet

Monsieur le Président du
Conseil constitutionnel
2, rue de Montpensier
Paris 1er

Paris, le 4 juillet 1978

Mémoire ampliatif de MM. Henri Caillavet et Edgard Tailhades Sénateurs adressé à
Monsieur le Président du Conseil constitutionnel

Ce mémoire accompagne les demandes individuelles de saisine du Conseil constitutionnel adressé par Mmes et MM. les sénateurs à l'initiative de leurs collègues Henri Caillavet et Edgard Tailhades en application de l'article 61, alinéa 2, de la Constitution et visant les dispositions de l'article 31 de la loi portant réforme de la procédure pénale sur la police judiciaire et le jury d'assises.

L'article 31 de la loi portant réforme de la procédure pénale sur la police judiciaire et le jury d'assises dispose que la deuxième phrase du premier alinéa de l'article 722 du code de procédure pénale est abrogé.

Le Conseil constitutionnel n'est pas sans savoir que cette disposition votée le 1er juillet 1978, tend à légaliser indirectement le décret du 23 mai 1975 qui a modifié le régime des établissements pénitentiaires.

A ce jour, le Conseil d'Etat ne s'est toujours pas prononcé sur le décret du 23 mai 1975. Y a-t-il, en la matière, constitutionnalité d'une disposition législative qui permet au Gouvernement de prendre un décret identique à un précédent acte réglementaire sur la légalité duquel le Conseil d'Etat doit se prononcer ?

Notre seconde observation vise l'objet de la loi portant réforme de la procédure pénale sur la police judiciaire et le jury d'assises. Le présent titre de la loi ne dit pas que les réformes de procédure pénale s'appliquent à la réforme pénitentiaire. L'article 31 de la loi concerne précisément cette réforme pénitentiaire. zles articles 98, alinéa 5 et 48 alinéa 3, respectivement du règlement intérieur de l'Assemblée nationale et du Sénat, précisent bien que la recevabilité des amendements ne s'inscrit que dans le « cadre du projet ou de la proposition ». La question de recevabilité pour cas litigieux n'ayant pas été soumise avant discussion à l'une comme à l'autre Assemblée, y a-t-il constitutionnalité de l'article 31 dont la portée s'exclue au titre de la loi.

Nous ne saurions oublier que l'article 31 reprend en termes identiques l'article 10 d'un projet de loi (A.N. 21.82, 5e législature, seconde session ordinaire, 75/76, retirée de l'ordre du jour), modifiant certaines dispositions du code de procédure pénale relatives à l'application des peines. En introduisant cette disposition, dans un texte de loi, dont le titre n'est plus conforme au contenu, il s'agit bien de « cavalier ». A cette occasion, nous rappelons la décision du Conseil cosntitutionnel en date du 28 décembre 1976, sanctionnant le Gouvernement à l'occasion d'une pratique abusive de « cavalier budgétaire ».

Enfin, la constitutionnalité de l'article 31 n'est-elle pas soumise à une réflexion de fond eu égard à la Déclaration des droits de l'homme de 1789. En effet, effacer la deuxième phrase de l'article 722 du code de procédure pénale, tend à abandonner un des principes généraux de droit : à sentence égale, exécution égale de la peine. La rédaction de l'article 722 du code de procédure pénale était conforme à l'esprit de l'article 7 de la Déclaration des droits : « Nul homme ne peut être accusé, arrêté, ni détenu que dans les cas déterminés par la loi, et, selon les formes qu'elle a prescrites. »

La légitimation des quartiers de haute sécurité uu'inspire la nouvelle rédaction de l'article 722 du code de procédure pénale, après le vote du 1er juillet 1978, supprime le principe qu'on ne peut faire subir à quelqu'un une peine plus forte que celle à laquelle il a été condamné. L'article 31 de la loi portant réforme de la procédure pénale sur la police judiciaire et le jury d'assises rétablit certes l'esprit de l'article 6 de la Déclaration des droits de 1789 (la loi « doit être la même pour tous, soit qu'elle protège, soit qu'elle punisse »). Mais, en légalisant indirectement le décret du 23 mai 1975, elle remet en cause le principe général énoncé par cet article 6.

Pour ces deux raisons de forme et cet argument de fond, nous vous demandons de rendre inconstitutionnel l'article 31 de la loi portant réforme de la procédure pénale sur la police judiciaire et le jury d'assises.

Source : auteurs des recours

DOCUMENT 61-600

Extraits du discours prononcé par M. Roger Frey, Président du Conseil constitutionnel à l'occasion de la visite au Conseil constitutionnel du Président de la République

Le 8 novembre 1977

... Une des innovations les plus originales de la Constitution de 1958 a été la création du Conseil constitutionnel. C'est la première fois, en effet,

TITRE VII : LE CONSEIL CONSTITUTIONNEL

qu'apparaît dans l'histoire constitutionnelle française une institution capable d'assurer le respect du principe de la subordination de la loi, acte du Parlement, à la Constitution considérée comme une règle supérieure. Auparavant ni les tribunaux judiciaires ni les divers organes pourtant créés à cet effet mais disposant de pouvoirs trop limités n'avaient pu exercer un véritable contrôle de la constitutionnalité des lois.

Il en est différemment aujourd'hui et si l'histoire du Conseil est encore brève, elle n'en constitue pas moins un éloquent témoignage de la continuité et de l'efficacité de l'action qu'il a exercée, depuis sa création, en faveur de la défense des libertés et de la protection des droits des citoyens dans les différents domaines assignés à son contrôle par la Constitution, qu'il s'agisse de la répartition des compétences entre la loi et le règlement, du jugement du contentieux des grandes consultations ou encore du contrôle de la constitutionnalité des lois.

On ne saurait sous-estimer l'importance du rôle joué par le Conseil en matière de répartition des compétences entre la loi et le règlement, domaine où il n'a cessé de se comporter, en des cas parfois difficiles, comme un véritable régulateur des compétences entre les pouvoirs publics, contribuant ainsi pour une part essentielle au maintien d'un équilibre dans lequel Montesquieu voyait déjà le fondement même de la démocratie.

Aussi importante est la part qu'il a prise dans le règlement du contentieux des grandes consultations nationales, élections présidentielles et législatives et référendums. Sur les quelque 800 décisions rendues par le Conseil constitutionnel depuis sa création, 387, en plus de la centaine à mettre à l'actif de la commission constitutionnelle provisoire, ont été prises par lui en matière d'élections législatives attestant ainsi du souci de moralité et de régularité qui n'a cessé d'animer le Conseil en ce domaine. Cette préoccupation trouve d'ailleurs son prolongement dans les avis adressés par le Conseil au Gouvernement, à l'issue du règlement du contentieux de chaque grande consultation et qui comportent souvent des suggestions concrètes, fruits de l'expérience acquise, et dont il a été souvent tiré parti.

C'est ainsi, par exemple, que le Conseil chargé, en application de l'article 58 de la Constitution, de veiller à la régularité de l'élection du Président de la République, a été amené le 24 mai 1974 à rendre publique une déclaration où il présentait un certain nombre d'observations et de suggestions en ce qui concerne la présentation des candidats, le nombre des présentateurs, la forme des présentations, les opérations consécutives au premier tour de scrutin, l'hypothèse du décès d'un candidat. Ces avis qui avaient, Monsieur le Président de la République, retenu votre attention, ont été suivis par le législateur et ont fait l'objet soit d'une révision constitutionnelle soit de modifications de la loi organique.

Mais, si importantes qu'aient été les interventions du Conseil dans ces domaines, c'est encore dans celui du contrôle de la constitutionnalité des lois que son rôle s'est développé avec la plus spectaculaire ampleur.

Cet essor a été dû essentiellement à la révision constitutionnelle du 29 octobre 1974 qui, aux quatre autorités habilitées à nous saisir par l'article 61 de la Constitution, en a ajouté une cinquième, constituée par soixante députés ou soixante sénateurs.

Cette réforme, voulue et soutenue par vous, Monsieur le Président, de tout le poids de votre autorité, avait, comme bien souvent en notre pays dès qu'il s'agit de modifier quelque chose, suscité scepticisme et critiques souvent acerbes. Il n'était pourtant pas difficile d'en discerner la portée et les conséquences mais assez rares à l'époque furent ceux qui s'en rendirent compte. Le résultat ne se fit d'ailleurs pas attendre : les saisines formées par les membres du Parlement se sont multipliées au point que sur les déclarations de conformité rendues par le Conseil depuis son origine plus des deux tiers l'ont été au cours des trois dernières années. C'est beaucoup si l'on songe que la Cour constitutionnelle allemande n'a statué depuis sa création que six fois sur saisine parlementaire.

Il convient cependant de remarquer que les parlementaires ont fait preuve de sagesse dans l'exercice du nouveau droit qui leur était conféré ainsi que l'atteste l'importance des questions dont ils nous ont saisi et la qualité des arguments qu'ils ont présentés.

C'est ainsi que le Conseil a été amené à se prononcer sur un certain nombre de grands problèmes touchant la vie des Français allant de la définition du droit au respect de la vie, au principe de l'égalité devant la justice et à la sauvegarde des droits de la défense en passant par la protection de la liberté d'association et celle de la liberté individuelle et de la vie privée, pour ne citer que les plus importantes des décisions rendues en ce domaine.

A ces importantes interventions en ce qui concerne les libertés et les droits des citoyens il convient d'ajouter celles que le Conseil a faites dans le domaine du fonctionnement des institutions en maintenant avec fermeté les règles constitutionnelles applicables notamment au vote des lois de finances et relatives au respect des droits du Parlement.

Nous ne saurions oublier par ailleurs la seule décision rendue sur la saisine du Président de la République : c'est celle qui a été prise les 29 et 30 décembre 1976 concernant l'élection du Parlement européen au suffrage universel. Dans cette décision unique en son genre le Conseil a défini avec grand soin les limites au-delà desquelles les instances européennes ne pouvaient intervenir sans mettre en danger l'indépendance nationale et l'indivisibilité de la République, et a donné au Gouvernement les moyens de se prémunir contre un pareil risque. Là encore et quoi qu'on en ait dit, le Conseil a conscience d'avoir servi l'indépendance nationale et les libertés publiques.

Ainsi se trouve garanti, du fait de cette réforme, tout un bloc de droits et de libertés qui, par les décisions successives rendues par le Conseil surtout depuis trois ans, constitue un ensemble très important dans nos institutions.

Ce succès, qui a incontestablement transformé le rôle du Conseil constitutionnel, notamment dans le domaine des libertés, a ouvert à notre maison de nouvelles portes sur l'avenir. Il conduit dès lors à s'interroger sur cet avenir.

*
**

Il est toujours très difficile et, à bien des égards, téméraire d'essayer de discerner le destin des institutions et de prétendre en modifier le cours, surtout lorsqu'il s'agit, comme pour notre Conseil, d'institutions jeunes et en pleine évolution.

Pourtant j'estime que c'est un devoir qui fait partie de ma charge et auquel, pour ma part, je n'entends pas me soustraire ne serait-ce que pour éviter les excès auxquels peuvent conduire certaines spéculations.

Deux tentations peuvent, en effet, menacer une institution comme la nôtre et, l'une comme l'autre, ruiner son avenir : la tentation de l'immobilisme et celle du bouleversement.

La première aurait pour effet la sclérose de notre organisme et la ruine de vingt ans d'efforts.

Je ne crois pas qu'elle soit à craindre, encore qu'il faille parfois lutter contre les habitudes acquises tant dans le domaine des manières de penser que dans les modes d'expression de cette pensée.

Plus redoutable, à mon sens, est l'autre tentation, celle de la mutation totale ou du bouleversement. Elle peut s'inspirer de conceptions idéologiques radicalement différentes de celles qui ont présidé à l'élaboration des dispositions constitutionnelles qui nous régissent ; elles peuvent aussi proposer en exemples certaines institutions étrangères. Ce n'est un secret pour personne que certains ont rêvé ou rêvent de transformer notre Conseil constitutionnel en une sorte de Cour suprême.

Sans vouloir entrer dans un tel débat qui n'a pas ici sa place, qu'il me soit simplement permis d'indiquer qu'à mon sens un tel bouleversement serait rempli d'aléas et d'incertitudes et nécessiterait en fait une refonte de nos juridictions administratives et judiciaires. Une telle solution me semble d'autant moins souhaitable qu'elle me paraît aussi peu adaptée que possible au caractère de notre peuple, aux traditions juridiques de notre pays et à nos mœurs parlementaires et on aurait tôt fait de dénoncer le gouvernement des juges. C'est alors qu'on verrait apparaître d'inévitables conflits entre les pouvoirs, conflits que notre tempérament national pousserait comme d'habitude jusqu'à l'extrême.

C'est, en tout cas, ce qui nous a semblé ressortir des très intéressants colloques que nous avons eus tant, ici, à Paris, l'année dernière, avec le « Chief Justice » de la Cour Suprême des Etats-Unis qu'au cours des rencontres qui ont eu lieu les années précédentes avec les représentants des Cours européennes à Dubrovnik, à Baden et à Rome.

Dans ces différentes confrontations d'idées et de systèmes nous avons finalement retiré la conviction que si l'évolution de notre Conseil devait se poursuivre, elle ne pouvait se situer que dans le cadre propre de nos institutions et dans la ligne de celles-ci, qui sont les mieux adaptées à notre tempérament national et aux manières de voir des Français.

Dans cette optique, et la double tentation indiquée étant conjurée, nous pensons qu'effectivement l'importante réforme de 1974 pourrait peut-être, le moment venu, trouver d'utiles compléments qui permettraient au Conseil d'exercer plus efficacement le contrôle qu'il assure déjà sans tomber pour autant dans les inconvénients inhérents au fonctionnement d'une Cour suprême.

*
**

Telles sont, Monsieur le Président de la République, les réflexions que m'inspire notamment au regard des libertés la situation du Conseil constitutionnel que j'ai l'honneur de présider.

Elles ne me poussent pas au pessimisme ; bien au contraire.

Alors qu'il y a vingt ans à peine la notion de contrôle de constitutionnalité des lois était totalement étrangère à nos institutions et que, par voie de conséquence, l'idée même de l'existence d'un Conseil constitutionnel n'était pas envisageable même pour l'opinion la plus avertie, voici qu'aujourd'hui ce Conseil existe, que son rôle s'accroît, qu'il exerce notamment sur la constitutionnalité des lois un contrôle de plus en plus important. Voici qu'il apparaît non seulement comme un élément d'équilibre entre les pouvoirs mais encore comme le protecteur de ces libertés qui vous sont chères, Monsieur le Président de la République, comme le défenseur des droits fondamentaux et des minorités.

Il existe, sans nul doute, dans l'Etat d'autres missions, d'autres responsabilités qui tiennent à l'exercice même des différents pouvoirs mais pour nous membres du Conseil constitutionnel les tâches que je viens d'esquisser semblent particulièrement importantes car elles participent au grand combat de notre temps, celui de la liberté et de la dignité de la personne humaine. Dans un monde où la France représentera de moins en moins par sa masse c'est à la fois son honneur et sa raison d'être que de représenter les grands principes universels de l'humanité et il n'est pas interdit de penser qu'un jour peut-être l'impondérable fluidité des idées morales prenne sa revanche sur les forces de la matière.

Nous n'en sommes malheureusement pas encore là mais en attendant, soyez sûr, Monsieur le Président de la République, vous qui veillez au respect de la Constitution, qu'à sa place, avec l'indépendance et la discrétion qui caractérisent son action, le Conseil constitutionnel saura défendre cette loi suprême, assuré ce faisant de bien servir la République et les citoyens et de contribuer, ainsi, modestement peut-être mais efficacement, à l'idée que le monde se fait de la démocratie française.

DOCUMENT 61-601

Allocution prononcée au Conseil constitutionnel le 8 novembre 1977 par M. Valéry Giscard d'Estaing

Monsieur le Président,
et Messieurs les Membres
du Conseil constitutionnel

Chargé par l'article 5 de la Constitution de veiller à son respect, je suis toujours heureux d'être accueilli par le Président et les Membres du Conseil constitutionnel, dont les décisions sont essentielles pour assurer ce respect.

Je tiens aussi à constater devant vous aujourd'hui, non seulement que nos institutions ont été respectées, mais aussi que leur efficacité a été vérifiée face aux difficultés, et que leur fonctionnement s'est amélioré.

Il m'est particulièrement agréable de le faire à l'occasion de l'anniversaire que vous commémorez, qui est celui d'une réforme importante et réussie.

TITRE VII : LE CONSEIL CONSTITUTIONNEL

Le bilan de cette réforme nous invite à une réflexion sur nos institutions et sur nos libertés.

Le bilan, d'abord. La révision constitutionnelle du 29 octobre 1974 a complété l'établissement d'un « Etat de droit » et renforcé la protection de nos libertés.

Par opposition à « l'Etat de police » qui est celui où règne l'arbitraire, « l'Etat de droit » est celui dans lequel chaque autorité, de la plus modeste à la plus haute, s'exerce sous le contrôle d'un juge, qui s'assure que cette autorité respecte l'ensemble des règles, de compétence et de fond, auxquelles elle est tenue.

Notre République constitue depuis longtemps un tel Etat de droit. La constitution, la loi, le règlement fixent à chaque autorité ses attributions. Un siècle de progrès ininterrompu a conduit le juge administratif, et dans certains cas les tribunaux judiciaires, à sanctionner, à la demande du citoyen lésé, tout manquement, et à faire prévaloir sur toute chose le respect de la loi.

Cependant, dans cet ensemble, il manquait un maillon essentiel : rien n'obligeait la loi elle-même à respecter la constitution. Le dogme de la souveraineté parlementaire, les excès du gouvernement des juges dans d'autres pays, expliquaient cette lacune.

Ils ne la justifiaient pas.

D'où l'importance de la création de votre Conseil par la Constitution de 1958, chargé de faire respecter l'équilibre des pouvoirs. Pour la première fois dans notre histoire, une institution recevait le pouvoir de déclarer nulle une loi contraire à la constitution et d'empêcher ainsi sa promulgation.

L'importance de cette novation a d'abord été dissimulée par la nature, plus technique que politique, des affaires qui vous ont été soumises, et par la limitation aux quatre plus hautes autorités de l'Etat de la possibilité de vous saisir.

La façon dont vous avez conçu et rempli votre mission, puis la révision constitutionnelle de 1974 ont donné à l'institution nouvelle toute sa portée.

Pas de gouvernement des juges, mais le règne, tout le règne de la Constitution : c'est ainsi qu'on peut définir l'esprit de vos décisions.

Pas de gouvernement des juges, car, donnant en cela le bon exemple d'un Etat de droit, vous vous êtes interdit de vous arroger des attributions que la Constitution ne vous donnait pas, ou de vous référer à des principes qui ne se rattachaient pas à elle.

Mais le règne, tout le règne de la Constitution. Car vous ne vous êtes pas bornés à veiller au respect des dispositions de la Constitution relatives à l'organisation des pouvoirs publics. Par un choix capital, d'ailleurs conforme à notre tradition juridique, vous avez décidé d'inclure dans les principes dont vous aviez à assurer le respect ceux qui sont énoncés dans la Déclaration des droits de l'homme et du citoyen de 1789, et dans le préambule de la Constitution de 1946, principes auxquels la Constitution de 1958 proclame solennellement son attachement et qui définissent les libertés des citoyens français.

Ainsi, vous êtes devenus le juge et le garant de nos libertés.

Juge scrupuleux, gardien vigilant. Qu'il s'agisse de la liberté individuelle — par exemple à l'occasion d'un texte sur les conditions de la fouille des automobiles —, de la liberté d'association, dont vous avez décidé qu'elle excluait tout contrôle sur leur déclaration préalable, de l'égalité devant l'impôt ou encore devant la justice, vous n'avez cessé d'exercer votre censure dès lors qu'une loi vous paraissait s'écarter des principes constitutionnels.

Il restait à faire en sorte que vous soyez plus aisément saisi. C'est ce qu'a réalisé, sur la proposition du Gouvernement, la révision constitutionnelle de 1974, en décidant qu'il suffirait désormais de la demande de soixante députés ou de soixante sénateurs pour soumettre à votre censure toute loi non encore promulguée. Une sorte de tribunal populaire, au sens romain du terme, était ainsi établi.

Il est encore trop tôt pour mesurer la portée de cette innovation. Cependant, dès maintenant, quatre constatations s'imposent :

1. En premier lieu, la réforme a été efficace. Au cours de ces trois années, votre Conseil a exercé le plus large contrôle sur la constitutionnalité des lois nouvellement votées. Les seules saisines opérées au titre de la révision de 1974 sont au nombre de quinze.

2. D'autre part bien qu'elle n'ait pas été votée par l'opposition, la révision constitutionnelle du 29 octobre 1974 constitue aujourd'hui un élément essentiel du statut de l'opposition.

Rien d'étonnant si, comme je l'avais d'ailleurs prévu et souhaité, c'est l'opposition qui a été le principal utilisateur de la possibilité nouvelle ainsi donnée aux parlementaires.

3. Quant au Gouvernement, chacun peut constater qu'il a déféré chaque fois, sans délai ni aigreur, à votre décision. Dans un pays habitué aux conflits, la machine a tourné dans l'huile.

4. Enfin, la France est désormais protégée de manière efficace contre le risque de l'adoption de lois inconstitutionnelles.

Il faut que les Français le sachent. Votre Conseil se compare aux Cours suprêmes telles qu'il en existe aux Etats-Unis et dans certains autres pays.

Le propre d'une Cour suprême est de ne contrôler les lois que par voie d'exception, au hasard du déroulement des procédures judiciaires, et toujours *a posteriori*. Il en résulte une part d'aléa dans l'exercice de ce contrôle, et une précarité dans les situations juridiques individuelles.

Au contraire, la censure de votre Conseil s'exerce par voie d'action directe, avant que la loi n'entre en application. Elle est plus systématique pour l'avenir et, au regard du passé, plus respectueuse des « droits acquis ».

A tous égards, ce système, conforme à l'esprit de nos lois et de nos mœurs, me semble préférable.

Sa seule faiblesse est qu'il peut laisser subsister, si elles sont antérieures à 1974, et plus encore à 1958, des dispositions qui, adoptées aujourd'hui, n'échapperaient peut-être pas à votre censure. J'ai noté, à cet égard, vos suggestions. Je relève, d'autre part, que pour mieux mettre en harmonie notre législation tout entière avec l'esprit de vos décisions, il pourra appartenir, le cas échéant, au Gouvernement, d'élaborer les projets de loi nécessaires.

Mais plus que le passé, c'est l'avenir qui compte. L'avenir, c'est que notre Constitution, donc nos libertés, sont désormais mieux défendues.

Mieux défendues contre les tentations technocratiques ou électoralistes qui, à un moment ou un autre, peuvent être celles d'un Gouvernement ou d'un Parlement, soumis aux nécessités de l'action et aux pressions de l'opinion.

Mais mieux défendues aussi contre les entreprises d'un pouvoir qui se détournerait délibérément de la liberté. Certes, rien ne peut protéger de lui-même un peuple qui serait résolu à perdre sa liberté. Mais tel n'est pas le cas du nôtre. Il saura tirer parti de l'institution nouvelle qu'il s'est donnée.

En achevant l'établissement d'un Etat de droit, en dressant au profit de nos libertés un rempart supplémentaire, la révision constitutionnelle de 1974 apporte une contribution efficace au progrès de notre démocratie.

Elle constitue en même temps un témoignage supplémentaire de la confiance du peuple français dans votre sagesse et votre loyauté républicaine.

Voilà pour le bilan de la réforme dont la commémoration nous réunit ici...

ARTICLE 62

Une disposition déclarée inconstitutionnelle ne peut être promulguée ni mise en application.

Les décisions du Conseil constitutionnel ne sont susceptibles d'aucun recours. Elles s'imposent aux pouvoirs publics et à toutes les autorités administratives et juridictionnelles.

ARTICLE 63

Une loi organique détermine les règles d'organisation et de fonctionnement du Conseil constitutionnel, la procédure qui est suivie devant lui, et notamment les délais ouverts pour le saisir de contestations.

TITRE VIII

De l'autorité judiciaire

ARTICLE 64

Le Président de la République est garant de l'indépendance de l'autorité judiciaire.

Il est assisté par le Conseil supérieur de la Magistrature.

Une loi organique porte statut des magistrats.

Les magistrats du siège sont inamovibles.

ARTICLE 65

Le Conseil supérieur de la Magistrature est présidé par le Président de la République. Le ministre de la Justice en est le vice-président de droit. Il peut suppléer le Président de la République.

Le Conseil supérieur comprend en outre neuf membres désignés par le Président de la République dans les conditions fixées par une loi organique.

Le Conseil supérieur de la Magistrature fait des propositions pour les nominations de magistrats du siège à la Cour de cassation et pour celles de Premier président de Cour d'appel. Il donne son avis dans les conditions fixées par la loi organique sur les propositions du ministre de la Justice relatives aux nominations des autres magistrats du siège. Il est consulté sur les grâces dans les conditions fixées par une loi organique.

Le Conseil supérieur de la Magistrature statue comme conseil de discipline des magistrats du siège. Il est alors présidé par le Premier président de la Cour de Cassation.

ARTICLE 66

Nul ne peut être arbitrairement détenu.

L'autorité judiciaire, gardienne de la liberté individuelle, assure le respect de ce principe dans les conditions prévues par la loi.

TITRE IX

La Haute Cour de Justice

TITRE IX : LA HAUTE COUR DE JUSTICE

ARTICLE 67

Il est institué une Haute Cour de Justice.

Elle est composée de membre élus, en leur sein et en nombre égal, par l'Assemblée nationale et par le Sénat après chaque renouvellement général ou partiel de ces assemblées. Elle élit son Président parmi ses membres.

Une loi organique fixe la composition de la Haute Cour, les règles de son fonctionnement ainsi que la procédure applicable devant elle.

Note : La Haute Cour de Justice n'a eu aucune activité depuis 1958.

DOCUMENT 67-100

Evolution de la composition de la Haute Cour de Justice.

I. Membres élus par l'Assemblée nationale

	Titulaires	*Suppléants*
1re législature	MM. Sammarcelli, Nairet, Foyer, Trellu, Fourcade Ripert, Voilquin, Bourgund, H. Colonna, Schmittlein, E. Montel, Vayron.	MM. Rieunaud, Becker, Sagette, Guillain, Marquaire, Forest.
	12 titulaires	6 suppléants
2e législature	n'ont pas été désignés	n'ont pas été désignés
3e législature	n'ont pas été désignés	n'ont pas été désignés
4e législature	n'ont pas été désignés	n'ont pas été désignés
5e législature	MM. Max Lejeune, Lepage, Forens, Le Douarec, J. Delong, Fontaine, A. Bignon, Frédéric-Dupont, Boulay, P. Durafour, Bustin, Ducolonné.	MM. Bouvrad, Fossé, Gerbet, Houteer, Lauriol, Ochu.
	12 titulaires	6 suppléants
6e législature	MM. Fossé, Sablé, Delong, Forens, Charretier, Douffiagues, A. Richard, P. Durafour, Lauriol, Billoux, Ducolonné, Mme Constans.	MM. Bernard-Raymond, Frédéric-Dupont, Brocard, Millet, Bonnet, Guéna.
	12 titulaires	6 suppléants

II. Membres élus par le Sénat

Année	Titulaires	Suppléants
1959	MM. Rabouin, Kalb, Philippon, Delalande, Jozeau-Marigne, Molle, Lachevre, Bordeneuve, Cornu, Carcassonne, Yvon, La Gontrie. 12 titulaires	MM. Messaud, R. Brun, R. Schwartz, Tinant Abel-Durand, Sadi. 6 suppléants
1962 1964	MM. Chauvin, Jager, Philippon, Garet, Bodeneuve, Molle, Carcassonne, Delalande, Cornu, Lachevre, Kalb, M. du Halgoüet. 12 titulaires	 0 suppléant
1965	MM. Bordeneuve, Carcassonne, Jager, Garet, Cornu, Philippon, Lachevre, Chauvin. 8 titulaires	MM. Molle, du Halgoüet. 2 suppléants
1968	MM. Molle, Carcassonne, Messaud, M. Martin, Cornu, Chauvin, R. Brun, Jager, Jozeau-Marigné, du Halgoüet, Namy. 12 titulaires	MM. de Hauteclocque, Esseul, Boin, Bouquerel, Geoffroy, Diligent. 6 suppléants
1971	MM. Deloeme, Geoffroy, Lhospied, de Felice, Diligent, Jozeau-Marigné, M. Martin, Boin, de Montigny, Garet, Carous. 11 titulaires	 0 suppléant
1974	MM. Colin, Gros, Chazelle, Geoffroy, Bouquerel, Bordeneuve, Nuninger, Jozeau-Marigné, Brives, Delorme, Robineau, Mme Goutmann. 12 titulaires	MM. Caron, Estève Ciccolini, Jourdan Berclet 5 suppléants
1977	MM. Jourdan, Bouquerel, Bordeneuve, Jozeau-Marigné, Baieux, Chazelle, Deveze, Brives, Colin, Geoffroy, Ciccolini. 11 titulaires	 0 suppléant

Note : En application de l'article 1 de l'ordonnance n° 59-1 du 2 janvier 1959 portant loi organique la Haute Cour de Justice est composée de vingt-quatre juges titulaires et de douze juges suppléants élus par moitié par l'Assemblée nationale et par le Sénat.

ARTICLE 68

Le Président de la République n'est responsable des actes accomplis dans l'exercice de ses fonctions qu'en cas de haute trahison. Il ne peut être mis en accusation que par les deux assemblées statuant par un vote identique au scrutin public et à la majorité absolue des membres les composant ; il est jugé par la Haute Cour de Justice.

Les membres du Gouvernement sont pénalement responsables des actes accomplis dans l'exercice de leurs fonctions et qualifiés crimes ou délits au moment où ils ont été commis. La procédure définie ci-dessus leur est applicable ainsi qu'à leurs complices dans le cas de complot contre la sûreté de l'Etat. Dans les cas prévus au présent alinéa, la Haute Cour est liée par la définition des crimes et délits ainsi que par la détermination des peines telles qu'elles résultent des lois pénales en vigueur au moment où les faits ont été commis.

TITRE X

Le Conseil économique et social

ARTICLE 69

Le Conseil économique et social, saisi par le Gouvernement, donne son avis sur les projets de loi, d'ordonnance ou de décret ainsi que sur les propositions de loi qui lui sont soumis.

Un membre du Conseil économique et social peut être désigné par celui-ci pour exposer devant les assemblées parlementaires l'avis du Conseil sur les projets ou propositions qui lui ont été soumis.

DOCUMENT 69-100
Bilan des activités du Conseil économique et social

Année	Saisine gouvernementale	Auto-saisine (1)	Total
1959	5	2	7
1960	19	20	39
1961	9	18	27
1962	5	17	22
1963	4	23	27
1964	1	22	23
1965	1	16	17
1966	4	20	24
1967	0	21	21
1968	0	19	19
1969	2	17	19
1970	3	10	13
1971	5	12	17
1972	3	12	12
1973	3	22	25
1974	4	13	17
1975	6	17	23
1976	6	14	20
1977	4	11	15

(1) Article 3 de l'ordonnance N° 58-1360 du 29 décembre 1958 portant loi organique relative au Conseil Economique et Social :
« Le Conseil économique et social peut, de sa propre initiative, appeler l'attention du Gouvernement sur les réformes qui lui paraissent de nature à favoriser la réalisation des objectifs définis à l'article premier de la présente ordonnance. Il peut faire connaître au Gouvernement son avis sur l'exécution des plans ou des programmes d'action à caractère économique ou social. »

DOCUMENT 69-200
Bilan de l'utilisation de la procédure de l'article 69, alinéa 2

— Projet de loi portant modification de la loi du 11 février 1950 relative aux conventions collectives

(Avis du 4/11/70, J.O.A.N. : 22 mai 1973 ; J.O.S. : 20 juin 1973).

— Projet de loi pour l'amélioration des conditions de travail

(Avis du 9/4/73, J.O.A.N. : 22 novembre 1973 ; J.O.S. : 13 décembre 1973).

— Projet de loi d'orientation en faveur des handicapés

(Avis du 13 mars 1974, J.O.A.N. : 13 décembre 1974 ; J.O.S. : 3 et 10 avril 1975).

— Projet de loi sur le bilan social de l'entreprise

(Avis du 24 décembre 1976, J.O.A.N. : 11 mai 1977 ; J.O.S. : 7 juin 1977).

ARTICLE 70

Le Conseil économique et social peut être également consulté par le Gouvernement sur tout problème de caractère économique ou social intéressant la République ou la Communauté. Tout plan ou tout projet de loi de programme à caractère économique ou social lui est soumis pour avis.

ARTICLE 71

La composition du Conseil économique et social et ses règles de fonctionnement sont fixées par une loi organique.

TITRE XI

Des collectivités territoriales

ARTICLE 72

Les collectivités territoriales de la République sont les communes, les départements, les territoires d'outre-mer. Toute autre collectivité territoriale est créée par la loi.

Ces collectivités s'administrent librement par des conseils élus et dans les conditions prévues par la loi.

Dans les départements et les territoires, le délégué du Gouvernement a la charge des intérêts nationaux, du contrôle administratif et du respect des lois.

ARTICLE 73

Le régime législatif et l'organisation administrative des départements d'outre-mer peuvent faire l'objet de mesures d'adaptation nécessitées par leur situation particulière.

ARTICLE 74

Les territoires d'outre-mer de la République ont une organisation particulière tenant compte de leurs intérêts propres dans l'ensemble des intérêts de la République. Cette organisation est définie et modifiée par la loi après consultation de l'assemblée territoriale intéressée.

DOCUMENT N° 74-100
Documents relatifs à la transformation du territoire d'outre-mer de Saint-Pierre-et-Miquelon en département d'outre-mer

I. Extrait du rapport présenté à l'Assemblée nationale par M. Baudouin

Les modalités de la réforme

Après avoir, conformément à l'article 74 de la Constitution, sollicité l'avis du Conseil général du territoire, le Gouvernement saisit le Parlement d'un projet de loi qui pose le principe de la départementalisation de Saint-Pierre-et-Miquelon.

Le dépôt du projet n'a été précédé d'aucune consultation officielle de la population du territoire. Une telle consultation s'imposait-elle juridiquement ? Une interprétation rigoureuse de la Constitution fournit une réponse négative. Aux termes de l'article 53, alinéa 3, le consentement des populations n'est requis qu'en cas de cession, échange ou adjonction de territoire. On sait qu'il a été admis, en 1966 pour le territoire français des Afars et des Issas, puis en 1974 pour le territoire des Comores, que ce texte s'appliquait dans le cas de sécession comme dans celui de cession (1). En revanche, il ne peut être interprété comme imposant une telle consultation lorsqu'il s'agit de renforcer les liens d'un territoire avec la République. Telle est la doctrine du Gouvernement à laquelle le président Foyer a d'ailleurs apporté son appui lors de la récente audition du secrétaire d'Etat aux DOM-TOM par votre commission.

Une consultation officieuse de la population sur le projet de départementalisation a cependant été organisée le 7 mars dernier par le Conseil général. Sur 3 234 électeurs inscrits, 1 326, soit 41 %, y ont participé. Le « oui » a obtenu 8 % des suffrages exprimés, le « non » 32,5 % et le « oui contraint et forcé » préconisé par la majorité des élus locaux 59,5 %. Dans l'avis adopté à l'unanimité le 10 mars, le conseil général décidait :

— d'une part, de surseoir à l'examen de la question posée dans l'attente de précisions et modifications touchant notamment le contenu des futurs budgets et le maintien de l'actuel système douanier ;

— d'autre part, de demander au Gouvernement d'organiser un référendum préalable à l'examen du projet par le Parlement.

MM. Ducoloné, Beck, Pidjot et Krieg ont émis l'opinion que la réforme projetée pourrait être contraire à l'article 76, alinéa 2, de la Constitution, le Conseil général n'ayant pas expressément manifesté la volonté que le statut du territoire soit modifié. Cette interprétation ne paraît pas devoir être retenue. Comme l'ont fait observer MM. Foyer et Lauriol, dont l'avis à cet égard est particulièrement autorisé puisqu'ils furent associés aux travaux préparatoires de la Constitution, l'article 76 est inapplicable en l'espèce : ce texte organisait en effet la procédure d'entrée, à titre initial, des territoires

d'outre-mer dans la République française et fixait, par référence à l'article 91, un délai de six mois à compter de la promulgation de la Constitution pour l'exercice de ce droit d'option.

(Doc. A.N. V^e législature n° 2373)

II. Article 1er de la loi n° 76-664 du 19 juillet 1976 relative à l'organisation de Saint-Pierre-et-Miquelon

Art. 1er. — Le territoire d'outre-mer de Saint-Pierre-et-Miquelon est érigé en département d'outre-mer.

J.O. du 20

Note : Saint-Pierre-et-Miquelon est le seul TOM à être devenu un DOM. Cf. également art. 53.

---

(1) Cette interprétation a été confirmée par le Conseil constitutionnel dans sa décision du 30 décembre 1975.

TITRE XI : DES COLLECTIVITÉS TERRITORIALES

ARTICLE 75

Les citoyens de la République qui n'ont pas le statut civil de droit commun, seul visé à l'article 34, conservent leur statut personnel tant qu'ils n'y ont pas renoncé.

ARTICLE 76

Les territoires d'outre-mer peuvent garder leur statut au sein de la République.

S'ils en manifestent la volonté par délibération de leur assemblée territoriale prise dans le délai prévu au premier alinéa de l'article 91, ils deviennent soit départements d'outre-mer de la République, soit, groupés ou non entre eux, Etats membres de la Communauté.

Note : L'application de ces articles relève pour l'essentiel du droit administratif.

TITRE XII

De la Communauté

ARTICLE 77

Dans la Communauté instituée par la présente Constitution, les Etats jouissent de l'autonomie ; ils s'administrent eux-mêmes et gèrent démocratiquement et librement leurs propres affaires.

Il n'existe qu'une citoyenneté de la Communauté.

Tous les citoyens sont égaux en droit, quelles que soient leur origine, leur race et leur religion. Ils ont les mêmes devoirs.

ARTICLE 78

Le domaine de la compétence de la Communauté comprend la politique étrangère, la défense, la monnaie, la politique économique et financière commune ainsi que la politique des matières stratégiques.

Il comprend en outre, sauf accord particulier, le contrôle de la justice, l'enseignement supérieur, l'organisation générale des transports extérieurs et communs et des télécommunications.

Des accords particuliers peuvent créer d'autres compétences communes ou régler tout transfert de compétence de la Communauté à l'un de ses membres.

ARTICLE 79

Les Etats membres bénéficient des dispositions de l'article 77 dès qu'ils ont exercé le choix prévu à l'article 76.

Jusqu'à l'entrée en vigueur des mesures nécessaires à l'application du présent titre, les questions de compétence commune sont réglées par la République.

ARTICLE 80

Le Président de la République préside et représente la Communauté.

Celle-ci a pour organes un Conseil exécutif, un Sénat et une Cour arbitrale.

ARTICLE 81

Les Etats membres de la Communauté participent à l'élection du Président dans les conditions prévues à l'article 6.

Le Président de la République, en sa qualité de Président de la Communauté, est représenté dans chaque Etat de la Communauté.

ARTICLE 82

Le Conseil exécutif de la Communauté est présidé par le Président de la Communauté. Il est constitué par le Premier ministre de la République, les chefs du Gouvernement de chacun des Etats membres de la Communauté, et par les ministres chargés, pour la Communauté, des affaires communes.

Le Conseil exécutif organise la coopération des membres de la Communauté sur le plan gouvernemental et administratif.

L'organisation et le fonctionnement du Conseil exécutif sont fixés par une loi organique.

DOCUMENT 82-100

Liste des sessions du Conseil exécutif de la Communauté

Date	Lieu	Date de publication du Communiqué au J.O. de la Communauté
03 et 04.02.59	Paris	15.02.1959
02 et 03.05.59	»	15.03.1959
04 et 05.05.59	»	15.05.1959
07 et 08.07.59	Tananarive	15.07.1959
10 et 11.09.59	Paris	15.09.1959
11 et 12.12.59	Saint-Louis du Sénégal	15.12.1959
21.03.1960	Paris	15.04.1960

ARTICLE 83

Le Sénat de la Communauté est composé de délégués que le Parlement de la République et les assemblées législatives des autres membres de la Communauté choisissent en leur sein. Le nombre de délégués de chaque Etat tient compte de sa population et des responsabilités qu'il assume dans la Communauté.

Il tient deux sessions annuelles qui sont ouvertes et closes par le Président de la Communauté et ne peuvent exéder chacune un mois.

Saisi par le Président de la Communauté, il délibère sur la politique économique et financière commune avant le vote des lois prises en la matière par le Parlement de la République et, le cas échéant, par les assemblées législatives des autres membres de la Communauté.

Le Sénat de la Communauté examine les actes et les traités ou accords internationaux visés aux articles 35 et 53 et qui engagent la Communauté.

Il prend des décisions exécutoires dans les domaines ou il a reçu délégation des assemblées législatives des membres de la Communauté. Ces décisions sont promulguées dans la même forme que la loi sur le territoire de chacun des Etats intéressés.

Une loi organique arrête sa composition et fixe ses règles de fonctionnement.

DOCUMENT 83-100
Liste des sessions du Sénat de la Communauté

1re session : 15.7.59 - 31.7.59.
2e session : 30.5.60 - 3.6.60.

ARTICLE 84

Une Cour arbitrale de la Communauté statue sur les litiges survenus entre les membres de la Communauté.

Sa composition et sa compétence son fixées par une loi organique.

DOCUMENT 84-100
Activité de la Cour arbitrale de la Communauté

La Cour n'a eu à connaître d'aucun litige.

ARTICLE 85

Par dérogation à la procédure prévue à l'article 89, les dispositions du présent titre qui concernent le fonctionnement des institutions communes sont révisées par des lois votées dans les mêmes termes par le Parlement de la République et par le Sénat de la Communauté.

Les dispositions du présent titre peuvent être également revisées par accords conclus entre tous les Etats de la Communauté ; les dispositions nouvelles sont mises en vigueur dans les conditions requises par la Constitution de chaque Etat [1].

DOCUMENT 85-100
Utilisation de la procédure de l'alinéa 1, chronologie de la révision constitutionnelle du 4 juin 1960

4 mai 1960 : Projet de loi constitutionnelle (Doc. A.N., 1re législature 603)

10 mai 1960 : Rapport de M. Coste-Floret, député (Doc. A.N., 1re législature 627)

11 mai 1960 : Adoption par l'Assemblée nationale

12 mai 1960 : Transmission au Sénat (Doc. S. 59-60, n° 167)

17 mai 1960 : Rapport de M. Marcilhacy, sénateur (Doc. S. 59-60, n° 168)

18 mai 1960 : Adoption conforme par le Sénat

30 mai 1960 : Transmission au Sénat de la Communauté (Doc. n° 2, session du 30 mai 1960)

2 juin 1960 : Rapport de M. Simonnet (Doc. n° 4, session du 30 mai 1960)

2 juin 1960 : Adoption conforme

4 juin 1960 : Promulgation

8 juin 1960 : Publication au *J.O.*

ARTICLE 86

La transformation du statut d'un Etat membre de la Communauté peut être demandée soit par la République, soit par une résolution de l'assemblée législative de l'Etat intéressé confirmée par un référendum local dont l'organisation et le contrôle sont assurés par les institutions de la Communauté. Les modalités de cette transformation sont déterminées par un accord approuvé par le Parlement de la République et l'assemblée législative intéressée.

Dans les mêmes conditions, un Etat membre de la Communauté peut devenir indépendant. Il cesse de ce fait d'appartenir à la Communauté.

TITRE XII : DE LA COMMUNAUTÉ

Un Etat membre de la Communauté peut également, par voie d'accords, devenir indépendant sans cesser de ce fait d'appartenir à la Communauté [1].

Un Etat indépendant non membre de la Communauté peut, par voie d'accords, adhérer à la Communauté sans cesser d'être indépendant [1].

La situation de ces Etats au sein de la Communauté est déterminée par les accords conclus à cet effet, notamment les accords visés aux alinéas précédents ainsi que, le cas échéant, les accords prévus au deuxième alinéa de l'article 85 [1].

DOCUMENT 86-100

Liste des accords entre la France et les Etats membres de la Communauté portant transfert des compétences de la Communauté aux Etats

2.4.60 : République malgache
4.4.60 : République du Sénégal et République soudanaise regroupées dans la Fédération du Mali
11.7.60 : République du Dahomey
11.7.60 : République du Niger
11.7.60 : République de la Haute-Volta
11.7.60 : République de la Côte d'Ivoire
12.7.60 : République du Tchad
12.7.60 : République centrafricaine
12.7.60 : République du Congo
15.7.60 : République du Gabon
19.10.60 : République islamique de Mauritanie.

ARTICLE 87

Les accords particuliers conclus pour l'application du présent titre sont approuvés par le Parlement de la République et l'assemblée législative intéressée.

[1] Alinéa ajouté par la loi constitutionnelle n° 60-525 du 4 juin 1960 (*Jounal officiel* du 8 juin 1960).

TITRE XIII

Des accords d'association

TITRE XIII : DES ACCORDS D'ASSOCIATION

ARTICLE 88

La République ou la Communauté peut conclure des accords avec des Etats qui désirent s'associer à elle pour développer leurs civilisations.

TITRE XIV

De la révision

TITRE XIV : DE LA RÉVISION

ARTICLE 89

L'initiative de la révision de la Constitution appartient concurremment au Président de la République sur proposition du Premier ministre et aux membres du Parlement.

Le projet ou la proposition de révision doit être voté par les deux assemblées en termes identiques. La révision est définitive après avoir été approuvée par référendum.

Toutefois, le projet de révision n'est pas présenté au référendum lorsque le Président de la République décide de le soumettre au Parlement convoqué en congrès ; dans ce cas, le projet de révision n'est approuvé que s'il réunit la majorité des trois cinquièmes des suffrages exprimés. Le bureau du Congrès est celui de l'Assemblée nationale.

Aucune procédure de révision ne peut être engagée ou poursuivie lorsqu'il est porté atteinte à l'intégrité du territoire.

La forme républicaine du Gouvernement ne peut faire l'objet d'une révision.

DOCUMENT 89-100
Liste des projets de révision constitutionnelle, déposés dans le cadre de l'article 89, et suites données [1]

Date	Référence	Objet	Suites
15.12.1960	Doc. A.N. 1re législature n° 1060	article 28	Loi constitutionnelle n° 63.1327 du 30.12.63
10.09.1973	Doc. A.N. 5e législature n° 639	article 6	Adoption par les 2 assemblées, mais soumis ni au Congrès, ni au référendum (Cf. Doc. 89-200-I)
27.09.1974	Doc. A.N. 5e législature n° 1181	article 61	Loi constitutionnelle n° 74-904 du 29.10.74
27.09.1974	Doc. A.N. 5e législature N° 1179	article 25	Abandon de la procédure après 3 lectures
10.02.1976	Doc. A.N. 5e législature n° 2134	article 7	Loi constitutionnelle n° 76.5.27 du 18.6.1976

[1] Deux projets de modification de la Constitution ont été soumis au référendum (Cf. Doc. 11-100).
1 projet de révision a été adopté en application de l'article 85 (Cf. Doc. 85-100).

DOCUMENT 89-200
Déclarations sur l'utilisation de l'article 89

I. M. Pompidou
(Entretien radio-télévisé 24 octobre 1973)

... Tout d'abord, suivant l'article 89 de cette Constitution, un projet de loi est soumis à l'Assemblée nationale et au Sénat. Ce projet de loi est voté ou ne l'est pas. Il a été voté, et il a été voté à une très large majorité à l'Assemblée nationale et, plus encore, au Sénat. Alors, quand on me parle d'échec, subi par le Gouvernement, n'exagérons rien.

Mais la Constitution dit ensuite qu'il faut que ce projet soit ratifié par référendum, à moins que le Président de la République convoque ce qu'on appelle le congrès, c'est-à-dire les deux Assemblées ensemble, auquel cas il faut une majorité dite des trois cinquièmes.

C'est là que nous en sommes. Alors, qu'est-ce que je peux faire et qu'est-ce que nous pouvons faire, le Gouvernement et moi-même ?

Tout d'abord, renoncer à la réforme. Il n'en est pas question, puisque je la considère comme importante pour le fonctionnement même de nos institutions.

Parlons d'abord du Congrès, encore que ce ne soit que la deuxième hypothèse dans la Constitution. Il est bien évident qu'en ce moment, et pour des raisons, hélas, qui n'ont pas toujours affaire au sujet lui-même, tant s'en faut, il y a une bonne chance pour qu'il nous manque quelques voix pour atteindre cette fameuse majorité des trois cinquièmes. Auquel cas la réforme serait votée par tout le monde, par toutes les Assemblées tout au moins, et, néanmoins, elle serait enterrée.

C'est pourquoi je n'ai pas l'intention, actuellement, de convoquer le Congrès et je n'ai pas l'intention d'entrer dans les négociations et les marchandages pour essayer de décider untel ou untel à modifier le vote qu'il a émis dans son Assemblée en première lecture.

Deuxième hypothèse, ou troisième hypothèse plutôt : un référendum.

Je ne crois pas que le moment soit choisi pour un référendum. D'abord parce que, je vous le disais, les Français ont beaucoup voté cette année et puis parce que le débat est resté jusqu'ici à l'intérieur du monde politique et que le pays n'est probablement pas tout à fait prêt à voter sur cette question, parce qu'il n'a peut-être pas toujours suivi, compte tenu, évidemment, d'événements qui attiraient son attention.

Donc, je n'ai pas non plus l'intention de procéder à un référendum dans l'immédiat.

Mais enfin, je ne suis pas tenu par un délai. La dernière réforme constitutionnelle qui a eu lieu, c'était sur la durée des sessions : il s'est passé trois années entre le dépôt du projet de loi à l'Assemblée nationale et son adoption définitive, et la Constitution n'impose aucun délai. Par conséquent, on peut attendre. On peut même imaginer d'attendre jusqu'à la prochaine élection présidentielle, puisque, enfin, ce projet de loi ne sera valable que pour ceux qui seront élus à partir de 1973. Cela aurait l'avantage de ne pas déranger les Français deux fois, cela aurait l'avantage de bien marquer le lien entre l'élection du Président et la durée de son mandat, c'est donc une hypothèse que je n'écarte pas non plus.

Voilà, par conséquent, quelle est ma position à l'heure actuelle...

II. M. Chandernagor
(Congrès du Parlement 21 octobre 1974)

... Aux termes de l'article 89 de la Constitution, lorsque les deux assemblées ont adopté, en termes identiques, un texte de révision constitutionnelle et dès lors qu'à aucun moment des navettes vous n'avez — s'agissant d'une révision à l'initiative du Gouvernement — usé de votre droit de retirer votre projet, il reste au Président de la République le choix entre deux solutions, le référendum ou le Congrès.

Or, en ce qui concerne la révision de l'article 25 relative aux suppléants, vous avez *in extremis*, c'est-à-dire après le vote identique des deux assemblées, opté pour l'abandon pur et simple de ce projet.

Lorsque, en 1973, le Président de la République avait, pour des raisons identiques, renoncé à la procédure du Congrès, on pouvait nourrir l'illusion que le référendum interviendrait à ce sujet un jour ou l'autre.

Désormais, nous sommes fixés. Nous sommes fixés en ce qui concerne le projet de 1973 : il est tombé aux oubliettes ; nous sommes fixés en ce qui concerne la révision de l'article 25 : vous-mêmes, monsieur le Premier ministre, venez de nous fixer, reprenant à cette tribune les propos que vous teniez vendredi dernier sur les antennes de RTL, à savoir : « Le Gouvernement entend continuer avec le Parlement le dialogue et la concertation pour arriver, sur cette affaire des suppléants, à un texte qui puisse être définitivement adopté ».

Est-ce que cela ne veut pas dire que le texte qui a été adopté récemment à la majorité, par les deux assemblées, est purement et simplement jeté aux oubliettes, puisque le Gouvernement envisage à nouveau la concertation et le dialogue ?

En réalité, vous avez choisi un troisième terme non prévu dans la Constitution. Il y avait le référendum, il y avait le Congrès : nous savons maintenant qu'il y a les oubliettes !

Je ne sais si le peuple français se rendra compte de ce que ce précédent peut avoir de gravité. Vous parlez des droits de l'opposition ; mais l'opposition, comme toute opposition, et c'est légitime, entend devenir demain la majorité. Que nous soyons demain la majorité et que nous ayons le désir, et nous l'avons, de reformer la Constitution, de la réviser, nous ferons voter, par les deux assemblées, un texte dans des termes identiques ; après quoi, le Président de la République, que ce soit le même ou que ce soit un autre, aura le choix entre le Congrès ou le référendum.

Mais ce troisième choix, les oubliettes, est-ce que vous vous rendez compte de sa gravité ? Il per-

TITRE XIV : DE LA RÉVISION

met de s'opposer à toute tentative de révision par la voie parlementaire ; il octroie au Président de la République un droit de veto que ne lui reconnaît nullement la Constitution...

III. M. Giscard d'Estaing
(Allocution au Conseil constitutionnel 8 novembre 1977)

... J'ai depuis toujours la conviction que la stabilité des institutions répond à un besoin fondamental et longtemps insatisfait du peuple français.

Or, nous avons passé tranquillement un autre anniversaire : celui du 4 octobre, qui marque le dix-neuvième anniversaire de notre République.

Les Français savent-ils qu'avec cette durée ils ont déjà vécu plus longtemps sous la Ve République que sous aucun autre régime depuis la Révolution de 1789, à la seule exception de la IIIe République ? Plus longtemps que sous les deux Empires, la Restauration, la Monarchie de Juillet et trois Républiques ?

C'est parce qu'ils ont senti ce besoin de stabilité que les auteurs de notre Constitution ont prévu pour sa révision des conditions précises.

Je les rappelle, à l'intention de tous ceux qui traitent parfois de ce sujet, et à l'intention des citoyens qui se préoccupent de la sécurité de la République.

Deux points sont essentiels : le premier est qu'aucune révision de la Constitution n'est possible que si elle est d'abord votée en termes identiques par l'Assemblée nationale et par le Sénat. La procédure constitutionnelle est ainsi différente de la procédure législative, où l'Assemblée nationale peut avoir le « dernier mot ». Ici, l'accord de chacune des deux assemblées est indispensable.

D'autre part, le seul cas où le projet ou la proposition ainsi voté n'est pas présenté au référendum, est celui où le Président de la République, je dis bien le Président de la République, décide de le soumettre au Parlement convoqué en congrès ; et, dans ce cas, le texte doit réunir la majorité des trois cinquièmes.

Si j'ai rappelé ces dispositions, c'est pour souligner que le texte de notre Constitution, qui permet les évolutions lentes et réfléchies, nous met à l'abri des changements impulsifs...

DOCUMENT 89-300

Liste des propositions de loi constitutionnelle déposées depuis l'entrée en vigueur de la Constitution

I. Assemblée nationale

Date du dépôt	N° du document	Auteur	Objet	Suites
			1re législature	
05.05.1960	604	M. Billières	Articles 29 et 30	—
13.05.1960	637	M. Delachenal	Article 30	—
23.06.1960	701	M. Chelha	Articles 2 et 72	—
18.07.1960	782	M. Hassan Gouled	Article 76	—
20.07.1960	808	M. Paul Coste-Floret	Article 28	Rapport n° 885 (13.10.1960)
18.10.1960	888	M. Moatti	Articles 5, 6, 8, 11, 12, 16, 18 et 20	—
19.05.1961	1 200	M. Chelha	Adjonction d'un titre XI bis relatif à l'Algérie	—
13.09.1961	1 430	M. Chandernagor	Article 38	—
24.10.1961	1 474	M. Paul Coste-Floret	Article 16	—
23.07.1962	1 872	M. Van Haecke	Articles 34, 43, 45	—
02.10.1962	1 904	M. Paul Coste-Floret	Etablissement d'un véritable régime présidentiel	—
04.10.1962	1 922	M. Diligent	Articles 6 et 7	
			2e législature	
07.12.1962	3	M. Paul Coste-Floret	Etablissement d'un véritable régime présidentiel	Rapport n° 410 (27.06.1963)
07.12.1962	4	M. Hersant	Instauration d'un régime présidentiel	—
07.12.1962	5	M. Hersant	Création d'une Cour suprême	—
07.12.1962	6	M. Hersant	Equilibre des pouvoirs dans le cadre d'un régime présidentiel	—

Date du dépôt	N° du document	Auteur	Objet	Suites
07.12.1962	7	M. Hersant	Usage du référendum	—
07.12.1962	8	M. Hersant	Article 16	—
05.02.1963	137	M. Dejean	Article 38	—
18.07.1963	468	M. Paquet	Titre X	—
07.11.1963	640	M. Peretti	Instauration d'un régime présidentiel	—
21.11.1963	664	M. Dejean	Article 28 et 47	—
18.12.1963	771	M. Paquet	Article 16	—
18.12.1963	772	M. Paquet	Article 34	—
18.12.1963	773	M. Paquet	Titre VII	—
17.11.1964	1 173	M. Couste	Articles 39, 40, 44, 45, 60	—
02.04.1966	1 737	M. Paul Coste-Floret	Création d'une vice-présidence de la République	—
22.06.1966	1 964		Article 24	—

3e législature

Date du dépôt	N° du document	Auteur	Objet	Suites
12.04.1967	26	M. Peretti	Instauration d'un régime présidentiel	—
01.06.1967	224	M. Chandernagor	Article 38	—
02.06.1967	266	M. Michel Durafour	Suppression des titres XII et XIII	—
21.06.1967	334	M. Chazalon	Création d'une vice-présidence de la République	—

4e législature

Date du dépôt	N° du document	Auteur	Objet	Suites
25.07.1968	242	M. Michel Durafour	Suppression des titres XII et XIII	—
08.10.1968	337	M. Peretti	Instauration d'un régime présidentiel	—
05.12.1968	506	M. Sanguinetti	Article 43	—
14.05.1969	718	M. Michel Durafour	Article 11	—
16.09.1969	756	M. Krieg	Article 28	—
16.09.1969	760	M. Couste	Articles 39, 40, 44, 45, 69	—
23.06.1971	1 883	M. Stirn	Article 28	—
02.10.1971	1 979	M. Paquet	Articles 28 et 48	—
13.06.1972	2 413	M. Poniatowski	Article 10	—
13.06.1972	2 414	M. Poniatowski	Articles 69, 70, 71	—
13.06.1972	2 415	M. Icart	Titres VII et VIII	—
04.10.1972	2 557	M. Paquet	Titre VII	—
20.12.1973	2 855	M. Defferre	Article 23	—
20.12.1973	2 856	M. Defferre	Création d'une Cour suprême	—

5e législature

Date du dépôt	N° du document	Auteur	Objet	Suites
03.04.1973	4	M. Couste	Articles 39, 40, 44, 45, 69	—
05.04.1973	6	M. Krieg	Article 28	—
05.04.1973	8	M. Stirn	Article 28	—
02.05.1973	243	M. Gerbet	Article 34	—
10.05.1973	346	M. Peretti	Instauration d'un régime présidentiel	—
29.05.1973	414	M. Defferre	Création d'une Cour suprême	—
20.06.1973	503	M. Icart	Titre VII	—
28.06.1973	542	M. Rossi	Instauration d'un régime présidentiel	—
02.10.1973	631	M. Peretti	Article 28	—
02.10.1973	632	M. Peretti	Titre XI suppression des titres XII et XIII	—
02.10.1973	633	M. Peretti	Article 43	—
02.10.1973	634	M. Peretti	Articles 23 et 25	—
11.10.1973	691	M. Médecin	Création d'une Cour suprême	—
30.05.1974	940	M. Duhamel	Article 25	—
28.07.1974	1 167	M. Schloesing	Articles 23 et 25	—
11.12.1974	1 388	M. Bignon	Article 18	—
24.04.1975	1 567	M. Lejeune	Articles 28 et 43	—
20.12.1975	2 128	M. Marchais	Déclaration des libertés	Rapport 3 455 (21.12.1977)
20.12.1975	2 131	M. Defferre	Charte des libertés et droits fondamentaux	Rapport 3 455 (21.12.1977)
02.04.1976	2 139	M. Cot	Article 53	—
11.05.1976	2 276	M. Bernard Raymond	Articles 45 et 46	—

TITRE XIV : DE LA RÉVISION

II. Sénat

Date du dépôt	N° du document	Auteur	Objet	Suites
26.04.1960	155	M. de la Gontrie	Articles 29 et 30	—
12.05.1960	166	M. Marcilhacy	Révision de la Constitution	—
03.10.1961	2	M. Marcilhacy	Articles 16 et 19	—
24.04.1962	164	M. Burnachin	Article 11	—
07.02.1963	52	M. Marcilhacy	Révision de la Constitution	—
04.07.1963	66	M. Le Bellegou	Article 34	—
02.04.1964	152	M. Marcilhacy	Article 7	—
01.06.1966	158	M. Marcilhacy	Révision de la Constition	—
11.05.1967	239	M. Prelot	Article 23	Rapport n° 4 (11.10.1967) Adoption par le Sénat le 26.10.1967 Transmission A.N. Doc. 482 (3ᵉ législature) Reprise 4ᵉ législature Doc. A.N. N° 24 Rapport de M. Delachenal N° 1 234 (11.6.1970) Reprise 6ᵉ législature Doc. A.N. N° 20 Retrait le 20.10.1971
08.12.1970	84	M. Dailly	Article 47	
02.04.1970	171	M. Caillavet	Article 28	
20.12.1972	204	M. Duclos	Titre VIII	»
11.12.1974	135	M. Bonnefous	Articles 28, 47, 48	Rapport n° 35 (24.10.1975) Adoption par le Sénat (31.10.75) des dispositions relatives aux articles 28 et 48. Transmission A.N. Doc. n° 1947 (30.12.1975). Reprise 6ᵉ législature Doc. n° 33
30.05.1974	188	M. Bruyneel	Articles 6 et 7	—
09.07.1974	276	M. Dailly	Articles 7, 11, 16, 29, 45, 61	—
28.07.1974	291	M. Dailly	Article 24	—
11.12.1974	136	M. Bonnefous	Articles 38 et 39	—
07.05.1975	286	M. Palmero	Suppression des titres XII et XIII	—
20.12.1975	197	M. Caillavet	Article 11	—
20.12.1975	200	Mᵐᵉ Goutmann	Déclaration des libertés	—
22.05.1975	317	M. Fosset	Article 28	Cf. ci-dessus. Proposition 11.12.1974
20.12.1975	207	M. Chazelle	Article 45	—
22.04.1976	262	M. Caillavet	Articles 17 et 65	—
21.10.1976	27	M. Palmero	Article 18	—
09.12.1976	138	M. Cluzel	Articles 23 et 25	—
21.12.1977	260	M. Fosset	Article 48	—
12.05.1978	352	M. Caillavet	Article 11	—
14.06.1978	415	M. Chazelle	Article 45	—
14.06.1978	433	M. Palmero	Suppression des dispositions relatives à la Communauté	—
14.06.1978	434	M. Palmero	Article 48	—

TITRE XV

Dispositions transitoires

ARTICLE 90

La session ordinaire du Parlement est suspendue. Le mandat des membres de l'Assemblée nationale en fonctions viendra à expiration le jour de la réunion de l'assemblée élue en vertu de la présente Constitution.

Le Gouvernement, jusqu'à cette réunion, a seul autorité pour convoquer le Parlement.

Le mandat des membres de l'Assemblée de l'Union française viendra à expiration en même temps que le mandat des membres de l'Assemblée nationale actuellement en fonctions.

ARTICLE 91

Les institutions de la République prévues par la présente Constitution seront mises en place dans le délai de quatre mois à compter de sa promulgation.

Ce délai est porté à six mois pour les institutions de la Communauté.

Les pouvoirs du Président de la République en fonction ne viendront à expiration que lors de la proclamation des résultats de l'élection prévue par les articles 6 et 7 de la présente Constitution.

Les Etats membres de la Communauté participeront à cette première élection dans des conditions découlant de leur statut à la date de la promulgation de la Constitution.

Les autorités établies continueront d'exercer leurs fonctions dans ces Etats conformément aux lois et règlements applicables au moment de l'entrée en vigueur de la Constitution jusqu'à la mise en place des autorités prévues par leur nouveau régime.

Jusqu'à sa constitution définitive, le Sénat est formé par les membres en fonctions du Conseil de la République. Les lois organiques qui règleront la constitution définitive du Sénat devront intervenir avant le 31 juillet 1959.

Les attributions conférées au Centre constitutionnel par les articles 58 et 59 de la Constitution seront exercées, jusqu'à la mise en place de ce Conseil, par une commission composée du vice-président du Conseil d'Etat, président, du Premier président de la Cour de cassation et du Premier président de la Cour des comptes.

Les peuples des Etats membres de la Communauté continuent à être représentés au Parlement jusqu'à l'entrée en vigueur des mesures nécessaires à l'application du titre XII.

ARTICLE 92

Les mesures législatives nécessaires à la mise en place des institutions et, jusqu'à cette mise en place, au fonctionnement des pouvoirs publics seront prises en Conseil des ministres, après avis du Conseil d'Etat, par ordonnance ayant force de loi.

Pendant le délai prévu à l'alinéa 1er de l'article 91, le Gouvernement est autorisé à fixer par ordonnances ayant force de loi et prises en la même forme le régime électoral des assemblées prévues par la Constitution.

Pendant le même délai et dans les mêmes conditions, le Gouvernement pourra également prendre en toutes matières les mesures qu'il jugera nécessaires à la vie de la nation, à la protection des citoyens ou à la sauvegarde des libertés.

La présente loi sera exécutée comme Constitution de la République et de la Communauté.

Fait à Paris, le 4 octobre 1958.

Allocution prononcée, le 28 septembre 1978, par M. Valéry Giscard d'Estaing, Président de la République, à l'occasion du vingtième anniversaire de la Constitution :

... Il y a vingt ans, ce 28 septembre, les Français adoptaient la Constitution de la Ve République, par 17 668 790 voix contre 4 624 511 voix.

Déjà vingt ans : c'est beaucoup pour les Français, et c'est peu pour la France.

L'histoire des Français montre, éloquemment, en matière constitutionnelle, qu'ils ont pratiqué le changement plus que la stabilité.

Depuis la Révolution, aucune Constitution n'a duré vingt ans à l'exception de deux : celle-ci et celle de la IIIe République, née dans l'incertitude, et qui a trouvé sa longévité dans la souplesse de sa pratique plus que dans la rigueur de sa construction juridique.

La Constitution de la Ve République est d'une autre nature. Elle n'est pas née du doute, mais de la volonté et de la foi. Ses dispositions étaient nouvelles et rompaient avec une suprématie du pouvoir de l'Assemblée à laquelle les Français, malgré leurs critiques, étaient profondément habitués. Par contraste, la Constitution de 1958 paraissait, dans une interprétation simpliste, être faite par un seul homme et pour un seul homme.

Mais les Français l'ont adoptée. Non seulement le 28 septembre 1958, non seulement en 1962 en la confirmant par l'élection du Président de la République au suffrage universel. Mais aussi en vivant depuis vingt ans la pratique quotidienne de la démocratie républicaine.

Le suffrage universel s'est exprimé quinze fois depuis 1958 à l'occasion des scrutins nationaux, six fois pour des élections législatives, six fois en référendum, trois fois pour des élections présidentielles. En chacune des occasions, les Français ont manifesté leur accord profond avec leurs institutions par une participation massive, bien supérieure à celle qu'on observait auparavant. Elle a dépassé 85 % lors des consultations de mai 1974 et mars 1978.

Le législateur a exercé pleinement ces pouvoirs parlementaires : l'œuvre législative de la Ve République est abondante. Dans tous les domaines, elle porte la marque de la liberté et de la réforme. Le soutien parlementaire à l'action gouvernementale n'a été que rarement mesuré. Les lois et les budgets ont été votés et les traités approuvés. En vingt ans, une seule motion de censure a été adoptée, entraînant, avec la démission du gouvernement, la dissolution de l'Assemblée.

La collaboration des deux Chambres, l'Assemblée et le Sénat, a justifié les avantages que l'on prête au bicamérisme, et la confiance qui leur a été renouvelée. Le législateur a, dans la réalité, plus de pouvoirs qu'autrefois. Car, que signifiait la toute-puissance théorique du Parlement qui le conduisait d'abord à la paralysie, et souvent aux décrets-lois ?

Le Conseil constitutionnel vérifie que la loi respecte la Constitution. La révision constitutionnelle de 1974 a donné à cette jeune institution les moyens d'atteindre la plénitude de sa mission. Désormais, la majorité comme l'opposition — en réalité davantage l'opposition que la majorité — ont recours à la saisine du Conseil. De même, le contentieux des élections législatives est confié à une haute magistrature, au lieu d'être laissé à l'Assemblée elle-même, ce qui avait donné lieu — on s'en souvient — aux abus de 1956. La France est devenue « Etat de droit », c'est-à-dire que chaque autorité, même la plus haute, s'exerce sous le contrôle d'un juge.

Quant à l'exécutif, il est doté des pouvoirs nécessaires pour conduire dans un monde en évolution les affaires complexes de l'Etat et de la nation.

Elu au suffrage universel, le Président de la République n'est pas seulement, comme en tout régime parlementaire, le chef d'Etat qui désigne le Premier ministre, et nomme les ministres, au nom de qui les négociations internationales sont conduites et les traités signés, et sous l'autorité duquel sont placées l'armée et l'administration. Il est, dans notre France où les divisions traditionnelles ont un tel pouvoir sur la scène politique, <u>le juge supérieur de l'intérêt national.</u> A ce titre, il demande, s'il l'estime utile, une deuxième lecture des lois dans le délai de leur promulgation ; il saisit le Conseil constitutionnel s'il a des doutes sur la valeur de la loi au regard de la Constitution. Il apprécie si le référendum qui doit lui être demandé par le Premier ministre ou les présidents des Assemblées correspond à une exigence nationale. Il dispose de cette arme capitale de tout régime parlementaire qu'est la dissolution. Quand je dis qu'il en dispose, je veux dire, que s'il le faut, comme je l'avais jugé au printemps de 1977, il est prêt à l'exercer.

Enfin, quand des circonstances graves, intérieures ou extérieures et définies par un texte précis, empêchent le fonctionnement des pouvoirs publics, il se voit conférer des pouvoirs exceptionnels.

Dès lors, l'action du Premier ministre et du gouvernement, assurée <u>de la confiance du Président de la République et du soutien parlementaire,</u> a pu se déployer dans l'ampleur qui lui convient. La France, depuis 1958, a surmonté les problèmes majeurs auxquels elle était confrontée :

— La conduite vers l'indépendance des peuples de l'Afrique dont elle avait la charge.

— La restauration de sa place dans le concert des nations en tant qu'Etat moderne et indépendant, participant au progrès des idées et à la conduite des transformations économiques, sociales et culturelles de la société mondiale.

Les Français ressentent profondément la valeur de l'acquis constitutionnel. Ils l'ont réellement et sincèrement adopté. Au point — de récentes enquêtes le montrent — qu'ils n'en imaginent pas d'autre et que le problème constitutionnel a disparu de toute polémique nationale ; au point que les derniers contestataires ont prudemment cessé toute critique sur ce sujet, abandonnés qu'ils étaient par l'opinion publique.

Fait rarissime de notre histoire constitutionnelle, vingt ans après, les Français ratifient le choix de 1958.

La Ve République est aujourd'hui la république que veulent les Français.

Mais vingt ans c'est bien peu pour la France, quand on pense à sa longue histoire.

La France, dans ce monde difficile, a besoin de la continuité et, pour commencer, de la continuité de ses institutions.

Certes, des retouches de détail sont concevables, mais les traits fondamentaux doivent demeurer tels qu'ils sont.

Or, des périls menacent toujours, plus ou moins évidents, plus ou moins insidieux.

Le premier est celui de la division partisane. Il est de la nature des partis politiques de s'opposer entre eux. Qu'ils tentent de reprendre les jeux qui sont inéluctablement les leurs — ainsi que le disait le général de Gaulle — est une observation que chacun de nous peut faire chaque jour.

<u>Mon rôle, comme Président de la République, est de ne laisser aucun de ces partis faire le moindre pas vers l'affaiblissement des institutions et notamment de celles qui exercent le pouvoir exécutif.</u> Calmement, mais sans hésitation, tel que je suis, je considère que c'est le premier de mes devoirs, vis-à-vis du passé et de l'avenir de la France.

Certes, le pluralisme des idées et des partis doit trouver sa place au sein des assemblées parlementaires. <u>Mais l'action gouvernementale ne peut être prisonnière dans ses décisions et leur application, de préoccupations dont la voix voudrait se faire plus forte que celle de l'intérêt collectif.</u>

Les partis sont nécessaires à la vie démocratique. Je rappelle qu'ils n'ont, en revanche, pas de rôle dans nos institutions. Et je demande à la presse et aux grands moyens d'information de consacrer une place plus large au débat qui s'exerce au sein des institutions, notamment au Parlement, lieu légitime des réflexions, des décisions et des choix sur les grandes options nationales, qu'à ceux qui animent ou agitent les partis politiques.

Plus que jamais, la France a besoin pour gagner la bataille de son redressement économique, pour tenir son rôle dans les relations internationales, de cohésion, de volonté et d'unité. C'est pourquoi, dans l'action que je conduis, je continuerai d'appeler les Françaises et les Français à se rassembler sur ce qui les unit. Dans un monde de quatre milliards d'habitants, la France a besoin de pouvoir compter sur 53 millions de Français. C'est pourquoi aussi j'utiliserai tous les moyens que la Constitution me donne pour sauvegarder l'esprit et la pratique de nos institutions.

Un second risque, plus pernicieux peut-être, est celui de la tentation technocratique : les constituants de 1958 ont veillé à ce que la Ve République ne soit ni un régime d'assemblée ni un régime de partis. Il ne faut pas que le fonctionnement de nos institutions évolue vers un régime technocratique.

La stabilité de la France donne aux services les moyens d'agir dans la continuité. Les problèmes modernes appellent des connaissances techniques approfondies. Mais le pouvoir politique qui prend sa source dans le suffrage des citoyens ne doit pas être occulté et subordonné à la technocratie, à son langage obscur et à ses décisions éloignées du sol et du peuple.

Ce risque est redoutable parce qu'il est diffus et qu'il traverse aisément le barrage des textes.

Le remède — car il n'y en a qu'un — est dans la démocratie républicaine, c'est-à-dire dans la décentralisation et la diffusion des responsabilités.

Nos institutions sont fondées sur l'équilibre des pouvoirs. Ces pouvoirs sont distincts. Chacun a son rôle. Aucun d'eux ne doit dominer.

La démocratie républicaine suppose d'abord que les citoyens participent le plus largement possible au suffrage universel. C'est pourquoi j'ai fait en sorte que les jeunes puissent voter.

Elle suppose également que ces citoyens participent davantage personnellement à la gestion des intérêts collectifs, soit dans les mandats électifs locaux — et j'approuve les initiatives engagées pour en limiter le cumul — soit dans les activités associatives qui sont la première ligne de défense des libertés individuelles. Une vie locale intense a deux avantages : elle concourt à la démocratie directe, elle constitue le meilleur barrage contre la technocratie et la centralisation.

Contrairement à l'image qui nous en est souvent donnée, la vie politique, dans sa gestion normale, n'est pas faite d'une succession de crises, de remises en cause du régime politique ; elle n'est pas faite non plus d'anathèmes et d'exclusions. Assises sur le suffrage universel, nos institutions sont faites pour assurer un exercice réfléchi du pouvoir, et permettre un vrai dialogue démocratique.

●

Les institutions dont nous disposons sont une grande chance pour la France. Nous avons la chance de vivre l'une des quatre ou cinq périodes de notre longue histoire où la France dispose d'institutions parfaitement adaptées aux nécessités de son temps.

Non seulement la Constitution n'a nul besoin d'être modifiée pour assurer l'évolution vers plus de démocratie, mais c'est l'existence de cette Constitution, adoptée en profondeur par les Français, qui permet aux libertés de s'exercer.

Beaucoup de ceux qui ont conçu ces institutions en 1958 sont hélas disparus et notamment le premier d'entre eux qui lui a donné son assise populaire. Mais beaucoup d'entre vous sont là, fiers comme ils en ont le droit, d'avoir travaillé, quels que fussent leur parti ou leurs tendances, à une œuvre qui dépassait toutes les querelles.

Au nom de la France, je dis que les Constituants de 1958 ont bien travaillé.

Aux Français il revient désormais de protéger leur œuvre, pour continuer à en faire l'outil républicain du progrès de la France.

Table analytique sommaire des matières de la Constitution

A

	Articles
Accords internationaux	
— Négociation et ratification	52, 53
— Cause de la révision de la Constitution	54
— Autorité supérieure aux lois	55
— Recours au référendum	11
Activités professionnelles	
— des membres du Gouvernement	23
— des députés	25
Administrations	
— Le Gouvernement en dispose	20
— Nomination des directeurs	13
— des collectivités locales	34, 72
Adoption	
— des textes de loi :	
— par le Parlement	44, 45
— par référendum	11
— des lois organiques	46
— d'une motion de censure	50
— de la révision de la Constitution	89
Ambassadeurs	
— Nomination, accréditement	13, 14
Amendements	
— Initiative : membres du Parlement, du Gouvernement	44
— Recevabilité financière	40
— Recevabilité législative	41
— Examen en commission	44
— En cas de vote bloqué	44
— En cas de commission mixte paritaire	45
— En cas d'adoption définitive	45

TABLES ANALYTIQUES

Articles

Arbitrage
— du Président de la République... 5

Armées (Chef des)
— Président de la République.. 15

Assemblée nationale
— Régime électoral : domaine législatif 34
— Composition, durée des pouvoirs, statut de ses membres........................ 24, 25
— Remplacements éventuels des députés 25
— Mise en cause de la responsabilité du Gouvernement 49, 50
— Dissolution... 12, 16
— Peut demander une session extraordinaire 29
— Election de membres de la Haute cour de justice 67
— Examen du projet de loi de finances... 39
— Délai d'examen du budget.. 47
— Statue définitivement après CMP 45

Autorité judiciaire
— Président de la République, garant de son indépendance 64
— Assure la liberté individuelle 66

Avis
— du Conseil d'Etat 37, 38, 39, 92
— du Conseil économique et social... 69, 70
— du Conseil constitutionnel : sur les circonstances exceptionnelles 16
— en matière réglementaire.. 37
— en matière de constitutionnalité d'un engagement international 54

B

Bureau du Congrès
— Bureau de l'Assemblée nationale 89

Bureaux des Assemblées
— Autorisation des poursuites 26
— Dépôt des projets de loi.. 39

C

Censure (Motion de).. 49, 50

Charges publiques
— déterminées par les lois de finances 34, 47
— Création ou aggravation 40

	Articles
Clôture des sessions	28
— retardée en cas de motion de censure	51
— des sessions extraordinaires	29, 30

Collectivités territoriales
- Définition 72
- Administration, compétences, ressources : domaine législatif 34
- Représentation au Sénat 24

Comité secret 33

Comités supérieurs de la Défense nationale
- Présidence 15, 21

Commissaires du Gouvernement
- Assistent les membres du Gouvernement 31

Commission mixte paritaire
- En cas de désaccord entre les Assemblées 45

Commissions
- Examen des textes législatifs 43, 44

Condamnation
- d'un membre du Parlement 26

Congrès du Parlement
- En vue de la révision de la Constitution 89

Conseil constitutionnel
- Composition, nomination, fonctionnement 56, 57, 63
- Constatation de l'empêchement du Président de la République 7
- Recevabilité des propositions et amendements 41
- Délimitation du domaine réglementaire 37
- Déclaration de conformité à la Constitution des lois organiques, des traités, des règlements, des lois 46, 54, 61
- Election du Président de la République 7, 58
- Contentieux de l'élection des députés et sénateurs 59
- Opérations de référendum 60
- Consultation en cas de circonstances exceptionnelles 16

Conseil économique et social
- Saisine par le Gouvernement 69, 70
- Rôle 69, 70
- Composition 71

Articles

Conseil d'Etat

- Nomination des Conseillers d'Etat 13
- Avis 37, 38, 39, 92
- Vice-président 91

Conseil des ministres

- Présidence 9, 21
- Ordre du jour 21
- Délibération sur les ordonnances, les projets de loi et les décrets 13, 38, 39
- Nomination aux emplois civils et militaires 13
- Etat de siège 36
- Délibère sur l'engagement de la responsabilité gouvernementale 49
- Recours aux ordonnances 38

Conseil supérieur de la magistrature

- Composition, statut 64, 65

Conseils supérieurs de la Défense nationale

- Présidence 15, 21

Constitution

- Respect 5
- Conformité à la Constitution :
  des lois organiques 46, 61
  des engagements internationaux 54
  des lois ordinaires 61
  des règlements des Assemblées 61
  Voir aussi : *Révision de la Constitution.*

Contentieux électoral

- Elections du Président de la République, des députés et des sénateurs 58, 59

Contreseing

- des actes du Président de la République 19
- des actes du Premier ministre 22

Convocation du Parlement

- en session ordinaire 28
- en session extraordinaire 29, 30

Cour de cassation

- Nomination des magistrats du siège 65
- Premier Président 65, 91

Cour des Comptes

- Nomination des conseillers maîtres 13
- Contrôle de l'exécution des lois de finances 47

  Articles

Cours d'appel
— Nomination des Premiers présidents... 65

D

Débats parlementaires
— Compte rendu au *Journal officiel*.. 33

Déclaration de guerre
— autorisée par le Parlement... 35

Déclaration de politique générale
— Engagement de la responsabilité du Gouvernement devant l'Assemblée nationale   49, 50
— Devant le Sénat.. 49

Déclaration d'urgence
— des textes législatifs... 45

Décrets
— Signature par le Président de la République... 13
— Ouverture et clôture des sessions extraordinaires....................................... 30
— Modification de textes de forme législative.. 37
— Avis du Conseil économique et social.. 69

Défense
— Rôle du Président de la République.. 15
— Conseils et Comités supérieurs de la Défense nationale.................................. 15
— Rôle du Premier ministre... 21

Délais
— Election du Président de la République... 7
— Promulgation des lois.. 10, 11, 61
— Election générale après dissolution.. 12
— Délai pour une nouvelle dissolution.. 12
— Demande de nouvelle session extraordinaire.. 29
— Prorogation de l'état de siège.. 36
— Délégation du pouvoir législatif.. 38
— Recevabilité des propositions et amendements... 41
— Lois organiques... 46
— Lois de finances.. 47
— Motion de censure.. 49
— Décisions du Conseil constitutionnel... 61

Délégation de pouvoirs
— du Président de la République... 13, 21
— du Premier ministre.. 21
— du Parlement au Gouvernement.. 38, 41

Articles

Délégation de vote
— des membres du Parlement 27

Démission du Gouvernement
— Remise au Président de la République par le Premier ministre 8, 50

Départements d'outre-mer
— Régime législatif et organisation administrative 73

Dépenses publiques
— Interdiction d'augmentation par voie de proposition ou d'amendement 40

Dépôt
— des projets de loi 39
— du projet de loi de finances 39, 47
— des motions de censure 49

Députés
— Election 24
— Remplacement en cas de vacance 25
— Statut 25
— Incompatibilités 23, 57
— Immunités 26
— Contentieux électoral 59
— Saisine du Conseil constitutionnel 61

Devise
— de la République 2

Discussion législative
— des textes de loi .... 42 à 45
— des lois organiques 46
— de la loi de finances 47
— Inscription à l'ordre du jour des Assemblées 48

Dissolution
— de l'Assemblée nationale 12
— pendant l'exercice des pouvoirs exceptionnels 16

Domaine législatif
— Contenu, modification 34, 38, 41, 53, 72

Domaine réglementaire 37

Droit d'amendement
— Membres du Parlement - Gouvernement 44

Articles

Droit de grâce
— Droit du Président de la République 17
— Consultation du Conseil supérieur de la Magistrature 65

Droit de vote
— des citoyens 3
— des membres du Parlement 27

Droits de l'homme .... Préambule

E

Egalité
— des citoyens 2

Elections
— du Président de la République 6, 7, 58
— de l'Assemblée nationale après dissolution 12
— des membres du Parlement 24, 25
— des Présidents de l'Assemblée nationale et du Sénat 32
— Régime électoral : domaine législatif 34
— Rôle du Conseil constitutionnel en matière de contentieux électoral 58, 59, 60

Elections partielles 25

Electorat 3

Eligibilité (Conditions d') 25

Emblème national 2

Empêchement
— du Président de la République 7
— des députés : délégation de vote 27

Etat de siège
— décrété en Conseil des ministres 36

F

Finances
— Engagement international 53

Flagrant délit
— d'un membre du Parlement 26

	Articles

Fonctionnaires
— Nominations 13, 21

Forces armées
— A la disposition du Gouvernement 20

Forme
— républicaine du Gouvernement 89

Français (Etablis hors de France)
— Représentation au Sénat 24

G

Gouvernement
— Rôle en cas de vacance de la présidence de la République 7
— Nomination et fin des fonctions de ses membres 8
— Initiative en matière de référendum 11
— Pouvoirs 20
— Responsabilité politique 20, 49, 50
— Usage des ordonnances 38
— Rôle dans la procédure législative . . . . 41, 42, 43, 44 et 45
— Droit d'amendement 44
— Usage du vote bloqué 44
— Déclaration d'urgence 45
— En cas de commission mixte paritaire, peut demander à l'Assemblée de statuer définitivement 45
— Fixe l'ordre du jour prioritaire des Assemblées 48
— Répond aux questions des membres du Parlement 48
— Démission 50
— Saisine du Conseil économique et social 69, 70

Groupements politiques 4

H

Haute cour de justice
— Composition 67
— Responsabilité du Président de la République, du Gouvernement 68

Haute trahison
— du Président de la République 68

Hymne national 2

Articles

I

Immunité parlementaire 26

Inamovibilité
- des magistrats du siège 64

Incompatibilités
- Parlementaires 25
- Membres du Gouvernement 23
- Membres du Conseil constitutionnel 57

Indemnités
- des membres du Parlement 25

Indépendance
- nationale 5, 16

Inéligibilité 25

Initiative
- des lois 39
- de la révision de la Constitution 89
- des dépenses 40
- des amendements 44
- du référendum 11

Institutions
- Fonctionnement 5, 11
- menacées 16

Intégrité du territoire
- garantie par le Président de la République 5
- en cas de révision de la Constitution 89

Irrecevabilité
- des propositions et amendements :
  financière 40
  législative 41
- des amendements après l'ouverture du débat 44
- des motions de censure 49

Irresponsabilité
- des membres du Parlement 26

	Articles

J

Journal officiel
- Publication des propositions des Assemblées en vue du référendum ... 11
- Compte rendu des séances des Assemblées ... 33

Jugement
- d'un membre du Parlement ... 26

Justice
- Indépendance ... 64

L

Laïcité ... 2

Lectures
- des textes législatifs ... 42, 45
- des lois organiques ... 46
- des lois de finances ... 47
- des projets et propositions de révision de la Constitution ... 89

Législature ... 25
- Président de l'Assemblée nationale élu pour la durée de la législature ... 32

Libertés ... Préambule
- Domaine législatif ... 34
- Défense ... 66

Loi
- Initiative ... 39
- Domaine de la loi ... 34, 38, 41, 53, 72
- Vote par le Parlement ... 34
- Promulgation, nouvelle délibération ... 10
- Exécution ... 21
- Subordination aux traités ... 55
- Constitutionnalité ... 61, 62
- Modification par décret ... 37

Loi de finances
- Définition, contenu ... 34
- Dépôt, distribution ... 39
- Discussion et vote ... 47
- Contrôle de l'exécution ... 47

  Articles

Loi de programme
- Définition 34
- économique ou sociale : soumise au Conseil économique et social 70

Loi d'habilitation
- Délégation du pouvoir législatif 38

Loi organique
- Procédure 46
- Constitutionnalité 46, 61, 62

M

Magistrats
- Statut 34, 64
- Nomination, discipline 65

Majorité
- requise pour l'élection du Président de la République 7
- pour demander une session extraordinaire 29
- pour adopter définitivement une loi organique 46
- pour l'adoption de la motion de censure 49
- pour la mise en accusation du Président de la République ... 68
- pour l'adoption du projet de révision de la Constitution ... 89

Mandat
- des membres du Conseil constitutionnel 56
- Délégation de vote 27

Mandat impératif
- Nullité 27

Membres du Conseil constitutionnel
- Nomination, durée du mandat 56
- Incompatibilités 57

Membres du Gouvernement
- Nomination, fin des fonctions 8
- Incompatibilités 23, 57
- Accès aux Assemblées, droit de parole 31
- Responsabilité pénale 68

Message du Président de la République
- à la nation 16
- au Parlement 18

Articles

Ministre de la Justice
— Vice-présidence du Conseil supérieur de la Magistrature 65

Ministres
— Nomination 8
— Contreseing des actes du Président de la République 19
— Délégation de pouvoir du Premier ministre 21
— Contreseing des actes du Premier ministre 22
— Incompatibilités 23, 57
— Accès aux Assemblées, droit de parole 31

Mise en accusation
— devant la Haute cour de justice 68

Motion de censure
— Vote par l'Assemblée nationale 49, 50

N

Navettes 42, 45, 46
— Commission mixte paritaire 45

Négociation des traités 52

Nominations
— Par le Président de la République 13
— Par le Premier ministre 21

Nouvelle délibération
— demandée par le Président de la République 10

O

Officiers généraux
— Nomination 13

Ordonnances
— Signature par le Président de la République 13
— prises sur délégation du pouvoir du Parlement 38
— pour la mise en vigueur du projet de loi de finances 47
— Avis du Conseil économique et social 69

Ordre du jour

	Articles
— du Conseil des ministres	21
— des sessions extraordinaires du Parlement	29
— des Assemblées	48

P

Paix (Traités de) 53

Parlement

— Composition	24
— Pouvoirs	25
— Réunion de plein droit de l'exercice des pouvoirs exceptionnels	16
— Responsabilité du Gouvernement devant lui	20, 49, 50
— Sessions ordinaires	28
— Sessions extraordinaires	29
— Audition des messages du Président de la République	18
— Vote de la loi	34
— Autorise les déclarations de guerre	35
— Prorogation de l'état de siège	36
— Peut autoriser le Gouvernement à agir par ordonnances	38
— Initiative des lois et amendements	39, 40, 44
— Initiative en matière de référendum	11
— Procédure législative	39 à 45
— Désaccord entre les deux Assemblées	45
— Mise en accusation du Président de la République	68
— Révision de la Constitution	89

Parole

— Droit de parole des membres du Gouvernement dans les Assemblées	31

Partis politiques 4

Plan économique et social

— Avis du Conseil économique et social	70

Politique générale

— Déclaration par le Gouvernement	49, 50

Poursuites

— d'un membre du Parlement	26
— du Président de la République et des membres du Gouvernement	68

Pouvoir judiciaire 64, 65, 66

	Articles
Pouvoir législatif	
— Exercice par le Parlement	34
— Délégation au Gouvernement	38
Pouvoir réglementaire	
— Exercice par le Premier ministre	21
— Définition du domaine réglementaire	37
Pouvoirs exceptionnels	
— du Président de la République	16
Pouvoirs publics	
— Fonctionnement régulier	5
— Interruption	16
— Organisation : recours au référendum	11
Préfets	
— Nomination	13
— Rôle	72
Premier ministre	21
— Nomination, fin des fonctions	8
— Consultation en cas de dissolution de l'Assemblée nationale	12
— Consultation en cas d'exercice des pouvoirs exceptionnels par le Président de la République	16
— Contreseing des actes du Président de la République	19
— Pouvoirs	21
— Suppléance du Président de la République	21
— Peut déléguer certains de ses pouvoirs aux ministres	21
— Contreseing de ses actes	22
— Convocation du Parlement en session extraordinaire	29
— Peut demander le Comité secret	33
— Initiative des lois	39
— Initiative de la réunion d'une commission mixte paritaire	45
— Engage la responsabilité du Gouvernement	49
— Déclaration de politique devant le Sénat	49
— Démission du Gouvernement	8, 50
— Saisine du Conseil constitutionnel	54, 51
— Proposition de révision de la Constitution	89
— Saisine du Conseil économique et social	69, 70
Président de la République	
— Rôle constitutionnel d'arbitre	5
— Election	6, 7
— Rôle du Conseil constitutionnel lors de l'élection	7, 58
— Vacance ou empêchement	7
— Suppléance	7, 21, 65
— Nomination des membres du Gouvernement	8

	Articles
— Présidence du Conseil des ministres	9, 21
— Promulgation des lois, nouvelle délibération	10
— Recours au référendum	11
— Dissolution de l'Assemblée	12
— Signature des ordonnances et décrets en Conseil des ministres	13
— Pouvoir de nomination et d'accréditement	13, 14
— Pouvoirs en matière de défense	15
— Pouvoirs exceptionnels	16
— Droit de grâce	17
— Contreseing de ses actes	19
— Messages à la nation, au Parlement	16, 18
— Ouverture et clôture des sessions extraordinaires	30
— Négociation et ratification des traités	52
— Saisine du Conseil constitutionnel	54, 61
— Nomination des membres et présidence du Conseil supérieur de la magistrature	65
— Garant de l'indépendance de l'autorité judiciaire	64
— Haute trahison	68
— Initiative de révision constitutionnelle	89

Présidents de la République (Anciens)

— Membres à vie du Conseil constitutionnel	56

Président de l'Assemblée nationale

— Consultation en cas de dissolution	12
— Consultation en cas d'exercice des pouvoirs exceptionnels par le Président de la République	16
— Election	32
— Durée des fonctions	32
— Saisine du Conseil constitutionnel	54, 61
— Nomination de membres du Conseil constitutionnel	56

Président du Conseil constitutionnel

— Nommé par le Président de la République	56

Président du Sénat

— Exercice provisoire des fonctions du Président de la République	7
— Consultation en cas de dissolution	12
— Consultation en cas d'exercice des pouvoirs exceptionnels par le Président de la République	16
— Election	32
— Saisine du Conseil constitutionnel	54, 61
— Nomination de membres du Conseil constitutionnel	56

Principe de la République

	2

Programme

— du Gouvernement	38, 49, 50

Projet de loi

	Articles
— Initiative, avis du Conseil d'Etat, dépôt	39
— Envoi aux commissions	43
— Discussion et vote par les Assemblées	42, 44, 45
— Inscription à l'ordre du jour	48
— Adoption par référendum	11
— de ratification d'ordonnances	38
— Avis du Conseil économique et social	69

Projet de révision

— de la Constitution	89

Promulgation 10, 11

— après examen de la constitutionnalité	61, 62
— des lois organiques	46
— de la loi de finances	47

Proposition de loi

— Initiative	39
— Recevabilité	40, 41
— Envoi aux commissions	43
— Discussion et vote par les Assemblées	44, 45
— Inscription à l'ordre du jour	48
— Avis du Conseil économique et social	69

Proposition de révision

— de la Constitution	89

Publication

— des ordonnances	38
— des traités et accords	55
— des propositions des deux Assemblées en matière de référendum	11

Publicité

— des séances des Assemblées	33

Q

Questions orales

— Séance réservée	48

R

Ratification

— des ordonnances	38

	Articles
— des traités et accords internationaux	52, 53, 54
— par référendum	11

Recevabilité

— financière des propositions et amendements	40
— législative	41
— des amendements après l'ouverture du débat	44
— d'une motion de censure	49

Référendum

— Exercice de la souveraineté nationale	3
— Initiative	11
— Surveillance des opérations par le Conseil constitutionnel	60
— en cas de révision de la Constitution	89

Règlement

— Exercice du pouvoir réglementaire	21
— Domaine du pouvoir réglementaire	37

Règlements des Assemblées

— Constitutionnalité	61

Renouvellement

— d'une des Assemblées du Parlement	25
— partiel du Sénat, élection du Président	32
— élection de membres à la Haute Cour de justice par les deux Assemblées, après chaque renouvellement	67

Réponses

— du Gouvernement aux questions des parlementaires	48

Représentation

— du peuple	3
— des collectivités territoriales	24
— des Français établis hors de France	24
— du Gouvernement dans les TOM	13

République

— Principes fondamentaux, devise	2
— Forme républicaine du Gouvernement	89

Responsabilité

— du Président de la République	68

Responsabilité politique du Gouvernement

— ne peut être mise en jeu en cas de vacance de la présidence de la République	7
— engagée sur le programme du Gouvernement ou sur une déclaration de politique générale	49

	Articles
— mise en cause à l'Assemblée nationale par le vote d'une motion de censure	49
— engagée sur le vote d'un texte	49

Réunion du Parlement

— de droit lors de l'exercice des pouvoirs exceptionnels	16
— hors session pour l'audition de messages du Président de la République	18
— en congrès	89

Révision

— de la Constitution	11, 89
— Conséquence d'un traité international	54

S

Séances (des Assemblées)

— Publicité, compte rendu	33
— consacrées aux questions orales	48

Scrutin (Mode de)

— pour l'élection du Président de la République	7
— Scrutin public pour la mise en accusation du Président de la République	68

Sénat

— Election	24
— Régime électoral : domaine législatif	34
— Statut de ses membres	25
— Représentation des collectivités territoriales	24
— Représentation des Français établis hors de France	24
— Approbation des déclarations de politique générale	49
— Election de membres de la Haute cour de justice	67
— Lois organiques relatives au Sénat	46
— Amendements en cas de CMP	45

Sénateurs

— Election, statut	24, 25
— Incompatibilités	23, 57
— Remplacement en cas de vacance du siège	25
— Immunité	26
— Contentieux électoral	59
— Saisine du Conseil constitutionnel	61

Sessions

— de droit de l'Assemblée nationale	12
— de droit du Parlement	16, 18
— ordinaires	28
— Retard de la clôture des sessions en cas de motion de censure	51
— extraordinaires (initiative, ordre du jour)	29, 30

Articles

Signature
— des ordonnances et décrets 13
— de la motion de censure 49

Souveraineté nationale .... Préambule, 3 et 4

Statut personnel 75

Statut politique
— des TOM 76

Suffrage 3, 4, 24

Suppléance
— du Président de la République 21, 65

T

Territoire
— Cession, échange, adjonction 53
— Intégrité 5, 16, 89

Territoires d'outre-mer
— Nomination des représentants du Gouvernement 13
— Représentation au Sénat 24
— Collectivités territoriales 72
— Organisation particulière 74
— Evolution 76

Tour (de scrutin)
— pour l'élection du Président de la République 7

U

Urgence
— pour l'examen des textes législatifs 45
— pour l'autorisation de percevoir les impôts 47
— pour la déclaration de constitutionnalité des lois, lois organiques
  et règlements parlementaires 61
— pour la détermination du caractère législatif ou réglementaire d'un texte 37

V

Articles

Vacance
- de la présidence de la République 7
- d'un siège de membre du Parlement 25

Vote
- des textes législatifs 44
- des lois organiques 46
- des lois de finances 47
- de la motion de censure 49
- des mises en accusation devant la Haute cour de justice 68
- de la révision de la Constitution 89

Vote bloqué
- à la demande du Gouvernement 44

Vote personnel 27

Table analytique sommaire de la jurisprudence du Conseil constitutionnel par rapport aux articles de la Constitution

Note : Cette table analyse les décisions de caractère juridictionnel du Conseil constitutionnel publiées dans cet ouvrage en fonction des articles de la Constitution qui y sont évoqués, indépendamment de ceux qui ont servi de fondement à son intervention. Elle ne constitue pas un index analytique des thèmes abordés par les décisions. Une telle table est régulièrement publiée dans les recueils annuels des décisions en Conseil constitutionnel (Imprimerie nationale).

— Les numéros indiqués renvoient aux numéros des documents du présent ouvrage.

Déclaration des Droits de l'homme de 1789 : 61-409, 61-411, 61-412, 61-416, 61-426, 61-434

Préambule de la Constitution de 1946 : 54-102, 61-411, 61-415, 61-422, 61-423, 61-424, 61-426, 61-429

Préambule de la Constitution de 1958 : 54-102, 61-408, 61-409, 61-411, 61-412, 61-415, 61-422, 61-423, 61-424, 61-426, 61-429

Principes de la souveraineté nationale : 54-101, 54-102, 61-431

Principes fondamentaux reconnus par les lois de la République : 61-408, 61-411, 61-418, 61-422, 61-428, 61-429

Article 2 : 61-423

Article 3 : 54-102

Article 4 : 61-301

Article 7 : 7-202, 7-203, 7-204, 7-304, 7-305, 7-306, 7-307, 7-308, 7-407, 7-408, 7-409

Article 11 : 11-201, 11-202, 11-301, 11-402

Article 20 : 61-201, 61-301

Article 21 : 61-407, 61-432

Article 23 : 25-101 (III), 54-102

Article 25 : Régime du remplacement des parlementaires : 25-101 (III)
Contrôle des incompatibilités : 25-102, 25-501, 25-502, 25-503
Démission d'office : 25-401, 25-402, 25-403, 61-301

Article 26 : 61-304, 61-306
Article 27 : 61-209, 61-310
Article 29 : 61-201, 61-301
Article 30 : 61-201
Article 31 : 61-208, 61-209, 61-301, 61-310
Article 33 : 61-301
Article 34 : 37-101 (I à VII), 41-201, 41-202, 41-203, 41-204, 41-205, 41-206, 41-207, 41-208, 41-209, 54-102, 61-201, 61-210, 61-301, 61-401, 61-405, 61-406, 61-407, 61-410, 61-412, 61-414, 61-420, 61-423, 61-429
Article 37 : cf. article 34
Article 38 : 61-201, 61-301, 61-407, 61-421
Article 39 : 61-420
Article 40 : 61-201, 61-210, 61-212, 61-311, 61-402, 61-404, 61-413, 61-420, 61-425, 61-430
Article 41 : 41-204, 61-201, 61-210, 61-301, 61-306
Article 42 : 61-201, 61-301
Article 43 : 61-203, 61-205, 61-206, 61-207, 61-301, 61-305, 61-310, 61-407
Article 44 : 61-209, 61-303
Article 45 : 61-206, 61-419
Article 47 : (et ordonnance du 2 janvier 1959 portant loi organique relative aux lois de finances) 61-401, 61-405, 61-409, 61-410, 61-414, 61-419, 61-420, 61-426, 61-432
Article 48 : 61-201, 61-301, 61-307, 61-310
Article 49 : 61-201, 61-210, 61-301, 61-421
Article 50 : 61-201, 61-301
Article 53 : 54-101, 61-415, 61-431
Article 54 : 54-101
Article 55 : Droit national et droit communautaire : 54-101, 54-102, 61-427, 61-428
Droit national et traités : 61-411, 61-424, 61-429
Article 59 : 59-300
Article 61 : 54-102, 61-402, 61-411, 61-413, 61-417, 61-428, 61-429, 61-433
Article 62 : 61-411
Article 66 : 37-101 (V), 61-422
Article 74 : 61-415
Article 89 : 61-350
Article 92 : 61-205, 61-310

*La composition,
l'impression et le brochage de ce livre ont été effectués
par l'Imprimerie Chirat, 42540 Saint-Just-la-Pendue*

Achevé d'imprimer en décembre 1978
Dépôt légal N° 2220
4ᵉ trimestre 1978